【天津市志】

农业志

（上）

1991—2010

天津市地方志编修委员会办公室
天津市农业农村委员会
编著

方志出版社
Publishing House of Local Records

图书在版编目（CIP）数据

天津市志. 农业志：1991-2010 / 天津市地方志编修委员会办公室，天津市农业农村委员会编著. --北京：方志出版社，2019.10

ISBN 978-7-5144-3963-2

Ⅰ. ①天… Ⅱ. ①天… ②天… Ⅲ. ①天津—地方志 ②农业史—天津—1991-2010 Ⅳ. ① K292.1

中国版本图书馆 CIP 数据核字（2020）第 101979号

天津市志·农业志（1991—2010）

编　　者：天津市地方志编修委员会办公室
　　　　　天津市农业农村委员会
责任编辑：张　昊

出 版 者：方志出版社
　　　　　地址　北京市朝阳区潘家园东里9号（国家方志馆4层）
　　　　　邮编　100021
　　　　　网址　http://www.fzph.org
发　　行：方志出版社图书经销中心
　　　　　电话（010）67110500
经　　销：各地新华书店
排　　版：天津市恒远印刷有限公司
印　　刷：天津市恒远印刷有限公司

开　　本：889×1194　1/16
印　　张：72
字　　数：150万字
版　　次：2019年10月第1版　2019年10月第1次印刷
印　　数：001 ~ 800 册

ISBN 978-7-5144-3963-2　定价：680.00 元（上、下册）

天津市地方志编修委员会组成人员

《天津市志·农业志》总编审人员

总　　编　关树锋

执行总编　张月光

分志主编　韦　恬

分志编辑　陈　颖　沙　洵　王中玮　张　铁　郭天天

评审人员（按姓氏笔画排列）　毛科军　关树锋　李存霞　张月光

沙　洵　宋铭月　杜玉祥　陈　克　陈曦丹　罗澍伟

周醉天　郭天天　郭金奎　谭汝为

《天津市志·农业志》编修委员会

《天津市志·农业志》编辑人员

凡　例

一、本志以马列主义、毛泽东思想、邓小平理论、“三个代表”重要思想、科学发展观、习近平新时代中国特色社会主义思想为指导，坚持辩证唯物主义和历史唯物主义的立场、观点和方法，坚持实事求是的原则。全面、客观、真实地反映天津市农业在中共天津市委领导下的发展历程。突出区域特色，体现农业特点，力求思想性、科学性、资料性、可读性的统一。

二、本志记述上限起于1991年，下限止于2010年。人物篇记述下限止于2015年。

三、本志记述地域范围以1996年天津市行政区划为准，涵盖区、县情况。

四、本志结构为篇、章、节、目体。横分门类，根据情况目下可再分子目；纵述历史，述而不论，寓观点于记述之中。

五、本志采用述、记、志、传、表、录等体裁，以志为主，综合运用。人物篇坚持生不立传的原则，严格收录标准。以生年为序排列。收录天津农业战线有影响或担任重要职务的人物。

六、本志采用现代语体文。大事记以编年体为主，辅以纪事本末体。记述文字力求严谨准确、朴实规范、简明流畅。

七、本志使用的语言文字、标点符号、数字，均按照国家有关主管部门的规定执行。称谓，一律使用第三人称。

八、机构、部门、社会团体、会议等名称和专用名词的书写，首次出现用全称，括注简称，再次出现时用简称。

九、人物直书其名。不加“同志”“先生”等称呼，首次出现时在姓名前冠以职务、职称等身份。

十、本志资料来源于天津市农口各委、局、院以及有关部门提供的历史文献和志书撰稿人员的实地调查，经考证核实后载入，一般不注明出处。

目　录

第三篇 林 业

第四篇 畜牧兽医

第五篇 农业机械

第六篇 渔 业

第七篇 农村水利

第八篇 农业气象

第九篇 国营农场

第十篇　乡镇企业

第十二篇 农业高等教育

第十三篇　农业科技

综　述

综　述

天津位于海河下游，地跨海河两岸，是北京通往东北、华东地区铁路的交通咽喉和远洋航运的港口，有"河海要冲"和"畿辅门户"之称，是中国北方最大的沿海开放城市。天津作为大城市、小农村的典型代表，其农业农村具有城郊型、沿海型、都市型的特点，在全国农业农村的发展中着力探索了保障服务城市的发展模式，为天津发展做出了重大的贡献。这部志书作为第二轮《天津市志》编修规划的重要分志，反映了天津农业农村1991年至2010年20年间发展变化轨迹和全市"三农"战线工作者辛勤奉献的历程，是记录天津农业农村全面发展的一部历史资料。

一

天津地质构造复杂，地势以平原和洼地为主，北部有低山丘陵，地貌总轮廓为西北高、东南低。有山地、丘陵和平原三种地形，平原约占93%。除北部与燕山接壤之处多为山地外，其余均属冲积平原。天津市土地资源丰富，其中耕地面积4437平方公里，占全市土地总面积的37.23%；园地面积312平方公里，占2.62%；林地561平方公里，占4.71%；其他农用地1842平方公里，占15.46%。全市的土地，除北部蓟县山区、丘陵外，其余地区都是在深厚积沉物上发育的土壤。

天津地跨海河两岸，海河是华北最大的河流，上游长度在10公里以上的支流有300多条，在中游附近汇合成北运河、永定河、大清河、子牙河和南运河，这五条河又在天津金钢桥附近汇合成海河干流，由大沽口入海。干流全长72公里，平均河宽100米，水深3~5米，历史上海河可通航3000吨海轮。天津多次引黄济津，并有一定数量的地下水。引滦（河）入津输水工程是天津20世纪80年代兴修的大型水利工程，每年向天津输水10亿多立方米。全市有大型水库3座，总库容量3.4亿立方米。

天津市气候属暖温带半湿润海洋性过渡气候，但受渤海影响，有时也显现出海洋性气候特征，海陆风现象比较明显。四季分明，全年平均气温在11.4~12.9℃之间。年平均降雨量555.7~675.7毫米，无霜期较长，日照充足，适宜农作物一年两熟制的需要。

1991年全市农业总产值完成58.05亿元，其中农业产值32.58亿元，林业产值0.34亿元，畜牧业产值16.38亿元，渔业产值4.65亿元，副业产值4.1亿元。到2010年，全市农业总产值完成317.33亿元，其中农业产值168.25亿元，林业产值2.36亿元，畜牧业产值87.49亿元，渔业产值

50.26亿元,农林牧渔服务业产值8.97亿元,农业总产值比1991年增加了近五倍。

1991年全市农作物播种面积43.16万公顷,其中粮食作物种植面积31.87万公顷,蔬菜种植面积4.66万公顷。经过多年的种植结构调整,2010年全市农作物播种面积45.93万公顷,粮食作物种植面积31.18万公顷,蔬菜种植面积8.49万公顷。设施农业建设全面提速,建成了15个现代农业园区,20个现代畜牧养殖园区。

1991年全市乡村人口382.31万人。2010年全市乡村人口264.59万人。1991年农村居民人均纯收入1169元,家庭经营性收入745元,工资性收入337元。2010年农村居民人均纯收入11801元,家庭经营性收入4277元,工资性收入6401元。全市的人口城镇化率呈稳步上升趋势,天津人口城镇化率排在上海、北京之后,在全国31个省(自治区、直辖市)中位居第三。

二

经过多年的改革和发展,天津农业生产结构进行了调整和优化,农业生产效益提高,农民收入增加,农产品的供应迅速增长。天津市农业生产结构中,种植业比重逐年下降,畜牧业和渔业的比重上升,第三产业增长迅速,农业劳动力构成与农业生产结构的发展趋势相同。

天津市种植业结构在二十年间发生重大变化,粮食作物播种面积比重下降,其他作物(蔬菜、经济作物等)播种面积比重上升。1991年粮食总产量198.51万吨,蔬菜总产量282.56万吨。1998年粮食总产量达到二十年间最高为210.12万吨,2003年蔬菜总产量达到二十年间最高为602.78万吨。2010年粮食总产量159.74万吨,蔬菜总产量419.31万吨。天津市粮食种植结构相对比较稳定。小麦、玉米为天津市的主要种植作物,其次分别为水稻、大豆和高粱。天津种稻历史悠久,其地理位置、气候、土壤和灌溉水源等优良条件适宜种植水稻。稻米产业是天津特色产业,“小站稻”驰名中外,为做好传统优秀农产品品牌,天津从自然资源和市场需求角度出发,发挥资源优势、区位优势、经济优势,调整名特优作物品种的种植比例,形成合理的种植业结构与布局,取得良好的经济社会效益。

天津市畜牧渔业根据市场需求进行了产业结构规范化调整。1991年全市肉类产量54.07万吨,2010年肉类产量42.6万吨。1991年全市水产品总产量10.81万吨,2010年水产品总产量34.49万吨,全市水产业发展迅速。虽然20世纪末一段时间由于海洋渔业资源的衰退而导致海洋捕捞业产量下降,但由于海淡水产养殖业迅速发展,全市水产业仍呈稳步发展的势头。全市水产养殖产量由1991年7.68万吨增加到2010年30.59万吨,2010年淡水养殖面积已达到3.76万公顷。在保持总产稳定增长的基础上,水产养殖品种增加了名特优鱼种,河蟹养殖面积增加较快。

三

1991~1997 年天津市农业农村处于城郊型农业延伸阶段。天津自 20 世纪 80 年代中期在全国率先提出发展城郊型经济以来，围绕着城市郊区的特点，顺应城市巨大的市场容量优势，以生产供应天津需要的鲜活农产品为主要目标，突出“围绕城市，依托城市，服务城市，配套城市”的功能定位，主动接受大城市的辐射与影响，按照城市、近郊、远郊的城郊型梯级区域布局，推动城郊型农业的延伸发展。

农村经济发展突飞猛进。1991 年天津市农村国内生产总值突破 100 亿元大关，达到 107.15 亿元。一批村庄在全国崭露头角，静海县大邱庄村以 18 亿元社会总产值成为全国排名第一的村庄，宁河永兴村，武清汊沽港一街，西青第六埠、大任庄、王村，北辰韩家墅和静海镇三街都成为亿元村。全市农村社会总产值超过亿元的乡镇 129 个，其中 8 个乡镇超 5 亿元，129 个亿元乡镇的社会总产值合计 282.8 亿元，占全市农村社会总产值的 87.92%。到 1997 年，全市农村国内生产总值突破 500 亿元大关，达到 528.33 亿元。短短 7 年时间农村经济总量翻了两番多，为 1997 年天津全市国内生产总值提前三年比 1981 年翻两番做出了突出贡献。农民收入大幅度提高，做好 175 个库区贫困村为主的扶贫工作，重点帮促 12 万农民摆脱了贫困。1997 年全市农民人均纯收入 3546 元，是 1991 年的 3 倍，超额实现了天津市委六届二次会议确定的 1997 年农民人均纯收入比 1993 年翻一番的目标。1997 年天津农村建成明星小康村 456 个，小康乡镇 52 个。

“两高一优”农业建设不断推进。由于整个农业处于计划经济向市场经济过渡时期，仍坚持农业的基础地位，不放松粮食生产，在五县和西青、北辰、大港八个区县规划建设 200 万亩稳产高产麦田，促进粮食综合生产能力大幅提高，粮食生产能力登上 40 亿斤台阶。1991~1997 年间全市粮食总产平均每年达到 40.22 亿斤，比 1981~1990 年期间的平均粮食总产量 29.14 亿斤高出 38%。继续巩固家庭联产承包责任制，实现了多种形式的承包经营。1991 年承包经营形式主要有三种：实行分户平均承包的村 2123 个，占总村数的 55.1%；实行双田制（划分为口粮田和责任田）的村 1390 个，占总村数的 36.1%；实行土地规模经营的村 339 个，占总村数的 8.8%，规模经营面积 36.06 万亩，占全市耕地面积的 5.6%。1997 年实行双田制的村增加到 1801 个，占总村数 46.7%，增加 29.6 个百分点。规模经营面积 216 万亩，相当于 1991 年规模经营面积的 6 倍，占全市耕地面积的 45.42%，比重提高了近五倍。多措并举推进农业发展。围绕农业基础设施建设，实施南部抗旱和北部抗旱工程，确保静海、大港、津南等南部地区保浇面积达到 70%以上，解决蓟县山区 99 个村、6.2 万人、1.13 万头大牲畜的饮水问题。实施农业科技推广“双百万工程”，狠抓两百万亩粮食增产工程和百万头瘦肉型猪工程。1994 年起实施人才培训带头人工程、绿色证书工程、乡镇企业“51510 工程”。放手发展高附加值、高商品率、高创汇率、高效益的产品，大力发展“两高一优”农业，以市场为导向，不断调整和优化农业结构，大力发展畜牧、林业和水产，积极引进名、特、优、新、稀品种。1997年农副产品商品率达到81.3%，比1991年的71.6%提高了9.7个百分点。

“菜篮子工程”建设顺利推进市场化改革。1991年全市各种副食品购销体制和价格政策的改革进一步深入。天津市采取了“小步快走，平滑过渡，放开市场，稳定供求”的做法，1990年12月放开饲料价格，1991年11月放开鸡蛋价格，1992年4月放开大白菜之外的蔬菜价格，1992年6月放开猪肉价格，1992年11月放开大白菜价格，1993年1月放开牛奶价格。每放开一个品种，都对生产与消费采取相应的保证措施，以保持生产稳定、价格稳定、人心稳定。1994年国家提出“菜篮子工程”实行市长负责制以后，天津开始实施以指导思想新观念、基地建设新格局、科学技术新水平、生产经营新突破、市场流通新体系“五新”为主要内容的新一轮“菜篮子工程”建设，农、林、牧、副、渔一起上，肉、蛋、菜、鱼、奶、果、禽一起抓，推动“菜篮子工程”建设上规模、上档次、上水平，抓好生猪、蛋鸡、奶牛、蔬菜、水产、肉禽、果品七大副食品基地生产。建设良种繁育、技术推广、防疫灭病、饲料供应四大保障体系，生产和供应基本满足“立足本市、稳定生产、提高水平、均衡上市”的要求。天津“菜篮子”生产供应发生历史性的变化，生产基地不断扩大，生产品种逐渐向“鲜、活、新、细”增加，市场供应由短缺向“淡旺无异”转变，货源组织由靠外调为主变成本市生产供应有余，并开始走出津门，走向全国，打入世界。

以城郊市场体系为核心的大生产、大流通、大市场格局初步形成。天津农村共有综合批发市场46个，集贸市场165个，在农副产品集中产区兴办了季节性交易市场400多处，初步适应了经济转轨时期农产品服务城市的购销需要。形成了红旗路、何庄子、金钟路、赵沽里四大中心批发市场，何庄子蔬菜批发市场年蔬菜成交量20万吨，交易额超过2亿元，成交量占市区需要量的四分之一，成为全国十大蔬菜批发交易市场之一。红旗路水产批发市场，年成交量2.8万吨，成交额超过2亿元，占全市水产总销售量23.4%。

乡镇企业蓬勃发展成为农民收入主要来源。天津坚持把发展乡镇企业作为加强农业基础地位、增加农民收入、培育造就新型农民、壮大农村集体经济、促进农村社会和谐稳定的重要举措。1991年全市乡镇企业总产值275亿元，乡镇企业39566家，职工人数89.27万人。先后组织实施以转方式、调结构、上规模、增水平、强管理为主要内容的乡镇企业“八五台阶”工程和培养一万名高等专业技术人员、五万名中等专业技术人员、对十万名职工进行岗位培训的“51510工程”，有效地促进了全市乡镇企业的发展。全市组建106个企业集团，其中国家级23家，乡镇企业成为农村经济的重要支柱，成为津郊农民收入的主要来源。

农村外向型经济成为发展主力军。1991年累计批准外商投资企业174家，其中合资148家，独资26家，总投资1.79亿美元，外方投资7194万美元，占40%，港澳台投资为主体，占

61%。1992年市政府批准12个涉农区县设立开发小区,带动了城郊创汇农业、城郊出口企业为主力军的外向型经济迅速发展。实施外向型农业"1261工程",在12个区县建立农业对外示范区,建立水果、高档蔬菜、畜禽、绿色食品、水产品、工艺品六个出口创汇系列。截至1997年,天津农村批准三资企业2797家,是1991年三资企业数量的16倍;协议外资额38.86亿美元,是1991年协议外资额的54倍;总投资500万美元的企业77家,相当于1991年的25.6倍;出口交货值155.55亿元,是1991年的5.4倍,占全市工业出口交货值一半以上。

村级集体经济不断壮大成长。自1987年开始,全市在农村建立健全村级合作经济组织,1988年底组建完毕,其中组建农工商联合公司的村1284个,占总村数33.3%;组建经济联合社的村1230个,占总村数31.9%;逐步健全了服务、管理、积累职能。1991年村级集体固定资产35.38亿元,村级集体积累累计54.8亿元,平均每个村142万元,人均925元。其中人均积累1000元以上的村854个,占总村数的22.1%。1997年集体资产194.7亿元,村均资产502万元,人均5005元,是1991年5.5倍。

四

1998~2005**年天津农业农村处于沿海都市型农业转型阶段。**随着1997年党的十五大召开,中国农业和农村进入了一个新的历史阶段,由于农业综合生产能力的提高,农产品供给已由长期短缺变成总量大体平衡、丰年有余,加上温饱问题解决以后,随着人民生活水平的提高,对农产品的结构和质量提出了更高的要求。天津农村经济发展已经在全国率先进入了农产品相对过剩的阶段,由卖方市场转变为买方市场,市场竞争更加激烈,天津农村三次产业结构不合理、农村城镇化发展相对滞后、农村劳动力整体素质不高、农村经济区位优势没有得到充分发挥等问题,推动着天津农业农村适应新的形势要求谋求更大的发展。天津市委七届五次全会明确了天津沿海都市型农业发展方向,围绕着沿海都市型农业进行新一轮农业和农村经济的战略性调整。

农村经济结构调整。全面提升农村产业结构层次,进一步降低第一产业比重,壮大第二产业比重,优化第三产业比重。三次产业比例由1998年的10.6:52.6:36.8转变为2005年的5.6:62.9:31.5,这一阶段产业结构升级的特点是:农村一产、三产比重降低,二产比重独大。1998年农村经济总收入超亿元的村达到162个,是1991年亿元村数量的20倍,162个亿元村经济总收入446亿元,平均每个村2.75亿元。此阶段农民人均纯收入由1998年的3890元增长到7202元,增长了85%,工资性收入比重达到53.5%。

农业生产调优调新。坚持品种调优,突出发展名特优新品种。市委七届五次会议提出天津不再下达粮食生产指标,合理调减粮食播种面积,种植业按照"退一、进二、改三"的思路,退减粮食播种面积100万亩；增加优质蔬菜、林果、药材等种植面积200万亩；将300万亩普通粮食品种改为优质专用粮食作物和优质饲料作物。蔬菜由大路品种向精品菜发展，调整重点是“三扩两减”，扩大蔬菜占地面积、保护地生产面积、稀有特色品种引进面积，减少露地菜种植面积、大路货种植面积，品种上“压粗增细”“压常增稀”，增加叶菜、反季节蔬菜生产。发展鲜食果品生产，在天津南部缺水干旱地区发展10万亩优质枣，在东部滨海地区发展10万亩优质葡萄生产。畜牧在稳定生猪、蛋鸡生产规模的基础上，发展奶牛、肉牛、肉羊等食草性动物和肉鸡、肉鸭等新品种。水产突出发展创汇渔业、加工渔业、观赏渔业，重点发展工厂化养殖。坚持产业调新，大力发展了科技含量高的种子产业、饲料产业和花卉、草坪等新兴产业。集中精力在种植业种子工程、林业种苗产业化、种猪良繁体系、肉牛良繁体系、水产良繁体系、蔬菜种苗产业化等十个方面，全面推进种子工程和种苗产业化进程。坚持龙头调强，开始注重培育产业化龙头，充分发挥葡萄酒、奶业、小站稻、淡水养殖等一批联农带农的龙头企业，通过市场机制实现“双连”，使没有龙头的基地连上龙头、没有基地的龙头连上基地。坚持机制调活，落实中央第二轮延长土地承包期30年，天津农村90%以上的农村第二轮承包期都是从1997年开始，到2027年二轮承包结束，在完善党的农村基本经营制度的基础上，积极探索鼓励促进土地流转的措施和机制。坚持服务调实，着重提高作为家庭联产承包经营体制的重要层次社会化服务水平，积极培植发育专业化服务体系，大力发展“民办、民营、民受益”的农民专业合作服务组织，建立方便、快捷、灵活的农民自我服务、自主经营、自负盈亏的农村社会化服务体系，2005年全市农民专业合作组织达到1543个，市级重点龙头企业发展到80家，进入农业产业化体系的农户占全市农户总户数的比例达到70%。

农业基础设施不断改善。提高了抵御自然灾害的能力，重点在农田水利建设、植树造林、城乡防洪和水源工程上下功夫，完成南北水系沟通工程、大型灌区配套改造工程、山丘水土保持和微型集雨工程、海河干流堤防治理工程、高速公路绿化工程、引滦入津水源保护工程、京津风沙源治理工程、生态防护林建设工程、林木种苗和野生动植物保护工程、自然保护区建设工程等重点工程。

农业技术创新加大力度。围绕农作物选育研究、农业生物技术、农艺节水、节水设备开发等开展科技攻关，为农业农村经济结构调整提供了技术支撑。配套和推广了成熟实用的技术应用，组织实施畜牧科技示范园区配套技术、优质肉羊生产配套技术、海水名特优产品高效养殖技术、设施蔬菜生产规范化技术、绿色无害化蔬菜生产综合技术、渠灌区管道输水灌溉节水技术等十大技术。组织实施农村劳动力“351培训工程”，利用3年时间通过实施红色证书、绿色证书、蓝色证书、村干部培训、农村经纪人培训等五大培训工程，使天津农村100万劳动力接受职业培训，从而整体提高了农村各类从业人员的专业素质。全面启动了郊区信息化工程，即建设天津农村经济综合信息平台，完善提高种植业、畜牧水产、农机、科技、水利、气象、乡镇企业、林业八个专业网站，重点在农业产业化、农村工业化、农村城市化、农民知识化、农村发展可持续化五个方面搞好十八项示范工程，使农村、农户、企业"三上网"取得实质性进展，2500个村安装启用农村各类信息系统。

乡镇企业调整重组升级。在结构调整上实施抓大放小战略，采取"引大、联大、扶大、做大"的一系列措施，建成现代化制造业基地，重点发展金属制品、交通和环保设备、电器、精细化工、食品和服装的主导产业，发展了农副产品精深加工。在技术改造和技术创新上，加大了固定资产投入力度，骨干企业和重点企业的技术装备水平上达到国内先进水平。在资本运营上乡镇企业上市上取得了突破，乡镇企业与国有、集体、外资、个体私营经济深入融合。在乡镇企业产权制度改革上，实现了乡镇工业向现代化城郊工业的转型，实现主导行业向资本和技术密集型转变，在高度专业化分工的基础上，基本形成以城镇为依托、以工业区和开发区为载体的工业布局结构，形成名牌产品竞争力强、骨干行业优势明显、产业衔接配套的优势产业群体。

农村经济外向度大幅度提高。招商引资方面，加大了拓展农业、基础设施建设、高新技术产业、服务旅游业、小城镇建设等招商引资。出口创汇方面，农口外贸出口交货额占全市一半以上。全市十二个涉及区县经济开发小区发展迅速。引智工作方面，多数企业按照国际惯例进行经营管理，一批骨干企业实现国际化采购、全球分销，拥有国际投资企业的国际竞争力显著增强。外贸出口额迅速增长，占全市一半以上份额，投资软环境进一步优化，一批跨国公司落户天津农村，一批国际前沿项目得到转化，参与国际经济技术合作与交流的水平显著提高，2005年天津农村12个区县实际直接利用外资额10.14亿美元，占全市30.5%，整个天津农村经济的外向度大幅度提高。

小城镇建设取得突破。以小城镇建设促进农村社会全面进步，根据《天津市总体规划》的要求，构建"布局合理，规模适度，相互依托，各具特色"的小城镇发展体系，区县政府所在地按照20万人口的中等城市人口规模规划建设，8个组团镇人口规模达到10万人左右，全市重点建设的30个中心镇人口规模达到3~5万人，一般人口规模的建制镇达到5000人以上，把规模小、居住分散、设施差的村就近合并，建成中心村。经过七年的努力，天津市农村城市化水平由不足30%提高到2005年的46.5%，此阶段累计吸纳农村人口超过100万人。随着2005年滨海新区被写入"十一五"规划纳入国家发展战略，滨海新区成为国家重点支持开发开放的国家级新区、国务院批准的第一个国家综合改革创新区，原属天津农村的塘沽、汉沽、大港等涉农部分成为滨海新区的组成部分，依托滨海新区的发展掀开了新的篇章。

着力抓好农村基层组织建设、民主法治建设、精神文明建设，为农村发展的稳定提供组织保证。以"好班子、好队伍、好路子、好机制、好制度"为目标，制定农村基层组织建设规划，把"村务公开、民主管理”制度在农村普遍推广，完善了村级组织工作的制度化、规范化，全面推动了农村基层组织建设，建立健全了农村基层组织建设常抓不懈的工作机制。

五

2006~2010年天津农业农村处于现代都市型农业起步阶段。随着2005年10月十六届五中全会通过《十一五规划纲要建议》，提出要按照“生产发展、生活宽裕、乡风文明、村容整洁、管理民主”的要求，扎实推进社会主义新农村建设，天津农业农村的发展进入新的发展阶段。天津市贯彻落实国务院《关于推进天津滨海新区开发开放有关问题的意见》，紧紧抓住滨海新区开发开放和新农村建设两大历史性机遇，市委八届九次全会做出“以产业化提升农业、以城市化带动农村、以工业化富裕农民”的重要决策，市委九届四次全会提出了统筹城乡发展规划、统筹城乡基础设施建设、统筹城乡社会事业发展、统筹城乡社会保障、统筹城乡社会管理、统筹城乡劳动就业的“六个统筹”促进城乡一体化发展的思路。

坚持“六个统筹”的城乡一体化思路，推动强区强县建设，实现天津农村跨越式发展。天津市委提出了“滨海新区龙头带动、中心城区全面提升、各区县加快发展”的三个层面联动协调发展战略，在实践中秉持着“区县强则天津强，区县兴则天津兴，区县富则天津富”的理念，把区县建成全市可持续发展的战略支撑区、人与自然和谐相处的宜居区、全国城乡一体化发展的示范区。郊区经济规模实现了翻番，九个农口区县国内生产总值达到3067.31亿元，比“十五”末净增加1850亿元，是天津农村二十年经济规模扩张最快的时期。其中东丽和西青两个区国内生产总值超过了500亿元，北辰超过400亿元，武清超过300亿元，津南、静海、宝坻、蓟县四个区县超过200亿元，各区县综合实力都有了较大的提高。天津农村综合实力显著增强，2010年区县级一般预算收入224.25亿元，固定资产投资达到2650亿元。农民收入来源有效增加，从2006年起实施了扶持农村低收入群体“三个一”工程，把人均纯收入3000元以下的低收入户作为扶持对象，每年扶持3000户，扶持每户发展一亩大棚或具有一定规模的养殖业单元，建设“一个园”；培训一人获得一项具有法定资质的职业技能证书，取得“一个证”；帮助一人非农就业或创业，实现“一个工”。工程实施五年累计投入补助资金超过1亿元，扶持了2.7万户低收入农户，为低收入户建立了长期有效的增收渠道。被扶持农户平均每户增收1.2万元，人均增收3000元以上，实现了收入翻番的目标，脱离了低收入群体。2010年全市农民人均收入达到11801元，比“十五”末增加4599元，四年迈上四个台阶，2007年突破8000元大关，2008年突破9000元大关，2009年突破10000元大关，2010年突破11000元大关。

坚持“以产业化提升农业”，加快建设现代农业。把农业产业化作为实现农业现代化的根本途径，以产业化经营为前提，以科技为支撑，以高产、优质、高效、生态、安全的现代农业为定位，重点抓好了“七个提升”：一是提升农业科技化水平。强化农业高新技术研究，扩大农业科技成果储备和供应，组织实施奶牛、蔬菜、水产等一批农业高新技术项目，促进产业升级。建设高标准种子种苗基地，使天津成为北方种子种苗、原种的供应基地。充分发挥农业科技人才作用，实施科技入户工程，推广先进适用的农业实用技术。建成了天津农业科技大厦、天津农学院教学主楼、农民再就业培训基地等。黄瓜和菜花育种获得国家科技进步二等奖，黄瓜育种技术和农产品保鲜技术保持全国龙头地位，菜花和大白菜育种技术保持全国领先，杂交粳稻育种技术跃居全国领先地位，黄瓜品种辐射全国，菜花和大白菜品种辐射全国 20 多个省市区，科技支撑作用进一步增强，五年累计实施了近 1200 项农业科技成果转化与推广项目，农业科技进步贡献率达到 60%。二是提升农业规模化水平。种植业以远郊区县为重点，畜牧业按照加快退出滨海新区、近郊区、中心镇的思路调整布局，壮大了优质农产品基地，形成统一种苗、统一标准、统一技术、统一种植、统一管理、成方连片的现代农业园区。组织实施了设施农业“4412”工程，用 4 年时间建设 40 万亩高标准设施生产基地，使设施生产达到 100 万亩，在全市涉农区县建成 12 个高标准设施农业示范区。“4412”工程相对集中连片，按照设施有配套、生产有标准、产品有标识、检测有设备、服务有组织、销售有场地的“六有”标准来组织实施。三是提升农业标准化水平。加强无公害农产品基地建设，畜禽基本实现了无公害化生产，无公害水产面积达到 60%。加强了农产品生产记录制度、质量监督抽查制度、质量追溯制度的建设。国家级无公害农产品总数达到 934 个，绿色食品和有机农产品总数达到 293 个。种植业产品检测合格率达到 97%以上，生产基地蔬菜农药残留检测合格率在 98%以上，畜产品整体抽检合格率 99%以上，水产品检测合格率 97%以上。四是提升农业装备化水平。加强农田水利基本建设，节水灌溉面积达到 387 万亩，占有效灌溉面积的 74%，比“十五”末提高 18.7 个百分点。强化了农业设施化建设，蔬菜生产小区以节能日光温室为主，建设高标准畜禽养殖园区，建设节水型节能型水产养殖示范园区。高标准建设 20 个现代农业示范园、60 个现代畜牧业示范园区、41 个优势水产品养殖示范园。主要作物农业机械化综合作业率达到 75.73%，比“十五”末提高近 21 个百分点，位列全国第三名，农机化综合作业率比全国平均水平高 30%。五是提升农业产业化水平。引进和支持中粮集团、广东温氏、河南众品、南京雨润等龙头企业在天津农村建基地、上项目、搞合作，继续推广“龙头企业+农民专业合作社+基地+农户”的运行模式，大力发展订单农业，全市登记注册的农民专业合作社 1769 家，资产总额 47 亿元，辐射带动农户 26.77 万户，全市进入农业产业化体系的农户占全市农户总数的 83%，比“十五”末提高 13 个百分点。推广了“一村一品”模式，全市“一村一品”特色专业村发展到 320 个，其中达到国家标准的有 120 个，促进了一批优势特色产业和优势农产品的形成。资产超过 1000 万元的起点高、规模大、带动强的龙头企业发展到 140 家。六是提升供给保障化水平。在耕地资源没有增加的情况下，通过设施化提高亩产水平，使蔬菜、猪肉、禽蛋、牛奶自给率位于国内大城市自给率前列。在全国大城市中，天津菜篮子产品生产能力和保障市场供应能力最高。七是提升了农业功能化水平。随着设施农业的发展，拓展了都市农业观光休闲、教育体验、文化传承、辐射带动等功能，建成了水高庄农业科技示范园、第六埠“市民菜园”、中北镇曹庄子热带雨林和花卉市场、松江农业观光园等，延伸了农业产业链，满足了人们回归自然、返璞归真的个性化需求，增强了农业发展的后劲。

坚持“以工业化富裕农民”，促进农民收入快速增长。着力做好“以工促农、以工补农、以工兴农、以工富农、以工育农”的文章。以大项目好项目为重点，加快发展了农村工业，构筑高端化高质化高新化产业结构，大力整合了生物医药、电子信息、汽车配件、新型建材等优势产业，重点扶持一批企业集团、骨干企业，促进了开发区、乡镇工业区、产业集群的发展。用高新技术改造传统产业，用信息化来带动工业化，促进产业升级。加大招商引资力度，加大技改技革投入，严把技术水平关、资源消耗关、环境保护关，坚决杜绝高耗能高污染的企业在全市涉农区县落户。农村工业发展更多惠及职工和农民，有效增加了农民来自非农产业的就业收入。深化了乡镇企业产权制度改革，鼓励农民参股入股乡镇企业，增加了农民财产性收入。天津农村九个区县工业增加值2005年达到681.14亿元，2010年达到1739.48亿元，增加了1058亿元，平均每年增加500亿元；2005年全市农民工资性收入为3840元，2010年达到6401元，增加了2561元，平均每年增加500元以上。

坚持“以城市化带动农村”，加快城市化进程。加强了规划布局，构建科学合理的村镇体系，编制修订了总体规划和控制性详规。修建了基础设施，推进城市基础设施向农村延伸，重点建设了农村交通、饮水、供排水、供气、垃圾、污水处理等基础设施。健全了公共服务，把城市先进的公共设施与服务资源导入农村，重点推进市场信息服务体系、教育卫生服务体系、文化体育服务体系、社会保障服务体系“四个导入”。完善了体制机制，积极探索“政府主导、农民主体、社会主动”的工作机制，最大限度地调动农民参与的热情，让农民享受到实实在在的成果。天津首创以宅基地换房建设小城镇新模式，按照统一规划、政策引导、农民自愿、市场运作的原则，宅基地换房、大企业参与小城镇建设、农民合作实行旧村改造、依托产业支撑搞地产置业等多种模式不断完善，实现了农村土地资本化，达到开发建设资金的平衡，换住房、换股金、换资产、换就业、换保险、换收入、换身份，把改善农民住宅条件、发展非农产业、建设现代农业、增加农民收入、提升了农民社会保障水平、提高了农村公共服务质量、综合治理农村环境、彻底转变农民身份等八个方面统筹运作。积极稳妥引导农民向城镇集中，做好撤村建居、迁村并点工作，节约利用了土地，拓展了发展空间，缩小了城乡差距，较好地实现了农民安居、乐业、有保障，成为统筹城乡发展的成功模式，探索了一条加快郊区城市化建设的新途径。完成华明镇、小站镇、大良镇、葛沽镇、马家店镇、芦台镇桥北区、团泊镇、泗溜镇、军粮城镇、咸水沽镇、北闸口镇、大张庄镇、胡家园、大田镇、茶淀镇、太平镇、子牙镇等 17 个示范小城镇建设，100 万农民迁入小城镇居住。并且结合示范小城镇建设，推进农民居住社区、示范工业园区、农业产业园区“三区”联动的发展，用以解决农民“上楼”以后的就业出路问题。天津采取城镇建设用地增加与农村建设用地减少挂钩的办法，探索了既保护耕地又促进小城镇建设的新模式，利用“三改一化”的办法加快农村城镇化的进程。城市率 2010 年达到 60%，比“十五”计划期末提高 13.5 个百分点，是天津农村历史上城镇化发展最快的时期。小城镇建设投资 420 亿元，五年累计改造小城镇镇区道路 2096.1 公里，新建、改扩建了中小学 192 所、医院 150 所，新建住宅楼 4706.2 万平方米，居住小区的环境和档次有了很大的提高。改善了生态环境，开展了文明生态村建设，天津农村已经成为生态宜居城市水平的重要标志区。

坚持工业反哺农业、城市反哺农村，繁荣农村公共事业。提高了农村教育发展水平，加大对农村义务教育的投入，确保农村义务教育“两免一补”政策落实到位。建立健全新型农村合作医疗制度，让更多的农民得到实惠。加强卫生基础设施建设，推进乡镇卫生院标准化建设。健全农村三级卫生服务和医疗救助体系。建立了城乡统一的居民基本医疗保险制度。提高了农村社会保障水平，全面建立和完善农村社会养老保障、农村最低生活保障、农村“五保户”供养、特困户生活救助、灾民补助、农村养老补贴等制度，实现农村低保全覆盖，是全国平均水平的两倍多。

坚持推进乡风文明和精神文明建设，形成良好的村风民风。把培养新型农民作为全市农业农村工作的一项重要任务。普及科学、移风易俗，天津农村开展了“八荣八耻”教育活动，开展文化、科技、卫生“三下乡”活动，帮助群众解决生产生活中的难题，引导农民树立与现代文明相适应的思想观念和生活方式。加强农村文化阵地建设，完善基层乡镇文化站室、农家书屋、党员活动室、文化广场、村民活动中心等文化设施。广泛开展群众性精神文明创建活动，先后开展“讲文明、树新风”活动、创建文明村镇“五个一”活动等。

坚持推进农村民主政治建设，完善村民自治运行机制。完善村党组织领导，明确村党组织对村委会及其他村级组织的领导职责，理顺工作关系，增强两委合力，发挥堡垒作用。健全村务公开制度，让群众及时了解、监督村集体资产和财务收支情况，规范民主决策机制，健全完善村民会议、村民代表会议、村两委联席会议制度，制定决策程序和议事规则，保证决策的民主化和科学化。完善民主管理制度，完善村民自治章程、村规民约、财务管理制度，明确村干部职责，用制度规范村干部和村民行为，增强依法办事的能力。

天津农业农村始终坚持把“三农”问题作为工作的重中之重，紧紧抓住现代都市型农业发展这条主线，着力推进设施化建设、区域化布局、标准化生产、科技化支撑、品牌化带动、产业化经营的进程，经过二十年的发展，天津农业农村各项建设已走在全国现代都市型农业建设的前列。

大事记

1991年

1月14日 天津市农村继静海县大邱庄之后，又有武清县富强村、宁河县永兴村、宝坻县北王庄村、东郊区东埝村和苗街村5个村的工农业总产值突破亿元大关，成为郊县农村致富的排头兵。

1月18日 天津市武清县、宝坻县、宁河县、蓟县4个县被国务院授予“粮食生产先进单位”称号，并受到国务院的表彰。

1月25日~28日 市委、市政府召开全市农村工作会议，总结交流1990年的农村工作经验，部署1991年的任务。会议要求认真贯彻落实党的以经济建设为中心的一系列方针政策，坚持城郊型和外向型的发展方向和“服务城市、富裕农民”的方针，深化改革，依靠科技，增加投入，保持农村经济稳步、协调发展的好形势，努力开创农村工作新局面。市领导谭绍文、聂璧初、刘晋峰、张立昌、吴振、李原、肖元、李建国出席。市政府顾问王立吉主持会议，副市长陆焕生代表市委、市政府作了《认清形势、埋头苦干，努力开创农村经济和各项工作的新局面》的报告。

1月25日 市人大常委会主任吴振在市农村工作会议上讲话中指出，由于人为的浪费和占用，1990年全市共减少了5万亩耕地资源。今后必须严格控制非农占地，对乡镇企业和农民建房占地尤其要严格控制，乡镇企业“一占一大片”的情况必须改变。今后非农占地应当考虑向空间发展，尽量做到“占天不占地”。

1月28日 市农村工作会议确定1991年全市农村工作的奋斗目标：全市农村社会总产值达到300亿元，比上年增长13%，其中乡镇企业产值达到240亿元，增长14%。粮食总产量争取达到或超过1990年的实际水平；棉花总产量计划35万吨，增长14%；油料4.5万吨、蔬菜总产量268万吨，与去年持平；肉类总产量12万吨，增长2%；奶类8万吨，增长5.2%；果品10.5万吨，增长2%；水产品11万吨，增长1.5%；禽蛋产量19万吨，增长2%。农民人均收入1180元，增长7.2%。

2月 中国乡镇企业“十大百强”评选揭晓，天津市静海县大邱庄名列村级“十大百强”榜首。这次评选以1989年度的乡镇企业总产值为依据，在参选的全国2850个单位中选出全国乡镇企业产值最高的县、乡、村、企业各100名，号称中国乡镇企业“百强”，其中前10名为“十大”。

3月9日 市委、市政府召开全市植树造林动员大会，要求“全民动员、奋战5年，基本绿化津城”。到1995年，市区绿化覆盖率达到20%，人均公共绿地达到3.5平方米；农村林木覆盖率达到12.6%。市长聂璧初在讲话中要求天津市的绿化工作要走在全国的前列。

3月14日~15日 受国家科委和农业部委托，市农科院在津主持召开了“全国马铃薯脱毒微型种薯技术推广协作会”。来自全国12个省（自治区、直辖市）的26个科研、生产单位的68名代表参加。会议决定以市农科院蔬菜研究所为中心，建立“全国马铃薯脱毒微型种薯生产技术推广协作网”。

3月20日 聂璧初、刘晋峰、张立昌、吴振等天津市党政军领导同全市城乡82万人参加义务植树劳动，共植树66万株，平整土地27公顷。到4月上旬，全市共植树580万株，新建绿地21公顷。

4月 天津市农业金融部门1991年计划增加支农贷款11.4亿元，为夺取农业丰收创造良好的资金环境。资金已送到广大农民手中。信贷投向的重点是支持“菜篮子工程”新老基地的配套建设，支持农业综合治理开发和农业科技的推广应用。

本月 天津市农村村办工业发展迅速。据统计，全市已有村办企业7 752家，拥有固定资产22亿元。在全市乡镇工业200亿元年产值中，村办工业产值为107.5亿元，占50%以上。

5月25日 市人大常委会主任吴振视察南郊区小站稻机械化示范工程，并强调大家都要关心农机化，要共同努力把农机化搞上去，不能让我们的子孙还弯腰种地。

6月下旬 天津市完成农作物春播任务。春播农作物总面积416万亩，其中粮食作物302万亩，经济作物72万亩。水稻播种面积比上年增加27.5万亩，经济作物比上年增加21万亩，棉花比上年增加20万亩。大豆、谷子、红薯、杂粮等作物与上年持平。

7月8日 天津市召开秋菜生产会议。确定1991年种植8万亩，比上年计划面积减少20%，其中郊县及国营农场安排7.11万亩，塘沽、汉沽、大港3个区安排0.89万亩。全年大白菜定购总量2亿公斤，比上年减少20%。

7月15日~17日 市政府召开农村形势分析会，交流经验，制定完成下半年工作任务的措施。要求全市干部群众团结一致，扎实工作，振奋精神，全面完成农村各项工作任务，为发展天津市的大好形势做出更大的贡献。

7月22日~24日 市委、市政府召开天津市乡镇企业工作会议。要求全市上下共同努力，扎实工作，开拓进取，开拓乡镇企业发展新局面。市长聂璧初、市委副书记刘晋峰出席会议并讲话，副市长陆焕生做了题为《开辟乡镇企业发展新局面，为振兴天津经济做出更大贡献》的工作报告。

8月15日 天津市夏粮生产连续第7年获得丰收，总产量达6.21亿公斤。

8月16日 市政府召开表彰大会，市政府领导向在今年夏粮生产中成绩突出的静海、武清、蓟县、宝坻、宁河、北郊、西郊、大港8个区县和61个乡镇分别颁发了锦旗和奖杯，并要求加强秋粮作物管理，争取全年粮食丰收。

8月22日 市委召开农口科研院所汇报会。市农科院、水利科学研究所、水产研究所、农业机械化研究所等单位汇报了科研、科技成果推广取得的成绩、存在的问题及下一步发展设想。市委副书记刘晋峰在讲话中要求农口科研院所要认真落实科学技术是第一生产力的思想,狠抓科技兴农,把天津农业提高到新水平。

10月2日 在国家统计局对全国2300多个县(市)"七五"计划期间农业总产值统计排位中,天津市武清县以年均农业总产值4.57亿元被列入全国100个农业大县,名列第67位,也是天津市郊县唯一一个跨入全国百强县的县。

10月15日 被列入市政府1991年为人民办的20件实事之一的蓟县山丘区人畜饮水工程竣工并通过验收。该工程投资795万元,解决了蓟县山丘区86个自然村27702人和近6000头大牲畜的饮水困难。

11月6日 农业部发出通知,表彰全国乡镇企业家。天津市共有17人获全国乡镇企业家称号,其中静海县大邱庄农工商联合公司总经理禹作敏、宝坻县环球旅游帐篷厂厂长刘玉林获全国优秀乡镇企业家称号。

11月20日 根据农业部的部署,全市开展了评选市级乡镇企业家的活动。经过全市乡镇企业系统层层发动,逐级提名,区(县)党委、政府审核,市农委审定,市政府批准,全市评选出100名市乡镇企业家。其中王洪生(天津市富强纺织厂厂长)等17人被评为天津市优秀乡镇企业家;冯学棣(东郊区东南雨衣厂厂长)等83人被评为天津市乡镇企业家。长期以来,他们战斗在生产第一线,努力学习,刻苦钻研,勤奋工作,为农村经济发展做出了重大的贡献。

11月30日 市委副书记王旭东、市人大常委会主任吴振、市政府顾问王立吉会见了受到市政府表彰的15位天津市优秀乡镇企业家代表,并同他们合影和座谈,高度肯定和评价了乡镇企业家们在建设有中国特色社会主义事业中的贡献。

12月12日 国家科技奖颁奖大会在京举行。天津市农科院黄瓜研究所侯锋、吕淑珍主持选育成功的"津杂1~2号"黄瓜获国家科技进步奖三等奖,并受到表彰。

12月 被市政府确定为农业经济区域综合开发基地村的静海县东双塘村从大农业的角度确定本地的经济发展战略。推行的"农工牧并举、种养加结合"的经济发展模式创造了可观的经济、社会和生态效益。1991年全村各业总产值达到4000万元,粮食总产达到250万公斤。若按农产品年产量计算,全村2200余人,实现了人均1吨粮、人均1.5吨奶、人均1吨瓜果菜,为发展农村经济提供了具有广泛意义的经验。

是年 天津市推行农业部《兽医卫生监督实施办法》,组织畜牧、工商等部门对主要集市、屠宰加工经营单位和个体户进行联合检查。对农贸市场、摊群市场、酱制品加工点、冷库采取巡回检查和重点抽查相结合的办法;对有外采业务单位、个体经营者采取定期报表与不定期巡查相结合的方法进行检查。经检查,报表单位持证合格率达95%。

是年 全市农民人均纯收入1169元,比上年增5.9%。比当年全国农民人均纯收入710元多459元,相当于全国农民人均纯收入的159.6%。

是年 全市农村经济保持良好的发展势头。全年农村社会总产值达320.5亿元,同比增长15.7%。粮食总产量19.5亿公斤,连续第8年获得丰收;棉花总产量2.8万吨,同比增长83%。全年调整种植结构,增加了水稻、棉花的种植面积,减少了玉米、高粱的种植面积,扩大了引进良种、区域化种植、模式化栽培等科学种田的规模。乡镇企业完成总产值265亿元,利润总额18亿元,分别比上年增长25.7%和10%。

1992年

1月10日~13日 天津市召开农村工作会议。市委书记谭绍文讲话,市长聂璧初作了"全面贯彻落实党的十三届八中全会精神,进一步加快我市农村现代化建设步伐"的报告,张立昌、吴振、刘晋峰出席会议。会议要求全市广大干部群众进一步统一思想,振奋精神,明确目标,制定措施,以更加扎实的工作、更加崭新的姿态、更加稳健的步伐,努力开创本市农业和农村工作的新局面。

1月16日 市政府召开科技兴农先进集体、先进个人表彰大会。市农林局科教处、市蔬菜研究所等21个先进集体,姚振凡、丘玉秀、吕淑珍等100名先进个人受到市政府表彰。副市长陆焕生、市政府顾问王立吉向受到表彰的先进集体、先进个人颁奖。

1月 中共天津市委组织部印发津党组〔1992〕1号文件,任命郑守森为中共天津市委农村工作委员会书记。

2月25日 天津市历史上采用胚胎移植技术产出的第一头奶牛在北郊区南王平乡大吕庄村诞生。科技人员将奶牛胚胎移植到黄牛体内,经9个月的妊娠,产出1头黑白花的小奶牛。

2月27日 市长聂璧初到市农科院林果研究所调研,了解"中国果茶"生产情况,并指示要保持产品优质,对设备进行改造,建立高水平生产线,与大企业联合做大做强果茶产业。

3月5日 经国务院批准,天津市东郊区、西郊区、南郊区、北郊区4个郊区分别变更名称为东丽区、西青区、津南区、北辰区。

3月12日 市领导和全市城乡数万群众参加义务植树劳动,绿化津门。到4月下旬,市区及城镇共植树120万株,超额1.6万株完成任务。

3月下旬 市政府召开全市农机化工作会议。会议总结了"七五计划"期间天津市的农机化工作,传达了全国农机管理工作会议精神,部署了1992年全市的农机化工作。

3月 自1991年冬至1992年春,天津郊县农村开展了大规模的农田水利基本建设。全市累计投入劳动积累工2500万工日,完成土石方5700万立方米(超额完成市政府下达的去冬今春3800万立方米的任务),新增有效灌溉面积7.4万亩,新增除涝面积19万亩,恢复、改造水土流失面积25万平方公里。

4月 本市农业种植结构调整出现新格局。经济作物播种面积比上年增长1.2%,其中棉花比上年增1.5%,油料作物增0.95%,蔬菜增8.3%,水稻增13.7%。小麦、玉米、高粱、大豆播种面积分别比上年下降0.9%、3.4%、7.6%和3.4%。

5月13日 市政协主席刘晋峰到市农科院,同院、所领导座谈学习邓小平南方巡视讲话精神,鼓励院所加大改革步伐。

6月11日 市政府决定投资369万元,用3年时间(1991年~1993年)分别兴建鲫鱼、鲤鱼、白鲢鱼、罗非鱼4个鱼类品种繁育基地。

1~6月 天津市农村经济稳定增长。夏粮播种面积比上年减少6万亩的情况下仍获得好收成,总产量达6.2亿公斤,与上年持平,平均亩产290.4公斤,比上年增2.7%。蔬菜产量76万吨、肉类产量6.25万吨、鸡蛋产量9.28万吨、奶产品产量4.58万吨、淡水产品产量1.34万吨,分别比上年增长5%、12.8%、7.2%、8.5%和3.9%。

6月27日~7月4日 市水产局多次组织对虾增殖放流工作,共向渤海放流3厘米以上幼对虾3709万尾。

7月2日 天津市乡镇企业上半年生产势头好。完成产值152.3亿元,同比增长27%,实现利润8.36亿元,同比增长14.97%;开发新产品600多种(其中新开发的出口产品200种),新建企业1611家,完成出口交货值14.7亿元,比去年同期增长1.45倍。

7月上旬 天津农垦系统上半年加大改革力度,经济发展明显加快。1~6月,全系统新开办的房地产、运输、餐饮、旅游等40个经营实体。还进驻了天津经济技术开发区、保税区,并在珠海设点,在深圳办企业,在黑龙江省绥芬河、东宁,福建省福州等地建立边贸公司,发展外向型经济。上半年完成工业总产值1.44亿元,同比增长6.85%,实现利润1313万元,同比增长34.2%。合资企业实现利润1020万元,增长1.05倍。

7月28日 市委、市政府召开全市乡镇企业工作会议。市领导谭绍文、张立昌、吴振、刘晋峰出席会议并作出重要讲话,副市长陆焕生做了《抓住机遇发挥优势,奋力拼搏加速发展》的报告。会议号召,各级党政负责同志要抓住机遇,切实加强对乡镇企业的领导,努力形成齐抓共管、协同一致抓乡镇企业的局面,创造性地开展工作,实现本市乡镇企业超常规、跳跃式的发展,为振兴天津经济做出更大的贡献。

8月20日~23日 中国林学会、天津林学会在津召开城市林业研讨会。来自全国12个城市的56位代表就城市林业规划布局和战略重点与对策等内容进行了研讨。

8月下旬 在比利时布鲁塞尔举办的第30届国际评酒大会上，天津王朝葡萄酿酒公司生产的王朝半干白葡萄酒、王朝桃红葡萄酒、汉宫半干白葡萄酒、天宫桂花陈酒4种葡萄酒荣获金奖。因该公司连摘三届金奖桂冠，布鲁塞尔国际评酒委员会特授予该企业“国际最高葡萄酒质量奖”荣誉称号。

9月1日 特大强风暴潮傍晚袭击天津市沿海海域。海河闸最高水位达9.14米。塘沽、汉沽、大港等地受损严重，近万亩养虾池被潮水冲毁，部分农田受淹。

10月8日 全国人大常委会副委员长陈慕华视察了静海县大邱庄和东丽区东南雨衣服装厂等乡镇企业。

11月15日 改革开放政策将农民从田间引向市场，积极投身商品流通。据市有关部门不完全统计，进入流通领域的津郊农民总数约达50万人。

12月11日 天津市召开农村成人教育工作会议，确定全市在“八五”计划期间培训150万各类人员。基本实现每个农户培养一名科技致富明白人；县乡成人学校要为每个行政村培养8至10名中专毕业生；每个乡镇要培养3至5名大学毕业生；80%的初高中毕业生要达到初级技术员水平。加强乡镇企业职工全员培训，全面提高企业素质。

是年 全市粮食生产稳定发展。粮食作物播种面积841.9万亩，粮食总产达20.1亿公斤，连续9年获得丰收。

1993年

1月11日~13日 市委、市政府召开农村工作会议。要求各级领导高度重视农业和农村工作，认真解决当前存在的问题、抓住机遇，加快向社会主义市场经济转变，发展天津农业和农村工作的好形势。

1月19日 市委副书记、常务副市长张立昌在市农委主持召开扶贫汇报会。会议议定：从1993年起天津市扶贫工作重点为于桥库区141个迁建村和1991年人均收入不足500元的41个村，免征乡镇企业流转税、所得税；安排第二个五年库区扶贫基金每年400万元；市农工委、农委，市计委领导，市政府副秘书长，市政府办公厅分管农业的负责同志各包一个穷村，力争用3年的时间使农村人均纯收入达到1000元。

1月下旬 农业部对全国乡镇企业综合水平进行百分考评，上海、北京、天津居前3名。考评包括以下6项内容：农业人口人均乡镇企业产值、乡镇工业产值、乡村企业产值、乡村工业产值、乡镇企业职工占农村总劳动力的比例、乡镇企业产值占农村社会总产值量。前4项各为15

分,后两项各为20分。

2月1日 在发展农村经济过程中,天津市郊县农村积极发展支柱产业,壮大集体经济。到1993年1月,全市已有永兴村、苗街村、韩家墅村等15个村荣登“亿元村”金榜,成为本市发展农村经济中的佼佼者。

2月26日 中国气象局授予天津市汉沽区气象站为全国先进气象站的称号；并分别授予赵家顺(北辰区气象站站长)、黎贞发(天津市气象科研所)全国优秀气象站站长和全国优秀气象工作者称号。

3月1日 经过几年的发展,运输业已成为东丽区第三产业中的领先行业。该区已拥有大型运输货车4600多部,从业劳动力达到12000人,年运输能力1800万吨,年收入达4.12亿元,上缴税费近2000万元。

3月12日 植树节,市党政军领导同志到天津开发区同干部、职工及外国朋友一起参加义务植树劳动。

3月31日 天津市林木覆盖率稳步上升。到3月底,全市有林地面积126.1万亩,村旁、宅旁植树154.6万株,折合造林面积18.35万亩。同1986年相比,全市林地面积增加30万亩,林木覆盖率由7.57%增至8.99%。在林木中,榆树仍为“当家”品种,面积达22.4万亩,占总量的31%,其次为杨树、槐树、柳树。在全市12个有农业的区县中,林木覆盖率达到10%的区县依次是蓟县、北辰区、西青区。

4月1日 经国务院批准、天津市人民政府决定,放开全市粮食价格,取消粮食凭本定量供应的办法。对城镇居民、菜农、渔民、水库移民口粮销售价格全部放开,流通40年的粮票停止使用。同时对粮食定购价格也一并放开。

6月11日~8月14日 天津市塘沽区发生严重的虾病,养殖对虾发病面积达53393亩,占全市总养殖面积(67808亩)的78.4%,其中严重死虾面积51809亩,占发病总面积的97%。

6月15日 市委、市政府召开农业问题座谈会。市委书记高德占在讲话中强调,当前要进一步动员起来,抓住时机,千方百计搞好夏收夏种,力争今年粮食生产取得较好的收成;要发挥乡镇企业优势,保持乡镇企业强劲的增长势头;同时,要十分重视和切实抓好农村的精神文明建设。

7月21日 天津市第十二届人民代表大会常务委员会第一次会议任命陈钟槐为天津市农村工作委员会主任。8月14日,天津市人民政府第五次常务会议决定,陈钟槐任天津市人民政府副秘书长。

7月24日 市委、市政府召开减轻农民负担工作会议,进一步贯彻落实党中央、国务院关于减轻农民负担的 一系列指示精神。会议强调必须下大决心,采取更有力的措施,坚决把党中央、国务院减轻农民负担的各项要求落到实处，把这项工作向前推进一步，取得更好的成绩。

8月24日 天津市首批远洋渔业船队4艘8154型单拖渔轮，经过40多天的航行，抵达非洲几内亚洛斯群岛渔场并投入捕捞作业。

9月28日 市政府召开棉花工作会议，强调坚决落实棉花生产的各项优惠政策，进一步调动广大棉农的生产积极性。会议还决定提高棉花收购价格，落实收购资金，保证不打“白条”。

10月10日 市委书记高德占到蓟县检查三秋工作，看望于桥水库库区群众。指出加快发展农村经济，努力增加农民收入，是对农村工作的根本要求。全市各县都要围绕着这个要求精心运筹，抓好工作，这要作为对农村干部考核的重要内容。

10月13日 市畜牧局在北辰区召开推广定点屠宰、集中检疫工作现场会。推广生猪定点屠宰、集中检疫工作。之后开展了畜禽屠宰点（户）整顿工作，撤销了全市不合格的1283个屠宰场（点）。

10月30日 天津市决定大白菜购销价格放开。政府对菜农不再实行补贴，对上市大白菜也不再实行阶段性限价，国有、集体、个体、菜农将多渠道进市经营、平等竞争，价格随行就市。此前，天津市于1991年11月1日、1992年6月1日、1993年1月1日分别放开了鸡蛋、生猪、猪肉和牛奶的价格，从过去计划经济体制步入了市场经济的轨道。

11月5日 农业部印发《关于表彰先进农机化科技单位及科技工作者的通报》。天津市王金山、柴怀天、袁国民、蒲小平、韩金华、李家国、秦瑞海被评为“全国农机化科技先进工作者”；宝坻县农机化技术推广服务站被评为“全国农机化科技先进单位”。

11月6日 市政府召开农田水利基本建设动员大会，部署1993年冬季和1994年春季农田水利建设任务。津郊广大干部群众克服天寒和雨雪带来的困难，因地制宜，大搞农田水利建设。到11月底，全市共完成土方1722.7万立方米，投入劳动积累共924万个工日，清挖干、支渠374公里，改善灌溉面积30多万亩，增加蓄水能力770万立方米。

11月19日 天津市于该年大白菜价格放开后，市场呈现购销两旺景象。11月1至8日，日上市量约200万公斤，17日以后日上市量达400万公斤，均为优质净菜。

是年 天津农业遭遇大旱，病虫害多发，市农林局共实施飞机喷洒药剂65吨，防治农作物病虫害面积68.24万亩，其中飞机防治稻水象甲面积45.24万亩、蝗虫面积23万亩。防治面积为历年最多。

是年 由市农科院林果研究所研究员马冬青主持研制成功的“山楂沙司（蜜汁）饮料加工方法”和农作物研究所研究员邵景坡主持选育成功的“鲜食玉米新品种津鲜1号”获国家技术发明三等奖。

是年 全市粮食生产战胜严重的干旱灾害，总产达到19.98亿公斤，连续第10年获得丰收。农村居民年人均纯收入达1593元，比当年全国农村居民人均纯收入921.4元多出671.6元，高出73%。

1994年

1月21日~24日 天津市召开农村工作会议，研究部署加快农业和农村经济发展的目标和任务。会议强调，要继续深化农村改革，大力发展农村的社会生产力；要调整农村产业结构，优化资源配置，发展高产优质高效农业；要把乡镇企业作为重要的新的经济增长点，加快发展。

3月20日 天津市植树日，李建国、李盛霖等市党政军领导和城乡80万干部群众参加绿化、美化津城劳动。

4月12日 农业部公布全国重点种畜场名单，宁河原种猪场榜上有名。这是天津市第一家列入国家重点种畜场的企业。该场已形成基础母猪4500头、年测定种猪0.4万头、年供种猪8万头的规模。生产的种猪已销往河北省、内蒙古、辽宁省等18个省（自治区、直辖市），成为中国“三北”地区很有名气的种猪生产繁育基地。

5月16日 1994年天津市棉花种植面积达到40万亩，比上年增加26万亩。种植面积的大幅度增加的原因一是由于天津市政府出台了一系列措施鼓励农民多种棉花；二是棉花收购价格每百公斤上涨了百余元。

5月 农业部在天津召开“全国定点屠宰、到点检疫现场会”，充分肯定天津做法。

6月16日 市委书记高德占到王朝葡萄酒有限公司考察调研，对公司近年来取得的成绩给予充分肯定，并对公司在发展中遇到的问题提出了解决意见。

6月30日 上半年农口广大干部群众克服困难，真抓实干，保持了农村经济的快速发展。国内生产总值完成106.4亿元，比上年同期增长15.9%，农民人均现金收入956元，比上年同期增长35%，成为全国增长幅度最大的地区之一。

7月28日 天津市夏粮获较好收成，总产达50.76万吨。夏粮播种面积179.39万亩，比上年减少了27.58万亩。

8月21日 经市农委和市体改委批准组建的乡镇企业集团已达53家，占目前天津市级企业集团总数的一半以上。这53家市级乡镇企业集团共涉及机械、冶金、化工、纺织、服装、地毯、电子、食品等行业，基本囊括了本市乡镇企业现有的骨干行业，是这支产业大军的核心部分。

8月下旬 第五届“中国十大杰出青年”评选在北京揭晓。天津市西青区王兰庄党支部书记郭宝印榜上有名。

9月4日 宝坻县被农业部、国家计委等7部委列入全国50个生态农业试验县。该县运用科学手段，合理配置地域资源，使农业结构布局日趋合理，农业生产走上了良性循环发展的轨道，有效地促进了全县经济效益、社会效益和生态效益的均衡发展。

9月17日 东丽区华明实业公司总经理刘乃兰荣获民政部颁发的“孺子牛奖”。刘乃兰在华明公司所属10个企业中安排228名残疾人就业，并为他们上了各种保险。她的一片赤诚爱心得到了广大残疾人的尊敬和爱戴。

9月24日 天津农垦集团所属欧娜公司举行成立10周年庆典。市政协主席刘晋峰到会祝贺并为公司题词：“中日合作十年，欧娜荣誉九州”。欧娜公司是中国首家中外合资生产渔具的企业，生产的欧娜牌钓鱼用具畅销国内外。

9月26日 市农科院召开庆祝建院15周年大会。市政协主席刘晋峰，市人大常委会副主任王成怀，副市长朱连康，老同志吴振、王立吉到会祝贺。市农科院是天津市唯一的一所综合性的农业科研机构，建院15年共取得178项科研成果，其中128项成果获国家、部（市）奖励。科研成果已推广到全国20多个省（自治区、直辖市），每年为社会创经济效益10亿多元。

11月13日~15日 农业部在北京召开全国乡镇企业表彰会。中共中央政治局委员、国务院副总理姜春云，国务委员陈俊生出席会议并讲话。会议表彰了1000名全国乡镇企业家。天津环球企业集团总经理刘玉林获得“中国乡镇企业功勋”称号。天津亚中实业公司总经理张振宏、津海集团公司总裁张延年、尧舜集团公司总经理禹作尧获得“全国优秀乡镇企业家”称号。天津富强集团总经理王洪生等28人获得“全国乡镇企业家”称号。

11月26日 天津市人民政府印发“关于表彰天津市第二届乡镇企业家的决定”。授予刘玉林等32名同志天津市第二届优秀乡镇企业家称号，授予冯学棣等157名同志天津市乡镇企业家称号。

12月1日 市农科院研究员牛景主持选育成功的“金珠1号”粳稻新品种被科技部确定为国家科技成果重点推广计划项目，自1995年起在全国推广。这是该年科技部确定的重点推广计划项目中唯一的粳稻品种。

12月11日 市农委组织的“农村带头人工程”开始实施，首批1200名学员开课学习。“农村带头人工程”是市农委为全面提高农村干部素质，以适应市场经济需要而组织实施的。目标是到2000年将全市3800多个村的党支部书记、村委会主任、村办企业经理及其后备干部共2万多人进行培训和提高，并使50岁以下的村级主要干部及其后备干部达到中等专业水平。

12月13日 中共中央总书记、国家主席江泽民视察武清县后蒲棒村。后蒲棒村党支部书记、全国优秀乡镇企业家、亚中实业公司总经理张振宏汇报了村里的情况。

同日 中共中央总书记、国家主席江泽民莅临中法合营王朝葡萄酿酒有限公司视察，详细询问了公司生产、经营情况，勉励干部、职工认真做好酒，办好合资企业。

是年 市畜牧兽医局制定了《关于加强农贸摊群市场规范化管理,让市民吃上放心肉的实施方案》《关于推行定点屠宰,加强肉品卫生检疫工作实施方案》。全年全市建成肉品规范化管理市场102个,建封闭摊亭1141个,上市肉品持证合格率保持在95%以上。

是年 市农科院研究员王文科经3年努力,研究成功鸡传染性法氏囊病综合防治技术。在天津市郊区(县)养殖的700多万只鸡进行了防治,免疫保护率在95%以上,基本控制了该病的发生和流行。该项研究获1994年度天津市科技进步奖一等奖。

是年 改革开放15年来,天津市农村经济发生了历史性的变化,形成了农、林、牧、渔全面发展,农工建交商共同繁荣的新格局。非农产业成为农村经济的主体,非农业产值占农村社会总产值的比重由1980年的60%上升到1994年的90%;全市乡镇企业1994年底达4.8万家,从业人员102万人,年产值达549亿元;农业结构向着商品化、专业化方向发展,林、牧、渔业产值占农业总产值的比重达42.5%;农副产品商品率由1985年的60.4%提高到1994年的76.7%。农民人均纯收入由1980年的293元增加到1994年的1956元,增长5.7倍。

1995年

1月21日 天津市召开农口领导干部会议。总结部署农业和农村工作。要求围绕3年实现小康和增加农产品有效供给、增加农民收入三大任务,以改革开放为动力,定出更高的工作目标,突出重点,加大组织推动力度,保持经济持续、快速、健康发展的势头,促进农村各项工作登上新台阶。农口乡镇以上、市有关部门负责同志共1000多人参加了会议。

2月14日 由津南区何庄子村和津南区工商局共同管理的何庄子蔬菜交易市场年交易额突破5亿元,成为天津市最大的蔬菜购销基地,并跻身全国十大蔬菜批发市场和百强集贸市场行列。

3月7日 来自农口的区县局院的主要负责同志向市农委及市政府递交了1995年工作目标考核责任书。工作目标考核内容有国内生产总值、农民人均纯收入、农业生产、副食品生产、乡镇企业、外经外贸、小城镇建设、小康村建设等12项内容。

3月13日 市委、市政府召开全民义务植树动员会议。总结部署全市造林绿化工作,表彰1993年至1994年绿化工作先进集体和个人。会议要求,全市各级干部和广大群众要进一步增强绿化意识和紧迫感,全市动员,全民动手,下大决心迎头赶上,大搞造林绿化,加快绿化津城的步伐。

3月15日 市政府召开"菜篮子"工程建设经验交流会。会议认真贯彻中央农村工作会议精神,落实市委对"菜篮子"建设的要求,安排部署新一轮"菜篮子基地"建设。西青区上辛口乡、小南河养殖公司，北辰区青光养鸡总场，宁河原种猪场介绍了“菜篮子”工程基地建设的经验。

3月22日 第六届全国优秀企业家（金球奖）评选结果在北京揭晓（共20名），天津王朝葡萄酒公司总经理徐文恒榜上有名。4月，徐文恒被评为全国劳动模范，29日，徐赴京出席全国劳动模范和先进工作者表彰大会。

4月8日 静海县陈官屯镇鼓励农民土里淘金，发展创汇农业。由该镇30多个农副产品深加工企业精心腌制的冬菜及各种腌制菜一年四季出口美国、日本、马来西亚等16个国家和地区，年出口量达0.8万吨，创汇500多万美元。

4月12日 市委、市政府召开农村工作电话会议。强调要进一步巩固和加强农业基础地位，抓好“菜篮子”“米袋子”，以增加城市有效供给、提高农民收入为目标，促进农村经济全面发展，把全市农业和农村工作提高到新水平。

4月12日~16日 农业部在津召开全国治蝗工作会议。

4月18日~20日 为了促进北京天津两市农业区域合作，两市农委（农办）、农科院的有关领导、专家在津举办了“京津农业发展研讨会”。北京市农办副主任聂玉藻，北京市农科院院长董克勤，天津市农委副主任张树明，市农科院党委书记翟焕元、院长路凯旋和有关专家、科研人员参加了会议。与会同志交流了两市农业的基本情况，分析了京津两地农业的优势和互补性，讨论了两市农业合作的前景。并议定设立“京津农业发展和农业区域性合作研究”课题，就目前两市农业发展及区域合作的主要问题，提出可操作性的建议。

5月18日 天津市发布1994年度科技进步奖获奖公告。由天津市农科院蔬菜研究所研究员王炳君主持的科研项目“马铃薯脱毒微型种薯开发研究”获天津市科技进步奖一等奖。

5月27~29日 全国绿色食品工作会议在津召开，来自全国30个省（自治区、直辖市）和计划单列市的160多人参加了会议。会议总结了5年来全国绿色食品开发、管理工作取得的成绩和经验，分析了发展绿色食品面临的国内外形势，提出了今后的任务和措施。

6月4日 市农委组织的“农村带头人工程”实施半年来取得丰硕成果，共培训村级干部2418名，提高了广大农村基层干部的素质，促进了科技兴农工作的开展和农村经济的发展。

6月23日 为全面、客观、公正地展示中国乡镇企业的经济实力和对中国农村经济的重大贡献，农业部乡镇企业局、中国乡镇企业协会联合会组织开展了对全国的乡镇企业进行排序。23日在京公布了排序结果，天津市静海县尧舜集团被评为中国最大经营规模乡镇企业。

7月10日 天津市种植的210万亩小麦总产超过6.5亿公斤，比上年增长3成，总产还是单产增幅都突破了历史最高水平。

7月12日 市政府召开农业生产经验交流会。总结交流夏粮丰收经验，学先进、找差距，以夏促秋。张立昌市长讲话，就进一步抓好大秋作物管理，夺取全年的粮食丰收做了具体部署。

7月20日 天津市乡镇企业上半年完成总产值523亿元、总收入375亿元、利税总额42亿元,分别比上年同期增长40.3%、46.8%和40.7%。

8月7日 市委副书记李建国到市农科院调研,要求市农科院做好"科技兴农"这篇大文章,当前首要任务是为天津市的"菜篮子工程"和"米袋子工程"搞好技术服务。

8月19日 8月上旬在塘沽区首次发现植物检疫对象美国白蛾。8月19日,市政府在塘沽召开现场会,部署美国白蛾的查治工作。经过近1年的工作,到1996年7月,全市第一代"美国白蛾"除治工作基本结束,基本控制了其危害。

9月5日 国务院副总理姜春云在津视察期间,对市农作物研究所选育成功的"津星1号"水稻新品种示范现场予以赞扬,并指示要搞好"津星1号"水稻新品种的推广工作。

9月20日 静海县西翟庄乡发挥当地传统柳编技术的特长,开发出300多种工艺花色新、质量好、很受市场欢迎的柳编花篮、花环等不同规格的工艺品。并出口到美国、日本、德国、东南亚等20多个国家和地区,既为国家创收了外汇,又为农民找到了致富门路。

9月22日 经过5年的发展,天津市绿色食品产业初步形成了管理、生产、加工和经销一体化的产业体系。已开发出五大类39个品种的绿色食品,约占全国绿色食品标识产品总数的6%;建立了中国绿色食品发展中心食品监测站,承担绿色食品监测标准制订和送审样品监测,监测范围覆盖西北、华北七省二市。

9月25日 天津市召开棉花工作会议。会议指出,1995年全市棉花产量将比上一年有较大幅度增产,棉花收购价格比上一年提高了40%。副市长张好生、朱连康在讲话中进一步明确了重大政策问题:棉花继续由供销社统一收购、统一加工、统一经营,不放开棉花市场,不放开棉花价格,不放开棉花经营。不能出现交棉难、调棉难等问题,更不能给农民"打白条"。

9月26日 中法合营王朝葡萄酿酒有限公司隆重举行开业十五周年暨新厂房落成庆典。中共中央政治局常委、全国政协主席李瑞环为王朝公司题词"王朝酒美誉长城";法国驻华大使专程到津祝贺;市领导刘晋峰、潘义清、张毓环、叶迪生、朱连康、陆焕生等出席。

11月初 在第二届全国农业博览会上,天津展团获金奖8个、银奖8个、铜奖5个,占天津参展产品的84%;并获得了第二届全国农业博览会组织一等奖和设计一等奖。成为本届博览会38个展团中成绩最好的单位之一。

11月27日 全国政协副主席、中国工程院院长朱光亚视察市农科院黄瓜研究所,并为黄瓜研究所题词"科研攻关与科技体制改革的典范"。

11月29日 天津市"八五"计划期间(1991年~1995年)"菜篮子"工程建设取得了显著的成绩。国家投入13亿元,集体和农民投入10亿元,建成了蔬菜基地、瘦肉型生猪基地、蛋鸡基地、奶牛基地、水产品基地、肉鸡基地。实现了基地稳定、总量增加、均衡上市、供给充裕、市场繁荣,菜、蛋、禽、鱼、奶自给自足,多次受到中央领导同志的肯定和兄弟省市的称赞。1994 年国务院副总理朱镕基到津视察时曾说:“在各大城市中,天津的菜篮子工程是搞得最好的地区之一”。

12 月 31 日 到 1995 年 12 月底,全市乡镇企业已发展到 4.8 万家,从业人员达 102 万人,占农村劳动力总数的 60%以上。不仅为农村剩余劳动力转移开辟了出路,在以工补农方面也发挥着重要的作用。乡镇企业收入已占农村总收入的 85.4%,成为农村经济的重要支柱。

是年 天津市大港区、静海县、西青区、东丽区发生夏蝗灾害。全市组织飞机防治面积近 88.2 万亩,组织人工防治面积约 10 万亩。

是年 天津市农业获得好收成,全年粮食产量达到 20.75 亿公斤,创历史最好水平,单产超过 300 公斤,各类蔬菜总产达 412 万吨、禽蛋 25 万吨、肉类 20 万吨、水产品 13 万吨、鲜奶 13 万吨。乡镇企业产值达 1000 亿元,发展速度高于全国平均速度 1.5 个百分点。农民人均纯收入 2400 元,比上年增加 400 元。

1996 年

1 月 10 日 天津市第十二届人民代表大会常务委员会第 21 次会议通过《天津市家畜家禽检疫条例》,对全市畜禽屠宰、畜禽及其产品检疫、兽医卫生监督管理、法律责任等第一次做出明确的规定,并于公布之日(1 月 26 日)起施行。

同日 《天津市基本菜田保护条例》经天津市第十二届人大常委会第 21 次会议审议通过,并于公布之日(1 月 27 日)起施行。

1 月 24 日~25 日 天津市召开农村工作会议,安排部署 1996 年农业和农村工作,提出“九五”计划期间天津市农村经济的发展思路、奋斗目标、重点工作和主要措施。强调要认清肩负的重要使命和责任,努力做到经济增实力、生产增效益、农民增收入,迈好“九五”发展第一步,为全市实现“翻两番”做出更大贡献。

2 月 1 日 科技部将国家有突出贡献的科技专家、市农科院研究员吕淑珍主持选育成功的“津春 4 号”黄瓜确定为国家重点科技成果推广计划项目向全国推广。“津春 4 号”黄瓜育成仅两年的时间即推广到全国 20 多个省(自治区、直辖市)。

2 月 17 日 市植保植检站被评为全国治蝗先进集体,于志宣等 5 名同志被评为全国治蝗先进工作者。

3 月 20 日 市领导高德占、张立昌、房凤友、刘峰岩等分别到天津经济技术开发区和杨柳青森林公园参加植树劳动。全市城乡有 16 万人参加义务植树劳动,共完成植树 13 万株。

4 月中旬 天津市首期乡镇长培训班在中共天津市委党校开班。该班配合教学,采用交流工作经验、参观典型乡村和开展专题讨论等多种形式，探讨新形势下如何当好乡镇长。经过培训的乡镇长们政治素质、业务素质和认识问题、分析问题的能力普遍有不同程度的提高。

5月14日 天津市农业科技出口史上数额最大的一宗项目——“马铃薯脱毒微型种薯快繁技术”以100万美元向美国进行技术转让。转让（出口）合同签字仪式在天津宾馆举行。市委常委、副市长曲维枝出席签字仪式，并会见了美国国际农技公司总裁罗伯特·伯力特。

5月23日~25日 北京、上海、天津、广州、武汉、重庆、西安、沈阳、南京、哈尔滨等全国十大城市“菜篮子”产销体制改革经验交流会在津召开。中央政治局委员、国务院副总理李岚清在讲话中强调，要高度认识“菜篮子”工作的重要性，使“菜篮子”实行市长负责制真正落到实处，精心组织实施新一轮“菜篮子工程”，进一步发展生产，搞活流通，保障供给。全国十大城市领导分别介绍了“菜篮子”产销体制改革的经验，在一系列重大问题上取得了共识。

5月30日 天津市首批小麦收割机在举行了简短的仪式后，奔赴山东省济宁市帮助当地完成麦收任务。6月4日，本市第二批小麦联合收割机开赴河北省衡水地区麦收现场。

6月4日 天津市金钟、红旗、何庄子蔬菜交易市场已成三足鼎立之势，日上市量超过260万公斤，出现了前所未有的好势头。

6月7日 天津市发布1995年度天津市科技进步奖获奖项目公告。市农科院黄瓜研究所吕淑珍主持完成的“‘津春4号’黄瓜新品种选育”获1995年度天津市科技进步奖一等奖。

6月13日 市政府召开全市基本农田保护区规划工作动员会，安排部署全市基本农田保护区规划工作。全市基本农田保护区规划面积为640万亩，其中一级基本农田保护区为450万亩，长期内不得占用；二级为140万亩，规划期内不得占用；三级为50万亩（3.33万公顷），规划期内可以调整占用。

6月26日 16时45分，西青区李七庄乡倪庄村村办企业大华化工厂发生重大爆炸事故，造成19人死亡。6月28日，天津市政府农业办公室、市乡镇企业局在李七庄乡召开全市乡镇企业安全生产紧急现场会。副市长朱连康、市农办副主任李瑞营出席，并对全市乡镇企业系统安全生产提出要求。

7月4日 由于玉米价格回落，生猪价格缓慢回升，使上半年天津市生猪生产处于稳定状态。到6月底，全市生猪存栏89万头，母猪存栏8.6万头，分别比上一年同期增长1.1%和2.1%，累计出栏82万头，与上一年同期持平。

7月22日~23日 市农口召开上半年经济形势分析会。会议要求各区县要加强领导，下大力量巩固发展壮大农村集体经济，继续抓好农村基层党组织建设，上下一心，励精图治，真抓实干，促进农业和农村工作的全面发展。

8月26日 天津市第十二届人大常委会第26次会议通过任命崔士光为天津市农村工作

委员会主任。

10 月 23 日 天津市大站集团公司生产的力字牌低压阀门系列、天津市津武鞋业有限公司生产的武波牌机制线缝鞋、天津市津海钢管公司生产的津登牌焊接螺旋焊管等 10 种乡镇企业产品首次(批)被天津市人民政府命名为“天津市名牌产品”。

10 月 24 日 市政府召开 1996 年防汛抗洪总结表彰大会。授予天津市气象局“1996 年防汛抗洪先进集体”称号。

10 月 31 日 列为 1996 年市政府 20 件实事之一的北方地区最大的生猪批发交易市场正式开业,副市长朱连康为开业剪彩。该交易市场投资 400 万元建成,位于宝坻县城西高家庄乡境内,占地 90 余亩,主要从事生猪及其产品的交易和贮运。生猪日交易量在 2000 头以上,年交易量可达 70 万头。场内配有兽医、化验设备,以确保城乡居民吃上放心肉。

11 月 2 日 1~10 月,武清县制鞋业强化企业管理,提高产品档次,经济效益稳步增长。1~10 月完成产值 6.4 亿元,销售收入 4 亿元,比上年同期增长 20%以上,产品远销欧洲、亚洲、美国等 20 多个国家和地区。制鞋业已经成为武清县重要的支柱产业之一,出口产值已占全县总出口产值的 10%以上。

11 月 6 日 天津市科技人员开展的“京津农业比较研究”通过了专家评审。该项研究从系统比较京津两市农业发展的区域性特征入手,研究了京津两市农业在生产条件、生产水平、经营管理及科技进步等方面的同一性和差异性。借鉴北京农业的发展经验,对天津农业的发展与建设,特别是区域经济发展中的地位与作用以及天津市农业发展应解决的突出问题提出了建设性的意见。

11 月 23 日 天津市从 1994 年开始实施的农业综合开发取得显著的经济效益。3 年间共安排 2800 万元中央投资,市、区(县)安排了 5600 万元财政配套资金。共改造中低产田 22 万亩,开发荒地 6 万亩,新增粮食生产能力 0.7 亿公斤,项目区 11 万农民人均增加纯收入 900 元,有力地促进了本市农业和农村经济的发展。

11 月 27 日 市人大常委会举行第 28 次会议,通过了《天津市农业机械管理条例》(共 7 章 51 条),对农业机械的生产、销售、维修、安全监督及加强农业机械的科学研究、引导、推广做了详细的规定。

同日 市人大常委会第 28 次会议通过了《天津市基本农田保护条例》(共 5 章 39 条),对基本农田的规划与划定、保护与管理等做了明确的规定。

12 月 20 日 为贯彻落实“十分珍惜和合理利用每寸土地,切实保护耕地”的基本国策,天津市政府有关部门对全市所有砖瓦窑企业进行调查摸底,决定在 1996 年关闭 16 个、1997 年关闭 15 个砖瓦窑厂。

是年 天津市乡镇企业狠抓产品质量、加快实施名牌产品战略取得明显成效。国家质检监督部门抽查天津市乡镇企业生产的53种产品，合格率达86.8%，比全国同期平均合格率高6.4个百分点；出口产品商检合格率连续5年在99.7%以上，创历史最好水平。

是年 全市农口完成国内生产总值435亿元，比上年增23.1%，农民人均纯收入3142元，比上年增22.88%。大灾之年农业生产仍获得好收成，粮食总产20.7亿公斤，成为天津市粮食生产历史上第二个高产年。蔬菜总产量416万吨、肉类总产量22万吨、禽蛋产量24万吨、水产品产量15.7万吨、牛奶产量11万吨，分别比上年增长3%、13.63%、1.9%、2.7%和1.6%。

是年 中共十四大以来，天津农村经济结构形成了农林牧副渔全面发展，农、工、建、交、商共同繁荣的局面。乡镇企业二次创业再创佳绩，成为农村经济的主体。非农业产值占农村社会总产值的比重由1991年的81.9%提高到1996年的89.9%。

1997年

1月12日 天津市扶贫工作取得显著成绩，扶贫攻坚计划提前实现。全市175个贫困村人均年纯收入达到1550元，每个村都超过1300元，提前一年实现市政府于1994年提出的“奋战4年，使全市175个贫困村全部脱贫，人均年纯收入达到1300元”的扶贫攻坚计划。

1月21日~24日 市委、市政府召开天津市农村工作会议。副市长朱连康在会上做了题为《把握全局，开拓前进，推动我市农业和农村经济再上新水平》的报告。市委书记高德占出席会议，并在讲话中提出要继续加强农业的基础地位，紧紧围绕增加农副产品有效供给和增加农民收入、积极推进两个根本性转变，进一步全面繁荣农村经济，把农村两个文明建设推向新水平。

1月24日 市农村工作会议召开专门会议，落实1997年全市粮食和副食品生产计划，并已分解下达落实到各区(县)、乡、村。1997年全市粮食总产量21亿公斤，力争21.5亿公斤；蔬菜424万吨、肉类21万吨、禽蛋22万吨、牛奶11万吨、水产品14万吨。

3月4日 市委、市政府召开全民义务植树动员会议，总结工作，表彰先进，部署1997年的造林绿化任务。市委书记高德占在讲话中要求全市各行各业要把全民义务植树工作更好地开展起来，加快天津造林绿化步伐，推动天津市的造林绿化工作再上新水平。各区、县和绿化部门向市政府递交绿化工作责任书。

3月5日 天津市水产业稳步发展。水产养殖中海水养殖面积达到7.58万亩，淡水养殖面积达到43.51万亩，分别比1995年底增加1.34万亩和3万亩。海淡水养殖投放种苗、鱼苗分别为7.25亿尾和3400万尾，分别比上年增加1.07亿尾和3400万尾。在养殖产量方面，1996年全市海水养殖总产量达12.55万吨，比1995年增1.18万吨，增产10.4%。

3月 在第三届中国乡镇企业出口商品展览会上，天津市的400多种出口产品参展，其中49个产品获金银质奖，158个产品获优质奖，获奖总分在全国35个展团中名列第二。

4月8日 全市人民关心的吃放心肉工作取得新的进展。全市生猪定点屠宰秩序已经基本理顺。近几个月，共取缔不合格的生猪屠宰点1200个，建成生猪定点屠宰场82个，地屠地销的186个，形成了年屠宰生猪150万头至200万头的屠宰能力。生猪屠宰设施环境得以改善，肉品检疫检验水平得以提高，使防病灭病和肉类卫生有了可靠的保证，从而为城乡居民吃上放心肉打下了坚实的基础。

4月17日 天津市蓟县水土保持工作站被人事部、水利部评为全国水土保持先进集体。

4月22日 农口召开区县局领导干部会议，总结通报第一季度农业和农村工作的形势，安排部署第二季度工作。第一季度农口干部群众团结奋斗，扎实工作，各项工作启动快，抓得早，成效明显，共完成国内生产总值98.82亿元，比上年同期增28.1%，农民人均现金收入1009元，同比增长11.1%。粮食生产、副食品生产和乡镇企业都取得了好成绩。会议要求二季度的工作要立足于往前赶、抓落实，主要经济指标和主要工作进度要力争实现时间过半，完成任务过半，为全年工作打下坚实的基础。

5月6日 经天津市政府批准，天津市成立农业综合开发领导小组，下设市农业综合开发领导小组办公室，为常设机构。其主要任务是结合天津市农业后备资源开发和农业现代化建设，按照保护耕地和可持续发展的基本国策，修订完善天津市中长期农业综合开发规划，研究有关农业综合开发方面的政策，提供领导小组决策参考；全力组织实施好天津市的农业综合开发计划。

5月18日 全市春季造林任务圆满完成。共完成造林面积21.2万亩，其中农田林网完成10.4万亩，片林8094亩，经济林完成76680亩，村宅旁植树188万株。

5月20日 被列为全国土地管理综合实验区之一的武清县，重视农业土地资源的保护。坚持农田保护规划与土地开发复垦相结合，实现了用地与开发的动态平衡，两年来全县耕地面积增加1200亩。

6月上旬 市长张立昌、副市长朱连康及市政府秘书长张惯文深入到武清县、静海县、北辰区、西青区检查“三夏”工作。张立昌强调，“三夏”生产关系到全年粮食丰收和农民切身利益，抓好这项工作对于稳定农村，加快农村的改革和发展都有十分重要的意义。农村各级党委和政府要努力打好“三夏”这一仗，再创夏粮生产的历史最好水平。

7月26日 全市夏粮产量达7.74亿公斤，比1996年同期增产1.005亿公斤，增长14.9%；平均亩产341.5公斤，比去年提高37.2公斤，增长12.2%。夏粮总产和平均亩产创历史最高水平，也是天津市夏粮生产连续3年获得大丰收。

7 月 30 日 天津市关于农作物种子管理的第一部地方法规《天津市农作物种子管理条例》由天津市人大常委会通过并颁布实施。

8 月 10 日 1 至 7 月，王朝葡萄酿酒公司生产各种葡萄酒 1374 万瓶，实现销售收入 2.73 亿元，利税 1.37 亿元，分别比去年同期增长 23%、75.8%和 40.3%。其产品在国内市场占有率高达 50%以上，还远销美国、英国、加拿大、日本、法国、澳大利亚、新加坡等 20 多个国家和地区。

9 月 17 日 市远洋渔业公司派出“天宏”等 5 艘鱿鱼钓船和“海丰 2022”冷藏运输船赴福克兰渔场(公海)从事鱿鱼捕捞作业。

9 月 29 日 全市淡水渔业生产保持了持续、健康发展的好势头。全年共开发淡水鱼池塘 5.1 万亩，养殖面积已发展到 44.97 万亩，累计投放各类鱼种、鱼苗 2.71 亿尾。名特优水产品增养殖步伐加快，投放量达 8907 万尾，占总投放量的 30%，并建立了名优特水产品养殖示范区，进一步推动了本市名特优水产品养殖业的发展。

9 月 30 日 天津市果品总产达到 2.5 亿公斤，创历史最高水平，产品质量也有提高。目前全市以村为单位的果园有 1762 个，其中果园面积占村耕地面积 50%以上的果品专业村有 307 个。

10 月 17 日 市妇联召开农村女能手座谈会。来自郊县的优秀女能手、乡镇优秀女企业家、女农艺师、女技术员及基层妇联干部代表参加。与会人员结合当前农村经济改革、农业产业化、科技兴农等实际，畅谈了学习党的“十五大”精神的体会。副市长朱连康出席会议并在讲话中希望全市广大农村妇女认真学习贯彻“十五大”精神，为振兴农村经济继续发挥主力军作用。

10 月 17 日~19 日 中央政治局常委、书记处书记胡锦涛在市委书记、市长张立昌等陪同下到宝坻县、西青区考察农村经济发展和农村基层组织建设情况。考察时强调要紧密结合农村实际，深入学习贯彻“十五大”精神。坚持党的基本路线和党在农村的基本方针政策不动摇，加强农村基层组织建设不放松，抓住机遇，乘势而上，为实现农村跨世纪的发展目标而奋斗。

10 月 28 日 经市委、市政府批准，天津市农工商总公司改名为天津农垦集团总公司，并正式挂牌成立。农业部部长刘江，市委书记、市长张立昌，市政协主席刘晋峰等分别为天津农垦集团总公司成立题词。

10 月 31 日 由于经济效益突出和社会资金多方投资养猪业，本市生猪生产呈良好发展态势。截至 10 月底，全市生猪存栏 108.39 万头，比上年同期增加 17.53%；累计出栏 165.19 万头，比上年同期增加 18.68%。

11 月 14 日 由天津市畜牧兽医局、市商委、市工商局共同提出，并经市政府同意建立的天津市金钟河、何庄子、第二冷冻厂三大猪肉批发市场正式开始运营。凡进入天津市销售的猪肉必须在三大批发市场进行批发，经检查(检疫)合格换证后才能上市销售。市畜医卫生监督检疫所对三大猪肉批发市场派驻专职人员监督检查。

11月15日 天津市大白菜喜获丰收，总产量达到6.5亿公斤，比上一年增加1亿公斤。播种面积为16万亩，同比增加2万亩。为城乡居民的冬季蔬菜供应奠定了基础。

11月18日 农业部为“金钟蔬菜批发交易市场”正式颁发和悬挂“全国定点鲜活农产品中心批发交易市场”牌匾，成为天津市继何庄子蔬菜批发交易市场之后第二家国家级蔬菜批发交易市场。该市场是由东丽区赵沽里投资1400万元于1996年春建成的大型蔬菜批发交易市场，日成交量在150万公斤以上，占全市蔬菜日消费量的40%，成为市区最大的“菜篮子”之一。

11月24日 随着蓟县最后44个村全部安装并开通直拨国内外电话，全市3833个行政村全部通电话，成为继江苏省之后全国第二个实现所辖区域内村村通电话的省市。

是年 由市畜牧兽医局高级畜牧师叶月皎主持、该局科技工作者参与完成的“百万头瘦肉型猪综合技术推广工程” 成果获1997年度天津市科技进步奖一等奖；“天津市良种肉牛及配套饲养技术”成果获1997年度农业部农牧渔业丰收计划奖一等奖。

是年 本市农垦系统深化改革，转变经济增长方式，加大技术创新力度，各项工作焕发生机。全系统共完成国内生产总值3.6亿元，实现利税1.24亿元，分别比上年增长6.5%和4.5%。粮食总产量达到13926吨，水果总产量3104吨。鲜切花生产100万只，丰富了本市花卉市场。

是年 天津市农业生产条件继续得到改善，技术装备水平有了新的提高。1997年末，全市拥有农业机械总动力586.75万千瓦，比上年增长5.1%，农用拖拉机4.56万台，比上年增长19.1%，载重汽车2.18万辆，比上年增长2.6%；农田有效灌溉面积3523公顷，比上年增长4.2%。

是年 全市农业总产值达到149.43亿元，比1978年增长19.4倍。粮食生产在播种面积减少26.7%的情况下，突破20亿公斤大关，达到20.615亿公斤，是1978年的1.6倍。全市蔬菜产量达到486.23万吨，比1978年增长2.97倍。肉类产量18.7万吨、蛋类产量17.71万吨、奶类产量12.13万吨、水产品产量18.98万吨、水果产量23.94万吨，分别比1978年增长1.8倍、9.8倍、6倍、3.23倍和7.2倍。农民人均纯收入3548元，比上年增长12.9%。

1998年

1月4日 市林业局编制出1998年全年植树造林任务，全年造林20万亩，包括山区林、经济林、枣粮间作、农田林网、村宅旁植树等项。同时制定出10项造林重点工程，即：京津塘高速公路绿色仪仗工程、新四区生态风景林工程、沿海防护林工程、防治荒漠化重点工程、交通干线绿色通道工程、外环线绿化带续建工程、蓟县山区综合开发重点工程、农田林网区域化综合防治工程、酿造葡萄基地建设工程、金丝小枣富民工程。

1月23日 市委、市政府召开农村工作会议。市委书记、市长张立昌在讲话中强调:农业是国民经济的基础,是关系国计民生的战略产业,全市各行各业都要重视农业、支持农业。要认清形势,抓住机遇,奋力开拓、扎实苦干,努力开创农村经济和社会发展的新局面。市委副书记房凤友主持会议,副市长朱连康作了题为《抓住机遇,扎实苦干,全面提高我市农业和农村工作整体水平》的工作报告。

2月18日 市政府召开农业综合开发工作会议。确定了天津市"九五计划"期间农业综合开发的任务:全市改造中低产田65万亩,开垦宜农荒地15万亩。开垦荒地亩产量,水田要达到400公斤,旱田一年两熟或两年三熟亩产量达到700公斤;中低产田改造后,亩产量在原有基础上增加150公斤。在农产品产量增长的同时要确保农民增收,项目区内农民人均年纯收入要比临近相同条件的非项目区高300元以上。

3月10日 天津市召开畜牧生产会议。提出了全年畜牧业生产指导性计划指标,生猪年末存栏达到86万头、出栏170万头;家禽存栏2200万只,其中蛋鸡存栏1600万只;牛存栏21.1万头,其中肉牛存栏18万头;羊存栏80万只。肉类总产量22万吨,其中猪肉13万吨,牛肉2.7万吨,羊肉1.9万吨,禽肉4.4万吨;禽蛋总产量22万吨,其中鸡蛋21万吨;牛奶产量11万吨。

3月11日 市政府召开义务植树动员会议,提出了今后一个时期全市绿化工作的目标是利用3年时间,即到20世纪末,全市绿化覆盖率达到25%,人均公共绿地达到4平方米,林木覆盖率达到15%。

4月6日 天津市全年植树造林任务完成过半。全市共完成造林10.6万亩,植树689万株,其中农田林网植树4390公里,494万株;片林完成1131亩,村宅旁植树103万株,栽灌木4.8万墩,种果树2.2万亩。

4月22日 市政府召开发展精品农业座谈会。提出今后天津市农业的发展要以大力实施精品农业战略为突破,推动农业、农村经济持续发展和跃上新台阶。并强调各区县有关单位要学习国内外成功的经验,结合本地特点,摸索总结出一条符合本市实际的精品农业发展道路。

5月6日 天津市畜牧行业法制建设取得重大进展,依法管理的格局已经初步形成,加强对种禽畜生产的管理和质量监督,完成了18个种禽场和7个种猪场的验收换证,定点屠宰检疫率达到100%,有效控制了病死畜禽及其产品进入市场。

6月6日 在北京召开的中国科学院和中国工程院两院院士大会上,天津市农科院黄瓜育种专家侯锋荣获第二届中国工程科技奖。该奖为中国自然科学领域工程技术界专项国家大奖。获得本届中国工程科技奖的共有国内14位专家,侯锋为仅有的两位农业领域专家之一。

6月8日 自5月份以来,本市部分郊县遭受严重蝗灾,市政府决定调用冀华航空公司两架"运五"型农用飞机为50万亩农田喷洒农药,经半个月的飞行作业,圆满完成飞机灭蝗任务。

7月9日 天津市夏收工作基本结束。夏粮总产达7.61亿公斤，是天津市历史上第二个丰收年。夏粮播种面积230.13万亩，平均亩产330.5公斤。为保证小麦的抢收，市农机部门组织了2500台联合收割机、6500台割晒机、45000台脱粒机投入“三夏”，机械收割面积达到80%，同比提高10~20个百分点。

8月11日~15日 天津市1994年至1997年实施的农业综合开发项目通过国家农业综合开发办公室组织的专家组的验收。项目区年增加粮食生产能力16370万公斤、棉花85万公斤、油料160万公斤、水产品540万公斤。农民收入总额年增加7886万元，人均年纯收入增加585元，大大高于非项目区农民的增收幅度。

8月31日 1998年以来克服了严重干旱缺水等一系列困难，淡水养殖业生产稳步发展。到8月底，全市淡水养殖总投产面积达46.39万亩，比上年同期增加1.42万亩。

9月1日 天津市绿色食品发展迅速。已在蓟县、宁河建成的60万亩绿色食品基地为国家示范基地。已生产绿色食品4大类32个品种，除销往京津等地外，还销往美国、日本等10多个国家，销售额已逾1500万元。绿色食品是经国家专门机构认定、使用绿色食品标识的无污染、营养类食品。天津市的绿色食品的发展已在全国居领先地位。

10月7日 天津市水产养殖中名特优品种比例显著增加。今年全市名特优品种总投放量达10069.7万尾(只)，比上年增加933.3万尾(只)，增长10.22%。名特优品种养殖量增长较多的是良种鲫鱼、黑鱼、罗非鱼、河蟹、鲂鱼、鲶鱼和叉尾鮰鱼。

10月8日 市委书记张立昌主持召开农村工作座谈会。他在讲话中要求全市要认真总结天津市农村20年来改革的基本经验，坚定不移地贯彻十一届三中全会以来党在农村的路线、方针、政策，进一步解放和发展农村生产力，努力提高农业的科技含量，力争率先基本实现农业现代化，使天津市的农业和农村工作走在全国的前列。

10月9日 被市政府列入重点技改工程的中法合营王朝葡萄酒有限公司四期扩建工程竣工并投入使用。此次扩建使王朝酒年生产能力增加到4000吨，一跃成为亚洲规模最大的全汁葡萄酒生产企业。

10月30日 天津市农村专业村逐渐形成气候，给广大农民带来可观的经济效益。到10月底，全市共有钢铝材、服装、运输、地毯、自行车、种养殖等各类专业村100多个，年生产总值达30亿元，年利润2亿元，上缴税金2000万元。并涌现了汉沽区杨家泊运输专业村、武清县王庆坨自行车专业村等各具特色的专业村落，使农民加快了脱贫致富的速度，有力地加强了农村精神文明建设。

11月12日 市政府召开全市“菜篮子”工作会议。总结交流十年来“菜篮子”工作取得的成就和经验。并根据当前经济形势的变化，提出了今后发展“菜篮子”工程建设的新思路：以市场为导向,提高整体素质,在实现总量平衡、统一市场规划布局上对产销政策做出新的调整,在产品、结构、市场供应以及消费方式上有新的改进,不再单纯追求数量的增长与外延的扩张,重在加强信息引导作用,做到求质求效。

12月24日 中共天津市委七届二次全体(扩大)会议审议通过了《中共天津市委关于贯彻党的十五届三中全会精神率先基本实现农业现代化的意见》。"意见"指出:天津作为东部沿海发达地区,作为正在建设中的现代化港口城市和中国北方重要的经济中心,必须高度重视农业和农村工作,继续深化农村改革,加快发展农村生产力,增强农村综合经济实力,推动农村社会全面进步,力争到2010年率先基本实现农业现代化,把天津农村建设成为经济繁荣、政治民主、文化昌盛、生活富裕的社会主义新农村。

12月30日 市农科院黄瓜所研究员侯锋、吕淑珍等科技工作者主持完成的科研成果"津春系列黄瓜新品种推广"获1998年度国家科技进步奖二等奖。

是年 由高级畜牧师叶月皎主持、市畜牧兽医局科技工作者共同完成的"天津市良种猪饲养及加工技术"成果获1998年度农业部农牧渔业丰收计划奖一等奖。

是年 天津市区金钟河、何庄子、第二冷冻厂三大猪肉批发市场共检疫生猪83.9万头,查出无证、证物不符、无检疫证明的生猪1020头,并进行了复检。共检出病害猪肉1014.9吨并进行了无害化处理。全市范围内屠宰检疫率和上市销售的肉品持证率均达到百分之百。

是年 天津市农机战线克服种种不利因素取得令人瞩目的成绩。农机装备水平和作业水平持续增长,到1998年底,全市农机总动力达到603万千瓦,比1997年增长3%,平均每亩耕地占有0.92千瓦,在国内处于领先水平;全市机械耕地面积达到93.72%,居全国首位;机械播种水平、机械收获水平也跨入了全国先进行列。

是年 改革开放20年来,天津市针对农业长期干旱缺水这一主要矛盾,坚持不懈地大搞农田水利建设,在蓄水、节水工程方面取得了长足的发展。20年来,新建大中小型水库76座,新增农业蓄水能力5.06亿立方米,使旱涝保收的农田由原来的120万亩增加到345万亩。同时节水工程建设发展迅速,包括防渗渠道、暗管输水已发展到6200公里,控制面积达140多万亩。由于农田基础设施的增强,全市粮食年产量突破20亿公斤大关,比1978年增长1.6倍。

是年 天津市国内生产总值完成1340.7亿元,按可比价格计算增长9.3%,继续高于全国平均增长水平。人均国内生产总值提前两年实现比1980年翻两番的目标。

是年 1998年全市农业增加值达74.03亿元,比1949年增长14.7倍,平均每年递增5.8%。粮食产量达210.12万吨,比1949年增长8倍,平均亩产由1949年的31公斤提高到315公斤。"菜篮子"工程建设不断取得丰硕成果,1998年全市蔬菜、肉类、禽蛋、水产品总产量分别达到505.35万吨、21.74万吨、22.68万吨、21.38万吨,分别比1949年增长19.8倍、59.4倍、25.7倍和

12倍。全市农民人均纯收入达3890元,比1949年的45元增长86倍。

1999年

1月5日 市委、市政府召开农村工作会议。会议以邓小平理论为指导,全面落实市委七届二次全体(扩大)会议提出的各项任务,分析农村形势,统一思想认识,研究解决当前天津市农业和农村改革发展中的重要问题,以率先基本实现农业现代化为目标,对1999年农业和农村工作做出部署。

1月19日 天津市召开农机工作会议,确定1999年农机工作的指导思想和工作目标:充分利用当前的大好时机、加速农业机械化发展,为天津市率先实现农业现代化奠定坚实的基础。全市机械耕地水平继续保持在90%以上;机械播种水平达到47%;机械收获水平达到26%。

1~3月 天津农垦集团总公司第一季度完成国内生产总值1.45亿元,实现利润总额2379万元,同比分别增长9%和110%。

2月 天津市林业资源调查工作圆满完成。据调查,全市林地面积达13.9万公顷,其中森林面积12.4万公顷,灌木林面积1万公顷,其他林地面积0.5万公顷。四旁植树1937万株,折合林地面积1.5万公顷。全市林木覆盖率达13.7%。同1991年相比,全市森林面积增加4万公顷,年均增加0.6万公顷;四旁植树增加395万株,年均增加56万株;全市林木覆盖率增加4.7个百分点,年均增加0.67个百分点。

3月15日 改革开放20年,静海县大邱庄镇尧舜集团取得了令人瞩目的成绩:成为闻名全国的乡镇企业集团,名列全国最大规模乡镇企业第二位,最佳经济效益第三位,累计实现销售收入270亿元,纯收入17.75亿元,上缴税金6.4亿元。固定资产达22亿元。董事长禹作尧被评为全国优秀乡镇企业家。

4月6日~8日 全国村民自治工作经验交流会在河南省许昌市召开。会议表彰了95个全国村民自治模范县,天津市宝坻县、东丽区入选其中,并受到了命名表彰。

5月14日 市政府召开全市秸秆综合利用和禁烧工作动员会,部署了秸秆禁烧与还田工作。各相关区县政府向市政府递交了责任状。

5月24日 天津市宝坻县、蓟县的100多台小麦联合收割机在农机等部门负责人带领下启程奔赴河南省焦作、平顶山等地,参加当地的小麦收割,拉开了天津市参加全国小麦异地收割大会战的序幕。

6月3日 天津市召开农村个体私营经济工作会议,表彰了王学利等20名天津市农村个体私营经济带头人。会议要求农村各区县积极扶持、正确引导、改进管理、加快发展,使全市个体私营经济成为拉动农村整体经济和发展后劲的重要力量,为本市率先基本实现农业现代化做出重大贡献。

同日 市农委向各区县转发了《关于进一步加快我市农村个体私营经济发展的若干意见》。强调大力发展农村个体私营经济是天津市率先基本实现农业现代化的重要举措。明确放宽经营范围,允许农村个体私营经济投资房地产开发、邮电通讯、公路桥梁、港口码头、农业机械、水利工程等行业和项目建设,鼓励开展农产品出口和农林产品加工。

6月7日 为落实科技兴农战略,加快天津市率先基本实现农业现代化的步伐,天津市政府同中国农业大学建立了长期合作关系。6月7日,双方正式签订了农业科技合作协议。中国农业大学校长江树人、天津市副市长孙海麟分别在协议书上签字。

同日 天津市政府与中国农业科学院签订了农业科技合作协议,中国农科院院长吕飞杰、天津市副市长孙海麟分别在协议书上签字。

6月8日 1999中国天津沿海地区农业发展研讨会在津召开。来自美国、德国、加拿大、日本、荷兰、以色列、联合国粮农组织和中国大陆和台湾等地的著名农业专家学者20余人,国家有关部委、外省市主管农业工作的领导60余人,天津市有关部门、区县等单位代表共580多人参加了研讨会。

同日 天津市长李盛霖在1999中国天津沿海地区农业发展研讨会开幕式前会见了出席研讨会的部分中外专家学者。并代表市政府聘请中国工程院原副院长卢良恕院士、两院院士石元春教授等6位国内外农业科技专家为天津市政府农业发展顾问,并向他们颁发了聘书。

6月29日 天津市召开棉花工作会议。会议明确在1999年棉花年度里,天津市将按照国务院有关要求不对棉花收购价格做统一规定,棉花价格主要由市场供求形成。

6月30日 天津市农村1999年第一轮土地承包到期的3111个村已全部落实了土地延包政策;合同没到期的247个村也做了顺延工作,共有75万农户领到了统一、规范的新一轮"土地承包合同书"和"土地承包经营权证书"。

7月20日 天津市播种的214.82万亩夏粮在战胜了多年不遇的旱灾和其它自然灾害后获得丰收。夏粮总产量达7.16亿公斤,成为天津市夏粮生产史上第三个丰收年,平均亩产333.1公斤。

7月31日 截至7月底,西青区辛口镇已有200万公斤沙窝萝卜销往香港。全年还将有800万公斤各类蔬菜销往香港,创下全镇连续10年大批量出口的记录。

8月2日 天津市人民政府第十五次常务会议通过了《天津市率先基本实现农业现代化实施规划》。"实施规划"共包括实现农业现代化的基础条件、基本实现农业现代化的目标、构筑现代化的农业产业化结构、全面实施科教兴农战略、实现农业可持续发展等十五个方面的内容。

8月5日 国务院对天津市报送的《天津市城市总体规划(1999年至2010年)》作出重要批复。强调,天津市是我国直辖市之一,是环渤海地区的经济中心。天津市的建设和发展应坚持人口、经济、社会、环境和资源相协调的可持续发展战略。按照建立社会主义市场经济体制的要求不断增强城市功能,充分发挥中心城市的作用,努力把天津市建设成为经济繁荣、社会文明、科教发达、设施完善和环境优美的现代化港口城市和我国北方重要的经济中心。

8月19日 市政府召开《天津市率先基本实现农业现代化实施规划》新闻发布会。副市长孙海麟在讲话中要求全市都要牢固树立以农业为基础的思想,加快率先基本实现农业现代化规划的实施步伐。

9月8日 市政府召开"三秋"农机作业现场会。确定了全年秋收农作物秸秆禁烧和机械化还田的具体任务:京津塘、京福、京沈高速公路以及蓟县境内京哈、津围公路两侧1公里、天津滨海国际机场周围地区共计34万亩玉米、4.6万亩水稻以及其它农作物的秸秆禁止焚烧;机械化秸秆还田20.25万亩。

9月27日 国家计委、水利部下达天津市节水灌溉增效示范项目建设投资1170万元,其中中央投资390万元,地方投资780万元。建设津南区八里台、西青区辛口镇、武清县东马圈3个节水灌溉增效示范项目,新增节水灌溉面积1267公顷。

10月30日 市农科院和津南区共同完成了"小站稻品质标准及产业化工程研究"并通过了专家组的评审。科技人员对小站稻的品质特性进行了测试、分析,并经批准取得了"小站稻"证明商标注册,为小站稻产业化生产提供了科学依据,还提出了实施天津小站稻产业化的方案,推动了产业化进程。

11月 经市政府批准,天津农垦集团10种产品(王朝牌葡萄酒、渤海牌牛肉干、海河牌保鲜奶、福实得牌奶粉、红港牌草皮草卷、水王牌中华鳖、宝牌鸡宝、猪宝牌饲料添加剂、云峰牌矿泉水、喜花牌淀粉)获天津市农业名牌产品称号。

12月6日 市农业局、市技术监督局共同确定西青区当城镇当城村等7个村为全市首批无公害蔬菜生产示范点,总面积2040亩。

12月27日 国家有突出贡献的科技专家、天津市农科院黄瓜研究所研究员侯锋当选中国工程院院士。中国工程院院士是中国设立的工程科学技术方面的最高学术称号,为终身荣誉。

12月 市农科院黄瓜研究所侯锋、吕淑珍等科技工作者科研成果"津春系列黄瓜新品种选育及推广"获天津市科教兴市突出贡献奖。

是年 全市粮食生产因遭受严重干旱等因素影响,产量有所下降。全市粮食播种面积646.45万亩,比上年减少23.37万亩,下降3.5%,全年粮食总产量174.85万吨,比上年下降16.8%;蔬菜总产量486.07万吨,比上年下降3.8%;肉类总产量23.53万吨、禽蛋25.06万吨、奶类 12.94 万吨,分别比上年增长 8.2%、10.5%和 10.7%。全市农民人均纯收入突破 4000 元。

2000 年

1 月 5 日 市政府召开农业第二批名牌产品命名大会,“津优牌”黄瓜等 41 个品牌 51 个产品、“嘉其牌”化肥等 7 个品牌系列 37 种产品获得本市农业名牌产品称号;王朝系列葡萄酒获得天津市第一个农业名牌拳头产品称号。至此,全市共有农业名牌 75 个品牌 103 种产品。

2 月 23 日~25 日 国家计委副主任刘江一行到津,就天津市部分水利基础设施工程、农村发展规划及环保建设项目进行考察。

3 月 10 日 农口近一个月来组织了 3 万名干部深入到全市 3652 个村,向广大农村干部群众面对面地宣讲中央和市委关于做好农业和农村工作的精神,统一思想认识,明确了工作目标,为全市农业和农村整体工作上水平打下了坚实的思想基础。

3 月 20 日 市党政军领导同志张立昌、李盛霖、房凤友、刘峰岩、滑兵来、陈锦彪等分别到京福高速公路静海段生态林工程现场和武清段绿化带与天津市广大干部群众、青年学生、驻津解放军和武警官兵一起参加义务植树劳动。

4 月 18 日 全国世纪之年爱鸟、护鸟南北行天津市“爱鸟周”启动仪式在素有“候鸟天然绿色走廊”之称的宁河县七里海国家级湿地保护区举行。此活动由国家林业局和中国野生动物保护协会主办,由天津市林业局、市野生动物保护协会、宁河县林业局共同举办。

4 月 30 日 1999 年冬至 2000 年春,全市农田水利基本建设成果显著。全市共投入劳动积累工 4122 万个,完成土石方 5944 万立方米,平整土地 102 万亩。清淤整治干支渠 1885 条段、1926 公里,新建防渗渠道 1639 公里,新增蓄水能力 1157 万立方米。发展节水工程控制面积 40.52 万亩,新打机井 1519 眼、维修 1828 眼,改善灌溉面积 57 万亩,新增除涝面积 7 万亩。改造中低产田 28 万亩。

1~4 月 天津农垦集团大力弘扬拼搏向上的精神和扎实苦干的作风,有力地推动了各项工作的开展。1 至 4 月累计完成国内生产总值 2.03 亿元,利润 3322 万元,分别比 1999 年同期增长了 19.4%和 21%,完成了年计划的 44%和 80%。集团 28 个企业中有 16 个实现了盈利,基本掌握了经济工作的主动权。

4 月 天津农学院与德国宾根专科大学签署了“合作办学协议书”。

5 月 12 日~17 日 国家林业局森防总站工作组到天津市对美国白蛾防治工作进行检查。先后到东丽、津南、塘沽、汉沽、宝坻、宁河、静海等区县的除治现场、监测点、农药品种筛选试验点进行检查,对全市美国白蛾防治工作给予充分的肯定。

7月25日 天津市已建成七里海、团泊、大港古泻湖、东丽湖4个独具特色的自然湿地保护区。其中七里海自然湿地保护区为国家级自然湿地保护区。

8月31日 天津市畜牧业呈大发展势头。1至8月，全市肉鸡存栏471.67万只，肉鸡出栏1553.66万只，同比分别增长56.51%和63.87%；肉猪存栏137.15万头，出栏174.2万头，同比分别增长15.77%和23.73%；肉牛存栏14.2万头，肉羊出栏59.59万头，同比分别增长13.34%和10.5%。

9月5日 天津市农业主管部门按照中共天津市委确定的各项工作要全面上水平的总要求，加大农业结构调整的力度。全年粮食作物播种面积506.7万亩，比上年减少128万亩；经济作物播种面积194.6万亩，比上年增加67.6万亩。种植业的结构调整是20年来全市三次种植业结构调整中规模最大的一次。

10月7日 为全面落实科技兴林战略，加快天津市生态环境建设步伐，天津市人民政府同中国林业科学院本着“真诚合作，优势互补，共同发展”的原则，签订了科技合作协议。中国林科院院长江泽慧和天津市副市长孙海麟分别在协议书上签字。

10月8日 天津市政府投资2000万元建设的天津市农业高新技术示范园区竣工，天津市副市长孙海麟到场宣布园区正式建成。

10月11日 农业部、人事部授予10名同志“全国农村优秀人才”荣誉称号。宝坻县袁罗庄乡葱蒜研究会会长陈光星榜上有名。

10月29日 经国务院批准，市委、市政府决定撤销武清县，设立武清区。庆祝武清区成立大会于10月29日举行。

10月30日 科技人员经1年多时间的研究，确认天津市在“八五”(1991~1995)计划期间，农业科技进步贡献率为47.1%；1995年至1999年期间农业科技进步贡献率为53.1%。科技人员还经过研究提出了“十五”(2001~2005)计划期间天津市农业科技进步贡献率提高到60%应采取的对策和措施。

12月28日 北京人民大会堂管理局向社会各界宣布，中法合营天津王朝葡萄酿酒有限公司生产的“王朝”干红、半干白葡萄酒被确定为人民大会堂国宴酒。

是年 市畜牧兽医局高级兽医师刘克成主持的“天津市家禽优良品种及配套集约化增产技术”成果获2000年度农业部农牧渔业丰收计划奖一等奖。

是年 全市农民人均纯收入达到4370元，比1999年增长7.8%，“九五”计划（1996年~2000年)期间，平均每年递增11.5%。

是年 “九五”计划时期(1996年~2000年)，全市农业生产保持了稳定发展。2000年全市农业总产值达155.6亿元，5年年均增长6%。种植业调减了粮食播种面积，扩大了棉、油、菜的种植。养殖业的快速发展成为全市农业稳定增长和农民收入增加的关键因素，养殖业产值占全市农业总产值的比重由 1995 年的 31.4%上升到 2000 年的 43%。

2001 年

1 月 15 日~17 日 全国农业科学技术大会在北京隆重召开。会议授予袁隆平等 217 人为“全国农业科技先进工作者”称号，天津市水利局主任工程师杨惠东名列其中。

3 月 20 日 各区、县开展了大规模义务植树活动，全天共植树 40 万株，出动义务植树人数 18 万人。张立昌、李盛霖、滑兵来等市党政军领导同西青区广大干部群众、驻津解放军和武警官兵一起参加了外环线内侧绿化带西青区段的义务植树劳动。

4 月 15 日 中国共产党的优秀党员、模范领导干部陈钟槐同志因病逝世。陈钟槐同志 1938 年 1 月出生于天津市，1964 年 8 月参加工作，同年 9 月加入中国共产党。生前历任市农林局副处长、处长，局党委委员、副书记，市农业食品委员会副主任、党组副书记，市农林局局长、党委书记。1993 年 7 月以后，任市委农村工作委员会副书记、市农委主任兼市农林局局长、党委书记，市人民政府副秘书长、市政协常委。

4 月 17 日 中共天津市委组织部、中共天津市委宣传部联合发出《关于开展向陈钟槐同志学习活动的通知》。通知指出，陈钟槐同志是中国共产党的优秀党员、模范领导干部。在 30 多年的革命生涯中，他始终坚持以党和人民的利益为重，恪尽职守，鞠躬尽瘁，把全部精力献给党和人民的事业，献给了天津的农业现代化建设，以自己的模范言行实践了党的宗旨，不愧是我们党的优秀分子，人民的好公仆，焦裕禄式的好干部。根据市委指示精神，市委组织部、市委宣传部决定，在全市共产党员和各级干部中广泛开展向陈钟槐同志学习的活动。

同日 市领导张立昌、李盛霖、刘峰岩、杨新成、王文华、张毓环、孙海麟、梁肃、陈鸿江，老同志吴振、刘晋峰、陆焕生和市有关部门负责人、各界群众代表沉痛送别陈钟槐同志。

5 月初 市农业主管部门拟出 2001 年深化农业结构调整计划。1.粮食作物播种面积调减50 万亩，经济作物面积增加 70 万亩。2.全市拟新增 200 亩集中连片的蔬菜设施生产基地 8 处，总共达 28 处，建设面积达万亩；建设 40 个牧业现代化示范小区、15 个水产养殖小区。3.牧草、花卉、草皮、中草药等种植逐步形成规模；休闲农业项目建设取得新的进展。4.建成波尔山羊繁育中心，开工建设宁河种子奶牛基地。

5 月 22 日 被列为市政府 2001 年改善农村人民生活十件实事之一、由市农业机械局实施建设的“绿洲现代农业技术装备超市”建成开幕。副市长孙海麟、市人大常委会原主任吴振、市政协原主席刘晋峰、农业部原副部长相重阳为“绿洲超市”剪彩。

6月2日 为积极适应农业结构战略性调整的要求，全力推进无公害农产品的生产与发展，提高中国农产品在国际市场的竞争力，农业部在全国开展了无公害农产品（种植业）生产示范基地县创建活动。经过申报、评价与审核，在全国共确定了100个县为全国首批无公害农产品基地，天津市宁河县、蓟县榜上有名。

6月25日 农业部公布了2000年全国农业机械化水平排名。天津市百亩耕地拥有机械动力81.47千瓦；机耕水平达到81.5%，上述两项居全国排名第一。本市机收水平居全国第五、机播水平居全国第九。

7月1日 全市农口适应市场需求变化，加快了结构调整步伐。上半年全市调减粮食作物种植面积58.5万亩，增加经济作物种植面积57.4万亩，经济作物占农作物种植面积由上年的34.3%提高到42.6%，种植业内部结构得到优化；养殖业产值增长14%，占农业总产值的比重达46.3%，比上年同期提高3.5个百分点；蔬菜、水产品等产量也增幅较大。

7月31日 水利部、财政部命名天津市蓟县西大峪小流域、黄土梁子小流域为“全国水土保持生态环境建设示范小流域”，并颁发证书。

7月 2000年11月15日农业部等9部委局在北京人民大会堂联合召开实施国家“学生饮用奶计划”新闻发布会，宣布国家“学生饮用奶计划”正式启动。天津市于7月正式开展此项工作。

8月27日 为进一步净化屠宰场点、规范购销渠道，确保城乡居民吃上放心肉，天津市出台了《天津市生猪屠宰销售管理办法》。

9月19日 市农机系统在北辰区举办全市首次农机安全技术大比武决赛。从全市2万多名拖拉机驾驶员中选拔出来的22名选手参加了决赛，宁河县农机驾驶员蓝志旺夺得冠军。

9月29日 经报请国务院批准，市委、市政府决定撤销宝坻县，设立宝坻区。庆祝天津市宝坻区成立大会于9月29日举行。

1~9月 2001年前三季度全市完成农业总产值100.46亿元，按可比价格计算，比去年同期增长6.8%，增幅同比提高3.7个百分点，是近3年同期增速最快的一年。其中畜牧业占农业总产值的比重达到39.2%，同比提高1.65个百分点。

10月10日 天津市召开深化粮食流通体制改革工作会议。决定从2001年秋粮收购开始，本市将进行粮食购销市场化改革，放开粮食收购、粮食市场和粮食价格，进一步加强政府宏观调控能力，充分调动广大农民群众的生产积极性，实现农业增效、农民增收、粮食供求安全的目标。

11月1日 由国家农产品保鲜工程技术研究中心（天津）开发研制成功的微型节能冷库已在新疆建成3000座，可贮存葡萄、青椒、哈密瓜、蒜薹等各类果蔬150万吨，可使新疆各地菜农、果农年增加收入4.5亿元。

11月10日~12日 由农业部和天津市政府共同举办的“2001年中国(天津)农产品加工及贮藏保鲜国际研讨会”在津举行。来自美国、加拿大、英国、德国、瑞典、日本、以色列、韩国、澳大利亚等国家和国内19个省市的200多名产后农业专家学者出席了会议。并就产后农业发展战略、产后农业发展模式、农产品加工贮藏保鲜技术等进行了研讨。副市长孙海麟主持会议,市长李盛霖、农业部原部长陈耀邦、中国工程院副院长沈国舫院士分别在开幕式上致辞。

11月26日 天津市最大的冬枣基地在大港建成。全区完成10万亩枣林建设,其中冬枣5万亩460万株,小枣5万亩340万株,提前3年完成大港区原定的种植业结构调整任务。

12月1日 农业部将天津市农科院青年科技工作者刘学军经7年努力主持育成的天津市历史上第一个三系杂交粳稻新品种“3优18”确定为2002年唯一的杂交粳稻新品种向全国重点推广。

12月28日 天津市第十三届人民代表大会常务委员会第29次会议审议通过《天津市动物防疫条例》,并于2002年2月1日起施行。该《条例》理顺了屠宰检疫管理体制,增加了对家畜家禽饲养环节的防疫监管,增加了对宾馆、饭店等经营动物产品行为的管理,增加了动物卫生监督执法过程中的行政强制措施,是一部地方特点较为突出的地方性畜牧兽医法规。

12月30日 天津市召开科学技术奖励大会,隆重表彰为天津市科技进步与技术创新做出突出贡献的科技工作者。市农科院黄瓜研究所研究员侯锋成为首次荣膺这个奖项的全市农业战线科学家,获奖金50万元。

是年 全市无公害蔬菜基地建设成绩显著,共建设无公害蔬菜生产基地15.6万亩,销售龙头企业12家,建批发市场1个,零售点138个。

是年 全市农民人均纯收入达4825元,比上年增加455元,增长10.4%。比1991年的1169元增长3.1倍,增幅位居全国第二。

是年 全市农业结构调整成效显著,成为推动经济加快发展的重要力量。全市农业总产值完成169.5亿元,按可比价格计算,比上年增长8%,为近3年最高增幅。其中畜牧业占农业总产值的比重达到35.9%,较上年提高2.8个百分点。各主要农副产品产量都有不同程度的增长。乡镇企业产值完成1785.3亿元,比1991年的265亿元增长6.7倍。

2002年

1月31日 天津市畜牧兽医主管部门集中20天的时间在全市范围内对兽药、饲料、动物饲养情况开展拉网式执法大检查,尤其加大力度打击生产、经营、使用“瘦肉精”等违禁药品行为。市19个公路动物防疫监督检查站严守关卡、严防饲喂“瘦肉精”的生猪被调进和屠宰上市。

3月4日 中国工程院院士、市农科院名誉院长侯锋将上级奖励给他的100万元无偿捐出，在市农科院设立“青年科技奖励基金”，用于奖励那些取得重大成果和做出突出贡献的青年科技人员。

3月15日 市委书记张立昌，市委副书记、市长李盛霖等市领导同志与在津的全国人大代表、部分在津的全国政协委员和本市广大干部群众一起参加外环线外侧绿化带义务植树劳动。

1~3月 第一季度全市主要农副产品产量增长，蔬菜产量35万吨，同比增长2.4%；肉类总产量7万吨，增长8.2%；牛奶产量7.1万吨，增长25.6%；水产品产量2.9万吨，同比增长5.1%。

5月24日 蓟县水务局被国家水利部评为全国水土保持监督管理规范化建设先进单位。

6月17日 农业部部长杜青林一行到津考察农业和农村工作。在副市长孙海麟等同志的陪同下，先后到天津市农科院黄瓜研究所、蔬菜研究所、农产品保鲜工程技术研究中心、农业高新技术示范园区，察看了天津市农业科研和设施农业进展情况。在听取了天津市有关部门负责同志的汇报后杜青林指出，天津农业起点高，势头好，发展快，具备了现代化农业雏形，对全国农业和农村今后发展具有借鉴和指导意义。

1~6月 上半年全市农业继续加大结构调整力度，通过采取增加小额贴息贷款等措施，加快了养殖业和种植业的发展步伐，有效地促进全市农业增长。养殖业占全部农业总产值的比重达到47.8%，同比提高1.5个百分点。其主要产品除禽蛋产量下降6.1%外，其他农副产品均有不同程度的增长。夏粮在面积调减的情况下，总产量达到4.41亿公斤，同比减产2.2%。

1~6月 全市农业上半年实现总产值67.53亿元，同比增长5.3%，增幅同比提高0.5个百分点。

7月1日 全市夏蝗防治工作结束。防治面积55万亩，飞机防治47架次，防治40万亩，人工防治13万亩，生物防治2万亩。

8月31日 中国名牌暨质量管理先进表彰大会在北京人民大会堂召开。国家质监总局对质量管理先进、产品质量达到国际先进水平的企业进行表彰，天津市生产的王朝牌葡萄酒荣获“中国名牌产品”称号。

11月1日 由市农科院土壤肥料研究所周艺敏同加拿大农业科技专家共同开展的两国政府间科技合作项目——“中国持续农业发展中的土壤养分与肥料管理”实施3年间成效显著，在天津市60多万公顷的农田中推广施钾技术。11月1日，农业部在静海县西双塘村召开平衡施钾现场会。加拿大驻华大使、天津市政府及有关部门负责人、中加两国科技专家共80多人与会。

11月19日 农业部印发《关于公布全国农机监理、优质服务示范窗口单位的通知》，天津市宝坻区农机安全监理站荣获全国农机监理系统文明监理、优质服务示范窗口单位称号。

11月23日 马耳他籍油轮“塔斯曼海号”与中国籍货轮“顺凯1号”在天津大沽口锚地东南23海里处发生碰撞，致使原油泄漏污染水域，使沿海渔业资源遭受巨大损失。由天津市渔政渔港监督管理处起诉英费尼特航运公司，最终就“塔斯曼海号”油污损害渔业资源赔偿纠纷案达成和解，获得580万元补偿。

12月2日 由科技部和天津市共同出资3000万元建成的国家农产品保鲜工程技术研究中心(天津)正式通过了国家科技部专家组的验收。

12月 为满足天津市郊经济发展的实际需要，及时快捷地为广大农民群众提供信息服务，实现以信息化带动郊区农业现代化发展，天津市在“十五”计划中把建设农业和农村综合信息平台确定为重点任务，同时列入市信息港建设重点工程。该项目已通过验收，正式投入使用。通过该平台，市农业部门可以向社会发布公共政务信息、提供市场信息，接受公共查询和反馈意见，受理电子政务，为津郊农民生产和生活提供了方便快捷的服务，促进了天津市农村经济的快速发展。

是年 天津农业结构调整取得新的突破，生产保持平稳增长。农业通过大力发展畜牧业，引进优质品种，增加蔬菜保护地面积和发展优质高效种植业、养殖业等结构调整措施，实现了稳步发展。全年农业总产值完成181亿元，按可比价格计算，同比增长6.1%，养殖业占农业总产值的比重首次突破50%，达到51.7%，同比提高3.7个百分点。全年粮食总产量137.82万吨，下降3.8%；蔬菜产量585万吨，增长3.6%；棉花产量6.32万吨，下降0.6%；肉类产量42万吨，增长15.4%；水产品产量28万吨，增长5.8%；奶类产量30万吨，增长24.7%。

是年 全市农民人均纯收入达到5315元，增长10.2%；农民人均消费性支出2778元，增长6.1%。农村居民每百户家庭拥有彩电105台，洗衣机86台，空调机26台，摩托车41辆，均比上年有不同程度的增加。农村居民人均居住面积达24.3平方米，比上年增加0.4平方米。

2003年

1月11日 市委、市政府召开农村工作会议。传达中央农村工作会议精神，总结2002年的农村工作，对2003年的农业和农村工作进行部署。会议强调，农村广大干部群众要进一步振奋精神，开拓创新，努力开创天津市农业和农村工作的新局面。

1月 农业部等国家9部委联合下发《关于公布第二批农业产业化国家重点龙头企业名单的通知》，天津市海河乳业有限公司被认定为农业产业化国家重点龙头企业。

3月14日 市农业局组织100多位农业专家和科技人员到武清区河西务镇无公害蔬菜生产基地，集中开展以“依靠科技进步，促进无公害蔬菜生产”为主题的科技下乡咨询活动。

3月27日 市党政军领导同志张立昌、戴相龙、房凤友、宋平顺、刘胜玉、邢元敏和滑兵来等到外环线绿化带现场，与广大干部群众、团员青年、驻津解放军和武警官兵一起参加义务植树劳动。

3月 市农委落实中共天津市委关于21世纪前十年全市工作“三步走”战略构想，结合农口实际，制定出郊区经济“三步走”战略目标。第一步，2003年，国内生产总值突破1000亿元，达到1018亿元，比上年增长15%；农民人均纯收入5858元，比上年增长10.2%。第二步，到2007年，国内生产总值达到1780亿元，年均增长15%，人均国内生产总值达到4200美元，农民人均纯收入8740元，年均增长10.5%。第三步，到2010年，国内生产总值达到2700亿元，人均国内生产总值达到6280美元，农民人均纯收入达到11800元，年均增长10.5%。

1~3月 第一季度全市农业继续加大结构调整力度，实现了稳步增长，完成增加值9.9亿元，同比增长6.3%，比2002年同期增长1.7个百分点。一季度农民人均现金收入1928元，增长11.2%，增幅同比提高0.6个百分点。

4月9日 武清区王庆坨镇已成为中国北方最大的自行车生产基地。全镇共有自行车生产厂家268个，从业人员已达1万多人，行业总资产2.5亿元，年产各种自行车680万辆，占全国年产自行车总量的十分之一。自行车行业已经成为全镇经济发展的支柱产业，占全镇国内生产总值的70%，所产自行车已销往法国、德国、澳大利亚、南非、越南等10多个国家和地区。

4月30日 中共天津市委、市人民政府表彰2002年度市级劳动模范。全市有6位乡镇企业家当选为天津市特等劳动模范，有26位乡镇企业家当选为天津市劳动模范。

5月27日 市委书记张立昌到宝坻区检查农口防治非典和发展经济工作的情况，强调在防治非典和发展经济过程中进一步加强党的建设。

8月14日 市政府举行聘请袁隆平院士为特聘专家仪式。受天津市长戴相龙委托，市委常委、副市长夏宝龙为袁隆平院士颁发了天津市人民政府特聘专家证书及铭牌。袁隆平院士是世界著名的杂交水稻专家、首届国家最高科学技术奖获得者、国家杂交水稻工程技术研究中心主任。

8月28日 天津市政府与中国农业银行总行在津签署《农村城镇化建设暨“绿色家园”贷款合作协议》。市长戴相龙会见中国农业银行党组副书记、副行长杨明生一行并在签字仪式上致辞。根据该协议，在未来3年内，中国农业银行将投入150亿元资金用于天津市农村现代化建设。

1~9月 天津市有农业的12个区县新批“三资”企业322家，比上年增加30家；完成合同外资额6.6亿美元，同比增长53.2%；完成外资到位额4亿美元，同比增长113.5%。据市外商投资服务中心公布的数字显示，有农业的12个区县1月至9月实际利用外资增幅居全市第一。

10月30日 天津市第十四届人大常委会第6次会议通过《天津市渔业管理条例》(共七章52条),自2004年1月1日起施行。

11月14日 全市召开会议传达贯彻国务院农业和粮食工作会议及农田水利建设工作会议精神。市委副书记、市长戴相龙出席会议并讲话。市委副书记房凤友出席会议。

11月14日 由市农科院组织实施的中国政府援助太平洋岛国汤加王国小型示范农场技术合作项目实施协议在汤加王国首都努库阿洛法举行签字仪式。市农科院副院长王隆清和汤加王国农林部大臣分别代表中汤双方在协议上签字。这是天津市历史上组织实施的第一个国家级农业援外项目。

是年 全市农业园区建设和设施养殖生产再创新高。全市新建了30个以节能日光温室为主的设施园区,设施园区数量达到99个,面积达41万亩。建成养殖小区512个,其中渔业养殖车间12万平方米,养殖小区总数已达1500多个。

是年 全市养殖业生产继续保持快速发展的好势头。全市肉、蛋、奶、水产品产量分别达到46万吨、25万吨、40万吨、30万吨,分别比2002年增长2.5%、2.17%、19.08%、5.04%。饲料加工总量达到254.3万吨,比去年同期增长8%,养殖业产值占农业产值的比重已经达到55%。

是年 天津市农业种植业结构调整步伐加快。全市2003年农作物总播种面积832万亩,比2002年增加48万亩,总产量达111万吨。播种面积同2002年相比,高效经济作物增加56万亩,谷物减少70万亩,棉花增加36万亩,蔬菜增加17万亩。经济作物占种植业的比重已经达到59%以上。

是年 天津市国内生产总值完成2386.94亿元,人均国内生产总值达到3126美元,圆满完成了天津市确定的21世纪前10年全市的奋斗目标和主要任务,即"三步走"战略的第一步目标。经济和社会发展又跨上了一个新台阶。

2004年

1月5日 天津市召开农村优秀人才表彰暨事迹报告会,对李文明等24名天津市农村优秀人才予以表彰。副市长孙海麟出席会议并在讲话中强调:要努力营造尊重理解农村人才、关心爱护农村人才、帮助支持农村人才的良好氛围,大力培养直接服务农村经济社会发展的各类人才。

2月9日 市委、市政府召开天津市农村工作会议,总结2003年农业和农村工作,对2004年工作进行部署。市委书记张立昌会前听取农口工作汇报并讲了重要意见,市委副书记房凤友出席会议。

2月13日 天津市人民政府发布《关于加强防治高致病性禽流感工作的通告》。通告规定，各级畜牧兽医管理部门要加强对强制免疫效果的监测和出栏禽类的检疫，并做好疫情的预测、预报工作。对不接受监测和检疫的养殖场(户)可强制进行监测和检疫。任何单位和个人严禁在疫区采购和调入禽类及其产品。经营的禽类产品必须持有检疫合格证明。禁止商场、超市、集贸市场、宾馆、饭店出售和屠宰加工活禽。禽类屠宰加工厂必须符合动物防疫条件，经畜牧兽医管理部门审查合格，进厂的活禽必须具有动物检疫合格证明，屠宰禽类由动物卫生监督机构负责实施检疫。

2月19日 天津市人民政府发布《天津市高致病性禽流感应急预案》。对疫情报告、疫情认定、疫情分级、应急响应、保障措施等作出了明确的规定，这对动员各方面力量，严格防控高致病性禽流感，促进禽类养殖业健康发展，保障城乡居民身体健康发挥了重要作用。

3月1日 截至2月底，武清区自行车及零部配件生产企业共有300多家，形成了以王庆坨、南蔡村镇两大产业基地为主的集群，相继开发研制出山地、城市、休闲、公主、减震、折叠、电动等七大类300多个品种。年产自行车100多万辆，约占全国自行车总产量的15%，并出口到20多个国家和地区。

3月17日 全市召开绿化造林工作会议。市委书记张立昌会见了到会指导的国家林业局党组成员、中国林科院院长江泽慧一行。市委副书记、市长戴相龙出席会议并讲话。

3月21日 国家统计局行业企业信息发布中心在北京人民大会堂举行的中国行业企业信息发布会上发布，中法合营王朝葡萄酿酒有限公司生产的“王朝”牌系列葡萄酒获“2003年度全国市场同类产品销售量第一名”。

3月23日 农业部对全国37个城市蔬菜质量抽检结果进行了通报。天津市居全国第9名；在北京、上海、天津、深圳4个实施“无公害农产品行动计划”的试点城市中居第2名。

1~3月 第一季度全市农业生产实现稳定增长。完成农业总产值24.99亿元，增长5.8%。主要农副产品实现较快增长，蔬菜产量36.6万吨、肉类9.14万吨、牛奶11.5万吨、水产品5.1万吨，同比分别增长2.5%、12.7%、16.2%、8.5%。受禽流感影响，禽蛋产量略有下降。

4月1日 全市召开春耕生产会议。市长戴相龙出席会议并讲话，要求各地区、各部门要提高认识、增强促进粮食生产、增加农民收入的自觉性和主动性，保证各项工作措施落到实处。

4月6日 由中国政府援助的、天津市农科院承建的“中汤示范农场”举行了挂牌仪式。汤加王国国王陶发阿毫图晋四世剪彩并讲话。汤加王国各部大臣、中国驻汤加王国大使馆临时代办吴克生、中国援助汤加王国项目专家组全体成员参加剪彩挂牌仪式。

4月10日 天津市人民政府发出通知，采取更直接、更有效、更果断的措施，调动农民积极性，稳定粮食生产，增加农民收入。并出台了九条惠农强农政策，包括对种粮农民实行每亩30元的直接补贴;实行最严格的耕地保护制度;取消农业税及附加费;实行每亩10元的良种补贴;安排1000万元对农民购买农业机械进行补贴;增加农业科技投入2000万元;鼓励农业土地开发和建设高标准农田;改进农村金融服务;稳定农业生产资料价格。

5月15日 天津市财政安排1000万元资金,对本市农民个人、农场职工、农机专业户购买和更新大型农机具实行补贴政策。补贴标准为,按照农机具单价的15%予以补贴,单台机具最高补贴额不超过2万元。

5月28日 市水产局与塘沽区政府共同组织在塘沽区驴驹河外海域投放15万尾红鳍东方鲀鱼苗。

6月1日 全市300多台小麦联合收割机外出开展跨省作业,拉开了2004年"三夏"机收的序幕。

6月16日 按照农业部《渤海生物资源养护规定》,从6月16日12时至9月1日12时,渤海渔区首次实施伏季全面休渔。

6月22日 全市小麦机收和跨区作业圆满结束。全市机收小麦117.2万亩,占小麦种植面积的99%。"三夏"期间全市共投入联合收割机3500台、拖拉机34000台、播种机3576台、秸秆还田机418台。在麦收的同时,机播工作也顺利展开,到6月28日,全市已夏播作物130万亩,其中机播玉米114万亩。

1~6月 上半年全市农业机械销售额比2003年同期增长27.4%。

1~7月 上半年,天津市积极贯彻落实中央1号文件精神,出台了稳定粮食生产和增加农民收入的9条政策措施,有力地促进了农业生产的稳定发展,农民生产积极性空前高涨。夏粮生产出现6年来首次增长,产量为37.8万吨,增长5.3%。主要农副产品产量增加、品质提高。上半年蔬菜产量230万吨。肉类总产量24.1万吨、水产品9.2万吨、牛奶25万吨,同比分别增长6.3%、9.5%、28.2%。粮食秋播面积增加,种植结构进一步调整。

7月2日 市水产局与汉沽区政府共同在大神堂外海域贝类保护区投放体长4厘米的20万尾牙鲆鱼苗;7月23日又投放65万粒壳高1.5厘米的青蛤苗种;10月29日又投放200万粒壳高1.5~3厘米的栉孔扇贝苗种。

7月7日 从6月下旬开始的天津市120万亩夏粮补贴基本完成。根据市政府的规定,每亩粮田直接给农民补贴30元,全市共给农民夏粮补贴3600万元。

9月29日 中共天津市委、天津市人民政府印发《关于贯彻落实〈中共中央、国务院关于促进农民增加收入若干政策的意见〉的实施意见》。要求全市各级党委和政府要牢固树立和认真落实科学发展观,按照统筹城乡经济社会发展的要求,坚持"多予、少取、放活"的方针,增加对农业和农村的投入,加快农业产业化、郊区工业化和城市化进程,努力提高农民生活水平,确保到

2007年全市农民人均纯收入比2000年翻一番。

9月30日 全市农机具补贴自4月26日始，至9月30日已全部完成。全市共补贴农机具资金1000万元，累计销售补贴农机具1924台，其中拖拉机713台，小麦联合收割机197台，久保田水稻联合收割机7台，玉米联合收割机2台，各种配套农机具1005台。带动农民投资约5667万元。

10月23日 市委、市政府联合下发《关于贯彻落实〈中共中央、国务院关于加快林业发展的决定〉的实施意见》。明确指出在现代化大都市建设中赋予林业以基础地位。“实施意见”还提出了加快天津市林业发展的目标任务：到2010年全市林木覆盖率达到23%以上；到2020年林木覆盖率达到27%以上；到2050年形成与经济社会可持续发展相适应的良性生态系统和比较发达的林业产业体系。

10月28日 市人大常委会在农机局组织召开贯彻实施《中华人民共和国农业机械化促进法》座谈会。市人大副主任梁肃出席会议并讲话。市政府法制办、市农委、市农机局及有关单位负责同志分别就进一步学习、宣传、贯彻农业机械化促进法作了发言。

11月15日 市政府召开全市农村基层干部和农民培训工作会议。决定从2004年起全面启动农村劳动力“351”培训工程，即利用3年时间，通过实施红色证书、绿色证书、蓝色证书、村干部培训、农村经纪人培训等五大培训工程，使100万农村劳动力接受职业培训，其中50万农民将获得专业培训证书，从而整体提高全市农村各类从业人员的专业素质。市财政并安排专项资金（每年2000万元，3年共6000万元）用于“351”培训工程。

12月5日 市畜牧兽医局在武清区南蔡村镇组织召开了“天津市农业科技下乡暨奶牛科技入户工程咨询现场会”。现场会上，天津市奶牛繁殖育种、饲料营养、饲养管理、疾病防治方面的技术专家、教授进行了现场答疑。武清区奶牛饲养小区的养殖人员及管理人员近180人参会。

2005年

1月17日 天津市召开农村工作会议，总结2004年农业和农村工作，对2005年的工作进行部署。会议强调，要以科学发展观为基础，认清形势，统一认识，深化农村改革，切实加强农业综合生产能力建设，促进全市农业和农村工作再上新水平。

1月19日 农业部印发《关于表彰2003~2004年度全国跨区机收先进单位和先进个人的通报》。天津市农机监理总站被评为全国跨区机收先进单位；蓟县农机局王国华被评为全国跨区机收先进工作者；蓟县杨津庄镇六道街村农机手杜振强被评为全国最佳跨区机收作业能手。

3月20日 张立昌、戴相龙、任之通等市党政军领导到河东区同广大干部群众、青年学生、解放军驻津部队和武警官兵一起参加义务植树劳动。

1~3月 全市第一季度实现农业总产值27.64亿元,比2004年同期增长4.7%。夏粮播种面积为147万亩,比2004年增加28万亩。主要农产品产量保持稳定增长。蔬菜产量、肉类总产量、牛奶产量、水产品产量、禽蛋产量分别达到36.73万吨、9.37万吨、13.77万吨、5.43万吨、4.27万吨,分别增长0.4%、2.5%、19.7%、6.5%、0.5%。农民人均现金收入增长10.6%,其中家庭经营二、三产业收入增长19.3%,增幅比2004年同期提高8.8个百分点。

5月14日 全市第一支跨区机收作业服务队出发。共有20多支服务队400余台联合收割机外出作业。至跨区作业结束时共获纯收入1000余万元。

5月27日 由市农科院承担的天津市科技发展计划项目"天津都市农业发展重大科技问题研究"通过了专家组评审。该项研究客观分析了天津市农业科技发展现状、问题;提出了未来5至15年天津都市农业发展的重大科技需求、科技发展的战略目标、总体思路和主要任务;农业科技优先发展的重点领域和关键技术。对编制天津市农业科技"十一五"发展规划、实施农业和科技计划具有重要的参考价值。

5月28日 市农委农业资源区划办公室和市农村经济与区划研究所共同编制完成了《天津市农业资源年度报告(2004)》。该报告收集分析了天津市土地资源、气候资源、水资源、生物资源和农村生态环境方面的最新权威资料和数据,基本摸清了天津市农业资源家底变化情况,并对其进行了客观评价,对天津市合理开发和保护农业资源、促进农业和农村可持续发展具有重要意义。

6月8日 市水产局在天津市大港海域投放梭鱼苗种311.5万尾;6月15日在汉沽区大神堂外海海域组织投放三疣梭子蟹苗种317万尾;6月29日又在汉沽区大神堂外海海域投放牙鲆鱼苗种20万尾。

6月20日 农业部副部长范小建率领的国家蝗虫防治检查团一行到津检查指导防蝗工作。听取了天津市防蝗工作情况的汇报,并赴大港区和静海县,检查了大港防蝗站和独流减河十号口门蝗区的防蝗治蝗工作。

6月21日 天津市夏粮直接补贴工作全面结束。共补贴小麦种植面积149万亩,补贴金额4472万元。全市7个小麦种植区县、110个乡镇、2704个行政村的49.98万农户直接受益。

6月25日 全市小麦机械收割结束。小麦机收率达99%。"三夏"期间全市共投入联合收割机达4000台,投入各种农业机械38000台(套)。

6月30日 全市夏粮播种面积比2004年增加29.85万亩,夏粮总产量达到4.74亿公斤,同比增产0.96亿公斤;养殖业占整个农业的比重达到56.9%,同比提高0.5个百分点。

6月 科技部将天津市农作物研究所王继忠主持选育成功的强筋小麦新品种“津强5号”确定为国家科技成果重点推广计划项目向全国推广。

9月21日 “湿地国际”中国办事处主任陈克林、高级顾问马驹如到天津市武清大黄堡湿地进行考察。

10月3日 全市向农民种植秋粮的直接补贴工作已经结束。秋粮补贴面积267.8万亩，补贴资金8034万元，惠及农民240万人。全年共对农民种植的430万亩粮食作物进行直接补贴。市、区(县)两级财政共安排粮食直补资金1.29亿元，其中市财政支付7321.5万元，区县财政支付5578.5万元。

10月18日~21日 第三届中国国际农产品交易会在北京举行。天津市共组织王朝葡萄酒有限公司等18家企业参展，成交合同金额3000多万元。天津市参展团还获得了最佳组织奖、设计银奖。中法合营葡萄酿酒有限公司、天津海河乳业有限公司的参展商品获大会颁发的畅销产品奖。

11月2日 市农科院研究员刘海军采用胚胎克隆技术克隆成功波尔山羊“津生”降生。这标志着天津市在动物克隆技术研究领域迈出了重要一步，并为开展体细胞克隆技术研究奠定了基础。

11月19日~20日 农业部召开全国农业技术推广先进单位和先进工作者表彰大会。天津市土肥站被评为全国农业技术推广先进单位。

12月8日 《天津市农业机械管理条例》经市十四届人大常委会第24次会议通过，公布实施。

12月21日 农业部印发《关于表彰全国农业技术推广先进工作者和先进工作者标兵的决定》。武清区农机局城关农机管理站韩会祥、宁河县农机推广站董亚军被评为全国农业技术推广先进工作者。

12月22日 中共天津市委八届九次全会提出了发展天津农村的指导方针，即“以产业化提升农业、以城市化带动农村、以工业化富裕农民”。坚持工业反哺农业、城市支持农村，按照生产发展、生活宽裕、乡村文明、村容整洁、管理民主的要求，不断推进社会主义新农村建设。

12月31日 天津市在“十五”计划期间先后制定和形成了一套比较完善的扶持“三农”政策体系，农民收入连续5年保持两位数增长，2001年到2005年的增幅分别是10.4%、10.2%、10.3%、11.3%、10.7%。2005年全市农村居民人均纯收入达到7202元，无论是收入水平还是增长幅度，在全国均处于领先水平。

是年 全市农业生产快速发展，农业总产值完成238.11亿元，增长4.8%。农业产业结构优化进一步加快。经济作物种植面积比重达到51.6%，养殖业产值138.96亿元，占农业总产值的比重达到58.4%。粮食种植面积、总产量全面增长。全年粮食种植面积达到431.49万亩，同比增长9.2%；粮食产量137.5万吨，同比增长9.8%。主要农副产品产量全面增长，肉类总产量57.21万吨，同比（下同）增长6.5%；禽蛋产量25.72万吨，增长5.5%；水产品产量33.8万吨，增长9.1%；牛奶产量60.75万吨，增长12%。

2006年

1月9日 市农业局召开“粮食直补、良种补贴”和示范基地建设工作总结表彰会，表彰示范基地建设先进单位。并代表农业部向荣获全国粮食生产先进县的武清区和全国粮食生产大户董文森进行了表彰。

1月 市农科院黄瓜研究所育种专家侯锋获全国首届“中华农业英才奖”。为奖励在“三农”工作中作出突出贡献的先进人物，农业部设立了“中华农业英才奖”，全国获首届“中华农业英才奖”的共10人，侯锋为天津市唯一的获奖者。1月12日，市农委副主任王恒智代表农业部向侯锋颁发了获奖证书和20万元奖金。侯锋当即将20万元奖金捐赠给市农科院，作为“侯锋青年科技奖励基金”，奖励在农业科技战线上作出突出贡献的青年科技工作者。

2月9日 为鼓励农民搞好粮食生产，确保全市粮食生产总量稳定在13亿公斤以上，2006年本市粮食生产直补工作正式启动。全市安排粮食直补面积430万亩，每亩补贴30元，补贴资金为1.29亿元。

2月20日 为减少蝗虫可能带来的危害，确保全市连续21年实现蝗虫不起飞、不成灾，市农业局植保部门已在全市建立了7个蝗虫防治应急站，并配备了专业防治器械。

3月2日 天津市控制重大动物疫病指挥长、市政府秘书长何荣林作出指示：“要尽快研究制订天津市重大动物疫病防治整体应急预案，将禽流感、口蹄疫、新城疫、疯牛病等各类重大动物疫病都纳入应急预案管理体系，切实保障应急处置”。

3月20日 市委书记张立昌和市党政军领导同志戴相龙、刘胜玉、宋平顺、黄兴国、任之通等与广大干部群众、青年学生、驻津解放军部队和武警官兵一起参加义务植树劳动。

3月21日 市农业广播电视学校（天津市农民科技教育培训中心）被天津市人民政府授予2005年度职业教育先进集体光荣称号。

3月24日 中共天津市委印发津党任〔2006〕42号文件，任命崔士光为中共天津市委农村工作委员会书记。

3月29日 市第十四届人大常委会第27次会议通过任命段春华为天津市农村工作委员会主任。

4月16日 在天津市举办为期一周的第25届“爱鸟周”宣传活动启动仪式上，市林业局局长李森阳公布了天津市鸟类资源最新调查结果：天津市有野生鸟类389种，分属19目68科，占全国鸟类种类的29.08%。其中国家一级重点保护鸟类有玉带海雕、白尾海雕、金雕、白肩雕、丹顶鹤、白鹤、白头鹤、黑鹳、大鸨、中华沙秋鸭、遗鸥等12种，占全国一级重点保护鸟类品种的三分之一；有大天鹅、秃鹫、灰鹤、猎隼等国家二级重点保护鸟类57种；有列入“国家保护的有益的或者有重要经济、科学研究价值的陆生野生动物名录”中的鸟类有16目43科227种，占全国“三有”鸟类种类的39.18%。天津市已成为全国鸟类资源最为丰富的地区之一。

5月24日 市人大常委会审议通过《天津市农药管理条例》和《天津市野生动物保护条例》，并于8月1日起在全市实施。

6月19日 天津市人民政府第72次常务会议通过《天津市畜禽养殖管理办法》，自8月1日起施行。《办法》对畜禽产品安全生产管理，畜禽产品进津防疫、检疫管理，畜禽养殖分类管理，区域设置，饲料、药物养殖档案的建立，污染防治，病死畜禽的无害化处理，养殖环境保护，标识管理等都做出了明确的规定，规范了全市的畜禽养殖行业，构建了畜禽疫病防治的长效机制。

6月30日 全市夏粮生产喜获丰收，总产达52万吨，同比增长9.7%。上半年蔬菜、肉类、牛奶、水产品等主要农副产品产量稳步增长，质量明显提高。进入农业产业化体系的农户已占全市农户总数的72.5%，郊区城市化率达到48.55%。

6月 天津市决定增加农田水利基本建设专项资金，推进新农村建设。在每年2000万元的基础上，增加到8000万元。用于农村小型水利建设、节水灌溉工程、病险水库加固、扬水站更新改造、旱作节水农业工程等。

7月 国务院批复了天津市城市总体规划，提出天津是环渤海地区的经济中心，要逐步建设成为国际港口城市、北方经济中心和生态城市，进一步明确了天津的城市定位。

8月8日 农业部副部长牛盾到天津市东丽区大顺生态农业开发有限公司考察花卉生产和设施农业建设情况。

8月21日 天津市人民政府颁布《贯彻落实〈国务院关于印发中国水生生物资源养护行动纲要的通知〉的实施意见》。

8月 全市无公害蔬菜高效生产取得明显成效。无公害蔬菜总面积已达85万亩，年生产能力达到400万吨，已有203个蔬菜产品获农业部无公害产品认证。

9月13日 市委常委、副市长孙海麟同市委农工委书记崔士光、市农委主任段春华、市林业局局长李森阳深入到蓟县检查第三代美国白蛾防治工作。

9月20日 由天津市农委、中国作物学会、日本国东京大学共同主办的中国水稻品质·食味研讨会在津召开。市委常委、副市长孙海麟出席会议，并在致辞中希望这次研讨会对促进中日水稻品质食味交流合作发挥积极作用，对中日水稻产业的健康发展提供有益的经验。

10月11日 市人大常委会原主任吴振、市政协原主席刘晋峰到市农科院视察，听取了院领导的汇报。对农科院成立20多年取得的成绩给予肯定。并要求农科院进一步把握科研方向，根据学科特点和潜力，大力培养科研领军人物，加强同区县的合作，立足天津，面向全国，为天津农业的发展做出新的贡献。

10月21日 天津农学院迎来建院30周年纪念日。该院始建于1976年，经过30年的发展，已成为一所集农、理、社会科学于一体的新型大学。有教职工800多名，在校学生1.1万人。30年来累计培养各类人才10万多人，大批优秀毕业生充实到农村基层和农业生产第一线，成为建设社会主义新农村的骨干力量。

10月31日 全市全年粮食播种面积达到442.82万亩，连续3年保持增长，优质粮的种植面积的比重超过60%。棉花种植面积超过100万亩，达到106.44万亩，增长15.9%。

11月25日 天津市举办社会主义新农村建设报告会，中央财经领导小组办公室副主任、中央农村工作领导小组办公室主任陈锡文作报告。

11月 苏丹共和国农业部长到津先后到约翰迪尔天拖公司、天津富康公司考察了解天津农机制造和生产情况。

12月18日 市人大常委会审议通过《天津市植物保护条例》和《天津市实施〈中华人民共和国种子法〉办法》，并决定于2007年3月1日起在全市施行。

12月23日 由共青团中央、农业部、水利部、财政部、国家林业总局和全国青联等部门联合开展的第十一届“中国十大杰出青年农民”评选表彰活动揭晓。创建天津市神驰农牧发展有限公司，大力发展养殖业，带领农民共同致富的大港区青年农民徐练海榜上有名。

12月25日 天津市人民政府与中国农业科学院、中国林业科学院、中国水产科学院、中国农业大学、中国海洋大学共同举办农业科技合作交流会议。市长戴相龙会见了林业部党组成员、林科院院长江泽慧等“三院两校”领导。

12月31日 天津市人民政府印发《天津市重大动物疫情应急预案》，对疫情分级、疫情监测、预警、预警响应、应急响应等方面作了进一步详细的规定。进一步明确了疫情报告，确认程序、疫情分级、疫情监测、应急响应、保障体系等方面内容，增强了各项防控措施的可操作性。

是年 天津农学院被国务院学位委员会批准为硕士学位授权单位。农作物遗传育种、果树学、预防兽医学、水产养殖等4个学科被列为硕士点，填补了天津市农业科学硕士学位授权点的空白。

是年 全市完成农业总产值251.5亿元，增长3.7%。粮食总产量达到143.52万吨，比2005年增长4.4%，创5年来最好水平，棉花产量达到9.77万吨，同比增长17%。养殖业发展稳定，完成总产值 144.25 亿元，占农业总产值的 57.4%。肉类、禽蛋、水产品、牛奶等主要农副产品产量全面增长。

是年 全市农村居民人均纯收入为 7942 元，增长 10.3%，其中来自家庭经营二、三产业收入增幅较高，比上年增长 17.2%，来自家庭成员的工资性收入比重超过一半，达 53.3%。

是年 全市人均生产总值达到 5100 美元，成为继上海、北京之后第三个进入这一档次的地区。连续 6 年经济增长幅度居全国前三位，跨入了发展较快地区行列；经济社会发展综合评价总指数连续 11 年居全国第三位。

2007 年

1 月 14 日 从 2006 年 12 月开始，天津市农委抽调干部开展了农民负担执法大检查，全市组织了 1195 名干部深入到 156 个乡镇、2060 个村的 13708 户农户进行了检查。检查结果显示，2006 年天津市减轻农民负担工作开展情况良好，农民个人基本实现零负担，群众比较满意。

1 月 15 日 市长戴相龙到蓟县、宝坻和市区畜禽养殖、加工、销售企业，检查动物疫病防控和畜产品质量安全监管工作。

1 月 24 日 农业部公布了 2006 年度“全国诚信守法乡镇企业”名单。天津市的金锚集团有限责任公司等 16 家乡镇企业榜上有名。

3 月 6 日 天津市农委、市总工会、市劳动和社会保障局联合下发《关于建立乡镇企业职工工资正常增长机制的指导意见》。意见要求乡镇企业要建立工资分配制度和正常的工资增长机制，并对工资标准的确定、建立工资集体协商制度、加班工资支付办法等作了规定。

3 月 12 日 市政府召开全市整治私屠滥宰加强食品安全工作会议。副市长只升华参加了会议，指出了食品安全方面存在的问题，并提出了整顿措施。

同日 市政府批转了市整顿办发布的《关于严格整治私屠滥宰行为加强猪肉市场监督管理的意见》，提出要把工作重点放在打击私屠滥宰行为、取缔无证无照经营、治理注水和病死猪肉的专项整治行动上，并作为一项长期任务坚持不懈地抓下去。

3 月 16 日 农业部跨区机收工作领导小组印发《关于表彰 2005~2006 年度全国农机跨区作业先进单位和个人的通报》。天津市农机局管理处被授予先进集体、蓟县农机局管理科柳亚付被授予先进工作者称号。

3 月 20 日 市党政军领导同志张立昌、戴相龙、刘胜玉、邢元敏、黄兴国、王小京和任之通等，与广大干部群众、团员青年、驻津解放军和武警官兵一起参加义务植树劳动。

1~3 月 一季度全市实现农业总产值 30.08 亿元，同比增长 3.2%。种植业粮、棉、菜三足鼎立的格局继续得到巩固。全市夏粮播种面积达160万亩,蔬菜温室大棚面积31万亩。全市第一季度肉类总产量9.89万吨,蔬菜产量36.2万吨,禽蛋产量4.08万吨,牛奶产量15.9万吨,水产品产量5.75万吨。

4月1日 市委书记张高丽深入到宝坻区、蓟县进行调研,并主持召开座谈会,听取了宝坻区委、蓟县县委负责同志的工作汇报,征求对市第九次党代会报告的意见。

4月9日 市农科院畜牧兽医研究所研究员刘海军采用体细胞克隆技术克隆成功原种波尔山羊"津英"在天津降生。"津英"的供体来源于2000年从澳大利亚引进的一只原种波尔山羊,科技人员通过保存其皮肤组织,运用克隆技术将其复制出来。这是在天津出生的首例体细胞克隆动物,标志着天津市动物克隆技术水平迈上了一个新台阶。

4月23日 经过近7年的建设,天津市京津风沙源治理工程取得丰硕成果。国家和天津市共投资1亿多元,在蓟县北部山区共植树造林56万亩,全县平均林木覆盖率由工程实施前的38%提高到42.6%,在天津市北部筑起了一道绿色防沙线。

5月10日 由市农业高新技术示范园区承担的天津市农业科技援藏项目"适合不同地区栽培的蔬菜新品种引进筛选及栽培技术研究"通过了结题验收。科技人员为西藏昌都地区引进筛选适宜在高海拔地区种植的8大类23个蔬菜品种,总结出7项蔬菜栽培规程,建立了2个无公害蔬菜生产示范基地,培训了藏族农牧民蔬菜种植户100户,使西藏昌都地区蔬菜种植技术水平有了较大的提高。

6月1日 为深入贯彻落实农业机械化促进法,积极推进农业机械化试验示范基地建设,农业部确定全国100个市、县、农垦国有农场为首批全国农业机械化示范区。天津市武清区、宝坻区入选。农业机械化示范区建设实行部省(市)共建、地方主抓、协调推进的建设机制和政府、农民、社会多元化的投入机制。争取用5年左右的时间,将示范区建设成为各类先进适用农机具和农机化技术试验示范基地、科技创新基地。

6月3日 农业部副部长危朝安率农业部有关部门负责同志到天津市大港水库蝗区及大港区蝗虫地面应急防治站检查防蝗治蝗工作。

6月19日 "三夏"期间,全市共投入小麦联合收割机3500台、拖拉机近3万台、播种机6200台,共完成163.9万亩小麦收获任务,机械化联合收割率达到99%。

6月20日 市农委召开全市农村外派劳务工作动员会。确定加大农村外派劳务工作的力度,为农民增收致富开辟又一稳定的渠道,"十一五"规划期间,实现每年向国外输出劳务人员2000人,促进农民增收2亿元;到"十一五"末,外派劳务规模达到5000人,每年增收5亿元。当前,全市农村共有外派劳务农民约1600人,主要在日本、韩国等国家务工,每人年均收入8至10万元。

6月21日 “三夏”期间，全市共有500多台小麦联合收割机奔赴河北省、河南省、山东省、湖北省参加跨省作业，平均每户机收作业费收入超过2万元。

6月30日 全市夏粮播种面积164万亩、总产量52.8万吨，平均亩产322.4公斤。夏粮播种面积、总产量、亩产量均创6年来最好水平。

7月15日 为更好地调动农民种粮的积极性，天津市对种粮农民的补贴实行全覆盖，做到应补尽补。已落实粮食补贴面积533万亩(其中夏粮补贴面积174万亩，秋粮补贴面积359万亩)，比上年增加103万亩，共落实补贴资金1.6亿元，直接受益农户达80万户。

7月19日 天津市十四届人大常委会第38次会议通过任命李文喜为市农村工作委员会主任。

8月6日 中共天津市委、天津市人民政府印发《关于推进城乡一体化发展战略、加快社会主义新农村建设的实施意见》。实施意见要求，坚持统筹城乡发展的方略，按照生产发展、生活宽裕、乡风文明、村容整洁、管理民主的总要求，工农联动、城乡联动，促进农业发展、农村繁荣、农民富裕，不断壮大区县经济实力，使天津市社会主义新农村建设走在全国前列。到2011年，涉农区县和市农委所属单位生产总值达到2000亿元，年均增长16%，占全市的比重由2006年的30.5%提高到40%以上；农民人均纯收入年均增长10%以上，达到13000元；农村林木覆盖率达到22%。经过5年努力，把天津农村建成全市可持续发展的战略支撑区、人与自然和谐相处的宜居区、全国城乡一体化发展的示范区。

同日 市委、市政府召开推进城乡一体化发展战略、加快社会主义新农村建设工作会议。市委书记张高丽出席并讲话。市长戴相龙就推进城乡一体化战略、加快社会主义新农村建设作了部署。

9月28日 天津市人民政府印发《关于加快我市乡镇工业区发展的意见》。意见共19条，肯定了加快乡镇工业区发展的重要意义，明确了推进乡镇工业区发展的任务、目标和指导原则，制定了建立乡镇工业区扶持资金、实行税收返还等扶持政策，并要求加强对乡镇工业区发展工作的领导。

9月30日 市农委会同市旅游局在蓟县召开了“天津市推动旅游特色村发展现场会”。副市长只升华出席会议并讲话。

10月16日 市政府召开推进城乡一体化发展战略加快郊区非农产业发展工作会议。副市长只升华参加会议并讲话。市农委副主任孙振清作了题为《推进城乡一体化发展战略，加快郊区非农产业的发展》的工作报告，总结了郊区非农产业发展的情况，对下一步非农产业的工作进行了部署。

10月28日 历时3年的全市农村劳动力“351培训工程”按期完成各项任务。津郊100多万农民通过接受五项工程的专业培训,成为建设社会主义新农村的新型农民。3 年来,“351 培训工程”培训总体规模达到 111 万人,毕业 108.2 万人,在学 2.8 万人,累计开班近两万期。其中红色证书工程培训 22.1 万人,绿色证书工程培训 34.3 万人,蓝色证书工程培训 48.3 万人,经纪人工程培训 3.4 万人,村干部工程培训 2.9 万人。

10 月 天津市 2007 年度农机购置补贴工作基本结束。全市共落实中央和市财政补贴资金 1745 万元,补贴农民购置各类农业机械 3522 台,包括大中型拖拉机 554 台、小麦收割机 94 台、玉米收获机 145 台、水稻插秧机 14 台以及水稻收割机和各类配套农机具,带动农民投资 6643 万元。

12 月 3 日 天津市人民政府办公厅转发市农委、市旅游局关于大力推进全市旅游特色村(点)发展实施意见。提出到 2008 年,全市建成 100 个特色旅游村、1000 个乡村旅游经营户,实现旅游就业 1 万人;到 2011 年,全市建成 200 个旅游特色村、2000 个乡村旅游经营户,实现旅游就业 3 万人。

12 月 5 日 全市 12 个有农业的区(县)农村经纪人队伍已达 3 万多人。这支队伍懂经营、会管理,在带领农民进入市场、搞活商品流通、促进农业结构调整、帮助农民增收致富、提供各类中介服务方面发挥了重要作用。通过农村经纪人的牵线搭桥,天津市各类优质农产品成功进入全国的超市、商场。

12 月 7 日 全国防汛抗旱总结表彰大会在北京隆重召开。100 个单位被授予全国防汛抗旱先进集体称号,天津市气象局名列其中。

是年 全市农民人均纯收入 8752 元,增长 10.2%,与 2000 年相比翻了一番,实现了“三步走”战略第二步人均收入增长指标。

是年 改革开放 30 年(从 1978 年到 2007 年)全市农村居民人均纯收入由 153 元增加到 8752 元,增长 56.2 倍,年均递增 15%。

2008 年

1 月 8 日 中共中央、国务院在北京隆重举行国家科技奖励大会。天津市农科院研究员孙德岭主持完成的“花椰菜育种新技术研究及优质、抗病和高产新品种选育与推广”获国家科技进步奖二等奖并受到奖励。

1 月 11 日 天津市召开农村工作会议。市委书记张高丽专门做出批示,对天津市农业和农村工作给予充分肯定,并提出了明确的要求。市委副书记邢元敏出席会议并讲话。副市长只升华作了题为《加大统筹力度,增强发展活力,又快又好地推进社会主义新农村建设》的工作报告。

1 月 17 日 水利部部长陈雷一行在津走访慰问基层水利职工,并考察农村饮水安全及管网入户工程。副市长只升华陪同慰问考察。

1月19日 天津市宁河原种猪场自主培育的154头"天河"牌原种猪出口到柬埔寨，这是2006年启动的中国农业部和柬埔寨农林渔业部合作的第一个项目——中国—柬埔寨种猪示范项目（下简称"中柬项目"）的内容之一，也是中国生产的原种猪第一次走出国门。为做好中柬项目，市农委资助40万元对来自于柬埔寨、马来西亚、菲律宾等东南亚国家的16名从事生猪养殖人员开展技术培训；同时，委派宁河原种猪场周伟良等2位专家赴柬现场进行技术指导。

3月20日 市党政军领导同志张高丽、刘胜玉、邢元敏、王小京和谢建华等与广大干部群众、团员青年、驻津解放军和武警官兵一起参加义务植树劳动。

3月26日 中共天津市委印发津党任〔2008〕30号文件，任命张俊滨为中共天津市委农村工作委员会书记。

3月29日 中共天津市委办公厅、天津市人民政府办公厅将市委组织部、市委农工委、市农委拟定的《关于进一步完善社会主义新农村建设联合推动机制的意见》批转全市，请全市各单位结合实际认真贯彻执行。

同日 天津市第十五届人大常委会第一次会议通过任命张俊滨为天津市农村工作委员会主任。

3月31日 全市夏粮播种面积159.5万亩，同比增加3.2万亩。主要农副产品保持稳定增长。全市第一季度蔬菜产量28.44万吨，增长3.0%；禽蛋3.63万吨，增长2.0%；牛奶15.85万吨，增长3.7%；肉类4.97万吨，增长0.6%；水产品5.25万吨，增长3.6%。

3月 天津农学院团委被共青团中央确定为第八批"全国五四红旗团委创建单位"。

4月1日 为修复渤海湾渔业生态环境，市水产局在大港沿海首次将10万尾半滑舌鳎放流渤海湾近海。这是天津市首次向渤海湾增殖放流除中华对虾之外的又一天津海域特产品种，并由此拉开了2008年本市水生生物资源增殖放流活动的序幕。市水产局计划全年向渤海近海人工放流鱼虾、贝类5亿尾（粒）。

4月9日 市委书记张高丽、市委副书记邢元敏到西青区调研，了解设施农业建设情况。

5月12日~5月底 天津郊区工业系统为支援四川地震灾区做贡献。据不完全统计，为灾区捐款捐物达2.3亿元。津南区荣程钢铁集团有限公司董事长张祥青在汶川地震发生后，第一时间捐款1000万元，后又增加到1亿元。武清区天狮集团捐赠款物达2327万元。

5月21日 市委、市政府在西青区第六埠村召开加快设施农业建设现场会，组织有关区县和部门的负责同志进行现场考察，推动天津市设施农业又好又快发展。市委书记张高丽出席并讲话。市委副书记刘胜玉出席。市委副书记邢元敏主持。

5月28日 市畜牧兽医局建设启用了天津市动物卫生监督网站，初步实现全市动物卫生监督信息网络化传输。

5 月 31 日 四川省汶川 5 月 12 日发生地震后，天津农垦集团积极向地震灾区伸出援手，奉献爱心。到 5 月底共向灾区捐款捐物总额达 716 万元。

6 月 1 日 全市 500 多台小麦联合收割机奔赴河北、河南、山东三省，开始“三夏”跨区作业。

6 月 7 日 农业部副部长危朝安一行 4 人到北大港水库考察蝗情，要求尽最大努力，采取积极措施控制蝗虫危害，最大限度压低残蝗基数，达到蝗虫“不起飞、不成灾、不进京”的防蝗目标，确保粮食生产安全、奥运安全。

9 月 1 日 市委召开常委扩大会议，讨论通过《2009~2012 年天津林业建设规划》和《关于加快林业发展建设绿色天津的决定》。市委书记张高丽主持会议并讲话。市委副书记、市长黄兴国，市委副书记刘胜玉、邢元敏出席会议。

9 月 8 日 市人大常委会组织部分市人大常委会组成人员和市人大代表视察全市畜牧业发展情况。市人大常委会主任刘胜玉参加视察并在视察后召开的座谈会上讲话。

9 月 17 日 为加快天津市林业发展，建设绿色天津，实现建成宜居生态城市的目标，市委、市政府制定了“关于加快林业发展建设绿色天津的意见”。提出了加快林业发展建设绿色天津的发展目标和重点任务。发展目标为，到 2012 年，全市郊区各类林地和绿化总面积达到 20.04 万公顷，林木覆盖率达到 22%，初步建成布局合理、功能完备、结构优化、林权明晰的现代林业体系，实现有山皆绿、有路皆绿、有水皆绿、有村皆绿，基本建成绿色天津。并确定了要重点抓好高速公路两侧绿化工程、重要河流两侧绿化工程、重要通道两侧高标准农田林网建设工程、城市周边村镇绿化工程、成片林地建设工程、滨海地区生态休闲森林工程、种苗工程、森林保护工程等八项林业工程。

10 月 7 日 由市委农工委、市农委主办，市摄影家协会协办的“纪念天津农村改革三十年”摄影展览在天津博物馆开幕。展览共筛选出 116 位作者的 248 幅作品，艺术地再现了天津农村异彩纷呈的风貌，真实地反映了天津农村改革 30 年的沧桑巨变和取得的巨大成就，勾勒出天津农村改革开放 30 年来的发展脉络，涵盖农业、农村、农民、政治、经济、社会、产业发展、村镇建设、人物风貌诸多方面。

10 月 10 日~11 日 国家林业局在天津召开 2008 年美国白蛾防治工作座谈会，总结了 2008 年美国白蛾防治工作，对 2009 年的防治工作提出了具体的要求。京津冀辽鲁豫陕七省市林业厅(局)负责同志参加了会议。

10 月 21 日 市委在西青区召开贯彻落实党的十七届三中全会精神座谈会，听取区、镇、村、企业党员干部和农民代表的意见和建议。市委书记张高丽出席并讲话，市委副书记邢元敏主持座谈会。

10月27日~28日 市委召开九届四次全体会议。全会审议通过了《中共天津市委关于贯彻落实〈中共中央关于推进农村改革发展若干重大问题的决定〉的实施意见》和《中国共产党天津市第九届委员会第四次全体会议决议》。市委副书记邢元敏就《实施意见(草案)》作了说明。

10月 中共十七届三中全会在京举行。全会强调要把建设社会主义新农村作为战略任务,把走中国特色农业现代化道路作为基本方向,把加快形成城乡经济社会发展一体化新格局作为根本要求,坚持工业反哺农业、城市支持农村和多予少取放活方针,创新体制机制,加强农业基础,增加农民收入,保障农民权益,促进农村和谐,充分调动广大农民的积极性、主动性、创新性,推动农村经济社会又好又快发展。

10月 市委农工委、市农委组织专家学者通过查阅档案、典型调查、实地考察、专题研讨等方式和途径,编纂出40余万字的《天津农村改革开放和发展三十年回顾与展望》。总结了30年来天津农村经济社会发展取得的重大成就和基本经验。同时也分析了当前天津农村改革发展中的问题和深层次矛盾,提出了天津农村改革发展的总体思路和目标。

11月14日 市远洋渔业公司所属"天裕8号"渔船在东非肯尼亚海域被索马里海盗劫持。在外交部、农业部和天津市政府的共同努力下,于2009年2月8日全体船员和船舶安全获救。

11月19日 天津市渔政渔港监督管理处"渔政12001号船"获得第三批"全国渔业文明执法窗口单位"称号。

11月20日 2008年天津市农业重点工程"10万亩设施农业"建设任务提前完成。全市种植业设施已建成面积100494亩。其中普通塑料大棚20434亩,钢(复合)骨架塑料大棚29528亩,普通温室24879亩,新型节能日光温室25349亩,智能温室306亩。市财政拨付了1.38亿元补助资金,对新建的标准化设施农业种植园区给予财政补贴,最高每亩补助达7000元。

12月3日 天津市人民政府授予市动物卫生监督所"北京奥运会天津赛区食品保障工作先进集体"的称号。

12月20日 中国农业信息化年度峰会暨第五届中国农业网站百强颁奖大会在北京召开。天津市农业局主办的"天津农业信息网"被评为2008中国农业百强网站(政府类50强);天津市被评为2008年中国农业信息化领先地区。

12月29日 农业部、国家安全生产监管总局印发《关于公布全国"平安农机"示范县(第一批)的通知》,天津市北辰区和津南区被评为全国"平安农机"示范区。

是年 全市农林牧渔业实现产值267.94亿元,按可比价格计算增长3.3%。粮食种植面积达到440.26万亩,总产量达148.93万吨,增长1.2%,为近9年来最好水平。全市农村居民人均纯收入9670元,增长10.5%。

2009年

1月9日 中共中央、国务院隆重举行国家科学技术奖励大会。天津市农科院黄瓜研究所的科研成果“黄瓜育种技术创新与优质专用新品种选育”获国家科技进步二等奖并受到表彰。这是该研究所的科研成果继1991年获国家科技进步三等奖、1998年获国家科技进步二等奖后，再次获得的国家级大奖。

1月24日 市委书记张高丽看望了中国工程院院士、天津市农科院研究员侯锋和夫人吕淑珍，致以新春的祝福。

同日 市人民政府办公厅转发《天津市突发林业有害生物事件处置应急预案》，将全市突发林业有害生物事件应急处置工作纳入到全市突发事件应急处置的专项预案中。

2月10日 市委、市政府召开全市农村工作会议。市委书记张高丽就加快农村改革发展作出批示，市委副书记邢元敏出席会议并讲话。副市长李文喜在工作报告中总结了2008年的农业和农村工作，从着力加强农业基础地位，着力搞好大项目、好项目和载体建设，着力推进新城和中心镇建设，着力改进民计民生等八个方面部署了2009年的重点工作。会议确定2009年农口发展的奋斗目标是：生产总值增长18%，财政收入增长20%，农村居民人均纯收入增长10%，固定资产投资增长33%。

2月18日 由共青团中央、农业部、水利部、财政部、国家林业局和全国青联联合开展的第十三届“中国十大杰出青年农民”评选在京揭晓。创建天津金世神农种业有限公司，大力发展棉花种植业，带领农民种植高产棉花，共同增收致富的天津市宁河县青年农民张全榜上有名。

2月中旬 国家动物疫控中心检查组深入武清区、蓟县生猪养殖场、定点屠宰场、动物产品交易市场等地进行动物检疫监督工作现场检查和考核，对天津市的动物检疫监督工作给予较高评价。

3月1日 据国家统计局天津调查总队的调查结果显示，随着天津市农村基础设施建设步伐的日益加快以及农民收入的持续增长，本市农村居民家庭获取信息的渠道和手段不断增多，网络已渐入农户，成为农村居民生产、生活和娱乐的重要组成部分。调查结果表明，本市农村居民家庭每百户拥有移动电话146部，比上年增长12.3%；拥有家用电脑19台，比上年增长18.8%，其中接入互联网的占54.5%，同比提高了8.6个百分点；拥有彩电126台，比上年增长1.6%。

3月11日 农业部副部长陈晓华到西青区水高庄和中国北方蝴蝶兰生产基地考察设施农业建设情况，对天津市的设施农业建设取得的成绩给予充分的肯定。

3 月 17 日　中共天津市委印发津党任〔2009〕29 号文件，任命张国庆为中共天津市委农村工作委员会书记。

3 月 20 日　市党政军领导张高丽、黄兴国、刘胜玉、邢元敏和谢建华等到蓟县南翠屏公园参加义务植树劳动。市委书记张高丽指出：植树造林、绿化津城是生态文明建设的重要内容，是功在当代，造福子孙的大事。要加强领导，广泛动员，不断丰富义务植树形式，着力抓好植后管理，形成多主体、多层次的造林绿化格局，大力推进城乡绿化，共建绿色天津，促进人与自然和谐发展。

3 月 26 日　天津市第十五届人大常委会第 9 次会议通过任命张国庆为天津市农村工作委员会主任。

3 月 27 月　由中国绿化基金会和日本世界沙漠绿化协会合作的天津大港区海防林建设项目正式启动并举行了揭碑仪式。市人大常委会副主任李润兰，中国绿化基金会顾问高德占、蔡延松，基金会副主席关松林等与日方有关人士出席启动仪式。该海防林建设项目共分 3 期，自 2009 年至 2011 年每年建设 40 公顷高标准沿海防护林。

5 月 4 日　市委、市政府为进一步加快天津市中小企业发展，将原市经委、市农委、市工商局分别承担的中小企业、乡镇企业、民营经济的管理职能整合在一起，重新组建了中小企业发展促进局，作为市政府的派出机构，规格为正局级。

5 月 11 日　天津市汉沽区向渤海湾放流 5000 万尾东方对虾虾苗和 300 尾怀卵亲虾，这对恢复渤海渔业特种资源有重要作用。

5 月 27 日　天津市第十五届人民代表大会常务委员会第 10 次会议通过了《天津市畜牧条例》自 2009 年 9 月 1 日起施行。该条例首次在地方性法规中制定畜禽产品包装标识、不安全畜禽产品召回、病死动物集中无害化处理等制度。并明确禁止销售未经检验或检验不合格的畜禽和畜禽产品、禁止在中心城区和区、县人民政府所在地人口密集区从事活禽销售或者现场屠宰交易等 6 种畜禽及其产品经营行为。

6 月 1 日　为进一步贯彻落实《中国水生生物资源养护行动纲要》，更好地养护和合理利用海洋生物资源，按照农业部统一规定，2009 年天津市将实施第 5 年渤海休渔。休渔日期比往年提前 15 天，即由原来的 6 月 16 日 12 时至 9 月 1 日 12 时调整为 6 月 1 日 12 时至 9 月 1 日 12 时。市渔业管理部门已制订出 2009 年天津渤海近海休渔具体实施方案。

6 月 2 日　国家林业局与中国农林水利工会联合授予蓟县官庄林业站么明松、宝坻区牛家牌乡林业站寇文广、静海县苗圃场曹文强、武清区森林生态公园管理所于秀利 4 名同志“全国优秀护林员”光荣称号。

6 月 15 日　本市召开上半年区县经济工作座谈会。市委副书记何立峰出席。

6 月 26 日 全市在“三夏”期间共有 3 万多台拖拉机、2500 台小麦联合收割机、2 万多台播种机投入作业。机械收获小麦 168.6 万亩，机收率达 99%；机播夏玉米 165.4 万亩，机播率达 96%。

6 月 30 日 “保护渤海生物资源构建人与自然和谐”2009 年水生生物增殖放流活动揭幕，副市长李文喜出席并讲话。

7 月 1 日 上半年全市农业总产值完成 116.35 亿元，按可比价格计算增长 3.4%。夏粮总产量达 54.03 万吨，增长 3%，为 2001 年以来的新高。新建高效设施农业 6 万亩。主要农副产品产量保持增长。上半年全市农村居民人均现金收入 6827 元，增长 11.3%。

7 月 16 日 中共天津市委、天津市人民政府印发《关于贯彻落实〈中共中央、国务院关于全面推进集体林权制度改革的意见〉的实施意见》。提出了全市集体林权制度改革的总体目标：从 2009 年开始，在先行试点的基础上，用 3 年左右的时间，基本完成全市明晰产权、承包到户的改革任务；力争到 2013 年，基本完成全市集体林权制度改革，建立起以集体经济组织内部家庭承包经营为基础、多种经营形式并存、责权利相统一的集体林权经营体制，逐步实现森林资源增长，林业产业发展，农民收入增加，自然生态良好、农村社会和谐的目标。

7 月 28 日 市委、市政府召开全市林业工作会议，传达贯彻中央林业工作会议精神，部署全市集体林权制度改革工作。会议要求要深刻认识集体林权制度改革的重要意义，抓好贯彻落实；要把加快林业发展作为改善生态环境，促进农民增收和农村发展的有效途径；要全面推进林业建设，提高绿化水平，健全管理养护责任制，巩固绿化成果。

8 月 17 日 市人大常委会组织部分常委会组成人员和人大代表对天津市贯彻实施《中华人民共和国森林法》和《天津市实施〈中华人民共和国森林法〉办法》的情况进行检查。市人大常委会主任刘胜玉参加并讲话。强调要严格贯彻执行“森林法”和“实施办法”，加快“科技兴林”的步伐，动员社会各界积极参与到生态城市建设中，让人民群众喝上干净的水，呼吸清新的空气，有更好的工作和生活环境。

9 月 3 日 受气候因素及夏残蝗影响，全市秋蝗呈中等偏重发生，面积超过 40 万亩。发生特点是局部地块出现高密度蝗群，主要集中在大港区独流减河河心滩地和宁河县、静海县、武清区部分农田。市植保站组织专家到各区、县进行指导。发生秋蝗的各区县组织专业防治人员出动车载大型机动喷雾器进行全面防治，防治效果在 90%以上，确保秋蝗不起飞、不成灾、不进京。

9 月 7 日 天津市政府与国家林业局签署《共建绿色天津合作备忘录》。双方将全面加强在林业、绿化等领域的合作，努力把天津建设成为生态城市，把滨海新区建成宜居生态城区。

9 月 20 日 天津展团在全国第七届农交会上取得好成绩，贸易成交额达 1.2 亿元，并获“最佳组织奖”和“展团设计会奖”。参展的“学清公社”牌花生、“津沽牌”小站稻米、“益捷”牌猪肉被评为“金奖”农产品。

11月22日 自2007年12月武清区首次开通3条域内公交线路以来，到2009年11月，全市已开通域内新农村公交和各区县通往市中心城区公交线路88条，年客运人次达到2.5亿。这些线路的开通，使农村乘客充分享受到城市经济社会和公交发展的成果，促进了新农村的城镇化进程，加快了城乡一体化的发展。

12月20日 市水产局在渤海汉沽区外海水域实施2009年试验性人工鱼礁投放活动。共投放人工鱼礁90个，礁体为圆管礁和星体礁，均为钢筋混凝土构件。

12月23日 市农科院承担的天津市科技发展战略研究计划项目“科技引领与支撑天津市新农村建设的对策研究”通过了结题验收。该项研究分析了科技发展和新农村建设的相互关系、天津科技引领支撑新农村建设的现状，提出了天津新农村建设对科技的战略需求，科技引领新农村建设的思路、战略目标、重点任务、对策措施与政策建议。

是年 全市主要农副产品产量继续增长。全年蔬菜产量373.85万吨，增长19%；肉类产量39.51万吨，增长6.4%；水产品产量34.49万吨，增长2.5%。

是年 全市新增种植业设施12万亩，超额完成全年10万亩的目标任务。到2009年底，全市设施农业农作物播种面积达到44.9万亩，总产量达157万吨，占全市蔬菜总产量约31.4%，实现总产值19.91亿元，占全市蔬菜总产值的32.1%。

是年 全市粮食总产创十年最好水平。种植面积459.96万亩，平均亩产339.8公斤，总产量达156.29万吨。种植结构不断优化。基本形成蓟县、宝坻、武清300万亩优质粮，武清、宁河、蓟县80万亩无公害蔬菜，静海、大港、汉沽40万亩优质果等优势产业区、产业带。

是年 全市农村居民人均纯收入首次突破万元大关，达到10675元，增长10.4%，连续9年保持两位数增长，增幅高于全国平均水平。

2010年

1月12日 农业部印发《关于表彰2009年全国粮食生产先进单位和个人的决定》(农农发〔2009〕9号)。天津市武清区农业局刘文利被农业部授予“全国粮食生产先进工作者”称号；宁河县芦台镇北新区银河花园董文森、宝坻区大口屯镇金台村许有海被农业部授予“全国粮食生产大户”称号。

1月上旬 一场比较严重的雪灾使东丽、汉沽两地的水产养殖设施遭受严重损失，其中大棚75370平方米、工厂化养殖车间45000平方米、养殖池塘10亩，造成经济损失约1477万元。

1月22日 天津市召开农村工作会议。会前，市委书记张高丽就做好“三农”工作做出了批示。市委常委苟利军出席会议并讲话。副市长李文喜做工作部署。会议总结了2009年全市农业农村工作的经验和特点，部署了2010年的“三农”工作。分别从加快“三区”联动、都市型农业发展、区县重大项目建设、服务业发展、村镇建设、全民创业、环境建设、改善民计民生、农村改革等九个方面提出了具体要求。会议还对农口确保首季开门红做出了安排。

3月23日 张高丽、刘胜玉、邢元敏等市党政军领导，同广大市民一起在建设中的梅江会展中心进行义务植树劳动。

4月11日 天津市第29届“爱鸟周”活动开幕式在蓟县于桥水库举行。本届“爱鸟周”活动的主题是“科学爱鸟护鸟，保护生物多样性”。

4月15日 市农委召开天津市2010年林业有害生物防治工作会议，安排部署以美国白蛾为主的2010年林业有害生物防治工作。

5月26日 为了促进和规范农民教育培训工作，提高农民科学文化素质和从业能力，依据《中华人民共和国农业法》《中华人民共和国农业技术推广法》等相关法律、法规，结合天津市实际情况，天津市制定了《天津市农民教育培训条例》，并于5月26日天津市第十五届人民代表大会常务委员会第17次会议通过，自2010年8月1日起施行。这是迄今为止，中国第一部专门针对农民教育培训而制定的地方法规，也标志着天津市的农民教育培训工作步入了法制化轨道。

5月 天津农学院基础科学系数学建模研究室荣获天津市“五一劳动奖状”和天津市师德建设先进单位称号。

6月6日 市农委组织科技工作者经一年多的研究确认，天津市在“十一五”规划（2006年~2010年）期间农业科技进步贡献率为60.4%，比“十五”计划（2001年~2005年）期间提高了4.2个百分点。“十一五”以来，本市农业科技政策体系日益健全，创新平台不断完善，财政对农业科技的投入逐年增加。科技工作者共研制成功农业科技成果500多项，其中60多项成果获得国家及天津市的科技奖励。到“十一五”末期，全市农业机械化综合作业率达到75%，农作物良种率达95%，畜禽良种率达90%，无公害蔬菜的覆盖率达90%以上。

6月12日 由农业部和天津市人民政府共同主办的“水清、鱼跃、岸绿，共建海河家园”海河增殖放流活动在海河天石舫码头举行。农业部副部长牛盾、副市长李文喜出席。

6月30日 全市在“三夏”期间，共有2500台小麦联合收割机、6000多台播种机投入作业。机械收割小麦170.5万亩，机收率超过98%，机械播种夏玉米203万亩。

7月21日 水利部在湖北省鄂州市召开全国农村饮水安全水质保障工作座谈会，通告了卫生部对全国2009年农村饮水安全水质抽检情况。天津市农村饮水安全工程供水水质抽检合格率达92.53%，名列全国第一。

8月9日 天津农学院与日本东京大学签订学术交流与合作协议。

9月6日 滨海新区北塘渔港获农业部渔业局首批“全国文明渔港”称号。

9月16日 农业部信息中心在苏州市召开2010年度全国农业信息联播工作总结暨省站责任编辑培训会。天津市农业信息中心获“全国信息联播组织奖”。

9月19日 市委、市政府召开加快科技型中小企业发展动员大会。市委书记张高丽出席并讲话，市党政领导何立峰、肖怀远、史莲喜、崔津渡、段春华，以及市政府秘书长李泉山出席会议。

9月30日 天津农学院自1991年至2010年20年共招收学生31802人，培养了21093名毕业生。这些毕业生奋战在农村基层，为促进天津农业上台阶、上水平发挥了重要作用。

10月5日 2010年政府补贴农民购买大型农机具任务基本完成，共补贴农民7068万元，使7000多户农户受益。通过发放补贴，极大地促进了农民购置农机的积极性，可拉动农民购置农业机械投入资金超过1.4亿元，进一步提高了天津市的农业机械化水平。

10月23日~24日 国家林业局森防总站检查组到津检查美国白蛾防治情况，对天津市2010年森林防控工作给予了肯定，并对今后的防控工作提出了要求。

10月26日 水利部在津召开蓟县黄土梁子水土保持科技示范园区评定验收会议。该园区作为天津市第一处水土保持科技示范园区顺利通过了水利部的验收评定。

11月13日 2010年津台休闲农业研讨会在津开幕。来自海峡两岸的专家学者围绕休闲农业发展的理念与思路、规划与管理、引导与支持等方面进行深入探讨与交流。市委常委苟利军会见了来津出席会议的台湾休闲农业学会理事长段兆麟、台湾农业发展基金会总裁蔡武璋等著名农业专家学者和企业家，双方就加强农业领域交流合作、提升休闲农业发展水平等进行了深入交流。

12月16日 农业部、国家安全监管总局印发《关于公布全国“平安农机”示范县(第二批)的通报》，天津市宝坻区被确定为全国“平安农机”示范县(区)。

12月22日 全市农业生产耕种收综合机械化程度达到75.73%，仅低于新疆生产建设兵团和黑龙江农垦集团，位列全国第三位，其中耕、播、收的机械化作业水平分别达到99.22%、80.6%和39.34%。全市农机总动力已达到596万千瓦，每百亩耕地拥有农机动力超过98千瓦，继续在全国处于领先地位。各类农业机械保有量达到50万台以上，农业机械原值超过34亿元。大中型拖拉机发展到1.38万台，联合收获机发展到3000多台。2010年实现农机化经营总收入达18亿元，利润总额超过7.5亿元。农机化程度的大幅提高已成为本市农业连年丰收和农民增收的重要手段。

是年 天津农垦集团经济实现又好又快发展，经营收入突破百亿元，达103亿元，成为百亿集团，比“十五”计划末的2005年增长3.8倍；实现利润6.38亿元，比2005年增长2倍；从业人员人均收入4.28万元。资产总额达158.8亿元。

是年 天津市进一步加大强农惠农力度，全年落实各项惠农补贴6.1亿元，农业生产稳步增长。全年粮食产量159.74万吨，连续7年增产丰收。主要农副产品产量继续增长。蔬菜产量419.31万吨，增长12.2%；肉类产量42.86万吨，增长8.5%；牛奶产量69.12万吨，增长1.1%；水产品产量34.49万吨，增长0.9%。全市农村居民人均纯收入达到11801元，增长10.5%。

是年 全市高效设施农业全面提速，规划建设了15个现代农业园区、20个现代畜牧养殖园区，发挥了示范引领带动作用。

是年 全市新农村建设深入推进。市级以上农业产业化重点龙头企业达到152个，比上年末增加34个。进入产业化体系的农户达到86.1%，比上年末提高4.1个百分点。示范小城镇建设全面提速，四批示范小城镇试点有序推进。农村基础设施不断完善，整修农村公路1000公里。累计建成文明生态村915个，农村环境面貌进一步改善。农村城镇化率达到60%。

第一篇

机　构

第一章　天津市农村工作委员会

1949年1月，天津市解放时，所管辖的农村面积较小。1952年4月，原隶属河北省的天津县划归天津市管辖。中共天津市委为了加强对农村工作的领导，于同年10月建立了天津市农村工作委员会。1955年2月，市农村工作委员会改为市委农村工作部。1957年12月，市委农村工作部与市农林水利局合并，成立市农村工作委员会。1973年8月，静海、宁河、蓟县、宝坻、武清5个县由河北省划归天津市管辖。8月1日，中共天津市委批准成立中共天津市委农村工作委员会、天津市革命委员会农村工作委员会。1980年，天津市革命委员会农村工作委员会改为天津市农村工作委员会。中共天津市委农村工作委员会和天津市农村工作委员会一套机构、两块牌子。1983年6月，中共天津市委农村工作委员会更名为中共天津市委农村工作部。1996年12月6日，市农村工作委员会更名为天津市农业办公室。2001年9月15日，中共天津市委印发《中共天津市委关于机构改革的实施意见》，保留中共天津市委农村工作委员会，为市委的派出机构，与天津市农村工作委员会合署办公。2010年6月4日，市委、市政府印发《中共天津市委农村工作委员会天津市农村工作委员会主要职责内设机构和人员编制的通知》。明确市农村工作委员会为市政府的职能部门，主要负责全市农业和农村经济社会发展工作。

天津市农村工作委员会的主要职责是以建设现代都市型农业为目标，贯彻执行国家和天津市有关农村农业发展的方针、政策和法律、法规；不断深化农村改革；组织推动农村对外开放，指导农村多种经营和外向型经济的发展；对农村经济结构进行战略性调整；负责全市农、林、牧、副、渔等业发展规划的制订并组织实施；实施科教兴国战略，壮大区县经济实力，推进城乡一体化发展战略。归口管理天津市种植业管理办公室、天津市林业局、天津市畜牧兽医局、天津市农业机械管理办公室、天津市水产办公室、天津市水利局、天津市气象局、天津农垦集团、天津市乡镇企业局、天津农学院、天津市农业科学院。到2010年，天津市农业基础设施建设取得新的进展，农业走上了良性、快速发展的轨道，示范带动能力增强，新农村建设深入推进。市级以上农业产业化重点龙头企业达到152个，进入产业化体系的农户达到86%。农业科技迈上新台阶，农业科技进步贡献率达到60%，高出全国平均9个百分点。示范城镇建设全面提速，全市农村城镇化率达60%。全市农村居民人均纯收入达11801元，相当于当年全国农村居民人均纯收入（5919元）的1.99倍。社会主义新农村建设走在了全国的前列。

第二章 天津市种植业管理办公室

天津市农村工作委员会种植业管理办公室前身是1953年建立的天津市农林水利局。1957年12月,市农林水利局与市委农村工作部合并,成立天津市农村工作委员会。1961年3月,天津市成立近郊农业局,1963年3月,更名为天津市农业局,1964年5月,更名为天津市农林局。1966年"文化大革命"开始后,天津市农林局被撤销,在天津市革委会生产指挥部内设立农业组,管理全市的农业工作。1970年10月,天津市撤销农业生产指挥部,重新组建天津市农林水利局革命委员会,领导全市的农林、水利、水产、农业科研工作。1971年11月,天津市农林水利局调整为天津市农林局。1979年5月, 原属市农林局领导的天津市农业科学研究所整建制划出,成立天津市农业科学院。1996年5月,原由市农林局管辖的林业部分单独划出,天津市农林局更名为天津市农业局,坐落在河西区围堤道健强里37号。2010年6月,为顺应大部制改革,市委将市农业局的职责整合划入天津市农村工作委员会,不再保留农业局,市农委设立种植业管理办公室(挂市种植业发展服务中心牌子),并负责原市农业局所属的农业技术推广站、种子管理站、植保植检站、中天大地科技有限公司、土壤肥料工作站、实验林场、农业广播电视学校、农村合作经济管理站、农业环境保护管理监测站、原种场、科润北方种衣剂有限公司、蔬菜技术推广站、玉米良种场、农药检定所、无公害农产品(种植业)管理中心15个单位的管理工作。

天津市农委种植业管理办公室(种植业发展服务中心)的主要职责是负责制定天津市种植业发展规划(计划)并组织实施,指导全市种植业结构(布局)调整、标准化生产和产业化经营;负责贯彻落实《基本农田管理条例》,负责对全市耕地质量的监控、保护、修复等改良工作;指导耕地保护技术措施的开发和利用;领导全市种植业设施的建设和发展工作;领导、组织和协调天津市农村地区的防汛抗旱工作、抗灾救灾工作。

到2010年,全市农业生产稳步增长,种植结构不断优化,生产布局更趋合理,产业化经营快速发展。基本形成蓟县、宝坻、武清300万亩优质粮,武清、宁河、蓟县80万亩无公害蔬菜,静海、大港、汉沽40万亩优质果等优势产业区、产业带。全市粮食综合生产能力稳步提高,全年粮食产量159.74万吨,连续7年实现增产丰收;蔬菜产量419.31万吨,较1991年增加48%。2004年以后,开始实施种粮直接补贴、良种补贴、农资综合补贴等一系列强农惠农政策。为丰富全市人民的米袋子菜篮子,1991~2010年间,市农业局带领全市农业科技队伍,着力推广粮棉菜优质、高效、高产品种和新型实用技术，承担了市科委、市农委和市财政的200余项重大项目，获天津市科技进步奖158项，获农业部农牧渔业丰收奖21项，全市主要农作物品种实现3次更新换代，良种覆盖率达到95%。通过建设和完善农作物种业体系、科技创新与应用体系、植物保护体系、农产品质量安全体系、农业信息和农产品市场体系、农业资源与生态保护体系、农业社会化服务与管理体系等种植业"七大体系"，启动实施旱作节水工程、设施农业工程、植保工程、种子工程、农村能源建设工程等一批重点工程项目，为全市种植业可持续发展奠定了坚实基础。

一、天津市农业技术推广站

天津市农业技术推广站（以下简称市推广站）坐落在河西区黑牛城道170号，为财政全额拨款事业单位，正处级编制，核定编制20人。始建于1983年（当时称农业技术推广中心）。其主要职责是：负责组织实施国家和本市重大农业技术推广项目，开展经常性的农业技术引进、试验、示范和推广工作，指导农业生产；组织区县乡农技人员和农民技术培训；负责全市农业技术推广体系建设与管理，指导下级农业推广机构、群众性科技组织和农民技术人员的农业技术推广活动；提供农业技术物资和信息服务。主要承担粮、棉、经三大类作物（小麦、玉米、水稻，棉花、大豆、高粱、谷子、红小豆、绿豆、西甜瓜等）的新品种，新技术引进、试验、示范与推广工作，组织实施科技项目，开展试验示范，加强技术指导宣传等。1991~2010年，市推广站共主持和参加完成国家、部市级科技项目以及财政专项90项，获部市级科技成果奖励37项。其中一等奖2项，二等奖9项，三等奖26项。制订行业、地方和企业标准12项，获发明专利3项。

二、天津市种子管理站

天津市种子管理站坐落在河西区黑牛城道176号，为财政全额拨款事业单位，正处级编制，核定编制60人。1956年天津市农林水利局设立种子站。1979年经天津市革命委员会批准，成立天津市种子公司，并保留"天津市种子站"名称。1986年7月更名为天津市种子管理站。1999年天津市种子管理站与种子公司机构分设。天津市种子管理站所属的检验室1989年经天津市质量技术监督局授权为"天津质量监督检验站第59站"。天津市农业局于2002年1月批准成立天津种子质量监督检测中心，挂靠天津市种子管理站，2009年通过农业部农作物种子质量检验机构考核。

天津市种子管理站主要职责是贯彻执行国家和天津市有关农作物种子方面的法规、规章；制定并组织实施全市种子发展计划；负责全市农作物种子的品种管理、生产经营管理和质量管理；签发和管理"种子生产许可证""种子经营许可证""种子质量合格证"；依法查处违法生产、经营种子的单位和个人。1991年至2010年间，天津市共审定或引种主要农作物品种476个，其中，玉米审定214个，引种55个；小麦审定55个，引种4个；棉花审定31个，引种21个；水稻审定64个；大豆审定30个；马铃薯审定1个，引种1个。期间还组织实施种子工程项目25个，合计投资11554.52万元。种子工程项目的实施使天津市农作物品种试验与展示、种子质量检测等基础设施得到完善；种子质量检测、品种试验、信息服务能力、执法监管能力等得到强化，为天津市夺取农业丰收，提高农作物质量品质奠定了基础。

三、天津市植保植检站

天津市植物保护工作始于20世纪50年代。1966~1973年"文化大革命"期间撤销植物保护机构。1973年恢复植保植检站。1984年成立天津市农业技术推广服务中心，全市植保植检工作由市农业技术推广服务中心管理。1992年2月重新建立天津市植保植检站，为财政全额拨款处级事业单位，坐落在河西区西园道5号。其主要职责是负责全市植物及植物产品调运检疫和产地检疫，国外引进种苗的检疫审批和疫情监测；农业植物有害生物疫情普查，农业植物疫情管理与封锁控制。负责全市农作物有害生物(病虫草鼠)的预测预报，及时发布病虫情报指导防治。并开展生物综合治理与组织实施，新农药、新药械试验示范与推广，推广无公害的生物防治技术。组织和指导全市植物检疫行政执法检查，监督区县植物检疫机构执法工作，受理行政执法投诉，纠正执法违法行为。负责全市有关植物检疫、植物保护工作的法律法规的宣传、植保植检新技术的培训。20世纪90年代以来，植保站准确监测危害天津市农作物生产的病虫草鼠360余种，其中虫害120余种，病害90余种，草害150余种，鼠害7种。随着农业种植结构调整，种苗交流日趋频繁，相继发现稻水象甲、黄瓜黑星病、假高粱、豚草、美国白蛾、番茄溃疡病、黄顶菊、香蕉穿孔线虫等10多种外来有害生物。对外来有害生物及时发现及时防治，取得了显著成效。2001~2010年在全市组织涉农区县开展植物检疫联合执法检查，阻止检疫性有害生物随种苗在天津市传播蔓延。2001年后连续多年被农业部评为治蝗工作先进集体。

四、天津市种子公司

1979年初，经天津市革命委员会批准，在原天津市种子站的基础上成立了天津市种子公司，并保留了天津市种子站的名称，仍属于事业单位性质，承担着种子工作行政、技术、管理三位一体的工作职能。

天津市种子公司主要工作职责为贯彻落实中央有关种子工作的方针，政策；制定规划，组织良种选育、审定、繁殖和推广工作；建立健全良种繁育体系；搞好种子生产基地建设；经营天津市农业生产所需的粮、棉、油、麻等农作物新品种，包括原种、良种、杂交种及亲本种子等。

1986年，根据全国农业种子工作会议提出的"依法制种"精神，天津市种子公司工作重点转变为宣传、贯彻、执行党和国家的有关种子管理的方针、政策、条例、法规;做好种子的试验、审定、繁育、生产、加工、流通及质量和价格的经营管理工作;推动种子产业的专业化、商品化、社会化、现代化。

1999 年,根据农业部和天津市《农作物种子管理条例》关于种子管理机构不得从事种子经营活动的规定,经天津市机构编制委员会批准,天津市种子管理站和天津市种子公司的机构分设。分设后的天津市种子公司作为国营企业,定员 20 名,主要开展农作物种子经营及农作物育种和种子生产工作,通过实行育繁一体化经营,推动全市农作物种子产业化,为农业生产和农民服务。

五、天津市土壤肥料工作站

天津市土壤肥料工作站始建于 1980 年,坐落在河西区西园道 5 号,为全额拨款事业单位。全站拥有大型仪器设备 20 多台套,具备土壤(耕地)、灌溉水、肥料的分析化验能力。办公室、化验室用房面积 600 多平方米,固定资产总值 300 多万元。其工作职责为:负责本市基本农田(耕地)、肥料及农田用水等资源的质量检测、监督和管理。编制基本农田保护区规划,组织土壤普查、土壤资源评价、耕地分等定级,地力建设和耕地土壤长期定位监测。负责肥料产品登记和肥料市场的监督管理,开展新型肥料田间肥效试验与评价,依法查处伪劣肥料。负责全市土壤、肥料、节水新技术试验、示范、推广工作。

市土肥站自建立以来,先后组织完成了《天津市第二次土壤普查》《天津市海岸带土壤和土地利用调查》《天津市土地利用详查》《天津市农田地力与施肥效益长期定位监测》《天津市农业后备资源土壤养分变化情况调查》《〈天津市土地利用总体规划〉修编》《天津市基本农田质量调查(地力)》等重点工作。在技术推广工作中,市土壤肥料工作站先后承担实施了平衡施肥、秸秆快速腐熟还田、有机肥料商品化生产及应用、旱作节水农业示范、配方施肥技术推广、小麦与玉米瘠薄地快速培肥、稀土试验示范、生物菌肥筛选、钾肥推广等工作。近 10 年重点实施沃土工程、测土配方施肥技术推广、水肥一体化技术示范、耕地地力调查、新建设施基地土壤培肥技术集成示范、矫正施肥等部、市级重点项目,开展土肥水技术试验、示范,取得多项科技成果。其中天津市海岸带和海涂资源综合调查获天津市科技进步一等奖,静海县 10 万亩旱作农业试验示范和配方施肥技术等项目分别获得天津市科技进步二等奖,平衡施肥技术、秸秆还田及利用综合配套技术获全国农牧渔业丰收计划二等奖。

六、天津市实验林场

天津市实验林场位于天津市宁河区宁河镇西关村西 5 公里处。前身是成立于 1980 年的天津市宁河县农林局苗圃场，1995年划归天津市农林局管辖后，更名为天津市实验林场，为处级全民所有制自收自支事业单位，编制80人，场区总面积140多公顷。主要从事新树种选育、引进、示范耐盐碱植物的选育试验推广工作，并进行林木种苗的生产供应。1996年天津市林业局单独组建后，该实验林场归属于天津农业局，其职能亦发生了变化，主要从事水稻新品种繁育、生产和相关新技术的试验、示范、推广工作。2009年后，主要从事与种植结构调整相关的新品种、新技术、新产品和新模式的试验、集成、示范和推广工作。同相关单位合作完成了水稻机插秧旱育秧技术的试验、示范和推广工作。在"水稻机械化旱直播节水高产栽培技术""优质强筋春小麦原种高产繁育""油葵新品种引进""大田高效高产栽培技术"和"麦、稻双季机械化高产栽培技术"等方面的研究取得了新的成绩。实验林场还建立了"天津市农业专家技术交流中心"和"天津市农业新产品、新技术繁育基地"，还被批准为"国家农业科技创新与集成示范基地"，为促进天津市农作物生产不断上台阶、上水平做出了贡献。

七、天津市农业广播电视学校

天津市农业广播电视学校坐落在河西区西园道5号。1981年，市农委牵头组成农业广播学校领导小组，下设"中央农业广播学校天津办公室"，设在市农学会。同年，市农民成人中等职业学校——中央农业广播学校天津分校正式成立，为全额拨款事业单位。1986年中央农业广播学校天津分校与市农业干部技术培训学校合并，为一套人员两块牌子。1989年，更名为天津市农业广播电视学校（以下简称农广校），规格为处级。1990年，全市有农业的12个区县相继成立市农业广播电视学校分校，并全部纳入成人中等专业学校管理。1998年，经劳动部批准，农广校建立农业部农业行业特有工种职业技能鉴定站（024站），在全市开展农业行业职业技能鉴定工作。2000年，农广校加挂市农民科技教育培训中心的牌子，区县分校成立农民科技教育培训中心，承担全市农民科技教育培训工作。2007年，农广校系统建成市新型农民远程教育服务中心和区县分中心及市级农民实训基地。2009年，被农业部认定为农业部现代农业技术培训基地。

农广校坚持"面向农村、面向农业、面向农民"的办学宗旨，通过广播、电视、互联网、卫星网等媒体和图书音像资料等教学手段和资源，把课堂办到乡村，办到基地，办到田间，使农民不离乡、不离岗，利用业余时间参加学习。1991~2010年，从建校初期单一农学专业发展为设施农业生产技术、现代农艺技术、畜禽生产与疾病防治、农村经济综合管理、会计、企业经营管理等18个学科。共培养中等专业实用人才3.12万人，中专后继续教育层次人才3571人。"跨世纪青年农民培训工程"培训青年农民9280人，有10万农民取得农业部"绿色证书"，涉农产业职业技能培训蔬菜园艺工、家禽饲养工、拖拉机驾驶员等15个农业特有工种6.92万人，其中6.49万人通过考核鉴定取得国家职业资格证书。

八、天津市农村合作经济管理站

天津市农村合作经济管理站(农村合作经济处)坐落在河西区围堤道健强里37号,成立于1983年11月,是隶属于市农林局的全额拨款事业单位,其工作重点在农村集体财务管理、农村土地承包管理、农经统计等方面开展指导和服务工作。依据《村集体经济组织会计制度》,指导全市农村集体经济组织建立健全财务管理制度,规范村级财务公开和开展会计委托代理服务,推进农村会计电算化,强化农村集体经济审计监督,培训农村财务队伍。截至2010年底,全市有3829个村实行财务公开,占全市总村数的99.8%;有3483个村实行会计委托代理服务,占全市总村数的90.8%;有124个乡镇开展会计核算电算化工作,涉及3163个村。对全市3732名村集体经济组织财会人员进行取证和换证培训。有8个单位被农业部授予农村集体财务管理规范化示范单位称号。农村审计工作基本形成"三年一轮审"的工作制度,年审计金额达100亿元以上。1997~1998年组织实施了全市第二轮农村土地承包工作,将农户土地承包期限再延长30年。2005~2006年,先后指导宝坻区、蓟县和宁河县成立农村土地承包仲裁委员会,负责所辖区县农村土地承包经营纠纷调解和仲裁工作,3个仲裁机构均被列为农业部试点。截至2010年底,受理农村土地承包纠纷109起,调解或和解69起,裁决40起。按照农业部的要求,每年组织区县农经部门开展农经统计半年报、预报和年报、做好统计数据的汇总、审核和上报工作,为管理决策提供服务。

九、天津市农业环境保护管理监测站

天津市农业环境保护管理监测站始建于1984年,坐落在河西区西园道5号,是社会公益性农业技术服务事业单位。2003年,经天津市机构编制委员会批准,加挂"天津市农产品(种植业)质量安全检测中心"牌子,承担天津市农产品(种植业)质量安全监督检验测试工作。2004年,通过国家质监局和农业部的计量认证/审查认可双认证,挂牌"农产品质量安全监督检验测试中心(天津)"。质检中心的检测范围覆盖农产品及检测参数达254个,具备农产品产地环境(农田土壤、农用水、大气)及农产品中重金属、农药残留、常规项目的检测能力。2005年被农业部确定为"农业部无公害农产品产地环境检测机构"和"农业部无公害农产品认证委托定点检测机构"。其主要职责是:负责制定农业资源环境保护规划和年度计划;拟定农业资源环境保护地方标准;组织实施生态农业建设;监督管理工业"三废"对农业环境的污染防治和农业面源的污染防治;组织开展农业环境污染综合防治示范区建设和农村废弃物无害化处理与资源化利用工作;开展全市农业环境执法管理工作;负责农业生态环境监测、调查和信息发布;开展基本农田环境质量管理工作;承担天津市农业环境、无公害农产品生产基地及农产品质量监督、监测、科研、环境质量影响评价等项工作。自成立以来,先后开展了“天津市污灌区域农业环境质量调查”“天津市无公害蔬菜生产技术研究”“天津市基本农田定点监测”“城市再生水农田安全利用”“国家重点保护农业野生植物调查”“外来入侵植物黄顶菊调查防除”“第一次全国农业污染源普查”“全国农产品产地安全状况普查”等农业资源环境监测管理工作。起草并经市政府发布《天津市农业生态保护办法》《天津市无公害蔬菜管理办法》《天津市无公害蔬菜标识管理办法》等地方法规。制定《再生水农灌水质标准》《天津市无公害蔬菜产地环境质量标准》等地方标准。参与农业环境污染事故调查及处理等10余项。获得“全国主要农畜产品质量(有害物)调查工作先进集体”“全国生态农业建设先进集体”“全国基本农田环境监测工作先进集体”“第一次全国污染源普查先进集体”“农业部农业环境信息统计先进集体”“天津市五一劳动奖状”“天津市创建国家环境保护模范城市先进集体”等荣誉称号。

十、天津市原种场

天津市原种场成立于1984年10月,坐落在宁河县东棘坨镇卫星路北。1997年9月,经农业部批准在该场建立国家级水稻原种场。同年市农业局批准原种场成立“天津市北方水稻研究中心”。2012年,农业部批准在市原种场建立国家级农作物综合区域试验站。2013年8月,市机构编制委员会核定市原种场为自收自支事业单位。全场土地面积441.3公顷,下辖1个种业公司,1个水稻研发中心,1个试验站和3个分场。总资产5000多万元。建场初期以水稻新品种的引种试验筛选、原种繁育和承担天津市水稻区域试验为主。1990年后逐步开展水稻新品种的选育研发和承担国家水稻的区域试验任务,2000年后相继开展棉花、蔬菜的新品种引进试验筛选、种子繁育示范推广和承担国家、天津市棉花区域试验任务。建场以来先后承担国家“863”高技术、国家农业科技成果转化资金项目和天津市科技攻关、成果转化推广等重大科技项目20多项。每年承担国家和天津市水稻、棉花等作物新品种的区域试验、新品种展示示范等任务30多项。收集和研制出育种材料近3000份。研究成果获国家发明专利2项,10个水稻品种通过国家审定,22个品种通过天津市审定,获得植物新品种权8项。获得天津市科技进步一等奖1项、二等奖2项、三等奖5项,获得全国农牧渔业丰收奖二、三等奖各1项。“天源”牌水稻良种被天津市政府授予天津市名牌产品,每年繁育推广良种200多万公斤,年销售收入1800万元。

十一、天津科润北方种衣剂有限公司

天津北方种衣剂中试厂诞生于1988年,坐落于天津市西郊区杨柳青镇,占地面积49344平方米。2003年12月28日,由天津市农业局和天津科润农业科技股份有限公司共同投资在该厂组建国有控股有限责任公司——天津科润北方种衣剂有限公司,为市农业局所属企业单位,注

册资金2200万元，是全国种衣剂行业大规模生产厂家之一，成为国家定点种衣剂生产企业。同时，还从事农药生产、农药制造技术开发、技术转让、技术咨询服务和塑料制品制造。

公司秉承技术为先、质量至上的方针，不断加大技术投入，使产品的内在品质和技术内涵不断提升。公司严格执行标准化的生产和规范化的管理。2005年承担的“新型药肥复合型种衣剂技术推广”项目获天津市科技进步二等奖。公司与国内外知名院校和企业建立长期密切的合作关系。主要产品有：用于玉米、大豆、花生、棉花、小麦、杂粮等系列种衣剂产品和农药产品，年产1万吨，产品主要销往国内大型种业集团和东北、华北、华中等20多个省（自治区、直辖市）。

十二、天津市蔬菜技术推广站

天津市蔬菜技术推广站坐落在河西区围堤道健强里37号，成立于1989年，是市级蔬菜技术推广和咨询服务的职能部门，为全额拨款事业单位。主要负责全市蔬菜生产的技术推广和病虫害的测报工作。组织、指导蔬菜生产栽培技术的试验、示范、推广；蔬菜新品种的引进试验、示范、推广；组织实施国家和部、市级农业技术推广项目。

1991~2010年，天津市蔬菜技术推广站承担实施国家、各部委及天津市重大农业科技推广项目50多项，结合科技项目示范推广蔬菜优良品种100多个，新肥料30余种，生物技术20余项。引进示范推广生根粉、防虫网、杀虫灯、二氧化碳场效增施技术、臭氧防治技术、温室补光灯、秸秆“生物反应堆”、太阳能灭虫器、大棚降温剂、土壤消毒技术等蔬菜生产配套技术。结合项目实施集成示范推广“棚室早春黄瓜、番茄生产配套技术”、“早春保护地茄果类优产良种”、“西菜周年生产和种子繁殖技术”、“日光温室蔬菜高效节能栽培技术”、“设施蔬菜安全生产配套技术”、“蔬菜集约化育苗技术”、“食用菌高效生产配套技术”等蔬菜优质高效生产技术。为本市蔬菜产业的发展以及提高全市蔬菜种植整体水平发挥了重要作用。1991~2010年，共获得国家、部市级科技成果奖20余项。其中国家科技进步一等奖1项，二等奖2项；部市级科技进步奖一等奖3项、二等奖5项、三等奖10余项。

十三、天津市玉米良种场

天津市玉米良种场始建于1990年6月，坐落在宁河县东棘坨镇潮白河大堤东，为自收自支事业单位。2000年由农业部和天津市共同投资组建国家级（天津）农作物品种区域试验站，为玉米良种场下属单位。天津市玉米良种场主要为种植业发展提供技术开发与质量管理服务；为农业部和京津冀农作物品种进行区域、生产试验示范；推广农业实用新技术，有机、绿色无公害农产品的开发。

经过多年发展，玉米良种场已初具“育繁推”一体化，“产加销”一条龙的产业发展格局。承担国家华北春玉米生产试验、黄淮海夏大豆区域生产试验；天津市冬春小麦、春夏玉米、鲜食玉米、夏大豆、棉花、西瓜等作物区域、生产、引种、展示试验，每年有100多组次试验任务。2002~2005年依托中国农科院合作大豆优良品种引种开发项目，从中筛选优质大豆品种中黄13等3个新品种，建立大豆良种繁育体系，繁育大豆原原种2万多公斤，加快本市大豆品种更新换代进程。2006~2009年共选育高产优质大豆、玉米新品种6个，并完成配套栽培技术的研究。2010年审定通过自主知识产权“金麦26”、“圣豆14”两个品种。玉米良种场充分利用国家级区域试验站的优势区域条件与天津市农科院、中国农科院作物所开展合作，并参加国家“863”高技术项目、市科委农业科研项目，负责农作物新品种选育的田间鉴定、适应性配套栽培技术完善等研究。

十四、天津市农药检定所

天津市农药检定所坐落在河西区西园道5号，前身是1993年成立的天津市植保植检站药检科。2000年9月，成立天津市农药检定所，为处级事业单位，编制15人。承担全市农药监督管理工作。其主要职责是：贯彻国家有关农药方面的法律、法规，负责全市农药产品的登记工作；对本市生产及流通领域的农药质量进行检测，依法查处伪劣农药；开展新农药田间药效和残留的检测工作。2002~2003年，对全市无公害蔬菜基地4712个批次的蔬菜进行抽样检测（速测）。2002~2004年，开展毒鼠强专项治理行动，清理整顿鼠药市场，取缔非法生产、经营鼠药的违法行为。2006~2008年，陆续开展植物生长调节剂专项治理、烟剂产品专项治理、高毒农药替代、高风险农药专项治理等多项行动，保证农民利益和农产品质量安全。2000~2010年，协助农业部完成农药登记初审1227项，登记试验1203项。并出动执法人员2.1万人次，检查农药门店1.08万家次，检查农药产品6万余批次，抽检农药2303批次，没收非法农药59.33吨，保证农业生产安全和农产品质量安全。2003~2010年，每年对天津市农产品批发市场、超市、农贸市场及无公害农产品基地进行抽样检测，累计检测蔬菜、水果、茶叶、食用菌等农产品8700多批次。

十五、天津市无公害农产品(种植业)管理中心

天津市无公害农产品（种植业）管理中心坐落在河西区围堤道健强里37号。其前身为2000年4月组建的“天津市无公害蔬菜管理办公室”，2004年更名为“天津市无公害农产品（种植业）管理办公室”。2007年，经天津市机构编制委员会批准，成立“天津市无公害农产品（种植业）管理中心”，为全额拨款事业单位。其主要职责为负责全市无公害农产品（种植业）产地认定、经销企业认证及产品认证初审，质量安全标志的使用及管理，质量安全标准化示范基地建设及日常管理工作；质量安全相关法律、法规等宣传培训和地理标志登记保护工作，以及无公害初级农产品（种植业）生产环节的质量安全监管。成立以来相继组织制定了《天津市无公害蔬菜管理办

法》《天津市无公害蔬菜标志管理办法》《天津市种植业农产品质量管理办法》《农产品（种植业）质量安全应急预案》，组织制定（修订）35 项天津市农产品地方标准。截至 2010 年，全市共认定无公害产地 201.6 万亩，认证无公害企业 56 家，认证无公害农产品 248 个。“中心”常年对各级农产品质量监管人员定期培训，完善无公害（种植业）农产品质量安全监管员制度、凭证上市制度、产品定期检测制度、例行监测制度。逐步实施农产品产地准出和质量信息可追溯机制。在蔬菜生长旺季连续对一般菜田、无公害基地和批发市场的蔬菜取样检测，从 2005 年起在重大节假日对生产基地、超市、批发和农贸市场的蔬菜、水果和食用菌产品实施多个批次的监督检测，例行检测抽检合格率由 2001 年的 64.5%提高到 2010 年的 95.4%。2008 年“中心”获得农业部“助奥运行动先进集体”、天津市人民政府“北京奥运会天津赛区食品安全保障工作先进集体”等荣誉称号。

十六、天津中天大地科技有限公司

天津中天大地科技有限公司成立于 1999 年，坐落在天津空港经济区环河南路 310 号。为处级全民所有制自收自支企业，员工 35 人，其中高中级技术职称人数占三分之一。

公司主要从事农作物新品种的选育与开发工作，承担国家及天津市良种储备任务，为农业市场提供技术咨询与服务。公司在天津市牵头成立良种全国销售联合体，形成育、繁、销一体化运作模式。现有低温种质资源库 200 平方米，育种实验室及种子质量检测实验室 1200 平方米，配套大型仪器设备 20 余台（件）。1100 平方米的种子加工生产线 1 条，种子贮藏库 1500 平方米。在海南省建有南繁基地 5 公顷。在西青区建有试验田 13.3 公顷、良种繁育基地 200 公顷。玉米新品种选育与开发是公司的主业，2000 年以后选育成功的 9 个玉米品种、4 个鲜食玉米品种通过天津市和国家农作物品种审定委员会的审定。拥有 2 个优质小麦的品种开发权。公司年产玉米和麦类良种 1500 吨。公司自组建以来，主持承担国家级及市级科研项目 7 项，申请国家发明专利 2 项。

第三章　天津市林业局

天津市林业局成立于 1996 年，同市绿化委员会办公室为一套机构两块牌子。主要承担林业及其生态建设的监督管理，开展森林资源、陆生野生动植物资源、湿地和沙化土地的调查、动态监测和评估;承担林业生态文明建设,拟订林业和绿化的发展战略和规划并组织实施;承担林业应对气候变化;承担森林资源保护发展的监督管理责任。编制并监督执行森林采伐限额,监督检查林木凭证采伐、运输;组织和指导林地、林权管理,拟订林地保护利用规划并指导实施;负责林地征用、占用审核。组织、协调、指导和监督湿地保护工作;监督湿地的合理利用。全局下设6个处室,10个事业单位(其中4家参公事业单位,2家全额拨款事业单位,4家自收自支事业单位)。市林学会、花卉管理协会、野生动物管理协会也挂靠在局系统内。

全市林业系统干部职工、科技工作者以加快天津林业发展,建设绿色天津,实现建成宜居生态城市,促进人与自然和谐发展为目标,深化集体林权制度改革,全面推进林业建设,共建绿色天津。到2010年,全市建有自然保护区5个、森林公园5处,湿地资源总面积30万公顷,陆地野生动物资源达416种。市区绿化覆盖率达20%。全市农村成片林地380万亩,林木覆盖率达21.3%,天津市的绿化工作走在了全国的前列。

一、天津市林业工作站

天津市林业工作站始建于1973年,坐落在天津市河西区紫金山路3号增1号。其前身是天津市农林局造林站,1996年,市林业局成立后,成为市林业局下属事业单位。其主要职责是承担全市林业工作站行业管理、林政案件稽查和林权争议处理的具体工作;承担林业科技、林业标准化、林业信息化、林业产业和经济林管理工作;承担林业资源调查监测、市林业重点工程规划设计和林业技术推广工作。建站以来,配合林业主管部门先后引进了全光雾扦插育苗、嫩枝扦插育苗、植物生长剂等育苗、造林新技术,成功地引进了中林杨46、107、108,欧美杨,三倍体毛白杨,优质毛白杨雄株,苏柳,千头椿,无性洋槐等一大批优良树种,并在造林中广泛推广应用,为发展天津市高效、优质、高产林业生产发挥了重要作用。同时,组织完成了天津市农业科技成果转化与推广项目《农田防护林、用材林新品种繁育与造林技术推广》《青龙湾沙区生态风景林的建设与示范》《宿根花卉新优品种的引进及成果应用转化》以及《大叶红花槐、柏树三倍体等耐盐碱多用途新品种及繁育》,促进了天津市林业科技成果的转化与先进技术的应用,提升了天津林业科技水平。在森林资源调查与生态状况监测工作方面,自1991年以来,组织开展了全市五次森林资源连续清查(即一类清查)、三次森林资源规划设计调查(即二类调查)以及五次全市沙化和荒漠化监测工作。20年的调查数据显示,全市森林资源总量显著增加,林分质量明显提高,全市森林面积由8.58万公顷增加到11.16万公顷,森林蓄积由158.66万立方米增加到374.03万立方米,活立木蓄积由248.05万立方米增加到453.98万立方米,全市沙化和荒漠化治理工程取得了显著成效,沙化和荒漠化土地也得到了有效控制。沙化土地由2.57万公顷减少到1.39万公顷,荒漠化土地由1.31万公顷减少到1.05万公顷。其间,还培训基层林业工作站人员数万人次,进一步提高了天津市基层林业工作站人员素质和履职能力。

二、天津市野生动植物保护管理站

天津市野生动植物保护管理站成立于2007年4月，同时加挂天津市湿地保护管理站的牌子，为处级全额拨款事业单位，核定事业编制15人。其主要职责是：承担全市陆生野生动物、林区内野生植物和林区外珍贵野生树木的保护管理和合理开发利用；全市森林和野生动物类型自然保护区的规划和管理；陆生野生动物、野生植物及其产品的进出口管理工作；陆生野生动物疫源疫病监测工作；法律法规规定的行政许可事项的审批工作及相关执法检查；组织、协调、指导、监督全市湿地保护管理工作，拟订湿地保护规划和有关地方标准及规定，组织实施建立湿地保护小区、湿地公园等保护管理工作，监督湿地的合理利用。建站以来，每年救护国家一、二级重点保护动物百余只，并在全年鸟类迁徙季节安排工作人员对重点区域进行全天候野外观测和救护。组织每年的"爱鸟周"宣传活动。开展全市第二次陆生野生动物资源调查工作，查清了全市陆生野生动物资源现状与动态变化。组织武清永定河故道和宝坻潮白河国家湿地公园申报工作并获国家林业局批准。获得市人民政府颁发的"绿化工作先进集体"、共青团天津市委员会颁发的"青年文明号"和国家林业局颁发的"保护森林和野生动植物资源先进集体"等荣誉称号。

三、天津市森林病虫害防治检疫站

天津市森林病虫害防治检疫站成立于2005年，隶属天津市林业局，为正处级全额拨款事业单位，其前身是1988年设立的天津市林业工作站森保科(天津市森林植物检疫站)。全站现有职工10人，其中农业技术推广研究员1人，高级农艺师2人，农艺师3人，助理农艺师3人。其主要职责是全市林业有害生物的监测预报、防治、检疫，以及相关技术的研究、引进、推广和有关法律法规的宣传等。先后主持完成了《天津市美国白蛾大面积综合防治技术推广与应用》《天津市林业有害生物实时监控管理系统》等7个农业科技转化与推广项目，引进和整合了多种先进的防治技术。还实施了《天津市林业有害生物预防体系建设》《天津市美国白蛾等林业有害生物应急防控体系建设》等基础设施建设项目9个，新增防治设备2157台（套），监测设备1213台(套)，提升改造药剂药械库3600平方米，基本建立了林业有害生物监测预警体系、检疫御灾体系、防治服务体系框架，提高了林业有害生物预防和应急防控能力。

天津市森林病虫害防治检疫站2004年分别获国家林业局和天津市政府颁发的"全国森防先进集体"和"天津市绿化先进单位"称号。2007~2009年，由于防治美国白蛾工作成效显著，连续3年受到国家林业局的通报表扬。

四、天津市林木种子管理站

天津市林木种子管理站(天津市林木种子质量监督检验站)成立于2004年3月,为市林业局下辖的全额拨款事业单位,编制7人。其主要职责是:贯彻落实国家有关林木种苗管理的方针、政策、法规规定;拟订全市林木种苗发展规划、计划和管理办法;对全市国有林场和森林公园进行宏观管理;配合有关部门申报种苗工程建设项目,并对其进行监督检查;负责林木种苗行政执法工作,依法实施行政许可、行政审批和行政处罚;负责全市林木种子的生产、经营和质量管理,开展苗木普查工作,对国有苗圃、良种基地、采种基地实行宏观管理;负责全市林木引种和种质资源的管理,负责市级种苗生产基地建设,组织指导林木种苗生产、调剂和储备。负责林木品种审定委员会的日常工作。负责天津市花卉、林木种苗的行业管理工作,承担天津市花卉产业协会的日常工作。

五、天津市林木种苗示范基地

天津市林木种苗示范基地始建于2003年9月,为市林业局所属事业单位,所属人员经费为自收自支。示范基地属地为宝坻区潮阳街道办(原马家店镇),位于京、津、唐三市的中心地带,占地面积为78公顷,总投资为2300万元。共建文洛式温室一栋4500平方米,综合加工车间(含组培实验室)1650平方米,育苗荫棚3000平方米,购置各类机械设备10余台(套)。基地拥有长期从事林业技术服务与管理的专业技术人员6名。其主要职能是示范、推广优良林木种苗和现代化育苗新技术,承担相关科研、实验项目和相关技术培训工作。基地成功引进了无性洋槐、千头椿、琛州杨等一批优良树种。并开发培育了凯尔斯海棠、紫色秋天、金冠白蜡等彩叶树种。同时与高等院校开展了杨树抗逆性研究和油用牡丹引种等项目的合作。基地拥有育苗土地900余亩,各类大、中、小型规格苗木50余个品种,年出圃量数十万株。向天津空港物流保税区、天津外环线以及北京市、河北省等周边地区重点工程提供高档苗木,在种苗生产行业中发挥着龙头带动作用。

六、天津市野生动物救护驯养繁殖中心

天津市是候鸟南北迁徙的停歇站,每年数以万计的候鸟从天津路过、停留。为了更好地保护天津地区的野生动物,天津市野生动物救护驯养繁殖中心于1996年成立,坐落于天津市静海县徐良公路,为市林业局下辖的全额拨款事业单位。其工作职责是:在全市范围内承担对捐赠、受伤、饥饿、迷途、罚没的陆生野生动物的接受、救护、驯养、繁殖、放生和科普宣传等工作。

中心编制15人,实有人员13人,包括科技人员4人。下设救护科、办公室、饲养科、检疫科

4 个部门。中心共有可用土地 1000 亩,建有小型动物医院 100 平方米,检疫监测室 30 平方米,化验室 20 平方米,隔离笼舍 200 平方米,饲养笼舍 900 平方米,放飞适应网 300 平方米。

中心成立以来,累计救护各类野生动物 10000 只以上,其中包括国家一级保护动物黄金蟒、蜂猴、白尾海雕、东方白鹳、巨蜥等;国家二级保护动物有猫头鹰、隼、猕猴、苍鹰等;国家"三有"动物沙锥、戴胜、白鹭、苍鹭、小白鹭、画眉、蛇类、树鹨、黑枕黄鹂、红嘴蓝鹊、蓝矶鸫、黑尾蜡嘴雀等。救护动物均得到妥善安置,治愈的鸟类已放归自然。在 2012 年 11 月 11 日,天津市大港区湿地内发现大批候鸟中毒现象,其中有 11 只国家一级保护动物东方白鹳,中毒情况严重,后送到天津市野生动物救护驯养繁殖中心,技术人员经过了为期一个月的救护、饲养, 11 只东方白鹳全部救护成活,恢复了健康,并成功放归野外。中心还与各省市野生动物救护中心开展学术交流和合作研究。

七、天津市林业局林果服务站

天津市林业局林果服务站始建于 1985 年 3 月,坐落于西外环线 39 公里处。主要开展花卉新品种和良种苗木的生产、运输和销售工作。承担植物租摆、绿化工程。全站共有职工 35 人(其中技术干部 11 人,高级技工 19 人)。2010 年土地经营面积 64.8 亩、温室 8153 平方米,其中现代化智能温室 2548 平方米,半自动化温室 2365 平方米,简易温室 3240 平方米。单位以生产年宵花为主,拳头产品主要有一品红、红掌、百合、郁金香、彩色马蹄莲、仙客来。每年生产各类盆花 10 万盆。还自 1990 年起在喜来登、凯悦、津利华等十几家高级宾馆开展植物租摆业务,年经营收入达 100 万元。同时还承担完成部、市级科研课题 11 项,其中获奖 2 项。"天津市花卉产供销服务体系建设的研究"2000 年获全国第五届花博会三等奖。1999 年,国家林业局、中国花卉协会分别授予林果服务站"全国花卉生产基地"和"全国花卉先进企业"称号。2007 年被中国林业产业协会授予"全国林业产业贡献奖先进单位"称号。

八、天津市林业局林果良种场

天津市林业局林果良种场同天津市林业优质种苗基地为一套机构、两块牌子,坐落在天津市西青区十八街南 3 公里处。全场共有在职人员 35 人,包括专业技术人员 7 人(其中农艺师 5 人),工勤人员 28 人,全部为高级工。其主要职责是承担林木种苗的引进、繁育和示范工作;承担相关科研、实验项目和相关技术培训工作。林果苗圃面积达 700 亩,兼有果树生产示范园和优良苗木繁殖基地。自建场以来,不断引进国内外培育的优良新品种。20 世纪 90 年代初期有果园 452 亩,苹果树 7 万余株,以从美国引进的短枝红星为主栽品种。之后,先后建立了日本红富士、早熟葡萄、冬桃等生产示范园。良种场繁殖的苗木在天津大面积种植,还推广到外省市种植。

进入21世纪,良种场逐渐以优良绿化苗木的引进、驯化、繁育、示范为主,主要培育景观、生态、观赏性的优质绿化苗木,每年为全市提供优良苗木60万株左右。2006年被天津市人民政府授予"绿化先进单位"称号。

第四章 天津市畜牧兽医局

1979年11月1日,中共天津市委印发津党发〔1979〕236号文件,批准组建天津市畜牧局。1980年2月正式成立,办公地点暂借市气象局。1983年8月17日,畜牧局改为天津市牧工商联合公司(保留局的牌子,逐步过渡为企业)。办公地点迁至河西区解放南路。1991年4月13日,撤销天津市牧工商联合公司,恢复建立天津市畜牧局,列入市政府工作部门序列。2000年5月22日,天津市畜牧局经市委批准,改建为"天津市畜牧业发展服务中心",仍承担原畜牧局的有关行政管理职能。2001年9月15日,天津市委办公厅印发津党办发〔2001〕69号文件,决定市畜牧局的行政职能划入市农村工作委员会。2002年4月27日,天津市畜牧局改建为天津市畜牧业发展服务中心,为副局级事业单位,由市农村工作委员会管理。2010年6月4日,中共天津市委办公厅印发《中共天津市委农村工作委员会、天津市农村工作委员会主要职责内设机构和人员编制规定》,决定畜牧兽医局为市农村工作委员会内设机构,副局级,挂市畜牧业发展服务中心牌子。全局建有天津市动物疫病预防控制中心、天津市畜牧总站、天津市动物卫生监督所、天津市兽药饲料督察所、天津市饲草饲料工作站、天津市奶业发展服务中心;内设办公室、发展计划处、技术服务处、畜牧处、兽医处。其主要职责是:贯彻执行国家和天津市有关畜牧兽医方面的法律法规和方针政策,编制全市畜牧兽医业发展规划和计划;负责相关体系的规划、建设及重大项目的管理和实施,拟定全市重大动物疫病控制和扑灭计划并组织实施;负责全市畜牧兽医业行业管理和行政执法、执法监督工作;负责兽医医政、兽药药政管理;负责动物产品安全的监督管理;负责官方兽医和职业兽医管理工作。

1991~2010年,全局干部、职工和科技工作者认真贯彻国家确定的发展畜牧业的各项方针政策,采取多种措施促进天津市畜牧业的发展,使天津市的畜牧业呈现了欣欣向荣的面貌。在2004年防治禽流感,以及遏制重大动物疫病发生和疫情的流传等方面也取得了新的成绩;确保了2008年北京奥运会期间、在津举办达沃斯论坛期间以及其他重要会议、活动、节假日的畜产品食品安全;为丰富城乡居民菜蓝子,保障城乡居民身体健康做出了贡献。

一、天津市动物疫病预防控制中心

天津市动物疫病预防控制中心是2007年经市政府批准设立的，坐落在天津市北辰区京津塘高速宜兴埠出口北，占地面积70亩。属全额拨款事业单位，编制62人，其主要职责是：负责实施动物疫病的监测、预警、预报、诊断、流行病学调查、疫情报告和疫情扑灭工作；负责技术指导及相关技术人员培训等工作。其前身是天津市畜牧兽医站。1949年1月，天津解放后，成立了津沽区农垦管理局，下设畜牧兽医站，负责农场系统家畜家禽疾病的防疫工作。1950年，天津市公共卫生局下设环境卫生科，其中有兽医工作人员8人，负责市内防检疫和灭犬工作。1951年7月，建立了天津市兽医防治所。1953年，成立了天津市畜牧兽医站，归属天津市农林水利局领导。1967年"文化大革命"期间随同市农林局一并撤销。1971年，恢复了市畜牧兽医站。1974年与农林局畜牧处合署办公。1977年市畜牧兽医站的机构逐步健全，下设有办公室、畜牧科、兽医科、化验室、铁路检疫段。1988年，天津市成立天津市禽病诊断培训中心，与市畜牧兽医站合署办公，编制114人。2007年5月，根据《关于市畜牧业发展服务中心（市畜牧兽医局）管理的部分事业单位机构编制调整的批复（津编事字〔2007〕65号）》，天津市畜牧兽医站在机构编制核定后更名为天津市动物疫病预防控制中心。

中心在编职工97名，其中专业技术人员70人（包括正高级职称5人，副高级职称26人、中级职称18人、初级职称21人）。

1991~2010年，由单位主持完成的科研和推广项目46个，参加完成的科研和推广项目18个；制订了包括鸡白痢净化规程，种鸡、种猪疫病监测操作规程，天津市猪圆环病毒感染防治技术规范，猪瘟病毒反转录—聚合酶链式反应（RT~PCR）试验方法等关于动物疫病防治、净化技术规程等方面的13个地方标准。获得部市级科技奖励31项。

二、天津市畜牧总站

天津市畜牧总站是2007年经市政府批准设立的，属全额拨款事业单位，编制32人。主要职责是：负责畜牧业技术推广、指导、示范、培训和科普宣传工作；负责畜禽品种改良工作。天津市畜牧总站前身是1982年经中国、澳大利亚两国政府协商决定建立的天津市禽病诊断培训中心。中方负责基本建设、澳方提供化验设备，并培训技术人员，定编53人。1988年3月，与市畜牧兽医站合并为天津市畜牧兽医站禽病诊断中心。1989年4月禽病诊断中心正式落成典礼。2007年5月，天津市禽病诊断培训中心在机构编制核定后更名为天津市畜牧总站。

2007年天津市动物疫病预防控制中心与天津市畜牧总站合署办公，下设防控应急科、疫情测报科、诊断监测中心 、疫苗管理中心、病理外检室、公共卫生科、畜牧综合科、科技推广科、信息科、体系科、综合办公室、财务科、条件保障科。

三、天津市动物卫生监督所(督察大队)

天津市动物卫生监督所前身为1978年10月14日经天津市革命委员会批准成立的天津铁路兽医卫生检疫段。1986年7月22日,在原天津铁路兽医卫生检疫段的基础上,成立了天津市兽医卫生检疫站。1992年2月,更名为天津市动物检疫站。同年3月27日,成立天津市兽医卫生监督检验所,与天津市动物检疫站合署办公。1996年12月10日,天津市兽医卫生监督检验所成立兽医卫生督察大队,下设三个中队,负责市内六区的兽医卫生监督工作。2007年5月21日,天津市兽医卫生督察大队更名为天津市动物卫生督察大队,承担市内六区动物卫生和畜产品质量安全的监督管理工作;原天津市动物检疫站更名为天津市动物卫生监督所。其主要职责是:承担全市动物防疫、动物检疫与动物产品安全的监督管理等工作;受天津市畜牧兽医主管部门委托,承担《中华人民共和国农产品质量安全法》《病原微生物实验室生物安全管理条例》《兽药管理条例》《天津市动物防疫条例》《天津市畜牧条例》《天津市养犬管理条例》等法律法规中省级畜牧兽医行政主管部门依法承担的监督检查、行政处罚等职能。

天津市动物卫生监督所先后主持、参加畜牧兽医科技项目10余项,获部(市)级奖励7项,其中,“猪旋毛虫病、猪囊虫病快速检验技术推广”成果获1997年度天津市科技进步三等奖,“肉品卫生质量检验新技术推广”成果获1999年度天津市科技进步二等奖。

2008年,天津市动物卫生监督所荣获天津市政府授予的“北京奥运会天津赛区食品保障工作先进集体”荣誉称号。

四、天津市兽药饲料监察所

天津市兽药饲料监察所位于北辰区京津塘高速宜兴埠出口北。其前身是1983年3月成立的天津市兽药检验所。1984年10月更名为天津市兽药监察所。1984年5月成立了天津市饲料监察所。天津市兽药监察所和天津市饲料监察所分别于1988年和2000年被农业部指定为“天津口岸兽药监察所”和“天津口岸饲料监察所”。2007年,天津市兽药监察所、天津市饲料监察所、天津口岸兽药监察所更名为天津市兽药饲料监察所(天津口岸兽药监察所、天津市畜产品质量安全检测中心),为市畜牧兽医局下属的一个具有独立法人地位的事业单位。其工作职责为承担全市兽药饲料质量的监督检验,对兽药饲料的生产经营单位进行业务指导,对进口兽药、饲料进行质量监测,承担畜产品中违禁药物及兽药残留等检测工作。内设综合业务室、质量监督科、化学药品检验室、饲料及饲料添加剂检验室、中药及抗生素检验室、兽药残留检验室、畜产品质量安全检测室、办公室和网络信息服务中心9个科室。建有国内一流水平的现代化实验室,总面积达 1800 平方米，拥有高效液相色谱—串联质谱仪（LC~MS~MS）、双光束紫外可见分光光度计、薄层扫描仪等近百台套检测仪器设备，总价值达 1162 万元。2001 年和 2006 年分别通过了农业部省级兽药监察所资格认证，2010 年首次通过了中国合格评定国家认可委员会（CNAS）的国家实验室认可，实现了检测报告的国际互认。

天津市兽药饲料监察所被评为 2001~2002 年度和 2005~2006 年度天津市文明单位；2009 年 8 月获国家饲料质量监督检验中心（北京）授予的“全国饲料质检体系 30 年违禁添加剂专项监测先进单位”荣誉称号。

五、天津市饲草饲料工作站

天津市饲草饲料工作站坐落在天津市河西区解放南路 423 号。始建于 1994 年 9 月。2007 年，天津市机构编制委员会印发《关于更新天津市饲草饲料工作站（天津市草业技术服务中心）名称和经费渠道的批复》，将天津市饲草饲料工作站（天津市草业技术服务中心）更名为天津市饲草饲料工作站（天津市草业监理站）。主要职责为负责饲草饲料新技术、新品种、新工艺的研究、推广、咨询和管理，负责全市的草原监理工作，开展全市草原资源与生态监测工作。

10 多年来，引进、培育、推广 60 余个优质饲草新品种；组织开展了天津市武清县秸秆养牛示范，紫花苜蓿拉伸膜青贮技术推广应用，天津市牧草新品种引进、筛选、示范及推广，天津市优质牧草及饲料作物新品种示范推广等项目。其中：“紫花苜蓿拉伸膜青贮技术推广应用”成果获 2004 年度天津市科技进步奖三等奖，“天津市牧草新品种引进、筛选、示范及推广”成果获 2006 年度天津市科技进步奖二等奖。

六、天津市奶业发展服务中心

天津市奶业发展服务中心坐落在天津市河西区解放南路 423 号。始建于 2008 年，隶属于天津市畜牧兽医局。实有干部职工 11 名，其中，正高职称 1 名，副高职称 2 名，中级职称 5 名。主要职能是拟定奶业发展规划、计划，提出政策建议并组织实施；指导奶源基地建设、标准化生产和奶畜养殖管理；指导生鲜乳收购站布局规划和建设；指导生鲜乳生产、收购环节的监督管理工作；制订并组织实施生鲜乳质量安全监测计划，开展生鲜乳质量监督抽查工作。

第五章 天津市农业机械管理办公室

1949年1月,天津解放后,根据华北人民政府指示,成立了津沽区农垦管理局(1950年更名为渤海区农垦管理局),内设工务科,负责机务和排灌等农业机械装备的维修管理。1953年,根据中央政务院指示,撤销了渤海区农垦管理局,天津市成立了市农林局,内设农场管理科,负责各农场农业机械的管理工作。1954年,天津各郊区建立了拖拉机站,市农林局建立了农业机械管理科,加强对全市农业机械的管理。1961年,随着农业机械管理任务增加,天津市人民委员会决定成立天津市农业机械管理局,内设农业机械管理、排灌机械、农业机械修配等职能处室,共有干部职工30余人,主要负责各郊区拖拉机站和农村人民公社的农业机械管理。1962年,市农业机械管理局撤销,同时成立了天津市农业机械管理总站,归属天津市近郊农业局领导。1966年,市农业机械管理总站划归市第一机械工业局农业机械工业服务公司。1973年6月,天津市革命委员会决定,成立天津市郊区农业机械管理处,直属市革委领导。1973年8月,河北省蓟县、宝坻、武清、静海、宁河5个县划归天津市管辖,市革委决定成立天津市农业机械管理局。1980年11月,更名为天津市农业机械局。1983年11月,市政府决定撤销市农业机械局,在市农林局内设立农业机械管理处,对外称市农业机械化管理总站,“一套人马两个牌子”。1990年3月,为加强农业机械管理,市委、市政府决定,将市农业机械化管理总站恢复为天津市农业机械局,纳入市政府序列。天津市农业机械局所辖的9个单位有天津市农业机械推广总站、天津市农业机械试验鉴定站、天津市农业机械研究所、天津市农机安全监理总站、天津农机化技术试验服务中心、天津市农机化示范推广中心、天津市农业机械化学校、天津市农业机械总公司、天津市农机系统能源利用测试站。1996年1月,市委、市政府决定天津市农业机械局改为事业单位,并履行市政府授权管理的行政职能。2002年4月,市委、市政府决定,天津市农业机械局改为天津市农业机械发展服务中心,对外可暂使用原天津市农业机械局的印章。2010年6月,市委办公厅、市政府办公厅颁发文件,成立农业机械管理办公室,为市农委内设机构,副局级,挂市农业机械发展服务中心牌子,内设综合处、发展计划处、技术服务处、装备管理处、安全监理处。

天津市农业机械管理办公室的职责是贯彻国家关于农机工作的法律法规,负责起草天津市农业机械发展政策、规划、计划并组织实施;承担组织开展农业机械化示范基地和试验展示基地建设;负责全市农业机械化科技项目管理;承担拟定农机作业规范和技术标准;负责农业机械化技术的推广、培训、服务;负责指导农业机械产品结构调整的方向,引导农民使用新型农机产品;拟定国家支持推广的农机产品目录;组织实施农业机械安全监理和试验鉴定等有关工作。2006年,市农机局被农业部评为"十五"全国农机化管理工作先进单位。到2010年,天津市农业耕种收综合机械化水平达到76%,位列全国第三。全市农业机械总动力达到596万千瓦,每百亩耕地拥有农机动力98千瓦,在全国处于领先地位。各类农业机械保有量达到50万台以上,大中型拖拉机发展到1.38万台。全年实现农机化经营总收入达到18亿元。农机化程度大幅提高已成为天津市农业连年丰收和农民增收的重要手段。

一、天津市农业机械推广总站

天津市农业机械推广总站是市农机发展服务中心所属正处级全额拨款事业单位,坐落于天津市和平区万全道46号。其前身是于1982年成立的天津市农业机械试验鉴定推广站,负责全市农业机械的试验、鉴定及农业机械化新技术的推广工作。1984年,市标准局授权市农业机械试验鉴定推广站为市标准局质量监督检验第49站,负责市农业机械产品质量监督检验工作。2002年,天津市机构编制委员会批准天津市农业机械试验鉴定推广站分设为天津市农业机械试验鉴定站和天津市农业机械推广总站。该站主要职责为贯彻国家有关农机推广工作条例、办法;引进、推广先进适用的农业机械设备和技术;对区县农机推广机构进行业务指导;承担本市农机推广方面其它相关工作。该站内设推广一室、推广二室、技术开发室、技术服务室、综合办公室等5个科室,在现有的35名职工中有高级专业技术人员11人。

进入21世纪以来,天津市农业机械推广总站以农业生产第一线为主战场,提升农机推广效率,引进、示范、推广先进科技项目,围绕粮食生产、设施蔬菜种植和畜禽水产养殖机械化等领域先后承担国家、部市级科研项目50余项,有20余项科研推广成果分别获国家、部市科技奖励。连续多次被评为市级文明单位、科技兴农先进集体、市级先进党组织和红旗党支部等荣誉称号。

二、天津市农业机械试验鉴定站

天津市农业机械试验鉴定站成立于2002年,为正处级全额拨款事业单位,与天津市农机系统能源利用测试站合署办公,隶属于市农机发展服务中心,坐落于天津市南开区科研西路9号。其前身为1982年建立的天津市农业机械试验鉴定推广站。该单位主要职责为按照国家标准和行业标准对农业机械进行试验鉴定;负责农机产品质量检测、质量监督和认证管理;承担本市农机推广方面其他相关工作。

该站内设鉴定室、质量管理室、行政办公室、业务办公室、信息情报室等5个科室,现有编制40人,其中高级专业技术职称有14人。

自建站以来，该站坚持科学、公正、准确、高效的原则，先后完成农机新产品鉴定500多项，推广鉴定400多项；承担国家、部市级科研推广项目30余项，制定国家级标准8项，部级标准7项，地方标准42项。

三、天津市农业机械研究所

天津市农业机械研究所始建于1963年7月，隶属于天津市第一机械工业局，坐落在和平区烟台道64号。到1966年底，先后承担了JN-10型小型拖拉机、东方红-20轮式拖拉机、稻麦割晒机及部分配套农机具的研制，开发农机新产品，满足了农业生产需要。

1981年1月，天津市人民政府决定，天津市农业机械研究所划归天津市农业机械局领导，1992年搬迁至南开区西湖道50号。到2010年有职工28人，其中科技人员25人（含高级专业技术人员11人）。先后研制成功了葡萄埋藤机、葡萄风送喷雾机、小麦免耕施肥播种机、农田残膜回收机、水稻割晒机、果园气动剪枝机、温室大棚开沟机、蔬菜自动嫁接机等农业机械装备10余种。承担部、市级科研课题200余项，解决了天津市农业生产中存在的瓶颈问题，取得了良好的效果，提升了天津市农机化科技水平。

四、天津农业机械化技术试验服务中心

天津农业机械化技术试验服务中心始建于1987年，由农业部农机化司与天津市农业机械化管理总站共同出资190万元，购买原河北省廊坊地区农科所的所址（位于静海县良王庄）兴办的。拥有土地2000亩，建筑面积1万多平方米，主要负责农业机械化新技术的试验、示范、推广。

2004年以来，该中心加大基础设施建设，农机新技术试验、示范、推广功能得到加强。2004年完成农机培训中心项目建设。2011年，完成农机试验区项目建设，占地87亩，其中机械化果树种植试验区53亩，淡水鱼机械化养殖试验区13亩，林地畜禽散养区10亩，设施农业试验区11亩。2012年完成农机展销中心项目建设，占地面积45亩。其中展厅主体面积10926平方米。2012年底在新落成的农机展销中心召开了天津市第一届农机化新技术新成果展示会。农机考试站项目也于2012年完成，占地5600平方米，可满足电子穿桩考试、农机具挂接操作考试和无纸化理论考试的需要。建成以来共为天津市培养专业的拖拉机驾驶员500余名。

五、天津市农机化示范推广中心

1988年，市农业机械化管理总站在水稻集中产区宁河县，出资购买土地600亩，建立天津市农业机械化试验示范农场，主要任务是试验研究水稻生产过程全部机械化的技术问题，向全市水田地区进行示范推广。此后若干年，由于缺少政策、资金支持，该示范农场的作用发挥不明显。

2008年，天津市农业机械化试验示范农场更名为天津市农机化示范推广中心。市农机局投入资金3000多万元，对该中心进行提升改造，重新建设了水利、电力、道路、办公、生活、机库、厂房等设施。至2010年，初步建成种植业机械化、设施农业机械化、水产养殖机械化和林果业机械化等4个功能示范区。引进各类先进适用的农业机械设备30多台套，逐步形成和完善了农业机械化示范推广功能。先后组织实施了小麦、玉米、水稻等粮食作物的育苗、播种、收获机械的全程机械化推广，开展了蔬菜机械化育苗、粮食机械化烘干、设施农业机械使用、养鱼水面的耕水机械等项目的机械化示范，发挥了中心的职能作用，带动了周边地区的农机化新技术、新机具的推广应用，对全市农业机械化的快速发展起到了较好的示范引领作用。

六、天津市农业机械总公司

天津市农业机械总公司于1959年12月在其前身天津市信托公司的基础上，由原国家商业部生产资料局筹建，1960年初挂牌设立，机构名称为天津农业机械采购供应站。职能主要面向华北地区开展农业机械装备和物资的计划供应、储备调配以及进口业务，经营上实行统购统销。坐落在天津市和平区赤峰道66号，隶属商业部，之后调整到国家第八机械工业部（农业机械）。1970年之后机构下放天津市，名称变更为天津市农业机械供应公司，先后隶属天津市一商局、农林局，之后划归天津市农业机械局。期间，天津市近郊拖拉机总站、天津市农业机械配套配件公司、天津市水利局物资站先后并入。1979年因农机部在天津设立中国农业机械总公司华北公司，由市农业机械供应公司分立成市农业机械供应公司和中国农业机械总公司华北公司。1992年1月为适应农机市场营销需求，天津市农业机械供应公司更名为天津市农业机械总公司。20世纪80年代，在国家产业政策引导下农机流通市场开始由计划供应向市场营销转变。至90年代，经销项目包括耕作、排灌、植保、收获、动力、渔业机械及维修配件等7个类别1000余种产品，年销售水平保持在1.1亿元至1.9亿元的规模。进入90年代后期，随着农机市场的变化，全国农机行业销售走低，公司一度处于困境，为摆脱困境加快发展，公司进行了探索和开发。1997年曾与中国一拖集团实施资产重组。2001年在市政府支持下主动调整业态，筹建绿洲现代农业技术装备超市。还以改革为主线、以摆脱困境为目标，继续进行探索和努力，在农机销售和物业创收两个方面得到新发展。2004~2010年，随着农民购置农机补贴政策的实施，累计销售“东方红”系列各型拖拉机1591台，公司向品牌化、特色经营方向发展，主营销售和物业创收呈现欣欣向荣的发展趋势。

七、天津市农机系统能源利用测试站

天津市农机系统能源利用测试站（天津市节能监测四站）是1991年由天津市机构编制委员

会批准建立的事业单位，挂靠单位有：中国汽车工业节能监测中心（天津）、天津市节能监测四站等，坐落于天津市南开区科研西路9号。

该站是天津市技术监督局授权，经过计量认证、社会公益性的、非营利的技术服务事业单位。2002年3月，该站同天津市农业机械试验鉴定站合并。主要职能包括：承担上级节能管理部门下达的节能监测任务；对生产企业的节能型产品进行测试与评价；对用能企业进行用能测试工作；开发和推广各种新能源技术；承担或参与国家及天津市行业标准和地方标准的制、修订以及有关标准的试验、验证工作；对地方各节能机构和企业节能管理人员进行技术指导和人员培训。自建站以来，该站坚持科学、公正、廉洁、高效的原则，完成各类用能监测工作800多家，承担市级科研项目3项，完成标准类项目128项，其中：国家级标准8项，地方标准120项，为天津工农业能源利用工作做出了积极贡献。

八、天津市农机安全监理总站

1974年，天津市革委会颁发文件，决定在市、郊县组建农业机械车辆管理站，负责农用拖拉机的车务管理、技术考核和安全教育等工作。1975年3月，天津市农业机械车辆管理站正式成立。1976年，市革委会同意将拖拉机驾驶员考试、拖拉机检验、牌照管理发放、档案管理，以及非城镇街道和非公路重大伤亡事故的处理，由公安部门划归农业机械部门管理。1980年，天津市农业机械车辆管理站更名为天津市拖拉机监理站。1985年，又改称为天津市农业机械监理站。1992年，天津市农业机械监理站更名为天津市农机安全监理总站。

自1991年以后，该站每年都与各区县农机监理站签订《农机安全监理工作目标管理责任书》（2006年之后改由市农机局与各区县农机局签订），明确目标责任，将每年的工作任务、工作重点、目标要求、领导责任、激励办法纳入责任书，并将工作任务层层分解。从1996年起，该站每年组织在乡村、场院、田间和乡村道路对各拖拉机、联合收割机和其驾驶操作人员进行为期40天的专项治理活动。开展验车、喷字、喷号、砸号、拍照、入户登记“一站式”服务，做好驾驶操作人员的安全教育、培训和宣传，从源头上维护和整顿天津市农机安全生产秩序。

2004年，道路交通安全法颁布后，上路行驶的拖拉机牌证及其驾驶操作证的管理权限交给农业机械安全监理机构，农用运输车的管理权限由农机安全监理机构转交给市公安交通管理部门。

九、天津市农业机械化学校

天津市农业机械化学校始建于1975年，隶属于天津市农业机械局，主要任务是为天津市农业机械行业培养中等专业人才。校址选在南开区复康路南侧，征用土地20亩。专业设置开始只有农业机械化专业。1984 年，增加了拖拉机汽车修理与运输专业、农业机械财会专业、工业企业管理专业、工业与民用建筑专业。从建校至 1990 年，该校不断改善办学条件，包括 2300 平方米教学楼（兼办公楼），1600 平方米学生宿舍楼，800 平方米实习工厂，藏书 1.7 万册的图书馆、阅览室、资料室，学校建筑面积达 5812 平方米，固定资产 128.27 万元。高级讲师 2 名、讲师 15 名、助理讲师 14 名。1984 年被市政府授予“社会主义精神文明单位”。1985 年至 1988 年，被天津市第二教育局评为“文明中专学校”。从建校至1990 年，累计培养中专毕业生 434 人。

1988 年以后，招生数量呈现逐年下降的趋势，1990 年仅招生 29 人。1996 年，经市机构编制委员会批准，天津市农业机械化学校改名为天津市机械工程学校。1999 年，市政府批准将天津市机械工程学校与天津市农业学校、天津市水利学校、天津市经济管理学校等 4 所中等专业学校合并为天津市城乡经济学校。

第六章　天津市水产办公室

天津市水产局系天津市人民政府的行政职能部门，始建于 1956 年 4 月。1983 年 6 月，天津市委、市政府决定天津市水产局改为天津市渔工商联合公司，为天津市人民政府的直属企业，保留天津市水产局的牌子。天津市渔工商联合公司除负责管理所辖的企、事业单位以外，仍肩负着天津市人民政府的渔业行政和行业管理职能。1991 年 4 月 13 日，中共天津市委决定，撤销天津市渔工商联合公司，恢复建立天津市水产局，列入市政府工作部门序列。1997 年 3 月，根据天津市委、市政府机构改革的精神，天津市水产局的内设机构及人员进行了调整。共设置办公室、养殖处、海洋渔业处、渔政处、科教处等 15 个部门，核定编制 91 人。

2010 年 6 月 4 日，中共天津市委办公厅印发津党办〔2010〕59 号文件，将市水产局的职责整合划入市农委，天津市水产局改为水产办公室（为副局级，挂天津市渔业发展服务中心牌子）。内设综合处、发展计划处、技术服务处、渔业管理处、渔政环保处。其主要职责为制定全市渔业发展政策、规划、计划并组织实施；负责渔业技术的推广、培训；负责渔政执法督察，负责渔业安全生产工作；负责渔港监督管理；组织渔业水域生态环境及水生野生动植物保护工作。下辖天津市渔政渔港监督管理处、天津市水产研究所、天津市水产技术推广站、天津市水生动物疫病预防控制中心、农业部渔业环境及水产品质量监督检测测试中心（天津）、天津渤海水产研究所。

一、天津市渔政渔港监督管理处

1984年3月,天津市水产局渔政管理处、渔港监督管理处、渔船检验处、天津市渔政船队合并组建天津市水产局渔政渔港监督管理处,2002年9月更名为天津市渔政渔港监督管理处,办公地点在天津市塘沽区江西路400号。对外名称为“中华人民共和国天津渔业船舶检验局”和“中华人民共和国天津渔港监督局”。是承担天津市渔政、渔港监督、渔船检验等行政管理职能的事业单位。内设机构有办公室、渔政科、渔监科、船检科、通讯科、法规科、环保科、财务科和渔政船队。同时,天津市渔政指挥中心、天津市海上搜救中心第二分中心、全国海洋渔业安全通讯网天津市短波岸台、全国海洋渔业安全通讯网天津超短波岸台也设在处内。其主要职责任务是:贯彻渔业法律、法规,负责全市渔业安全生产监督管理、渔业船舶检验及船用产品检验,渔港监督管理,渔业无线电通讯管理,保护渔业水域生态环境和水生野生动物,海上搜救、海难救助和渔业保险等。1996年12月4日,天津市人民政府颁发文件,确认天津市渔政渔港监督管理处为行使行政处罚权的法律、法规授权的组织。2006年12月经市农委审核、市法制办核准实施的由天津市渔政渔港监督管理处实施的行政处罚99项,行政许可6项,行政强制19项,其他行政执法职权16项。该处拥有中国渔政12001和12002号两艘渔政船(总吨位分别为500吨和323吨),还建有一座65米高的通讯铁塔。30多年来,渔政渔港监督管理处干部职工贯彻“依法治渔、强化监督、公正严明、服务渔业”的方针,使天津市的渔业资源得到有效保护,渔业水域环境明显改善,打击了违法违规捕捞行为,维护了渔业生产秩序,促进了天津市渔业经济的发展。2001年,被农业部评为“全国伏季休渔工作先进单位”,2007年,12001号渔政船被农业部评为“第三批渔业文明执法窗口单位”,2011年12月,渔政渔港监督管理处被中央精神文明建设指导委员会评为“全国文明单位”。

二、天津市水产研究所

天津市水产研究所始建于1960年7月,坐落在天津市河西区解放南路442号。其前身是1959年2月建立的天津市淡水水产研究所,是天津市较早从事水产养殖及科技研发的科研机构。主要从事水生生物遗传育种、引种、种质鉴定、渔业经济发展研究、渔业信息、水生生物多样性监测评估、渔业资源养护、渔业生态环境修复工作。全所共有职工76人,包括科技工作者51人,其中正高级职称3人、副高级职称14人、博士8人、硕士15人。下设资源与生态研究室、渔业经济研究室、病害防治技术研究室和现代养殖技术研究室。还在天津市大港境内建有占地3661亩的渤海水产资源增殖站,在静海团泊湖风景区建有占地300亩的淡水养殖试验站。技术辐射面积26119.5亩,覆盖县镇25个,带动养殖场90家。“九五”以来,主持完成了科研项目60

余项，涉及养殖池塘水质及有害藻类控制技术、渔用饲料营养及有毒成分控制技术、水产养殖病害无公害防治技术及高密度池塘养殖与容量控制技术等方面，取得技术成果20余项，获得国家科技进步三等奖1项，农业部丰收计划二等奖2项，市级科技进步一等奖1项、二等奖3项、三等奖10项。获得国家发明专利10余项。在国内外科技刊物发表论文500余篇，出版专著、编著17部。研究所除与国内同行开展研究和学术交流外，还与国际知名的科研院所和高校学校开展合作交流。

三、天津市水产技术推广站

天津市水产技术推广站成立于1978年，坐落在天津市河西区解放南路442号，为公益性事业单位。有干部职工23名(其中高级专业技术人员11名，中级专业技术人员7名)。机构设置有综合办公室、技术推广科、病害防治科和技术培训科4个科室。其主要职责是：水产新技术、新品种的引进、选育、试验、示范和推广；水产养殖病害防治，水产品质量安全生产管理与跟踪指导；天津市渔业物联网的建设与维护。并对全市水产技术推广系统人员进行业务指导、技术培训。

自20世纪90年代以来，先后在天津地区引进了凡纳滨对虾(南美白对虾)、乌克兰鳞鲤、罗氏沼虾、斑节对虾、大口黑鲈、白斑狗鱼、美国红鱼、石斑鱼、刺参等名优品种40多个。成功示范推广名优虾类品种引进及培育淡化养殖技术、淡水池塘80:20养鱼模式高产高效技术、对虾病害综合防治技术、名特优水产品增养殖综合技术、南美白对虾淡水养殖技术、水产品质量安全控制技术、乌克兰鳞鲤良种繁育及健康养殖技术、鱼虾菜生态养殖技术等近50项。促进了渔业产业结构调整和全市渔业经济的持续发展，丰富了百姓的菜篮子。还承担了“农业部天津市对虾养殖病害防治示范区”项目，研究总结出“对虾健康养殖高产新模式”及一整套综合防病技术措施，取得了显著效果，天津市的虾病防治示范区连续三年被评为全国第一。所总结出的对虾养殖病害综合防治经验向全国推广，为全国对虾养殖业的振兴作出了贡献。在此之后，又完成了“名优虾类品种引进及培育淡化养殖技术研究”、“南美白对虾淡化养殖技术推广”、“南美白对虾产业升级集成技术示范与推广”等科研技术的攻关、成果转化与示范推广，将南美白对虾引进、孵化、驯化淡水试养成功，并总结养殖技术与模式，实现了该品种的海、淡水池塘的规模化养殖，创造了显著的经济效益和社会效益。

天津市水产技术推广站承担了部、市级重点科研推广项目40余项。获得部、市级科技奖励24项，其中农业部一等奖3项、二等奖2项、三等奖2项；天津市科技进步二等奖12项、三等奖5项。获得国家知识产权局计算机软件著作权1项。

四、天津市水生动物疫病预防控制中心

天津市水生动物疫病预防控制中心其前身是1992年在天津市水产研究所鱼病研究室基础上建立的鱼虾病防治院，为天津市唯一一所从事水生动物防疫检疫工作的市级社会公益性的技术服务机构。坐落于天津市河西区解放南路442号，与天津市水产研究所合署办公。2006年7月取得天津市质量技术监督局计量认证的资质认定书。2009年，水生动物重大疫病检测项目成为农业部认定的检测确诊实验室。2010年，检测项目由最初认定的11项增加到28项，检测范围包括淡水、海水养殖鱼类，对虾类，蟹类，贝类和鳖类等。2012年，经天津市机构编制委员会批准更名为天津市水生动物疫病预防控制中心。其主要职责为承担全市水生动物防疫、水生动物及其产品检疫的技术性工作；开展水生动物疫病研究、信息采集、疫情扑灭、防治技术推广、防疫检疫人员培训及水质、苗种、饲料、药物检测等工作。依据渔业法、动物防疫法和《天津市渔业管理条例》的规定，承担天津市水产苗种进出市检疫工作，控制水生动物疫病传入，减少疫病的传播和流行。2000年8月，开展病害测报工作，建立起以“疫控中心”为技术依托，12个区县病防工作站为主的病害监测网，覆盖天津市海淡水养殖面积达55万亩，占全市水产养殖总面积的80%以上。共有职工39人，其中专业技术人员36人，具有正高级技术职称的4人，副高级6人，中级技术职称12人。进入21世纪以来，科技人员主持和承担的科研项目40余项，获得天津市科技进步二等奖4项、三等奖8项，获国家发明专利3项。研究成果在天津市海水工厂化养殖生产中推广应用，取得了显著的经济效益和社会效益。

疫控中心有实验室面积500余平方米，主要进行水生动物病毒检验、细菌检验、病理检验、寄生虫检验、分子生物学实验、种质检测、免疫学实验、水生动物毒理试验、病害防治及技术咨询等。配有生物安全柜、微生物自动鉴定及药敏分析系统、高速冷冻离心机、紫外分光光度计、半自动血液生化分析仪、基因扩增仪、凝胶成像系统等仪器设备共100余台套，固定资产总值逾300多万元。能够承检水生动物病毒病、细菌病、寄生虫病等30多项检测任务。

五、农业部渔业环境及水产品质量监督检验测试中心(天津)

农业部渔业环境及水产品质量监督检验测试中心(天津)(以下简称中心)是天津市农村工作委员会根据农业部《关于下达第三批部级质量监督检验测试中心筹建计划的通知》精神，在原天津市水产研究所“天津市渔业生态环境监测中心”的基础上，批准建立的。是以专业技术提供社会公益服务的独立法人性质的检测机构。

中心于2002年1月通过农业部机构审查认可和国家计量认证。是农业部授权的天津市唯一从事渔业环境及水产品质量监督检验机构，也是农业部确定的全国首批“无公害农产品定点

检测机构”之一。2003 年 6 月,天津市质量技术监督局批准在该中心成立“天津市质量监督检验站第 23 站”,并通过计量认证。2008 年 5 月 26 日,天津市机构编制委员会下发文件同意将农业部渔业环境及水产品质量监督检验测试中心(天津)(天津市质量监督检验站第 23 站),加挂天津市渔业环境及水产品质量监督检验测试中心的牌子,与天津市质量监督检验站第 23 站、天津市渔业生态环境监测中心为一套机构、4 块牌子。

“中心”主要承担农业部、天津市质量技术监督局或其他上级部门指定的水产品质量监督检验和优质荣誉产品的评选、复查、跟踪检验;对实施证书管理的产品进行检验,对重要新产品、新品种投产和科技成果的鉴定进行检验;承担农业系统水产品质量考核检验和产品质量的分等分级检验;负责对农业系统地方同类检验机构和有关企业进行技术指导、技术咨询、技术服务和人员培训;研究新的检测技术和方法。承担或参与有关国家标准、行业标准、地方标准及企业标准的制订(修订)和有关技术标准的试验验证工作。“中心”有职工 29 人,其中专业技术人员 26 人(正高级 2 人、副高级 11 人、中级 13 人)。内设综合办公室、业务室、检测一室、检测二室和水生生物检测室 5 个部门。“中心”实验室建筑面积 800 余平方米。拥有液-质-质检测仪、电感耦合等离子体质谱仪(ICP-MS)、连续流动分析仪(FIA)、气相色谱、高压液相色谱、气—质联用仪、原子吸收、原子荧光、紫外分光、测汞仪、多功能极谱仪、酶标仪等大中型仪器 40 余台(套)。

六、天津渤海水产研究所

天津渤海水产研究所暨中国水产科学研究院渤海水产研究中心于 2010 年 10 月经天津市机构编制委员会批准成立,是天津市政府与中国水产科学研究院共建的专门从事海洋渔业研究与生态环境修复的专业研究机构,为公益一类事业单位,编制 60 人,坐落在天津经济技术开发区海通街 50 号。主要职责为开展渤海湾生态修复、生物养护、资源恢复及科学利用,创造良好的海洋生态环境。发展愿景为逐步服务滨海新区和整个渤海乃至全国的海洋生物、生态科学研究,功能齐备、设施先进的海洋渔业科技机构和科技创新平台。

2006 年 12 月 25 日, 天津市水产局和中国水产科学研究院签订了共建天津渤海水产研究所暨中国水产科学研究院渤海水产研究中心的协议。2007 年 4 月,市水产局成立渤海水产研究所筹备组。2009 年 1 月,在天津市经济技术开发区取得海通街建设用地 8000 平方米,进行规划设计和建设工作。2010 年 10 月,由天津市机构编制委员会颁发文件批准成立“天津渤海水产研究所”,2011 年 6 月研究所建设完成。同年 9 月,天津经济技术开发区建设管理中心对研究所科研大楼通过了整体验收。渤海水产研究所正式开展相关工作。

天津渤海水产研究所内设综合办公室、科研科 2 个职能部门和渔业资源与生态环境、海水养殖技术与工程、海洋渔业资源利用与开发、海洋渔业经济与信息技术等 4 个研究室。已建成

8500 平方米综合实验楼，投入 824 余万元通过政府采购购置科研仪器，包括全自动氧氮热量测定仪、自动凯氏定氮仪、酶标仪、研究级正置荧光多功能显微镜、紫外分光光度计等 40 余台（套）。有职工 50 人，其中高级职称 11 人，中级职称 21 人；其中博士 6 人；硕士 12 人。

研究所自建立以来共承担各级各类研究项目共 58 项，其中农业部产业体系项目 1 项，国家海洋局公益项目 2 项，农业部黄渤海渔政局生态修复等项目 5 项，天津市科委等科研项目 50 项，申请发明专利及实用新型专利 24 项，其中发明专利授权 2 项，实用新型专利授权 7 项。共发表科技论文 60 余篇；获得软件著作权授权 3 项。研究所高度重视与国际国内开展学术交流。

天津渤海水产研究所荣获 2012~2014 年度天津市文明单位称号；研究所团支部和办公室分别荣获 2014 年度天津市五四红旗团支部称号和全国模范职工之家荣誉称号。

第七章 天津市水利局

1973 年 5 月 16 日，天津市革命委员会批复，在根治海河防汛指挥部的基础上成立天津市水利局。机构设：办公室、政治部（组织处、宣传处）、河务管理处、农田水利处、计划财务处、规划处、工程设计处、物资供应处、保卫处。局机关编制 141 人。其职责是防汛抗旱、水利工程管理、农田水利、根治海河。1980 年 1 月 31 日，天津市抗旱打井办公室和水利局合署办公。1981 年 5 月 15 日，为解决天津用水问题，国务院在天津召开解决天津城市用水会议，会议决定建设引滦入津工程，并于 1982 年 5 月 11 日全线开工建设。之后，市委下发文件组建引滦入津工程管理单位，明确由市水利局统一管理。市水利局对外挂两个牌子，即“天津市水利局”和“天津市引滦工程管理局”。负责引滦工程具体技术、业务工作，有关引滦工程计划、财务、物资、水源调度、人事管理工作，分别由市水利局各处室归口管理。引滦工程自河北省迁西县大黑汀水库分水闸至天津市宜兴埠泵站。1983 年 9 月 11 日全线正式通水。工程获优质金奖。

1991 年 1 月，天津市水利局（天津市引滦工程管理局）机构设置：局机关 25 个处室，局所属 19 个处级事业单位、3 个企业，共计 3226 人，主要承担着水利工程设计、建设、维修、维护、通讯、水源调度、防汛抗旱以及农村水利等诸项任务，为水利事业的发展起着保障作用。1991 年 6 月，天津市水利局（天津市引滦工程管理局）机关由天津市河北区海河东路 71 号搬迁至天津市河西区围堤道 210 号。1996 年 1 月 26 日，天津市委、市政府批复《天津市水利局（天津市引滦工程管理局）职能配置、内设机构和人员编制方案》，明确天津市水利局是市政府主管水行政的职能部门，确定局机关设 20 个职能处室，1997 年 9 月完成机构调整，市水利局控制编制数 182 人。1997 年 4 月，从水利局农田水利处的工作职责中，分出一部分工作职责，组建地下水资源管理办公室。

2001 年 6 月，天津市委办公厅下发《印发〈天津市水利局（天津市引滦工程管理局）〉职能配置、内设机构和人员编制规定的通知》，明确市水利局是主管全市水行政的市政府组成部门，统一负责全市节约用水、地下水资源、控制沉降和海河干流堤防的管理工作。负责对开采已探明的矿泉水、地热水办证取水许可证的工作。在机构设置上，把原天津市城市节约用水办公室划归市水利局。市水利局（市引滦工程管理局）加挂天津市节约用水办公室的牌子。2001 年 8 月，地下水资源管理办公室并入天津市水文总站，成立天津市水文水资源勘测管理中心（天津市地下水资源管理办公室）（简称水文水资源中心）。主要职责是负责全市水文水资源的测验、水质监测工作，地下水开采和节约管理工作，实施取水许可证制度，发放取水许可证，负责全市防汛抗旱的水情预报工作；承担市政府抗旱打井办公室的日常工作，负责全市机井建设和规划、打井审批及验收使用等方面的管理工作。2009 年 5 月，天津市委、市政府决定组建水务局，为市政府组成部门，挂引滦工程管理局牌子，进行天津市水务体制改革。5 月 7 日，天津市水务局揭牌成立。2010 年 3 月，天津市委、市政府下发《关于印发〈天津市水务局主要职责内设机构和人员编制规定〉的通知》，通知明确天津市水务局机构：办公室（党委办公室）、政策研究室、水政处（法制室）、规划设计管理处、计划处、水资源管理处、节约用水管理处、工程管理处（水库移民管理处）、水土保持处、行政许可处、科技信息管理处、财务处、审计处、人事劳动处、安全监督处、组织处。行政编制 117 名。纪检、监察机构按规定派驻，人员编制另行核定。2010 年 6 月和 9 月，原隶属于天津市公用局的天津市排水管理处和供水管理处整建制划归天津市水务局管辖。到 2010 年 12 月底，市水务局在职职工共 5382 人。其中局机关 125 人(调水办 18 人)，局属事业单位职工 5187 人，局属企业单位职工 70 人。

一、天津市水土保持工作站

天津市水土保持工作由天津市水利局归口负责。1986 年蓟县在天津市郊区县中最早成立水土保持工作站，为科级单位。之后又相继成立蓟县水利局水土保持监督检查站和水土保持实验站。上述三站为一套机构三块牌子。同时，在山区 22 个乡（镇）中建立水土保持监督检查分站，在 387 个村中，每村确定一名水保监督员，初步建立起县、乡、村三级监督网络。

2004 年 12 月，天津市机构编制委员会批准成立水土保持工作站，为天津市水利局科级事业单位。主要职责是根据有关法律法规规定，开展水土保持建设与管理和水土流失预防监督的具体实施工作。2005 年 9 月，天津市水利局成立天津市水政监察总队第八支队（水土保持监督管理支队）。主要职责是：承办对管理范围内水事活动的监督检查、涉嫌水事违法行为的调查取证和立案申报、适用简易程序处罚的水事违法案件的查处工作；负责受理管理范围内涉嫌水事违法举报、投诉并查实;负责调处管理范围内的水事纠纷;承办局交办的其他水行政执法工作。

2006年宝坻区继蓟县之后在区县成立全市第二个水土保持工作站。宝坻区水务局在成立水土保持工作站的同时,也取得“两费”(即水土保持设施补偿费和水土流失治理费)的收费许可。2008年塘沽区、北辰区相继成立水土保持工作站。其他区县也都将水土保持工作纳入日常工作,设专人负责。全市水土保持工作从业人员由1991年的不足20人,到2010年已发展到700余人。

二、乡镇水利管理站

乡镇水利管理站(以下简称水利站)始建于1982年。承担乡镇防汛抗旱、水利建设、工程建设、区域水资源规划、水资源配置、水环境建设与保护、农业节水技术推广、农村水利建设组织和行政执法等基层农村水利工作任务。1986年,人事部、水利部颁发《基层水利水土保持管理服务机构人员编制标准》,乡水利站为区县水利局的派出机构,实行区县水利局和乡镇政府“条块结合、以条为主”双重管理体制。1988年,全市各区县水利站实行了定岗定编。截至1990年,全市220个乡镇建立水利站218个,人员编定为1088人,全部为合同制工人。1996年,全市乡水利站陆续划归到乡镇政府管理。2002年,天津市实施农村乡镇管理机构改革,逐步形成水利站作为乡镇政府派出机构,由区县水利局进行业务指导的管理体制。2006年,天津市整合乡镇内设机构,将水利站并入农业服务中心,乡镇与水利相关的工作由农业服务中心承担。截至年底,全市共有乡镇水利站156个,有管理人员942名。到2010年,全市有乡镇水利站154个,共有在岗人员827名,临时工94人。其中成为区县水务局局属科级单位的有宁河县、汉沽区的18个水利站,占全市水利站总数的11.7%;成为乡镇政府或乡镇农办(农经委)下属单位的有宝坻区、武清区、东丽区、西青区、北辰区、塘沽区、大港区的77个水利站,占全市水利站总数的50%;已不独立存在,只在乡镇政府农办(农经委)或农业服务中心设置了一个水利工作岗位的,有蓟县、静海县、津南区、北辰区的59个水利站,占全市水利站总数的38.3%。

三、农民用水者协会

农民用水者协会是农村小型水利工程或大中型灌区支、斗渠灌溉范围内的受益农户,通过民主方式组建,依法成立的既是一个群众组织,又是具有法人资格,实行自主经营、独立核算的非盈利的法人组织。其职责是自主管理使用协会辖区内的农田水利工程,安排辖区内灌溉用水的调度,满足农户用水需求,推广先进的节水灌溉技术,优化水资源配置、提高用水效率。2004年,天津市结合全球环境基金海河流域水资源和水环境综合管理(GEF)项目的实施,率先在宝坻区里自沽灌区曹家沽、于古庄、石辛庄、黄庄、大唐庄5个乡镇开展农民用水者协会组建试点工作。2005年4月,经宝坻区民政部门批准,5个试点正式挂牌成立并开展工作。之后,天津市加快了农民用水者协会组建工作步伐,到2005年底,已在宝坻区、宁河县组建农民用水者协会17个。共涉及17个乡镇、17个行政村、5458个用水户、19464人,受益耕地3760公顷。2006年,天津市水利局指导全市全面开展用水者协会组建工作,并将此项工作列入各年度全市农村水利建设和强化水资源管理的重要建设内容和目标。全市组建农民用水者协会已涵盖蓟县、宝坻、武清、宁河、静海、东丽、西青、塘沽、汉沽、大港10个区县。2007年,农民用水者协会已覆盖全市所有涉农区县。到2010年,全市农民用水者协会共有225个,受益用水者36.5万人,受益耕地面积43140公顷,涉及乡镇97个、254个村,协会会员99487人,用水小组933个,协会管水区内发展节水面积24810公顷,管理408套泵点2488眼机井和1725座闸涵。

第八章 天津市气象局

天津市气象局成立于1966年7月1日,位于河西区气象台路100号,其前身是河北省气象局天津海洋气象台,主要负责市区、郊区、渤海西部和中部气象预报工作。1967年1月,天津市气象局隶属天津市领导。1980年5月17日,国务院批准全国气象系统实行气象部门与地方政府双重领导,以气象部门领导为主的管理体制。市气象局的主要职责是:制定地方气象事业发展规划、计划并组织实施;组织本行政区域内重大灾害性天气跨地区、跨部门的联合监测、预报工作,为市人民政府防御气象灾害提供决策依据;在市人民政府的领导、协调下,负责管理、指导和组织实施人工影响天气工作;组织管理雷电灾害防御工作;管理公众气象预报、灾害性天气警报和专业气象预报的发布工作;组织气候资源调查、气候区划工作;管理气象设施建设,按照职责权限审批气象台站调整计划,依法保护气象设施和气象探测环境;管理天津市的涉外气象活动等。气象局下设直属事业单位8个,所辖区县气象局12个,市气象局代为管理的农委直属事业单位1个,即天津市人工影响天气办公室。

天津市气象局以增强气象防灾减灾能力和应对气候变化能力为重点,积极推进现代气象业务体系、气象科技创新体系、气象人才体系建设,加强基层气象台站建设,切实强化气象社会管理职能,努力实践"标准更高、质量更好、速度更快"的要求,为全市经济和社会发展服务。建立了包括决策服务、公众服务、专业服务和科技服务在内的公共气象服务系统,在天津市初步形成"政府主导、部门联动、社会参与"的气象灾害防御机制。

气象局拥有市区、12个区县、海上等14个国家级气象观测站，还建设了226个区域自动气象站和3个海上自动气象站，实现城区气象观测站点平均间距小于4千米，区县气象观测站点间距小于8千米。13个国家级台站实现了固态降水和雪深的自动观测。建设了5个自动土壤水分观测站、3座风能观测塔、1个太阳辐射观测站、3个酸雨观测站、5个大气成分观测站。在市区建有255米气象观测铁塔，开展城市边界层气象与大气环境观测与研究，在滨海新区建有多普勒天气雷达。气象卫星地面接收站2个，分别设在天津市气象台和滨海新区气象局。在市区、塘沽、宝坻建成具有3个子站的XDD03A型雷电定位系统，主要进行闪电时间、位置、强度的实时观测。在市区建成5台大气电场仪，主要测定闪电个数和闪电电流幅值。2008年，建成了1.88万亿次/秒的高性能并行计算机系统，天津本地数值预报模式资料同化和精细化程度得到提升，为预报员制作天气预报提供区域中小尺度数值预报产品。通过电视、广播、报纸、网络等多种渠道发布天津区域内中期、短期、短时天气预报以及暴雨、大风、大雾、雷电等灾害性天气预警；发布海河流域面雨量、风暴潮、森林火险气象等级、环境气象等预报以及地质灾害气象预警。开展全市和海河流域分河系的短期气候趋势预测业务，制作发布海河流域汛期分河系月、季降水趋势预测；开展农业气象预报和设施农业气象服务。建设了天气预报会商系统、气候预测会商系统和人工影响天气作业指挥会商系统。气象信息网络系统在线信息存储能力达到100TB（百万兆）以上。在天津市气象防灾减灾和大型活动中发挥着重要作用，气象服务公众覆盖率超过95%，气象服务公众满意率达88.1%。

天津市气象局1996年被市政府授予“天津市防汛抗洪先进集体”称号；1999年被天津市精神文明建设委员会评为天津市文明行业；2000年被中国气象局授予文明系统称号；2003年被中央精神文明建设指导委员会授予“全国创建文明行业工作先进单位”荣誉称号。

一、天津市气象局直属单位

1.天津市气象台（天津市海洋中心气象台、海河流域气象中心）

天津市的天气预报始于1952年，中国人民解放军华北军区气象处下设天气科天气预报组，开始了短期天气预报业务。1954年8月，在原华北军区气象处的基础上成立中央气象局天津海洋气象台，隶属河北省气象局。1967年1月，成立了气象台，为局属科级单位。1977年，气象台为市气象局下属处级单位。2000年7月，成立天津市气象局决策气象服务中心，挂靠市气象台，直接为市政府和领导决策提供气象信息服务。2006年，组建了天津市海洋气象台和海河流域气象中心，挂靠天津市气象台，承担渤海海洋气象预报和海河流域气象预报工作。2010年11月，经中国气象局批准，天津市气象台（天津市海洋气象台、海河流域气象中心）更名为天津市气象台（天津海洋中心气象台、海河流域气象中心）。其主要工作职责是：承担全市0~10天气及相关灾害监测、预报、预警及常规气象要素预报等业务，制作和发布公众天气预报；承担天气预报技术方法的科研与开发；承担为市政府和市级相关部门提供气象服务；承担海河流域气象预报服务工作；承担渤海海域内天津预报责任区的海洋气象灾害监测、预报预警和服务；承担全市雷电监测、预报预警业务；承担全市人工影响天气作业条件预报警报；承担全市气象及相关灾害情报的收集、汇总、上报、评估工作；承担公众气象服务、专业气象服务、气象科技服务所需预报预警工作。

1997年天津市气象台被天津市政府授予天津市模范集体称号。1999年被评为全国创建文明行业先进单位。2006年被市政府评为"十五"期间防汛抗旱先进集体。2007年被国家防总、人事部、解放军总政治部授予"全国防汛抗旱先进集体"称号。

气象台内设业务管理科、短时天气预报科、中短期天气预报科、海洋气象预报科、流域气象预报科、决策气象服务科等。地址在河西区气象台路100号。

2.天津市气候中心（天津市生态与农业气象中心、天津市气象卫星遥感中心、天津市设施农业气象技术研发中心）

天津市气候中心前身为1979年成立的气象局气候资料室，为处级单位。坐落在河西区气象台路100号。1986年1月，成立天津市气象科技档案馆，与气候资料室一个机构两块牌子。1991年更名为天津市气候应用所，1996年更名为天津市气候服务中心。2006年更名为天津市气候中心，同时加挂天津市生态与农业气象中心、天津市气象卫星遥感中心、天津市设施农业气象技术研发中心的牌子。其工作职责是承担全市气候监测、分析、诊断、气候影响评价，以及短期气候预测和服务；承担海河流域汛期降水趋势预测及服务；承担全市气候资源开发、利用、保护研究并开展服务；承担全市生态质量气象及干旱监测环境影响评价、卫星遥感监测、农业气象情报预报服务和农业气候区划工作等。

气候中心每年定期或不定期发布各类气候及生态与农业气象服务产品，包括：天津市年、季、月气候趋势预测和气候影响评价；海河流域汛期降水趋势预测、干旱监测与分析；农业气象旬报、月报、季报、年报；农业气象灾害监测、预警与评价；粮食生产气象条件分析与产量预报；气候变化以及影响评估等。

气候中心有职工22人，其中本科以上学历21人，硕士以上学历13人，设办公室、气候预测科、气候分析科、遥感应用科及生态与农业气象科等5个科室。

3.天津市气象科学研究所（中国气象局天津大气边界层观测站）

天津市气象科学研究所成立于1978年，其前身为1977年成立的气象局研究室，内设人工影响天气办公室、天气研究室、农业气象研究室和城市污染研究室。1984年，天津市气象科研所建成255米气象观测专用铁塔，成立了大气边界层观测站，开始进行城市大气边界层观测与研究。2002年,铁塔站被中国气象局命名为“中国气象局天津大气边界层观测站”。科研所坐落在河西区气象台路100号,大气边界层观测站坐落在河西区友谊路62号。

气象科研所有职工25人,本科以上学历23人,硕士以上学历16人。设综合办公室、数值预报应用技术研究室、海洋气象研究室、大气成分研究室(城市边界层观测站)、环境气象研究室、环境影响评价室等6个科室。其主要工作职责是:承担全市气象业务发展和气象服务的科研任务及上级业务部门下达的攻关课题和研究项目;开展大气成分、城市环境等领域的研究;承担空气质量预报和大气环境质量评价与技术服务;承担沙尘暴观测、大气边界层观测及研究任务;承担气象铁塔的业务运行与维护保障。1991年至2010年间气象科研所承担科研项目100余项,获省部级科技进步奖、科技成果奖10余项。

4.天津市气象技术装备中心

天津市气象技术装备中心的前身是成立于20世纪70年代的天津市气象局气象仪器供应组,1983年成立气象仪器供应站(仪器计量检定所),为处级单位。1989年加挂气象装备处的牌子。1996年更名为天津市气象技术装备中心,坐落在河西区友谊路62号。下设技术保障科、计量检定科、测报科、办公室。在职职工20人。其中本科以上学历9人,硕士以上学历3人。

气象技术装备中心承担全市气象系统气象装备的计划、供应、仓储和调配以及常规气象仪器的计量、检定和技术保障工作;承担全市重大探测设备(风廓线仪、闪电定位仪、卫星接收系统等)的巡检以及日常的维修保障任务;承担全市自动气象站网的实时监控和技术保障业务,并承担市区自动气象站网的日常维护工作;承担城市气候监测站和市区环境气象的观测任务及日常维护和技术保障工作;承担大气探测技术、方法和规范的试验、研究等。

气象技术装备中心积极推进天津市大气探测现代化建设,建设了全市地面、海上自动气象观测站,完成了天津地区共13个国家级自动站固态降水以及全市风廓线仪、闪电定位仪、卫星接收系统等重大探测设备建设任务,同时做好维护和技术保障,确保各种设备仪器正常运行。

5.天津市气象信息中心(天津市气象档案馆)

天津市气象信息中心前身为天津市气象台通讯科,1996年在其基础上成立了天津市气象科技网络开发中心,2006年更名为天津市气象信息中心(天津市气象档案馆),坐落在河西区气象台路100号。其主要工作职责是:承担市气象局内部网络系统和对外通信网络系统的建设工作,并负责其日常运行、管理、技术保障和科研开发;承担区县气象局通讯网络系统的技术保障与指导;承担全市气象信息网络系统的业务监控;承担气象信息共享平台建设;承担全市各类气象数据资源的存储和检索;承担市级高性能计算机业务运行和技术保障工作;承担气象档案信息资源的开发与利用;承担气象档案馆的管理工作。

气象信息中心自成立以来,完成了市气象局“十五”和“十一五”的多项信息系统的建设任务,主要包括市气象局中心机房、气象信息共享系统、高性能计算机系统等,对气象预报和服务业务起到了重要的信息技术支撑作用。2007年被中国气象局授予“全国气象信息网络业务工作先进集体”称号。

气象信息中心在职人员28人,其中本科6人,硕士7人,高级职称4人。设有办公室、信息技术科、运行科、气象数据科、气象档案科等5个科室。

6.天津市气象服务中心(天津市气象影视中心)

天津市气象服务中心始建于1991年,1996年成立天津市专业气象服务台,同年成立天津市气象影视中心。2000年11月,专业气象台与影视中心合并成立天津市气象科技服务中心。2010年12月,更名为天津市气象服务中心(天津市气象影视中心)。中心坐落在河西区气象台路100号。其主要工作职责是承担气象信息资源的运营;承担专业气象服务、气象影视制作和气象信息手机短信和声讯服务业务;承担全市农业、水利、林业、海洋、交通、能源、国土资源、安全生产监督、航空、卫生等部门专业用户气象信息市场的各种专业气象服务;承担进行气象科技服务的市场化组织运行和管理。

7.天津市防雷中心

天津市防雷中心始建于1998年7月,挂靠天津市气象科技信息网络开发中心。1999年9月,成立天津市气象局避雷设施检测所,挂靠天津市气候服务中心。2001年,天津市防雷中心独立为气象局下属处级单位,同年,避雷设施检测所划归防雷中心。坐落在河西区气象台路94号。

天津市防雷中心的主要工作职责是承担防雷检测与雷电防护技术服务和业务技术指导,配合雷电监测、预警业务单位开展相关服务;承担市区的防雷装置年度安全检测;承担市区新建筑物的验收检测;承担雷电灾害调查评估、技术服务工作;承担全市重大防雷装置建设的技术咨询与风险评估;承担防雷减灾科普知识的宣传。

8.天津市气象局后勤服务中心

1986年天津市气象局成立机关行政事务管理处,1996年更名为后勤服务中心,坐落在河西区气象台路100号。其工作职责是:承担市局大院的物业管理;承担市局基础设施建设和房屋维护、修缮工作;承担政府采购工作;承担财务结核算中心的管理;承担人事、计财等相关服务性工作;承担全局通信系统的维护管理。

二、天津市气象局所辖区县气象局

市气象局所辖区县气象局共有12个,其主要工作职责是制定本级气象事业发展规划、计划,并负责组织实施;对本行政区域内的气象活动进行指导、监督和管理,贯彻实施有关气象法规,依法保护气象观测环境;承担本行政区内气象观测任务;组织开展本行政区域内灾害性天气监测、临近预警及天气联防，为本级人民政府和有关部门提供决策服务；组织管理本行政区域内公众气象预报及服务；组织管理本行政区域内农业气象服务工作；负责本行政区域内人工影响天气工作；负责本地气象装备的管理、维护、维修、运行监控和数据质量控制；负责本行政区域局域网络的维护和管理；负责本行政区域探测资料、灾情信息等的上传和日常监控管理；开展农业气象适用技术的推广应用和服务等。

1.天津市滨海新区气象局(天津市滨海新区塘沽气象局)

天津市滨海新区气象局成立于2010年，坐落于天津经济技术开发区泰祥路26号，与天津滨海新区气象预警中心、天津市塘沽海洋气象台合署办公，一套机构三块牌子，为地市级气象局。拥有陆地、海上两个国家基本观测站，以及新一代天气雷达(多普勒雷达)、卫星地面接收站、闪电定位、城区自动气象站网(二要素站7个，四要素站8个，六要素站6个，七要素站2个)、自动潮位观测站等现代化气象仪器设备。

滨海新区气象局前身是1944年6月建立的“塘沽测候所”。1949年1月，中国人民解放军接收该所，更名为华北军区天津航空站塘沽气象站。1950年4月，更名为中央军委气象局塘沽气象站。1952年9月划归华北军区气象处管辖，更名为华北军区气象处塘沽气象站。1954年8月，划归天津海洋气象台。1957年2月，划归河北省气象局，更名为河北省塘沽气象站。1959年1月，更名为河北省塘沽海洋水文气象站。1966年7月，更名为河北省塘沽气象服务站。1970年至1971年，被列为战备期间区坚守单位之一，由区武装部接管。1973年1月，更名为天津市塘沽气象站。1982年3月，塘沽气象站改为塘沽区气象台，1996年6月，加挂塘沽区气象局的牌子，实行局、台合一，规格为正处级。2010年，更名为天津市滨海新区气象局(天津市滨海新区气象预警中心、天津市塘沽海洋气象台)。

1998年被中国气象局评为“防汛抗洪气象服务先进集体”。2000年被人事部和中国气象局评为“全国气象系统先进集体”。2002年被中央文明委员会评为“全国创建文明行业先进单位”。2003年被评为中国气象局“重大气象服务先进集体”。

2.天津市滨海新区汉沽气象局

天津市汉沽气象局建于1996年，其前身为建于1972年6月1日的汉沽区气象站，1974年7月，移交汉沽区渔农委管理。1996年6月，成立汉沽区气象局，实行局(站)合一，为区属局级事业单位。2010年更名为天津市滨海新区汉沽气象局。设办公室(防御雷电灾害管理办公室)、业务科、科技服务科(汉沽区防雷中心)。1992年和2009年两次被中国气象局授予全国先进气象站称号。2001~2006年被天津市精神文明建设指导委员会评为市级文明单位。

3.天津市滨海新区大港气象局

天津市大港气象局建于1996年，其前身为建于1982年的大港区气象站，1996年1月29

日，加挂气象局牌子，实行局（站）合一，为区属局级事业单位。2010 年更名为天津市滨海新区大港气象局。下设办公室（防御雷电灾害管理办公室）、业务科、科技服务科（防雷中心）。

2003 年至 2008 年连续 6 年被天津市精神文明建设指导委员会评为市级文明单位，2008 年被中央精神文明建设指导委员会评为全国精神文明创建工作先进单位。

4.天津市东丽区气象局

东丽区气象局成立于 1996 年，其前身是 1954 年 9 月建立的军粮城气象站。1996 年 9 月，根据天津市机构编制委员会《关于区县气象部门名称及规格问题的通知》，气象站加挂气象局的牌子，实行局（站）合一，为事业编制单位，规格为处级。内设机构有办公室、业务科、防雷中心（气象科技服务中心）。

2005 年至 2008 年被天津市精神文明建设指导委员会评为市级文明单位。

5.天津市西青区气象局

西青区气象局成立于 1996 年，前身为 1957 年 10 月建立的杨柳青气候站。1958 年 1 月，更名为天津气候站，1966 年 11 月更名为天津市西郊区气象服务站，1970 年 1 月，更名为天津市西郊区气象站，1992 年 3 月，更名为天津市西青区气象站。1996 年 7 月，更名为天津市西青区气象局。

西青区气象局在编职工 11 人，本科以上学历 10 人，设办公室、业务科、科技服务科（西青区防雷中心）。西青区气象站为国家基本气象站，其数据代表天津市参加国内外情报交换。该站 2000 年、2006 年、2008、2011 年被天津市精神文明建设委员会授予“文明单位”称号。

6.天津市津南区气象局

津南区气象局成立于 1996 年，其前身是 1972 年由天津市南郊区武装部战备办公室与天津市气象局业务处共同筹建的南郊区气象站，为国家一般站和二级农业气象站。

1992 年 3 月，南郊区气象站更名为天津市津南区气象站。1996 年 1 月 29 日，经天津市机构编制委员会批准，区气象站改为区气象局，实行局（站）合一，一个机构两块牌子，为事业单位性质，规格为区属局级。内设机构有办公室（津南区防御雷电灾害管理办公室）、业务科、科技服务科（津南区防雷中心）。

7.天津市北辰区气象局

北辰区气象局成立于 1996 年，其前身是 1957 年 7 月始建的河北省天津市青光气候站，位于北郊区青光乡林牧试验场。1960 年 1 月，更名为红桥区气象站，1960 年 3 月，更名为红桥区气象服务站。1962 年 1 月迁至河北区宜兴埠，更名为河北区气象服务站。1962 年 5 月迁至北郊区北仓，更名为北郊区气象服务站。1989 年 7 月，更名为天津市北郊区气象站，为国家一般气象站。1992 年 3 月，更名为北辰区气象站。1996 年 7 月，成立北辰区气象局，实行局站合一。

北辰区气象局设办公室(兼防雷办)、业务科、气象科技服务科(兼防雷中心)等3个科室。

8.天津市宝坻区气象局

宝坻区气象局成立于1996年,其前身是1959年建成的河北省宝坻县气象站,由河北省气象局和宝坻县政府双重领导,以省气象局为主。站址在县城东霍各庄县委试验场。1960年1月至1971年12月称河北省宝坻县气象服务站,1972年1月至1973年7月称河北省宝坻县气象站。1973年8月,更名为天津市宝坻县气象站,1996年4月组建宝坻县气象局,实行局(站)合一,规格为县属局级事业单位。2001年9月,更名为宝坻区气象局,位于宝坻区城关圣人庄村南。

9.天津市武清区气象局

武清区气象局成立于1996年,其前身为1957在武清县下伍旗乡建立的河北省下伍旗气候站,1959年1月,更名为河北省武清县气象服务站,为国家一般气象站和二级农业气象站。

1996年6月,加挂武清县气象局牌子,实行局(站)合一。2000年10月,更名为武清区气象局,规格为区属局级事业单位。内设办公室(武清区防御雷电灾害管理办公室)、业务科、科技服务科(武清区防雷中心)。

10.天津市蓟县气象局

蓟县气象局成立于1996年,其前身是始建于1956年的河北省蓟县洇溜镇气候站,1959年4月,更名为河北省蓟县气象站。1960年4月,更名为河北省蓟县气象服务站。1972年1月,更名为河北省蓟县气象站。1973年8月,更名为天津市蓟县气象站。蓟县气象站为气象一般站,二级农业气象站。1996年6月,加挂气象局牌子,实行局(站)合一,主管蓟县区域内的气象工作,为县属局级事业单位。1973年和1975年被中国气象局授予“全国先进气象台站”称号;2003至2008年被评为天津市市级文明单位;2006年被评为天津市“十五”防汛抗旱先进集体。

11.天津市宁河县气象局

宁河气象局成立于1996年,其前身是始建于1963年的河北省天津地区宁河县气象服务站,站址位于宁河县芦台镇大赵庄西。1971年1月更名为河北省宁河县气象站,1973年8月,更名为天津市宁河县气象站,1996年4月气象站加挂气象局牌子,实行局(站)合一,为县属局级事业单位,为国家一般气象站和农业气象二级站。内设办公室(防御雷电灾害管理办公室)、业务科、科技服务中心(防雷中心)。

12.天津市静海县气象局

静海县气象局成立于1996年,其前身是始建于1958年的静海县气象站,1996年6月成立静海县气象局,实行局(站)合一,一个机构两块牌子,地址位于静海县城南,为国家一般气象站和农业气象基本站。内设办公室、业务科、防雷中心。

2005 年至 2008 年被评为天津市市级文明单位。

三、市气象局代为管理的市农委直属事业单位

市气象局代为管理的市农委直属事业单位为人工影响天气办公室。1973 年，天津市成立人工降雨工作领导小组，在气象局设人工降雨办公室。1975 年更名为人工影响天气办公室。1978 年 6 月，成立天津市气象科研所，人员为天津市气象局编制，定编 45 人，编制中有人工影响天气研究人员 16 人。1981 年，天津市机构编制委员会批复人工影响天气办公室为处级单位，保留原天津市人工影响天气办公室的名称。2006 年，市机构编制委员会批准成立天津市人工影响天气办公室，并核定地方编制 12 名，为市农委管理的全额预算事业单位。同年 6 月，天津市人工影响天气办公室由市委农工委、市农委委托天津市气象局管理。

天津市人工影响天气办公室的工作职责是，负责全市人工影响天气工作的日常管理，负责有关技术装备和弹药的购置、调配和管理，开展有关科学实验、技术开发和人员培训工作。人工影响天气办公室内设管理科、业务科、综合科。

第九章　天津农垦集团总公司

天津市国营农场管理局成立于 1960 年 4 月，其前身为 1949 年天津解放后成立的华北人民政府农业部津沽区农垦管理局。1950 年 2 月，津沽区农垦管理局更名为渤海区农垦管理局，其职能为管理天津近郊、天津县的农业生产。1953 年 4 月，天津市成立农林水利局，接管渤海区农垦局的工作。1960 年 4 月，天津市农村工作委员会印发〔1960〕农字 21 号文件，批准成立天津市国营农场管理局。1961 年 3 月，天津市人民委员会决定将市国营农场管理局改为市农垦局，统一领导全市农垦工作和各县农场。1967 年“文化大革命”期间，市农垦局等农口各局撤销，国营农场由天津市革命委员会农业指挥部领导。1979 年 2 月 8 日，天津市革命委员会批准成立天津市国营农场管理局，又称天津市国营农场联合企业总公司，为市局级单位，归口市农委。1983 年 8 月，中共天津市委决定撤销天津市国营农场管理局，成立天津市渤海农工商联合公司，后更名为天津市渤海农工商联合总公司。1984 年又更名为“天津市农工商总公司”。总公司机关位于天津市河西区气象台路 96 号。1997 年 4 月，经市委、市政府批准，天津市农工商总公司成建制改为天津农垦集团总公司，为具有企业法人资格的国有独资经济实体，注册资本 13 亿元人民币，

系天津市政府管理的一级局级企业集团。市政府并授权集团总公司对所属企业国有资产实施经营与管理,同时承担国有资产保值增值责任。2000 年 5 月,天津农垦集团被批准列入天津市政府重点支持的大型企业集团,享受市政府规定的投资审批权、股票上市、兼并重组、所得税返还、土地出让、技术改造、生产要素指标、进出口配额等扶持政策。从 2011 年 6 月开始,天津农垦集团总公司由天津市农村工作委员会委托监管改为由天津市人民政府国有资产管理委员会直接监管。

20 世纪 90 年代以来,天津市的农垦经济走上了快速、良性发展的轨道。产业结构得到了进一步优化,农业开始向高产高效优质农业迈进,农业产业化经营取得新进展。工业突出了优势产品和龙头企业的发展,经过扩建、改造和技术更新,扩大了生产规模,提高了产品质量。王朝牌系列葡萄酒、海河牌乳制品、水王牌甲鱼、红港牌草皮草卷等一批名牌产品竞争力进一步提高。第三产业呈现蓬勃发展态势,经济效益稳步提高。建成"华北城"(华北工业品交易城)等一批大项目,带动集体经济实现跨越式发展。到 2010 年,全市农垦系统已发展壮大成为年营业收入超过百亿元的以服务于提高城市生活水平为宗旨,以现代农牧业、食品加工业、物产物流及房地产开发为发展方向,集农工商于一体的国有大型现代都市型农业集团。

集团由 111 个法人单位组成,年国内生产总值 126817 万元(第一、二、三产业生产总值分别为 13107 万元、54810 万元、58900 万元);三次产业结构为 11:40:49,产业结构趋于合理。集团总公司拥有土地 11.7 万亩(其中耕地 4.79 万亩);资产(不含土地)总额 158.8 亿元。从业人员 5329 人。2010 年集团实现营业收入 103 亿元,成为百亿集团;实现利润总额6.38 亿元,缴纳税金 6.03 亿元。

一、中法合营王朝葡萄酿酒有限公司

投资主体是天津农垦集团总公司所属天津市天宫葡萄酿酒有限公司和法国人头马集团亚太有限公司,企业性质为中外合资企业。位于天津市北辰区津围公路 29 号,占地面积 440 亩。1980 年 5 月,"中法合营葡萄酿酒有限公司"(1989 年更名为 "中法合营王朝葡萄酿酒有限公司",以下简称"王朝公司")注册成立,是天津市第一家中外合资企业。合资公司中方为天津市国营农场管理局(1983 年更名为天津市农工商总公司,1997 年更名为天津农垦集团总公司)所属天津市葡萄园(后更名为天津市天宫葡萄酿酒有限公司),外方为世界著名的法国企业"人头马集团公司"。合资时双方投资总额为 137.6 万元人民币,投资和分成比例中方为 62%(控股方),法方为 33%, 中介商香港国际贸易英德利有限公司为 5%(王朝公司利用历年留存收益滚动发展,经 8 次增资到 2010 年注册资本达 4 亿元人民币)。

公司采用法国先进的酿酒技术和设备,利用自产及收购于天津汉沽的"玫瑰香"品种葡萄,

于公司成立当年即酿造出具有欧洲风格的第一批王朝牌半干白葡萄酒90吨(11万瓶)。这是中国葡萄酒酿造史上第一次酿造出100%全汁发酵型葡萄酒,推动了中国葡萄酿酒工艺的革新。

1984年3月,王朝公司改由天津市农工商总公司直接管理。1986年,王朝酒产量达415吨。为不断提高生产能力,王朝公司合资双方决定用红利作为投资,从1985年至2009年连续实施了8期扩建工程,使王朝酒年生产能力由建立初期400多吨攀升到7万吨,成为亚洲规模最大的全汁发酵型葡萄酒生产企业之一。1994年12月13日下午,中共中央总书记、国家主席江泽民莅临王朝公司视察,详细询问了生产情况,勉励公司干部员工认真做好酒,办好合资企业,公司全体员工深受鼓舞。

1997年12月,王朝公司中方股东天津市天宫葡萄酿酒公司加盟"天津发展控股有限公司"红筹股在香港上市成功。2005年1月,王朝酒业集团有限公司(王朝公司在香港上市名称)在香港联合交易所主板分拆上市,公开发售部分1.5亿股,筹集资金6.75亿港元。到2010年,"王朝酒业"股票市值已超过50亿港元。

2005年,王朝公司建成一座国内规模最大、设施最先进的面积达5000平方米的地下酒窖,内置7000多个不同规格的橡木桶,存放不同品种的陈酿型王朝系列葡萄酒。

2010年,王朝公司生产系列王朝牌葡萄酒54545吨(6000多万瓶),实现国内生产总值39677万元,实现营业收入145325万元,实现利润总额26582万元,缴纳税金31478万元,资产总额205291万元,所有者权益135606万元,固定资产原值77434万元,固定资产净值48889万元。从业人员440人,从业人员年均工资82615元。

王朝公司自成立以来,取得了非凡的业绩,先后受到国家有关部门和天津市40多次表彰。1989年、1991年分别被评为天津市优秀食品企业和天津市企业管理基础工作样板企业。2000年,"王朝"商标被认定为中国驰名商标。2002年王朝葡萄酒获"中国名牌产品"称号。2005年获"中国食品工业百强企业"称号。1991年至2005年连续15年获"中国双优外商投资企业"称号;1991年至2009年连续19年被评为"天津市先进外商投资企业"。

二、天津海河乳业有限公司

海河乳制品生产始于1957年。2001年,天津农垦集团总公司投资1.6亿元新建一座现代化的乳品加工企业,组建"天津海河乳业有限公司",使农垦乳制品年生产能力从4万吨增加到14万吨。2002年1月,由天津农垦集团总公司、天津天宫葡萄酿酒有限公司、天津奶业集团有限公司及天津北辰科技园区公司共同出资的天津海河乳业有限公司成立,注册资金2亿元,其中天宫葡萄酿酒有限公司持股40%,农垦集团总公司持股34%,奶业集团有限公司(后改为天津奶业有限公司)持股21%,北辰科技园区总公司持股5%。11月,海河乳业公司全部投产使用,公司占地200亩，总建筑面积1.95万平方米，包括超高温灭菌奶生产车间，巴士灭菌奶生产车间，动力车间及仓库等辅助设施，日加工鲜奶能力400吨，生产规模居天津市同行业之首。公司引进国际、国内先进的鲜奶预处理设备和全自动乳品灌装生产线，产品有超高温灭菌奶、巴氏灭菌奶、酸奶及乳饮料、学生饮用奶、奶粉五大系列60多个品种。12月，中国绿色食品发展中心认定“海河超高温灭菌奶”为绿色食品。2003年1月，农业部等九部门认定海河乳业公司为农业产业化国家重点企业，国家质量监督检验检疫总局颁发海河牌乳品产品质量国家免检证书。天津市人民政府授予海河牌乳制品“天津市农业名牌产品”称号。6月，公司获质量管理体系认证证书。9月，天津市无公害牛奶行动计划办公室认定海河乳业有限公司为天津市首批无公害牛奶加工企业，同月，中国食品安全年会授予天津海河乳业有限公司为“全国食品安全示范单位”称号。2004年10月，天津市人民政府认定海河乳业公司为“天津市农业产业化市级重点龙头企业”。2005年9月，天津市人民政府授予海河牌乳制品为“天津名牌产品”称号。2008年1月，天津市食品安全信用体系建设办公室授予海河乳业有限公司为“天津市食品安全示范企业”称号。

2010年，海河乳业公司生产液态奶产品6.2万吨，日均加工鲜奶216吨，产品有6大类66个品种，在天津市场占有率保持在35%以上。

三、天津嘉立荷牧业有限公司

投资主体是天津农垦集团总公司，企业性质为国有独资公司，是天津农垦集团直属奶牛养殖专业化公司，成立于2007年5月，注册资金3000万元，公司本部位于北辰区津围公路西侧。以奶牛饲养、生鲜牛奶销售、饲料加工及奶牛技术服务为主营项目，以生鲜牛奶及饲料为主要产品，生鲜牛奶占天津市场份额的21%。

2007年5月16日，天津农垦集团总公司决定将农垦集团所属8个农场的16个奶牛场进行资产重组，成立农垦奶牛养殖专业化公司“天津嘉立荷牧业有限公司”。将各农场奶牛场由原来分散单独经营管理改为“五统一”(统一管理、统一技术、统一采购、统一分配、统一核算)集中经营管理。

嘉立荷公司成立后，经济效益逐年提高，呈现出良性循环，快速发展的趋势。到2010年，公司奶牛混合群存栏16968头，牛奶总产量85750吨，实现营业收入29960万元，实现利润总额3501万元，分别比2007年增长108%、229%、334%和18.92%；公司总资产56798万元，净资产32621万元，分别比2007年增长228%和153%；公司实现国内生产总值9178万元。

公司下属各奶牛场均被认定为“天津市无公害牛奶生产基地”，示范奶牛场和第五、七、八、九、十四奶牛场被认定为“天津市现代畜牧业示范园区”“国家奶牛标准化规模养殖场”。公司技术力量雄厚，有中级技术人员33人，高级技术人员5人，形成了门类齐全，结构合理，专业对口的技术和管理队伍。到2010年共承担和完成各级各类科研项目24项，其中农业部10项，天津市市级项目11项，农垦集团3项。申请科技发明专利6项，其中3项获得发明专利授权。公司在奶牛品种和人员、技术、管理方面形成了独特的核心竞争力。拥有纯种荷斯坦奶牛近1.7万头，成母牛平均单产超过1万公斤，位居全国同行业企业第二，其中有两个奶牛场平均单产达到1.2万公斤以上，名列全国第一。公司对所属奶牛场实行集约经营，对大部分奶牛场进行了标准化改造，奶牛场采用国际先进的并列式挤奶设备，现代化散栏饲养，全株玉米青贮料。全部奶牛参加奶牛生产性能测定(DHI)和国家奶牛优质冻精改良工程，所有奶牛实现了集团数字化管理。公司自有一座年生产能力10万吨系列奶牛混合料的饲料厂。公司生产的鲜奶质量指标均高于国家标准。在现代化、集团化、规模化、标准化、信息化建设和经营管理方面居于全国农垦系统同行业前列。

四、壳牌华北石油集团有限公司

投资主体是天津农垦集团总公司、壳牌(中国)有限公司及荷兰壳牌中国控股私有有限公司，企业性质为中外合资企业。成立于1997年4月18日，成立时名称为“天津壳牌机动车加油服务有限公司”，注册资金4000万元人民币，天津农垦集团总公司持股25%(2011年注册资金为人民币7.13亿元)。2006年，“天津壳牌机动车加油服务有限公司”更名为“天津壳牌石油有限公司”。2008年，公司实行转股，股东方天津农垦集团总公司转股前注册资本中持有25%权益，转股后注册资本中持有51%权益；壳牌(中国)有限公司转股前注册资本中持有35%权益，转股后注册资本中持有41.03%权益；荷兰壳牌中国控股私有有限公司转股前注册资本中持有40%权益，转股后注册资本中持有7.97%权益。为适应开拓外埠市场需要，2011年“天津壳牌石油有限公司”更名改组为“壳牌华北石油集团有限公司”并在山东省、河北省成立了4家全资子公司。公司主营业务为成品油零售。公司本部地址在天津市河西区马场道59号平安大厦B座25层。到2010年底，公司运营油站数量达到100座，年营业收入26.81亿元，利润总额1.47亿元，缴纳税金1.09亿元，资产总额11.09亿元，从业人员年平均工资6万元。

五、天津红港绿茵花草有限公司

投资主体是天津农垦集团总公司和香港宝德公司，企业性质是津港合作经营企业，成立于1994年11月。注册资本1000万元人民币，双方持股比例各为50%。公司本部地址在北辰区宜兴埠北红旗农场界内。公司经营范围为种植草坪、籽种、花卉及其他种植业加工及销售，园林绿化工程设计及施工，体育运动场绿化工程设计及施工。从1997年开始，公司从单纯生产、销售草坪草卷铺设逐步发展到承接绿化工程设计及施工。并完成了天津泰达会馆，天津周恩来邓颖超纪念馆，平津战役纪念馆西路、南路，津河广场，中国外交部、文化部院内，北京中南海，钓鱼台国宾馆14号楼等绿化工程。1998年8月，公司在国家商标局完成“红港牌”草坪草卷商标注册。1999年11月，“红港牌”草坪草卷获“天津市农业名牌产品”称号。2000年5月，公司晋升为天津市园林绿化二级企业资质，并被接纳为国际草坪生产者协会（TPI）单位会员，成为全国首家加入该协会的企业。2001年8月完成的第九届全国运动会主会场广东奥林匹克体育场草坪工程（位于广州市），荣获“鲁班工程奖”，是全国第一个城市生态型草坪工程。2003年3月，经天津市企业技术中心认定领导小组审定，公司技术中心成为市级企业技术中心。2007年，公司相继承接了天津奥林匹克中心体育场、训练场、傅村基地3个足球场草坪工程设计、施工及养护，工程质量完全达到国际体育比赛场馆标准。2010年，红港公司承揽绿化工程产值达到4000余万元，比2005年的1000余万元增加3倍。承揽工程从内容单一的小型绿化工程转变为大型综合性园林绿化工程。

2010年，公司共有职工44人，其中技术人员占80%。公司全年销售草坪草卷40万平方米，实现国内生产总值596万元，营业收入4236万元，利润总额282万元，资产总额8555万元，从业人员年平均工资4万元。公司完成的“现代化草坪草卷生产与建植工艺”项目获1998年度天津市科技进步二等奖。“现代草坪草卷生产及应用推广”项目获2004年度天津市科技进步二等奖。“天津市抗盐碱草坪草种的引种与推广”项目获2006年度天津市科技进步二等奖。

六、天津市乳品食品监测中心

成立于1983年10月，性质为事业单位，主营业务为技术检测。注册资金1107万元，坐落在南开区士英路18号。

1984年5月，经农业部批准，天津市乳品食品监测中心增名“中国农垦北方食品监测中心”，1987年2月通过天津市标准局（后改为天津市质量技术监督局）计量认证，增名“天津市质量监督检验第58站”，1989年7月通过农业部计量认证，增名“农业部乳品质量监督检验测试中心”。2002年5月17日，中国和加拿大政府合作建立的“中国第三方乳与乳制品质量监测示范中心”协议签字仪式在天津举行，农业部指定天津市乳品食品监测中心代表国家承担国内外乳与乳制品检测任务，成为中国首家具有第三方公正性的乳与乳制品质量检测中心。2003年4月，农业部农产品质量安全中心指定天津市乳品食品监测中心为首批国家农产品质量安全定点监测机构，可面向全国对无公害农产品质量安全方面的抽样进行申报检验和复查检验。2010年，中心通过了国家认证监督管理委员会和农业部的全部检测技术能力验证。中心拥有液相色谱、气相色谱、离子色谱、原子吸收等先进的检测仪器和设备。2010年，实现国内生产总值437万元，营业收入810万元，资产总额2020万元，从业人员48人，其中技术人员24人，从业人员年均工资5.3万元。

七、天津市海燕实业公司(天津军粮城农场,天津农垦塘沽实业总公司)

天津市海燕实业公司成立于1993年6月,注册资本696万元。坐落在天津市滨海新区塘沽四道桥。公司前身为始建于1954年的天津市军粮城农场,以种植水稻为主,兼饲养奶牛、生猪等。2000年3月经农垦集团总公司批准,军粮城农场与塘沽农场(塘沽农场1992年增名天津农垦塘沽实业总公司)及杏林食品厂(杏林食品厂为农垦集团直属企业)合并,实行一套管理机构,两块牌子(天津海燕实业公司和天津农垦塘沽实业总公司)。

2003年,天津经济技术开发区西扩建立开发区西区,征用了军粮城农场全部土地(1.41万亩)。2010年,天津海燕实业公司有土地13548亩,其中耕地2096亩,粮食产量838吨;养殖水面2891亩,水产品产量145吨。实现国内生产总值2937万元,利润总额1392万元,缴纳税金343万元,资产总额16472万元,从业人员127人,公司本部办公地址在天津滨海新区塘沽第五大街11号。海燕实业公司由12个法人单位和1个合作经营单位组成,其中二级企业2个,即天津市海燕实业公司和天津农垦塘沽实业总公司;三级企业8个,四级企业2个;1个合作经营企业(天津市建城建材有限公司)。公司主导产业为商贸服务业和工业,包括物资流通、餐饮、房屋及场地出租、电线电缆制造、兽药制造、商品混凝土和沥青混凝土加工等。

八、天津市杨柳青农场(天津农垦柳青实业有限公司)

成立于1953年,位于西青区北部。企业性质为全民所有制,注册资本408万元。1984年11月增名天津市农工商柳青公司,1998年8月改制为天津市农垦柳青实业有限公司。主营业务为蔬菜、果树、林业种植,牲畜家禽饲养,水产品养殖等。2010年有土地4844亩,其中耕地1860亩,生产粮食552吨、棉花32吨。实现国内生产总值647万元,利润总额20万元,纳税52万元,资产总额4199万元。从业人员52人,从业人员年均工资3.32万元。

九、天津市东郊农牧场(天津市农工商东海公司)

天津市东郊农牧场是国有独资企业,注册资本1458万元,成立于1956年,位于东丽区天津机场旁,以粮食作物种植和奶牛、禽类养殖为主。2006年,天津滨海国际机场扩建及国家重点建设项目“空客A320项目(民航客机)”征用了东郊农场全部土地(共计10802亩)。为保留东郊农牧场建制,2008年2月,农垦集团总公司决定将天津市海燕实业公司所属的杏林食品厂划归东郊农牧场,农牧场新址在东丽区军粮城街苗四路。

2010年,东郊农牧场有土地1779亩,其中工业仓储用地151亩,耕地1325亩,住宅用地48

亩，园地160亩，其他农用地93亩。实现国内生产总值2486万元，资产总额47548万元（不含土地），实现营业收入23亿元，实现利润总额1383万元，缴纳税金879万元，从业人员75人，从业人员年均工资4.06万元。

十、天津市农工商宏达总公司（天津市工农联盟农场）

天津市农工商宏达总公司为全民所有制企业，位于西青区津静公路，前身是1956年建立的天津市工农联盟农场，1992年增名为天津市农工商宏达总公司。公司注册资本2845万元，主营业务为服务业、房地产业、制造业、农业。2010年有土地1530亩，其中耕地700亩。实现国内生产总值8456万元，纳税2352万元；资产总额9.38亿元；从业人员149人，从业人员年均工资5.68万元。公司下属5个单位，即水电公司、天津燊辉电力工程有限公司、物业管理服务中心、农业总公司、天津农垦医院。有控股公司3家，即天津华鼎工业投资有限公司、天津浦佳投资有限公司，天津宇世达置业有限公司。

十一、天津市北大港农场（天津市农工商津港公司）

天津市北大港农场是全民所有制企业，注册资本831万元。其前身为成立于1956年的国营静海农场，1965年1月更名为北大港农场，1993年增名天津市农工商津港公司。农场位于滨海新区大港小王庄镇东。2010年，农场有土地总面积2.98万亩，其中基本农田1.92万亩，建设用地2100亩，其他用地1.05万亩。生产粮食3840吨、棉花1188吨、奶粉118吨。实现国内生产总值2567万元，利润总额79万元，纳税132万元，资产总额7.37亿元，从业人员313人。公司有下属单位3个，即渤海乳品厂、水电管理所、种植业分公司；国内合资企业3个，即天津市福港棉业有限公司、天津市红花世家油脂有限公司、天津市大港王朝葡萄种植基地。

十二、天津市农工商红光总公司（天津市红光农场）

企业性质为全民所有制，位于北辰区京福公路。1956年建立青光农场，以果树生产和饲养奶牛为主。1970年更名为红光农场，1992年增名天津市农工商红光总公司，注册资本1570万元。主营业务范围：农业有果树种植、特色养殖、观光采摘等；养殖业有奶牛场、养鸡场；工业有吹氧管和高频焊管生产；服务业有水电配套、厂房租赁、机动车驾驶员培训、房地产开发等。2010年有土地9850亩，其中耕地2762亩，果园804亩。实现国内生产总值1010万元，利润总额115万元，纳税135万元，资产总额9702万元，从业人员157人。

十三、天津农垦东方实业有限公司（天津市武清农场）

天津农垦东方实业有限公司为国有独资公司。1957 年建立武清农场，位于武清县杨村南，紧靠京津公路。1995 年改制为国有独资公司，名称为“天津农垦东方实业有限公司”，注册资金 1515 万元。2007 年，由天津农垦东方实业有限公司和南京华泰投资有限公司合作开发“华北国际工业原料交易城”（简称“华北城”）项目。该项目占用东方实业有限公司 2300 亩土地，总投资 40 亿元人民币，总建筑面积 200 万平方米，打造以专业市场，主题商铺，大型购物中心，仓储物流，科技研发为一体的大型商品交易采购基地。项目一期占地 526 亩，由六大主题市场组成专业市场集群，包括装饰建材综合市场，红木家具博览中心，轻纺市场，陶瓷批发基地，北方茶叶批发中心，北方门业采购基地等，建筑面积 40 万平方米，其中商铺 30 万平方米，2010 年 10 月开业运营。2010 年拥有土地 5045 亩，其中耕地 2300 亩，实现国内生产总值 6498 万元，销售收入 6.59 亿元，利润总额 5716 万元，纳税 6886 万元；资产总额 10.25 亿元，从业人员 45 人。

十四、天津市里自沽农工商实业总公司（天津市里自沽农场）

里自沽农场始建于 1961 年，1984 年增名“天津市农工商沽泉公司”，1993 年 4 月更名为“天津市里自沽农工商实业总公司”，注册资本 849 万元，企业性质为国有独资公司。20 世纪 90 年代，里自沽农场拥有当时国内规模最大的天津市地热养鸡场，年饲养种鸡 3 万只，产种蛋 600 万枚，孵化鉴别雏鸡 200 万只，年平均饲养蛋鸡混合群 20 万只，年生产鲜蛋 270 万公斤。1996 年，农场与外埠企业合作成立了天津市金地养殖公司，利用地热养殖甲鱼。2000 年，金地公司被评定为“天津市精品农业示范区”，生产的“水王牌”中华鳖被评为“天津市农业名牌产品”。年养殖规模达 10 万只以上。同时，农场引进了“循环封闭式工厂化水产生态养殖系统”，进行工厂化养鱼，利用 6800 平方米的旧鸡舍养殖彩虹鲷，年产曾达到 10 万公斤。2004 年，农场与上海蓝海水产公司合作成立天津蓝海养殖公司，进行高密度反季节南美白对虾养殖，取得较好成效。2010 年，农场有土地 1.32 万亩，其中耕地 4313 亩，粮食产量 1830 吨；养殖水面 4691 亩，水产品产量 5492 吨；国内生产总值 1112 万元，利润总额 111 万元，纳税 85 万元，资产总额 1.05 亿元。

十五、天津市燕南农工商公司（天津市黄庄农场）

天津市燕南农工商公司是全民所有制企业，注册资本 558 万元。1961 年建立尔王庄农场，1971 年改为黄庄农场，1992 年增名天津市燕南农工商公司，位于宝坻区黄庄洼。1990 年代有奶牛场一座，饲养奶牛近 500 头，牛奶年产量 1000 余吨；有养鸡场一座，饲养蛋鸡 18.5 万只，年产鲜蛋 1500 吨。2010 年，有土地 5921 亩，其中耕地 3600 亩，粮食产量 2030 吨；国内生产总值 475

万元。

十六、天津市红旗农场

天津市红旗农场成立于1963年，原名刘安庄农场，1966年更名为红旗农场，位于北辰区。1993年增名天津市农垦华兴实业公司，注册资金1563万元。2010年有土地1426亩，营业收入73万元，利润总额-481万元，资产总额5555万元，从业人员44人。

十七、天津市大钟农工商总公司（天津市大钟庄农场）

天津市大钟庄农场始建于1963年10月，位于宝坻区大钟庄镇西。1992年增名天津市大钟农工商总公司，注册资本500万元。主要从事种植业、养殖业。工业有一个涤纶制线企业。1990年代蛋鸡存栏20余万只，年产鲜蛋1500余吨；并拥有一座肉鸡种鸡场。曾有养鸡设备厂、电焊网厂、冷冻厂等小型工业企业。2010年有土地13707亩，其中耕地8644亩，粮食产量5384吨，水产品产量1423吨，肉类总产量698吨。实现国内生产总值1620万元，销售收入3818万元，利润总额368万元，资产总额10046万元，从业人员94人。

十八、天津市曙光农场（天津市曙光农工商总公司）

天津市曙光农场为全民所有制，位于北辰区西堤头，原为天津市劳动局所属"天津新华农工商综合场"，1987年划归天津市农工商总公司管理，并更名为天津市曙光农场。1992年增名"天津市曙光农工商总公司"，注册资本68万元。2006年，农垦集团总公司决定农工商天宁公司（潘庄农场）与曙光农场实行一套班子管理（独立核算）。20世纪90年代农场曾饲养鸡9.5万只；养殖水面500亩，年产淡水鱼10万公斤。曾兴办玻璃粉碎加工厂、畜牧机械厂、新型耐火材料公司、化工厂、瓷厂、印刷厂、管乐器厂等小型企业，后陆续改制为民营企业或停产清算。2010年农场有土地3646亩，其中耕地1250亩，实现国内生产总值244万元，生产粮食443吨、水产品274吨。

十九、天津市农工商天宁公司（天津市潘庄农场）

天津市农工商天宁公司成立于1992年7月，注册资本8072万元，位于天津市宁河县西部。公司前身为1964年9月建立的潘庄农场。主营业务为农业种植业和养殖业。1990年代饲养奶牛500余头，蛋鸡10万余只。曾有冲压件厂、灯具厂、宝丽板厂等小型工厂。2006年，农垦集团总公司决定农工商天宁公司与曙光农场实行一套班子管理（独立核算）。2010年有土地8340亩，其中耕地3626亩，粮食产量1258吨；实现国内生产总值220万元；利润总额30万元；资产总额10958万元,从业人员49人。公司下属有天津农垦龙天畜牧养殖有限公司和天津华之杰马业投资发展有限公司。

二十、天津奶业有限公司

天津奶业有限公司成立于1999年,注册资金4000万元,其前身为天津市奶品公司。天津的乳制品生产始于1957年。1957年4月,天津市奶品公司成立,隶属于市农林水利局。是天津市牛奶收购、加工、销售一体化的国营企业。1958年,市奶品公司建立牛奶消毒加工厂,向和平区、河西区居民供应巴氏消毒牛奶。1965年6月,天津市乳品厂建成投产,向市内六区居民供应海河牌瓶装巴氏消毒牛奶并生产海河牌奶粉。1979年,市奶品公司划归天津市国营农场管理局。1985年10月,天津市第二乳品厂建成投产,生产塑料袋装巴士消毒奶及塑料杯酸奶、袋装酸奶。1990年,市奶品公司生产消毒牛奶4.1万吨。1992年,市奶品公司更名为天津市奶品总公司,各区设有分公司。1999年4月,市奶品总公司组建为天津奶业集团有限公司。2002年,天津海河乳业有限公司建成,市奶业集团有限公司的人员、生产设备及海河牌商标转入海河乳业有限公司。2003年,市奶业集团有限公司更名为市奶业有限公司,主营业务为乳制品及食品批发零售,房屋出租等。2010年,市奶业有限公司资产总额1.17亿元,销售收入3143万元,纳税29万元,从业人员228人。

二十一、蓓蕾(天津)乳品有限公司

投资主体是天津海河乳业有限公司和天津农垦集团总公司,企业性质为多元股份制。坐落在天津市河西区洞庭路南。公司前身为1995年6月成立的“帕玛拉特(天津)乳品有限公司”。帕玛拉特(天津)乳品有限公司系天津市奶品总公司(隶属天津农垦集团总公司)与意大利帕玛拉特乳品公司合资企业,注册资本1200万美元,中方持股30%,意方持股70%,主要生产液态奶、酸奶、奶粉。2005年9月,帕玛拉特(天津)乳品有限公司重组为蓓蕾(天津)乳品有限公司(与港商合资)。2008年2月,港商将其持有的70%股权(2000万元人民币)转让给天津海河乳业有限公司(另30%股权为天津农垦集团总公司持有)。海河乳业有限公司将蓓蕾(天津)乳品有限公司的产销纳入海河公司整体运作,实行“海河”、“帕玛拉特”双品牌营销。

二十二、天津市奶牛发展中心

1997年6月,天津农垦集团总公司决定将天津市奶牛育种站、天津市奶牛研究所及天津农垦畜禽饲料公司合并,成立天津市奶牛发展中心,为处级事业单位,是天津市奶牛业综合技术研究及推广中心,集奶牛科研、产品开发、技术培训、咨询及服务为一体的奶业科技单位,面向国内推广良种奶牛冻精、品种改良及繁育饲养等高新技术。中心本部在西青区津静路24号。奶牛发展中心拥有价值4000多万元的与冻精制作、奶牛生产性能测定、胚胎移植、血型鉴定、饲料分析化验等技术相匹配的先进仪器设备,仪器设备配套性达国内一流水平。形成了以奶牛饲养、育种等综合技术为一体的奶牛养殖业技术龙头。奶牛冻精产品质量在国家质量检测评比中多次名列前茅,并推广到北京、上海等22个省(自治区、直辖市),为各地奶牛业健康发展做出了积极贡献。被评为"全国奶牛牛群改良技术测定先进单位",被天津市人民政府命名为"天津市良种示范项目基地"。2010年,天津市奶牛发展中心饲养奶牛种公牛101头,销售奶牛冻精62万支;实现国内生产总值533万元,资产总额3153万元,从业人员51人,有科技人员31名。

二十三、天津夏宫酒业有限公司

投资主体是天津农垦集团总公司与新加坡亚润集团国际品牌私人有限公司及澳门利通实业投资有限公司。企业性质为合资公司,公司注册资金1952万元人民币,成立于1986年,原名为天马酿酒有限公司,系天津农垦与法国马爹利远东贸易有限公司及天津外贸食品进出口公司合资建立。2005年公司更名为天津夏宫酒业有限公司。

公司生产经营威士忌、白兰地、伏特加3个烈性酒及葡萄酒四大系列产品,拥有百德绅、圣堡威威士忌,尚美、天龙、夏洛朗白兰地,契卡伏特加,夏宫葡萄酒等35个品牌产品,其中自有品牌23个,进口品牌12个。2010年生产葡萄酒276吨,生产总值352万元,利润总额33万元,缴纳税金122万元,资产总额1786万元,从业人员61人。公司位于宁河县造甲城道东口,占地60亩。

二十四、天津欧娜有限公司(天津市欧娜渔具厂)

投资主体是天津农垦集团总公司及日本欧娜株式会社,企业性质为中外合资企业,主营业务为销售"欧娜(OWNER)牌"鱼钩、鱼线等钓鱼用品。公司地址在河西区微山路33号。成立初期经营过鱼竿、鱼饵、鱼线等,后主营鱼钩,特别是台钓钩占据国内市场龙头地位。经营产品分为欧娜竞技台钓OC钩、台钓OH钩、OC系列、OH系列,台钓配件,特殊海钓系列,仕挂系列,渔线系列,竞技台钓线,以及其他产品十大系列数十种产品。

从1984年至1993年,欧娜公司在天津及国内部分省、市连续主办了十届"欧娜杯"钓鱼比赛和钓鱼邀请赛,推动了全国钓鱼运动的发展,也提高了欧娜公司的影响力。欧娜公司从1985年到2010年销售收入计2.64亿元人民币,利润总额2421万元人民币,取得了较好的经济和社会效益。并荣获"1995年度天津市优秀企业"称号。2000年获得天津市人民政府颁发的"1990~1999年连续十年天津市先进外商投资企业称号" 奖牌, 同年还被中国外商投资企业协会授予

“1999 年全国外商投资双优企业”称号。

二十五、天津伸和有限公司

投资主体是天津农垦集团总公司和日本伸和兴业株式会社及日本西村金属工业所。企业性质为中外合资企业，成立于 1989 年 5 月，注册资本 146 万美元。坐落在河西区浯水道 41 号。公司主营业务为通用设备制造。

天津伸和有限公司是天津市第一家中外合资铸造企业，生产的铸件属中档水平，品种有 4000 多个，属小批量多品种的结构特点。公司拥有树脂砂生产线和半自动造型机 20 余台，生产的产品单重从 0.1 公斤至 1000 公斤，跨度很大，产能和应变能力较强。在销往国内的产品中，主要为北京帕尔普线路器材有限公司生产电线拈杆（用于高速铁路工程），用量较大，具有较强竞争优势。企业抗风险能力较强，形成了小批量多品种生产的应变能力，在国内及日本均已建立起较稳定的客户群。企业文化健康，人员向心力强，企业经营及管理人员稳定。2010 年，伸和公司生产铸铁件 2051 吨，实现国内生产总值 827 万元，销售收入 3170 万元，出口商品总额 2705 万元，从业人员 148 人。

二十六、天津市益源钢板有限公司

投资主体是天津市东郊农场、天津农垦集团总公司及天津市轧一实业公司（天津市轧钢一厂），企业性质为多元股份制公司。成立于 2003 年 6 月，注册资金 9200 万元，地址在天津空港经济区中环南路 66 号，占地 99 亩。主营业务为金属制品业，经营范围为金属表面处理及热处理加工，年生产能力为 15 万吨热镀锌薄钢板。2010 年生产镀锌板 104737 吨，营业收入 145828 万元，利润总额 1550 万元，资产总额 40858 万元。从业人员 169 人。2010 年公司自主研发的高精度耐指纹家用电器薄板项目被列入天津市工业开发重点项目。

二十七、天津市农垦集团房地产开发建设有限公司（天津市农工商总公司双林公司）

天津市农垦集团房地产开发建设有限公司成立于 1995 年 6 月，注册资金 3000 万元，前身为 1950 年建立的天津市双林农场，1984 年更名为天津市农工商双林公司。1995 年 6 月，组建天津市农垦集团房地产开发建设有限公司，实行一套管理机构，两块牌子。2010 年公司所属企业 10 个，其中三级企业 9 个，四级企业 1 个。公司办公地址在河西区洞庭路与浯水道交口。业务范围：房地产开发及商品房销售、房屋租赁、建筑施工、物业管理、仓储、水电服务等。2010 年公司有土地 1800 亩，实现国内生产总值 5366 万元，利润总额 1250 万元，纳税 1408 万元，资产总额 10 亿元，从业人员 367 人。

二十八、天津市王朝联合实业发展公司(天宫葡萄酿酒公司)

投资主体是天津农垦集团总公司,成立于1987年4月,企业性质为全民所有制,注册资本973万元。公司位于北辰区津围公司涞水西路6号。经营范围为葡萄种植,葡萄酿酒技术开发、咨询、服务,酿酒设备制造,普通货运,设备租赁等。公司下属天津王朝包装印刷制品有限公司、天津市天宫葡萄酿酒公司、天津天朝葡萄酿酒有限公司。2010年有土地3104亩,其中果园面积600亩,生产葡萄150吨。实现国内生产总值3806万元,利润总额592万元,纳税1137万元,资产总额22772万元,从业人员84人。

二十九、天津市王朝大酒店

投资主体为天津农垦集团总公司,企业性质为全民所有制。成立于1989年1月。注册资本1026万元,主营业务为住宿餐饮业。酒店位于河北区建国道42号,楼高12层,建筑面积6600平方米,1990年1月竣工并开业。拥有高中档客房100套,可同时容纳220人住宿,被评定为三星级酒店。2009年,铁路天津站枢纽工程建设征用酒店所在地块,王朝大酒店被全部拆除。该酒店建制予以保留,酒店留守处办公地点在复康路208号原康衢大酒店内(康衢大酒店产权为农垦集团总公司所有)。2010年王朝大酒店资产总额1431万元。

三十、天津农垦出租汽车公司

投资主体是天津农垦集团总公司,企业性质为国有独资企业,成立于1993年9月,注册资金30万元。主营业务为出租汽车客运。公司坐落在河西区微山路33号,是农垦集团机关举办的三产公司,也是农垦集团社会服务业的窗口单位之一,取得了良好的社会信誉。2010年公司有客运出租汽车318辆,从业人员387人,资产总额348万元,营业收入186万元,利润总额3万元。

第十章 天津市乡镇企业办公室

一、天津市级乡镇企业管理机构

1991年，天津市乡镇企业管理机构为市乡镇企业管理局，列入市政府机构序列，内设12个处室和机关党委，定编89人，其中行政编制69人，事业编制20人。1996年1月，中共天津市委、市政府印发《天津市乡镇企业管理局职能配置、内设机构和人员编制方案》，规定天津市乡镇企业管理局是市政府主管乡镇企业工作的部门，核定行政编制74人，设10个职能处室。2000年5月，市委、市政府印发的《天津市人民政府机构改革实施方案》中规定，“不再保留天津市乡镇企业管理局，在天津市农村工作委员会内设立天津市乡镇企业办公室”。2001年9月，市委办公厅印发《天津市农村工作委员会职能配置、内设机构和人员编制的规定》中明确：“天津市乡镇企业办公室规格为副局级，设在市农委。”为便于工作，对外保留天津市乡镇企业管理局的牌子。内设5个处室，行政编制13名。

天津市乡镇企业办公室是天津市政府、市农村工作委员会对全市乡镇企业进行管理的行政机构。其主要职是：贯彻落实国家、天津市有关乡镇企业的法律、法规和规章，制订天津市乡镇企业发展规划、年度计划并组织实施；领导全市乡镇企业深化改革，调整产业、产品结构和企业布局；指导乡镇企业先进技术的推广、名牌创建、技术改造；推动乡镇企业的技术进步，引导企业做大做强。到2008年，全市乡镇企业已发展到5万多家，从业人员达110万人，占全市农村劳动力总数的60%以上，不仅为农村剩余劳动力的转移开辟了出路，在以工补农方面也发挥着重要的作用，乡镇企业收入已占农村总收入的80%以上，成为农村经济的重要支柱。

2009年5月，天津市委、市政府为进一步加快天津市中小企业发展，将由原天津市经委、市农委、市工商行政管理局分别领导的天津市中小企业、乡镇企业、民营企业的管理职能整合在一起，重新组建了天津市中小企业发展促进局，为天津市政府的派出机构，规格为局级。

天津市中小企业发展促进局的主要职责是贯彻执行国家有关发展中小企业、非国有经济的法律、法规和方针政策，研究拟定促进中小企业、非国有经济发展的政策措施并组织实施；负责对全市中小企业、非国有经济发展的综合协调、指导和服务；会同有关部门研究拟定全市中小企业，非国有经济发展战略、中长期发展规划；分析、监测、评价全市中小企业、非国有经济运行情况和发展态势，推进区县重大项目建设，协调解决重大问题；引导中小企业集聚发展，培育中小企业产业集群，协调解决其发展中出现的各种问题。

二、区县乡镇企业管理机构

从 1991 年到 2010 年，全市有农业的区（县）的乡镇企业管理机构经历了区（县）乡镇企业经委（局）、工业经委（乡镇企业办公室）及加挂中小企业局牌子等阶段。大部分区县管理机构保持了相对稳定，机构和职能有一定的连续性。

1991 年，天津市有农业的 12 个区（县）都建有乡镇企业管理机构，为区（县）政府一个职能部门。其中，东郊、西郊、南郊、北郊、静海、蓟县 6 个区（县）为区（县）乡镇企业经委；塘沽、汉沽、大港、武清、宝坻、宁河 6 个区（县）为区（县）乡镇企业局。2000 年以后在区（县）机构改革中，东丽、西青、津南、北辰、武清、宝坻、蓟县、静海、宁河 9 个区（县）乡镇企业经委和乡镇企业局更名为区（县）工业经济委员会；塘沽、汉沽、大港 3 个区在区农委下设乡镇企业办公室。区（县）成立工业经济委员会以后，管理职能由全部乡镇企业变更为区（县）所属的工业企业，管理范围和职能有较大的调整。

2009 年 5 月，天津市成立中小企业发展促进局以后，全市有农业的 12 个区（县）工业经济委员会加挂中小企业局的牌子，增加了对本区（县）内中小企业、民营经济指导服务的职能，成为负责本区（县）工业经济、中小企业和非国有经济发展统筹规划、综合协调、组织推动和指导服务的区（县）政府工作部门。天津市滨海新区于 2009 年 11 月成立后，原塘沽、汉沽、大港 3 个区撤销，原 3 个区的中小企业归口滨海新区经济和信息委员会管辖。滨海新区经济和信息委员会内设中小企业处，负责对辖区内中小企业的管理、指导和服务。

三、乡镇一级乡镇企业管理机构

1988 年之前，全市乡镇一级乡镇企业管理机构大多处于“三不定”状态，即人员不固定、工作不安定、思想不稳定。从 1989 年开始，市乡镇企业局会同市人事局、市劳动局利用 2 年多的时间通过招工录干，先后把约占在岗 50%的乡镇一级的执勤身份的管理骨干招录为国家正式职工，形成了乡镇一级乡镇企业管理部门的基本队伍。并且通过岗位培训，提高了这支队伍的政治水平和业务能力。全市 225 个乡镇全部建立了乡镇企业管理机构，管理人员达到 2350 人。机构名称大多为乡镇企业经委，部分称为工业公司。不少乡镇根据当地情况和工作需要，在机构内部设置了职能科室，成立了基层党组织，乡镇一级的乡镇企业管理部门的组织建设和各项管理工作逐步走上了正轨。到 2010 年，在全市涉农区（县）、乡（镇）街一级都设有管理工业经济工作的职能部门，其名称有综合经济管理办公室、工业公司、经济发展办公室、企业管理办公室、企业经委、工业经济办公室、第三产业办公室等近 10 种。

乡镇一级乡镇企业管理机构的主要职责是：党和国家各项方针政策、上级主管部门工作部署的传达贯彻和组织实施；乡镇企业的技术进步、科学管理、深化改革等项工作的推动和督促检查，包括企业承包、技改措施、评优升级、人员培训、安全环保等工作；帮助协调解决基层企业生产经营中遇到的各种困难；对企业各项工作实行具体的管理和指导。

第十一章　天津农学院

天津农学院始建于 1976 年，位于天津市武清县（今武清区），1985 年迁入天津市西青区津静路 22 号。2002 年经天津市政府批准，将坐落在西青区津同路 19 号的天津市城乡经济学校并入天津农学院，作为西校区（津静路 22 号称为东校区）。经过多年的办学实践，形成了紧贴区域经济社会发展，服务于现代都市型农业的鲜明办学特色。

学院 1982 年获学士学位授予权，1996 年首批通过教育部本科教学合格评价，2006 年获硕士学位授予权，2007 年在教育部进行的本科教学工作水平评估中获得“优秀”。

1991 年，学校设有农学、园艺、畜牧兽医、水产等 4 个本科系和基础课部、社会科学部 2 个教学部，设有农学、果树、蔬菜、畜牧、淡水渔业 5 个本科专业和食品工程、农业经济管理 2 个专科专业。在校生 667 人，累计培养本专科毕业生 1176 人。学校有专任教师 173 人，其中教授 6 人，副教授 39 人。学校占地面积 300 亩，学校产权建筑面积 22323 平方米，学校图书馆藏书 9 万余册。

1993 年 6 月，学院成立经济管理系，设有农村经济管理专业（本科）。1994 年 3 月，成立农村工程系，设有食品工程专业（专科）、农业工程专业（专科）。同年 4 月，畜牧兽医系更名为动物科学系，水产系更名为水产科学系。

到 1996 年，学院设有农学、园艺、动物科学、水产科学、经济管理、农村工程 6 个本科系和基础课部、社会科学部 2 个教学部。设有农学、园艺、畜牧兽医、淡水养殖 4 个本科专业和食品工程、农业经济管理师资班、农业综合技术与推广、园林及花卉、动物卫生检疫、水产养殖、外经外贸、会计、乡镇企业管理、会计师资班、农业工程等 10 个专科专业。1997 年，增设成人教育部。

2000 年，增设食品科学与工程、园林、动物医学、农林经济管理 4 个本科专业。在校生 1855 人。学校有专任教师 175 人，其中教授 14 人，副教授 58 人。学校占地面积 310 亩，学校产权建筑面积44078平方米,学校藏书10.59万册。

2003年,“农业工程系”更名为“机电工程系”。同年,学院增设人文社会科学系、食品科学系、计算机系等3个系,本科专业达到20个。

2005年7月,“成人教育部”更名为“成人教育学院”。2006年6月,学院成立水利工程系。同年6月,“基础课部”更名为“基础科学系”。2008年5月,成立体育教学部。2007年开始招收第一批硕士研究生,共招生27人。

2008年,学院农学、水产养殖学2个专业被教育部、财政部批准为高等学校特色专业建设点,同年,校团委被共青团中央确定为第八批“全国五四红旗团委创建单位”。2009年,学院“水产生态与养殖实验教学中心”获批为国家级实验教学示范中心。同年,“农学专业人才培养模式调整机制的研究及实践”项目获国家级教学成果奖二等奖。

2010年,学院新增林学、水族科学与技术、水利水电工程、物流管理、设施农业科学与工程、环境设计6个本科专业,全院本科专业及专业方向发展到40个,学科门类发展为7个。

到2010年,经过30多年的建设与发展,天津农学院已经成为一所以农科为主体和优势,农学、工学、管理学、理学、经济学、文学、艺术学协调发展的多科类应用研究型大学。设有农学系、园艺系、动物科学系、水产科学系、水利工程系、经济管理系、食品科学系、机电工程系、计算机科学与信息工程系、人文社会科学系、基础科学系、成人教育学院、体育教学部等13个教学单位。有专任教师580人,其中教授79人,副教授220人。在校生1.1万人。学校占地面积1049亩,学校产权建筑面积251952平方米,图书馆藏书80余万册,教学科研仪器设备值达到1亿元。

30多年来,累计培养各类人才10万多人,有大批优秀毕业生充实到农村基层,成为建设社会主义新农村的骨干力量。

第十二章 天津市农业科学院

天津是中国近代农业科学研究发祥地之一。清光绪三十二年(1906年),直隶总督在津设立种植园,引种小麦、玉米、棉花等农作物,开展示范推广工作。1920年,北洋军阀将领徐树铮在茶淀设立“茶淀农场”(也称“老开源公司”),并在农场设立了科研部门。1925年,老开源公司改组为新开源公司,并从茶淀迁至军粮城。抗日战争时期,开源公司改为农事试验场。1945年2月,军粮城农事试验场改名为北平农事试验场军粮城工作站。1949年中华人民共和国建立后,农业部渤海区农垦管理局在原军粮城农事试验场的基础上，设立军粮城稻作试验站，主要开展以水稻为主的试验研究。当时有土地1600亩，科技人员20多人，这是1949年新中国成立以后在天津市建立的第一个农业科研机构。1953年，军粮城稻作试验站改名为天津市军粮城稻作研究所，有科技人员30多人，主要承担小站稻的育种和栽培技术的研究。1956年，天津市在西郊杨柳青镇西建立了市蔬菜试验站，该站于1958年同南郊区良种繁殖场合并，改名为综合试验站，下设水稻、旱田、蔬菜3个试验室。1958年2月，天津市归河北省管辖以后，该站与河北省农科院蔬菜研究所合并，改名为河北省天津市蔬菜研究所。1963年，军粮城稻作研究所和蔬菜研究所划归天津市津郊农林局领导，定名为天津市稻作研究所和天津市蔬菜研究所。1970年初，将稻作、蔬菜两个研究所合并，在蔬菜研究所原址成立了天津市农业科学研究所，隶属天津市农林局。

为适应农业现代化建设的需要，加强天津市的农业科研工作，1979年5月18日，天津市革命委员会发出津革发〔1979〕45号文件，决定建立天津市农业科学院。市农科院为市局级综合农业科研单位，归口市农委，并接受市科委业务指导，暂借市农委（解放北路108号）机关的房子办公。市农科院的建立，促进了天津市农业科研事业的发展。根据天津市农村经济的发展和建设现代都市型农业的需要，陆续建立起农作物、蔬菜、黄瓜、林业果树、畜牧兽医、植物保护、农业资源与环境、信息、农村经济与区划、园艺工程、农业质量标准与检测技术、农业生物技术、设施农业和农产品保鲜14个研究所（研究中心），发展成为一座以应用研究为主，学科基本齐全，优势学科突出，具有较强研究实力和地方特色的综合性的地方农业科研机构。拥有一支包括1名中国工程院院士、8名国家有突出贡献的科技专家、34名博士、200多名高级研究人员在内的500多名科技人员组成的科技队伍。全院共有科研、办公用房5万平方米，试验用地12000亩，以及温室、网室、风干室、种子库和各种专业实验室等配套设施2万多平方米。拥有大型、精密仪器300多台（件）。还在河北、山东、云南、海南等省建有研究试验基地。科研工作以粮食和蔬菜作物育种、病虫草害防治，畜牧养殖和疾病防治，农产品保鲜加工、质量检测，农业生物工程和农业综合配套技术研究为重点，围绕城市必需的菜果、肉、蛋等副食品及农作物产前、产中、产后服务开展研究。建院以来，共取得科研成果578项，其中有270项科技成果获得国家和部（市）级奖励。

全院坚持改革开放，一手抓科研，一手抓开发，坚持不懈地推动科技成果产业化。组织实施了天津市农业重大科技成果产业化项目“蔬菜良种产业化工程”。在技术产品创新和开发规模、生产基地建设、营销队伍和网络建设等方面都得到了较大发展，成为国内蔬菜种业研究推广队伍中的一支重要力量。农产品贮藏保鲜技术产业化建设成绩斐然。研制开发成功了具有国内领先水平的果品、蔬菜保鲜技术和与之配套的保鲜材料、保鲜设施，并迅速推广到全国20多个省（自治区、直辖市），在国内这一新崛起的科研领域跻身先进行列，被科技部批准为“国家农产品保鲜工程技术研究中心(天津)”,为农产品产后服务、遏制卖果(菜)难闯出了一条新路。全院科研成果应用于生产，每年为社会创经济效益30多亿元。全院广泛与国内外同行加强协作和交流,同世界上14个国家和国内47所科研单位(高等院校)开展合作研究,为天津市农业科技走向世界积蓄了力量。

一、天津市农作物研究所

天津市农作物研究所同天津市水稻研究所为一套机构、两块牌子,建于1979年5月,坐落在天津市津静公路17公里处天津市农业高新技术示范园区内。其前身为1920年北洋军阀徐树铮建立的老开源公司军粮城工作站,是中国北方较早从事水稻育种及栽培研究的科研机构。主要从事水稻、小麦、玉米、大豆、马铃薯、棉花等农作物育种及栽培技术的研究。全所共有职工82人,包括科技工作者76人。在科技工作者中有研究员9人、副研究员24人、博士16人、硕士19人。下设杂交粳稻研究中心、水稻资源室、小麦研究中心、鲜食玉米研究中心、玉米研究中心和栽培技术研究中心6个研究部门。建有天津市农业科学院农作物遗传育种重点实验室和600亩科技示范基地。还在天津市宝坻、武清、静海等区县和江苏涟水等地建有2000多亩的科技成果推广示范和试验基地,还在海南岛和云南省建有南繁试验基地。建所以来共承担国家“863”高技术、国家转基因重大专项、国家重点科技攻关、天津市重大科技攻关等各类科研课题237项,选育成功水稻、小麦、玉米等农作物新品种128个(其中有36个新品种通过了国家农作物品种审定委员会审定,有92个通过了天津市农作物品种审定委员会审定)。研究所科技工作者选育成功的“东方红1~2号”、“津稻1187”、“3优18”水稻,“津强5号、6号”春小麦,“津鲜1号”鲜食玉米等农作物新品种,除在天津市大面积种植,发挥了重要作用以外,还推广到北京、河北、山西、辽宁、山东、江苏、安徽、河南、陕西等省(直辖市),年推广面积在200万亩以上,每年为社会新增经济效益在2亿元以上。有46项研究成果获国家和部、市奖励,其中全国科学大会奖1项、国家技术发明三等奖1项,天津市科技进步一等奖4项、二等奖13项、三等奖22项,天津市优秀技术改进一等奖1项,农牧渔业部金杯奖1项。科技工作者发表学术论文458篇,出版著作22部。研究所除与国内同行开展合作研究和学术交流以外,还同国际水稻研究所、国际玉米小麦品种改良中心和美国、法国、日本、韩国、加拿大、以色列、埃及等国家的农业科技工作者开展合作研究和学术交流。

二、天津市科润蔬菜研究所

天津市科润农业科技有限公司蔬菜研究所(原天津市蔬菜研究所)始建于1956年,坐落在天津市西青区津静公路。是一所从事蔬菜新品种选育、蔬菜栽培、蔬菜生物工程新技术和蔬菜加工研究的科研机构。共有职工 71 人,其中研究员 8 人,副研究员和高级农艺师 17 人;博士 5 人,硕士 16 人;享受政府特殊津贴的科技专家 3 人。下设菜花、大白菜、芹菜、青椒、菜豆、茄子、西瓜、甜瓜 8 个研究室。研究所建有温室 6400 平方米、塑料大棚 2500 平方米、试验用地 520 亩和具有先进水平的蔬菜良种贮藏、加工和检测实验室。并在全国各地建起了 400 多公顷的蔬菜良种繁育基地。成为集科研、开发、加工、销售为一体的蔬菜良种产业化基地。科技人员每年能配制 1 万多个蔬菜杂交组合,筛选出 1000 多个优良单株、200 多个优良组合,示范展示 40 多个蔬菜、西瓜、甜瓜新品种。研究所自建立以来先后选育成功了"白峰"、"津雪 88"、"夏雪 40"、"夏雪 50"菜花,"津青系列"、"津白系列"、"秋绿系列"、"津秀系列"、"津秋系列"大白菜,马铃薯脱毒微型种薯,厚皮甜瓜,少籽西瓜等 200 多个蔬菜、西瓜、厚皮甜瓜新品种。育成的新品种除在天津市大面积种植、成为主栽品种以外,还推广到全国 20 多个省(自治区、直辖市),并出口到东南亚、欧美等多地。年推广种植面积在 120 万亩以上,每年为社会创经济效益 4 亿多元,对推动蔬菜产业发展、农村经济发展,促进农民增收、丰富城乡居民"菜篮子"做出了贡献。进入 21 世纪以来,先后主持和承担国家科技攻关和自然科学基金、农业部重点攻关、天津市农业重点攻关等科研项目 116 项,有 22 项科研成果获国家级和省部级奖励。其中获得国家科技进步二等奖 1 项,天津市科技进步一等奖 6 项、二等奖 7 项。2007 年至 2009 年连续 3 年获天津市科技进步一等奖,成为继南开大学之后天津市第二个连续 3 年获天津市科技进步一等奖的单位。研究所共注册商标 54 个,其中"豐"牌商标分别于 2001 年、2006 年、2010 年被认定为天津市著名商标。"豐"牌菜花、大白菜系列良种获天津市 2011 年度优质农产品金农奖。研究所 2004 年被科技部授予"国家星火计划龙头企业技术创新中心"称号。2005 年,天津市科润公司被农业部、国家发改委授予"国家重点龙头企业"称号。

三、天津市科润黄瓜研究所

天津市科润黄瓜研究所始建于 1985 年 4 月 6 日,坐落在天津市南开区白堤路 295 号。其前身为天津市农科院蔬菜研究所黄瓜课题组,是全国唯一的一所以黄瓜为研究对象的农业科研机构。以黄瓜优质、抗病、丰产新品种选育为科研主攻方向,并进行黄瓜生物技术研究和综合开发研究。科技工作者按照建立社会主义市场经济体制的要求,研究市场、适应市场、引导市场,不断调整科研方向,并把农业生产的难点当作科研工作的重点,相继研制成功了专门用于露地、塑料大棚和日光温室栽培的 "津研系列""津杂系列""津春系列""津优系列""津绿系列""津美系列"共 40 多个黄瓜新品种。在一般情况下,一项农业科研成果从研制成功到在农业生产中大面积应用,需要 3 至 5 年甚至更长的时间,而黄瓜研究所科技工作者选育成功的黄瓜新品种质量优、抗病抗逆性强、产量高、适用范围广,一经研究成功即受到菜农和城乡广大群众的欢迎,在一两年的时间内即名扬四海，成为市场上的抢手货，除在天津市大面积种植成为主栽品种以外，还推广到北京、内蒙古、辽宁、吉林、山东、江苏、上海、安徽、福建、广东、海南、四川、云南等30个省（自治区、直辖市），成为享誉华夏的科研精品，创造了科研成果从研制成功到大面积推广应用速度之快的最新记录，大大缩短了科研成果的转化周期，科研成果转化率达百分之百。也使天津市的黄瓜研究居全国领先水平。

该所科研成果1978年获全国科学大会奖，1983年获国家技术发明二等奖，1991年获国家科技进步三等奖，获1998年度国家科技进步二等奖，获2008年度国家科技进步二等奖。并获11个天津市科技进步一等奖、9个天津市科技进步二等奖。

天津市科润黄瓜研究所1994年被天津市人民政府命名为首批“天津市骨干研究所”；1999年12月被中共天津市委命名为“天津市先进单位重大典型”（全市共有10个）并受到表彰。研究所党支部1994年、1996年两次被评为天津市先进党组织并受到中共天津市委的表彰。该研究所育种推广研究室1991年4月被评为全国优秀班组并获全国“五一”劳动奖状，还分别于1991年4月、1997年4月、2001年4月被评为天津市特等模范集体，并受到中共天津市委、天津市人民政府的表彰，1999年4月被评为天津市模范集体并受到中共天津市委、天津市人民政府的表彰。

天津市科润黄瓜研究所共有职工45人，其中科技人员36人，包括中国工程院院士1名，国家有突出贡献的科技专家2人，天津市授衔专家4人，研究员5人、副研究员7人，博士2人、硕士11人，中等专业技术人员9人。

四、天津市林业果树研究所

天津市林业果树研究所始建于1979年5月，坐落在天津市西青区津静公路17公里处。共有干部职工65人，其中科技人员55人。在科技人员中，具有高级技术职称的34人、中级技术职称的21人，国家有突出贡献的科技专家1人，博士8人、硕士27人，享受政府特殊津贴的科技专家6人。研究所下设果树标准化栽培中心、农产品加工研究中心、食用菌工程中心、果树试验站。另有科技型股份制企业天寿食用菌科技有限公司和天津市多吉果酒工程技术有限公司。全所有试验田54公顷，有科研用房1424平方米，固定资产1480多万元，科研仪器设备总值达740多万元。主要开展果树栽培和果品新品种选育的研究、林学研究、食品科学与工程研究、食用菌新品种选育和栽培技术研究。科技人员针对天津市果树栽培中存在的问题，深入到果树栽培较为集中的区县、村镇，推广果树新品种和先进配套的栽培技术，使天津市的果品生产跃升到一个新的水平，果业已成为津郊某些乡镇农村经济的支柱产业。在果品产后深加工这一研究领域，研制成功了沙司饮料和全汁发酵型果酒制作技术，为抑制“卖果难”、增加农民收入做出了贡献。在食用菌研究领域，选育和驯化出“津平90”平菇、杏鲍菇、白灵菇等食用菌新品种。在高效灵芝菌种选育、灵芝多糖高效制备的研究方面也取得了新的成绩。研究所自建立以来，先后承担和完成国家和部、市级科研项目共60多项，有30项获部市级及其以上奖励，其中获国家技术发明三等奖1项，天津市科技成果一等奖2项、二等奖8项、三等奖14项。获国家发明专利授权50多项。

五、天津市植物保护研究所

天津市植物保护研究所成立于1979年，坐落在天津市西青区津静公路17公里处，是天津市农业科学院下辖的一个专门从事农作物有害生物研究与防治的社会公益性的事业单位。研究所围绕天津市现代都市型农业建设，按照“公共植保”和“绿色植保”的理念，从事农作物病虫草害发生规律及防治技术的研究；水稻、玉米的抗病性鉴定及新品种选育；新型农药的筛选、复配、残留测定以及相应成果的转化和开发，有害生物的应急防控等研究，为保障农产品的安全提供技术支撑和科技服务。

研究所共有职工43人，其中博士8人、硕士18人。下设农业昆虫研究室、蔬菜病害研究室、粮食和经济作物病害研究室、植物病害生物防治研究室、果林病虫综合防治研究室和农田杂草研究室。建有科研办公楼4500平方米、试验基地100亩、抗病性鉴定网室、养虫室、智能温室、日光温室、农作物抗病圃。还建有1700平方米的生物菌剂发酵中试车间。拥有昆虫触角电位测量系统、轨迹球昆虫行为记录仪、三联自动发酵罐系统等大型仪器设备70余台（套）。研究所以“科研立所，开发强所，服务三农”为工作主旨，不断为农民提供植保新成果新技术。“十五计划”以来，完成国家、部（市）级科研课题70余项，获国家、部（市）级科技奖励11项，制订国家和地方标准38项，获国家发明专利10项。在丽蚜小蜂、智利小植绥螨、瘦弱秽蝇等天敌昆虫的人工繁殖和防治害虫以及利用生物土壤添加剂防治设施蔬菜土传病害等方面取得了多项成果。研制成功的低毒高效40%蛆除乳油，可有效防治韭蛆；筛选出的枯草芽孢杆菌、木霉菌、白僵菌等优良生物防治菌株正进入中试生产阶段。开发出的抗农作物重茬和盐碱的“维农”复合微生物菌肥新品种已批量生产。研究所还被农业部确定为新农药田间药效试验和室内生物活性测定认证单位和北方水稻和其它粮食作物、棉花等新品种抗病性鉴定单位。

六、天津市农业资源与环境研究所

天津市农业资源与环境研究所前身为1979年5月成立的天津市土壤肥料研究所。2006年更名为天津市农业资源与环境研究所，隶属于天津市农业科学院。坐落在天津市西青区津静公路17公里处。研究所下设植物营养、新型肥料、农村环境、农业微生物、土壤与水5个研究室和植物营养重点实验室。共有干部职工 38 人,包括专业技术人员 35 人(其中高级专业技术职称 16 人,硕士以上学历 19 人)。研究所立足于生物与环境研究前沿,以改良土壤、壤肥地力、提高农作物产量、改善农产品质量、减轻环境污染为目的,系统开展了土壤资源、植物营养与施肥、新型肥料、农艺节水和农业环境保护领域研究。并建立了植物营养、农业微生物、农村废弃物分析测试平台,为天津市农业生产及城市绿化提供科研成果和技术咨询。

在植物营养与肥料这一研究所传统的研究领域,科技人员开展了设施蔬菜养分管理和主要蔬菜滴灌肥和水冲肥料的研究,高标准设施蔬菜栽培新技术研究与示范,开发推广有机肥料、生物有机肥以及有机无机复混肥料,满足优质高产蔬菜生产的需要。农村生态环境和废弃物处理资源化利用是研究所近年来的重点研究方向。在农村生活垃圾和生活污水的处理方面取得了重要进展。农村生活污水厌氧好氧一体化处理技术获天津市技术发明二等奖。在节水灌溉技术、水资源综合利用技术、盐碱地新型改良技术的研究和技术推广工作取得了重要进展。还在天津市有关部门的支持下在滨海新区建立了占地 30 亩的“滨海盐碱地新型改良科研试验基地”。1991 年至 2010 年共承担市级及其以上科研项目百余项,取得科研成果 50 多项,获部、市级科技奖励 30 多项。

研究所建立了天津市农科院农业资源与环境重点实验室,拥有 400 多万元的仪器设备,完善了植物营养和农业微生物检测手段,为天津市农业的可持续发展提供了技术支持。

七、天津市农业科学院信息研究所

天津市农业科学院信息研究所其前身是 1970 年建立的天津市农业科学研究所图书资料室。1979 年 5 月,天津市农业科学院建立后,图书资料室更名为天津市农业科学院情报资料室,为市农科院下辖的一个独立的处级单位。1988 年 4 月更名为天津市农业科学院情报研究所。1991 年 3 月,天津市科委颁发文件成立天津市农业科技信息中心。1992 年更名为天津市农业科学院信息研究所、天津市农业科技信息中心。1995 年 11 月经上级批准将原隶属于信息研究所的图书馆升格为天津市农业科技图书馆。至此,天津市农业科学院信息研究所成为一套人马、三块牌子的农业科技信息机构,坐落在南开区白堤路 268 号。成为天津市工、农、医三大科技文献中心之一,是天津市建立最早的农业科技信息研究单位,也是天津市最大的农业文献信息收藏、加工、整理、传播中心。下设农业信息技术研究室、农业信息分析研究室、文献网络部和编辑部 4 个业务部门。共有职工 30 人,其中科技人员 24 人(研究员 2 人,副研究员 8 人,中级专业技术人员 10 人)。研究所面向全市大农业,以农业科技信息为主要研究对象,开展农业信息技术及产品研发、农业信息分析研究、农业科技发展战略研究、网络开发与维护、农业科技项目查新、农业信息资源建设与服务。并根据天津市农业科研、生产的特点和需要开展农林牧业、养殖业的专项技术咨询;进行综合性或专题性农业科技信息研究,为农民服务,为农业科研服务,为各级领导和农业主管部门提供决策咨询。科技工作者开展了农业信息化工程建设,相继建立了天津市农业科技信息网站、天津市农业"110"科技信息共享与服务平台,成功开发了拥有自主知识产权的农业专家决策系统,为天津市现代都市型农业的发展提供了科技支撑。研究所设有专门的检索机构和从事检索服务,开展包括立项查新、跟踪检索和定题服务的工作,年完成科技查新 100 多项。在推进天津市农业科技管理向规范化、制度化方向发展,提升天津市农业科技创新能力方面做出了贡献。研究所馆藏各种图书、工具书 5 万多册,其中外文科技图书 1 万多册,科技期刊 700 多种,系统地收集了国内外农业、生物、食品加工等专业文献和农业科普、实用农业技术书籍。编辑、出版、发行综合性报纸《天津农业科技信息》和期刊《天津农业科学》,为市、区、县农业主管部门、农村基层领导和农业科技工作者提供农业科技政策、科研管理、生物技术、农作物和林果新品种和栽培技术、植保技术、畜牧兽医、农业经济、食用菌栽培等信息咨询服务。还同北京、河北、山西、内蒙古、河南 5 省(自治区、直辖市)农科院联合编辑发行《华北农学报》。2001 年"天津农业科技信息网" 被评为全国优秀农业科技网站;2004 年研究所被科技部星火计划办公室认定为"农业信息化基地";2005 年在中国农科院公布的"中国农业科研机构综合实力评估"中,天津市农业科学院信息研究所综合实力在 136 个农业研究机构中位列第 86 位,是前 100 名中仅有的 2 个农业科技信息服务机构之一,科技服务能力位列第 8 位。

八、天津市畜牧兽医研究所

天津市畜牧兽医研究所始建于 1980 年 10 月,坐落在天津市西青区津静公路 17 公里处。下设动物营养与饲料、养牛、养猪、家禽、猪病防治、禽病防治、兽药、繁殖 8 个研究室,并设有综合实验室、试验场和中试车间。建有天津市畜禽健康养殖技术工程中心。并被农业部确定为兽用药物与兽医生物技术天津科学观测试验站和国家饲料工程技术研究中心。主要开展畜牧兽医科学研究、技术开发、成果转化和技术服务。科研领域涵盖动物遗传育种学、动物繁殖学、动物营养与饲料学、基础兽医学、预防兽医学、临床兽医学各个学科。全所共有职工 60 人,其中科技人员 52 人。有研究员 7 人、副研究员 22 人,博士 12 人、硕士 15 人,天津市授衔专家 4 人,享受政府特殊津贴的 5 人。科技工作者紧密围绕天津市畜牧业的实际,开展了动物营养科学、高效饲料配制、肉用猪、肉牛(奶牛)、肉羊健康养殖技术的研究和畜禽防治技术的研究,还开展了动物胚胎移植(主要是牛和羊)和克隆技术的研究。这些研究成果及其示范推广,提高了天津市的畜禽养殖技术水平和畜禽疫病防治水平,为天津市畜牧业的发展提供了科技支撑。研究所自建立以来,共承担国家和省部级科研课题 166 项,获国家级科技奖励 2 项,省部级科技奖励 40 项,获国家发明专利授权 33 项,出版学术著作 40 多部。研究所拥有各类大型仪器、设备 300 余台(套),价值

1000余万元,科研用地500亩,6300平方米的科研楼1幢和2400平方米饲料中试车间1处。

九、天津市农村经济与区划研究所

天津市农村经济与区划研究所前身为1984年3月成立的天津市农业区划研究所,1995年10月经天津市机构编制委员会批准更名为天津市农村经济与区划研究所, 坐落在天津市南开区白堤路268号。下设农业资源区划研究室、农业技术经济研究室、都市农业发展研究室、休闲农业研究室4个研究室和农村经济发展研究中心、农业项目策划中心2个中心。全所共有员工27人,其中高级职称科研人员8人、国家注册咨询工程师7人、硕博士研究生13人。研究所围绕天津“三农”工作,服务政府科学决策和重大项目建设,开展农村发展战略和政策研究、农业资源调查评价与区域规划研究、农业技术经济研究、城乡规划管理研究、农业建设项目前期工作咨询服务、农业科技开发转让咨询服务。研究所自建立以来,先后组织承担了140多项省部级重要课题,取得了一批高水平研究成果,一些重要观点已被市委市政府“三农”工作的政策文件所采纳,为天津农业农村发展科学决策做出了重要贡献。近10多年来,研究所发挥国家工程咨询资格单位和国家旅游局旅游规划设计资质单位优势,围绕天津高效设施农业、绿色生态农业、休闲观光农业等现代都市型农业发展和美丽乡村建设的客观需求开展咨询服务工作,完成300余篇咨询成果报告,服务对象涉及到市,区县涉农部门、龙头企业和合作社,服务范围遍布全市有农业的区县,为天津现代都市型农业发展和新农村建设做出了重要贡献。

十、天津市园艺工程研究所

天津市园艺工程研究所始建于1993年5月, 为天津市农业科学院下辖的一个经济自立的全民所有制科研事业单位。位于天津市西青区复康路196号后。研究所共有职工28名,其中具有高级技术职称的9人、中级专业技术职称的15人。下设功能食品研究室、蔬菜育种研究室、马铃薯脱毒技术研究室、温室工程研究室。主要从事园艺学研究,承担相关的技术开发、转让、咨询、培训、服务工作;并进行生物园艺技术及产品研究;功能食品研究与开发;园林景观设计及工程;农业设施及温室工程设计、制造;园艺育苗工程等。研究所自建立以来,先后承担各类研究项目及科研课题50多项,获得科技成果36项、农作物新品种授权7项;获天津市科技进步奖3项,应用于社会主义现代化建设的科学技术成果奖1项。获国家发明专利20余项,出版专业学术著作10余部。其间还承担了投资3.5亿元的杨柳青园艺科技博览会的规划、设计和技术指导;河北省保定绿化基地观光温室项目的技术服务工作;投资1.1亿元的天津市葛沽镇农业科技示范园规划、设计和施工技术指导工作。研究所占地面积48亩、试验地20余亩。建有办公楼6400平方米、组培车间1000平方米、智能设施温室5000平方米、中试车间1000平方米。

十一、国家农产品保鲜工程技术研究中心(天津)

国家农产品保鲜工程技术研究中心(天津)(以下简称保鲜中心)成立于1999年8月,是由科技部批准,依托天津市农科院组建的,集科研和开发于一体的企业化管理试点单位。位于天津市津静公路17公里处。已形成科研、孵化、生产、开发一条龙产业化工程体系。下设农产品加工研究室、果品蔬菜采后生理及调控技术研究室、采后病理及控制技术研究室、贮运保鲜新材料研究室、贮运保鲜新设备研究室、农产品安全与质量检测室6个研究室。共有职工187人,其中高级科技人员30名,(有10名博士、9名硕士)。保鲜中心是中国农产品保鲜工程协会和中国农学会农产品贮藏专业委员会的挂靠单位;也是农业部全国名特优果品协作组组长单位。保鲜中心自成立以来,已研制出适应中国农村果蔬产地需要的保鲜设施、保鲜材料和与之配套的保鲜技术,并迅速推广到全国30个省(自治区、直辖市),在国内这一新崛起的科技领域跻身领先行列。研究与开发出的"绿达"牌果蔬防腐保鲜剂10多个品种,是具有广谱、高效杀菌保鲜作用且安全无毒的食品添加剂级保鲜剂,可延长果蔬的贮藏保鲜期限。该系列保鲜剂为"九五"计划期间国家重点科技攻关项目,研究成果获天津市科技进步二等奖。其中葡萄保鲜剂获第十二届全国发明展览会金奖,并经中国绿色食品发展中心认证为A级绿色食品生产资料。保鲜中心研制成功的系列果蔬保鲜膜,在低温下柔软,防结露,具有气体自动调控等功能,已获得国家发明专利。并获天津市科技进步二等奖,在第八届中国专利新技术、新产品博览会上获金奖。研发成功的微型节能保鲜库、微型减压库及其配套设施,符合中国国情。此设施因地制宜,实行设计、安装、使用管理、技术培训一条龙服务,深受产地农民欢迎。研制成功的系列果实袋,具有疏水度高、透气度大、抗风雨能力强和防病防虫等特点。在中国华北、西北等地广泛应用。

天津绿达保鲜工程技术有限公司是保鲜中心的经营实体,以保鲜中心的科技力量和科技成果为技术支持,生产的"绿达"牌微型节能保鲜库、系列果蔬保鲜膜和保鲜剂、果实袋等4大类产品,已推广到全国30个省(自治区、直辖市),葡萄保鲜剂的年推广量约占全国同类产品总份额的60%以上。

"农业部农产品贮藏保鲜重点实验室"是由保鲜中心依托天津市农业科学院建设的、隶属于农业部农产品加工学科群。以农产品采后贮藏保鲜为目标,主要开展农产品采后生理生化变化及其机理、采后病害调控与控制,生鲜农产品物流保鲜及流通过程中品质及安全控制等方面的研究。前沿基础研究与应用研究并重,力求引领全国农产品贮藏保鲜产业的健康、快速发展。实验室研发场所面积7700平方米,拥有238台(件)试验用仪器与研究设备,价值达1300多万元。

十二、天津市设施农业研究所

天津市设施农业研究所前身是1999年11月建成的天津市农业高新技术示范园区，2013年11月20日经市机构编制委员会批准更名为天津市设施农业研究所，坐落在天津市现代农业科技创新基地（武清区东蒲洼街福源道与高王路交口处）。研究所下设葡萄研究中心、蔬菜栽培研究室、草莓研究室、阳台农业研究室和设施农业研究室。有科技人员25人，其中博士3人、硕士11人，高级职称技术人员7人，中级专业技术职称14人。主要任务是开展设施农业的研究，为推动天津市现代农业的发展引进国内外先进的农业新技术、新装备，引进农作物新品种进行示范推广，并提供综合性、标准化的技术示范样板，开展相关的技术咨询、服务及产品开发。全所共有科研用地275亩。拥有生理、生化和组培实验室和葡萄专用实验室，配备有光照培养箱、数控精密恒温水浴锅、紫外可见分光光度计、凯氏定氮仪、火焰光度计、土壤分析仪等试验仪器近百台（套）。拥有面积达500平方米的葡萄酒与葡萄深加工中试生产车间1座，可开展葡萄采后深加工，延长葡萄产业链相关技术的研究。全所固定资产达2249万元。研究所自建立以来，先后引进国内外设施专用农作物品种300多个，配套研发了高标准栽培技术规程，并进行集成创新。在天津市示范推广了有机农产品生产技术、农产品质量控制技术、设施蔬菜栽培技术。还同天津市气象局共同成立了“天津市设施农业气候研究实验室”，共同开展设施农业气候人工调控技术研究，开展设施农业灾害天气预警预报等工作，为天津市设施农业的发展提供了科技支撑。2003年至2004年，研究所承担并组织实施了天津市历史上第一个国家级农业援外项目“中华人民共和国政府援助汤加王国政府示范农场技术合作项目”，受到了汤加王国干部居民的称赞。还对口科技援助西藏昌都、新疆和田、重庆万州等地，有效地解决了当地设施农业生产中存在的瓶颈问题。研究所还充分利用其资源优势和特色，重点研究葡萄育种、标准化栽培、精深加工技术，为天津地区葡萄产业的发展做出了贡献。自建所以来，先后承担科技部、农业部，天津市科委、农委等科研项目100多项，研究成果获天津市科技进步二等奖2项，三等奖2项。还于2003年被确定为天津市科普基地，2006年被国家旅游局确定为“全国农业旅游示范点”。

十三、天津市农业生物技术研究中心

天津市农业生物技术研究中心于2002年4月1日由天津市科学技术委员会批准成立，是天津市“一二一”科技创新体系中的10个研究中心之一，由天津市农业科学院、南开大学、天津农学院、天津师范大学共同组建。坐落在天津市西青区津静公路17公里处。共有职工36人，其中科技人员33人，在科技人员中，具有高级专业技术职称的13人、中级专业技术职称的18人。下设微生物研究室、番茄育种研究室、分子育种研究室、花卉研究室、中草药研究室、胡萝卜育种

研究室。主要开展农业生物技术领域的应用基础研究和重大科技攻关等产业化的前期工作，为天津市农业高新技术产业的发展提供项目源，并逐步建成具有国内先进水平的农业生物技术创新基地和人才培养基地。科技工作者在农业微生物研究领域开展了光合细菌的培养、中试及推广应用的研究，秸秆发酵生物添加剂及其配制方法的研究。研究成果获天津市技术发明三等奖，并被确定为天津市农业重点推广计划项目。在天津市以及全国10多个省(自治区、直辖市)得到了广泛的应用。科技人员还运用分子标记技术选育成功了"津杂202""津杂203"等7个番茄杂交新品种和"早春95""秋冬7寸"等胡萝卜杂交种。到2010年，研究成果获天津市科技进步二等奖1项、三等奖10项。获国家发明专利30余项(已经授权的有20项)。

十四、天津市农业质量标准与检测技术研究所

天津市农业质量标准与检测技术研究所(天津市农产品质量监督检验测试中心)是随着社会的进步和农产品食品质量安全检测任务的需要于2011年11月成立的。其前身是1983年11月建立的天津市农业科学院中心实验室。2002年成立了天津市农产品质量监督检验测试中心。2005年成立了天津市现代中药质量检测中心。2007年组建了农业部转基因生物产品成分监督检验测试中心(天津)。坐落在天津市津静公路17公里处。下设农药(兽药)残留分析、农产品品质与元素分析、农产品生物安全检测、中药与功能性食品质量检测等4个研究室。主要从事食品、农产品质量安全检测技术研究、标准制定、质量安全风险评估与检测等工作，以保障农产品及食品质量安全。研究所共有专业技术人员29人，其中博士4人、硕士14人，具有高级技术职称10人、中级技术职称16人。科研领域涵盖食品、化学、农药学、兽药学、分子生物学、生物技术、农学、植物保护、微生物、中药学等多个学科。研究所建有国内一流的现代化实验室，总面积达3000多平方米，拥有Q~TOF质谱仪、液质联用仪、ICP~MS电感耦合等离子体质谱仪、原子荧光光度计等大型仪器设备120余台(套)，总价值2200余万元。并在武清区、宝坻区建有50余亩的田间实验研究基地。自建所以来，科技人员相继开展了农产品中农药残留、重金属含量、致病微生物和转基因检测技术的研究。在引进，吸收国内外先进检测技术的基础上，不断发展创新，相继开发、研究成功了符合中国国情的、适应农产品出口需要的农产品中农药、重金属残留检测技术、致病微生物多重聚合酶链式反应检测技术和农产品转基因快速、精准、高通量检测技术，并在这一新兴的科技领域跨入国内先进行列。承担了科技部、农业部、国家质检总局和天津市科研项目30余项，登记成果60余项，获国家发明专利20项，制定国家标准16项，地方标准19项。获国家质检总局颁发的中国标准创新贡献奖二等奖1项，天津市科技进步二等奖1项、三等奖4项。2012年，研究所被农业部认定为农业部农产品质量安全风险评估实验室、农业部转基因生物安全检测实验室(天津)、农业部农药残留与环境登记试验认证单位。

第二篇

种植业

1991~2010年，天津市种植业围绕现代都市型农业的发展定位，坚持服务城市、富裕农民的发展方向，认真贯彻落实国家有关促进农业生产、提高农业效益、增加农民收入、改善农村环境的各项政策措施。继续深化农业农村改革，出台种粮补贴政策，大力扶持设施农业建设，建成了一批高标准设施农业生产基地和 农业示范园区，保护地蔬菜生产取得了突破，实现了一年四季多茬次、多品种形式生产，2010年，天津市设施农业总面积达3.85万公顷，比1991年增加了18倍，蔬菜产量实现了自给有余。大力鼓励科技创新，加大农业新技术、新品种、新装备的引进和推广力度，试验、审定和引进推广了一大批农作物优良品种，试验推广了氮磷肥配合施用、测土配方施肥、秸秆还田、水肥一体化等重大农业技术，普及高效低毒低残留农药、生物农药和病虫害绿色防控技术。加强农业法制化和标准化建设，制订了《天津市农药管理条例》《天津市肥料管理条例》《天津市植物保护条例》等地方性法规和《天津市植物检疫办法》《天津市无公害蔬菜管理办法》等政府规章以及《无公害蔬菜产地环境质量标准》《无公害蔬菜质量标准》等60余项种植业地方标准。建设开通了“天津农业信息网”和“12316”农业专家热线，搭建了农产品价格行情、“放心菜”基地管理等为农服务信息平台。开展了蔬菜和粮食质量有害物残留调查、农产品产地安全状况普查和农业环境及农产品质量定点监测工作，农业环境质量有效改善，农产品质量安全水平明显提高。

第一章　粮食和经济作物

第一节　粮食作物

天津市粮食作物主要有玉米、小麦、水稻、大豆和杂粮等。1991年至2010年20年平均年种植面积363.89千公顷。其中玉米占粮食种植面积的33.2%~54.2%；小麦种植面积占粮食种植面积的28.4%~36.4%；水稻种植面积占粮食种植面积的2.7%~14.3%；大豆和杂粮种植面积占粮食种植面积的5%~20%。

1991~1998年，粮食年种植面积保持在420千公顷以上，粮食年均产量在200万吨左右。1991年粮食种植面积457.9千公顷，为20年最高。随着新技术、新品种的推广应用，粮食单产水平不断提高，1998年粮食总产量达到210.12万吨，为历史最高。1999~2003年，粮食种植面积和总产量总体呈下降趋势。1997 年以来天津市连续 6 年干旱少雨，耗水量较大的水稻种植面积和产量下降较快。同时，天津市实施种植结构调整，积极发展经济作物，部分种粮地块改种效益较高的棉花、蔬菜等作物，2003 年粮食种植面积下降到 258.11 千公顷，总产量 119.29 万吨，均为 20 年最低。自 2004 年开始，天津市贯彻落实国家粮食直补、良种补贴、农资综合补贴等一系列鼓励粮食生产的政策措施，充分调动了种粮农民积极性，粮食种植面积和总产量恢复性增长，2010 年，全市粮食种植面积 311.78 千公顷，粮食总产量 159.74 万吨。

天津市粮食生产主要有一年一熟和一年两熟两种模式。一年一熟的农作物主要是水稻、春玉米、春大豆等。一年两熟的是小麦 6 月份收获后种植夏播作物，以种植夏玉米为主，部分地块种植夏大豆和蔬菜等。

表 2-1-1-1 1991~2010 年天津市粮食作物播种面积和产量表

年份	播种面积(千公顷)	单产(公斤/公顷)	总产(万吨)
1991	457.9	4122	188.75
1992	457.8	4336	198.51
1993	446.1	4455	198.74
1994	422.66	4503	190.33
1995	443.27	4680	207.46
1996	451.53	4584	207
1997	439.85	4687	206.16
1998	444.53	4727	210.12
1999	430.97	4057	174.85
2000	345.9	3586	124.05
2001	328.51	4363	143.33
2002	311.25	4428	137.82
2003	258.11	4622	119.29
2004	263.51	4754	125.27
2005	287.66	4780	137.5
2006	284.33	4991	141.9
2007	292.01	5039	147.15
2008	293.51	5074	148.93
2009	306.64	5097	156.29
2010	311.78	5123	159.74

一、水　稻

天津市种植水稻历史悠久，始于宋辽时期，发展于明代，成名在清代，是中国传统的水稻产区之一，有着良好的生产环境、种植基础和广泛的社会认同，拥有全国闻名的地理标志产品“小站稻”。天津市的水稻种植为一季中稻，生长季节在4月上旬至10月中旬。每年4月中旬育秧，5月中下旬插秧，8月中下旬抽穗，10月中旬前后收获。

种植面积。天津市水稻种植需水量较大，水源条件直接影响种植面积。20世纪90年代天津每年种植面积40.14~63.04千公顷。1997年后天津市连续6年干旱少雨，每年降水量为340.1~483.6毫米，水稻种植面积大幅下降，2003年水稻种植面积减至7千公顷，为20年最低。此后7年种植面积在13.69~16.7千公顷，主要分布在宝坻区潮白河沿岸。

产量。1991年，天津水稻总产量32.95万吨，1997年达到51.1万吨。因干旱和水资源不足，2003年水稻总产量下降到20年最低的5.65万吨。2004年后，水稻总产量稳定在10万吨左右，1991年稻飞虱在全市稻区大爆发，水稻生产受到较大影响，水稻每公顷产量5719公斤。1992~1997年天津市实施《五十万亩水稻综合技术推广工程》，推广“中作93”等优质品种，普及旱育稀植栽培技术、水稻抛秧技术等，促进水稻产量连续7年增长，1998年稻谷每公顷产量创历史最高水平，达到8774公斤。1997年以来连续6年干旱少雨，水稻产量水平大幅下滑，2000年每公顷产量仅为4092公斤。2004年，良种补贴政策实施，使津原45、津原D1等一批高产、优质、抗逆优良品种得到广泛应用。2007年优质粮增产增效集成技术入户示范工程等项目实施，水稻盘育机插技术及病虫草害综合防治技术等一批技术得到推广，水稻品质不断提升，水稻产量得到恢复性增长。2010年水稻每公顷产量7093公斤，宝坻区、宁河县的潮白河和蓟运河稻区由于基础条件好、种植规模集中、生产管理到位，产量高于全市平均水平，宝坻区每公顷产量8376公斤，宁河县每公顷产量9729公斤。

区域分布。天津市水稻生产主要靠各河系上游来水，20世纪60年代以来，上游沿河各地建库设闸、层层截流、大兴农田水利，使到达天津的客水大幅度减少，天津市水稻种植区域趋于集中。90年代初，12个涉农区县都有水稻种植，主要集中在宁河县、宝坻县、蓟县、东丽区、津南区和塘沽区，以上6个区县种植面积占全市水稻种植面积的75%以上，汉沽区、西青区、北辰区有少量种植，武清县、静海县、大港区有零星种植。2000年左右，水稻种植主要集中在宝坻县、宁河县、东丽区、津南区、西青区和蓟县，6个区县种植面积占全市水稻面积的85%左右，北辰区、武清区、塘沽区、汉沽区有少量种植，大港区、静海县基本没有种植。2010年，天津市水稻种植主要集中在潮白河和蓟运河两岸，宝坻区、宁河县、蓟县3个区县种植面积占全市水稻面积的95%左右，西青区、汉沽区、津南区、东丽区仅零星种植，其他区县基本没有种植。

水稻地方标准。2001年12月26日，《天津优质稻谷》《天津优质稻米》由天津市质量技术监督局发布实施。2003 年 3 月 17 日,《水稻无公害生产技术规范》由天津市质量技术监督局发布实施。行业标准《天津小站米》于 2006 年 3 月 7 日通过审批,2007 年 7 月 1 日发布实施。

小站稻因米粒晶莹透明,浓香适口,回味甘醇的品质而著名。在中国农业珍品中小站稻是知名度很高的水稻品牌。小站稻产品在国内外市场有着很好的口碑和销路,中国杂交水稻之父袁隆平院士多次到天津考察指导,2005 年在湖南省长沙市举办的第四届全国水稻高峰论坛,要求水稻育种工作者以小站稻品质为标杆,培育优质水稻品种。1999 年 7 月 28 日,“小站稻”证明商标经国家工商行政管理局商标局核准注册,成为全国第一个粮食作物地理标志证明商标。2001 年 12 月 26 日“小站稻”证明商标被认定为天津市著名商标。传统的天津小站稻种植区域以天津市小站镇及周边地区为主,故名为小站稻。其东自津南区葛沽镇西关起,南至大港区中塘镇万家码头,西由津南区辛庄镇白塘口,北抵海河的方圆区域中。随着生态环境的变化和品种及栽培技术的普及与推广，符合天津小站稻种植的生态环境和小站稻质量标准的地域范围扩展到北纬 38°33′00″~40°15′02″,东经 116°42′05″~118°03′35″地区,涵盖天津市全部水稻种植区域。

表 2-1-1-2　1991~2010 年天津市水稻播种面积和产量表

年份	播种面积(千公顷)	单产(公斤/公顷)	总产(万吨)
1991	52.13	5719	32.95
1992	57.69	7023	39.43
1993	41.56	7659	31.83
1994	40.14	7917	31.78
1995	48.89	7951	38.87
1996	61.74	7681	47.42
1997	63.04	8106	51.1
1998	51.54	8774	45.22
1999	61.1	6573	40.16
2000	35.41	4092	14.49
2001	11.43	6509	7.44
2002	14.93	7515	11.22
2003	7	8071	5.65
2004	13.69	8101	11.09
2005	16.7	7293	12.18
2006	14.07	7321	10.3
2007	14.35	6969	10
2008	15.03	6993	10.51
2009	16.03	7018	11.25
2010	15.79	7093	11.2

二、小　麦

小麦是天津传统农业作物之一，在全市粮食作物中占有重要地位。天津小麦分为冬小麦和春小麦，主要以冬小麦为主，占种植面积的96%以上，春小麦所占比例很少。冬小麦9月下旬至10月上中旬播种，翌年6月中旬收获。春小麦2月底顶凌播种，当年6月中旬收获，品种主要是优质强筋麦。

种植面积。小麦种植面积主要受政策、降水、粮价等因素影响。1993年，国家放开粮食生产和销售市场，提高粮食收购价格，天津市小麦播种面积基本稳定在140千公顷左右。1991~1998年，天津市小麦平均年播种面积142.58千公顷，其中1998年播种面积153.97千公顷，为20年最高。1999年，天津市实施种植结构调整发展经济作物，同时2000年前后连续6年干旱少雨，小麦播种面积大幅减少，2003年小麦播种面积78.28千公顷，为20年最低，仅为1998年的49%。2004年起，国家粮食直补政策的实施促进了小麦播种面积稳步增加，2010年达到110.51千公顷，为2001~2010年最大播种面积。

产量。20世纪90年代初，天津市小麦年产量在60万吨左右，1997年达到77.41万吨，为20年最高。2003年，天津市小麦总产量降到20年来最低的35.91万吨。2004年开始总产量稳步提高，2010年稳定在50万吨以上。1991年，小麦每公顷产量4245公斤，随着科技兴农不断深入，重施磷肥等技术的应用，推广京冬8号等主栽品种，小麦平均每公顷产量稳步增加，1997年达到5103公斤，为20年最高。2004年以后，天津市实施粮食高产创建示范片、测土配方施肥等项目，推广轮选987等优质高产品种、小麦生产半精量播种新技术、全过程标准化生产、机械化作业、病虫害统防统治等先进适用技术，单产连续7年保持在每公顷4700公斤以上。2010年，小麦优质率达到90%以上，"三肥"坐底、种衣剂和药剂拌种达到100%，病虫害统防统治面积达到70%以上，小麦机播机收和测土配方施肥达到100%，小麦生产管理水平稳步提高，2010年小麦每公顷产量4814公斤。

区域分布。20世纪90年代初，天津市小麦种植主要集中在武清县、宝坻县、蓟县和静海县，4个县播种面积占全市小麦种植面积85%左右；宁河县、大港区、北辰区、西青区、津南区5个区县种植面积占全市小麦面积12%左右；汉沽区零星种植，东丽区和塘沽区基本没有种植。2000年左右，天津市干旱少雨，南部的静海县、大港区等地区种植面积明显减少。2003~2010年，天津市小麦种植区域基本稳定，武清区、宝坻区和蓟县3个区县小麦种植面积占全市小麦面积90%左右；静海县、大港区、西青区和北辰区4个区县小麦种植面积占全市小麦种植面积9%左右；宁河县仅零星种植，东丽区、汉沽区和塘沽区基本没有种植。

春小麦。春小麦品种主要是优质强筋麦。20世纪90年代初主要在宁河县种植。2000年前后主要在宁河县和宝坻县种植。2010 年主要在宝坻区、蓟县和武清区种植。种植强筋小麦良好的比较效益，使种植面积明显扩大。1991 年，天津市春小麦种植面积占全市小麦种植总面积 1.9%，2010 年提高到 6.3%。2000 年主要种植品种为津强 1 号，2003 年种植面积 1333 公顷。2004 年津强 2 号、津强 3 号强筋小麦育成后，津强 1~3 号 3 个品种种植面积达 3333 公顷。2005 年天津市农作物研究所选育出国家强筋小麦一级标准的津强 5 号和津强 6 号强筋小麦新品种，品质达到进口强筋小麦水平。2010 年全市春小麦主要种植品种为津强5 号和津强 6 号，种植面积 6666 公顷。

表 2-1-1-3 1991~2010 年天津市小麦播种面积和产量表

年份	播种面积（千公顷）	单产（公斤/公顷）	总产（万吨）
1991	146.12	4245	62.06
1992	142.39	4350	62
1993	138.06	4279	59.07
1994	119.61	4244	50.76
1995	141.23	4631	65.4
1996	147.56	4564	67.35
1997	151.7	5103	77.41
1998	153.97	4940	76.06
1999	143.21	4997	71.56
2000	121.65	4925	59.91
2001	106.7	4226	45.09
2002	95.89	4600	44.11
2003	78.28	4587	35.91
2004	78.96	4789	37.81
2005	98.86	4797	47.42
2006	103.4	4826	49.9
2007	104.85	4825	50.59
2008	107.69	4872	52.47
2009	110.19	4903	54.03
2010	110.51	4814	53.2

三、玉 米

天津市玉米按播期不同划分为春玉米和夏玉米，春、夏玉米以 6 月 10 日为界，6 月 10 日前播种的为春玉米，6 月 10 日后播种的为夏玉米。天津市春、夏玉米种植面积分别占全市玉米种植面积的 50%左右。

种植面积。1991~2000 年，本市玉米种植面积占全市粮食作物种植面积的 50%左右，比重最大。1991~1999 年，玉米年均种植面积 150.92~168.58 千公顷，年均 158.68 千公顷。1999 年起天津市开始进行减粮扩经的农作物品种结构调整，1997 年以后天津市遭遇连续 6 年的干旱天气，玉米种植面积急剧下滑，到 2003 年玉米种植面积仅有 124.86 千公顷，为 20 年最低。2000~2005 年，玉米种植面积每年保持在 124.86~146.94 千公顷。此后，玉米种植面积恢复性增长，2006~2010 年，玉米年种植面积 150.87~168.93 千公顷，平均每年 161.53 千公顷。

产量。1991 年至 2010 年，天津玉米年产量在 40.95~92.74 万吨之间波动。1991 年总产 79.86 万吨，1991~1998 年，玉米年产量稳定在 65~80 万吨。之后因干旱，2000 年降到 20 年间最低，总产 40.95 万吨；2004 年后，玉米种植面积恢复性增长，单产稳步增长，天津市玉米总产量同步增长，2010 年达到 92.74 万吨，比 1991 年增长 16.13%。1991 年每公顷产量 5250 公斤，到 2010 年为 5490 公斤，增长 4.6%。20 世纪 90 年代，推广应用玉米前重型栽培技术和氮肥施用后移技术，带动玉米产量大幅度提高。1991~1995 年每公顷年产量在 5011~5250 公斤。此后，由于受玉米螟等病虫害偏重发生和干旱等因素影响，单产下滑，1998 年为 4531 公斤；2000 年降到 3122 公斤，为 20 年间最低。随着高产创建示范片等项目实施，春玉米农大 108、夏玉米郑单 958 等高产、抗逆新品种的推广应用，玉米“一优三增一晚”（推广优良品种、增加种植密度、增加钾肥投入、增浇灌浆水、适时晚收）技术推广，2004~2009 年，每公顷年产量保持在 5250 公斤以上，2010 年达 5490 公斤，为历史最高。

区域分布。玉米产量高，适应性强，全市 12 个涉农区县都有种植，1991~2010 年，武清区、宝坻区、蓟县、静海县和宁河县等 5 个区县玉米种植面积占全市玉米总面积的 85%左右。

鲜食玉米。1990 年天津市审定通过全国第一个专用鲜食型玉米品种“津鲜 1 号”，在审定公告文件中首次使用鲜食玉米这个名词。天津市鲜食玉米春季和秋季双季种植，2010 年前后播种面积达到 3200 公顷以上，占全市玉米种植面积 2%左右。全市鲜食玉米主要集中在武清区、西青区、北辰区和蓟县的部分乡镇。其中武清区陈咀镇种植面积达 1300 公顷左右，是天津种植鲜食玉米面积最多的乡镇，西青区杨柳青镇种植面积 1000 公顷左右，武清区河西务镇、西青区辛口镇种植面积超过 130 公顷。种植面积在 70 至 130 公顷的主要有武清区高村镇、西青区精武镇和张家窝镇、蓟县别山镇。

表 2-1-1-4 1991~2010 年天津市玉米播种面积和产量表

年份	播种面积(千公顷)	单产(公斤/公顷)	总产(万吨)
1991	152.31	5250	79.86
1992	150.92	5040	76.04
1993	156.26	5171	80.8
1994	154.95	5011	77.65
1995	157.83	5100	80.5
1996	162.85	4631	75.41
1997	157.77	4148	65.45
1998	166.66	4531	75.51
1999	168.58	3341	56.31
2000	131.18	3122	40.95
2001	140.94	5336	75.19
2002	146.45	4851	71.05
2003	124.86	5190	64.81
2004	134.75	5247	70.71
2005	138.84	5270	73.16
2006	150.87	5283	79.7
2007	162.18	5246	85.08
2008	159.78	5276	84.29
2009	165.91	5349	88.74
2010	168.93	5490	92.74

四、大　豆

种植面积。天津市大豆种植以静海县、宝坻区面积最大，其次是武清区、北辰区和宁河县。1991 年全市种植面积为 48.8 千公顷,1993 年 70.3 千公顷,是 20 年中种植面积最大的年份。由于大豆的比较效益不及棉花和玉米，种植面积不断下降。1994~2005 年种植面积每年在 27~59 千公顷之间波动。2006~2010 年，每年减少到 10 千公顷左右。

产量。1991~1995 年大豆年均产量在 9 万吨左右，1993 年达 12.38 万吨，为 20 年最高。2001~2005 年年均产量在 4~8 万吨间波动，2006~2010 年每年在 1 万吨以上。1991~1995 年每年平均每公顷产量 1754.4 公斤。1996~2000 年每年平均每公顷产量 1144.5 公斤，2001~2005 年每年平均每公顷产量 1647.6 公斤，2006~2010 年每年平均每公顷产量 1259.4 公斤。

表 2-1-1-5　1991~2010 年天津市大豆播种面积和产量表

年份	播种面积(千公顷)	单产(公斤/公顷)	总产(万吨)
1991	48.8	1711	8.35
1992	53.83	1555	8.37
1993	70.27	1762	12.38
1994	58.57	1946	11.4
1995	51.67	1796	9.28
1996	41.7	1470	6.13
1997	37.77	1123	4.24
1998	43.6	1206	5.26
1999	35.21	784	2.76
2000	34.55	1140	3.94
2001	45.51	1793	8.16
2002	35.19	1557	5.48
2003	30.9	1971	6.09
2004	29.25	1532	4.48
2005	27.42	1386	3.8
2006	13.2	1212	1.6
2007	9.2	1228	1.13
2008	9.47	1246	1.18
2009	12.54	1284	1.61
2010	14.09	1327	1.87

五、杂　粮

天津种植杂粮主要有甘薯、红小豆、绿豆、谷子和高粱等。由于杂粮的经济效益不如玉米、棉花和蔬菜等农作物,1991~2010 年无论是种植面积和产量都呈现出下降趋势，占农作物播种面积的比重较低。

1.甘薯。甘薯耐旱、耐瘠薄、抗风、雹,适应性强、用途广,是本市种植的主要杂粮作物。甘薯移栽需要造墒用水,公顷用水量 75 立方米,生长期全部依赖自然降水。从结薯到收获,春薯 130 天以上,夏薯 90~100 天。

1991~2010 年,天津甘薯种植面积呈减少趋势。1991~1995 年,甘薯每年种植面积 3.35~4.9 千公顷,1996~2001 年，甘薯每年种植面积 2.07~2.93 千公顷,2002~2005 年甘薯每年种植面积 1.14~1.87 千公顷,2006~2010 年甘薯每年种植面积 0.67~0.99 千公顷。

1991 年,甘薯主要在蓟县、武清县和宝坻县种植,其他区县有零星种植。2010 年,甘薯集中在蓟县、静海县、宝坻区、北辰区和武清区种植。本市甘薯主要种植在无水浇条件保水保肥能力差的砂壤土地,种植条件差,产量难以提高。干旱年度缺水造成甘薯结薯慢,薯块少且小,产量低,1991~2010 年,每年平均每公顷产量 4356 公斤。

天津市 2005 年引入紫甘薯品种紫薯王进行种植,平均每公顷鲜薯产量 1500 公斤左右,2007 年后陆续引进了紫甘薯品种日本新紫、济黑 1 号、烟紫薯 1 号、宁紫薯 1 号等。随着紫甘薯种植水平的提高及加工技术的不断完善,种植面积逐步扩大,2010 年紫甘薯种植面积达到 667 公顷以上,主要分布在静海区蔡公庄镇、中旺镇及武清区城关镇,平均每公顷鲜薯产量在 2200 公斤以上。

表 2-1-1-6 1991~2010 年天津市薯类播种面积和产量(折粮)表

年份	播种面积(千公顷)	单产(公斤/公顷)	总产(万吨)
1991	4.9	4755	2.33
1992	4.29	4848	2.08
1993	4.19	4869	2.04
1994	3.45	4928	1.7
1995	3.35	5373	1.8
1996	2.93	4300	1.26
1997	2.65	4151	1.1
1998	2.59	4363	1.13
1999	2.27	2863	0.65
2000	2.13	3192	0.68
2001	2.07	3961	0.82
2002	1.87	5027	0.94
2003	1.77	2260	0.4
2004	1.14	1754	0.2
2005	1.24	4677	0.58
2006	0.67	4478	0.3
2007	0.68	4412	0.3
2008	0.75	4533	0.34
2009	0.99	4545	0.45
2010	0.97	4742	0.46

2.红小豆。天津红小豆在天津的农产品中与天津小站稻齐名。天津红小豆区划定位为北方夏小豆区,冬小麦收获后复种小豆,品种以晚熟中粒型为主。天津的红小豆是传统的出口创汇农产品,名贵品种天津红小豆分布在天津市及河北省廊坊市。天津红小豆颗粒饱满整齐,豆色淡红光亮、白脐、皮薄、沙性大,出沙率达 75%以上,含淀粉、可溶性糖等热量,蛋白质含量高达 20%,

含有人体所必需的 8 种氨基酸和微量元素。

红小豆的产量受自然条件、气候变化和国内外市场需求量的影响较大，其价格波动也较为频繁，传统红小豆生产方式规模小、效益低，影响农民收入和种植积极性。20 年来，天津红小豆种植面积总体呈逐年下降趋势。1992~1996 年，天津市红小豆年种植面积 3753~5240 公顷，1997 年种植面积 2170 公顷，1998~2000 年种植面积年均1303 公顷，2001 年种植面积 790 公顷，2002~2010 年每年种植面积 240~470 公顷，不足 20 世纪 90 年代初的十分之一。全市红小豆总产量随种植面积的减少而大幅下降，90 年代初每年在 0.5 万吨左右，2000 年前后降到 0.1 万吨左右，2010 年仅为 0.01 万吨。90 年代初，红小豆主要在蓟县、宝坻县、武清县和静海县种植，宁河县和北辰区有少量种植，其他区县基本没有种植。2000 年初，静海县、武清区、宝坻县、蓟县和宁河县有少量种植。2010 年全市仅有武清区、蓟县、静海县、宝坻区有零星种植。

3.绿豆。天津市绿豆种植面积波动较大，1993 年曾达到 2793 公顷，2007 年仅 120 公顷。绿豆产量较低，1991~2010 年年均每公顷产量仅有 908.4 公斤，产量低造成种植面积大幅度下降。

20 世纪 90 年代初，绿豆主要在静海县、武清县、宝坻县、蓟县和宁河县种植，其他区县基本没有种植。2000 年初主要在静海县种植，宁河县、宝坻县、武清区有少量种植。2010 年全市仅武清区、静海县、宝坻区有零星种植。

表 2-1-1-7 1992~2010 年天津市红小豆和绿豆播种面积和产量表

年份	红小豆			绿豆		
	播种面积（千公顷）	单产（公斤/公顷）	总产（万吨）	播种面积（千公顷）	单产（公斤/公顷）	总产（万吨）
1992	3.75	1253	0.47	2.43	947	0.23
1993	4.6	1348	0.62	2.79	1111	0.31
1994	5.24	1260	0.66	1.75	1086	0.19
1995	4.24	1250	0.53	1.74	1034	0.18
1996	2.47	1012	0.25	1.5	1000	0.15
1997	2.17	1014	0.22	1.01	594	0.06
1998	1.26	1429	0.18	0.88	568	0.05
1999	1.45	690	0.1	0.83	482	0.04
2000	1.2	833	0.1	5	520	0.26
2001	0.79	1519	0.12	2.02	891	0.18
2002	0.47	1489	0.07	1.21	826	0.1
2003	0.4	1500	0.06	1.02	1961	0.2
2004	0.33	1515	0.05	0.48	2083	0.1
2005	0.25	1200	0.03	0.34	1176	0.04
2006	0.14	714	0.01	0.17	1176	0.02

年份	红小豆			绿豆		
	播种面积（千公顷）	单产（公斤/公顷）	总产（万吨）	播种面积（千公顷）	单产（公斤/公顷）	总产（万吨）
2007	0.12	833	0.01	0.12	833	0.01
2008	0.13	769	0.01	0.13	769	0.01
2009	0.21	476	0.01	0.21	952	0.02
2010	0.24	417	0.01	0.24	833	0.02

4.谷子。谷子种植一般为无水浇条件的瘠薄地。谷子不宜重茬，一般2~3年轮作一次，前茬作物为豆类、薯类、玉米。1993年全市种植面积4953公顷，2002年仅420公顷。1994~2002年谷子年均每公顷产量1643公斤。90年代初，谷子主要在静海县、武清县和宝坻县种植。2000年以后仅在静海县和武清区有少量种植。

表2-1-1-8　1992~2002年天津市谷子播种面积和产量表

年份	播种面积（千公顷）	单产（公斤/公顷）	总产（万吨）
1992	3.65	1945	0.71
1993	4.95	1515	0.75
1994	3.16	2215	0.7
1995	2.35	2043	0.48
1996	1.8	1722	0.31
1997	1.38	1232	0.17
1998	1.31	1527	0.2
1999	0.69	870	0.06
2000	0.52	1538	0.08
2001	0.71	1972	0.14
2002	0.42	1667	0.07

5.高粱。高粱抗旱、耐涝，可当口粮当饲料，也是酿酒原料。1991年，天津高粱种植面积28.3千公顷，产量10.05万吨。由于蓟县和宝坻县等低洼地改种水稻，高粱社会需求量逐渐减少及种植效益相对较低等原因，种植面积不断减少。2000年全市种植面积1.03万公顷，产量2.71万吨。此后，天津高粱仅有零星种植，2010年高粱种植面积不足2千公顷。

20世纪90年代初，各涉农区县都有高粱种植，主要集中在大港区、宝坻区、静海县、宁河县、武清县和蓟县。2000年初，主要集中在宝坻县、静海县和武清县种植，其他区县有少量种植。2010年前后，主要在宁河县、东丽区和大港区种植，其他区县有零星种植。

表 2-1-1-9　1991~2002 年天津市高粱播种面积和产量表

年份	播种面积(千公顷)	单产(公斤/公顷)	总产(万吨)
1991	28.3	3551	10.05
1992	23.16	3705	8.58
1993	24.45	4184	10.23
1994	32.06	4570	14.65
1995	29.36	3362	9.87
1996	22.05	2757	6.08
1997	26.76	3094	8.28
1998	20.61	2989	6.16
1999	16.39	1836	3.01
2000	10.25	2644	2.71
2001	15.87	3598	5.71
2002	14.77	3236	4.78

第二节　经济作物

天津市种植的主要经济作物有棉花、油料作物、水果和花卉。随着人们生活水平的提高，经济作物的市场需求量不断增加，经济作物相对于粮食作物种植效益较高，在政策引导、项目带动和市场拉动下，优质品种和先进技术的推广和应用，农民种植管理水平进一步提高，全市经济作物生产能力稳步提升。

一、棉　花

天津种植的棉花品种为中熟一季春棉为主。4 月中下旬播种，10 月上中旬收获。

种植面积。1991 年天津市棉花种植面积 29.87 千公顷，而后由于棉铃虫危害严重，种植面积锐减，1997 年种植面积下降至 2.79 千公顷。由于 1997 年后全市连续 6 年干旱，宁河、蓟县等县的部分水稻田改种棉花，加之美棉 33B、DP99B 等抗棉铃虫品种的推广，棉铃虫危害得到有效遏制，棉花产量有了保障，棉花生产迅速恢复。1998年天津市棉花种植面积恢复到 3.47 千公顷，2000 年达 15.06 千公顷。2001 年棉花种植面积大幅提高到 44.98 千公顷，超过 1996~2000 年 5 年种植面积的总和。2003 年全国棉花价格上涨，植棉效益提升，促进天津市棉花种植面积继续扩大，2004 年种植面积 86.87 千公顷，为天津棉花种植面积最多的年份。2005~2010 年棉花每年的种植面积保持在 50~70 千公顷之间。

产量。1991~2000 年，天津棉花年产量在 0.39~2.55 万吨之间，2001~2010 年棉花年产量在

6.24~12.03 万吨之间。最低年份是 1997 年，年产 0.39 万吨；2004 年，年产 12.03 万吨，为历史最高。20 世纪 90 年代初，棉铃虫的严重危害直接影响棉花产量和品质。1991~1996 年皮棉每公顷产量 400~850 公斤。美棉 33B、DP99B 等转基因抗虫棉品种的种植和植保技术的大力推广，有效控制棉铃虫危害，1998 年，皮棉每公顷产量 1816 公斤，为 20 年最高。2001 年以后，冀 668、国欣棉 3 号等优质高产抗虫品种的推广，促进棉花品种更新换代，棉花综合化控等技术推广进一步提升棉花生产水平，2001~2010 年皮棉每公顷产量稳定在 1200 公斤以上。

区域分布。1991 年，棉花种植主要集中在武清县、宝坻县、宁河县、蓟县和静海县等 5 个县，种植面积占全市棉花播种面积 98%。2000 年以后，棉花种植在全市范围内扩大，各涉农区县都有种植，以宁河县、静海县、宝坻区和武清区 4 个区县种植面积较大，2010 年，4 个区县棉花种植面积占全市棉花播种面积 72%。

表 2-1-2-10 1991~2010 年天津市棉花播种面积和产量表

年份	播种面积（千公顷）	单产（公斤/公顷）	总产（万吨）
1991	29.87	854	2.55
1992	28.77	567	1.63
1993	9.83	773	0.76
1994	22.81	408	0.93
1995	17.22	650	1.12
1996	6.54	780	0.51
1997	2.79	1398	0.39
1998	3.47	1816	0.63
1999	6.01	948	0.57
2000	15.06	1162	1.75
2001	44.98	1414	6.36
2002	44.81	1393	6.24
2003	70.61	1341	9.47
2004	86.87	1385	12.03
2005	61.23	1364	8.35
2006	68.93	1378	9.5
2007	67.48	1380	9.31
2008	69.19	1198	8.29
2009	55.58	1276	7.09
2010	51.8	1210	6.27

二、油　料

天津市油料作物种类主要有花生、芝麻和向日葵。1991~2003年，油料作物年种植面积稳定在2万公顷左右。此后油料作物因产量低收益低，种植面积大幅减少，2004年油料作物种植面积6000公顷，比1991年减少19.73千公顷，下降76%。2006~2010年，油料作物年种植面积仅有2000公顷左右。

1991~2003年，油料作物总产量4万吨左右，2004~2010年随着种植面积大幅减少，年产量减少到不足1万吨，但平均每公顷产量水平增加明显，2010年油料作物平均每公顷产量3101公斤，比2003年的2022公斤增加1079公斤，增53.3%。

20世纪90年初，油料作物主要集中在静海县、宝坻县种植，北辰区、蓟县、宁河县、武清县、大港区有少量种植，其他区县有零星种植。2000年前后，油料作物主要集中在静海县、武清区种植，宁河县、宝坻县、北辰区、大港区、蓟县有少量种植，其他区县零星种植。2010年，蓟县、武清区、静海县、宁河县有少量种植，其他区县零星种植。

表2-1-2-11　1991~2010年天津市油料作物播种面积和产量表

年份	油料作物总面积（千公顷）	油料作物总产量（万吨）	花生			芝麻			向日葵		
			播种面积（千公倾）	单产（公斤/公顷）	总产（万吨）	播种面积(千公倾）	单产（公斤/公顷）	总产（万吨）	播种面积(千公顷）	单产（公斤/公顷）	总产（万吨）
1991	25.81	4.5	8.62	2448	2.11	4.46	762	0.34		没有统计	
1992	24.77	3.96	8.52	2359	2.01	3.21	779	0.25	12.86	1314	1.69
1993	24.55	4.45	8.37	2509	2.1	2.91	790	0.23	13.22	1589	2.1
1994	22.86	4.03	8.35	2443	2.04	3.54	763	0.27	10.19	1580	1.61
1995	22.59	4.01	7.86	2545	2	3.57	616	0.22	11.01	1608	1.77
1996	18.4	3.13	6.35	2283	1.45	2.11	664	0.14	9.84	1545	1.52
1997	19.13	3.01	4.72	2839	1.34	1.29	1008	0.13	10.04	1524	1.53
1998	16.93	3.76	5.01	2934	1.47	1.32	1061	0.14	10.49	2040	2.14
1999	16.23	2.34	4.78	2238	1.07	1.17	684	0.08	10.24	1152	1.18
2000	26.27	3.31	3.86	2124	0.82	1.13	619	0.07	20.87	1140	2.38
2001	20.55	3.9	4.02	2886	1.16	1.5	933	0.14	13.62	1674	2.28
2002	18.94	3.4	3.49	2923	1.02	0.96	1042	0.1	13.77	1547	2.13
2003	15.79	3.08	3.52	1989	0.7	0.9	2222	0.2	10.9	2018	2.2
2004	6.08	1.55	2.45	2041	0.5	0.45	2222	0.1	3.18	1887	0.6
2005	5.05	1.29	2.32	3448	0.8	0.33	909	0.03	2.28	2018	0.46
2006	2.02	1.2	0.93	3226	0.3	0.12	833	0.01	0.91	1978	0.18

年份	油料作物总面积（千公顷）	油料作物总产量（万吨）	花生			芝麻			向日葵		
			播种面积（千公顷）	单产（公斤/公顷）	总产（万吨）	播种面积（千公顷）	单产（公斤/公顷）	总产（万吨）	播种面积（千公顷）	单产（公斤/公顷）	总产（万吨）
2007	1.76	0.46	0.79	3418	0.27	0.09	1111	0.01	0.84	2024	0.17
2008	1.81	0.48	0.81	3457	0.28	0.1	1000	0.01	0.86	2093	0.18
2009	1.99	0.54	0.95	3579	0.34	0.16	625	0.01	0.85	2118	0.18
2010	2.19	0.64	1.4	3571	0.5	0.13	1538	0.02	0.47	2128	0.1

三、水　果

20世纪90年代初，天津市水果栽培品种主要为苹果、桃、鲜枣、红果、梨、柿子和葡萄，每年栽培面积稳定在2.67万公顷左右。1991年全市水果栽培面积2.85万公顷，总产量12.55万吨，主要分布在蓟县、静海县和武清县，占全市水果种植总面积的70%左右。90年代末，水果栽培面积逐年增加，到2003年，全市水果栽培面积达到4.11万公顷，总产量31.5万吨。2010年水果栽培面积3.44万公顷，总产量31.27万吨，品种结构发生很大变化，栽培品种主要为枣、葡萄、苹果、桃、梨、柿子，主要分布在蓟县、静海县、大港区和武清区，占全市水果栽培总面积的75%。

柿子。天津柿子主要栽种在蓟县山区。1991年至2010年，年栽培面积维持在2千公顷左右，总产量在1万吨左右。盘山磨盘柿因产于盘山而得名，属于国家柿果特产的大磨盘柿种，其柿果个大、皮薄、汤清、均匀、色彩鲜艳，味道甘甜。2008年被国家质量监督检验检疫总局评为"国家地理标志产品"，产地范围为天津市蓟县官庄镇。2004年，国家林业局命名蓟县为"中国磨盘柿之乡"。

葡萄。1991年，天津市葡萄栽培面积1700公顷，总产量1.8万吨。由于葡萄产量高、效益好，90年代，本市葡萄产业快速发展，2000年后区域基本稳定，主要集中在汉沽区、蓟县、宁河县、武清区。茶淀玫瑰香葡萄，因原产于汉沽区茶淀镇而得名，在汉沽区4个镇都有种植。因汉沽区土壤、灌溉、光照等条件利于茶淀玫瑰香葡萄生长，使该品种在汉沽不断推广和发展，1994~2002年由1600公顷发展到2300多公顷。玫瑰香葡萄耐盐碱，对土壤适应性强，结果早而丰产，果皮黑紫，色泽艳丽，果肉甘甜适口并有浓郁的玫瑰香味，既是优良的鲜食品种又是上佳的酿酒原料。茶淀玫瑰香葡萄，以其优良的品质在全国葡萄评比中多次获奖，2001年被天津市工商局确定为天津市著名商标产品，2007年被国家质量监督检验检疫局评为"国家地理标志产品"。2010年，全市葡萄栽培面积达到5.3千公顷，产量10.3万吨。

枣。天津市以金丝小枣和冬枣为主。1991年，全市枣树栽种面积3100公顷，总产量0.33万吨，主要集中在静海县，以金丝小枣为主，常见的栽种方式为枣粮间作。静海县栽种金丝小枣已有600多年历史，2004年，静海县被国家林业局命名为“中国金丝小枣之乡”。静海县金丝小枣色泽美观，核小肉丰、金丝绵绵、甘甜可口，营养丰富，在唐官屯、西翟庄、中旺、陈官屯、蔡公庄、大丰堆等乡镇种植。2000年前后，天津市结合调整农业种植结构，开始推广冬枣种植。其中大港区在中塘镇、太平镇、小王庄镇等乡镇发展冬枣面积4.7千公顷左右。大港冬枣果皮赭红光亮，色泽鲜艳，皮薄肉脆，口感好，果大、核小、汁多、酸甜适口，品质极佳，是经过农艺技术人员依据本地崔庄冬枣培育、优选出的冬枣优良品种。该品种适应性强、生长快、易结果、品质好。

2010年天津枣栽种面积达到1.09万公顷，总产量3.1万吨。其中金丝小枣栽种面积6200公顷，产量1.7万吨。主要分布在在静海县、大港区。冬枣面积4700公顷，产量1.4万吨，主要在分布在大港区、静海县。

第二章　蔬菜

第一节　蔬菜生产

一、种植面积

天津市委、市政府认真贯彻落实党中央、国务院有关深化改革扩大开放推动现代高效农业建设，加快农产品种植结构调整、有效增加农民收入的战略部署，先后制定了建设完善10万亩风险货源基地和万亩以上集中连片生产基地、扶持带动设施农业发展，建设现代农业示范园区等政策措施，促进了全市蔬菜生产的快速发展。1991年全市蔬菜播种面积5.6万公顷，1995年发展到8.1万公顷。之后，随着天津市种植业结构调整的不断深入，蔬菜播种面积大幅增长，2003年达到13.46万公顷。2004年，随着国家种粮补贴政策的落实和大市场、大流通的形成，本市蔬菜播种面积明显下降。2007年下降到6.34万公顷。2007年市委市政府为巩固“菜篮子”建设，增加农民收入，保障市场供应，提出“4412”工程，安排财政资金支持日光温室、塑料大棚等设施农业建设。2007~2011年，累计新增设施面积3.02万公顷，2010年设施总面积3.85万公顷，比1991年增加了18倍。2010年，天津市蔬菜播种面积8.48万公顷。蔬菜播种面积占农作物播种总面积比重由1991年9.4%上升到2010年18.5%。

二、产　量

1991~2003年，随着天津市蔬菜种植面积迅速扩大，蔬菜总产量也以每年20~40万吨的速度增长，1992年蔬菜产量为310万吨，1998年突破500万吨，2003年达到602万吨。此后随着蔬菜播种面积的减少全市蔬菜总产量不断下降，2007年为274.37万吨。2008年后，随着“4412”工程的实施，各区县相继建成了一大批农业设施并投入使用，蔬菜播种面积迅速增加，产量明显提高，2010年全市蔬菜总产量达到420万吨，比2007年增加了53.1%。

三、产　值

1993年，天津市蔬菜价格放开以来，特别是名贵蔬菜品种的引进种植和反季节蔬菜的生产，蔬菜价格明显上升。1992年，全市蔬菜综合价格370元/吨，2010年上升到1979元/吨。全市蔬菜总产值从1992年的11.5亿元上升到1999年的33.2亿元，2010年突破80亿元。蔬菜产值占农业年产值比重从1995年18%，上升到2010年49%，成为天津农业种植业的第一大产业。

四、布　局

20世纪90年代，随着城乡经济快速发展，城区规模不断扩大，中心城区与副中心城区周边的菜田面积逐年减少，天津市商品菜生产以“近郊为主、远郊为辅”的格局逐步向“远郊发展、外埠调剂”转变，形成比较明显的区域特色。蓟县、宝坻、武清、宁河、静海5个远郊区县在露地蔬菜生产的基础上，设施播种面积快速增加，在全市蔬菜生产占比逐年增加，1992年设施蔬菜播种面积3.5万公顷，2000年发展到9.6万公顷。20世纪90年代初，武清县开始建立万亩淡季蔬菜生产基地，主要生产黄瓜、西红柿、豆角、苦瓜等蔬菜，1991年，蔬菜播种面积1.2万公顷，总产量84万吨，2010年蔬菜播种面积达到2.29万公顷，总产量131万吨，增长了接近56%。蔬菜生产成为该区农业的支柱产业。宝坻县依托“菜篮子”工程带动，全县蔬菜生产基本摆脱小片菜园的传统经营模式，发展成露地蔬菜规模型、设施反季节型、出口蔬菜专业型等多种种植模式，多种蔬菜品种打入京津等大城市农贸市场。1993年蔬菜播种面积0.6万公顷，总产量34万吨，2001年蔬菜播种面积1.99万公顷，总产量72.06万吨。其中，宝坻大葱、大蒜、天鹰椒品牌知名度明显提升，2000年前后播种面积达到0.13万公顷。到2010年，播种面积达0.4万公顷。

环城四区和滨海新区以发展设施农业为主，主要发展蔬菜、食用菌、花卉及休闲观光农业。90年代，北辰区蔬菜种植主要集中在北运河两岸、子牙河和金钟河北岸，主要生产大白菜、萝卜、果菜类。1998年，蔬菜播种面积0.6万公顷。受城区规模扩大的影响，2000年后，在菜田面积减少到 0.5 万公顷左右的同时，北辰区及时调整种植结构，积极发展食用菌等高附加值产品生产，2010 年，北辰区投资 2.5亿元建成双街现代工厂化食用菌生产设施，并配置了成套先进自动化生产装备，生产蟹味菇、白玉菇等，年产值达7800 万元。西青区水高庄园、北辰区双街现代农业示范园等一批以休闲观光为主的农业园区相继建成。

表 2-2-1-12　1991~2010 年天津蔬菜生产统计表

年份	播种面积（千公顷）	产量（万吨）	产值（亿元）
1991	5.67	282	-
1992	6.17	310	11.5
1993	6.61	354	15.2
1994	7.59	407	20.2
1995	8.1	434	26.6
1996	8.1	452	23.84
1997	9.5	486	33.6
1998	8.6	505	36.1
1999	9.8	486	33.2
2000	12.8	530.6	43.5
2001	12.95	564.5	44.5
2002	12.8	584.3	47.2
2003	13.46	602.78	47.3
2004	13.18	585.43	45.4
2005	12.96	542.74	48.9
2006	12.04	471.45	50.1
2007	6.34	274.37	46.1
2008	7.22	314.16	52.5
2009	8.08	373.85	64.2
2010	8.48	419.31	83

第二节　蔬菜基地

一、露地蔬菜基地

20 世纪 90 年代初，露地蔬菜是保障天津市民“菜篮子”正常供应的主要来源。其间，天津市投资 774 万元，在武清、宝坻、静海三县开发新菜田 2313 公顷，完成万亩老菜田低洼盐碱地暗管排咸工程。1991~1995 年露地蔬菜占地面积每年保持在 2 万公顷左右，90 年代中后期，全市分别在宝坻县、武清县建成堵淡季蔬菜基地 0.2 万公顷，在西青区上辛口乡建设集科学试验，产前、产中、产后系列化服务为一体的菜田示范区 372 公顷，全市建成蔬菜育苗场 21 个，引进生菜、甘蓝、西兰花、苦瓜、茭白等 40 多个名特优品种，蔬菜良种率达到 60%以上，黄瓜、大白菜、青椒、芹菜和花椰菜等主要蔬菜基本实现了良种化。随着设施农业的快速发展，露地蔬菜面积呈下降趋势。全市露地蔬菜播种时间集中在春、夏、秋季，以白菜、萝卜、黄瓜、菜豆、茄子、番茄、辣椒及“三辣”等大宗蔬菜种植品种为主。21 世纪初，经过积极引进培育和推广稀、特、精、细蔬菜品种，以“大路菜”为主的结构得到改善。

“三辣”基地。宝坻“三辣”生产基地主要集中在宝坻区的林亭口镇、王卜庄镇、大钟庄镇、郝各庄镇、八门城镇。主栽品种：红皮大蒜、天鹰椒、五叶齐大葱。90 年代初种植面积 1.2 万公顷，2000 年后由于区域优势不再明显，种植面积开始下滑，播种面积 0.13 万公顷左右。

武清蔬菜基地。武清区蔬菜基地包括高村镇、河西务镇和白古屯镇等，该基地毗邻北京市，交通便捷，生产的黄瓜、菜豆、叶菜等蔬菜主要供应京津两地市场。

蓟运河东露地蔬菜种植基地。蓟运河东露地蔬菜种植基地包括宁河县岳龙镇、板桥镇、丰台镇、苗庄镇。在 20 世纪 90 年代中后期，种植面积 1.6万公顷，品种包括豆角、黄瓜、韭菜、“三椒”(朝天椒、益都椒、望都椒)等，其中“三椒”种植面积较大，种植面积 1.3 万公顷。2000 年后，因炭疽病、疫病等病害影响，“三椒”种植面积缩减到 0.1 万公顷，露地蔬菜种植面积下降到 0.2 万公顷左右。2010 年种植面积0.1 万公顷左右。

二、设施蔬菜基地

1991~2006 年，天津市设施农业的发展逐步由近郊区向远郊县聚集。东丽区大毕庄镇，津南区辛庄镇、双港镇，北辰区宜兴埠镇，西青区中北斜镇等近郊设施农业生产集中区，随着城市化进程加快，逐步被取代。而西青区辛口镇、静海县独流镇、武清区河西务镇、黄花店镇等设施蔬菜生产基地继续发挥作用。20 世纪 90 年代初期，由于城乡居民生活水平的提高和设施材料、设施技术的广泛应用，促进了设施农业的加快发展，全市设施农业总面积由 1991 年的 2056 公顷增长到 2006 年的 2.3 万公顷。此阶段主要由农民自发建设生产，棚室结构五花八门，建筑类型多样、标准不统一，综合生产能力不高。2007 年以后，市委市政府出台了扶持设施农业建设的政策措施，促进了设施农业的加快发展。2007~2011 年，市政府安排 10.6 亿元资金扶持设施农业建设，共建成设施农业 3.02 万公顷，全市设施农业面积达到 3.9 公顷。形成了宝坻区大新、武清区黄花店、宁河区芦玉公路两侧、静海县北部、西青区辛口等设施蔬菜生产聚集区。

表 2-2-2-13　设施蔬菜生产聚集区情况表

名称	占地面积(公顷)	分布
蓟县食用菌基地	466	出头岭镇、西龙虎峪镇
蓟县津蓟高速公路两侧设施蔬菜生产基地	1400	上仓镇、东施古镇、东赵镇、洇溜镇、杨津庄镇
宝坻大新设施蔬菜生产基地	2066	新开口镇、大口屯镇、马家店镇
武清黄花店设施蔬菜生产基地	333	黄花店镇
武清京津公路两侧设施蔬菜生产基地	1066	大孟庄镇、河西务镇
宁河芦玉公路两侧设施果菜基地	500	岳龙镇、丰台镇、板桥镇、苗庄镇
静海北部设施瓜菜生产基地	1600	良王庄乡、独流镇、台头镇、梁头镇、王口镇
静海东部设施蔬菜生产基地	733	西翟庄镇、大邱庄镇、唐官屯镇、团泊镇
西青辛口设施蔬菜基地	2533	辛口镇、张家窝镇

三、区域特色蔬菜基地

在天津市蔬菜生产中，主要有大白菜、卫青萝卜、宝坻“三辣”（大葱、大蒜、天鹰椒）、食用菌等为代表的区域特色蔬菜品种。

（一）大白菜。大白菜曾是天津市民冬季和早春季节食用的主要蔬菜品种。市民一般 11 月上中旬自购家藏，一直食用到春节以后。20 世纪 90 年代初期，大白菜品种类型主要是青麻叶类，色油绿，叶肉紧密，呈核桃纹状，包心紧，帮薄，纤维少。1992 年全市播种面积 1.47 万公顷，总产量 107 万吨。较著名的有李嘴中核桃纹白菜，津南区大、中、小核桃纹白菜等。1997 年，全市大白菜播种面积 1.66 万公顷，总产量 128 万吨。随着设施农业的快速发展和冬季蔬菜供应品种的增多，大白菜种植面积呈逐年下降趋势。2009~2010 年播种面积每年稳定在 1 万公顷，产量 60 万吨左右。

（二）卫青萝卜。卫青萝卜在天津已有 300 多年的栽培历史，后经不断选育，品系可按地区划分，品质较佳者有西青区沙窝萝卜，武清区田水铺萝卜、索庄萝卜，津南区葛沽萝卜等。其中西青区沙窝萝卜最负盛名。卫青萝卜种植面积由 20 世纪 90 年代初的 33 公顷左右，21世纪初发展到 333 公顷，其产品主要销往北京、天津、山东、河南、广州、深圳、香港、东南亚等地。

1.沙窝萝卜。主要种植于天津市西青区辛口镇小沙窝村，该村土质肥沃，尤其是沥水保湿，所产青萝卜外表碧绿光滑，果肉莹如翡翠，口感甜爽微辣，酥脆多汁，嚼后无渣。90 年代种植品种主要为自主培育、露地种植，后经天津市农科院品种改良后，卫青萝卜大面积推广。随着棚膜在农业生产的广泛应用，为了提高沙窝萝卜质量和价值，农民改为大棚延后种植模式，即每年 8 月底露地播种，生长初期不扣棚膜，11 月份扣棚膜，使其缓慢生长，经过一段时间低温转化，提高萝卜糖分含量。

2.索庄萝卜。武清县河西务镇索庄种植青萝卜历史悠久,清朝时期已闻名全县,素有“萝卜赛梨”的美称。2010年,索庄村成功申报青萝卜“一村一品”专业村,并注册了“索庄萝卜”商标,播种面积6.6公顷,产量约200吨。

3.田水铺萝卜。武清县田水铺萝卜条形好、皮光亮、心翠绿,外观深绿色,口感清脆、微辣中带有甘甜。1997年,在原露地种植基础上,引进反季节青萝卜种植技术,2000年由露地种植改为设施棚室种植,2006年引进秋延后青萝卜种植技术,产品品质不断提高。

4.葛沽萝卜。津南区葛沽镇刘庄村、高庄子村、营房道所产萝卜统称“葛沽萝卜”,其品种的特点是:根细叶蒂小、皮薄、皮光、里青、水分大。1991年,葛沽萝卜播种面积233公顷,产量约932吨。栽培方式是露地种植。随着城镇化整合步伐的加快,到2010年,葛沽萝卜种植面积下降到50公顷左右,产量约350吨,栽培方式包括露地种植和设施种植。

5.常流庄萝卜。常流庄萝卜属葛沽萝卜品系,短圆柱形,个体较大,皮绿色,肉绿白色,晶莹剔透,皮薄质脆味辣多汁,口感好。后由于马厂减河水量减少,常流庄萝卜品质下降,现每年种植面积在6公顷左右。

(三)宝坻“三辣”。宝坻“三辣”是指在宝坻县广泛种植的大葱、大蒜、天鹰椒。

1.大葱。宝坻大葱以大田大面积种植为主,其品种主要有五叶齐大葱、章丘大葱、大梧桐大葱等。20世纪90年代初,全县种植大葱面积2406公顷,平均每公顷产量42.5吨,总产量10.2万吨。到2001年,全县播种面积扩大到6507公顷,平均每公顷产量52.8吨,总产量34.36万吨。此后种植面积和产量都大幅下降,2010年播种面积2480公顷,总产量12.2万吨。

2.大蒜。宝坻县内以种植本地的六瓣红大蒜特色产品为主。90年代,大量外地白皮蒜涌入天津市,改变六瓣红大蒜多年独占市场的状况。到2001年,全县六瓣红大蒜种植面积790公顷,平均每公顷产量16吨,总产量达到1.26万吨。2010年播种面积130公顷,总产量1467吨。

3.天鹰椒。90年代初,天鹰椒种植面积较小,仅种植400公顷,总产量918吨。90年代中后期,在出口的拉动下种植面积不断扩大,1999年,全县种植面积2794公顷,平均每公顷产量2.4吨,总产量达到6706吨。形成以袁罗、林亭口、大钟、郝各庄、八门城等乡镇为重点的天鹰椒生产基地,产品远销韩国、日本、东南亚等地。2001年种植面积为5333公顷,平均每公顷产量2.2吨,总产量达到11733吨。此后由于市场竞争激烈,区域优势不再明显,种植面积开始下滑,2010年为1329公顷,总产量4273吨。

(四)食用菌。食用菌在天津市规模化生产的历史短,发展快。2010年栽培面积达到866公顷,产量10万吨。食用菌种植方式主要有设施农业生产、林地种植、工厂化生产等,主要品种有香菇、平菇、金针菇、杏鲍菇、蟹味菇、白玉菇、白灵菇、双孢蘑菇、棕色蘑菇、茶树菇、秀珍菇、木耳、草菇、鸡腿菇、猴头、灵芝、北虫草、海鲜菇等。设施食用菌栽培主要集中在蓟县出头岭镇的东程各庄、东官村、中官村、孟各庄村和西龙虎峪镇龙北村、刘庄村,面积达到30余公顷,主要生产香菇、白灵菇等。林地食用菌栽培以静海县林海现代农业园区为主,该林地食用菌种植始于2006年,最初在王口镇南茁头村南林地内引种耐高温香菇“武香一号”,面积3公顷,成功后在王口镇推广,面积达100公顷,形成六大林地食用菌种植基地。工厂化种植主要集中在近郊区,全市建成了天津市绿洲庄园科技有限公司、天津滨海德盛农业科技有限公司、天津鸿滨禾盛农业技术开发有限公司、天津市中滨农业科技有限公司等食用菌工厂化生产企业,主要以工厂化袋栽、瓶栽等方式,生产白色金针菇、杏鲍菇、蟹味菇、白玉菇、虫草等,年产量3万吨左右。

第三节 设施蔬菜

一、设施发展

1991年,本市蔬菜设施占地面积0.21公顷,此后以每年0.2~0.3万公顷的速度发展。1995年,天津引进第二代节能日光温室及栽培技术并大力推广,重点解决越冬茬蔬菜生产的问题,第二代节能型日光温室的结构性能比第一代节能型日光温室进行了全面优化,并且内部可装备采暖、通风、灌溉、二氧化碳施肥、补充照明等环境调节装置,温室性能和栽培技术得到进一步完善,使喜温类蔬菜收获期提早到春节前后。1997年发展到1.45万公顷,2000年达到2.33万公顷。2001~2006年,设施蔬菜占地面积在2万公顷以上。

2000~2006年投资6600万元,建成了津南区双港镇、武清区崔黄口镇、汉沽区大田镇、塘沽区新河街、蓟县城关镇、宝坻区大口屯镇等7个工厂化科技示范区,总面积86公顷。2007年,本市启动了设施农业“4412”工程建设,蔬菜设施水平再上新台阶。2010年,全市设施蔬菜占地面积突破3万公顷,其中新型节能日光温室、智能温室设施占全部新建设施的40%以上。全市设施蔬菜年产值达到50亿元以上。与大田作物或露地蔬菜相比,农民平均每亩增收达到1.25万元以上。

二、“4412”工程

2007年,市委市政府提出要加快现代农业建设步伐,提高设施农业生产水平。决定启动实施设施农业“4412”工程建设,即在2007~2011年四个年度时间里,全面建成40万亩高标准设施蔬菜生产基地,12个涉农区县每个区县至少建成一个现代农业示范园区。天津市农委、财政局和农业局联合制定了管理办法,明确了建造及资金补助标准。

2007~2011年天津市累计投资119亿元。其中市财政补助10.6亿元,区县财政配套4.4亿元,农民自筹 42.4 亿元,企业投资 20.5 亿元,银行贷款 23.6 亿元,社会其他投资 17.5 亿元,新建种植业设施占地面积 3.02 万公顷。其中,温室面积 1.52 万公顷,塑料大棚面积 1.5 万公顷。同期,市财政累计拨付专项补贴 4.2 亿元,其他投资 74.3 亿元,共建成蓟县上仓和侯家营、宝坻区大新和八门城、武清区梅厂和君利、宁河县运河湾和齐心、静海县林海和南海、西青区东淀和张家窝、北辰区双街、滨海新区刘岗庄 14 个现代农业示范园区,总占地面积超过 1.8 万公顷。其中核心区面积 0.27 万公顷。2011 年,全市设施蔬菜占地面积 3.9 万公顷,播种面积达 6.3 万公顷,产量 275 万吨, 产值 51.2 亿元。全市人均蔬菜占有量由 2007 年的 246 公斤提高到2011 年的 318 公斤。

表 2-2-3-14 1991~2010 年蔬菜设施面积统计表

年度	各类温室(公顷)	塑料大棚(公顷)	中小棚(公顷)	合计(公顷)
1991	395.9	383.7	1276.7	2056.3
1992	381.7	1466.7	2886.7	4735.1
1993	855.3	1984.1	4220.9	7060.3
1995	—	—	—	10266.7
1996	—	—	—	11000
1997	3533	2664	8342	14539
1998	3133.3	3200	8000	14333.3
1999	4000	3800	12200	20333.3
2000	4666.7	4000	14666.7	23333.4
2002	7533.3	4733.3	14400	26666.6
2003	7546.7	5040	10306.7	22893.4
2005	8280	4506.7	9720	22506.7
2006	7444.7	4569.3	11119.3	23133.3
2007	8367.2	5496.9	11119.5	24983.6
2008	11731.7	8827.7	11123.8	31683.2
2009	15741.2	12425.8	7044	35211
2010	20129.2	14303.6	4100.8	38533.6

三、设施蔬菜主栽品种

设施蔬菜栽培期间环境温度低,光照不足,病害多,必须使用耐低温寡照、抗病品种。有些设施栽培茬口需要前期耐低温,后期耐高温或前期耐高温、后期耐低温的品种。20 世纪 90 年代,天津市设施农业主要以种植黄瓜、芹菜、菠菜、番茄、辣椒等传统大宗蔬菜为主,小部分农业设施也有葡萄、油桃等果品生产,品类不多。本市蔬菜育种部门根据设施农业发展的需要,开始研究适合设施栽培的专用品种。1992~1999 年间,先后推广了适于早春大、中、小棚栽培黄瓜一代杂交种津春 2 号；耐低温、弱光能力强、适合越冬日光温室栽培的一代杂交种津春 3 号；适合冬春茬日光温室栽培的一代杂交种津优 2 号、津优 3 号；适合早春温室栽培的津优 4 号；高抗霜霉病、白粉病、褐斑病、枯萎病的温室大棚专用品种津优 303 号以及为抗黑星病春大棚专用品种津春 1 号。进入 21 世纪，随着天津市设施农业种植结构的不断调整和农业科学技术的长足进步，设施农业产品结构发生变化，设施蔬菜产品由传统大宗蔬菜向多样化中高档蔬菜、瓜果、食用菌、花卉、药材等生产发展，先后引进推广了樱桃番茄、荷兰黄瓜、彩椒和多种稀特叶菜品种，以及灵芝、菇类等食用菌和草莓、蓝莓等诸多反季节时令果品品种。

四、蔬菜设施类型

天津蔬菜栽培的设施按其结构可分为 3 大类型，即温室（简易温室、一代日光温室和二代节能日光温室）、智能化温室和塑料棚（大、中、小棚）。

1.温室

1991 年全市各类温室面积 395 公顷，2010 年面积达 2 万多公顷，占全市设施总面积的 52%。

（1）简易温室。简易温室是天津市菜农在 20 世纪 90 年代广泛建造的一种温室形式。温室结构简单，由后墙、前塑料屋面和山墙组成。后墙为土或土、草结构，高 1.5~1.8 米，墙体厚度 0.5~1.0 米，温室骨架为竹木或水泥竹木结构，脊高 1.8~2 米，跨度 7~8 米，东西立柱间隔 3~7 米，冬季生产加盖草苫。

简易温室建造成本低，一般农户有能力自己投资建造，且效益适中，部分简易温室建造当年即可收回成本，很受农民青睐。简易温室建造简陋，抵御风雨雪等自然灾害的能力差，人工作业不方便，更不适于机械化作业。此类型温室仅适宜秋延后或早春栽培一些抗寒能力较强的蔬菜品种，冬季使用风险较大。2006 年，全市该类温室面积 2450.7 公顷，占温室总面积的 32.92%，简易温室因不适应现代化大生产的要求，2007 年以后不再发展。

（2）节能型日光温室（即第一代日光温室）。第一代日光温室是 20 世纪 80 年代由一面坡式和一斜一立式玻璃土温室改进而来的。该类温室的结构参数为：脊高 2.5~2.8 米，内跨度 6.5~7.5 米，墙体为干打垒或砖土结构，厚度 0.8~1.5 米，高 1.7~1.8 米，后屋面多由农作物秸秆、草泥和薄膜组合而成，厚度约 20~30 厘米，其投影长度 1.2 米，温室长度 50~60 米。土木结构的温室内南北向有 3~4 排立柱，铁架、水泥结构的室内无立柱或少立柱，后墙一般留有通风口，便于高温季节通风降温。

节能型日光温室的蔬菜生产茬口多为 2~3 茬，一般为秋冬茬蔬菜—早春茬蔬菜或秋延后蔬菜—越冬茬耐寒叶菜—早春茬蔬菜类，每公顷产量为 120~135 吨，效益 12~13.5 万元，高的达 15

万元以上。2006年,全市该类温室面积发展到0.27万公顷,占温室面积的36.37%。2007年以后虽有所发展,但大都在结构和材料上进行了改进和优化。

(3)第二代节能日光温室。第二代节能日光温室是20世纪90年代中期研制并推广的新型高效节能温室。在节能型日光温室推广的基础上,1999年天津市在蓟县、宝坻、武清、静海等区县建成第二代日光温室73公顷。至2006年,全市第二代节能日光温室面积0.23万公顷,占全市日光温室面积的30.72%。2007年以后,该类温室发展势头强劲,至2010年,第二代节能日光温室面积达0.87万公顷,占新建设施总面积的33%。该温室的设计参数是:脊高3.1~3.4米,内跨度6~8米,后屋面投影长度1.2~1.5米。第二代节能日光温室结构合理,其采光、蓄热保温能力强,在严冬季节室内外最低温差可达30℃以上,能较好地满足黄瓜、番茄生长的需求。

2.智能温室

1995年,天津市自荷兰引进智能化连栋温室,由汉沽区大田镇芦前村投资800万元建成,占地面积1公顷左右,主要用于蔬菜、花卉、林木的育苗和食用菌、中草药等生产和试验。该类温室实现了植物的生长工厂化控制,降低了劳动强度,由于造价高,耗能高,管理尚不完善,生产成本较高,未能取得较好经济效益,主要用于科学研究、试验示范和休闲观光。到2010年,天津市建成智能温室面积95.03公顷,占全市设施蔬菜总面积的0.24%。

3.塑料棚

20世纪90年代初,各类型塑料棚是天津市设施蔬菜种植时使用的主要类型,塑料棚具有投资少、易建造、管理成本低等特点,深受农民的欢迎,发展很快。1991年全市塑料棚面积1659公顷,占全市设施面积的80.7%,2010年塑料棚面积发展到1.84万公顷,占全市设施蔬菜总面积的47.75%。

(1)塑料大棚。塑料大棚是1973年开始发展的一种蔬菜设施形式。以竹木结构为主。2006年全市塑料大棚面积为0.46万公顷。2007~2010年新发展钢架结构大棚0.8万公顷。塑料大棚面积达1.43万公顷,占塑料棚总面积的77.7%。

(2)塑料中小棚。2010年全市塑料中小棚占地面积为0.41万公顷,占塑料棚面积的22.3%。塑料中棚由于其覆盖面积较大,生产操作方便,又优于小棚,特别是农民自己创造的改良中棚和以复合材料为骨架的中棚,公顷造价10.5~12万元,公顷效益在10.5~12万元。

(3)改良中棚。改良中棚是北辰区和东丽区菜农20世纪80至90年代开始在原中棚的基础上改进研制的一种简易、一面坡式加盖草苫的竹木结构的覆盖形式。改良中棚主要通过后墙加盖薄膜、草苫,提升保温性能,将冬春保护地蔬菜生产定植时间提前。改良中棚保温能力有限,多用于大宗蔬菜秋延后和早春使用。

第四节 品 种

一、蔬菜品种的引进与推广

设施蔬菜种植改善了农业生产条件，为了适应设施蔬菜生产的要求，天津在推广本市科技人员培育的黄瓜、大白菜、菜花、甜瓜和津南实芹等系列新品种的同时，相继引进了一大批抗热速生菜和特色蔬菜品种。1990~1994 年从广东、浙江、上海、江苏等省市筛选引进“抗热速生菜”菜薹、芥兰、菜心、蕹菜（空心菜）、苦瓜、苋菜、荠菜等 10 个新品种。1994~1996 年引进番茄、黄瓜、茄子、南菜等新品种 20 多个。1996~2004 年引进西芹、水果黄瓜、彩椒、香蕉西胡、长茄等国内外特色品种 110 多个。2005~2008 年引进 23 个野菜品种，通过试种，筛选出在天津市适宜栽培的枸杞菜、荠菜、水白菜、紫苏、山莴苣等5 个品种。到 2010 年，本市栽培的蔬菜达到 15 大类、90 多种类、400 多个品种。

二、主要栽培品种

1.杂交一代品种。20 世纪 90 年代以后，杂交一代蔬菜成为本市蔬菜生产用主要品种。此时期推广的早、中、晚熟系列大白菜杂交一代品种有“津青”、“津秋”、“秋绿”、“津白”等，均属直立型青麻叶系统，其抗病性、产量、品质、商品性，都优于常规地方品种大、中、小核桃纹青麻叶。闻名全国的著名品牌“天津黄瓜”从 20 世纪 90 年代初育成的抗病、高产、优质的“津春系列”品种，到 90 年代后期育成的丰产、优质、耐低温条件的“津优系列”黄瓜新品种，实现黄瓜品种的更新换代。其他普遍栽培的如番茄、芹菜、辣椒等主要蔬菜实现品种杂交化。

2.食用菌。20 世纪 90 年代以前，食用菌在天津市蔬菜品类中属一个小品类，以传统的家庭作坊式生产为主。进入 20 世纪 90 年代，食用菌有较大发展，陆续引进白灵菇、双孢蘑菇、木耳、香菇等名、新品种。至 2006 年初步形成一个多菇类、多品种发展的新格局。主要品种达 11 个，栽培面积 242 公顷，总产量由 1998 年的 4085 吨增长到 6 万多吨，年产值上亿元。2007 年以后，国内外一些优质品种如杏鲍菇、蟹味菇、白玉菇、棕色蘑菇、茶树菇、秀珍菇、猴头、灵芝、北虫草、海鲜菇等成为天津市食用菌栽培的主要品种，栽培品种达 18 个。至 2010 年，食用菌生产占地规模 900 公顷，年产量 10 万吨，产值 6.5 亿元。

第五节 栽培技术

为适应天津市无公害蔬菜和设施蔬菜迅速发展的需要,天津市农业技术人员引进推广了一大批先进技术和设备,提升了本市蔬菜生产的现代化水平。

一、茬 口

20世纪90年代中期以前,温室的采光增温效果比较差,多安排冬季一大茬喜温类蔬菜生产,产量和效益比较低,天津市农业科技人员经过十多年的实践、研究和总结出较适合天津市蔬菜生产茬口的类型。

1.日光温室茬口类型。主要有3种。一是秋冬茬。秋初播种育苗,中秋定植,秋末到初冬开始收获,跨越秋、冬、春三季。二是冬春茬。为越冬一大茬生产,夏末到中秋育苗,初冬定植,冬季开始采收,夏季结束。该茬口适合用于高标准的二代节能温室。三是早春茬,一般初冬播种育苗,早春定植,春末开始收获,盛夏结束。

菜农在实践中逐步摸索出一年三种三收高产高效模式。秋番茄—生菜—早春甜瓜; 秋芹菜—油麦生菜—番茄;甘蓝—青椒—丝瓜(或苦瓜)。

2.塑料大中棚茬口类型。主要有3种:一是早春茬。冬季至初春播种育苗,中春定植,春末开始收获,夏季结束。二是夏茬。一般在早春茬收获后,利用下茬蔬菜的育苗空间,抢播一茬生长期较短的绿叶菜。三是秋延后茬。夏季育苗,早秋定植,冬前收获。

塑料大中棚茬口模式:早春白菜—夏茴香—秋黄瓜—菠菜;春苦瓜—黄瓜—菠菜;辣椒—黄瓜—菠菜;菜豆间作水萝卜—黄瓜—芹菜。

3.间作套种和立体栽培模式。为提高设施土地利用率,菜农和技术人员合作创造多种间作套种和立体栽培模式。茄果类生长前期,在畦埂边种植油菜、菠菜等速生叶菜类,叶菜收获后,茄果类进入旺盛期。番茄套种鸡腿菇。番茄栽植后,在行间开沟、铺料、撒菌种,管理上按番茄的管理方法。茄果类定植时于棚内立柱旁种植丝瓜、苦瓜、豆角等蔓生蔬菜,到7至8月时,丝瓜等爬满架时正值高温多雨季节,蔓生蔬菜既可增加收入,又为延后生产的果菜类起到遮阴、防雨作用。

二、育 苗

1.阳畦育苗。20世纪60~70年代,天津地区冬春蔬菜育苗都是采用阳畦育苗或温室与阳畦结合的方式育苗。

2.营养块育苗。2004 年,天津引进泥炭营养块(即 CIS 育苗营养块)育苗技术。CIS 营养泥炭块是根据蔬菜苗期养分需求规律,以泥炭为主要原料,辅以缓释配方肥,采用先进工艺压制而成,集基质、营养、调酸、控病、容器于一体。CIS 育苗营养块不需要农户自己配制营养土,只需向 CIS 育苗营养块补充一定水分,块体就会膨胀回弹至疏松多孔状态,在预制的种孔内播入种子进行育苗,省工省力,使用简便。

3.工厂化育苗。天津市工厂化育苗始于 20 世纪 90 年代初,到 1993 年,全市共有工厂化育苗场、站 23 处,育苗面积 39.7 公顷。进入 21 世纪,随着设施农业迅速发展和高档蔬菜良种的引进与应用,规模化工厂化育苗技术应运而生。先后建成了宁河县百利种苗培育有限公司和宝坻区生物中心。宁河县百利种苗培育有限公司拥有高标准温室 10 栋,占地 8000 平方米,联栋温室 3 栋,占地 1.2 万平方米,年生产种苗 5000 多万株,满足 0.13 至 0.2 万公顷设施种植的用苗量。宝坻区生物中心工厂化育苗基地由 2008 年的 400 多平方米育苗设施,2010 年扩建到 1.5 万平方米,年生产种苗 2000 万株。

三、环境调控

1.温度调控技术。温度是冬季棚室蔬菜安全生产最基本的条件之一,为提高温室温度,预防冷害、冻害,本市技术人员提出以内保温为主、内外结合的综合保温措施:(1)设施内多层覆盖技术。即采用温室内设二层膜、大棚内套小棚、再加地膜的覆盖方法。(2)提高草苫等外覆盖物的保温质量。采用 5 厘米厚度的草苫,并在草苫外面加一层塑料薄膜,既防雨(雪)水,又提高保温效果。或用 3 厘米厚的草苫加一层保温被,既轻软又保温。(3)设施内改平畦为高垄栽培。高垄上覆盖地膜,增大土壤的受热面积。(4)增加加温设备。20 世纪 90 年代末,引进热风炉,遇到强降温天气进行临时加温,点燃热风炉 0.5 小时就可使 350 平方米温室升温 5~10℃,而且节煤、无污染。

2.光照调控。在不影响保温防寒的前提下,草苫或保温被早揭晚盖,以延长光照时间。选用多功能复合膜(EVA 膜)、无滴防老化膜等透光率高的优质薄膜,并经常清扫薄膜表面灰尘,及时更换老化膜。温室内墙刷白石灰或张挂反光幕(聚脂镀铝膜),栽培床与走道铺透明薄膜,以充分利用反射光并提高温度。在连阴天光照弱的情况下,利用白炽灯或日光灯,间断地给农作物补充光照。

3.湿度调控。采用膜下暗灌、滴灌、管灌。农民创造的膜下暗灌方法,即在小高畦的两行植株中间的地膜下留一条浅水沟进行浇水,膜下暗灌土壤不板结,供水均匀,土温变化小,又能减少土壤水分蒸发和热量散失,有效降低温室内空气湿度。从 20 世纪 90 年代中期以后,膜下暗灌技术得到普遍应用。21 世纪,天津市滴灌技术也得到较大的发展,同时,水肥一体化技术得到进一步推广。浇水采用井水灌溉或池灌。井水温度比较稳定，即使在严冬，井水水温都在16℃左右，用井水浇灌作物，不会引起地温和室温急剧下降而伤害作物根系。在没有水井的地方，武清区菜农创新池灌技术。即在温室内修建一个水泥池，预先将水注入预热后再浇地。同时，还可将定量的肥料溶入水中，做到浇水、施肥同时进行。温室冬季浇水一般在晴天的上午10点以前浇完，中午开启放风口，降低室内空气湿度。决不在阴雨天和下午浇水。浇水之前，先喷洒杀菌剂，以防浇水后因湿度的提高而诱发病害。

四、施　肥

1.配方施肥技术。20世纪90年代中期，技术人员提出根据农作物需肥规律、土壤供肥性与肥料效应，在有机肥为基础的条件下，提出配方施肥技术。

2.加大有机肥的投入量。一般每公顷温室或大棚施入7.5万公斤充分腐熟的畜禽粪或人粪尿，配合施用磷酸二铵600公斤作基肥，结合施肥深翻土地30~40厘米。

3.增施二氧化碳气肥。从20世纪90年代中后期，开始普遍推广二氧化碳气肥。

五、病虫害防治

设施蔬菜病虫害严重困扰蔬菜生产。1999年天津市实施无公害示范工程后，遵照"以防为主、综合防治"的植保方针，依照农业防治为基础，物理防治、生物防治为主，化学防治为辅的蔬菜病虫害无害化治理原则，通过引进新技术、新设备、新农药以及宣传培训等措施，使无公害防治病虫害综合技术得到普遍推广。

1.农业防治。通过选用抗病虫、抗逆性强的新品种；合理轮作倒茬、间作套种；以无病菌土、腐熟的有机肥和微生物菌肥作营养土，培育无病虫壮苗；黄瓜、茄子等实行嫁接育苗；高垄栽培、地膜覆盖；实行滴灌膜下暗灌；苗床消毒，带药定植等栽培技术措施，最大限度减少病虫害的发生与蔓延。

2.物理防治。(1)遮阳网、防虫网的应用：20世纪90年代初、中期，引进遮阳网进行避雨、抗热栽培；利用防虫网对温室、大棚进行全封闭或通风口处封闭，阻隔害虫的入侵危害。(2)臭氧防治：2000年引进山东潍坊产的"丛兴"牌臭氧防治机进行试验示范，臭氧对番茄灰霉病、叶霉病、早疫病、晚疫病，黄瓜霜霉病、疫病等以及温室白粉虱、潜叶蝇、蚜虫等病虫具有显著的防治效果。(3)频振杀虫灯：2003年市蔬菜技术推广站从河南购进100台"佳多牌"杀虫灯推往各区县设施集中区，在害虫活动高峰期使用，有效诱杀成虫，显著降低设施区内虫口密度，减少危害。(4)设施内悬挂黄粘板诱杀蚜虫和白粉虱；悬挂蓝板诱杀蓟马；利用银灰地膜驱蚜等。(5)高温闷棚：一是利用太阳能高温进行土壤消毒。二是通过高温防治蔬菜病害。

3.生物防治。20世纪90年代，天津市植保部门利用释放天敌昆虫丽蚜小峰、赤眼蜂防治温室害虫。由于使用化学农药对天敌的杀灭，加之天敌繁殖的局限性，该技术未能大面积应用。2000年后随着蔬菜无公害栽培技术的进步，生物农药应用得到重视，农用链霉素、多抗霉素、春雷霉素、武夷菌素、农抗120以及苏云金杆菌、阿维菌素、印楝素、苦参碱等在无公害基地进行示范推广。生物农药速效性较差、田间迟效期短制约生物防治推广使用。

4.化学防治。化学防治是防治蔬菜病虫害主要方法。化学防治选用高效低毒农药，实行轮换用药；优先选用粉尘剂和烟剂；严格执行安全间隔期；选用雾化度高的药械，适时对症用药等。

第六节　质量安全

一、管理机构

2000年4月，由天津市农业局和天津市质量技术监督局联合成立"天津市无公害蔬菜管理办公室"，负责全市无公害蔬菜生产的管理和协调工作。2004年，为落实好农业部"无公害食品行动计划"，天津市无公害蔬菜管理办公室更名为"天津市无公害农产品（种植业）管理办公室"，继续负责蔬菜及其他种植业产品的质量安全管理工作。2007年，成立"天津市无公害农产品（种植业）管理中心"，主要负责无公害初级农产品（种植业）生产环节的质量安全监管及无公害农产品（种植业）产地认定和产品认证工作。

二、无公害蔬菜产地认定和产品认证

1999年，天津市开始实施"无公害蔬菜示范工程"，首批确定宝坻县牛道口镇牛道口村，宁河县板桥镇赵学村，静海县台头镇胜利村、府君庙镇王家院村和县农业局良种场，武清县下伍旗镇良官屯村和西青区辛口镇当城村为天津市无公害蔬菜生产基地。2000年，天津市无公害蔬菜管理办公室颁布《无公害蔬菜产地环境质量标准》《无公害蔬菜质量标准》两项强制性标准和三项无公害蔬菜生产操作规程，制定《天津市无公害蔬菜管理办法》和《天津市无公害蔬菜标志使用管理办法》，印制天津市无公害蔬菜防伪标识，当年认定无公害蔬菜生产基地0.15万公顷，认证4家无公害蔬菜营销企业，相应的企业产品成为无公害认证产品。到2004年底，天津市无公害蔬菜产地认定面积达4.3万公顷。

2000~2004年，天津市无公害蔬菜依照天津市的地方标准进行认证。2005年以后，无公害蔬菜认证执行农业部颁布的行业标准。审核发证机关也统一到农业部农产品质量安全中心，成为国家认证。地方认证的产品在2003和2004年上报农业部转换为全国统一认证。到2005年，天津市共有21家企业的203个蔬菜产品获得农业部无公害农产品认证。

2010年，天津市无公害蔬菜生产面积达到7万公顷，56家经销企业的469个种植产品获得了农业部无公害农产品认证。

三、农业部例行监测

2001年，农业部启动农药残留监控计划，并于2003年起，每年1、4、7、9、11月份分5次对全国37个大中城市蔬菜中农药残留进行例行监测，2007年起改为每年1、4、8、10分4次，天津市被农业部列入例行检测的37个大中城市范围。例行监测反映受检城市蔬菜的质量安全水平。2001~2010年，天津市蔬菜农药残留的检测合格率由64.5%上升到95%以上。

表2-2-6-15 2001~2010年农业部例行监测天津情况统计表

年份	抽检次数	平均合格率
2001	3	64.5%
2002	5	79.16%
2003	5	84.57%
2004	5	89.88%
2005	5	89.53%
2006	5	91.6%
2007	4	93.25%
2008	4	96%
2009	3	93.33%
2010	4	95.4%

四、天津市例行检测

2005年，天津市按照农业部例行监测的标准，对天津市产地蔬菜产品开展质量安全例行检测工作，对全市12个涉农区县在重大节假日期间和暑期上市的主要产地蔬菜品种进行常规抽样检测。2007年起，检测样品的来源由单纯的产地蔬菜产品扩展为产地、超市、农贸市场和批发市场。

表2-2-6-16 2005~2010年天津市蔬菜质量安全例行检测情况统计表

年份	平均合格率
2005	90.39%
2006	96.76%
2007	96.38%
2008	96%
2009	96.94%
2010	97.12%

天津市例行监测的平均合格率由2005年的90.39%提高到2010年的97.12%。

第七节　蔬菜加工销售

一、蔬菜加工

20世纪90年代以后，天津市蔬菜逐渐形成以加工企业带基地、基地带农户的产业化经营模式。1996年全市蔬菜加工企业182家，其中国有企业7家，集体企业157家，个体企业13家，三资企业5家，年加工能力22.5万吨，初步形成大、中、小企业相结合的蔬菜加工格局。到2000年，全市有规模以上的蔬菜加工企业15家。2005年增加到21家，当年实现营业收入13.5亿元，实现增加值5.5亿元。2010年达到35家，年加工蔬菜11.9万吨，实现产值6.4亿元，其中出口9.3万吨，占加工蔬菜的78%，出口额4.4亿元，占加工产值的68%。全市的蔬菜加工企业主要分布在宝坻、宁河、静海、蓟县等区县，出口量占全市的95.4%。这些企业和公司以生产基地为依托，基地规模相对集中连片，品种涵盖番茄、辣椒等果菜及叶菜类，形成集生产、保鲜、加工、出口销售为一体的完整产业链，开拓了日本、韩国、东南亚市场。

1.腌制。天津市蔬菜腌制品自20世纪30年代初开始出口，除销往中国香港外，还销往日本、印尼、新加坡和欧美等地。2010年天津市有蔬菜腌制企业17家，以黄瓜、萝卜、大白菜、茄子、辣椒和雪里蕻为主要原料，年产7.6万吨，产值2亿元。其中：宝坻区有企业3家，产量5万吨；静海县8家，产量1.8万吨；宁河县6家，产量0.8万吨。

2.冬菜。天津冬菜制做始于清代乾隆年间，是天津传统出口食品，被誉为中国四大咸菜之一。自20世纪30年代，以山泉涌和义聚永为代表的天津冬菜开始大量出口。除销往中国香港和台湾地区外，还销往印尼、新加坡等30多个国家和地区。至2010年天津冬菜仍为天津出口土特产品之一，年出口量在2000吨以上。

3.脱水蔬菜。天津市主要脱水蔬菜产品为大蒜和胡萝卜，年产1000吨，产值1000万元，全部出口美国和欧盟。

4.速冻蔬菜。速冻蔬菜主要产品有土豆、洋葱、大白菜、黄瓜、西红柿、辣椒等，主要销往京津冀等地。

二、蔬菜市场

1992年，全市郊区（县）新建、扩建蔬菜专业批发市场25处，比1991年增加11处，全市蔬菜社会总流量达186万吨。继何庄子、红旗路蔬菜批发市场之后，1996年，东丽区金钟河农贸批发市场、市蔬菜总公司柳滩蔬菜批发市场、武清区大沙河蔬菜批发市场和环绕批发市场的 20 多个农副产品市场相继建成，市场集散功能不断增强。同时，还在蔬菜主产区建成产地批发市场 46 个，年交易量 160 万吨。到 1997 年底，产地蔬菜批发交易市场达到 56 家，年成交量 210 万吨，占蔬菜总量的 37%。2002 年全市蔬菜集贸市场达到243 处，其中较大规模的蔬菜交易市场有 16 个。2010 年全市蔬菜集贸市场达到 275 处。

第三章　种子

第一节　种子工程

1995 年 9 月农业部在天津召开“全国农业种子工作会议”。为落实会议精神，天津市组织召开天津市种子工作会议，制定“九五”期间种子工程实施意见。1996 年，天津市成立种子工程实施推动领导小组，主管农业的副市长担任领导小组组长。1996~2010 年期间，天津市共争取农业部“种子工程”项目 25 个，合计投资 11554.52 万元。

表 2-3-1-17　1996~2010 年天津市实施的农业部种子工程项目名单　单位：万元

批复时间	项目名称	建设地点	国家投资	地方配套
1996	天津种子质量监督检测中心	河西区黑牛城道 176 号	335	365
1997	国家级水稻原种场	宁河县廉庄乡大于庄北	840	840
1997	救灾备荒种子储备库	西青区华苑	362	470
2002	农作物品种区域试验站（玉米良种场）	天津市玉米良种场	50	50
2002	农作物品种区域试验站（静海）	静海县良种场	50	50
2003	农作物品种区域试验站（宝坻）	宝坻县良种场	240	123
2004	天津武清种子质量监督检测分中心	武清区种子管理站	260	61
2005	农作物品种区域试验站（蓟县）	蓟县良种场	135	68
2006	农作物品种区域试验站（武清）	武清区张辛庄北	310	0

种子工程项目的实施，加强了天津种业基础，提升了天津种业整体实力，对保证天津农业生产安全发挥了重要做用。

第二节　试验、审定和推广

一、试验　审定

1991~2000 年,天津市每年安排的主要农作物品种试验任务 40 余项,参试品种数量达 300 多个,试验点次 120 多个。瓜菜等非主要农作物品种试验由育种单位自行安排并整理数据后申请审定。其间,天津市共召开农作物品种审定会议 13 次,审定新品种 219 个(含瓜菜等非主要农作物品种 80 个),认定新品种 299 个。其中水稻品种中作 93,冬小麦品种京 411、京冬 8 号,玉米品种掖单 13 号、唐抗 5 号、农大 108,大豆品种早熟 18 等主要农作物新品种在全市推广种植面积比较大,成为天津市栽培的主要品种。水稻品种中作 93 品质达部颁优质米标准,该品种种植面积达全市水稻种植面积的 40%以上,整体提高了全市水稻品质,得到了社会的认可。小麦品种京冬 8 号在产量方面较京 411 有明显优势,1999 年,京冬 8 号种植面积全面超越京 411,成为本市主栽品种后,使天津市小麦亩单产提高 30 公斤左右。玉米品种农大 108 于 1998 年通过天津市审定,1999~2010 年成为天津市春玉米主栽品种。

2000 年,天津市按照《中华人民共和国种子法》的规定,将水稻、小麦、玉米、大豆、棉花等 5 种农作物列为天津市主要农作物,实行国家级和省级两级审定。

2001 年,农业部确定油菜、马铃薯为主要农作物,实行国家级和省级两级审定。天津结合本市生产实际,将西瓜列为主要农作物,实行省级审定。至此,天津市主要农作物为水稻、小麦、玉米、大豆、棉花、油菜、马铃薯、西瓜等 8 种作物,国家级审定通过适宜区域包括本市和本市审定通过的品种可以在天津市经营推广。

2000~2010 年,天津市按照农业部主要农作物的种植要求进行品种试验、审定主要农作物品种 370 个,引种 84 个。其中玉米审定 196 个、引种 57 个;水稻审定 41 个;小麦审定 36 个、引种 6 个;棉花审定 25 个、引种 21 个;大豆审定 23 个;西瓜审定 49 个。筛选出纪元 1 号、郑单 958 玉米品种,津引 159、农大优 93 小麦品种,津原 38、津原 45 水稻品种等一批优良农作物新品种。水稻品种津原 45 在 2001 年通过天津市审定后,因米质优良,抗病性突出,2006~2010 年期间一直为天津市水稻主栽品种,并获 2008 年度天津市科学技术进步奖一等奖。玉米品种郑单 958 在 2005 年通过天津市引种后,迅速成为天津市玉米主栽品种,2005~2010 年期间一直为天津市玉米种植面积最大品种。

自 2002 年开始,根据《中华人民共和国种子法》的规定,相邻的省、自治区、直辖市属于同一适宜生态区地域审定通过的主要农作物品种可以在相互之间开展引种工作。

2007年,《天津市实施〈中华人民共和国种子法〉办法》颁布实施,确定非主要农作物品种实行登记制度,天津市农业局确定了大白菜、黄瓜、番茄、辣椒、芹菜、甘蓝品种进行强制登记,其他非主要农作物品种自愿登记。

2009年,天津市农业局制定《天津市主要农作物品种退出管理办法》和《天津市非主要农作物登记管理办法》。2009年第一批停止推广了津粳3号(7708)等245个品种,2010年第二批停止推广了京黄2号等67个品种,两批共停止推广主要农作物品种312个。登记非主要农作物品种46个。

二、良种推广

1.冬小麦。1991~2000年完成了京411到京冬8号再到轮选987的两次主栽品种更换,小麦越冬性、早熟性、丰产性以及抗旱、抗倒、抗条锈病等抗性均得到提高。

20世纪80年代末至90年代中期,天津市冬小麦主栽品种不明显,主要推广品种为津麦2号和农大146。1992年京411品种审定后开始推广,1996年种植面积达到5.33万公顷,成为当时第一主栽品种,搭配品种有京冬6号和北京8694。

1996年京冬8号品种通过审定,推广面积逐年增加,1999年种植面积达到9.87万公顷,占小麦播种面积的71.5%,完成了冬小麦品种由京411向京冬8号的更换,京冬8号成为该时期内第一主栽品种,搭配品种有冀麦32、轮抗6号。

2000年以后开始推广京9428,该品种可加工优质面包粉,2005~2006年种植面积达3.21万公顷,搭配品种有北农66。

2005年推广轮选987,在产量上较京冬8号、京9428增产明显,2010年种植面积2.75万公顷,完成了冬小麦品种由京冬8号向轮选987的又一次更换,轮选987成为该时期内第一主栽品种,搭配品种有津引159和石家庄8号。其间,小麦公顷单产从1991年的4222公斤增加到2010年的4814公斤。

2.玉米。1988年前,天津市玉米主要种植品种为天津黄马牙、北京白马牙等地方特色的常规玉米品种。1988年开始推广种植的沈单7号玉米单交种,种植密度42000株/公顷,1991年种植面积达到5.47万公顷,成为春播主栽品种。期间搭配品种有丹玉13号和掖单13号。1998年春玉米品种农大108通过审定,开始推广种植,种植密度上升到52500株/公顷,2001年种植面积达到3.68万公顷,成为春玉米主栽品种,之后直至2010年,因其表现出的稳产性、高产性、广适性,面积常年维持在1.5万公顷,搭配品种有天塔1号、天塔5号、农大84,屯玉65和三北6号等品种也得到一定程度推广。

1991~2010年,天津市夏玉米实现了掖单4号到唐抗5号再到郑单958的两次主栽品种更换。1991年前后天津市夏播品种主要有黄417、掖单4号等，尤其是掖单4号，丰产性突出，抗病性强，使其大面积推广种植。1991年成为主栽品种，面积达到3.75万公顷，占夏玉米播种面积的58.7%。1992年开始推广的唐抗5号，1999年面积达8.01万公顷，连续多年占播种面积的80%左右，成为该时期内第一主栽品种，搭配品种有西玉3号和唐玉5号。随着小麦机收和机械化整地播种水平的逐步提高，由于唐抗5号的生育期显著偏短，明显不适应农业生产，于2004年退出种植。唐玉10号在2000~2005年相对面积最大，成为过渡品种。2005年前后推广种植的郑单958，种植密度提高到67500株/公顷，紧凑、耐密型玉米品种推广成为市场主导，2010年种植面积达到8.18万公顷，成为主栽品种，同时种植面积较大的品种有纪元1号和浚单20。

3.水稻。1991~2010年，春稻实现了津稻1187到中作93再到津原45的主栽品种更换。1986年天津开始种植津稻1187，1992年达3.75万公顷，占全市水稻种植面积的71.16%，成为天津市春稻主栽品种，实现了第一次水稻品种的更换，搭配品种有中系8215和中作321。1992年推广高产型水稻品种中作93，1997年种植面积达2.55万公顷，占全市水稻种植面积6.3万公顷的40.48%，成为天津市主栽品种，完成第二次主栽品种更换，搭配品种有中作17和中作321。2000年之后，随着水稻条纹叶枯病的大发生，2001年抗条纹叶枯病品种津原45开始推广种植，2009年种植面积1.51万公顷，占全市水稻种植面积93.79%，成为天津市主栽品种，完成了第三次水稻主栽品种更换，搭配品种有津原D1。

20世纪90年代麦茬稻在天津市有少量种植，主要品种是津稻490和辽盐2号，2000年以后由于缺水，麦茬稻退出种植。

4.棉花。1990~2010年，天津市棉花生产经历了较大的起伏过程，进行了三次主栽棉花品种更换。20世纪90年代，因受到棉铃虫的危害，全市棉花种植面积萎缩到0.6万公顷左右。单产平均750公斤/公顷左右，种植品种相对较少且集中，主要种植品种为中棉所12、中棉所16等常规棉品种。1998年以后，随着转基因抗虫棉美棉33B、DP99B的引进推广，棉花种植面积开始恢复性上升，2002年之后达到2万公顷以上，转基因棉品种占到棉花种植面积的90%左右。2002年后全市因干旱少雨、盐碱等因素导致大批量稻改旱，棉花种植面积大幅上升，在2010年前后达高峰8万公顷左右，单产提高到1350公斤/公顷左右。2000年之后，天津市开始种植冀668并逐年扩大种植面积，2003年前后天津市开始推广以鲁棉研15号、鲁棉研21号、鲁棉研28号等转基因品种为代表的国产转基因棉新品种，2010年开始推广国欣棉3号等转基因棉花品种，基本形成了本市转基因棉花品种为主（占到棉花种植面积的70%左右）、非转基因棉花品种为辅的棉花生产格局。

5.大豆。天津市大豆种植模式、种植品种比较单一。大豆品种科丰6号在1989年通过天津市审定后，一直占据大豆主栽品种地位，搭配以中黄4号、早熟18等大豆品种。2000年，大豆新品种中黄13通过审定，在2003年前后完成了天津市大豆品种的一次更新换代，到2010年，中黄13仍为天津市的主栽品种，占全市大豆种植面积的80%左右，平均亩产在2250公斤/公顷左右。

表 2-3-2-18　1991~2010 年天津市水稻品种播种面积统计表

单位：万亩

品种名称＼年份	1991	1992	1993	1994	1995	1996	1997	1998	1999	2000	2001	2002	2003	2004	2005	2006	2007	2008	2009	2010	累计推广面积
中丹二号	1.2	1.4	0.2																		2.8
津稻 1189	2.5	1.2	1	0.9	1.9	1.6	1.4	0.6													11.1
中花 10 号	0.3																				0.3
津稻 1187	45.7	56.3	38.2	22.7	28	20.3	9.7	4	2.5	0.1											227.5
中作 321	9.6	13.5	12.5	15.5	14.3	16.7	14.6	12.7	12.6	1.4	0.5	1		0.5							125.4
中系 8215	8.3	2.2	1.9	0.6	1.8	0.2	1.2	0.2						0.4							16.8
辽盐 2 号	5.4	1.5	0.5	1	0.2					0.2											8.8
津稻 490	1.4	1.3	2.4	4.5	2.9	3.6	5.7	5.4	4.8	1.6	0.4										34
津稻 779	0.8	1.9	0.8	2.5	5.7	13.1	7.4	4	1.9	2	0.1										40.2
津稻 681	7.3	2.1	3.1	0.8	0.3	1															14.6
中作 93		0.1	0.1	0.5	4.5	15.7	38.8	28	35.8	20.5	3.2	6	3.1	6.9	7.1	10.1	1.5				181.9
中作 17						0.4	6.6	16.2	26.9	17.4	6.7	5.6	1	1							81.8
97038										5											5
津原 38											3.3	6.9	3.6	7.2	11.5	4.59	0.4				37.5
津原 47																0.02		1.2			1.2
津原 17																0.53				3.4	3.9
津原 45																8.27	21.1	17.8	22.6	14.7	84.5
津原 D1																		9	5.4	5.3	19.7
花育 409																			1.9	1.6	3.5
津原 E28																			0.5	0.6	1.1
津原 11																				1.3	1.3
面积	82.5	81.5	60.7	49	59.6	72.6	85.4	71.1	84.5	48.2	14.2	19.5	7.7	16	18.6	23.5	23	28	30.4	26.9	

表 2-3-2-19 1991~2010 年天津市小麦品种播种面积统计表

单位:万亩

品种名称＼年份	1991	1992	1993	1994	1995	1996	1997	1998	1999	2000	2001	2002	2003	2004	2005	2006	2007	2008	2009	2010	累计推广面积
津麦 2 号	31.9	44.7	45	28.4	7	5.8	7.5	2.7	1.5	2.6											177.1
农大 146	40.4	22.7	15.1	0.8																	79
京冬 6 号	0.1	0.9	16.2	29.7	30.2	22.6	16	3													118.7
北京 8694	1	11	24.7	13.9	17.2	10.2	0.9	0.6													79.5
丰抗 8 号	38.1	33.6	20																		91.7
冀麦 22	7.9	11.9	2.8																		22.6
冀麦 32	1.8	6.4	4.8	1.9	10.4	4.9	4.8	7.6	5		4.3	2.2		11.2	10.2	3.22					78.7
津农 2 号	2.3	2.5	3.4	0.7	2	4	2.9	3.3	2.5	1.9	2.5	2.6	1.5	3.4							35.5
京 411	13	34.2	39.3	35.5	74.4	80.3	49.7	34.6	22.3	18.2	11.8	12.1	8.91	5.5	4.7						444.5
轮抗 6 号		0.3	6.4	13.3	18	31.1	32.5	27.3	24.4	14	3.9	7.7	1.5	4.6	6.3	2.85	1.1	1.1	1.2	1	198.6
京冬 8 号				6.3	29.5	42.9	98.3	138	148	134	91.2	84.3	70.4	60.2	41.9	27.2	22.6	22.1	17.8	2.8	1037.5
京 9428									0.1	2.9	20	14.8	14.6	39.8	48.1	48.1	32.7	18.5	5.3		244.9
中优 9507											11.7	4.6	2.2	2.3	1.3	0.7					22.8
北农 66												11	8	12.4	8.4	8.6	16.6	14.9	5.7	6.2	91.8
农大 3214													3.7	17.3	8.4	2.42		4			35.8
津引 159															3	14.4	15.1	19.9	26.6	24.7	103.7
轮选 987															3	10.4	15.4	24.2	25.7	41	119.7
津农 4 号															3	6					9
津强 1-6 号																4.7	13.5	5.7	7.8	6.2	37.9
辽春 10 号																0.45	5.4	2.8	2.3	2.6	13.6
农大优 93																6.81	19.4	14.9	2.5		43.6
京冬 12 号																	4	9.6	5.4	1	20

年份 品种名称	1991	1992	1993	1994	1995	1996	1997	1998	1999	2000	2001	2002	2003	2004	2005	2006	2007	2008	2009	2010	累计推广面积
农大 211																		10	10.4	8.9	29.3
津麦 0108																			4.2	7.1	11.3
京冬 17 号																			5.8	4.7	10.5
中麦 175																			11.9	11	22.9
石家庄 8 号																			16.9	18.8	35.7
济麦 22																				15.2	15.2
石麦 15																				6.6	6.6
面积	136.5	168.2	177.7	130.5	188.7	201.8	212.6	217.1	203.8	173.6	145.4	139.3	110.81	156.7	138.3	135.85	145.8	147.7	149.5	157.8	

表 2-3-2-20 1991~2010 年天津市春玉米品种播种面积统计表

单位：万亩

年份 品种名称	1991	1992	1993	1994	1995	1996	1997	1998	1999	2000	2001	2002	2003	2004	2005	2006	2007	2008	2009	2010	累计推广面积
京杂六号	25.3	18.4	9.2	8.3	8.5	4.9	4.5														79.1
沈单七号	82.1	57.3	55.7	55.3	54.4	49.6	24.3	24.3	12.7	2.1	2	1.6									421.4
丹玉十三号	11.3	4	3.8	5.6	9.7	3.4	5.1	8.4	5												56.3
掖单 13 号	2.9	21.5	28.5	35	34.6	38.4	36.7	22.4	2.8	0.6											233.4
屯玉 1 号								0.4	4.8	1.5	3.9	12.1	15.2	6.3	1.9	5.5	4				55.6
农大 108								5.3	30.1	38.8	55.2	48	42.2	21	21.5	25.7	22.8	23.9	27.3	19.9	381.66
天塔 1 号												0.7		3.6	11.6	10.1	11.7	15.7	13.1		66.5
蠡玉 6 号												4.6	8.7	10.9	10.7	4.79				1.5	41.2
天塔 212																3.2		1.4	1.8		6.4
农大 84																3.56	3.3	5.3	6.1	2.9	21.2

年份 品种名称	1991	1992	1993	1994	1995	1996	1997	1998	1999	2000	2001	2002	2003	2004	2005	2006	2007	2008	2009	2010	累计推广面积
天塔 5 号																					
屯玉 65																5.47	5.6	9.5	7.4	0.5	28.5
东单 60 号																6.88	6	3	2.9		18.8
沈单 16 号																7.94					7.9
中玉 9 号																7.1					7.1
三北 6 号																9.08	14.3	14.4	13.5	10.8	62.1
东单 68																	2			0.6	2.6
连玉 16 号																	4	2.1	5.3	2.1	13.5
先玉 335																	0.5			13.4	13.9
宽诚 12																	3	5.2	5.6	5	18.8
东单 13 号																	3.4	11.1	8.7	8	31.2
嘉丰 10 号																		4.7	6.4	7.3	18.4
中针 4 号																		1.5	1.9	1.4	4.8
承玉 6 号																		1.8	3.1	2.2	7.1
东单 15																		5.1	3.6		8.7
金岛 7																		5.9			5.9
长城淀 12 号																				4	4
东单 16 号																				6.7	6.7
面积	122	101	97.2	104	107	96.3	70.6	60.8	55.4	43	61.1	67	66.1	41.8	45.7	94	113	108	86.8		

表 2-3-2-21　1991~2010 年天津市夏玉米品种播种面积统计表

单位：万亩

玉米品种＼年份	1991	1992	1993	1994	1995	1996	1997	1998	1999	2000	2001	2002	2003	2004	2005	2006	2007	2008	2009	2010	累计推广面积
黄 417	25.9	28.9	35.7	22.9	28.3	14.9	5.52	6.37	2.18	1.5	0.1										172.3
掖单四号	40.6	56.3	40.1	11.1	4.14	0.26															152.5
唐玉 5 号	2.6	2.7	2	7.2	5.2	15.1	19.7	6.4	9.9	6.4		0.2			0.7						78.1
唐抗 5 号		1.9	6.3	18	44	65	77.5	109	120	98.5	80	53.1	8.7	5.7							687.5
西玉 3 号				2	6.1	31.9	22.1	16.1	13.2	7.03	3.2	12	1.2	3.2							118
唐玉 10 号										3.1	13	19	8.1	11.8	7.7	4.72	3.3	2.3	3	1.7	77.7
农大 80										13	14.4	12.6	6.4	7							53.4
农单 5 号											11.7	10.7	6.2	2		1.5					32.1
郑单 958												9.3	29.8	56	56.2	39.1	47.6	58.5	114	123	533.5
纪元 1 号															13.2	20.3	32.3	40.9	38.5	19.5	164.8
天塔 2 号																0.2	11.4	3.6			15.2
蠡玉 16																1.2	19.6	18.2	16.2	15	70.2
天塔 7 号																1.36	1				2.4
京科 25																5.99	2.7	2.2	2.1	2	15
浚单 20																6.06		21	47.4	50.9	125.4
天塔 3 号																6.57	11.9	2.2	1.7		22.4
宽诚 1 号																6.6	0.2				6.8
正大 188																3.6	1.8	0.6			6
京玉 11 号																7.74	29.8	6.8	5.1	2	51.4
京单 28																	1.6	15.7	8.2	0.9	26.4
蠡玉 35																		1.1	0.5	1.1	2.7
强盛 17 号																			5.7		5.7

年份 玉米品种	1991	1992	1993	1994	1995	1996	1997	1998	1999	2000	2001	2002	2003	2004	2005	2006	2007	2008	2009	2010	累计推广面积
承玉 18																				4.6	4.6
纪元 128																				10.4	10.4
京单 106																				2.6	2.6
京单 128																				2.1	2.1
蠡玉 13 号																				8.5	8.5
蠡玉 18 号																				2.1	2.1
面积	69.1	89.8	84.1	61.2	87.7	127	125	138	145	130	122	117	60.4	85.7	79	105	163	173	242	246	

表 2-3-2-22　1996~2010 年天津市棉花品种播种面积统计表

单位:万亩

年份 棉花品种	1996	1997	1998	1999	2000	2001	2002	2003	2004	2005	2006	2007	2008	2009	2010	累计推广面积
中棉所 16	8.39	4.69	6.82	3.06	0.84	0.8										24.6
中棉所 12	0.9	0.81	0.08		0.06											1.85
冀棉 14 号	0.05															0.05
中棉所 20		0.5														0.5
辽棉 9 号		0.05														0.05
美棉 33B			0.7	4.2	18.29	36.82	33.3	20.09	25.22	4.35	3.25					146.22
中棉所 30				1.76	3.03											4.79
DP99B						12.11	23.19	40.38	43.26	18.86	6.2					144
97-1						11.99										11.99
冀 668						0.78	6.9	24.16	37.75	23.28	22.16		10.72	3.2	1.6	130.55
GK12								7.74	2.06		6.82		5.2	1.5	0.5	23.82
中棉所 41								4.88	1.4							6.28

单位:万亩

年份 棉花品种	1996	1997	1998	1999	2000	2001	2002	2003	2004	2005	2006	2007	2008	2009	2010	累计推广面积
SGK321								0.75	0.8	5.1	2					8.65
鲁棉研 15 号									10	14.28	10.78	8.60	2.5			46.16
邯 284										10.17	6.5	1				17.67
冀杂 566										5.3						5.3
冀棉 20										3.54						3.54
鲁棉研 25 号										3.3						3.3
鲁棉研 21 号											11.56	17.91	17.76	2	1.5	50.73
冀棉 669											4.67					4.67
邯 4849											9.6	23.48	13.47	10.11	8.9	65.56
邯郸 109											1.64	0.77	3.19		2.2	7.8
冀杂 3268											4.06					4.06
津棉 1 号											1.48					1.48
津棉 412											3.1		3.67	6.4	5.3	18.47
鲁棉研 16 号											1.48		3.65	2.4	5.3	12.83
鲁棉研 17 号														2.9	2.6	5.5
冀丰 197											0.5	2			0.6	3.1
冀棉 22												8.9			0.6	9.5
国欣棉 3 号												18.01	6	2.8	5.8	32.61
冀丰 106												14.1		1		15.1
鲁棉研 24 号												11.72				11.72
鲁棉研 28 号													6.27	5.42	16	27.69
冀棉 958													4.6	3.7	2.9	11.2

年份 棉花品种	1996	1997	1998	1999	2000	2001	2002	2003	2004	2005	2006	2007	2008	2009	2010	累计推广面积
邯 7860													3.72			3.72
丰抗棉 1 号													2.7	6.21	6	14.91
邯 682														3.92	6.9	10.82
中植棉 2 号														2.65	1.4	4.05
天园 3 号															1.5	1.5
GK164															1.2	1.2
科新 1 号															0.6	0.6
石抗 278															1.4	1.4
中棉所 35															1.4	1.4

表 2-3-2-23 1996~2010 年天津市大豆品种播种面积统计表

单位:万亩

年份 棉花品种	1996	1997	1998	1999	2000	2001	2002	2003	2004	2005	2006	2007	2008	2009	2010	累计推广面积
科丰六号	36.85	30.17	31.48	36.74	33.59	47.69	30.28	36.46	21.27	16.94	7.97	4.25	1.4	1.5		336.59
早熟 14	5.91															5.91
诱变 30	2.23	5.21		0.5												7.94
中黄 4 号	4.58	9.1	20.05	5.43	7.95	8.73	5.22	0.18								61.24
科丰 34	9.98	11.44	11.85	7.84	5.67	7.09			0.07		0.16					54.1
早熟 18	0.77	2	0.15													2.92
中黄 5 号	0.21															0.21
科系 170			2.5		0.66											3.16
科丰 53					1.5	0.2	1.3	0.13								3.13

棉花品种＼年份	1996	1997	1998	1999	2000	2001	2002	2003	2004	2005	2006	2007	2008	2009	2010	累计推广面积
科丰 14 号						2.7				0.32	4	1.36	1.5	1.5	0.8	12.18
中黄 13 号							3.78	5.10	16.12	17.92	12.89	9.24	11.88	14.5	10.3	101.73
中黄 7 号							3.62	0.7								4.32
冀豆 12 号							1.24	0.4	0.2	0.9	2.18					4.92
诱变 33							3.0									3
中黄 22								0.6	0.65							1.25
科新 3 号									2.64	1.6	3.33	4.32	1.3	1.4	1.1	15.69
铁丰 29												0.6	1.4			2
中黄 23													0.83	1.52	3.4	5.75
中黄 37															6	6
中黄 39															5.9	5.9
面积	60.53	57.92	66.03	50.51	49.37	66.41	48.44	43.57	40.95	37.68	30.53	19.77	18.31	20.42	27.5	

表 2-3-2-24　1990~2010 年天津市审定通过农作物品种统计表　（单位:个）

年份＼作物	稻	小麦	玉米	棉花	大豆	马铃薯	西瓜	红小豆	向日葵	高粱	绿豆	芝麻	小黑麦	黄瓜	番茄	甘蓝	花椰菜	大白菜	辣椒	菜豆	芹菜	厚皮甜瓜	薄皮甜瓜	青萝卜	胡萝卜	食用菌	葱	荷兰豆	合计	育种单位为天津市的
1990	4	4	3		1			2		1	1				2														18	7
1991	1	1	1				1												3										7	3
1992	1	3	2		1									2				1		1									12	7

年份＼作物	稻	小麦	玉米	棉花	大豆	马铃薯	西瓜	红小豆	向日葵	高粱	绿豆	芝麻	小黑麦	黄瓜	番茄	甘蓝	花椰菜	大白菜	辣椒	菜豆	芹菜	厚皮甜瓜	薄皮甜瓜	青萝卜	胡萝卜	食用菌	葱	荷兰豆	合计	育种单位为天津市的
1993	3	2	2	1	2			1						2	1					1				1					15	6
1994	2	2	2	1	1							1		2			1			1									13	9
1995	2		2															2			1								8	5
1996	3	1		2	2	1	1							1		1	1	2		1									19	13
1997	3	1	1										1	2			3	5	2	2									20	16
1998		1	4				1							2		1		3				1							14	12
1999	4	1	2	2			4							6		1	1				1	1	1					1	27	16
200	3	1	7				7		1					3			4	1				2			2	1	1		32	22
2001	1	1			3																								5	1
2002	6	2	16		1																								25	18
2003	6	2	22		4	1	20																						55	28
2004	5		16		1		9																						31	16
2005	6	5	21	3	1		1																						37	14
2006	4	2	19	4	2		2																						33	17
2007	4	2	28	5	2																								41	15
2008	1	6	21	4	3		2																						36	13
2008	2	3	21	3			5																						34	16
2010	2	5	18	5	4		3																						37	15
合计	63	45	208	30	28	2	56	3	1	1	1	1	1	20	9	10	14	5	6	2	4	1	1	2	1	1	1	1	520	269

第三节　检　　验

一、检验机构

1989 年，天津市种子管理站所属检验室通过天津市质量技术监督局认证，改称为“天津质量监督检验站第 59 站”，1991 年起承担全市种子质量监督抽查任务。

1991 年，农业部和天津市投资 120 万元，扩建天津市种子管理站所属检验室，成立“天津市农作物种子质量检验中心”。扩大检验室面积，购置恒温恒湿室内发芽箱、电泳技术仪器设备、幼苗鉴定仪器设备、显微照相器材等仪器设备。

1994 年，天津市拨款 25 万元在宝坻县建立“种子技术监测中心”，开展区县级种子技术检测工作。

1997 年 11 月，在天津市种子管理站检测室基础上筹建天津种子质量监督检测中心，先后投资 670 万元，扩建检测室面积 1500 平方米。

2000 年，天津市农业局印发《关于对天津市种子质量监测中心机构设置的批复》，批准设置天津市种子质量监测中心，隶属天津市种子管理站。

2002 年，天津市农业局印发《关于将天津市种子质量监督检测中心变更为天津种子质量监督检测中心的批复》，批准天津市种子质量监督检测中心变更为天津种子质量监督检测中心。

2009 年，天津种子质量监督检测中心经农业部考核合格，颁发《中华人民共和国农作物种子质量检验机构合格证书》，成为部级检测中心。承担种子质量监督、行政执法、质量纠纷处理以及贸易流通等方面的检验活动，对外出具具有法律效力的检验报告。

2010 年，“天津武清种子质量监督检验中心”通过天津市农业局机构评审，考核合格，颁发了《中华人民共和国农作物种子质量检验机构合格证书》，成为天津市第一家通过认证的区县级检测中心。

二、检验队伍

1992 年，全市共有 42 名持证种子检验员。

1995 年，国家技术监督局颁布实施《农作物种子检验规程》和配套的《农作物种子质量标准》，使国家种子质量检验工作和国际接轨。天津市农林局为落实规程和标准，1996 和 1997 年两次对全市检验员进行培训考试，考试合格者换发新检验员证。至 2005 年，天津市种子管理站每年均根据检验技术发展情况等不定期举办检验员培训。

2006年,天津市贯彻落实农业部出台的《农作物种子检验员考核管理办法》,对全市从事检验工作的人员进行培训考试,第一批取得种子检验员资格的农作物种子检验员17名,种子检验人员132名。至2010年,对全市从事种子检验工作的人员共开展了培训考试6批,取得种子检验员资格的农作物种子检验员共30名,企业种子检验人员191名。

三、质量管理

根据标准化法和产品质量法的要求,从1991年起,天津市技术监督局每年均委托天津质量监督检验站第59站对全市农作物种子质量进行监督抽查。2000年,种子法实施后,种子质量管理的主体由农业行政主管部门承担,天津市农业局每年组织对市场经营的杂交玉米、棉花、水稻等农作物种子进行质量监督抽查。2003年,受抽检的14个单位的29个杂交玉米样品达标率37.9%;2004年,抽检34家单位的28个杂交玉米样品,达标率78.6%,26个棉花样品,达标率73.1%。之后每年抽检覆盖面、样品量等均不断增加。自2008年开始,增加夏季蔬菜,秋季小麦的种子质量监督检验。春季杂交玉米、棉花和夏季蔬菜中菜豆、黄瓜、菜花、胡萝卜及秋季小麦种子样品全部达标,大白菜种子达标率为90.9%。2010年,春季杂交玉米、棉花、水稻样品达标率分别为98%、95%、100%。夏季蔬菜中菜豆、黄瓜、甘蓝和大白菜种子达标率为100%。小麦种子达标率为93%。

第四节　市场与管理

1993年,全市108人取得种子管理员部级执法证。

1994年,全市取得农作物种子经营许可证的种子经营单位252家。

1997年《天津市农作物种子管理条例》颁布实施,建立了市级救灾备荒储备制度。

1999年,天津市种子管理站和种子公司分开独立办公。天津市种子管理站承担品种管理、种子检验、市场执法等职责。

2001年,天津市农业局依据种子法及配套规章的要求,发布了《关于加强种子包装和标签管理暂行办法》《关于实施〈主要农作物品种审定办法〉的补充意见的通知》和《天津市农作物种子生产经营许可证核发细则》,规范和加强了种子经营的审批和市场执法监管。市级核发农作物种子经营许可证59家,其中注册资本500万元的10家,注册资本100万元的49家。专门经营不再分装的包装种子的或代销种子的种子经营单位约1000家左右。

2002年,“天津种业信息网”建立,网站涵盖种业新闻、技术指导、良种信息、政策法规、办事流程等栏目,并根据行业特点,建立了审定品种数据库和生产、经营许可证数据库。

2003 年,天津市重新修订了《天津市农作物种子管理条例》。增加了适用范围、单列了法律责任,并增加了种子管理人员的违法责任等内容。

2004 年,天津市第一批种子行政执法人员通过考试取得天津市人民政府统一颁发的《天津市行政执法证》。

2006 年 10 月 23 日,天津市人民政府召开“天津市推进种子管理体制改革工作会议”,全面贯彻落实《国务院办公厅关于推进种子管理体制改革加强市场监管的意见》。11 月 19 日,天津市人民政府办公厅下发《天津市关于推进种子管理体制改革加强市场监管的实施意见》,成立了天津市推进种子管理体制改革领导小组,各区县也成立了相应的机构。到 2007 年 10 月,天津市种子管理体制改革基本完成,共剥离种子经营职能 1 家,注销种子公司 9 家;新挂牌成立区级种子管理站 2 个,全市 12 个涉农区县均建立种子管理站。

2006 年 12 月 18 日,天津市第十四届人民代表大会常务委员会第 34 次会议通过《天津市实施〈中华人民共和国种子法〉办法》。办法从七个方面对本市种子市场及管理进行规范。1.以法律的形式明确了全市各级农业行政主管部门下属的种子管理机构的种子执法主体地位。2.对销售不再分装包装种子的经营部门实施备案登记制度。3.确立非主要农作物品种登记制度。4.明确了在品种审定公告确定的适宜区域外推广的品种视为应当审定而未经审定的品种。5.确立了种子经营推广“实名”制,即经营、推广审定通过的主要农作物品种,应当使用审定公告确定的品种名称。并对违者制订了罚则。6.确立了品种退出机制。已审定通过或者已同意引种的品种,在使用过程中发现有明显缺陷或者严重退化的,经市农作物品种审定委员会审核确认后,由市农业主管部门发布公告,停止在本市经营、推广。7.细化了办理引种的方法,规定了品种引种之前须经过引种试验。

第五节　种子供应

1990~2010 年,天津种子产业由“四化一供”(品种布局区域化、种子生产专业化、加工机械化、质量标准化,以县为单位统一供种)方针指导下的双轨制,逐渐走向《中华人民共和国种子法》框架下的市场化。种子供应逐渐由天津市国有种子公司计划供应,转变为市场主导供应。

20 世纪 90 年代初,天津市国有种子公司(站)对大宗农作物种子实行统一供种,行政、技术、经营三位一体。玉米杂交种统一经营,种子公司供种达 90%左右。由于缺乏自主品牌和技术力量,直至“九五”期间,玉米杂交种制种田面积常年维持在 66.67 公顷左右,最多时增加到 333.33 公顷,玉米杂交种供种主要依靠外调。小麦形成稳定的“两级三田”(两级指市级、区县级;三田指穗行圃、原种田、良种田)良繁体系,市县共繁原种,县繁一级种子,县乡联合繁育二级种子；“九五”初期全市落实株行圃0.25公顷，株系圃0.23公顷，原种圃0.95公顷，原种田19公顷，一级种子田721.53公顷，二级种子田0.96万公顷。水稻逐步建立“两级两田”的良繁体系，以市县原良种场为核心繁育原种，县乡联合建生产用种繁育田，供种可以自给。瓜菜类种子市场开放早，天津市农科院黄瓜研究所、蔬菜研究所选育成功的新品种占据天津市蔬菜种子市场，天津市种子公司和4个近郊区种子公司仅经营少量瓜菜种子。90年代初中期，天津市出现一批集育种、生产、加工、包衣、包装、销售为一体的小型瓜菜种子公司和经营实体。

1996年，天津市建立市级救灾备荒储备制度。每年安排资金60万元，承担160万公斤的水稻、杂交玉米种子储备任务；2005年调整为70万元，承担150万公斤的水稻、杂交玉米种子储备任务。1998~2010年国家每年在天津市安排救灾备荒储备杂交玉米种子40万公斤、水稻种子40万公斤，由天津市企业承担。

1999年，全市实现种子管理和经营分设，种子管理部门不再经营种子。种子公司实行企业管理，专门经营种子，自主经营，自负盈亏，种子实行市场化管理。

2000年12月1日，《中华人民共和国种子法》颁布实施，放开了主要农作物种子市场。2000~2010年间，原国有种子公司主要农作物种子供种主渠道作用逐渐减弱，特别是杂交玉米种子市场供种比例不足50%。

2001年，天津科润农业科技股份有限公司成立，注册资金5500万元，成为天津第一家从事种子科研、经营的股份有限责任公司。2003年，天津科润农业科技股份有限公司控股天津市种子公司，成立天津科润津丰种业有限公司，参股津南区种子公司成立天津科润神农种业。

2004年，天津科润津丰种业有限公司自有品种占玉米种子销售量的25%。

2005年，天津天隆种业科技公司成立，注册资金1亿元，成为天津范围内的第一家育繁推一体化的有限责任公司。

2006年，天津市落实国务院发布的《关于推进种子管理体制改革加强市场监管的意见》，将种子生产经营机构与农业行政主管部门分离。各区县种子公司也完成了改制，实现了种子生产经营机构与农业行政主管部门分离。

2009年，市农业局和市财政局共同制定《天津市市级救灾备荒种子储备管理办法》，市财政每年拨付208万元补贴资金，用于储备90万公斤杂交玉米种子，补贴资金包干使用，用于种子储备贷款贴息或资金占用费、加工包装运输费、仓储费、种子质检费、仓储自然损耗及种子转商补贴等费用。

在种子供应上，杂交玉米种子采取委托制种或由外省市调入方式解决本市生产用种。小麦、水稻种子主要采取本地自繁方式满足生产用种。棉花种子由经营者自繁或由外省市调入满足生产用种。大豆种子经营较少，一般为种植者自繁自用或相互串换满足生产用种。

第四章 植物保护

第一节 农作物病虫测报

一、测报体系

1991年,天津市已形成市、区(县)、乡专职测报队伍体系。2001年,农业部、市政府投资建设有害生物预警与控制测报站和信息网络,形成区县有害生物预警与控制测报站,乡镇有测报点的病虫测报体系。至2008年,建成农业有害生物预警与控制测报站11个,专业测报点53个。2010年,全市共有植保技术人员243人。其中市级30人,区县级87人,乡镇级126人。各测报站都建立实验室、资料室、工作室,设置病虫观测场,装配智能型虫情测报灯、病菌孢子捕捉仪、气象信息采集系统。配备植保专业仪器设备,完善了试验检测、数据处理和通讯交通等设施。

2000年初,市植保植检站开设了天津市植保信息网。网站开设了12个栏目,汇集了病虫动态、植物检疫、农药药械、区县植保等各个方面最新、最权威、最丰富的信息资讯。同时,开发了网上办公、植保专业统计、专家咨询、病虫测报预警数据传输以及可视化预报等栏目。

二、测报任务

自1991年开始,随着种植业结构的调整和气候的变化,农作物主要病虫害发生级别的变动和种类的增加,本市主要农作物病虫害监测等级做出了相应的调整,新增了监测内容。其中,部分病虫因对本市农业生产具有潜在威胁而被调高等级,如小麦吸浆虫、迁飞性害虫草地螟等。另一部分病虫由曾经的重点监测对象调整为一般监测对象,如水稻稻瘟病、条纹叶枯病等。另外,天津市自2000年以来新增了蔬菜病虫害的监测任务,如白粉虱、菜蚜、黄瓜白粉病、番茄灰霉病等。至2010年,市植保植检站按照农业部农技中心《农作物主要病虫测报方法》《农作物有害生物测报手册》等相关规范的要求将农作物常发20余种病虫和东亚飞蝗、黏虫、稻飞虱等重大迁飞性害虫作为监测对象,并负责制订各类农作物病虫害监测方法、部署监测任务、汇总监测数据。各区县植保系统定时对小麦、玉米、水稻、棉花、蔬菜等农作物常发性病虫和突发病虫害以及外来有害生物进行调查和普查，记载不同时期农作物病、虫、草、鼠害的发生和危害情况。各级植保机构通过系统调查、诊断，结合当地气象资料、农作物生长状况和发生病虫害的有关因素进行综合分析，对病、虫、草、鼠害的发生期、发生量、危害程度和防治情况适时做出预报，通过分析病虫发生动态，及时发布病虫情报信息，并上报有关部门。市植保植检站负责全市病虫测报站点建设和管理，组织、指导、监督、协调测报业务，综合分析基层测报站上报的病虫检测数据，及时汇总、预报、上报，提出防治意见并定期召开病虫情报会商会，分析病虫发展趋势，发布病虫测报信息。

三、测报技术

简易型测报工具和性信息素的应用。2000 年以前，天津市农作物病虫害预测预报手段以人工调查为主，配合少量诸如黑光灯、杨树枝把、白瓷瓶等简易测报工具。2000 年开始，市植保系统逐步加大性信息素在害虫测报工作中的应用。最早开展性诱剂监测桃小食心虫试验示范，示范点分别设在蓟县、静海、宁河、北辰等区县，示范面积 100 亩/点。示范结果显示，桃小食心虫性诱剂可以持续诱测到成虫，同时可以准确指明发蛾始期和高峰期，具有操作简便，专一性强等优点，成为了桃小食心虫监测主要手段。2004 年，各级植保系统又分别开展甜菜夜蛾、玉米螟、二化螟、小菜蛾、桃小食心虫、桃蛀螟等害虫的性诱测报工作，均取得了良好的效果。

自动虫情测报的应用。自 2007 年开始，市植保植检站在全市测报点推广使用自动虫情测报灯诱测害虫成虫，该设备具有自动开关、自动分离不同类害虫等特点，与简易型黑光灯测报灯相比，大幅降低了基层测报人员劳动强度，提升全市病虫监测自动化水平。到 2010 年，全市共装设多功能病虫测报灯 20 台，主要安置在蓟县、宝坻、武清、宁河、静海等区县基层监测点。

蔬菜病虫监测规范的制订。2005 年 5 月，天津市编制了《无公害农产品蔬菜病虫监测技术规范（霜霉病）》《无公害农产品蔬菜病虫监测技术规范（菜粉蝶）》《无公害农产品蔬菜病虫监测技术规范（棉铃虫）》《无公害农产品果树病虫监测技术规范（桃小食心虫）》4 个地方标准。2007 年 12 月编制了《天津市无公害农产品蔬菜病虫监测技术规范（小菜蛾）》地方标准，并由天津市质量技术监督局发布实施。

第二节 主要有害生物

一、农作物病虫草鼠害普查

2010 年，市植保系统首次在全市范围内开展了主要粮食作物病虫草鼠害普查。结果证实，危害天津市农作物生产的病虫草鼠害超过 367 种，其中虫害 120 种、病害 90 种、草害 150 种、鼠害 7 种。虫害主要有东亚飞蝗、小麦吸浆虫、玉米螟、棉铃虫、蚜虫、稻飞虱、甜菜夜蛾等。病害主要有小麦白粉病、玉米褐斑病、棉花枯黄萎病、水稻纹枯病、蔬菜霜霉病等。杂草种类以播娘蒿、荠菜、碱茅、雀麦、看麦娘、马齿苋、马唐、狗尾草、田旋花为主。

表 2-4-2-25　1991~2010 年天津市主要农作物病虫草鼠害发生、防治面积统计表

单位：万公顷 / 次

年份	发生面积	防治面积	年份	发生面积	防治面积
1991	74.29	58.19	2001	86.87	69.89
1992	83.33	67.95	2002	111.47	76.14
1993	70.97	57.52	2003	92.74	87.31
1994	80.85	77.44	2004	99.99	90.43
1995	115.87	104.92	2005	108.81	79.74
1996	84.43	75.16	2006	126.01	109.56
1997	120.15	114.48	2007	128.96	130.9
1998	100.87	94.42	2008	125.62	126.63
1999	106.42	97.3	2009	117.34	115.24
2000	121.86	94	2010	127.35	133.84

二、主要病虫草鼠害

（一）蝗虫

天津蝗区是国家重点蝗虫发生地。天津境内港、洼、淀、滩密布，使得东亚飞蝗在天津境内连年发生，部分年份暴发成灾。宜蝗面积 1991 年达 10.3 万公顷。东亚飞蝗在天津一年发生两代，夏蝗 5 月初开始出土，秋蝗 7 月中旬出土，夏蝗龄期不整，世代重叠。全市蝗区类型有湖库蝗区、洼甸蝗区和河泛蝗区。宜蝗区有大港区北大港水库、静海县团泊水库、汉沽区营城水库、蓟县于桥水库、宁河县七里海、武清区大黄堡、潮白新河、北京排污河河道、独流减河行洪道等。

表 2-4-2-26 1991~2010 年天津市部分年份蝗虫重度发生与防治面积表

面积:万公顷/次

年份	发生面积	防治面积	高密度点片发生密度(每平方米头数)	发生级别	重度发生主要地点
1994	9.03	12.05	3000	5	大港水库(局部起飞)独流减河行洪道
1995	12.7	12	2000	3	大港水库、独流减河行洪道
2000	6.46	11.5	3000	5	大港水库七里海(局部起飞)
2001	7.55	11.5	3000	5	大港水库营城水库(局部起飞)
2002	7.96	10.4	2000	3	大港水库独流减河行洪道
2008	9.33	13.3	4000	5	大港水库、七里海、独流减河行洪道

东亚飞蝗的防治工作一般采取狠治夏蝗、抑制秋蝗的防治原则,确保"秋蝗不起飞成灾,土蝗不扩散危害"的治理目标。天津市防治东亚飞蝗采取飞机防治和人工防治相结合,大面积防治以飞机超低量喷雾,地面使用机动喷雾机超低量喷雾。天津市蝗虫防治在使用药械上分两个阶段,1990~2008 年, 使用药械以大型运五飞机和小型蜜蜂飞机及背负式机动喷雾器为主;2009~2010 年,以大型车载式喷药机械为主,地面使用背负式机动喷雾机配合防治。药剂采用化学防治和生物防治相结合的措施。农药选择分为三个阶段,1990~2000 年主要喷施马拉硫磷化学农药进行防治;2001~2002 年主要喷施马拉硫磷,试验锐劲特化学农药进行防治;2003~2010 年主要喷施马拉硫磷化学农药和蝗虫微孢子虫、绿僵菌生物农药进行防治。

(二)农田草害

1999 年,天津市对农田杂草进行了调查,境内农田杂草种类共221 种。旱田杂草主要发生种类以播娘蒿、荠菜、碱茅、日本看麦娘、酸模叶蓼、马唐、萹蓄、葎草。水田杂草常见稗草、芦苇、异型莎草、水莎草、牛毛毡、鳢肠、水绵等。2008 年以前麦田恶性杂草雀麦属于偶发草害,2009 年雀麦在本市麦田蔓延加速,发生危害达到 2.67 万公顷。用 7.5%啶磺草胺水分散粒剂 9~12.5 克/亩或 70%氟唑磺隆水分散粒剂 3.5 克/亩兑水喷雾防治以雀麦、看麦娘、野燕麦等为主的麦田杂草。

进入 21 世纪以来,全市农田杂草发生程度逐年加重,且杂草的优势种群和群落也发生了相应的变化。为了提高除草效果,2001 年市植保植检站在宝坻区新安镇安排 1 万亩麦田除草示范田;在蓟县官庄镇安排 500 亩玉米除草示范田;在东丽区安排 1000 亩水稻除草示范田。

2008 年 11 月 12 日,在武清区崔黄口镇黄辛庄进行了麦田杂草防治示范,示范面积 20 万亩,麦田杂草平均密度 30 株/平米,最高密度 200 株/平米,试用药剂 3%世玛油悬浮剂,用量 20 毫升/亩,药液30升/亩。2009 年 4 月 10 日调查结果,3%世玛对雀麦的平均防治效果均为 96.7%,防效显著。

表 2-4-2-27　1991~2010 年天津市农田草害发生、防治面积统计表

单位:万公顷/次

年份	发生面积	防治面积	年份	发生面积	防治面积
1991	8.4	6.4	2001	24.6	20.9
1992	20.7	10.6	2002	31.1	23.1
1993	17.6	11.3	2003	19.5	17.4
1994	16.6	14.3	2004	17.7	11.8
1995	23	20.9	2005	18.3	11.9
1996	31.6	26.8	2006	39.3	34.7
1997	31.7	29.3	2007	33.5	30.5
1998	29.9	25.6	2008	38.9	34.7
1999	30.1	29.3	2009	38.8	39
2000	22.7	20.9	2010	35.3	36.7

(三)农田鼠害

天津市每年都发生不同程度的农田鼠害,常年发生面积约 13.33 万公顷。主要害鼠有黑线仓鼠、大仓鼠、黑线姬鼠、褐家鼠、小家鼠和社鼠等 6 种。鼠害以化学防治为主,辅以鼠夹、鼠笼法的物理防治和以猫治鼠的生物防治。化学防治使用鼠药有溴敌隆、氟鼠灵、溴鼠灵。2007 年开始运用高效、经济、安全、环保的毒饵站灭鼠技术,推广面积 2.67 万公顷。2008 年以后引进鼠害无害化控制技术,引进粘鼠板物理防治技术用于设施蔬菜的鼠害防治。

鼠害在本市发生特点为:旱地重于水洼地,经济作物重于粮食作物。2001 年 5 月,武清区植保站在东蒲洼乡调查,每晚布放鼠夹 50 把,连续 3 天,共捕鼠 13 只,捕获率 8.6%。同年在该乡万亩田间统一灭鼠示范田,投放 0.005%溴敌隆毒饵,每亩 300 克,30 米一堆,每堆 15 克,用药后设鼠夹调查密度,投药前 8.67%捕获率,投药后捕获率 1.33%,鼠害减退率 84.62%。

表 2-4-2-28　1991~2010 年天津市农田鼠害发生、防治面积统计表

单位:万公顷/次

年份	发生面积	防治面积	年份	发生面积	防治面积
1991	0.14	0.1	2001	7.9	1.8
1992	11.7	6.2	2002	5.1	1.4
1993	15.5	5.5	2003	4.4	0.4
1994	10.2	5.4	2004	5.4	0.7
1995	3.3	0.6	2005	4.2	1.8
1996	4.6	1.9	2006	6	2.4
1997	3.2	1.1	2007	18.7	9.3

年份	发生面积	防治面积	年份	发生面积	防治面积
1998	6.8	1.9	2008	16	9
1999	5.2	1.4	2009	18.1	9.8
2000	8.9	3.9	2010	16.5	9.4

(四)小麦病虫害

天津市冬小麦的病虫害常发生种类约15种。主要有小麦麦蚜、吸浆虫、麦蜘蛛、麦叶蜂、地下害虫和小麦白粉病、小麦锈病等,虫害发生程度重于病害。2002年天津市首次发现麦黑潜叶蝇危害,该虫属偶发害虫。2004年在宝坻区首次发现小麦吸浆虫危害。2008年蓟县首次发现小麦全蚀病,该病在天津危害较轻。

表2-4-2-29 1991~2010年天津市麦田病虫害发生、防治面积统计表

单位:万公顷/次

年份	发生面积	防治面积	年份	发生面积	防治面积
1991	23.33	18.79	2001	16.09	12.91
1992	28.94	24.55	2002	14.25	13.07
1993	24.29	23.73	2003	20.64	13.14
1994	20.07	24.73	2004	17.32	13.68
1995	19.09	15.33	2005	22.23	13.08
1996	23.6	23.89	2006	21.5	17.87
1997	27.23	23.42	2007	23.71	21.06
1998	32.81	27.49	2008	20.65	18.44
1999	21.2	19.91	2009	23.97	20.22
2000	23.67	21.99	2010	23.5	20.03

1.小麦虫害

(1)小麦蚜虫。蚜虫是危害小麦的主要虫害,1991~2000年,常年发生面积10.67万公顷左右,百株有蚜量2500头左右。2000~2006年,小麦蚜虫偏重发生,百株有蚜量3000头左右。2000年发生12.02万公顷;2001年发生10.66万公顷;2002年发生9.6万公顷;2003年发生面积7.92万公顷;2004年发生面积8.28万公顷;2005年发生面积11.4万公顷;2006年发生面积11.3万公顷。2007~2010年为中等发生年,百株有蚜量2000头左右。小麦遭受蚜虫危害后,容重、千粒重、籽粒沉降值、产量、出粉率均明显降低,与危害前相比达极显著水平。

表 2-4-2-30 1991~2010 年天津市麦蚜虫害发生、防治面积统计表

单位:万公顷/次

年份	发生面积	防治面积	年份	发生面积	防治面积
1991	11.97	9.75	2001	10.66	10.42
1992	12.16	12.17	2002	9.58	9.71
1993	12.44	14.34	2003	7.85	7.39
1994	11.36	12.24	2004	8.28	8.4
1995	9.42	9.4	2005	11.4	7.31
1996	14.39	15.8	2006	11.3	11.03
1997	14.6	14.52	2007	10.91	10.93
1998	14.73	16.03	2008	10.77	10.75
1999	14.01	14.17	2009	11.06	11.28
2000	12.02	11.11	2010	11.11	11.31

(2)小麦吸浆虫。20 世纪 90 年代,小麦吸浆虫在天津市尚未发生。由于小麦联合收割机跨区作业,将外地虫源带到天津和多年虫源积累,2004 年,在宝坻区发现小麦吸浆虫,局部地区暴发成灾。宝坻区史各庄镇卫国庄村种植的 20 公顷小麦,90%地块每公顷单产不足 750 公斤。2005 年,小麦吸浆虫偏重发生,发生面积 2.3万公顷,占当年全市麦田总面积的 17.6%,其中防治面积 1.88 万公顷,占发生面积的 81.7%,防治两遍以上的面积 80 公顷,占发生面积的0.43%。防治药剂使用有熏蒸作用的敌敌畏、菊酯类和阿维菌素类药剂。2007~2010 年小麦吸浆虫在天津中等发生,年发生面积在 6~7.33 万公顷之间,发生面积呈上升趋势。

表 2-4-2-31 1991~2000 年天津市小麦吸浆虫害发生、防治面积统计表

单位:万公顷/次

年份	发生面积	防治面积
1991	0.06	0.06
1992	0.15	0.11
1993	0.09	0.08
1994	0.15	1.62
1995	2.3	1.55
1996	5.73	4.02
1997	6.31	5.9
198	5.33	4.66
1999	6.03	4.43
2000	6.47	5.37

2.小麦病害

天津地区小麦病害主要有小麦白粉病、锈病等,常年轻度发生。一般使用20%三唑酮喷雾防治小麦锈病。小麦白粉病以喷施粉锈宁为主。由于常年发生较轻,农民基本不防治。

(五)水稻病虫害

据天津市植保系统2010年普查,全市常年发生水稻病虫害共18种,其中病害9种。主要有纹枯病、条纹叶枯病、稻曲病、恶苗病、稻瘟病等。虫害9种,主要有稻飞虱、二化螟、稻纵卷叶螟、稻蝗、稻水象甲、稻摇蚊等。

1991~2010年20年间,天津市水稻病虫害每年平均发生面积为2.57万公顷,占全市小麦播种面积的70%。

表2-4-2-32 1991~2010年天津市水稻种植面积、病虫害发生面积统计表

单位:万公顷/次

年份	播种面积	病虫害发生面积	年份	播种面积	病虫害发生面积
1991	15.21	17.68	2001	16.29	20.51
1992	15.07	15.17	2002	14.64	27.57
1993	15.61	16.74	2003	10.49	24.69
1994	15.47	16.99	2004	13.48	25.53
1995	15.76	20.44	2005	13.88	30.34
1996	17.21	25.09	2006	15.09	41.72
1997	15.78	20.64	2007	16.22	43.78
1998	16.67	30.32	2008	15.98	40.81
1999	16.86	17.11	2009	16.59	40.72
2000	13.12	24.22	2010	16.89	46.84

1.水稻病害

20世纪90年代,天津市水稻病害以水稻纹枯病和稻瘟病为主,常年发生面积约占病害总发生面积的85%;90年代前重发的白叶枯病、条纹叶枯病等病害开始减轻。

(1)稻瘟病。1991~2000年,天津水稻稻瘟病年均发生面积为1.24万公顷左右,发病面积呈逐年减少的趋势。2000年以后,随着水稻播种面积的不断减少和抗病品种的推广,稻瘟病发生面积不断减少,年均发生面积仅在2000公顷左右。

(2)水稻纹枯病。水稻纹枯病是自2000年以来危害天津市水稻的一种主要病害。1991~2000年,纹枯病发生面积占各类水稻病害发生总面积的比重为39%。2001~2010年每年平均发生面积为0.53万公顷,占各类水稻病害发生总面积的53%,纹枯病逐年加重与氮肥使用量增加、过度密植、气象等因素有一定关联。

(3)其他病害。1991~2010年,水稻条纹叶枯病、白叶枯病、稻曲病等其他病害总体偏轻发生。其中,以水稻白叶枯病为主,该病害于20世纪90年代年发生面积在330~1330公顷。自2000年"水稻白叶枯病综合防治技术"示范推广和抗病品种的大面积种植之后,该病害发生情况逐年减轻。

2.水稻虫害

天津市稻区常年发生的主要虫害有稻飞虱(灰飞虱)、二化螟、稻纵卷叶螟及稻蝗,发生面积占虫害发生面积的81.9%。以稻飞虱造成的损失最大,一般减产二至三成。

(1)稻飞虱。为害水稻的稻飞虱种类主要是灰飞虱。灰飞虱在本地越冬,常年危害水稻。20世纪90年代迁飞性害虫褐飞虱和白背飞虱随着气候条件的变化,多次迁入天津市稻区并造成危害。其中褐飞虱分别于1991~1994年、1998年、2005年迁飞至天津市。1991年,褐飞虱在本市稻区大暴发,全市5.63万公顷水稻受到不同程度的危害,其中重发面积2.6万公顷,绝收面积0.87万公顷,全市损失稻谷6000万公斤。

表2-4-2-33　1991~2010年天津市水稻稻飞虱发生、防治面积统计表

单位:万公顷/次

年份	发生面积	防治面积	年份	发生面积	防治面积
1991	5.63	5.6	2001	0.41	0.45
1992	1.16	0.77	2002	0.63	0.61
1993	1.34	5.08	2003	0.55	0.96
1994	2.8	4.28	2004	0.49	0.47
1995	0.66	0.48	2005	1.34	0.95
1996	1.7	1.97	2006	0.92	0.95
1997	1.61	3.28	2007	0.44	0.43
1998	3.52	4.11	2008	0.39	0.35
1999	2.5	2.62	2009	1.1	0.97
2000	1.41	1.65	2010	1.89	2.21

(2)二化螟。二化螟是水稻主要虫害之一,以幼虫危害水稻,蛀食水稻茎部,为害分蘖期水稻,造成枯鞘和枯心苗;为害孕穗、抽穗期水稻,造成枯孕穗和白穗;为害灌浆、乳熟期水稻,造成半枯穗和虫伤株。为害株田间呈聚集分布,中心点明显。

表 2-4-2-34　1991~2010 年天津市水稻二化螟发生、防治面积统计表

单位：万公顷/次

年份	发生面积	防治面积	年份	发生面积	防治面积
1991	1.06	0.71	2001	0.87	0.88
1992	1.36	2.92	2002	0.57	0.68
1993	1.74	2.52	2003	0.41	0.38
1994	1.87	2.91	2004	0.85	0.8
1995	2.7	4.46	2005	0.87	0.65
1996	3.62	5.71	2006	0.81	0.66
1997	4.45	5.5	2007	1.12	1.03
1998	3.76	4.78	2008	0.78	0.76
1999	3.35	3.33	2009	1.19	1.07
2000	3.61	3	2010	1.46	1.92

(3)其他水稻虫害。稻纵卷叶螟、稻蝗等害虫发生较轻，对水稻产量影响不大。但部分新发虫害不断出现，1991 年，发现稻水象甲疫情，连续多年发生危害，2000 年发生面积达 2.24 万公顷次。防治后基本控制住虫情危害。

(六)玉米病虫害

天津市危害玉米的病虫害种类共 39 种。其中病害 13 种，虫害 26 种，常发病虫害种类有所增加。由于气候变暖、种植结构调整、耕作方式转变等因素影响，天津市迁飞性、突发性害虫的发生频率、发生程度明显加重，各类病虫发生面积也逐年增加。据统计，1991~2000 年，全市玉米病虫害年均发生面积 18.1 万公顷次，占播种面积的 80%。2001~2010 年，上升到 38.3 万公顷次，占播种面积 160%。

表 2-4-2-35　1991~2010 年玉米种植面积与主要病虫害发生面积变化情况统计表

单位：万公顷/次

年份	播种面积	病虫发生面积	年份	播种面积	病虫发生面积
1991	15.21	17.68	2001	16.29	20.51
1992	15.07	15.17	2002	14.64	27.57
1993	15.61	16.74	2003	10.49	24.69
1994	15.47	16.99	2004	13.48	25.53
1995	15.76	20.44	2005	13.88	30.34
1996	17.21	25.09	2006	15.09	4.72
1997	15.78	20.64	2007	16.22	43.78
1998	16.67	30.32	2008	15.98	40.81
1999	16.86	17.11	2009	16.59	40.72
2000	13.12	24.22	2010	16.89	46.84

1.玉米虫害。玉米主要虫害有玉米螟、地下害虫、土蝗、黏虫,常年发生面积占虫害总面积的79.71%。虫害中以玉米螟为害最重,1991~2010年年均发生面积为13.53万公顷,产量损失达到1355.36万公斤。玉米螟在天津市每年发生3代,1995年以前,以一代玉米螟为害最重,此后一代玉米螟为害面积逐渐减小。由于防治效果显现,二、三代玉米螟面积减少,常对中后期玉米的生长造成危害。

表 2-4-2-36 1991~2010年天津市玉米螟虫害发生、防治面积统计表

单位:万公顷/次

年份	发生面积	防治面积	年份	发生面积	防治面积
1991	7.85	3.89	2001	11.8	6.83
1992	4.16	3.29	2002	10.15	6.26
1993	5.84	2.82	2003	11.42	6.99
1994	5.62	3.27	2004	8.23	4.08
1995	9.94	7.37	2005	10.72	4.79
1996	11.42	6.13	2006	24.19	10.49
1997	12.6	7.07	2007	20.97	9.63
1998	17.74	11.24	2008	16.97	6.78
1999	11.68	10.39	2009	21.63	8.57
2000	17.27	6.43	2010	23.09	11.25

土蝗和地下害虫在田间虽然发生较为普遍,但发病程度呈中等偏轻,玉米产量损失较小。黏虫在玉米整个生长期一般发生1~2代。受高压气流的影响,外迁的三代黏虫点片重发。二代黏虫一般在小麦收割后迁入玉米地,为害期6月下旬至7月上旬。1997年天津市二代黏虫发生偏重,危害面积2.6万公顷。2000年以后,玉米蓟马、叶螨、蚜虫等虫害加重发生,以干旱的夏季发生偏重。2007年三代黏虫在蓟县、宝坻、武清等区县发生偏重,发病面积近0.6万公顷,高于历年同期。2000年以后为害玉米的虫害种类继续增加,甜菜夜蛾、双斑萤叶甲、褐足角胸肖叶甲、赤须盲蝽等害虫于2004年开始零星发生,2008年后加重发生。以上4种虫害主要取食玉米叶片。至2010年,每年发生面积由之前不足万亩次上升5万亩次左右。

2.玉米病害。1991~2010年,天津市玉米病害种类和发生面积呈增加趋势。1991~2006年,天津市常发玉米病害以玉米锈病、纹枯病、大斑病、小斑病为主,2007年以后,随着抗病品种的大面积种植,大斑病、小斑病等叶斑类病害的发生程度减轻,常年发生面积不超过1.33万公顷次。但玉米褐斑病逐渐成为天津市玉米作物的主要病害,年均发生面积2万公顷左右,2010年发生面积最高,为2.81万公顷,重发原因包括主栽品种感病、秸秆还田利于病原的积累及高温高湿日数增多等。玉米病毒病、茎腐病、瘤黑粉病、丝黑穗病等其他病害仍为零星发生。

表 2-4-2-37 1991~2010 年天津市玉米病害发生、防治面积统计表

单位：万公顷/次

年份	发生面积	防治面积	年份	发生面积	防治面积
1991	17.76	10.12	2001	50.51	13.57
1992	15.17	9.89	2002	27.57	17.79
1993	16.74	5.33	2003	24.69	16.12
1994	16.99	8.19	2004	25.53	14.43
1995	20.44	10.17	2005	30.34	11.3
1996	25.09	12.63	2006	41.72	22.6
1997	20.64	11.96	2007	43.78	25.53
1998	30.32	20.93	2008	40.81	21.27
1999	17.11	10.53	2009	40.72	22.46
2000	24.22	11.47	2010	46.84	28.59

（七）棉花病虫害

20 世纪 90 年代，转基因抗虫棉大面积推广，棉花害虫种群结构发生变化，主要害虫棉铃虫发生危害得到有效控制，次要害虫棉盲蝽上升为危害棉花生产的主要害虫。

表 2-4-2-38 1991~2010 年天津市棉花病虫害发生、防治面积统计表

单位：万公顷/次

年份	发生面积	防治面积	年份	发生面积	防治面积
1991	2.94	4.98	2001	10.74	7.73
1992	12.15	12.78	2002	23.23	10.87
1993	3.6	4.31	2003	19.9	32.83
1994	7.78	12.19	2004	25.89	31.71
1995	9.43	17.36	2005	25.85	30.81
1996	3.59	4.06	2006	34.75	35.94
1997	2.51	2.67	2007	33.73	47.67
1998	5.34	5.47	2008	39.85	47.69
1999	2.32	2.17	2009	26.17	34.06
2000	5.7	4.45	2010	26.34	37.77

1.棉花虫害

（1）棉铃虫。棉铃虫是危害棉花作物的主要害虫，天津地区一年发生 4 代，其中一代发生在麦田，二、三代危害棉花，四代向棉田外转移。1991~2010 年，全市棉铃虫年均发生面积 3 万公顷次，占棉田种植总面积的 70%。1992 年棉铃虫大暴发，发生面积 8.26 万公顷次，占棉田种植总面积的 140%。其中危害面积 8.25 万公顷次，造成全市棉花减产 30%。随着转基因抗虫棉的普及

种植和植保技术的大力推广，棉铃虫发生危害得到有效抑制，田间仍可见卵但幼虫量较低，大发生年农民用药从6~8次降到1~2次。

表2-4-2-39 1991~2010年棉田棉龄虫害发生面积统计表

单位：万公顷/次

年份	发生面积	年份	发生面积
1991	2.84	2001	4.86
1992	8.26	2002	3.09
1993	1.93	2003	5.21
1994	4.29	2004	7.1
1995	4.36	2005	6.48
1996	0.96	2006	6.41
1997	1.57	2007	5.29
1998	3.67	2008	5.05
1999	1.56	2009	5
2000	2.94	2010	4.55

（2）棉盲蝽。天津市棉盲蝽以绿盲蝽为主。1994年前未发生棉盲蝽危害，1994~2002年点片发生棉盲蝽危害，发生面积0.2~0.53万公顷，2003年上升到2.28万公顷，并逐年加重，2006年棉盲蝽危害面积达到10.3万公顷次，占当年全市棉花病虫害发生总面积的30.4%。2007~2010年，随着棉盲蝽防治技术的大面积推广普及，其发生面积逐年降低。

表2-4-2-40 1991~2010年棉田棉盲蝽发生面积统计表

单位：万公顷/次

年份	发生面积	年份	发生面积
1991	0.01	2001	0.13
1992	0.01	2002	0.42
1993	0.01	2003	2.28
1994	0.02	2004	7.2
1995	0.67	2005	7.81
1996	0.35	2006	10.3
1997	0.01	2007	8.5
1998	0	2008	6.47
1999	0.05	2009	6.33
2000	0.01	2010	4.19

2、棉花病害。天津市棉花病害发生在整个生长期。其中，苗期发生较为普遍的是立枯病、疫

病和炭疽病，成株期以枯萎病、黄萎病、角斑病为主。棉花枯萎病和黄萎病是典型的土传维管束病害，化学农药不易防治，对棉花产量损失影响较大。棉花黄萎病是发生较重的病害，一般可采用栽种抗病品种，种子消毒，培育壮苗等综合防治措施控制病害的发生。

（八）蔬菜病虫害

随着种植业结构的调整和保护地蔬菜比重增加，蔬菜种类、茬口越来越多，蔬菜病虫害发生更为复杂，多种蔬菜病虫害常年发生，危害程度加重。1991~2010 年，各种蔬菜病虫害累计发生总面积为 232.12 万公顷。

表 2-4-2-41 1991~2010 年天津市蔬菜病虫害发生、防治面积统计表

单位：万公顷/次

年份	发生面积	防治面积	年份	发生面积	防治面积
1991	3.01	2.99	2001	22.82	21.53
1992	3.48	3.90	2002	23.49	21.2
1993	3.42	3.53	2003	14.01	13.91
1994	4.03	3.68	2004	16.61	19.03
1995	4.62	3.48	2005	15.52	13.48
1996	5.42	4.99	2006	13.64	19.44
1997	8.09	11.38	2007	15.18	23.72
1998	5.68	7.58	2008	18.11	20.7
1999	7.98	9.79	2009	16.89	26.69
2000	16.34	14.11	2010	13.78	26.37

天津市蔬菜常年发生的主要病虫害近 30 种，其中以霜霉病、灰霉病、疫病、白粉病、角斑病、病毒病；蚜虫、菜青虫、小菜蛾、棉铃虫、潜叶蝇、白（烟）粉虱、甜菜夜蛾等病虫危害发生较为普遍。

1.黄瓜病虫害。黄瓜病虫害主要有霜霉病、细菌性角斑病、灰霉病、疫病、炭疽病、菌核病、蚜虫、白（烟）粉虱等。一般年份霜霉病、细菌性角斑病发生重于其他病害。霜霉病一般发病株率为 20%~30%，严重发病株率达 80%~100%。蔬菜复种指数提高给白（烟）粉虱提供丰富的虫源和食源。白（烟）粉虱严重危害棚室内秋茬黄瓜，最高年份有虫株率 100%，百株虫量在万头以上。

2.番茄病虫害。 主要有灰霉病、叶霉病、早疫病、晚疫病、病毒病、脐腐病、棉铃虫、菜青虫、白粉虱、斑潜蝇等。其中灰霉病、叶霉病、早疫病、棉铃虫、白（烟）粉虱发生较重。番茄灰霉病发生普遍，一般发病株率为 10%左右，严重发病株率在 60%~90%。番茄叶霉病以保护地发病为主，一般发病株率为 10%左右，严重发病株率为 40%~60%。1990 年以后由于生长期内水分供应不均及缺钙等因素造成的脐腐病普遍发生。2009 年首次在天津市设施番茄中发现番茄黄化曲叶病毒病，当年调查的 408 个番茄棚室中有 93 个棚室发病，病株率在 50%以上，发病严重的有武清区、静海县、宁河县和宝坻区。

3.大白菜病虫害。大白菜病虫害有软腐病、霜霉病、病毒病、蚜虫、甜菜夜蛾、小菜蛾等。一般年份大白菜霜霉病、软腐病、蚜虫、菜青虫、甜菜夜蛾发生重于其他病虫害。蚜虫为害盛期在每年 9 月中旬至 10 月，发生程度常年为 3~4 级。甜菜夜蛾、棉铃虫在 20 世纪 90 年代中后期发生较重，2003 年以后在大白菜田发生偏轻。

4.芹菜病虫害。芹菜病虫害有斑枯病、菌核病、软腐病、褐斑病及苗期猝倒病等。20 世纪 90 年代中期斑枯病、褐斑病在保护地种植的芹菜中发生严重，严重年份病株率达到 70%~80%。病毒病一般在露地种植的芹菜中发生稍重。2005 年以后斑枯病、褐斑病、病毒病发生程度较 90 年代偏轻，而菌核病逐年加重。

5.甘蓝病虫害。甘蓝病虫害有霜霉病、软腐病、小菜蛾、蚜虫、菜青虫等。天津市秋季十字花科蔬菜种植种类多、面积大，加之雨水偏少，利于小菜蛾、菜青虫等害虫发生，发生高峰期在每年 6~8 月。

三、农作物病虫害重度发生情况

1.稻水象甲。1990 年汉沽区首次发现稻水象甲。当年全市发生面积 3.73 万公顷，分布在汉沽区、宁河县、塘沽区、宝坻县等 9 个区县，天津市成立稻水象甲封锁除治领导小组，将汉沽区、宁河县、塘沽区三个区县的 10 个乡镇划为疫区，在本市主要公路设立植物检疫检查站。组织农民采用人工防治，结合综合防治技术体系，通过封锁除治，有效地控制了疫情。

2.褐飞虱。1991 年天津市迁飞性害虫褐飞虱大发生，在种植的水稻中严重发生，危害程度五级，造成水稻严重减产，全市 5.63 万公顷水稻受到不同程度的危害，其中重发生 2.6 万公顷，0.87 万公顷水稻绝收，损失稻谷共 3000 万公斤。

3.小麦吸浆虫害。2006 全市发生 6 万公顷，小麦吸浆虫在宝坻区和蓟县偏重发生，局部地区大发生。宝坻区史各庄镇卫国庄村种植的20 公顷小麦，90%地块每公顷单产不足 750 公斤。蓟县上仓镇南王庄村 66.67 公顷小麦 80%地块每公顷单产不足 750 公斤。局部地区暴发成灾，严重发生的地方是蓟县、宝坻区。蓟县个别田块每样方最高虫量达806 头，最高百复网成虫量 180 头，最高虫穗率达 21%。由于农民对吸浆虫危害程度认识不够，防治不积极，或根本没有防治，防治的面积小，为 2007 年积存下大量的虫源基数。春节后调查，宝坻区平均每样方达 16 头，最高量达 20 头，蓟县平均每样方达 110 头，最高达180 头，严重地块绝收。

4.草地螟。2008 年 8 月，草地螟成虫，大量迁飞侵入天津市。主要特点是：来势猛，蛾量大，范围广。据监测，蓟县、宝坻、武清、宁河等区县灯上蛾量大。8 月 3 日，单盏黑光灯蛾量均在千头以上。在蓟县、宁河县的沟渠杂草中调查，严重地块有成虫 200~300 头/平米，全市草地螟重发生高密度田块面积 0.7 万公顷。农田未发现幼虫，对本市农业生产未造成危害。

5.东亚飞蝗。1990~2010 年期间，全市东亚飞蝗共有 5 次偏重程度以上的发生。1995 年，东亚飞蝗在北大港水库、独流减河、子牙新河、静海东淀洼、大清河流域及团泊水库等蝗区重发生，发生面积为 12.53 万公顷，大面积芦苇被吃成光秆，部分农作物受灾，市植保站及时组织两架“运五”飞机进行大面积防治，使用 90%马拉硫磷原油超低量喷防，防治 12.7 万公顷次，重发生地区喷药二遍，防治效果达 90%。

2000 年，蝗虫大发生，面积达 6.46 万公顷，蝗蝻平均密度 5 头/平米，最高密度 3000 头/平米，宁河县东七里海局部重发生，部分起飞成灾。大港区的北大港水库、独流减河河心道，静海县、西青境内的独流减河分洪道等偏重发生，防蝗部门调用一架运五飞机进行防治。使用 90%马拉硫磷超低量喷防，同时施用锐劲特，宁河县七里海重灾区连续喷药三遍。地面人工采用 25%高氯马人工防治，防治面积达 3.34 万公顷。在最短时期内控制住灾情。

2001 年，全市夏蝗发生 7.55 万公顷，最高密度 3000 头/平米，夏蝗主要发生区为大港区的独流减河分洪道、子牙新河、港外荒地，宁河县七里海水库。采用飞机和地面人工相结合的防治方法，喷施马拉硫磷和高氯马，防治面积达 5.95 万公顷。

2002 年，蝗虫发生 7.96 万公顷，最高密度 3000 头/平米，主要发生地在大港区的独流减河泄洪道、大港水库、子牙新河、港外荒地、大苏庄农场；宁河县的东七里海、淮淀苇地；汉沽区的营城水库；武清区的大黄堡洼、陈庄村苇田、黄花店及石各庄撂荒农田；静海县中旺和蔡公庄撂荒农田；北辰区西堤头；宝坻区里自沽苇地。利用运五飞机进行防治的同时结合人工防治，防治面积达 4.39 万公顷。

2008 年，蝗虫大发生，发生面积 9.33 万公顷次，高密度发生地在大港区北大港水库，最高密度超过 3000 头/平米。利用运五飞机进行防治，防治面积达 8.5 万公顷，使用药剂为马拉硫磷原油和锐劲特。地面防控药剂使用高氯马。

第三节　防治技术

一、农业防治

20 世纪 90 年代以来，天津市贯彻“预防为主，综合防治”的植保方针，从农业生态系统的整体性出发，利用生物多样性，针对不同生态区农业生产水平和特点，生物群落和病虫草鼠的种群结构差异，建立以优化农作物种类、调整品种布局、轮作换茬、种养结合、加强水肥管理、草膜覆盖等生态调控措施为核心，以压低虫口密度，降低菌源基数为目标，制订相关技术规程，在小麦、玉米、水稻、蔬菜等农作物重大病虫害综合治理中有效发挥农田生态系统和农作物自然天敌的控害作用，达到减灾、增产、环保效果。通过调整品种布局和播插期，减轻病虫危害；利用轮作、加强田间栽培管理等防治蔬菜类土传病害。通过选育种植抗性良种、合理施肥、科学管水等措施控制农作物病虫害。

二、生物防治

20世纪以前，生物防治工作主要是调查害虫的天敌种类、分布及其优势种，部分防治应用生物农药和天敌。1991年以后，本市农业技术人员较系统进行天敌保护利用研究，引进蝗虫微孢子虫、卡死克等生物农药开展蝗虫生物防治试验示范。1996年开展“五十万亩玉米螟综合防治示范工程”，释放赤眼蜂防治玉米螟0.67万公顷，平均卵块寄生率为71%，被寄生卵块的卵粒寄生率平均为93.4%，玉米综合防治示范区增产5%。2000年，引进杀蝗绿僵菌、苦参碱等生物农药进行蝗虫生物防治试验示范。全市每年生物防治面积0.33~0.67万公顷左右。

2005~2010年，在宝坻区林亭口镇建立“大葱绿色防控技术集成示范区”，推广昆虫性信息素、生物农药防治等绿色防控技术，结合施用沼渣、沼液培肥地力，示范效果显著，提高大葱产量与品质。带动宝坻区0.13万公顷“三辣”特色农产品应用绿色防控技术。2010年，在武清区、东丽区、西青区、宁河县、静海县开展设施蔬菜病虫害绿色防控技术集成示范工作，累计建立核心示范区0.07万公顷，示范推广面积0.53万公顷。

三、化学防治

20世纪90年代以前，化学防治是防治病虫害的主要手段，农药品种较少，以有机磷类为主，占70%以上。1991年以后，化学农药生产与品种结构有很大改善，防治用药以毒死蜱、吡虫啉、啶虫脒、氟虫腈、百菌清、多菌灵等为主。2000年以后引进和推广噻虫嗪、甲氨基阿维菌素苯甲酸盐、天然除虫菊素、咪唑菌酮、和醚菌酯等高效、低毒和易降解的农药品种。禁止生产使用甲胺磷等一批高剧毒农药，示范推广高效低毒农药替代产品及施用技术。同时加快农药及器械的更新换代，国内外高效、低毒、低残留的农药和新型、高效、节能的施药器械如卫士WS—16型喷雾机等得到大量推广应用。并大力改进施药方法，实施科学用药，提高药效及农药利用率，减少用药量和环境污染。

四、物理防治

物理防治是采用物理方式诱杀害虫、消除病原菌的防治方法。主要采取色板诱杀、性信息素诱捕、杀虫灯诱捕、防虫网遮蔽、温汤浸种等措施。在蔬菜上大面积推广色板诱杀技术，悬挂黄板以诱杀蚜虫、粉虱、叶蝉、斑潜蝇等害虫，悬挂蓝板以诱杀蓟马、种蝇等；设施棚室大力推广使用防虫网。90年代中后期，种子包衣技术逐步替代晒种、高温浸种等物理防治技术。2005年，在宝坻区林亭口镇车辕轴村建立频振式杀虫灯诱杀甜菜夜蛾示范区，使害虫的密度和落卵量大幅度降低，防治效果明显。频振式杀虫灯在天津农业生产中得到推广应用。

五、综合防治

20世纪90年代以来，农作物病虫害综合防治的理论与技术不断完善，综合防治的研究与应用不断深入，综合防治的农作物面积均有较大扩展。并以每种农作物的重要病虫害群体为对象。到2010年发展到按特定生产，围绕特定农作物组建多病虫的综合防治体系。逐步由传统的防治病虫害为中心向保护农作物安全生长与环境安全为中心转变，进一步协调自然控制和人为防治，提倡公共植保、绿色植保理念。病虫害综合防治工作由侧重于粮食有害生物防控向粮经作物统筹兼防转变，由侧重于临时应急向源头防控、综合治理长效机制转变，由侧重技术措施向技术保障和政府行为相结合转变。组建专业化统防统治队伍，合理用药，减少农药用量，降低成本，减少农田污染。加大示范推广农业栽培技术，改进农药生产品种结构，优先应用生物农药，推广物理防虫技术。

第四节 植物检疫

一、检疫体系

1991年，天津市植保植检站负责全市农业植物检疫工作，12个涉农区县植保植检站负责本地区农业植物检疫工作，各区县配备3名专职植物检疫员，当年全市专职植物检疫员为41人。2008年天津市专职植物检疫员调整为55人。2001年天津市政府颁布了《天津市植物检疫办法》，2009年天津市农业局公布了《天津市农业植物检疫性有害生物补充名单》。新名单的公布使检疫工作更有针对性，同时摸清了天津市检疫性有害生物分布的情况，对指导疫情监测、制订防治措施等有着十分重要的现实意义。各地采取有效措施，严格依法检疫，规范开展农业植物调运、产地检疫和市场检疫工作。

二、检疫性有害生物

1991~2010年，天津市新发现外来有害生物16种，其中10种先后被列入全国检疫性有害生物名单，12种属天津市首次发现。天津市加大对农作物重大疫情调查研究，开展多种检疫性有害生物的快速鉴定、监测和控制的技术研究。捕杀了传入天津市的香蕉穿孔线虫疫情,有效控制了稻水象甲、美洲斑潜蝇和黄顶菊等外来有害生物疫情扩散蔓延危害。1991 年以后,全市采取检疫、农业、化防、物理防治等综合措施和规范检疫技术,严格依法检疫,加强省际间调运检疫、国外引种检疫审批,严格进行引种、苗木隔离试种,并通过立项研究,应用科学的技术有效监控除治稻水象甲、美洲斑潜蝇、黄瓜黑星病、番茄溃疡病等有害生物。

(一)稻水象甲

1990 年 6 月 1 日，植物检疫人员在毗邻唐山的汉沽区东尹乡高庄村首次发现稻水象甲疫情,是国内第二个发现该疫情的省市。市植保植检站检疫人员在摸清稻水象甲发生规律基础上,1992 年开始连续 18 年采用飞机大面积防治和人工防治相结合综合防治技术体系,通过封锁除治,有效地控制了疫情的西行南下。随着种植水稻面积减少,天津市稻水象甲发生面积也逐年缩减,常年发生面积在 1 万公顷左右。

(二)黄瓜黑星病

1990 年 5 月 7 日,西青区种植的黄瓜中发现黑星病。塘沽区、蓟县也有不同程度发生。通过治理,防止了疫情进一步蔓延。十余年来,狠抓种子检疫,同时进行有效防除,到 2000 年已经很难找到黄瓜黑星病现场。但是由于 2003 年后国内其他省份黄瓜黑星病发生程度加重,种子调运频繁,个别农户违规调运,使黄瓜黑星病再次传入天津市,并呈现加重趋势。

(三)假高粱

1990 年 7 月初,天津市首次在塘沽新港内铁路运粮线上发现假高粱植株。7 月 19 日,天津市立即在塘沽区召开了全市假高粱防治现场会,同时向市政府和农业部上报疫情,提出检疫防除措施。经普查,天津市塘沽新港铁路沿线,东丽区、北辰区京山铁路沿线,杨北、津塘公路两侧,汉沽区、武清县、静海县粮库等地都发现有大量的假高粱植株群落。疫情以塘沽区为中心,沿铁路和公路沿线向各区县散射，尤其是塘沽新港至天津 40 多公里长的铁路沿线假高粱植株密度最大,平均每千米有 30 多处,每处 2~30 株/平米。此后,至 2010 年前,农田中尚未发现假高粱。

(四)豚草

1991 年 7 月,天津市首次在塘沽区新港内发现生长茂盛的豚草植株。北方许多省市进口粮食都从塘沽入港,加之进口粮车封闭不严,夹杂在进口粮中的豚草种子撒漏在铁路沿线,正是天津塘沽新港发生豚草的原因所在。至 2010 年豚草仍局限在塘沽新港内零星发生,农田尚未发现。

(五)美国白蛾

美国白蛾是一种食性很杂、危害严重的危险性害虫,是国际上重要的检疫性害虫之一,1995 年 8 月在天津首次发现。市政府于 8月 19 日在塘沽区召开了美国白蛾查治现场会,提出了防治要求。据监测,2000 年,美国白蛾在天津发生面积有所扩大,发生程度加重。2010 年 8 月 13 日,由于前期杨树上白蛾防治不及时,致使部分区县农作物或蔬菜受到白蛾的危害。其中静海县和津南区的部分地块玉米、大豆和蔬菜受到第二代美国白蛾危害;静海县个别地块小麦、菜田和观光农业园受到三代美国白蛾危害。

(六)美洲斑潜蝇

1996 年 7 月 16 日,在天津市宝坻县首次发现美洲斑潜蝇。疫情发生后,市植保植检站制订出“天津市美洲斑潜蝇普查监测实施方案”。8 月 2 日市政府在北辰区组织召开了有主管区县长、农林局局长、财政局局长参加的全市查治美洲斑潜蝇紧急现场会,安排部署全市的查治工作。

(七)黄顶菊

2006 年,南开大学白玉华老师向天津市农业局有关部门报告首次发现外来有害生物杂草黄顶菊,当年在西青区、汉沽区、塘沽区、静海县等 4 个区县发生面积达 142.55 公顷。市政府下发《关于立即开展外来有害植物黄顶菊查治工作的紧急通知》,对大面积发生地块由街、镇政府组织除治,零星发生地块由检疫人员拔除,有效地控制了疫情扩散蔓延。

(八)栎树猝死病

2007 年 2 月 14 日,市植保站接农业部全国农技中心关于天津市宝坻区引进德国高山杜鹃种苗抽检样品中检测出有栎树猝死病菌的通知,市植保站高度重视,立即组织检疫人员赶到宝坻区进行实地调查该杜鹃的隔离种植及销售情况。经调查,该区东方进出口公司引进了 3650 株德国高山杜鹃,且大部分已销售。有关部门对未销售的杜鹃立即封存,现场集中烧毁,另责成引种部门追回已售杜鹃,立即处理。

(九)其他检疫性有害生物

天津市检疫系统通过普查还先后发现蔗扁蛾(2002 年)、向日葵列当(2002 年)、香蕉穿孔线虫(2002 年)、番茄溃疡病(2004 年)、苹果绵蚜(2008 年)、小麦全蚀病(2008 年)等危险性有害生物。2007 年12 月根据市政府与农业部签订《重大植物疫情阻截带建设责任书》的要求,利用性诱剂监测技术,在各区县设立 60 个疫情监测点,监测和防控检疫性有害生物稻水象甲、苹果蠹蛾等检疫性有害生物。

第五节 农药和药械

一、新农药的应用与推广

农药在农作物病虫害防治中占据重要位置。1991 年天津市即开始筛选高效低毒低残留农药在农作物中施用。农药使用时严格执行农药的安全使用标准,控制用药次数,掌握用药浓度,明确用药安全隔离期。大力推广植物生长调节剂,利用多效唑矮化株型提高农作物抗逆性,利用缩节胺调节棉花生长,利用乙烯利于桃、葡萄、梨、西红柿的催熟等。除草剂的使用快速发展。选择性除草剂苄嘧磺隆、苯磺隆、氟嘧磺隆、乙草胺、丁草胺、乙阿合剂、精喹禾灵、精恶唑禾草灵等,灭生性除草剂草甘膦和百草枯广泛应用于防除水稻、小麦、大豆、玉米、棉花等农作物草害。1991年,天津市北方种衣剂厂(后更名为天津科润北方种衣剂厂)取得农业部农药检定所登记,主要生产用于玉米、大豆、花生、棉花、小麦、杂粮及瓜果蔬菜等种子包衣的系列种衣剂和农药产品,年产10000吨左右,产品主要销往国内大型种业集团和东北、华北、华中等20多个省(自治区、直辖市)。

1994年本市引进苏云金杆菌防治棉铃虫,1996年引进阿维菌素防治棉铃虫、甜菜夜蛾、玉米螟、小菜蛾等鳞翅目害虫。以上2种生物制剂具有高效、光谱、对环境无污染等特点,逐渐成为本市防治棉铃虫、甜菜夜蛾、小菜蛾、玉米螟等鳞翅目害虫的最重要杀虫剂种类之一。

二、禁用高毒农药

2001年7月5日,天津市政府颁布《关于禁止在蔬菜等作物生产中使用剧毒高毒农药的通告》,禁止在蔬菜、瓜类、水果及中草药上使用甲胺磷、对硫磷、甲基对硫磷,甲拌磷、磷胺、甲基异柳磷、林丹等剧毒、高毒农药。2002年,天津市按照农业部颁布199号公告要求,明令禁止使用六六六、滴滴涕、毒杀芬、二溴氯丙烷、杀虫脒、二溴乙烷、除草醚、艾氏剂、狄氏剂、汞制剂、砷、铅类、敌枯双、氟乙酰胺、甘氟、毒鼠强、氟乙酸钠、毒鼠硅。禁止在栽种的蔬菜、果树、茶叶、中草药材中使用的农药19种:甲胺磷、甲基对硫磷、对硫磷、久效磷、磷胺、甲拌磷、甲基异柳磷、特丁硫磷、甲基硫环磷、治螟磷、内吸磷、克百威、滴灭威、灭线磷、硫环磷、蝇毒磷、地虫硫磷、氯唑磷、苯线磷。

在高毒农药禁用的同时,天津市先后筛选出防效优异的低毒、低残留农药品种0.4%的稳得,防治斑潜蝇、菜青虫、稻飞虱、蚜虫,防治效果达92%以上。3%啶虫脒,防治蚜虫效果达98%。菜喜、蔬丹、甲胺基阿维菌素防治小菜蛾,防效分别达97.2%、96.9%、95.7%。甲胺基阿维菌素、猎虫鹰防治棉铃虫,防效达93.2%、92.5%。20%博兴防治甜菜夜蛾、菜青虫,防效达95.8%。20%噻菌铜防治大白菜软腐病,防效达72.5%。BT(苏云金芽胞杆菌),防治菜青虫,小菜蛾防效达85.9%、83.7%。

2007年,按照农业部的要求,天津市取消甲胺磷、甲基对硫磷、对硫磷、久效磷和磷胺等5种高毒农药制剂产品的登记和生产许可证,在农业上全面禁止使用。

三、农药监管体系建设

2000年，天津市在市植保植检站药检科的基础上，组建天津市农药检定所，行政级别正处级，编制15人，从天津市植保植检站剥离，专门负责农药监管工作，实现了农药监管和经营的分离。

2000~2003年，全市12个涉农区县先后建立了农药管理机构，明确2~4人从事农药监管工作。2004年，静海、武清、宁河等区县又成立了执法大队专门从事农药市场监管工作。2005年，全市已经形成了以市农药管理机构为指导，按属地管辖原则，各区县独立开展农药监督检查任务。

四、药 械

（一）药械调查

根据全国农技中心药械处安排，全市植保系统于2002年10月对全市农药药械使用情况进行抽样调查。全市调查226户，农作物总种植面积1439.34亩。调查结果显示，本市农户已使用工农-16型手动喷雾器的占85.45%，使用年限4年以上的占52.42%。调查发现，农用药械质量差，跑冒滴漏现象严重，既造成浪费，又污染环境，而且农药利用率低，还易造成农药中毒事故。

（二）新型药械推广

1.背负式喷雾器。市植保部门自2003年开始推广山东卫士牌背负式喷雾器，该药械具有质量好、压力高、雾化好等特点，并避免了跑冒滴漏。

2.机动喷雾器。2004年结合植保工程，有害生物预警与应急处置项目，大批量引进推广机动超低量喷雾机，提高作业质量、降低成本、减少施药人员的工作强度、加速防治进度、提升防治质量。

3.自走式旱田喷杆喷雾机。2007年推广北京丰茂自走式旱田喷杆喷雾机，实现植保机械从手动到机械化的跨越。

4.烟雾机。2008年推广新型烟雾机，同年5月在宝坻区示范演示证实，该新式烟雾机防治小麦吸浆虫、蚜虫、蔬菜害虫，效果显著。

5.车载喷雾机。2008年推广大型车载喷雾机，75马力拖拉机做动力，配800升药箱，旋转式多喷头实施喷雾，喷射程达40米，用于蝗虫防治，防效显著，丰富了防治手段，提高了施药水平，提升了应急救灾的防治能力。

6.热力烟雾机。2008年在农业设施中推广使用热力烟雾机。

7.大型风送喷雾机。2009年推广牵引式和悬挂式大型风送喷雾机。

8.背负式静电喷雾器。2010年推广背负式静电喷雾器。

9.农业飞机。1991~2008年，天津市多次租用河北冀化航空公司的农业飞机防治东亚飞蝗。

该飞机具有低空飞行能力强、操作简便、稳定性好等特点。1992年还租用飞机防治稻水象甲等水稻害虫，都取得了较好的防治效果。

（三）防蝗药械和药剂

1991~2008年，以大型运五飞机和小型蜜蜂飞机超低量喷雾为主，地面配合使用机动喷雾机防治。2008~2010年，以大型运五飞机和大型车载式喷药机械为主，地面配合使用机动喷雾机防治。陆续引进担架式喷雾器、烟雾机、静电喷雾器。

1991~2000年主要喷施马拉硫磷化学农药进行防治；2001~2002年主要喷施马拉硫磷原油，同时试验锐劲特化学农药进行防治；2003~2010年主要喷施马拉硫磷化学农药和生物农药，生物农药以蝗虫微孢子虫、绿僵菌为主。

（四）药械保有量

1990~2010年期间，全市植保机械保有总量变动不大，但其中背负式喷雾器数量呈下降趋势。2010年，全市植保机械保有量总计547914台。其中：手动植保药械541180台，占全市植保机械保有量的91.4%，背负式机动药及小型机动药械6208台，大型机动药械121台，手持电动喷雾器405台。

五、专业化防治队伍

20世纪90年代初，天津市的防治模式以一家一户的防治为主，2008年提出发展专业化统防统治，促进传统的分散防治方式向规模化和集约化统防统治方式转变。大港区和宁河县各建立两个病虫专业化防治队伍，装备高效远程喷雾器等新型高效防治设备。武清区大碱厂镇成立保农仓病虫害防治专业合作社。西青区成立以农资店、农药经营大户为主的专业化防治组织。到2010年，全市有病虫害专业化统防统治组织36个，拥有机动、电动防控机械数量845台套。其中大中型防控机械数量70台套，小麦、棉花、水稻、设施蔬菜以及东亚飞蝗专业化统防统治面积达12万公顷次。

第五章　土壤肥料

1991~2010年，天津市重点开展了氮磷配合施用、测土配方施肥、水肥一体化等施肥技术的研究推广工作。陆续建立了市、区县化验室，构建了土壤肥料监测体系，提升了全市土壤肥料监测能力。加强了耕地质量管理与肥料管理法规建设，颁布实施了《天津市耕地质量管理办法》和

《天津市肥料管理条例》。

第一节 土壤肥料监测

1990年后，市、区县土壤肥料工作站化验室先后承担了耕地地力调查项目、土壤养分相关检测和灌溉水质的监测任务。

一、长期定位监测

1996年，市土壤肥料工作站对全市主要耕地土壤的养分、生产条件、种植作物、施肥状况进行了长期定位监测，设立监测点位6个。2010年，监测点增加到8个，其中5个点提升为国家级监测点。代表褐潮土、普通潮土、盐化潮土、湿潮土等全市主要土壤类型，覆盖小麦、玉米、水稻、蔬菜、果树等主要农作物种植区域。通过监测分析，掌握年度农田地力变化状况，提出相应的地力保护措施，为制定农业农村规划、调整农业种植业结构等提供科学依据。

二、基本农田地力调查

2005年，市土壤肥料工作站组织各区县土肥技术人员开展基本农田地力调查工作，采集土壤样品3050个，检测全氮、有效磷、速效钾、pH值、电导率、有效硼、有机质、硫酸根、氯离子、碳酸根、碳酸氢根、钙、镁离子、钾、钠离子、有效铜、铁、锰、锌等19个项目，获得有效数据57950个，建立了土壤样品库和耕地质量（理化）数据库，用于指导农业生产。

表2-5-1-42 2005年天津市基本农田土壤理化指标概况表

项目名称	平均值	最大值	最小值	丰缺程度
有机质（克/千克）	16.8	70	3.3	中等偏下水平
全氮（克/千克）	1.1	3.1	0.3	中等水平
有效磷（毫克/千克）	30	653.8	0.3	中等偏上水平
速效钾（毫克/千克）	225	1190	34	高水平
有效铜（毫克/千克）	2.5	110.9	0.04	丰富
有效锌（毫克/千克）	3.7	653.6	0.01	部分缺
有效铁（毫克/千克）	10.9	195.6	0.08	基本不缺
有效锰（毫克/千克）	9.7	684.4	0.003	部分缺
有效硼（毫克/千克）	0.3	1.6	0.02	严重缺
全盐（克/千克）	1.3	21.1	0.2	轻度
pH	8.2	9.5	5.6	碱性

三、市土肥测试中心建设

1996年，在天津市农业技术推广服务中心综合化验室的基础上成立了天津市土肥测试中心，为天津市土壤肥料工作站内设机构，该中心拥有紫外分光光度计、火焰光度计、721分光光度计、土壤肥料速测仪等仪器设备15台套，承担了土壤墒情监测、土壤水分、有机质、pH、碱解氮、有效磷、速效钾等项目检测。2003年在原天津市土肥测试中心基础上建立了天津市土壤肥料工作站检测中心，面积约350平方米。新购置了原子吸收分光光度计（德国进口）、紫外分光光度计、火焰光度计、723分光光度计、进口全自动定氮仪、全自动电子天平等仪器30多台套，设置了药品室、样品室、处理室、天平室、精密仪器室、土壤分析室、肥料检测室等。完成了市级计量认证。

第二节　地力培肥

一、秸秆还田

1989~1993年，市土壤肥料工作站分别组织有关项目县在蓟县东二营乡、宝坻县黑狼口村、武清县聂庄子乡等地，采取秸秆堆沤、粉碎、过腹还田技术模式，进行秸秆还田技术试验示范，秸秆还田3.78万公顷，每公顷还田秸秆3000~4500公斤，玉米生长期间覆盖在玉米行间。通过秸秆还田两季后土壤有机质、全钾、全磷、有效磷等养分均有提高，pH值得到改善，配合氮肥的施用，提高土壤有机质含量；改土培肥，提高土壤养分的供给能力；提高土壤蓄水保墒能力；提高化肥利用率。经过4年秸秆还田，结果显示土壤有机质提高了0.56克/千克，碱解氮上升了11.57毫克/千克，速效磷提高了11毫克/千克，速效钾提高了20毫克/千克，土壤容重下降0.06克/立方厘米。

2000~2001年，市土壤肥料工作站组织武清、宝坻和蓟县等区县实施农业部秸秆还田及利用综合配套技术丰收计划项目。两年推广秸秆还田及综合配套技术，技术覆盖面积8.61万公顷。其中推广小麦秸秆快速腐熟还田面积1.07万公顷，秸秆覆盖还田5.67万公顷，玉米秸秆还田1.87万公顷。秸秆还田量33万吨，项目区秸秆还田率超过90%，小麦平均增产13%，玉米平均增产10.8%，增产4621.36万公斤。

二、快速高产技术

1991~1993年，市土壤肥料工作站分别组织静海、蓟县项目县开展小麦、玉米瘠薄半干旱地快速高产技术的研究。在静海县独流镇、杨成庄乡、台头镇和子牙镇等4个乡镇16个村小麦作物示范733.3公顷；在蓟县下仓、大堼上、下窝头、东施古和东二营等地的34个村玉米作物示范666.7公顷。示范主要进行深耕深松打破犁底层，加厚耕作层，每公顷增施有机肥3万公斤，试验结果显示活土层增厚15厘米，土壤孔隙度提高14.7%，容重下降4.25%，有机质提高0.32%。

三、平衡施肥

1997~2002年，市土壤肥料工作站组织宝坻区、静海县等区县开展平衡施肥技术的推广应用，以测、配、产、供、施全程服务为手段，研究、推广平衡施肥技术。通过摸清土壤肥力现状，制订土壤养分丰缺评判标准，建立主要农作物施肥模型，确定最佳施肥方案并组织实施，共推广6.08万公顷，农作物新增总产量12672.6万公斤，新增总产值8613.6万元，平均提高肥料利用率11.5%。该项目获2003年农牧渔业丰收计划二等奖。

四、沃土工程

2004~2006年，市土壤肥料工作站实施农业部沃土工程项目，在宁河县廉庄乡建立万亩综合示范区，在种植水稻、玉米等农作物的地块内示范应用秸秆还田、有机肥培肥、平衡施肥等技术，通过技术核心示范与应用，使示范区耕地肥力提高了1个等级，肥料利用率提高10%，示范区粮食生产能力提高10%左右，每公顷增收1200~1500元。

五、设施基地土壤培肥技术集成

2008~2010年，市土壤肥料工作站针对新建设施基地土壤肥力低的状况，实施新建设施基地土壤培肥建设技术集成示范，在宝坻区、武清区、静海县、西青区、津南区等5个区县12个乡镇18个村新设施基地建立核心示范区3.67公顷、技术示范区41.33公顷。主要采取堆沤粪肥、精制有机肥、生物有机肥、秸秆还田、测土配方施肥等技术措施集成试验示范，累计示范推广733.33公顷。示范区土壤有机质提高6.89克/千克、全氮含量提高56.6%、有效磷含量提高256%、速效钾含量提高152.9%、缓效钾含量提高17.3%、全磷含量提高30.4%、全钾含量提高9.7%，土壤容重降低9.4%，总孔隙度提高9.2%；培肥后细菌总数提高172%，真菌提高175%，放线菌提高1015%。通过项目的实施构建了新建设施基地土壤培肥技术模式和体系。

六、土壤有机质提升

2000~2010年，武清区、宝坻区农业部门组织实施农业部土壤有机质提升补贴项目，主要推广玉米秸秆还田腐熟技术，实施区秸秆还田率超过95%，基本杜绝焚烧秸秆的现象。减少化肥施用量10%,土壤理化性状明显改善,土壤有机质含量稳步提高。在畜禽养殖大县宁河县、静海县的粮棉高产示范片组织实施有机肥补贴,选择生产能力强、肥料产品已办理登记证的本市有机肥生产企业,消纳规模养殖产生的畜禽粪便等废弃物,实施面积3333.3公顷。

七、耕地地力提升

2000~2010年,市土壤肥料工作站在全市范围内通过实施农业部项目,示范推广秸秆还田、平衡施肥、测土配方施肥等技术,使耕地地力水平得到了一定程度的提高。土壤养分长期定位监测结果显示,耕层土壤有机质平均含量由16.4克/千克提高到20克/千克,全氮平均含量由0.94克/千克提高到0.99克/千克,有效磷平均含量由13.2毫克/千克提高到22.6毫克/千克,速效钾变化较小,基本维持在240毫克/千克左右,缓效钾由1005毫克/千克提高到1113毫克/千克。

第三节 耕地质量与肥料管理

一、耕地质量管理

1999年,天津市土壤肥料工作站依据国家《基本农田保护条例》和《天津市基本农田保护条例》的规定,在蓟县、宝坻、静海、津南、汉沽、西青、北辰、宁河等区县,建立8个基本农田地力与施肥效益长期定位监测网点,每年形成监测报告,向本级人民政府提出基本农田地力变化状况报告以及地力保护措施,为农业生产者提供施肥指导服务。

2005年,市土壤肥料工作站依据《全国耕地地力调查与质量评价技术规程》开展全市基本农田地力调查,采集3050个土壤样品,进行农户调查、地块具体情况调查、土壤理化性状及养分分析,制订分区改良培肥与合理利用规划,为确保耕地质量的稳定和提高,指导耕地所有者加强耕地质量保护和耕地质量建设,合理使用耕地、有效提高耕地质量和耕地生产效能提供数据基础和决策支撑。

2007年8月13日,天津市人民政府第100次常务会议通过《天津市耕地质量管理办法》。办法强调耕地保护原则,强化耕地保护责任制,明确耕地等级认定制度,细化食用农作物种植用地保护制度,注重使用和保护并重制度,为耕地质量保护工作提供规章依据。

二、肥料管理

行政审批管理。1996年,天津市农林局颁布《天津市农用肥料检验登记管理办法》,规定在天津市范围内用于农业的含氮、磷、钾的复混(混配、配方)肥,加微量元素或稀土的复混肥,有机无机复混肥，各种农作物专用肥，农作物育秧（苗）营养或调酸肥等制品均属本办法管理范围。2000年6月，天津市按照农业部颁布的《中华人民共和国农业部肥料登记管理办法》（32号令），开展肥料登记工作。2009年11月19日，天津市第十五届人民代表大会常务委员会第十三次会议通过《天津市肥料管理条例》，并于2010年2月施行。以地方法规的形式确定了肥料登记和备案制度，并把园林用肥纳入肥料登记管理的范畴。2010年，市土壤肥料工作站对全市76家肥料企业的复混肥、掺混肥、有机肥等产品进行登记。

肥料执法监督。1989~2000年，天津市主要依据农业部发布的《中华人民共和国农业部关于肥料、土壤调理剂及植物生长调节剂检验登记的暂行规定》和农业部与国家工商行政管理局联合下发的《关于进一步加强肥料、农药、种子市场管理的通知》，规范肥料、土壤调理剂及植物生长调节剂的生产、推广和使用，有效打击假劣肥料产品，保护合法生产厂商和农民利益。2000~2009年，天津市农业行政主管部门依据农业部颁布的第32号令《农业部肥料登记管理办法》对辖区内的肥料生产、经营和使用单位的肥料进行多次定期或不定期监督、检查。2010年2月，《天津市肥料管理条例》实施后，从肥料的生产、经营、使用、管理等四个方面进行规范并设定相应的处罚条款。规定市和区、县农业行政主管部门负责本行政区域内肥料管理工作，具体监督管理工作由其所属的土壤肥料管理机构负责。2010年依法确立耕地质量与肥料管理执法类别，基本建立了执法队伍，全市持证执法人员54人，其中市站执法人员13人，区县执法人员41人。肥料行政执法对象包括肥料生产企业76家，肥料经销单位1500余家，涉及各类肥料35万吨。

第四节 化肥与有机肥

一、化 肥

20世纪90年代以前，天津以施用氮质肥料为主，在此期间，武清县、宝坻县、静海县在大田作物开展了各种复混（合）肥料品种的筛选和长效肥料（涂层尿素、长效碳酸氢铵）试验，确定了不同地区不同农作物适用的肥料品种，开发了各种农作物的专用复混（合）肥料。2007年，市土肥站开始在西青、武清、宝坻、大港、汉沽等区县进行园田作物果树、蔬菜等的水溶肥料筛选试验，筛选出适合各种农作物生长的水溶肥料品种。在大田作物上，随着市场上缓控释肥料品种逐渐增多，2010年在宝坻区种植的水稻田中开展缓控释复合肥料的田间试验。化肥使用量（折纯量）明显增加。据统计，全市年化肥使用量1990年为6.89万吨；2000年增加到16.64万吨，比1990年增加了142%；2010年达到25.54万吨，比1990年增加了271%。20年间化肥使用量平均每年增加0.93万吨。

二、有机肥

天津有机肥主要包括人、畜禽粪便和农作物秸秆及绿肥，资源丰富。经测算，天津畜禽粪便资源量 1991 年为 219.14 万吨、2000 年为 399.42 万吨、2010 年为 555.58 万吨。农作物（小麦和玉米）秸秆量 1991 年为 164.08 万吨、2000 年为 115.04 万吨、2010 年为169.81 万吨。1991~2000 年，有机肥使用量逐年减少，比 20 世纪 80年代后期减少 40%~50%。90 年代初有机肥料品种为农家土杂肥、粪尿肥，少部分施用经过腐熟和粉碎的秸秆肥料进行还田。1990 年起，天津市陆续在西青、静海、宁河、宝坻等区县引进 22 种绿肥进行试用筛选，确定了毛叶苕子、箭舌豌豆、红三叶、白三叶草及红豆草等 8种绿肥原料适合在天津市种植。2000 年至 2001 年，在武清、宝坻和蓟县等区县实施农业部秸秆还田及利用综合配套技术丰收计划项目。两年推广秸秆还田及利用综合配套技术，覆盖面积 8.61 万公顷。随着园田规模扩大，人工成本增加，园田有机肥料的施用以商品畜禽粪便和商品有机肥为主。施用方式方面，肥料的施用方式在大田上以基施旋耕，追施沟施或撒施，随后浇水的方式为主。园田肥料以有机肥和少量的化学肥料做底肥，追肥肥料以溶于水后随水冲施化肥方式为主。

有机肥一般都是直接就近还田，但近年来随着居民对农产品质量要求的提高，有机肥受到一定的重视。天津市一些企业将畜禽的排泄物进行加工处理，制成有机肥料出售，但天津市有机肥生产规模较小，有机肥产业化处于起步阶段。

第五节　科学施肥技术

一、氮磷配合施用技术

1988~1995 年，市土壤肥料工作站在冬小麦上推广以“氮磷配合”为主要内容的施肥技术，实施面积 7 万多公顷，增产粮食 1000 万公斤。

二、稀土农用新技术应用与推广

1992~1995 年，市土壤肥料工作站进行稀土农用新技术试验示范，施用稀土后小麦平均增产 8.5%，玉米、大豆平均增产 11%和 12%，西瓜、白菜平均增产 9.65 和 9.6%。至 1995 年推广了 1650 公顷。1996~1997 年，在宝坻县和静海县的麦田上推广了 2.71 万公顷、玉米田推广 2.7 万公顷。

三、钾肥施用技术

1995 开始，全市农业部门在种植的冬小麦和玉米等农作物中开展了钾肥施用试验，依据各区县土壤速效钾和缓效钾含量的不同，推广了生物钾肥和硫酸钾肥肥料施用技术。通过试验、示范测产，钾肥的推广应用效果不一，重新确定了全市土壤速效钾含量临界值 150毫克/千克的指标。全市的小麦公顷单产从 1990 年的 4320 公斤，提高到 1995 年的 4560 公斤。

四、微量元素肥肥效试验

1993~1996 年，市土壤肥料工作站组织各区(县)土肥技术人员开展微量元素肥效试验。武清县上马台乡因土壤有效锌供给不足造成大面积水稻出现小叶病，通过追施硫酸锌，减轻水稻小叶病的发生。诊断全市水稻作物缺锌，通过水稻作物施用硫酸锌肥的肥效试验，确定在水稻生育期每公顷底施 30 公斤硫酸锌，平均亩增产 8%。1996 年武清县开展钼肥在大豆作物的施用试验，试验2 年，受钼肥价格限制，未能大面积推广。

五、硅钙肥、硫肥试验

1995~1996 年，全市农业部门在水稻作物上开展中量元素的硅钙肥试验，在玉米作物开展硫肥试验。据调查，在水稻作物中施用硅钙肥后，水稻秸秆硬实度增加，增产增收效果不明显。在玉米作物中施用硫肥后，土壤硫元素含量小于 10 毫克/公斤，施用硫元素效果明显。

六、秸秆腐熟剂

1995~1997 年，市土壤肥料工作站在武清县和宝坻县开展以秸秆还田为主要内容的沃土工程，通过筛选秸秆腐熟剂，寻找天津市适合的秸秆腐熟产品。经过秸秆腐熟试验和田间施用效果对比，确定“301菌剂”和“酵素菌”作为腐熟小麦秸秆的腐熟产品用于大田和设施园田。

七、测土配方施肥

2006~2010 年，全市农业部门围绕“测土、配方、配肥、供肥、施肥”五个环节开展野外调查、采样测试、田间试验、配方设计、配肥加工、示范推广、宣传培训、数据库建设、耕地地力评价、效果评价、技术研发等 11 项工作。2006 年，在静海县、蓟县开展了测土配方施肥技术的推广。2007 年，在宝坻区、武清区、宁河县推广。2008年，在东丽区、西青区、津南区、北辰区、大港区推广。2010年，在塘沽区和汉沽区开展市级测土配方施肥技术，推广应用配方肥 44.8 万吨，实现了测土配方施肥技术全覆盖。2006~2010 年，全市推广测土配方施肥面积 183.47 万公顷，减少不合理施肥量3.2万吨(纯量),节本增效17.8亿元。在推广过程中建立了测土配方施肥数据管理系统,对29756个农户基本情况和37673次施肥情况进行调查,检测29717个土壤样品和250个植株样品,完成388个"3414"(三因素四水平十四个处理)肥效试验和6个肥料利用率试验,开展中量元素硫、微量元素铁、锰、铜、锌在小麦上的施用试验和钼、硼在花生、苹果上的试验等。蓟县、静海、宝坻、武清、宁河、东丽、西青、津南、北辰、大港等区县完成了本区县的耕地地力评价工作,建立专家施肥查询系统。静海县在静海镇、蔡公庄镇、陈官屯镇、双塘镇综合服务大厅布设4台施肥查询系统,西青区在部分乡镇农资店和大型园区设置14台触摸屏,供农户查询使用。2009年启动开展矫正推荐施肥技术的推广工作,引进矫正推荐施肥技术软件。通过参数试配、试验修正、系统维护等环节使系统能够适合天津的施肥模式,指导农户科学、合理、环保、经济施肥。

八、水肥一体化

2000年,市土壤肥料工作站从山东省引进压差罐式施肥器,在原有滴灌带灌溉管网系统的基础上改造加装施肥器,进行设施蔬菜果树水肥一体化技术的示范研究。2000~2003年,在静海县、武清区设施农业基地进行黄瓜、西红柿、甜瓜、辣椒等蔬菜的肥料配比试验,取得节水45%、省肥15%、增产10%的效果并研究制订了黄瓜、西红柿、辣椒的滴灌施肥推荐方案,开发适于滴灌全水溶蔬菜滴灌专用肥料配方。2004~2010年,陆续在静海县等10个区县的23个乡镇建立30个水肥一体化技术示范基地,核心示范面积670公顷,辐射带动1770公顷,在黄瓜、番茄、辣椒、茄子、甜瓜、葡萄、冬枣等蔬菜作物和果树中应用。经多种设施蔬菜示范,与传统地面灌溉水冲施肥模式比较,平均每公顷节水1200立方米,节水40%;每公顷节省肥料525公斤,节肥20%,减少投入2250元;微灌设备水肥同步管理,局部灌溉减少杂草生长,节省灌水施肥、中耕除草与喷药所需劳力。每公顷增产1.5万公斤,增产15%,节本增效2.25万元。微灌有利于改善土壤理化性状,土壤疏松和通气性好,冬春季提高地温2~3℃,促进养分转化吸收;改善棚室微环境、降低保护地棚室湿度,明显减少土壤表面水分蒸发、降低空气湿度8%~15%,抑制喜湿性真菌病害发生,农药用量减少15%~30%;节省传统灌溉修渠占用的土地,减少土壤养分淋失和对地下水的污染。

第六章 农业环境保护

一、农业资源环境法制建设

2000年5月24日，天津市人民政府颁布实施《天津市农业生态保护办法》（天津市人民政府令第23号），办法从保护和改善农业资源生态环境，控制和治理农业环境污染，提倡和鼓励农业清洁生产等方面进行了规定；2006年3月16日，天津市质量技术监督局发布了《城市再生水灌溉农田水质标准》（DB12/T264-2006），为天津市农田利用城市再生水进行灌溉提供了标准依据。办法和标准的出台，对于推动本市农业环境保护工作起到了积极作用。

二、生态农业建设

（一）国家级生态农业试点县建设

1994年，宝坻县被列为全国首批50个国家级生态农业试点县之一，建设期为1994~1998年。该县制定了《宝坻县生态农业建设总体规划》，5年期间累计投资3.56亿元，实施了以水利设施建设为重点的农田基础建设工程、以农田林网建设为重点的植树造林工程、以光热资源开发为重点的立体种植工程、以提高畜禽生产水平为重点的畜禽基地建设工程、以获取农业延伸效益为重点的农业接口工程、城镇环境美化净化工程、农业新技术推广工程等七大生态农业建设工程，实现了县域经济持续增长，环境全面改善的目标。全县国内生产总值较1993年增加244.3%，农村经济纯收入和农民人均纯收入分别比1993年增长175.8%和191.7%。全县土壤肥力稳步提高，有机质含量由1993年的1.58%提高到1.63%；高产稳产农田面积达到6.16万公顷，较1993年增加1.03万公顷；农作物秸秆还田率由1993年的49%增加到71%。全县人均水资源占有量由1993年的739立方米提高到805立方米；全县林木覆盖率达到13.8%，比1993年增加4.5个百分点；城镇林木覆盖率达到30.1%，比1993年增加10个百分点。1999年，宝坻县生态农业示范县建设通过国家验收。

2000年，武清区被列为全国第二批51个生态农业示范县之一。建设期为2000~2003年。该区制定了《武清区生态农业建设总体规划》，3年中累计投资2.1亿元，组织实施了林草建设工程、蓄水能力建设工程、无公害蔬菜基地建设开发工程、奶牛产业化工程、高新生态农业现代化示范园区工程、农田节水建设工程等 11 项生态农业建设工程。到 2003 年,全区国内生产总值、农业增加值、财政收入、农民人均收入与 1999 相比,分别增长 68.6%、37.7%、249%和 44%。森林覆盖率由 14.4%提高到 16.8%;节水灌溉面积占有效灌溉面积的 85%;养殖业产值占农业总产值由 27%提高到 50%;粮食作物和经济作物种植比例由原来的 6:4 调整到 5:5;科技进步对农业增长的贡献率由 50%提高到 55%; 土壤有机质稳定在 1.2%~1.6%。区域农业生态环境得到改善,农业生产条件进一步改善,农民收入进一步增加,资源综合利用率显著提高,经济、生态、社会效益显著。2004 年,武清区生态农业示范县建设通过国家验收。

(二)生态村创建

1995~2005 年,天津市开展生态村创建工作,采取乡镇逐级申报、专家考察评比、政府发文确定的方式组织开展。截至2005 年,天津市共创建 113 个经济发达、生态经济结构合理、环境优美的生态村。总结出一批适宜于天津农村实际的高效生态经济模式,如稻田养蟹养鱼,枣粮间作,宁河生态农场的"种、养、加"结合模式,武清区的"猪、沼、菜"等模式。积累了村域生态农业建设经验。

(三)清洁工程示范村建设

2010 年,在农业部的支持下,天津市组织蓟县穿芳峪乡毛家峪村、静海县唐官屯镇长张屯村、宁河县岳龙镇小阎村 3 个村,开展了农业部农村清洁工程示范村建设,通过实施田园清洁设施建设、家园清洁设施建设、公共清洁设施建设以及清洁生产技术推广等工程,示范村总体实现化肥、农药施用总量减少 30%左右,肥料农药的利用率提高 3%以上,农业投入品肥料、农药包装袋(瓶)、地膜等废弃物田间回收率达到 90%以上,农作物秸秆资源化利用率达到 80%以上,生活污水收集率和无害化处理率达到 80%以上,生活垃圾收集率达到 100%。示范村实现了农业生产、农民生活和农村生态和谐发展的目标。

三、城市再生水农业利用

2002 年, 天津市被农业部列为全国实施城市污水处理资源化农业回用的 4 个试点示范城市之一,天津市投资 175 万元在武清区东蒲洼乡后河淤村建立天津市第一个城市再生水用于农田灌溉的试点工程,该试点工程依托武清区第一污水处理厂处理后的水,通过储存塘净化等技术措施的实施进行 133.3 公顷大田作物的灌溉试验。2004~2005 年,天津市投资 100 万元,依托武清区城市再生水农田灌溉试点,实施了"城市再生水灌溉农田安全技术体系"科技支撑项目研究,通过开展再生水储存塘净化工程、快速生物监测技术、再生水农田灌溉水质标准、再生水农田灌溉制度及农田环境定点监测、定期评价制度研究,建立了城市再生水灌溉农田安全技术体系。研究结果表明,再生水灌溉产出的农产品符合国家食品卫生标准;每公顷农田每年节省淡水资源 5400 立方米，133.3 公顷示范区面积年节水 72 万立方米。2004~2005 年小麦平均产量与项目实施前 3 年该种植区的平均产量增加 10.65%，夏播玉米平均产量与项目实施前该种植区的平均产量增加 26.8%。2 年新增利润 81.1 万元。城市再生水灌溉农田，与深机井提水灌溉相比，节电节支效果明显，每公顷年节电 1200 度，节省电费 720 元，项目示范区的节支总额达到 19.2 万元。2007年，天津市依托蓟县污水处理厂，通过输水工程、蓄水工程、提灌工程等工程建设，在蓟县洇溜镇建立了 1 个面积 333.33 公顷的再生水灌溉农田示范基地，经两年的安全性跟踪监测，示范区农田土壤、浅层地下水均没有污染物超标现象，农产品品质达到国家食品卫生标准，示范区粮食增产直接效益达到 93.37 万元。

四、农产品产地适宜性的划定与调整试点

2007~2008 年，天津市东丽区被农业部列为全国首批两个农产品产地禁产区划分试点示范区之一，实施完成了试点区域 300 个样品（包括土壤、植物、农用水、底泥、人发、水产、畜禽等）的采集、监测分析、数据统计、资料调查等工作。监测项目包括铅（Pb）、镉（Cd）、汞（Hg）、砷（As）、铬（Cr）、铜（Cu）、锌（Zn）、镍（Ni）8 大重金属类、pH 值、阳离子交换量、有效氮、有效磷、有效钾、有机质、全磷、全氮等 16项，获有效数据 3000 多个。编制了《天津市农产品产地适宜性调整试点技术报告》，提出了天津市东丽区大毕庄镇重污染区农产品产地适宜性调整建议和方案，为本市乃至全国开展耕地重金属污染防治提供了参考。

五、农业污染源普查

根据国务院的部署，2007 年 8 月，天津市全面开展了农业污染源普查工作，按照《第一次全国污染源普查方案》和《农业污染源普查技术规定》的要求，制定了《天津市第一次农业污染源普查实施方案》，先后开展了普查前期准备、产排污系数监测、人员培训、清查摸底、普查表格入户填报、数据审核录入、质量核查、数据审核和汇总分析、数据上报等各项工作。全市共对 156 个乡镇、23 个农场、8116户农户进行了种植业普查和抽样调查，涉及耕地面积 37.04 万公顷（其中旱地 35.56 万公顷、水田 1.48 万公顷），园地面积 3.16 万公顷（其中果园 2.98 万公顷，其他 0.18 万公顷）。普查规模化畜禽养殖场642 个，养殖小区 345 个，养殖专业户 14947 户；规模化水产养殖场 77 个，养殖专业户 5296 户，养殖总面积 3.78 万公顷。通过普查，基本查清了农业污染源的基本情况，收集了一套全面、系统地反映天津市农业污染环境状况的基础资料。

六、农业清洁生产技术推广

2008~2010 年，天津市先后在武清区、静海县、宁河县、宝坻区等 8 个区县的农业设施中，建

立了 48 个秸秆生物反应堆技术应用示范点。示范点主要以玉米秸秆为原料，通过开沟、铺秸秆、撒菌种、覆土、浇水、打孔、定植等程序，将秸秆在专用微生物菌种的作用下，定向转化成植物生长所需的二氧化碳、热量和养料等，既实现作物的优质、高产，又避免了秸秆焚烧对环境的污染。示范结果表明，通过推广应用该项技术，每公顷大棚减少农药、肥料投资 2.25 万元，转化秸秆 6~7.5万公斤，农作物产量增加 15%~30%，农民纯增收益最高可达 4.5 万元。

七、农业野生植物保护管理

2004 年，天津市农业局成立"天津市农业野生植物保护领导小组"及其办公室。2003~2010 年，连续 8 年开展天津市国家重点保护农业野生植物和地方保护物种资源调查工作，累计调查物种 130 余种，采集标本 300 多个，拍摄照片 900 余张，制作物种分布图 30 余幅。基本掌握了本市境内分布的 10 余种国家重点保护农业野生植物及 120 余种地方保护物种的分布状况。2006 年，农业部批准武清区野生大豆原生境保护点建设项目，这是天津市第一个国家级农业野生植物原生境保护点，国家投资 106 万元，完成保护点围栏、看护房等基础设施建设，保护点总面积 66.67 公顷。2010 年，农业部批准蓟县野生核桃楸原生境保护点建设项目，核批资金 150 万元，保护点总面积 133.33 公顷。通过 2 个保护点的建设，确保了目标保护物种不受外界人为和牲畜干扰破坏，对目标保护物种的种群自然生长起到了有效保护作用。

第七章　农村能源开发利用

天津市农村能源的开发利用主要以可再生能源为主。20 世纪 90年代，在巩固沼气建设成果的同时开展了沼气综合利用和省柴节煤、太阳能、风能、地热能等实用技术推广，推进了农村能源综合建设、农村能源产业及服务体系建设。21 世纪初，积极推广"四位一体"生态模式。加大了农村户用沼气、太阳能热水器和秸秆气化集中供气工程建设。

第一节 农村沼气

一、户用沼气

20世纪90年代，天津市农村的户用沼气池是按照国家《户用沼气池标准图集》(GB/T 4750-1984)修建的，因与猪圈和厕所相结合，称为"三结合"沼气池。为使沼气在解决农民生活用能的同时发挥在农业生产中的作用，开展了沼渣、沼液的综合利用，主要用于农田施肥、沼液喂猪和沼液养鱼。1992年3月，由天津市农村能源办公室、农业部环境保护科研监测所、津南区新能源办公室共同承担的"沼液喂猪效果及技术规范的研究"课题，通过市级鉴定。研究表明，沼液中含有17种氨基酸，5种维生素和4种微量元素，饲料中添加一定量的沼液喂猪，可缩短育肥期，并使猪增加净重量。1996年，蓟县农村能源办公室根据户用沼气池冬季产气率低、出料困难等问题，对在建沼气池的设计及施工进行了改进，入料口的斜管插入改为直管插入，池体一侧增加了手动出料器，整体施工时采取越过冻土层深建(距地表60厘米)，发酵原料采用单一原料(人畜粪便)，这些改进措施有效解决了出料难和冬季保温的问题，提高了沼气池的利用水平。2000年以后，农村沼气池采用国家新的户用沼气池标准图集(GB/T 4750-2000和GB/T 4750-2002)施工，引导农民开展"一建三改"户用沼气建设，带动农户改圈、改厕、改厨。为加快建池进度，一些区县还引进、生产、推广了新型玻璃钢沼气池。至2010年底，天津市农村户用沼气池建设累计达到4.09万户。

二、沼气工程

1.处理工业废弃物的沼气工程。天津市农村沼气工程起步较早，最初用于工业废弃物处理。1991年，蓟县渔阳酿酒二厂(后改称天津挂月集团)处理酒糟的沼气示范工程竣工，在一期发酵容积1200立方米建成后不久，增容2400立方米的二期工程投入使用，此后又多次增容，并用产出的沼气发电，年发电量达到60万千瓦时。天津泰达酒业总公司(原宁河天尊酒业公司)、宁河冠达实业总公司也相继开展了沼气工程建设。截至2005年，天津市工业废弃物处理沼气工程发酵容积总量达到3.3万立方米，年废弃物处理量302万吨，年沼气产量1134.6万立方米。后因企业倒闭整合，宁河天津泰达酒业总公司、宁河冠达实业总公司沼气工程先后停用。天津挂月集团、宁河天津泰达酒业总公司等企业采用的高浓度有机废水处理技术，均为"厌氧—好氧"处理工艺。厌氧处理单元的主体设备升流式厌氧污泥床(UASB)或膨胀式颗粒污泥床(EGSB)采用的是专利技术设计，好氧单元的主体设备采用的是南开大学开发的高效内循环式好氧生物接触滤池技术设计，处于国内领先水平。

2.处理农业废弃物的沼气工程。2003 年，天津开始兴建农业废弃物处理的沼气工程。天津市宁河原种猪场的大型沼气工程采用猪粪干湿分离，粪便被制成有机肥料，粪水进入沼气厌氧发酵池，产气后的废水通过多级过滤，实现达标排放。该工程可年产沼气 28.8 万立方米，年生产有机肥 2500 吨，年经济效益可达 82.08 万元。2007 年大港水蓝畜牧养殖有限公司自行建设的大型沼气工程，用地热给装置加温，产生的沼气用于发电，可替代场区用电量的 1/4。此后由于受生猪养殖市场的剧烈波动影响，该企业亏损倒闭，沼气工程也随之停用。截至 2010 年底，天津市农村处理农业废弃物沼气工程累计建设 225 处，其中大型沼气工程 13 处，中型沼气工程 148 处，小型沼气工程 64 处。总池容 2.26万立方米，年产气量 571.26 万立方米，供气户数 9875 户，装机容量 310 千瓦，年发电量 111.46 万千万时。

第二节　农作物秸秆能源化利用

一、省柴节煤炉灶

20 世纪 90 年代初期，天津农村省柴节煤炉灶的推广是以省柴灶为主，1991 年全市省柴节煤炉灶累计推广 33.56 万户。其中省柴灶 26.02万户，占总量的 78%。改进后的新式灶增加了炉篦和拦火圈，由于合理确定吊火高度及烟气走向，能节省柴草 33%~50%，热效率可提高到30%以上。主要灶型有宁河 1~5 系列灶，蓟县 JN841- 3型系列灶等。大多数为室外使用的冷灶，也有少量的商品灶和炕连灶（改造后的炕与灶相连）。90 年代中期，省柴灶逐渐被节煤炉、暖气炉等煤炉具取代。节煤炉采用的是二进风形式，燃烧完全，热效率可达 50%~60%以上；暖气炉通常为炊事、取暖两用炉，洁净卫生，适宜采暖季使用，这两种炉具也统称为节能炉。2007 年后，一些区县还开展了秸秆固化、秸秆炭化试点建设，将废弃的农作物秸秆压块成型转化为高品位能源，配套专用的炉具，供农户冬季取暖及生活用能。至 2010 年，天津农村累计推广节能炉 41.55 万户，秸秆固化试点 4 处，年产量 20400 吨，秸秆炭化试点 1 处，年产量 30 吨。

二、秸秆气化

秸秆气化集中供气是采用热化学处理技术，以粉碎后的农作物秸秆为原料，经过气化设备的热解、氧化和还原反应转换成可燃气体，通过净化、冷却、储存加压、输配系统送往用户。1996 年，天津市静海热电厂从青岛市高科园秸秆煤气研究所引进秸秆气化技术，经过试制和改进，生产出第一台 JMQ–I–200 秸秆煤气发生炉。1997 年，在静海县西边庄村试验运行，供气 168 户。因采用气袋干式贮气,安全性差,后停用。2000 年,蓟县出头岭镇北汪庄村建成全市第一个秸秆气化集中供气村,解决了全村 178 户农民炊事用能问题,受到农民群众的欢迎。2005 年,在文明生态村创建工程的推动下,秸秆气化集中供气得到迅速推广,2006~2007 年全市农村新建成秸秆气化集中供气工程 38 处。其中大港区太平镇大苏庄中心区集中供气楼房化试点。蓟县邦均镇采用混气燃烧技术,克服了单纯秸秆气存在的燃气热值相对较低的问题。全部工程中无常规化石燃料加入,沼气、秸秆气与太阳能三者有机结合相互补充,实现了多种能源的高效综合利用,每年可有效消纳作物秸秆 500 吨,正常运转年产可燃气 18 万立方米。由于该模式运行成本不断上涨和秸秆热解气化产生的焦油易堵塞管路等问题,部分工程停止运行。至 2010 年,天津农村累计推广秸秆气化集中供气工程 53 处。其中正常运行 37 处,供气户数 2.19 万户。

三、秸秆沼气

秸秆沼气集中供气是将农作物秸秆经粉碎后进行预发酵酸化处理,送入物料搅拌池进行接种,通过仓式变压输送设备送至厌氧发酵罐进行产酸,产生的甲烷气体经脱硫、脱水处理,压缩进入储气罐,再由输配管网减压输送至农户使用。2008 年底,天津市静海县四党口村建成全市第一处秸秆沼气集中供气工程,该工程占地 4 亩,建有青贮池 1500 立方米,厌氧消化器 1200 立方米,高压贮气柜 100立方米。满负荷运行时,可日处理青贮玉米秸秆 6 吨(合干秸秆 3吨),日产气量 1500 立方米左右,供气 1200 户。秸秆沼气集中供气热效率高,使用方便,没有废水排放,产生的沼渣可作农用肥料,已被国家列为秸秆资源丰富地区重点开发的可再生能源项目。至 2010 年底,天津市农村共建成秸秆沼气集中供气工程 3 处。

第三节 太阳能能源利用

一、太阳能热水器

20 世纪 90 年代初,随着天津农村基本实现自来水入户,太阳能热水器普及速度加快,推广的太阳能热水器分为整体型和循环型两种,主要产品为红泥塑料袋式热水器、闷晒式热水器和管板式热水器。1992 年以后,低档次的整体型热水器因热效率低逐渐被淘汰,循环型管板式热水器的材质及工艺水平有了大幅度提高,用全铜板条、铜铝复合板条制作的太阳能热水器成为推广的主要产品。90 年代末,真空管太阳能热水器因具有耐冻性、耐热冲击性好,热容小、启动快等特点,成为新一代推广产品。2005 年以后,太阳能热水器的推广主要以真空管太阳能热水器为主。至 2010 年底,天津农村太阳能热水器累计推广 33.24 万平方米。

二、被动式太阳房

被动式太阳房是依靠建筑物本身的构造和材料的热工性能，使房屋尽可能多地吸收和储存太阳能热量，靠辐射和空气对流达到采暖目的。集热方式分为直接受益、集热蓄热墙的双组合式，直接受益、集热蓄热墙、附加日光间的三组合式。天津市农村户用被动式太阳房建设始于1987年，由天津大学建筑系承担国家“七五”攻关项目，在天津市南郊区吕坨子村首次建成一幢试验研究太阳房，取得成功后在各区县推广。进入90年代，主要以建设平房住宅太阳房和二层楼房住宅太阳房为主，并示范建设了两层以上包括学校教学楼在内的太阳房多处。1992年1月，由天津大学建筑系设计的蓟县农村能源服务中心大楼建成。这幢被动式太阳房集服务、经营、办公于一体，总建筑面积1770平方米，附设250平方米餐厅设施。到2002年，农村被动式太阳房推广总量达4.87万平方米。由于被动式太阳房冬季采暖季居室平均温度只能达到14℃左右，居住舒适度较差，需要一定的辅助增温，因而不再推广。至2010年，天津市农村被动式太阳房保有量为0.98万平方米。

第四节　风　能

天津市农村小型风力发电机的推广集中在偏远地区。试点成功后主要在蓟县北部无电山区推广，至1991年，天津农村150瓦小型风力发电机累计推广117台，装机容量17.55千瓦。此后，因边远地区全部实现电网覆盖未继续发展，已安装的小型风力发电机也因性能指标偏低，可靠性、耐久性差，至2001年底全部停用。天津市农村风力提水机的推广主要是结合暗管排咸，用于盐碱含量较高的园田地改造。一台FDG-5型风力提水机可替代一台4.5千瓦电泵，配套排咸面积约150亩，土壤经排咸改造后盐碱含量由5‰下降到1.5‰。每台风力提水机年最低运行时间为3000～4000小时，配套水泵为螺旋泵，扬程2.3米，额定提水量60立方米/小时，年节电1.5万度。至2005年共安装风力提水机107台，排咸面积850公顷。

第五节　地热能

天津市地热的农业利用始于20世纪80年代中期，90年代，地热水产品养殖育苗发展迅速，由原来单一的罗非鱼越冬，发展到对虾、甲鱼、河蟹、河豚等十多个名优品种。1994年，汉沽地热海淡水育苗中心地热综合利用项目实施，共投资408万元，打地热井2眼，井深700米，水温达到45℃。建水产养殖大棚22个（占地99亩），1000立方米孵化水体一座，室外养殖鱼池

100亩,项目建成后第一年实现利润190万元。1995年,“地热海淡水养殖育苗”项目被列入天津市科技发展计划——攻关计划。至2005年,天津市地热农业利用点数39处,种植面积44.17公顷,养殖面积105.5公顷。

第六节 获奖成果

1991~2010年,天津市在大力推广农村可再生能源综合利用的同时,组织力量开展了农村能源利用的研究开发,取得了多项建设、推广成果。1991年天津市农村能源办公室、南郊区新能源办公室、西郊区农村能源办公室分别获天津市科学技术进步奖推广工作优秀奖(1990年度)。科技工作者研制的“大中型沼气工程发酵工艺和装置”获1990年度天津市科学技术进步奖科技成果二等奖;“农村能源综合开发技术试点的研究”获1993年度天津市科学技术进步奖科技成果二等奖;“津南区农村能源综合建设”获1995年度天津市科学技术进步奖推广应用二等奖;“地热海淡水养殖育苗”获1996年度天津市科学技术进步奖科技成果三等奖。天津市地方标准《太阳能热水器卫生、技术条件》(DB/T12-076-1997)获天津市1998年度标准化三等奖。“酒精废醪制取沼气工程技术的应用”获2001年度天津市科学技术进步奖推广应用三等奖。

第八章 农业技术推广

1991~2010年,天津市围绕粮食高产和中低产田改造、粮食作物综合配套技术、农产品质量安全、信息技术应用等方面开展了技术研究和推广应用,促进了农业增效、农民增收。

第一节 科技项目与主推技术

一、粮食作物

(一)小麦

1.华北地区冬小麦公顷产量4500~5250公斤栽培技术。该技术是农业部1988年下达的农业标准制修订项目,由河北省农业厅、河北省标准计量局、河北省农林科学院、天津市农业局、天津市标准计量局、北京市农业局、山西省农业局共同承担。标准规定了冬小麦每公顷产量 4500~5250 公斤适宜的气候与土壤条件，整地与品种选用标准，主要农艺措施（包括种子处理、播期与播量、灌水时期与灌水量、肥料施用、病虫害防治等）规范，于 1991 年审定颁布。天津市在武清县、宝坻县、蓟县实施，选用丰抗 8 号、农大 146 小麦品种，每公顷施粗肥 45 立方米、纯氮 78 公斤、五氧化二磷 6.3 公斤。1992~1993 年推广 2.77 万公顷，每公顷增产 784.5 公斤，总增产 2175.7 万公斤，增纯收益 1746.5 万元。1994 年获天津市科技进步（标准化）二等奖。

2.晚播小麦高产栽培技术研制推广。通过选用优种，加大播量，增磷调比，推迟春水等技术，解决晚麦因冬前热量少，苗龄小，无分蘖，无蘖根，根茎短，吸磷能力弱而导致的基本苗少、早春早浇早管造成晚麦减产的问题。选用京 411、京冬 6 号、津麦 2 号 3 个株型紧凑、矮秆抗倒的小麦品种，10 月 5 日~10 月 12 日播种，备足底墒，每公顷播种量 262.5~375 公斤，比常规每公顷播种量增加 75~150 公斤；每公顷施纯氮 12.5~14 公斤、五氧化二磷 10~11.5 公斤；浇足越冬水，将浇返青水改为浇拔节水。1990~1994 年，在武清县、宝坻县、蓟县累计推广 5.7 万公顷，每公顷产量 4834.5 公斤，每公顷增产 1080 公斤，总增产 6177.6 万公斤，增纯收益 4676.1 万元。

3.吨粮田技术开发示范工程（小麦部分）。天津市科委 1990 年下达的“八五”粮食科技攻关工程的骨干项目，在天津高产地区开展小麦每公顷产量 6000 公斤（小麦玉米两茬每公顷产量 15000 公斤）技术攻关。立足小麦晚播、玉米晚收，全年均衡增产的目标，研制推广“一优、两适、三调”技术，即优化品种，适期、适量播种，调整播深、增磷调比、调整群体结构。选用高产抗病抗倒伏的京 411、京冬 6 号和津麦 2 号小麦品种，播期由 9 月 18 日至 9 月 23 日推迟到 9 月底至 10 月初，将 10~15 天约 200℃的积温让给增产潜力更高的夏玉米；增加密度、调整群体结构，由常规每公顷播种量 150~190 公斤调高至 262.5~300 公斤，由提高小麦分蘖成穗率改为提高个体成穗率；增磷调比，重施磷肥，每公顷施纯氮 325 公斤，较常规增加 33 公斤，五氧化二磷 175 公斤，较常规增加 10 公斤，提高磷肥后效；保浇越冬、返青两水，保证小麦安全越冬和返青生长。1990~1992 年，在武清县、蓟县、宝坻县累计示范 1.57 万公顷，每公顷产量 6640.5 公斤，每公顷增产1840.5 公斤，总增产 2889.6 万公斤，增纯收益 2109.7 万元。土壤有机质提高 0.21%，水分利用率提高 56.6%。1993 年获天津市科技进步一等奖。

4.中低产小麦技术开发示范工程。天津市科委 1990 年下达的“八五”粮食科技攻关工程的骨干项目。针对天津市中低产区小麦生产存在的土地瘠薄、水资源匮乏、部分还有盐碱危害的现状，研制推广选用优种，增施肥料、磷肥突破、氮磷平衡技术。选用轮抗 6 号、中麦 3 号、京冬 6 号小麦品种，推广“两足三适”播种，即 9 月 20 日至 10月 5 日适期播种，每公顷播种量 135~187.5 公斤，播种深度 4~5 厘米；足墒、足肥播种，每公顷底施粗肥 30~45 立方米，纯氮 75~90 公斤，五氧化二磷 120~150 公斤，追施纯氮 90~120 公斤，将氮磷比例由实施前的 1:0.4 调整为 1:0.75；

推广保苗安全越冬及合理调控春季肥水技术。1990~1992 年,在静海县、武清县、宝坻县累计示范 2.02 万公顷,每公顷产量 4905 公斤,每公顷增产 1537.5 公斤,总增产 2365.9 万公斤,增纯收益 1821 万元,水分利用率提高 76%。累计带动静海县、武清县、宝坻县中低产田 10.36 万公顷,每公顷产量 4824公斤,每公顷增产 931.5 公斤,总增产 9650 万公斤,增纯收益6301.4 万元。1992 年获天津市科技进步二等奖。

5.京津廊地区小麦示范带综合技术。农业部 1994 年农牧渔业丰收计划项目,由北京市、天津市、河北省实施,推广《华北地区冬小麦亩产 400 公斤栽培技术规程》中所拟定的各项技术(该工程于1992 年制订,系国家行业标准)。1994~1995 年,天津市武清县共推广 4.24 万公顷,选用优种,实施稳氮增磷补钾调微、稳穗增粒争重、搞好四防(病虫草倒)等技术。项目区全部选用京 411、京冬 6 号和京冬 8 号小麦品种,每公顷施粗肥 27 立方米、纯氮 250.5 公斤、五氧化二磷 172.5 公斤,部分麦田施氯化钾或生物钾肥 150 公斤;推广轧麦和喷施多效唑矮化防倒以及喷施 2,4-D 丁酯防除杂草、后期除治蚜虫等技术。每公顷产量 6309.8 公斤,每公顷增产 584.6 公斤,总增产 2478.8 万公斤,增纯收益 2894 万元。1996年获全国农牧渔业丰收奖二等奖。

6.五十万亩冬小麦中产变高产综合技术推广工程。天津市农委 1995 年“二百万亩粮食增产综合技术推广工程”项目之一。在蓟县、宝坻县、武清县、静海县、北辰区和西青区等 6 个区县的中低产田实施。针对天津市中低产田小麦存在的品种待更新、重氮轻磷不施钾、春季管理前重后轻,肥水运筹待调整,基本苗偏多,后期受倒伏威胁等问题,在天津市北部的蓟县、宝坻县、武清县中产麦田主攻“保穗、增粒、攻粒重”,南部的静海县、西青区低产麦田“主攻穗数、兼顾穗重”的技术路线,推广“一优(种)、两调(群体、施肥)、四防(病虫草倒)”技术。选用京冬 8 号、京冬 6 号和京 411 优良小麦品种,9 月 23~30 日播种,基本苗每公顷 300~420 万株;10 月 1 日~10 月 5 日播种,基本苗每公顷 450~525 万株;10 月 6~10 日播种,基本苗每公顷 600~675 万株。施肥原则为稳氮、增磷、施钾、调微。每公顷增施五氧化二磷 49.5公斤,每公顷普遍施 75 公斤氧化钾,氮磷钾比例调整为 1:0.65:0.3。防治小麦散黑穗病、白粉病、丛矮病和麦蚜、红蜘蛛,用阔叶净取代 2,4-D 丁酯防除杂草,通过轧麦和调控群体防止倒伏。1995~1997 年累计推广 10.89 万公顷,每公顷产量 6186.3 公斤,每公顷增产 1197 公斤,总增产 1.3 亿公斤,增纯收益 1.78 亿元。1998 年获天津市科技进步三等奖。

7.小麦节水增效技术。推广“以土蓄水、以肥养土、以土培苗、以苗用水”技术。即深松土壤 25 厘米以上,纳雨蓄墒;秸秆还田、平衡施肥,培肥地力;选用抗寒、丰产性好的京冬 8 号小麦品种,培育冬前壮苗;以苗用水,控制过量灌溉,改大水漫灌为畦灌、管灌,改春浇三水(返青、拔节、灌浆水)为春浇两水(起身、拔节孕穗水)。1998~2000 年,在蓟县、宝坻县、武清区累计推广 2.13 万公顷,每公顷产量6868.5 公斤,每公顷增产 871.5 公斤,总增产 1856.3 万公斤,节水1600 万立方米,水肥利用率提高 30%,节电 700.8 度,节支增收 2171 万元。2000 年获天津市科技进步三等奖。

8.小麦玉米两茬亩产吨粮综合栽培技术(小麦部分)。1998~2001 年,先后组织实施农业部丰收计划“小麦玉米两茬平作亩产吨粮综合栽培技术推广”、天津市农委“高效吨粮田综合技术推广”项目。建立冬小麦每公顷产量 6750 公斤(小麦玉米两茬每公顷产量15000 公斤)高效技术体系,推广三项技术:一是“稳穗、增粒、攻粒重”群体调控技术,播种量每公顷减少 45~75 公斤,争取冬前分蘖;二是“稳氮,增磷,施钾,调微”施肥技术,氮磷钾比例由 1:0.5:0 调整为 1:0.6~0.7:0.3~0.4;三是主攻拔节水技术,减少春季灌水次数,后期改浇灌浆水为叶面喷施。在此基础上,推广全程化控和灌浆期一喷综防保粒重技术,防治小麦地下害虫、蚜虫、杂草和倒伏。在武清区、蓟县、宝坻县共推广5.19 万公顷,每公顷产量 7057.5 公斤,每公顷增产 1290 公斤,总增产 6695 万公斤,增纯收益 5721.3 万元。其中“高效吨粮田综合技术推广”项目 2002 年获天津市科技进步三等奖。

9.小麦综合防倒伏应用技术。推广“三优一调”技术,即优化品种布局:选用京冬 8 号、京 9428、中优 9507 等小麦品种;优化群体结构:通过适期播种,降低基本苗,争取冬前分蘖,使冬前小麦每公顷总茎数保持 1275 万个左右,每公顷成穗数 630 万穗左右;优化水肥管理:调控返青水肥,控制无效分蘖和徒长;化学调控矮化防倒:小麦返青后视群体大小结合麦田除草每公顷喷施 300~900 毫升壮丰安调节剂,降低基部节间高度 3 厘米左右。1999~2001 年,在武清区、宝坻县、蓟县累计推广 10.53 万公顷,每公顷增产 513.4 公斤,总增产5406 万公斤,节省种子 352.5 万公斤,节支增收 5689.8 万元。2001年获天津市科技进步三等奖。

10.小麦精播半精播高产栽培技术。推广“一优四节”技术,即优种(以京冬 8 号为主,京 9428、中优 9507 为辅,种子发芽率 90%以上),节种(每公顷播种量 120~150 公斤,比常规播种每公顷节省种子 121.5 公斤),节肥(减氮增磷增钾,每公顷节省纯氮 7.5 公斤),节水(改春浇三水为春浇二水),节药(推广种子包衣,春季混合喷施除草剂、壮丰安化控剂,后期一喷综防,除蚜虫、防早衰、防干热风、保粒重技术)。1999~2002 年,在武清区、蓟县、宝坻区累计推广 4.05 万公顷,每公顷产量 6739.5 公斤,每公顷增产 675.5 公斤,总增产2736 万公斤,节支 2137.1 万元,节支增收 4383.1 万元。2003 年获全国农牧渔业丰收奖三等奖。

11.小麦节水生产农业标准化示范区。为国家质量监督检验检疫总局 2001 年下达的标准化生产示范区项目。天津市制订了《小麦节水栽培技术规范》(DB12/T147-2003),推广京冬 8 号、京 9843、中旱110 等耐旱小麦品种,采取保水剂拌种或底施技术,加大磷钾肥投入。2001~2003 年,武清区累计推广 1 万公顷,每公顷产量 5356.5 公斤,每公顷增产 471 公斤,总增产471 万公斤,每公顷节水 750 立方米,节支增收 1636.3 万元。

12.小麦玉米两作超吨粮栽培技术。开展小麦每公顷产量 7500 公斤(小麦玉米两茬每公顷产量 18000 公斤）技术攻关，确定适宜的土壤基础地力为：有机质>1.45%、碱解氮>45 毫克/千克、速效磷>45.5 毫克/千克、速效钾>74 毫克/千克；土壤质地为壤土，pH 值<8.5，容重 1.0~1.2 克/立方厘米，孔隙度为 49.2%~53.8%。研究制订小麦适期晚播、氮肥后移、春浇两水、土壤深松、后期一喷三防技术。关键技术为选用农大 211、轮选 987 和津引 159 小麦品种，每公顷底施纯氮 121.5~166.5 公斤、五氧化二磷 135 公斤、氧化钾 105 公斤、硫酸锌 15 公斤；10 月 6~11 日播种，每公顷基本苗 450~525 万株，重管拔节期肥水，每公顷追施纯氮 103.5~123 公斤，防倒伏与除草结合，灌浆期一喷综防。2005~2008 年，在武清区的南蔡村、大碱厂、崔黄口、徐官屯镇示范 583.3 公顷，每公顷产量 7845.0 公斤、每公顷增产1750.7 公斤，总增产 102.1 万公斤，增纯收益 196.8 万元，水分利用率提高 40%，劳动生产率提高 53.2%。2010 年获天津市科技进步三等奖。

13.冬小麦节水省肥高产简化四统一技术体系。推广农大 211、轮选 987、农大 3432、石家庄 8 号高产小麦品种；小麦晚播增密保穗数、增加种子根数量，春水晚浇促根控叶，构建高效株群结构；浇足底墒水、限次灌溉（拔节前适度水分亏缺，拔节后适时补充灌溉，全生育期浇水 2~3 次）、充分利用土壤水等节水技术；限氮稳磷补钾锌、肥料全部基施的简化栽培技术。2005~2010 年，在武清区、蓟县、宝坻区、静海县累计推广 9.52 万公顷，每公顷增产 535.5 公斤，总增产 5098 万公斤，节水 7052.5 万立方米，节省氮肥 490.5 万公斤，节本增收 1.34 亿元。2011 年获天津市科技进步三等奖。

14.优质粮增产增效集成技术入户示范工程（小麦部分）。推广小麦“三优一减”技术，即选用优良品种，由农大 211、津引 159、轮选 987 小麦品种代替京冬 8 号和京 9428 等退化的小麦品种；优化群体结构，实现增穗、稳粒、争粒重；优化施肥结构，调减氮磷肥、增施钾肥，每公顷施纯氮 16 公斤左右，五氧化二磷 9~11 公斤，氧化钾 7~8公斤；减少灌溉次数，由春浇三水改为春浇两水，重浇拔节水。2007~2010 年，在武清区、蓟县、宝坻区累计推广 2.74 万公顷，每公顷增产 1299 公斤，总增产 3559 万公斤，增纯收益 2805.9 万元。

（二）水稻

1.水稻旱育稀植栽培技术研究与推广。采取旱育秧、稀植少本技术，即在育好壮秧的基础上，扩大行距、缩小穴距、减少每穴栽插苗数，通过肥水调控，降低无效分蘖，提高每穗实粒数，实现水稻高产。该技术主要对原有水稻栽培技术进行三项重大改革，简称三改技术。即：改水育秧为旱育秧，提高秧苗素质，秧本比从 1:20 提高到1:100~120。改变插秧方式及密度，改窄行、等穴距、密插苗为扩行、缩穴、保墩、减株，栽插密度从行距 19.8 厘米、株距 16.5~19.8 厘米，每穴 6 苗，每公顷基本苗 27~30 万株，改为行距 29.7 厘米，株距 9.9~13.2 厘米，每穴 4~5 苗，每公顷基本苗达到 25.5~33 万株。改变施肥灌水技术，改氮素化肥不施底肥、重施蘖肥、轻施穗肥为重施底肥、稳施蘖肥、巧施穗肥、酌情补施粒肥，改长期大水漫灌为浅水灌溉，抽穗灌浆期间歇灌溉。

1990~1993 年，在宁河县、宝坻县、津南区等区县累计推广 2.998 万公顷，每公顷增产稻谷 1790 公斤，增纯收益1943.1 万元，1993 年获天津市科技进步二等奖。水稻旱育稀植技术至今仍然是水稻增产的主要技术措施。

2.五十万亩水稻综合技术推广工程（Ⅰ期）。在“三改”技术的基础上，加强植物保护，即在选用抗病品种的同时，采取农业防治与化学防治、飞机防治与地面防治、集中防治与分散防治相结合的措施，把病虫害损失率降低到 5%以下。1992~1994 年，在宁河县、宝坻县、津南区累计推广 10 万公顷，增纯收益 1.67 亿元。1994 年获天津市科技进步二等奖。

在实施“五十万亩水稻综合技术推广工程（Ⅰ期）”项目的基础上，实施了“五十万亩水稻综合技术推广工程（Ⅱ期）”。总结出一稳（稳定穗数）、三高（提高分蘖成穗率、提高每穗实粒数、提高千粒重）技术路线，推广以优化品种布局、旱育稀植、节水灌溉、全层施肥及病虫害防治等五项技术。1995~1997 年，在宁河县、宝坻县、津南区累计推广 10 万公顷，共增产稻谷 5575.41 万公斤，增总产值 1.07亿元、1998 年获天津市科技进步三等奖。

3.水稻抛秧技术。1995 年引入天津市，采用塑料钵体软盘育秧抛栽方式，改变了传统的育插秧方法，解决了水稻栽秧难、劳动强度大的问题。1996~1997 年，在宁河县、宝坻县推广 4120 公顷，平均每公顷增产稻谷 306.9 公斤，增纯收益 714.2 万元。在引进该项技术的同时，进行本地化试验，制订天津市地方标准《水稻抛秧技术规范》，实现天津市水稻抛秧技术的标准化生产。由于天津市春季特殊天气及一些技术原因未能全部达到技术实施要求，此项技术没能大规模推广，但盘育秧技术却保留下来，并逐渐成为水稻育秧的主要模式。

4.水稻地膜覆盖栽培技术。1998 年引入天津市，具有保墒、增温的显著特点，当年被列为天津市丰收计划储备项目。此项技术以节水、高效为目标，重点推广水稻盘育秧覆膜旱栽、水稻覆膜打孔直播及水稻机械播种覆膜直播三种模式，1998~2000 年，在宁河县、宝坻县示范 6.67 公顷。其中地膜春稻 5.34 公顷，每公顷生产稻谷 7500公斤；地膜旱稻 1.33 公顷，每公顷生产稻谷 6000 公斤。

5.水稻高产高效综合技术。推广高产优质抗逆水稻品种中作 93 和中作 17、旱育壮秧、宽行稀植（行距 40 厘米、穴距 20 厘米）、地膜覆盖、全深重施肥（氮磷钾锌肥配合）、防早衰及病虫草害综合防治等节本增效技术，1998~2001 年，在宝坻县、宁河县、津南区累计推广5.1 万公顷，每公顷生产稻谷 9000 公斤。

6.水稻节水增效技术。根据水稻各生育时期的生长发育规律和水分生理，运用旱育、稀播、化控培育壮秧，改传统的元素单一、面撒浅施、氮肥前轻后重的施肥技术为“全、深、重”施肥（养分齐全，全层深施，重施底肥）。具体方法：稻田耙地前每公顷施碳酸氢铵 750 公斤、磷酸二铵 187.5 公斤、硫酸锌 30 公斤，通过耙地或浅旋耕把肥料混入整个耕层，插秧后 20~25 天施分蘖肥，一般每公顷施尿素75公斤。研制出三种水稻不同类型节水栽培技术模式：

双旱型：用于大水泡田等春季蓄水的地块。采用旱育、化控等技术措施，培育水稻壮秧。在此基础上，采取全深重施肥技术，促进水稻早发苗，一般栽插后一个月左右就达到计划穗数所需的茎数，以后停水旱长25~40天，进入雨季后实行间隙灌溉。

晚栽快发型：用于井水或水库水灌溉的稻田。通过旱育、稀播、化控等技术措施，培育长龄带蘖壮秧。把春稻插秧期由5月中下旬推迟到6月上旬，并重施底肥。由于采用旱育带蘖壮秧，底肥充足，栽插后没有明显的缓秧期，分蘖早，分蘖快，6月底到7月初基本达到计划茎数，停水烤田，达到晚栽不晚熟，晚栽不减产。

等雨栽插型：用于无自备水源的一季稻和麦茬稻。选用秧龄不很敏感的中早熟品种，旱育大苗或湿润育秧，采用稀播种和多效唑化控等技术，开发秧田功能，培育带蘖秧苗，增加秧龄弹性，防止发生早穗。进入雨季或上游来水后栽插，7月5日前栽插完，每公顷可生产稻谷8250公斤，接近常规春稻的产量。

水稻节水增效技术主要在宝坻县、宁河县推广。1999~2000年，累计推广1.29万公顷，每公顷增产稻谷1210.5公斤，节水3000立方米以上。2001年获天津市科技进步三等奖。

7.水稻标准化生产技术。2001~2007年，市农业技术推广站相继制订了天津市地方标准“天津优质稻谷”（DB12/T131-2001）、“天津优质稻米”（DB12/T132-2001）、“水稻无公害生产技术规范”（DB12/T146-2003）及农业部行业标准“天津小站米”质量标准（NY/T1268-2007），为天津水稻生产提供了完善的技术保证体系，为全面提升天津市水稻生产水平提供了技术支撑。

8.优质粮增产增效集成技术入户示范工程（水稻部分）。以推广高产、优质、抗逆优良水稻品种津原45、津原D1为基础，以提高水稻群体质量，降低生产成本为核心，通过合理配置基本苗数和科学肥水管理等建立水稻高产群体结构（行、株距：5月上、中旬宽行浅栽，行距30~33厘米，穴距17厘米，每公顷穴数16.5~19.5万穴，每穴3~4苗。4月上、中旬播种，5月中、下旬机械插秧，行距30厘米，穴距16.5~20厘米，每公顷16.5~19.5万穴），重点推广水稻盘育机插技术及病虫草害综合防治技术。2007~2010年，在宝坻区累计推广0.53万公顷，每公顷增产稻谷1734公斤，总增产稻谷919万公斤，增纯收益1341.5万元。

（三）玉米

1.玉米前重型栽培技术体系。从1976年开始，天津市农业技术推广站历经15年研制出以“重施底氮肥、增磷调比”为核心，以“提高植株整齐度、适宜播期、应用生根粉、苗期深松”等为配套的玉米前重型栽培技术体系，改变“前控后促”、“重施穗肥”和“猛攻大喇叭口期”等传统技术，提出了玉米需肥临界期是苗期而不是穗期的观点，将玉米全生育期底施氮肥比例由20%左右提高到75%左右。同时，将玉米不施磷肥或少施磷肥提高到氮磷比1:0.5~0.7。1989~1991年，在蓟县、宝坻县、武清县、静海县、北辰区累计推广26.83万公顷，每公顷产量5398.5公斤，每公顷增产636公斤，总增产1.71亿公斤，增纯收益8393.52万元。1991年获天津市科技进步二等奖。该技术被列为“九五”期间国家科委全国重点推广的119项技术之一。

2.玉米中低产技术开发示范工程。研制“选用优种，提高密度，套改平”等骨干技术。由沈单7号代替长期种植的京杂6号玉米品种，每公顷种植45000~52500株，每公顷增加15000株左右；春玉米播期由4月中下旬调整到5月中旬，取消套种玉米，改为小麦玉米两茬平作。1990~1992年，在宝坻县、蓟县、静海县每年开展0.67万公顷技术攻关示范，每公顷产量5404.5公斤、每公顷增产1734公斤，总增产1161.8万公斤，增纯收益1554.7万元。辐射带动宝坻县、蓟县、静海县3.33万公顷玉米中低产田，每公顷增产1128.5公斤，总增产3757.9万公斤，增纯收益5360.7万元。1992年获天津市科技进步二等奖。

3.吨粮田技术开发示范工程（玉米部分）。对玉米传统种植技术进行了8项改革，即改平展型早熟品种为紧凑型中熟品种，由黄417、冀单15号玉米品种等改为掖单4号、掖单52号玉米品种；改稀植为密植，每公顷密度由52500株改为60000株；改大行距66厘米为小行距60厘米；改晚播为争时早播，播期由6月25日左右提前到6月18~22日；改晚施肥为早施肥，底肥和苗期氮肥占75%左右；改只施氮肥为氮磷配合，每公顷施纯氮225~263公斤，五氧化二磷75~90公斤；改多次中耕为苗期深松，一次深松20厘米以上；改早收获为适时晚收，由9月18~25日推迟到10月1~5日收获；改不浇水为浇好灌浆水。1990~1992年，在武清县、蓟县、宝坻县累计示范1.57万公顷，每公顷增产2590.5公斤，总增产4067万公斤，增纯收益2279.1万元。

4.ABT生根粉应用技术。通过研究ABT生根粉浸种对玉米种子萌发、贮藏物质转化、叶绿素含量、光合作用，以及水分胁迫条件下根系和叶片生理生化指标的影响，揭示了ABT生根粉具有促进种子萌发、增强玉米根系活力、提高地上部分的生长和功能等规律，开展了ABT生根粉不同浓度、不同浸种时间对玉米植株及产量的试验示范，确定生根粉适宜浸种浓度为20毫克/公斤，浸种1小时。1990~1992年，在宝坻县、蓟县、北郊区、西郊区、大港区累计推广4.14万公顷，每公顷产量5822.3公斤、每公顷增产607.3公斤，总增产2514万公斤，增纯收益1529.88万元。

5.百万亩玉米综合增产技术。春玉米推广沈单七号、掖单13号品种，后期选用农大108号品种，夏玉米推广唐抗5号、唐玉5号中熟品种。种子包衣拌种。增磷施钾，氮磷肥比实施前每公顷分别增加75公斤、150公斤，钾肥由不施改为每公顷施150公斤左右。增密提质，每公顷增加3000~4500株，整齐度由85~90%提高到95%以上。夏玉米遇旱浇灌浆水。用“丹乙烯”“都阿”等药剂进行化学除草等技术。1995~1998年，在蓟县、宝坻县、武清县、静海县累计推广28.19万公顷，每公顷产量6167公斤、每公顷增产1003.5公斤，总增产2.83亿公斤，增纯收益2.54亿元。

2000年获天津市科技进步三等奖。

6.紧凑型特用优质玉米及配套栽培技术推广。在武清县、蓟县、宝坻县、宁河县4个县实施。天津市农业技术推广站与中国农业大学、中国农业科学院、长春市农业科学院、河北省农林科学院粮油作物研究所、唐山市农业科学研究所等育种单位合作，引进37个玉米品种，推广生育期125~135天，以掖单13号、西玉3号、农大108为主的紧凑半紧凑型春玉米品种；生育期95~100天，以唐抗5号、新唐玉5号为主的半紧凑型夏玉米品种；引进示范高油型（春油1和春油8号）、高蛋白型（9415和9409）等优质特用玉米品种，以及普通半紧凑型玉米品种冀玉8号等。推广机械播种技术，春夏玉米机播面积分别占70%和90%以上，比实施前提高40~60个百分点；密植高产技术，紧凑型品种每公顷密度63000~67500株，半紧凑型品种每公顷密度52500~60000株，比平展型屯玉1号品种每公顷增加7500~15000株；增施化肥、营养元素平衡技术，每公顷施尿素375~450公斤，磷酸二铵225~300公斤，硫酸钾5~10公斤，施钾肥面积占项目区50%左右；病虫草害防治技术，推广“都阿”、“玉叶净”等除草剂防治杂草，防治面积占50%以上；防治玉米粗缩病、玉米螟、黏虫等病虫害。1997~2000年，累计推广10万公顷，每公顷产量7033.5公斤、每公顷增产888公斤，总增产8880万公斤，增纯收益8100.25万元。1999年获天津市科技进步三等奖。

7.小麦玉米两茬亩产吨粮综合栽培技术（玉米部分）。推广生育期100天的中熟品种唐抗5号、唐玉10号、农大80和“增量、平衡、前重、侧深”施肥技术以及浇灌浆水一水两用技术。1998~2001年，在武清区、蓟县、宝坻县累计推广5.19万公顷，每公顷产量8095.5公斤、每公顷增产2512.5公斤，总增产1.3亿公斤，增纯收益7393.4万元。

8.高油玉米示范推广。高油玉米系指籽粒含油率超过6%的特用类型玉米。天津市自1995年始，先后实施了“高油玉米开发示范工程”、“高油玉米综合开发”、“高油玉米新品种引进及制种技术研究”、“高油玉米种子开发”、“高油玉米养殖开发示范工程”等项目。经9年的示范推广，引进并审定高油115号品种，在天津市玉米良种场建立3.3公顷亲本繁殖田，在河北省承德市和内蒙古临河市建立100公顷的杂交制种基地。2001~2003年，在宝坻区、蓟县、宁河县、西青区累计种植1.1万公顷，平均每公顷籽粒产量7294.5公斤、优质秸秆产量37.65吨，籽粒总产量8024万公斤、秸秆总产量41.42万吨。饲喂高油115号玉米秸秆的肉牛比饲喂普通玉米屯玉1号秸秆的肉牛的日增重明显。奶牛日产奶量提高8%以上，饲料报酬率提高15%左右。种植和养殖累计增收1849.3万元。2004年获天津市科技进步三等奖。

9.玉米香菇立体种植技术。2001年，天津市农业局从辽宁省新宾县引进玉米香菇高效立体种植技术，即玉米与香菇按1:1（行距60厘米）的比例，在玉米行间制作栽培畦床，在畦床上种植香菇。选用武香1号、L26等香菇品种，于3月5~30日播种到菇床（每公顷33000袋，规格17×

33 厘米)。玉米选用植株高大、遮光条件好的农大108、户单 2000 等品种,于 4 月底~5 月初播种到预留的行间,每公顷种植 42000~45000 株。这项技术的优势是香菇利用玉米植株的遮光条件生长,玉米利用香菇的边际优势提高光合作用,从而实现立体高效种植。2001~2003 年,在东丽区、武清区、蓟县、静海县示范 11.3公顷,平均每公顷玉米产量 6000 公斤,香菇产量 32.25 吨,两种农作物合计每公顷比单独种植玉米增加收益 45000~75000 元。

10.玉米标准化生产技术。"十五"期间,优质高效节本增产技术、农产品质量安全技术、农业标准化技术得到大力推广。2001~2006 年,经试验示范,制订了《无公害农产品 饲用玉米栽培技术规范》(DB12/T234–2005)《无公害农产品 玉米栽培技术规范》(DB12/T260–2006)两个天津市地方标准,分别于 2005 年和 2006 年颁布实施。2004~2006 年,配合标准的宣传贯彻,实施国家标准化委员会下达的"饲用玉米标准化生产示范区"项目,在蓟县和宁河县推广 2.17万公顷,每公顷玉米籽粒产量 8067 公斤、每公顷增产籽粒 1284 公斤,增产秸秆 4695 公斤,种植效益增加 3123.65 万元。累计养殖 16.74 万头肉牛, 增加效益 2046.4 万元。种植与养殖合计增收 5170.05 万元,投入产出比为 1:4.46。

11.保水剂应用技术。组织实施了"抗旱保水剂应用技术"、"农业抗旱保水技术应用推广"、"抗旱保水剂示范推广"项目,开展不同保水剂产品、应用方法(穴施、撒施、条施、拌种及用量)等试验研究,建立以保水剂应用为核心的适期播种、土壤深松、平衡施肥、以根促水等农田蓄水保水技术体系。2002~2006 年,在静海县和武清区的小麦、玉米、大豆,棉花,辣椒、菜豆、黄瓜,西瓜,枣树、杨树等五大类 10 种农作物上累计推广 0.67 万公顷,粮经作物和瓜果菜增产10~15%,树木成活率提高 15%~30%,平均每公顷节水 900 立方米,水分利用率提高 30%,2008 年获天津市科技进步三等奖。

12.小麦玉米两作超吨粮栽培技术研究(玉米部分)。开展夏玉米每公顷产量 10500 公斤的技术攻关。确定纪元 1 号、郑单 958 和浚单 20 品种为夏玉米主栽品种;分析了玉米个群体动态生育指标与施肥的关系,以及与产量的相关性;提出超吨粮玉米的合理群体结构、生育指标与产量结构。关键技术为:6 月 22 日前播种,种子精选包衣,每公顷施纯氮 225~300 公斤(底肥占 70%)、五氧化二磷135 公斤、氧化钾 180 公斤,每公顷密度 63000~72000 株,关键期遇旱浇水,防治病虫草害。2005~2008 年,在武清区的南蔡村、大碱厂、崔黄口、徐官屯镇累计建立 583.3 公顷技术示范田,每公顷产量10689 公斤、每公顷增产 3789 公斤,总增产 221 万公斤,增纯收益 138.5 万元。

13.优质粮增产增效集成技术入户示范工程(玉米部分)。推广"一优三增"技术,即推广优良品种(以纪元 1 号、郑单 958、浚单 20、先玉 335 号品种取代唐抗 5 号、唐玉 10 号品种)、增加种植密度(每公顷增加 4500~7500 株)、增加钾肥投入(每公顷施纯氮 13~15 公斤,五氧化二磷 5~7

公斤,氧化钾 7~9 公斤,增施氧化钾 4~5 公斤),增浇灌浆水、适时晚收(夏玉米收获期推迟 5~7 天)等技术。2007~2010 年,在武清区、蓟县、宝坻区累计推广 2.74 万公顷,每公顷产量9009 公斤、每公顷增产 2271 公斤,总增产 6222.5 万公斤,增纯收益 5580.2 万元。

二、经济与油料作物

(一)棉花

1.优质棉新品种引进。自 2001 年始,天津市农业技术推广站分析了天津市棉花生产资源、生态条件,深入到中国农科院棉花研究所、河北省农林科学院棉花研究所、山东棉花研究中心等多家育种单位调研,引进示范适合天津市生态条件种植的棉花品种。2004~2010 年,天津市基本形成了以冀 668、鲁棉研 21 号、国欣棉 3 号、鲁棉研 15 号等国产抗虫棉为主栽品种的区域布局。

2.简化高效栽培技术研究与推广。通过对棉花栽培技术体系的深入研究,推广了增钾调微平衡施肥技术,将氮磷钾比例由 1:0.4:0 调整到 1:0.5:0.5~1,解决棉花早衰,提高产量和质量。推广缩节胺植物生长调节剂系统化调控技术,对棉花实行定向调控,实现棉花简化高效生产。研究推广“两足三适”(即足墒、足肥,适宜播期、适宜播量、适宜播深)规范化播种培育壮苗技术,制订天津市地方标准《棉花栽培技术规范》(DB12/T 236-2005)。2004~2010 年,全市棉花年均种植面积达到 9.88 万公顷,是 1991~2000 年年均种植面积 1.43 万公顷的 6.9 倍,皮棉单产达到每公顷 1350 公斤以上,比 20 世纪90 年代中前期每公顷增产 300~450 公斤。

(二)大豆

高蛋白大豆保优节本标准化栽培技术。引进科新 3 号、中黄 35、冀豆 12 等夏播品种和科丰 14、科丰 53、中黄 39 春播品种等高蛋白大豆新品种。推广“精量播种、配方施肥、系统化控、化学除草、机械收获”等技术,即机械精量播种技术,播种量由每公顷 90~105 公斤,减少 30~45 公斤,每公顷密度减少 3~7.5 万株,提高群体整齐度;平衡施肥,由农民习惯的不施钾肥、磷肥少(氮磷钾比例 1:0.3:0)改为增施钾肥,氮磷钾比例调整为 1:1:0.5;化控防倒,针对大豆因倒伏造成损失 10%的现状,推广多效唑和中国农业大学研制的大豆专用调节剂豆歌,矮化防倒,提高结实率和粒重;化学除草,苗前用甲草胺、苗后用 15%精吡氟禾草灵、10%喹禾灵等防除杂草;机械收获,机收面积占 80%左右,降低人工成本,提高收获效率,减少人工收获损失。2005 年,制订天津市地方标准《无公害农产品高蛋白大豆栽培技术规范》(DB12/T235-2005)。2003~2005 年,在武清区、宝坻区、静海县、宁河县、北辰区 5 个区县累计推广 1.38 万公顷,每公顷产量 2785.5 公斤、每公顷增产1229 公斤,总增产 1696 万公斤,增纯收益 5640.8 万元。2006 年获天津市科技进步三等奖。

三、安全农产品生产技术

1.新型生物杀虫剂示范推广。引进示范爱诺虫清、菜喜、稳得、苦参碱、苦皮藤素等生物杀虫剂，配合应用增效剂–绿农素，使虫害防效达到90%以上。在化学杀虫剂减量25%的情况下防治效果略有提高。经检测，叶菜类蔬菜农药残留全部合格，降低了农田污染和蔬菜的农药残留。2002~2004年，在静海县、武清区、宝坻区3个区县推广2.58万公顷，果菜因减少损失和提高品质等增产值6797.6万元，增纯收益6152.3万元。

2.安全农产品生产关键技术示范。引进微生物菌剂高效有机肥、蜡蚧轮枝菌生物农药以及农药残留免疫检测等技术，提高温室白粉虱和苹果主要病虫害防治率，实现农产品的快速检测，解决生产中农产品出现假阳性的问题。2004年，在武清区大孟庄镇建立106.67公顷国家绿色食品蔬菜示范基地，黄瓜、番茄、大白菜3种蔬菜2004年获国家绿色食品A级认证（中绿华夏有机食品认证中心认证）；在蓟县马伸桥镇北赵各庄村建设2公顷有机苹果示范基地，2005年获得有机食品认证。2003~2005年，在武清区大孟庄镇和蓟县马伸桥镇北赵各庄村推广绿色（有机）果菜235.3公顷，总产量1550.5万公斤，增产10.92%，增总产值551.44万元，增纯收益533.32万元，果菜品质有较大提升。

3. 富硒农产品生产技术开发。研发出富硒植物营养调节剂，获国家发明专利（专利号：ZL01144575.0）。在蓟县和天津市原种场根据小麦每公顷产量6000公斤和水稻每公顷产量7500公斤的产量水平及面粉加工工艺要求，制订硒制剂质量标准，使小麦、水稻硒含量稳定在0.2~0.3毫克/千克，制订《富硒大米》（Q/12NL3010–2003，企业标准）。2004~2006年，在天津市原种场开展富硒水稻产品开发，累计示范353.7公顷，加工生产富硒大米182.46万公斤，每公顷增收1365.3元，增利税89.86万元。2007年获天津市技术发明三等奖。

四、农业信息技术

1.智能化农业信息技术应用示范工程。1999年，启动实施“863”计划“智能化农业信息技术应用示范工程”，天津市为项目示范区。天津市利用计算机人工智能技术，采用国家农业信息化工程中心开发的网络化、构件化农业专家系统开发平台，集成小麦、玉米、水稻、黄瓜栽培学科取得的研究成果和专家的知识经验以及农业生产实践，建立小麦、玉米、水稻、黄瓜等智能化计算机决策系统13套，包含201280个数据、292个模块和2598条规则。项目具有较强的时效性、便捷性、权威性、实用性，带动了智能化农业技术在天津市农业生产的应用。1999~2003年，在宁河县、宝坻区、北辰区、蓟县、武清区、西青区6个区县累计推广36.53万公顷，粮食和蔬菜总增产2.36亿公斤，节约成本5382.1万元，增纯收益2.93亿元。2003年获天津市科技进步二等奖。

2.天津市主要粮食作物生产管理信息系统的研制。以宁河县水稻生产管理为研究对象,依托“3S”(遥感、地理信息系统、全球卫星定位系统)技术以及计算机网络技术,综合农学、经济学、气象学等多学科相关理论与技术,研制开发出一套基于GIS(地理信息系统)下运行,科学管理农业环境地理信息、农业基础资源信息和农业生产信息,并集农业生产信息空间查询、多层信息同化复合、农作物种植适应性评估等功能于一体的主要粮食作物生产管理信息系统。完成宁河县及周边地区地形图(1:50000)的数字化工作,建立宁河县农田土壤养分、水利资源、社会经济(乡镇基本情况、农业生产条件、农业生产情况等)、部分农业生产基础信息(品种布局、种植面积等)、以及气候资源(温度、光照、降水等)的数字化工作,在天津市首次提出并制定农业资源信息标准化理论。该系统可实现对农作物从宏观到微观的实时管理,具有较强的数据管理、分析处理、显示功能,达到合理配置农业资源,降低生产成本,提高农业整体效益,为政府和专家提供科学决策的目标,实现农业生产管理信息化、科学化,为天津市发展数字农业奠定了基础。2001年在宁河县廉庄乡水利农场示范,40公顷水稻平均每公顷生产稻谷8700公斤,比同期栽插的水稻每公顷增产稻谷1500公斤,节水40%以上。

3.天津市农业基础地理信息系统开发与应用。综合天津市农业资源信息、农学、经济学、气象学等多学科相关理论及技术,依托“3S”技术,以GIS技术为核心,研制开发基于1:50000比例尺覆盖天津市全境范围的各类农业资源信息的农业基础地理信息系统,涵盖农业基础地理、土壤、水利、气候、农作物情况以及经济情况等,对各种资源综合应用管理,形成天津市农业地理信息系统、天津市农村经济管理系统、宁河县水稻生产管理信息系统、西青区农业区划管理信息系统、北辰区综合农业管理信息系统等,为天津市农业生产预测分析与管理决策提供信息全面、操作简单、界面友好的信息管理。2004年获天津市经济信息系统优秀研究成果一等奖。

4.设施农业信息技术集成与应用。以提高设施农业光温水等环境因子调控能力为目标,引进开发“设施农业病虫害辅助鉴定多媒体专家系统”、“温室生态健康智能监控系统”和“设施农业生产信息远程网络咨询系统”。建立基于SQL Server(结构化查询语言数据库)的农作物病虫害、气象信息、土壤信息、品种信息等资源的农业技术综合服务数据库系统,开发网络化的植保病虫害咨询系统,改造温室生态健康智能监控系统,建设天津市农业生产信息远程网路服务系统和农技专家语音服务系统,开通语音服务热线。2004~2006年,在武清区大孟庄镇后幼庄村、河北屯镇“绿春源”绿色蔬菜基地建立了13.3公顷试验示范基地,蔬菜种类包括番茄、黄瓜、莴笋、西葫等。在武清区累计推广1.14万公顷,总增产蔬菜2861万公斤,增产值3480.3万元,增纯收益2077万元,投入产出比为1:25。2009年获天津市科技进步三等奖。

5.农技专家语音服务系统研制。2006~2010年,以提高农技人员和农民管理水平为目标,依托现代通讯、计算机网络、依据大型语音系统的实现方式和实现功能,以农信通"农业110"语音系统为基础，建立主要粮食作物新品种信息、栽培技术、病虫草害等相关数据库，实现相关信息的电话查询和访问。在农技专家语音服务系统研制开发的基础上，开发天津市农技推广网络服务平台，建设天津农技推广网，包括技术推广、农事信息、体系建设、信息服务、专家咨询、示范基地、技术需求等栏目，实现天津市市县农业科技资源共享、农业科技讲座的视频点播和远程点对点视频呼叫。上述系统和网络在天津市已普遍应用。

6.基层农业技术推广体系信息服务平台开发与推广。2010 年，构建天津农技推广信息服务平台，集成测土配方施肥、农业智能专家、市场交易信息、专家会诊、政务公开与推广体系信息管理 6 个应用系统，应用于(全球广域网)、触摸屏和智能手机 3 种终端；研究基于“安卓”智能操作系统、嵌入式 GIS(地理信息系统)技术、测土配方施肥技术的集成，为用户提供详细的施肥推荐方案；构建“市、县、乡、村、户”五级农技推广信息服务网络和农业信息应用技术体系，与中国联通合作建立“1862288 天津农技推广集团 V 网”信息服务终端，创新了农技信息服务模式。当年在静海县、武清区建立乡镇及村级服务站 16个，应用面积 1 万公顷，每公顷节本增效 900 元以上。

第二节　科技项目获奖与科技服务

1991~2010 年，天津市农业种植业系统共获天津市科技进步奖 158 项。其中一等奖 3 项、二等奖 27 项、三等奖 128 项；获农业部农牧渔业丰收奖 22 项，其中一等奖 1 项、二等奖 12 项、三等奖 9 项。

20 世纪 90 年代以来，农业科技服务方式丰富多样，包括科技下乡、科技赶集、科技大篷车、田间咨询、发放“明白纸”、举办专题讲座等。同时，新媒体逐渐兴起，如通过电台、电视台、网络、语音热线等开办农业科技专题节目。1991~2010 年组织开展农业系统比较集中的科技下乡活动 1414 次，参加的科技人员 11690 人次，发放科普书籍和技术资料 146 万份，销售(赠送)技术光盘 5.24 万套，销售化肥、农药、种子等生产资料 706.8 万公斤，解答技术难题 13100 余个，直接服务农民 88 万人次。

表 2-8-2-43 1991~2010 年天津市种植业系统获天津市科技成果等奖励情况表

项目名称	奖励类别	获奖等级	获奖年份	第一完成单位	主要完成人
培育冬小麦新品种——津麦 2 号	天津市科学技术进步奖	1	1991	蓟县农业技术推广站	王继光、邢树萍、李广全、王延芳、汪俊峰等
天津市蔬菜种子分级标准	标准化成果	2	1991	市种子管理站	杨淑惠、邢彦霞、纪荣印、阎富英、杜生礼等
优化配方施肥技术的研究与推广	天津市科学技术进步奖	2	1991	市土壤肥料工作站	曲自新、刘志杰、曲玉琢、罗伟忠、荣庆武、李又富等
玉米前重型栽培技术体系的研究	天津市科学技术进步奖	2	1991	市农业技术推广站	张义林、徐志孝、隋 华、刘宝山 刘振江、张泽明等
科技成果推广工作	推广优秀工作奖	2	1991	市种子管理站	魏阳生等
天津市东郊区土壤监测研究	天津市科学技术进步奖	3	1991	东郊区农业技术中心土肥站	胡维芝、张衍儒、张建兰、黄久林、宋文喜、周佳生等
天津市十万亩水稻中低产田技术开发	天津市科学技术进步奖	3	1991	宁河县科学技术委员会	张洪成、郑宗福、吕凤兰、刘士国、杨月明、阎福明等
玉米杂交种黄 417 试验推广	天津市科学技术进步奖	3	1991	市种子管理站	周宗廉、蔡世华、王云贵、刘玉山、李维林、阎恩月等
秋延后冬提前韭菜新品种的引进及配套技术的研究	天津市科学技术进步奖	3	1991	东郊区种子公司	刘宝奎、王家桐、杨洪铎
高产抗病春玉米品种筛选及配套栽培技术	天津市科学技术进步奖	3	1991	市种子管理站	周宗廉、张义林、蔡世华、隋华、郭福生、张景珍等
西菜周年生产及种子繁育技术的研究	天津市科学技术进步奖	3	1991	市蔬菜技术推广站	孙书蕴、苏幼海、孙祥、赵淑明、胡金福、卢宝安等
小麦穗蚜预测预报及飞机超低量喷雾技术应用	天津市科学技术进步奖	3	1991	市植保植检站	郑世清、钱聚荫、张宝恕、陈晓文、马秀生、李泽友等
早熟白菜“小杂 56”的技术开发及推广应用	天津市科学技术进步奖	3	1991	市种子管理站	严益心、施瑞和、张丽娟、陈则明、王桂珍、郑子斌等
瘠薄低产地冬小麦快速高产技术	天津市科学技术进步奖	3	1991	静海县农业局	胡连岗、黄忠、于家润、崔玉台、张洪利、张国琴等
北京 837 小麦新品种试验、繁育、推广	天津市科学技术进步奖	3	1991	市种子管理站	姜秀华、魏阳生、蒋志、李春林、庞继孚、陈秀生等
83-7-1 番茄新品种选育	天津市科学技术进步奖	3	1991	南郊区农林局	刘凤禄、张岱、杨学义、张继波、马洪业等
麦蚜发生规律及防治技术研究	天津市科学技术进步奖	2	1992	市植保植检站	陈晓文、郑世清、张宝恕、钱聚荫、李秀玲、王秀英等
天津市中低产玉米技术开发示范工程	天津市科学技术进步奖	2	1992	市农林局	徐志孝、张义林、隋华、韩树婷、陈增付、李瑞丛等

项目名称	奖励类别	获奖等级	获奖年份	第一完成单位	主要完成人
天津市中低产小麦技术开发示范工程	天津市科学技术进步奖	2	1992	市农林局	王嘉秀、姚振凡、陈同植、刘训江、王瑞卿、杨书峰等
“抗热速生菜”堵淡品种试验示范推广	天津市科学技术进步奖	3	1992	市蔬菜技术推广站	袁彦琴、赵鸿德、李文藻、潘振亚、潘巨泉、罗智敏等
蔬菜种子自动精选包装生产线研制及应用	天津市科学技术进步奖	3	1992	市东丽区种子公司	杜生礼、刘宝奎、杨学勇、王家桐、杨国健等
青麻叶大白菜栽培技术规范	标准化成果	3	1992	市蔬菜技术推广站	王四恩、程子林、张建树、薛玉荣、荣志泰等
活化微肥研制与使用	天津市科学技术进步奖	3	1992	静海县农业技术推广中心	胡连岗、张洪利、尹淑兰、黄世江、姚炳贵、赵宏儒等
保护地蔬菜灰霉病综防技术研究和应用	天津市科学技术进步奖	3	1992	市植保植检站	王　兵、谢建军、张文玲、刘晚成、李秀玲、唐玉琴等
芦笋高产省工栽培技术研究	天津市科学技术进步奖	3	1992	北辰区农业技术服务中心	胡金福、孙德岑、刘冠宇、邢广武、程金岑、赵思吉等
ABT生根粉在蔬菜上的应用研究与推广	天津市科学技术进步奖	3	1992	市蔬菜技术推广站	赵万明、孙书蕴、赵淑明、鲁德安、荣志泰、程瑞明等
天津市吨粮田技术开发示范工程	天津市科学技术进步奖	1	1993	市农林局	陈同植、王树、姚振凡、张义林、马秀生等
农村能源综合开发技术试点的研究	天津市科学技术进步奖	2	1993	市能源办公室	何志强、杜金华、王　沛、田玉达、杨爱萍、牛馨菊等
天津市稻水象甲生物学研究及封锁除治治理工程	天津市科学技术进步奖	2	1993	市植保植检站	李秀文、张宝恕、郑世清、许桂芳、军农等
万亩水稻机械化农业综合示范工程	天津市科学技术进步奖	2	1993	津南区农机局	杨丕显、郑清林、刘玉柱、李家国、戴冠英、邵月芬等
水稻旱育稀植栽培技术的研究与推广	天津市科学技术进步奖	2	1993	市农业技术推广站	张金刚、刘俭、郑爱军、陈怀东、郑宗富、张玉华等
天津市近郊盐碱荒地生态农业示范工程的研究	天津市科学技术进步奖	3	1993	北辰区双街乡人民政府	刘先觉、梁玉树、陈洪涛、王教普、程治山、于长年等
农田杂草调查及化学除草技术改进	天津市科学技术进步奖	3	1993	市植保植检站	陈晓文、郑世清、王秀英、钱聚荫、孙振华、张景昆等
天津市优良早、中熟棉花品种筛选、良繁及推广应用研究	天津市科学技术进步奖	3	1993	市种子管理站	张存信、王国春、张连国、赵大军、艾玉昆、李永忠等
旱地春玉米高产技术的研究	天津市科学技术进步奖	3	1993	武清县农业推广中心	钟有龙、许恩怀、杨庆生、黄纯雄、宋文奎等

项目名称	奖励类别	获奖等级	获奖年份	第一完成单位	主要完成人
蔬菜种子自动烘干机的研制与应用	天津市科学技术进步奖	3	1993	东丽区种子公司	杜生礼、刘宝奎、张印书、张国海、杨艳红等
芝麻新品种选育及栽培技术研究	天津市科学技术进步奖	3	1993	武清县农业技术推广中心	谭淑芬、陈秀生、庞继孚、李国佳、崔恩存等
塑料薄膜小棚韭菜栽培技术规范制度与推广应用	标准化成果	3	1993	市蔬菜技术推广站	王四恩、薛玉荣、程子林、张建树、孟庆华、诸葛吕江等
水稻专家施肥系统的开发及应用	天津市科学技术进步奖	3	1993	东丽区农业技术中心	胡维芝、黄久林、刘社宣、刘宝会、王家桐等
卫青萝卜抗病育种	天津市科学技术进步奖	3	1993	市农业学校	王庆仁、齐玉香、张静娴、刘金凤、谭会玲、时迎春等
选育糯稻新品种–津糯5号	天津市科学技术进步奖	3	1993	市原种场	谷守贤、于福安、张兆芬、陈洪金、刘国元、王 斌等
高产优质大葱“五叶齐”选育与推广	天津市科学技术进步奖	3	1993	宝坻县袁罗庄成人教育中心学校	陈光星、勾 如、孟召武、吕 祥、张伯华、艾玉昆等
华北地区冬小麦公顷产量4500至5250公斤栽培技术规程制订与推广	标准化成果	2	1994	市农业技术推广站	姚振凡、王瑞卿、武秀兰、李 杰、于长来、汪俊峰等
推广工作优秀奖	推广优秀工作奖	2	1994	市津南区双港镇农科站	张继波、王景春、刘文平、周长华、宁千海、马洪业等
五十万亩水稻综合技术推广工程	天津市科学技术进步奖	2	1994	市农林局	张金刚、刘 俭、孙连祥、张鹏至、贾子玉、田广元等
天津市短季棉晚春播配套综合技术研究	天津市科学技术进步奖	3	1994	市种子管理站	张存信、赵嘉俊、张连国、艾玉昆、陆之田、蒋志春等
吨粮田病虫草害发生规律及防治技术研究	天津市科学技术进步奖	3	1994	市植保植检站	陈晓文、钱聚荫、王秀英、郑世清、张宝恕、张景昆等
小麦、玉米瘠薄半干旱地快速高产栽培技术研究	天津市科学技术进步奖	3	1994	市土壤肥料工作站	荣庆武、罗传忠、李又富、陈子学、曲玉琢、金 英等
早熟高产夏大豆新品种的选育及引进	天津市科学技术进步奖	3	1994	市种子管理站	陈起元、赵智法、王钦南、林奎伦、段中华、赵玉祥等
植物抗寒剂在水稻育秧上的应用技术研究与推广	天津市科学技术进步奖	3	1994	东丽区农业技术中心	张鹏至、王鸿达、张玉华、徐继珍、田博荣等
绿色蔬菜(无农药污染)生产技术开发	天津市科学技术进步奖	3	1994	东丽区农林局植保站	刘云胜、张素萍、俞洪丽、韩宝峰、刘素兰等
蔬菜种子综合标准化生产研究与开发	天津市科学技术进步奖	3	1994	津南区农业局	张锡海、欧阳琪、张岱、孙景祥、王学功等

项目名称	奖励类别	获奖等级	获奖年份	第一完成单位	主要完成人
科技成果推广工作	推广优秀工作奖	2	1995	市农林局科教处	贾玉生、王树、王瑞卿、王　斌、袁淑欣、徐士珠等
天津市津南区农村能源综合建设	天津市科学技术进步奖	2	1995	津南区农村能源综合建设办公室	孙希英、杨学义、杜金华、薛克伦、杨爱平、赵世昌等
晚稻带蘖秧稀植高产栽培技术的研究	天津市科学技术进步奖	3	1995	宁河县农业综合开发办公室	王建明、郑宗富、王东军、张洪成、宋耀宗、仇家山等
特种蔬菜生产技术示范开发	天津市科学技术进步奖	3	1995	市蔬菜技术推广站	李文藻、袁燕琴、关铁炼、刘建军、李鹏仁、杨继东等
番茄白果强丰新品种及配套技术推广	天津市科学技术进步奖	3	1995	东丽区新立镇农科站	王春华、张伯良、运广荣、张玉连、张洪顺、吕玉礼等
小麦、玉米综合标准化栽培示范工程	标准化成果	3	1995	武清县农业局	马秀生、温允庆、陈秀生、谭淑芬、刘全等
菌虫清防治水稻种传病害的应用技术研究	天津市科学技术进步奖	3	1995	东丽区农业技术中心	张鹏至、张玉华、徐继珍、贾子玉、王洪达等
“津早架豆”新品种选育与开发	天津市科学技术进步奖	3	1995	市种子管理站	严益心、施瑞和、刘振华、林奎伦、韩宝广、韩秀焕等
黄早4玉米自交系改良选育及利用研究	天津市科学技术进步奖	3	1995	天津农学院	栾谦益、吴锡冬、丁得亮、张文德、乔东明、王桂兰等
系统选育特种稻津香糯1号	天津市科学技术进步奖	3	1996	市原种场	谷守贤、于福安、赵长海、张俊英、张兆芬、陈洪金等
地热海淡水养殖育苗（地热开发利用）	天津市科学技术进步奖	3	1996	市粮食大县和高优高农业示范区项目办公室	陈同植、王　沛、杜秉琴、侯林、唐启发、王尚成等
天津市棉花品种区域试验、记载和品种标准制订及推广应用	标准化成果	3	1996	市种子管理站	张存信、武秀兰、张连国、艾玉昆、孟昭旭、陆之田等
小麦、玉米优种化工程	天津市科学技术进步奖	3	1996	市种子管理站	魏阳生、严光磊、孟昭旭、乔东明、蒋志春、李春林等
昆虫病原线虫防治韭菜蛆试验	天津市科学技术进步奖	3	1996	市植保植检站	张宝恕、王学利、李来有、陈晓文、吴金国、杨洪东等
高产优质“天津市白庙芹菜”的选育及推广应用	天津市科学技术进步奖	3	1996	市种子管理站	张存信、边学孔、田　志、庞树旺、李凤台、张忠义等
测土、产肥与应用一体化服务示范工程	星火计划	3	1996	津南区农林局	程远尤、刘　肃、王文德、刘家玉、孟繁龙、张岱等

项目名称	奖励类别	获奖等级	获奖年份	第一完成单位	主要完成人
植物生长调节剂“必多收”应用技术开发与推广	天津市科学技术进步奖	3	1996	市农业技术推广站	徐元春、王景怀、蒙建国、李银、刘贺学、黄凤来等
十万亩蔬菜综合配套技术推广	天津市科学技术进步奖	2	1997	市蔬菜技术推广站	关铁炼、赵秀萍、孙书蕴、张建树、李庆寨、王玉仿等
蔬菜生产综合标准化	标准化成果	3	1997	市蔬菜技术推广站	薛玉荣、武秀兰、王洪月、王家顺、曹 强、马伯禄等
电场种子处理机	天津市科学技术进步奖	3	1997	天津市溢通实业发展公司	张志超、魏阳生、闫富英、王世富、刘松云等
“耐旱”高产冬小麦新品种选育	天津市科学技术进步奖	3	1997	静海县农业局	王秀华、胡连岗、薛玉森、王炳英、孙艳来、刘振争等
东丽区三旱种稻及配套技术的研究与应用	天津市科学技术进步奖	3	1997	东丽区农林局	张鹏至、张玉华、于国珍、张素萍、胡维芝等
麦–葱连作高产栽培技术开发	天津市科学技术进步奖	3	1997	宝坻县农业局	杨家恭、芮歧、张金锁、李 占、王旭伶、哈德卿等
夏播玉米杂交种唐抗5号(冀单28号)引种及推广	天津市科学技术进步奖	3	1997	市种子管理站	周宗廉、李维林、乔东明、崔恩存、庞继孚、鄂士彬等
黄瓜新品种配套技术示范	天津市科学技术进步奖	3	1997	西青区农林局	李树清、郑子彬、高乐、桑书敏、王德宝等
天津市优良早熟绿豆品种筛选及推广应用的研究	天津市科学技术进步奖	3	1997	市种子管理站	张存信、俞焕新、李琦、王家武、王云贵、吴学惠等
东亚飞蝗综合治理技术的研究和应用	天津市科学技术进步奖	2	1998	市植保植检站	于志宣、栗振华、窦峰、谢建军、官宏义、谢志庚等
科技成果推广工作	推广优秀工作奖	2	1998	市农林局科教处	贾玉生、袁淑欣、隋玉桂、官宏义、王福玉、牛馨菊等
五十万亩水稻综合技术推广工程	天津市科学技术进步奖	3	1998	市农业技术推广站	张金刚、刘 俭、郑爱军、张洪成、陈树宏、张鹏至等
农用(菌肥)高效新菌株的筛选及应用研究	天津市科学技术进步奖	3	1998	天津农学院	刘丽丽、李淑高、李又富、陈子学、陈 东、张静芳等
五十万亩冬小麦中产变高产综合增产技术推广工程	天津市科学技术进步奖	3	1998	市农业技术推广站	姚振凡、刘克祥、李 杰、陈秀生、哈德卿、张怀民等
遮阳网覆盖蔬菜技术效应的研究与推广	天津市科学技术进步奖	3	1998	市蔬菜技术推广站	孙书蕴、赵秀萍、卫刚果、李庆寨、王家顺、张秀莲等
稀土农用新技术应用与推广	天津市科学技术进步奖	3	1998	市土壤肥料工作站	郭云峰、曲玉琢、窦连彬、邱荣学、武克纪、胡维芝等
标记性状杂交西瓜新品种选育	天津市科学技术进步奖	3	1998	市种子公司	岳耀忠、魏阳生、纪荣印、施瑞和、陈洪金、刘振义等

项目名称	奖励类别	获奖等级	获奖年份	第一完成单位	主要完成人
玉米、小麦、水稻种子生产技术操作规程修订编制	标准化成果奖	3	1998	市种子管理站	周宗廉、乔东明、张俊英、朱美华、吕　祥、孟　婧等
万亩蔬菜保护地三高栽培模式技术开发	星火计划	3	1998	东丽区农林局	葛国江、乔永久、刘湘会、李建军、倪志伟、葛旭明等
高油玉米开发示范工程	天津市科学技术进步奖	3	1998	市农业技术推广站	张义林、李树清、张金锁、隋　华、张丙刚、范培成等
天津美洲斑潜蝇生物学及检验综合防除技术的研究与应用	天津科学技术进步奖	2	1999	市植保植检站	李秀文、李　崴、栗振华、郭文英、王凤衍、兰洪霞等
玉米种子加工技术的研究	天津市科学技术进步奖	3	1999	武县种子公司	王云贵、庞继孚、崔恩存、张学丰、李亚华、蒋桂秋等
百万亩玉米综合技术推广工程	天津市科学技术进步奖	3	1999	天津市农业技术推广站	张义林、隋　华、许恩怀、张景珍、张丙刚、李淑英等
选育适宜冬季温室生产的芹菜新品种(津南冬芹)	天津市科学技术进步奖	3	1999	津南区农林局蔬菜科	张继波、何洪成、宁千海、刘凤禄、何洪梁、刘文平等
京津唐棉区短季棉亩产皮棉70至80公斤栽培技术规程制订与推广	标准化成果	3	1999	市农林局科教处	张存信、王瑞卿、武秀兰、张连国、梁万成、孟兆芳等
“五叶齐”大葱半成株繁种技术研究与开发	天津市科学技术进步奖	3	1999	宝坻县农业局	张金锁、李庚华、王旭伶、申国庆、李其春、陈芝花等
抗虫棉新品种筛选及应用的研究	天津市科学技术进步奖	3	1999	市种子管理站	张存信、王家武、吴金国、樊　芸、李金龙、杨学芸等
科技成果推广工作	推广优秀工作奖	3	1999	市农业技术推广站	刘克祥、贾兰英、隋　华、郑爱军、王瑞卿、李　杰等
水稻节水增效技术推广	天津市科学技术进步奖	3	2000	市农业技术推广站	郑爱军、仇家山、张洪成、贾子玉、王印来、王凤珩等
水稻品种中作93引进与推广	天津市科学技术进步奖	3	2000	市种子管理站	王家武、张俊英、于福安、朱美华、李文怀、刘凤堂等
茄子根腐病防治技术研究	天津市科学技术进步奖	3	2000	西青区辛口镇农业技术推广站	杨依军、阎德来、赵仁顺、王勇、卞凤梅等
小麦节水增效技术推广	天津市科学技术进步奖	3	2000	市农业技术推广站	王瑞卿、刘克祥、王树华、董　山、张怀民、李　杰等
紧凑型特用优质玉米及配套栽培技术推广	天津市科学技术进步奖	3	2000	市农业技术推广站	隋华、张义林、许恩怀、张景珍、张炳刚、范培成等
糯稻组培无性系新品种津糯6号的选育	天津市科学技术进步奖	3	2000	市原种场	谷守贤、于福安、赵长海、张建民、蔺术彬等

项目名称	奖励类别	获奖等级	获奖年份	第一完成单位	主要完成人
玫瑰香葡萄标准化示范区	天津市科学技术进步奖	3	2000	汉沽区农林局	王峰、李俊柱、杨宝栓、林代群、唐宗成等
天津农林蜘蛛资源调查及其保护利用技术研究	天津市科学技术进步奖	3	2001	市农药检定所	于志宣、孙振华、胡 敏、吴兵兵、韩宝峰等
小麦综合防倒技术推广	天津市科学技术进步奖	3	2001	市农业技术推广站	王瑞卿、董 山、王淑新、张红玲、李洪云、刘增全等
硅肥的研制及综合应用技术开发	天津市科学技术进步奖	3	2001	东丽区农林局	胡维芝、任宪章、黄久林、刘云胜、刘士玲等
小麦地膜覆盖栽培技术研究示范	天津市科学技术进步奖	3	2001	武清区农业技术推广中心	刘万华、黄士友、王树华、王淑新、李向华等
天津草坪病虫害诊断及综合防治技术的研究与应用	天津市科学技术进步奖	2	2002	市植保植检站	李崴、李秀文、栗振华、石会平、赵美琦、王印来等
高效吨粮田综合技术推广	天津市科学技术进步奖	3	2002	市农业技术推广中心	王瑞卿、刘克祥、隋 华、许恩怀、张怀民、李 文等
提高玉米杂交种内繁制种产量的研究	天津市科学技术进步奖	3	2002	市种子管理站	乔东明、李海燕、周宗廉、李亚华、蒋桂秋等
双港西芹新品种 D95-8 选育	天津市科学技术进步奖	3	2002	津南区双港镇农科站	张继波、刘文平、肖玉清、倪大树、何洪梁等
特早熟葡萄新品种津南早红(6-12)选育	天津市科学技术进步奖	3	2003	津南区葛沽镇农科站	付克贞、吴国祥、刘学友、宗长生、孟庆安等
枣优新品种引进、优选及配套栽培技术研究	天津市科学技术进步奖	3	2003	东丽区农林局	高梅秀、韩维光、刘士玲、张芝兰、张莉等
抗旱、耐盐、优质、高产水稻品种津宁 901 选育及其配套技术的研究	天津市科学技术进步奖	3	2003	宁河县农业技术推广中心	李金龙、王凤行、郑宗富、王连芬、刘殿功等
冬季日光温室生产克服障碍性天气关键技术研究	天津市科学技术进步奖	3	2003	静海县科技兴农办公室	王学利、林木强、张建树、孙世海、赵秀萍等
新型药肥复合型种衣剂技术推广应用	天津市科学技术进步奖	2	2004	市植保植检站	谢建军、刘西莉、张志武、马淑慧、哈德卿、曹玉霞等
中作系列优质大豆新品种引种开发推广	天津市科学技术进步奖	3	2004	市种子管理站	王家武、王连铮、张俊英、高增尚、陈洪金、刘文政等
优质特种稻津香黑 38 的选育	天津市科学技术进步奖	3	2004	市原种场	谷守贤、于福安、张俊英、赵长海、顾洪艳等
高油玉米开发示范工程与推广	天津市科学技术进步奖	3	2004	市农业技术推广站	隋 华、刘克祥、张 杰、孟自凤、王凤行、贾兰英等

项目名称	奖励类别	获奖等级	获奖年份	第一完成单位	主要完成人
设施蔬菜生产规范化技术推广	天津市科学技术进步奖	3	2004	市农业机械推广总站	蒲小平、程子林、张宝乾、刘振华、谢敏、王学忠等
新型生物杀虫剂示范推广	天津市科学技术进步奖	3	2005	市农业技术推广站	王景怀、王瑞卿、胡敏、张祝华、徐建坡、哈德卿等
粮食及经济作物新品种引进、筛选与推广	天津市科学技术进步奖	3	2006	市农业局	张杰、李琦、崔晶、张俊英、王瑞卿、郑爱军等
高蛋白大豆保优节本标准化栽培技术示范与推广	天津市科学技术进步奖	3	2006	市农业技术推广站	王瑞卿、郑爱军、朱保葛、樊亚娟、董家行、刘增泉等
粮饲兼用玉米品种天塔 1 号选育与推广	天津市科学技术进步奖	3	2007	天津科润津丰种业有限责任公司	陈洪金、陈玉春、张俊英、张烈、刘恩海等
硅肥在水产养殖中应用技术研究	天津市科学技术进步奖	3	2007	东丽区农业技术推广中心	胡维芝、郭立、张国海、乔秀亭、朱国霞等
城市再生水灌溉农田安全技术体系与示范工程	天津市科学技术进步奖	3	2007	市农业环境保护管理监测站	贾兰英、田丽梅、程波、刘春来、孙占潮等
优质高产多抗广适水稻新品种津原 45 选育与应用	天津市科学技术进步奖	1	2008	市原种场	于福安、张俊英、刘文政、刘水芳、陈洪金、王胜军等
天津市生态农业试验与示范	天津市科学技术进步奖	3	2008	市农业环境保护管理监测站	陶令良、贾兰英、吴永生、曹学旺、王斌等
天津市蔬菜危险性有害生物监测及综合治理	天津市科学技术进步奖	3	2008	市植保植检站	李秀文、高雨成、王海旺、李恩萍、陆建高等
农业抗旱保水技术应用推广	天津市科学技术进步奖	3	2008	市农业技术推广站	隋华、刘克祥、李小刚、耿以工、董家行、刘万华等
再生水农田利用安全性检验与评估技术研究	天津市科学技术进步奖	2	2009	农业部环境保护科研监测所	刘凤枝、李玉浸、贾兰英、孙增荣、李梅、徐亚平等
天津市农业高效节水技术研究与示范	天津市科学技术进步奖	3	2009	静海县农业技术推广中心	杨万龙、刘克祥、张洪立、李娟、李爱军等
设施农业信息技术应用示范工程与推广	天津市科学技术进步奖	3	2009	市农业技术推广站	李洁、沈佐锐、刘克祥、高灵旺、刘庆辰、李小刚等
设施蔬菜节本增效技术推广	天津市科学技术进步奖	3	2009	市蔬菜技术推广站	程子林、刘长虹、吴建金、李海燕、王学忠、谢文旭等
优质粮食作物良种产业化示范工程与推广	天津市科学技术进步奖	3	2009	市农业局	王家武、贺长征、程瑞明、高增尚、陈玉春、常雪艳等
农产品产地安全质量监测与评价技术	天津市科学技术进步奖	3	2010	农业部环境保护科研监测所	刘凤枝、李玉浸、贾兰英、郑向群、成振华等
高产专用玉米新品种和玉米自交系的引进、改良及利用	天津市科学技术进步奖	3	2010	市种子管理站	王家武、王鹏文、张俊英、高增尚、常雪艳等

项目名称	奖励类别	获奖等级	获奖年份	第一完成单位	主要完成人
小麦玉米两作超吨粮栽培技术研究	天津市科学技术进步奖	3	2010	市农业技术推广站	刘克祥、耿以工、隋　华、邵凤成、孙秀华
棉花枯黄萎病综合防治技术示范推广	天津市科学技术进步奖	3	2010	宁河县农业技术推广中心	王凤行、简桂良、张洪成、王连芬、李国斌、尹晓丽等

表 2-8-2-44　1991~2010 年天津市种植业系统获全国农牧渔业丰收奖奖励情况表

项目名称	等级	年份	第一完成单位	主要完成人
小麦综合丰产技术	2	1991	市农林局农业处	王嘉秀、姚振凡、刘守愚等
天津市杂交玉米综合增产技术推广	2	1992	市农林局农业处	庞洪仪、张义林、吴广荣等
保护地蔬菜增产技术	1	1993	市蔬菜技术推广站	王四恩、薛玉荣、程子林等
天津市大豆综合增产技术推广	2	1993	宝坻区农林局	王金、刘振元、张丙刚等
常规稻高产栽培技术	3	1994	宁河县农业局	王俊元、王秀山、郭守英等
棚室早春黄瓜番茄生产配套技术	2	1995	市蔬菜技术推广站	薛玉荣、王四恩、袁淑欣等
早春保护地茄子番茄青椒优质高产良种推广	2	1996	市蔬菜技术推广站	薛玉荣、王四恩、袁淑欣等
京津廊地区小麦示范带综合技术	2	1996	市农业技术推广站	姚振凡、王瑞卿等
小站稻无公害综合生产技术推广与产品开发	2	1997	市优质小站稻开发公司	徐庆海、盛宏达、郑宝福等
短季棉晚春播综合配套技术推广	3	1997	市种子管理站	张存信、孙连祥、梁万成等
出口菜优质高产综合配套栽培技术	3	1998	市蔬菜技术推广站	王四恩、薛玉荣、程明瑞等
双万亩小棚蔬菜综合配套技术	3	1999	西青区农业局蔬菜工作站	张守仁、李庆寨、李汝杰等
远郊县万亩新建温室蔬菜快速增产技术推广	2	2000	市蔬菜技术推广站	孙书蕴、张建树、张秀莲等
天津市无公害蔬菜生产技术推广	3	2001	市植保植检站	谢建军、贾玉生、王斌等
保护地蔬菜综合生产技术	3	2002	市蔬菜技术推广站	刘振华、王学忠、孙书蕴等
平衡施肥技术	2	2003	市土壤肥料工作站	谷耀琴、常洪友、陈子学等
设施蔬菜节本增效技术	3	2003	市蔬菜技术推广站	程子林、袁彦琴、张建树等
天津市小麦半精播保优节本高产栽培技术推广	3	2003	市农业技术推广站	王瑞卿、贾兰英、刘万华等
秸秆还田及利用综合配套技术	2	2004	市土壤肥料工作站	李又富、谷耀琴、荣庆武等
优质棉新品种引进及栽培技术推广	2	2006	市农业技术推广站	王瑞卿、董山、王凤行等
抗病虫水稻新品种津原 45 推广应用	2	2010	市原种场	于福安、赵雨亭、陈洪金等
设施蔬菜安全生产配套技术示范	3	2010	市蔬菜技术推广站	程子林、刘长虹、吴建金等

第三篇

林　业

天津市位于华北平原东北部,海河流域下游,地理坐标为北纬 38°34′~40°15′,东经 116°34′~118°04′。天津市地势北高南低,地貌类型分为山地、丘陵、平原、洼地、海岸带和滩涂等。大部分地区地势平坦,海拔高程平均在 2~10 米之间。气候属暖温带半湿润大陆季风型气候,有明显由陆到海的过渡特点,全市年平均气温 11~12℃。无霜期在 135~239 天之间。全年平均降水量为 558~697 毫米。主要集中在 6~8 月。湿地占全市国土面积的 17.1%,总面积 2956 平方公里,其中陆域湿地面积 2045 平方公里。全市只有北部有部分山区,属燕山山脉。山区面积不足国土面积的 6%,林业类型以平原林业为主,林木资源主要分布在高速公路、铁路、河道等通道两侧以及村镇、园区周边等区域。受立地条件限制,全市林木资源分布不均,主要集中分布在蓟县山区和"三北"(指天津市北部的蓟县、宝坻、武清三个区县)平原区。滨海新区、东丽、津南、静海东部、宁河南部等天津市东南部地区地势低洼,土壤盐渍化程度高,树木成活难,造林成本和管护抚育成本较高,林木覆盖率较低。此外,造林树种较为单一,杨树、柳树、榆树、槐树、椿树和白蜡等乡土树种为天津市营造林的主要树种,其中杨树最多,面积比例超过 50%,截至 2010 年底,全市林木绿化率达到 21.5%,有林地面积 209066.1 公顷,灌木林面积 4571.2 公顷,四旁树折合林地面积 21806.8 公顷。

保护和改善生态环境,加强生态建设,维护生态安全,是人类面临的共同主题,更是中国经济社会可持续发展的重要基础。森林是陆地生态系统的主体,被称为"地球的肺"。林业工作是一项重要的公益事业和基础产业,承担着生态建设的重大任务。由于多种历史原因,天津市在一定历史时期森林覆盖率比较低,林分质量不高,生态脆弱。大力植树造林,保护野生动植物资源,恢复森林生态,是天津林业面临的紧迫任务。1990~2010 年的 20 年,在历史长河中是短暂的一瞬,但在这 20 年中,天津林业发生了很大变化。中共天津市委、天津市人民政府出台了《关于加快林业发展建设绿色天津的意见》,确立了建成宜居生态城市的目标。全面启动了一批市级重点工程和自然保护区建设。积极稳妥地推行集体林权制度改革,抓住国家加大对林业生态建设投入力度的机遇,多渠道争取国家林业项目资金。组织开展了大规模、大范围的造林绿化,天津市的林木总量不断增加,造林绿化科技含量逐年提高,造林树种选择也日趋多样化。20 年来,天津市加强了林业行政管理机构建设和队伍建设,成立了市林业局。建立、健全、完善了森林公安、森林防火、林业有害生物防治检疫、野生动植物保护管理、林地管理等林业管理体系。加强了林政资源管理,严厉打击了破坏森林资源的违法行为,保护了来之不易的绿化成果。

第一章 天津市林业生态体系建设

1985年，天津12个涉农区县全部被列入国家十大重点林业生态工程中的“三北”（指华北、东北、西北）防护林体系建设工程范围之内。1988年，天津12个涉农区县全部被列入全国平原绿化建设工程范围。1992年，天津滨海的3个区塘沽区、汉沽区、大港区被列入全国沿海防护林体系建设工程范围。1993年，天津被列入全国防沙治沙工程范围。在实施这四项国家级林业生态工程的同时，结合天津实际，实施了绿色通道工程、枣粮间作工程、新四区环城生态风景林工程、百万亩农田防护林综合治理示范工程、果品优质综合技术配套工程、小康村和小城镇绿化美化达标工程、丰产林工程等。2001年以来，国家对重点林业生态工程进行了整合，天津市蓟县被列入京津风沙源治理工程，宝坻、武清、宁河、静海、东丽、西青、津南、北辰等8个区（县）被列入“三北”防护林体系建设工程，塘沽、汉沽、大港被列入沿海防护林体系建设工程。2006年以后，国家调整了沿海防护林体系建设工程建设范围，宁河、静海、东丽、津南4个区（县）被调整到沿海防护林体系建设工程之内。

2001年至2010年，是天津市林业建设发展较快的10年。尤其是在“十一五”期间，天津市林业进入了一个崭新的发展阶段。2008年9月，市委、市政府出台了《中共天津市委 天津市人民政府关于加快林业发展建设绿色天津的意见》，同年，市政府批转了《2009~2012年天津林业建设规划》。2007年下半年，天津市把高速公路绿化工程纳入市级重点造林绿化工程，对域内的十余条高速公路进行了高标准的绿化，并对原有高速公路两侧绿化带进行了完善提高，此外，还对京津高铁、京沪高铁两侧进行了高标准绿化，相关区县建设了50~100米宽的绿化带和两侧1000米范围内的农田林网。天津市还将干线公路绿化、园区绿化、环城绿化等纳入市级重点造林工程给予资金扶持。涉农区县纷纷出台了扶持林业发展的优惠政策，调动社会各界参与植树造林的积极性，建设了大面积的成片林地，全市林木资源和林木绿化率大幅增加，生态环境明显改善。

蓟县依托京津风沙源治理工程，通过实施退耕还林、封山育林、飞播造林、困难地造林等项目，全县林木覆盖率已达到43.4%，山区林草植被得到有效保护，水土流失现象得到了治理，蓟县成了名副其实的“天津的后花园”。天津平原地区通过实施绿色通道、成片林地、农田林网和防沙治沙工程等，已基本建成网、带、片、点相互交融的生态经济型林业体系，全市平原地区农田林网化程度达到80%以上。全市的林业生态体系建设在有效地增加了天津市林木资源总量的同时,在涵养水源、防治水土流失、减少风沙危害、优化环境质量、改善人居环境等方面也起到了重要作用。

第二章 国家林业重点生态建设工程

第一节 京津风沙源治理工程

2000年前后,中国北方特别是京津地区连续发生大范围扬沙、沙尘暴天气,给工农业生产、航空运输、公路铁路交通和人民生活带来了很大影响。党中央、国务院提出了抓紧京津地区防沙治沙工程建设的要求。2002年4月,国务院批准了《京津风沙源治理工程规划(2001年~2010年)》,京津风沙源治理工程全面启动。天津市蓟县被列入了国家京津风沙源治理工程,属燕山丘陵山地水源保护区。结合国家规划及天津市的实际,天津市制定了《天津市京津风沙源治理工程规划(2001年~2010年)》。

天津市京津风沙源治理工程的总体思路是:以保护和建设好区域性防护林体系为重点,以提高林草资源质量和功能为目标,围绕"三大"治理区域(天津市蓟县的北部山区、于桥水库周边和平原洼区),采取"四项"综合措施(稳定和加强科技机构、推广先进科技成果、编制技术标准、培训技术力量),建设"六大"防御工程(封山育林、飞播造林、退耕地还林、荒山荒地造林、种苗基地建设、水利配套),确保"三个"建设成效(生态效益显著、经济效益明显、社会效益提高)。十年来,通过实施封山育林、人工造林、退耕还林、飞播造林等营造林工程和小流域治理、水源工程及节水灌溉等水利配套工程,工程区的森林资源大幅度增加,生态环境质量明显改善。到2011年底,天津完成国家下达的营造林任务64.42万亩,包括封山育林30.02万亩,飞播造林13万亩,人工造林7.4万亩,退耕还林14万亩(含配套封山育林7万亩)。完成林业项目投资8944万元,其中中央投资8048万元,地方配套896万元。

京津风沙源治理工程的实施,改善了工程区生态环境质量,优化了产业结构,促进了生态旅游产业的发展,加快了农民致富的步伐。

第二节 “三北”防护林体系建设工程

1978年，开始实施“三北”防护林体系建设工程。1985年，天津市12个涉农区县全部被列入国家“三北”防护林体系工程建设范围。1986年，天津组织编制了《天津市造林绿化规划》，1987年初，市政府常务会议通过了规划，天津市造林绿化进入了一个崭新的时期。从2001年开始实施“三北”防护林四期建设工程，建设期限10年。“三北”四期工程建设范围是宝坻、武清、宁河、静海、东丽、津南、西青、北辰等8个区县。从2006年开始，国家沿海防护林体系建设工程扩大了建设范围，宁河、静海、东丽、津南4个区（县）被调整到沿海防护林体系建设工程。即2006~2010年天津市“三北”工程建设范围是宝坻、武清、西青、北辰4个区。

1986年~2010年，天津“三北”防护林建设工程累计完成造林408万亩，封山（沙）育林（含抚育管护）完成1.58万亩，完成规划任务395万亩的103.3%。据不完全统计，造林总投资74136万元，其中国家投资11887万元，地方配套41419万元，群众投工投劳折合20830万元。

天津“三北”工程四期工程通过实施绿色通道、农田林网、成片林地和防沙治沙等项目，已基本建成网、带、片、点相互交融的生态经济型林业体系，农田林网化程度达到80%以上，保护耕地近450万亩。建设了武清区港北、西青区杨柳青、宝坻区青北等多处万亩以上的片林、十条过境高速公路绿化带、外环线绿化带、津西北大型防风阻沙林带、主要干线公路绿化带等市级重点造林工程。通过防沙治沙工程建设，天津西北部的沙化土地较10年前减少了27%，中度沙化土地基本消失。

第三节 沿海防护林体系建设工程

1988年，国务院批准了沿海防护林体系建设工程，并列为全国重点工程，1989年开始进行试点建设。该工程在天津市涉及塘沽、汉沽、大港3个区。1992年，根据林业部的统一安排，天津组织编制了《天津沿海防护林体系建设一期工程总体规划》，建设期限到2000年。天津沿海防护林体系建设工程正式启动。

天津沿海防护林建设体系一期工程取得了较大的成绩，实施了农田林网工程，生态村绿化美化工程，主要河流、铁路及公路两侧绿色通道工程，枣树基地、葡萄基地、海防林基干林带等重点绿化造林工程，一期建设保存面积6.66万亩，完成一期规划11.2万亩的59.5%。海防林基干林带规划建设88.5公里，实际完成82.2公里，占规划任务的92.9%。

2001年天津市开始实施沿海防护林二期工程，并编制了《天津市沿海防护林体系建设二期建设工程总体规划》,建设范围是塘沽、汉沽、大港3个区。2001~2005年,天津市沿海工程完成造林合格面积10.66万亩,其中85%以上为经济林。主要原因为沿海工程区把加大农业产业结构调整、发展特色农业作为重点工作,建设的经济林主要是大港的枣树,其次是汉沽的葡萄。2001~2005年,国家投入天津市沿海防护林工程资金730万元,市级财政配套484万元。2004年12月,由于印度洋海啸给印尼等国家造成了巨大损失,国家林业局加强了沿海防护林工程建设,调整了沿海防护林工程规划和原有的建设范围,调整后的沿海防护林工程规划期从2006~2015年。从2006年开始,天津宁河、静海、东丽、津南4个区(县)被调整到了沿海防护林工程建设范围,天津市沿海工程建设范围由原来的3个区增加到7个区县,全市也重新编制了《天津市沿海防护林体系建设工程规划》。2006~2010年,沿海防护林工程共完成造林48.97万亩。静海、宁河等区(县)政府高度重视林业建设,出台了扶持林业发展的优惠政策,激发了社会各界参与林业生态环境建设的热情,造林面积显著增加。同一期间,沿海工程区的重要通道绿化及园区绿化也为改善工程区的生态环境发挥了重要作用。

通过沿海防护林体系的建设,加快了天津沿海地区城乡一体化绿化进程,改善了当地的人居环境,为企业创造了良好的外部环境。尤其是滨海新区的绿化,改善了当地的投资环境,为滨海新区的发展做出了贡献。七里海、北大港等滨海湿地得以较好保护与恢复,湿地生态系统的完整性和稳定性以及生物多样性得以延续,区域珍稀、濒危野生动植物特别是东方白鹳等珍稀鸟类及其栖息地得到有效保护。

第三章 天津林业生态工程

第一节 高速公路绿化带建设工程

天津市最早建设的高速公路绿化带是京津塘高速公路绿化带。1995年开始,在武清区大王古乡搞绿化带样板工程试点,1998年,武清区段9个乡镇全面启动。截至1999年,武清段绿化带基本建成,累计完成植树50.3万株,两侧绿化带长60.7公里。该工程多次受到上级有关部门的肯定,被授予全国绿色通道样板段荣誉称号。从1998年秋天开始,该工程北辰至塘沽段全线铺开,1999~2000年,共完成植树49.3万株,完成土方241万方。2001~2002年,对两侧树木进行了完善补植，京津塘高速公路宝坻段绿化带基本建成。1998 年秋~2001 年，相继建设了京沈高速公路宝坻段绿化带和京沪高速公路天津段绿化带。京沈高速公路宝坻段全长 37 公里，涉及 10 个乡镇，绿化带两侧各 25 米宽，加上放射线及沿线村庄绿化，共完成造林 4550 亩，植树近 30 万株。京沪高速公路天津段绿化带涉及西青区和静海县，建设绿化带两侧总长 68 公里，造林 2 万亩，植树 70 万株，其中 60 万株为枣树。

2001 年，为适应天津经济社会发展的需要和迎接 2008 年北京奥运会，市政府批转了市农委《关于在天津高速公路两侧建设绿色通道及高效农业经济带的实施方案》，在京津塘、京沈、京沪、津保、唐津、津滨 6 条高速公路两侧各 500 米宽的区域内建设绿色通道及高效农业经济带（简称“625”工程），其中 0~200 米范围内建设绿色通道。2002 年“625”绿色通道工程开始实施，京津塘、京沈、京沪三条高速公路在原来绿化的基础上，又将绿化带拓宽到 200 米。其中，京津塘高速公路绿化带完成造林 1.82 万亩，67.2 万株；京沈高速公路绿化带完成造林 1.8 万亩，51.8 万株；京沪高速公路绿化带完成造林 2.04 万亩，97.9 万株；唐津高速公路天津段绿化带涉及塘沽区、汉沽区，完成造林 1777 亩，9.25 万株；津滨高速公路绿化带工程涉及东丽区、塘沽区，完成造林 530 亩，3 万株；津保高速公路天津段绿化带工程，涉及北辰区、武清区，完成造林 2000 亩，改造经济林 1500 亩。

2007 年下半年以来，天津市把高速公路绿化工程纳入市级重点造林绿化工程。高速公路绿化带建设坚持规划设计高标准、苗木高标准及土方工程高标准，新建绿化带每侧宽度 50 米，绿化带从内到外按花灌木、亚乔木、乔木三层设计，达到多层次、多色彩、错落有致、自然流畅的效果。所有路段在挖坑栽植前都做出了台面，并在外侧或中间开挖了边沟或中沟，达到了淋盐排水的要求。到 2010 年，对途经天津市的京津塘、京津、津蓟、京沪、津沧、荣乌、唐津、津晋、蓟平、津保高速公路和京津高速公路联络线等十余条高速公路（段）进行了高标准的绿化。其中京津塘高速、津沧高速、津蓟高速宝坻段、津保高速绿化为完善，改造，提高工程，其余为新建绿化工程。2007 年下半年~2010 年，共完成高速公路绿化面积 9.2 万亩，植树 750 万株；完成土方 2167 万方。天津市已经建成通车的高速公路，除了立地条件差的地段外，均已高标准绿化。

第二节 外环线外侧绿化带建设工程

天津市外环线全长 71.4 公里，外环线外侧 500 米绿化带从 1987 年春开始兴建，涉及东丽、津南、西青、北辰四个区和市农垦集团的两个农场，共建设林带 185 公里，折合面积 4496 亩，栽植片林 523 亩，建果园 17030 亩，绿化村庄和工厂 32 个，累计栽植各种树木 176 万株。

2002 年，根据天津市生态环境建设的总体规划，对外环线外侧绿化带进行了重新规划设计，启动了以植树造林、拆迁、清脏治乱、鱼池周边环境整治、外环河整治为重点的外环线生态建设工程。2002年至2003年完成生态林建设10000余亩，从根本上改变了外环线外侧的生态环境。

2008年下半年以来，天津市又对外环线外侧30米范围内的低质林带和荒地进行了改造，并列入天津市重点造林绿化工程。造林树种主要有国槐、洋槐、杨树、椿树，苗木胸径达到6厘米以上。本次改造共完成造林1924亩、植树14.1万株，填垫土方25.7万方。外环线绿化带成为环绕天津市区的一条绿色飘带。

第三节　防沙治沙工程

天津地处九河下梢，地势平缓，历史上海河上游的子牙河、大清河、永定河以及潮白河、蓟运河等河流多次泛滥，河流改道冲击和淤积在天津西北部形成大面积的沙区。天津的沙化土地主要分布在蓟县、宝坻、武清、西青、北辰和东丽等六个区（县）的27个乡。

新中国成立前，天津沙区人民饱受风沙等自然灾害之苦，春不保种，秋不保收，人民生活非常困难。新中国成立后，党和政府十分重视治沙工作，积极组织沙区人民大力开展植树造林，发展经济林，营造防风固沙林。20世纪70年代后期特别是党的十一届三中全会以后，随着农村经济的发展，天津的防沙治沙工作进入快速发展阶段，天津将防沙治沙工作纳入了农田基本建设规划，初步形成了片、带、网相结合的防风固沙林体系。1987年起天津又被纳入国家重点生态工程——“三北”防护林工程，治沙步伐进一步加快。90年代初，按照林业部的要求，结合天津沙化土地成因及分布情况，市农林局专门制定了《天津市1990至2000年治沙规划》，并进行了天津沙漠化土地普查、监测等防沙治沙基础性工作，使防沙治沙工作走上了科学化、规范化的发展之路。2000年以后，蓟县被列入了京津风沙源治理工程，武清、宝坻、西青、北辰4个区（县）被列入三北防护林四期建设工程。天津市林业主管部门确定了“加快植被建设，减少地表裸露，提高防风阻沙功能，以津冀、津京边界和主要河流为框架，沿边界建设津西北防风固沙大型林带，沿主要河流，结合泛区治理，建设骨干林带，在重点风沙治理区退耕造林，结合农业产业结构调整，营造大面积生态林和经济林，在风沙防御区建设农田林网，构造津西北绿色固沙生态屏障”的工作目标。根据这个工作目标，2001年以来将津西北防沙治沙工程列入天津市重点生态建设工程，主攻方向是加快植被建设，减少地表裸露，提高防风阻沙功能。把大搞农田林网建设作为防沙治沙的重要手段，以一、二级河道和省、区级公路为依托，以大渠大路为骨架，相继营造林网5000余条，长万余公里，累计植树1000多万株。2005年前后又相继建设了牛家排青龙湾南岸防风固沙林工程、津西北防风固沙林带工程、海河沙区封沙育林工程等。

三十多年来，通过沙区人民坚持不懈地治沙造林，沙区林木资源总量大幅增长，林木绿化率由解放前的0.3%提高到20%。沙区的生态环境得到了根本性的改善，沙化土地面积已经由1994年的38.5万亩减少到2009年的23万亩，天津市的半固定沙地已经彻底根治，固定沙地也在逐年减少，中度沙化土地已经基本消失，部分土地已由沙化耕地逐步转向稳产农田，土地沙化基本得到了控制，昔日黄沙满天飞、春不保种秋不保收的沙区，如今已是绿树成荫、林茂粮丰。全市近百个十几米高的沙丘，全部变成农田、林地或果园，当地人民的生活生产条件得到了极大的改善。

第四节 其他工程

1991~2010年，天津市除了实施高速公路两侧绿化带工程、防沙治沙工程、外环线绿化带工程以外，还实施了干线公路(铁路)绿化带工程、成片林地建设工程、村庄绿化工程、山区绿化工程等。通过实施这些重点工程，天津市农村的造林绿化工作取得了实实在在的成效，农村生态环境质量明显好转。

一、干线公路(铁路)绿化带工程

除了抓好高速公路绿化带工程以外，天津境内的铁路、国道、省道、县乡道路绿化带也始终是造林绿化的重点。由于受到资金等的制约，早期建设的绿化带多以纯林为主。随着区县经济实力的提高和市、区县对造林绿化投入力度的加大，新建道路两侧绿化带混交林所占比例逐渐增加，绿化档次也逐年提升，有的路段乔灌草结合，达到多树种、多色彩的效果，如京津公路、天津大道等。到2010年，天津市铁路、国道、省道两侧绿化带已基本建设完成，县乡道路绿化带建成率接近90%。

二、成片林地建设工程

天津市早期的成片林地多是结合防沙治沙或盐碱荒滩治理而建，如武清港北、西青杨柳青、宝坻青北、大港官港等多处万亩以上的片林。片林多分布在蓟县、宝坻、武清、宁河、静海等区县立地条件较好的地块。2008年以后，市委、市政府出台了《中共天津市委 天津市人民政府关于加快林业发展建设绿色天津的意见》，涉农区县也纷纷出台了扶持林业发展的优惠政策，社会各界参与植树造林的积极性显著提高，三、四年间建设了60万亩的成片林地，静海、宁河两个县最为突出，成片林地建设面积30余万亩。大面积的成片林地使静海、宁河县林木资源和林木绿化率大幅增加，生态环境质量明显改善。

三、村庄绿化工程

村庄绿化在改善农村人居环境中发挥着重要作用。20世纪90年代以来，天津市将村庄绿化作为社会主义新农村建设的重要内容，积极稳妥地推进和实施。于2005年开始实施的文明生态村建设更是使村庄绿化水平上了一个新台阶，截止到2010年，全市共建设文明生态村910个，占村庄总数的24%，完成以环村林、街道绿化，庭院绿化为主要内容的植树100余万株。村庄绿化的实施不仅使农村的生态环境得到了极大的改善，而且在改善了村容村貌的同时，陶冶了人们的情操，培养了人们植绿、爱绿、护绿的意识，促进了社会主义精神文明建设。

四、山区绿化工程

天津市山区面积126万亩，分布在天津市最北部的蓟县。20世纪50年代初，山区大多是荒山秃岭，只有少数较高山顶、远山、沟谷、坡地有部分果树和零星林地，林木覆盖率仅为2%。1989年以后，在蓟县山区相继启动实施了大绿工程、山区缓坡经济林建设和山区综合开发等工程，山区林业建设进入了快速发展的轨道，生态环境明显改善，林木资源总量大幅增长，森林覆盖率达到66%。2000年以后，天津山区林业建设迎来了一个新的发展机遇，蓟县被列入国家重点林业生态建设工程——京津风沙源治理工程。10余年来，以保护和建设好区域性防护林体系为重点，以提高林草资源质量和保持水土、涵养水源的功能为目标，蓟县山区共完成营造林60余万亩(含封山育林37万亩)。到2010年，山区有林地面积已达87.9万亩，林木绿化率接近70%。

第四章　湿地建设

第一节　天津市湿地面积与特点

1971年2月2日，为保护全球湿地以及湿地资源，全球18个国家的代表在伊朗拉姆萨尔共同签署了《关于特别是作为水禽栖息地的国际重要湿地公约》(以下简称《湿地公约》，又称《拉姆萨尔公约》)。《湿地公约》中对湿地的定义："天然或者人工、长久或者暂时性的沼泽地，泥炭地或水域地带，静止或流动的淡水、半咸水、咸水水体，包括低潮时水深不超过6米的水域；同时，还包括临近湿地的河湖沿岸、沿海区域以及位于湿地范围内的岛屿或低潮时水深不超过6米的海水水体。”由于《湿地公约》中所定义的湿地范围广泛、概念清晰、界定明确，同时也比较适合中国湿地的特点，因此在中国被广泛采用。

一、天津市湿地类型与面积

天津市湿地总面积29.56万公顷（未包括水稻田的面积），占天津市国土面积的17.1%（未包括浅海水域面积），远远高于全国的湿地所占国土面积5.56%的比例。据天津市农业局的统计数据，2008年全市水稻种植面积为1.5万公顷，如果加上水稻田的面积，则天津市的湿地总面积为31.06万公顷。在天津市湿地总面积中，近海与海岸湿地面积为10.43万公顷，占湿地总面积的35.29%；河流湿地面积为3.23万公顷，占湿地总面积的10.92%；湖泊湿地面积为0.36万公顷，占湿地总面积的1.22%；沼泽湿地面积为1.09万公顷，占湿地总面积的3.70%；人工湿地面积为14.45万公顷，占湿地总面积的48.87%。

从行政区域看，湿地面积前三位的区县分别为塘沽区、大港区和汉沽区，面积分别为7.93万、7.14万和4.47万公顷，合计占天津市湿地总面积的66.24%，因为它们拥有面积较大的近海与海岸湿地。内陆湿地面积较大的区县依次为宁河县、静海县、武清区、宝坻区、蓟县和西青区，面积均在1万公顷~2万公顷之间，其余区县面积均在1万公顷以下。

二、天津市湿地的特点

1.天津地域虽小，但湿地类型较全。按照《全国湿地资源调查技术规程》的分类，全国湿地类型划分为5类34型，其中天津市分布的湿地为5类11型。虽然天津市的湿地类型较少，仅为11型，但湿地类型齐全，近海与海岸湿地、河流湿地、湖泊湿地、沼泽湿地和人工湿地均有分布。

2.人工湿地面积大，占天津湿地总面积的一半左右。天津市的人工湿地面积大、分布广，人工湿地面积为14.44万公顷，占湿地总面积的48.87%。如果去掉10.43万公顷的近海与海岸湿地，人工湿地占剩余内陆湿地面积的比例高达75.52%。在人工湿地中，面积最大的为水产养殖场，其次为盐田和库塘湿地。

3.近海与海岸湿地不断萎缩，特别是沿海滩涂湿地。天津市原来的潮间淤泥质海滩的面积很大，但由于天津市滨海新区的临港工业区、临港产业区、南港工业区、滨海旅游区建设，在2009年就围海造陆面积8000公顷，规划围海造地面积更大，造成了大面积滩涂湿地的丧失。1996年第一次湿地资源调查时潮间淤泥质海滩的面积为3.7万公顷，2009~2014年第二次湿地调查面积仅为1.15万公顷。随着滨海新区建设的不断进展，近海与海岸湿地，特别是潮间淤泥质海滩的面积将大幅减少。

4.内陆湿地中集体所有的湿地面积较多。通过第二次湿地调查显示，天津市国有的湿地面积为 16.49 万公顷，占 55.8%；集体所有的湿地面积为 13.06 万公顷，占 44.2%。在国有湿地中，主要为近海与海岸湿地、大型水库、一二级河流、大港油田范围内的湿地。如果去掉近海与海岸湿地，在内陆湿地中，集体所有的湿地所占的比例为 68.3%。同时，集体所有的湿地斑块的数量较多，为 1089 块，占斑块总数的 82.19%。集体所有的湿地斑块每个斑块的平均面积为 119.95 公顷，而国有湿地斑块的平均面积为 698.85 公顷。

三、天津市湿地分布规律

天津市的湿地分布规律为：南多北少、东多西少，湿地面积呈逐渐递减的趋势。主要原因如下：天津的北部地区（蓟县）为基岩山区，除于桥水库和河流湿地外，湿地斑块数量很少。天津市南部地区为堆积平原区，湿地资源较多。天津市的东部地区为滨海湿地集中分布区域，包括了大面积的盐田、淤泥质滩涂、河口水域和浅海水域等湿地类型，湿地面积大约为 13.82 万公顷，占天津市湿地面积总数的 47.01%。

第二节　天津市湿地保护工作

2006 年国务院批复《天津市城市总体规划（2005~2020 年）》，将七里海、大黄堡、团泊、北大港纳入中部、南部湿地生态环境建设和保护区加以保护。2005 年，经市人民政府批准，成立了由主管副市长任组长，13 个委局参加的“天津市湿地保护领导小组”，建立了市级协调机制。2007 年 4 月，经市编办批准，成立天津市野生动植物保护管理站，并加挂天津市湿地保护管理站的牌子，核定人员编制 15 人，为正处级事业单位。机构的建立和人员的充实为天津市湿地及自然保护区保护管理奠定了基础。

一、组织开展湿地资源调查

为查清全国湿地资源现状，国家林业局决定开展第二次全国湿地资源调查，天津市作为全国六个先期调查试点之一，按照国家林业局湿地保护管理中心制定的《第二次全国湿地资源调查工作方案》要求，成立湿地调查组织领导机构和技术支撑小组，制定工作计划，明确职责任务，完成了《天津市湿地资源调查工作方案》《天津市湿地资源调查技术实施细则》，在清华大学、北京林业大学、市财政局的支持下，2009 年 4 月至 2010 年 1 月完成外业。2010 年 2 月份完成内业汇总。

二、开展湿地立法调研

《天津市湿地保护条例》2006 年被市人大列为立法调研项目以来，开展了一系列的立法调研工作。在大量调研工作基础上，2007 年 8 月起草了《天津市湿地保护条例草案》初稿，并于 2007 年 11 月在林业系统内征求了意见。2008 年 8 月，市林业局又向全市 11 个天津市湿地保护领导小组成员单位征求了意见，条例起草小组还多次赴滨海新区、宁河、武清等地进行实地调研。为确保湿地调研工作的落实，提高立法的针对性和实效性，2009 年 4 月 30 日市人大法工委、农村委、市政府法制办主要领导，赴宁河县进行专题调研，进一步推进了湿地保护立法进程。

三、加强湿地类型保护区建设

到 2010 年，全市已经建立了 4 个湿地类型自然保护区，分别为：1992 年 10 月 27 日国务院批准建立的天津古海岸与湿地国家级自然保护区、1995 年 6 月 22 日天津市人民政府批准建立的天津市团泊鸟类自然保护区、2001 年 12 月 31 日天津市人民政府批准建立的天津市北大港湿地自然保护区和 2005 年 9 月 30 日天津市人民政府批准建立的天津大黄堡湿地自然保护区。这些自然保护区的湿地是天津市极为重要的自然资源，对维护天津市良好的湿地生态系统，保障天津市生态环境的可持续发展起着重要的作用。为了提高自然保护区的保护管理能力，累计争取各级资金投入 5000 万元，启动了大黄堡湿地、北大港湿地、团泊湿地保护与恢复建设工程。通过项目的实施提高了保护区管理处的监管能力，为更好地保护湿地生态系统安全，维持湿地生物多样性提供了坚实的基础。北大港湿地保护区为加强监管能力对保护区基础设施进行了建设和改造，新建了 3 座观鸟塔，整修了巡护道路和管理站点，购置了橡皮艇、望远镜等设备，并派专人每日进行野外巡护，使北大港保护区的管护能力得到很大提升。团泊鸟类自然保护区为加强对鸟类的保护，建立了巡护队伍，同时在重要区域树立宣传牌，保证鸟类安全。

四、持续开展湿地保护宣传活动

天津市林业系统不断加强湿地保护的宣传工作。在每年一次的爱鸟周宣传活动中，制作“关注湿地、保护水鸟”宣传展牌，并带领中小学生和爱心人士到大黄堡湿地、于桥水库、北大港水库、黄港水库等地进行观鸟、救护鸟类放飞等活动，同时通过媒体进行宣传，提高了全社会对湿地价值的认识和保护意识。活动每年确定一个主题，并向广大市民发放湿地资源现状、湿地作为鸟类栖息地重要作用等宣传材料，起到良好的宣传效果。

第三节 湿地类型自然保护区

天津市相继建立不同级别、不同类型的自然保护区8个,属于湿地类型的自然保护区4个,其中,国家级湿地类型自然保护区为天津古海岸与湿地自然保护区(1992年建立),由天津市海洋局直接管理。市级湿地类型自然保护区为天津市北大港湿地自然保护区(2001年建立)、天津大黄堡湿地自然保护区(2005年建立)、天津市团泊鸟类自然保护区(1995年建立),由林业系统主管。

一、天津古海岸与湿地自然保护区

地理位置:位于天津市宁河区,中心坐标为北纬39°17′,东经117°32′。

七里海湿地是天津古海岸与湿地国家级自然保护区的重要组成部分,土壤类型为潮土。季节变化明显,介于大陆性气候和海洋性气候的过渡带上,属于暖温带半湿润大陆性季风气候,一年四季分明。年平均气温12.5℃。年平均降水量591.7毫米,年均蒸发量1531.3毫米,≥0℃年均积温4595℃,≥10℃年均积温4180℃。

该保护区1984年经天津市人民政府批准建立,1992年晋升为国家级。保护区分核心区、缓冲区和实验区三部分,主要保护对象为贝壳堤、牡蛎滩古海岸遗迹和滨海湿地,对研究海陆变迁和滨海湿地生态系统具有重要意义。为了支持滨海新区建设,同时便于集中加强对自然保护区资源的保护力度,2006年,天津市海洋局提出了对自然保护区范围进行调整的意见,经过2年多的努力,形成了《天津古海岸与湿地国家级自然保护区调整方案》,于2009年9月28日获得国务院批复。保护区面积调整为35913公顷,其中核心区面积4515公顷、缓冲区面积4334公顷、实验区面积27064公顷,由牡蛎礁、七里海湿地区域、贝壳堤青坨子区域等12块区域组成。

主要利用方式为水产养殖、芦苇生产、提供水资源和调蓄水资源,生态旅游活动刚刚起步。其中,每年的鱼、虾、蟹的产量为23174吨,产值达30575万元;芦苇每年的产量为20000吨,产值为1120万元;提供的水资源总量为8000万吨;调蓄能力为7000万立方米。主要威胁因子为基建与城市化和非法狩猎,受威胁状况等级为轻度。

二、天津市北大港湿地自然保护区

位于天津市滨海新区大港地区,地理坐标为北纬38°36′~38°57′,东经117°11′~117°37′。

北大港湿地地形由海岸和退海岸成陆冲积淤泥组成,形成了以河砾黏土为主的盐碱地貌。整个地势西南略高,东北略低,比较平坦,高差不大。北大港湿地东部为渤海湾的滩涂,中部有北大港水库,西部有钱圈水库,南部有沙井子水库。高程在 3.88~5.08 米之间。土壤类型为盐化潮土、滨海盐土,土层厚度 0.3~0.6 米。属于暖温带半湿润大陆性季风气候。年平均气温 13.6℃,最高平均气温 26℃,最低平均气温-4.8℃,年平均降水量 528.24 毫米。年均蒸发量 1947 毫米,≥0℃年均积温 5149.7℃,≥10℃年均积温 4707.7℃。

天津市北大港湿地自然保护区是在 1999 年 8 月由天津市大港区政府批准成立的古泻湖湿地自然保护区的基础上扩建而成。2001 年 12 月经市政府批准,建立了市级自然保护区。北大港湿地具有生物多样性、生态系统完整的典型特征。国际湿地专家给出了 0.996 分的评价。该保护区已成为世界八大重要候鸟迁徙的重要通道之一的东亚——澳大利亚候鸟迁徙路线的重要驿站和重要通道。每当候鸟迁徙时节会迎来 100 多万只候鸟。有记录到此迁徙栖息的候鸟达 245 种,其中国家一级保护物种 11 种,二级物种 34 种,鱼类近 40 种,两栖类 5 种,爬行类 8 种,哺乳类 13 种,高级植物 203 种。在此处聚集的野生鸟类多达数十种,其中鹭类包括苍鹭、草鹭、夜鹭、小白鹭、中小白鹭等;鸭类包括斑嘴鸭、绿头鸭、黑翅长脚鹬、反嘴鹬等;鸥类包括银鸥、红嘴鸥、蒙古银鸥以及震旦雅雀等。保护区总面积为 44240 公顷。后因黄万铁路、南港工业区等项目建设,于 2004 年、2008 年进行了两次调整。调整后的总面积为 34887.37 公顷。保护区包括北大港水库、沙井子水库、钱圈水库、独流减河下游、李二湾及南侧用地、李二湾河口沿海滩涂共 4 种类型(即:湖泊湿地、河流湿地、滩涂湿地、沼泽湿地)。其中核心区 11572 公顷,缓冲区 9196 公顷,实验区 14119 公顷。

主要利用方式为水产养殖、芦苇种植。其中,每年的鱼、虾、蟹的产量为 7941 吨,产值达 10739 万元;芦苇每年的产量为 31429 吨,产值为 2200 万元。

主要威胁因子为围垦、污染、基建与城市化占用湿地。受威胁等级为轻度。

北大港水库、钱圈水库、独流减河、沿海滩涂为国有,其余为集体所有。

主管部门为滨海新区农委,设有天津市北大港湿地自然保护区管理委员会和管理中心。

三、天津大黄堡湿地自然保护区

位于天津市武清区,地理坐标在北纬 39°21′4″~39°30′27″,东经 117°10′33″~117°19′58″之间,东西宽 13.6 千米,南北长 18.2 千米,总面积 1.12 万公顷。

大黄堡湿地为冲积平原和海积冲积平原。土壤类型为潮土。季节变化明显,介于大陆性气候和海洋性气候的过渡带上,属于暖温带半湿润大陆性季风气候,一年四季分明。年平均气温 11.6℃,年平均降水量 573.9 毫米,年均蒸发量 1164.4 毫米,≥0℃年均积温 4593.7℃,≥10℃年均积温 4187.6℃。

为保护芦苇沼泽湿地及其水生和陆栖野生生物环境,2005 年经市政府批准,武清区成立了大黄堡市级湿地自然保护区，保护区总面积为11200公顷，其中核心区面积为3947公顷。在武清区林业局成立了自然保护区管理处。保护区成立后，截至2010年，先后实施了湿地保护与恢复工程、基础设施建设工程，总计投入600多万元。

主要利用方式为水资源、芦苇生产、水产养殖。其中，每年的鱼、虾、蟹的产量为24586吨，产值达20631万元；芦苇每年的产量为10500吨，产值为315万元；提供的水资源总量为11412万吨；调蓄能力为10600万立方米。

主要威胁因子为非法狩猎，受威胁状况等级为轻度。土地所有权为集体所有。

管理部门为林业部门，设有天津大黄堡市级自然保护区管理处，隶属于武清区林业局。

四、天津团泊鸟类自然保护区

位于天津市区南部静海县和西青区境内，中心坐标为北纬38°30′59"，东经117°02′28"。

团泊洼湿地位于华北平原东部平原地带，北部毗邻独流减河、南有青年渠、东靠七排干、西有六排干。土壤为潮土。属于暖温带半湿润大陆性季风型气候。年平均气温11.9℃，最高平均气温26℃，最低平均气温-4.8℃。年平均降水量571毫米，年均蒸发量1849毫米。≥0℃年均积温4635.9℃，≥10℃年均积温4234.9℃。

团泊湿地是中亚区鸟类南北迁徙必经之路。1985年建立县级鸟类自然保护区。1992年晋升为市级候鸟自然保护区。保护区面积为6040公顷，其中核心区面积为1020公顷。主要保护对象为候鸟及其作为栖息地的团泊湿地生态系统。管理机构为团泊鸟类保护区管理站，隶属于静海县林业局。

主要利用方式为水产养殖和芦苇生产，生态旅游活动刚刚起步。每年的鱼、虾、蟹的产量为630吨，产值达269万元。

主要威胁因子为污染、基建与城市化占用湿地，受威胁等级为轻度。土地所有权为国有。管理部门为林业部门，设有自然保护区管理站，主要从事团泊鸟类自然保护区的日常管理工作。

第五章 全民义务植树

第一节 全民义务植树概况

一、全民义务植树运动的由来

1979年2月23日,第五届全国人大常务委员会第六次会议决定,每年的孙中山逝世纪念日即3月12日为中国的植树节,以纪念一贯倡导植树造林的孙中山先生。1981年12月13日,第五届全国人民代表大会第四次会议通过《关于开展全民义务植树运动的决议》。1982年2月27日,国务院常务会议通过《关于开展全民义务植树运动的实施办法》。1982年4月3日,天津市第九届人民代表大会第三次会议通过《关于在全市开展义务植树运动的决议》。1983年4月15日,天津市人民政府常务会议通过《关于开展全民义务植树运动的实施细则》。中国幅员辽阔,气候条件差异较大,各地适合植树的时间也不同,所以,许多省市还规定了自己的植树日,天津市根据本区域气候条件,于1982年确定每年的3月20日为天津植树日。

二、主要成就

天津市开展全民义务植树运动30多年来,共组织近1亿余人次参加全民义务植树活动,种植树木1.5亿余株。在全民义务植树运动的大力推动下,天津绿化造林事业发生了历史性的变化,城市生态状况和人居环境得到明显改善,为实现党中央、国务院对天津生态城市的定位要求,建设绿色天津的目标发挥了重要作用。

1.绿化总量增长。天津绿化工作基础差、底子薄,1980年底,农村有林地面积仅为25437公顷,林木绿化率5.2%,市区只有树木85.5万株,绿地面积1013.67公顷。经过30多年的发展建设,到2010年底,建城区绿化覆盖率达到30.3%,绿地率25.3%,人均公共绿地面积8.9平方米。农村植树造林也取得成果,全市有林地面积达到23.5万公顷,林木绿化率达到21.5%。

2.绿化质量提升。30年来,随着经济社会的发展,城乡绿化质量也在同步提升。特别是近10年来,绿化理念发生深刻变化,由原来一味追求绿起来,逐步向绿化美化方向发展。2008年以来，随着城市拆迁力度的加大，天津以迎接北京奥运会和达沃斯论坛为契机，按照国务院对天津生态城市的定位要求，大力开展绿色天津和生态城市建设，实施大规模的造林绿化工程，市容环境面貌发生了显著变化，整体生态环境得到了明显改善，提升了天津城市的影响力和竞争力。建成区不断创新园林绿化理念和方法，形成了突出地形起伏适度、植物组合自然、色彩变化丰富、乔灌花草层次分明等特点，实现了疏林草地和盆景艺术的有机统一，自然生态、山石水景与亭廊阁榭的巧妙结合，彰显了绿化的层次感、色彩感和厚重感，凸显了天津独特的园林绿化景观。农村绿化，通过实施"三北"防护林、沿海防护林、京津风沙源治理等国家重点生态工程，以及道路林网、水系林网、农田林网、成片林地、园区绿化等市级重点林业生态工程，进一步完善了北部山区水源涵养林区、西北部沙化土地固沙林区、近郊生态休闲林区、东部沿海防护林区"四区"的生态功能，基本形成了功能相对完备的林业生态网络。森林涵养水源、保持水土、防风阻沙等重要功能得到充分发挥。

3.全民绿化意识提高。全民义务植树运动最大优势就在于能把全社会各方面的力量调动起来，投入到绿化事业中去。通过各级绿化委员会多层次、多渠道广泛深入地宣传发动，积极组织广大干部群众参与义务植树，有力地推动了全民义务植树运动的开展。全社会对造林绿化、改善生态环境的重要性有了更深入、直接的认识，群众对绿化和生态建设更加关心，对人居环境的要求越来越高，参与植树造林的自觉性不断增强，全社会办林业、全民搞绿化的良好风尚已基本形成。据统计，天津市平均每年参加义务植树的人数达到 300 万人(次)，平均每年植树 500 余万株。市内各区还兴起了群众性认养、认管绿地树木的活动。

三、主要经验

1.机构健全。各级党政领导干部重视绿化造林和全民义务植树工作，一直把绿化造林工作纳入国民经济计划和城市基础设施建设规划之中，每年拨专款用于机关干部、高校师生和农村的义务植树。市政府每年为群众办的二十件实事中都有绿化造林的内容。各区、县都成立了绿化委员会，配备一定工作人员，这是全民义务植树运动得以深入开展的组织保证。

2.把义务植树与绿化重点工程紧密结合。在广泛发动群众参加义务植树的同时，在绿化重点工程建设中，注意组织各阶层群众参加义务植树劳动，推动全民义务植树运动向深入发展，展现义务植树运动的效果。1987 至 1990 年的外环线绿化带建设，2000 年的墙子河改造，津河两岸绿带建设，2008 年以来各项重点林业生态工程建设，都是将全民义务植树劳动与重点工程紧密结合的成功典型。

3.发挥部门绿化的作用。公路、铁路、民航、石油、石化等部门绿化由于战线长，范围广，潜力大，在全市整体造林绿化中占有重要位置。天津市各级绿化委员会在指导全市义务植树工作中，充分发挥各部门的资金、技术优势，积极协调部门与地方的关系，使各部门在做好本单位绿化工作的同时，积极配合地方大力开展绿色通道、绿色河道建设，为天津整体绿化上水平做出了突出贡献。

4.坚持依法治绿。随着国家造林绿化相关法律、法规的不断完备，天津市全民义务植树工作在法制建设方面也取得了很大进展。全市建立了比较完备的义务植树工作法规体系，出台了《天津市义务植树条例》《天津市义务植树绿化费收缴使用管理暂行办法》等法规、规章。建立了义务植树执法队伍。为了更好地发挥法律法规在义务植树工作中的作用，全市不断进行执法检查，督促执法人员严格执法，特别是多次接受市人大的检查，对于以法治绿发挥了重要作用。

第二节 大学生义务植树

1990年，天津市政府为加速实现奋战五年基本绿化津城的目标，进一步深入开展全民义务植树运动，在建立市直机关官港义务植树基地以后，又提出大专院校学生也要组织起来，建立义务植树基地的工作思路。市绿委办按照市政府、市绿委的要求，着手组织和实施。

一、精心组织

建立大学生义务植树基地首先是选择地点的问题。天津近郊没有山场和大片荒芜的土地，而建基地的根本要求不能距离市区太远，交通要便利。能提供连续多年植树造林的宜林地。立地条件好，可以保证义务植树的成果。按照这三个条件，经过实地勘察，确定了西青的黑树林(后称杨柳青森林公园)、东丽区东丽湖水库周边(后称东丽湖风景区)两处。随之，静海的团泊洼风景区和津南的八里台也曾被选为大学生义务植树基地。另外一个问题是当地政府愿意承担这项工作。在开始提出建设大学生义务植树基地时，市财政还没有资金配套的措施，需要当地政府提供苗木、场地组织等一系列服务工作。市绿办与西青区、东丽区政府协商，并得到他们的大力支持，当即划出义务植树的责任区，并做好一切必要的准备。这一点对以后大学生义务植树工作的开展，起到了非常重要的作用。市绿委与市教委联合召开了天津市大专院校负责同志参加的专题会议，在统一思想的基础上，提出了在领导带队、学生组织、后期保证、车辆提供、安全纪律等方面的具体要求，并向各院校分配了义务植树任务。各院校当年组织了9000名大学生赴两处义务植树基地共植树5万株。

二、效果显现

从1991年至2010年，天津市大专院校到大学生义务植树基地参加植树活动的有天津大学、南开大学、天津师范大学、天津医科大学、天津财经大学等20多所大专院校。二十年来共组织15万人次大学生，相继在西青、东丽、静海和津南开展义务植树活动。成果比较显著的有西青区杨柳青森林公园、东丽区东丽湖风景区和静海县团泊洼风景区三处基地。大学生直接参加义务植树劳动，虽然在总量上占的比例不大，但是在天津开展义务植树活动的历史上，却占有十分重要的地位。

1.促进了天津市全民义务植树运动的深入开展

组织大学生参加义务植树劳动，是落实《天津市义务植树条例》的重要举措，是全市义务植树的重要组成部分。天津现有在校大学生虽然占全市应尽植树义务人数的比例不大，但却是青年力量的代表。相对于社会其他群体以植树、交纳绿化费、参加管护、出车辆、出物料、参与绿化宣传等多种形式尽劳动义务，大学生是真正参加义务植树劳动的主力军，且组织严密，成效明显，有力地促进了天津市全民义务植树运动的深入开展。

2.提升了天津市造林绿化的整体水平

二十年来，经过大学生们的辛苦耕耘，建成了一条条绿带、一片片绿洲，共完成植树60余万株，提升了天津造林绿化的整体水平。西青区杨柳青大绿工程的实施，不仅给大学生提供了施展才能的天地，更使杨柳青古镇变得更绿更美，1995年被全国绿化委员会评为全国绿化百佳乡镇。东丽湖风景区由过去的缺林少绿，一跃成为绿树环抱的明珠，1999年被全国绿化委员会、国家林业部和共青团中央命名为“绿色文明园”。团泊洼地区土地盐碱，堤坝坚硬，经过十几年的努力，一个环湖绿带已经形成。

3.提高了广大青年学生的绿化意识

在广大青少年中提高绿化意识、环保意识，是提高全民整体素质的一个重要组成部分。大学生植树的实践，其意义和作用远远超过栽几棵树的价值。大学生们在实践中学到了种树劳动技能和基本知识，树立了强烈的生态环境保护意识。

4.促进了旅游业的发展

由于历史的原因，天津市生态旅游资源相对较少。随着大学生义务植树基地的建设，以旅游业为主的基地产业化建设也在加速发展。西青杨柳青森林公园在大学生义务植树基地的基础上，1994年，镇政府与美国克瑞斯集团合资建成市郊大型森林公园。东丽湖风景区的加速开发，优越的环境吸引了国际国内的开发商，正在形成城市周边最大的风景区，并为群众提供了休憩游乐的好场所。大学生们既是建设者，又是义务宣传员，给这些风景区带来了有形的效益。

第六章 果品产业

一、种植历史

天津果树栽植、经营、销售、加工历史悠久。民国时期，果树管理部门就提出对果树要精心栽培、灌溉修养、集约经营、嫁接改良、择佳植之、择寒贮藏、果之制造、果之销售等一系列措施。中华人民共和国成立后，政府把发展林果列入重要日程。1954年，天津市蓟县率先从河北省通县等地引进苹果树苗5万株，栽植于下营、小港、罗庄子等60余个村，主要品种有小国光、倭锦、红元帅、黄元帅、祝光、红玉，对后来天津苹果大发展影响很大。在“八五”计划期间，果树栽植进入快速发展时期，栽植方式出现重大改革，密植栽培成为主流，平原及丘陵地区开始引种草莓，小规模的鲜食葡萄园发展很快，并在蓟县山区实施了缓坡经济林开发工程，结合治理荒山、荒沙和盐碱荒地。“十一五”规划期间，已建成天津市小枣基地、天津市津西北水果基地和蓟宝干鲜果品基地三大经济林基地，同时开展了山区及滨海葡萄基地建设和冬枣基地建设。基本形成了东部滨海地区鲜食与酒用葡萄产区，大港、静海、津南冬枣和金丝小枣产区，津西北水果及设施栽培产区，蓟州区北部山区特色优质果品产区。面积达5.65万公顷，年产干鲜果品29.4万吨，产值6亿元。其中，大港的冬枣、汉沽的葡萄、静海的鸭梨和金丝小枣等生产基地在1.33万公顷以上。

二、主要品种

经过30多年的发展，全市经济林种植面积49372.5公顷，含干果17011.6公顷、各类水果32360.9公顷。果树树种24种，果品品种450个，其中鲜果类有柿子、苹果、梨、桃、鲜食葡萄、酒用葡萄、山楂、杏、仁用杏、李子、杏李、欧李、樱桃、桑葚、树莓、蓝莓、文冠果、猕猴桃、黑枣19种。干果类有板栗、核桃、枣、榛子、花椒5种。年产各类干鲜果品30余万吨。其中主产区蓟州区经济林面积21624.6公顷，含柿子（鲜柿）4084公顷，苹果2556公顷、梨2245公顷、板栗3852公顷、葡萄1585公顷、桃1420公顷、核桃3135公顷、杏620.3公顷、山楂667公顷、枣435.3公顷、其它1025公顷。葡萄主产区汉沽经济林种植面积1570公顷，其中葡萄1528公顷、桃34公顷、苹果8公顷。大港经济林种植面积3933.9公顷，含冬枣3389公顷、葡萄162公顷、红枣311公顷、桃60公顷、其他11.9公顷。红枣主产区静海经济林面积10206公顷，其中红枣7769.1公顷、苹果509.1公顷、梨946公顷、桃692公顷、葡萄130公顷、其他159.8公顷。近郊水果主产区武清经济林面积3196公顷，主要生产各类优质水果。其余区县均有苹果、梨、桃等各类果树种植。

到20世纪初，天津拥有商标注册并且具有影响力的果品有汉沽生产的“茶淀牌玫瑰香葡萄”和大港生产的“翠果牌冬枣”。其中，汉沽生产的玫瑰香葡萄玫瑰香味浓郁，含糖量高，品质上佳，口感独特，深受广大消费者喜爱，曾多次获得国家级、国际级奖励。2007年8月又被评为中华名果，成为2008年奥运会指定水果。汉沽全区有玫瑰香葡萄种植面积2000公顷以上，年产葡萄7万吨，是全国最大的玫瑰香葡萄生产基地。2008年该区葡萄销售收入、保鲜贮藏以及葡萄酿造深加工产值三项合计达到2亿元，占全区农业总产值的63%，葡萄生产已经成为当地农业的支柱产业。

大港地处天津市最南端，是滨海新区重要组成部分。以往因土壤偏盐碱，严重影响林木种植成活率。“十一五”以来，该区在树种选择上重新做了调整，大胆引进栽植耐盐碱的冬枣，并迅速扩大种植面积。为加快优质冬枣苗木的繁育，该区还投资230万元建立冬枣苗木组培中心，研发苗木繁殖技术，使枣树定植成活率由75%提高90%以上。至2008年底，全区冬枣种植面积为3600公顷，占全区果树种植面积的92%，年产冬枣337万公斤，成为天津市冬枣集中产地。该地区生产的冬枣果个大、果肉细腻、果汁丰富、含糖量高，风味独特，为市场上的畅销品。

另外，蓟州区生产的盘山磨盘柿、天津板栗、环秀湖牌蓟州脆枣及武清区生产的曙春、津港、雅农等无公害品牌果品在市场均成为畅销品。

三、贮藏加工

天津市的果品在天津市粮、油、棉、果、菜等主要农产品中，已成为重要的产业行业，是许多农民的主要收入来源。随着果品产业的发展，与之相关的包装、贮藏、加工、运销等配套产业和市场体系迅速兴起。全市先后建成从事果品加工销售的企业118个，其中，资产1000万以上的龙头企业9家，带动种植基地0.67万公顷。初步统计果品主产区蓟州区有果品加工企业20家，年加工能力2.595万吨，千万元以上的加工企业4家。各类果品贮藏库(窖)136个，1000吨以上气调保鲜库有3座，年贮藏能力3.5万吨。发展较早的，天津力臣阳光果品生产力促进有限责任公司成立于2005年，注册资金100万元，总资产1000万元。到2012年底，实现销售收入245万元，企业财务状况良好。该公司是集技术研究、基地生产、仓储运输、分级包装加工、自动化真空包装、内销外销为一体的现代化的农业企业，公司以专利生产脱涩保脆磨盘柿为主，常年收购、贮藏、加工、批发嘎啦、红提等各种精品水果和核桃、栗子等各种干果。经过多年的经营运作，公司成功开拓了天津、北京、俄罗斯、东南亚等地市场，研制成功“一种涩柿脱涩保脆方法”的专利技术并完成了向工厂化、规模化、产业化转化的过程，成为蓟州区农业产业化龙头企业和科技型中小企业。大港地区有大、中、小型冬枣贮藏保鲜库30座，贮藏能力达到2790吨。以冬枣为加工原料的加工企业两家，贮藏能力达到1000吨，年加工冬枣1080吨，年生产冬枣脆片、冬枣饮料等系列产品2100吨，产品深受市场欢迎。大港冬枣保鲜、汉沽的葡萄深加工等一批产业化龙头企业已初具规模，这些基地和企业促进了天津市果品产业的发展，提升了天津市果品种植的水平。

第七章 种苗产业

种苗产业是一项重要的公益事业和基础产业，既是生产的前提和保障，又是一项富民产业。

第一节 产业现状

一、产业现状与特点

天津市林木种苗产业主要包括三大方面：一是绿化林木种苗；二是果树生产苗木；三是观赏花卉苗木。随着造林绿化和生态环境建设的大力推进及农民增收的需求，林木种苗的作用越来越突出。

1.造林绿化及果树生产苗木

截止到2010年底，天津市有苗圃1000余处，其中国有苗圃8处，初步形成了国有、民营育苗相结合的苗木繁育格局。全市现有育苗面积达到20万亩，其中国有面积1.05万亩。杨树、柳树、榆树、槐树、椿树和白蜡等乡土树种为天津市繁育的主要造林树种，其中杨树最多，树种较为单一，抗病虫害能力不强，生态系统还不够稳定。天津市优势树种为：杨树、柳树、榆树、槐树、椿树、核桃葡萄、板栗、枣及耐盐碱树种。

2.花卉观赏苗木

全市花卉生产面积达到33026亩，形成了盆花，草花，宿根、球根花卉，观叶花卉等多种类、多品种的花卉种植结构。鲜切花生产面积在花卉业所占的比例约在5%左右，但地域特色突出，传统的晚香玉、菊花、月季等乡土品种占切花生产面积的90%；盆花所占的比例为15%；观赏苗木所占的比例为55%左右；其余为草坪草、种业与其他用途花卉。形成了园林、农林、农垦、乡镇集体、个体、合营、独资等多种形式的花卉生产、经营实体。优势品种：蝴蝶兰、安祖花、一品红、仙客来、竹芋、宝莲灯、晚香玉等观赏类花灌木。需求主要以集散和零星销售为主。

二、产业发展优势

天津市正在向着建设现代化国际大都市迈进,开发区、保税区、滨海新区、海河经济开发带的建设,大规模、高水平的城市建设和经济发展,为园林绿化、花卉产业的发展开辟了广阔的发展空间,精神文明、物质文明需求的增长,将极大地拉动苗木产业的快速发展。

三、市场需求与潜力

20世纪90年代以来,天津市造林绿化处在一个大发展时期。按照国务院对天津的城市定位及创建卫生模范城市的要求,针对天津市城区、山区、平原、滨海并存的自然特点和不同的造林绿化目标,不仅需要大量的苗木,而且今后绿化苗木需求的总趋势将是品种多样化、大规格、高档次。随着人民生活水平的提高,天津市的花卉发展将以集团消费为主向以实用消费和家庭个人消费方向转变,以节假日消费为主逐步向日常消费转变。花卉需求和供给向多元化和多样化方向发展。同时城市美化的需要,花卉的需求将会与日俱增。因此,苗木、花卉需求量将有大幅度的增长,苗木花卉市场将有巨大的发展潜力。

第二节 场圃建设

林木种苗直接影响着林业重点工程建设、经济林产业发展和国土绿化美化成效。林木种苗场圃涉及国有企事业单位、种苗个体户、私营公司等,工作范围广,政策性强,任务量大。

一、国有苗圃

1.基本情况

天津市现有国有苗圃8个,为天津市静海区苗圃场、天津市北辰区苗圃场、天津市宝坻区苗圃场、天津市宁河区苗圃场、天津市宁河区林果苗圃场、天津市武清区森林生态公园管理所、天津市武清区津武林业苗圃、天津市蓟州区国营小屯苗圃。苗圃经营总面积12629亩,可育苗面积10659亩,苗木生产能力11686万株,其中容器苗100万株,裸根苗11586万株,苗圃场内水、电、路等基础设施完善。

2.管理体制

(1)对国有苗圃实行分类经营,分级管理。国有苗圃担负着培育、管理、提供苗木资源和服务社会、改善生态环境的双重任务。国有苗圃分为商品经营型、生态公益型和混合经营型三种类型。为此,建立了分类经营、分级管理的运营机制。商品经营型苗圃以培育商品苗木及花卉为主,结合开展综合加工利用和售后服务、技术指导,实行自主经营、自负盈亏。苗圃的基础设施和生产经营、投入列入建设项目管理,实行政策性投入,收入分配实行工资总额与收益直接挂钩。生态公益型苗圃以培育名、优、特、奇苗木花卉为主,以改善生态、保护物种、优化环境等为主要目的,为公益性事业单位,按事权、财权划分原则,其基础设施和防护等建设项目纳入同级预算内基本建设计划,苗圃的事业性支出,纳入同级财政预算安排。混合经营型苗圃,兼有商品经营型和生态公益型苗圃两种作用,为生产性事业单位,这类苗圃原有投入渠道不变,其生态效益按规定给予经济补偿。

(2)落实扶持政策,改革经济体制。各级政府对国有苗圃发展实行优惠政策,苗圃事业经费根据事业发展的需要及当地财力情况安排。贫困苗圃可享受国家和省对贫困地区在资金、贷款、税收、项目安排等方面的各项扶持政策。鼓励国有苗圃发展多种经营项目,增强自身活力。对符合产业政策要求,产品有市场,投资效益好的多种经营项目,在资金安排上给予扶持。加快调整国有苗圃的经营管理体制,实行政企分开,建立法人治理结构。在国有苗圃相对集中的地方,按照自愿互利的原则,组建跨区的实体性质的国有苗圃联合体。重点扶持一批具有一定规模、经济实力强的苗圃,形成国有苗圃的龙头和骨干。

坚持以公有制为主体、多种经济成份共同发展。在有利于资源保护管理,有利于国有资产的保值增值,有利于职工生活水平提高的前提下,国有苗圃所属的经营性资源、资产等,采取实行承包、租赁、合资等有效经营形式,优化配置苗圃资源,提高经济效益。界定国有苗圃分类管理类型,对于国有苗圃尽快建立科学的管理体制和经营机制,实现国有苗圃经济持续、快速、健康发展。

(3)用价值杠杆和利益分配机制激活苗圃内部运行机制。用价值和利益分配这把杠杆,来调动苗圃干部职工的积极性、主动性、创造性,提高苗圃的履职能力、适应市场经济的竞争能力、育苗新技术和苗木新品种的开发能力,致力提高经济效益,提高苗圃干部职工的经济收入。全面推行以干部聘任制、全员劳动合同制和工效挂钩的弹性工资制为主要内容的人事劳动分配制度改革。打破干部与工人,不同所有制职工的身份界限,建立平等竞争、择优上岗、能上能下、合理流动的用人机制。苗圃主任实行竞聘上岗或由职代会选举产生,各岗位在定员、定岗、定责的基础上,公开考评,择优上岗,推行全员劳动合同制,管理人员实行兼职制度,以利益分配机制作为促进苗圃经济发展的基本动力,把按劳分配和按生产要素分配有机结合起来,坚持多种分配方式并存、效率优先、兼顾公平、合理拉开分配档次,降低基本工资,增加效益工资,实行“基本工资+效益工资+奖励基金”相结合的新的分配制度。对内搞活上,积极鼓励和大力支持苗圃干部职工通过租赁苗圃或其它单位的闲置土地、技术设备,自立门户、自主经营、发展私营经济、参与市场经济循环。在对外开放方面，积极引资引智引项目，合作开发壮大产业。

二、其他苗圃

根据市委、市政府《关于加快林业发展建设绿色天津的意见》及市政府《批转市林业局拟定的2009~2012年天津林业建设规划的通知》文件精神，按照天津市财政局、天津市林业局联合印发《天津市林业建设工程市财政补助资金管理办法》和天津市林业局、天津市财政局联合印发《天津市林木种苗工程建设管理办法》的规定，2009~2012年天津市新建了蓟县万林源苗圃、西青森越苗木基地、宁河宁明苗圃、宝坻鸿润苗圃等苗圃，面积共计达到了4万余亩。

三、国营林场

蓟县国营林场是天津市唯一的国有林场。从20世纪50年代初期开始建设，1957年经河北省人民政府批准，将长城以外的黑水河、八仙桌子（八仙山）、梨木台、黄乜子、太平沟共23746亩山林划归国有。

1963年4月，将与清东陵毗邻的黄花山2779亩山场收归国有。至此，蓟县国营林场拥有13片山场38468亩林地。1966年5月，县农林局对全县国营林场森林资源进行了清查，全县有太平沟、黄花山、果香峪、盘山、响水寺、秋子峪、头百户、七百户、水泉、小陵等10片国有林地，核实总面积40689亩。

1.地理位置

林场位于天津市蓟县穿芳峪乡和下营镇境内。地理坐标为北纬40°04′~40°14′之间，东经117°32′~117°34′。

2.地质、地貌和土壤

地处燕山山脉南侧，地势北高南低，呈单斜山地形态，主要有中山、低山、丘陵、峡谷、宽谷等地貌类型。最高峰梨木台海拔997米，900米以上的山峰有多座。土壤类型主要是山地棕壤和山地淋溶褐土，呈中性至微酸性，厚度平均在30~40厘米，腐殖质含量高、土壤肥沃，适宜于森林生长发育。

3.气候、水文

林场气候属于暖温带半湿润季风型气候，因在燕山南坡，背风向阳，夏无酷暑，冬无严寒，四季分明。年平均温度10.1℃，无霜期210天，10℃以上活动积温平均4177℃。年平均降水量超过800毫米，是华北地区的多雨中心之一，主要集中在7~8月。全年日照时数2794小时，具有丰富的光热资源。夏季高温多雨，光、热、水协调配合，有利于森林植被的生长。

场内水资源丰富，水质优良，地表水和地下水均达到国家饮用水标准，地下水以碎屑岩孔隙水和碳酸岩裂隙水为主，碳酸盐类岩层为裂隙发育，分布广、厚度大，喀斯特溶洞亦可见，富水性强，水资源丰富，是燕山山脉中著名的穿芳峪富水构造区，富水性好，单井出水量1000~3000立方米/日，泉水终年不枯，泉流量0.05~0.374立方米/秒，地下水矿化度为0.3~0.4克/升，氟含量0.5毫克/升，水质优良。梨木台、黄花山景区以碎屑岩孔隙裂隙水为主，富水性较差，但层间水较丰富。

4.植物资源

植被为华北暖温带落叶阔叶林、针阔混交林和针叶林，有高等维管束植物89科237属362种，主要乔木有油松、侧柏、栎类、黄檗、栾树、核桃楸、椴树、山杨、坚桦、白蜡、臭檀、枫树、桑、朴、鹅耳枥、刺楸、刺槐、丁香等。主要灌木有大果榆、卫矛、暑李、小檗、雀儿舌头、牛迭肚、锦带花、东陵八仙花、流苏、太平花、照山白、迎红杜鹃、绣线菊、锦鸡儿、山桃、山杏、酸枣、荆条、托盘等。藤本植物主要有软枣猕猴桃、南蛇藤、北五味子、山葡萄、葎叶蛇葡萄、蝙蝠葛、梨头菜、五叶地锦、爬山虎、铁线莲、葛藤、杠柳、菟丝子等。

5.野生动物资源

林场内栖息、繁衍着529种野生动物，分属46目136科，哺乳类动物主要有山地麻蜥、北滑蜥、无蹼壁虎、赤链蛇、中华鳖、花背蟾蜍、无斑雨蛙、黑斑蛙、北方狭口蛙、刺猬、蝙蝠、草兔、小家鼠、大仓鼠、狼、狐、花面狸、狍等，鸟类主要有红喉潜鸟、小鸊鷉、卷羽鹈鹕、普通鸬鹚、草鹭、东方白鹳、白琵鹭、天鹅、白鹤等，还有两栖类、爬行类和鱼类、昆虫类等动物。

第三节 科技服务

种苗科技服务是做好种苗工作及种苗产业发展的保障。自2004年成立天津市林木种子管理站以来，积极研究政策，制定规划，提高服务意识，确定种苗产业的主要任务和工作重点，强化科技服务，促进了种苗产业合理有序的发展。

一、基础建设

1990年以来，针对天津种苗产业发展实际，在做好科学规划的基础上，服务基层，搞好林木种苗基础建设。包括：《天津市国有苗圃建设项目》《天津市林木种苗基础设施建设项目》《天津市林木种苗示范基地》《天津市塘沽区耐盐碱林业苗木繁育项目》《天津市大港区林木良种快繁项目》《天津市津南区耐盐碱林木良种繁育基地完善项目》《天津市西青区林木良种繁育基地》《天津市抗逆树种良种繁育基地》。《天津市国有苗圃建设项目》包括天津市蓟县、宝坻、武清、宁河、静海、北辰、市优质种苗繁育场、市林果良种场八个国有苗圃。

二、品种引进

在使用优良苗木的基础上，引进了 741 双抗转基因杨树、深州杨、柱杨、塔杨、四倍体洋槐、金叶女贞、北美海棠、金叶榆、金叶莸、金叶槐、金叶白蜡、红叶椿、七叶树、杂交马褂木、梓树、北美紫荆、华榛、中华红叶杨、全红杨、红国王挪威槭、大叶垂枝榆、金叶复叶槭、变色龙柳、粉叶复叶槭、欧洲金叶榆、金叶皂角、彩叶柳、北美枫、香金冠栾、金叶刺槐、茶条槭、金叶银槭、银槭、紫红欧亚槭、血皮槭、日本红枫、美国红枫、欧洲红枫、金边水蜡、中华太阳李、金叶垂榆、大花六道木、美国红栌、程蜡一号园蜡、二号蝴蝶槐等品种。同时，从国内外引进收集耐盐碱植物 787 种，对其进行观察试验和筛选，筛选的观赏价值高、适应性强的耐盐碱植物 100 种，并自主研发选育金叶杨新品种。

三、科技项目

1990 年以来，针对天津种苗生产需要，推广先进技术，以科技项目带动产业发展，提高了种苗行业的科技水平，保障了种苗产业的良性发展。这些项目包括：《全光照喷雾扦插育苗技术示范》《天津市林木种子（苗）质量鉴定检测技术应用》《天津市耐盐碱树种筛选》《柏树三倍体等多用途耐盐碱种质材料及繁育技术引进》《转 BtCry3b 抗天牛基因杂种毛白杨环境释放与中间试验》《农田防护林、用材林新品种繁育与推广》《窄冠型速生杨新品种的引种实验与示范推广》《天津市现代化种苗设备引进》《转基因抗黄化苹果的选育》《室内高档盆花种质的引进及繁育》《北方滨海重盐碱生态脆弱区植被恢复技术引进》《耐盐碱绿化植物的筛选与繁育》《彩叶杨树调查与优系筛选培育》《速生耐盐碱竹柳的培育示范》。

四、标准制定

为了促进种苗管理规范化，标准化，结合生产实际，天津市林业主管部门制定了多个行业地方标准，为种苗产业规范化，标准化生产和可持续发展奠定了基础。这些标准规范包括：《果树种苗标准化生产规程》《杨树育苗技术规程》《无公害农产品 枣树栽培管理技术规范》《无公害农产品 柿子栽培技术规范》《无公害农产品 山楂生产技术规范》《无公害农产品核桃栽培管理技术规范》《仙客来生产栽培技术规程》《天津市盆栽安祖花和生产技术规程》《凤梨半成品生产栽培技术规范》《竹芋生产栽培技术规范》。

五、进修培训

1990 年以来，为了提高种苗生产的技术水平和人员素质，本着“走出去，请进来”的原则，开展了组培育苗、容器育苗、ABT生根粉、全光照喷雾扦插育苗、轻型基质、网袋容器、节水灌溉等新技术培训和技术讲座。举办了林木种苗生产管理技术、林木种子质量监督管理、苗木生产基本情况调查、国有林场基本情况调查、种苗项目申报与管理、耐盐乡土树种的调查筛选、新品种引进与种苗执法培训班,为行业技术水平和人员素质的提高打下了坚实的基础。

第八章 花卉产业

中国花卉栽培历史悠久,拥有一大批传统名花,形成了不少集中产地,发展出了丰富的花文化。明清时代北京花乡逐渐成为专门为宫廷服务的花卉生产基地,广东等地的农户也在那个时期开始生产“年花”,挑着担子走街串巷销售,是中国本土花卉商品化的发源。清末到中华人民共和国成立前夕,中国饱受战乱之苦,民生凋敝,园林残破,花卉栽培受到很大影响。中华人民共和国成立后,花卉生产逐渐得以恢复,国家也建立了不少国有苗圃,为城市建设提供花卉、苗木。“文化大革命”期间,花卉被视为“封资修”、“资本主义尾巴”,花卉栽培遭受空前重创。改革开放以后,百业兴旺,传统花卉栽培全面恢复,与此同时国外花卉也开始进入中国,带来了现代的栽培模式、经营理念,真正意义上的花卉产业开始形成。花卉企业群体的形成也始于该阶段,传统花卉产区的一批有经营头脑的花卉爱好者和农户开始建立苗圃,逐渐发展成为今天的企业。紧接着又有大量外资、港台商人陆续进入大陆,政府也越来越重视扶持花卉业的发展,许多其他行业的投资者纷纷涌入,花卉业蓬勃发展。

花卉作为朝阳产业,被列为重要的经济产业,在农业经济中占有重要的地位。天津地处九河下梢,花卉生产有着悠久的历史。特别是杨柳青的名花,曹庄一带的夜来香、月季、茉莉花,詹庄子一带的盆花、盆景更是名闻遐迩。天津市作为花卉的生产和北方集散地已有上百年的历史。

第一节 生产现状

花卉作为一个行业在天津有着悠久的历史。20世纪90年代以来,天津市的花卉产业又迎来了一个新的发展时期。随着天津市经济的发展,城市建设的大变革,城乡环境建设的拉动,人民生活水平的提高,人们精神追求发生了变化。特别是进入21世纪以来,天津市的花卉产业获得了突飞猛进的发展,并逐步朝规模化、设施化、产业化和现代化的方向转变,初步形成了从花卉科研、生产、流通到销售的较完善的产业体系，由原来的只有园林部门从事花卉产业发展到市政、农业、农垦、林业、个体以及广大农民相继进入花卉产业的新局面。

天津市郊、县农村的花卉生产开始崛起，花卉生产区域特色已经形成，西青区、北辰区、东丽区以切花和盆栽植物生产为主。曹庄村是“全国重点花卉市场”，被国家林业局命名为“中国晚香玉之乡”。静海县良王庄建成了初具规模的“十里花乡”。育品生物科技有限公司是台商在津的独资企业，其生产的蝴蝶兰组培苗年产上千万株，产品主要销往国外。

天津市基本形成了盆花，草花，宿根，球根花卉，观叶花卉，绿化苗木，种苗生产等多种类、多品种的花卉种植结构。花卉生产单位分布面广，形成了园林、农林、农垦、乡镇集体、个体、合营、独资等多种形式的花卉生产经营实体，花卉流通体系规模和功能进一步得到完善，产业化经营实现稳步发展。

第二节 发展特点

一、花卉销售除满足本市需求以外，还大量销往外地

盆花大部分满足天津市环境绿化美化需要和市民、集体节日购花，只有红掌、仙客来的种苗小批量的销往外地。花卉行业销售环节的时间性因素比较强，花卉企业或者生产者的销售方向以及花卉产品的主要流向和销售渠道、平台搭建、物流营销体系密不可分。花卉产业的销售范围主要分为三种：满足天津市或者区域的需要；向国内其他城市或者地区销售；向国外出口。天津市花卉对外销售以及出口能力正在逐步增强，产业的影响力、产品的覆盖范围逐渐扩大。

二、用花以节假日为高峰期

节假日时是花卉销售的高峰。节日庆典、迎宾礼仪、装饰美化等都需要用到大量的花卉产品。 随着人们生活水平的提高，购买鲜花成为人们生活中追求生活品味、提高生活质量的常见行为，人们购买鲜花的时间节点主要集中在节假日，且购买的目的主要集中在生活装饰上。实际上这也反映了天津市花卉产业发展的另一个特点，天津市花卉产业的价值比较低，主要分布在花卉产业价值链的下游，花卉生产的主要目的是观赏和日常装饰，相关的深加工产业发展水平较低、数量和规模较小。提高花卉产业的附加值和产值的唯一途径就是对花卉进行深加工，充分挖掘花卉除观赏价值以外的营养价值以及药用价值等， 其中所包含的科技含量与艺术价值越高，则花卉产业带来的经济效益也就越大。只有充分挖掘花卉的生态价值、艺术价值、文化价值、药用价值和营养学价值等，才能全面提升花卉产业水平。

三、切花产业发展迅速

随着商贸交易往来频繁，市场经济发展迅速，人们日常交际活动越来越多，美观高雅的鲜切花成为人们表达感情的最佳选择，促进了鲜切花销量的逐年递增。由于天津切花市场需求越来越大，而本地鲜切花的生产规模还没有及时跟进，以往鲜切花主要从中国的广东省和云南省等省份购入。一些花卉生产商家和企业正是看到了这个商机，鲜切花种植的规模以及产值越来越大。过去，在天津发展鲜切花产业，最大的障碍就是天津的土壤盐碱化程度和板结程度比较高，但随着栽培技术以及土壤改良技术的应用，这个障碍逐渐被消除。例如天津的一些园艺公司利用牛粪对土壤进行改良，土地的盐碱化程度和板结程度有了改善，基本上可以满足鲜切花生产的需要。

四、花卉市场蓬勃发展

到 21 世纪初，天津市有大、中型花卉交易市场 9 处，其中交易量较大的市场有东兴花卉市场、曹庄子花卉市场、梨园头花卉市场、宝鸡道花卉市场，中北镇则建立了“北方热带植物园”，显示出了天津市花卉销售市场的蓬勃发展。在新经济常态下，花卉销售状况从传统的集团购买向家庭日常购买转变，从传统的节庆消费向日常消费转变。就天津市而言，花卉消费潜力在进一步增加，居民花卉消费的支出也在持续增长，天津市花卉市场的发展水平正在进一步提高。随着互联网经济的发展，花卉行业与互联网结合也越来越紧密，传统的花卉销售在互联网思维的支持下，营销能力有了新的提高。例如天津市希之鸟电子商务有限公司积极发展的线上花卉销售模式，打破了传统的花卉市场的销售方式，给天津市花卉市场和花卉销售注入了新思维，借助于电子商务和信息网络，花卉销售的信息渠道更加广泛，销售平台更加宽阔，必然为花卉行业的创意营销、渠道营销等提供新的支撑。

1.曹庄花卉市场

天津市西青区中北镇被誉为“花卉之乡”，该地种植花卉已有 200 多年的历史，自清朝末年起中北镇就盛产晚香玉(俗称夜来香)、菊花、霸王鞭以及各种草花。依托悠久的种花历史、优良的自然条件以及丰富的种花技术，中北镇政府于 1995 年建立起一个集购物、观光、旅游、休闲于一体的多功能的综合性曹庄花卉市场。该市场占地面积 150 亩，设有 3 个交易大厅，经营面积 3.07 万平方米，主要经营绿植、鲜切花、干花以及与花卉配套的花盆、花架、花托、花肥、花药等上千个品种。经营的品种分别来自中国东北、华北、山东、浙江、福建、广东、海南、港澳等地，还有来自韩国、日本、几内亚、比利时、丹麦、荷兰、德国等国家和地区的进口花卉。经营品种由单一种类发展为全方位、多类别、高中低档品种应有尽有，成为天津地区花卉市场的龙头单位、华北地区超大型花卉市场和南北花卉的中转集散地。年接待客户 427 万人次,交易额达 2.3 亿元。“曹庄”注册商标已成为天津市著名商标,曹庄牌“重瓣晚香玉”2003 年 3 月被评为天津市第三届农业名牌产品。

曹庄花卉市场以良好的信誉、优良的花卉品种成为中国北方花卉市场交易中心。2005 年 5 月,被国家林业局命名为“全国重点花卉市场”,还被国家工商总局等部门评为“诚信示范市场”“全国农业旅游示范点”“重合同守信用优秀单位”。被天津市市场和质量监督管理委员会、天津市商务委员会、天津市精神文明建设委员会评为“天津市文明诚信市场”。还曾获得“中华人民共和国农业部定点市场”“中国晚香玉之乡”等荣誉称号。

2.天津市梨园头花卉市场

2010 年，天津市西青区梨园头村在废弃的土地上建成了梨园头花卉市场。整个市场占地 170 多亩,建筑面积达 50000 多平方米,建有花卉厅、精切花精品商城、水族厅、奇石红木厅、文玩街等。经营的商品有鲜切花、仿真花、绿植、盆景、根雕、木雕、奇石、摆件、葫芦、茶艺、观赏鱼、水族器材等上万种商品。除在天津市域内销售外,还辐射到整个华北地区。梨园头花卉市场也成为人们休闲旅游的好去处。

五、新技术发展较快

随着经济发展对花卉产业的拉动,天津市的园林部门、农科院、农学院在研究新技术、新品种与应用技术的基础上还开设了花卉课、插花培训班,培养花卉人才;成立了天津市花卉协会、天津市插花艺术协会。天津市花卉产业包含的新元素越来越多,不仅有技术、农业,还有文化、艺术、教育元素等。这些新元素的增加使花卉产业的价值链延长,也使花卉行业的发展呈现了新的面貌。天津市花卉产业的发展需要拥有充足的天然花卉资源,结合新技术充分发展天津市的花卉新品种，同时不断探索和创新花卉培养技术是提高天津花卉行业的核心竞争力的关键因素。采用技术讲座、技术培训、开设课程等形式丰富的活动,促进花卉生产技术的传播、花卉培养知识的学习等,为促进天津市花卉产业的发展提供动力。天津市多次举办有关花卉培养、花卉产业发展等的技术讲座,旨在培养更多专业的花卉生产新型职业农民,在一定程度上也促进了天津市花卉产业的发展。还成立了专业的花卉协会以及插花艺术协会,为花卉生产、花卉销售提供政策、制度上的支持,对花卉行业的进步起到了指引作用。天津市的花卉技术研究、应用、推广越来越受到重视,举办的主题活动和专业性活动数量也呈现增加的趋势,反映出天津市花卉产业发展的新面貌。

六、花卉产品流通更加便利

天津市利用地理、港口、交通枢纽的优势加大了花卉流通业的发展,已逐步成为南花北调的集散地、中转站与试验基地。随着天津市基础设施建设更加完备,花卉产业发展所需要的交通设施也逐渐完善。花卉产品的运输对航空业的依赖程度比较高,从天津市的地理位置上来看,航空业的发展有强大的基础,花卉产品的交通运输可以满足快速流通的要求。从荷兰花卉产业的发展情况来看，强大的物流运输以及快速的产品疏散体系是支撑荷兰强大花卉产业的坚实基础。随着天津市花卉产业的发展,多种流通渠道以及运输渠道逐渐成长起来,天津市的花卉进出口、大型产品批发市场、花卉产业代理以及多元化的花卉超市、花卉电子商务、网上拍卖会、鲜花速递等,涵盖了传统技术与新兴技术手段,现代化的花卉交易与流通方法有效促进了天津市花卉行业的长久进步。同时,天津市依托北京这一全国花卉流通中心和花卉信息交流中心,在花卉产品的流通和销售方面具备了独特优势。随着华北地区经济的快速发展,花卉产业也开始逐渐兴起,对花卉产品的需求量逐年上升,天津市对周围地区的花卉产品的辐射力和辐射范围逐渐增大,显示了天津市花卉产业和花卉产品流通的特色。

七、名优花卉品种的繁育水平较高

随着人们生活水平的提高，市场对花卉的品种多样性以及名优花卉品种有了较大的需求，尤其是在花卉产业相对集中、市场供求相对平衡的情况下,普通的花卉品种对于整个花卉产业的拉动作用比较小,而发展和培育名优花卉品种对于天津花卉产业发展的作用极其重大。

对于名优花卉品种的繁育,主要是技术问题。天津市依托众多的农艺科研院所,积极发展名优花卉的繁育技术,在繁育特色名优花卉品种方面已达到国内先进水平,如仙客来的制种,晚香玉选优,菊花、月季、彩色马蹄莲的繁育,蝴蝶兰、百合的组培等。

天津市已经建立了多个花卉智能繁育科研温室以及花卉产业示范基地,依靠先进的技术手段,为名优花卉品种的繁育提供良好的支撑。同时,在花卉产业研究成果转化、行业标准建立、质量认证体系等方面积极努力,这对形成完善的花卉市场体系和良性的市场竞争体系具有重要意义。另外,在干花制作工艺和草坪工艺方面具有较强的综合创新能力和市场开拓能力。

第三节 产业优势

一、品种优势

天津市是南北文化交汇的地区,也是花卉业种植、发展较早的区域。杨柳青、曹庄子、小梢子口一带,是天津花卉的集中产区。春天的迎春,夏天的月季、晚香玉,秋天的菊花,都是天津的传统名花。

月季品种花色繁多,是美化居室、环境的传统花卉。由历代花农培育和引进的月季品种有200多个,广泛受到人们的喜爱,1989年被评选为天津市的市花。

晚香玉是天津独具特色的传统花卉品种。在全国,唯有天津曹庄一带种植最早,历史最长,面积最大。晚香玉与天津的胡同文化相伴而生,与天津民俗相形而长,是老百姓非常喜欢的花卉品种。

菊花是民间最为普及的花卉品种。天津园林花卉艺人在引、选、育方面作了大量工作,积累各种颜色、各种形态的菊花有600多种,推进了菊花品种创新和栽培技艺的发展,是中国北方著名的菊花品种产区。天津的菊花品种在全国具有举足轻重的地位。

天津仙客来多次在中国花卉博览会和同类产品评比中获金奖,是天津园林艺人的骄傲。天津在仙客来品种种性,栽培技术方面做了大量工作,使仙客来的品位和质量达到了世界水平,成为最受欢迎的花卉之一,也是最早的出口花卉品种。

蝴蝶兰天津市有北方最大的蝴蝶兰苗木生产基地(台湾独资的育品生物科技有限公司)。其具有品种新、繁育快、领先国内外市场的优势,是天津市蝴蝶兰苗木生产、鲜花生产的领头羊。为天津市蝴蝶兰的发展奠定了基础。同时,天津花卉产业中心培育的一品红、安祖花等优质盆花在本市花卉市场深受消费者青睐。

二、地理与地域优势

天津地处九河下梢,作为北方最大的港口城市,历来是交通枢纽、商贾通衢、传统与外来文化交汇之地,是传统的花卉集散地,花卉作为社会的一个行业在天津有着悠久的历史。

天津市地热资源十分丰富,有中国最大的中低温地热田。全市有9个地热异常区,总面积2328平方公里,热水储量2205亿立方米。地热资源的充分利用,对发展设施园艺花卉生产极为有利。花卉生产对温度的调控要求,远远高于其他园艺作物,加温和降温的能源消耗,在花卉产品成本构成中占有较大的比重。丰富的地热资源的利用,为天津花卉生产发展注入巨大的动力。

三、科技优势

天津市从事花卉研究的单位和技术人员较多，技术力量雄厚，他们吸纳了先进的生物技术、生产培育技术，更新花卉品种。多倍体育种技术、组织培养技术、细胞融合技术、转基因等技术的应用取得了一批重要成果。通过引种、驯化、生物技术等手段，选育繁育了大批花卉新品种，加快了品种育成速度，促进了花卉品种质量的提高与花卉品种的更新换代，是花卉产品获取高经济效益的基础条件。在花卉生产栽培上，生产设备对生产条件的控制能力越来越强，为生产高规格质量的花卉产品，提供了技术保证和科技支撑。

四、基础与企业优势

天津市有独资、合资、民办的花卉企业19家，同时，郊县农村花卉生产异军突起。并初步形成了近郊以生产鲜切花、盆花、多浆植物，远郊生产干花、草坪，蓟县生产观赏苗木的生产新格局，为天津市花卉业的发展奠定了坚实的基础。

随着经济的发展、社会的进步以及人们审美情趣的提高，对花卉的品种、质量、观赏品位、花色档次的需求也在不断增加和提高。一些高档次的花卉不断涌入天津花卉市场，蝴蝶兰、大花慧兰、西洋杜鹃、各种凤梨、荷兰各种草花进入了寻常百姓家。各种切花、插花作为一种时尚，迅速的渗透到社会生活和人际交往当中。花卉需求的多样性局面已经展现在人们面前。

第九章　森林旅游

天津市的森林旅游主要以九龙山国家森林公园为龙头而开展，21世纪初新建的北辰郊野森林公园、武清郊野森林公园、西青郊野森林公园、东丽郊野森林公园、滨海新区郊野森林公园等也成为人们休闲度假旅游的好去处。

第一节　森林旅游资源

天津九龙山国家森林公园，是在蓟县国营林场的基础上开发建设的，辖九龙山、梨木台、黄花山三大景区，总经营面积2126公顷。公园集古洞、幽林、奇峰、秀水于一体。其森林景观优美，地质景观奇特，人文景观丰富，地理位置优越，基本建成了吃住行游购娱六要素齐备的国家AAA级景区。同时九龙山国家森林公园又是蓟县国家地质公园的重要组成部分,已成为天津市生态旅游产业的龙头。

一、九龙山景区

九龙山因公园东北部连绵耸立着九条山脊,恰似九龙聚首而得名。景区森林覆盖率95%以上,有成片的油松林、天然侧柏林、栾树林。由于多年的封禁,呈现出峰峦叠翠、满目青山的林海植被景观,东陵八仙花、中华秋海棠、流苏等珍稀植物随处可见,生物多样性丰富。

景区内空气清新洁静,是名副其实的"天然氧吧"。登高远眺,湖光山色尽收眼底。漫步在绿色植物组成的自然景观中,使人心舒神爽。景区内龙泉洞深520米,洞内有一龙泉,四季常流,既可古洞探险,又可戏观流水,夏季洞口冷风劲吹,是纳凉避暑的佳境。

由于特殊的地质构造还形成了各种造型的奇石怪岩,如乌龟石、卧牛石活灵活现,纹理清晰。山体中蕴藏的硼锰矿是制造金刚石和导弹的重要原材料 ,为全国所独有。

景区有望龙峰、揽月亭和仙扇亭三条精品旅游线路,并建成了仿木装饰的山门、灵芝亭、揽月亭、赏心亭、仙扇亭、龙泉湖等旅游设施及高山滑索、滑玻璃、定向拓展运动等娱乐设施。

二、梨木台景区

梨木台风景区是国家地质公园、国家森林公园、国家AAAA旅游景区,被誉为"世外山水画、传奇梨木台"。茂密的原生态森林释放着纯净空气,是个"天然氧吧",亮蓝的天、洁白的云是这里常见的风景。置身其中,可以尽享"原始空气"、"珍稀物种"、"太古奇石"、"山泉灵水"、"古代长城"、"传说故事"七大传奇体验,是轻松享受大自然的好去处。景区内山峰陡峭雄伟,茫茫林海秀幽,潭瀑溪水长流,藤萝攀援缠绕,被专家学者称为"天津的神农架"。由流泉、飞瀑、险峰、潭水、原始森林组成一道道浑然天成的自然风景。景区内生长着热带、亚热带、暖温带、温带、寒带等区域的高等维管束植物100多科600多种,尤其是藤本植物穿插攀援于森林之中,形成独特的南方热带雨林景观。

景区内还栖息、繁衍着众多野生动物,现已发现429种,有狍子、獾等。

景区内泉水叮咚、涓流不息,夏秋季节,自然形成"黄砬瀑布"、"三潭映月"、"仙女浴池"等水胜景观。在将军潭、一线天、黄砬瀑布和万卷天书上方修建4处人工瀑布,喷珠溅玉、飞泻而下。

景区地质景观奇特,是蓟县国家地质公园石英岩峰林峡谷景区。这里有距今18至26亿年太古界岩石,500米以上的山峰65座,主峰梨木台海拔997米,景区内分布着的世界上最古老的变质岩和沉积岩,经过多年的地质演化和风化剥蚀,形成了一线天、五指山、万卷天书、峰林岩画岭、石海、古洞群等地质奇观。

景区内有距今1400多年的北齐长城，是万里长城的重要组成部分。为开发这一人文景观，专门修建了1080道石台阶，直达古长城，在让人体验“不到长城非好汉”壮举的同时，领略古长城的雄伟壮观。

梨木台景区是冀东盘山抗日根据地的重要组成部分，是抗日战争时期蓟遵兴联合县所在地，是八路军休整、召开重要会议的大后方。

三、黄花山景区

黄花山是蓟县历史名山之一，由春季遍地黄花而得名，是世界文化遗产——清东陵的西靠山。山顶存有万寿兴隆观遗址，当地俗称铁瓦寺，明万历38年敕建，上盖铁瓦。清康熙24年重修，将铁瓦更换成黄色琉璃瓦，被封为御用庙观，香火鼎盛，是著名的道教活动场所。现已修复了朝阳洞和古烽火台。山的南麓有6座清王爷陵寝遗址，是世界文化遗产清东陵的重要组成部分，历史文化底蕴厚重。

黄花山海拔741米，孤峰突兀，形成独特的气候环境，森林植物垂直分布带明显，珍稀植物种类众多，地质景观有36亿年和18亿年山体跨越，也有17亿年和18亿年的岩体跨越，因山体崩塌形成的石海，极为壮观。黄花山富含金矿、银矿和铁矿，金矿洞幽深狭长，山前采石矿面与山后植被茂盛形成鲜明的对照，是游客探险的好去处。

第二节 森林旅游管理

九龙山国家森林公园，辖九龙山、梨木台、黄花山三大景区，设有九龙山国家森林公园管理处。

一、管理原则

坚持生态优先，生态、经济、社会协调发展和资源可持续利用的原则，保持旅游景观景点的自然形态和野趣不受破坏和干扰，合理开发森林景观资源。通过提高人员素质，完善管理体制，搞好标准化服务，突出景区特色，提高景区的质量档次和市场竞争力。

二、管理要求

提高从业人员素质。从知识结构、思想观念、服务意识等方面加强培训，提高员工素质。

坚持持证上岗。完善制度措施。建章立制，规范干部职工的行为。实行定岗、定责、定人，对检票、售票、查票、安全管理等岗位制订工作标准和考核指标，做到干有标准，行有规范。

第十章　林下经济

第一节　基本概况

林下经济是在集体林权制度改革后，集体林地承包到户，农民利用林地科学经营，实现不砍树也能致富的新的科学经营林地的生产方式。它是充分利用林下土地资源和林荫优势从事林下种植、养殖等立体复合生产经营，从而使农林牧各业实现资源共享、优势互补、循环相生、协调发展的生态农业模式。天津市林业建设的快速发展，为发展林下经济提供了条件。各涉农区县在发展林下经济方面取得初步经验。静海、宝坻、蓟县、武清等区（县）在发展林菌、林粮、林畜、林草、林药等林下经济方面进行了积极探索，全市林下经济发展已初见成效。据不完全统计，截至2012年全市林地经济发展面积已达到18万亩。在较好地解决了树木养管问题的同时，大幅度增加了农民收入，为林地经济大发展提供了宝贵经验。

第二节　政策规划

进入21世纪，全市各涉农区县大力发展以林下种植、林下养殖、相关产品采集加工和森林景观利用等为主要内容的林下经济，对于增加农民收入、巩固集体林权制度改革和生态建设成果、加快林业产业结构调整步伐发挥了重要作用。为鼓励发展林下经济，天津市在2008年规定，对发展林下经济需要进行生产设施建设的，参照设施农业的补助政策给予扶持。天津市针对林下经济发展的专项资金不多，大部分区县均结合林业发展规划和基地建设项目统筹安排资金。如静海县为扶持食用菌种植，拨出1000万专项资金用于林地的水利建设、电力设施、道路等基础建设。规定建棚每亩补贴2500元，建机井及管道微喷设施，每亩补贴1200元等优惠政策。

第三节 林下经济类型及效益

为推进实现兴林富民、改善民生的工作目标，积极探索林业增效、农民增收的新办法、新途径，天津市部分区、县陆续尝试利用林地资源和林荫空间发展林下经济，主要为林下种植、林下养殖和农家旅游等三种模式。

1.林下种植。天津市的林下种植模式，主要有林草模式、林药模式、林粮模式、林棉模式和林菌模式。到2010年，天津市林下种植面积约为3万亩。其中，林草种植面积为0.11万亩，主要集中在蓟县和武清区，采用在幼林地间作牧草，种植品种有苜蓿、串叶松香草、鲁梅克斯、菊苣等；林药种植面积0.51万亩，集中在宝坻区，该区开发种植紫苏，采用“公司+合作社+基地+农户”的经营模式，药材由东方雷格公司负责收购；林粮种植面积0.6万亩，集中在武清区高速公路网等新植幼树地段，采用套种豆科植物，抑制杂草丛生，增强地力；林棉的种植面积0.1万亩，集中在武清区东马圈镇，在林下套种棉花；林菌的种植面积较多，已累计达到1.6万亩，其中静海县种植面积1.2万亩，宝坻区鑫来食用菌产销合作社等种植面积0.3万亩，蓟县种植面积0.07万亩；武清区石各庄镇0.03万亩。

2.林下养殖。主要以林禽模式为主。林下养殖在成片林地较为广泛，规模较大的集中在蓟县、宝坻、武清和静海4个区(县)。至2010年，累计养殖面积1.47万亩。其中蓟县林下养殖面积0.17万亩，分布在邦均、杨津庄和出头岭3个乡镇，以养殖鸡、鹅、鸭为主，武清区0.2万亩，主要在林下放养鸡、鸭、鹅等禽类；宝坻区现有森泉家禽养殖园、东方雷格养殖园、前坨子家禽养殖基地和翟家庄林下棚养蛋鸡基地4个养殖场，从业人员200人，存栏柴鸡20万只，并注册“坨林”“津泉”两个柴鸡蛋品牌。武清区在梅厂、崔黄口和城关等乡镇利用生态片林发展林下养殖，间作面积2000亩，主要以放养鸡、鸭、鹅等家禽为主；静海县畜禽养殖林地面积0.55万亩，养殖规模达到44.3万头(只)，其中含散养蛋鸡5万只、蛋鸭2.7万只、非洲雁3万只、肉鸭3万只、肉鸡4万只。并已注册“绿康”、“盛蛋”散养柴鸡蛋品牌2个，认证“民发”、“宜好”散养无公害鸡蛋产品2个。

3.农家旅游。主要集中于蓟县，近年来京津风沙源治理工程的实施使蓟县林地资源迅速增加，林分质量大幅提高，林分结构得到进一步优化，整体生态环境明显改善，农民生活质量显著提高。蓟县充分利用林地资源优势，大力发展农家旅游，全县特色山野家庭旅游发展达11个乡镇、71个旅游特色村、1500个旅游经营户通过市级认证，每年接待游客达200多万人。

第十一章 森林防火

第一节 基础建设

自2006年以来，为应对日益严峻的森林防火形势，市、县两级政府把森林防火工作的重点放在了完善基础设施建设上。至2010年，共投入专项资金2000多万元，实施了《天津市森林防火物资储备建设项目》《蓟县山区森林防火基础设施建设项目》《完善天津市蓟县森林防火体系建设项目》《天津市蓟县重点火险区综合治理建设项目》。通过项目的实施，森林防火基础设施和应急处置能力得到很大的提升。

截至2010年底，全市共建立50人的专业森林消防队伍，1000多人的乡镇兼职扑火队伍，300人驻蓟某部队组成的后援扑火预备队。共修建防火瞭望塔12座，修建防火公路401公里，营造生物隔离带188公里，购置卫星电话1部，基地电台12台，车载电台5台，中继电台2台，手持对讲机100多部，发电机2台，太阳能供电设备4套，装备扑火指挥车11辆，望远镜15架，2号扑火工具9000多把，灭火水枪107支，风力灭火机95台，其他设备134台(套)。在蓟县重点部位架设15个视频探头，完成对蓟县防火指挥中心的改建，进一步提升了天津市森林防火综合整治能力。

第二节 火灾案例

天津市森林防火工作特点是集平原和山区为一体，随着天津市林业绿化工程的开展和封山育林成效的逐步显现，在有效发挥生态防护功能的同时，也使山区林地火险等级攀升。加之随着山区旅游经济发展，特别是重要景区及其周边生态旅游产业的兴起，森林火灾的隐患显著增加。

1.2001年5月27日，蓟县九百户乡林场发生山火，此起山火过火山场面积71.2亩，受害森林面积41.2亩，是截至2001年蓟县最大的一起山火。

2.2004年3月29日，蓟县盘山景区附近北京市平谷区向阳村发生山火。县森防办立即向市、县两级政府报告，并快速组织县森林防火专业队扑救。最终山火在北京市平谷区得到有效控制，未给蓟县造成损失。

3.2005年11月23日，蓟县与河北省玉田县山场交界处（河北省玉田县桃花峪山场）发生山火。由于指挥得力、扑救及时，保住了蓟县境内的山林和驻蓟军事设施安全，没有出现人员伤亡事故。

4.2006年3月24日，蓟县城关镇东马坊村北山火，过火山场面积500亩，其中受害森林面积300亩，烧毁松、柏、橡槲各类树木计18900余株，直接经济损失达29万余元。

5.2006年3月24日，蓟县五百户镇燕山村与河北省玉田县团城山场交界处发生山火，过火山场面积约300亩。

6.2007年6月26日，位于蓟县官庄镇的天津市纺织局疗养院东山发生山火，过火山场面积15亩，其中受害森林面积8亩，过火山场多为2米高的人工油松、侧柏树木，烧毁各类树木600余株。

7.2009年3月26日，蓟县邦均镇夏各庄村北牛头山发生山火，过火林地坡面积5.2亩，烧损各类林木209株，起火原因是邦均镇夏各庄村村民赵军祭扫烧纸所致。蓟县森防办、森林公安派出所和邦均镇公安派出所依法对其行政拘留并给予经济处罚。

8.2010年4月5日，蓟县白涧镇杜吉素村西山场发生山火。受害森林面积为51亩，其中经济林48亩，灌木林3亩。

自1990年到2010年，蓟县共发生火情火警222起，过火山场面积523亩，过火林地面积98亩，烧毁幼树10.6万株。由于扑救及时，组织得力，未造成人员伤亡和重大财产损失。到2010年，全市已取得连续20年无重大森林火灾的成绩。

第十二章 林业有害生物（病虫害）防治

第一节 机构建设

1988年，经市农委批准，设立了科级单位即天津市森林植物检疫站，与天津市林业工作站森保科合署办公，森林病虫害防治工作逐渐步入正轨。此时的森林植物检疫站（森保科）除负责全市森林病虫害防治工作外，还承担全市野生动物保护和国务院濒危物种进出口管理办公室

（以下简称“濒管办”）天津办事处工作。1994年，野生动物保护和国务院濒管办天津办事处工作从森保科分离。2005年，经天津市编委批准，成立天津市森林病虫害防治检疫站，与此同时，各涉农区县的森防机构也从无到有，不断完善，而且全部建成标准站，办公室、标本室、实验室、药剂药械库健全，交通、通讯以及防治、测报、检疫设施完备，具备了基本的应急防控能力。

到2010年，天津市林业有害生物防控体系包括市级森防站一个，区县级森防站12个，共有职工143人，其中管理人员42人，专业技术人员101人。设立各级测报点191个，其中国家级中心测报点9个，市级中心测报点3个，另有127个区县级监测点和52个乡镇监测点。从2005年起，天津市试行防治机制改革，引导和支持各区县建立防治公司、防治专业队、防治专业户等多种形式的社会化服务防治模式。随之滨海新区汉沽、武清区、静海县、北辰区等地开展了社会化防治试点，根据各地区林业资源、经济条件、人员成分等不同特点，成立各类社会化防治组织76个，在本地区的林业有害生物防治中发挥了积极作用。

第二节　基础设施建设

进入21世纪以来，天津市各级森防站的能力建设有了新的发展。2005年以来，天津市共实施国家林业局基础设施建设项目8个，分别是《天津市林业有害生物预防体系建设》《天津市美国白蛾等林业有害生物应急防控体系建设》《天津市林业有害生物防控体系基础设施建设》《天津市林业有害生物天敌繁育场建设》《天津市检疫隔离试种苗圃基础设施建设》《天津市重点林区林业有害生物远程监控基础设施建设》《京津冀联防联治区域重大林业有害生物综合治理体系基础设施建设》《天津市林业有害生物检疫封锁体系基础设施建设》。实施天津市财政基础设施建设项目1个，即《天津市林业有害生物灾害应急防控体系建设》。形成了中央、市和区县三级财政共同投入的基础设施投入机制，不断加强和完善林业有害生物防治基础设施建设，林业有害生物监测预警体系、检疫御灾体系、防治服务体系框架基本建立，大幅度提升了天津市林业有害生物的预防和应急防控能力。

从2005至2012年，基础设施建设项目累计投入资金6777.3万元。新增防治设备2157台（套），其中高射程喷药机176台（套），担架式喷药机1313台，背负式喷药机568台，打孔注药机等其他药械100台，另有高枝剪5000把。林业有害生物防治能力达到6万亩/日。为各区县配备应急防控指挥车12辆，防治专用车35辆，提升改造药剂药械库3600平方米。此外，天敌繁育场每年繁育周氏啮小蜂30亿头左右，基本可以满足天津市生态防控的需要。

新增监测设备1213台（套），其中小气候监测系统4套，远程监控设备13台（套），全自动虫情测报灯110台，太阳能杀虫灯270台，频振式杀虫灯590台，恒温恒湿箱13个，昆虫培养箱

13个，测报工具箱200个。还为各区县配备计算机、一体机、数码像机、扫描仪等数据传输设备100多台，保证了林业有害生物监测预报工作的及时性和准确性，全市林业有害生物监测覆盖率达95%以上。

随着林业有害生物检疫封锁体系基础设施建设项目开工建设，建成了市级检疫鉴定中心1个，公路、铁路检疫检查站3个，县级检疫除害处理中心8个，建有检疫鉴定室、实验室364平米，配备有各种显微镜、解剖镜、恒温箱等仪器180台(套)，另有检疫除害设备12套，全自动高温灭菌设备13台。此外，为提高天津市松材线虫病防控能力，保证松材线虫病的快速、准确检测，2012年，为蓟县公路检查站配置松材线虫病分子检测仪1套。初步形成了市、区县检疫中心及公路、铁路检查站三级联动的林业有害生物检疫封锁体系。

第三节 林业主要有害生物种类

根据2004开展的林业有害生物普查结果，全市林业有害生物种类有225种，其中昆虫纲7目52科196种，蛛形纲1目2科2种；病害27种。主要树种的有害生物33种，包括病害4种，即杨树溃疡病、杨树烂皮病、杨树黑斑病、杨树早期落叶病。食叶害虫15种，即美国白蛾、杨扇舟蛾、杨小舟蛾、春尺蠖、国槐尺蠖、柳毒蛾、侧柏毒蛾、油松毛虫、舞毒蛾、黄褐天幕毛虫、樗蚕、榆蓝金花虫、膜肩网蝽、杨树黑点叶蜂、杨树直角叶蜂。枝干害虫12种，其中蛀干害虫7种，枝梢害虫5种，即蛀干类害虫光肩星天牛、桑天牛、双条杉天牛、白杨透翅蛾、花曲柳窄吉丁、小线角木蠹蛾、沟眶象；枝梢类害虫5种，即六星黑点豹毒蛾、松梢螟、国槐小卷蛾、日本双棘长蠹、白蜡哈氏茎蜂。刺吸式害虫2种，即斑衣蜡蝉和草履蚧。尤以杨树溃疡病、杨树烂皮病、美国白蛾、杨扇舟蛾、春尺蠖、国槐尺蠖、光肩星天牛、白杨透翅蛾8种有害生物的发生范围普遍、危害严重，每年发生面积在40至70万亩，造成的直接经济损失3000万元左右。20世纪80年代至90年代中期，油松毛虫在蓟县山区，榆蓝金花虫、花曲柳窄吉丁在平原地区曾造成严重危害。

第四节 林业有害生物防治措施

天津市林业有害生物防治工作同全国一样，由积极消灭到推行森林健康，经历了一个认识不断提高、指导方针不断完善、防治能力不断提升的发展历程。20世纪70年代，在化学防治占主导地位的背景下，天津市林业有害生物防治工作本着“治早、治小、治了”的方针，以彻底消灭病虫害为目的，基本使用高、剧毒化学农药，这些化学农药的大量使用，对环境造成了污染。80~90年代，随着“综合防治”概念以及“预防为主，综合治理”方针的提出，营林措施和生物防治逐渐受到重视。至 21 世纪初，伴随着森林健康理念的提出，天津市依法防治和科学防治得到加强，为林业有害生物防治工作提供了支撑和保障。

天津市林业有害生物防治坚持政府主导、属地管理、预防为主、标本兼治的原则，坚持以生物防治为主导，以化学除治为应急，注重先进科技成果的引进与应用，大力推广无公害防治技术。先后实施了《熏蒸毒签药剂配方研究及在林木果树上的应用》《杨柳蛀干害虫综合防治技术推广》《天津市林业病虫害监测信息系统应用》《天津市危险性突发性食叶害虫无公害综合防治技术的推广应用》《天津市美国白蛾大面积综合防治技术推广与应用》《天津市林业有害生物实时监控管理系统》《天津市杨树重大病虫害综合防治技术开发》《生态公益林枝梢害虫综合防治技术推广》等重大农业科技转化与推广项目，以实时监控和预测预报为基础，引进和整合了生物制剂、天敌、病毒、物理诱捕、人工防治等多种无公害防治措施。其中《天津市危险性突发性食叶害虫无公害综合防治技术的推广应用》《天津市美国白蛾大面积综合防治技术推广与应用》项目，示范、推广了多项美国白蛾、春尺蠖、杨扇舟蛾、油松毛虫等危险性有害生物的无公害综合防治技术，制订了监测预报、综合治理、生物防治等多项技术规范，在全市林业有害生物防治工作中得到普遍应用，取得了显著的经济效益、社会效益和生态效益。

天津市在林业有害生物防治工作中普遍采取的防治措施主要包括以下四类：营林措施，主要有营造混交林，抚育管理，清理病死树、虫害木、枯落叶；生物防治，主要是喷施灭幼脲、杀铃脲等仿生制剂，其他还有人工释放周氏啮小蜂，喷施核型多角体病毒、白僵菌等微生物，阿维菌素等微生物源农药，苦参碱、苦烟乳油等植物源农药；物理机械防治，主要有频振式杀虫灯、太阳能杀虫灯等灯光诱杀，人工剪网幕，捆塑料环等阻隔措施，以及性诱剂诱捕等；化学防治，一般只在有害生物突发时或高发期作为应急措施，但也要使用高效、低毒、低残留的化学农药，或者采取喷涂毒环、打孔注药等对环境影响小的施药技术。

第五节　林业有害生物防治成效

自 20 世纪 90 年代以来，天津市林业有害生物防治工作坚持“预防为主，科学防控，依法治理，促进健康”的防治方针，突出美国白蛾防控等工作重点，层层落实目标管理责任制，积极推行防治机制改革，加强监督管理，全面搞好林业有害生物检疫、测报和防治工作，达到了国家林业局下达的历年林业有害生物目标管理指标和美国白蛾防控目标。

一、美国白蛾防控取得进展

美国白蛾是国际性检疫害虫，其食性杂、繁殖量大、适应性强、传播途径广、危害严重，寄主种类达 300 余种，在天津地区主要危害桑树、臭椿、白蜡、法桐、泡桐、榆树、杨树、柳树以及苹果、柿树、板栗、山楂、枣树、葡萄等近百种植物。1995 年 8 月在天津市塘沽区发现，之后，至 2002 年蓟县发现美国白蛾疫情，疫区扩散到全市。1999 年，天津市列入《京津冀美国白蛾工程治理项目》区域，经过 3 年的治理，到 2001 年秋季项目中期评估时，天津市防治指标达到项目要求。2003 年受"非典"影响，部分地区美国白蛾疫情反弹，面对严峻形势，天津市迅速采取有效措施防治，当年防治指标即达到项目要求。此后，各年度防治后有虫株率均不超过 0.5‰，达到了国家林业局下达天津市的防控指标。尤其是 2007~2009 年，北京奥运会召开前后，天津市美国白蛾防治工作取得了显著成效，保护了天津市林业建设成果和生态安全，遏制了美国白蛾的蔓延趋势，为北京"绿色奥运"的顺利召开创造了良好的条件，连续三年受到国家林业局的通报表扬。目前，天津市每年美国白蛾发生面积基本控制在 30 万亩左右，且以轻度发生为主，2007 年至 2011 年，连续 5 年无重度发生，有效控制了美国白蛾的扩散及危害。

二、其他有害生物实现了有虫(病)不成灾的治理目标

进入 21 世纪以来，天津市造林绿化发展迅速，以杨树纯林为主的营林结构对病虫害发生的影响日益明显，导致以杨树为主要寄主的春尺蠖、杨扇舟蛾、光肩星天牛、白杨透翅蛾、杨树病害等病虫害的发生面积均呈上升态势，是天津市除美国白蛾外的防治重点。为提高防治效率、降低防治成本，进行了多项防治技术试验、改进，如毒环防治春尺蠖成虫技术中，由最初的高效氯氰菊酯+柴油到近年应用的高效氯氟氰菊酯微胶囊等，环境安全性、防治效率提高，成本下降。与南开大学、天津农学院合作示范噻二唑防治杨树溃疡病和烂皮病，提高杨树的抗病性。利用性诱剂监测、防控蛀干害虫等，取得了良好的防治效果，实现了有虫（病）不成灾的目标，各年度成灾率均控制在 1‰以下，低于国家林业局下达的成灾率指标。

第十三章 林政资源管理

第一节 林政管理

林政资源管理的主要职责是负责森林资源管理工作；审核并监督森林资源的使用情况；组

织编制森林采伐限额规划、征占用林地定额规划；审核检查监督林木的凭证采伐、移植和运输；负责征占用林地的审核工作；协调和处理林权纠纷；生态公益林的规划、划定和管理工作。

1996 年，天津市林业局成立之初就设立了林政资源处，负责全市林政资源管理工作。

第二节　林地林权管理

按照森林法有关规定，林地确权登记发证制度是林地保护管理的核心内容。为做好林地林权管理工作，原林业部、国家林业局先后出台了《林木林地权属争议处理办法》《林木和林地权属登记管理办法》《占用征用林地审核审批管理办法》等规章，对林地林权管理工作进行了规范。

1997 年 1 月 8 日，天津市第十二届人民代表大会常务委员会第二十九次会议通过了《天津市实施〈中华人民共和国森林法〉办法》，对森林、林木、林地管理进行了明确的规定，推动了天津市林地林权的确权登记发证工作。2004 年 3 月 2 日，天津市人民政府办公厅转发市林业局《关于在天津市农村开展林权登记发证（换证）工作意见的通知》，促进和加强了天津市林权登记发证工作。

为规范征占用林地行政审批行为，国家林业局出台了《占用征用林地审核审批管理办法》。2003 年，财政部、国家林业局印发了《森林植被恢复费征收使用管理暂行办法》的通知，市财政局、物价局、林业局及时转发了《财政部 国家林业局关于印发〈森林植被恢复费征收使用管理暂行办法〉的通知》，规定“由市林业主管部门收取的森林植被恢复费，集中用于全市范围内异地植树造林、恢复森林植被的比例为 20%；返还被占用或征用林地所在区县用于本区县范围内异地植树造林、恢复森林植被的比例为 80%。”森林植被恢复费“应专项用于各级林业主管部门组织的植树造林、恢复森林植被，包括森林资源管护系统建设、调查规划设计、护林防火等开支”。

天津市自 2008 年开始实行占用征收林地定额管理，每年定额为 200 公顷。合理安排使用定额指标，控制占用征收林地规模，确保国家和市重点建设工程使用林地需要，做好国家下达定额指标的分解和落实工作，做到工程建设尽可能少占、甚至不占林地。

“十五”“ 十一五”期间全市征收占用林地项目 253 项，征收占用林地 1816 公顷，收取森林植被恢复费 11331 万元。

为加强林地保护利用管理，提升森林资源承载能力，应对气候变化、发展现代林业、保障国土生态安全、统筹人与自然和谐、推进生态文明建设，2010 年 7 月 25 日，国务院颁发了《全国林地保护利用规划纲要（2010~2020 年）》。根据国家林业局《关于编制省级县级林地保护利用规划的通知》要求，2012 年 4 月 19 日，天津市人民政府批准实施《天津市林地保护利用规划（2010~2020 年）》，要求到 2020 年，全市森林保有量达到 11 万公顷，比 2009 年增加 1.68 万公顷；森林蓄积量增加到260.7万立方米，比2009年增加61.81万立方米；林地保有量增加到17万公顷，比2009年增加2.78万公顷。根据《天津市林地保护利用规划（2010~2020年）》，各区县人民政府制定区县的林地保护利用规划（2010~2020年），并组织实施。

第三节 采伐移植管理

森林法、《森林法实施条例》对森林采伐进行了规范，规定除农村居民采伐自留地和房前屋后个人所有的零星林木外，采伐林木必须申请采伐许可证，按许可证的规定进行采伐；林木采伐实行限额管理，由国务院每五年核定批准一次，"十五""十一五"期间全市林木采伐限额为10万立方米，"十二五"期间为12.4万立方米。

2004年9月28日，市林业局印发了《天津市林木采伐管理办法（试行）》，进一步规范了市、区县林业行政主管部门的林木采伐行政审批行为。

2009年5月，财政部、国家林业局印发了《育林基金征收使用管理办法》，为做好天津市育林基金征收使用管理工作，按照国家有关要求，结合天津林业实际情况，市财政局、市林业局联合转发了《财政部 国家林业局关于印发〈育林基金征收使用管理办法〉的通知》，对全市育林基金征收使用管理进行了规范，将育林基金征收标准由原来的林木销售收入的12%降低到10%，减轻了林农采伐林木的负担。育林基金征收纳入了市财政局非税收入收缴管理系统，实现林业主管部门审批、银行缴费、财政征收信息共享，缴款人可在多家银行的营业点交款，在严格"收支两条线"的同时，更加方便了申请人交纳育林基金。

第四节 林业案件查处

一、"十一五"期间案件发生情况

"十一五"期间全市共发生林业行政案件831起（不含移交刑事起诉案件），其中盗伐林木案件23起，滥伐林木案件606起，毁坏林木、苗木案件66起，违法征、占用林地案件89起，违法收购、经营、加工木材案件44起，其它案件3起，结案率100%。其中损失林地22.76公顷，损失林木2489.97立方米，损失幼树和苗木17270株，行政罚款305.21万元，补种树木45471株，行政处罚702人，移交司法机关案件57起。

二、原因分析

从案件构成上看,滥伐林木和违法征占用林地案件发生比例较大,主要原因:个别造林户对国家的林业政策和法规不太了解,认为树是自己栽的,权属理应是私人所有,在其伐树时不申请而随意采伐,造成乱砍滥伐林木案件。由于生态建设的加快,有的地方对树木采取了限伐保护措施,对重点区域的树木进行了保护性管理,推迟了更新采伐年限,这样就给一部分干部群众造成树木采伐审批难的印象,一部分村队干部和造林户以缺钱和更新为由,在没有提出申请的情况下,偷偷将树木采伐,而触犯了国家的法律法规。有些地方以修路、招商引资、电网改造为由非法侵占林地和毁林,造成违法征占用林地案件的增多。由于天津部分区县实行林权制度改革,大部分林木已归个人所有,受采伐限额控制,林农为追求经济效益,部分人存在侥幸心理,不按正常的采伐手续采伐,以至于发生滥伐林木案件。

三、采用的对策

1.加强《中华人民共和国森林法》《森林法实施条例》等有关林业法律法规的宣传教育活动。充分利用广播、电视、报刊等各种媒体,组织开展多层次、多渠道、多形式的宣传发动工作,面向基层、面向群众、面向社会广泛宣传有关林业政策、法律和法规,增强广大干部群众法律意识和保护森林资源的生态环境意识。

2.遏制盗伐滥伐案件的高发势头。结合实际,适当调整增加天津市部分区县林木采伐限额,确保林木采伐申请及时得到批准。加大对破坏森林资源的打击力度,实行重点区域、重点时期、重点整治。不定期开展专项打击清理行动,尤其是盗砍滥伐林木、偷拉盗运等不法行为的高发时期和区域,重点加以防范、打击,切实把依法治林的各项措施落到实处。

3.加强林政执法队伍建设,加大打击力度。建立健全执法机构,充实执法人员,稳定执法队伍。加强林政执法人员的培训工作,提高林业行政执法队伍的整体水平。多渠道筹措资金,加强执法装备和基础设施建设,改变执法条件差和手段落后的局面,提高依法行政能力。

第五节　森林资源动态监测

一、森林资源连续清查

天津市森林资源连续清查(简称一类清查)是以掌握宏观森林资源现状与动态为目的,以全市为单位,利用固定样地为主进行定期复查的森林资源调查方法,是森林资源与生态状况综合监测体系的重要组成部分。森林资源连续清查成果是反映全市森林资源与生态状况，制定和调整林业方针政策、规划、计划，监督检查森林资源消长任期目标责任制的重要依据。清查任务是准确查清天津市森林资源的数量、质量及其消长动态变化，掌握森林生态系统的现状和变化趋势，对森林资源与生态状况进行综合性评价。

森林资源连续清查工作以5年为周期。天津市于1992年、1997年、2002年、2007年开展过森林资源连续清查工作。通过2007年清查证实，全市的林地面积14.22万公顷，占土地面积的12.58%；森林面积9.32万公顷，占林地面积的65.54%。森林覆盖率8.24%。活立木总蓄积277.01万立方米，其中森林蓄积198.89万立方米，占71.80%。森林面积中，乔木林面积8.91万公顷，国家特别规定的灌木林面积4100万公顷，分别占95.6%和4.4%。乔木林中，天然乔木林面积4400万公顷，人工乔木林面积8.47万公顷，分别占4.94%和95.06%；天然乔木林蓄积12.06万立方米，人工乔木林蓄积186.83万立方米，分别占6.06%和93.94%。

表3–13–5–45 天津市历次森林资源清查统计表

清查年度	1992年	1997年	2002年	2007年
森林面积（万公顷）	8.58	8.58	9.35	9.32
森林覆盖率（%）	7.47	7.47	8.27	8.24
森林蓄积（万立方米）	158.66	160.25	140.35	198.89
活立木蓄积（万立方米）	248.05	250.46	234.18	277.01

二、森林资源规划设计调查

天津市森林资源规划设计调查（以下简称“二类调查”）是以区县级行政区域为调查单位，以满足森林经营、编制森林经营方案、总体设计、林业区划与规划设计需要而进行的森林资源调查。其主要任务是查清森林、林木和林地资源的种类、数量、质量与分布，客观反映调查区域自然、社会经济条件和经营管理状况，综合分析与评价森林资源与经营现状，提出对森林资源培育、保护、利用意见。调查成果是建立或更新森林资源档案，编制森林经营方案，制订森林采伐限额，进行森林资源和林业工程规划、设计与森林资源管理的基础，也是制定区域国民经济发展规划和林业发展规划，实行森林生态效益补偿和森林资源资产化管理，指导和规范森林科学经营的重要依据。

1998年全市开展了森林资源规划设计调查，调查数据结果是，全市林地面积138557.6公顷，森林面积124105.7公顷，林分面积73911.6公顷，经济林面积50194.1公顷。全市四旁植树1937万株，折合林地面积1.5万公顷。全市林木覆盖率13.7%，森林覆盖率11.4%。全市活立木总蓄积525万立方米，林分蓄积386万立方米。

表 3-13-5-46 天津市历次森林资源规划设计调查统计表

调查年度	1991 年	1998 年
林地合计(万公顷)	9.46	13.86
有林地(万公顷)	8.41	12.41
疏林地(万公顷)	0.11	0.03
灌木林地计(万公顷)	0.2	1.02
苗圃地(万公顷)	0.14	0.1
未成林造林地(万公顷)	0.6	0.12
无林地(万公顷)		0.18
森林覆盖率(%)	7.7	11.36
林木绿化率(%)	9.0	13.69
活立木总蓄积(万立方米)	406.9	524.88
有林地蓄积(万立方米)	291	386.28
疏林地蓄积(万立方米)	2.2	0.3
散生木蓄积(万立方米)	3.7	4.89
四旁树蓄积(万立方米)	110	133.41

三、沙化和荒漠化监测

天津市沙化和荒漠化监测的目的是定期掌握全市沙化土地和荒漠化土地的现状及动态变化信息,为全市制定防沙治沙与防治荒漠化的政策和长远发展规划,保护、改良和合理利用国土资源,实现可持续发展战略提供基础资料。监测的主要任务为定期提供全市各级行政单位的各类型沙化土地分布、面积和动态变化情况;定期提供全市各级行政单位的不同类型及程度的荒漠化土地的分布、面积和动态变化情况;分析自然和社会经济因素对土地沙化和荒漠化过程的影响,对土地沙化和荒漠化状况、危害及治理效果进行分析评价,提出防沙治沙和防治荒漠化的对策与建议,为国家决策提供服务。沙化和荒漠化监测以五年为一个监测周期。截至 2010 年,天津市于 1994 年、1999 年、2004 年、2009 年开展过沙化和荒漠化监测工作。

2009 年沙化土地监测面积 15614.5 公顷,其中沙化土地 15352 公顷,非沙化土地 262.5 公顷。沙化土地按类型分,沙化耕地面积 8041 公顷,占本次沙化土地总面积的 52.4%;人工固定沙地面积 7311 公顷,占本次沙化土地总面积的 47.6%。荒漠化土地 10664 公顷,占监测区总面积的 83.5%。按荒漠化土地类型分:风蚀土地 329.5 公顷,占荒漠化土地面积的 3.1%;盐渍化土地 10334.9 公顷,占 96.9%。按土地利用类型分:耕地 6752.8 公顷,占荒漠化土地面积的 63.3%;林地面积 3911.6 公顷,占 36.7%。非荒漠化土地面积有 2109.6 公顷,占监测区总面积的 16.5%。其中居民交通工矿用地 1448.7 公顷,水域面积 572.3 公顷,其他 88.5 公顷。

表 3-13-5-47 天津市历次沙化和荒漠化土地监测面积统计表

单位:万公顷

监测年度		1994 年	1999 年	2004 年	2009 年
沙化土地	合计	2.57	2.11	1.56	1.53
	人工固定沙地	1.04	0.79	0.74	0.73
	沙化耕地	1.38	1.32	0.82	0.8
	半固定沙地	0.15			
荒漠化土地	合计		1.31	1.08	1.07
	盐渍化土地		1.31	1.05	1.04
	风蚀土地			0.03	0.03

注:荒漠化监测工作从 1999 年开始,当时只监测盐渍化土地面积

通过监测,还提出了天津市沙化和荒漠化土地治理工作的措施如下:

加强领导。防沙治沙和防治荒漠化工作,同其他工作一样,关键在领导。要把此项工作作为领导任期目标的一项内容,平时监督,年底检查,使此项工作列入领导议事日程。

提高科技含量,增加资金投入。加强各地治沙治荒经验的交流,增强治沙治荒工程的科技含量,引进新技术、新品种,研究开展新的治沙治荒科技项目,把治沙治荒工作推向新阶段。

不断完善沙化和荒漠化地区防护林体系建设。在沙化和荒漠化地区继续搞好植树造林工程,巩固提高津西北防风固沙林建设,完善沟渠道路农田防护林体系,把造林资金向沙化和荒漠化土地倾斜,不断提高该区林木覆盖率,使沙化和荒漠化土地得到不断治理。鼓励农民营造治沙林或栽植经济林。

采取工程手段改善土壤性状。加大荒漠化地区农田水利基本建设的资金投入,修台田、条田,有条件地区推广暗管排盐工程,以改善土壤性状,从根本上解决盐渍化问题。

普及防治沙化荒漠化知识,发动群众开展防治工作。继续宣传防治沙荒成果,科普治理知识,树立榜样,宣传先进事迹、推广先进典型,使沙化和荒漠化地区人民不仅要进一步认识到治沙治荒的意义,而且还要了解党和政府的政策。从而使广大群众投身到防治沙化和荒漠化工程中,加快防治的步伐。

第六节 集体林权制度改革

2008 年 6 月 8 日,《中共中央、国务院关于全面推进集体林权制度改革的意见》出台后,天津市积极贯彻落实,围绕集体林权制度改革开展了一系列的工作。

一、所开展的工作

2009 年 7 月 16 日，市委、市政府出台了《中共天津市委天津市人民政府关于贯彻落实〈中共中央、国务院关于全面推进集体林权制度改革的意见〉的实施意见》。7 月 28 日，市政府召开了全市林业工作会议，会议传达了中央林业工作会议精神，安排部署了全市集体林权制度改革工作，要求从 2009 年开始，在先行试点的基础上，用 3 年左右时间，基本完成全市明晰产权、承包到户的改革任务。力争到 2013 年，基本完成全市集体林权制度改革，建立起以集体经济组织内部家庭承包经营为基础、多种经营形式并存、责权利相统一的集体林业经营体制，逐步实现森林资源增长、林业产业发展、农民收入增加、自然生态良好、农村社会和谐的目标。2009 年 5 月 25 日，中国人民银行、财政部、银监会、保监会、国家林业局联合下发了《关于做好集体林权制度改革与林业发展金融服务工作的指导意见》，由中国人民银行天津分行牵头，市财政局、银监会天津分会、保监会天津分会、市林业局联合转发了国家的文件，并根据天津市的实际情况提出了具体要求。2009 年 7 月，天津市财政局和市林业局联合转发了财政部、国家林业局《育林基金征收使用管理办法》，并按照管理办法要求，结合全市林业生产实际，将育林基金征收标准由原来的林木销售收入的 12%降低到 10%，减轻了林农采伐林木的负担。2009 年 10 月 20 日至 21 日，市林业局举办了全市集体林权制度改革培训班，对全市 12 个涉农区县林业主管部门有关人员进行了培训，部署了需要开展的工作。

为进一步推动林改工作，2009 年 8 月 14 日，天津市林业局下发了《关于全面推进集体林林权制度改革的通知》（津林政〔2009〕176 号），督促各区县开展集体林权制度改革工作。配合市农委、市产权交易中心，开展了天津市农村产权交易所的调研工作。起草了《天津市林权流转管理办法（试行）》、天津市农村产权交易市场林地交易合同、林权交易简易指南、天津市农村产权交易市场林权转出（受让）委托书等规范性文件。

二、区县林改工作情况

到 2010 年 8 月，宝坻、武清、静海、蓟县 4 个区（县）政府制定了林改实施方案，并确定宁河县为试点县。天津市宁河县地处平原，土壤黏重，树木以四旁树为主，以往林业生产效益比较低下。为搞活林业经营机制，调动社会各界植树造林的积极性，实现经济效益、社会效益、生态效益的互促多赢，宁河县按照“明晰所有权，放开使用权，搞活经营权”的原则，精心组织，规范运作，取得了很好的效果。林改初期，宁河县只有 3 个乡镇推行了非公有制造林，造林专业户仅有 16 个，造林面积 54.7 公顷，植树 4.1 万株，投资仅为 20 万元。随着林权制度改革的不断深化，经营主体地位得到确立，责、权、利关系进一步明确。2001 年至 2008 年，全县 14 个乡镇全部推行了非公有制造林,造林面积5927.1公顷,植树483万株,新增个体、联合体经营1109个,累计吸引投资3842万元,林木覆盖率由林改前的8.9%增长到13.5%。2010年经国家林业局批准,宁河县被评为全国集体林权制度改革百强县。

全市林木的管理方式主要有四种,高速公路、市级公路两侧的生态风景林由区县政府出资,组织专业队伍养护;速生商品林均由农民自主经营;平原村集体的路、渠旁的树木在本村内通过招标、竞拍等形式,承包经营;四是蓟县山区生态林由村、乡镇集体雇人管护。

三、林权证发放情况

截至到2010年底,全市有林地面积313.6万亩,林木覆盖率21.5%。全市共发放林权证3713份,发证面积26.68万亩,主要分布在宁河、静海。蓟县山区50多万亩林地尚未发证。

天津主要是平原地区,生态建设用地没有从规划上得到真正解决,平原地区林业用地只有少量苗圃地,造林绿化主要是公路、铁路两侧的通道工程,河道、沟渠及村镇、园区的绿化。因此,有几种情况只能落实经营主体,无法发放林权证。一是山区缓坡经济林木。缓坡地上的核桃、板栗、柿子等经济果树,树龄大小不一,零散插花分布,村民均采用“按树折钱、按人均钱、按钱分树、地随树走、分树到户”的作法,实现了家庭承包。但树是以株为单位插花分配给每户,构不成完整的林地,无法做到勘界成图。二是高速公路、河道两侧的绿色通道。按照《土地利用现状分类》,其地类仍为交通用地和水利用地,在实际工作中也不能确定为林地,发放林权证。三是耕地上的商品用材林。一些农民在承包的耕地上栽植速生树种,也不能发放林权证。

第十四章 野生动物保护

第一节 野生动物救护

天津市野生动物救护驯养繁殖中心,坐落在天津市静海区良徐公路20号。自1996年成立后,累计救护各类野生动物58种10万余只,其中包括国家一级保护动物蟒蛇、东方白鹳、白鹤、巨蜥、蜂猴、扬子鳄、大鸨、白尾海雕、玉带海雕等,救护的国家二级保护动物有猫头鹰、隼、猕猴、苍鹰等,国家三有动物丽纹攀蜥、沙锥、戴胜、白鹭、苍鹭、小白鹭、画眉、蛇类、树鹨、黑枕黄鹂、红嘴蓝鹊、蓝矶鸫、黑尾蜡嘴雀等。救护动物均得到妥善安置,治愈的鸟类也已放归自然。

2009年6月,天津市塘沽区志愿者发现一只受伤的国家一级保护动物白鹤,救护中心及时前往救护,发现白鹤受伤严重,翅膀多处有淤血,腿部有伤,无法站立,后经过救护人员为白鹤包扎伤口,脱水补液,腿部固定夹板等工作,又经过了多日悉心照料,白鹤恢复了健康。当时天津气温已经寒冷,天津地区已经没有大批候鸟的身影,个体白鹤放归野外无法完成迁徙。救护中心决定把白鹤带到千里以外的辽宁獾子洞湿地, 并对白鹤佩戴GPS卫星定位系统和环志以后,进行了野外放归。

2011年11月11日,天津大港湿地发生大批候鸟中毒死亡,受到全国关注。其中有13只国家一级保护动物东方白鹳被送到天津市野生动物救护中心,经过检查东方白鹳中毒情况严重,后经过救护中心工作人员及时洗胃、注射解毒剂,及时保温、补充液体,13只中毒的东方白鹳全部恢复了健康,并于23日全部放归自然。

第二节　野生动物疫源疫病监测

一、组织机构

根据天津市湿地分布状况、野生动物疫源疫病监测工作的需要和《国家林业局关于确定第一批陆生野生动物疫源疫病监测站点实施单位的通知》文件精神,天津市于2005年建立天津市野生动物疫源疫病预防监测体系。

监测体系由市、区(县)、乡镇三级构成。由市林业局、区县农经委、乡镇林业站具体负责落实。市林业局野保站负责全市监测工作。各区县也成立区县监测站。

二、建立监测网络,设置监测点

监测体系共包括宁河、静海、宝坻、武清、塘沽、大港6个国家级监测点和其它6个区县(蓟县、东丽、津南、西青、北辰、汉沽)及八仙山自然保护区和大黄堡湿地自然保护区的12个市级监测点,共14个监测点。

重点监测区域:在全面监控的基础上,对重点区域实行重点监管。在大量候鸟迁飞经过天津市时期,掌握本区域内野生鸟类迁飞通道、迁飞停歇地和集群活动区等具体情况。蓟县:于桥水库、青甸洼、蓝泉河;宝坻:尔王水库、潮白河蓄水闸、青龙湾沙地保护区;武清:大黄堡;宁河:七里海湿地;静海:团泊洼;东丽:东丽湖;西青:鸭淀水库;北辰:小淀水库、大兴水库;塘沽:黄港水库、北塘水库、于庄水库;汉沽:营城水库、沿海滩涂;大港:大港水库、独流减河、钱圈水库、管港湖、沙井子水库、李二湾水库、沿海滩涂。

重点监测物种:野生鸟类包括大小天鹅、鹳类、雁类、鸭类、鹭类、海鸥类等鸟类动物和狐、獾、鼬等哺乳动物。

三、区县级监测机构制订预案和实施方法

全市12个涉农区县,14个监测点全部制订预案和实施方法。根据各自的实际情况,各区县在自身管理区域内,划分监控责任区,把各责任区分到具体负责人。做到分工明确,责任清楚。各监测点按照全市部署和本区县实际情况确定本辖区内重点监测区域。

第三节 爱鸟周

《天津市人民政府关于保护鸟类的布告》中,把每年4月第三周定为天津市“爱鸟周”。1982年,天津市第一届“爱鸟周”活动中,天津市市长李瑞环出席了开幕式。自1982年起,天津市农林局(1996年后为天津市林业局)每年的4月第三周都开展一系列“爱鸟周”宣传活动,到2010年,已举办了29届“爱鸟周”宣传活动。

“爱鸟周”每年都确定一个宣传主题,例如1999年第十八届爱鸟周的主题为:“摸清家底、有效保护、科学管理、持续利用”。2002年第二十一届爱鸟周的主题为:“关注湿地,保护湿地鸟类”。2004年第二十三届爱鸟周的主题为:“关注候鸟,保护生态”。各级林业行政主管部门围绕每年的宣传活动主题开展多种形式的宣传活动,主要活动形式有举办各种集会、座谈会、展览会、学术报告会;印刷宣传画、刊物、宣传材料;开展知识竞赛、作文比赛、文艺演出、航模表演、动物形态风筝表演;开展执法检查、开通野生动物热线专呼;放飞野生鸟类、组织参观湿地、自然保护区等等。这些活动的开展取得了良好的社会反响。

第四节 野生动物资源调查

野生动物是大自然的重要组成部分,也是国家的一项宝贵资源。陆生野生动物资源调查的目的在于查清陆生野生动物资源的种类、数量、分布和生存环境状况,掌握野生动物驯养、经营利用、贸易现状,并在此基础上建立野生动物资源监测体系。

天津市第一次陆生野生动物资源调查工作自1996年5月开始,至1999年6月结束,2001年正式公布调查数据及结果。调查工作由天津市野生动物保护管理站及各区县野生动物保护管理部门完成,还聘请了天津自然博物馆、南开大学、天津师范大学等科研单位和高等院校的8

名专家教授，组成了专家技术委员会，为调查的顺利完成提供了技术保障。

在此期间，主要调查了《天津市陆生野生动物资源调查与监测技术规程》中规定的物种数量、分布及生存环境状况，同时调查了全市的社会经济状况，野生动物驯养、利用及贸易状况，野生动物管理及研究状况以及影响野生动物资源变动的主要因素。

在历时 3 年的工作中，完成了 30 个调查与监测物种的常规调查和 1 个湿地鸟类专项调查，共设置常规调查样带 108 条，专项调查样地 12 个，填写调查表格 560 份，完成了预定的调查任务。通过此次调查，基本查清了天津市陆生野生动物资源的分布及野生种群现状，初步掌握了陆生野生动物资源的蕴藏量，为天津市野生动物资源的合理开发利用提供了科学依据。掌握了全市陆生野生动物养殖业的现状，揭示了存在的问题，并提出了发展野生动物资源产业化的对策。对全市陆生野生动物资源现状、野生动物生存环境、利用及保护管理状况进行了系统的评价。提出了建立全市陆生野生动物资源监测体系，为天津市培养了一批野生动物保护专业人才，建立起比较完善的野生动物保护体系。

天津市第一次陆生野生动物调查显示，天津市域内有鸟类 235 种，其中雀形目 83 种，占 35.32%，非雀形目 152 种，占 64.68%。天津市非雀形目鸟类组成中，主要是雁形目（32 种），隼形目（22 种），鸥形目（12 种），鸻形目（29 种），共计 95 种，占天津市非雀形目鸟类的 62.50%。有哺乳类动物 40 种，其中食肉目 12 种，占 30%，啮齿目 16 种，占 40%，食虫目 2 种，占 5%，偶蹄目 1 种，占 3%。两栖类动物 7 种，全部属于无尾目。爬行类动物 18 种。其中龟鳖目 1 种，占 6%，蜥蜴目 6 种，占 33%，蛇目 11 种，占 61%。

第十五章 林业法制建设

第一节 林业立法

天津市的林业立法工作起步较早，1989 年 1 月 24 日，市第十一届人大常委会第六次会议通过的《天津市绿化造林管理条例》是天津市第一部林业地方性法规，是天津林业建设的重要法律依据。但随着森林法的修改和林业发展的变化，林业立法工作再次提到日程。1997 年市人大通过了《天津市义务植树条例》，2001 年市政府通过了《天津市植物检疫办法》，2003 年市人大通过了《天津市实施〈中华人民共和国森林法〉办法》,2004年市人大通过了《天津市城市绿化条例》,2006年市人大分别通过了《天津市野生动物保护条例》《天津市实施〈中华人民共和国种子法〉办法》和《天津市植物保护条例》,并将《天津市湿地保护条例》列入立法调研计划。通过几年的努力,基本完成了天津市的林业立法工作,建立了比较完善的林业法律体系,为天津林业大发展创造了良好的法治环境。

第二节 林业执法

伴随着全国行政法律法规及依法行政制度的逐步深化，天津市林业依法行政工作也在逐步加强。市林业局成立以后,高度重视林业执法工作,特别是国务院颁布依法行政实施纲要后,林业执法工作得到了进一步规范。首先是清理了执法依据,到2010年,天津市林业局具有行政执法主体资格的单位共3个,其中法定行政机关1个,法律、法规授权的组织2个,执行的现行有效的法律、法规、规章共计38部;具体行政执法职权共132项,其中行政处罚87项,行政许可28项,行政强制2项,行政征收4项,行政确认2项,行政裁决1项,其他具体行政执法职权8项。同时推进综合执法工作,按照“行政处罚与行政决策相分开”“行政处罚与技术检验检测相分开”的原则,2010年经天津市林业局党委研究,决定实行相对集中行政处罚权,明确以市林业局为行政处罚主体的林业行政处罚由森林公安局实施,并以市林业局的名义行使行政处罚权。实行相对集中行政处罚权后,凡发现或者接到举报、控告、移送、上级交办、主动交代等违反林业法律、法规、规章的行为,由森林公安局对案件性质进行调查确认。构成林业行政案件的,由森林公安局组织查处,不构成林业行政案件、属于一般行政管理范畴的问题,由有关处、室、站按照职能分工依法处理。案件调查后,森林公安局提出行政处罚意见,经审核后报分管局领导审批执行。情节复杂或者重大违法行为需要给予较重行政处罚的,由分管局领导提交局长办公会讨论决定。加强对行政执法人员的资格管理,利用市政府法制办建立的“全市行政执法人员管理系统”,对全市林业行政执法人员实行系统管理。

第三节 林业普法

市林业局成立之前,林业普法工作由农林局法制处统一部署和落实。市林业局成立后,林业普法工作得到了进一步加强，成立了普法工作领导小组，局办公室设兼职人员负责具体工作,制定普法规划和年度普法计划,统一组织,严格实施。深入持续地开展法制宣传教育工作,使全市林业系统干部职工的依法行政能力和水平得到了显著增强，林业行政执法人员的素质得到了显著提高，社会公众的林业法律意识得到了普遍增强，全社会的环境意识和绿化意识进一步提高，林业法制宣传工作取得了明显成效，有力地推动了林业事业的健康发展。

第四节 林业行政许可

林业行政许可工作是林业工作的重要组成部分，市林业局成立后，由营林处、林政处和森检站分别实施相关行政许可工作。2004年行政许可法颁布实施后，市政府建立了市行政许可服务中心，要求市级行政机关对承担的行政许可工作进行一次全面的清理，整合机关内部职能，到天津市行政许可服务中心集中开展行政许可工作。并派出5名工作人员进驻中心，按照授权，实行“一审一核、现场审批”的审批程序。市林业局的28项许可事项全部进入中心办理，在对外承诺的时限内完成审批工作，现场审批率和群众评价满意率均达到百分之百。

第十六章 林业科技研究与推广

第一节 体系建设

天津市林业系统以科技兴林为导向，抓紧科技项目的落实，以科技项目的开展带动人才培养与技术培训，一批有学识、懂专业、踏实肯干的科技带头人脱颖而出，科技示范园、示范区的建立，使新技术、新品种的示范、辐射作用进一步加强。经过努力，已建成了比较健全的林业科技推广网络，具有较强的技术力量。至2010年底，全市已建成区(县)级林业技术推广站(中心)12个，乡(镇)级林业工作站156个。“十一五“期间，天津市林业科技推广队伍建设达到一定规模。全市林业科技人员达到420人，其中，高级以上专业人员58人，中级114人。

天津市林业工作紧紧围绕“科技服务林改，科技激活林改，科技支撑林改”的新思路，以资源培育为中心，深化林业科技推广功能性改革，加强林业科技推广能力建设，全面提高林业科技服务“三农”能力、林业重点工程科技支撑能力、林业科技成果转化能力、林业科技推广持续发展能力等，努力构建一个适应需求、服务林业的林业科技推广社会化服务体系，为加快林业重点工程建设，提高广大林农素质，推动林业和农村经济发展提供了科技支撑。

第二节 实用技术推广与应用

天津市林业系统先后完成了国家林业局重点科研项目《天津市耐盐碱树种筛选》《转BtCry3A抗天牛基因杂种毛白杨中间实验技术》《于桥水库集水区水源涵养林优化模式配置技术示范》《无公害冬枣优质高效技术示范》《"生物农药"在危险性食叶害虫防治上的推广应用及全光雾扦插等育苗新技术培训》等项目;推广的项目《蓟县矿区植被保护与生态恢复示范》《青龙湾沙区生态风景林的建设与示范》《天津市林业有害生物实时监控管理系统》《设施葡萄高效配套技术推广》《八仙山国家级自然保护区无线传感器网络监测技术项目》;天津市农业科技成果转化与推广项目《农田防护林、用材林新品种繁育与造林技术推广》《天津市危险性、突发性食叶害虫无公害综合防治技术的推广应用》《杨树蛀干害虫灾害持续控制技术推广应用》等。此外,还组织完成了《低压渗灌节水型灌溉新技术在设施农业中的应用示范与推广》《宿根花卉新优品种的引进及成果应用转化》《大叶红花槐、柏树三倍体等耐盐碱多用途新品种及繁育》《滨海新区林业有害生物无公害综合防治技术示范》四个项目和《白蜡苗木生产技术规程》《滨海盐碱地绿化种植技术》两个行业标准的申报工作。通过这些项目的实施,加快了天津市森林资源培育和生态修复能力,提高了林产品加工利用水平,增加了林农收入,使天津市森林灾害预警、防控和治理水平得到了明显提高,有力推动天津林业生态建设的科学化进程。

根据天津市林业发展的需要,天津市林业站与中国林科院合作承担了13个重大林业科技合作项目,占市林业科技项目的24%。其中已结题验收的项目5个,正在实施的项目8个。引进新品种120个,转化科技成果12项,填补了天津市盐碱地治理和矿区植被生态恢复2项科技空白,取得了明显的经济效益和社会效益。

这些项目涵盖了林业建设规划、森林防火、森林资源监测、种子检测、种苗基地建设、园林绿化、经济林及森林病虫害防治等林业建设环节,为天津市林业建设起到了重要的支撑作用,加快了天津林业发展的科学化、规范化进程。

第十七章　天津林业信息化工程

第一节　历史回顾

天津市林业局自2002年以来，全面推动电子政务系统的运用，改革管理方式，提高办事效率。成立了以局长为组长的信息化及电子政务建设领导小组，下设办公室，抽调技术人员负责信息化工作，人员相对固定，职责明确，并制定了《天津市林业局计算机信息网络安全管理规定》，以加强对局系统计算及信息网络的保护，维护公共秩序和社会稳定，确保计算机数据、资料的安全，杜绝计算机泄密事件，更好地发挥计算机信息网络在林业工作中的作用。2003年，建设了全国林业电视电话系统和公文传输系统，方便了与国家林业局和全国各省市林业局的联系和沟通。2009年，投资50余万元对计算机中心进行全面升级，更换了部分落后设备并购置网络安全管理设备，提高了各类网络、数据、信息的传输及运行速度，并对信息网络安全起到保障作用，防止发生病毒入侵和安全泄密事故。

第二节　发展状况

按照信息共享、注重应用的原则，充分结合天津林业建设的实际，紧紧围绕"发展现代林业、建设生态文明、推动科学发展"这个中心，按照"加快林业信息化，带动林业现代化"的总体思路，扎实推进林业信息化建设。

1.推动林业信息化组织建设。天津市林业局将信息化建设工作列入天津林业的核心工作之一，研究编制了天津市林业信息化发展规划，对全市林业信息化工作做出安排部署，统筹各部门、各单位的资源优势，把分散的现有资源进行整合，进一步明确了林业信息化中心的机构设置，确定专门工作人员负责信息化建设及相关网络电子设备的维护管理等工作。

2.加快推动两网建设，实现电子政务健康发展。经过紧张筹备、精心调试，正式开通了市林业局网站，网站集资源共享、便民利民、互动交流、网络教育于一体，设有"信息公开、林业资讯、工作动态"等板块，全方位、多视角展示天津的林业形象。投入资金构建本地局域网、添置硬件设施和开展网络应用。政务网的连通,为天津市林业局网站和电子政务应用系统提供了有力的网络支撑,实现了市委、市政府、各级机关的信息资源共享,为各级政府利用现代信息化手段给全社会提供公共服务构建可靠便捷的通道。

3.建立完善的工作制度,保障信息化工作的安全运行。对信息化工作管理、内部电脑安全管理、计算机及网络设备管理、数据、资料和信息的管理、网络管理、计算机操作人员管理、网站内容管理、网站维护责任等各方面都作了详细规定,进一步规范了天津市林业信息管理工作。在信息收集上传过程中,由信息化工作领导小组办公室统一协调,各科室和下属单位把信息统一上报至局信息中心,收集到的信息报各分管领导审核,最后将信息上传发布,从而保证了信息上传的准确性、安全性。同时,规定外网使用人员负责本台电脑信息管护工作,政务网使用人员负责内网保密管理,独立使用。

4.按照要求制定了应急机构及应急预案,做到了责任落实、人员到位、措施得力。

第三节 制定林业信息化发展目标

新形势下,天津林业在建设生态文明、实现全市森林资源发展的任务十分艰巨。以信息手段提高林业管理水平,努力提升天津市林业信息化水平尤为迫切和必要。根据林业信息化建设和社会发展需求,围绕路网绿色通道建设和防沙治沙工程、沿海防护林建设三大林业重点工程,进行动态监测和管理,优化动态监测技术,制定数字林业各种特征信息的采集和处理的标准与规范,推动天津市林业信息化建设实现更好地发展。

1.完善天津市林业基础平台建设,为天津市林业信息化管理及面向公众的林业服务提供网络汇接、安全支撑、综合管理等软硬件服务。不断加强信息化基础平台的建设,采用云计算平台技术,建成后为天津林业云计算分中心,与国家林业基础平台进行对接。根据应用需要初步建立天津市林业资源目录体系和交换体系,为政务公开目录、资源整合及应用集成提供支撑,并预留与国家、天津市各区县已建和待建系统的整合接口。

2.外网整合建设天津市林业系统网站群,完善对外信息服务体系。利用天津市林业局门户网站对社会公众提供林业政务服务,推进林业政务信息网上公开,丰富公共信息服务内容和形式,努力建设一流政府网站。同时,以市林业局林业信息网为主站点,各区县林业信息网为子站点,对已建立的网站进行整合,未建立网站的单位按统一规则建立子网站,并统一域名管理。

3.建设林业内外网应用系统,提升信息资源共建共享和应用水平。不断升级完善林权改革、森林防火信息监控、生物多样性资源监管、行政审批等一系列符合天津市林业发展要求的业务应用系统的服务水平,打造集基础数据库和应用系统为一体的统一平台。

第四篇

畜牧兽医

20世纪90年代开始，随着农村经济的发展以及养殖业结构调整，天津市畜牧养殖规模及产业化水平不断提高，天津畜牧业进入了快速发展时期。

引进优良品种，采取群体继代系统选育、人工授精、杂交育种、基因检测等先进技术对鸡、猪、羊、牛等家畜家禽进行了良种繁育和品种改良，建立健全畜禽良种繁育体系。天津市宁河原种猪场利用分子育种理论和手段，常规育种和种猪育种数据管理与分析系统相结合，成功地自主培育出“天河”牌原种猪除在天津市推广外，还推广到全国20多个省（自治区、直辖市），并走出国门出口柬埔寨。

重点改造、建设规模养殖场的粪污处理设施，标准化畜禽舍、水电路，防疫消毒等基础设施以及饲草饲料基地建设，以加快推进畜牧生产方式转变，提高养殖规模化、标准化水平。

至2010年全市基本形成了以奶牛、生猪、肉鸡、蛋鸡、肉牛、肉羊为主的六大品种生产基地和四大优势区域的格局。以武清、北辰、静海、宁河、蓟县、宝坻和天津农垦集团为主的奶业优势区域，该优势区域内，奶牛饲养量占到全市的95%。以蓟县、宝坻、武清、宁河、静海5个区县为主的生猪、肉牛、肉羊优势区域，其饲养量分别占全市的85%、95%和83%。以蓟县、宝坻、武清、宁河、北辰5个区县为主的蛋鸡优势区域，该区域蛋鸡的饲养量占全市的85%。以静海、武清、西青、宁河和蓟县5个区县为主的肉鸡优势区域，该区域肉鸡的饲养量占全市的73%。通过科学规划，天津市畜牧业生产区域布局日趋合理，促进了比较优势的进一步发挥。到2010年，全市存栏生猪186.94万头、家禽2105.32万只、奶牛15.67万头、肉牛13.13万头、肉羊37.38万只；肉类产量42.6万吨，牛奶产量69.30万吨，禽蛋产量19.92万吨。与1990年相比，肉类产量、牛奶产量和禽蛋产量分别增长了261.02%、877.89%和6.42%；全市畜牧业产值占农业总产值的比重为27.57%，比“十五”期间提高了3.41%。

针对动物疫病的发展、变化，加强对重大动物疫病的防治特别是人畜共患病的防治，近20年间，天津市无重大动物疫病以及人畜共患病的流行；2004年成功地阻击了高致病性禽流感，有效地遏制其流行。

生产、加工、经营、贮藏环节的动物卫生监督是动物产品安全全程监管的重要环节。各环节的动物卫生监督执法是政府依法实施防控重大动物疫病发生与传播、维护动物产品质量安全的重要行政措施和手段。天津市动物卫生监督部门认真贯彻国家有关法律法规，落实农业部有关规章和重要文件精神，把动物卫生监督执法工作摆在动物防疫的突出位置，不断完善组织机构体系和法规制度体系、壮大监督执法队伍、加强设施建设、改进监管手段、提高装备水平、增强监管能力，规范和加强各个环节动物卫生监督执法，促进了畜禽防疫工作深入开展。

在兽医队伍建设方面，坚持高技术人才的引进与培养，通过国际交流、国内引进和自行培养的手段培养和储备了大批优秀技术人才，使天津市市级兽医队伍的知识层次和技术水平全面提高。通过技术讲座、中短期培训、高校进修和学术交流等培训手段，逐步提高本市基层防疫人员的专业技术水平和业务素质。加强兽医队伍的精神文明建设，加强职业道德教育，使防疫人员始终把养殖户的利益放在第一位。按照国务院总体部署，2006年起，天津市全面启动兽医管理体制改革工作。至2010年底，使本市市级、区县级、乡镇级从事畜牧兽医技术工作的人员专业技术水平和业务素质得到提高，初步建成了年龄、知识、专业技术结构较为合理的市级、区县级、乡镇级畜牧兽医技术队伍。

为了提高畜产品质量安全水平，保障人民群众饮食安全，2002年天津市开展无公害畜产品产地认定和产品认证工作以及“瘦肉精”等违禁品治理工作。通过采取宣传、抽查、饲养场户监管、专项执法检查、产地准出、监测等监管手段，确保了畜产品的质量安全以及重大节日、奥运会等重大会议的优质、安全畜产品的供应。

畜牧科技方面，天津市通过推广畜禽主导品种、集成示范先进实用技术、引进设施设备、实施主体培训、科技入户服务和制定生产技术规范，组织实施各级科研、推广、示范及标准化项目82项，共获得部(市)级科技成果奖励45项，其中：一等奖4项、二等奖19项。为畜牧业生产提供了强有力的科技支撑，畜牧科技水平显著提升，本市畜牧业发展实现了增长方式由粗放型向集约型的转变，并逐步实现由数量型向质量效益型的转变。

第一章 畜 牧

第一节 品种繁育

20世纪90年代开始，天津市畜牧部门利用引进的优良品种，采取群体继代系统选育、人工授精、杂交育种、基因检测等先进技术对鸡、猪、羊、牛等家畜家禽进行了良种繁育和品种改良。上述各项技术随着畜禽配种繁育体系的建立，已经在全市范围内推广。利用杂交育种技术成功地选育出天津的主要品种猪，培育出了优质二元母猪及开展了三元杂交商品猪的生产，提高了全市生猪生产水平；牛胚胎移植技术开始应用于生产；克隆技术研究取得重大进展，2005年胚胎克隆波尔山羊在天津诞生，取名“津生”。

一、引 种

1993 年天津市畜牧局新建了白壳蛋祖代种鸡场,引进了国际著名的美国“迪卡”祖代鸡。

1994 年天津市畜牧兽医研究所对引进的香猪进行了提纯和微型化选育，确定了适于微型化选育的饲养方案,通过对香猪的繁殖性能、生长发育及屠宰性状的测定,了解和掌握了香猪的饲养、繁殖、生长发育规律,并制订了香猪的饲养规范。

1997~1999 年天津市分别引进优良地方品种小尾寒羊、德国美利奴、陶赛特和萨福克等国内外优良品种种羊 10348 只;扩繁种羊 43800 只。

天津市宁河原种猪场是国家级重点种猪场,建有扩繁场 5 座,从 1999 年开始连续三次从国外引进丹系长白原种猪 114 头、英系大约克原种猪 60 头、美系杜洛克原种猪 40 头,共计 214 头(32 个血统)。同时引进种猪活体瘦肉率测定仪、自动化种猪性能测定系统,开展生产性能测定和杂交组合试验。

1998 年,天津市引进了海兰白、海兰灰等小型蛋鸡品种 16 万套,实现了节约成本、低耗、高效。至 2002 年入舍鸡只单产提高 1.54 千克,产蛋期料蛋比降低 7.5 个百分点。

2007 年北辰梦得牧业公司从国外引进优良品种娟姗奶牛 100头，天津奶牛育种站引进优质奶牛冷冻精液 5000 支、优质胚胎 200枚。

二、繁 育

(一)猪

猪人工授精技术应用始于 20 世纪 30 年代。1990 年,全市有猪人工授精站 69 个,授精技术比以前更为先进。所选的种公猪都是优良品种,主要以天津市宁河原种猪场的种公猪为主体,从源头上保证商品猪质量。自 2003 年以后,猪人工授精技术更成熟,精液的保存技术也有了新的改进;可确保每份精液量为 60~100 毫升,每份精液含有效精子为 30 亿个到 40 亿个。

猪杂交改良技术由以前按种猪系谱进行杂交发展到按育种值进行杂交。

1990 年,天津市畜牧局组织技术人员完成了“天津市丹系长白猪选育研究”,采取群体继代系统选育方法,培育出生产性能高、适应天津地区条件的长白猪品系,为瘦肉型猪生产提供优良的父本猪种,已成为天津市生猪养殖的主要品种。当年为天津市 12 个区县及 18 个外省市提供种猪 7500 多头。

1997 年开始扩大天津丹麦长白猪的选育工作,通过性能测定,在原有丹麦长白猪群体中按照血缘关系挑选符合要求的种公猪、母猪,与从丹麦引进的长白公、母猪,建立 17 个家系,组成 120 头基础母猪世代核心群,采取闭锁与开放相结合的选育方法,不断提高核心群的性能水平。

1998 年向全国 25 个省、市、自治区提供优质种猪 6000 头。

天津白猪(种母猪)的育种工作始于 20 世纪 90 年代初,由天津市农委投资建了一座 150 头基础母猪规模的母本原种猪场,为培育天津白猪提供了良好的物质基础。1991 年引进杂交种亲本——东北民猪和加系大约克原种猪,利用杂交技术开始正反杂交工作。1992 年二元杂交后代产生,并进行测定和回交。1993 年进行横交。1994 年完成了天津白猪配套母系的杂交制种研究,拥有回交杂种基础母猪 100 头,仅 1994 年就向社会推广近 500 头杂交种猪。

1996 年,为满足天津市及三北(指中国华北、东北、西北)地区规模化养猪及市场对优良母本品种的需求,天津市畜牧局主持、中国农业大学参加、天津市宁河原种猪场承担,开展了天津白猪的培育及系统选育研究,根据现代动物遗传育种理论,利用优良地方品种东北民猪及当今世界著名的大约克猪的遗传互补性,通过杂交培育出适于天津及华北地区自然条件的瘦肉型猪的配套新品种——天津白猪。经过 3 年的选育,培育出繁育性能突出、生长育肥性能良好、产肉性能优良、胴体瘦肉率 59%以上、抗逆性强的母本群体。1997 年向天津市各郊区(县)的养猪场(户)以及辽宁、内蒙古、河北、山东和北京等地区推广天津白猪母猪 1400 多头。

2000 年,分子育种技术开始在天津市应用,一改传统的按系谱杂交为按育种值杂交。该项技术旨在利用分子育种理论和手段,常规育种及种猪育种数据管理与分析系统相结合,在保持引进丹系长白原种猪原有生产性能的基础上,开展高产仔、抗应激基因育种研究,培育优质商品猪杂交母本新品系,提高天津市的养猪生产水平。

2000 年,天津市宁河原种猪场承担了天津市农业科技重点攻关项目“引进猪种高产仔抗应激分子育种研究”,聘请了中国农业大学动物科技学院王爱国教授等多位专家,开展联合攻关,天津市宁河原种猪场李振宽、赵宏志等技术人员具体实施,经两个世代的横交固定,选育提高,已建立无应激综合症敏感基因的种猪核心群 400 头,高产仔核心群 100 头。

2008 年 1 月 19 日,天津市宁河原种猪场自主培育的“天河”牌原种猪,出口到柬埔寨,这也是中国生产的原种猪第一次走出国门。

(二)牛

1.奶牛

天津饲养奶牛有较长的历史,进入 20 世纪 90 年代后,随着科学技术的发展,奶牛品种改良速度加快,优良中国荷斯坦牛所占的比率加大,饲养规模也在逐步扩大。应用冷冻精液进行人工授精技术已在全市普及,2000~2001 年共通过人工授精配种 28299 头, 年总受胎率由 85%提高到 90%。

1992 年,天津市畜牧兽医研究所应用现代生殖生物学理论结合各种激素测定方法,对黑白花奶牛发情周期血液中的五种激素进行了测定,开展了奶牛的超数排卵试验,超排反应率、可用胚胎数均较高，并进行了牛的胚胎冷冻保存、解冻及胚胎移植试验，经专家鉴定研究成果居国内领先水平。胚胎移植技术的研究成功已应用于生产，天津市奶牛育种站拥有母系产奶量在8000千克以上的种公牛18头，年产细管冷冻精液15万支。2000~2005年又从国外引进优良奶牛胚胎329枚，已应用胚胎移植技术，生产牛犊135头，其移植妊娠率达51%，同时，利用引进体外授精胚胎进行了移植黄牛的试验，共移植14头，其中4头受胎，移植妊娠率为28.57%。

天津市奶牛养殖业的生产基础较好，1999年全市奶牛存栏3.5万头，建有2个大型奶品加工厂，配合饲料、人工授精等技术已应用于生产，并有健全的技术服务体系，为养殖户提供奶品收购、配种及疫病防治等系列化服务。

2000~2001年，天津畜牧部门借助“奶牛品种及配套技术推广”项目在静海、北辰、宁河和武清4个区县的实施，从美国、加拿大等国家引进高产种公牛12头，种母牛50头，胚胎329枚，推广冷冻细管精液30万支，除供应天津市外还推广到河北、山东、宁夏、山西、辽宁、内蒙等地区。在项目的带动下，全市奶牛存栏从1999年的3.5万头，连续两年以30%~45%的幅度递增，2000年达4.63万头，2001年达6.70万头。

2002年，全市建成了以天津市奶牛育种站为主体、区（县）级家畜改良站及乡（镇）级奶牛配种站相结合的三级奶牛改良网络，在天津市的奶业发展中起到了重要作用。

2.肉牛

1994年，天津市畜牧局、天津市畜牧兽医站和天津市畜牧兽医研究所组织实施的“天津市良种肉牛及配套饲养技术”项目，推广肉牛优良品种，利用架子牛进行科学育肥，并利用本地黄牛资源和引进的西门塔尔、皮埃蒙特等优良品种的胚胎和冷冻精液生产优质改良牛。3年累计改良本地黄牛28120头，生产的西门塔尔、夏洛莱与本地黄牛的杂交一代表现出较好的生产性能，出栏肉牛38.86万头，取得了显著的经济效益，提高了天津市肉牛的生产水平。

（三）羊

以引进的国外优良品种为主体，通过杂交、胚胎移植、胚胎克隆等技术，有效地提高了本地肉羊的生产性能，胚胎移植已形成产业化。

2000年，天津市畜牧兽医研究所用从国外引进的波尔山羊为供体进行胚胎移植，经3年试验，获可用胚3941枚，移植受体2256只，怀孕1440只，受胎率为63.8%，产羔1889只，产羔率83.7%。育成羊的超数排卵、供体的连续超排、波尔山羊规模化胚胎移植成果达国内领先水平。

2001年，天津市畜牧兽医研究所研究员冯建忠主持的“肉羊胚胎产业化配套技术研究”集超数排卵、供受体羊的饲养管理、供受体的同期发情、胚胎冷冻、胚胎分割、胚胎移植等技术于一体，形成了优质肉羊胚胎产业化配套技术体系。3年期间，在试验区建立了肉羊核心群2875只，形成年生产肉羊体内胚胎30000枚以上的能力，生产可用胚胎14966枚；肉用绵羊和波尔山羊平均每只获得可用胚分别为 6.5 枚和 13.2 枚。通过胚胎移植技术生产成活羔羊 3304 只。无论是规模还是移植妊娠率在全国都处于较好水平。

至 2005 年,羊的育种技术,已由胚胎移植产业化发展到进行动物克隆技术研究。2005 年 11 月 2 日,胚胎克隆的波尔山羊“津生”在天津诞生。标志着天津市在动物克隆技术研究领域迈出了重要一步。

三、良种体系建设

(一)家禽

1990 年,全市种鸡场共有 95 座,存栏 60 多万套种鸡,祖代种鸡场向全市推广伊莎褐父母代种鸡 15 万只,全市饲养伊莎褐优种蛋鸡数量已达 200 万只。肉鸡联合总场和天湖公司分别向全市提供优质种肉鸡、火鸡雏 16 万只和 23 万只。津英公司提供优质种鸭雏 30.22 万只。

(二)猪

1995 年,天津市长白、大约克、杜洛克 3 个世界著名优良品种猪已占全市种公猪的 85%。出栏生猪中瘦肉型猪比重已占 85%以上。

1998 年,实施了国家良种工程项目“天津市宁河原种猪场种猪良种工程”总投资 1600 万元,使天津市宁河原种猪场步入了新的发展阶段。

2000 年,天津市进一步加强了畜禽良种繁育体系建设。建成了武清原种猪场新核心群选育场,使武清原种猪场总存栏规模达 1200 头,同时投资 800 万元对蓟县、宝坻区、武清区、北辰区 4 座种猪扩繁场进行了改扩建,并大力推广优质二元母猪(即长白公猪与大白母猪或者是大白公猪与长白母猪杂交所产生的一代杂种母猪,长×大或大×长),引导发展以“杜洛克×长白×大白”为主的优质三元商品猪杂交生产,三元杂交商品猪占总出栏比重达 35%以上。

2001~2002 年新建和改扩建祖代种猪场 3 座,新增基础母猪生产规模 1000 头。

2005 年,天津市完成了农业国债项目天津市宝迪原种猪场扩建项目,新增种母猪生产规模 1800 头。

(三)奶牛

2001~2002 年,市奶牛育种站引进加拿大种公牛 21 头,天津宁河独立农牧发展有限公司奶牛种子基地完成基本建设,从美国选购种子奶牛 48 头。

2003 年,新建成的天津鹰旺奶牛良种场,引进良种母牛 3000 头。

2005 年,天津市完成了农业国债项目天津市梦得奶牛良种繁育场扩建项目,新增种母牛生产规模 3200 头。

2006 年,天津市开始实施国家奶牛良种补贴项目,在武清、北辰、静海、宁河、宝坻 5 个区县率先实施，对9万头能繁母牛进行改良，有效地提升了天津市奶牛种质水平。

（四）肉牛及肉羊

1997年，在良种肉牛方面，市、县、乡村投入约100万元在蓟县、宝坻等近30个乡镇建立了黄牛改良站，进一步加大了黄牛改良力度，全市人工授精配种母牛20000头以上。在良种肉羊方面，建立了400只存栏规模的波尔山羊良种繁育基地，并利用胚胎移植技术加快良种的繁育。

1998年，在蓟县、武清县重点完善配套了一批黄牛改良站，加大对本地黄牛改良力度。

2001~2002年，进一步加强了蓟县、宝坻区肉牛良繁体系建设，建成30多个乡级改良站，改良本地黄牛30000多头。

2001~2002年，吉盛畜牧业有限公司种羊场从澳大利亚引进种羊2730只。天津市畜牧兽医研究所建成波尔山羊繁育中心并新建和改扩建种羊场3座，新增基础母羊存栏规模1500只。

2003年，建成了中敖肉羊良种场和兴盛肉羊良种场，扩建了团兴肉羊良种场。

（五）特色畜禽

2001~2002年，天津市的特种畜禽良种业发展加快，宏利种鸵鸟场存栏规模达900只，新建存栏规模30000只的肉种鸽场2座、存栏规模800只的良种獭兔场1座。

到2010年，全市建有畜禽良种繁育场41座，其中原种猪场4座，种猪存栏规模6300头。扩繁场13座，存栏规模11500头。种公猪站12座，存栏规模1145头。父母代蛋种鸡场4座，存栏规模11.6万套。祖代肉种鸡场1座，存栏规模2.8万套。父母代肉种鸡场3座，存栏规模37万套。肉羊原种场1座，存栏规模800只。种奶牛场1座，存栏规模1000头。种公牛站1座，存栏规模150头。种马场1座，存栏规模60匹。全市畜禽种业产值10.4亿元，占畜牧业产值12%。

第二节　畜牧生产

20世纪90年代初，国家放开了鸡蛋和生猪及猪肉、牛奶的市场价格，大大提高了畜禽产品商品化程度，天津市的畜牧业生产稳步发展。生猪生产稳定，出栏增加；蛋鸡数量和鲜蛋产量达历史最高水平；肉鸡肉鸭等节粮型家禽和牛羊等草食家畜都有新的增长。1993年生猪存栏71.83万头，出栏98.56万头，比上年分别下降13.07%和5.2%。蛋鸡年末存栏1764万只，全年鲜蛋产量18万吨，同比分别增长了4.98%和6.97%。奶牛数量2.33万头，牛奶产量7.61万吨，同比分别增长了8.88%和12.62%。全市畜牧业总产值15.82亿元，比上年增长17.7%，比“六五”计划末的1985年增长210.19%。基本形成了城郊型肉、禽、蛋、奶商品生产基地。

与此同时，天津市畜牧局自有企业发展较快，肉鸡联合总场在建成种鸡场基础上，建成了饲料厂、饲养场和食品加工厂;天湖公司在种鸡场建成投产基础上,建成了食品加工厂并投产,完成了冷库和火鸡饲养场主体工程;津英公司建成了津南区八里台、白塘口两个养鸭场,并向日本出口鸭产品40吨,创汇16万美元。

一、规模化建设

伴随中共十四大确立的建立社会主义市场经济体制的改革目标，天津畜牧业进入规模化生产、产业化经营的新阶段。

1994年,全市规模化饲养场户已近2万个,其中存栏千只以上的养鸡场户3949个,存栏30头以上的养猪场户10962个,瘦肉型猪、蛋鸡、肉鸡、火鸡、瘦肉型鸭、奶牛等6类商品生产基地已经建成。

1996~1998年,天津畜牧业规模化、产业化建设取得较快发展。规模化猪场已达11787个,其中万头猪场13个,千头猪场80多个,规模化猪场数量已占全市总量的52.07%;存栏千只以上的鸡场2877个,存栏蛋鸡占全市总量的62%。

随着畜牧业结构调整的力度不断加大,肉鸡、生猪、奶牛成为了天津市畜牧业的优势产业。特种养殖由原来的几个品种、零散几户发展成为几十个品种并具有一定规模化和专业化水平的新兴产业,部分养殖项目已进入深加工产品开发阶段,东丽区开发出鹿血酒、鹿胎膏,西青区开展了鸵鸟肉加工生产。

2000年，全市生猪存栏154.12万头，出栏252.48万头；家禽存栏2642.93万只，出栏4484.68万只;奶牛存栏4.63万头;肉牛存栏16.82万头,出栏18.28万头;肉羊存栏65.17万只,出栏95.06万只。全市肉、蛋、奶产量分别达到29.49万吨、25.60万吨和16.52万吨。畜牧业总产值达51.75亿元,占农业总产值的33.11%。

2006年,天津市提出了生态设施畜牧业小区建设,出台了《天津市畜禽养殖管理办法》,将全市的养殖区域划分为禁止养殖区、控制养殖区和适度养殖区,天津市畜牧业开始由近郊向远郊区县转移。畜禽养殖小区建设以突出粪污处理、环保设施为重点,强化了生态设施畜牧业小区建设,全年新建畜牧小区93个。到2006年末,全市各类畜牧养殖小区累计1723个,入区农户19943户。其中生猪小区588个、奶牛小区168个、肉鸡小区242个、肉牛小区230个、肉羊小区195个、蛋鸡小区92个、其他养殖小区208个。

天津市按照“民办、民管、民受益”原则,积极扶持农民合作经济组织的发展。2006年,全市已有畜牧业农民合作经济组织57个,资产总额16274万元,入社会员15962户,带动社外农户115572户。

为加快推进畜牧生产方式转变,提高养殖规模化、标准化水平,从2007年开始,国家每年拿出大量资金用于畜禽规模养殖场标准化改造。

到 2010 年，天津市共组织实施规模养殖场标准化改造项目 199 个，其中生猪项目 124 个，奶牛项目 34 个，蛋鸡项目 41 个。利用国家补助资金 9835 万元，引导企业及区县投资 2.9 亿元，新建和改造畜禽舍 45 万平方米，更新饲养设备 1.9 万多台套。累计修建排污暗沟 12 万延米，建设粪污沉淀池、发酵池、沼气池等近 5 万立方米。新建的畜禽舍普遍采用彩钢结构，较为先进的产仔高床、温度控制、奶牛全混合日粮饲喂设备（TMR）等养殖设备得到普遍应用。

表 4-1-2-48　2007~2010 年天津市标准化规模养殖投资情况表　单位：万元

年份	畜种	总投资	其中		
			中央投资	地方配套	企业自筹
2007	生猪项目	4590.56	1800	400	2390.56
2008	生猪项目	9259	1800	314	7145
2009	生猪项目	5137	1110	124	3903
2010	生猪项目	2653	1100	52	1501
2008	奶牛项目	8338.65	1000	20	7318.65
2009	奶牛项目	4192.29	1000	—	3192.29
2010	奶牛项目	4903	1600	—	3303
2008	蛋鸡项目	425	425	—	—
总计		39498.5	9835	910	28753.5

二、政策扶持

1995 年，为落实天津市政府“逐年把天津市猪肉自给率提高到 50%以上”的要求，天津市在促进畜牧业发展上采取了三项具体措施：安排专项贷款增加生猪补栏数量。全年共落实补栏贷款 1300 万元，全市 12 个涉农区县的 174 个养殖场户增加生猪补栏 2.1 万头；安排改建、扩建养猪场专项资金 1850 万元。改建、扩建万头猪场 9 个，新增生猪出栏 4 万头；为保证鸡蛋供应，从保护种鸡入手，市政府安排 450 万元种鸡扶持资金。通过贴息贷款方式对全市 225 个养鸡场进行扶持，落实贷款 4902 万元，完成补栏鸡雏 308 万只。

2001~2010 年，国家实施畜禽良种工程，天津畜牧部门累计争取到国家专项扶持资金 3389 万元，对天津市 20 个重点原种猪场（扩繁场、种公猪站）、奶牛良种场（DHI 监测实验室）和种羊场进行了改扩建。

2001 年，市政府出台了《关于发展设施农业的扶持意见》，明确提出，连续 3 年每年市政府拿出 1000 多万元的扶持资金和 1 亿元的贴息贷款，对新建规模化设施畜牧业小区予以政策性补贴，各区县也拿出相应配套政策予以扶持。当年全市新建各类畜牧养殖小区 604 个，总投资 5

亿多元，占地 3.5 万亩，入区农户 2500 多户。

2003 年，市农委印发了《关于切实抓好养殖小区建设工作的通知》。把发展设施畜牧业小区作为加快现代化畜产品基地建设的主要内容来抓。

2004 年开始，天津市连续三年每年安排专项资金 800 万元，对设施农业建设继续给予财政引导性资金扶持，出台了《发展畜牧业农户小额贷款贴息政策实施办法》，这些措施促进了全市畜牧小区和龙头企业的发展。

2004 年，天津市畜牧兽医局认真贯彻落实农业部《关于做好高致病性禽流感防治工作的紧急通知》精神，及时向上级报告天津市家禽业受损情况，争取国家资金支持，全市有 68 家禽业列入贷款贴息扶持对象。同时下发了《关于在抓好禽流感防治工作的同时稳定天津市家禽生产的紧急通知》。经过艰苦奋战，打赢了高致病性禽流感阻击战，家禽业生产得到恢复和发展。

2007 年，生猪生产出现了全国性大幅波动，生猪价格快速上升，猪源紧张，供应吃紧。国务院及时出台了一系列扶持畜牧业发展的政策措施，其中包括：能繁母猪补贴政策、奶牛良种补贴政策、生猪养殖大县补贴政策以及能繁母猪保险补贴政策等。

天津市畜牧及有关部门认真落实国家及天津市畜牧业扶持政策，并制定了《天津市促进畜牧业持续健康发展意见》，下发了落实扶持政策的具体措施，确保国家补贴资金及时足额发放到养殖场户手中。2007~2010 年天津市累计获国家扶持畜牧业发展补贴资金 17861 万元。国家政策的连续实施，极大地促进了天津畜牧业的发展。母猪数量稳步增加，良种推广不断扩大，奶牛单产水平不断提高。

2007 年 8 月，天津市委、市政府出台了《关于推进城乡一体化发展战略 加快社会主义新农村建设的实施意见》，确定到 2011 年，在全市建设现代畜牧业示范园区 100 个。

为建设好示范园区，市财政对每个示范园区给予资金补助。市财政补助资金主要支持三项公益性建设内容：养殖场粪污处理设施；养殖场环境综合治理；养殖场畜产品质量安全及疫病防控实验室建设。

表 4-1-2-49 2006~2010 年天津市累计获国家资助畜牧业发展资金情况表

年份	扶持项目及补贴资金（万元）					
	奶牛良种补贴	生猪良种补贴	生猪调出大县奖励	奶牛生产性能测定	能繁母猪补贴	良补奶牛后代母犊牛补贴
2006	270	—	—	—	—	—
2007	270	280	2246	—	1251	—
2008	330	560	2246	—	3576	1586
2009	336	880	1267	140	—	—
2010	336	880	1267	140	—	—
合计	1542	2600	7026	280	4827	1586

到2010年全市已建成畜禽养殖示范园区60个，其中生猪园区29个，奶牛园区19个，蛋鸡园区6个，肉鸡园区6个。利用市财政资金1.14亿元，带动社会资金6.82亿元。示范园区建设项目涉及全市11个涉农区县及农垦集团、市奶业发展服务中心、大成集团、温氏集团、中粮集团，包括奶牛、生猪、肉鸡、蛋鸡、肉牛、肉羊、长毛兔共7个畜种。

三、龙头企业及产业化

1996~1998年是天津市畜牧业产业化建设发展较快时期。生猪生产形成了以天津北方生猪批发交易市场、天津市宁河原种猪场、北辰双街猪场为龙头的产业化格局，其中天津北方生猪批发交易市场日交易量保持在2000头左右，年交易量达百万头，客户遍及河北、山东、辽宁、北京等十几个省市。天津市宁河原种猪场始建于1978年，位于宁河县东棘坨镇艾林村南，占地2000亩，是从事引进丹系长白、美系大约克、美系杜洛克等原种猪纯繁、选育、推广的国有企业。建有连栋式建筑工艺的原种猪选育场、种猪测定中心、种公猪站、污水净化厂、有机肥厂等设施。2010年总资产达4.2亿元。建场伊始，该场干部、职工、科技人员即瞄准国内外先进水平干事创业，陆续建立了猪分子育种科研基地，应用计算机管理系统进行种猪育种值分析和分子遗传标记辅育选择等技术体系，不断提高种猪生产水平，并在国内首次选育出抗猪蓝耳病基因编辑猪。到2010年，全场拥有基础母猪群4500头，年供种猪能力达8万头，自主培育的“天河牌”种猪被评为天津市著名商标并出口到柬埔寨。培育生产的优质种猪推广到全国20多个省（自治区、直辖市）。该场先后被农业部确定为国家生猪核心育种场、农业产业化国家重点龙头企业、全国百强养猪企业、国家级重点种畜禽场，并被天津市人民政府确定为“天津市生态农场”，为发展天津市和全国的养猪事业做出了贡献。

肉牛生产形成了以武清金牛商贸实业公司、蓟县侯家营肉牛屠宰厂等为龙头的产业化格局，其中武清金牛商贸实业公司以“公司+农户”的形式实现了良性滚动发展。肉鸭生产形成了以精武集团有限公司、蓟县库区办种鸭场、武清城关冷冻厂等为龙头的产业化格局。蛋鸡生产形成了以蓟县副食品公司等服务组织为龙头的产业化格局，通过与养殖场户建立稳定的产销合作关系，形成利益共享、风险共担的产销一体化共同体，有效地缓解了当地农户“卖蛋难”的问题。

表4-1-2-50 2008~2010年现代畜牧业示范园区建设资金投入情况

年份	建设示范园区数	市政府补贴资金（万元）	带动社会投资（万元）	总投资（万元）
2008	20	3500	19500	23000
2009	20	3700	12900	16600
2010	20	4200	35800	40000
合计	60	11400	68200	79600

2001年龙头企业建设步伐加快。在生猪生产上，顺利公司生猪屠宰加工基地引进了德国BANSS公司先进的屠宰加工设备，宝迪公司形成年屠宰加工生猪100万头的能力，肉联厂、新建的通汇集团屠宰加工厂以及天河集团等企业的屠宰加工能力进一步提高。在奶牛生产上，津奶集团、菲士兰、帕玛拉特、中芬乳业等一大批国内外颇具影响的乳品加工龙头企业蓬勃发展。在肉鸡生产上，大成集团康地万达（天津）食品有限公司，年屠宰加工肉鸡能力已达3000万只，种鸡存栏规模近30万套，年饲料加工能力达40万吨。

2002年，市政府批转了市农委等11个部门《关于扶持农业产业化经营市级重点龙头企业意见的通知》，对农业产业化经营市级重点龙头企业建立以财政资金为导向、企业和农民资金为主体、信贷资金为支柱、筹集运用社会资金和吸引利用外来资金为重要来源的多元化、多层次、开放式的农业产业化筹资渠道。并提出从2002年起，对市级重点龙头企业给予政策扶持，包括：加大财政扶持力度、加强金融信贷支持、提供有关税收优惠、实行贷款贴息等，有力地促进了畜牧业龙头企业的发展。

至2006年末，在肉鸡、牛奶等生产领域基本形成产业化格局。龙头企业以“企业+基地+农户”的经营模式，对合作农户按计划组织生产，按约定价格收购产品。全市肉鸡生产的订单数量达到98%以上，带动4000多农户。畜牧龙头企业生产规模扩大，产品档次提高。全市27个乳品加工企业，年加工能力91万吨；6个大型生猪屠宰加工企业，年屠宰加工能力665万头；4个禽肉加工企业，年屠宰加工能力7000万只；1个禽蛋加工企业，年回收加工鸡蛋6000吨。海河乳业等4家企业被农业部评为全国农产品加工企业技术创新机构；大成万达等4家企业被评为全国农产品加工业示范企业；宁河县乳品加工被评为全国农产品加工业示范基地；宝迪牌猪肉被评为2006年中国名牌农产品。

四、生产区划

天津市在加快畜牧业发展的过程中注重科学规划，合理布局，把全市畜牧业的发展纳入全市农业农村经济发展大局，统筹考虑，结合农业部制定的《优势农产品区域布局规划》（2003~2007年）、全市经济发展规划和资源优势条件，合理规划布局养殖区域和产业带，并通过《天津市畜牧条例》等法律手段予以保证，通过政策手段给予引导。至2010年全市基本形成了以牛奶、生猪、肉鸡、蛋鸡、肉牛、肉羊为主的六大品种生产基地和四大优势区域的格局。1.以武清、北辰、静海、宁河、蓟县、宝坻和天津农垦集团为主的奶业优势区域，该优势区域内，奶牛饲养量占到全市的95%；2.以蓟县、宝坻、武清、宁河、静海5个区县为主的生猪、肉牛、肉羊优势区域，其饲养量分别占全市的85%、95%和83%；3.以蓟县、宝坻、武清、宁河、北辰5个区县为主的蛋鸡优势区域，该区域蛋鸡的饲养量占全市的85%；4.以静海、武清、西青、宁河和蓟县5个区县为主的肉鸡优势区域，该区域肉鸡的饲养量占全市的73%。通过科学规划，天津市畜牧业生产区域布局日趋合理，促进了比较优势的进一步发挥。

第三节　饲　　草

针对天津市农作物秸秆资源匮乏，奶牛业迅猛发展对优质苜蓿及饲草的需求，为适应畜牧业发展需求，增加农民收入，天津市畜牧主管部门在全市主要有农业的区县组织实施了饲草生产及加工专项工作，有效地推动了天津市饲草饲料的生产与发展。

一、天津市武清县秸秆养牛示范项目

20世纪90年代中期，天津市饲草饲料工作站组织实施了“天津市武清县秸秆养牛示范项目”。项目过程中推广人工授精技术，改良本地黄牛。截至1999年，通过项目实施，推广秸秆氨化、青贮技术及品种改良技术，提高肉牛生产能力，每头牛盈利300元，项目期间共出栏肉牛37万头，直接获经济效益1.11亿元。为社会提供肉牛产品5万多吨，节约精料1.35万吨，提高地力，增加粮食产量，为农区利用农作物秸秆发展养牛创出一条新路。

二、紫花苜蓿拉伸膜青贮技术推广应用项目

2002年3月~2004年3月，天津市饲草饲料工作站组织实施了“紫花苜蓿拉伸膜青贮技术推广应用”项目。通过两年的努力，成功实施了绿汁发酵液处理高水分苜蓿青贮并大面积推广。实现了苜蓿水分调节技术、添加剂青贮技术与拉伸膜裹包技术等多项技术成果与先进工艺的整合、组装配套，探索、总结出一套行之有效的苜蓿青贮技术生产模式和技术规范，有效解决了雨季苜蓿安全加工、贮存问题。两年期间，技术推广覆盖天津市9个区县，苜蓿青贮面积12000亩，制作青贮苜蓿5400吨，创直接经济效益164万元，为社会提供4万千克饲料蛋白质资源，减少优质饲草损失2000吨。

该项目的实施，为天津及同类地区苜蓿生产提供了可借鉴的技术成果、生产模式和成功经验。

三、天津市优质牧草及饲料作物新品种示范推广项目

2008~2010年，天津市饲草饲料工作站组织实施了“天津市优良牧草及饲料作物新品种示范推广及应用”项目。项目示范推广优良牧草及饲料作物品种10个，累计推广种植面积21万亩，奶牛平均单产提高了14.27%，新增经济效益5082.8万元。通过项目实施，促进了天津市优质

牧草产业化发展，为本市奶业健康发展提供了优质粗饲料。

四、耐盐碱节水型草坪及生态草新品种的引种、筛选及选育项目

2008年，天津市饲草饲料工作站组织实施了“耐盐碱节水型草坪及生态草新品种的引种、筛选及选育”项目。2008~2010年，共引进耐盐碱节水型草坪及生态草新品种44个，进行了耐盐碱节水型乡土野生草种驯化，并选育成功3个野生草种、1个逸生种。通过项目实施，筛选出6个适宜在天津市区及滨海新区推广应用的耐盐碱、抗旱节水草坪及生态草新品种。筛选组装3项适宜推广的节能配套建植技术。

五、国家草品种区域试验项目

为了适应草业发展的需要，进一步规范草品种审定和认定，加大优良草品种筛选力度，2008年农业部扩大了草品种区域试验范围，确定天津为其中1个试验点，鉴定和筛选适宜天津及同类地区栽培的草品种，为国家草品种审定提供科学依据。

2008年1月，天津市饲草饲料工作站按照农业部关于国家草品种区域试验实施方案要求，结合天津市草业发展需要，在大港区大港农场建立华北平原亚区滨海盐碱土类试验点，占地50亩，进行区域试验与新品种展示。在武清区王庆坨镇建立黄淮海平原栽培区北部西部山地亚区山前平原潮土试验点，占地20亩，进行区域试验。2008~2010年，先后完成24个品种的草品种区域试验任务，40个优良品种的评价与展示工作。

六、天津市草品种区域试验项目

以农业部农业技术试验示范项目实施为契机，天津市饲草饲料工作站于2010年开展了天津市草品种区域试验工作，建立省级优质饲草品种区域试验网络体系。在天津市武清、大港、宝坻不同农业生态区建设3个区域试验点，累计完成60余个优质饲草新品种区域试验及展示工作。

天津市草品种区域试验网络体系的建设对于解决天津市在优质饲草新品种推广种植过程中良种资源缺乏的问题提供了技术支撑。

表 4-1-3-51　1991~2010 年天津市畜牧业生产情况表

年份	大牲畜存栏(万头)		牛出栏（万头）	猪存栏（万头）	猪出栏（万头）	羊存栏（万只）	羊出栏（万只）	家禽存栏（万只）	家禽出栏（万只）	畜牧业产值（亿元）	占农业总产值(%)
		牛存栏									
1990	26.09	8.85	1.96	74.18	95.21	45.82	37.54	—	—	11.54	22.31
1991	27.05	10.06	2.46	79.55	99.43	45.76	37.99	—	—	12.88	23.61
1992	28.12	11.43	3.79	82.63	103.99	47.59	39.15	—	—	13.44	22.97
1993	28.30	12.28	5.48	71.83	98.56	42.46	41.84	—	—	15.82	23.85
1994	31.45	16.59	9.08	85.03	110.04	48.33	47.30	—	—	22.91	25.82
1995	32.46	18.56	12.09	82.64	128.46	51.25	54.64	—	—	28.76	22.93
1996	32.43	19.50	13.42	82.45	136.49	47.78	60.91	—	—	30.27	22.67
1997	30.44	18.56	14.63	101.69	155.94	43.59	62.69	—	—	33.99	24.20
1998	30.93	18.33	15.02	127.23	188.17	56.12	74.72	—	—	38.09	24.39
1999	30.62	18.82	17.68	126.96	198.37	56.87	81.32	2384.27	2870.27	38.95	25.95
2000	31.59	21.45	18.28	154.12	252.48	65.17	95.06	2642.93	4484.68	51.75	33.11
2001	35.34	26.97	21.60	182.88	306.19	82.05	108.61	3009.34	6061.78	60.76	35.84
2002	44.13	37.29	27.93	217.47	362.36	93.73	124.74	3354.07	7999.92	69.21	38.22
2003	48.78	42.91	32.82	245.09	412.94	106.49	142.45	3488.75	9441.88	77.22	39.92
2004	48.75	43.42	33.84	252.42	446.61	93.61	143.97	3218.25	8500.31	92.55	41.81
2005	49.39	44.40	37.83	255.45	481.45	84.69	140.11	2894.32	9205.64	102.71	43.09
2006	—	24.88	22.89	145.56	280.33	34.85	59.50	1920.41	5594.62	70.52	31.34
2007	28.72	27.18	23.11	147.88	262.08	35.29	60.35	1776.28	5684.10	76.93	31.96
2008	27.23	27.18	21.83	180.26	301.12	37.28	63.88	1902.26	6028.00	86.03	32.09
2009	28.22	27.40	21.01	180.96	328.93	38.07	65.58	1978.43	6184.21	83.57	29.67
2010	29.58	28.80	18.12	186.94	358.23	37.38	66.84	2105.32	6951.10	87.49	27.57

注:资料来源于天津统计年鉴(各年度)

第二章 畜禽疾病防治

第一节 人畜共患病防治

1991年至2010年，布鲁氏菌病、结核病、狂犬病等人畜共患病在国内的流行有回升趋势，这些疫病严重威胁着人民群众的生命健康和安全，影响了经济发展和社会稳定。天津市畜牧部门、卫生部门为加强人畜共患病防治工作，强化部门间的协调和配合，依据《卫生部农业部人畜共患传染病防治合作机制》，市卫生局、市畜牧局于2005年10月28日联合颁布了《市卫生局市畜牧局关于人畜共患传染病防治合作机制》，主要包括建立协调小组、部门例会、疫情通报、督导检查、监测、专家资源共享、加强科研等七方面工作内容。

一、动物布鲁氏菌病（以下简称"布病"）

（一）基本情况以及危害

布病是由布鲁氏菌引起的一种人畜共患传染病。该病在国内于1905年发现首例病人至今已有100多年，因布鲁氏菌在自然界的人类和动物群体中广泛分布，抵抗力强，可经水平和垂直两种途径在动物间传播，致病过程表现多样，故布病广泛分布于全球各地，是一种重要的人畜共患传染病。人布病又称地中海弛张热、马耳他热、波浪热等，主要致病特点有波浪热、关节痛、睾丸炎等，在1991~2010年间非典型症状病例有增多趋势。动物布病以羊、牛和猪最易感，人和犬等60多种家畜、家禽、野生动物呈不同程度易感，主要致病特点是侵害生殖系统，出现流产、不孕、睾丸炎等。此外，布鲁氏菌在野生动物—家畜—人类间循环存在也是畜牧业健康发展和人类健康的潜在威胁。

（二）天津市1991至2010年动物布病防治情况

天津地区的动物布病流行已有几十年历史，最早于1958年在北郊青光镇的30只羊中发现该病。

1995年，市农工商总公司检疫组对农村奶牛6398头检疫，检出布病、结核病阳性奶牛共计79头。

2001~2004 年，奶牛布病时有发生，全市加大防治力度，增加防治经费，相继出台了《天津市引进奶牛检疫防疫管理办法》《天津市牲畜结核病、布病扑杀补贴管理办法》以及《天津市强制扑杀动物补助经费管理暂行办法》等。制定了《天津市奶牛布病防治方案》，每年对奶牛布病的防治工作做出安排部署，明确防治目标，下达监测指标，核发奶牛群体及个体康健合格证，对检出的阳性畜及时、无害化处理，给予农户每头奶牛 0.8 万元的补偿。

2005~2007 年，调整了布病防治策略，下发了《关于加强奶牛布病检疫、净化和免疫工作的通知》，计划用两年时间对全市 18 万头奶牛全部检疫、净化，净化后全部服苗免疫，期间人畜共患布病事件仍有发生。2005 年，全市畜牧系统全面开展了奶牛布病普检、净化、免疫工作，对检疫阴性的奶牛全部采用服苗免疫，共免疫 10.2 万头份。2006 年 7 月，天津市卫生防病中心向市卫生局上报了“关于宁河县布鲁氏菌病高危人群监测结果的报告”，感染的 9 人均为奶牛场养殖人员，其中 2 例有既往感染发病史，其余 7 人均为隐性感染，年龄在 18 岁到 43 岁间，迹象表明人畜间布病已在流行。2007 年，市动物疫病预防控制中心对 1987 年以来本市的布病防治工作进行了系统调查、整理，较清晰地反映 20 年间天津市布病发病、免疫、扑杀的情况，2001~2006 年间共有 215 头奶牛感染布病，全部扑杀，对生产未造成重大影响。

表 4-2-1-52　2001~2006 年天津市布病发病情况汇总表

	存栏量（只、头）			发病数（只、头）					死亡数（只、头）		
年份	牛	其中奶牛	羊	县	村	牛	其中奶牛	羊	牛	其中奶牛	羊
2001	259700	70900	820500				13			0	
2002	372900	97700	937300				13			0	
2003	—	133000	—				1			0	
2004	—	161300	—				65			0	
2005	—	176100	—				109			0	
2006	—	182400	—				14			0	
合计	—		—				215			0	

表 4-2-1-53　1991~2007 年天津市布病免疫、检疫情况汇总表

项目 年份	免疫数（只、头）			检疫数（只、头）		
	牛	其中奶牛	羊	牛	其中奶牛	羊
1991	8010	8010	0	1267	1180	1321
1992	10500	10500	0	1272	1201	1064
1993	14830	14830	0	1387	1252	980
1994	14270	14270	0	1534	1368	1576
1995	15350	15350	0	1658	1580	1029

项目 年份	免疫数(只、头)			检疫数(只、头)		
	牛	其中奶牛	羊	牛	其中奶牛	羊
1996	15000	15000	0	1917	1674	1344
1997	17250	17250	0	1915	1757	1512
1998	17500	17500	0	1905	1728	1487
1999	18700	18700	0	2889	2663	2035
2000	22100	22100	0	28280	26870	3047
2001	25870	25870	0	47580	42000	3628
2002		28090		54800	51000	3564
2003		30170		75300	72000	3911
2004		34800		86870	83000	3582
2005	93700	93700	0	97000	95000	3769
2006		112300		32100	29800	3009
2007	120000	120000	0	7800	5700	3451
合计		624050		451521	425183	44675

表 4-2-1-54 2001~2006 年天津市布病扑杀情况汇总

项目 年份	阳性数(只、头)			阳性率(%)			扑杀病畜数(只、头)		
	牛	其中奶牛	羊	牛	其中奶牛	羊	牛	其中奶牛	羊
2001	13	13	0		0.03		13	13	0
2002	13	13	60		0.025	0.64	13	13	
2003	1	1	140		0.001	1.5	1	1	
2004	65	65	0		0.078		65	65	
2005	109	109	0		0.11		109	109	0
2006	14	14	0		0.047		14	14	
合计	215	215	200				215	215	0

2007 年,天津市卫生局和天津市畜牧兽医局下发了《关于加强布鲁氏菌病预防控制工作的通知》,对建立部门间疫情通报制度、开展布病防治专业培训并提高医务人员的认症能力、做好布病疫情的监测和调查处理工作、做好高危人群感染状况的监测工作、严格落实检疫净化和免疫相结合的综合防治措施、加强调运检疫以严防疫情传入等六方面工作进行了部署。

2008~2010 年,受全国范围内布病流行影响,天津市动物布病防控形势严峻。市兽医管理部门严格执行国家布病防治相关法律、法规,通过宣传、培训及考核等方式将防治工作落到实处,按《天津市布鲁氏菌病结核病防治规划大纲》要求,本着监测、免疫和扑杀相结合的原则进行动物布病防治,成绩显著,期间零星人畜共患布病事件虽有发生但处置合理、快速。2008 年 9 月,宁河县东棘坨镇小芦庄养羊户杨贺福被天津市疾病控制中心确诊为布鲁氏菌病后，该县控制重大动物疫病指挥部办公室迅速启动了宁河县重大动物疫情应急预案，对该患者养殖的34只未免疫疫苗布鲁氏菌抗体阳性羊全部扑杀并进行无害化处理，对羊圈及周边环境开展了消毒等处置措施。2009年5月，宁河县东棘坨镇胡晋庄养羊户魏中继被市疾病控制中心确诊为布鲁氏菌病，该县动物疫病预防控制中心于当日接到举报后立即启动了“动物传染病控制预案”，有效地控制了疫病。

2008年11月，天津市动物疫病预防控制中心完成了《天津市布鲁氏菌病结核病防治规划大纲》（以下称“大纲”）编制工作。2009年1月，天津市动物疫病预防控制中心下发了“2009年天津市动物疫病防控工作意见”，要求对畜间布鲁氏菌病采取监测与免疫相结合的工作方针，奶牛按存栏10%、羊按存栏1%~5%的数量进行监测，监测方法与判定标准参照《布鲁氏菌病监测标准》。同年5月，天津市畜牧兽医局下发了“关于印发《天津市奶牛健康标准实施办法》的通知”，规定了实施布病检测的标准。同年10月，天津市畜牧兽医局下发了“关于进一步加强奶牛疫病防控有关工作的通知”，明确要求有关部门加强对奶牛布病的防控工作。

2010年8月11日，天津市动物疫病预防控制中心向中国动物卫生与流行病学中心上报了“关于呈送《2010年天津市动物布病专项调查结果》的报告”，对2007~2009年间的牛羊布病疫情进行了汇总，按动物布鲁氏菌病诊断技术（GB/T 18646-2002）规定的试管凝集试验法对区县实验室初检的阳性样品进行确诊，这3年内未发生布病疫情，并发现口服疫苗是控制布病的有效手段之一。

二、动物结核病

（一）概述与危害

结核病是由结核分枝杆菌（以下简称“结核菌”）引起的一种人畜共患传染病。结核菌在自然界中广泛分布，抵抗力强，传播途径包括水平传播（空气、消化道）和垂直传播。结核病是古老的疫病，在世界范围内广泛分布，可引起人、牛、禽等多种动物感染和发病，该病以肺脏等组织（器官）慢性病理过程为主要致病特点。

畜间结核病以牛最为常见，特别是奶牛结核病相对严重，患病奶牛寿命缩短、产奶量显著降低、不孕；患病役牛渐进性消瘦、劳动能力减弱。

（二）天津市20年动物结核病防治情况

1990~2000年，奶牛结核病防治主要办法是检疫和阳性牛无害化处理。1994年，市农委下发了“关于批转《天津市奶牛结核病防治办法》的通知”。同年市农工商总公司“奶牛结核检疫非特异性反应”研究成果获市科技进步奖二等奖，属国内先进水平。1995年，全市农村检疫奶牛

6398头,检出包括结核病在内的79头阳性奶牛。1996年,市奶业办公室对全市奶牛进行检疫,检出阳性奶牛82头。

2001~2010年,主要采取检疫、隔离、消毒、扑杀和无害化处理等措施。起草奶牛结核病防治相关法规、办法,加强部门间合作,编制防治规划;启动奶牛结核病净化工程,对检疫阳性的奶牛进行扑杀和无害化处理,奶牛结核病防治工作进入新局面。2002年,全市共检疫奶牛43202头次,检出阳性奶牛64头。同年,市畜牧局起草了《奶牛结核病普查方案》《奶牛结核病防治十五年规划》《防治结核病管理办法》。2004年静海县检出阳性奶牛11头,蓟县检出阳性奶牛7头。2005年,全市共检疫监测奶牛10万头,检出阳性奶牛60头。2006年,全市共检疫监测奶牛结核病10.61万头次,未发现阳性牲畜。2007年,全市共检疫监测奶牛结核病14.3万头次,检出阳性奶牛32头。2008年,全市共检疫监测奶牛15.59万头次,检出阳性奶牛32头。同年,市动物疫病预防控制中心编制《天津市布鲁氏菌病结核病防治规划大纲》,并于4月上报了"关于奶牛布病结核病监测结果的报告",对4个区县的5个奶牛养殖小区奶牛结核病进行监测,受检区(县)奶牛饲养量占全市饲养量的80.43%。受检的835头奶牛未检出奶牛结核病例。因本市奶牛结核病的防治采取每年春秋两次普检、扑杀净化的方针,2006~2008年奶牛结核病的检出率基本保持在万分之二左右。2009年,全市共检疫监测18.4万头次奶牛,检出35头阳性奶牛。本年度东丽、西青、津南、塘沽、汉沽5个区(县)两年内无疫情发生,抽检结果亦无阳性动物,达到净化标准;大港、北辰、武清、宝坻、静海、蓟县、宁河7个区(县)抽检阳性率在0.1%以下,已达稳定控制状态。2010年5月,全市全面启动奶牛结核病净化工程,同年8月统计,上半年各区(县)均已启动了奶牛结核病净化工作,并制定了2010年奶牛结核病的净化实施方案,全市奶牛结核病防治工作进入了健康发展阶段。

三、动物狂犬病

(一)基本情况与危害

狂犬病俗称"疯犬病",是由狂犬病病毒引起的人兽共患中枢神经系统急性传染病。该病是一种古老的自然疫源性疾病,包括人类在内的所有温血动物对狂犬病病毒都易感,狂犬病毒经破损皮肤侵入体内,主要沿神经系统传播和扩散,最终遍布整个神经系统,最后到达许多组织器官,该病对人类造成致命性损伤。该病广泛分布于全世界,临床表现以恐水、畏光、怕风、怕声、吞咽困难、狂躁等为主要特征,该病致死率高,是人类目前唯一所知病死率几乎高达100%的急性传染病。

1980~2010年,天津市狂犬病疫情监测系统数据及2005~2010年天津市狂犬病病例个案调查资料显示:20世纪50年代开始天津市就有狂犬病流行,20世纪60年代疫情大幅下降,20世纪 80 年代狂犬病疫情迅速攀升，1990~2010 年间疫情呈零星发生态势。

（二）1991 年至 2010 年动物狂犬病防治情况

动物狂犬病主要发生于犬类，对犬类疫苗免疫是防控动物狂犬病的主要手段。天津市病犬伤人事件发生后，公安部门紧急扑杀疑似发病犬及可能感染的动物。动物疫控部门对周边犬紧急强制免疫是近年处置此类紧急事件的主要途径。2003 年 12 月，天津市出台《天津市养犬管理条例》，明确了公安机关负责犬类管理，畜牧部门负责犬类免疫。2006 年，全市开始提供统一的犬类免疫登记证，建立免疫档案。2008 年 8 月，市动物疫病预防控制中心在全市范围内开展了为期近 2 个月的调查工作，查明 2003~2007 年记载的犬类疫情 1 起，发病犬 3 条，扑杀犬 700 余条。截至 2008 年底全市注册犬免疫率达到 100%，狂犬病疫情预警预报机制及防疫体系逐年完善。

四、高致病性禽流感

（一）概述与危害

高致病性禽流感（Highly Pathogenic Avian Influenza, HPAI）是由正黏病毒科流感病毒属 A 型流感病毒引起的以禽类为主的烈性传染病。世界动物卫生组织（OIE）将其列为必须报告的动物传染病，中国将其列为一类动物疫病。

高致病性禽流感为人畜共患传染病，2009 年农业部和卫生部将该病列入《人畜共患传染病名录》（农业部公告第 1149 号）。该病可感染鸡、火鸡、鸭、鹅、鹌鹑、雉鸡、鹧鸪、鸵鸟、鸽、孔雀等多种禽类。临床症状表现为急性发病死亡或不明原因死亡，潜伏期从几小时到数天，最长可达 21 天；脚鳞出血；鸡冠出血或发绀、头部和面部水肿；鸭、鹅等水禽可见神经和腹泻症状，有时可见角膜炎症，甚至失明；产蛋突然下降。传染源主要为病禽和带毒禽（包括水禽和飞禽）。病毒可长期在污染的粪便、水等环境中存活。病毒的传播主要通过接触感染禽及其分泌物和排泄物、污染的饲料、水、蛋托（箱）、垫草、种蛋、鸡胚和精液等媒介，经呼吸道、消化道感染，也可通过气源性媒介传播。

（二）疫情发生及防治情况

1.疫情发生及处置

全市仅 2004 年报告发生 1 起高致病性禽流感疫情。

2004 年 2 月 7 日上午，津南区辛庄镇柴家圈村养殖户徐立柱饲养的 1500 只蛋鸡有 14 只鸡发病急性死亡，至 8 日病死鸡达到 220 只。8 日，津南区畜牧部门将情况上报市畜牧兽医部门，同时对现场采取了消毒、限制鸡群移动等控制措施。

接到疫情报告后，市畜牧兽医部门有关专家迅速赶到现场，根据临床症状、流行病学初步怀疑为高致病性禽流感，并采集病料送市动物防疫监督机构实验室进一步诊断。同时，市动物防疫监督机构根据国家有关疑似病例认定标准和方法，对送检病料经实验室检验确认为疑似高致病性禽流感病例。市畜牧兽医部门立即将疫情报告市政府和全国防治高致病性禽流感总指挥部办公室，同时通报了市卫生部门。于2月9日市畜牧兽医部门派专人将病料送至国家禽流感参考实验室进行最终确诊。13日，国家禽流感参考实验室确诊天津市疫情为H5N1亚型高致病性禽流感。

接到疫情报告的同时，市防治高致病性禽流感工作领导小组办公室负责同志赶赴现场，根据初步诊断结果，立即向市政府汇报。同时，现场研究部署疫情控制措施，决定按农业部疫情处置的有关标准与要求，立即对疫点内同群鸡、鸭进行扑杀处理。对疫区以及受威胁区进行封锁，在疫区周边20个交通路口设立临时动物防疫监督检查消毒站，对进出车辆实施严格管理和消毒，严禁运载禽类及其产品车辆出入。至3月3日，经专家验收达到解除封锁标准后正式解除封锁。

在疫情处理过程中，特别注意做好参加疫情处置人员及养殖人员的医学防护。卫生部门对与家禽密切接触的高暴露人群进行医学监测，没有发现上述人员感染禽流感病例。

2.全市采取的应急措施

2014年2月13日，市政府发布《天津市人民政府关于加强防治高致病性禽流感工作的通告》公布12项应对措施。

3.应急处置体系建设

2004年2月19日成立了天津市防治高致病性禽流感应急领导小组。其主要任务是贯彻落实党中央、国务院和市委、市人民政府关于防治高致病性禽流感工作的决策部署，统一领导、指挥和协调全市高致病性禽流感防治工作。领导小组办公室设在市畜牧兽医局。同日，发布《天津市高致病性禽流感应急预案》。

为严格控制高致病性禽流感等重大动物疫病的发生，全市启动建设动物防疫”1210”工程。以市畜牧兽医局为主，在市建委、市财政局、市规划和国土资源局等有关部门配合下，用40天时间，建设完成了京哈公路马伸桥镇通道、津围公路下仓镇通道、通唐公路史各庄镇通道、京津公路大孟庄通道、津霸公路王庆坨通道、静文公路王口通道、105国道九宣闸通道、205国道中旺镇韩庄子通道、津歧公路马棚口通道、丹拉高速老左营通道、汉沽汉南路通道、205国道芦台镇通道12个外埠动物及动物产品进津指定通道和10个检查站点，于2004年3月20日正式投入。通过12条指定通道，对进市和过境动物及动物产品进行监督检查、实施车辆消毒。

4.日常综合防治措施

市畜牧兽医局针对天津市的实际情况提出了日常综合防治措施，并通过各种媒体向全市

宣传普及。这些措施主要有:强制免疫、疫病监测、流行病学调查、检疫监管、消毒灭源等。具体为:

对全市饲养的所有家禽实施 H5 亚型高致病性禽流感强制免疫,要求家禽群体免疫密度达到 90%以上。

由市畜牧兽医局制定疫病监测计划实施方案，由市和区县动物疫病预防控制机构组织开展疫病监测。

以市和区县动物疫病预防控制中心为主,对 H5 亚型禽流感流行情况进行调查。

由养殖者、屠宰加工场员工等定期对饲养环境进行消毒。每年夏季高温季节和春秋集中免疫期间,由区县畜牧兽医管理部门组织开展消毒灭源活动,并对养殖周边环境、有家禽养殖的村实施消毒。

检疫监管由区县动物卫生监督机构负责。在动物出栏时,按照检疫规程,通过检查免疫档案,了解出栏家禽的 H5 亚型禽流感免疫情况,未经免疫的不予出具检疫证明,禁止出栏。

由于防控及时,措施有力,使天津市高致病性禽流感发生情况在国内处于较低水平。

第二节 其他动物疫病防治

自 1991 年以来,天津市报告病例中流行的其他动物疫病共计 51 种,其中猪病 24 种、禽病 22 种、牛病 1 种、羊病 1 种、兔病 1 种、犬病 2 种。

一、猪 病

(一)发生情况

全市 1991~2010 年间猪病报告病例中共计 24 种疫病,包括猪瘟、猪乙型脑炎、猪细小病毒、猪丹毒、猪肺疫、猪链球菌病、猪传染性萎缩性鼻炎、猪支原体肺炎、猪圆环病毒病、猪繁殖与呼吸综合征、猪传染性胃肠炎、仔猪副伤寒、猪流行性腹泻、猪附红细胞体病、猪伪狂犬病、猪流感、猪水肿病、仔猪白痢、仔猪黄痢、仔猪红痢、猪血痢、猪痘、猪脑脊髓炎、猪弓形虫病。

1991~1996 年,全市猪病中猪瘟、仔猪副伤寒、猪丹毒、猪流行性腹泻、猪肺疫、猪传染性胃肠炎、猪支原体肺炎、猪流感等 8 种疫病发病范围大,发病数量多,病死率高。自 1997~2010 年,各区县加大对猪瘟、猪丹毒、猪肺疫免疫密度,强化按程序免疫接种,防疫效果显著,疫情呈下降趋势,发病数量和死亡数量减少,较好地控制了这 3 种病的发生。

1991~1996 年,仔猪白痢、仔猪黄痢、仔猪红痢是影响全市仔猪生产仅次于仔猪副伤寒的 3 种主要疫病,在全市各区县均有发生。根据仔猪白痢、仔猪黄痢、仔猪红痢发病的规律,全市采取综合性防治措施,积极改善饲养和卫生条件,加强对妊娠母猪和哺乳母猪的饲养管理,做好仔猪的饲养管理工作,发病后及时采取药物治疗,取得了很好的效果。从 1999–2010 年,全市无上报病例。

猪传染性胃肠炎、猪流行性腹泻在天津市呈现地方性流行,有明显的季节性,主要在冬、早春等寒冷季节多发。1991~1996 年,这 2 种病危害较重,发病范围大,发病数量多,病死率高。通过制订有关猪只安全越冬的措施,如加强饲养管理,采取有效的防寒措施,保持圈舍卫生,坚持定期消毒制度等,自 1997 年猪只发病数、死亡数减少,疫情呈稳定趋势,仅有零星散发。

1991~1998 年,猪支原体肺炎曾严重影响天津市生猪生产,发病范围大,发病数量多,随着养猪业向集约化、工厂化的趋势发展,对防治本病采取了综合性措施,取得了显著效果,2000~2010 年该病在全市呈散发态势。猪脑脊髓炎仅在 1991 年发生,涉及 3 个乡、4 个村,31 头猪发病、11 头死亡,此后再未发生。猪乙型脑炎呈零星散发态势,分别是:1992 年 1 个乡、1 个村,6 头猪发病、6 头死亡;2003 年 1 个乡、1 个村,1 头猪发病,此后再未发生。猪弓形虫病呈零星散发态势,分别是:1992 年 1 个乡、1 个村,30 头猪发病、10 头死亡;1997 年 300 头猪发病、60 头死亡;2001 年 1 个县、1 个村,12 头猪发病;2002 年 1 个县、1 个村,6 头猪发病、2 头死亡;2003 年 1 个县、1 个村,4 头猪发病、1 头死亡,此后再未发生。

自 2000 年以后,天津市猪病新增上报病例 6 种,分别是猪细小病毒病、猪繁殖与呼吸综合征、猪传染性萎缩性鼻炎、猪伪狂犬病、猪附红细胞体病和猪圆环病毒病;其发病情况均呈零星散发态势。2000 年至 2010 年间,猪繁殖与呼吸综合征发病涉及 5 个区县、19 个村、1 个养殖场,434 头猪发病、167 头死亡。猪细小病毒病发病涉及 6 个区县、31 个村,369 头猪发病、148 头死亡。猪传染性萎缩性鼻炎发病涉及 6 个区县、7 个村、2 个养殖场,56 头猪发病、1 头死亡。猪伪狂犬病发病涉及 9 个区县、34 个村、1 个养殖场,370 头猪发病、59 头死亡。猪附红细胞体病发病涉及 5 个区县、12 个村、1 个养殖场,166 头猪发病、50 头死亡。猪圆环病毒病发病涉及 3 个区县、3 个村、1 个养殖场,199 头猪发病、33 头死亡。

(二)猪病防治

为有效地预防各种猪病的发生,市畜牧兽医局的科技工作者深入全市各区县、乡(镇)、村,向大型养殖场和农户传授各种猪病的防治知识,从猪病的源头上予以防治。引导养殖者加强饲养管理,按照猪的品种、年龄、性别、体重、体质以及生产性能等不同,分群饲养,分别采取不同的饲养标准和饲养管理方法。实行全进全出的饲养模式;坚持自繁自养的原则,各猪场尽可能自己完成种猪更新,自己选留后备猪,避免引种或购买种猪、仔猪时带来各种传染病。向养殖者传授了改善饲养环境、定期进行消毒的方法和措施。市畜牧兽医部门指导养殖者制订科学合理的免疫程序,常年进行防疫,对于重大动物疫病实行免疫全覆盖,对各种猪病的防治起到了重要的作用。

二、禽　病

（一）发生情况

1991 年至 2010 年，全市共报告禽病报告病例共计 22 种疫病，包括新城疫、鸡传染性喉气管炎、鸡传染性支气管炎、传染性法氏囊病、马立克氏病、减蛋综合症、禽白血病、鸡痘、鸭瘟、小鹅瘟、禽霍乱、鸡白痢、鸡球虫病、鸡伤寒、鸡住白细胞原虫病、鸡葡萄球菌病、鸡传染性鼻炎、鸡大肠杆菌病、鸡霉形体病、鸡链球菌病、鸡沙门氏菌病、鸡副伤寒。其中，鸡新城疫、鸡传染性喉气管炎、鸡传染性支气管炎和传染性法氏囊病是本市危害最严重的 4 种病毒病，流行时间长，范围广，全市各区县均有发生。1991~1999 年，4 种疫病的发病数量多，病死率高。随着养鸡生产规模化、集约化的发展，采取了以强化免疫为主的综合防治措施，加大免疫密度，疫情逐年得到控制，疫区、疫点逐年减少，发病数、病死数下降。禽霍乱、鸡白痢是天津市禽病中危害最严重的 2 种细菌病，在天津市长期蔓延流行。1991~1999 年，禽霍乱在本市发病数和病死数都很高，由于采取预防注射与药物防治相结合的防治方法，才使该病逐年得到控制。2000~2010 年，该病在天津市呈散发态势，发病率逐年下降。鸡住白细胞原虫病仅于 1992 年发生，涉及 2 个疫点，5500 只鸡发病、2200 只死亡。鸡链球菌病仅于 1992 年发生，涉及 1 个疫点，1000 只鸡发病、全部死亡。鸡沙门氏菌病仅于 1993 年发生，涉及 1 个疫点，450 只鸡发病、32 只死亡。鸡副伤寒仅于 2010 年发生，涉及 3 个疫点，400 只鸡发病。禽白血病呈散发态势，于 2002 年和 2010 年发生，涉及 11 个疫点，107 只鸡发病、全部死亡。鸡减蛋综合征呈散发态势，分别是：1991 年 1 个疫点，200 只鸡发病；1992 年 15 个疫点，74200 只鸡发病、50 只死亡；2002 年 1 个疫点，150 只鸡发病、90 只死亡；2004 年 1 个疫点，96 只鸡发病、12 只死亡；2010 年 8 个疫点，100 只鸡发病。在报告病例中，鸭瘟仅在 2002~2003 年连续 2 年发生，10 个疫点，125 只鸭发病，95 只死亡。在报告病例中，小鹅瘟分别于 2002、2003 和 2010 年发生，9 个疫点，164 只发病，110 只死亡。

（二）禽病防治

在防治各种禽类疫病的过程中，市畜牧兽医部门深入实际，将全市各区县的防治禽类疫病的作法、经验进行总结，予以系统化，提出了防治禽类疾病、疫病的具体措施，主要是：(1)将成鸡和育成鸡、雏鸡分开饲养，做到全进全出；全场进行彻底清扫、清洗、消毒，空舍 2~4 周，再进新鸡。(2)加强鸡群的小环境（鸡舍）和大环境（生产区和生活区）卫生管理与定期消毒。(3)加强饲养管理，对不同的鸡群采用相应的饲养标准和饲养管理方法。(4)制定科学合理的免疫程序，常年进行防疫，对于重大动物疫病实行免疫全覆盖。这些措施的提出和实施，有效地控制了禽病的发生，促进了全市养禽业的健康发展。天津市的禽病发生与流行始终在全国处于较低水平。

三、牛　病

1991~2010 年间报告病例中，只有牛流行热病于 1991 年在全市零星发生，有 39 个疫点，发病牛 878 头，死亡 35 头；其他年份再未发生该病。

四、羊　病

（一）发生情况

在报告病例中，全市 1991~2010 年间主要是羊痘。羊痘是羊的一种急性、热性、接触性传染病。具有典型的病程，在病羊皮肤和黏膜上发生特异的痘疹。羊痘潜伏期平均 6~8 天，病程大约 2~3 周，羔羊比成年羊易感。在自然情况下，绵羊痘只能使绵羊感染，山羊痘只能使山羊感染，绵羊和山羊间不相互传染。该病在 1999 年、2000 年、2002 年、2003 年、2004 年、2005 年和 2006 年均有发生，波及大港区、北辰区、东丽区、蓟县、宝坻区、津南区 6 个区县，疫点 42 个，发病数 1786 只，病死数 133 只，病死率 7.40%。

（二）防治情况

由于防治措施及时，羊痘在天津市只是散发及局部流行，发病率、死亡率较低。在防治方面原则上消除传染源及传染媒介。市畜牧兽医部门引导养殖者做好以下的综合防控措施：加强饲养管理，保持圈舍的干燥清洁，抓好秋膘，冬春季适当补饲，做好防寒过冬工作。在羊痘常发地区或邻近受威胁的羊群，每年定期预防注射羊痘弱毒苗。3 月龄内的哺乳羔羊在断奶后再加强免疫 1 次。每天注意检查羊群，及时发现病羊，进行隔离、封锁、扑杀及无害化处理。

五、兔　病

（一）发生情况

在报告病例中，主要是兔病毒性出血病，俗称“兔瘟”。全市自 1991~2010 年间，只在 2002 年、2003 年、2004 年连续 3 年在蓟县发生，疫点 16 个，113 只兔发病，84 只病死，病死率 74.34%。

（二）防治情况

“兔瘟”病只有采用疫苗免疫来进行预防和控制疫情。根据该病流行的各个环节及其影响因素，主要采取了下述综合性防治措施，有效地控制了该病的流行：1.严格控制引进幼、种兔。2.定期进行免疫，每年 2 次。发生疫情时，对未发病兔紧急接种疫苗。3.及时采取封锁和隔离措施，杜绝疫区和非疫区之间的兔毛和种兔交易，严禁出售病死兔肉及毛皮，病死兔一律深埋或焚毁。4.加强饲养管理，定期消毒。

六、犬　病

（一）发生情况

在报告病例中，主要是狂犬病和犬瘟热，这2种病在全市呈零星发生。狂犬病在1991~1992年连续2年发生，疫点6个，16只发病，13只死亡。1993~2000年期间未有疫情上报。2001年蓟县2个村发生，2只发病。2002年后再未有疫情上报。犬瘟热在2007年和2010年在宝坻区、宁河县发生，疫点7个，30只发病，2只死亡。

（二）防治情况

近年来，农村和城市养犬数量不断增加，对狂犬病、犬瘟热等病的防治，主要做法是搞好免疫工作，保证免疫密度达到90%以上。

七、破伤风

在报告病例中，家畜破伤风（马、羊）在1991~1998年连续8年发生，疫点117个，169头/只发病，70头/只死亡，此后再未有疫情上报。

第三章　动物卫生监督

第一节　动物卫生监督法制体系建设

20世纪70年代以来，为开展畜禽疫病防治工作，国务院和国家农业部门先后发布了全国性的兽医法则，特别是1985年国务院颁发《家畜家禽防疫条例》，并授权农牧渔业部颁发《家畜家禽防疫条例实施细则》，使畜禽防疫工作进一步纳入了法制化轨道。在国家的法律和方针政策指引下，天津市针对本地区的实际，也相应制定了地方性的法规，使畜牧业各类生产经营活动有法可依，有章可循。自20世纪90年代起，动物卫生监督法制化建设更趋完善，为全市畜牧业发展和畜产品质量安全提供了重要保障。

一、动物卫生监督法制建设

本市动物产地检疫工作起步较早。1982年,天津市畜牧局与北京铁路局、太原铁路局、河北省畜牧局、山西省农业厅畜牧局、北京市畜牧局,共同制定了《家畜、家禽及其产品铁路运输兽医检疫办法》(以下简称"办法"),并于同年年底报天津市人民政府。1983年1月4日,天津市人民政府办公厅印发了关于"转发市畜牧局《关于请批转〈家畜、家禽及其产品铁路运输兽医检疫办法〉的报告》的通知"。该办法是天津市最早的关于家畜家禽检疫工作的规范性文件,对指导全市畜禽检疫工作起到了推动作用。

1985年继国务院《家畜家禽防疫条例》颁布后,天津市于1986年10月24日颁布了《天津市家畜家禽防疫条例实施办法》,对检疫工作提出了明确要求,特别是专门制定了罚则,对规范畜禽检疫监督执法、打击违法行为,起到了积极的促进作用。

随之,针对动物产品安全全程监管的重要环节——生产、加工、经营、贮藏等的动物卫生监督执法工作出台了一系列的地方法规、规章及规范性文件,健全和完善了天津市的动物卫生监督法制体系。

1992年5月30日,天津市人民政府批转市畜牧局制定的《天津市肉品卫生检疫和监督管理暂行规定》(津政发〔1992〕39号)。该规定厘清了畜牧、工商、卫生等部门在市场监管中的职责分工,明确天津市肉品卫生检疫和监督管理工作归口市畜牧局统一管理,并对从事家畜屠宰、加工、经营肉品的单位和个人的具体行为做出了明确规定,进一步明确监督对象、监督内容、监督程序和监督方法,并提出了"定点屠宰、集中检疫"的管理模式。为适应肉品市场放开的局面,明确规定了从事畜禽屠宰、加工、经营的单位和个人必须持有"三证",即"食品卫生许可证""兽医卫生合格证""营业执照",并提出小包装肉品必须有检疫证明、检疫标记。1994年5月2日,天津市人民政府批转了市畜牧局制定的《天津市家畜家禽屠宰及其产品管理暂行规定》,明确了畜禽屠宰实行定点屠宰许可制度,未经农牧部门审查批准,任何单位和个人不得设立屠宰场点,进一步规范了畜禽屠宰行为。

1993年,为认真贯彻国务院发布的《家畜家禽防疫条例》和执行铁道部文件的规定,天津市畜牧局、北京市畜牧局、北京铁路局、河北省畜牧水产局、山西省农牧厅于当年2月15日联合发布了《动物、动物产品铁路运输监督管理办法》,对加强动物、动物产品铁路运输监督检查,严防动物疫病通过铁路运输传播蔓延,维护铁路运输卫生安全,促进畜牧业商品经济发展、保障人民群众身体健康起到了积极作用。

1996年1月10日,天津市第十二届人民代表大会常务委员会第二十一次会议通过《天津市家畜家禽检疫条例》,对畜禽屠宰、畜禽及其产品检疫、兽医卫生监督管理、法律责任等首次作出了明确规定,这是天津市第一部家畜家禽检疫监督方面的地方法规,标志着天津市初步建立起较为完善的动物卫生监督法规、制度体系。

2001 年 12 月 28 日,天津市第十三届人民代表大会常务委员会第二十九次会议审议通过《天津市动物防疫条例》,于 2002 年 2 月 1 日起实施。条例在许多规定上对 1998 年实施的《中华人民共和国动物防疫法》进行了细化;理顺了屠宰检疫管理体制;增加了对饲养环节的防疫监管;增加了对宾馆、饭店等经营动物产品行为的管理,规定"动物卫生防疫合格证"发放到宾馆、饭店;增强了群众的监督意识;增加了动物卫生监督执法过程中的行政强制措施。该条例是一部地方特点较为突出的地方性畜牧兽医法规。

2006 年 6 月 19 日,天津市人民政府第 72 次常务会议通过《天津市畜禽养殖管理办法》,自 2006 年 8 月 1 日起施行。办法对畜禽产品安全生产管理、畜禽产品进津防疫、检疫管理,饲料、药物等投入品方面以及养殖档案、污染防治、病死畜禽的无害化处理、养殖环境保护等作出明确规定,特别是提出的"畜禽养殖分类管理、区域设置以及养殖档案、畜禽标识管理",规范了全市养殖行为,构建了畜禽疫病防治的长效机制,为实现天津市畜牧业持续、健康发展奠定了坚实基础。

2006 年 12 月 31 日,天津市人民政府印发《天津市重大动物疫情应急预案》(津政发〔2006〕117 号),标志着天津市重大动物疫情应急工作步入法制化轨道。预案根据《国家突发重大动物疫情应急预案》要求,结合天津的实际情况对疫情分级、疫情监测、预警、预警响应、应急响应等方面作了进一步细化和补充。进一步明确了疫情报告、确认程序、疫情分级、疫情监测、应急响应、保障体系等方面内容,增强了各项防控措施的可操作性。同时该预案作为公共卫生事件专项预案的一部分与《天津市突发公共事件总体应急预案》进行了有效地衔接。

2009 年 5 月 27 日,天津市第十五届人民代表大会常务委员会第十次会议通过《天津市畜牧条例》,自 2009 年 9 月 1 日起施行。该条例首次在地方性法规中提出畜禽产品包装标识制度、不安全畜禽产品召回制度、病死动物集中无害化处理等问题。明确禁止了 6 种畜禽和畜禽产品经营行为:未经检测或检测不合格的畜禽和畜禽产品,不得销售;未取得生鲜乳收购许可证不得收购生鲜乳;禁止在生鲜乳生产、收购、贮存、运输、销售过程中添加任何物质;禁止在中心城区和区、县人民政府所在地人口密集区,从事活禽销售或者现场屠宰交易;畜禽产品经营者没有相关证明的,禁止进入市场;不得接受未经天津市动物卫生监督机构检查和防疫消毒的畜禽和畜禽产品。

二、动物卫生监督组织机构体系

天津市动物卫生监督机构是经《中华人民共和国动物防疫法》等法律法规授权以及经天津

市各级畜牧兽医管理部门委托授权，在法律法规范围内依法实施全市动物卫生监督执法工作的部门。负责全市动物卫生监督执法工作的机构为天津市动物卫生监督所，负责市内六区动物卫生监督执法工作的机构为天津市动物卫生督察大队。2008年，在各级政府和主管部门的大力支持下，全市基本理顺了动物卫生监督管理体制，12个区县动物卫生监督所又成立了191个乡镇派出分所，执行辖区管理，为加强全市动物卫生监督工作奠定了坚实组织基础。

第二节 动物卫生监督管理

生产、加工、经营、贮藏环节的动物卫生监督是动物产品安全全程监管的重要环节。各环节的动物卫生监督执法是政府依法实施防控重大动物疫病发生与传播、维护动物产品质量安全的重要行政措施和手段。在动物卫生监督执法工作中，天津市动物卫生监督部门以保障动物产品安全和食品安全为主要目的，不断加强设施建设，改进监管手段，提高装备水平，增强监管能力，大力规范和加强各个环节动物卫生监督执法，促进畜禽防疫工作深入开展，有序进行。并于2010年11月23日，开通了“天津市动物卫生监督信息管理系统”，使动物卫生监督管理实现了网络化、信息化的全程监管。

一、动物卫生检疫、监督手段的发展变化

1.引进、应用新技术。1991年，天津市兽医卫生监督检验所将细胞培养诊断技术引进实验室，对华农公司拟出口的540头肉牛进行检疫，使其符合进口国的动物产品要求。

2.派驻人员，对屠宰全流程进行同步检疫、监督。1998年，天津市成立了生猪定点屠宰办公室，天津市兽医卫生监督检验机构实现对所有定点屠宰厂（场）派驻检疫员、监督员，实施屠宰全流程同步检疫，同时监督企业完善屠宰环节监管制度、监管措施。重点对兽医卫生条件、动物产地检疫合格证和免疫标识查验、登记与回收、同步屠宰检疫、不合格动物及动物产品无害化处理等方面进行监督。

2002年1月1日起，天津市兽医卫生监督检验所对大成万达（天津）有限公司、天津肉联厂、天津中敖有限公司、天津顶益集团公司等大型屠宰、加工企业派驻官方兽医驻厂监督管理。

3.建立监管、备案制度。2002年，全市动物卫生监督机构建立和落实了畜禽产品批发检疫换证、销售肉类明示检疫证明、分割小包装畜禽产品加施检疫标志等监管制度。

2004年，全市加强企业备案登记管理，共完成41家屠宰加工企业、121家规模养殖场和4家冷库的备案登记，并与企业签订了责任书。

4.禁止在人口密集区从事活禽销售或者现场屠宰交易。2009年《天津市畜牧条例》颁布实

施,《条例》明确规定,禁止在中心城区和区、县人民政府所在地人口密集区,从事活禽销售或现场屠宰交易。

5.建立监管对象应履行的动物防疫、畜禽产品安全等方面承诺制度。2010 年 5 月 21 日起,推行行政相对人承诺制和建立行政相对人登记表,要求所有畜禽养殖场户、屠宰企业、畜禽市场、畜禽经纪人、畜产品冷库、畜产品经营者等监管对象,都要对法律要求应履行的动物防疫、畜禽产品安全等方面义务签订承诺书。

6.开展专业执法培训。2008 年 9 月 9 日,天津市畜牧兽医局发布《关于进一步加强动物检疫监督执法人员管理工作的通知》,规定对现有执法人员清理整顿和培训教育。从此,每年对全市的动物卫生监督执法人员进行一次专业执法培训,至 2010 年止,已举办 3 期(次)培训。

7.利用信息手段进行动物卫生监督管理。于 2010 年 11 月 23 日,开通“天津市动物卫生监督信息管理系统”。

二、动物卫生检疫内容、范围的变化

1.在原有产地检疫、屠宰检疫的基础上,增加了对养殖环节、加工环节、流通环节、贮藏运输环节的检疫和监督。1992 年开始,加强对流通环节的监督检查,加大对集贸(农贸、摊位、副食商场)市场监督检查力度,建立和完善了定期巡查制度。1995 年开始,加强了对冷库(贮藏环节)、肉食品加工厂(加工环节)的卫生监督检验。2000 年 8 月起,对超市等小包装动物产品实施加贴检疫标志管理,并进入部分超市进行监督管理。2003 年始,全面介入对肉品加工厂的监管。2009 年 2 月起,对养殖环节加强监管。2010 年,在养殖环节,初步落实了区县监督所及其派出机构、协检员三级巡查制度。

2.扩大了动物卫生检疫、监督范围。1999 年开始,加强了对大专院校食堂采购、使用肉类食品的监督和管理。至 2003 年,天津市兽医卫生监督机构全面介入对全市幼儿园、中小学校、大专院校食堂、宾馆、饭店、超市的监管。

三、开展专项检疫监督

2004 年,由于人感染禽流感并发生死亡事件的发生,市民谈“禽”色变,市、区县动物卫生监督机构成立了应急队伍,对全市举报发生的死亡禽鸟进行收集、无害化处理和环境消毒,并采集病料,送化验室诊断,并将处理和检验结果告知举报人。全年共接待处理死亡禽鸟报告 4200 多次,出动人员和车辆 6000 多次,收集病死禽类 13000 多只。这些工作的开展,稳定了市民情绪。

2007 年 3 月期间,组织开展生猪屠宰检疫专项整治工作。重点是生猪进场、屠宰和出证数量是否相符,是否有检疫证转让、流失情况,检疫位置标识是否醒目整齐,检疫人员责任制等管理制度文件材料是否齐全。共检查生猪屠宰场(厂)36个。生猪进场、屠宰和出证数量相符,没有检疫证转让、流失情况。但少数屠宰场(厂)存在检疫位置标识不醒目整齐,检疫人员责任制等管理制度缺少文件材料等,并及时进行了纠正。

2007年7月至10月期间,开展治理私屠滥宰,注水肉、病害肉联合检查行动,重点对东丽、津南、北辰、宝坻、蓟县等区县以及7家定点屠宰场(厂)和市金钟、何庄子两大猪肉批发市场进行检查。捣毁私屠滥宰窝点3处,共收缴私屠滥宰注水肉约5吨。

2008年4月期间,天津市动物卫生监督所开展突击暗访屠宰检疫工作,对全市35个定点屠宰场(厂)进行随机暗访,共检查了12个区县的15个屠宰场(厂)。突击检查发现,天津市屠宰检疫工作总体上不错,各区县都在积极开展动物卫生监督执法规范年活动,但也存在着有的屠宰检疫人员只注重屠宰登记和产品出证,对检疫环节把关不严;检疫人员着装不规范、标志不明显等问题。

2008年4月,组织开展全市马属动物饲养及马属动物产品生产经营基本情况调查摸底,并做好以场、户为基本单位的监管档案,做好奥运期间马属动物的监管。对全市马属动物饲养经营及马属动物产品生产经营进行了全面调查登记,并以场、户为基本单位建立了监管档案;落实监管责任,实行分片包干巡回检查,落实马属动物进京阶段性控制措施,并在蓟县、宝坻和武清3区县全面禁止马属动物跨区县流动。

2009年5月,开展了对猪甲型流感(H1N1)的检疫及防疫监督工作督查。对全市生猪养殖场进行逐场逐户进行疫情排查,未发现染疫或疑似染疫情况。还检查了86个农贸市场、36个超市、6座冷库、2个生猪屠宰场(厂),均未发现异常情况。

2010年6月至12月,按照商务部、公安部、农业部、工商总局、质检总局、食药监局联合在全国开展"强化畜禽屠宰监管,确保肉品质量安全"专项整治的部署,天津市开展病死畜禽非法交易整治、注水肉整治、私屠滥宰整治、定点屠宰企业集中清理整治、加工流通餐饮等环节肉品质量等系列整治活动,严防私宰肉、含瘦肉精猪肉、病死猪肉和注水或注入其他物质、未经检验检疫或检验检疫不合格肉品进入加工、流通、餐饮消费环节,严厉打击加工、销售病死病害畜禽肉和注水肉等行为。对餐饮企业采购的畜禽及其产品开展专项抽查,严肃查处采购、使用私宰肉和病死或死因不明的畜禽及其产品等行为。

第四章　兽医管理

第一节　兽医体系建设

一、兽医机构建设

（一）天津市兽医机构变迁

天津市畜牧兽医局是负责全市动物防疫、检疫、兽药药政和兽医医政工作部门，由局内设的兽医处及局属天津市畜牧兽医站禽病诊断中心、天津市动物检疫站（天津市兽医卫生监督检验所）和天津市兽药监察所分别负责兽医行政管理、动物防疫执法监督、动物疫病防治以及兽药检验监察等工作。

全市 12 个有农业的区县政府所属畜牧水产局，下设畜牧兽医站和动物检疫站，并在乡镇设立畜牧兽医站，负责基层动物防疫及检疫工作。

2005 年 5 月 30 日，国务院发布《关于推进兽医管理体制改革的若干意见》（国发〔2005〕15 号）。农业部印发《关于贯彻〈国务院关于推进兽医管理体制改革的若干意见〉的实施意见》，启动全国兽医管理体制改革工作。按照国务院总体部署，2006 年起，天津市全面启动兽医管理体制改革工作。2006 年 11 月，天津市政府下发《关于推进兽医管理体制改革的意见》（津政发〔2006〕100 号），明确兽医管理体制改革的指导思想、目标以及市和区（县）镇（乡）兽医机构设置。2007 年 4 月市政府《批转市农委等五部门关于区县兽医管理体制改革实施意见的通知》（津政发〔2007〕27 号），明确区县、乡镇兽医机构设置方案以及区县、镇（乡）、村三级兽医队伍设置。至 2008 年市和 12 个有农业的区县完成了兽医管理体制改革工作。

（二）机构设置与职能（2008 年机构改革后）

1.市级兽医工作机构的设置

天津市畜牧兽医局承担市级兽医行政管理职能。天津市动物卫生监督所承担动物卫生行政执法职能。天津市动物卫生督察大队负责市内六区动物卫生和畜产品质量安全的监督管理，与市动物卫生监督所合署办公。天津市动物疫病预防控制中心承担兽医技术支持职能。

2.县级兽医机构设置

全市12个涉农区县中,除塘沽区为区农委负责兽医管理工作外,其余11个区县均独立设置畜牧兽医管理部门,在原机构(畜牧水产局、畜牧局、农林畜牧局)加挂兽医局牌子,承担本区县兽医行政管理职能。12个区县均成立动物卫生监督所和动物疫病预防控制中心,均为全额拨款事业单位。

3.乡镇兽医机构设置

塘沽区不再设置乡镇畜牧兽医站,乡镇畜牧兽医站职能由区疫控中心直接承担。汉沽区设置4个乡镇畜牧兽医站, 为科级全额拨款事业单位。大港区乡镇畜牧兽医站划归乡镇政府管辖。其余蓟县、宝坻、武清、静海、宁河、东丽、西青、津南、北辰9个区县均成立乡镇畜牧兽医总站,为科级全额拨款事业单位,隶属区县兽医局管理。承担辖区内动物强制免疫的监督实施,动物和动物产品检疫,动物疫情报告、调查和监测,动物产品质量安全和兽药监管以及畜牧、草业管理等公益性职能。截至2010年底,全市有农业的区县10个,有乡镇146个,乡镇畜牧兽医站总数为148个,中心站57个。10个区县中,8个区县的117个乡镇站,由县畜牧兽医管理部门按乡镇或区域派出,且均为独立设置;另2个区县(蓟县、滨海新区)的31个乡镇站隶属乡镇政府,部分乡镇站与乡镇农业技术推广机构合并设置。

二、兽医队伍建设

(一)兽医队伍建设发展历程

1996年,按照国家关于加强农业技术推广体系建设的要求,本市有计划、有步骤地开展了畜牧兽医技术推广服务体系建设,尤其是基层站“三定”工作,全市投入很大力量抓乡(镇)农业技术推广机构定性、定编、定员,经费保障,管理体制等落实工作。

1998年,全市共有区县级畜牧兽医站或(和)畜牧兽医技术服务中心12个,其中国家级动物疫情测报站2个,建立中心站57个;乡镇畜牧兽医站190个,人员、业务、经费由县级兽医行政管理部门统一管理。同时,加强了村级动物防疫网络建设,村村配有动物防疫员,建立了稳定的动物防疫员经费保障机制。至此,市、区县、乡(镇)、村畜牧兽医技术推广服务体系基本形成。

2005年,市畜牧兽医局对全市基层畜牧兽医技术推广建设情况进行了调查摸底。全市区县级畜牧兽医技术推广机构共有33个,包括畜牧兽医站、动物检疫站、动物兽医卫生监督所、畜牧兽医技术服务中心和畜禽改良站。截至2004年底,区县级畜牧兽医机构从事技术工作的正式职工333人,专业技术人员250人,占正式职工人数的75%;具有大专以上学历192人;有专业技术职称252人,其中,中级职称以上104人。

乡镇级畜牧兽医技术人员的国家编制人数为1076人,实有人数为1106人;具有大专以上学历 272 人，占实有人数的 24.6%；具有专业技术职称 650 人，占实有人数的 59%，其中，具有高级职称 5 人，占实有人数的 0.5%，中级职称 114 人，占实有人数的 10%。编内从事技术推广工作的人员 1045 人，具有专业学历 680 人，占实有人数的 61%。

2006 年天津市启动兽医管理体制改革后，至 2008 年底，天津市市、区县、乡镇三级兽医管理体制改革工作均已完成。各级兽医机构人员编制进行了充实和调整。市级兽医工作机构中天津市畜牧兽医局行政编制 47 人；市动物卫生监督所人员编制 68 人；市动物卫生督察大队人员编制 30 人；市动物疫病预防控制中心人员编制 62 人。县级兽医机构中，行政机构编制 311 人，行政执法机构编制 240 人，技术支撑机构 244 人。乡镇兽医机构全额人员编制总计 585 人，差额拨款和自收自支人员编制 393 人。

按照市政府《批转市农委等五部门关于区县兽医管理体制改革实施意见的通知》文件精神，各区县组建了村级动物防疫员队伍。全市共聘用村级防疫员 1667 名（后逐渐调整到 956 名），具体承担强制免疫、疫情报告、监督病死动物处理、协助产地报检、建立免疫档案、加施畜禽标识、统计畜牧生产等工作。在聘用模式上，武清、西青、宝坻、蓟县、津南、塘沽、宁河 7 个区县实行分片包村、专职管理。主要根据养殖量多少，每人负责 3~5 个村，专职从事村级防疫员任务。静海、东丽、北辰、汉沽、大港 5 个区县，实行按村设置，每村 1 名，在人员聘用上，优先将原乡镇兽医站分流人员聘为防疫员，有的区县通过考试择优聘用，有的通过人才市场进行公开招聘。

（二）兽医队伍建设成果

1.高技术人才培养

通过国际交流、国内引进和自行培养的手段培养和储备了大批优秀技术人才，使天津市兽医队伍的知识层次和技术水平全面提高。1995 年至 1999 年选送 2 名技术人员赴解放军农牧大学，在国内知名专家殷震院士的指导下攻读了博士研究生。2000 年至 2004 年又分别选派 4 名技术骨干去中国农业大学和解放军军需大学军事兽医研究所从事研究生学习，同时参与国家“863”高技术发展研究项目等国家重大科研攻关项目，其中 1 名取得博士学位，3 名获得硕士学位，目前均处于从事天津市动物防疫工作的重要岗位。

2.基层兽医队伍的培养

通过技术讲座、中短期培训、高校进修和学术交流等培训手段，逐步提高天津市基层防疫人员的专业技术水平和业务素质。同时，加强了兽医队伍的精神文明建设和职业道德教育，使防疫人员始终把养殖户的利益放在第一位。至 2010 年底，使天津市区县、乡镇两级从事畜牧兽医技术工作的人员专业技术水平和业务素质得到提高，初步建成了年龄、知识、专业技术结构较为合理的畜牧兽医技术队伍。

3.村级防疫员队伍建设

根据《天津市村级动物防疫员管理办法》(津牧医〔2007〕122号)规定，按照“因地制宜、按需设置、明确责任、择优选用、注重素质、创新机制”的原则和目标，开展村级防疫员队伍建设，全市3825个行政村，共聘用村级防疫员1167名。对村级防疫员实行严格的绩效考核制度，考核结果与工资奖金挂钩，确保村级防疫员能按时、按质、按量完成各项工作任务。在开展村级防疫员队伍建设的过程中，武清区后巷乡畜牧水产站进行了积极的探索，他们按照本站的人才优势，充分利用国家对村级防疫员队伍的相关政策，由站内专业兽医承担村级防疫员的全部防疫职责，采取包村包片、责任到人、经济挂钩、奖勤罚懒等措施，切实将动物疫病防控任务落到实处，真正做到乡不漏村、村不漏户、户不漏畜、畜不漏针。2009年5月，市政府在武清区召开“天津市重大动物疫病防控暨基层畜牧兽医站建设现场推动会”，后巷模式在全市全面推广。

4.执业兽医队伍建设

执业兽医考试是对兽医从业人员的一种准入考试。目的是评价兽医从业人员是否具备执业所需的专业知识、技能水平和职业道德。对执业资格认定和管理是适应兽医事业发展的必然趋势，也是建立完善的官方兽医制度与国际通行的兽医制度接轨的要求。

2010年初，根据农业部《执业兽医管理办法》和《农业部关于做好2010年全国执业兽医资格考试工作的通知》的要求，天津市畜牧兽医局开展了各项准备工作。成立了天津市执业兽医资格考试工作领导小组及相关职能机构，召开了天津市2010年执业兽医资格考试报名宣传动员工作会议，向有关区县和单位发放《天津市2010年兽医执业资格考试公告》和《天津市2010年执业兽医资格考试宣传汇编》。

2010年10月24日，全国执业兽医资格考试天津考场在天津铁道职业技术学院举行，这是国内实行执业兽医制度以来举行的第一次全国性统一考试，对进一步深化本市兽医管理体制改革，加强公共卫生体系建设，提高本市兽医队伍业务素质和技能水平，规范兽医诊疗行为，强化重大动物疫病防控和保障动物产品质量安全提供坚强的人才保障。全市参加考试报名人数共525人。通过考试合格的考生有204名(占参考人数39%)，其中获得执业兽医师资格的93名(占参考人数17.8%)、获得执业助理兽医师资格的111名(占参考人数21.2%)，整体成绩列全国第7位。

第二节 兽药管理

一、天津市兽药产业的主要发展过程

1990年，天津市有兽药生产企业36家，生产的新兽药品种90个、生产的饲料药物添加剂

品种 42 个。兽药新品种包括维生素类、氨茶碱类、中兽药、原料药、药物添加剂类和矿物质等。天津市新星兽药厂自 1991 年成立后,开始生产杆菌肽锌和杆菌肽锌预混剂,这 2 个兽药产品填补了国内空白。1992 年,天津市新建成兽药生产企业 6 家、兽药批准文号增至 800 个,比 1990 年增加了 60%,生产的北里霉素、核黄素和氯化胆碱荣获了"中国全国饲料工业新技术新产品交流会"金杯特奖和金杯奖。1997 年,天津市兽药生产企业 90 家,兽药批准文号 3000 个。

2002 年 6 月 14 日,农业部第 202 号公告发布实施,规定自 2002 年 6 月 19 日起施行《兽药生产质量管理规范》(以下简称"兽药 GMP"),自 2002 年 6 月 19 日至 2005 年 12 月 31 日为兽药 GMP 实施过渡期,自 2006 年 1 月 1 日起强制实施兽药 GMP。为达到兽药 GMP 标准,天津市兽药生产企业开始实施兽药 GMP 改造。2003 年,瑞普(天津)动物药业有限公司通过农业部兽药 GMP 检查验收,成为天津市首家通过兽药 GMP 验收的生产企业。至 2005 年年底,天津市 11 家兽药生产企业通过 GMP 验收,年兽药生产总值 30011 万元,利润 2796.4 万元。2006 年 1 月 1 日,按农业部统一部署,天津市启动实施"零点行动",对未通过 GMP 验收的兽药生产企业进行整改,停止一切生产活动。同年,天津市共 30 家兽药生产企业通过 GMP 验收,年兽药生产总值 34751 万元,利润 2600 万元。2007 年至 2009 年,天津市新建成兽药生产企业 5 家。

2010 年,天津市兽药生产企业共 35 家,年兽药生产总值 75062.44 万元,占全国总比重的 2.27%,居第 12 名。年销售总额 70467 万元,占全国总比重的 2.22%,居第 12 名。其中,生物制品生产企业 2 家,注册资本 14146.14 万元,资产总额 23535.51 万元,固定资产 3494.1 万元,年产值 3499.51 万元,年销售额 2675.7 万元,毛利 1333.84 万元,毛利率 49.85%。化学药品及中兽药生产企业 33 家,注册资本 19222.79 万元,资产总额 89887.59 万元,固定资产 31808.27 万元,年产值 71562.93 万元,年销售额 67791.3 万元,毛利 20858.62 万元,毛利率 30.77%。天津市兽药生产企业从业人员共有 3453 人,博士学历占 1.07%、硕士学历占 3.56%、本科学历占 20.68%、大专学历占 37.24%。

二、天津市兽药监督管理工作

兽药实施归口统一管理后,天津市畜牧局负责天津市的兽药生产、经营、使用、质量标准、新兽药、质量监督检验、麻醉药品和剧毒药品等监督管理工作。1990 年至 2004 年,兽药监督管理的法律依据主要是《兽药管理条例》《兽药管理条例实施细则》。其间,天津市也出台一些规范性文件,主要包括《天津市兽药监督实施办法(试行)》《天津市兽药生产企业验收标准》《天津市实施〈兽药生产质量管理规范实施细则〉方案(1995~2000 年)》《天津市动物预防用生物制品订购与供应管理办法》《天津市兽用新生物制品区域试验管理办法》《天津市关于加强兽药经营企业管理的若干规定》《天津市兽医医疗单位制剂室暂行管理办法》。2004 年 3 月 24 日,《兽药管理条例》重新修订颁布,《兽药管理条例实施细则》同时作废。

天津市兽药饲料监察所作为兽药监督管理的技术支撑单位，主要负责天津市兽药质量监督、检验,对兽药生产单位的检验科(室)进行业务指导,对进口兽药进行检验等工作,并被农业部指定为全国七个口岸兽药监察所之一。2002 年,该所具备了开展克仑特罗、牛奶中青霉素、猪肉中土霉素/金霉素、莱克多巴胺、磺胺类药物、己烯雌酚、鸡肉中氯羟吡啶、鸡蛋和鸡肉中喹诺酮类药物等药物的检测工作能力。

1999 年，农业部与国家出入境检验检疫局共同制定国家动物及动物源食品中残留物质监控计划和官方取样程序,2000 年，天津市开始开展动物产品中兽药残留监控。2000 年至 2005 年,天津市开展猪肝中的克仑特罗,猪尿中的克仑特罗监测工作,监测结果全部合格。2006 年至 2010 年,天津市开展鸡蛋中的氟喹诺酮、磺胺甲嘧啶,鸡肉中的恩诺沙星、环丙沙星、氯羟吡啶,猪肉中的四环素类,牛奶中的氨基糖苷类、青霉素类药物的监测工作,监测结果全部合格。

2000 年,按照农业部兽医局下达的兽药质量监督抽检计划,天津市开始组织实施兽药质量监督抽检工作,检测兽药生产、经营和使用环节中兽药产品质量情况。经统计,2001~2010 年,天津市兽药质量监督抽检合格率分别为 57.63%、62.3%、65.9%、67.6%、77.1%、76.8%、81.0%、76.7%、85.3%和 95.5%。

第五章　畜产品质量安全

农产品质量安全问题,是新阶段农业和农村经济工作面临的一个重大问题。由于部分农田投入品的不合理使用,农产品的不科学收获和加工,工业“三废”和城市垃圾的不合理排放,市场准入制度尚未很好建立以及市场监督管理不严等,导致一定程度的农产品餐桌污染。因食用有毒有害物质超标的农产品引发的人畜中毒事件,以及出口农产品及加工品因农(兽)药残留超标被拒收、扣留、退款、索赔、中止合同、停止贸易交往的现象时有发生。

为了提高农产品质量安全水平,保障人民群众饮食安全,2001 年,农业部组织实施全国“无公害食品行动计划”。2002 年成立了天津市无公害畜产品管理办公室,负责开展无公害畜产品产地认定和产品认证工作以及“瘦肉精”等违禁品治理工作。

第一节　饲料质量安全监管

一、饲料工业发展总体情况

2000年与1991年相比，天津市饲料总产值由3.10亿元增加到29.6亿元，增长8.55倍。作为饲料工业主体的饲料加工工业获得了长足的发展，生产企业由107家增加到262家，分布在粮食、农垦、畜牧、水产、乡镇、科研、医院、化工等系统，形成大、中、小相结合，以中小为主，兼有集体、民营、三资企业等多种经济成分并存的格局；建成一批以开发干燥酒精糟、酱油渣蛋白饲料，畜禽屠宰副产品等为主的饲料原料生产加工基地。

2010年与2000年相比，饲料总产值增加到59.48亿元，增长1.01倍。生产企业由262家增加到276家，主要以三资企业、民营企业为主，年产量由179.70万吨增加到223.75万吨，增长24.51%。年产万吨以上的企业59家，比1999年增加30家，翻了一番。

一批技术、资金、人员实力较强的外资、独资、国有饲料、饲料添加剂和原料生产企业相继在本市投资建厂，从业人员数量和素质逐步提高，2010年从业人员达到9682人，其中博士29人、硕士264人、大本1704人、大专2201人。

1991~2000年，天津市饲料工业的发展逐步适应了计划经济体制向市场经济体制的转变，走出了一条城乡一体、工农联合、中外合资，国有、集体、个体并存，跨部门发展的新路子。2001~2010年，全市饲料生产设备、检验仪器等装备水平和人员素质不断提高，呈现出饲料产量逐年增长、企业数量总体下降、质量安全稳步提升的态势，饲料行业加速转型提升，市场准入门槛提高，监管手段、执法队伍日趋完善，饲料行业已经适应了现代畜牧业发展的需要。

二、饲料质量安全监管

（一）监管机构

1994年，天津市政府发布《关于理顺饲料工业领导体制的通知》，明确天津市饲料工业办公室，作为市“菜篮子工程”建设领导小组的专门机构，负责协调管理饲料工作。办公室设在市农委，行使对全市饲料工业行业管理的职能。同年，又颁发了《关于发布〈天津市饲料行业管理办法〉的通知》，使饲料行业管理有章可循。各区县成立相应饲料办，挂靠在农经委。

2002年，因为机构改革，撤销了天津市饲料工业办公室，饲料管理职能由市农委农业综合处负责。

2010年8月，市农委将饲料监管工作移交天津市畜牧兽医局，市畜牧兽医局成立了质量监管处,负责饲料、畜产品和生鲜乳监管工作。

(二)监督管理

1.统计报表

1995年天津市饲料工业办公室配合全市第三次工业普查,完善了饲料工业统计报表制度,做到统计工作有法可依。

1995~2010年,市饲料管理部门(市饲料办、农业综合处、质量监管处)定期举办培训班,学习统计法及专业知识,以提高统计人员的法制观念和专业技能,使统计工作更加规范化、制度化。2010年,为提高饲料、饲料添加剂生产统计工作管理水平,按照农业部有关规定,要求各区县饲料管理部门、所有饲料(饲料添加剂)企业设立专人负责统计工作,并指导他们完成在“中国饲料工业统计信息系统”上的登陆和注册,以便及时上报年报、季报和月报等工作。到2010年底,全市各级管理部门和企业已经全部实现了利用中国饲料工业统计信息系统进行网上上报有关报表。

2.专项整治

2008~2010年,连续开展了三年饲料质量安全专项整治行动。通过开展饲料质量安全执法年行动,规范了饲料生产、经营和使用秩序,在饲料中非法添加“瘦肉精”、三聚氰胺等违禁品的行为得到进一步遏制,没有发生重大质量安全事件。期间,市农委、市畜牧兽医局每年制定并下发饲料质量安全整治行动实施方案,召开质量安全整治行动动员会,做出了具体部署。各区县都制定了详细的实施方案,成立了以主要领导为组长的领导小组,并因地制宜,认真落实管理责任,确定工作进度,落实任务分工,对辖区内企业每月检查一次。以“瘦肉精”、三聚氰胺等违禁品和无生产许可证、无批准文号、无标签的“三无”产品为重点进行集中整治,统一全市饲料生产企业的相关记录样式,从原料采购入手,严格检查和规范饲料企业的生产、销售、检验、留样记录,督促企业落实生产管理、检验化验、质量控制、产品留样等各种管理制度,使产品具有可追溯性。通过检查和整治对饲料生产主体进行了清理、整顿和规范。

3.监督检测

从2002年开始,天津市开始制定饲料质量安全监督检测计划。2002~2004年,市级检测任务由天津市产品质量监督检测技术研究院(以下简称“质检院”)负责。2005年,天津市兽药饲料监察所(以下简称“药监所”)开始承担市级检测任务。开始检测任务不大,只有133批次(2005年),此后随着质量安全意识的增强和形势的需要,检测任务呈现逐年增加的趋势。2010年,检测任务达到802批次,是2005年的6倍,为畜禽(水)产品的质量安全提供技术保障。

第二节　违禁品及兽药残留治理

一、违禁品治理

20世纪80年代末，有人发现盐酸克仑特罗超过治疗剂量5~10倍的用量用于家畜饲养时，可以促进家畜的增长，减少脂肪含量，提高瘦肉率，被俗称为“瘦肉精”，并将之应用于生猪养殖。随之，将具有减少脂肪、提高瘦肉率的一类药物均被称为“瘦肉精”，如莱克多巴胺、沙丁胺醇、西马特罗等。但是“瘦肉精”通过食物链进入人体后对人的身体伤害极大，因此被世界各国禁用。中国农业部1997年发文禁止“瘦肉精”在饲料和畜牧生产中使用。2001年12月27日、2002年2月9日和4月9日，农业部分别下发文件（农业部176号、193号、1519号公告），明确了禁止在饲料和动物饮用水中使用的药物品种目录、食品动物禁用的兽药及其他化合物清单等，对畜牧生产行为进行规范。但是由于“瘦肉精”提高瘦肉率的作用明显，仍有一些不法分子制造、销售、使用“瘦肉精”。全国先后出现多起因食用含“瘦肉精”的畜产品引发的中毒事件。从2001年开始，天津市开展盐酸克仑特罗监督抽检工作，根据抽检发现的问题，着手加强对生猪屠宰场的监督管理。先后采取了多项措施。

1.加强对“瘦肉精”的抽查力度。大幅度地增加抽检数量、扩大检测范围。对于本市查出的非法使用“瘦肉精”的饲养场，限制其生猪出栏，直至检验合格。对市场、屠宰环节上检测查出的不合格产品，除没收产品并进行无害化处理外，还要追溯其产地（屠宰场、饲养场），对其同类产品扩大检验，根据检验结果采取相应处罚措施。2002年在全市实施畜产品质量安全定点监测工作，2004年建立畜产品质量安全例行检测制度。除2001年“瘦肉精”抽检合格率为56.9%外，2002~2010年“瘦肉精”抽检合格率均在97.0%以上（97.2%~100%）。

2.加强对饲养场户的日常监管。安排防疫监督执法工作人员深入饲养场户，监督指导其规范合理使用兽药和添加剂。加强对生猪定点屠宰场（厂）的日常监管。2003年，天津市畜牧兽医局制订了《关于加强进市生猪定点屠宰厂瘦肉精监管工作的意见》，要求屠宰场（厂）建立产品质量安全的追溯制度和生猪货源基地的质量安全控制体系，并在天津市肉联厂进行了试点后向全市各屠宰场（厂）推广。监管人员对其生猪货源及供货渠道进行监督检查，指导企业对其外地猪源基地实施必要的检测，把好活猪采购关口。

3.组织开展专项执法检查活动。对全市兽药和饲料生产、经营单位以及生猪饲养场进行拉网式大检查，对发现的非法生产、销售和使用违禁药品和违禁添加剂企业，采取吊销兽药生产（经营）许可证、限制生猪出栏等严厉的制裁措施。

4.建立产地准出制度。2007年,在武清区、宁河县分别选择了部分乡镇启动了生猪出栏前违禁药物监督检测试点。养殖场(户)在生猪出栏前10天内,向当地兽医站报检违禁药物,由兽医站开展快速检测并出具检测报告,产地检疫人员查验检测报告并开具检疫证明。对抽检不合格的,暂时禁止出栏。2008年,实施生猪瘦肉精"出栏报检"制度。市畜牧兽医局制定了《天津市生猪"瘦肉精"出栏报检工作方案》,并经市农委批准,在蓟县、宝坻、武清、静海、宁河5个区县开展生猪出栏报检工作。由基层防检疫人员对所辖区出栏前生猪按3%的比例进行尿样检测,检测合格后开具产地检疫证明;不合格的实行监督滞留、排毒待检。屠宰环节实施"瘦肉精"监督检测。以公告形式要求屠宰场(厂)开展企业自检工作,禁止屠宰含有"瘦肉精"等违禁药物的生猪。要求屠宰场(厂)不得销售含有"瘦肉精"等违禁药物的猪肉以及猪肝等副产品。开展监督检测,对定点屠宰场(厂)进行瘦肉精现场抽样检测。

5.加强宣传,提升守法生产经营意识。每年印发"禁止生产、销售、使用瘦肉精等违禁品告知书",由区县畜牧兽医部门结合日常工作,发放给辖区内的生猪、肉牛养殖场(户)和经营者,明确告知瘦肉精等国家明令禁用的药物以及相关的法律责任等。

6.加强对生猪、肉牛养殖场户及经纪人的监管,实行质量安全承诺制度。天津市畜牧兽医局组织各区县对生猪、肉牛经纪人全面调查摸底,并与之签订"畜产品质量安全承诺书",要求养殖场户承诺不使用违禁药物,要求经纪人承诺不收购、不销售含违禁药物的动物及动物产品。

7.推行企业自检制度,落实"畜产品生产经营者是第一责任人"的责任机制。2009年出台了《天津市畜牧条例》,依据《天津市畜牧条例》的有关规定,指导和规范畜禽养殖企业、畜禽产品生产企业以及畜禽产品经营企业开展质量安全自检工作。并组织屠宰企业检测人员培训,规范企业出具检测合格证明行为。同时,加强外埠进津畜禽和畜禽产品的监督检查,凡进入天津市销售的供屠宰的畜禽和供食用的畜禽产品,没有畜产品质量安全检测合格证明的,禁止进入天津市销售。

8.实行一岗双责制,落实畜产品质量安全监管职责。2009年,天津市畜牧兽医局提出,依托各级动物卫生监督机构落实检疫与畜产品质量安全监管"一岗双责"。全市所有检疫监督人员分别向所在动物卫生监督部门签订了畜产品质量安全责任书。

9.加大查处力度。对检测不合格的生猪屠宰场和饲养场,按照2002年农业部提出的"五不放过"原则(即:"瘦肉精"来源去向不查清不放过;涉及的单位、责任人不查清不放过;发生"瘦肉精"事件的原因不查清不放过;对有关人员未得到应有的处理不放过;今后防范措施不落实不放过)进行追查,并按照《最高人民法院、最高人民检察院关于办理非法生产、销售、使用禁止在饲料和动物饮用水中使用的药品等刑事案件具体应用法律若干问题的解释》移交有关部门严肃查处。

10.加强与有关部门合作。与工商部门加强协作，对批发市场、农贸市场和超市每个经营畜产品的摊点，不定期地进行抽样检测，并及时将检测结果通报给工商部门。由工商部门对市场上销售的不合格产品依法处理，要求经营摊点调整进货渠道，经营安全的畜产品。

二、兽药残留控制

兽药残留问题也是影响畜产品质量安全的重要因素。针对兽药残留引起的安全隐患，农业部修订了《兽药管理条例》，建立了休药期制度。为落实兽药休药期制度，确保畜产品质量安全，天津市畜牧兽医局采取了一系列措施：

1.加强兽药残留监测。重点针对畜牧生产过程中常用的需要执行休药期规定等药物定期进行监测，逐年增加抽检数量、扩大检测范围。2003 年抽检牛奶中磺胺类药物，猪肉中土霉素、金霉素和磺胺类药物，鸡蛋中土霉素和金霉素等残留情况共 64 批次。2004 年抽检鸡肉、鸡蛋中土霉素和金霉素，猪肉中磺胺类药等残留情况共 138 批次。2005 年抽检鸡肉中氯羟吡啶和鸡蛋中磺胺二甲嘧啶等残留情况共 140 批次。2006 年抽检鸡肉中氯羟吡啶、恩诺沙星/环丙沙星，鸡蛋中磺胺二甲嘧啶，猪肉、鸡肉中磺胺类等残留情况共 368 批次。2007 年抽检鸡肉中氯羟吡啶残留和氟喹诺酮类药物残留，鸡蛋中氟喹诺酮类药物残留，猪肉中金霉素/土霉素药物残留等情况共 270 批次。2008 年抽检鸡肉中氯羟吡啶残留和氟喹诺酮类药物残留，鸡蛋中氟喹诺酮类药，猪肉中四环素类药物，生鲜乳中 β-内酰胺霉、水解动物蛋白等残留情况共 1128 批次。2009 年抽检猪肉中四环素类药物 62 批、鸡肝中氟喹诺酮药物 90 批、牛奶中青霉素类 74 批、牛奶中氨基糖苷类 75 批等残留情况共 1247 批次。2010 年抽检鸡肉中氯羟吡啶残留和氟喹诺酮类药物残留，鸡蛋中氟喹诺酮类药，猪肉中四环素类药物，生鲜乳中 β-内酰胺霉、水解动物蛋白等残留情况共 1915 批次。

2.加强宣传工作。通过各种媒体向广大群众广泛宣传畜禽产品安全知识，提高对兽药残留危害性的认识，使全社会自觉参与防范和监督。并告诫兽药生产和经营企业，禁止制售违禁、假冒伪劣药品。应用科普宣传、技术培训、技术指导等方式，向动物疾病防治工作者和养殖者，宣传介绍科学合理使用兽药的知识。

第三节　无公害畜产品产地认定和产品认证

2001 年，农业部提出了无公害农产品的概念，并组织实施“无公害食品行动计划”，目标是通过健全体系，完善制度，对农产品质量安全实施全过程的监督，有效改善和提高国内农产品质量安全水平，力争用 5 年左右时间，基本实现食用农产品无公害生产，保障消费安全，质量安全指标达到发达国家或地区的中等水平。北京、天津、上海和深圳四大城市率先进行试点，自行制定标准开展当地的无公害农产品认证。2002 年 7 月，农业部宣布“无公害食品行动计划”从试点走向全面推进的阶段。2002 年，由天津市无公害畜产品管理办公室负责天津市无公害畜产品产地认定和产品认证工作。农业部 2003 年实现了“统一标准、统一标识、统一程序、统一管理、统一监督”的全国统一的无公害农产品认证。

一、产地认定

2002 年，天津市无公害畜产品管理办公室制订了《天津市无公害畜产品生产管理暂行办法》，开展无公害畜产品产地认定工作。2003 年，按照农业部出台的《无公害农产品产地认定程序》，全国统一标准，开展无公害畜产品产地认定工作。2006 年，天津市畜牧兽医局实施无公害畜产品产地认定的整体推进工作，产地数量不断增加。通过采取扩大产地认定范围、简化认定程序、积极鼓励多种形式的申报主体申报等措施，积极推进整体认定。2006 年全年共受理申报无公害畜产品产地认定单位 600 多个。到 2010 年，天津市累计完成无公害畜产品产地认定 1120 个，对确保全市畜产品质量安全提供了保障。

二、产品认证

2002 年，按照《天津市无公害畜产品生产管理暂行办法》开展认证工作。整合市动物检疫站、兽药饲料监察所和畜牧兽医站现有检测机构相关职能，建立了“天津市畜产品质量安全监测中心”，统一组织开展畜产品安全质量、生产投入品质量、畜禽及其产品产地环境质量的监督检验测试工作。举办无公害畜产品认证检查员培训班 4 期，共培训 120 人次。2004 年，组织开展无公害畜产品地方认证向全国统一认证的转换工作。根据农业部农产品质量安全中心关于“认证转换试点工作”通知要求，由生产单位提出转换申请，区、县畜牧主管部门进行初审，市无公害畜产品管理办公室组织审查后，提出推荐意见，农业部农产品质量安全中心进行评审，颁发证书。2008~2010 年，将工作重点由产地认定转向产品认证，积极鼓励已经认定的生产基地申报产品认证，对尚未认定的生产基地实施“产地认定与产品认证一体化运行”的推进措施。

2002~2003 年，全市无公害畜产品认证企业分别为 7 个和 16 个，颁证单位均为天津市畜牧局。2004~2010 年，无公害畜产品认证分别为 92 个、3 个、2 个、5 个、52 个、11 个和 10 个，颁证单位均为农业部农产品质量安全中心。至 2010 年底，全市有生产无公害畜产品企业数量为 80个。

第六章 畜牧科技

第一节 畜牧业科技成果研发、转化与推广

1991~2010 年,天津市畜牧兽医局共承担各级各类科技项目 82 项,其中:部级项目 19 项,市级项目 63 项。项目涵盖了畜禽品种繁育技术、新型饲料与添加剂开发、养殖环境生态与环保技术、疫病防治与快速诊断技术、畜产品质量安全控制与检测技术、畜牧业数字与信息化技术等方面。

一、"一推四改"养猪技术的推广

自 1986 年起,天津市畜牧局和蓟县畜牧局组织有关科技人员,应用现代科学理论,总结出一套"一推四改"的科学养猪方法。这种养猪方法相对传统的养猪方法是一次重大的技术改革,是一项行之有效的养猪综合配套技术。"一推",即推广复合添加剂拌入饲料内喂猪。"四改",即改饲养脂肪型猪种为瘦肉型猪种;改单一性饲料为配(混)合饲料喂猪;改喂稀汤熟食为生湿料;改深坑建茅圈为冬暖夏凉的平养大棚舍。1986~1990 年间,天津市畜牧局在天津市普遍推广"一推四改"养猪综合技术,经过试验、初步推广应用,总结出一套适合天津市养殖生产实际的瘦肉型商品猪生产的综合配套技术。"天津市'一推四改'养猪技术示范和推广"项目获 1990 年度天津市科技进步奖二等奖。

二、家禽主要病毒性传染病免疫防治技术的研发与推广

1991 年,天津市禽病诊断培训中心(现天津市动物疫病预防控制中心)应用现代先进手段,对鸡法氏囊病进行了研究,分离出当地 TP 毒株证实为血清 I 型,研制了天津本地组织灭活苗,建立了不同抗体水平的免疫程序,其保护率达 97.8%,并在国内率先采用福尔马林灭活工艺,开发出高免疫抗体,有效防止了病原的垂直传播。"鸡传染性法氏囊病防治技术推广"获 1995 年度天津市科技进步奖二等奖。

1993 年,天津市禽病诊断培训中心承担了"家禽主要病毒性传染病免疫防治技术研究"项

目，针对天津市养鸡业危害严重的新城疫（ND）、传染性支气管炎（IB，肾型）、传染性法氏囊病（IBD）、减蛋综合征（EDS）和传染性喉气管炎（ILT）的免疫防治进行了研究，运用 PCR（聚合酶链式反应）、电镜、核酸探针等技术对所分离的 19 株病毒的理化特性、生物学特性、抗原性、血清型和免疫原性等进行了进一步系统研究。明确天津市流行的 IB、IBD 野毒与标准的抗原关系，为开发本地毒株灭活苗打下了基础。在天津市首次证实肾型 IB、IBD 和 ILT 的感染，建立了适用于基层兽医站推广的血清学诊断方法。应用本地毒株研制灭活疫苗，建立了新的免疫程序，有效地控制了 ND、IB、IBD、EDS 和 ILT 的流行。该项研究获 1998 年度天津市科技进步奖二等奖。

根据家禽疫病动态、疫病流行特点和生产中存在的问题，1996 年天津市禽病诊断培训中心组成了课题攻关组，开展天津地区家禽系列灭活油苗扩大试验的研究，在流行病学调查的基础上，对天津市流行毒株进行了分离鉴定和特性研究，研制出本地毒株的灭活苗，提出解决鸡场出现变异株的免疫程序，取得了良好的免疫效果。

三、猪繁殖障碍性疾病的防治技术

猪繁殖与呼吸综合征俗称蓝耳病，是一种严重危害猪的正常生长发育的新传染病，给养猪业带来了严重的经济损失。中国在 1996 年首次发现猪蓝耳病。之后，天津一些猪场也发现了猪蓝耳病，严重威胁和制约了天津市养猪业的发展。1999 年，天津市畜牧兽医局科技人员首次在天津地区开展大范围的猪繁殖障碍疫情调查，采用分子生物学技术诊断该病，首次在天津市分离到猪细小病毒（Porcine Parvovirus Virus，PPV）、猪伪狂犬病毒（Pseudo Rabies Virus，PRV）、猪繁殖与呼吸综合征病毒（Porcine Reproductive and Respirafory Syndrome Virus，PRRSV），并研制成功 PPV-PRV-PRRSV 三联苗，制订了科学有效的综合性防治措施，为猪繁殖障碍性疾病的防治提供了可靠的技术保证。

四、畜牧业信息化技术研究

2005 年，天津市畜牧兽医局提出加快数字技术的研究与应用，从根本上提高畜产品质量安全水平和经济效益。在天津市重点生猪屠宰加工企业建立了“档案记录与质量安全追溯制度”、“猪源基地制度”，对饲养基地、屠宰加工、配送销售等环节确定了质量安全关键控制点，并进行了连续跟踪记录；建立了天津市畜产品质量安全专网，开展了“放心肉销售信息化管理”试点工作，开通了“猪肉质量安全信息查询系统”；启动了“天津猪肉质量信用等级评价和公示试点项目”和东丽区“无公害猪肉生产全程信息化监控试点项目”。

在此基础上，2006~2010 年，天津市畜牧业发展服务中心和中国农业科学院北京畜牧兽医研究所共同承担的天津市科技攻关计划“天津市猪肉质量安全数字化监控和可追溯技术集成与示范"项目，将现代信息技术和通讯技术应用于猪肉质量安全监管全过程。针对天津市生猪集约化饲养和农户个体散养模式，提出了养殖过程电子档案建立的数据采集、传输、储存的方案，以及从生猪个体、屠宰中间产品及终端分割产品的标识技术、编码方法与标识的转换对接技术等。通过采用 net(微软的程序开发框架)和 Web(互联网)等技术，开发了养殖环节、屠宰环节和超市销售环节的数据记录系统和面向政府监管和消费者查询的公共网络平台，基本实现了对天津市主要规模化养猪场和专业养殖户的生猪生产及屠宰加工环节的跟踪与溯源。该项目分别获 2010 年度全国农牧渔业丰收计划奖二等奖和天津市科技进步奖二等奖。

五、畜禽养殖新技术示范与推广工程

1992~1996 年间，天津市畜牧局承担了"五十万头瘦肉型猪推广工程"、"十万头肉牛配套饲养技术推广工程"和"十万只珍禽饲养技术推广"项目。1994 年–1996 年间，由天津市畜牧局主持、组织实施了"百万头瘦肉型猪综合技术推广工程"，项目将先进饲养管理、饲料营养、疫病防治等技术优化集成，应用闭路电视及微机管理技术，并引进示范多功能复合菌剂(EM)。在天津市推广应用 3 年，其技术覆盖面达 91.3%。该项目获 1997 年度天津市科技进步奖一等奖。随后，"天津市良种肉牛及配套饲养技术(1994~1996 年)"、"天津市良种猪饲养及加工技术(1995~1997 年)" 和 "天津市家禽优良品种及配套集约化增产技术 (1998~2000 年)"3 个项目分别于 1997 年度、1998 年度和 2000 年度获农业部农牧渔业丰收计划奖一等奖。2003~2009 年间，天津市畜牧兽医局组织实施了"猪人工授精技术的推广"项目、"猪良种繁育体系建立与示范"项目及"节约型、生态型养猪生产关键技术集成示范与推广"项目等。项目的实施，对天津市畜禽规模化、生态健康养殖的发展起到了积极的推动作用。

六、畜产品质量安全检测技术的推广

1995 年，为使城乡居民吃上"放心肉"，天津市动物检疫站引进、吸收、消化国内外肉品卫生质量检测新技术，综合应用于天津市肉品卫生质量检测工作中。推广应用便携式定氨器半微量法检测肉品新鲜度技术，测定时间由原来的 5 小时缩短到 40 分钟，提高检测符合率 46 个百分点。应用 MA30 红外线水分测定仪检验注水肉技术，比以往应用的常规检测方法提高工效 10 倍以上。应用"DTEK 免疫棒"法快速鉴别假冒伪劣肉品，特异性强，提高检测符合率 49 个百分点。"肉品卫生质量检测新技术推广"获 1999 年度天津市科技进步奖二等奖。

七、饲草饲料新品种的引进与推广

2002 年，天津市畜牧兽医局引进优良饲草品种 55 个，并在天津市津南区、西青区、大港区、

静海县、宁河县试种。通过研究、示范，到 2005 年筛选出 10 个适合天津市不同自然条件下生长的优良饲草品种，并总结出相应的栽培管理技术。对天津市草产业发展起到良好的带动和推动作用，不仅丰富了天津市优质牧草资源，为家畜饲养提供优质饲草，促进了畜牧业产业结构调整和产业升级，同时也改善了土壤生态环境，增加土壤肥力。“天津市牧草新品种引进、筛选、示范及推广”项目获 2006 年度天津市科技进步奖二等奖。

第二节 科技成果推广的主要成效、经验和组织措施

一、取得的主要成效

1991~2010 年，天津市畜牧兽医局围绕着畜禽规模化、集约化、产业化、标准化建设组织各级科研、推广、示范及标准化项目，共获得部市级科技成果奖励 45 项。其中：获得农业部农牧渔业丰收计划奖项 13 项，一等奖 3 项、二等奖 6 项、三等奖 4 项；获得天津市科技进步奖项 32 项，一等奖 1 项、二等奖 13 项、三等奖 18 项。

1.推广先进、实用技术。通过新技术的推广，畜牧科技水平明显提高。至 2010 年，全市商品猪死亡率控制在 2%以下，育肥期饲料效率 2.9；奶牛 305 天平均产奶量 6500 千克；蛋鸡 72 周龄产蛋量达到 16.5 千克以上，蛋料比为 1:2.3，全程死亡率低于 8%；肉鸡肉料比为 1:2.0；肉牛育肥期日增重达到 1100 克，屠宰率提高到 45%。与“十五”时相比：商品猪死亡率下降了 1 个百分点、育肥期饲料效率提高了 6.45%，奶牛平均产奶量提高了 8.33%，蛋鸡产蛋量提高了 10%、蛋料比下降了 8%，肉鸡肉料比、肉牛育肥期日增重持平，肉牛屠宰率提高了 5 个百分点。

2.实施良种工程。突出发展科技含量高、产品附加值高的良种产业，重点实施了生猪、奶牛种业基地建设等良种工程建设项目。至“十一五”末，生猪、奶牛、肉牛、肉羊、蛋鸡、肉鸡的良种覆盖率已分别达到 90%、80%、50%、65%、99%、99%。与“十五”时期相比奶牛提高了 50%，生猪、蛋鸡、肉鸡持平，肉牛、肉羊分别提高了 10 个百分点和 15 个百分点。

3.注重机制创新建设。通过技术推广，创新技术推广和成果转化机制，完善了市区专家、技术指导员、科技示范户三级科技推广示范服务体系，加强了与区县推广部门和企业的有机结合，科技成果转化率达 60%左右，与“十五”时期相比，提高了 5 个百分点。

二、经验和采取的主要组织措施

1.注重与畜牧生产实际的结合。在新技术的研发、转化与推广中，注重与天津市畜牧生产的发展需求相适应，组织研发、转化与推广的新技术都是当时畜牧生产中急需的技术，是解决生

产中实际问题的关键技术。因此，针对性强，对生产的指导意义大。

2.与技术培训和标准的制(修)定、宣传贯彻相结合。将新技术的研发、转化与推广与技术培训，现行的国家标准、行业标准的宣传采用以及地方标准的制(修)定、宣传采用相结合。通过对基层技术人员、养殖人员的培训，通过宣传和采用现行标准，将新技术成果进行转化与推广，使参训人员受益，并加深了对新技术成果的理解与应用。在33项地方标准的制(修)定过程中，积极吸收新技术成果，提高了地方标准的科学性、先进性。

3.与畜牧工作中的重大建设专项相结合。在1991~2010年间，天津市畜牧兽医局组织实施了多项重大专项建设和行动，如畜禽养殖科技示范场建设项目，生猪、奶牛种业基地建设项目，天津市奶牛科技入户示范工程，重大动物疫病防控规范化技术进场入户专项行动，以及畜禽标准化示范区建设等。在这些专项建设的实施过程中，将新技术加以推广应用，推动了重大建设专项的实施，提高了项目区的畜牧生产水平和科技含量。

表4-6-2-55 1990~2010年度天津市畜牧兽医局获奖成果一览表(二等奖以上)

序号	获奖成果名称	完成单位及主持人	获奖时间	获奖名称及等级
1	天津市"一推四改"养猪技术示范和推广	天津市畜牧局(集体奖)	1990年度	天津市科技进步奖二等奖(1991年颁发)
2	天津市商品瘦肉型猪配套技术开发及推广	天津市农村工作委员会叶月皎、天津市畜牧局	1991年度	天津市科技进步奖二等奖
3	天津丹系长白猪选育的研究	天津市畜牧局，北京农业大学陈清明	1992年度	天津市科技进步奖二等奖
4	蛋鸡综合配套技术推广	天津市畜牧局叶月皎	1992年度	天津市科技进步奖二等奖
5	天津市优良蛋鸡品种及配套生产技术	天津市畜牧局彭春和，静海县、宝坻县畜牧兽医局，天津市华津公司，北京市清河养鸡场	1993年度	农业部农牧渔业丰收计划奖二等奖
6	五十万头瘦肉型猪推广工程	天津市畜牧局叶月皎，天津市畜牧兽医站，天津市畜牧兽医研究所	1994年度	天津市科技进步奖二等奖
7	鸡传染性法氏囊病防治技术推广	天津市禽病诊断培训中心张森瑞	1995年度	天津市科技进步奖二等奖
8	规范化塑膜暖棚饲养畜禽技术	天津市畜牧局樊航奇，天津市畜牧兽医站，蓟县、宝坻县畜牧局	1995年度	农业部农牧渔业丰收计划奖二等奖
9	天津市良种猪及配套饲养技术	天津市畜牧局叶月皎	1996年度	农业部农牧渔业丰收计划奖二等奖
10	十万头肉牛饲养技术推广	天津市畜牧局叶月皎、天津市农机局戴冠英	1996年度	天津市科技进步奖二等奖

序号	获奖成果名称	完成单位及主持人	获奖时间	获奖名称及等级
11	百万头瘦肉型猪综合技术推广工程	天津市畜牧局叶月皎，天津市畜牧兽医站	1997年度	天津市科技进步奖一等奖
12	天津市良种肉牛及配套饲养技术	天津市畜牧局叶月皎，天津市畜牧兽医站，蓟县、宝坻、武清、静海、东丽、北辰区(县)畜牧(水产)局	1997年度	农业部农牧渔业丰收计划奖一等奖
13	家禽主要病毒性传染病免疫防治技术研究	天津市禽病诊断培训中心李茂祥	1997年度	天津市科技进步奖二等奖
14	天津市良种猪饲养及加工技术	天津市畜牧局叶月□，天津市畜牧兽医站，宝坻、宁河、静海县畜牧水产局，宁河原种猪场	1998年度	农业部农牧渔业丰收计划奖一等奖
15	肉品卫生质量快速检验技术推广	天津市动物检疫站张建华	1998年度	天津市科技进步奖二等奖
16	天津市良种肉鸡及配套饲养技术	天津市畜牧局王瑞久，天津市畜牧兽医站，天津市禽病诊断培训中心，武清区、静海县、大港区畜牧水产局	1999年度	农业部农牧渔业丰收奖二等奖
17	天津市家禽优良品种及配套集约化增产技术	天津市畜牧局刘克成，天津市畜牧兽医站，天津市畜牧兽医研究所，宝坻、北辰、蓟县、宁河县(区)畜牧(水产)局	2000年度	农业部农牧渔业丰收奖一等奖
18	天津市奶牛品种及配套技术推广	天津市畜牧兽医站傅润亭，天津市畜牧兽医研究所，天津市奶牛育种站，静海、北辰、宁河、武清区(县)畜牧(水产)局	2002年度	农业部农牧渔业丰收计划奖二等奖
19	猪人工授精技术推广	天津市畜牧局隋茁，天津市畜牧兽医站，天津市家畜繁育科技服务中心	2005年度	天津市科技进步奖二等奖
20	天津市牧草新品种引进、筛选、示范及推广	天津市畜牧局傅润亭，天津市饲草饲料工作站荀桂荣	2006年度	天津市科技进步奖二等奖
21	天津市种猪良繁体系示范工程	天津市畜牧兽医局傅润亭	2008年度	天津市科技进步奖二等奖
22	天津市猪肉质量安全数字化监控和可追溯技术集成与示范	天津市畜牧业发展服务中心傅润亭	2010年度	天津市科技进步奖二等奖
23	猪肉质量数字化监控和可追溯技术	天津市畜牧业发展服务中心傅润亭	2010年度	全国农牧渔业丰收计划奖二等奖

第五篇

农业机械

农业机械化是农业可持续发展的必要条件，也是农业现代化的重要组成部分。20世纪90年代以来，随着天津市农业产业结构调整的不断深入，农业机械营销进入了以市场为导向的发展阶段，形成了国家、集体、农民多种经济成分共同经营的格局。全市的农业机械化由传统的种植业开始向养殖、产后加工等领域拓展。土壤深松、精少量播种、化肥深施、主要粮食作物收获、旱作农业等一大批技术含量高的农业机械装备与技术得到农民的认可并迅速在天津市推广使用。

天津市农机企业和科研机构根据天津市农业生产的特点和市场需求，研制开发成功了一批具有自主知识产权、适合天津市农业生产需要的农机产品。同时先后从国内外引进了移动式喷灌机、小麦免耕播种机、翼型深松机、全光照喷雾设备、新型植保机械、工厂化穴盘育苗设备、大田激光平地机等一大批技术性能先进的农业机械。天津市的农业机械化水平获得了快速发展。到2000年，据农业部公布的数据显示，天津市土地机耕率达95.04%（全国平均水平为58%），居全国第二；机播率48.63%（全国平均水平为29.5%）；机收率24.98%（全国平均水平为19.8%），机播、机收水平两项也在全国名列前茅。农业机械化综合水平居全国第二。

进入21世纪，全市农机战线的干部职工以现代都市型农业机械化为发展目标，努力做到基本实现粮食作物主要生产环节的机械化，大力发展蔬菜、林果、畜禽、水产养殖关键环节机械化，提高农业机械社会化服务的应用水平，全面提高农机化综合水平，为天津市率先实现农业现代化做出了新贡献。全市农机工作围绕实施科技兴农战略，全面加强农机科技推广工作。坚持高新技术与常规技术相结合、自主研究与技术引进相结合，科学研究与成果推广相结合的原则，加速农机科技创新，在一些农业生产关键环节中的关键技术开发及应用水平上有新的突破。以示范区建设带动全市农业机械化工作不断上台阶、上水平，相继建设了水稻生产全程机械化示范工程，使劳动生产率提高30%~50%，新增水稻生产能力1.08万吨；建设了机械化秸秆还田工程，实现全市300万亩秸秆禁烧，通过机械作业直接还田，使秸秆得到充分利用；建设了机械化旱作节水农业工程，年深松耕地144万亩，从而有效利用自然降水，增加土壤蓄水保墒能力。同时还建立了农业全程机械化示范区，建设玉米生产全程机械化示范区和“菜篮子”工程机械化示范区，推广蔬菜工厂化育苗、大棚温室设备、保护地栽培、秸秆青贮、饲料加工等方面的成套设施和综合配套的机械化工程、技术措施。围绕全市农业生产结构的调整，加强农机作业组织服务工作。

在此期间，天津市人民政府和各涉农区县人民政府都把推进农业机械化纳入国民经济和社会发展计划，采取措施逐步提高对农业机械化的资金投入。从2004年开始，每年拨出专项资金，实施农民购机补贴政策。补贴的农机产品涵盖了大田作物耕种收、田间管理、收后处理、农田排灌、农田基本建设及设施农业、畜牧水产养殖等产业环节的农业机械。2004年至2010年，全市共安排农业机械购置补贴资金2.43亿元，带动农民投资购置农业机械6.0536亿元。这些政策和措施的实施,使天津市农业生产条件逐年改善,农业现代化的装备水平快速提升。到 2010 年,天津市农业生产耕种收综合机械化率达到 75.73%,仅低于新疆生产建设兵团和黑龙江农垦集团,位列全国第三。其中机耕、机播、机收的机械化作业水平分别达到 99.22%、80.6%和 39.34%。全市的农业机械总动力达 596 万千瓦,每百亩耕地拥有农机动力超过 98 千瓦,继续在全国处于领先地位。各类农业机械保有量达到 50 万台以上,农业机械原值超过 34 亿元。大中型拖拉机发展到 1.38 万台,联合收获机发展到 3000 多台。全年农机化经营总收入达 18 亿元,利润总额超过 7.5 亿元。农机化水平的大幅提高保障了天津市农业连年丰收和农民收益增加。

第一章 农机装备与农机化水平

第一节 农机拥有量

随着农业结构调整和农机产品的更新升级,以及农机购置补贴政策的带动,农机化发展中长期存在的“三多三少”(小型机械多、大型机械少,动力机械多、配套农具少,普通机械多、高性能机械少)问题得到一定程度改善,高性能、大马力的田间作业动力机械和配套机具呈现出增长态势,农用运输车、大中型拖拉机、联合收割机、玉米收获机和保护性耕作机具的保有量有了大幅度增长。农机总量的增长,使农业机械日益成为农业生产重要物质基础。1991 年,天津市农机总动力 434.38 万千瓦,到 2010 年,全市农机总动力发展到 596 万千瓦。其中柴油发动机动力、汽油发动机动力和电动机动力,1991 年分别为 147.84 万千瓦、107.16 万千瓦和 179.98 万千瓦,到 2010 年分别达到 386.27 万千瓦、71.16 万千瓦和 137.57 万千瓦。农业机械原值,1991 年为 12.41 亿元,2010 年达到 34.18 亿元。

表 5-1-1-56　1991~2010 年天津市农机总动力、原值情况表

年份	农机总动力（万千瓦）	原值（亿元）	年份	农机总动力（万千瓦）	原值（亿元）
1991	434.38	12.41	2001	603.32	22.01
1992	449.02	13.18	2002	612.72	22.58
1993	470.05	13.02	2003	601.66	23.22
1994	504.34	14.77	2004	608.13	25.1
1995	532.45	16.78	2005	611.94	26.25
1996	558.02	18.21	2006	603.39	31.78
1997	586.75	20.05	2007	604.90	31.79
1998	602.09	20.87	2008	596.60	32.32
1999	609.77	21.94	2009	595.00	33.33
2000	593.40	20.49	2010	596.00	34.18

一、农机动力结构

在动力结构上，逐渐形成涵盖农用动力机械、农田作业机械、收获机械、排灌机械、养殖机械、林果机械、农副产品加工机械、农田基本建设机械及农用运输机械的动力格局。随着农业机械总动力的不断发展，动力构成比例也在不断变化。

表 5-1-1-57 1991~2010 年天津市农业机械动力构成及所占比例变化情况表

年份	农机总动力（万千瓦）	拖拉机动力		排灌动力		收获机械动力		植保机械动力		农用运输机械动力		其他动力	
		数量（万千瓦）	比例（%）	数量（万千瓦）	比例（%）	数量（万千瓦）	比例（%）	数量（万千瓦）	比例（%）	数量（万千瓦）	比例（%）	数量（万千瓦）	比例（%）
1991	434.38	63.86	14.7	112	25.78	1.75	0.4	0.36	0.08	160.66	36.99	95.75	22.04
1992	449.02	67.01	14.92	114.07	25.40	1.48	0.33	0.29	0.06	170.76	38.03	95.41	21.25
1993	470.05	66.79	14.21	111.96	23.82	1.22	0.26	0.32	0.07	201.01	42.76	88.75	18.88
1994	504.34	67.85	13.45	115.36	22.87	2.13	0.42	0.59	0.12	212.05	42.05	106.36	21.09
1995	532.45	68.6	12.88	111.17	20.88	1.44	0.27	0.44	0.08	225.77	42.4	125.03	23.48
1996	558.02	70.57	12.65	114.91	20.59	2.42	0.43	0.41	0.07	222.17	39.81	147.54	26.44
1997	586.75	73.8	12.58	115.98	19.77	4.6	0.78	0.33	0.06	223.83	38.15	168.21	28.67
1998	602.09	76.33	12.68	126.56	21.02	7.01	1.16	0.45	0.07	216.8	36.01	174.94	29.06
1999	609.23	78.69	12.9	128.19	21.02	8.4	1.38	0.48	0.08	199.41	32.7	194.6	31.91
2000	593.4	77.04	12.98	129.34	21.8	8.98	1.51	0.56	0.09	135.44	22.82	242.04	40.79
2001	603.32	75.99	12.6	129.57	21.48	9.07	1.5	1.52	0.25	183.8	30.46	203.37	33.71
2002	612.72	74.04	12.08	129.07	21.07	8.58	1.4	1.55	0.25	181.89	29.69	217.59	35.51
2003	601.66	72.7	12.08	123.65	20.55	9.04	1.5	1.67	0.28	190.44	31.65	204.16	33.93
2004	608.13	75.72	12.45	123.59	20.32	10.3	1.69	1.51	0.25	192.66	31.68	204.35	33.6
2005	611.94	79.93	13.06	126.13	20.61	11.63	1.9	1.66	0.27	193.1	31.56	199.49	32.6
2006	603.39	79.24	13.13	125.95	20.87	12.09	2	1.76	0.29	184.93	30.65	199.42	33.05
2007	604.9	80.37	13.29	126.87	20.97	14.14	2.34	1.77	0.29	186.09	30.76	195.66	32.35
2008	596.6	81.47	13.66	126.02	21.12	16.78	2.81	2.1	0.35	184.04	30.85	186.19	31.21
2009	595	86.8	14.59	122.17	20.53	18.94	3.18	2.19	0.37	179.48	30.16	185.42	31.16
2010	596	89.51	15	119.8	20.1	24.96	4.19	2.31	0.37	181.6	30.47	177.82	29.8

（一）拖拉机动力

1991 年，全市拖拉机动力为 63.86 万千瓦，占全市农机总动力的 14.70%。1991~1999 年，拖拉机动力呈逐年递增趋势。其增速慢于其他动力机械，在全市农机总动力中的比例逐年下降。2004 年，天津市贯彻国家农机具购置补贴政策，调动了农民购买农机的积极性，拖拉机动力快速增长，2010 年，全市拖拉机动力为 86.51 万千瓦，比 2003 年和 1991 年分别增长 18.99%和 35.46%。

（二）排灌动力

1991 年，全市排灌动力为 112 万千瓦，占全市农机总动力的 25.78%，1997 年达到 115.98 万千瓦，占全市农机总动力的 19.77%。到 2000 年达到 129.34 万千瓦，占 21.80%。2005 年，129.13 万千瓦，占 20.61%，2010 年达到 119 万千瓦，占全市农机总动力的 20.38%。20 年间，全市排灌动力增加了 7 万千瓦，增长 6.25%，是拖拉机、收获机械、植保机械、运输机械和其他机械动力中增长最少的。

（三）收获机械动力

在 1991 年至 2010 年的 20 年间，全市收获机械动力总量提高最快。1991 年，全市收获机械动力为 1.75 万千瓦，占当年全市农机总动力的 0.4%。1995 年，达到 1.44 万千瓦。随着农民在追求耕种机械化的同时不断追求收获的机械化，小麦跨区机收作业市场的兴起，农机配套要求的增强，收获机械快速发展。1996 年达到 2.42 万千瓦，1999 年为 8.4 万千瓦，2010 年增长到 21.96 万千瓦，是 1995 年的 15 倍以上，占当年全市农机总动力的 3.74 %。

（四）农用运输机械动力

1991 年，全市农用运输机械动力为 160.66 万千瓦，占当年全市农机总动力的 36.99%。1993 年，所占比重达到 42.76%，为 20 年最高。到 2010 年，农用运输机械动力为 181.6 万千瓦，占当年全市农机总动力的 30.9%，是农机总动力中下降幅度最大的。

（五）其他动力

其他动力包括农副产品初加工动力、畜牧和渔业机械动力、农田基本建设机械动力等，1991 年，这一大类农业机械动力达到 95.75 万千瓦，占全市农机总动力 22.04%。随着农业结构调整的深入和农业现代化步伐的加快，全市畜牧和渔业机械动力、农副产品初加工动力、农田基本建设机械动力为主的其他动力的装备水平以及占全市农机总动力的比重大幅提高，到 2010 年，其他动力达 175.72 万千瓦，比 1991 年增加 79.97 万千瓦，增长了 83.5%。

二、拖拉机及配套机具

拖拉机是农田作业的重要机械。1991 年，全市大中型拖拉机拥有量 0.9 万台，2000 年发展到0.95万台,10年增加500台;小型拖拉机1991年有2.96万台,2000年发展到3.78万台,10年增加8200台,反映出这一时期小型拖拉机适应了当时土地承包,适应小地块机械化作业的需要。2001~2004年,全市拖拉机拥有量无论是大中型还是小型均开始出现逐年下降的趋势。从2005年起,大中型拖拉机数量下滑的趋势得到遏制,呈现较快发展的局面,小型拖拉机数量则继续减少。2005~2010年,全市大中型拖拉机增加3600台。其原因是农机具购置补贴政策的实施调动了农民发展农机化的积极性;土地流转和适度规模经营,为大中型拖拉机的发展带来了新机遇。广大农民对机械化代耕、代种、代收的生产模式需求十分迫切,大马力、高效、高性能的拖拉机、联合收割机等新型农业机械受到市场的青睐。

20世纪90年代以后,随着拖拉机数量的日趋增多,与之配套的农机具在品种和数量上也有所发展,在提高农田作业水平、改善土壤和耕地质量、增加粮食产量等方面发挥了重要作用。拖拉机配套农具与拖拉机的比值则反映了拖拉机的使用效益和农田作业机械化程度。1991年,全市大中型拖拉机与机具配套比为1.18,小型拖拉机与机具配套比为0.76。到2010年,大中型拖拉机与机具配套比为1.52,小型拖拉机与机具配套比为1.24。拖拉机配套农机具与拖拉机比值尽管有不同程度的提高,但配套比偏低仍然是天津市农机化发展的突出问题。

表5-1-1-58 1991~2010年天津市拖拉机及配套农具发展情况表

单位:万台

年份	拖拉机	拖拉机		拖拉机配套农具	其中		年份	拖拉机	其中		拖拉机配套农具	其中	
		大中型	小型		大中型	小型			大中型	小型		大中型	小型
1991	3.86	0.9	2.96	3.49	1.06	2.43	2001	4.67	0.96	3.71	4.87	1.08	3.79
1992	4.06	0.86	3.2	3.85	1.09	2.76	2002	4.51	0.86	3.65	4.53	1.1	3.43
1993	4	0.83	3.17	3.79	1.05	2.74	2003	4.51	0.93	3.58	4.50	1.06	3.44
1994	4.05	0.81	3.24	3.82	1	2.82	2004	4.58	0.94	3.64	5.21	1.42	3.97
1995	4.18	0.82	3.36	3.89	1.04	2.85	2005	4.57	1.03	3.54	5.28	1.48	3.80
1996	4.28	0.83	3.45	4.09	1.05	3.04	2006	4.58	1.07	3.51	5.28	1.50	3.78
1997	4.56	0.85	3.71	4.37	1.08	3.29	2007	4.51	1.10	3.41	5.48	1.69	3.79
1998	4.7	0.89	3.81	4.42	1.13	3.29	2008	4.38	1.15	3.23	5.58	1.73	3.85
1999	4.77	0.92	3.85	4.83	1.12	3.71	2009	4.46	1.28	3.18	5.72	1.84	3.88
2000	4.73	0.95	3.78	5.54	1.26	4.28	2010	4.42	1.30	3.12	5.84	1.97	3.87

三、种植业机械

种植业机械在天津市农机装备中占有举足轻重的地位,为提高农业综合生产能力发挥了重要作用。随着农机科技水平和制造水平的提高,高耗能、粗放型机具已逐步被节油、节水、节药、节能的机具所取代。种植业机械根据作业用途不同主要分为耕整地机械、种植施肥机械、农用排灌机械、田间管理机械、收获机械和收获后处理机械等类别。

（一）耕整地机械

主要包括耕整机、机耕船、机引犁、旋耕机、深松机和机引耙。20 世纪 90 年代初期，耕整地机械中保有量比重最大的是机引犁和旋耕机。1991 年，全市机引犁和旋耕机分别有 1.12 万台和 1.28 万台，分别占全市机具总量的 38.06%和 43.5%，其他耕整地机械中，耕整机占 0.06%、机耕船占 6.09%、机引耙占 11.43%、深松机占 0.86%。

旋耕机的发展与其作业效果好和适用范围广相适应，其对耕地作业耕耙可一次完成，提高了作业效率，既适用于旱田，又适用于水田。2010 年，旋耕机在耕整地机械中保有量比重超过 50%，达到 50.72%。

机耕船是天津市独创的一种水田作业动力机械，适用于拖拉机不能进行作业的深泥脚田，20 世纪 90 年代初期在天津市推广使用，1991 年在全市的保有量为 1790 台，在当时具有作业质量好、生产效率高、使用范围广和成本低等优势。之后，由于天津市水资源紧张，降雨量少的原因，深泥脚田逐渐减少，履带式拖拉机可满足水田作业的需要，机耕船的优势逐渐消失，到 20 世纪 90 年代末逐渐被淘汰。

机引犁主要是为切除杂草、破碎和翻转土垡并耕出槽沟为播种准备的旱田耕作机具。在 20 世纪 90 年代初期使用的主要有牵引五铧犁，悬挂四铧犁、三铧犁和二铧犁。由于耕作制度的变革，犁地作业减少，全市机引犁的保有量到 2010 年减至 0.74 万台，占耕整地机械保有量的 17.79%。

（二）种植施肥机械

主要包括播种机、水稻载植机、化肥深施机、秸秆还田机和地膜覆盖机。播种机的使用发展是随着农作物栽培技术的进步而发生改变的，普通播种机逐步被半精量和精量播种机、免耕播种机取代。1991 年，全市播种机保有量 0.65 万台，其中半精量播种机 287 台，占 4.42%。此后，由于半精量和精量播种机具有节种、高效的技术特点和良好的作业效果得到快速发展。到 20 世纪 90 年代末，市场开始出现免耕播种机，很快就被农民所接受，到 2010 年，全市免耕播种机达到 0.82 万台，精少量播种机 0.38 万台，两种类型的播种机占到全市播种机保有量的 65.93%，成为播种机的主要机种。

水稻载植机械主要是指水稻插秧机。20 世纪 90 年代初期，天津市主要使用的是延吉生产的机动插秧机。1991 年，全市机动插秧机有 291 台，由于当时育秧技术未能很好解决，秧苗达不到要求，加之机动插秧机质量较差，故障多，效率不高，机动插秧机保有量呈逐年下降的趋势。2000 年，日本的洋马、久保田和韩国的井关等国外品牌的水稻插秧机进入中国市场，加之工厂化育秧技术的发展，天津市的原有机动式水稻插秧机迅速被新型的乘座式水稻插秧机取代。2004~2010年，新型水稻插秧机快速发展，6年新增246台，有力地促进了水稻生产种植环节机械化水平的提升。

用于养地保墒的化肥深施机、秸秆还田机和地膜覆盖机，1991年，这三种机具的保有量分别为20台、12台和5台，2010年分别发展到100台、3700台和3400台，为提高农业生产作业质量发挥了重要作用。

（三）农用排灌机械

排水与灌溉是保证农业丰收的重要环节。1991年，全市排灌动力机械有8.8万台，拥有动力112万千瓦、农用水泵有6.84万台、节水灌溉类机械有0.31万台。2010年，全市拥有排灌动力机械10.80万台，拥有动力119.8万千瓦、有农用水泵9.24万台、节水灌溉类机械0.29万台。农用排灌机械数量的增加，提高了农田灌溉水平和有效灌溉面积，控制了沥涝灾害。同时，为缓解天津市水资源短缺的矛盾，逐步引进了喷灌、滴灌等节水灌溉机械，保证了农业生产持续稳定发展。

表5-1-1-59 1991~2010年天津市农机用排灌机械发展情况表

年份	农用排灌机械（万台）			年份	农用排灌机械（万台）		
	排灌动力机械	农用水泵	节水灌溉类机械		排灌动力机械	农用水泵	节水灌溉类机械
1991	8.80	6.84	0.31	2001	10.82	9.89	0.09
1992	8.84	7.06	0.25	2002	10.88	9.87	0.26
1993	10.66	7.05	0.24	2003	10.91	10.02	0.26
1994	8.67	7.24	0.23	2004	11.26	10.11	0.25
1995	8.65	7.3	0.53	2005	11.14	10.09	0.39
1996	8.93	7.73	0.28	2006	11.12	10.07	0.29
1997	9.04	8.45	0.22	2007	11.20	9.82	0.26
1998	10.01	9.12	0.24	2008	11.25	9.68	0.27
1999	10.62	9.08	0.24	2009	10.96	8.55	0.27
2000	11.04	9.53	0.32	2010	10.80	9.24	0.29

（四）田间管理机械

机械喷雾（粉）机是重要的田间管理机械，主要用途是植保。1991年，全市有1.44万台，此后逐年增加。2002年以后，推广使用高效植保机械，收到良好效果。

表 5-1-1-60　1991~2010 年天津市植保机械发展情况表

年份	机械喷雾(粉)机械(万台)	年份	机械喷雾(粉)机械(万台)
1991	0.14	2001	0.42
1992	0.14	2002	0.44
1993	0.15	2003	0.48
1994	0.17	2004	0.45
1995	0.17	2005	0.45
1996	0.19	2006	0.50
1997	0.18	2007	0.52
1998	0.21	2008	0.83
1999	0.26	2009	0.85
2000	0.42	2010	0.86

(五)收获机械

从 1991 年至 2010 年,天津市的收获机械主要围绕实现本市小麦、水稻和玉米三大粮食作物生产收获环节的需求而发展变化的。1991 年,全市各类收获机械保有量为 8935 台,其中,联合收割机 114 台、机动收割机 116 台、割晒机 5034 台,种子精选、玉米剥皮、扬场机等其他机具 3671 台。1991 年~1994 年,各类收割机的保有量呈现上下波动状态,但没有明显变化,场上作业基本实现机械化。从 1995 起,小麦跨区机收的兴起,加之新疆 2、谷神等能够一次性完成收割、脱粒、清选等作业的小麦联合收割机的快速发展,1999 年稻麦联合收割机已经增长到 2745 台,小麦收割实现了由割晒型到联合收获型的转变。1998 年,天津市开始引进二手日本久保田、洋马等品牌的以收割水稻为主的稻麦联合收割机,稻麦联合收割开始发展。到 2007 年,随着玉米联合收获机技术性能的日益成熟,特别是较好地解决了不同行距的收割难题,悬挂式、自走式等不同类型的玉米收获机开始迅速发展。由于小麦、水稻和玉米联合收获机的发展,20 世纪 90 年代初使用较多的机动收割机、割晒机和扬场机等作业机械被逐步淘汰。

表 5-1-1-61　1991~2010 年天津市收获机械发展情况表

年份	收获机械(万台)	其中			
		联合收割机	机动收割机	割晒机	其他
1991	0.89	0.01	0.01	0.50	0.37
1992	0.62	0.02	0.03	0.57	0.00
1993	0.75	0.03	0.02	0.69	0.01
1994	0.68	0.03	0.02	0.63	0.00
1995	0.73	0.05	0.02	0.66	0.00
1996	0.77	0.11	0.02	0.64	0.00

年份	收获机械（万台）	其中			
		联合收割机	机动收割机	割晒机	其他
1997	0.84	0.19	0.01	0.64	0.00
1998	0.90	0.27	0.02	0.61	0.00
1999	0.83	0.27	0.01	0.55	0.00
2000	0.50	0.28	0.00	0.22	0.00
2001	0.42	0.27	0.00	0.15	0.00
2002	0.39	0.26	0.00	0.13	0.00
2003	0.38	0.25	0.00	0.13	0.00
2004	0.28	0.27	0.00	0.01	0.00
2005	0.28	0.27	0.00	0.01	0.00
2006	0.31	0.30	0.00	0.01	0.00
2007	0.45	0.43	0.00	0.02	0.00
2008	0.39	0.33	0.00	0.03	0.03
2009	0.40	0.35	0.00	0.03	0.02
2010	0.47	0.40	0.00	0.03	0.04

（六）收获后处理机械

20 世纪 90 年代初期，机动脱粒机是天津市最主要的收获后处理机械，解决了谷物收割后脱粒环节的机械化问题，降低了劳动强度。2000 年以后，由于联合收割机的发展，实现了从收割到脱粒一次性完成，机动脱粒机逐步被联合收获机代替，其保有量呈逐年下降趋势。

表 5-1-1-62 1991~2010 年天津市机动脱粒机拥有情况表

年份	机动脱粒机保有量（万台）	年份	机动脱粒机保有量（万台）
1991	3.29	2001	3.66
1992	3.38	2002	2.94
1993	3.50	2003	2.71
1994	3.68	2004	2.17
1995	3.01	2005	2.125
1996	4.14	2006	2.08
1997	4.52	2007	2.08
1998	4.47	2008	1.93
1999	4.14	2009	1.92
2000	3.05	2010	1.92

四、设施农业机械

1991年，随着农业产业结构调整和科学技术的进步，设施栽培成为蔬菜生产的一种重要形式和农民增收的重要途径。全市引进第二代节能日光温室及栽培技术并大力推广，使节能型日光温室的结构性能由不尽合理到全面优化，并且内部可装备各种环境调节装置，如采暖、通风、灌溉、二氧化碳增施、补充照明等装置，温室性能和栽培技术得到进一步完善，使喜温果菜类蔬菜收获期提前到春节前后，温室平均亩效益提高到1.6万多元，农民收入大幅度提高。设施生产种类由单纯的蔬菜逐渐扩大到食用菌、花卉、果树等园艺类，逐渐形成了一年四季多茬次、多品种、多覆盖形式相互结合的保护地生产格局。2000~2010年，全市设施农业进入快速发展期。天津市农机部门先后组织实施了一批设施农业机械化科研、推广项目，如日光温室优化设计及环境控制技术研发、天津市新型日光温室及机械化综合配套技术推广、新型节能日光温室综合配套技术示范推广、蔬菜工厂化生产设施设备及技术示范、LPG温室增温及二氧化碳发生兼用设备的研制与开发、天津市蔬菜保护地机械化技术推广、绿色无害化蔬菜生产综合技术示范推广、设施蔬菜生产规范化技术推广、新型日光温室复合材料开发研究等项目，促进了全市设施农业机械技术的应用和科技水平的提升。

五、农产品初加工机械

天津市农产品初加工机械主要分为动力机械和作业机械，作业机械根据加工的品种分为粮食加工、油料加工、棉花加工和淀粉加工。1991年全市农产品初加工动力机械拥有1.18万台，拥有动力9.65万千瓦。粮食加工机械1.04万台、油料加工机械0.08万台、棉花加工机械0.04万台、淀粉加工机械0.02万台。随着农村经济的发展，天津市相继使用了先进的粮食、油料、棉花等加工机械，农产品加工机械形成更新换代的趋势。2010年，全市农产品初加工动力机械有2.41万台，拥有动力9.17万千瓦。粮食加工机械0.58万台、油料加工机械0.06万台、棉花加工机械0.07万台。

表5-1-1-63　1991~2010年天津市农产品初加工机械拥有情况表

年份	动力机械（万台）	作业机械（万台）			
		粮食加工	油料加工	棉花加工	淀粉加工
1991	1.18	1.04	0.08	0.04	0.02
1992	1.09	0.98	0.07	0.03	0.01
1993	1.16	1.02	0.07	0.06	0.01
1994	1.11	0.94	0.08	0.08	0.01
1995	1.04	0.94	0.07	0.03	0

年份	动力机械（万台）	作业机械(万台)			
		粮食加工	油料加工	棉花加工	淀粉加工
1996	1	0.89	0.07	0.04	0
1997	1.2	1.12	0.06	0.02	0
1998	0.89	0.82	0.06	0.01	0
1999	1.08	0.8	0.26	0.01	0.01
2000	2.6	1.55	0.37	0.02	0
2001	0.88	0.73	0.09	0.02	0
2002	3.06	0.85	0.1	0.04	0
2003	3.06	0.75	0.087	0.09	0
2004	3.02	0.73	0.1	0.12	0
2005	3.12	0.74	0.09	0.09	0
2006	3.06	0.73	0.1	0.09	0
2007	3.06	0.69	0.09	0.08	0
2008	2.9	0.77	0.04	0.11	0
2009	2.42	0.72	0.06	0.07	0
2010	2.41	0.58	0.06	0.07	0

六、畜牧养殖、渔业、林业机械

畜牧养殖、渔业和林业机械在天津市整体农机装备中占比例较小。畜牧养殖机械主要有饲料加工机械、畜牧养殖机械和挤奶机等。渔业机械主要包括增氧机和投饵机等。林业机械主要是挖坑机。1991 年,全市畜牧养殖机械有 0.5 万台,拥有动力 1.63 万千瓦;渔业机械 0.18 万台,拥有动力 15.59 万千瓦;林业机械 2 台,拥有动力 30 千瓦。2010 年,畜牧养殖机械发展到 0.59 万台,拥有动力 4.87 万千瓦;渔业机械发展到 4.87 万台,拥有动力 10.52 万千瓦;林业机械 100 台,拥有动力 0.49 万千瓦。

表 5-1-1-64 1991~2010 年天津市畜牧养殖、渔业、林业机械拥有情况表

年份	畜牧养殖机械(万台)	渔业机械（万台）	林业机械（台）	年份	畜牧养殖机械(万台)	渔业机械（万台）	林业机械（台）
1991	0.5	0.18	2	2001	0.33	1.17	15
1992	0.93	0.29	10	2002	0.34	1.04	18
1993	0.24	0.31	4	2003	0.42	1.07	20
1994	0.24	0.36	4	2004	0.56	1.16	40
1995	0.39	0.36	2	2005	0.5	1.23	60

年份	畜牧养殖机械(万台)	渔业机械(万台)	林业机械(台)	年份	畜牧养殖机械(万台)	渔业机械(万台)	林业机械(台)
1996	0.39	0.52	1	2006	0.51	1.39	80
1997	0.38	0.53	2	2007	0.53	1.42	100
1998	0.42	0.8	2	2008	0.55	3.2	100
1999	0.36	0.98	2	2009	0.57	3.54	100
2000	0.31	1.04	10	2010	0.59	4.84	100

七、农用运输车

1991 年,天津市农用载重汽车有 1.99 万台,拥有动力 160.66 万千瓦,农用运输车有 330 台,加上拖拉机,彻底改变了农业运输依靠人力、畜力和陈旧运输工具的状况。1992 年,农用运输车异军突起,猛增到 0.9 万台,农用运输车改称农用机动三轮车。2000 年,农用载重汽车改称农用四轮运输车,农用机动三轮车改称农用三轮运输车。2004 年,《中华人民共和国道路交通安全法》颁布实施后,对机动车进行重新划分。2008 年,农用四轮运输车改称低速载货汽车,农用三轮运输车改称三轮汽车。到 2010 年,全市农用运输车(包括低速载货汽车、三轮汽车)发展到 13.53 万台,拥有动力 181.60 万千瓦。

表 5-1-1-65 1991~2010 年天津市农用运输车数量表

年份	低速载货汽车(万台)	三轮汽车(万台)	农用挂车(万台)	农机运输作业量(亿吨·公里)
1991	1.99	0.033	3.59	–
1992	2.12	0.9	3.22	14.79
1993	2.39	1.59	3.86	13.7
1994	2.53	3.26	3.17	12.02
1995	2.67	4.32	3.88	18.57
1996	2.71	5.66	4.01	13.22
1997	2.78	7.42	3.9	16.19
1998	2.76	8.16	3.83	14.8
1999	2.56	8.94	4.11	9.1
2000	0.73	9.29	–	8.27
2001	1.4	9.52	–	8.09
2002	1.4	10.72	–	8.33
2003	1.38	11.22	–	9.26
2004	1.7	11.35	–	9.28

年份	低速载货汽车（万台）	三轮汽车（万台）	农用挂车（万台）	农机运输作业量（亿吨·公里）
2005	1.75	11.56	—	5.03
2006	1.85	11.66	3.88	5.6
2007	1.93	11.77	4.01	5.19
2008	2.1	11.47	3.9	5.27
2009	2.22	11.2	3.83	5.97
2010	2.19	11.34	4.11	5.98

八、农田基本建设机械

1991 年，天津市推土机、挖掘机、装载机、平地机、开沟机等机械已经开始应用于农田基本建设。农田基本建设机械拥有量 238 台，动力 3.16 万千瓦。到 2010 年，全市各类农田基本建设机械发展到 0.38 万台，拥有动力 34.43 万千瓦。

表 5-1-1-66 1991~2010 年天津市农田基本建设机械数量表

年份	农田基本建设机械（万台）	年份	农田基本建设机械（万台）
1991	0.0238	2001	0.28
1992	0.0075	2002	0.31
1993	0.0139	2003	0.34
1994	0.0185	2004	0.4
1995	0.0089	2005	0.42
1996	0.0129	2006	0.4
1997	0.0342	2007	0.42
1998	0.0688	2008	0.39
1999	0.0549	2009	0.4
2000	0.1	2010	0.38

九、农用航空

天津市航空植保起步于 1995 年。同年，西青区成立了绿翔航空植保队，以该航空植保队为试点，开展了农用飞机植保节药技术服务推广工作。至 1996 年底，已建成拥有 4 架“蜂蜜三号”农用飞机，有 6 名农民飞行员的专业队伍。由于体制等诸方面原因，该航空植保队到 2000 年后不再开展航空植保业务。2002 年 4 月，天津市塘沽区农用航空服务站启动建设，该农用航空站是经农业部批准立项的全国 5 个农用航空站之一，总投资 4338.3 万元，其中农业部投入扶持资金 2000 万元，塘沽区政府及联建企业自筹 2338.3 万元。2005 年 8 月，3 架运 5B 型多用途飞机顺利飞抵塘沽农用航空服务站，标志着农航站已具备飞行作业能力。

表 5-1-1-67 1995~2000 年天津市农用航空作业面积表

年份	农用飞机作业面积(千公顷)	年份	农用飞机作业面积(千公顷)
1995	12.23	1996	3.46
1997	3.51	1998	4.2
1999	5	2000	0.67

第二节 农机化水平

一、耕种收综合机械化水平

1991 年，全市农业耕种收综合机械化水平为 52.7%，农业劳动力占全社会从业人员比重降至 40%以下，进入农机化发展中级阶段。小麦、玉米和水稻三大粮食作物，耕地环节基本实现机械化，综合机耕率达到 95%。小麦的机播率达到 72%、机收率达到 70%，耕种收综合机械化水平达到 78.71%，基本实现了全程机械化。但此时的玉米机播和机收、水稻机插和机收的机械化水平仍较低。此后，天津市农机部门狠抓玉米和水稻薄弱环节机械化水平。从 1993~2000 年，耕种收综合机械化水平实现逐年提高，耕种收综合机械化水平增长到 60.1%。2001~2005 年期间，较 2000 年之前有所下降，反映出农业作为弱势和基础产业，单纯依靠市场调节势必制约和影响农业的持续健康发展。2004 年中央一号文件的颁布，开始实施农机购置补贴政策。此后中央连续 6 年颁布加强“三农”工作的一号文件，在政策扶持、市场调节的作用下，激发了农民发展农机化的积极性。2006 年，天津市农业综合机械化水平达到 61.44%，此后连续 4 年快速增长。到 2007 年，历经 17 年，农业综合机械化水平提高到 70.21%，农业劳动力占全社会从业人员比重降至 20%以下，天津市的农业机械化在全国率先进入农机化发展高级阶段。2010 年，天津市耕种收综合机械化水平达到 75.23%，其中机耕水平达到 99.22%，机播水平达到 80.6%，机收水平达到 39.34%，在全国综合机械化水平排名第 4。

但从主要农作物的机械化生产的各个环节来看，不同作物的机械化水平呈现出参差不齐的现象，存在粮食作物机械化水平高，经济作物机械化水平较低的现象，这在很大程度上制约了全市农机化综合作业水平的进一步提升。

表 5-1-2-68 1991~2010 年天津市耕种收综合机械化水平表

年份	综合机械化水平(%)	年份	综合机械化水平(%)
1991	52.70	2001	54.70
1992	53.07	2002	55.99
1993	50.24	2003	54.77
1994	53.20	2004	56.95
1995	53.72	2005	59.03
1996	56.08	2006	61.44
1997	58.07	2007	70.21
1998	58.58	2008	74.61
1999	58.61	2009	78.60
2000	60.10	2010	75.73

二、主要粮食作物生产机械化水平

天津市的粮食作物主要是小麦、玉米和水稻。粮食作物生产总体表现机械化水平较高,但除耕整地环节机械化水平较高外,不同作物、不同生产环节间机械化水平参差不齐,差距较大。

(一)小麦生产机械化水平

1991 年,天津市小麦生产耕整地、播种、收获三个环节机械化水平分别为 95%、72%和 70%,综合机械化水平为 80.6%,已基本实现全程机械化。此后,播种和收获环节机械化水平逐步提升,到 2010 年,小麦机耕、机播、机收水平分别达到 99.99%、99.99%和 99.50%,综合机械化水平达到 99.85%,实现全程机械化。

(二)玉米生产机械化水平

1991 年,天津市玉米耕整地、播种、收获三个环节机械化水平分别为 95%、20%和 0.5%,综合机械化水平为 44.15%。播种和收获环节机械化水平低,收获环节机械化水平几乎为零。从 2000 年起,天津市农机部门将玉米机播、机收这两个薄弱环节作为主攻方向,经过努力,到 2004 年,玉米机收呈现突破迹象,2006 年增长到 5%。到 2010 年,玉米机耕、机播、机收水平分别发展到 99.99%、99.99%、53.07%,综合机械化水平提高到 85.92%。

(三)水稻生产机械化水平

1991 年,天津市水稻耕整地、插秧、收获三个环节机械化水平分别为 95%、5%和 2%,综合机械化水平为 40.1%。市农机部门把水稻机收作为突破口,到 2000 年,着力解决水稻机械化插秧这一生产难题,并取得了显著成效。到 2010 年,水稻耕整地、插秧、收获三个环节机械化水平分别达到 83.72%、41.6%和 59.4%,综合机械化水平为 63.78%。

三、经济作物生产机械化水平

天津市经济作物生产机械化起步较晚，棉花、大豆、花生、马铃薯等经济作物生产的机械化水平较低。1991~2007年，经济作物机械化一直在低水平徘徊，成为发展“短板”。主要原因是适宜的机具少，特别是播种和收获环节，有的还是空白。这中间，棉花生产机械化程度相对较高，到2010年，机耕和机播水平分别为95.58%和93.7%，但机收水平仍为零，综合机械化水平66.34%。

第二章　农业机械化科技

第一节　科研活动

农机化的发展始终与科技进步紧密结合。1991年以后，农村经济体制改革不断深入，农民的土地承包经营权和生产经营自主权进一步稳固，降低田间劳动强度，不断提高机械化水平成为广大农民和发展都市型农业的新需求，天津市农机科研工作也相应实施转变。有步骤、有选择地推进农业机械化，按照投资少、收效大、见效快的要求，有条件的先“化”，急需的先“化”，不搞“一刀切”。天津市主要抓了“三夏”“三秋”两个农业生产高峰和小麦、玉米、水稻等作物的主要生产环节机械化，围绕主要生产环节机械化开展了机具选型配套和动力的合理配置的科研活动，取得了一批科研成果。

依据科研与推广相结合、引进与创新相结合的原则，为现代科技在农业生产上的应用提供实施手段。相继研制了一批适宜本地农业生产的机具，如：披挂式小麦联合收获机、全方位深松机、农用三轮运输车、微耕机、自走式采棉机、搂膜机、链式开沟机、颗粒压块饲料两用机、茎穗兼收型玉米联合收获机、全幅玉米联合收获机等。

1990年，天津市农机局与各区县农机管理和推广部门共同开展了针对农机化技术政策、农机化发展战略等综合项目的科研活动。各级农机部门共同争取科研课题，组织科技人员进行调查研究、分析论证，先后实施了节本增效、丰收计划、兴机富民和保护性耕作等重大科技项目。市农机局自2007年起自筹资金，组织青年科技创新基金项目，激发了青年科技工作者的潜能，营造了科技创新氛围。

随着都市型农业的发展,农机化科研活动朝着适应土地集约经营,由单一田间作业机具研究,向设施农业、精准农业、畜牧及水产业等方向延伸发展。相继研制出黑光灯、大葱移栽机、挤奶机、气动剪枝机、便携式大蒜播种器、新型日光温室复合材料等一批新成果、新产品,对发展现代农业起到了促进作用。2009年,市农机研究所成立了天津市农机企业科技创新中心,为提高本市农机企业自主创新能力,增强企业发展后劲,提升企业核心竞争力,构建起农机科技创新、成果转化平台。

第二节 科研成果推广

一、粮食作物生产机械化技术

自20世纪90年代起,天津市农机部门着力推进粮食作物生产的全程机械化。1991年至2010年的20年间,通过项目带动,先后引进、组装集成、示范推广了机械化土壤深耕、深松、小麦机械化免耕播种、机械化秸秆粉碎还田、机械化镇压保墒、膜下滴灌、机械化玉米收获、夏玉米免耕覆盖精量播种机械化技术以及保护性耕作、旱地耕作蓄水保墒等农机化新技术及其新机具,形成了具有天津市特色的粮食生产机械化生产模式。

(一)小麦生产

1991年,天津市农机部门在全市大面积推广了带种肥分施的小麦半精播、小麦沟播机械化技术,即:在秋季耕整地后,使用沟播机一次完成开沟、施肥、播种、覆土、镇压等作业。该技术有利于小麦出苗,使其生长健壮,安全越冬,麦苗分蘖率也明显高于常规播种方式。通过沟播机的推广应用,小麦半精播面积达万亩,提高了小麦播种技术水平。1999年1月至2001年12月,在实施国家农业部丰收计划天津市旱地耕作蓄水保墒机械化技术推广项目的过程中,重点推广了机械化土壤深耕、深松、机械化秸秆粉碎还田、机械化镇压保墒技术等农机化新技术。深松作业采用了1SO-2.5型深松联合作业机和1SO-250型全方位深松机。机械化秸秆粉碎还田作业是利用JQ-150型和JQ-180型秸秆还田机将作物秸秆切碎后,均匀抛撒于地表,再通过深耕埋入土壤底层,起到改善土壤理化性状,增肥地力,增强土壤蓄水抗旱能力的作用。

1994~1995年,实施了化肥深施机具改进项目,对702A单体播种机进行了改制,变原来单一的楔式开沟器为复合式开沟器,在开沟器底托板上方,安装具有较大前倾角的导肥板,改进后的播种机达到了种肥分施的农艺要求。

2001年10月至2003年9月,实施了天津市机械化旱作节水农业示范区项目,推广了旱作节水灌溉机械化技术、保护性耕作机械化技术。重点推广了新疆-2型稻麦联合收获机、2BQM-40气吸式免耕精量播种机、秸秆打捆机、3WM-650机动喷雾机、YJP-63×220中型移动卷盘式喷灌机、1GQN-180型旋耕机、2BY-3F小麦播种机、小丰600N型微耕机。

（二）水稻生产

水稻作为天津市三大粮食作物之一，种植面积随水资源由丰裕到紧缺的起伏，经历了由20世纪90年代初期的56千公顷减少至2010年的13.3千公顷的过程，农民对水稻机械化作业的需求也经历了同样的过程。随着水稻半喂入收割机的引进、水稻跨区作业的开展，水稻割前脱粒收割机的研制项目和天津市稻麦连作机械化综合增产技术推广项目的实施，天津市水稻生产机械化水平得到了长足的发展。90年代初，随着农村劳动力转移和雇工费用的提高，在经济水平较高的区县，对机械化作业的需求较为突出。当时，水稻收获因国内成熟机型较少，具有防陷装置的小型割晒机仍为水稻收获的主要机型，KC-070型联合收割机和1065加装履带，也可用于水稻全喂入收获。

1991年11月至1993年12月，研制成功了水稻割前脱粒收割机。1998~1999年，依托农业部丰收计划项目——天津市稻麦连作机械化综合增产技术推广，在天津市重点推广水稻浅湿晒及水稻联合机收技术、稻茬秋麦旋耕播种技术，并在水稻机收、电场种子处理、全方位深松、秸秆还田等多项技术的应用方面取得突破，累计推广稻麦连作机械化种植面积16.6千公顷。1998年，天津市农机部门引进了日本洋马水稻半喂入收割机，部分满足了农民对机械化作业的需求。1999年，水稻半喂入收割机的保有量达20台，以洋马Ce-1(35马力)、久保田PR0488型两大品牌为主。

水稻机械化插秧技术的引进示范始于1999年，天津市农机部门引进了两台高速插秧机，在宝坻县八门城镇召开大型现场演示会进行示范推广。两台机具中，一台为日本产洋马6行高速插秧机，另一台为延吉产2行插秧机，但由于当时育秧技术不配套，机械化插秧技术的推广受到制约。

（三）玉米生产

玉米是天津市种植面积最大的农作物，但生产过程的机械化水平不高。20世纪80年代初，只有西青、宝坻等区县一些集体农场引进北京生产的自走式联合收获机和黑龙江生产的4YW-2型牵引式玉米收获机，数量很少。

1995年，武清县津武玉米收获机厂成立，从河北农业大学引进技术，开始生产与11~12.5千瓦四轮拖拉机配套的4YW-1型单行背负式玉米收获机。该机生产效率达0.13~0.20公顷/小时，在当时处于先进水平。该机型的特点是结构简单，操作方便，适于中小地块作业。1996年产量达到100台，产品销往天津、河北、宁夏、甘肃等地。

1999 年，天津市富康农业开发有限公司研制出 4YW-3 型背负式玉米收获机，该机一次可收获 3 行玉米。2001 年，该公司根据科学技术部《关于下达 2000 年度国家科技计划的通知》要求，在 4YW-3 型的基础上，开发出 4YW-Q 型全幅玉米收获机。4YW-Q 型全幅玉米收获机的前割台采用独创的摘穗辊式三链型摘穗单体，实现了玉米收获机割台任意行数的配置，实现了玉米不对行收获。

（四）保护性耕作

保护性耕作是相对于传统翻耕的一种新型耕作技术，用大量秸秆残茬覆盖地表，将耕作减少到只要能保证种子发芽即可，并主要用农药来控制杂草和病虫害的一种耕作技术。

2002 年，天津市农机部门开始组织实施农业部保护性耕作示范推广项目，天津市武清、宝坻、宁河 3 个区县进入农业部在全国确定的 38 个首批示范县之中。2002~2010 年，相继示范推广了小麦、玉米两茬平作保护性耕作技术模式，制订出小麦、玉米两茬平作保护性耕作技术规范。确立了春玉米一年一作保护性耕作技术模式、保护性耕作土壤深松技术模式。2003 年，开始进行棉花保护性耕作技术模式示范研究。2004 年，农业部在天津市设立保护性耕作病虫害防治课题，提出了保护性耕作病虫害防治技术方案。科技工作者开发研制出小麦免耕播种施肥机具和与免耕播种机配套的筑埂器、与小麦联合收割机配套的粉碎装置，引进新型半精密玉米免耕播种机。示范区玉米免耕播种作业面积达到实施面积的 100%，小麦免耕播种面积达到实施面积的 84%，秸秆还田面积达到实施面积的 95%。通过对农田实行免耕、少耕，尽可能减少土壤耕作，并用作物秸秆覆盖地表，有效减少了土壤风蚀、水蚀，增强了土壤肥力和抗旱能力。2003 年，开展了棉花保护性耕作技术模式探索，在全国是一个技术创新。

2002~2010 年，全市共有 10 个区县开展了保护性耕作技术的试验、示范和推广工作，农业部累计向天津市投入 1089 万元用于保护性耕作技术的示范推广。9 年间，全市保护性耕作技术实施面积 121 万亩，其中示范面积 87 万亩，推广面积 34 万亩，取得了显著的经济、社会和生态效益，为保护性耕作在天津市大面积推广应用和天津市农业的可持续发展奠定了基础。

表 5-2-2-69　1991~2010 年天津市各区县保护性耕作实施情况表　单位：万亩

区县	实施面积	其中		区县	实施面积	其中	
		示范面积	推广面积			示范面积	推广面积
蓟县	14	10	4	宝坻	19	13	6
武清	16	10	6	宁河	16	10	6
静海	14	10	4	东丽	3	3	–
津南	7	7	–	西青	14	10	4
北辰	11	7	4	大港	7	7	–

表 5-2-2-70　2002~2010 年保护性耕作实施情况表

年份	示范面积(万亩)	推广面积(万亩)	新增保护性耕作机具(台)	新增经济效益(万元)
2002	6	12	134	5339
2003	10	10	1065	
2004	8	8	702	
2005	10	4	407	1276.43
2006	5	–	461	1464.6
2007	10	–	253	530.34
2008	11	–	374	642.3
2009	12	–	359	2008.95
2010	15	–	701	1646.80

二、畜牧水产养殖机械化技术

(一)畜禽养殖机械化

1994 年 1 月至 1995 年 12 月,为解决肉牛粗饲料不足的问题,降低肉牛饲养成本,提高秸秆的营养价值和适口性，由天津市农业机械试验鉴定推广站组织实施了市农委的肉牛饲养配套农机化综合技术推广项目,采用氨化技术、棉籽饼脱毒技术养殖肉牛,使肉牛育肥期缩短到 100 天~120 天,日均增重 1.5 公斤,每公斤增重精料消耗在 2~3 公斤以内。课题组推广了以煤作燃料、蒸汽加热、传热的新型氨化炉 10 座,秸秆打捆机、铡草机、粉碎机、搅拌机 50 台套,制订了肉牛养殖配套农机化综合技术规范,形成年出栏肉牛 1000 头的生产开发示范基地,年创利润 60 万元。

1995 年 1 月至 1996 年 12 月，天津市农业机械试验鉴定推广站实施了农业部丰收计划项目-肉用北京鸭旱养殖机械化综合技术推广，在天津市推广了肉用北京鸭旱养机械化综合技术,包括网床养鸭技术(网床由网架、底网、隔网、隔网门、网柱组成。具有强度高、弹性好、表面平整光滑的优点,适于鸭的俯卧、站立、不刺伤磨破鸭蹼)、塑料暖棚机械化养鸭技术、配合饲料育肥技术(采用颗粒饲料,营养配方合理,经过高温制粒成形,饲料已经熟化,既适合鸭子的口味,又易于消化吸收)、疫病综合防治技术等,适合天津市各养鸭饲养场使用。与传统的地面饲养相比,具有鸭子增重快、减少污染、降低死亡率等特点。通过该技术实施,肉鸭在饲养 49 天后,平均体重可达 3 公斤以上,养鸭死亡率仅为 2%。

(二)水产养殖机械化

1996 年 1 月至 1997 年 12 月，市农机部门实施的农业部丰收计划项目——天津市池塘养鱼机械化配套技术推广,完成了养殖池塘的池体环境改造机械化设计,高效节能水体溶氧机械化设计，全饲养配料制、抛投机械化设计，并重点推广了自动投饵机械化技术和鱼病综合防治技术，该项目1998年获农业部全国农牧渔业丰收奖二等奖。

（三）饲料原料种植和生产加工机械化

1992年1月至1994年12月，实施市农委秸秆氨化设备改进研究项目，对以煤代电，利用蒸汽加热、余氨回收装置用于各种农作物秸秆的快速氨化处理设备进行研究，研制的9AL-50Z型蒸汽氨化炉，碳氨分解快，氨化时间短；采用氨气回收装置，不污染环境，节省氨源；采用上下对流空气循环装置，秸秆氨化质量稳定可靠。炉体设计已达到国内先进水平。

1992年6月至1995年6月，实施市农委秸秆氨化设备推广项目，研制和推广了电加热氨化炉、压力蒸汽加热氨化炉、茶炉加热氨化炉、热风加热氨化炉等不同类型的氨化设备，完成了不同秸秆处理量的氨化炉的设计、制造及利用地热建设大型秸秆氨化站的研究设计工作。建成各种类型的秸秆氨化炉70座，年处理秸秆能力达到9750吨以上，可满足天津市大、中、小型养殖场和养牛专业户的需求。

1995年10月至1998年6月，实施了市科委攻关计划项目秸秆机械化微贮及利用技术开发研究，课题组人员进行了秸秆微生物发酵菌剂研制及微贮效果研究，秸秆微贮配套工程设施、设备及处理工艺研究，以及秸秆机械化微贮技术在实际生产中的应用研究。项目实施过程中，在国内首次研制开发出用于秸秆微贮的微生物菌剂和液体菌剂，并开发了双缸隔膜泵液体菌剂喷洒设备，提出了奶牛、肉牛饲喂微贮秸秆的营养供给量推荐标准。开发的双缸隔膜泵液体菌剂喷洒设备，采用将隔膜泵及配套电机安装在可移动的车架上，加装了两级过滤装置，压力高、流量大、喷射距离远，可一机多用，具有结构紧凑、移动方便、减少阻塞故障等特点。该项目实施期间，共生产复合菌种5000公斤，直接生产菌剂创效益40万元，获1999年度天津市科学技术进步奖二等奖。

（四）养殖废弃物处理机械化

畜禽粪便是农业面源污染的主要来源之一。长期以来，由于资金及技术等问题，天津市畜禽粪便无害化处理率不足1%。

1.肥料应用技术。1991年以来，许多养殖专业户采用快速烘干工艺生产有机肥，取得了良好效益，也减轻了畜禽粪便对环境的污染，东丽区粪便处理设备厂曾生产此类设备，主要用于鸡粪处理，但由于烘干机排出的臭气会产生二次污染，各地政府强制关闭了一些鸡粪烘干厂，因此，养殖户不再采用此方式进行粪便处理。

1998年，天津市农业机械研究所在实施市农委鸡粪工厂化无公害处理技术及有机复合肥工程项目期间，课题组人员在宝坻、大港等区县建立了4个示范点，推广了好氧发酵干燥处理技术及9JG-6型鸡粪干燥处理成套设备。在塑料大棚内，采用具有搬运功能的短轴搅拌器翻动湿鸡粪，利用鸡粪中的微生物进行好氧发酵，把有机污染物转化成动植物所需要的营养物质，除去有害成分，并通过发酵产生的热量（温度50~70度）杀死病菌虫卵，同时蒸发水分，除去臭味，经深加工制成颗粒状复合有机肥或专用肥。年产量1600吨，项目结束后，宝坻示范点继续进行了规模化生产。

2001年，宁河原种猪场以中德合资的方式投入资金300万元，建成有机肥生产厂，年生产有机肥8000吨，年产值10多万元，是天津市最早生产复合有机肥的企业之一。猪粪由送料器送进发酵槽，经深槽好氧发酵，螺旋搅拌器搅拌推进，烘干、制粒、装袋，包装出售。

2005年，天津市农业机械试验鉴定站引进的可移动式畜禽粪便固液分离机，将粪水的输送、固液分离、干物质装袋、输送作为一个整体的系统来考虑，在设计理念上领先一步，产品具有很强的市场竞争力。该设备的推广应用提升了畜禽养殖场粪污治理领域的技术水平，由于其作业方式灵活，有利于形成专业化、规模化生产，并可大幅度减少畜禽养殖场的设备投资，在全市得到应用。

2.燃料应用技术。天津市农民户用沼气装置始于1985年。2000年，天津市启动了生态家园富民工程，沼气建设进入新的发展阶段。

天津市农业机械试验鉴定站于2005年完成的天津市科委科研攻关培育项目——设施养殖业废弃物处理技术及设备研究，在北辰区红旗养牛场试制安装了日处理量为0.6吨的高架钢结构高温厌氧沼气发酵罐，在东丽区世纪星养猪场安装了日处理量为3吨的设备，并增置了沼气贮气罐、脱硫装置，制订了工艺流程。解决了当地冬季低温产气量少的问题，产气效率明显提高，实现了边排放、边回收、边资源化利用。

天津市水蓝畜牧养殖有限公司2001年开始筹建废弃物处理设施，以股份制形式投资7000万元建造华北地区最具规模的养猪场。建设了当时天津市最大的沼气工程，所产沼气用于发电，日处理粪水600吨，日产干粪30吨~40吨。该养殖场有机肥生产设备已运行多年。

第三节　农机化示范区建设

天津市农机化综合示范园区自2002年开始，在静海县良王庄天津农机化技术服务中心地域进行建设，到2010年，已累计投资近500万元。初步建成了植物快繁机械化示范区、机械化旱作节水农业示范区、农机化技术培训基地和天津市现代农机装备推广展示中心等示范小区。通过综合运用农业工程技术，全面提升了示范园区的示范样板功能和农机化装备水平，对促进天津市农业产业结构调整和旱作节水技术发展起到了示范带动作用。

第四节 农机专业技术人员结构

专业技术人才是天津市农机化实现中长期发展规划目标的决定因素之一，长期以来，天津市农机系统坚持人才发展战略，积极引进学历较高的大专院校毕业生，努力培养农机行业领军人物。2010 年，天津市农机系统国有单位从业人员总数约为 2000 人，系统内事业单位专业技术人员学历结构中，硕士研究生及以上占总人数的 6.6%，本科占 55.3%，专科占 30.2%，中专及以下学历占 7.9%，天津市农机系统人才队伍质量在不断提高，结构也在不断优化。

表 5-2-4-71 1991~2010 年市农机系统专业技术人员学历及职称情况表

年度	专业技术人员(人)	其中:学历					其中:职称				
		研究生及以上	本科	专科	中专	其他	技术员	初级	中级	副高	正高
1991	65	–	36	12	12	5	3	24	23	15	–
1992	64	–	36	13	10	5	3	24	22	15	–
1993	74	–	41	18	13	2	5	33	20	16	–
1994	71	–	38	18	13	2	5	14	37	15	–
1995	68	–	37	17	13	1	4	11	38	15	–
1996	66	–	33	19	13	1	2	13	38	13	–
1997	58	–	29	16	11	2		13	33	12	–
1998	54	–	27	16	9	2		13	29	12	–
1999	54	–	28	17	7	2		13	33	8	–
2000	48	–	25	15	8	–	2	12	27	7	–
2001	47	–	25	15	7	–	2	14	26	5	–
2002	43	–	21	14	8	–	1	14	17	11	–
2003	48	–	23	17	8	–	3	12	15	18	–
2004	52	–	25	17	10	–	2	12	15	23	–
2005	67	–	28	22	14	3	2	20	22	22	1
2006	73	–	32	26	13	2	2	25	23	22	1
2007	74	3	34	25	9	3	3	27	21	20	3
2008	68	2	33	26	5	2	1	27	19	18	3
2009	71	5	37	23	4	2	1	26	22	18	4
2010	76	5	42	23	4	2	3	29	21	19	4

第五节 农机社团组织

一、天津市农业机械学会

天津市农业机械学会成立于1991年。2005年更名为天津市农业机械与农业工程学会(以下简称学会)。经2005年3月和2010年11月两次换届后,2010年学会有理事36名,团体会员30个,个人会员321人。

1991~2010年,学会先后组织各类学术研讨、技术交流活动70次,收录科技论文800多篇,参加学术活动的人数达3.6万余人次。学会先后4次被中国农机学会评为先进集体,连续4年被市科协评为学会之星,连续10年被市科协评为先进学会。先后10人次荣获中国农机学会和市科协授予的先进工作者称号,14篇论文获奖,两名同志荣获中国农机学会青年科技奖,两名同志荣获天津市青年科技奖。学会理事郭玉富开发的4YW-Q型全幅玉米收获机荣获2009年度国家科技进步二等奖。

(一)重点学术活动

1.现代物理农业工程技术研讨活动。2006年和2010年,举办了两届全国现代物理农业工程技术发展研讨会。2007年5月,举办了以"节约资源,保护环境"为主题的"现代物理农业与生态环境讲坛"。在津举办了两届全国现代物理农业工程技术发展研讨会和现代物理农业与生态环境讲坛,为现代物理农业工程技术在天津市乃至全国的推广应用起到了积极的推动作用,使天津市物理农业工程技术的开发研究、试验示范、技术推广走在了全国前列。

2.农业机械化技术创新活动。1993~2007年,学会连续组织了14届全国联合收获机技术发展与市场动态研讨会,全国12个省(自治区、直辖市)的1300余名代表出席会议。这一活动已成为中国联合收获机行业的一个重要交流平台,中国农机学会学术交流品牌。天津市农机企业参加活动先后引进技术开发生产了小麦、玉米等收获机械,产品进入市场,获得较好的经济效益。

学会与中国农机学会及其农机化分会、青年工作委员会、拖拉机分会、耕作机械分会、收获加工分会、科普委员会等密切联系,共同组织了大量的学术交流活动。自1991年以来,学会先后组织了6届农作物秸秆利用技术与设备学术研讨会、3届农机科技成果转让交流会、4次全国性的玉米联合收获机现场会、1次全国葡萄生产机械化发展学术研讨会,有效推动了农业机械化技术创新进程,对解决阻碍农业机械化技术发展瓶颈,加快农机化事业发展产生了积极而深远的影响。

3."科技兴企"活动。2001年,学会与天津市兴盛机械公司、天津市富康农业开发公司签订协议，结成对子，帮助这两家企业开发推广微型耕整机、秸秆还田机和玉米收获机。2002 年 1 月，学会获得中国科学技术协会、国家经济贸易委员会颁发的全国“千厂千会协作行动”优秀成果奖。

（二）助推农机人才培养

利用学会这个平台，为青年科技人员提供展示才能的舞台。2003~2010 年，学会先后组织了 5 次全市农机青年科技论坛。自 2000 年起，学会组织开展了 6 届天津市优秀农机科技作品评选活动，对 150 部科技作品（包括科普作品、培训教材、论文、科技新闻等）进行了评比表彰，提高了科技人员的学术理论水平和科技写作水平。

（三）开展科普宣传

农机学会利用科技下乡、科技赶大集等形式，组织农机具下乡巡回展，送农机化新技术、新机具到田间地头。2005~2010 年，依托科技项目的实施，引进示范推广了新技术 30 余项，展示新设备新机具近 1400 台套，建立科技示范户 1380 个。举办技术培训班及现场演示会共 280 期，培训农民 2.3 万人次，发放宣传资料近 6 万份。

编印出版了两期《全国现代物理农业工程技术发展研讨会专刊》和 6 期《全国联合收获机技术与市场发展研究文集》《中国农机学会第四届学术年会论文集》《设施农业新技术新装备现场展示会会刊》。组织相关专家、技术人员编写了《谷物联合收割机应用技术》《玉米联合收获机应用技术》《实用小型联合收获机技术》《农作物秸秆综合利用技术与设备》《现代物理农业工程技术概论》5 册图书，由中国农业出版社、中国农业大学出版社、天津市科技出版社出版。编辑印刷出版《农业机械化论坛》（季刊）80 期，收录科技论文 960 余篇。

（四）调研课题

农机学会先后组织开展了 25 项专题调研，内容涉及玉米及小稻等粮食生产机械化技术、秸秆综合利用、设施农业、特色农产品生产机械化技术、农机化示范区建设、农机节能减排机械化技术、农机社会化服务体系建设等热点、焦点问题。2002 年，天津市科协系统首届优秀调研成果评选揭晓，学会有 7 项成果获奖（其中获一等奖 2 项，二等奖 2 项，三等奖 3 项）。

二、天津市农业机械工业协会

1992 年 9 月，经天津市社团管理处批准，天津市农业机械工业协会正式成立。成立之初，协会主要是吸纳天津市农机制造企业、科研设计单位、大专院校等单位和个人为会员，由这些会员自愿组成全市性行业组织，从事农机生产、经营、产品开发方面的政策法规咨询、联络、协调、指导、服务等业务。

天津市农业机械工业协会为拓宽交流合作的平台，从 2003 年开始吸纳农机流通领域的单位作为会员。截至2005年,协会拥有团体会员41个,其中农机生产企业16家,农机销售流通企业20家,农机科研、推广、鉴定部门3家,大专院校1家,以及市农机管理部门1家。

1998年,协会会同中国农机学会相关组织在北戴河举办了全国第一次农业工程科技成果转让交流会,还在蓟县召开了法国农业机械现场演示会。1999年,协会与天津市国际展览中心合作,举办了全国农用车展览会;与拖拉机、耕作机械等行业组织在江苏镇江举办了全国农业机械配套技术研讨会。2000年,协会与天津市农机总公司联合主办了北方农业装备推广展销会。2000年、2001年协会与有关部门配合,分别在武清、蓟县举办了两次全国性玉米收获机现场会。2004年,协会推荐蓟县农机推广站开发的锯切式免耕播种机参与全国评奖,获得了中国机械工业科技进步奖。

2005年7月,天津市政府印发了《批转市发展改革委关于行业协会与行政机关脱钩实施意见的通知》,要求行业协会与行政机关脱钩。根据文件精神,天津市农业机械工业协会与天津市农业机械局脱沟。此后,农业机械工业协会具体运行管理事务挂靠天津市拖拉机制造有限公司负责。

第三章　农机化服务与经营

20世纪90年代以后,随着农机化新技术、新机具的不断推广应用,本市广大农民对农机化有了新的认识,经营农机的理念也逐步改变,农机经营形式由国家、集体经营为主转变为农户经营为主。1995年开始的联合收割机跨区收获小麦开启了天津市农机服务社会化、市场化的先河。小麦跨区机收的成功经验产生了良好的示范效应,使本市广大农民看到经营农机的广阔前景。自此,依靠农民一家一户购买农机自用生产方式发生了根本变化,从事农业生产的劳动者与提供农机作业服务的经营者分离的农机社会化服务模式在天津市蓬勃发展。农机服务组织积极适应农业生产发展的形势需要,涌现出农机户、农机大户、乡(村)农机服务队、农机专业合作社等新型社会化服务组织,农机化作业服务内容不断丰富,服务范围不断扩大。

第一节 农机化作业服务组织

一、农机作业服务组织构成

天津市农机作业服务的组织形式可分为两大类,同时在每一大类又在发展中表现出多种不同类型,呈现出多样化的发展格局。

1.农机化作业服务专业户。是指用农业机械为农业生产提供作业服务的农户,其服务时间(按照农业生产季节性以 300 天计算)占全年的 60%以上,服务收入占农户家庭收入的 60%。根据农机化作业服务专业户的经营规模及专业化程度,又可将其分为以下两种类型。

(1)一般农机户。是指拥有 1~2 台拖拉机及相应配套农机具,能够在满足自有农田作业需求的基础上,为周围农民提供农机作业服务的专业户,其农机作业服务收入已经成为家庭收入的主要来源。他们大多以提供单项农机作业服务为主,农机固定资产在 15 万元以下。

(2)农机大户。是从一般农机户经过积累发展起来的专门从事农机作业服务的经营个体。他们懂技术、善经营、会管理,通过购买多种农业机械,雇用作业技术人员,专门为农业生产经营者提供耕、耙、播、收、运输等农机作业服务。其农机固定资产一般在 15 万元以上。

2.农机化作业服务组织。是通过机具、资金、技术、人才的优化组合,把从事农机作业的机手及农户联合起来,按照一定的管理制度和运行机制开展作业服务的组织形式。根据所有制结构及组织化程度,天津市农机化作业服务组织可以分为以下三种主要类型。

(1)基层农机服务队。是县、乡及其以下的国营或者集体所有的农机作业服务组织。其主要形式是村级农机服务队,即由村集体出资建立的主要为本村农业生产服务的农机作业组织。此外,天津市还有一些依托县、乡级农机管理部门成立的农机作业服务组织。其中,有的是集体所有,有的进行了股份制改造。

(2)农机专业合作社。它是依据"加入自愿、退出自由、民主管理、盈余返回"的原则,将种粮大户、农机户、普通农民等从事农业生产活动的人员组织起来,经工商部门批准成立的专门从事农机作业服务的生产经营性组织。

2008 年,天津市农机局制订了《天津市农机专业合作社扶持发展管理办法》,开始实施农机专业合作社基础设施建设扶持政策。截至 2010 年,全市正式登记注册的农机专业合作社已达 107 个。

天津市成立的农机专业合作社主要有两种组织形式,一种是农机户入股合营型:这类合作社通常以农机大户带动多个农机专业户的形式出现,农机户以劳力、技术、资金和农业机械等入股；另一种是村户联合共营型：是指由村委会牵头，依托村集体原有农机服务队，将全体村民组织起来成立的“股份制”的农机服务组织，其中村集体以农机、资金、房产等入股，村民以土地或自有农机具入股。这种形式发挥了集体、个人两方面的积极性，并有利于形成农地规模经营，促进区域化种植的实现。

（3）农机作业联合体。这种组织形式主要出现在“三夏”“三秋”跨区作业中，是实现农机社会化作业服务的有效形式之一。其中，一种是由两个以上的农机经营主体按协议或契约组成的临时性的松散联合体，农闲时各自为战，农忙时进行联合作业；另一种是由农机管理部门或者农机经营者自发组织的农机专业协会。

表 5-3-1-72　2010 年天津市农机合作社分布情况表

区县名称	蓟县	宝坻	武清	宁河	静海	津南	西青	北辰	汉沽	大港
合作社数量	12	15	14	20	22	1	9	4	3	7

二、农机作业服务组织构成演化

1991 年，全市各种农机化服务组织分布是：国营农机站 5 个，乡镇农机站 113 个，村民小组农机组 1048 个，农机专业服务组织 5365 个，农机户 40232 个，其中农机服务专业户 10156 个。他们充分利用农机优势，为农业户进行各种田间作业和运输服务。1991~1999 年，全市农机专业服务组织和农机户数量快速增长，到 1999 年，农机专业服务组织和农机户分别发展到 9305 个和 58526 个，成为农机社会化服务的主力军。

2000~2007 年，天津市农机作业服务组织在政策的扶持下，进行资源整合，提升市场竞争力，一部分竞争力较弱的服务个体和组织，如农机户和村作业组织逐步被淘汰，天津市农机作业服务组织的数量有所减少。2007 年，开始自发地出现了一些组织化、市场化、专业化程度更高的新型规模服务组织—农机专业合作社。

在经过了多年的整合发展，特别是 2007 年，国家出台了农民专业合作社法之后，天津市农机社会化服务组织的发展走过了单纯的数量增长期，转而向规模化、规范化的阶段过渡，农机社会化服务组织实力得到明显提升。到 2010 年，全市农机原值在 20 万元~50 万元的农机化作业服务组织有 50 个，农机原值在 50 万元以上的有 82 个；农机原值在 20 万元~50 万元的农机户 587 个，农机原值在 50 万元以上的有 66 个。全市在工商部门正式登记注册的农机合作社发展到 107 家。农机专业合作社按照现代企业管理模式经营，成为农机服务组织整合发展的方向。

第二节 农机跨区作业

1995年开始的联合收割机跨区收获小麦开启了天津市农机服务社会化、市场化的先河。小麦跨区机收的成功经验产生了良好的示范效应，使天津市广大农民真切的感到经营农机的广阔前景。自此，依靠农民一家一户购买农机自用生产方式发生了根本变化，从事农业生产的种植者与提供农机作业服务的经营者分离的农机社会化服务模式在天津市蓬勃发展。农机服务组织积极适应农业生产发展的形势需要，涌现出农机户、农机大户、乡(村)农机服务队、农机专业合作社等新型社会化服务组织，农机化作业服务内容不断丰富，服务范围不断扩大。在政策的引导下，农民对农机化有了新的认识，经营农机的理念开始被广大农民群众所接受，农机化服务社会化、市场化进程加快。1996年，天津市首次由487台小麦联合收割机组成机收队前往山东省和河北省参加跨区机收，拉开了农机化服务社会化、市场化的序幕，并朝着规模化、专业化方面迈进。

各类农机作业服务组织不仅在市内跨区县作业，而且还抓住农时差异，在“三夏”、“三秋”大忙季节，组织赴外省市参加跨区作业。作业服务内容也由1996年之初单一的小麦机收，扩展到跨区机耕和跨区机播，开展玉米机收和水稻机收服务。在这一过程中，农机合作社逐步发展成了天津市农机跨区作业的主要组织者和中介服务方，带领小型农机户作业致富。

2003年6月，农业部颁布《联合收割机跨区作业管理办法》后，随之，天津市各级农机管理部门建立了跨区作业信息服务网络，建立了跨区作业信息搜集、整理和发布制度，及时向农民、机手和跨区作业中介服务组织等提供准确的信息。跨区作业信息包括农作物种植面积、收获时间、计划外出(引进)联合收割机数量、作业参考价格、农作物收获进度、农机管理部门的服务电话等内容。县级农机管理部门根据农时季节在本县范围内设立跨区作业接待服务站，公布联系方式和工作规范，掌握进入本辖区联合收割机的数量和作业任务，做好相关接待和服务工作，保障外来跨区作业队的安全和合法权益。

表 5-3-2-73　1997~2010 年天津市农机跨区作业情况表

单位:千公顷

年份	跨区机收面积			跨区机耕面积	跨区机播面积
	小麦	水稻	玉米		
1997	11.5	–	–	–	–
1998	20.84	–	–	–	–
1999	29.76	–	–	–	–
2000	17.55	–	–	–	–
2001	23.43	0.2	0	–	–
2002	36.3	0.46	0.1	–	–
2003	11.89	0.63	0	–	–
2004	12.82	0.53	0	–	–
2005	13.87	1.55	0	–	–
2006	50.11	4.29	1.1	–	–
2007	32.29	5.9	4.94	–	–
2008	44.44	5.31	4.86	11.43	9.47
2009	37.2	10.34	7.12	16.4	8.98
2010	40.76	12.08	12.93	20.78	10.83

第三节　农机维修

一、农机维修管理

2004 年以前,农机维修点设立需要经市级农机行政主管部门审批,核发农业机械维修技术证。2004 年,根据《国务院对确需保留的行政审批项目设定行政许可的决定》(国务院第 412 号令),天津市将农业机械维修技术合格证书核发的行政许可事项下放到了县级人民政府农机行政主管部门,市农机部门则负责指导全市农机维修点的核准和规范化管理工作。2006 年,农业部和国家工商行政管理总局颁布《农业机械维修管理规定》后,全市统一了农机维修技术合格证核发审批程序和文本样式,并对合格证的年检、换证工作进行了规范。2007 年,根据农业部农机化司《关于启用"全国农机维修管理信息系统"软件的通知》精神,天津市统一推广应用了农机维修管理信息系统软件,实现了维修技术合格证的电子化审批、打印、查询及农机维修网点的网上统计汇总。

二、农机维修点建设

1991年以后，随着农机购销的逐步市场化，原来由市级和各个区县建立的负责农机维修及零配件供应的农机修造厂、农机供应公司相继退出维修市场。而个体农机维修点犹如雨后春笋般蓬勃发展，在之后十几年时间里，遍布广大农村，成为直接为农民提供方便快捷的农机修理服务的主力军。

2004年以后，天津市农机维修业务出现新的模式，即由农机生产企业及其在津的经销企业采取“三包”售后服务的形式进行修理。此外，随着天津市农机大户和规模经营的农机服务组织的蓬勃发展，他们也开始凭借从事农机作业多年的技术和经验，自行维修自有农业机械，这在一定程度上影响了农村机械维修网点的业务，全市农机维修网点数量呈逐年下降的趋势，各级维修点的维修业务整体下滑。

第四节 农机经销与油料供应

一、农机经销

1991年，天津市级农机供应和销售机构有天津市农业物资公司、天津市农业机械物资供应站、中国农业机械总公司华北公司和天津市农业机械供应公司。1992年，天津市农业机械供应公司改名为天津市农业机械总公司。

1991~1995年，市农业机械总公司实现“一业为主、多种经营”的多元化营销格局。传统经营项目耕作、排灌、植保、收获、动力、渔业机械等7个类别千余经销产品年均销售水平保持在1.11亿元~1.96亿元的规模，年均实现利税额248万元。在农机传统经营业务加快发展的基础上，新开发的钢材改制、汽车销售、边境贸易、润滑油销售、仓储对外租赁等多种经营业务也得到长足发展，1994年销售收入达4300万元。

1993年，归口管理的20个农机生产厂家全年完成工业产值1.51亿元，实现销售收入1.44亿元。市农机供应系统完成销售额3.79亿元，实现利润522万元。

1996年，归口管理的农机企业完成产值1.8亿元，销售收入1.78亿元。新疆-2联合收割机和飞龙-0.75联合收割机两个产品实现尽产尽销。3个农用运输车生产企业被列入国家在用运输车生产企业及产品目录，新开发的玉米联合收获机在全国引起强烈反响。农机供应企业完成销售收入3.24亿元。

自1996年起，天津市农机总公司销售逐步减少，经营逐渐萎缩。1998年销售大幅下滑，经营首次出现亏损，亏损额147万元。此后经营持续走低，至2001年经营亏损达302万元。2000年，该公司为扭转困境，筹建起绿洲现代农业技术与装备超市，项目得到天津市政府支持，2001年5月建成开业，但受诸多因素影响仍未能扭转经营困境。

2002年以后，市农机总公司经营发生深刻变化，连续8年逐年减亏。2002~2005年，实施置换部分存量不动产和职工全员分流安置的重要举措，使公司困难局面得到初步缓解。2006~2010年，公司在农机销售业务和物业创收业务两个方面实现了新的发展。销售业务经过多年的整合主要保留下拖拉机和渔业机械两个经营项目，抓住国家农机购机补贴政策拉动销售的机遇，逐步扩大销售，年销售水平稳定在2800~3200万元。物业创收业务得到充分开发，年收入达到150余万元。

表5-3-4-74　2001~2010年天津市农机经销机构情况表　单位：个

年份	农机经销企业	农机经销点	年份	农机经销企业	农机经销点
2001	4	160	2006	5	113
2002	3	160	2007	6	108
2003	3	167	2008	9	156
2004	3	140	2009	9	156
2005	2	94	2010	11	159

二、油料供应

1991年，天津市继续执行国家自20世纪70年代采取的给予定额补贴方法对农用柴油进行价格补贴政策。平价柴油供应体制为支持农业生产起到了重要作用，同时也是农机部门实现管理职能的手段之一。当时，为了解决石油供应部门按月均衡供油与农机季节集中作业用油在时间上的供需矛盾，各区县农机部门开展了农用柴油供应点和储油点建设。

在农机作为商品进入市场后，大量农业机具的管理、使用情况发生了变化，加之补贴款发放手续繁琐等问题，计划经济体制下的行政命令和各种优惠政策开始显得跟不上市场化的形势需求。因此，1994年7月1日，国家取消了农用平价柴油的供应政策。

国家取消农用平价柴油供应政策后，柴油价格就成为农民关注的问题。天津市农机部门采取了一系列措施，帮助农民解决由于柴油价格不断上涨给农业生产造成的压力。2002年，争取抗灾救灾柴油指标补贴资金。2006年，在柴油再次大幅涨价，且油料供应紧张的情况下，积极同石油产品销售管理部门协调，免费向农机手发放农机专用加油证，对农机作业用油实行敞开供应，保障生产季节燃油供应；2008年，探讨建立农机加油卡制度；2010年起，在春耕、“三夏”和“三秋”等农忙时节，向收割机、拖拉机提供低于市场零售价的优惠柴油，保障农机作业用油。

表 5-3-4-75 1991~2010 年农机供油站及消耗情况表

年份	供油站点(个)	农业生产柴油消耗(万吨)	年份	供油站点(个)	农业生产柴油消耗(万吨)
1991			2001	90	15.41
1992	83	12.61	2002	72	16.11
1993	98	16.59	2003	78	16.05
1994	103	15.39	2004	85	15.87
1995	107	16.07	2005	84	15.32
1996	84	14.54	2006	77	15.41
1997	72	18.04	2007	79	15.65
1998	77	19.09	2008	27	16.67
1999	73	19.68	2009	21	16.82
2000	104	16.61	2010	21	17.02

第五节 乡村农机从业人员

1991 年以来,随着改革开放的逐步深入、农村经济的全面发展和产业结构的调整,天津市乡村从事农机生产经营活动的从业人员增加,非农业从业人员比重不断提高。1991 年,全市乡村农机从业人员有 110133 人,到 1999 年,增加到 199715 人,为近 20 年的最高点。2000 年以后,农机化科技进步和劳动生产率的提高,为农村劳动力转移创造了条件。以往"三夏""三秋"等农忙时节,津郊各区县农民外出务工人员回津抢收抢种的现象已不复存在。2010 年,全市乡村农机从业人员下降到 109372 人,比 1999 年减少 90343 人,这反映出农机化的发展促进了农村劳动力的转移就业和农机生产作业效率的提高。

2001 年,全市乡村农机从业人员中,具有初中以上文化程度的有 114307 人,初中以上文化程度人员占乡村农机从业人员比重为 85.12%。到 2010 年,具有初中以上文化程度的有 109372 人,初中以上文化程度人员占乡村农机从业人员比重为 78.13%。随着乡村农机从业人员数量的减少,从业人员的文化程度下降的趋势明显。

表 5-3-5-76　1991~2010 年全市乡村农机从业人员数量表

年份	乡村农机从业人员数量(人)	年份	乡村农机从业人员数量(人)
1991	110133	2001	134294
1992	120286	2002	119800
1993	119130	2003	125133
1994	128577	2004	117318
1995	145519	2005	119399
1996	159697	2006	117579
1997	191561	2007	136459
1998	182586	2008	110762
1999	199715	2009	109493
2000	145224	2010	109372

第六节　　农机经营效益

农机经营总收入由农机作业、农机维修、农机及油料经销等其他收入构成。1991 年,全市农机经营总收入 85661.51 万元,利润总额 38068.94 万元。其中,农机作业收入 76043.44 万元,占农机经营总收入比例为 88.77%。到 2010 年,全市农机经营总收入 197310.83 万元,利润总额 94597.4 万元。其中,全市农机作业收入 182798.5 万元,占农机经营总收入的 92.64%,反映出农机作业收入成为农机经营的主要收入来源。

农机作业收入来源包括:田间作业收入、农产品初加工作业收入和农机运输收入。1991 年,全市农机运输收入为 58583.5 万元,农机运输收入占农机作业收入的比例为 77.04%。2010 年,全市农机运输收入为 126266.45 万元,农机运输收入占农机作业收入的比例为 69.07%,反映出农机作业开始回归田间作业。

表 5-3-6-77　1991~2010 年天津市农机经营情况表　单位:万元

年份	农机经营总收入	成本与费用	利润总额	年份	农机经营总收入	成本与费用	利润总额
1991	85661.51	47592.57	38068.94	2001	178243.22	107645.92	70597.3
1992	—	—	—	2002	174892.69	103698.18	71194.51
1993	105621.8	57698.5	47923.3	2003	172012	102207.56	69804.44
1994	126305.13	72929.72	53375.41	2004	170315.22	99744.17	70571.05
1995	161291.61	94699.95	66591.66	2005	164603.77	97889.68	66714.09
1996	194482.24	113070.48	81411.76	2006	164356.12	98035.9	66320.22
1997	215170.72	126670.5	88500.22	2007	167270.16	100058.11	67212.05
1998	259810.22	155081.19	104729.03	2008	174175.54	99927.21	74248.33
1999	227890.51	129728.83	98161.68	2009	173531.55	98320.65	75210.9
2000	201872	124249	77623	2010	197310.83	102713.43	94597.4

表 5-3-6-78　1991~2010 年农机作业收入情况表　单位:万元

年份	农机经营总收入	其中:农机作业收入	农机作业收入占农机经营总收入比例(%)	年份	农机经营总收入	其中:农机作业收入	农机作业收入占农机经营总收入比例(%)
1991	85661.51	76043.44	88.77	2001	178243.22	168121.43	94.32
1992	—	—	—	2002	174892.69	159415	91.15
1993	105621.8	97364.48	92.18	2003	172012	154753.56	89.97
1994	126305.13	113989.21	90.25	2004	170315.22	153455.62	90.1
1995	161291.61	146795.23	91.01	2005	164603.77	149372.27	90.75
1996	194482.24	175767.06	90.38	2006	164356.12	150007.64	91.27
1997	215170.72	197605.96	91.84	2007	167270.16	154725.28	92.5
1998	259810.22	241404.69	92.92	2008	174175.54	160500.45	92.15
1999	227890.51	204807.66	89.87	2009	173531.55	160421.62	92.45
2000	201042	187421.5	93.23	2010	197310.83	182798.5	92.64

表 5-3-6-79　1991~2010 年农机运输收入情况表　单位:万元

年份	农机作业收入	农机运输收入	农机运输收入占农机作业收入比例(%)	年份	农机作业收入	农机运输收入	农机运输收入占农机作业收入比例(%)
1991	76043.44	58583.5	77.04	2001	168121.43	137496.44	81.78
1992	—	—	—	2002	159415	130118.79	81.62
1993	97364.48	83697.55	85.96	2003	154753.56	124276.4	80.31
1994	113989.21	87771.43	77	2004	153455.62	119418.13	77.82
1995	146795.23	123283.11	83.98	2005	149372.27	119008.72	79.67
1996	175767.06	146330.49	83.25	2006	150007.64	120140.74	80.09
1997	197605.96	160199.31	81.07	2007	154725.28	101585.72	65.66
1998	241404.69	184348.77	76.37	2008	160500.45	107992.64	67.28
1999	204807.66	166418.91	81.26	2009	160421.62	102193.48	63.7
2000	187421.5	151561.25	80.87	2010	182798.5	126266.45	69.07

第四章　农机质量

第一节　农机试验鉴定

农机试验鉴定是对农机产品的性能、可靠性、耐久性、安全性和适应性做出综合评价,是农机化质量的重要组成部分,也是农业机械推广的基础环节。鉴定程序包括依企业申请确定鉴定项目、编制试验大纲、进行试验鉴定、出具鉴定报告、核发推广鉴定证书、发布鉴定通报。2001年,天津市农机局制订了《天津市农机鉴定工作实施办法》,进一步规范农机产品鉴定工作。1991年至 2002 年 3 月,天津市农机产品试验鉴定工作由天津市农业机械试验鉴定推广站承担。2002 年 4 月,天津市农业机械试验鉴定推广站分设为天津市农业机械试验鉴定站和天津市农业机械推广总站。在这之后,本市农机试验鉴定工作由天津市农业机械试验鉴定站承担。1991~2010 年,累计发放推广鉴定证书和新产品鉴定证书 328 个,为广大农民选购先进适用的农机具提供了可靠依据。

第二节 农机标准化

天津市农机行业标准制订工作起步于2000年。到2010年10年间，围绕农作物生产、农产品质量安全等方面，探索新形势下农机标准化工作，积极组织争取国家、行业、地方等标准编写项目，内容涵盖小麦、玉米、水稻等农作物的耕整地、播种、田间管理、收获等生产环节的作业标准和技术规范，以及设施农业、畜禽养殖的技术方法和质量规程。市农机试验鉴定站、市农机研究所和市农机推广总站先后参与制订了一批天津市地方标准、农业标准和国家标准。农机标准化对农机化发展的促进作用愈加明显，已不仅是农业生产增加产量、改善质量、提高效益的重要措施，而且在加快推进农业现代化进程、增加农民收入、发展农村经济、确保农产品质量安全方面发挥了越来越重要的作用。2002~2010年，共制订农机、能源等标准24个，其中，行业标准6个，国家标准7个，地方标准11个。

表 5-4-2-80 2002~2010年天津市农业机械行业科技标准统计表

序号	标准名称	标准号	发布时间	制订单位
1	秸秆还田机作业质量	NY/T 500-2002	2002年1月4日	天津市农业机械试验鉴定站
2	养鸡机械设备安装技术条件	NY/T 649-2002	2002年12月30日	天津市农业机械试验鉴定站
3	新型节能日光温室建造技术规范	DB12/T047-2003	2003年1月24日	天津市农业机械推广总站
4	无公害食品乳粉加工技术规范	NY/T 5298-2004	2004年1月7日	天津市农业机械试验鉴定站
5	小麦、玉米两茬平作保护性耕作技术规范	DB12/T197-2004	2004年4月6日	天津市农业机械推广总站
6	农业机械耕整播种作业质量	DB12/T 201-2004	2004年8月4日	天津市农业机械试验鉴定站
7	农业机械收获作业质量	DB12/T 202-2004	2004年8月4日	天津市农业机械试验鉴定站
8	玉米秸秆压块袋装微贮技术规范	DB12/T265-2006	2005年12月14日	天津市农业机械推广总站
9	机动插秧机作业质量	NY/T 989-2006	2006年1月26日	天津市农业机械试验鉴定站
10	温室大棚微型耕整地机械作业技术规范	DB12/T314-2007	2007年1月12日	天津市农业机械推广总站

序号	标准名称	标准号	发布时间	制订单位
11	蔬菜大中小棚设施建设规范	DB12/T315-2007	2007 年 1 月 12 日	天津市农业机械推广总站
12	农用残膜回收作业质量	DB12/T 323-2007	2007 年 5 月 31 日	天津市农业机械试验鉴定站
13	生物质气化机组验收技术规范	DB12/T 324-2007	2007 年 5 月 31 日	天津市农业机械试验鉴定站
14	秸秆气化站安全作业规程	DB12/T 325-2007	2007 年 5 月 31 日	天津市农业机械试验鉴定站
15	保护性耕作植保机械作业技术规范	DB12/T332-2007	2007 年 7 月 19 日	天津市农业机械研究所
16	禽蛋清选消毒分级技术规范	NY/T 1551-2007	2007 年 12 月 18 日	天津市农业机械试验鉴定站
17	干燥窑与烘烤炉节能监测	GB/T 24561-2009	2009 年 10 月 30 日	天津市农业机械试验鉴定站
18	燃料热处理炉节能监测	GB/T 24562-2009	2009 年 10 月 30 日	天津市农业机械试验鉴定站
19	煤气发生炉节能监测	GB/T 24563-2009	2009 年 10 月 30 日	天津市农业机械试验鉴定站
20	高炉热风炉节能监测	GB/T 24564-2009	2009 年 10 月 30 日	天津市农业机械试验鉴定站
21	隧道窑节能监测	GB/T 24565-2009	2009 年 10 月 30 日	天津市农业机械试验鉴定站
22	整流设备节能监测	GB/T 24566-2009	2009 年 10 月 30 日	天津市农业机械试验鉴定站
23	电解、电镀设备节能监测	GB/T 24560-2009	2010 年 5 月 1 日	天津市农业机械试验鉴定站
24	耕作机组作业能耗评价方法	NY/T 1921-2010	2010 年 7 月 8 日	天津市农业机械试验鉴定站

第三节　农机产品质量调查

农机产品质量调查是保证农业机械质量的重要措施。自 2005 年起，天津市农机部门按照《中华人民共和国农业机械化促进法》和《农业机械质量调查办法》的要求，每年根据农业机械使用者的投诉情况和农业生产的实际需要，制订质量调查计划和实施方案，明确质量调查的内容、范围、对象、时间和方法，依法组织开展在用的特定种类农业机械产品的质量调查工作。

2005~2010 年，先后重点对在本市销售的拖拉机、水稻插秧机、玉米免耕播种机、小麦免耕播种机、小麦收割机、水稻收割机、旋耕机、深松机、平地机、玉米自走式和背负式收获机、卷帘机、微耕机等 12 个品种的农机产品进行了质量跟踪调查，及时了解和掌握了农机产品使用质量状况，为生产企业提供了质量信息，为本市制定政策和补贴目录调整提供了依据。

第四节 农机产品质量投诉

农机产品质量投诉监督是了解农业机械产品质量、作业质量、维修质量和售后服务状况的途径，也是提升农机产品质量监督工作的重要措施。

2000 年，天津市消费者协会批准成立了天津市消费者协会农机产品质量投诉站，挂靠于天津市农业机械试验鉴定站，并以市消费者协会农机产品质量投诉站为依托，推进区县农机产品投诉站建设。2007 年，先后在全市 12 个涉农区（县）设立投诉分站，形成市、区（县）两级农机投诉监督网络的全覆盖。2000 年至 2010 年，共受理农机产品质量投诉案件 58 例，投诉产品种类主要为联合收割机、旋耕机、玉米收获机整机和零配件，投诉内容为产品质量可靠性和售后服务方面存在的问题。各级投诉站坚持公平、公正、合情、合理的原则，通过与经销商、农机企业售后服务人员和用户的沟通调解，妥善解决投诉案件。

2000 年以来，各级农机投诉站每年都组织技术人员，利用科技周、农资打假和农机服务活动期间，向农民宣传农机政策法规，为农民讲解农机假冒伪劣的辨别知识，解答农民提出的农机“三包”、农机产品质量和维修保养等热点问题，提高了农民的维权意识。

第五章 农机安全生产监督管理

第一节 农机安全生产

1991~2004 年，天津市将拖拉机驾驶员考试、拖拉机检验、牌照管理发放、档案管理，以及非城镇街道和非公路重大伤亡事故的处理由公安部门划归市农业机械部门管理。2004 年，《中华人民共和国道路交通安全法》颁布实施以后，天津市农业机械局开始作为行政许可主体开展拖拉机核发牌照、拖拉机驾驶证核发等行政许可事项。各区、县农机安全监理机构承办所属区县拖拉机（联合收割机）登记申请的受理、机车检验以及拖拉机（联合收割机）驾驶证申请的受理、审查和考试等初审上报工作。

一、农机安全生产目标责任制

农机安全生产目标责任制是落实农机安全目标责任的重要考核手段，是农机安全生产管理的基础性工作。1991~2005 年，市农机安全监理部门每年都与各区县农机监理站签订《农机安全监理工作目标管理责任书》，明确目标责任，各区县农机安全监理站与各乡镇农机管理站（或农机管理中心站）签订安全生产目标协议书，并指导农机户建立拖拉机及驾驶员总检、安全生产记录。2006~2010 年，农机安全生产目标责任制进一步完善，《农机安全监理工作目标管理责任书》先经由市农机局与各区县农机局签定后，各区县农机局再与各乡镇政府、各乡镇政府与村委会、村委会与农机手之间（村委会与农机合作社）相应签订农机安全生产责任书或安全生产协议，全市每年签定各层级农机安全生产责任书（安全生产协议）上万份，形成了落实责任制的多级安全网络，为保证农机安全生产奠定了基础。

为加强考核监督，保证目标责任制的落实，市农机局每年底抽调各区县农机监理站长组成联查小组，按照目标责任制的要求，对全市农机安全监理工作的各项目标任务进行百分制考核。通过考核评选出农机监理先进单位和达标单位，保证了目标责任制的落实。

2010 年，市安全生产委员会首次将农机安全生产控制指标下达到有农业的区县政府。标志着天津市农机安全生产责任制管理体系更加健全。在实行系统管理考核的基础上，突出了属地管理，更加明确了区县政府的责任，形成了条、块结合的双重考核机制。

二、拖拉机、联合收割机检审

拖拉机、联合收割机年度检验及驾驶员审验（2005 年后，驾驶员审验改为驾驶员安全教育）一直是农机监理工作的重要内容之一。长期以来，各级农机监理部门加强组织领导，逐级召开总检审验动员会，制订检审计划，落实和强化检审工作措施，认真组织本地区农机监理人员深入乡村，集中开展检审工作，使天津市拖拉机和联合收割机的检审工作保持了较高水平。

从 20 世纪 90 年代初期开始，农用运输车迅猛发展。1992 年以前，天津市农机监理部门参照拖拉机的管理办法，对辖区内的农用运输车实施牌证管理。1993 年至 2000 年 10 月，全市农用运输车交由市公安交管部门负责管理。2000 年 10 月至 2002 年 1 月期间，全市农用运输车调整到天津市农机部门进行管理。

三、农机驾驶员培训考核

对大型拖拉机、联合收割机驾驶员的考核由市农机局指派专人进行现场考试，确保参加考试的学员掌握过硬的驾驶技能和操作技术。实行参加考试学员现场签名制度，对未到场参加考试的学员一律不核发驾驶证，从根本上杜绝替考、漏考现象的发生。严格补考制度，考试后驾驶技能未达到标准的学员，必须参加补考。此外，市农机监理部门每年都要组织全市农机教练员和考试员的培训，提高教练员和考试员的业务能力和水平。

四、专项治理和隐患排查

从1996年起，市农机局（市农机安全监理总站）每年都要组织各区县农机监理部门在所属的乡村、场院、田间和乡村道路，针对无牌证及漏检违法行驶的拖拉机、联合收割机和无证驾驶等行为，开展为期40天的专项治理活动。每年5月份和9月份，分别在全市范围内组织开展为期20天的专项治理工作。专项治理期间，各区县监理部门的行政执法人员按照规定的时间、地点和执法路线，在当地交警的密切配合下，查验拖拉机等农业机械，采取教育与执法相结合的方法，督促大型动力机械上牌上照、检验，对农机驾驶员进行培训、审验，整顿和维护了天津市农机安全生产秩序。

第二节 农机安全生产宣传教育

市农机局（市农机安全监理总站）每年都组织各区县农机安全监理部门利用报纸、广播、电视、网络等新闻媒体，广泛宣传农机安全生产。各区县农机安全监理站在总检审验、专项治理、安全生产大检查期间，深入乡村，利用黑板报、标语、展牌、警示牌等宣传形式，组织广大农机户和农机驾驶（操作）员认真学习农机安全生产的相关法律、法规和安全操作技能，提高驾驶员遵章守法和安全意识。

结合“平安农机”创建和法制周、科技周、安全生产月等活动，组织各区县农机安全监理部门，通过广泛宣传、法规讲解、现场教育，提高了农机驾驶操作人员的安全意识、防范意识和自我保护意识。

市和区县农机安全监理机构每年都组织各类农机安全生产知识、技能竞赛。2001年，在《天津市农业机械管理条例》颁布实施5周年之际，全市举办了农机安全技术大比武活动，两万多名拖拉机驾驶员参加初赛，22名选手进入决赛。决赛中，进行了农机安全生产及法规知识竞赛和穿桩、农具挂接等技能操作比赛，市人大副主任张毓环莅临指导。2009年，为深入学习宣传和贯彻实施《农业机械安全监督管理条例》，举办了全市农机安全生产法律法规知识竞赛，全市有近万名农机监理员、驾驶员和农机服务组织的安全员参加了预赛，12 个由农机监理员、农机安全员和驾驶员组成的代表队参加了 7 月底的决赛。市农委、市安监局、市公安局相关领导到场指导并观看了竞赛。

第三节　农机安全监理规范化建设

1991~2010 年，全市农机安全监理部门大力推行业务规范化建设，使农机办证窗口、许可受理、业务流程、行政执法、服务内容、队伍建设、统计业务、安全检查和牌证管理等业务得到逐步规范。市、区县农机监理机构分别设立了行政许可公示栏，公开许可事项、办事依据，办事程序，收费项目和标准等。并不断加大对农机安全监理执法、考试、检验等主要业务岗位人员的培训的力度，建立健全内部管理制度，加强对农机监理收费和罚没款的使用监督和管理，使重收费、轻服务的现象得到有效解决。

1993 年以后，本市拖拉机、联合收割机驾驶证、行驶证开始全部采用计算机制证。2005 年，市农机局自主研发了计算机牌证管理系统。2007 年，在全市各区县农机监理站推广使用牌证管理软件、年度检审管理软件，实现全市 12 个涉农区县的拖拉机、联合收割机、驾驶员等行政许可数据全部由各区县监理站录入，经市农机局审核后，办理登记和出证手续。该管理系统在天津市科技成果转化中心通过了专家鉴定，确认其达到了国内同行业先进水平。2010 年，市农机局组织建设完成“天津市农机监理行政许可网上审批管理系统”，实现市级行政许可网上审批，区县监理站直接制证、检审等日常行政许可业务受理，缩短了行政许可受理时限，提高了工作效率。

2003 年以来，市农机部门开始启动实施拖拉机移动检测线建设，到 2010 年，先后在宝坻区、蓟县、武清区、静海县 、宁河县和西青区建成 6 条移动式拖拉机检测线，全市 80%以上的拖拉机安全检测告别了依靠人工检测的落后方式。2010 年，全市各级农机监理部门配备监理用车（部分为移动检测线兼用）12 辆以及计算机、笔记本电脑、数码相机等设备。

第四节 农机安全生产状况

1991年至2010年以来，随着国家和天津市农机安全法律、法规、规章的不断健全，农机安全监理业务逐步规范，监理装备与信息化水平逐步提高，安全监理体系不断完善，农机安全事故数由20世纪90年代初期的每年百余起逐年下降到2010年的10余起，农机安全事故死亡人数也呈逐年下降的趋势，拖拉机事故死亡率一直控制在1‰以下，农机安全生产状况稳定好转。

自2004年开始，市农机局与市公安交管部门建立了事故信息通报制度，市公安交管部门定期向市农机局提供上道路行驶的拖拉机交通事故数据，市农机局协助市公安交警做好拖拉机交通事故的协查工作。各区县农机安全监理机构建立与保险公司定期信息沟通机制，通过保险理赔信息掌握本区县各类农机事故的发生情况，并按月上报。

表5-5-4-81 1991~2010年农机安全生产事故情况表

年份	事故次数（次）	事故损失			年份	事故次数（次）	事故损失		
		死亡（人）	受伤（人）	经济损失（万元）			死亡（人）	受伤（人）	经济损失（万元）
1991	111	22	12	33.92	2001	53	6	8	50.74
1992	75	9	5	22.89	2002	41	9	4	42.6
1993	26	5	7	21.24	2003	37	1	1	6.65
1994	39	6	6	25.47	2004	25	3	5	46
1995	24	6	3	32.11	2005	18	1	2	24.4
1996	35	5	5	23.42	2006	83	11	06	61.44
1997	28	14	6	67.33	2007	13	11	6	13.28
1998	19	5	3	15.98	2008	8	8	0	11.25
1999	21	9	5	50.65	2009	13	5	19	6
2000	13	9	20	50.15	2010	6	3	3	1.2

第六章　农机人员培训与职业技能鉴定

第一节　农机人员培训

1991年,各区县农业机械化学校以培训拖拉机驾驶员为主。2000年以后,各区县农机化学校积极拓展培训范围,增加培训项目,特别是2005年以后,天津市农机培训工作重点发生变化,着力打造农机化管理人才、科技人才和实用人才三支人才队伍。特别是加大对农民和农机手的培训力度,各区县农机化学校结合本市农民素质提高工程、绿色证书、农业部教育培训大行动等重点培训项目,增添教学设备、改进教学方法、实行规范化教学,新增培训类别,为农村输送了大批农业机械等门类的实用人才。

2006年,宝坻区农机化学校率先成为全市12所农机化学校中第一所被认定为天津市"351"培训工程"绿色证书"的培训机构、第一所被认定为天津市农民素质提高工程涉农培训机构、非农培训机构、农村经纪人的培训机构和第一所被市农委认定为天津市农民实训实践基地等。2007年,宝坻区农机化技术学校启动校址迁建工作,建设规模为六层3000平米教学楼,2010年11月开始建设。

表5-6-1-82　1991~2010年天津市农机人员培训情况表

单位:人次

年份	农机化培训				
	培训人数	农机管理人员	农机技术人员	农机监理人员	农机操作人员
1991	8511	–	–	–	–
1992	9600	–	–	–	–
1993	7805	–	–	–	–
1994	6591	–	–	–	–
1995	5639	–	–	–	–
1996	6932	–	–	–	–
1997	8452	–	–	–	–
1998	7136	–	–	–	–
1999	7622	–	–	–	–

年份	农机化培训				
	培训人数	农机管理人员	农机技术人员	农机监理人员	农机操作人员
2000	12611	-	-	-	-
2001	13505	1624	1843	604	9434
2002	12223	1521	2078	577	8047
2003	13427	1853	2006	689	8879
2004	15158	1456	4184	522	8996
2005	14035	1100	3885	507	8543
2006	15064	1146	3129	698	10091
2007	16670	1059	3149	592	11870
2008	14778	834	3226	436	10282
2009	17066	867	3733	440	12026
2010	18201	878	4066	460	12797

第二节 农机职业技能鉴定

1995 年,国家开始实行职业资格证书制度,由经过政府批准的考核鉴定机构负责对劳动者实施职业技能考核鉴定。同年,经国家人事部批准,天津市成立特有工种职业技能鉴定站农业 143 站(以下简称农业 143 站),挂靠天津市农机局。2002 年,农业 143 站被农业部农机化司评为 2000 年~2001 年度全国农机职业技能鉴定工作先进单位。

一、鉴定程序

1.初级工中级工培训、考核由各区县农机管理部门统一安排。

2.高级工培训、考核由农业 143 站统一安排。

3.农业 143 站根据各区县农机管理部门上报的鉴定考评计划,委派鉴定考评员、鉴定考评质量督导员现场考评,由考评员填写鉴定考评意见。

4.农业 143 站将鉴定考评情况汇总上报农业部职业技能鉴定指导站,由农业部职业技能鉴定指导站统一颁发证书。

二、鉴定工种范围

建站之初,农机职业技能鉴定工种较少,仅有农机修理工等,2001 年以后,根据形势发展的需要,将培训延伸到其他职业(工种),提高农民的职业技能,为其转移就业创造条件。到 2010

年，已具备对挖掘机(推土机)操作工、收割机驾驶员、农机操作工、农机营销员、农机服务经纪人等5个工种的鉴定能力。

三、鉴定队伍

自建站以来，重点加强了鉴定考评员的培训，选拔推荐有较高综合素质的专业技术人员，参加农业部组织的督导员、考评员培训班，提升考评员队伍素质，提高农机职业鉴定工作质量。到2010年，全市共有高级考评员3名、鉴定考评员42名，遍及全市12个涉农区县。

2003年以后，天津市农业机械职业鉴定快速发展，鉴定人数激增。共鉴定合格18788人次，包括农机修理工、挖掘机操作工、农机营销员、收割机操作工、农机作业服务经纪人、推土机操作工、拖拉机驾驶员、收割机驾驶员、农机服务经纪人等工种。

2008年，根据《天津市农机职业技能鉴定区县工作站管理实施细则》的有关规定，各涉农区县均成立了工作站，负责本区县的职业技能鉴定工作。

第七章　农机依法行政

第一节　农机政策法规建设

20世纪90年代以前，农机行政执法工作主要以1981年以来农业机械管理部门陆续制定的《天津市拖拉机上公路驾驶员考核规定》等15个规范性文件为依据。此后，天津市农机化法制建设开始完善。1992年10月26日，市人民政府发布第54号政令，颁布《天津市农业机械安全监理规定》，原有的一些执法依据逐步被废止，天津市农机化立法工作起步。

1995年5月4日，市人民政府发布了《天津市农机事故处理办法》，将农业机械事故处理工作纳入规范化，标志着天津市农机安全监理工作步入了依法管理的轨道。(因2003年《中华人民共和国道路交通安全法》颁布。《天津市农机事故处理办法》被上位法取代，于2004年6月29日废止)。

1996年11月，天津市第十二届人民代表大会常务委员会第28次会议审议通过了《天津市农业机械管理条例》，这是天津市第一部农业机械地方性法规，天津市农业机械法制建设步入正轨。

2003 年以来,本市农机立法工作得到进一步加强,市人大和市政府重新对本市农机化地方性法规、规章进行修订。

2004 年,市政府发布《关于修改〈天津市农业机械安全监理规定〉的决定》,2005 年,天津市第十四届人民代表大会常务委员会第 24 次会议通过了《天津市人民代表大会常务委员会关于修改<天津市农业机械管理条例>的决定》,并重新颁布施行。

2003 年,市政府办公厅下发了《天津市人民政府办公厅转发市农机局关于加快实施保护性耕作推广工作意见的通知》。

2005 年,市政府下发了《关于加快天津市农业机械化发展的意见》(津政发〔2005〕36 号)。

至此,本市农机化法规建设形成了以 1 个条例和 1 个市政府规章为基础,各级政府及其有关部门的规范性文件为配套、农机行政执法的规章制度为补充的地方性农机化管理法规框架,天津市农机化法律法规体系初步形成。

第二节 农机行政许可审批

2004 年,《中华人民共和国行政许可法》颁布施行后,农机行政许可事项开始进一步规范。根据《国务院对确需保留的行政审批项目设定行政许可的决定》(国务院令第 412 号),联合收割机及驾驶员牌照证照核发、农业机械维修技术合格证书核发被保留。农业机械维修技术合格证书核发的行政许可实施主体为县级人民政府农业机械行政主管部门。

2004 年 6 月 30 日，根据 2004 年 6 月 29 日天津市人民政府第 26 号令《关于颁布市级保留、调整、取消的实施行政许可主体的决定》,天津市农业机械局是法律法规授权的市级行政许可实施主体。天津市农业机械安全监理总站实施行政许可主体调整到天津市农业机械局。

2009 年,根据市清理和减少行政审批办公室关于行政审批大提速的要求,对本市农机行政许可(审批)进行了清理。

2010 年,市政府提出对行政许可审批事项进行再提速,对本市农机行政许可(审批)事项作出调整合并。市级行政许可事项包括 4 项,分别是:农业机械驾驶证核发(其中 A 类为拖拉机驾驶证核发,B 类为联合收割机驾驶证核发)、农业机械牌证核发(其中 A 类为拖拉机牌证核发,B 类为联合收割机牌证核发)、拖拉机联合收割机驾驶证审验、拖拉机驾驶培训学校(班)资格审批。区(县)级行政许可事项为农业机械维修技术合格证书核发。

第六篇

渔　业

天津市地处九河下梢，频临渤海。境内河网交错，坑塘水库密布，海岸线长153.2公里，渔业资源丰富，1985~1989年全市年均水产品产量达78535吨。进入20世纪90年代，天津市进一步加强渔业法规与基础设施建设，突出渔业科技的支撑引领作用，加快品种与技术更新换代，完善水生动物疫病防控体系建设，坚持防治并举。采取多种措施，着力推进渔业产业结构调整，优化产业布局，扩大了产业规模，提升了产业素质。1991年有组织地开展了远洋捕捞生产，鼓励跨海区作业。2002年启动了无公害水产品基地建设，开展了基地认定和产品认证工作。2005年重点扶持南美白对虾、彭泽鲫、海珍品产业带及浅海滩涂贝类4个产业带建设，启动以人工鱼礁建设为主要内容的海洋生态环境修复工程。2008年启动了优势水产品养殖示范园区建设，至2010年共建设改造提升水产养殖示范园区55个。截至2010年，全市水产品产量34.49万吨，比1991年增长219.06%。

第一章 渔业环境与资源

第一节 内陆渔业环境与资源

一、内陆渔业环境

天津共有一级河道19条，二级河道79条，总长度为2892公里。各河流带来丰富的有机物质和无机盐类，属于富营养盐类型，浮游生物、底栖生物及水生维管束植物等饵料生物丰富，为鱼类产卵、索饵提供了良好的环境和条件。2010年全市水产养殖面积达4万公顷。天津也是辐射中国华北、东北、西北地区的水产品集散地。

二、内陆渔业资源

天津境内河道纵横，洼淀和湿地众多。蓟运河、潮白河、永定新河、海河、独流减河五条河流注入渤海。全市内陆水域面积142.15平方公里，境内分布中小型水库60余座。河流与水库的渔业资源种类主要以梭鱼、大银鱼、河蟹、鲈鱼、鲫鱼、草鱼、鲤鱼、鲢鱼等朔河性鱼类和淡水鱼类为主。

北大港水库。位于滨海新区大港南部,为天津居民重要的生活水源地之一。水域面积达到22万亩,是中国少有的浅水型平原水库。该水库水质优良,水生维管束植物生长茂盛,主要有苇、菹草和聚草,是鱼类栖息、生长和繁殖的良好场所。据有关资料记载,南开大学1979~1980年间共采到鱼类38种,以淡水鱼类为主体,兼有咸淡水种类,包括青鱼、草鱼、鲢鱼、鳙鱼、鳊鱼、红鳍鲌、翘嘴红鲌、乌鳢、泥鳅、鲶鱼、黄颡鱼、鲤鱼、鲫鱼、赤眼鳟、鲮鱼、鲈鱼等,以及纹缟鰕虎鱼、裸项吻鰕虎鱼等鰕虎鱼类。虾类主要有青虾和南美白对虾;蟹类有中华绒螯蟹等。

七里海湿地。地处宁河县西南部,水域面积10万亩,是华北地区重要渔业基地。七里海有鱼类21种:主要是刀鱼、大银鱼、草鱼、鳡鱼、赤眼鳟、白条鱼、鳊鱼、翘嘴红鲌、鲤鱼、鲫鱼、麦穗鱼、花鲢、白鲢、乌鳢、泥鳅、鲶鱼、黄颡鱼、黄鳝、鳜鱼、鲈鱼;虾类有青虾和中华米虾;蟹有中华绒螯蟹和狭颚绒螯蟹。

大黄堡湿地。位于武清区东部,水域面积4万亩。鱼类自然品种10余种,主要有翘嘴红鳍鲌、乌鳢、鲶鱼、大银鱼等。养殖品种主要有花白鲢、草鱼、鲤鱼、鲫鱼;虾类主要有青虾和南美白对虾;蟹类主要有中华绒螯蟹等。

于桥水库。位于蓟县城东,水域面积达到11万亩,是华北地区大型水库之一,为天津居民重要的生活水源地。天津农学院1987~1988年间共采到鱼类34种,主要是鲤鱼、鲫鱼、青鱼、草鱼、鳡鱼、鳊鱼、翘嘴红鲌、中华鳑鲏、麦穗、花鲢、白鲢、乌鳢、泥鳅、鲶鱼、黄颡鱼等。1997年于桥水库渔业资源生物量3.79千克/平方米。

西青区境内的子牙河、独流减河、丰产河和鸭淀水库;东丽区境内的东丽湖;北辰区境内的永金水库和大兴水库等地渔业资源也比较丰富。主要是大银鱼、草鱼、鳡鱼、白条鱼、鳊鱼、翘嘴红鲌、鲤鱼、鲫鱼、麦穗、花鲢、白鲢、乌鳢、泥鳅、鲶鱼、黄颡鱼、鳗鲡、黄鳝等;虾类有青虾和日本对虾;蟹类有中华绒螯蟹。

第二节 海洋渔业环境与资源

一、海洋渔业环境

天津海岸线长153.2公里,海岸带地貌类型比较复杂。平均水深不足10米,在-5米范围以内沉积物是粉砂加黏土形成的软泥带;在离岸较远的区域,其沉积物则主要是粉砂与空贝壳。沿海蕴藏着丰富的海洋渔业资源。天津海区表层水温年平均值为12.71℃。海水含盐度年平均值为28.21‰。天津市沿岸海域的氮、磷等营养盐类含量极为丰富,是浮游植物生长繁殖不可缺少的营养成分。天津市水产研究所2006~2007年调查结果显示,浮游植物包括硅藻、甲藻、绿藻、金藻和蓝藻等 5 个门类，共 88 种。其中硅藻门种类数最多，共 80 种，占总种类数的 90.91%；密度以硅藻门为绝对优势类群，占总量的 97.9%。硅藻类无论是细胞个数或种数都占绝对优势。浮游动物共有 7 个门类，55 种。其中桡足类种类最多，共 19 种。其代表种类为太平洋纺锤水蚤、强壮箭虫、中华哲水蚤、小拟哲水蚤等。丰富的浮游生物为仔稚鱼提供了饵料资源。底栖生物共有 7 个门类，137 种，其中软体动物有 42 种，占总数的 30.66%。底栖生物在水域食物链中处于重要的地位，许多种类是鱼类、虾蟹类等的天然饵料，如沙蚕、蓝蛤等；有些种类本身就是渔业捕捞的对象，如毛蚶、扇贝等。

二、海洋渔业资源

天津市海洋渔业资源丰富。天津浅海位于渤海三大渔场之一的渤海湾渔场的中心部位，是渤海湾鱼类产卵场主体水域，有多条河流入海，水质优良，气候适宜，浮游生物丰富，既适于洄游性鱼、虾产卵繁殖，又适于幼鱼、稚虾等索饵、生长、育肥和地方性的鱼、虾、蟹、贝常年栖息，有较好的发展渔业条件。天津市水产研究所、南开大学和天津农学院 1982 年调查结果显示，天津浅海水生动物约有 150 种。其中经济种类约有 68 种，主要有中国对虾、三疣梭子蟹、小黄鱼、银鲳、毛蚶、毛虾、脊尾白虾、梭子蟹、梭鱼、花鲈、鳓鱼、蓝点马鲛、半滑舌鳎、青鳞鱼、黄鲫、斑鰶、梅童鱼、黄姑鱼、白姑鱼等。根据生物种类分布和移动范围可分为三个生态群：①天津浅海（滩涂）生态群：它们终生不离开天津浅海范围，是天津渔业资源增殖的主要研究对象；②渤海地方群：终生不离开渤海，在渤海沿岸水域和深水水域间做季节性短距离移动；③黄东海群：属于长距离跨海区洄游种类。

从 20 世纪 80 年代后期开始，随着捕捞强度的增加和污染的加剧，资源量逐年减少。20 世纪 80 年代中期和 2006~2007 年，天津市渔业主管部门组织力量对天津市海洋渔业资源状况进行了两次系统调查。

天津市水产研究所、南开大学和天津农学院在 20 世纪 80 代中期调查中共捕获游泳动物 64 种。其中鱼类 50 种，隶属 13 目，27 科。大型无脊椎动物 14 种，隶属 4 门，6 纲。

鱼类资源量较多的种类主要有黄鲫、斑鰶、梭鱼、梅童鱼、银鲳、花鲈、小黄鱼、鳓鱼、蓝点马鲛、半滑舌鳎、青鳞鱼等。按适温性分，暖温性鱼类 43 种、暖水性鱼类 4 种、冷温性鱼类 3 种。鱼类组成有明显的季节变化，以 5~11 月出现的种类较多。其中 5 月份最多，共 28 种鱼类；3、4 月份出现的种类最少，共 11 种鱼类。渤海湾的鱼类产卵期比较集中，绝大多数是在春末和夏初之间产卵，5 月份是大多数鱼类的生殖季节并形成产卵高峰。

大型无脊椎动物有较高经济价值的有 10 种，主要经济种类为三疣梭子蟹、中国对虾、口虾蛄、日本蟳和脊尾白虾等，占资源量的 94%。资源量组成有明显的季节性变化，12~2 月份最低，4~10 月份最高。

天津浅海(滩涂)蕴藏有丰富的贝类资源,潮间带有丰富的四角蛤蜊、泥螺、缢蛏资源,在南到驴驹河外海,北至大神堂的浅海水域,分布着丰富的毛蚶资源;在汉沽区大神堂外海,分布着渤海湾唯一现存的活牡蛎礁群,在渤海是极其特殊的,是几千年形成的独特海洋生态系统,现存面积约 30 平方公里,是牡蛎、扇贝、红螺等海洋生物的栖息场所,具有优越的浅海生态环境。该海域贝类、鱼类、虾蟹类资源丰富,是渔业生物的良好增殖地和浅海生态生物多样性的基因库,在该海域生态系统中具有重要的作用;从景观生态角度讲,是不可多得的海底自然资源。

天津市水产研究所 2006~2007 年对渤海湾调查,共采集到游泳动物 42 种,其中属于脊椎动物鱼类的有 24 种,占总种数的 57.14%;属于无脊椎动物的有 18 种,占总种数的 42.86%(虾类有 10 种,占总种数的 23.81%;蟹类有 5 种,占总种数的 11.9%;头足类有 3 种,占总种数的 7.14%)。

鱼类:调查中共捕获鱼类 24 种,分隶 8 目,14 科。其中暖水性鱼类有 10 种,占鱼类种数的 41.67%;暖温性鱼类有 13 种,占鱼类种数的 54.17%;冷温性鱼类有 1 种,占鱼类种数的 4.16%。按栖息水层来分,底层和近底层鱼类有 16 种,占鱼类种数的 66.67%;中上层鱼类有 8 种,占鱼类种数的 33.33%。按洄游性来分,在渤海越冬,属于渤海地方性资源的有 12 种,占鱼类种数的 50%;不在渤海越冬,进行长距离洄游的鱼类有 12 种,占鱼类种数的 50%。按经济价值来分,较高的有 5 种,占鱼类种数的 20.83%;经济价值一般的有 12 种,占鱼类种数的 50%;经济价值较低的有 7 种,占鱼类种数的 29.17%。占生物量 2%以上的种类有 10 种,依次是斑尾复鰕虎鱼、钝尖尾鰕虎鱼、斑鰶、叫姑鱼、黑鳃梅童鱼、鲬鱼、梭鱼、钟馗鰕虎鱼、焦氏舌鳎和黄鲫,合计占总生物量的 95.27%;占密度 2%以上的种类有 9 种,依次是钝尖尾鰕虎鱼、斑鰶、叫姑鱼、斑尾复鰕虎鱼、赤鼻棱鳀、焦氏舌鳎、黄鲫、黑鳃梅童鱼和青鳞鱼,合计占总尾数密度的 95.39%。

无脊椎动物:调查捕获到 18 种无脊椎动物。其中甲壳类有 15 种,占 83.33%;软体动物头足纲有 3 种,占 16.67%。按经济价值来分,经济价值较高的有 10 种,占种数的 55.56%;经济价值较低的有 8 种,占种数的 44.44%。占生物量 2%以上的种类有 9 种,依次为口虾蛄(64.81%)、日本关公蟹(6.36%)、火枪乌贼(5.16%)以及日本蟳、日本鼓虾、脊尾白虾、长蛸、隆线强蟹和三疣梭子蟹,合计占总生物量的 96.42%;占密度 2%以上的种类 5 种,依次为口虾蛄(71.94%)、日本鼓虾(9.65%)、脊尾白虾(7.97%)以及日本关公蟹和火枪乌贼,合计占密度的 96.81%,总体经济价值表现较低。

2006~2007 年,天津市水产研究所对天津近岸海域渔业资源的调查结果显示,被捕获的渔业资源种类数目在不断减少,鱼类经济种类的更替明显,渔业资源经济品质结构的低质化在迅速加剧,渔业的相对资源量在急剧下降,渔业资源群体结构的小型化、低龄化更加严重,低质的底层鱼类被捕获的生物量在总生物量中所占的比例上升，鱼卵、仔稚鱼被采集到的种类数及其密度在逐渐减少。

第二章　海洋渔业

第一节　海洋捕捞

一、捕鱼网具

天津用于海洋捕捞渔网主要有刺网、张网、陷阱、耙刺、钩具、围网和拖网七大类几十种。

(一)刺网类

刺网是渤海沿海渔民的主要网具，主要在黄、渤海海域作业。捕获时由若干长方形网片连接而成，网衣的长度和高度以及沉浮力的配备依据渔获对象的习性、渔场条件和地方作业习惯有所差异。按其作业方式可分为流刺和定刺两种。流刺网主要捕捞鲅鱼、鲳鱼、鲈鱼、对虾、青鱼、黄鲫鱼等鱼类；定刺网主要捕捞梭子蟹、海蛰、斑鲫、黄姑鱼等。

(二)张网类

主要有框架型和竖杆型两种，由网身和网囊组成。网口多呈正方形或长方形，网身为锥形。主要有架子网、底锚网以及插网、河张网、流布袋等数种。

1.架子网：属张网类框架型单桩式网具。网口呈正方形，作业时整顶网可随着流向变化而转动，故又名转轴网，主捕毛虾。

2.底锚网：又名锚张网、跟头网。网型是在架子网基础上演变而来，以捕捞梅童、白姑鱼等中下层小型鱼类为主。

(三)陷阱类

该类网具属插网型近岸拦截导陷型网具，主要有地撩网、青虾倒帘网及须子网等。其结构特点为多片长方型网片列成几百米乃至数千米网墙，横向拦截随潮汐而来的鱼虾。以捕捞黄姑鱼、梅童鱼、鲶鱼及梭鱼为主。

(四)靶刺类

该类网具主要有齿靶型和滚钩型。

1.毛蚶扒网:是利用齿靶,把泥底或沙底的毛蚶拖入网中捕获。该网曾是沿海渔民的主要网具。

2.滚钩:又名空钩、大钩。属滚钩型定置延绳式渔具。由干线、支线、沉石、钩等组成。钩上无饵,以延绳方式敷设在沿岸底层水域,利用涨落潮及鱼群游动时钩刺鱼体。主要渔获为鲆、鲽、鳐等底层鱼类。由于资源变化和其他大型渔具的发展,此渔具近年来已很少使用。

(五)围网类

围网类渔具有小黄鱼风网、鳓鱼风网、小风网等。网衣呈长带形,由若干条网衣组成,网目小、网上缘有浮子纲、下缘有沉子纲,两端有曳纲,为流动性过滤式网具。此类网具随着资源的衰退近年来已不使用。

(六)拖网类

拖网是天津市沿海捕鱼的主要网具之一。按作业方式分为单拖和双拖;按网具结构分为有翼和无翼两种。此类网具随着资源的衰退近年来渤海已不应用。

(七)钓具类

钓具由干线、支线、浮子、钩等组成。主要捕获鲈鱼、鳓鱼等。随着资源的衰退和新型网具的发展,此渔具近年来已很少使用。

二、捕捞渔船

1990 年全市有海洋机动渔船 775 艘,总功率 37161 千瓦,平均单船功率 48 千瓦。

2000 年末全市有海洋机动渔船 1175 艘、36802 总吨、66487 千瓦, 平均单船功率 57 千瓦。其中:生产船 1153 艘,34639 总吨,62546 千瓦。包括国有企业 20 艘,12026 总吨,19591 千瓦;群众渔船 1133 艘,22613 总吨,42955 千瓦。平均单船功率,国有企业 918 千瓦、渔民船队 39 千瓦。辅助船 22 艘,2163 总吨,3940 千瓦。包括国有企业 1 艘,185 总吨,221 千瓦; 市渔政船 2 艘,607 总吨,1192 千瓦;渔民船队 19 艘,1371 总吨,2529 千瓦。

表 6-2-1-83 2000 年天津海洋渔船统计表 单位:艘

渔船数量 所属单位 / 马力范围	数量（艘）	塘沽	汉沽	大港	宁河	北辰	渔政	远洋公司	其它
<20	557	303	192	24	11	5	0	0	22
21-40	218	84	121	3	4	6	0	0	0
41-60	165	70	78	15	0	0	0	0	2
61-80	55	11	37	7	0	0	0	0	0
81-100	177	91	76	5	0	0	1	1	3
101-150	54	41	6	0	0	0	0	0	7
151-200	19	9	3	0	0	0	3	0	4
201-300	4	1	0	0	0	0	1	2	
301-500	7	0	0	0	0	0	2	5	
>500	13	0	0	0	0	0	0	13	
合计	1269	610	513	54	15	11	7	21	38

2010 年全市有渔业机动渔船 2468 艘,总功率 7.22 万千瓦。其中海洋渔业机动渔船 594 艘,总功率 5.7 万千瓦。辅助船是海洋渔业生产重要的组成部分,2010 年天津市有冷藏加工、海上运输、供水维修等海洋渔业辅助船 35 艘,总功率 8210 千瓦。

表 6-2-1-84 2010 年天津海洋渔船统计表 单位:艘

渔船数量 所属单位 / 马力范围	数量(艘)	塘沽	汉沽	大港	宁河	北辰	渔政	远洋公司
>600	16	0	0	0			3	13
61-599	298	136	145	7				10
<60	323	155	125	43				0
合计	637	291	270	50	0	0	3	23

三、近海捕捞

1991 年天津近海捕捞产量 2.22 万吨。

1997 年近海捕捞主要品种产量 20936.59 吨。其中鲅鱼 564 吨、鲳鱼 129 吨、梭鱼 827 吨、鲈鱼 142 吨、青鳞鱼 76 吨、马口鱼 392 吨、斑鰶鱼 710 吨、什鱼 8633 吨、对虾 136.59 吨、毛虾 1734 吨、青虾 462 吨、虾蛄 3032 吨、杂虾 1138 吨、毛蚶 1075 吨、海螺 314 吨、海蟹 86 吨、杂蟹 245 吨、牡蛎 1173 吨、扇贝 68 吨。

1998年近海捕捞主要品种产量28050.7吨。其中鲅鱼892.8吨、鲳鱼39.6吨、梭鱼449.96吨、鲈鱼208吨、青鳞鱼206吨、马口鱼64.6吨、斑鰶鱼471吨、什鱼6403吨、对虾123.97吨（其中：渤海湾捕捞23.97吨）、毛虾1999.3吨、青虾290吨、虾蛄4155吨、杂虾1698.66吨、毛蚶1040吨、海螺196吨、魁蚶57吨、海蟹555.21吨、牡蛎2916吨、扇贝116吨、缢蛏1179吨、海蜇159.6吨、墨鱼4830吨。

2000年近海捕捞产量24529吨，平均单船产量21.65吨；产值13575万元，平均单船产值11.99万元。塘沽区近海捕捞收入7333.6万元，支出4359.89万元，捕捞人均收入10171元。近海捕捞产量分类：渤海23581吨，黄海799吨，其他海域149吨。捕捞主要品种产量：鲅鱼211吨、小黄鱼799吨、鲳鱼287吨、梭鱼323吨、鲈鱼138吨、棘头鱼35吨、青鳞鱼6吨、黄鲫鱼93吨、杂鱼8430吨、对虾10吨、毛虾1872吨、青虾408吨、虾蛄5216吨、杂虾627吨、海蟹205吨、毛蚶769吨、海螺247吨、魁蚶21吨、扇贝37吨、缢蛏24吨、海蜇21吨。

2001年近海捕捞产量25140吨、产值14809万元。近海捕捞产量分类：渤海24364吨、黄海776吨。捕捞品种主要有鲅鱼、梭鱼、鲳鱼、鲈鱼、虾蛄、毛虾。

2002年1月天气比较寒冷，只有少部分渔船出海生产，主要捕捞鲈鱼、虾蛄、缢蛏、杂鱼等。2月份，塘沽、汉沽区共有300余艘渔船投入早春冷海生产，主要捕捞品种鲈鱼、银鱼、虾蛄、杂鱼、杂虾及贝类等。同年春季，全市近海陆续投入捕捞生产渔船860余艘，主要捕捞品种有虾蛄、银鱼、缢蛏、杂色蛤、杂鱼、杂虾。投入虾蛄生产渔船400余艘，作业渔场主要在34、35、36、37渔区及河口附近。大千瓦（88千瓦）渔船单船日产量0.05~0.1吨，高的日产量0.15吨，到6月底，全市虾蛄产量1417吨，较上年同期增加46%。从事银鱼生产的渔船80余艘，作业渔场主要在35、36渔区。单船日产量0.05~0.1吨，高的单船日产量0.3吨。到6月底，全市银鱼产量233吨，较上年同期略有增加。有50多艘渔船投入缢蛏生产。单船日产量0.05~0.1吨，高的0.15吨。到6月底，全市缢蛏产量193吨，较上年同期减产70%。有60余艘渔船投入杂色蛤生产，作业渔场在23渔区。单船日产量0.05~0.08吨。到6月底，全市杂色蛤产量166吨，是当年增加的捕捞新品种。有近300艘小马力渔船在河口附近从事扒拉网作业。主要捕捞虾蛄、毛蚶及底杂鱼等。由于资源不好，油价偏高，渔船出海生产亏损增加，大多数小马力渔船时干时停。

同年，全市投产秋汛生产渔船890多艘。其中秋虾生产船30艘。由于资源状况差，投产对虾专捕船少，作业时间也很短，有的渔船只生产了几天即转产或停港。对虾生产较好时段在10月中旬，单船网产对虾0.01~0.015吨，高网产0.03~0.045吨，但持续时间短。全市秋汛对虾产量1.8吨，产值25万元。除中国对虾外，全市还有850余艘渔船在渤海从事其它品种的生产。作业渔场在34、35、36、37渔区，主要捕捞品种是虾蛄、鲈鱼、毛虾、青虾、缢蛏、贝类、杂鱼、杂虾等，生产一直持续到12月。其中：虾蛄生产，投产船380余艘，单船日产量100公斤，产值600元左右;蛤蛏生产,投产船 50 余艘,单船日产量 0.16 吨,产值 500 元左右;毛蚶生产,投产船 80 余艘,单船日产量 0.05 吨,产值 300 元左右;杂鱼、杂虾生产,投产船 150 余艘,单船日产量 0.1 吨,产值 300 元左右。

2005 年 9 月 1 日,渤海休渔期结束,全市 50 多条渔船投入三疣梭子蟹生产。单船每天产量平均在 0.05 吨,最好达到 0.2 吨,每条船月平均收入大约在 4~6 万元。

2007 年 9 月 1 日,渤海伏季休渔结束,本市 700 艘渔船出海生产。北塘渔民协会 20 艘捕虾渔船单船网产 0.15 吨左右,个别高产达到 0.25 吨(对虾个体有的达到 7~8 尾/斤)。40 马力渔船捕捞虾蛄,单船日产量 0.3~0.35 吨; 15~30 千瓦渔船捕捞梭子蟹,单船日产量 0.01 吨左右。与历年秋汛相比,中国对虾、梭子蟹都有明显增收。

2008 年全市投入近海捕捞生产船 673 艘。其中中韩入渔 83 艘,群众生产渔船 600 余艘,捕捞产量 12014 吨;捕捞产值 11605 万元。

2009 年秋汛期间,天津渤海海域共捕获中国对虾约 632 吨。其中塘沽、汉沽两区 40 余艘专业捕捞船捕获 100 余吨,是 2002 年增殖放流以来捕获量最多的一年,每艘中国对虾捕捞船大约收入在 20~35 万元。

2010 年,全市近海捕捞共投入生产渔船 400 余艘,功率 21714.8 千瓦,近海捕捞产量 8400 吨。主要品种为:章鱼、虾蛄、海螺、杂鱼、杂虾等;近海捕捞产值 11350 万元,比 2009 年增加 36%。其中:塘沽投入生产渔船 181 艘,产量 3000 吨,产值 2500 万元;汉沽投入生产渔船 241 艘,产量 5400 吨,产值 8850 万元。

四、远洋捕捞

天津市远洋捕捞始于 20 世纪 80 年代末。1991 年 11 月 3 日,市政府办公厅批准天津市海洋渔业公司派员前往印度尼西亚海域进行捕鱼考察。同年 11 月,市海洋渔业公司与印尼信高巴玛公司、香港建华龙基公司和信德高发展有限公司达成合作协议,拟派 8 艘渔船赴印尼从事海洋捕捞生产,后因印度尼西亚政局不稳,风险高,此项目没有实施。

1992 年 12 月,天津市海洋渔业公司组建远洋渔业公司,筹措 580 万元技术改造资金对渔轮进行技术改造。1993 年 3 月 25 日,天津市远洋渔业船队 4 艘 8154 型单拖渔轮从天津启航,于 4 月 22 日抵达也门渔场,这是天津首次远洋捕鱼作业。后因也门政局变化,4 艘渔船离开也门几内亚洛斯群岛渔场。9 月 16 日,市远洋渔业公司又有 2 艘 300 吨级单拖渔轮赴西非渔场捕鱼作业,当年的作业渔场主要在几内亚北比绍公海,捕捞品种以带鱼等底层杂鱼为主,捕捞产量 1213 吨。

1996 年 1 月, 公司派 2 艘渔船以购买配额方式进入新西兰近海捕捞鱿鱼, 由于资源不理想,此项目亏损,两条船产量370吨。同年5月21日,市远洋渔业公司购置并改装二手鱿鱼钓渔轮6艘,用于远洋鱿鱼钓生产。项目总投资4980万元,其中用于船只及钓机购置3380万元(含关税及增值税)、改装费780万元、铺底流动资金820万元。7月初公司派6艘渔船赴北太平洋及日本海生产鱿鱼,鱿鱼产量1280吨,12月中旬渔船结束生产后离开渔场回国。

"九五计划"期间,天津市落实农业部车船专项贷款3380万元,1999年远洋渔船已发展到11艘,10212总吨、15766千瓦。远洋渔业产量由1993年3700吨,1999年增长到9220万吨,比1993年增长2.4倍,平均每年增长40%。作业渔场由西非拓展到南北太平洋、大西洋渔场;作业方式由过洋性的拖网生产,发展到大洋性的鱿鱼钓和金枪鱼钓作业,初步实现了远洋渔业"两钓并举、扩大规模、增强后劲"的战略调整。同时积极参与国际渔业合作,实行股份制,组建"天祥渔业股份有限公司"。

2000年,参与远洋捕捞的渔船15艘,动力13625千瓦,捕捞产量9275吨,产值12312万元;平均单船产量618.3吨。当年天祥公司所属"天祥137"金枪鱼延绳钓船第一年即捕获金枪鱼384吨的较高产量,并获利35万美元。

2001年,天津市远洋渔业捕捞船队在西南大西洋、南大西洋、印度洋公海、北太平洋公海、斐济外海等渔场作业。主要品种为金枪鱼、鱿鱼,捕捞产量12003吨、产值1.2亿元。其中"天源"鱿钓船在阿根廷专属经济区作业(购买作业许可证),整个汛期产量为2800吨,产值2000万元。

西南大西洋公海渔场鱿钓项目:天津市远洋渔业公司7艘鱿钓渔船,于2001年12月26日投入西南大西洋实施2002年度鱿钓生产。前期产量较好,一般单船日产量10~20吨,最高时达40多吨。但2002年4月中旬以后产量逐渐减少,一般单船日产量5~10吨。5月下旬陆续结束生产后,有5艘渔船转移至东南太平洋(秘鲁)公海渔场。西南大西洋公海渔场鱿鱼产量9426吨,产值6000万元,产量较上年8874吨增加6.2%。

表6-2-1-85 1991~2010年天津市远洋渔业生产情况统计表

年度	船数(艘)	功率(千瓦)	吨位(吨)	作业类型及海域	项目名称	主要捕捞品种	捕捞产量(吨)	产值(万元)	运回产量(吨)
1991	5	4577	3577	拖网,亚丁湾	也门外海杂鱼	杂鱼	1100	616	810
1992	5	4577	3577	拖网,非洲西部公海	摩洛哥外海	杂鱼	1451	870	940
1993	5	4577	3577	拖网,非洲西部公海	几内亚比绍外海	杂鱼	1213	726	850
1994	5	4577	3577	拖网,非洲西部公海	加蓬外海	杂鱼	960	576	671

年度	船数（艘）	功率（千瓦）	吨位（吨）	作业类型及海域	项目名称	主要捕捞品种	捕捞产量（吨）	产值（万元）	运回产量(吨)
1995	5	4577	3577	拖网,非洲西部公海	加蓬外海	杂鱼	835	501	430
1996	8	8114	6166	拖网、鱿钓,非洲、阿根廷	西南大西洋鱿钓,加蓬外海	鱿鱼,杂鱼	1650	1155	1236
1997	11	11201	7576	鱿钓,北太平洋、阿根廷外海	北太平洋、阿根廷外海	鱿鱼	6224	4045	6224
1998	11	11201	75706	鱿钓,北太平洋、阿根廷外海	西南大西洋、北太平洋鱿钓	鱿鱼	7960	5412	6910
1999	11	11201	7576	鱿钓,北太平洋、阿根廷外海	西南大西洋、北太平洋鱿钓	鱿鱼	9210	5434	8360
2000	11	11201	7576	鱿钓,北太平洋、阿根廷外海	西南大西洋、北太平洋鱿钓	鱿鱼	8360	5434	8360
	4	2424	1352	金枪鱼延绳钓,中西太平洋、大西洋	中西太平洋金枪鱼项目、大西洋金枪鱼项目	金枪鱼	915	3523	0
2001	12	12377	8550	鱿钓,北太平洋、阿根廷外海	西南大西洋、北太平洋鱿钓	鱿鱼	11250	7665	8950
				鱿钓,北太平洋、阿根廷外海	西南大西洋、北太平洋鱿钓				
	4	2424	1352	金枪鱼延绳钓,中西太平洋、大西洋	中西太平洋金枪鱼项目、大西洋金枪鱼项目	金枪鱼	890	3427	0
2002	12			鱿钓,西南大西洋公南太平洋公海	西南大西洋、北太平洋鱿钓	鱿鱼	16754	17256	
	8			金枪鱼延绳钓,大西洋、印度洋公海,斐济外海	中西太平洋金枪鱼项目、大西洋金枪鱼项目	金枪鱼	2673		
	2			马来西亚外海拖网生产	马来西亚项目	杂鱼	35	11	
2003	12			鱿钓,西南大西洋公南太平洋公海	西南大西洋、北太平洋鱿钓	鱿鱼	9877	8712	1821.9
	8			金枪鱼延绳钓,大西洋、印度洋公海,斐济外海	中西太平洋金枪鱼项目、大西洋金枪鱼项目	金枪鱼	2804		0.632
	2			马来西亚外海海域拖网生产	马来西亚项目	杂鱼	3284		332.9

年度	船数（艘）	功率（千瓦）	吨位（吨）	作业类型及海域	项目名称	主要捕捞品种	捕捞产量（吨）	产值（万元）	运回产量(吨）
2004	10	20925	13612	鱿钓,西南大西洋公南太平洋公海	西南大西洋、北太平洋鱿钓	鱿鱼	8000	14090	8440.6
	9			金枪鱼延绳钓,大西洋、印度洋公海,斐济外海	中西太平洋金枪鱼项目、大西洋金枪鱼项目	金枪鱼	3000		3.326
	2			马来西亚外海拖网生产	马来西亚项目	杂鱼	3968		1583.9
2005	5	15247	9533	鱿钓,西南大西洋公南太平洋公海	西南大西洋、北太平洋鱿钓	鱿鱼	8000	14090	8440.6
	12			金枪鱼延绳钓,大西洋、印度洋公海,斐济外海	中西太平洋金枪鱼项目、大西洋金枪鱼项目	金枪鱼	3000		3.326
	2			马来西亚外海海域拖网生产	马来西亚项目	杂鱼	3968		1583.9
2006	10	20925	13612	鱿钓,西南大西洋公南太平洋公海	西南大西洋、北太平洋鱿钓	鱿鱼	8000	14090	8440.6
	9			金枪鱼延绳钓,大西洋、印度洋公海,斐济外海	中西太平洋金枪鱼项目、大西洋金枪鱼项目	金枪鱼	3000		3.326
	2			马来西亚外海拖网生产	马来西亚项目	杂鱼	3968		1583.9
2007	3			鱿钓,西南大西洋公南太平洋公海	西南大西洋、北太平洋鱿钓	鱿鱼	5000		2414
	12			金枪鱼延绳钓,大西洋、印度洋公海斐济海域	中西太平洋金枪鱼项目、大西洋金枪鱼项目	金枪鱼	3000		364
	4			马来西亚海域拖网生产、缅甸海域定置网	马来西亚项目、缅甸外海海域	杂鱼	5820		1717

年度	船数（艘）	功率（千瓦）	吨位（吨）	作业类型及海域	项目名称	主要捕捞品种	捕捞产量（吨）	产值（万元）	运回产量(吨)
2008	3			鱿钓，西南大西洋公南太平洋公海	西南大西洋、北太平洋鱿钓	鱿鱼	2730	9220	1323.2
	15			金枪鱼延绳钓，大西洋、印度洋公海，斐济外海	中西太平洋金枪鱼项目、大西洋金枪鱼项目	金枪鱼	2691		282.08
	4			马来西亚外海拖网生产，缅甸外海定置网	马来西亚项目，缅甸外海海域	杂鱼	1384		232.91
2009	5			鱿钓，西南大西洋公南太平洋公海	西南大西洋、北太平洋鱿钓	鱿鱼	804	2400	
	15			金枪鱼延绳钓，大西洋、印度洋公海，斐济外海	中西太平洋金枪鱼项目、大西洋金枪鱼项目	金枪鱼	2076	3200	
	4			缅甸外海定置网	缅甸外海海域	杂鱼	3700	2220	2469
2010	4			鱿钓，西南大西洋，南太平洋公海	西南大西洋、北太平洋鱿钓	鱿鱼	1000	2000	
	12			金枪鱼延绳钓，大西洋、印度洋公海，斐济外海	中西太平洋金枪鱼项目、大西洋金枪鱼项目	金枪鱼	3607	9915	
	4			缅甸外海定置网	缅甸外海海域	杂鱼	4308	2580	

1.西南大西洋公海渔场鱿鱼钓项目。市远洋渔业公司7艘鱿钓渔船于2001年12月26日投入西南大西洋公海实施2002年度鱿钓生产。前期产量较好，一般单船日产量10~20吨，最高的40多吨。4月中旬以后产量逐渐减少，一般单船日产量5~10吨。5月下旬陆续结束生产后，有5艘渔船转移至东南太平洋（秘鲁）公海渔场。西南大西洋公海渔场鱿鱼产量9426吨，产值6000万元，产量较2001年8874吨增加6.2 %。2002年，全年投入生产渔轮22艘，分别执行农业部远洋渔业项目8个，在6个渔场作业。主要捕捞品种鱿鱼、金枪鱼，全年产量19427吨。其中鱿鱼16754吨，金枪鱼2673吨。

2.东南太平洋（秘鲁）公海鱿鱼钓项目。市远洋渔业公司5腹鱿钓渔船于2002年6月结束西南大西洋公海渔场生产后陆续到达东南太平洋秘鲁公海渔场生产，当年生产鱿鱼7328吨，产值4400万元。

3.大西洋、印度洋公海超低温金枪鱼延绳钓项目。天津6艘超低温金枪鱼延绳钓渔船,在大西洋公海渔场的年度渔获配额为785吨,到6月全部用完,经农业部批准于7月转移至印度洋和太平洋公海生产。2002年度共捕获金枪鱼938吨、产值2294万元,较2001年875吨、4007万元分别增加7.2%、减少42.8%;其中天祥渔业股份有限公司2艘渔船产量238吨,市远洋渔业公司渔船4艘,产量700吨。

4.斐济海域冰鲜金枪鱼延绳钓项目。投入6艘冰鲜金枪鱼延绳钓渔船。其中市远洋渔业公司2艘渔船天荣、天华于当年5月离津加入斐济生产船队。2002年度共捕获金枪鱼914吨、产值2200万元,比2001年分别增加28%、104%。其中天祥渔业股份有限公司2艘渔船产量314吨、产值700万元;市远洋渔业公司4艘渔船产量600吨,产值1500万元。

5.马来西亚项目。塘沽远洋渔业总公司2艘渔船10月经批准进入马来西亚海域从事拖网生产,至12月31日获产量35吨,产值11万元。主要捕捞品种:带鱼、黄姑鱼、墨鱼等。由于该公司渔船对该海域不熟悉,生产作业时间短,产量不高,造成111万元的亏损。

2003年,本市三家远洋渔业企业,全年投入生产渔轮22艘,分别执行农业部远洋渔业项目8个。主要捕捞品种为鱿鱼、金枪鱼、带鱼等,全年产量15638吨,产值8712万元。其中鱿鱼9877吨,金枪鱼2804吨。作业渔场有西南大西洋公海鱿钓渔场,大西洋、印度洋金枪鱼钓渔场,斐济海域金枪鱼钓渔场和马来西亚海域。截止9月底,共运回远洋自捕水产品2155.45吨。其中:天津市远洋渔业公司1822.503吨(鱿鱼1821.871吨、金枪鱼0.632吨),塘沽远洋渔业总公司332.912吨。

1.西南大西洋公海渔场鱿鱼钓项目。天津市远洋渔业公司7艘鱿钓渔船于2002年12月初投入西南大西洋公海鱿钓生产。1~2月一般单船日产量4~9吨,最高的28吨。3月产量较高,一般单船日产量10~20吨,最高46吨。4月下旬至5月初,各船产量普遍持续低迷,至5月4日结束该渔场的作业经批准转移至秘鲁渔场,与2002年相比,提前半个月转移渔场。天盛轮单船产量最高,为1208吨;天源轮经批准在阿根廷线内作业2个月,产量不如2002年,线内平均日产11.2吨,最高42吨。西南大西洋渔场鱿鱼产量6055吨,产值3633万元,与2002年相比产量减少30%,经济效益下降较大。

2.东南太平洋(秘鲁)公海鱿鱼钓项目。2003年5月18日海丰轮最先抵达秘鲁渔场,至5月22日天盛、天福、天兴陆续到达,并投入生产。秘鲁渔场平均单船日产鱿鱼3~5吨,天盛轮单船产量最高为1500吨。截止12月底,秘鲁渔场鱿鱼产量3822吨,比2002年减少48%。当年在秘鲁渔场作业的渔船除天盛轮外,其他渔船采取轮流回港的方法,进行船舶修理、人员调换、补充物资。

3.大西洋、印度洋公海超低温金枪鱼延绳钓项目。投产 3 艘超低温金枪鱼延绳钓渔船。共捕获金枪鱼 1203 吨，比 2002 年增加 28%。其中天祥渔业股份有限公司 1 艘渔船产量 380 吨、产值 950 万元；市远洋渔业公司渔船 2 艘，产量 823 吨，产值 2304 万元。

4.斐济海域冰鲜金枪鱼延绳钓项目。投产 6 艘冰鲜金枪鱼延绳钓渔船，共捕获金枪鱼 726 吨、产值 1815 万元，比 2002 年分别减少 20%、17.5%。其中天祥渔业股份有限公司 2 艘渔船产量 214 吨、产值 535 万元；市远洋渔业公司 4 艘渔船产量 512 吨，产值 1280 万元。

5.马来西亚项目。塘沽远洋渔业总公司有 2 艘渔船经批准在马来西亚海域作业，主要生产品种有带鱼、墨鱼、鱿鱼等，全年产量 3286 吨，其中：带鱼 2340 吨、鱿鱼 300 吨、黄姑鱼 300 吨、杂鱼 346 吨。

2004 年，远洋渔业捕捞投入生产船 21 艘，分别执行农业部远洋渔业项目 8 个，主要捕捞鱿鱼、金枪鱼等；作业渔场在大西洋、印度洋公海渔场、西南大西洋公海渔场、斐济海域和马来西亚海域等 6 个渔场，主要渔具为钓钩、拖网。全年产量 14968 吨，产值 14090 万元。其中鱿鱼 8000 吨，金枪鱼 3000 吨。截止 12 月底，运回远洋自捕水产品 10027.875 吨。

1.西南大西洋公海渔场鱿鱼钓项目。天津市远洋渔业公司 7 艘鱿钓渔船于 2003 年 12 月初投入西南大西洋公海鱿钓生产，至翌年 5 月 4 日结束该渔场的作业转移至秘鲁渔场，与 2003 年相比提前半个月转移渔场。

2.东南太平洋（秘鲁）公海鱿鱼钓项目。2004 年 5 月 18 日海丰轮最先抵达秘鲁渔场，至 5 月 22 日天盛、天福、天兴陆续到达，并投入生产。截止 12 月底，秘鲁渔场鱿鱼产量 7700 吨。

3.大西洋、印度洋公海超低温金枪鱼延绳钓项目。投入 3 艘超低温金枪鱼延绳钓渔船，捕获金枪鱼 1203 吨。其中天祥渔业股份有限公司 1 艘渔船产量 380 吨，市远洋渔业公司渔船 2 艘产量 823 吨。

4.斐济海域冰鲜金枪鱼延绳钓项目。6 艘冰鲜金枪鱼延绳钓渔船，共捕获金枪鱼 726 吨。其中天祥渔业股份有限公司 2 艘渔船产量 214 吨，市远洋渔业公司 4 艘渔船产量 512 吨。

5.马来西亚项目。远洋渔业总公司有 2 艘渔船在马来西亚外海作业，主要生产品种有带鱼、墨鱼、鱿鱼等，全年产量 3968 吨，其中：带鱼 2100 吨、鱿鱼 200 吨、黄姑鱼 150 吨、墨鱼 400 吨、杂鱼 118 吨。

2005 年，全年投入生产渔轮 19 艘，分别执行农业部远洋渔业项目 8 个，在西南大西洋公海鱿钓渔场，大西洋、印度洋金枪鱼钓渔场，斐济海域金枪鱼钓渔场和马来西亚外海 6 个渔场作业。主要捕捞品种鱿鱼、金枪鱼、带鱼等，全年产量 14968 吨，产值 14090 万元。其中鱿鱼 8000 吨，金枪鱼 3000 吨。

2007 年，投入远洋生产渔船 19 艘。主要捕捞品种有鱿鱼、金枪鱼、带鱼等。作业渔场有西南大西洋公海鱿钓渔场，大西洋、印度洋金枪鱼钓渔场，斐济海域金枪鱼钓渔场，马来西亚拖网作业海域和缅甸定置网作业海域。运回远洋自捕水产品4496吨。

2008年，投入生产渔轮15艘，分别执行农业部远洋渔业项目8个，在西南大西洋公海鱿钓渔场，大西洋、印度洋金枪鱼钓渔场，斐济海域金枪鱼钓渔场和马来西亚海域等6个渔场作业。主要捕捞品种为鱿鱼、金枪鱼、带鱼等。全年产量6808吨。其中鱿鱼2730吨，金枪鱼2691吨。截止9月底，共运回远洋自捕水产品1837.87吨。其中：鱿鱼1323.19吨，金枪鱼281.76吨，带鱼等232.92吨。

2010年，投入生产渔船20艘，总吨位7027吨，总功率10952千瓦。分别执行农业部远洋渔业项目6个，在西南大西洋公海鱿钓渔场，大西洋、印度洋金枪鱼钓渔场，斐济海域金枪鱼钓渔场，东南太平洋（秘鲁外公海）和缅甸海域等6个渔场作业。主要捕捞品种鱿鱼、金枪鱼、带鱼等。产量9020.2吨。其中：金枪鱼产量3377.65吨、鱿鱼产量1295.55吨、杂鱼产量4346.99吨。全年共运回自捕水产品3515.97吨。其中：鱿鱼1290.55吨、金枪鱼933.83吨、杂鱼1291.59吨。

1.远洋公司共有渔船7艘，全年投产渔船3艘，产量1820吨，产值4427万元。其中鱿钓船1艘，作业渔场为西南大西洋公海，冰鲜金枪钓船2艘，作业渔场斐济专属经济区。

2.天祥公司全年投产渔船6艘，产量1366.5吨，产值3632万元。其中超低温金枪钓船4艘，在印度洋作业，2艘冰鲜金枪钓船，在太平洋公海作业。

3.牧洋公司当时有4艘超低温船，产量1420吨，产值3856万元，作业渔场为太平洋、印度洋、大西洋公海渔场。

4.海发公司共投入6艘生产渔船，捕捞产量4308吨，产值2580万元。

五、中韩渔业协定

中韩两国于1992年建立外交关系，在中韩两国建交前，两国渔民在东海、黄海有渔业活动，包括韩国渔船在中国近海，中国渔船在韩国近海都有渔业活动，但因为两国没有外交关系，就不可能谈政府间渔业协定。1992年两国建交后，韩国很快就提出签署渔业协定问题。1993年到1996年5月，双方举行了五次专家级会谈。双方虽然就协定框架草案、海上作业秩序、紧急避险和海事处理等问题交换了意见，但由于在协定水域等原则问题上存在较大分歧，始终未能达成协议。

1996年，中韩两国相继批准《联合国海洋法公约》，并分别宣布享有200海里专属经济区的主权权利和管辖权。同年7月27日，韩国公布了《专属经济区法》和《关于对专属经济区内外国人渔业活动行使主权权利法》。

自1996年8月中韩两国间进行的第六次会谈开始，会谈改由外交部门牵头进行。双方共进行了19次会谈，于1998年11月11日，草签《中韩渔业协定》。之后，双方渔业部门进行了几次事务级磋商，但由于韩方对《谅解备忘录》中规定的韩方应尊重的中国法律法规提出异议，双方再次由外交部门牵头进行了有关《谅解备忘录》问题的事务级磋商。经8次会谈，最终达成协议，并于2000年8月2日在北京签署了会议纪要。2000年8月3日，两国外长在北京正式签署《中韩渔业协定》。

在《中韩渔业协定》框架下，中韩渔业当局于2000年5月就协定执行的具体问题进行磋商，至2001年4月共磋商十几次。最终达成中国渔民传统上在该水域的全部主要5种作业类型仍然可以到韩国水域作业。中韩渔业协定于2000年8月签署，2001年6月30日正式生效，有效期为5年。

中韩渔业协定全称是《中华人民共和国政府和大韩民国政府渔业协定》，共包括正文16条和2个附件。中韩渔业协定具有向专属经济区过渡的性质，协定条款里既有体现专属经济区制度的规定，又有不按专属经济区管理的规定，还有过渡性的措施。另外，协定还对作业安全、渔船紧急避险、科学研究、设立中韩渔业联合委员会、协定有效期等问题作出了规定。

由于渔船多、近海资源衰退以及传统作业习惯等原因，中国渔船对黄海东部，特别是韩国一侧海域的渔场有很强的依赖性，中韩渔业协定的实施，使该海域原有的渔业作业形态发生了重大变化，由自由捕捞转变为按照专属经济区制度和规范进行准入渔业的管理，对中韩两国在该水域作业的渔船都是如此，其涉及面之广，影响之深远，是前所未有的，对中国渔业管理的思维模式和渔民生产生活产生重大而深远的影响，对作业渔船的管理，提出了更新更高的要求。

2001年6月30日《中韩渔业协定》生效，这是在《联合国海洋法公约》框架下，中国与周边海洋国家签定的第二个向专属经济区过渡性质的渔业协定。天津市申请办理中韩渔业协定水域许可证45个。其中：韩国专属经济区30个，渔获配额量457.5吨；韩方一侧过渡水域12个，暂定措施水域3个。渔船作业类型全部为流刺网。10月21日开始入渔，天津持证渔船全部入渔，当年捕捞产量1000吨，产值800万元。

2002年，天津市申请办理中韩渔业协定水域许可证73个。其中：韩国专属经济区30个，渔获配额量1179.96吨；韩方一侧过渡水域12个，暂定措施水域31个。渔船作业类型全部为流刺网。全市有62艘渔船进入中韩渔业协定水域作业。其中：塘沽区33艘、汉沽区29艘。作业渔场主要在189、1891、130、131、132、1261、1262等渔区，主要捕捞品种有小黄鱼、鲅鱼、鱿鱼等。捕捞产量2000吨，产值1860万元。单船日产量平均1.5吨，产值12000元；高的日产量可达5吨，产值40000元。

2008年，本市获得入渔韩国专属经济区水域总渔船数为84艘，汉沽31艘，塘沽53艘。其中：流刺网渔船83艘、渔船运输船1艘。本市入渔渔船船主全部为个体。2008年本市产量为

2980吨。其中:塘沽区产量2080吨;汉沽区产量900吨。主要品种有:鲅鱼、小黄鱼、鱿鱼等。

2009年本市获得入渔韩国专属经济区水域渔船为82艘(81艘为流刺网作业渔船、1艘为运输船),12176千瓦,单船功率150~231千瓦不等。其中汉沽30艘,4340千瓦,塘沽52艘,7836千瓦。2009年本市产量为2481吨。其中:塘沽区产量1581吨;汉沽区产量900吨。主要品种有:鲅鱼、小黄鱼、鱿鱼等。

2010年全市远海捕捞共投入生产渔船79艘,功率8919千瓦;其中:塘沽投入生产渔船50艘;产量2010吨;汉沽投入生产渔船29艘;产量900吨,生产单船收入高的15万元,一般10万元,低的5万元。

表6-2-1-86 2001~2010年天津市入渔船数和生产情况统计表

年份	船数(艘)			产量(吨)		
	塘沽	汉沽	小计	塘沽	汉沽	小计
2001	30		30	1300		1300
2002	33	29	62	1200	360	1560
2003	45	17	62	1755	510	2265
2004	51	34	85	2000	900	2900
2005	54	34	88	2295	900	3195
2006	54	32	86	2317	850	3167
2007	53	31	84	2200	800	3000
2008	52	31	83	2080	900	2980
2009	51	30	81	1581	900	2481
2010	50	29	79	2010	900	2910
合计				18738	7020	25758

第二节 海水养殖

天津市海水养殖品种多年来一直以中国对虾、梭鱼为主。20世纪90年代后陆续引进南美白对虾、鲆鱼、鲽鱼、石斑鱼、河鲀鱼、蟹及贝类等一些新品种。其中中国对虾、南美白对虾以池塘养殖为主,海水鱼类则以工厂化养殖为主。

一、池塘养殖

1.中国对虾。20世纪90年代初期,天津市海水养殖以中国对虾为主,面积达6万余亩,养殖品种单一。1993年,天津市养殖的对虾中,90%以上面积暴发虾病,直接经济损失达5961万元，虾农损失惨重，当年海水池塘养虾亩产仅 21.1 公斤。

1995 年，天津市调整海水鱼类的养殖结构，在稳定养殖面积的基础上重点抓好虾病防治，适当发展鱼、蟹、贝新品种养殖开发。探索形成以养虾为主、虾鱼混养、虾贝混养、虾蟹混养的养殖模式。并发展河鲀鱼、梭子蟹、鲈鱼、锯缘青蟹等新的养殖品种。

1998 年全市 26 家海水育苗场繁育中国对虾苗种 14 亿尾、斑节对虾苗 4500 万尾、河蟹大眼幼体 3000 公斤、三疣梭子蟹二期幼苗 350 公斤、鮸状黄姑鱼苗种 20 万尾。全市海水养殖投产面积为 6.47 万亩（不含大水面粗养），共投放各类苗种 8.75 亿尾，其中中国对虾 8.5 亿尾。

1998 年天津养殖的对虾中出现了发病早、流行快，相对发病面积大的问题。其主要原因：一是由于降雨频繁，给虾池水环境控制造成困难，增加病害防治工作难度；二是对虾病毒感染所占比例大。据市水产养殖病害防治中心对 4 个区县 13650 亩虾池的跟踪调查，其中发病面积 6670 亩，经检测均为病毒性疾病。

2001 年中国对虾精养面积 1.56 万亩，占海水养殖面积 23.67%，产量达到 4000 吨，比 2000 年的 3000 吨增长 33%。

2006 年中国对虾产量 68 吨，2010 年中国对虾产量仅有 8 吨，主要原因是中国对虾养殖病害的暴发以及南美白对虾养殖试验的成功，养殖户转型养殖南美白对虾。

2.南美白对虾。1996 年本市开始引进南美白对虾虾苗并进行试验，2001 年天津汉沽区大面积生产试验南美白对虾获得成功。2002 年天津推广南美白对虾养殖技术，养殖总面积达 4 万余亩，南美白对虾成为天津地区的渔业主要养殖品种之一，此后每年养殖面积保持在 4 万亩左右。

2006 年南美白对虾养殖产量 14206 吨。2010 年全市南美白对虾海水养殖面积达到 5.2 万余亩，养殖产量 11162 吨。

二、设施化养殖

天津市设施化养殖起于 1980 年，随着中国对虾人工育苗技术的成熟，工厂化育苗的发展，形成工厂化育苗产业，海水工厂化养殖开始起步，天津塘沽区首次建成工厂化温室大棚进行中国对虾育苗生产。随着牙鲆、河鲀、半滑舌鳎等本地品种的开发养殖以及大菱鲆的成功引进，20 世纪 90 年代起工厂化养殖逐步发展起来。此期间，塘沽区开始建设温室大棚进行海水鱼养殖，2000 年天津市金豚实业发展有限公司用池塘养殖红鳍东方鲀，养殖面积 1100 亩，养殖产量 100 公斤/亩，养成的红鳍东方鲀主要出口日本。2000 年后以天津市海发珍品实业发展有限公司、诺恩水产技术发展有限公司为代表建成工厂化养殖车间进行鱼类养殖，2002~2006 年工厂化养殖稳步增长，养殖面积增加到 10 万平方米。2006 年养殖产量 1672 吨。其中河鲀 149 吨、牙鲆 489 吨、梭鱼 220 吨、鲶鱼 662 吨、石斑鱼 100 吨、鲈鱼 52 吨。2007 后进入快速增长期，2007

年设施化养殖面积达到了 23 万平方米。2010 年设施化养殖面积 30 万平方米，产量达到 1798 吨。其中河鲀 100 吨、牙鲆 660 吨、梭鱼 232 吨、半滑舌鳎 519 吨、石斑鱼 160 吨、鲽鱼 87 吨、鲈鱼 40 吨。

天津市现代渔业技术工程中心是于 2002 年由天津市海发珍品实业发展有限公司整体转制，联合天津农学院、天津市水产研究所、中盐制盐工程技术研究院共同组建的。主要为相关渔业养殖企业系统地提供循环水养殖、苗种繁育、新品种引进和循环水处理等多项关键技术。现代渔业技术工程中心主体—天津市海发珍品实业发展有限公司于 2000 年建成，顺应世界陆基水产养殖产业发展趋势，开启国内海水循环水规模化养殖先河，企业不断发展壮大成长为集海水鱼育苗、养殖、饲料生产、水产品加工于一体的现代化企业。2004 年，公司循环水养殖车间面积达到 45000 平方米，循环水养殖技术和规模处国内领先地位。该公司是科技部批准的第一批国家星火计划龙头企业技术创新中心、农业部水产健康养殖示范场、天津市农业产业化经营市级重点龙头企业。2005 年，完成了 27000 平方米循环水养殖车间改造。2009 年，第二期 8000 平方米循环水养殖车间投产。公司循环水养殖系统单产由建厂初期的 15 公斤/平方米提高到 2010 年的 30 公斤/平方米，能耗比初期降低了 40%，养殖成活率达 90%左右。养殖品种从牙鲆到石斑鱼，再到半滑舌鳎，2010 年半滑舌鳎养殖产量达 1000 吨。

第三节　渔港建设

1995 年 5 月，国家农业部渔业局印发《关于公布第四批沿海渔港名称的通知》，对天津市三块板国营渔业基地、陈塘庄国营渔业基地、塘沽区群众渔业基地等 3 个渔业基地和北塘渔港、东沽渔港、唐家河渔港、新马棚口渔港、老马棚口渔港、大神堂渔港、蔡家堡渔港、蛏头沽渔港等 8 个渔港进行确认。

天津市自 2001 年 11 月开始与全国同步对沿海渔港进行普查工作，确定的渔港为塘沽区的三块板国营渔业基地、北塘渔港、东沽渔港；汉沽区的大神堂渔港、蔡家堡渔港、蛏头沽渔港、高家堡渔港（1993~1998 年高家堡村利用海域自然岸线逐步兴建形成）；大港区的唐家河渔港、新马棚口渔港、老马棚口渔港，共计 10 个。建港投资总额为 5049 万元，其中国家投资 4070 万元，地方投资 979 万元。改扩建地方投资 1530 万元，建成港区水域面积 3812 万平方米，内港池面积 371.21 万平方米，外港池面积 3186.95 万平方米，陆域面积 18.41 万平方米，卸鱼场面积 6.17 万平方米，码头面积 10.51 万平方米，护岸码头面积 4.97 万平方米，锚地面积 1147.1 万平方米。内港池可容纳 50 吨级以下渔船 1440 艘，50 吨级以上 1100 艘。码头长度 4200 米，年进出港船只数为 14761 艘次，年吞吐量为 22.46 万吨。有船坞位 48 个，年维修能力 1500 艘次。为本市海洋捕捞渔船的卸货、补给、避风提供了可靠保障。

2010 年全市渔港 8 座,其中:塘沽 2 座、汉沽 3 座、大港 3 座。具体为:塘沽区北塘渔港、东沽渔港;汉沽区大神堂渔港、蔡家堡渔港和天津中心渔港;大港区唐家河渔港、新马棚口渔港、老马棚口渔港。原有的高家堡渔港和蛏头沽渔港由于天津中心渔港及天津中新生态城于 2007 年~2008 年开始建设而被拆除;三块板国营渔业基地于 2009 年 11 月被拆除。

在天津市的 8 座渔港中,其中规模最大的天津中心渔港和北塘渔港,为服务天津市海洋渔业经济和渔业捕捞行业发展,带动地方渔业产业转型升级,奠定了坚实基础。

天津中心渔港占地 18 平方公里,定位为中国北方渔业中心、水产品加工集散中心和北方游艇产业中心。中心渔港规划建设"一港一城"。其中,陆域"一城"规划面积 10 平方公里,主要为产业区和居住区;海域"一港"规划面积 8 平方公里,分为作业港区和休闲港湾区。海域作业港区规划泊位 14 个,年吞吐能力 1700 万吨,休闲港湾区可容纳大小游艇 1000 艘。于 2007 年开工建设。之后,被列入天津市 20 项重大服务业项目和滨海新区"十大战役"之一的建设项目,到 2008 年年底,按照规划完成 1800 万平方米的港池疏浚和 3.5 平方公里的吹填造陆,实现了"两年造陆"计划。2009 年为成港年,完成航道疏浚,建成 6 个 5000 吨级码头、全部 3.5 平方公里的软基加固,完成 21.7 公里的主干路工程。2011 年 4 月,天津市滨海新区人民政府第 26 次区长办公会议同意中心渔港以"渔港"名义办理开港手续,明确区农业局为其行政主管部门。2011 年 10 月 16 日,天津中心渔港发布航行通告,正式开港通航。后由于渔船年卸港量太少,很难形成经济效益,滨海新区遂于 2013 年 4 月批复《天津市中心渔港经济区港口总体规划》,将中心渔港定位为具有渔业、商业、旅游、游艇等多功能的港口。2014 年 8 月,获得国务院口岸扩大开放批复。2017 年 8 月 17 日取得了《中华人民共和国港口经营许可证》(试运行期),2017 年 11 月 27 日,天津中心渔港商港正式开港。

北塘渔港其前身为天然群众渔港,自然条件优越,是华北地区规模较大的渔港之一。20 世纪 70 年代因根治海河,改造北"四河"工程,入海河改道,北塘渔港由"四河"沿岸原有位置迁建到新河道西岸。1999 年因彩虹桥建设,北塘渔港码头整体和规模及功能都受到很大的影响。同年塘沽区规划土地管理局批准区水产局对北塘渔港建设选址。同时,区计划委员会以《关于对兴建北塘渔港码头工程可行性研究报告的批复 》批准并立项。1999 年 7 月 19 日,市水利局以《关于北塘渔港码头扩建工程设计的批复》同意沿旧码头向南扩建方案,由政府投资对北塘渔港进行改扩建。因国家的重点工程——永定新河防潮闸建设项目占用原码头,2005 年 6 月 5 日,国家发改委以《国家发展改革委关于永定新河治理一期工程可行性研究报告的批复》,批准"在防潮闸下游永定新河右岸新建码头一座"。2007 年 4 月, 北塘渔港新码头主体开工建设,2007 年 9 月 8 日竣工启用,随后渔港功能配套设施逐步完善,于 2009 年 12 月全部竣工并投入使用。渔港标高 4.65(大沽高程),港池水域面积 32 万平方米,陆域面积 10.05 万平方米,码头全长 650 米,宽 35 米,可满足 800 余艘大、中、小型渔船停泊、避风和补给。

第三章 内陆渔业

第一节 内陆捕捞

一、品种及产量

天津市淡水捕捞主要品种为鲤、鲫、鲢、鳙、草鱼和池沼公鱼及虾、蟹、贝类等。进入 20 世纪 90 年代,一方面在国家"以养为主"的政策方针指导下,养殖产量逐年攀升;另一方面由于过度捕捞和水域环境的污染,内陆渔业资源不断衰减,使 20 年来内陆渔业捕养比例发生很大变化。1991 年天津市内陆捕捞产量为 12296 吨, 内陆养殖产量为 64457 吨, 捕养比例为 16:84;2000 年天津市内陆捕捞产量为 13807 吨,内陆养殖产量为 188554 吨,捕养比例为 7:93;2010 年天津市内陆捕捞产量为 9667 吨,内陆养殖产量为 296272 吨,捕养比例为 3:97。

表 6-3-1-87 1991~2010 年内陆捕捞、养殖产量表

年份\指标	淡水渔业捕捞总产量（吨）	内陆养殖总产量（吨）	比例
1991	12296	64457	16:84
1992	13643	69678	16:84
1993	16340	78324	17:83
1994	13195	93661	14:86
1995	15775	111861	12:88
1996	17124	123392	12:88
1997	16681	142107	12:88
1998	18922	161973	10:90
1999	16920	175931	9:91
2000	13807	188554	7:93
2001	13454	207276	6:94

年份＼指标	淡水渔业捕捞总产量（吨）	内陆养殖总产量（吨）	比例
2002	12810	219976	6:94
2003	10796	236611	4:96
2004	11301	250126	4:96
2005	12125	277037	4:96
2006	11512	283255	4:96
2007	9779	282792	3:97
2008	8710	273273	3:97
2009	8749	285840	3:97
2010	9667	296272	3:97

二、捕捞渔具

天津内陆水域捕鱼网具繁杂，20 世纪 60 年代以后，除将网具材料由植物纤维逐渐改用化学纤维外，其结构形式与操作方法，数百年来无太大变化。天津最常见的捕捞渔具有以下几种：

（一）䱗鲦鱼流刺网

䱗鲦鱼流刺网属单片型，渔具主尺度为 50×1 米，属漂流式刺网类渔具，是一种在水库等大水面水域内作业的传统网具。主要在天津于桥水库等水库、洼淀使用，渔期 6~9 月，作业于上层水域，水深 3×4 米。调整浮沉比，也可作底层刺网作业。主捕䱗鲦、池沼公鱼等小型鱼类。以单船为一作业单位，放网可多可少，多时可达 30 片左右，一片网的网次产量可达 15~20 千克。

（二）池沼公鱼小围网

池沼公鱼小围网属于有囊型、双船式围网类渔具。以双船拖曳长带形网具，迅速包围鱼群，逐渐缩小包围圈，直至两船靠近交叉起网，迫使鱼类进入网囊，达到捕捞目的。该渔具原是河北省怀来县官厅水库捕捞池沼公鱼的传统渔具之一，于 1996 年引进天津于桥水库。该渔具的主尺度为 375×60×10 米。

（三）撒网

撒网又称抛网、旋网，属掩网型，抛撒式掩罩类渔具，是本市传统渔具之一。郊县的水库、池塘、湖泊、江河均有使用，捕捞各种鱼虾类。全年除冰冻期外，均可作业。网具的主尺度为 17.4×3.7 米。

（四）蟹箔

蟹箔属箔筌型，导陷式陷井类渔具，分布于天津宁河等区县。其渔法特点是利用苇子编成苇帘，用竹片编制成有倒须装置的取鱼部。在河蟹捕捞汛期，在蟹池边插成箔阵，诱导河蟹爬入取

鱼部，使之有进无出，达到捕捞目的。该渔具的主尺度为 3~7 米×5~7 米

第二节 内陆养殖

一、养殖面积、产量

1979 年天津市委、市政府制定了“以养为主，养捕结合、因地制宜、多种经营”的渔业发展方针，推进渔业工作重点向水产养殖业转移。1985 年天津市委、市政府提出“苦干三年，基本解决天津市人民吃鱼问题”的奋斗目标，并制定了一系列扶持渔业发展的优惠政策措施，全市渔业系统掀起了天津市第一次池塘大开发热潮。1987 年全市水产品总产量达到 81323 吨，不仅创下历史最好水平，而且当年海淡水养殖产量达到 44188 吨，占水产总量的 54.34%，历史上第一次超过捕捞产量。当年的内陆养殖面积达到 312169 亩，比 1985 年的 219159 亩增加 93010 亩，增加 42%；内陆养殖产量达到 39473 吨，每亩单产为 126 千克。

1991 年，本市内陆养殖面积 333111 亩，养殖产量 64457 吨，每亩单产为 193 千克。

1996 年，天津市制定了水产业“九五”计划和 2010 年远景目标。当年，天津市政府批复了“九五期间十万亩淡水养殖池塘开发工程”项目，出台了开发池塘补贴和免征农林特产税的优惠政策，组织了第二次池塘大开发。至 1999 年，提前一年完成了 10 万亩淡水养殖池塘开发工程任务。4 年共投入开发资金 1.29 亿元，其中生产者自筹资金达 65.2%；共开发淡水养殖池塘面积 100543 亩，其中精养池塘 49694 亩、围埝池塘 50849 亩，总土方量 6364.68 万方；建造各种泵站 135 座，修垫台田 8914 亩。

2000 年，天津市内陆养殖面积 478802 亩，内陆养殖产量 188554 吨，每亩单产 394 千克。

2005 年，天津市内陆养殖面积 553871 亩，内陆养殖产量 277037 吨，每亩单产 500 千克。

到 2010 年，天津市内陆养殖面积达到 563475 亩，内陆养殖产量 296272 吨，是 1991 年内陆养殖产量的 4.6 倍。每亩单产 526 千克，是 1991 年的 2.7 倍。其中以鲤鱼产量最高，为 100504 吨，鲫鱼 54833 吨、南美白对虾 49061 吨、鲢鱼 47120 吨、草鱼 21920 吨、鳙鱼 9930 吨、河蟹 1238 吨。其他养殖品种还有：鲶鱼、鳊鱼、泥鳅、鱼回鱼、宝石鲈、梭鱼、鲑鱼、黄颡鱼、罗非鱼、鲟鱼、白鲳等。

随着人民生活水平的不断提高，人们对名特优水产品的需求在不断增长，与此同时，天津市内陆养殖业也在不断发展，内陆养殖品种除了鲢、鳙、鲤、鲫、草鱼等大宗淡水鱼类外，河蟹、淡水白鲳、南美白对虾等名特优水产品的养殖产量也在不断提高。1995 年天津市淡水养殖的名特优水产品产量达 12967 吨，占内陆养殖总产量的 11.6%；2000 年达 51253 吨，占内陆养殖总

产量的 27.18%;2010 年达 111247 吨,占内陆养殖总产量的 37.55%。淡水名特优新水产品的引进养殖,有效地改善了天津市水产品的品种结构,繁荣了天津水产品市场,丰富了城乡居民的“菜篮子”。

表 6-3-2-88 1991~2010 年天津市内陆养殖水产品面积与产量(以水域分)表

分类和数量 / 年份	淡水养殖面积(亩)	淡水养殖产量(吨)	池塘		水库		河沟		湖泊洼淀		稻田		其它		工厂化	
			面积(亩)	产量(吨)	面积(亩)	产量(吨)	面积(亩)	产量(吨)	面积(亩)	产量(吨)	面积(亩)	产量(吨)	面积(亩)	产量(吨)	面积(亩)	产量(吨)
1991	333111	64457	207486	49694	66876	3683	16303	1760	42444	9266			2.85	54		
1992	342331	69678	210278	53236	67315	3823	16633	2526	48099	9744			6	349		
1993	348402	78324	206369	59854	66020	3371	8162	1356	66483	13021	3078	200	1368	522		
1994	368884	93661	227986	68569	5402	3176	11307	2494	72804	18476	2935	211	2762	735		
1995	405106	111861	246124	83092	71634	4138	11070	2654	74381	21844	2795	65	1897	68		
1996	435105	123392	261683	9350	81537	3357	10868	2982	79161	23155	4424	232	1856	132		
1997	493438	142107	287983	108560	108203	5025	34961	9514	62289	18600	10046	388	0.5	1.9		
1998	488827	161973	323363	134358	90754	6487	29819	8412	44890	12324	6292	389				
1999	499015	175931	349581	149725	84814	4815	11079	3041	53529	17370	8287	380	12	600		
2000	478802	188554	347667	161688	67994	4618	9614	2657	53507	18469	14283	522	20	600		
2001	485105	207276	350794	181129	69980	4662	6610	1783	42869	13625	3166	137	14852	5940		
2002	485854	219976	381429	201701	63397	3688	6501	2063	34467	11882	1200	250	60	292	37000	100
2003	498758	236611	380738	215282	76286	2835	7961	2306	33724	13033	2	5	49	3150	32640	3150
2004	525420	250126	391616	226109	92572	4486	7901	2310	33270	14111			61	3110	41000	3110
2005	553871	277037	429661	258202	98176	6903	7965	2706	17961	5502			108	3724	72380	3724
2006	568429	283255	450672	266418	86619	4437	7885	2189	23164	6451			89	3760	80384	3666
2007	555770	282792	445118	268319	77219	4358	7095	2095	26314	7820			24	200	96224	3955
2008	546630	273273	446595	260738	62010	1193	7755	1174	30270	6248					247410	4830
2009	563850	285840	447090	268604	63180	1400	12015	1389	41265	9293			300	5089	158000	5000
2010	563475	296272	464955	287216	85575	4776	7050	1794					5895	2486	222240	583

表 6-3-2-90 1991~2010 年天津市主要淡水水产品品种养殖产量统计表

单位：亩、吨

区县	指标 \ 年份	2001	2002	2003	2004	2005	2006	2007	2008	2009	2010
塘沽区	面积	30433	29960	24031	31659	37279	36013	34436	39375	26955	27315
	产量	3874	4065	3710	4323	5314	5204	5032	3667	3542	4002
汉沽区	面积	14434	14058	13203	8895	10815	7005	7000	6570	6570	6570
	产量	10446	9481	7976	8320	11212	5625	6417	9378	10761	11707
大港区	面积	35740	34511	33955	50340	48082	43535	35755	34425	35235	39750
	产量	3461	2272	2799	3236	4163	4145	4051	3733	3819	4073
东丽区	面积	38858	38866	39316	41967	41764	40990	40498	34425	32580	34440
	产量	16170	17787	17665	21739	20875	20667	17328	13433	11646	11458
西青区	面积	71024	71000	71000	70461	77232	77539	76167	76035	73815	61410
	产量	39392	44310	47268	46144	50645	50789	48553	49554	50569	46644
津南区	面积	29326	29326	40323	40323	39952	58979	55979	55980	55980	48540
	产量	10797	11095	13050	13648	14248	20294	20060	20908	21000	19842
北辰区	面积	27643	27743	29883	29846	31976	31754	31838	29265	29175	28980
	产量	11679	12491	11943	11968	13512	13056	13164	12317	12560	12548
武清区	面积	76393	77473	85812	85440	95669	95006	96306	96645	96360	93060
	产量	34310	36366	42263	44350	54456	55522	57806	53343	53262	52367
宝坻区	面积	48028	50523	51748	51909	52382	52814	52614	52680	52650	52367
	产量	24125	26711	29292	32327	3331	34093	34833	35621	35831	37420
静海县	面积	33235	31491	34318	38481	39026	39916	39865	33375	35295	30270
	产量	20113	19823	21488	24085	24892	26740	26197	20160	21855	22579
宁河县	面积	39084	38373	40433	42613	43000	48572	51537	54090	85020	105825
	产量	15454	15402	15952	16035	16350	17962	20253	21512	31512	43161
蓟 县	面积	30250	30021	27000	27150	27000	27000	22170	22080	22335	23100
	产量	13670	14594	19128	20254	21114	21647	20893	21167	21608	23032

表 6-3-2-90 1991~2010 年天津市主要淡水水产品品种养殖产量统计表

单位:吨

年份 \ 品种 产量	鲤	鲫	草鱼	鲢	鳙	南美白对虾	河蟹
1991	17505	4199	6234	34827			161
1992	21901	3820	6689	35703			96
1993	27595	5098	8045	35575			155
1994	34584	4996	9730	40966			370
1995	43190	7390	9730	40966			350
1996	50305	10438	11415	43662			430
1997	54723	16423	12460	44886			740
1998	70269	21801	14253	41143			944
1999	71480	27043	14545	49323			1048
2000	74664	35830	15074	47563			1546
2001	83131	43489	15814	47530		663	1600
2002	80299	54053	16457	37032	9482	5741	1296
2003	83298	58525	18636	38476	9648	12429	1058
2004	87437	56924	17506	41647	11022	19835	1042
2005	94646	64144	20289	46139	12399	22518	1270
2006	97108	62979	20189	45935	11114	29138	1595
2007	90751	57867	20751	46825	5613	46466	1189
2008	90657	56091	20171	42771	9253	41922	842
2009	97649	53792	20415	41447	11877	48182	1285
2010	100504	54833	21920	47120	9930	49061	1238

二、苗种生产和原良种场审定

(一)苗种生产

天津市淡水苗种生产历史悠久,20 世纪 50 年代引进青、草、鲢、鳙四大家鱼进行养殖,60 年代研制成功了草鱼、鲢、鳙、鲤、鲫的人工繁殖技术,实现了养殖生产自繁自养。随着养殖生产的发展,苗种生产逐步得到重视,20 世纪 70 至 80 年代,水产科研人员相继开展了荷包鲤与沅江鲤杂交孵化、利用地热培育罗非鱼鱼种以及梭鱼人工孵化等技术研究工作。特别是 1985 年市委、市政府提出“苦干三年,基本解决天津市人民吃鱼问题”后,水产养殖生产迅猛发展,苗种需求量增大,呈现多品种发展趋势,主要品种有彭泽鲫、建鲤、鲂鱼、乌鳢、甲鱼、中华绒螯蟹等。

1996 年,天津市以第 60 号政府令的形式颁布了《天津市水产种苗管理办法》(1998 年修订为 127 号令),2003 年颁布了《天津市渔业管理条例》。根据该条例对水产苗种生产实行许可证制度,有效推进了苗种生产规范化管理的进程,提高了水产苗种质量,维护了养殖生产者的合法权益。

2004 年,天津市拥有水产苗种生产许可证的水产苗种生产单位 62 个。其中海水育苗场 37 个、淡水育苗场 25 个,繁育淡水苗种 181000 万尾,主要有罗非鱼和鲤、鲢、鳙等品种。

2006 年,天津市投产的水产苗种生产单位 59 个。其中淡水育苗场 19 个,淡水育苗 230500 万尾。淡水苗种孵化以西青区和宁河县为主。其中西青区孵化淡水苗种 4.42 亿尾,主要品种为彭泽鲫、鲤;宁河县孵化淡水鱼苗 14 亿尾,主要有彭泽鲫、鲤、鲢、鳙和观赏鱼等品种。

2007 年,天津市投产的水产苗种生产单位 58 个。其中淡水育苗场 13 个,淡水育苗 195000 万尾。淡水苗种孵化仍以西青区和宁河县为主。其中西青区孵化淡水苗种 4.12 亿尾,主要品种为彭泽鲫、鲤鱼;宁河县孵化淡水苗种 14 亿尾,主要有彭泽鲫,鲤、鲢、鳙、观赏鱼等品种。

2010 年,天津市投产的育苗水体 44.7 万立方米。其中淡水育苗水体 21.7 万立方米。年生产淡水苗种 238500 万尾。主要有鲤、鲫、草、鲢、鳙鱼等品种。

表 6-3-2-91 1991~2010 年天津市淡水苗种生产情况统计表 单位:万尾

年份 \ 产量	淡水鱼苗产量
1991	140289
1992	142969
1993	147082
1994	325707
1995	132285
1996	131755

年份\产量	淡水鱼苗产量
1997	154161
1998	143788
1999	275549
2000	245000
2001	252813
2002	200203
2003	215100
2004	181000
2005	246600
2006	230500
2007	195000
2008	245100
2009	296900
2010	238500

（二）原良种场审定

为推进天津市水产苗种良种化，使水产苗种生产逐步规范化、专业化，1997 年天津市水产局制订了《市级水产良种场审定办法》，1999 年制订了《天津市水产良种繁育体系建设规划》，计划用 3~5 年时间，基本建成“三场”（原种场、良种场、苗种场）、“三系”（祖代、父母代、商品代）配套的水产良种繁育体系以及质量管理监督体系，同年审定了宁河县换新水产良种场和西青区精武水产良种场。到 2005 年 8 月，天津市共有 1 家国家级水产良种场——宁河县换新水产良种场，有 5 家市级水产良种场：塘沽区金豚实业发展有限公司、汉沽海淡水育苗中心、西青区精武水产良种场、宁河县换新水产良种场、农垦集团金地水产养殖有限公司。

到 2010 年，天津市有国家级水产原良种场 2 个，即天津国家级换新水产良种场和天津国家级梭鱼原种场；市级水产良种场 11 个（包含换新水产良种场）。

表 6-3-2-92　2010 年天津市国家级、市级原良种场名录

序号	单位名称	审定年份	级别	原良种品种
1	宝坻区鱼种场	2008	市级	良种:乌克兰鳞鲤
2	天津盛亿养殖有限公司	2008	市级	良种:半滑舌鳎、漠斑牙鲆
3	天津市诺恩水产技术发展有限公司	2008	市级	良种:金头鲷、牙鲆和花鲈
4	天津欣亿达水产养殖有限公司	2008	市级	良种:牙鲆、半滑舌鳎、三疣梭子蟹、中国对虾
5	天津市换新水产良种场	2008	国家级、市级	良种:乌克兰鳞鲤、彭泽鲫、草鱼、团头鲂、鳙
6	天津市金豚实业发展有限公司	2008	市级	良种:红鳍东方鲀
7	天津市精武水产良种有限公司	2008	市级	良种:彭泽鲫、鲢、鳙
8	天津市里自沽农工商实业总公司	2008	市级	良种:中华鳖
9	天津神堂水产育苗养殖有限公司	2009	市级	良种:中国对虾
10	天津西青凯润淡水养殖有限公司	2009	市级	良种:建鲤、乌克兰鳞鲤、异育银鲫“中科 3 号”
11	天津立达海水资源开发有限公司	2009	市级	良种:半滑舌鳎、褐牙鲆
12	国家级梭鱼原种场	2005	国家级	原种:梭鱼

表 6-3-2-93　1991 ~ 2010 年审定的天津市水产新品种

序号	新品种名称	审定年份	审定单位	品种登记号
1	红白长尾鲫	2002	全国水产原种和良种审定委员会	GS-02-001-2002
2	蓝花长尾鲫	2002	全国水产原种和良种审定委员会	GS-02-002-2002
3	墨龙鲤	2003	全国水产原种和良种审定委员会	GS-01-004-2003
4	乌克兰鳞鲤	2005	全国水产原种和良种审定委员会	GS-03-001-2005
5	津新鲤	2006	全国水产原种和良种审定委员会	GS-01-003-2006
6	黄金鲫	2007	全国水产原种和良种审定委员会	GS-02-001-2007
7	津鲢	2010	全国水产原种和良种审定委员会	GS-01-002-2010

三、优势水产品产业带、水产品养殖示范园区建设

(一)优势水产品产业带建设

为加速新的一轮产业结构调整,进一步优化产业布局,推进优势品种向优势产区集中,增强综合生产力和市场竞争力,2004 年天津市水产局制订了《关于建设优势水产品产业带 加速新一轮结构调整的意见》,提出从 2005 年开始重点建设 4 个优势水产品产业带:即以环城四区、宁河县为主的南美白对虾产业带;以西青区、蓟县、宝坻区、武清区、静海县为主的彭泽鲫产业带;在沿海三区建设海珍品产业带及浅海滩涂贝类产业带。

优势水产品产业带建设以园区建设为形式依托，三年建设的具体情况如下：

2005年，有40个园区建成通过验收，其中海珍品园区7个、南美白对虾园区11个、彭泽鲫园区22个。

2006年，有37个园区建成通过验收，其中海珍品园区8个、南美白对虾园区11个、彭泽鲫园区17个、滩涂贝类园区1个。

2007年，有15个园区建成通过验收，其中海珍品园区3个、南美白对虾园区5个、彭泽鲫园区6个、滩涂贝类园区1个。

优势水产品产业带三年来共建设示范园区92个，其中海珍品产业带建设养殖示范园区18个、南美白对虾产业带建设养殖示范园区27个、彭泽鲫产业带建设养殖示范园区45个、滩涂贝类产业带建设养殖示范园区2个。示范池塘养殖规模7.4万亩、工厂化养殖示范规模(包括温棚)15.3万平方米、滩涂贝类示范养殖规模3万亩。年产优势水产品5.7万吨，年产值6.9亿元。共带动生产者投入设施改造和建设资金1.8亿元以上。

(二)优势水产品养殖示范园区建设

2007年，天津市《关于推进城乡一体化发展战略 进一步加快社会主义新农村建设的实施意见》提出了“建设优势水产品养殖示范园区50个”的要求。2008年天津市启动了设施渔业海珍品、南美白对虾、中华绒螯蟹、鲤鲫鱼类等四类养殖园区建设。2008年建设园区14个、2009年建设园区15个、2010年建设园区12个、2011年建设园区14个。四年共计建设改造提升优势水产品养殖示范园区55个，其中海珍品养殖示范园区14个、南美白对虾养殖示范园区14个、中华绒螯蟹养殖示范园区2个、观赏鱼养殖示范区8个、休闲渔业示范园区1个和鲤鲫鱼类养殖园区16个。总投资7.13亿元。

表 6-3-2-94 2008年度天津市优势水产品养殖示范园区建设情况统计表

序号	项目单位名称	区县	项目地址	投入资金总额(万元)	财政支持资金(万元)	自筹资金(万元)	使用水域滩涂总面积(公顷)	水域(公顷)	滩涂(公顷)
1	天津市西青区辛口镇第六埠村委会	西青	西青区辛口镇第六埠村	1353.26	100	1253.26	68	68	
2	天津市静海县前杨兴渔水产养殖专业合作社	静海	静海县静海镇前杨庄	620.76	100	520.76	30 18.17	30 18.17	
3	宝坻区富森水产养殖合作社	宝坻	宝坻区牛家牌乡铧尖村	600	100	500	95	95	
4	天津市久玖水产品养殖专业合作社	武清	武清区大黄堡镇朱曹子村	800	100	700	64.533	64.533	
5	蓟县水产养殖场	蓟县	蓟县出头岭镇南河洼村	600	100	500	40	27.7	
6	天津市益利来养殖有限公司	西青	西青区杨柳青镇西河闸北	800	100	700	42.667	2.667	
7	天津市天祥水产有限责任公司	宁河	宁河县苗庄镇	1201	100	1101	15 26.667 84.667	15 10 43.333	16.667 41.334
8	天津市丽源水产良种场	东丽	东丽区军粮城镇山岭子村东	900	100	800	133.33		
9	天津市津南区辛庄镇农业服务中心	津南	津南区辛庄镇上郭村	679.6	100	579.6	40.34	40.34	
10	天津市益民水产养殖有限公司	北辰	北辰区小淀镇赵庄村	1100	100	1000	85	85	
11	汉沽区环渤海海淡水工厂化养殖场	滨海新区	汉沽杨家泊镇李自沽村	1714.43	200	1514.43	4.6		
12	天津市水产研究所渤海水产资源增殖站	市区	大港头道沟	1518.4	200	1318.4	244.11	122	122.11
13	天津玉清水产科技发展有限公司	滨海新区	大港古林街上古林村	1881	200	1681	3.57	3.57	
14	天津市海发珍品实业发展有限公司	滨海新区	塘沽驴驹河南海滨浴场旁	2610	200	2410	5.311	养殖水面1.6万 m^2,育苗车间1000 m^3	

表 6-3-2-95 2009 年度天津市优势水产品养殖示范园区建设情况统计表

序号	项目单位名称	区县	项目地址	投入资金总额（万元）	财政支持资金(万元)	自筹资金（万元）	使用水域滩涂总面积(公顷)	水域（公顷）	滩涂（公顷）
1	天津正跃水产储养有限公司	滨海新区	汉沽茶淀镇	935.55	100	835.55	26.315 53.333		
2	天津市北辰区名特优淡水养殖有限公司	北辰	北辰区西堤头镇东堤头村	748.9	100	648.9	98	98	
3	天津市德田渔业专业合作社	武清	武清区上马台镇王三庄村	600	100	500	70	70	
4	天津市静海县团泊华晨养殖场	静海	静海县团泊镇团泊村东	714.48	100	614.48	113.4	113.4	
5	天津市水产研究所	市区	静海县团泊镇团泊大桥西南侧	836.5	200	636.5	20.133	10.533	9.6
6	天津市大港刘岗庄水产养殖场	滨海新区	大港小王庄镇	1307.24	100	1207.2	175	175	
7	天津市西青区水产技术推广站	西青	西青区中北镇津静公路南侧永红桥西	638	100	538	41.333	41.333	
8	天津市金豚实业发展有限公司	滨海新区	塘沽海滨浴场南侧	1056	200	856	1.667 6	2.173	
9	天津市舜泰海珍品养殖场	滨海新区	汉沽营城镇大神堂村	1134.95	200	934.95	3.748		
10	天津市东丽区大安绿丰农民专业合作社	东丽	东丽区军粮城镇大安村	1400	200	1200			
11	天津市锦堂农业科技有限公司	津南	津南区八里台镇八二0干校村	7716	200	7516			
12	天津泽酩观赏鱼有限公司	津南	津南区八里台镇	4288.2	200	4088.2			
13	天津鑫三角水产养殖有限公司	宁河	宁河县大北涧沽镇李庄子村	660.6	100	560.6	17.767 15.467 39.333	17.767 10 39.333	5.467
14	天津市西青区精武镇农业服务中心	西青	西青区精武镇闫庄村	1526	200	1326	65		
15	天津市东淀都市型现代农业核心区有限公司	西青	西青区辛口镇水高庄村东淀子牙河西侧	1200	200	1000	5		

表 6-3-2-96 2010 年度天津市优势水产品养殖示范园区建设情况统计表

序号	项目单位名称	区县	项目地址	投入资金总额(万元)	财政支持资金(万元)	自筹资金(万元)	使用水域滩涂总面积(公顷)	水域(公顷)	滩涂(公顷)
1	天津市武清区向新水产养殖专业合作社	武清	武清区向新水产养殖专业合作社	1100	100	1000	84	84	
2	天津市天宇水产养殖有限公司	蓟县	蓟县下窝头镇青甸洼村	800	100	700	50		
3	蓟县水产局青甸鱼种场	蓟县	蓟县下窝头镇青甸村西	800	100	700	45		
4	天津市环渤海农业种养殖专业合作社	宁河	宁河县东棘坨镇	795.2	100	695.2	43.33	40	3.33
5	天津市亿达水产养殖有限公司	北辰	北辰区西堤头镇赵庄村	1498.12	100	1398.12	133.333	133.333	
6	天津市天丰水产养殖有限公司	宁河	宁河县潘庄镇青龙湾桥东侧	674.8	100	574.8	66.666	33.333	33.333
7	天津欣亿达水产养殖有限公司	滨海新区	汉沽杨家泊镇付庄村	1496.2	200	1296.2	12		
8	天津盛亿养殖有限公司	滨海新区	汉沽杨家泊镇付庄村	1451.6	200	1251.6	16.624		
9	天津市民峰水产有限公司	滨海新区	汉沽杨家泊镇付庄村	1559.3	200	1359.3	8.467		
10	天津市华天农业发展有限公司	津南	津南区八里台镇八里台村	1700	200	1500	3.33	3.33	
11	宝坻区康思源泥鳅养殖专业合作社	宝坻	宝坻区八门城镇欢喜庄村	520	100	420			
12	天津市里自沽农工商实业总公司	宝坻	宝坻区里自沽农场	2000	200	1800	80	80	

表 6-3-2-97 2010 年度天津市优势水产品养殖示范园区建设情况统计表

序号	项目单位名称	区县	项目地址	投入资金总额(万元)	财政支持资金(万元)	自筹资金(万元)	使用水域滩涂总面积(公顷)	水域(公顷)	滩涂(公顷)
1	天津市兴盛海淡水养殖有限责任公司	滨海新区	汉沽杨家泊镇付庄村	2307	200	2107	4.71		
2	天津鑫永丰水产养殖有限公司	滨海新区	汉沽杨家泊镇付庄村	1572	200	1372	4.533	2.67	1.867
3	天津乾海源水产养殖有限公司	滨海新区	汉沽杨家泊镇付庄村	1639	200	1439	6.997		
4	天津市诺恩水产技术发展有限公司	滨海新区	塘沽海滨大道 17107 号	1546	200	1346	3.99	2	
5	天津立达海水资源开发有限公司	滨海新区	大港千米桥十二井路	1686	200	1486	80.4		80.4
6	天津市水产研究所	市区				0			
7	天津市恒兴富民水产养殖专业合作社	西青	西青区王稳庄镇小泊村南侧	805	200	605			
8	宝坻区鱼种场	宝坻	宝坻区林亭口镇	800	100	700	71	71	
9	天津蓝科水产养殖有限公司	蓟县	蓟县上仓镇原东塔农场	800	100	700	97.4		
10	天津市武清区金锁淡水养殖专业合作社	武清	武清区大黄堡乡千户村	1000	100	900	106.667		
11	天津市宁河县新佳水产品养殖场	宁河	宁河县七里海镇北移民村	826.5	100	726.5	66.667	66.667	
12	天津市大财运淡水鱼养殖专业合作社	静海	静海县良王庄乡	800.84	100	700.84	100.9	100.9	
13	天津团泊湖观赏鱼养殖专业合作社	静海	静海县团泊镇团泊村	1600	200	1400	0.7	0.5	0.2
14	天津市华泰现代农业开发有限公司	东丽	东丽区万新街镇詹庄村	1500	200	1300	0.607		

第四章　水生生物资源养护

第一节　海洋渔业增殖及人工鱼礁建设

一、海洋渔业增殖

2006 年 12 月，天津市政府颁布实施《贯彻落实<国务院关于印发中国水生生物资源养护行动纲要的通知>的实施意见》，成立“天津市水生生物资源养护工作领导小组”，主管副市长任组长，领导小组办公室设在市水产局，负责领导小组的日常工作及具体组织协调工作。并组织制定了《天津市水生生物养护工作规范》《天津市浅海生态鱼礁建设十年规划》《天津市水生生物增殖捐赠暂行办法》《建设项目对海洋渔业资源损失评估的工作要求(试行)》等规章制度。

天津浅海渔业区增殖放流始于 20 世纪 90 年代，品种主要是中国对虾、文蛤、青蛤、栉孔扇贝、菲律宾蛤仔、毛蚶、牙鲆、半滑舌鳎等。

1991 年，在渤海湾放流中国对虾虾苗约 4000 万尾，投放文蛤种苗 11112 公斤(666750粒)。

1992 年，在渤海湾放流中国对虾虾苗约 4000 万尾，投放文蛤种苗 62.4 吨。转年 5 月份调查总资源量为 236 吨，试验效果良好。

1993 年，放流中国对虾虾苗约 4000 万尾，在蛏头沽潮间带，投放文蛤约 20 吨，这一海域的底质上覆盖 7~8 厘米的细砂，文蛤生长良好。

1997 年，在汉沽区大神堂村外，投放青蛤种苗 2500 公斤，投放面积约 100 亩，投放规格 150 粒/公斤。经 2 年的试验，到 1999 年达 100~120 粒/公斤，成长情况较好，但生长速度慢，效益低。

1998 年，放流日本对虾苗 4000 余万尾，当年秋汛回捕率达 10%，取得明显的增殖效果。

天津沿海滩涂广阔，多为泥沙底质，地势平坦，贝类资源丰富。但由于多年过量采捕，滩涂贝类资源量与种群量逐年下降。2002 年天津开始实施滩涂贝类资源养护增殖和开发利用计划。

2003 年，天津市在汉沽区外海滩涂建立了 35 平方公里的贝类增殖生态保护区，投放栉孔扇贝 200 万粒、青蛤 65 万粒，并实施 3 年休渔。塘沽区参加了国家“863”项目“渤海典型海岸带生态环境修复技术”课题的实施。在塘沽区驴驹河10平方公里的浅海滩涂开辟了增养殖保护区，并设立了采捕区、增殖区和养殖区，实行轮捕轮放。共计投放青蛤、文蛤、菲律宾蛤仔、毛蚶等经济生物2062万粒(尾)。经2005年调查显示，该增养殖区共产各种贝类6603吨，产值478万元，获得显著效果。

2004年，在大港区实施了“青蛤人工育苗和增养殖技术示范与推广”项目，实施滩涂贝类资源增殖放流，并划定了贝类增殖生态保护区。投放经济贝类种苗6.6亿粒，兰蛤12万公斤，种苗资金投入124.8万元。由于对贝类增殖生态保护区实施严格的养护管理，资源量逐步增长，年采捕量达到6000余吨。在塘沽区驴驹河外海，金豚实业发展有限公司放流红鳍东方鲀15万尾。在汉沽区大神堂外海海域贝类保护区，汉沽区海淡水育苗中心放流牙鲆20万尾。在汉沽区大神堂外海海域贝类保护区，投放壳高1.5厘米的青蛤苗种65万粒、投放壳高1.5至3厘米的栉孔扇贝苗种200万粒。

2005年，投放毛蚶、梭鱼、三疣梭子蟹、栉孔扇贝、牙鲆等各类苗种1981万尾(粒)。其中天津市舜兴海珍品养殖场投放三疣梭子蟹苗种316.8万尾、梭鱼500万尾、毛蚶630万粒。天津盛亿水产养殖有限公司投放牙鲆20万尾、栉孔扇贝514.2万粒。

2007年，在渤海汉沽大神堂外海水域，汉沽舜兴水产养殖有限公司和汉沽盛亿水产养殖有限公司投放7~10厘米牙鲆苗种60万尾。

“十一五规划”期间，全市共投入资金2000多万元，放流海、淡水水生生物苗种共计30.5亿尾。其中，2006年增殖放流各类水生生物苗种4.01亿尾(粒)；2007年增殖放流各类水生生物苗种2.53亿尾(粒)；2008年放流各类水生生物苗种6.1亿尾(粒)；2009年共放流各类水生生物苗种7.21亿尾（粒)；2010年，放流各类水生生物苗种10.65亿尾（只、粒），比2009年增长47.7%，投入资金1420万元。

经过跟踪调查，渔业资源增殖放流活动效果明显，特别是中国对虾的产量逐年增加。据统计，天津海域2006年仅有几吨，2008年达到24.7吨，2009年约492吨，2010年达到600吨。

二、人工鱼礁

人工鱼礁建设是一项海洋生态环境的修复工程，是用人为的方法在沿海营造一定范围的人工生态体系，以达到保护幼鱼幼虾，提高海洋生产力的目的。

(一)塘沽外海试验区

本市2005年开始人工鱼礁建设。为了建设浅海滩涂增殖区，开发浅海滩涂增养殖业，在渔民转产转业工作的基础上，当年塘沽区在驴驹河外海低潮线5米处海域将92艘报废的渔船沉入海底，建立了1.44平方公里的人工鱼礁，使之成为鱼类产卵、索饵和密集生长的场所，并在人工鱼礁区投放牙鲆鱼苗20万尾，还投放了毛蚶。由于塘沽涉海工程发展和塘沽海域航线密集等原因，2000年以后塘沽人工鱼礁区的建设不再进行。

（二）大神堂海洋牧场示范区

2009年，经海上航行安全论证和地质勘察，天津市水产局确定在大神堂外海建立规划面积约20平方公里的海洋牧场示范区。该人工鱼礁建设区海底水深范围在-3~-5米之间，区域内有足够的承载力，表层浮泥较少，资源较为丰富，距离汉沽天然活牡蛎礁较近，水质条件相对较好，适于人工鱼礁的建设。该项目共投资850万元，2009年开始建设，2010年11月竣工 。共投放礁体2920个，计1.03万空方。其中2009年投放礁体120个，计45空方，面积约600平方米。2010年10~11月，投入资金850万元，投放钢筋混凝土构件礁体2800个，共计1.03万空方。

表 6-4-1-98 天津大神堂海洋牧场示范区航标设置表

名称	位置		构造	类别
	北纬	东经		
海洋牧场示范区1#灯浮	39° 07'36.27"	117° 57'57.28"	黄色柱形，顶标为黄色"×"型	水中构筑物标
海洋牧场示范区2#灯浮	39° 07'36.27"	118° 03'07.69"	黄色柱形，顶标为黄色"×"型	水中构筑物标
海洋牧场示范区3#灯浮	39° 05'55.87"	118° 03'07.69"	黄色柱形，顶标为黄色"×"型	水中构筑物标
海洋牧场示范区4#灯浮	39° 05'55.87"	117° 57'57.28"	黄色柱形，顶标为黄色"×"型	水中构筑物标
海洋牧场示范区5#灯浮	39° 07'55.27"	117° 59'40.28"	黄色柱形，顶标为黄色"×"型	水中构筑物标
海洋牧场示范区6#灯浮	39° 07'55.27"	118° 01'23.28"	黄色柱形，顶标为黄色"×"型	水中构筑物标
海洋牧场示范区7#灯浮	39° 05'55.87"	118° 01'37.48"	黄色柱形，顶标为黄色"×"型	水中构筑物标

第二节 内陆渔业增殖

天津市内陆水域增殖起步较早，20世纪80年代天津在于桥水库进行鱼类增殖活动，主要放流品种为鲢鱼和鳙鱼，年放流量一般为10~30万尾，但时断时续。2006年，天津市将渔业资源增殖作为水生生物资源养护的一项重要措施，渔业资源增殖放流力度明显加大。2008~2010年天津市共投入资金1320万元，增殖放流各类淡水苗种79463.4万尾（粒）。放流主要区域为：天津市各大中小型水库和海河、独流减河、潮白河等主要河流;放流的主要品种:鲢鱼、鳙鱼、草鱼、鲤鱼、细鳞斜颌鲴、鲫鱼、河蟹、泥鳅、鲂鱼、黄颡、银鱼、田螺和池沼公鱼等。

表 6-4-2-99 2008~2010 年天津市内陆主要放流品种统计表 单位:万尾(粒)

品种 \ 年份 放流量	2008	2009	2010
鲤鱼		764.2	115.5
草鱼		515.1	178
鲢、鳙鱼		2185.8	2101.26
鲫鱼		103	23
细鳞斜颌鲴		200	90
鲂鱼		12	7.5
黄颡		10	10
泥鳅		3000	2000
大银鱼		0	2000
中华绒螯蟹		620	1301
田螺		0	240
池沼公鱼卵		0	30000
合计	33987	7410.1	38066.3

大银鱼是天津市的名特水产品。海河水系的潮白河、蓟运河、海河等一些流通海河的河道,都曾经以盛产大银鱼而驰名。20 世纪 50 年代后期,因兴修水利、河道建闸改变了海河水系的自然环境,致使大银鱼的产量锐减,几乎绝迹。20 世纪 80 年代末期,在入海河口附近的新地河水库、营城水库、北塘水库相继发现了大银鱼种群。这一发现引起了市有关部门的高度重视,迅速组织科研人员与生产部门相结合的攻关小组,对天津大银鱼资源情况进行详细的调查研究,并于 1991 年立项"大银鱼资源保护及人工繁殖技术研究"。该项目对天津大银鱼的形态特征进行了分类学种类鉴定,经现场考察与标本解剖分析,摸清了大银鱼的食性、雌雄鱼的区别、繁殖过程、栖息水域的环境条件等。同时提出了保护与增殖大银鱼资源的技术措施:控制捕捞强度;在农田纳水期间,设置多层网具防止幼鱼流失等。此外,还采用人工授精的方法培育受精卵,将受精卵移植到水库或在水库中设置孵化网箱等方法繁育幼鱼进行增殖。

1992 年在天津市北郊区水库、武清县于庄水库、塘沽区的黄港一库、黄港二库和蓟县于桥水库进行了大银鱼受精卵移植。经过一段时间检查试捕,均有大银鱼群体出现,其中武清区于庄水库回捕率最高,移植效果最好。1993 年冬季,塘沽区的黄港一库从北塘水库移入成体大银鱼 104.5 千克,黄港二库移入 221.5 千克,雌雄比例为 3:1,1994 年 4 月调查发现水库已有 4 厘米长的大银鱼幼鱼,证明移入的成体大银鱼已经繁殖出下一代,当年 10 月份现场验收预测两水库的大银鱼资源量可达 26 吨,大银鱼资源在天津基本上得以恢复。

第五章 渔业管理与监督

第一节 渔业法制建设

一、渔业法规宣传

1991 年至 2010 年期间,天津市渔政管理部门重点在沿海区先后宣传《渔业法》《野生动物保护法》《海洋环境保护法》《渤海生物资源养护规定》《天津市渔业管理条例》《天津市野生动物保护条例》《海上交通安全法》《渔船安全规则》《水生野生动物保护条例》《渔业无线电管理规定》《渤海区防止引用海水损害幼鱼幼虾资源的暂行规定》等法律法规,并在各渔港发放《渔船须配备垃圾储集容器》的宣传材料。在内陆水域重点宣传严禁对水生生物实施"毒、电、炸"行为的相关法律。在市区海河段重点宣传《天津市防止水污染管理办法》等,使广大渔民了解渔业的相关法律法规,规范渔业生产行为。

二、执法队伍建设

自 1986 年开始,天津各级渔业执法机构都建立了学习和培训制度。通过举办渔业执法业务培训班,组织执法人员学习法律、法规和业务知识,并进行考试,成绩不合格的暂停上岗。对新增的执法人员,严格执行报批制度,认真履行有关手续。通过岗前培训,考试合格后才准许上岗。从 1995 年开始,每 2 年组织全市渔业执法人员参加全市统一的执法人员培训和考试,考试合格的准予执法证年审,补考不合格的停止执法资质 2 年。通过教育和学习培训工作,既增强了执法人员的政治和业务素质,又提高了执法办案水平,保证了渔业法律、法规、规章的贯彻实施。

建立完善了渔业执法责任制。1995 年 10 月,渔业执法单位为贯彻落实《天津市行政执法责任制暂行规定》,将职责层层分解到各执法部门和每位执法人员,各部门与执法人员再按职责签订责任书。各级渔业执法单位都建立健全了各项规章制度,进一步完善了内部制约机制。

认真接受社会监督。1998年,全市各级渔业执法机构普遍实行了政务公开,执法单位将执法机构设置、职责范围、执法依据、办事程序、服务措施、罚款与收费项目依据及标准、当事人权利、执法工作纪律、监督举报电话等内容,通过各种形式向社会公开。在沿海区还建立了4个渔民联系点,聘请15名渔业执法监督员,监督渔业执法全过程。2009年10月,根据农业部《渔业行政执法督察规定》的精神,天津市水产局制定了《天津市渔业行政执法督察工作制度》,建立了渔业行政执法层级监督工作机构,设置了督察人员。并通过审阅《天津市渔业行政执法督察情况调查表》《天津市渔业执法督察询问笔录》《天津市渔业执法现场督察记录》等,及时了解每个渔业执法人员的执法情况。

严格规范渔业行政执法行为,约束执法人员权力。依据相关法律法规并结合执法实践,市水产局于2009年6月制定了《天津市渔业行政处罚自由裁量权基准制度》,并向社会公布实施。

努力加强渔业执法队伍的精神文明建设。2005年,天津市水产局根据农业部《关于开展渔业文明执法窗口单位创建活动的通知》精神,认真组织所属渔业执法单位开展了渔业文明执法窗口单位创建活动。2008年11月19日,天津市"中国渔政12001号船"获得第三批"全国渔业文明执法窗口单位"称号。2010年,天津市滨海新区北塘渔港被农业部评为"全国文明渔港"。

三、法律法规建设

天津市依据《中华人民共和国渔业法》,制定了《天津市渔业管理条例》,并于2003年10月30日由天津市人大常委会颁布。为了推进生态文明建设,提升水生野生保护动物的监管水平,市水产局与市林业局共同起草了《天津市野生动物保护条例》,2006年5月24日经天津市第十四届人民代表大会常务委员会第二十八次会议颁布实施。

第二节 渔政管理

一、渔业许可

2006年,经天津市人民政府法制办公室审核,天津市水产局有行政审批事项16项。天津市渔政渔港监督管理处有行政审批事项3项,分别为渔业船舶和船用产品检验证核发、渔业船舶登记、渔业船舶船员证书核发。

二、休渔管理

天津市休渔管理工作从20世纪90年代初启动。按照农业部和黄渤海区渔政局关于加强伏季休渔管理和保护渔业资源的统一部署，天津市成立专门领导机构，每年都召开全市伏季休渔管理专题会议，广泛开展宣传教育，制定具体工作方案和实施意见，并组织全市联合执法检查，加强休渔期的管理，确保伏季休渔取得明显成效。

1991年，天津市水产局根据中华人民共和国农业部第6号令，即《渤海区渔业资源繁殖保护规定》精神，认真组织市渔政管理部门开展海上执法检查活动，特别是加强了对拖网渔船的管理。

1992年，组织市渔政管理部门重点开展对禁渔期间定置网具、纳水、捕捞许可证、海上禁用网具的检查。连续奋战十余天，清理整顿违规无证渔船68艘。针对纳水管理，市渔政渔港监督管理处还印发了农业部第6号令，即《渤海区渔业资源繁殖保护规定》，认真组织市渔政管理部门开展海上执法检查活动，特别是加强对拖网渔船的管理。围绕"关于防治渤海沿岸纳水损害对虾幼虾宣传提纲"，进行广泛宣传工作。

1993年是划定保护对虾越冬场的第一年，天津市渔政管理部门出动中国渔政301、302船参加了对虾回游通道和渤海亲虾产卵场的管理，同时还重点加强梅童鱼流网的管理，避免对产卵亲虾造成危害。

1995年开始，国家在渤海、东海、黄海海域实行全面伏季休渔制度，规定自每年6月16日到9月1日为休渔期。伏季休渔期间，除了允许使用网目尺寸90毫米以上的单层流刺网和钓钩从事捕捞作业外，禁止从事其他捕捞作业。所有海域的定置作业，休渔时间每年不得少于两个月，具体时间由沿海各省、自治区、直辖市渔业行政主管部门确定，并报农业部和所在海区渔政渔港监督管理局备案。天津市决定所辖海域根据国家规定同步休渔。按照农业部黄渤海区渔政局《关于加强伏季休渔管理工作的通知》要求，加强对小单拖、扒拉网的治理，严厉打击非法捕捞行为。

1997年，天津市水产局制定了《1997年天津市实施伏季休渔管理意见》，坚持"深教、疏导、严管、重罚"的方针，早动手、早动员、早部署，强化海路监督管理，实现了"船靠港、网入库、无违规"的目的。

1998~2010年，天津市水产局进一步加强了对伏季休渔期的管理，每年都成立天津市伏季休渔工作领导小组，并指导塘沽、汉沽两区也都成立了伏季休渔工作领导小组，形成了齐抓共管的良好局面。

2008年海蜇管理期间，天津市水产局制定了《天津市2008年海蜇管理行动实施方案》，组织召开了动员大会，明确了分工，签订了责任状。为确保海蜇如期开捕，维护海上生产秩序，7月23至27日执法人员组织成立3个督察小组，分别驻守塘沽、汉沽、大港三个区渔港及渔船停靠点，查处违捕海蜇行为。经过严格的管理，有力地打击了违法违规行为，维护了守法渔民的合法权益和海蜇生产秩序，得到了渔民群众的称赞。

2009年市渔政渔港监督处两条渔政船共计检查155天、航行时间766.3小时、航程9631.2海里、登临检查渔船308艘次、处罚违规渔船26艘次、收缴罚款14.8万元。

2010年市渔政渔港监督处渔政船队共计开展执法行动26次，执行增殖苗种放流及接待任务12次，检查渔船220艘次，处罚违规渔船28艘次，收缴罚款12.75万元。

三、专属经济区巡航管理

2001年，《中韩渔业协定》生效的当年，天津市渔政渔港监督管理处就接受黄渤海区渔政局交付的对"中韩协定水域专属经济区"的巡航管理任务。6月24日启航前往指定区域执行首次海区巡航任务，到2010年的10年期间，共航行17857海里，检查渔船537艘次。圆满地完成了"中韩协定水域专属经济区"的巡航管理任务，保证了巡航执法船舶的安全。

表6-5-2-100 2001～2010年天津市渔政执法船巡航情况统计表

年度	巡航船名	航行天数	航行距离（海里）	检查渔船（艘）	处罚渔船（艘）
2001	中国渔政12001	37	2372	43	
2002	中国渔政12002	31	1700	16	
2003	中国渔政12001	32	2100	6	
2004	中国渔政12001	31	937	3	
2005	中国渔政12001	34	2194	10	
2006	中国渔政12001	57	4290	7	1
2007	中国渔政12001	6航次	70	79	2
2008	中国渔政12001	6航次	57	76	9
2009	中国渔政12001	11航次	109	229	7
2010	中国渔政12001	37	4028	68	14

四、渔业水域生态环境保护

（一）渔业污染事故调查与处理

1991年，天津市东丽区刘台村人工养殖的鲤鱼，受到向阳村排放污水导致死鱼事故，经过渔政部门调查调解，使受害方获得5000元的赔偿。

1995年，本市成立市渔业环境监测站，加强对本市渔业环境及水产品质量的监督和管理工作。1996 年 4 月 25 日~6 月底,天津市渔业环境监测站对全市渔业水域的现状及污染情况进行了调研,摸清了渔业水域的现状。当年共进行了两次较大规模的监测工作。

1997 年 6 月 12~13 日,大港油田集团有限公司港 362 井两次井喷导致大港区基港养殖场 2475 亩养虾池和混养池污染。市水产局渔政渔港监督管理处接到报告后,立即展开了调查处理,成立了由市水产局渔政部门、大港区环保局和大港区水产局渔政部门组成的“港 362 井井喷污染事故处理协调小组”。协调小组坚持以事实为依据,以法律为准绳,经过评估,最终双方达成协议,调解成功,使受害方获得 98.87 万元赔偿。

1997 年 6 月 24 日,大港区独流减河遭到天津石化公司排放的污水污染。经过大港区渔政部门调解,双方达成协议,实际赔偿额 13.5 万元。

1998 年,西青区南河镇潘楼村 150 亩养鱼场被污染。市渔政渔港监督管理处及时组织专业人员调查取证,养殖户最终获赔 10.6 万元。同年 10 月份,天津港附近海域发生赤潮,市渔政渔港监督管理处组织渔政船三次出海开展监测,并采取措施减少了赤潮带来的损失。

1999 年 7 月 2 日,市渔政渔港监督管理处会同静海县渔政部门,对静海县胡连庄 1400 亩养殖水面发生污染事故进行了调查取证工作,为养殖户的索赔提供了大量有力的证据,养殖户最终获得赔偿 80 万元。

2000 年本市共发生渔业污染事故 13 起,经济损失 553.4 万元。经过法院判决和各级渔政部门调解,有 5 起达成协议,共获得赔偿 113.7 万元。

2002 年 11 月 23 日,马耳他籍油轮“塔斯曼海号”与中国籍货轮“顺凯 1 号”在大沽口锚地东南 23 海里处发生碰撞,致使大量原油泄漏,造成严重海上污染事故,使周围海域渔业资源遭受巨大损失。12 月 9 日,农业部指定天津市渔政渔港监督管理处对“塔斯曼海号”油轮污染海洋水域案件进行公益诉讼。天津市对此高度重视,组成事故调查组,克服重重困难,连续 5 天到达事故海域取证,获得了大量的第一手资料。2004 年 12 月 30 日,天津有史以来海上污染索赔数额最大、涉及原告主体最多的“塔斯曼海号”油轮漏油污染海洋水域案件,在经过两年的诉讼审理后,由天津海事法院作出一审判决,被告对判决存在异议,于 2006 年上诉至天津市高级人民法院,该院做出二审判决,后被告方不服二审判决,于 2009 年向最高人民法院进行申诉,最高人民法院裁定由被告向天津市渔政渔港监督管理处赔付天然渔业资源损失 580 万元,案件终结。

2003 年至 2010 年期间,天津市没有发生典型渔业污染事故。

(二)涉海工程管理

2008 年,天津市渔政管理部门加强涉海工程项目对海洋水产资源损害的监督检查,努力协调沿海各区涉海工程项目对海洋水产资源的损害赔偿工作。年内对 6 个涉海工程项目进行逐一检查,对有损害海洋生物资源的涉海工程项目及时进行调查处理,并依法印发损害海洋生物资源赔偿告知书实施惩处，对维护天津市海洋渔业环境发挥了积极作用。

（三）水产品质量监管

为整体提升全市水产品质量安全水平，切实加大对违法违规行为的打击力度，从源头上确保广大市民“舌尖上的安全”。自2008年开始，每年市渔业主管部门、渔政机构、水产品质量检验检疫机构都组成联合检查组，深入各区养殖场对全市的水产品质量安全风险隐患进行抽样排查，以硝基呋喃类、孔雀石绿、氯霉素等禁用药物为重点，检查《养殖证》《水产苗种生产许可证》持证情况；生产、用药和销售“三项记录”是否真实、完整、规范并保存2年以上；药品库鱼药的使用与存放情况，有无禁用、过期、假冒、伪劣鱼药；出售的水产品限用药休药期是否达到规定；外购饲料、投入品和自己生产的饲料、投入品中有无非法添加物质；养殖场及其周围有无违禁药物及其他化合物。通过近几年的强化管理，养殖单位均能认真遵守有关规定，守法意识明显增强。

2005年，天津市水产局组织渔业生产和市渔政管理部门、市水产品质量监督检验机构联合行动，对塘沽、汉沽、大港区和宁河县域内的各水产苗种生产单位进行检查。检查重点是水产养殖过程中的渔业用药、饲料及其他投入品的使用以及生产记录情况和水产苗种检验检疫情况等。对违规行为，依照《天津市渔业管理条例》给予必要的罚款处理，并责令立即改正。

2008年，为确保供北京奥运会期间的水产品质量安全，本市对东丽、塘沽两区的供京水产品生产基地实施重点监控。从养殖证的持证情况、生产记录、用药记录、销售记录的规范填写等情况进行全面的监督检查。对养殖户填写生产记录不规范的及时给予纠正。奥运会期间，天津市提供的各类水产品均未发现有违规用药等问题，保证了水产品的质量安全。同年，市水产局组织市渔政渔港监督管理处对全市12家苗种生产企业重点实施监督检查。对《苗种生产许可证》的持证情况、苗种生产过程中使用药物的情况、苗种实施检疫的情况等进行逐一检查。对发现的企业生产记录不完整、苗种检疫记录缺失，药品库管理不规范等问题，责成相关区县渔政科监督企业限期进行认真整改。

五、水生野生动物保护

（一）野生动物救助

1992年4月1日，大港区上古林乡马棚口村渔民在地撩网内发现一头斑海豹，经过渔政部门救助后放归大海。1993年4月27日，大港区上古林乡建国村农民在大港发电厂附近小河内发现搁浅斑海豹一头，经过渔政部门救治，安全放回大海。

1993年，津塘渔0702号渔船在61渔区（黄河口外）用鲈鱼网误捕一条体长3.34米中华鲟，返航后报告渔政部门。渔政部门采取了紧急救护措施，由于中华鲟伤势严重，没能救活。后移送中国水科院秦皇岛站制作成标本。

2008年6月6日,天津市渔政渔港监督管理处配合北京市渔政站、北京市海洋馆在渤海湾成功放生一只江豚。

(二)水生野生动物资源普查

2004年,天津市对全市区域内水生野生动物进行大规模的普查,摸清了资源量和保护利用现状。天津市域内水生野生动物资源较少,但驯养繁殖、经营利用数量较大,并且集中在市内六区及几家规模较大单位。其中9家驯养繁殖单位持有有效的驯养繁殖证,主要驯养繁殖品种有施氏鲟、西伯利亚杂交鲟、暹罗鳄、湾鳄、斑海豹、大鲵、海龟、胭脂鱼、美丽硬仆骨舌鱼等;16家经营利用水生野生动物单位持有经营利用证,主要经营品种有各类鲟鱼、鳄鱼、海狮、海马、海豹、美丽硬仆骨舌鱼等品种。经普查,水生野生动物标本有棱皮龟、玳瑁、山瑞鳖、大鲵、蠵龟、红瘰疣螈、砗磲、虎斑宝贝、中华鲟、白鳍豚、儒艮、红珊瑚等21种数百件。

(三)水生野生动物监督执法

2006年5月24日,天津市第十四届人民代表大会常务委员会第二十八次会议通过了《天津市野生动物保护条例》,同年8月1日起施行。8月21日,市政府下发了《天津市落实<中国水生生物资源养护行动纲要>的实施意见》。

2007年5月8日,市政府成立了主管副市长任组长的"天津市水生生物资源养护工作领导小组",领导小组下设办公室,负责领导小组的日常工作及具体组织协调工作。办公室设在市水产局,水产局局长兼任办公室主任。

2008年,天津渔政管理部门对市内六区水生野生动物经营利用、驯养繁殖、运输携带等环节进行了大规模的检查,重点规范红珊瑚、海马等水生野生动物经营利用行为。先后给有关药厂、药店、商场、饭店、动物园、海洋馆、小商品市场等66家经营商发放了宣传单,对15家非法经营利用水生野生动物产品的商户下达了限期整改通知书。对老百姓大药房、北京世纪雯莉珠宝有限公司、北京瑰之宝经贸发展有限公司、天津市南山庄园商贸有限公司等4家非法运输、经营利用国家保护水生野生动物产品行为,按照有关规定罚款人民币7.5万元。

第三节　渔港监督

一、渔船登记发证

2001年,天津市按照农业部要求成立了"天津市清理整顿"三无"和"三证不齐"渔船工作领导小组,塘沽、汉沽和大港三个沿海区也成立了相应的领导机构,并以2000年渔船普查情况为基础，对“三无”和“三证不齐”渔船进行全面清理和办理三证补发工作。据 2002 年的统计，全市共有海洋渔业船舶 1275 艘，总功率 121731 千瓦。其中：近海渔业船舶 1164 艘，远洋渔业船舶 105 艘，渔政船 6 艘。纳入清理整顿的三证不齐的渔船 105 艘，并为其补办了渔业船舶证书。对 80 艘“三无”渔船（2530 千瓦）全部进行了清理。2010 年，在统一和规范内陆小型机动渔业船舶的船名、船号的授予和登记工作的基础上，完成了全市渔业船舶更换船名牌工作。

表 6-5-3-101 1991~2010 年天津市海洋渔船注册登记情况统计表 单位：艘

年份	在册海洋渔船数量	年份	在册海洋渔船数量	年份	在册海洋渔船数量
1991	781	1998	960	2005	853
1992	810	1999	1102	2006	893
1993	885	2000	1132	2007	837
1994	962	2001	1212	2008	720
1995	930	2002	1275	2009	544
1996	909	2003	976	2010	664
1997	992	2004	956		

二、船员培训考核

1996 年 1 月 9 日，中华人民共和国渔政渔港监督管理局印发《关于对<中华人民共和国海洋渔业船舶船员考试发证规则天津市实施办法>的批复》。根据该实施办法，天津市认真组织四等以下渔业船舶职务船员考试发证工作，截止 2002 年累计共培训渔业船员 4748 人次，发放职务船员证书 3611 人次，普通船员证书及“四小证”1137 人次。

2003 年 7 月 1 日起，天津市渔政管理部门根据中华人民共和国渔政渔港监督管理局颁布的《关于远洋渔业职务船员启用〈渔业船舶职务船员适任证书〉的通知》要求，当年完成了渔业船舶职务船员适任证书的换发工作，共计换发职务船员证书 855 本。

2006 年，天津市依据农业部渔业局《关于印发 10 万海洋捕捞渔民职业安全培训实施方案的通知》精神，制定了《天津市海洋捕捞渔民千人职业安全培训具体实施方案》，印发了《关于开展海洋捕捞渔民职业安全培训的通告》。当年举办涉外渔业船员培训班 4 期、专场职业安全培训 15 期，完成海洋捕捞渔民职业安全培训 1452 人。其中涉外渔业船员 205 人、职务船员 487 人、普通船员 288 人、安全员 472 人。

表 6-5-3-102　1991~2010 年天津市海洋渔业渔船船员证书发放情况表　单位：本

年份\类别	驾驶类	轮机类	通讯类	普通船员	四小证	服务簿
1991	505	347	14	–	–	48
1992	748	674	34	–	–	20
1993	149	176	20	–	46	328
1994	86	67	5	–	63	84
1995	156	82	11	–	368	560
1996	273	179	21	–	31	206
1997	384	338	3	–	35	128
1998	290	264	8	–	48	320
1999	233	177	12	–	96	432
2000	122	97	4	–	112	208
2001	174	131	8	–	304	352
2002	557	329	7	427	84	84
2003	482	345	28	172	35	23
2004	252	257	5	92	52	51
2005	325	241	98	389	4	–
2006	345	222	18	288	–	7
2007	175	162	3	201	27	29
2008	317	247	25	327	28	30
2009	280	188	7	60	38	38
2010	208	199	1	32	26	29
合计	6061	4722	332	1988	1397	2977

三、事故调查处理

渔业海上事故可分为交通事故、生产安全事故和自然灾害性事故等几类。其中生产安全事故和自然灾害性事故自 2006 年开始一般由各级渔业主管部门按照《天津市渔业船舶海上安全突发事件应急预案》《天津市渔业防台风(风暴潮)应急预案》等相关预案的具体程序，组织各相关部门开展事故的前期救援、善后、事故调查处理等工作。此前相关工作则依照《水上险情应急反应程序》开展。

交通事故方面，根据《中华人民共和国海上交通安全法》《中华人民共和国渔港水域交通安全管理条例》及农业部于 1991 年 3 月 5 日颁布施行的《中华人民共和国渔业海上交通事故调查处理规则》的有关规定，渔业海上交通事故一般由本市各级渔港监督机构负责调查处理。鉴于本市“大城市，小渔业”的基本现状，各级渔监、船检、渔政等执法部门均同属本级渔业主管部门，人员共享优势明显，工作开展便于做到整合力量、协调统一。因此渔业海上交通事故的调查处理工作也得到了船检、渔政、渔业互保、渔业协会等部门的大力支持和配合。据统计，1990~2010年本市共发生海洋渔业海难事故256起，造成经济损失1924.38万元，死亡30人。各级渔港监督执法人员在有关部门的支持和配合下，秉持认真调查取证、秉公办事、耐心细致的工作原则，适时开展了预案完善、物资储备、应急信息传递、搜救力量协调、组织救助、事故调查等各方面工作，20年来为广大渔民群众挽回经济损失2000余万元。

表 6-5-3-103 1991~2010年天津市海洋渔业海难事故情况统计表

年度	事故起数（起）	造成经济损失（万元）	死亡人数（人）
1990	99	30	4
1991	–	–	–
1992	26	7.9	0
1993	37	36.2	0
1994	12	4.4	0
1995	1	15	1
1996	3	4.6	3
1997	2	6.7	0
1998	7	50.6	0
1999	10	14.56	2
2000	–	–	–
2001	3	13	2
2002	4	7	4
2003	6	1254.8	0
2004	10	300.72	8
2005	3	67.5	0
2006	9	35.4	4
2007	6	10	0
2008	9	13	0
2009	6	31	0
2010	3	22	2

第四节 渔船检验和渔业生产安全管理

一、渔船检验

1985 年以前，中华人民共和国船舶检验局渔船分局天津渔船检验处参照国家船检局检验规程、建造规范对渔船实施检验。1985~1994 年，审批 8154 型尾滑道拖网渔轮等钢质海洋渔船设计、施工、改造图纸计 35 套；审批塘沽、汉沽区木质渔船建造、改造图纸 12 套。期间，还对天津市船厂建造的 22 艘 8154 型尾滑道拖网渔轮执行建造检验。

1996 年，中华人民共和国船舶检验局渔船分局天津船检处改为中华人民共和国天津渔船检验局。机构性质、任务、规格级别和隶属关系等均不变。

2008 年，根据中华人民共和国天津渔业船舶检验局发布《天津市内陆渔船登记、检验暂行办法》，对天津市 1997 艘内河渔船执行了法定检验并签发了证书，解决了积淀多年的内陆渔船无证件问题。

1991~2010 年，中华人民共和国天津渔业船舶检验局年均检验各类型渔业船舶 600 艘次，船用产品 1000 台(件)。

1994~2004 年，中华人民共和国天津渔业船舶检验局完成了天津远洋渔业公司从韩国和台湾购置的 13 艘金枪鱼钓船和鱿鱼钓船的检验工作。

二、渔业生产安全管理

(一)应急预案的制定

2006~2007 年，本市完成《天津市渔业船舶海上安全突发事件应急预案》和《天津市渔业防台风(风暴潮)应急预案》的制定工作。

(二) 渔船监控

天津市渔船渔港监督管理系统建设始建于 2009 年 10 月。2010 年 12 月，天津市渔船渔港监督管理系统基本建成。形成了远洋、近海、港口三位一体，卫星、“AIS(Automatic Identification System)船舶自动识别系统”、视频监控、“RFID(Radio Frequency Identification)射频识别”及无线电多网合一的渔船渔港监督管理及通讯系统。该系统包括：

1.以“北斗卫星渔船定位系统”为平台，对远洋渔船进行定位和通讯的系统主要针对中韩、中日等协定水域作业的渔船及过洋性渔船。

2.以“AIS(Automatic Identification System)船舶自动识别系统”为平台的近海渔船定位管理

系统。

3.以“远程视频监控系统”为平台的渔船、渔港监管系统。在各渔港安装视屏监控摄像机，通过数字电路传输至监控中心及监控分中心，值班人员可以直接监管到码头的情况并对所有图像进行录制和保存。

4.截至2009年底，天津市60马力以上渔船基本配备新型渔用对讲机和AIS（船舶自动识别系统）、船载避碰终端，部分远洋渔船配备了北斗卫星终端。沿海、近海渔船通讯和避碰设备普及后，天津市商渔船碰撞事故显著下降。

（三）航标管理

天津市于20世纪70年代相继在塘沽区、汉沽区和大港区建设浮标和导航标。首个渔业航标是1975年建的“东沽3号”浮标。至1990年天津市海区共有渔业航标16座。其中塘沽区8座、汉沽区6座、大港区2座。当时渔港航标普遍低矮、破旧，导航性能差，每年仍有几十条渔船因进出渔港偏离航道搁浅，威胁渔船安全，影响渔民的正常生产。1998年国家投资28万元，新建蔡家堡、高家堡渔港航标，对大神堂、蛏头沽渔港的航标进行了维修。2002年塘沽区人工鱼礁项目建成后，天津海区又新增设渔业航标4座。为渔船进出渔港提供了保障。

2007年塘沽区东沽渔港更新改造航标9座。2008年天津市结合海洋牧场项目建设，新增渔业航标4座。2010年塘沽区北塘渔港更新改造航标26座。至2011年，天津市海区共有渔业航标43座。其中：东沽渔港航道灯浮标9座、北塘渔港航道灯浮标26座、大神堂渔港叠标1座、蔡家堡渔港叠标1座、唐家河渔港灯桩2座、人工鱼礁方位标4座。

（四）通信管理

1.通信网络。1993年3月3日，经天津市无线电管理委员会批准，在天津市水产局渔政渔港监督管理处设立“天津市海洋渔业单边带无线电安全通信台”。同年9月1日零时，该通信台（短波电台）正式开通，并于次年4月并入“黄渤海区海洋渔业短波安全网”。1998年3月1日，全国近海渔业安全救助通信网（超短波电台）天津岸站在天津市水产局渔政渔港监督管理处建成开通。2010年12月，本市对“全国海洋渔业安全通信网天津短波岸台”、“全国海洋渔业安全通信网天津超短波岸台”、“渔业安全通讯网90C系统”进行整合，实施了渔业无线电多网合一，建成了多语音融合转接平台和多种信息化手段相互补充的渔船监管平台。

2.台站普查登记。1992、1997和2001年，天津市分三次对全市渔业无线电短波无线电台（站）进行了清查和整顿。经查，全市14个设台单位均有执照，对少数证照过期的责令限期重新办理登记手续。

1993年，完成全市渔业无线电超短波无线电台（站）普查登记和换发全国统一台照工作，换证率达到100%。

3.渔业安全应急指挥系统建设。天津市于2009年开始进行“天津市渔业安全应急指挥系统”建设，共投资270余万元。主要包括以下建设内容：

监控中心。主要有监控中心装修改造、“AIS(Automatic Identification System)船舶自动识别系统”服务器、视频监控系统服务器、大屏幕系统、机房配套设备及天线、馈线各种线缆桥架的改造。

渔港远程视频监控系统。监控中心坐落在市渔政渔港监督管理处。监控摄像机分布在塘沽区北塘渔港、东沽渔港，汉沽区大神堂渔港、蔡家堡渔港。在每个被监控港口树立安装杆，安装红外一体摄像机，并为各港口配备硬盘录像设备和视频服务器，每个港口租用电信的2兆数字电路与监控中心互联。中心值班室可以实时监控码头的情况，有利于防火防盗，维护码头秩序。

渔船用“AIS(Automatic Identification System)船舶自动识别系统”终端配备。给270艘具有远海捕捞能力的本市在册渔船配备AIS船用终端，增强渔船避免碰撞的能力，保障了安全生产。

2010年3月，该工程全部竣工，实现了港口、近海、远海三位一体，无线电、卫星、网络技术多网合一的渔船管理方式。为日常安全生产和突发应急事件的处理提供了一整套监控和管理手段，为渔业管理的应急指挥和调度提供了一个信息化的平台。

（五）安全检查

2003年，本市结合渔船安全生产大检查开展了“渔船适航状况专项整治活动”。这次检查共出动渔政执法船3艘，检查车28辆次，执法人员50余人次，共检查渔船580艘次，重点检查了9艘赴中日、中韩协定水域作业渔船的状况，检查结果显示其技术状况基本合格。

2007年4月，天津市组成由市渔政渔港监督管理处、市公安海警支队、市公安滨海边防支队和塘沽、汉沽、大港区水产局参加的联合执法队，对天津市沿海水域渔船及渔港渔船展开了大规模的查处“三无”和证件不齐渔船专项执法检查行动。此次行动出动渔政船(艇)6艘、海警检查艇1艘、边防检查艇1艘；渔政执法车6辆、公安边防车4辆；陆地出动执法检查人员48人、海上执法检查人员57人。检查渔船327艘，查获涉嫌违规渔船22艘。其中，对东沽渔港的260艘渔船逐一进行登记检查，对有问题的14艘渔船下达了停航通知。对海上作业的渔船，进行拉网式检查。登记检查67艘渔船，查处违规渔船8艘，现场处理3艘，有5艘违规渔船押回东沽渔港处理。此次执法行动，收缴不合格网具40货(张/套)，严厉打击了违法行为，维护了渔场的正常生产秩序和渔民群众的合法权益。

（六）海难救助

1990年1月，天津市水产局根据1989年市政府印发的《关于建立天津市海上搜救中心的通知》精神，成立“天津市海上搜救中心第二分中心”，负责天津市渔业船舶海上救助工作。并制定了《天津市渔业系统海上救助程序》《天津市海上搜救中心第二分中心水上险情应急反应程序》等规定，完善了天津市渔业系统有线、无线通讯网络及值班制度和职责。

2002~2004年，天津海上搜救中心第二分中心传递搜救信息16次，部分搜救信息涉及河北等省市渔监部门。组织救助24次，救助遇险渔船81条；参加抢险救助的船舶58艘次，被救渔民89人，挽回经济损失588.6万元。救助成功率达90%以上。

市属中国渔政行政执法船，兼负海上渔业船舶的抢险救助任务。"十一五规划"期间全市共组织救助43次，救助遇险渔船154条；参加抢险救助的船舶115艘次，被救渔民238人，挽回经济损失1174.6万元。

（七）渔业互助

1994年10月，成立中国渔业互保协会天津市办事处，同时设立了塘沽区的东沽渔港、北塘渔港和汉沽区、大港区四个代办处。至2010年，全市海洋渔业船舶参保率为5.6%，船员参保率为38.2%。共收缴保费353.35万元，办理理赔案件27起，为渔民发放赔偿金91.4万元。

第六章 渔业科技与鱼病防控

第一节 品种引进推广

一、淡水养殖品种

1992~1993年，天津市水产技术推广站引进长江原种鲢鱼水花及苗种5.44亿尾，并相继开展成鱼养殖推广工作，使天津市鲢鱼养殖初步实现良种化。

1996~1998年，天津市水产局引进了良种鲫鱼（异育银鲫、方正鲫、彭泽鲫）、乌克兰鳞鲤、鲂鱼、罗非鱼、淡水白鲳、革胡子鲶、大口鲶、梭鱼、鲈鱼、斑点叉尾鮰鱼、鳜鱼、河蟹、罗氏沼虾、甲鱼、大银鱼、池沼公鱼等名特优水产品种。该期间，产生较大经济效益的引进品种主要是乌克兰鳞鲤。

鲤鱼是北方地区水产养殖业中养殖区域最广、面积最大、总产量最高的传统品种。但长期存在的养殖品种杂，品质退化，良种选育相对滞后，良种覆盖率低等问题。因此，选育优良的鲤鱼新品种，提高良种覆盖率，推广健康养殖技术，成为鲤鱼养殖业急需解决的问题。

乌克兰鳞鲤俗称俄罗斯鲤，属鲤形目、鲤科、鲤亚科、鲤属。1998年全国水产技术推广总站从俄罗斯引进乌克兰鳞鲤受精卵15万粒，在天津市水产技术推广站黄港试验基地孵化成仔鱼，养至成鱼。2001年进行了第一次亲鱼孵化繁殖试验和养殖对比试验，后移至天津市换新水产良种场和宝坻鱼种场继续进行选育繁育。2006年农业部全国水产原种和良种审定委员会第三届第三次会议将乌克兰鳞鲤审定为水产优良新品种，适宜在全国各地推广养殖。

2007~2009年，天津市组织了"乌克兰鳞鲤良种繁育及健康养殖技术推广"，3年累计推广以乌克兰鳞鲤为主的立体化生态养殖面积94390亩，乌克兰鳞鲤商品鱼总产量8635.12万公斤，创造总产值67004.27万元，总效益17193.69万元，新增总效益5909.15万元。项目辐射带动天津市2009年主养乌克兰鳞鲤面积达69720亩，占天津市主养鲤鱼面积的71%。

2003年，换新水产良种场以乌克兰鳞鲤为母本，成功培育出新品种——津新鲤2号（超级鲤），并形成规模化生产。

表6-6-1-104　天津市换新水产良种场2003~2010年津新鲤2号苗种产量与推广情况表

年度	水花（万尾）	乌仔（万尾）	合计（万尾）	推广省、自治区、直辖市
2003年	1920	0	1920	3个：天津、河北、辽宁
2004年	0	980	980	4个：天津、河北、辽宁、黑龙江
2005年	30720	10420	41140	8个：天津、河北、内蒙古、辽宁、吉林、黑龙江、山东、宁夏
2006年	27520	3420	30940	9个：天津、河北、内蒙古、辽宁、黑龙江、福建、四川、青海、宁夏
2007年	43380	9670	53050	12个：天津、北京、河北、山西、内蒙古、辽宁、吉林、黑龙江、江苏、山东、河南、宁夏
2008年	80300	9430	89730	11个：天津、北京、河北、内蒙古、辽宁、吉林、黑龙江、江苏、安徽、河南、宁夏
2009年	55090	13660	68750	16个：天津、北京、河北、内蒙古、辽宁、吉林、黑龙江、江苏、安徽、福建、河南、广西、贵州、云南、宁夏、新疆
2010年	64560	8310	72870	18个：天津、北京、河北、内蒙古、辽宁、吉林、黑龙江、江苏、安徽、福建、山东、河南、广西、云南、陕西、甘肃、宁夏、新疆
合计	303490	55890	359380	21个：天津、北京、河北、山西、内蒙古、辽宁、吉林、黑龙江、江苏、安徽、福建、山东、河南、广西、贵州、云南、陕西、甘肃、青海、宁夏、新疆

注释：①水花一般指刚孵化出的仔鱼，也叫鱼苗，是受精卵孵化脱膜后，鳔完全充气并能平游、开口摄食的鱼苗。②乌仔一般指鱼体全长1~1.5厘米的鱼苗，俗称"三五分"。

二、海水养殖品种

1.南美白对虾

南美白对虾学名凡纳滨对虾，是世界养殖虾类产量最高的三大种类之一。原分布在中南美洲太平洋沿岸水域，该虾壳薄、体肥、肉质鲜嫩、营养丰富、出肉率高。1996 年天津市水产技术推广站从青岛市上马镇水产育苗场引进规格为 0.7 厘米的南美白对虾苗种 4.2 万尾，在天津市塘沽区宁车沽南村 4 亩海水池塘进行试养，并取得成功。2000~2001 年，天津市水产技术推广站在天津市益民水产养殖有限公司开展了南美白对虾培育淡化养殖技术研究和试验，并取得成功。主要开展的是南美白对虾育苗技术、南美白对虾淡化技术、全价人工配合饲料的使用及科学投喂技术、水质调节及病害防治技术研究。总结出南美白对虾淡化技术及适合天津市环境条件的淡水养殖技术要点，突破了南美白对虾淡水养殖关键技术，形成了南美白对虾引进、孵化、淡水试养等技术体系，促进了天津市淡水养虾面积的扩大和产量的提高。2000 年南美白对虾养殖试验面积 37 亩，亩产量 156.8 公斤，总产量 5800 公斤，亩产值 10162.2 元，总产值 37.60 万元，亩利润 7494.6 元，总利润 27.7 万元。2001 年试验面积 2995 亩，亩产量 245.6 公斤，总产量 73.55 万公斤，亩产值 11131.9 元，总产值 3334 万元，亩利润 5272.1 元，总利润达 1579 万元。最高亩产量达 686 公斤，亩效益 16464 元。伴随项目的研究与实施，突破了海虾淡化技术，提出了(1)仔虾开始淡化最佳时期为第 7 天。(2)虾苗淡化具有敏感期，其敏感期的盐度南美白对虾为 10，因而提出了虾苗淡化应分为两个阶段进行，当盐度为 10 以上时，盐度下降幅度每天为 5~7，当盐度下降到 10 以下时，每天下降幅度不超 3。(3)虾苗淡化用井水经曝晒、施肥繁殖藻类后，用于虾苗的淡化，可提高淡化成活率 20%左右。(4)虾苗淡化要坚持循序渐进原则，淡化全程不得少于 7~10 天，当盐度降至 3 以下时，才可放苗。提出了海虾淡养的主养、混养(南美白对虾与刀额新对虾、南美白对虾和刀额新对虾与鲢鳙)、二茬养殖等养殖模式。根据虾的生物学特性及淡水养殖特点，提出了海虾淡养综合防病技术措施，包括池塘的清淤消毒、选择健康无病的淡化虾苗、虾苗中间培育、水质监控和管理、封闭半封闭养殖方式、科学投饵、药物及生态防病等。2002 年，天津市水产技术推广站开始研究南美白对虾淡水养殖技术，主要开展了虾苗的淡化暂养技术、南美白对虾淡水养殖技术、水质调控技术、养殖病害防治技术研究及示范推广，示范推广面积 9500 亩。其中，津南区 2500 亩、北辰区 2500 亩、宁河县 2000 亩、汉沽区 2000 亩、静海县 500 亩。总产量 252.15 万公斤，总产值 5387.70 万元，总利润 2736.81 万元。2004 年推广面积 40860 亩。其中津南区 2800 亩、北辰区 2800 亩、宁河县 2300 亩、汉沽区 2200 亩、东丽区 1120 亩，辐射养殖面积 29640 亩。总产虾 1219.84 万公斤，总产值 26139.76 万元，总利润 13041.24 万元。2005~2007 年，天津市水产局、天津市水产技术推广站开展了南美白对虾产业升级集成技术示范与推广，建立了5个南美白对虾优质苗种培育基地，2007年培育优质虾苗22.37亿尾，研发出了绿色人工配合饲料配方一种，开发出对虾白斑综合症（WSSV）快速诊断试剂盒产品，建立了南美白对虾桃拉病毒病（TSV）RT-PCR分子生物学检测技术，开发出中草药免疫制剂1种，基本形成了HACCP（危害分析与关键控制点）水产品质量安全预防控制体系，2007年建立18个集成技术应用示范基地，面积3362亩，平均亩产量643公斤。南美白对虾产品质量经农业部渔业环境及水产品质量监督检测测试中心（天津）的抽检，全部达到无公害食品标准。开发出了南美白对虾加工产品8种，编印发放了《南美白对虾产业升级集成技术指导书》。2007年推广面积158753亩，其中：实施单养面积112338亩，南美白对虾单养平均亩产量达404公斤，亩产值8460元，亩利润3841元。此后，天津市南美白对虾主养面积基本稳定在10万亩左右，主养鱼套养虾面积在20万亩左右。南美白对虾成为天津市淡水养殖的主要品种。

2.大西洋鲷

2002年，市水产技术推广站从法国引进大西洋鲷初孵仔鱼50万尾，在塘沽区诺恩水产技术发展有限公司工厂化车间里养殖。主要开展了大西洋鲷育苗、分级养殖及人工越冬技术研究。至2002年10月，成活2685尾，350克以上占40%。

3.美国红鱼

2002年，市水产技术推广站引进美国红鱼，在塘沽区诺恩水产技术发展有限公司半咸水池塘养殖，探索天津地区美国红鱼养殖的适宜池塘条件、适宜放养密度、适宜理化条件、颗粒饵料研制技术、鱼病防治技术、日常生产管理技术等，总结出美国红鱼在天津地区的生长规律。实施面积1180亩，其中混养1000亩，单养180亩。180亩单养池总产量7.74万公斤，亩产美国红鱼430公斤，产值108.36万元，利润37.02万元，亩利润2057元。1000亩混养池总产量5.12万公斤，亩产美国红鱼51.2公斤，产值71.61万元，利润35.01万元，亩利润350元。

第二节　水产养殖技术与推广

一、海水养殖技术与推广

1990~1991年，天津市农委、天津市水产局及天津市水产技术推广站承担《降低成本的养虾综合技术示范工程》项目，推广基础饵料培养、苗种中间培育、水质监测、人工配合饵料使用技术。在大港和汉沽区推广示范4万亩，两年共产对虾4249吨，新增利润3336万元。该项目1992年获天津市科技进步（星火科技）二等奖。

2000~2001年，天津市水产技术推广站承担《对虾健康养殖技术》项目。在汉沽按照农业部

《对虾精养健康养成技术规范》改造虾池，建立封闭、半封闭的养虾循环系统。采用多种养虾方式，如利用小面积、高水位、高盐度海水兑淡水；利用地下半咸水；利用经沉淀的自然海水等进行对虾精养。推广虾病综合防治技术措施：包括池塘的清淤消毒、虾苗的检疫与暂养，水质和生物监测与调控、优质饵料的选择、虾病药物防治及日常的科学管理等技术。两年推广面积 5200 亩，总产对虾 3821 吨，总利润 5922 万元。其中 510 亩示范区养虾池平均亩产 824 公斤，亩利润 16472 元。2002 年该项目获全国农牧渔业丰收奖一等奖。

二、淡水养殖技术与推广

1990~1992 年，天津市水产技术推广站承担《天津市鱼禽结合生态养鱼技术开发》项目。该项目通过对生物结构的合理配置及经济成分的优化组合，实现对物质和能力的多阶利用和转换，使有限的资源得到较好的循环利用。开发推广面积 13 万亩，3 年新增产量 18.68 万吨，新增利润 3270 万元。该项目 1993 年获天津市科技进步（星火科技）二等奖。

1992~1993 年，天津市水产技术推广站承担《长江原种白鲢的引进养殖技术和养殖推广》项目。该项目通过引进长江原种鲢鱼水花及苗种，成鱼养殖推广，使天津市鲢鱼养殖初步实现良种化。该项目在西青、东丽、塘沽、宝坻等区县两年鱼种和成鱼总净产 3057.66 万公斤，总产值 11304.15 万元，纯收入 5419.95 万元。1992 年推广鱼种养殖面积 3370 亩，成鱼 21250 亩；1993 年鱼种 8140 亩，成鱼 41742 亩。该项目 1995 年获天津市科技进步奖三等奖。

1992~1994 年，天津市水产局承担《天津市鱼蟹混养综合增产技术》项目。该项目利用现有的池塘、围栏或小水库进行鱼蟹混养。1992 年在静海、宁河、汉沽、大港、西青、东丽、北辰等区县推广 2.51 万亩，1993 年推广 2.56 万亩，两年总产值 6042.66 万元，利润 3607.03 万元。两年向市场提供鲜鱼 664.29 万公斤，河蟹 59.32 万公斤。该项目 1995 年获全国农牧渔业丰收奖二等奖。

1994~1995 年，天津市水产技术推广站承担《天津市十万亩名特优水产品增养殖技术推广》项目。该项目利用已成功的名特优水产品增养殖技术，大范围推广淡水白鲳、革胡子鲶、梭鱼、加州鲈、斑点叉尾鮰的池塘养殖技术，鳜鱼的池塘套养和大水面增殖技术，池沼公鱼水库移植技术。两年在本市推广 29.26 万亩。产鱼 4134.41 万公斤，总产值 24096.56 万元，总利润 7633.77 万元。该项目 1995 年获天津市科技进步二等奖。

1994~1995 年，天津市水产局承担《天津市十万亩河蟹养殖技术推广》项目。该项目运用相对成熟的河蟹增养殖技术，推广池塘、洼淀鱼蟹混养；稻田培养蟹种；池塘精养蟹种；水库河蟹增殖等增养殖生产模式，达到增加河蟹产量，提高经济效益的目的。两年在静海、汉沽、宁河、西青、津南、塘沽、大港、东丽、蓟县等区县推广河蟹增养殖面积 18.42 万亩，共产成蟹 75.48 万公斤、蟹种 47.56 万公斤，增加利润 5787.84 万元，共产鲜鱼 1211.3 万公斤，收获稻谷 404.5 万公斤，总产值 17478.96 万元，共获利润 8976.04 万元。该项目 1995 年获天津市科技进步奖二等奖。

1995 年，天津市水产局承担《大水面网栏养鱼技术》项目。该项目研究内容包括：网栏结构、混养鱼种类、比例、饲养管理、水质、浮游生物测定、鱼类生长测定、鱼病综合防治，捕捞方法等。在大港区北大港水库网栏养殖面积 2000 亩，亩产 168.94 公斤，亩利润 827.7 元，总产值 223.24 万元，总利润 165.53 万元，增产量 30.717 万公斤，增产值 202.95 万元，增利润 146.65 万元，向市场提供鲜鱼 33.79 万公斤。该项目 1997 年获全国农牧渔业丰收计划三等奖。

1997~1998 年，天津市水产技术推广站承担《池塘主养鲂鱼高产技术推广》项目。该项目推广 80:20(80%为摄食饲料鱼类，20%为摄食浮游生物鱼类）主养鲂鱼高产养殖技术，池塘管理技术，使用淡水枝角类、海淡水鱼虾等代替鱼粉配制低成本颗粒饲料技术，中西医结合防治鱼病技术。在塘沽推广面积 2800 亩，共产商品鱼 305.16 万公斤，其中鲂鱼 224.97 万公斤。该项目 1999 年获天津市科技进步奖三等奖。

1998~1999 年，天津市水产技术推广站承担《池塘 80:20 养鱼模式高产高效技术》项目。该项目研究推广内容为：①以收获时主配鱼 80:20 的比例，设计鱼种投放比例。②研制鲫、鲂鱼的低成本优质颗粒饲料。③健康养殖、综合防病技术。④日常饲养管理技术。两年推广面积 4.33 万亩，累计总产量 28930 吨，总利润 7264 万元。该项目 2000 年获全国农牧渔业丰收计划三等奖。

1999~2000 年，天津市水产技术推广站承担《低洼盐碱地连片池塘高产养鱼技术》项目。将武清县、静海县低洼盐碱地连片中的 2.6 万亩池塘改造为试验区。主要采取降低池水盐碱程度的水质综合调控技术，改进养殖模式，科学投饵，坚持预防为主、防治结合的原则，综合防治鱼病,投放优质大规格鱼种等技术措施。两年推广养殖面积 26328 亩，总产量 1587.62 万公斤，总产值 11166.68 万元，总利润 3698.58 万元。该项目 2001 年获全国农牧渔业丰收奖二等奖。

1999~2001 年，天津市水产技术推广站承担《天津市淡水养殖开发新区综合配套技术推广》项目。项目选择适宜低洼盐碱地池塘养殖的鱼类；进行鱼病综合防治技术；全价人工颗粒饲料的配制、加工及投喂技术；水质调控技术；机械化养鱼技术的推广示范。项目在静海、西青、宝坻、津南、蓟县、武清等区县 3 年累计推广面积 95459 亩，产量 65046.9 吨，产值 41407.48 万元，利润 12806.43 万元。通过举办技术培训班、电视讲座、科技赶集等技术培训形式，共培训渔农 29000 人次，提高了项目区从业人员技术水平。项目在控制轮虫暴发性繁生及利用信息网络进行项目管理两个方面具有创新性。该项目 2003 年获天津市科学技术进步奖二等奖。

2000~2001 年，天津市水产技术推广站、津南区水产技术推广站、北辰区水产技术推广站、塘沽区水产技术推广站承担《名优虾类品种引进及培育淡化养殖技术研究》项目，完成南美白对虾、刀额新对虾的苗种培育及淡化养殖技术研究并取得成功。两年推广南美白对虾和刀额新对虾养殖面积 3142 亩，亩产量 239.9 公斤，总产量 75.39 万公斤，亩产值 10894 元，总产值 3422.9

万元,亩利润 5225.7 元,总利润 1641.9 万元。该项目 2002 年获天津市科技进步二等奖。

2002~2004 年,天津市水产技术推广站承担的《南美白对虾淡水养殖技术推广》。该项目在全市南美白对虾海淡水养殖面积达 16 万亩,产量 2.5 万吨,产值 5 亿元,对形成天津南美白对虾优势产业带起到了重要作用。

2005~2009 年,天津市水产技术推广站承担了《南美白对虾产业升级集成技术示范与推广》项目。该项目建立了 5 个南美白对虾优质苗种培育基地,2007 年培育优质虾苗 22.37 亿尾;提出对虾人工配合饲料配方 1 种;开发出对虾白斑综合症病毒(WSSV)快速诊断试剂盒,建立了南美白对虾桃拉病毒病(TSV)RT-PCR 分子生物学检测技术;开发出中草药免疫制剂 1 种;基本形成 HACCP(危害分析与关键控制点)水产品质量安全预防控制体系;开发出南美白对虾加工产品 8 种;编制出《南美白对虾产业升级集成技术指导书》。项目 3 年累计推广面积 304176 亩,产量 96480 吨,总产值 211620 万元,总利润 99628 万元。

三、无公害水产品生产技术推广

2004 年,天津市水产技术推广站承担《水产品养殖无公害预防控制技术研究》及《HACCP(危害分析与关键控制点)在水产养殖中的应用》项目,推广基于 HACCP 的无公害水产品危害预防控制技术,形成天津市第一个水产养殖的 HACCP 计划和 HACCP 无公害水产品管理体系。在静海县团泊镇团泊村建立了无公害水产品养殖控制体系示范点 600 亩, 大港区渔苇管理所渔业二公司 480 亩,北辰区天津市亿达水产养殖有限公司 100 亩、天津市水产研究所淡水试验站 28 亩、塘沽区天津市海发珍品实业发展有限公司工厂化养殖 1.6 万平方米。养殖南美白对虾总产量 57640 公斤,总产值 114.47 万元,总利润 54.55 万元。鱼类总产量 555543 公斤,总产值 361.06 万元,总利润 49.96 万元。水产品经抽样检测全部达到无公害水产品质量标准。

2004 年,天津市水产技术推广站与北京市水产技术推广站联合承担《进京水产品标准化生产技术研究》项目。该项目开展了水产品质量安全控制技术研究、无公害水产品标准化生产检测技术应用、养殖水环境微生态调控及中草药防病技术研究、基于 HACCP 的水产品质量安全预防控制体系在水产养殖中的引进及应用。建立示范区 5 个,分别是天津市大港区渔苇管理所 480 亩、天津市津南区海河湾水产养殖合作社 400 亩、天津市亿达水产养殖有限公司 400 亩、天津市宝坻区鱼种场 400 亩、天津市海发珍品实业发展有限公司 10000 平方米工厂化养殖车间。示范区生产的南美白对虾、鲤鱼、鲫鱼、草鱼、梭鱼、鲢鱼、鳙鱼、褐牙鲆、大菱鲆、石斑鱼等,总产量 150.75 万公斤。经农业部渔业环境及水产品质量监督检验测试中心(天津)抽样检测,质量全部合格。

2006~2007 年,天津市水产技术推广站承担《三疣梭子蟹标准化养殖技术示范》项目。该项目按照 NY5163~2002 无公害食品三疣梭子蟹养殖技术规范要求进行养殖生产，在塘沽累计实施面积 3250 亩，其中示范面积 800 亩，推广面积 2450 亩，累计实现产量 234.35 吨，产值 1139.47 万元。

2006~2009 年，天津市水产技术推广站承担《淡水水产品健康养殖技术研究与示范》项目，通过天津与北京合作的形式进行水产品质量安全控制技术研究，建立了水产品质量安全控制标准化生产技术体系和水产品质量安全监控体系及病害防治预报预警机制。完成营养性饲料添加剂、微生态制剂、中草药复方制剂等投入品的研究、应用，示范推广面积累计 20.83 万亩。

四、生态养殖技术与推广

2008~2011 年，天津市水产技术推广站承担《盐田生态养虾及环境控制技术示范推广》，对天津渤海盐田的生态环境进行了系统的调查与分析，针对盐田生态环境，构建了以南美白对虾为中心的生态养殖系统，提出充分利用盐田天然饵料的营养供应技术、生态防治为主的病害综合防治技术、控制盐田维管束植物为主的水质调控技术，实施推广面积 10 万亩，养殖虾平均亩产量 24.37 公斤，亩产值 750.24 元（其中虾 584.88 元，鱼 165.36 元），亩增产值 332.64 元；亩利润 568.24 元，亩增利润 298.28 元。

2010 年，天津市水产技术推广站研究并示范了天津地区稻田改造技术，总结出稻鳖等不同模式的稻田立体化生态种养技术。完成稻鳖等不同模式的生态养殖面积 11600 亩，综合总产量 718.01 万公斤，综合总产值 4094.08 万元，综合总效益 1954.68 万元。其中水稻总产量 655.4 万公斤，总效益 806.20 万元，亩产量 565 公斤，亩效益 695 元，亩增产 25 公斤，亩增效 55 元；各种水产品总产量 62.61 万公斤，总利润 1148.48 万元。

2010 年，天津市水产技术推广站承担《鱼虾菜生态循环养殖系统关键技术集成与示范》项目。该项目明确 3 种植物混作模式对改善水产养殖水质的作用；阐明鱼虾产量、水生蔬菜产量与水环境因子间关系。从 16 种植物中，筛选出 6 种适宜天津气候和渔池水质条件的浮床植物，设计出适宜不同条件养殖池塘用水生蔬菜浮床 2 种，其中“一种收纳式生态浮床”获得国家发明专利。两年实施面积 2809 亩，水产品养殖总量 230.52 万公斤，总产值 3268 万元，总利润 1523 万元；亩产量 821 公斤，亩产值 11635 元，亩利润 5420 元。

第三节　渔业科技成果

1990~2010 年，天津市水产系统共获得部市级科技成果奖 59 项。其中一等奖 4 项，二等奖 15 项，三等奖 40 项。

表 6-6-3-105 1990~2010 年天津市获部市级水产科技成果奖项目简表

项目名称		获奖名称	获奖时间	获奖单位	参加人员
1	三万亩池塘养鱼高产综合技术研究	天津市科技进步二等奖	1990	天津市水产局、天津市水产研究所、天津农学院、天津市水产技术推广站	吕祖哲、杨仲斌、朱福庆、于明霞、刘茂春、柳殿军、吾福荣
2	大规格鱼种高产养殖技术推广试验	天津市科技进步三等奖	1990	天津市水产技术推广站、天津市农委副食处、天津农学院、天津市水产研究所、汉沽区水产技术推广站、塘沽区水产技术推广站、西青区水产技术推广站	洪志如、刘茂春、吾福荣、宁书正、宋文平、张世刚、朱福庆、李俊平、王洪旺、马朋俊、刘国祥、赵开伦
3	降低成本的养虾综合技术示范工程	天津市星火科技二等奖	1991	天津市农委副食处、天津市水产技术推广站、天津农学院	吾福荣、宁书正、荣长宽、安福春、杨宇林、李红光、张勤、耿连营、刘维林、段汝煦、刘宝金、刘明清、于刚、张振奎、陈秀
4	万亩低产池塘和网箱养鱼综合技术开发	天津市科技进步(成果推广)二等奖	1991	天津市农委、天津市水产局、天津农学院、天津市水产技术推广站	吕祖哲、刘茂春、吾福荣、杨金江、王树印、樊振中
5	天津市中型水面对虾养殖配套技术研究	天津市科技进步(成果推广)二等奖	1991	天津市农委、天津农学院	荣长宽、宋绍奎、梁素秀、陈秀为、张起印、陈六林
6	天津市鱼禽结合生态养鱼技术开发	天津市星火科技二等奖	1992	天津市水产局、天津市农委、天津农学院、天津市水产技术推广站	吕祖哲、宁书正、刘茂春、吾福荣、杨仲斌、杨金江、邢克智、樊振中
7	天津市养殖对虾主要病害的防治研究	天津市科技进步三等奖	1992	天津市水产研究所	张勤、王云祥、冯守明、孙晓旺、何巍
8	鲫鱼大面积高产及混养技术开发	天津市星火科技二等奖	1993	天津市农委、天津市水产技术推广站、天津农学院	宁书正、吾福荣、刘茂春、王仕祜、邢克智、耿连营、董景川、霍仕俐、洪志和
9	河蟹精养配套技术的研究	天津市科技进步三等奖	1993	天津市宁河县科委、天津农学院	顾景龄、金诚心、柳殿钧、张云贵、刘祥云、贾光增、张宝泽
10	鲢鳙鱼暴发性流行病的防治技术研究	天津市科技进步三等奖	1994	天津农学院、天津市水产研究所	刘茂春、王玉佩、米瑞芙、王云祥、蔡中华、李秀梅、陶炳春

	项目名称	获奖名称	获奖时间	获奖单位	参加人员
11	天津沿海虾池赤潮综合防治技术研究及示范工程	天津市科技进步三等奖	1994	天津市水产局养殖处 天津市塘沽区水产局 天津市水产研究所	刘桂友、张勤、李洪光、段汝熙、冯守明、付志茹、刘安文
12	河蟹人工繁养综合技术工程	天津市星火科技三等奖	1994	天津市水产研究所等	马维林、钱红、何宗保等
13	长江原种鲢鱼的引进和养殖推广	天津市科技进步三等奖	1995	天津市水产技术推广站 天津市水产局养殖处 西青区水产技术推广站 塘沽区水产技术推广站 北辰区水产技术推广站 东丽区水产技术推广站 宝坻县水产技术推广站 津南区水产技术推广站	杨金江、赵嗣宾、刘金泉、董景川、沈晓红、缴建华、王化明、冷更生、傅贵深、张洪贵
14	天津市鱼蟹混养综合增产技术	农牧渔业丰收奖二等奖	1995	天津市水产技术推广站等	周希明、时建伟、吴士顺、王志庚等
15	十万亩名特优水产品增养殖技术推广	天津市科技进步二等奖	1995	天津市水产技术推广站 天津市水产局	杨金江、支宗伟、缴建华、刘金全、董景川、沈晓红、霍仕俐、金文生、孙龙仪、吴士顺、张洪选、刘国祥、时建伟、郑广友、王存荣
16	天津市十万亩河蟹增养殖技术推广	天津市科技进步二等奖	1995	天津市水产技术推广站、天津市水产局	时建伟、张勤、赵嗣宾、霍仕俐、刘国祥、张希才、潘秀义、王化明、李新丽、张毅、孙龙仪、杨殿臣、吴士顺、张德喜、王志庚
17	天津大银鱼的增殖、移植及人工繁殖技术研究	天津市科技进步二等奖	1995	天津市农委、天津农学院、天津市水产研究所	倪守明、荣长宽、王玉佩、张洪贵、岳丙宜、周瑞莲、杨祯
18	鲤鱼出血性腐败病的研究	天津市科技进步二等奖	1995	天津农学院	邢克智、蔡中华、刘茂春、陈成勋、郭永军
19	鲤鱼三倍体的诱导及应用的研究	天津市科技进步二等奖	1995	天津农学院	董仕、陶秉春、乔秀亭、刘茂春、谢宝华
20	天津市鱼蟹混养综合增产技术	全国农牧渔业丰收奖二等奖	1995	天津市水产技术推广站	周希明等

项目名称		获奖名称	获奖时间	获奖单位	参加人员
21	天津市对虾养殖水质检测及虾病防治技术	天津市科技进步三等奖	1995	天津市水产研究所	王云祥、张勤等
22	淡水养殖鱼类爆发性流行病防治技术研究	天津市科技进步三等奖	1995	天津市水产研究所	王云祥等
23	水产系列药物研究	天津市科技进步三等奖	1995	天津市水产研究所	王云祥、王玉佩等
24	鱼用促生长剂 FA-101 亚急性. 慢性实验及鱼体内蓄积情况的研究	天津市科技进步(科技成果)三等奖	1995	天津市水产研究所 天津市医药科学研究所	李立真、王鼎、程文英、肖立华、文哲、孙文敏、李宝华
25	中华鳖(甲鱼)集约化养殖技术的研究	天津市科技进步(科技成果)二等奖	1996	天津农学院、天津市西青区小南河养殖公司、天津市蓟县水产局	邢克智、蔡中华、乔秀亭、刘茂春、郭永军、马敬福
26	大水面网栏养鱼技术	全国农牧渔业丰收奖三等奖	1996	天津市水产技术推广站等	郑广友、包海岩、李新丽、钱红、何宗保等
27	蓟县于桥水库移植放流池沼公鱼	天津市星火科技三等奖	1996	蓟县水产局 天津市水产技术推广站	金文生、王存荣、贾有金、刘玉斌、赵春生、时建伟
28	杨家泊中国对虾全封闭养殖技术研究	天津市科技进步(科技成果)二等奖	1997	天津市汉沽区杨家泊镇人民政府	荣长宽、李桂杰、郑书本、刘堂风、陶广龙、杨宗东、郭海利、李连同、刘国祥
29	对虾病害综合防治技术	全国农牧渔业丰收奖一等奖	1998	天津市水产技术推广站等	张勤(负责人)、付志茹、张振奎、冯守明、林春友、臧莉
30	河蟹染色体、大鳄器官和控制幼蟹性腺早熟的研究	天津市科技进步(科技成果)三等奖	1998	天津农学院	顾景龄、张云贵、杜育哲、席玉芹、刘祥云
31	蓟县库区科技扶贫工程	天津市科技进步二等奖	1998	蓟县人民政府	孟庆田、刘素侠、李银、高布凤、纪金旺、胡春明、刘贺学、耿宗长、李春生、赵士海、李甜华、孔宪波
32	效益型水产养殖综合技术开发	天津市星火科技二等奖	1998	天津市东丽区畜牧水产局	刘景文、廉宗成、苏作龙、马树敏、信世花
33	池塘主养团头鲂高产技术推广	天津市科技进步三等奖	1998	天津市水产技术推广站	缴建华、郑广友、张宝存、何元利、苗建春、田金国、王洪旺、董学鹏、臧莉、董景广

项目名称		获奖名称	获奖时间	获奖单位	参加人员
34	天津市名特优水产品增养殖综合技术推广	天津市科技进步二等奖	1999	天津市水产技术推广站、天津市水产局养殖处、西青区水产技术推广站、津南区水产技术推广站、静海县水产技术推广站、塘沽区水产技术推广站、东丽区水产技术推广站	张勤、缴建华、王智毅、李连同、肖培弘、高树权、沈晓红、孙志景、廉宗成、赵仕海靳家栋、张力
35	淡水池塘 80:20 养鱼模式高产高效技术	全国农牧渔业丰收奖三等奖	2000	天津市水产技术推广站等	缴建华、包海岩等
36	水产育苗水处理技术研究	天津市科技进步三等奖	2000	天津市水产研究所、北京清华通力机电设备有限责任公司臭氧技术开发中心、天津市塘沽区水产局	朱福庆、孙广明、李宝华、李汉忠、孙晓旺
37	海水名优水产品温棚综合利用技术研究	天津市科技进步三等奖	2000	天津市塘沽区水产局	王振和、刘宗豹、刘桂友、袁金红、商木强
38	低洼盐碱地连片池塘高产养鱼技术	全国农牧渔业丰收奖二等奖	2001	天津市水产技术推广站等	缴建华、包海岩、张勤、郑广友、林春友、臧莉
39	渔用饲料有毒有害成份及控制的研究	天津市科技进步三等奖	2001	天津市水产研究所	王玉佩等
40	淡水鱼类健康养殖技术的研究	天津市科技进步三等奖	2001	天津农学院	蔡中华、邢克智、刘茂春、郭永军、何元利、宋学军
41	名优虾类品种引进及培育淡化养殖技术研究	天津市科技进步二等奖	2001	天津市水产技术推广站、天津市津南区水产技术推广站、天津市北辰区水产技术推广站 、天津市塘沽区水产技术推广站	张勤、张福芸、赵明、刘宗豹、张振奎、韩世华、刘保中、骆凤权
42	对虾健康养殖技术	全国农牧渔业丰收奖一等奖	2002	天津市水产技术推广站等	张勤、臧莉等
43	天津市淡水养殖开发新区综合配套技术推广	天津市科学技术进步奖二等奖	2002	天津市水产技术推广站、武清区水产技术推广站、静海县水产技术推广站、西青区水产技术推广站、宝坻县水产技术推广站	张勤、缴建华、张立民、东世民、刘维汉、张力、张福芸、赵仕海、孙志景、包海岩、樊丙新

	项目名称	获奖名称	获奖时间	获奖单位	参加人员
44	海水名特优水产品养殖技术推广	天津市科技进步奖二等奖	2003	天津市水产技术推广站、天津市塘沽区水产局、天津市汉沽区水产技术推广站、天津市大港区水产技术推广站	张勤、刘宗豹、张学彬、夏德庆、林春友、刘德永、武宝岭、袁金红、蔡琰、张景增、郭富节
45	观赏鱼新品种红白长尾鲫、蓝花长尾鲫培育	天津市科技进步三等奖	2003	天津市换新水产良种场	金万昆、朱振秀、王春英、赵宜双
46	在膜覆盖生态系统中南美白对虾优质高效养殖技术的研究	天津市科技进步三等奖	2003	天津市天祥水产有限责任公司	苗建春、苗建青、苗建发、苗建新、兰淑平、李崇文
47	优质河蟹筛选培育技术研究	天津市科技进步三等奖	2004	天津市水产研究所	孙金生、马维林、耿绪云、李相普、房恩军
48	淡水主养套养南美白对虾技术示范	天津市科技进步奖三等奖	2004	东丽区水产技术推广站	马树敏、邢贵铁、常洪敏、信世花、李秀梅
49	食用兼观赏黑色鲤鱼新品种－墨龙鲤	天津市科技进步三等奖	2004	天津市换新水产良种场	金万昆、赵松、付连省、王守霞、王春英、余永奇
50	农业专家系统（黄瓜、葡萄、猪、奶牛、对虾、河蟹）开发与应用	天津市科技进步奖一等奖	2005	天津市农科院信息研究所、天津市水产研究所、天津农学院、天津市畜牧兽医研究所、天津市林业果树研究所、天津科润农业科技股份有限公司黄瓜研究所、北京农业信息技术研究所	陆文龙、宋文平、李千军、张树林、田淑芬、张学炜、崔洪宇、宋治文、马享优、傅志茹、马墉、赵先健
51	淡水鱼类工厂化育苗技术研究	天津市科技进步（科技成果）二等奖	2005	天津农学院、天津市西青区精武水产良种场	邢克智、郭永军、蔡中华、陈成勋、陶秉春、马敬福、金万昆、张美婷
52	水产养殖专业实践教学改革	天津市教学成果二等奖	2005	天津农学院	乔秀亭等
53	南美白对虾淡水养殖技术推广	天津市科技进步奖二等奖	2006	天津市水产技术推广站、津南区水产技术推广站、西青区水产技术推广站、宁河县水产技术推广站、静海县水产技术推广站、汉沽区水产技术推广站	张勤、臧莉、张福芸、赵明、刘维汉、吴士顺、东世民、张学彬、马树敏、何重阳、董景广

项目名称		获奖名称	获奖时间	获奖单位	参加人员
54	天津市淡水养殖网络化专家系统	天津市科技进步奖二等奖	2006	天津农学院、中国农业大学	傅泽田、邢克智、李道亮、郭永军、田东、陈成勋、张小栓、蔡中华、赵士海
55	武昌鱼(团头鲂)健康养殖技术研究	天津市科技进步三等奖	2006	天津市天祥水产有限责任公司	苗建春、宋文平、苗建青、苗建生、苗建发、兰淑平、李崇文
56	硅肥在水产养殖中应用技术研究	天津市科技进步奖三等奖	2007	天津市东丽区农业技术推广中心、天津农学院	胡维芝、郭立、张国海、乔秀亭、朱国霞
57	淡水水产品健康养殖技术研究与示范	天津市科技进步奖二等奖	2008	天津市水产技术推广站、天津市水产研究所、天津农学院、天津科技大学、天津市武清区水产技术推广站	张勤、钟文慧、梁传辉、白东清、王硕、于建胜、管仲存、赵立明
58	生态设施渔业健康养殖技术开发	天津市科技进步奖三等奖	2009	天津市天祥水产有限责任公司、中国水产科学院淡水渔业研究中心	孙成渤、陈家长、苗建生、尤洋、李建国
59	南美白对虾产业升级集成技术示范推广	全国农牧渔业丰收奖一等奖	2010	天津市水产技术推广站等	张勤、包海岩、管仲存、于建胜、刘国祥等

第四节　水产养殖主要病害与防治

一、鱼虾养殖病害与防治

(一)对虾

1993年,天津市养殖对虾(主要为中国对虾)暴发病毒性疾病,危害比较严重的主要为白斑综合征,给天津市对虾养殖业造成了前所未有的冲击,造成了巨大的损失,6万余亩中国对虾养殖面积中发病面积占90%以上。对此,本市组织调动了相关技术力量开展了病原学、流行病学和防病技术研究,确定了该病病原为白斑综合征病毒。

天津市科技人员调查研究发现,汉沽区杨家泊渔民利用盐田高盐度海水兑淡水养殖中国对虾发病晚或不发病,对预防对虾白斑综合征具有明显效果。1994~1995年,科技人员不断总结杨家泊地区的养虾方式和经验,并在科学管理上加以指导,获得很好的效果,同时也总结出系统的防病技术措施。1996年,天津市水产技术推广站承担了农业部渔业局的全国农牧渔业丰收计划项目《对虾病害综合防治技术》。科技人员在杨家泊地区,将项目提出的高盐度海水兑淡水精养高产新模式进行规模化示范应用,收到很好效果。1996~1997年,推广面积6033亩,增总产量70.15万公斤,增总产值4138.83万元,增总效益1565.71万元。汉沽区被农业部评为全国经济技术指标及组织管理工作较好的7个示范区中的第一名。

(二)淡水鱼

1989年,天津地区暴发白鲢出血病并不断蔓延,到1991年几乎蔓延到全市所有的淡水鱼养殖品种。1991年,全市当年发病面积达6.77万亩,占淡水养殖总面积的20.5%,损失水产品产量2344吨,严重影响了天津市淡水养殖业的发展。天津市水产研究所和天津农学院的科技人员对该病流行规律及防治方法进行了系统研究,查明了暴发性鱼病的传播途径,提出了防治技术。研究认为水质恶劣是导致暴发性鱼病的主因。因此采用物理、化学及药物等方法降低水中的有机物质,改善水体环境。同时,提出了免疫预防、药物防治和生态控制等有效防治措施,有效地控制了暴发性鱼病。研究人员还发现饲料中有害物质棉酚也是引发该疾病的一个重要原因,提出了饲料中棉酚等物质的安全指标,并研制出转化棉酚的添加剂,提高了鱼用饲料的质量和养殖效果。

1995年,天津市水产研究所科技人员对天津地区鲤、鲫鱼类黏孢子虫病的病原学、流行病学与防治技术进行了系统研究。首次对鲤鱼、鲫鱼黏孢子虫病的组织病理及血液学指标进行了全面的研究与分析,提出了该病的诊断和治疗方法,并完成了"水产系列药物研究",筛选研制出抗鱼类黏孢子虫病的中西药复合制剂鱼服宁2号。经在天津地区规模化应用,鱼类黏孢子虫病治愈率达70%以上。

20世纪末,公众对环境及食品安全表现出前所未有的关注,要求水产品在生产过程中尽量少用或不用药物,实行无公害养殖,因此使用免疫制剂提高鱼体免疫力成为防治鱼类疾病的安全有效的关键技术。2006年,天津市水产研究所科技人员,以天津市科委计划项目"德国镜鲤抗病品系选育和养殖技术研究"为依托,针对养殖德国镜鲤黏孢子虫病、赤皮病等重大疾病开展了非特异性免疫复合制剂研究,提出了增强鱼体非特异性免疫力和抗应激能力的复合非特异性免疫制剂配方及其使用方法,生产应用规模5.5万亩,经济效益4120万元。2010年,该项目主要成果"用于养殖德国镜鲤非特异性免疫复合制剂及其使用方法"获得了国家发明专利(ZL10151064.1),成为天津市首个关于鱼类免疫制剂的专利成果。

(三)海水鱼

20世纪80年代,天津市海水鱼类养殖的品种仅有梭鱼,处于粗放粗养的水平,鱼病很少发生。随着海水工厂化养殖的快速发展,养殖密度增大和养殖品种增多和水环境的恶化,海水养殖病害呈多发趋势。高密度集约化海水养殖病害的特点是传染性强、易流行、易暴发,传播途径多种且复杂。天津地区工厂化养殖鱼类中发现的病毒病包括淋巴囊肿病等9种,细菌性疾病包括副溶血弧菌病等30余种,寄生虫病包括盾纤虫病等5种。海水养殖鱼类患病后可造成大量死亡,给工厂化养殖造成严重的经济损失。

2002~2004年,天津市水产养殖病害防治中心研究人员对工厂化养殖海水鱼类病害流行病学进行了病原学、组织病理和细胞病理学及防治技术的研究。研究结果表明,工厂化养殖中危害严重、流行性强的重大疾病主要有腹水症、出血症(红体病)、溃烂病、盾纤毛虫病和海水小瓜虫病。腹水症和出血症的持续发生,导致死亡率非常高,对工厂化渔业危害严重。腹水症的致病源并非单一病原菌所致,常与其他致病源混合感染,且与营养条件、生长环境的理化因子有关。

2005~2008年,天津市水产养殖病害防治中心科研人员开展了海水养殖鱼类主要疾病防治技术的研究,完成了市科委下达的"海水工厂化养殖鱼类主要病害综合控制技术研究与示范"项目,提出了海水养殖鱼类主要疾病综合防治技术,并在汉沽、塘沽、大港海水工厂化养殖密集区进行示范应用,有效地降低了海水鱼主要疾病的发病率,经济效益明显。

(四)观赏鱼

天津市是北方观赏鱼的集散地之一,养殖种类很多,品种较为丰富,养殖规模较大。工厂化高密度养殖带来经济效益的同时,观赏鱼病害也快速增多。其中危害大、损失重的暴发性流行病害也时有发生,给养殖业带来很大损失。

2007~2010年,天津市水产研究所和市水产技术推广站科技人员在对金鱼、锦鲤、血鹦鹉等热带观赏鱼等50多个养殖品种的流行病害进行了调查,结果表明,观赏鱼疾病病原以生物性病原为主,占90%,其他病原占10%。生物性病原引起的观赏鱼疾病包括病毒性疾病、细菌性疾病和寄生虫疾病。其中,病毒性疾病以锦鲤孢疹病毒病危害最大,死亡率可达50%以上,且无有效治疗方法,只能预防;细菌性疾病以烂鳃病、肠炎病、赤皮病发病率最高,以暴发性败血症死亡率最高,达100%;寄生虫性疾病以车轮虫、三代虫、指环虫发病率最高。细菌和寄生虫病如果发现及时,一般情况可以治愈。

二、水生动物防疫体系

1984年,天津市水产研究所在环保测试室中成立了鱼病组,1985年7月,改为鱼病研究室,1992年11月,组建天津市鱼虾病防治院。1994年11月,在鱼虾病防治院基础上组建了天津市水产养殖病害防治中心。这是集科研、开发、生产、经营、咨询服务为一体的经济实体,同时承担天津市水产养殖病害防治技术人员培训工作,对外开展病害防治服务。2007年11月,天津市水产养殖病害防治中心从市水产研究所剥离,成为独立开展水生动物防疫检疫机构,并取得天津市质量技术监督局资质认定的计量认证证书。

2000年，天津市在全市12个区县相继建立了防病工作站，并建立了40个乡镇级防病站。2008年，天津市水产研究所成立“水生生物病害防治技术研究室”，开展水产养殖病害防治技术的研究。到2010年，天津市水产养殖病害三级防病网络基本形成，包括：天津市水产养殖病害防治中心、天津市水产研究所水生生物病害防治技术研究室、天津市水产技术推广站病害防治科、天津农学院水产系养殖教研室、区县病害防治站及产业园区等。该防病网络共有技术人员108名。病害防治网络技术服务覆盖面积50万亩。

三、水产养殖动物检疫与病害测报

天津市水产养殖动物检疫与病情测报工作始于2000年，承担单位为天津市水产养殖病害防治中心。

水产养殖动物检疫包括入场检疫、机场口岸检疫和陆上流通领域检疫，由市水产养殖病害防治中心与各级渔政执法部门合作完成。检疫结果首先以检疫合格证或报告形式反馈给养殖户，为鱼病防治提供科学依据。并将上述情况向天津市水产局等行业主管部门汇报。到2010年，水产养殖动物检疫已经覆盖了天津市所有涉渔区县，每年抽样检疫养殖单位30余个、检验样品70余个批次、检疫面积约2.3万亩。

病害测报工作通过市水产养殖病害防治中心与设在区县和大型养殖企业的基层测报点合作完成。病害测报结果以月报方式报送农业部渔业局、全国水产技术推广总站等单位，发生重大疫情按规定及时上报天津市水产局等有关单位。2007年，本市开始开展水产养殖病害测报工作，采取周年报告和零报告制度，每月按时收集、整理测报数据，在将汇总结果定期上报农业部的同时，编辑撰写《天津市水产养殖病害监测月报》，每月5日前公开发布，定向投递。通过定期发布监测结果，提出下月病害流行趋势和防控措施，直接快速地为渔农和企业提供服务，为管理部门决策提供参考依据，收到了很好的效果。至2010年，天津市建立测报点53个，测报面积47余万亩，占天津市养殖面积的70%以上。其中：淡水池塘26.05万亩、海水池塘7.29万亩、水库13.375万亩、工厂化养殖车间30万平方米。参加测报人员71人，测报常规养殖品种15个，测报病害种类55种。

2007年，市水产养殖病害防治中心以检疫和测报结果为依据，定期发布水产养殖病害监测月报及年报，对全市水产养殖病害防治工作起到了积极指导作用。月报内容包括：病害种类、危害情况、病情分析、流行分布、下月预报和建议措施等。每年发布年报即“天津市水产养殖病害流行及分析报告”，内容包括：当年测报总面积、测报养殖品种、病害流行情况、病害发生特点、因病害造成的经济损失，详细分析主要病害种类及发生状况等。

2001~2010 年，天津市水产养殖动物病害发生具有以下特点：细菌病种类多，危害范围广，尤其是烂鳃病、肠炎病、细菌性败血病对鲤科鱼类危害较大；南美白对虾白斑综合征发病来势凶猛，病害控制难度大，造成的损失大，且有提早发病的趋势；对虾红体病、烂鳃病对南美白对虾的危害也较大。

表 6-6-4-106 2001~2010 年天津市发生的水产养殖病害类型与数量统计表

年份	寄生虫性疾病	真菌性疾病	细菌性疾病	病毒性疾病	有害藻类中毒症	营养性疾病	水质不良致病	不明原因致病	合计
2001	4	0	5	2	0	0	0	0	11
2002	5	0	9	2	1	0	4	2	23
2003	8	0	6	1	1	0	3	1	20
2004	9	2	20	2	2	0	2	2	39
2005	15	2	27	2	2	0	5	2	55
2006	11	1	19	1	2	2	6	3	45
2007	11	1	20	2	3	2	4	4	47
2008	13	1	16	2	3	2	3	2	42
2009	9	1	18	3	2	2	4	1	40
2010	15	1	15	2	1	1	3	1	39

表 6-6-4-107 2001~2010 年天津市发生的水产养殖病害种类与名称表

病害种类	病害名称	所占比例(%)
寄生虫性疾病	车轮虫病 三代虫病 绦虫病 锚头鳋病 指环虫病 隐鞭虫病 孢子虫病 小瓜虫病 鲺 纤毛虫病 盾纤毛虫病	27.7
真菌性疾病	水霉病	2.5
细菌性疾病	细菌性败血症 肠(胃)炎病 烂鳃病 赤皮病 竖鳞病 打印病 腹水病 腐皮病 烂尾病 溃疡病 白头白嘴病 烂鳍病 爱德华氏病 白皮病	42.9
病毒性疾病	淋巴囊肿病	5.3
营养性疾病	脂肪肝病 肝胆综合症	4.73
藻类中毒症	三毛金藻中毒症 甲藻病 蓝藻中毒症	2.5
水质不良引发的疾病	缺氧浮头 氨中毒症 亚硝酸中毒症	9.45
其他疾病	无	5

表 6-6-4-108 2001~2010 年全市主要水产病害造成经济损失情况表 单位:万元

年份	鱼类	虾类	蟹类	合计
2001	3180.58	3377.8	0.00	6558.38
2002	4147.2	4856.1	0.00	9003.3
2003	5314.3	2330.38	0.00	7644.68
2004	5686.3	63605.6	0.00	69291.9
2005	4038.6	7172.5	0.00	11211.1
2006	4531.8	7624.8	0.00	12156.6
2007	4002.5	4520.5	0.00	8523
2008	4061	1342	0.00	5403
2009	1123.1	4784.1	0.00	5907.2
2010	2395.58	13260.09	599.04	16254.71
合计	38480.96	112873.9	599.04	151953.9

2001~2010 年,市水产养殖病害防治中心连续对天津地区 30 余种水产养殖动物进行疫病监测,监测到 15 种水产养殖动物发病,包括:鱼类 13 种(鲢鱼、鳙鱼、草鱼、团头鲂、鲫鱼、鲤鱼、斑点叉尾鮰、锦鲤、金鱼、石斑鱼、半滑舌鳎、河豚、牙鲆);虾类 1 种(南美白对虾);蟹类 1 种(中华绒螯蟹)。监测到的病害种类 48 种,其中疫病 25 种。室外养殖池塘累计发病面积 222173 亩,月平均发病率 5.53%,月平均死亡率 0.21%;工厂化养殖累计发病面积 15227 平方米,月平均发病率 1.16%,月平均死亡率 0.038%;池塘养殖南美白对虾累计发病面积 86159 亩,月平均发病率 9.25%,月平均死亡率 2.812%;池塘养殖中华绒螯蟹累计发病面积 3000 亩,月平均发病率 6%,月平均死亡率 0.62%。

四、重大疫病的监测

(一)鲤春病毒血症

鲤春病毒血症(SVC)是鱼类急性传染病,为国际动物卫生组织规定必须申报的水生动物疾病,也是中国规定的二类动物传染病,可对鲤科鱼类的生存造成严重危害,直接影响水产养殖业发展。

2003 年 6 月, 国家检验检疫局对国内出口水产品企业年检时查出天津市换新水产良种场锦鲤鱼种携带 SVC 病原,良种场随即停止了各种鲤科鱼苗的销售,并对该场进行隔离,经对该场实施连续一年的监测,锦鲤鱼血清转为阴性。

2004 年,天津市水产养殖病害防治中心监测发现,天津市武清区崔黄口镇、杨村镇两地渔场均有疑似感染 SVC 的病例。2005 年开始,天津市成立鲤春病毒病专项(又称 AAA 专项)监测项目组，组织鲤春病毒病专项监测工作。针对本市区县无公害水产品养殖基地、出口基地、国家和市级良种场与苗种场、苗种集散地，设定3个鲤春病毒病监测区，16个监测点，监测水产养殖面积达20万亩。2010年，监测点由2005年16个增加至40个，食用鱼监控面积达到27.3万亩，观赏鱼监控面积0.23万亩。另外，对天津地区疑似发病池塘进行连续的调查监测，划分疫区、威胁区，提出池塘水域消毒、无害化处理技术和方法，研发有效防治药物，进行大面积预防和治疗，控制了该病的暴发流行和蔓延。每年向农业部和全国水产技术推广总站提供“天津市水生动物重大疫病监测报告”。

（二）对虾白斑综合征

1993年开始，天津地区养殖中国对虾暴发白斑综合征，给对虾养殖业造成了较为严重的损失。

自2007年开始，天津市开展了对虾白斑综合征（WSS）专项监测工作。采取天津市水产局、市水产养殖病害防治中心与区县推广站相结合的运行模式开展工作。主要工作内容包括样品采集、样品检测、检测结果反馈以及阳性结果处理等。

根据对虾白斑综合征流行情况与特点，天津地区对虾白斑综合征春季苗种繁育与苗种投放阶段监测时间为4~5月，夏秋季成虾养殖阶段监测时间为6~8月，对天津市对虾养殖聚集区进行WSS的监测。同时，对发病池塘或监测阳性池塘进行连续的调查监测，划分疫区、威胁区，运用池塘水域消毒、无害化处理技术和方法，研发有效防治药物，进行大面积预防和治疗，控制了该病的暴发流行和蔓延。

第七章　渔业二三产业

第一节　休闲渔业

天津市休闲渔业是随着城乡居民生活水平不断提高而发展起来的新兴产业，主要包括垂钓业、观赏渔业及渤海近岸旅游观光业。

一、垂钓业

2000 年，天津 58 万亩养殖生产水面中有 1.75 万亩开展了垂钓业务，兼作垂钓的养殖场 300 多处，每年接待数十万人次，年垂钓收入达 2000 多万元。

2002 年，宁河县开始在七里海周边建设河蟹垂钓园，2005 年垂钓面积达 500 亩，年收入达 150 万元。

2005 年，东丽区开发“千亩休闲垂钓园项目”，建设垂钓园 15 处，规模 1154 亩；精钓园 7 处，规模 202 亩；普通垂钓园 7 处，规模 932 亩；垂钓宫 1 处，规模 3000 平方米。此外，还配套建立了休闲餐饮、娱乐活动室 600 平方米。该项目总计投入资金近 500 万元。全年各垂钓园共接待 54000 多人次，钓鱼量 42 万公斤，效益 231 万元，平均每亩 2001 元。其中精钓园接待 33200 多人次，钓鱼量 19 万公斤，效益 115 万元，平均每亩 9426 元。

小站镇圣岛休闲度假中心与北闸口“金色年华”垂钓中心是津南区休闲渔业建设标准较高，总体规划布局、生态环境建设及功能配备较为合理的休闲渔业娱乐场所，共占地 410 亩，重点突出了垂钓、餐饮、休闲娱乐等服务功能。“金色年华”垂钓中心 2005 年 3 月份开始营业，全年垂钓营业收入 100 万元，亩效益 16 万元。

到 2010 年，全市休闲垂钓场所近千处，可供垂钓池塘面积达到 4130 公顷，年接待游客 100 万人次以上。其中，较大规模的垂钓园 84 个，垂钓大棚 1870.5 亩，每年接待垂钓者 9.8 万人次，年垂钓收入 1100 万元。蓟县的于桥水库、东丽区的东丽湖度假村、市区的水上公园等 13 处，垂钓面积 7 千亩，每年接待人数 5 万人次，年垂钓收入 631 万元。

二、海上一日游

1998 年，天津市塘沽区红星渔业公司在北塘渔港利用渔船接待游客，从事海上一日游活动，这是天津市最早开展海上一日游活动的企业。该企业投入渔船 22 艘，均是十几、二十几马力的小船，年接待游客 3 万多人。到 2010 年全市发展到 59 艘。其中：塘沽 49 艘、汉沽 10 艘，均是最小 60 马力、最大达 150 马力的渔船，每年接待游客近 10万人次。2008 年，天津市诺恩水产技术发展有限公司在塘沽区的驴驹河利用沿海滩涂发展赶海拾贝等旅游项目，很受游客欢迎，每年接待游客近 10 万人次。

2004 年 4 月，总投资 6000 万元的天津市自然博物馆“海洋世界”正式对外开放。该博物馆是以展示海洋鱼类为主，集科普教育、观赏娱乐为一体的现代化水族馆，展示面积 3000 余平方米，每年接待人数达十万人次。

三、观赏渔业

1999年,天津市津南区小站镇建立了七星水产有限公司。该公司投资400万元开发地热资源养殖观赏鱼,水面规模有4000平方米,养殖品种10多个,年效益400万元。2003年该区八里台镇投资600万元,组建占地10亩的天津市龙泉热带观赏鱼养殖中心,利用津南国家农业科技园区地热水资源发展热带观赏鱼养殖。养殖场所面积6000平方米,养殖品种有银龙、长嘴鳄等20多个品种,年效益400万元,养殖产品远销美国、荷兰等国家。2010年,全市观赏鱼养殖年产量5亿尾,产值1.4亿元,增加值达到6937万元。

四、花鸟鱼虫市场

天津市有大小不等的花鸟鱼虫市场20余家,2010年交易量近5亿尾。其中东丽花鸟鱼虫市场、中环花鸟鱼虫市场和曹庄花鸟鱼虫市场规模较大。

(一)东丽花鸟鱼虫市场

天津市东丽花鸟鱼虫市场建成于2006年,坐落于东丽区先锋路65号的东丽区商业中心地带,占地面积9.05公顷,室内经营面积6000多平方米,露天经营面积10000多平方米,市场面向全国20多个省市自治区,主要经营各类观赏鱼、宠物、花卉等。

(二)中环花鸟鱼虫市场

天津中环花鸟鱼虫市场建成于2001年,地处河北、红桥、北辰三区交界的普济河立交桥旁,占地50000多平方米,是北方最大的观赏鱼批发市场。2010年交易额达5亿元。该市场积极开展观赏鱼经营,并与美国、欧洲等观赏鱼、宠物采购商达成了常年出口的合作协议。

(三)天津曹庄花鸟鱼虫市场

天津市曹庄花鸟鱼虫市场坐落在天津市外环线,有30000平方米花鸟鱼虫经营大厅,年交易量达2000万尾。该市场辐射华北、东北、西北地区,成为天津市花鸟鱼虫市场的重要源头和华北地区超大型的中转集散地。

第二节　水产品冷藏与加工

一、水产品冷藏

1991年,天津市拥有水产冷库35座,冷藏容量779万吨/日。其中冷冻水产品20078吨。随着运输业和保鲜、保活技术的快速发展,冷冻水产品量逐年下降,至1997年,全市冷藏总量降至460万吨/日。其中冷冻水产品6019吨。此后,冷冻水产品总量继续呈下降趋势。2000年,全市拥有水产冷库29座,冷冻水产品2332吨;2005年拥有水产冷库24座,冷冻水产品1771吨;2010年拥有水产冷库20座,冷冻水产品1065吨。

二、水产品加工

天津市水产品加工是从海产品做起的。1987年,市水产局所属的天津市水产供销有限公司开展中日合作进行海产品的来料加工,最高时年加工出口鳕鱼制成品2万余吨。1991年,全市有水产加工企业28家,年加工能力73100吨,水产品加工总量27107吨。1995年全市水产品加工总量34927吨。2000年,全市水产加工企业26个,年加工能力81050吨,水产品加工总量12827吨。2000年以后,受进口原料鱼资源衰减的影响,大宗进口鳕鱼的来料加工停产,天津的水产加工业处于低水平徘徊阶段,年水产品加工总量1500~2000吨,多数年份海产品加工占95%以上,主要是进口来料加工。2005年,全市水产加工企业12个,年加工能力92909吨,水产品加工总量2130吨。2009年开始,天津淡水产品加工开始起步,一些区县因地制宜地开发、利用本区县淡水养殖水产品资源,开展淡水养殖水产品的加工。武清区长城万达罐头有限公司和东丽区宽达生产食品有限公司等企业,相继开发了淡水鲶鱼罐头、鱼丸、淡水鱼软包装休闲食品等。2010年,全市水产加工企业仅有5个,占全国水产品加工企业总数的0.06%,年加工能力1965吨,水产品加工总量1506吨,占全国水产品加工总量的0.01%。其中淡水水产品年加工产量616吨,占全市水产品加工量的41%。

表6-7-2-109 1991-2010年天津市水产品加工和水产冷库情况表

项目 年份	水产品加工企业			水产冷库	
	个	水产品加工能力(吨/年)	水产加工品总量(吨)	座	冷冻水产品(吨)
1991	28	73100	27107	35	20078
1992	28	73100	26848	35	19765
1993	28	73100	26249	35	19203
1994	28	73100	34927	35	28037
1995	28	73100	34927	35	28037
1996	27	79950	32710	34	29125
1997	27	70350	16483	30	6019
1998	29	76420	14632	32	4082
1999	31	81400	12293	35	1652
2000	26	81050	12827	29	2332
2001	22	147955	10259	26	1247
2002	23	91249	8310	28	1537

年份＼项目	水产品加工企业			水产冷库	
	个	水产品加工能力(吨/年)	水产加工品总量(吨)	座	冷冻水产品(吨)
2003	13	86309	7034	21	1515
2004	12	92909	5049	21	1872
2005	12	92909	2130	24	1771
2006	11	91909	1587	20	1357
2007	14	92409	1915	21	1683
2008	14	85151	1588	20	1530
2009	5	1965	1503	17	1065
2010	5	1965	1506	20	1065

第三节　水产品交易市场

天津市各大型农产品批发交易市场内，都设有鲜活水产品批发交易业务。2010 年，水产品交易量达 40 万吨，交易额近 40 亿元。

鲜活水产品交易市场。本市交易量比较大的鲜活水产品交易市场有位于南开区迎水道延长线的王顶堤水产品批发市场和位于西青区张家窝镇的金鑫源鲜活水产批发中心。王顶堤水产品批发市场建于 1991 年，市场分蟹类、虾类、贝类交易区，有商户 200 余家，交易罩棚 3 万平方米，并附有冷库、恒温库等配套设施，引进了先进的管理系统和电子结算系统，极大地便利了水产品交易的进行，日批发交易量达 50 万公斤。

冻品批发交易市场。2010 年以前主要集中在天津陈塘庄冷库，2010 年以后陈塘庄冷库拆迁，之后，主要集中在津南区金福临冷冻品批发交易市场、天津鑫汇洋冷冻品批发市场。

第七篇

农村水利

进入20世纪90年代，天津市大力实施农村水利工程建设，逐年加大农田水利建设投入，重点实施骨干河道清淤整治、田间渠系配套，农业节水、农村供水工程，国有扬水站改造、病险水库加固和农村人畜饮水解困工程等。深化水利产权制度和水价改革，推动农村水利建设管理向更高水平发展。2006年，按照建设社会主义新农村要求，实施防洪除涝，农村安全供水，农业节水，农田基础设施建设，农村水环境治理，非常规水利用等六项农村水利重点工程，完成外环线以外（以下简称环外）29条河道水环境综合治理，使农村水环境得到极大改善。

截至2010年，全市完成平整土地407.61千公顷，连片治理212.67千公顷，改造中低产田257.2千公顷。全市建成万亩以上灌区65个；中小型蓄水工程蓄水能力达60899.19万立方米；更新改造国有扬水站64座，加固病险水库35座，疏浚加固中小河道55条（段），长度328.3公里；冬春农田水利基本建设累计清淤整治干支渠23042.2公里；新打机井17198眼、维修12630眼；新建维修各类配套建筑物22935座，完成宝坻、武清433座农用桥闸涵洞维修改造任务；新增节水灌溉面积143.06千公顷，使全市节水灌溉面积达到262.56千公顷，占有效灌溉面积76.2%；治理山区水土流失面积46.43千公顷（其中，冬春农田水利基本建设治理36.3千公顷）。农村水利建设和管理水平得到全面提升，农村抗灾减灾能力进一步增强，为加快推进新农村建设，促进天津经济社会又好又快发展提供了基础保障。

第一章　农村水利工程建设

1990年，天津市已初步建立起农村水利灌排体系，为农业生产提供排水供水保障。同时，随着农村经济的发展，开始实施山区人畜饮水工程和人畜饮水解困工程、农村饮水安全工程等，实现了由传统的农田水利向农村水利的转变，农村水利建设走上全面深入的发展道路。

第一节　农村人畜饮水工程

一、蓟县山区人畜饮水工程

1991~1993年，天津连续3年干旱少雨，加之山区人畜饮水设施较少，村民用水需要翻山越岭去几公里外的地方找水，蓟县山区人畜饮水告急。

1993年5月,市农委、市财政局、市水利局根据蓟县水利局编制的《山区人畜饮水规划设计报告》,向市政府上报《关于蓟县山区人畜饮水规划设计(代号G399G工程)实施意见的报告》。报告提出实施蓟县山区人畜饮水困难的解困工程,工程实施时间为1994~1996年底。工程总投资1408.34万元,其中市投资600万元,其余808.34万元由蓟县自筹解决。1993年10月市政府批复工程实施意见。

施工形式为:通过在地下水丰富的地区打井,开辟饮用水源;通过铺设铁管道、塑料管道、安装机泵、增设变压器、架设输电线路等措施向山区村庄输送饮用水源;通过建设水窖等贮水设施,增强山区村庄饮用水源蓄水能力;通过建屋顶接水工程,积蓄雨水。

至1996年底,累计建成各类机井52眼。其中深井27眼 ,中井13眼,大口井12眼。安装机泵72台套,变压器45台套,架高压线17.96公里,低压线5.15公里。新建水塔25座,水池86座,水窖75座,铺设铁管道67.62公里,塑料管道161.58公里。建屋顶接水工程41处。饮水工程的建成,解决了蓟县山丘区22个乡镇99个村、17216户、61759人、11330头牲畜的饮水困难。其中51个村实现自来水入户,使9533户、33990人用上自来水。

二、人畜饮水解困工程

天津市自1997年连续遭受严重干旱,致使全市农村出现大范围的人畜饮水困难。2001年,全市221个乡镇中有207个乡镇2735个行政村,263万人出现不同程度人畜饮水困难。其中蓟县、宝坻、武清3个县区使用压把井的1122个村,出现人畜饮水困难的有947个村。面对全市农村大范围发生人畜饮水困难的情况,市委市政府于2001年5月提出"要着眼长远,统筹规划,分步实施,力争经过两三年的努力,使全市农村在干旱之年不再出现农民饮水困难问题"的要求。2001年6月,市水利局按照市委、市政府的要求,编制出全市农村饮水解困工程实施方案,2001年10月市政府批准转发。农村饮水解困工程自2002年初启动实施。

为尽快把饮水解困工程落到实处,市、区县、乡镇三级政府都成立了农村饮水解困领导小组,层层签订责任书,将饮水解困工作纳入各级政府目标考核内容。市发改委、市农委、市财政局、市水利局组成市级解决农村饮水困难工作领导小组,市水利局成立了农村饮水解困工作办公室,全面负责饮水解困工程建设的管理工作。各区县实行行政首长负责制,成立了由区县政府主要负责人挂帅的工程领导小组,各乡镇也都成立相应的领导机构。工程建设资金通过争取中央财政补助、市级列专项资金和区县自筹的办法来解决。乡镇、村自筹资金采取村民集资、对口支援、企业赞助、实行贷款、个人出资等多种形式做好资金的落实。为规范天津市饮水解困工程资金管理,市水利局和各区县均设立专用帐户,实行专项资金专户管理,专项核算。在资金使用上坚持乡镇村自筹资金先到位,然后区县财政补助资金到位,市级财政补助资金再到位的原则。市、区县审计部门组织对工程建设资金跟踪审计，做到工程款专款专用。在工程建设质量上，按照《天津市农村饮水解困工程实施细则》和《天津市解决农村饮水困难工程项目竣工验收内容和评分标准》，严格把好施工队伍、设备材料、质量监督、工程验收“四个关口”，确保工程质量。

在实施人畜饮水解困工程的同时，东丽区根据本地区地下水氟含量超标的问题，2003 年，投资 883.45 万元，完成新建除氟水站（点）48 处，覆盖全区 80 个自然村，使 15 万余人喝上达标水，保障了村民的身体健康。

至 2004 年，全市投资 33318.75 万元，其中中央投资 3600 万元，地方投资 29718.75 万元。修建人畜饮水工程 12580 处。新打、更新机井 2050 眼，维修机井 190 眼，更新水泵 155 台，修建新井配电工程 867 处，新建小水窖 10184 座，铺设山区输水铁管道 13.73 万米，建集中供水工程 30 处。解决了 2613 个村和小区 271.27 万人、18.14 万头牲畜的饮水困难。

表 7-1-1-110　2002~2004 年天津市农村人畜饮水解困工程完成情况表

年份	解决农村饮水困难人口(万人)	完成主要工程建设内容								完成投资(万元)					
		新打更新机井(眼)	维修机井(眼)	更新水泵(台)	新井配电(处)	新建小水窖(座)	输水铁管道(万米)	输水塑料管道(万米)	供水工程(处)	合计	中央	地方小计	市财政	县财政	乡镇、村自筹
2002	129	1030	52	39	409	5187	5.5	31.7	13	17553.85	2100	15453.85	4660	5396.93	5396.92
2003	102.35	740	80	59	328	4997	5.43		1	12034.51	1254	10780.51	2660	3840.31	4280.2
2004	102.35	280	58	57	130		2.8		16	3730.39	246	3484.39	1030	1070.14	1384.25
合计	271.27	2050	190	155	867	10184	13.73	31.7	30	33318.75	3600	29718.75	8350	10307.38	11061.37

三、农村饮水安全及管网入户改造

20 世纪 80 年代，天津农村居民以饮用地下水为主，地下水含氟比较高对居民身体健康造成不良影响。2006 年，天津市认真贯彻国家 5 部委《关于做好农村饮水安全工作的通知》精神，全面实施管网入户改造工程。

（一）农村饮水安全现状

20 世纪 90 年代，虽然天津市农村饮用高氟水情况得到改善，但仍存在着饮水不安全的情况，饮水安全存在问题共涉及四郊五县三个滨海区的 3098 个村，320.33 万人，饮水现状：

农村管网未入户，村民用水不便。主要在蓟县、宝坻有 74.3 万人。

供水管网老化失修，跑冒滴漏，供水压力不足，管网末端水量不足等。涉及 95.78 万人，全市各区县均有分布。

饮用水质不达标，涉及 5.99 万人（饮用水氟含量大于 1.2 毫克/升，溶解性总固体含量大于 1.5 克/升），分布在东丽、西青、北辰、津南、塘沽、大港、汉沽等 7 个区。

饮用水质不达标和管网未入户同时存在，涉及 10.33 万人，分布在蓟县和宝坻。

饮用水质不达标和管网老化失修同时存在，涉及 133.93 万人，分布在全市 12 个涉农区县。

（二）饮水改造工程

2006 年 11 月 19 日，市政府批复了市水利局编制的《天津市农村饮水安全及管网入户改造工程规划方案》。明确工程的实施标准："使农村居民可持续地获得安全饮用水，其饮水水质达到国家农村居民饮用水卫生标准"。工程任务："到 2010 年末，将全面解决本市有农业的 12 个区县、320.33 万农村居民饮用水水质不达标、农村供水管网未入户或老化失修问题，农村自来水管网入户率达到 100%"。

为便于对饮水安全工程的组织和管理，成立了市、区县两级农村饮水安全领导小组，分管副市长任市级领导小组组长，市发改委、市农委、市财政局、市水利局、市卫生局等部门主要负责人为领导小组成员，统一领导全市农村饮水安全及管网入户改造工作。市水利局成立农村饮水安全工程建设管理办公室，具体负责全市工程实施的日常管理工作。农村饮水安全及管网入户改造工程实行区县行政领导负责制，区县政府主要负责人为责任人，对此项工作负总责。成立区县级农村饮水安全工作领导小组，区县水务（水利）局作为工程项目建设单位，负责工程具体实施。

为确保工程资金足额到位，天津市各级政府多渠道筹措工程建设资金，确保资金足额到位。在资金使用中，严格按照资金管理使用的有关规定，专设帐户，专款专用，专人管理，同时制定和强化财务监督检查制度，保证资金使用安全。

为规范工程建设管理，2006 年 12 月，市水利局制订了《天津市农村饮水安全工程项目建设管理实施细则》，2007 年 3 月，出台了《天津市农村饮水安全及管网入户改造工程建设的实施意见》和《天津市农村饮水安全及管网入户改造工程有关建设要求》等政策措施，指导各区县工程实施；在工程实施中，因地制宜，合理确定工程布局和建设模式。主要做法为：

在饮用水氟含量超标、苦咸水地区，采用反渗透膜等技术，建设除氟（降盐）供水站，对居民饮用水进行除氟（降盐）处理，居民饮用水和其它生活用水实现分质供水，向居民提供符合饮用水标准的桶装水。并对已有管网的地区实施管网改造，确保管网入户。

在供水企业自来水管网能够辐射或能够利用地表水的地区，进行管网改造。由供水企业自来水替换水源或新建以地表水为水源的自来水厂，实现城乡供水一体化，达到安全标准。

在水文地质条件允许的地区打低氟井，并实施管网新建或改造，达到安全标准。

在山区通过建设高位水池，铺设输水管道，建设单户及联户水窖，实现饮水入户。

天津市在工程建设中全面实行规划建卡、项目公示、主要材料设备招投标、资金专户管理、巡回监理、落实责任制和水价机制等六项制度，加强质量管理，打造阳光透明的精品工程。

2008 年 5 月，市水利局下发了《关于天津市农村饮水安全及管网入户改造工程水质检测工作有关事宜的通知》。要求各区县水务部门协调卫生部门，对供水水质定期或不定期的进行水质监测与检测，及时掌握水质状况。在规模较大的集中供水厂设置水质化验室，承担水质日常检测，以保证农村饮水安全工程水质达标。

2006 年至 2010 年，累计完成投资 15.18 亿元，铺设管道 4.17 万公里，修建厂房及管理用房 9.19 万平方米，解决了 350.72 万人饮水不安全及管网入户改造问题。

饮水改造工程的实施，提高了农村居民的生产生活用水保障水平。通过除氟（降盐）工程，将饮用水与生活杂项用水分开，农村居民喝上符合饮用水标准的清洁、卫生的安全水、放心水，农村饮水条件得到改善，提高了农村居民的健康水平。实现自来水入户，保证了供水水量，由限时供水提高到昼夜供水，同时也减少了电力、燃油、人力等资源的消耗。工程实行装表计量，有偿供水，改变农村用水观念，提高居民节水意识，据测算，工程每年可节约水近 1400 万立方米。

表 7-1-1-111　2006~2010 年天津市农村饮水安全及管网入户改造工程完成情况表

年份	村数	人口（万人）	投资（万元）	除氟设备（套）	灌装设备（套）	消毒设备（套）	恒压变频设备(套)	厂房及管理房（平方米）	蓄水池（座）	供水管道（公里）	饮水机（台）	低氟井（眼）	水窖（座）
2006	612	73.65	15498.41	248	243	4	122	26933.72	69	2723.29	73820	5	0
2007	669	74.19	28966.16	41	39	2	367	16804.26	80	8220.67	32121	7	60
2008	795	83.76	35307.36	2	2	124	371	16231.3	85	8469.91	91712	9	0
2009	1118	94.11	55280.61	7	1	521	806	24737	127	17353.7	76896	10	0
2010	296	25.01	16772.09			83	200	7211	41	4977.29		22	
小计	3490	350.72	151824.63	298	285	734	1866	91917.28	402	41744.86	274549	53	60

第二节 灌区建设

至20世纪90年代初,天津市的灌区建设已初具规模。之后,灌区建设主要是围绕加强渠系沟通疏浚、完善建筑物配套,提高灌区排灌水平。1998年,国家安排专项资金用于里自沽灌区黄庄万亩节水工程建设,2000年,里自沽灌区列入国家大型灌区续建配套和节水改造工程建设计划,天津市及时调整灌区建设思路,以国家重点支持的里自沽灌区续建配套和节水改造为契机,推动全市灌区建设。主要措施:①继续加大投入,农田水利专项资金的50%用于灌区水利设施的巩固和完善配套,提高已有灌区功能,使原有灌区效益得到进一步提高。②闸、涵、泵站,干、支渠配套工程、节水工程等工程项目,优先安排在灌区建设。③大力开展节水工程建设,使全市大多数灌区内工程节水面积达50~90%以上,提高灌水效率,扩大灌溉面积。

至2010年,天津市建成万亩以上灌区65个,其中20千公顷以上的大型灌区1个,有效灌溉面积203.99千公顷,工程节水灌溉面积129.41千公顷,占有效灌溉面积63%。

表7-1-2-112 2010年天津市灌区建设情况统计表 单位:千公顷

序号	所在区县	灌区名称	水源名称	设计灌区面积	有效灌溉面积	节水灌溉面积	占有效灌溉面积%
1	汉沽区	杨家泊灌区	蓟运河	1.36	1.36	0.76	55.9
2	大港区	河西一灌区	独流减河	1.32	1.32	1.27	96.2
3	大港区	河西二灌区	独流减河	1.10	1.10	1.06	96
4	津南区	津南水库灌区	津南水库	2.53	2.43	1.75	72
5	津南区	马厂减河灌区	马厂减河	2.3	2.27	1.01	44
6	津南区	双桥河灌区	双桥河	1.07	1.01	0.51	50
7	津南区	月牙河北闸口灌区	月牙河	1.6	1.53	0.88	58
8	北辰区	卫河灌区	卫河	1.87	1.20	0.67	56
9	北辰区	永青渠灌区	永青渠	3.13	2.13	1.53	72
10	北辰区	宜兴埠灌区	丰产河	0.67	0.33	0.33	100
11	北辰区	丰产河灌区	丰产河	2.13	1.87	1.60	86
12	北辰区	芦新河灌区	丰产河	2.27	2.13	1.87	88
13	北辰区	郎园引河灌区	郎园引河	5.53	5.27	3.53	67
14	北辰区	北运河灌区	北运河	1.80	1.60	1.20	75
15	武清区	豆张庄灌区	龙河	3.72	3.33	0.67	20
16	武清区	上马台水库灌区	龙凤河	7.67	7.40	3.39	46
17	武清区	大孟庄灌区	龙凤河	2.92	2.72	1.80	66
18	武清区	西柳店灌区	龙河	1.08	0.98	0.49	50

序号	所在区县	灌区名称	水源名称	设计灌区面积	有效灌溉面积	节水灌溉面积	占有效灌溉面积%
19	武清区	杨村灌区	北运河	6.43	6.27	1.38	22
20	武清区	城关灌区	龙河	11.58	10.54	3.72	35
21	武清区	港北灌区	北运河	12.04	10.71	5.78	54
22	武清区	路南灌区	永定河	12.71	11.01	3.37	31
23	宝坻区	里自沽灌区	潮白新河	27.80	27.80	12.89	46
24	宝坻区	潮南灌区	潮白新河	10.21	10.05	6.82	68
25	宝坻区	大中灌区	箭杆河	7.21	7.13	4.13	58
26	宝坻区	中心灌区	青龙湾	0.82	0.75	1.58	211
27	宝坻区	王卜庄灌区	窝头河	1.68	1.57	1.01	64
28	宝坻区	新安镇灌区	李家口排干	2.15	2.05	1.18	58
29	宁河县	小辛灌区	蓟运河	2.33	2.20	0.27	12
30	宁河县	林庄灌区	蓟运河	0.78	0.73	0.19	26
31	宁河县	廉庄灌区	蓟运河	0.85	0.80	0.19	24
32	宁河县	杨花灌区	蓟运河	1.47	1.40	1.17	84
33	宁河县	苗庄灌区	蓟运河	1.29	1.22	1.17	96
34	宁河县	潘庄灌区	青龙湾	2.33	2.17	0.97	45
35	宁河县	潘庄西灌区	北京排污河	1.51	1.48	1.03	70
36	宁河县	造甲灌区	津塘运河	0.95	0.90	0.87	97
37	宁河县	大王台灌区	津塘运河	0.77	0.73	0.67	92
38	宁河县	八里灌区	西官引河	0.79	0.73	0.07	9.6
39	宁河县	小芦灌区	西官引河	0.71	0.67		
40	宁河县	马辛灌区	西官引河	0.72	0.67		
41	宁河县	东白灌区	潮白新河	0.78	0.73	0.42	58
42	宁河县	高庄灌区	西官引河	0.78	0.73	0.40	55
43	宁河县	乐善灌区	潮白河	1.56	1.47	0.65	44
44	宁河县	南涧灌区	潮白河	0.84	0.80	0.33	41
45	宁河县	大北灌区	潮白河	0.93	0.93	0.51	55
46	宁河县	北淮淀灌区	潮白河	1.34	1.27	0.59	46
47	静海县	子牙灌区	子牙河	2.64	2.40	2.39	99.6
48	静海县	陈官屯灌区	前进渠	5.13	4.59	4.49	98
49	静海县	中旺灌区	幸福河	5.05	4.72	4.61	98
50	静海县	大邱庄灌区	青年渠	1.13	1.13	1.09	96
51	静海县	蔡公庄灌区	秃尾巴河	3.73	3.21	3.08	96
52	静海县	梁头灌区	黑龙港河	5.14	4.89	4.77	98

序号	所在区县	灌区名称	水源名称	设计灌区面积	有效灌溉面积	节水灌溉面积	占有效灌溉面积%
53	静海县	团泊灌区	七排河	2.41	2.41	2.31	96
54	静海县	双塘灌区	争光渠	1.74	1.67	1.6	96
55	静海县	大丰堆灌区	迎丰渠	1.69	1.59	1.63	103
56	静海县	沿庄灌区	王口排干	5.62	5.27	5.04	96
57	静海县	西翟庄灌区	生产河	3.45	3.41	3.27	96
58	静海县	良王庄灌区	运东排干	2.27	2.09	0.96	46
59	静海县	杨成庄灌区	六排干	1.78	1.68	1.61	96
60	静海县	静海镇灌区	城关排干	2.49	2.40	2.39	99.6
61	静海县	唐官屯灌区	马厂减河	4.68	4.33	4.24	98
62	静海县	独流镇灌区	南运河	3.46	3.15	3.11	99
63	静海县	王口镇灌区	郑茁排干	4.08	3.70	3.64	98
64	静海县	台头镇灌区	大清河	3.09	2.86	2.83	99
65	蓟县	红旗灌区	泃河	1.07	1.00	0.67	67
	合计			218.08	203.99	129.41	63

里自沽灌区于1970年建成。该灌区位于天津市东北部宝坻区潮白新河和引青入潮两岸，由里自沽南北、两洼、尔王庄洼和黄庄洼四个大洼组成，涉及11个乡镇，216个行政村，13.4万人。土地总面积560平方公里，总耕地面积31.2千公顷，有效灌溉面积27.8千公顷，耕地面积占全区耕地面积的40%，灌区土地资源比较丰富，土壤肥沃，是天津市大型地表水灌区和主要粮食、经济作物产区之一。灌区主要依靠潮白河来水，供灌区灌溉。因经由灌区的潮白河段缺少节制水源的设施，水源无法调节，导致灌区内50%耕地用水没有保证。为使灌区内耕地长期有水可用，1978年，在潮白新河下游建里自沽蓄水闸，拦蓄能力近1亿立方米，加上深渠河网坑塘蓄水，灌区水源有了保障。灌区经过多年运行后，由于工程老化失修，渠道淤积，灌排系统布局不合理，渠系建筑物不配套，灌溉制度不健全，节水工程少（只有2%耕地有节水工程），浪费水严重等问题，严重制约了灌区农业结构调整和农业经济的发展。

里自沽灌区改造。1998年10月12日，天津市在里自沽灌区实施黄庄万亩节水工程。2000年初，遵照国家发改委、水利部关于对大型灌区实施续建配套与节水改造的精神，市水利局编制了《天津市里自沽灌区续建配套与节水改造工程规划报告》。2000年3月，该规划报告通过水利部水利规划总设计院专家组的评审。依据《规划报告》，市水利局分别编制了2001~2008年度工程《可研报告》《实施方案》。

一、工程建设

1998 年，投资 492.77 万元，其中中央 200 万元，区财政 200 万元，农民自筹 92.77 万元，节水改造灌区 0.7 千公顷，涉及黄庄 1 个乡。主要包括衬砌防渗渠道 25.43 公里，新建节制闸 6 座、生产桥 1 座。工程建成后，年节水 750 万立方米，新增粮食生产能力 50 万公斤。

1999 年，投资 2000 万元，其中中央 800 万元，农民自筹 1200 万元，节水改造灌区 2.47 千公顷，涉及郝各庄、周良庄、尔王庄、大白庄、大唐庄、欢喜庄、黄庄等 8 个乡镇。主要包括衬砌防渗渠道 194 公里，新建节制闸 7 座、泵点 15 座，维修泵点 5 座。工程建成后，年节水 2000 万立方米，新增粮食生产能力 185.5 万公斤。

2000 年，投资 1500 万元，其中中央 600 万元，农民自筹 900 万元，节水改造灌区 1.65 千公顷，涉及大唐庄、黑狼口、糙甸、欢喜庄、林亭口等 5 个乡镇。主要包括衬砌防渗渠道 39.2 公里，铺设低压管道 92.75 公里，新建泵点 30 座，维修泵点 7 座，清淤干渠 25.73 公里。工程建成后，年节水 650 万立方米，新增粮食生产能力 124 万公斤。

2001 年，投资 1000 万元，其中中央 400 万元，农民自筹 600 万元，节水改造灌区 1.02 千公顷，涉及大唐庄、尔王庄、八门城等 3 个乡镇。主要包括衬砌防渗渠道 55.97 公里，铺设低压管道 35.19 公里，新建节制闸 1 座、泵点 3 座，维修泵点 6 座，维修农用桥 102 座。工程建成后，年节水 341 万立方米，新增粮食生产能力 76.5 万公斤。

2002 年，投资 1000 万元，其中中央 400 万元，农民自筹 600 万元，节水改造灌区 1.13 千公顷，涉及黄庄、八门城等 2 个乡镇。主要包括衬砌防渗渠道 25.8 公里，铺设低压管道 14.8 公里，新建节制闸 17 座、泵点 5 座，维修泵点 6 座，清淤干渠 9.4 公里，维修农用桥 89 座。工程建成后，年节水 597 万立方米，新增粮食生产能力 84.5 万公斤。

2003 年，投资 750 万元，其中中央 300 万元，农民自筹 450 万元，节水改造灌区 0.87 千公顷，涉及林亭口、大白庄、八门城等 3 个乡镇。主要包括衬砌防渗渠道 31.65 公里，铺设低压管道 23.41 公里，新建泵点 11 座，清淤干渠 8.5 公里。工程建成后，年节水 130 万立方米，新增粮食生产能力 65 万公斤。

2004 年，投资 750 万元，其中中央 300 万元，农民自筹 450 万元，节水改造灌区 0.81 千公顷，涉及八门城、黄庄等 2 个乡镇。主要包括衬砌防渗渠道 25.8 公里，铺设低压管道 26.14 公里，新建涵洞 4 座、渡槽 1 座、节制闸 36 座、泵点 5 座，清淤干渠 3.2 公里。工程建成后，年节水 122 万立方米，新增粮食生产能力 61 万公斤。

2005 年，投资 750 万元，其中中央 300 万元，农民自筹 450 万元，节水改造灌区 0.68 千公顷，涉及八门城、黄庄等 2 个乡镇。主要包括衬砌防渗渠道 18.55 公里，新建涵洞 2 座、渡槽 2

座、节制闸12座、泵点3座,清淤干渠15.5公里。工程建成后,年节水511万立方米,新增粮食生产能力51万公斤。

2006年,投资750万元,其中中央300万元,农民自筹450万元,节水改造灌区0.86千公顷,涉及黄庄、八门城、大白庄等3个乡镇。主要包括衬砌防渗渠道23.33公里,新建涵洞1座、渡槽18座、节制闸25座、泵点7座,清淤干渠4.95公里。工程建成后,年节水641.5万立方米,新增粮食生产能力64万公斤。

2007年,投资1500万元,其中中央500万元,市财政250万元,农民自筹750万元,节水改造灌区1.49千公顷,涉及周良、大唐庄、尔王庄、黄庄、大白庄、八门城、林亭口等个7乡镇。主要包括衬砌防渗渠道42.95公里,新建节制闸72座、泵点2座,维修泵点8座,清淤干渠44.01公里。工程建成后,年节水1121万立方米,新增粮食生产能力112万公斤。

2008年,投资10200万元,其中中央3400万元,市财政1700万元,区财政900万元,农民自筹4200万元,节水改造灌区6.31千公顷,涉及大唐庄、尔王庄、黄庄、八门城等4个乡镇。主要包括衬砌防渗渠道196.21公里,铺设低压管道7.4公里,新建涵洞18座、渡槽61座、节制闸418座、泵点41座,维修泵点4座,清淤干渠81.99公里。工程建成后,年节水4554万立方米,新增粮食生产能力459.5万公斤。

二、资金投入

里自沽改造工程,投资由国家、市、区县、乡镇四方承担。在工程建设中,资金管理严格,专款专用。里自沽灌区管理处作为建设单位,专门设立银行帐户,一切财务支出委托区水务局审计科跟踪审计,施工单位单独设帐,一切开支保证票据齐全合理。同时,每年度工程竣工后,均由市财政局评审中心对工程财务决算进行评审,并委托具有资质的审计单位进行财务审计,各年度工程财务均符合国家相关要求。

1998~2008年,里自古灌区通过11年的节水改造,累计投资20692.77万元,其中,国家支持7500万元,市财政补助1950万元,区财政筹措1100万元,乡村自筹10142.77万元。

三、建设程序(1991~2000年)

天津市里自沽灌区管理处作为项目法人,负责灌区各年度节水改造工程建设管理。

推行工程招投标制。灌区管理处委托天津市普泽工程咨询有限责任公司编制出招标文件,1998~2000年度项目采用邀请招标,选择综合得分较高的企业承担施工任务。2003~2008年度采用公开招标实施工程。

为确保工程质量，各年度工程均委托天津市水利工程建设监理咨询中心承担施工阶段监理工作，实现了合同约定的工程质量、投资、进度目标。

为确保工程顺利进行，建设单位分别与设计单位、施工单位、监理单位签订《设计合同》《施工合同》《监理合同》，在建设主管部门备案登记。

项目验收程序。项目竣工后，按照项目验收要求，各年度工程由市发改委、市水利局、市财政局组织验收专家组，采取查阅各种设计、建设、管理等文件资料，听取建设单位、施工、监理等汇报以及现场查看等形式，通过专家组打分，综合得分达到 70 分以上，方能通过验收。

表 7-1-2-113 1998~2008 年天津市宝坻区里自沽灌区续建配套与节水改造完成情况表

建设年度	效益面积(千公顷)			建设内容											投资(万元)				
	小计	防渗渠道	低压管道	混凝土渠(千米)	管道(千米)	涵洞(座)	渡槽(座)	新建节制闸(座)	新建泵点(座)	维修泵点(座)	清淤干渠(千米)	建农用桥(座)	维修农用桥(座)	建生产桥(座)	合计	其中:国补	市级	区	自筹
1998	0.7	0.7		25.43				6						1	492.77	200		200	92.77
1999	2.47	2.47		194				7	15	5					2000	800			1200
2000	1.66	0.79	0.87	39.2	92.75				30	7	25.73				1500	600			900
2001	1.02	0.73	0.29	55.97	35.19			1	3	6			102		1000	400			600
2002	1.12	0.99	0.13	25.8	14.8	1		17	5	6	9.4		89		1000	400			600
2003	0.87	0.67	0.2	31.65	23.41				11		8.5				750	300			450
2004	0.81	0.81		26.1		4	1	36	5		3.2				750	300			450
2005	0.68	0.68		18.55		2	2	12	3		15.5				750	300			450
2006	0.86	0.86		23.33		1	18	25	7		4.95				750	300			450
2007	1.49	1.49		42.95				72	2	8	44.01				1500	500	250		750
2008	1.36	1.29	0.07	23.3	7.4			32		4	8				1200	400	200		600
	2.69	2.69		74.5		18	51	186	23		50.15				4500	1500	750		2250
	2.34	2.34		98.41			10	200	18		23.84				4500	1500	750	900	1350
合计	18.07	16.51	1.56	679.19	173.55	26	82	594	122	36	193.28		191	1	20692.77	7500	1950	1100	10142.77

第三节　国有扬水站、大型泵站更新改造

天津市农村国有扬水站始建于20世纪六七十年代。扬水站承担着全市农村排涝任务，部分扬水站还承担着为减轻中心城区排沥压力分流排水的任务。

到20世纪90年代，多数扬水站机电设备老化，由于设备零配件已不再生产，致使一些扬水站机电设备长期失修，土建工程也破损坍塌，直接影响泵站安全运行，也严重影响了城乡排沥排涝的安全。在扬水站日常运行中，虽然对部分不能正常开车的三类站分阶段实施更新改造，但随着时间的推移，部分原来还能维持运转的泵站，陆续进入三类站。截至2007年底，共有国有扬水站272座，属于不能开车或不能正常开车的三类扬水站有122座，占总数的44.9%，直接影响排水面积263.15千公顷。由于工程能力下降，效益大幅度衰减，易涝地区的实际排涝标准不足五年一遇，已达不到设计标准。

至2010年，全市各涉农区县共建成国有扬水站272座，1345台机组，总装机容量21.09万千瓦，设计提水能力2511.2米³/秒，控制排水面积874.29千公顷，占全市国土面积的77.3%，按照设计能力统计，排涝标准在十年一遇以上的有308.43千公顷，五年一遇以上不足十年一遇的有295.23千公顷，不足五年一遇的有270.63千公顷。

表7-1-3-114　2007年天津市农村国有扬水站分布情况表

区县	国有扬水站（座）	其中		
		正常开车、基本正常开车一、二类站（座）	不能正常开车三类站（座）	影响排水面积（千公顷）
全市合计	272	150	122	263.15
蓟县	15	10	5	7.6
宝坻	30	20	10	62.22
武清	45	23	22	65.73
宁河	49	22	27	28.88
静海	24	12	12	42.75
东丽	18	10	8	7.2
津南	12	9	3	8.33
西青	22	10	12	18.89
北辰	16	6	10	11.80
塘沽	13	9	4	4.4
汉沽	12	8	4	2.38
大港	16	11	5	2.97

一、国有扬水站更新改造

为了解决国有扬水站年久失修，效益衰减的难题，1991~2010 年，天津市分三个阶段（即 1991~1996 年、1998~2006 年和 2008~2010 年）对部分老化失修严重的三类国有扬水站实施更新改造。全市累计投资 55271.62 万元。

1991~1996 年全市共投资 6560.58 万元，更新改造国有扬水站 20 座，恢复（或增加）提水能力 273.69 米 ^{3}/秒，恢复（或改善）排水面积 94.95 千公顷，恢复（或改善）灌溉面积 41.3 千公顷。其中投资 1836.26 万元，更新改造泵站 10 座，恢复提水能力 149.9 米 ^{3}/秒；投入资金 880.86 万元，重建泵站 4 座，恢复提水能力 32.79 米 ^{3}/秒；投资 1140.96 万元，扩建泵站 3 座，恢复（或增加）提水能力 44 米 ^{3}/秒；投资 2702.5 万元，新建武清县上马台水库站、塘沽宁车沽站、静海县小团泊站，增加提水能力 47 米 ^{3}/秒。

表 7-1-3-115 1991~1996 年国有扬水站更新改造情况表

更新改造类型	区县	扬水站站名	流量（米 ^{3}/ 秒）	投资（万元）
	蓟县	庞家场	18	416.5
	宝坻	芝麻窝	16	152
		老庄子	26	147.88
		冯庄子	9.9	266.6
新改造的泵站	武清	王三庄	20	142.3
	静海	良王庄	24	71.94
		秦庄子	28	135.51
	大港	中塘	4	378
		远景二	4	45.93
		甜水井		79.6
	宝坻	牛家牌	20	57.2
重建的泵站	汉沽	里自沽	6	244.12
	北辰	北仓	4	366.64
	大港	友爱	2.79	212.9
	津南	双水渠	10	586.2
扩建的泵站	宁河	张尔沽	24	74.9
	大港	西部	10	479.86
	塘沽	宁车沽	3	141.7
新建的杨水站	静海	小团泊	20	1352.8
	武清	上马台水库	24	1208
合计			273.69	6560.58

1998 年 2 月 12 日，市政府召开国有扬水站更新改造专题会议，决定从 1998 年开始，市总投资 5000 万元，其余由区县自筹，用 5 年时间对 65 座（截至 1998 年）三类国有扬水站进行更新改造，由市水利局组织实施。从 1998 年开始至 2006 年，共计投资 10881.79 万元，其中市级资金 4810.3 万元，区县自筹 6071.49 万元，完成国有扬水站更新改造 22 座，恢复排水面积 68.313 千公顷。由于市级安排专项资金仅占工程总投资的 44%，补助标准偏低，区县自筹资金压力太大，工程自 2006 年以后停顿。

表 7-1-3-116　1998~2006 年国有扬水站更新改造情况表

区县	扬水站站名	流量（米³/秒）	装机容量（千瓦）	台数（台）	投资（万元）	市筹（万元）	自筹（万元）
蓟县	廿八里	12	1120	4	469	232.8	236.2
宝坻	胡各庄	30	2475	15	604	306	298
	菜芽	20	1650	10	480	242.5	237.5
	八道沽	16	1320	8	619	307	312
	董塔	6	495	3	423	0	423
武清	拾梅	20.8	1900	12	634	313.5	320.5
	陈赵庄	20	1650	10	527	266	261
	大谋屯	14	1155	7	566	281	285
宁河	东棘坨	8	660	4	225	91.8	133.2
	小芦	6	465	3	156	63.6	92.4
静海	管铺头	18.6	1980	6	187	153.2	33.8
	大邱庄	40	4000	8	206	103.5	102.5
东丽	袁家河	20	1400	5	950	380	570
西青	曹庄子	4	310	2	143	29.4	113.6
	郭村	4	310	2	153	30.4	122.6
	硫城	6	465	3	122	36.6	85.4
	宽河	16	1450	6	272.6	272.6	0
北辰	双街	4	275	5	196	38.8	157.2
	三号桥	10	775	5	303.19	100	203.19
津南	葛沽	16	1030	5	1100	440	660
	葛沽	16	1120	4	1413	630	783
汉沽	付庄	16	1290	8	306	121.6	184.4
大港	小王庄	8	520	4	827	370	457
合计		331.4	27815	139	10881.79	4810.3	6071.49

2007年市水利局委托市水利勘测设计院编制出《天津市农村国有扬水站更新改造工程专项规划》。该规划制定的本次国有扬水站更新改造的原则是:“充分发挥原有排水设施的作用,因地制宜、突出重点、统筹兼顾、以需定功”。扬水站更新改造的目标为“二改一提高”即:改造扬水站老化的机电设备和建筑物设施;改革管理体制、减员增效。提高扬水站的运行可靠性和装置效率,恢复灌排能力。

2008年2月18日,市发改委委托政府投资项目评审中心对市水利局水利勘测设计院编制的《天津市农村国有扬水站更新改造工程专项规划报告》进行评估审查。2008年5月6日,市发改委召集市农委、市财政、市水利等部门召开专题会议,提出以恢复和达到5年一遇为标准,选择在问题较严重、建设条件成熟、急需更新改造的扬水站,编制《2008年农村国有扬水站更新改造规划方案》,报市发改委批准实施。2008年确定在蓟县、宝坻区、武清区、宁河县、静海县和汉沽区率先启动,总投资控制在1.4亿元内,投资比例为市级0.6亿元,区县自筹0.8亿元。

天津市国有扬水站更新改造工程。2009年投资14615.79万元(市级投资5847万元,区县自筹8768.79万元),完成11座国有扬水站更新改造任务。维修更新水泵电机69台套,装机容量12780千瓦,设计流量149.7米^3/秒。2010年,天津市国有扬水站更新改造项目,仅有宝坻白龙港(二)泵站列入更新改造计划。工程总投资2297.5万元,全部为区自筹,流量16米^3/秒,工程2011年汛前完成。

2010年市水务局在原规划基础上,经修改编制完成《天津市农村国有扬水站更新改造专项规划》,并于2010年5月11日上报市政府。2010年5月19日市政府作出批示,“利用6年时间(2010~2015年),投资7.77亿元,更新改造国有扬水站61座,流量794.63米^3/秒”。

表7-1-3-117 2009~2010年天津市国有扬水站更新改造完成情况

年份	区县	泵站名称	完成内容				投资(万元)		
			类型	流量(米^3/秒)	装机功率(千瓦)	装机台数(台)	小计	市级	区县
2009	蓟县	嘴头	重建	30	2325	15	2031.71	813	1218.71
	宝坻	小套	改造	14	1085	7	1221.35	489	732.35
		箭杆河	重建	28	2170	14	1880.58	752	1128.58
	宁河	董庄子	改造	12	1250	5	1270	508	762
		苗庄	重建	10	900	5	1313	525	788
		赵庄	重建	8	880	4	1152	461	691
	武清	郎庄子	重建	6	465	3	842.84	337	505.84
		北夹道	重建	10	620	4	1134.51	454	680.651
	静海	八堡	改造	21.7	2310	7	1782	713	1069

年份	区县	泵站名称	完成内容				投资(万元)		
			类型	流量(米³/秒)	装机功率(千瓦)	装机台数(台)	小计	市级	区县
	汉沽	下坞	改造	4	310	2	490.8	196	294.8
		东辛庄	重建	6	465	3	1497	599	898
2010	宝坻	白龙港(二)	改造	16	1650	10	2297.5	0	2297.5
合计				165.7	14430	79	16913.29	5847	11066.29

二、大型泵站更新改造

2008年11月,国家为应对国际金融危机,扩大内需,决定在全国实施大型泵站更新改造。天津市为加快国有扬水站更新改造的步伐,决定在本市扬水站更新改造的同时,实施大型泵站更新改造。市水利局编制出《天津市大型灌溉排水泵站更新改造规划》,于12月25日上报水利部。2009年1月,天津市5处大型灌溉排水泵站列入《全国大型灌溉排水泵站更新改造规划》。5处大型灌溉排水泵站共包括29座单座泵站,271台套机组,装机58615千瓦,流量654.43米³/秒。并率先启动运东泵站、北辰泵站、北运河东泵站3处大型泵站更新改造工程。

2009年投资12153.85万元,其中中央投资4000万元,地方投资8153.85万元(市级2076万元,区县自筹6077.85万元),维修、更新水泵电机37台套,装机容量11450千瓦,设计流量140.2米³/秒。2010年汛前完成了北辰淀南站、武清上马台站、洪庄子站、静海大邱庄站、良王庄站等5座扬水站改造。2010年大型泵站更新改造工程安排投资8762.62万元,其中中央资金2531万元,市级资金1344万元,区县自筹4887.62万元,更新改造北辰温家房子泵站、静海钓台泵站、武清东汪庄泵站和蜈蚣河泵站等4座泵站,总流量53米³/秒。截至2010年底4座泵站均完成工程招投标,2011年汛前完成工程。

表7-1-3-118 2009~2010年天津市大型泵站更新改造完成情况

年份	区县	泵站名称	完成内容				投资(万元)			
			类型	流量(米³/秒)	装机功率(千瓦)	装机台数(台)	小计	中央	市级	区县
2009	北辰	淀南	重建	28	2130	6	2900.51	955	495	1450.51
	武清	洪庄子	重建	25	1480	8	3601.31	1185	615	1801.31
		上马台	改造	21	1960	7	1015.62	334	174	507.62
	静海	良王庄	改造	24.2	2240	8	2159.46	711	369	1079.46
		大邱庄	改造	42	3640	8	2476.95	815	423	1238.95
2010	北辰	温家房子	重建	13	1500	6	2880	609	324	1947

年份	区县	泵站名称	完成内容				投资(万元)			
			类型	流量(米^3/秒)	装机功率(千瓦)	装机台数(台)	小计	中央	市级	区县
	静海	钓台	改造	14.4	900	6	1863.65	609	323	931.65
	武清	东汪汪	重建	19.2	1480	8	2131.02	696	370	1065.02
		蜈蚣河	重建	6.4	480	3	1887.95	617	327	943.95
合计				193.2	15900	60	20916.47	6531	3420	10965.47

第四节　农用桥闸涵维修改造工程建设

天津农田干支渠上的农用桥、闸、涵，大多数始建于20世纪六七十年代。由于建设标准低，又缺乏必要的维修养护，部分桥梁已成为危桥甚至坍塌，部分闸涵破损严重、运行使用困难，直接影响农业灌溉排涝、农业生产和居民出行。2007年全市农田干支渠上的农用桥闸涵等配套建筑物共13518座，不同程度坏损8419座，坏损率为62.3%。具体情况如下表。

表7-1-4-119　2007年天津市农用桥闸涵损坏情况统计表

区县	各区县组数			桥闸涵损坏座数		
	桥	闸涵	合计	桥损	闸涵损	合计
蓟县	1116	776	1892	993	600	1593
宝坻	1480	204	1684	749	131	880
武清	1449	1678	3127	748	867	1726
宁河	375	2140	2515	267	1520	1787
静海	99	443	542	91	423	514
东丽	86	403	489	65	310	375
西青	186	962	1148	95	503	598
津南	6	17	23	6	17	23
北辰	151	749	900	12	75	87
塘沽	8	8	16	8	8	16
汉沽	21	272	293	14	185	199
大港	83	806	889	41	580	621
合计	5060	8458	13518	3089	5330	8419

一、农用桥闸涵维修改造

2007 年，市水利局认真贯彻市委、市政府《关于推进城乡一体化发展战略，进一步加快社会主义新农村建设的实施意见》，把农用桥、闸、涵维修改造工程列为新农村建设民心工程的重要内容。为加快实施农用桥、闸、涵维修改造工程建设，市水利局、市财政局决定，从 2007 年开始，安排财政专项资金，在农用桥闸涵数量多，损坏程度较重，对群众生产生活影响大的宝坻、武清两区农用桥闸涵启动维修改造试点工程建设，用 5 年时间，解决宝坻、武清两区农用桥、闸、涵坏损问题。并及时总结两区试点经验，在其他区县全面推开。

二、农用桥闸涵的管理

对农用桥闸涵的维修改造工程实施严格的管理，主要措施为：① 2007 年市水利局、市财政局组织宝坻、武清两区，编制出《农用桥闸涵维修改造实施方案》，并经过专家审查。②对宝坻、武清两区农用桥闸涵维修改造工程项目实行严格的"一书、三图、一册"制度。即，所有维修改造项目都要有项目建议书，有现状图、设计图、竣工图，有内容完整、整编成册的建设档案。使每一个项目都建设的科学、合理、质量可靠、资料完整，使建设资金发挥最大效益。③严格实行区（县）级报帐制度，强化资金管理，确保资金安全。④严格实行招投标制和合同管理制，保证施工队伍资质要求、建设周期要求、工程质量要求和安全生产要求。⑤工程完工后，由宝坻、武清两区水务局及时向受益乡村办理交接手续，明确受益乡村负有管护责任，并落实维护资金渠道，从而保证工程长期安全有效运行。

2007~2010 年，经过四年的工程改造，宝坻、武清桥闸涵改造完工。至 2010 年底，市水务局、市财政局在宝坻、武清两区累计下达投资 14600 万元，其中市级补助资金 8300 万元，自筹资金 6300 万元，完成维修改造农用桥闸涵 433 座。

宝坻、武清两区农用桥闸涵维修改造工程的实施，解决了两区 47 个乡镇、3 个街、33.82 万农村居民出行安全问题。之后，其他区县也实施农用桥闸涵工程的改造。2010 年，相继编制了区县《农用桥闸涵维修改造工程规划》和《天津市农用桥闸涵维修改造工程规划》，2011 年，全市除宝坻、武清之外的其他涉农区县也都开展了农用桥闸涵维修改造工程。

表 7-1-4-120　2007~2008 年武清区、宝坻区农用桥闸涵维修改造完成投资情况表

单位:万元

年度	总座数	总投资	武清						宝坻					
			合计		市级		自筹		合计		市级		自筹	
			座数	投资	座数	投资	座数	投资	座数	投资	座数	投资	座数	投资
2007	121	3500	74	2000	27	1000	47	1000	47	1500	28	1000	19	500
2008	100	3800	57	2100	25	1100	32	1000	43	1700	26	1200	17	500
2009	101	3600	56	2000	30	1000	26	1000	45	1600	23	1000	22	600
2010	111	3700	59	2000	29	1000	30	1000	52	1700	28	1000	24	700
合计	433	14600	246	8100	111	4100	135	4100	187	6500	105	4200	82	2300

第五节　中小河道治理

天津市的中小河道主要指天津市境内的二级河道,即排沥河道。历史上的排沥河道主要是天然河道,如漳河、箭杆河、龙河、还乡河等。大部分农田排水承泄区为境内洼淀,洼淀内常有淤泥积淀,排水不畅的情况时有出现。为使排沥顺畅,从 20 世纪六七十年代开始,天津市加强排蓄工程建设,除对河道进行加固疏浚外,开挖一些人工排水河道,新建一批闸、涵、桥等配套建筑物,使全市排沥能力逐步提高。至 2010 年底,全市有排沥河道 111 条(有的河道途径两三个区县,累计为 120 条)。河道长度 1816.24 公里,沿河建筑物 366 座,设计排沥能力 12030.1 米³/秒,蓄水能力 11118.29 万立方米。

表 7-1-5-121　2010 年天津市农村排沥河道分布情况表

区县	排沥河道			
	条数(条)	长度(千米)	蓄水量(万立方米)	设计排水能力(米³/秒)
合计	120	1816.24	1118.29	12030.1
蓟县	12	145.83	631.34	7947
宝坻	8	148.87	530.8	412
武清	7	103.03	417.2	284
宁河	12	149.15	1958.06	1011.8
静海	26	393.44	1848	497
东丽	6	88.9	4408	88
津南	14	237.66	818.7	231
西青	10	205.14	873	160
北辰	6	84.22	150.31	146

区县	排沥河道			
	条数(条)	长度(千米)	蓄水量(万立方米)	设计排水能力(米³/秒)
塘沽	9	57.33	190.58	213
汉沽	2	42	80	20
大港	8	160.67	3179.5	1023.3

天津市的中小河道经过长年运行,部分排沥河道堤防损坏,河床淤积,建筑物老化。由于各区县治理河道投入不足,加之全市农村于2001年取消"两工"(劳动积累工、防洪义务工),农村中小河道长期未进行全面有效地治理,使河道排沥能力明显下降。为了解决中小河道堤防损坏,蓄排能力下降问题,1991~2002年,各区县开始对排涝矛盾突出的河道进行局部治理。2003年以后,由于气候变化异常,排沥矛盾突出,各区县分为3个阶段对中小河道进行治理改造。

一、第一阶段(1991~2002年)

在此阶段中,由于天津市持续干旱,各区县每年重点对排沥矛盾突出的个别河道局部进行治理。

1990年冬~1991年春,西青区完成津港运河清淤工程,长27.9公里,土方21.8万立方米,完成南运河清淤8.47公里。1991年清淤北辰机排河13.2公里,清淤土方5万立方米,投资100万元。塘沽区1991、1992、1996年3年间,共投入资金43.33万元,对黑猪河、马厂减河以及其他排水河道进行了治理,清淤长度2公里,清淤土方9.47万立方米,复堤0.9公里,砌石墙0.4公里。1995年西青区清淤南运河西青段长度2.6公里,清淤土方4.2万立方米。1999年宝坻鲍丘河清淤长3公里,动土3.6万立方米。2001年西青卫津河尾闾改造工程,清淤总长7.13公里,土方14.73万立方米,投资401.5万元。至2002年,12年间全市共清淤整治骨干河道9条段,长度67.77公里。

二、第二阶段(2003~2008年)

从2003年起,各区县按照现代化城镇规划布局,结合创建生态宜居城镇,在卫星城、中心城镇、主要交通干道周围的农村排沥河道,重点实施清淤、护砌、截污、绿化工程等,建成武清区的北运河,西青城区的南运河、西大洼排水河,大港区的环港河,津南区的月牙河、双桥河等一批自然景观。

2005~2007年,津南区按照市水利局构建水利四大体系,营造人水和谐环境的要求,结合《津南区水利规划》,连续3年分别对区管二级河道双桥河、月牙河、马厂减河进行整治。总投资8472万元,治理长度50.57公里,新增蓄水能力200万立方米,不仅改善了农业生产条件,而且减少了污水排放，水环境得到明显改善。

2007年，东丽区结合津塘公路环境综合整治工作，对津塘公路与西河、中河、东河、东减河、三号桥小河、四号桥小河6个节点及西河南段景观河段实施治理改造工程，共治理河道长度4.5公里。

2007年是天津12个有农业的区县排沥河道治理难度最大的一年，各区县共有27条段、106公里河段进行了水生态环境治理。工程总投资2.84亿元，工程项目包括清淤、护砌、建筑物整修和景观建设。经治理的河道达到了水清、岸绿，水环境面貌焕然一新。

2007~2008年，津南区实施老海河故道综合治理工程。治理长度3.5公里。包括河道清淤、堤坡护砌、园林景观等工程建设。工程总投资1.5亿元。

至2008年，全市共计投资118258万元，整治骨干河道49条段，长度242.51公里。

三、第三个阶段（2009~2010年）

2008年9月，市政府作出用3年时间实施水环境专项治理工程的重大决策，确定用两年时间完成环外29条农村河道治理任务。2008年10月，市政府在批准市水利局《关于加快我市农村水利发展的实施意见》中明确提出“要加快实施农村水环境治理”。农村水环境治理列入农村水利建设计划。按照市政府水环境专项治理的部署，2009年天津市各区县集中财力物力，开展了环外29条河道水环境专项治理，治理长度267.5公里。该工程共涉及蓟县、宝坻、武清、静海、东丽、津南、西青、北辰、塘沽、大港共10个区县。

至2010年12月（时间段），全市环外农村河道治理工程共完成31条河道（段）计309.535公里。累计完成清淤土方1469.13万立方米、堤坡整修护砌59.38万立方米、维修改造各类建筑物31座、绿化122.9万平方米，完成投资126230.42万元。

表 7-1-5-122　2003~2008 年天津市各区县中小河道治理情况表

区县	治理时间（年）	河道名称	治理长度（千米）	主要治理项目	投资		
					小计(万元)	市补(万元)	区县(万元)
总计			242.51		118258	500	117758
北辰区	2003、2006	淀南引河	7.81	清淤 7.1 公里	23814.3		23814.3
	2003、2005	丰产河	9.7	清淤 11.5 公里	731		731
	2004、2005、2007	郎园引河	9.85	清淤 9.85 公里、土方 29.45 万立方米	180		180
津南	2005	双桥河	6.7	清淤 6.7 公里、护砌 800 米	398		398
	2006	月牙河	16.2	清淤、筑堤、浆砌石 1.67 万立方米、混凝土 0.47 万立方米	3706	100	3606
西青	2003	西大洼排水河	3.8	河道清淤和护砌工程	3600		3600
静海	2003	增光渠	2	清淤、护砌 2000 米	1404.8		1404.8
	2004	运东排干	12.5	清淤 12.5 公里、改造扬水站、维修 17 座闸涵	938.5		938.5
武清	2005、2006	北运河	5.6	城区段清淤护砌及景观建设	10500		10500
宝坻区	2006	百里河	1.86	清淤 1.53 公里、铺设管道 330 米	309		309
大港	2004	环港河	12.5	清淤护砌	1500	200	1300
蓟县	2007	沙河	2.35	清垃圾、扩宽卡口	90		90
	2007	幺河	3.3	清垃圾、扩宽卡口	75		75
宝坻	2007	窝头河	2.1	清淤 2.1 公里、护砌 449 米	1090		1090
	2007	西护城河	1.5	清淤	170		170
武清	2007	机排河	4.3	清淤、护砌、绿化 4.3 公里	1124		1124
	2007	夹道洼三支渠	0.8	填埋渠道	639		639
	2007	东排渠	3.4	渠道填埋、清淤	2516		2516
东丽	2007	津塘公路路河节点	4.81	清淤、护砌	5500		5500
津南	2007	马厂减河	27.45	清淤、复堤 27.45 公里、护砌 7.4 公里	4924		4924
西青	2007	自来水河	2.7	1.7 公里清淤护砌、2.7 公里综合整治	470		470

区县	治理时间（年）	河道名称	治理长度（千米）	主要治理项目	投资		
					小计(万元)	市补(万元)	区县(万元)
	2007	丰产河	1.8	清淤、护砌、绿化	2798		2798
	2007	新赤龙河	3.9	清淤	1090		1090
	2007	津港运河	0.8	清淤	150		150
北辰	2007	丰产河	4	清淤	143		143
大港	2007	兴济夹道	3.05	筑堤加固	140		140
	2007	沧浪渠	1.5	加固堤防 1.5 公里	486		486
	2007	十米河	1.05	清淤、护砌 1.05 公里	312.4		312.4
	2007	青静黄排水渠	1	清淤	50		50
西青	2007、2008	东西排	7.9	清淤护砌	9000		9000
武清	2007、2008	五支渠	1.4	清淤护砌绿化	1255		1255
静海	2007、2008	迎丰渠	17.12	清挖改造 17.12 公里支渠，调头 11 条	5165		5165
大港	2008	长青河	1.24	清淤浆砌石护坡	927		927
蓟县	2008	沙河	3.6	清淤、疏浚、防渗	1139	100	1039
宝坻	2008	百里河	7	清淤	1734		1734
武清	2008	龙北新河	6.7	清淤	1500		1500
东丽	2008	袁家河	1.8	清淤、护砌、绿化	1030	100	1030
	2008	中河	2	清淤、护砌、绿化	2880		2880
西青	2007、2008	丰产河	1.8	清淤、护砌、绿化	2798		2798
北辰	2008	永金引河	5.2	清淤	200		200
	2008	永青渠	9.35	清淤	540		540
	2008	淀南引河	2	清淤、护砌、绿化	2300		2300
	2008	北塘排河	2.5	清淤、护砌	5500		5500

区县	治理时间（年）	河道名称	治理长度（千米）	主要治理项目	投资		
					小计(万元)	市补(万元)	区县(万元)
塘沽	2008	粮油引河	1.6	清淤、护砌	8600		8600
	2008	环港河	0.65	清淤、护砌	328		328
	2008	城排明渠	3.32	清淤、护砌	1757		1757
大港	2008	马厂减河	4	清淤、护砌、修建亲水平台	1443		1443
	2008	长青河	3.5	清淤浆、砌石护坡、建桥一座	927	100	827
	2008	沧浪渠	1.5	加固堤防 1.5 公里、维修闸涵 17 处	486		486

表 7-1-5-123　2008~2010 年天津市环外农村河道治理表

区县	河道名称	2008 年完成治理长度（公里）	2009 年完成治理长度（公里）	2010 年完成治理长度（公里）	完成总长度（公里）	河道部分治理主要工程量					完成投资（万元）
						清淤（万立方米）	河道护砌（万立方米）	建筑物（座）	河道绿化	其他	
蓟县	宾昌河		3.3		3.3	7.68	1.7877			管道铺设 603.4 米	2668.61
	宾昌支河		1.4		1.4	3.5968	0.0238			管道铺设 2013.5 米	840.77
宝坻	窝头河		2.1		3.8	20.95		1			797.5
	鲍丘河			1.7	2.6	21.8	0.1				254.2
武清	运东干渠		5	2.6	5	24	0.87		6.58		3000
	龙凤河		20		20	120			95	木平台及栈道 0.9 万平方米，园路及广场 2 万平方米	15000
静海	青年渠	10.3			10.3	41					1723
	港团河	7.3			7.3	64					1214
	七排干		2.8	7.8	10.6	69.54	0.062				2036.43
	南运河			7.7	7.7	64.84					1481

区县	河道名称	2008年完成治理长度（公里）	2009年完成治理长度（公里）	2010年完成治理长度（公里）	完成总长度（公里）	河道部分治理主要工程量					完成投资（万元）
						清淤（万立方米）	河道护砌（万立方米）	建筑物（座）	河道绿化	其他	
	迎丰渠			13.2	13.2	26.54	0.483				2292
	王口排干			13.5	13.5	47.6					1452
东丽	西河		2.7		2.7	5.34					2300
	西减河		4.2	7.9	12.1	21.91					6289
	东减河		5.9	9.3	15.2	50.5		1	3.8		8862
	新地河			10.6	10.6	132.5	6		6.4		7638
津南	月牙河		16.1		16.1	86.66	8.65				5645.49
	幸福河		11.9	8	19.9	63.54	11.4				18000
西青	程村排水河		12		12	60	0.2273	18			4241
	津港运河		26.3		26.3	90	0.114	4			3890
	南运河		3.8		3.8	73.04					2852
	丰产河			23.045	23.045	84.62	0.25	3			2891.2
北辰	丰产河		3.4		3.4	15.6	3.7				5156
	郎园引河			10.6	10.6	86.3	9.53	2			11392
塘沽	孟港排河	6.09			6.09	54.39	1.42				2568.96
	黑潴河		4		4	35	7.1				1800
大港	环港河		8.2		8.2	17.6	1.28	2	1.81		2030
	城排明渠			3.1	3.1	6.2	4.94		9.3		2171.35
	八米河			18.4	18.4	41.9	1.44				2172.68
	板桥河			11.3	11.3	30.4					2053.22
	马厂减河			4	4	2.08					1518.01
合计		23.69	133.1	152.745	309.535	1469.1268	59.3778	31	122.89		126230.42

第二章 农业节水

天津是资源性缺水的地区,农业生产受到水资源缺乏的制约。农业灌溉用水从传统的大水漫灌向修建防渗明渠,推广暗管输水等发展,1990 年,全市节水工程面积 127.89 千公顷,占有效灌溉面积 37%。1991 年开始,天津市大力发展农业节水工程建设。以节水增产(增效)重点县和节水增效示范项目建设为重点,因地制宜,合理分区,加大资金投入,推广先进节水技术,至 2010 年,全市建成节水增效示范项目 31 个,节水增效示范县 8 个。新增节水面积 245.92 千公顷。

第一节 农业节水工程建设

一、农业节水工程建设规划

1991~1995 年,天津市根据干旱缺水状况,提出科技兴水,研究推广节水灌溉技术,发展明渠防渗,在井灌区推广暗管输水技术。规划每年新增 3.33 千公顷节水灌溉面积。确定将节水灌溉农田分为“山区蓄水提灌区”、“津北平原井灌区”、“平原提水灌区”三个节水灌溉分区。

1996~2000 年,天津市按照国务院“把推广节水灌溉作为一项革命性措施”的部署,调整政策,优先发展节水工程,采取因地制宜,分区规划,每年新增 6.67 千公顷节水灌溉面积。将原定 3 个节水灌溉分区调整为山丘区、井灌区、地面水灌区、旱作物区等 4 个节水灌溉分区。

2001~2005 年,天津市围绕“建设节水型城市,发展大都市水利”的目标,提高农业用水效率,发展、巩固和完善渠系输配水节水体系。

2006~2010 年,在粮食主产区,重点发展低压管道和明渠防渗,支持粮食生产保障;在环城四区、滨海新区,重点围绕食用菌、花卉、蔬菜等设施农业区,重点发展低压管道和滴灌渗灌节水技术,适应农村不同层次的节水灌溉发展需求。

二、农业节水工程建设资金

1991 年,天津市农业节水工程建设资金投入相对不足,建设速度受限。1996 年之后,除市财政专项资金外，天津市每年从农业综合开发和粮食自给工程等支农资金拨出30%用于节水灌溉工程建设。从2004年开始，天津市加大农业节水灌溉工程的财政投入，节水灌溉项目市财政投资比例从总投资的30%提高到50%，2007~2010年，全市每年节水灌溉投入资金达到1.5亿元，加快了节水工程建设速度。

三、农业节水技术推广

1991~1996年，天津农业节水技术措施以地埋管道和小断面防渗明渠为主，稳步发展喷灌，在温室大棚等保护地上适当发展微滴灌。1996~2005年，推广渠灌区大口径低压管道输水技术，在全市推广面积达到13.33千公顷，每公顷年节水1800立方米，节电30度，增产粮食2250公斤。2005年，大港区中塘镇建成生活污水处理回灌农田工程，农村污水直接用于农田，缓解农业用水紧张状况。1991年开始推广水稻“浅、湿、晒”节水灌溉技术，1999年推广面积达22.67千公顷，至2010年，全市66.67千公顷稻田全部实施了“浅、湿、晒”节水灌溉技术。

四、农业节水示范工程

按照天津市农业节水工程规划，在不同类型地区建设相适宜的节水示范工程，逐步扩大农业节水工程面积，提高农田节水效益。

1991~1995年，全市每年平均发展节水工程面积6.15千公顷。在蓟县李庄子、宝坻高庄子和牛道口、武清河西务和高村等井灌区建设了一批暗管输水节水示范区；在蓟县桑梓、西青南河镇和张家窝等地建设了防渗明渠节水示范区；在西青大柳滩建设了以防渗明渠结合移动式喷灌的万亩果园节水示范区；在武清大孟庄、宁河板桥发展“两高一优”农业节水示范区。示范区节水灌溉与传统地面漫灌相比，普遍节水50%，增产15%。

1996~2005年，先后在武清、宁河、静海、宝坻、西青、北辰、塘沽等7个县(区)重点建设节水灌溉工程项目，节水灌溉面积占本县(区)有效灌溉面积的60%以上，节水工程项目区内灌溉水利用率提高20%以上。至2010年，全市节水灌溉面积达到262.56千公顷，占有效灌溉面积的76.2%，有效缓解了天津农业干旱缺水的状况，提高了抗旱灾能力。

2008年，全市节水灌溉水量2.7亿立方米，增产粮食8.57万吨、蔬菜17.15万吨、经济作物10.29万吨，节电2000万千瓦时，节约工日500万个，减少土渠占地6.8千公顷，增加经济效益近4亿元。

表 7-2-1-124 1991~2010 年天津市节水灌溉情况表

年度	工程投资(万元)			合计（千公顷）	防渗明渠		低压管道		喷灌（千公顷）	微灌（千公顷）	其它（千公顷）
	小计	市补	自筹		长度（公里）	面积（千公顷）	长度（公里）	面积（千公顷）			
1991	1023.9	450.5	573.4	4.72	40.54	1.23	182.02	3.03	0.46		
1992	971.4	408.0	563.4	7.08	82	2.48	255.17	4.25	0.35		
1993	1145.2	503.9	641.30	5.73	77.04	2.33	167.4	2.79	0.61		
1994	476.1	209.5	266.6	6.1	63.7	1.93	229.58	3.83	0.34		
1995	764.70	328.8	435.9	7.1	62.23	1.89	290.92	4.85	0.36		
1996	874.0	349.6	524.4	8.54	90.6	2.75	341.5	5.69	0.05	0.05	
1997	9645.0	3028.0	6617.0	6.75	264	4.2	313	2.55			
1998	9226.0	2302.0	6924.0	21.34	188	18.22	240	1.5	1.62		
1999	6708.0	2219.0	4489.0	18.0	526	8.47	489	6.69	0.15	0.05	2.64
2000	9645.0	2975.0	6670.0	18.0	522	8.4	607	9.25			0.35
2001	8014.0	2200	5814	23.84	341	8.53	905	8.78	0.44	0.11	5.98
2002	6278.0	1890	4388	10.87	197	4.93	1119	5.68	0.14	0.12	
2003	4730.0	1912.0	2818	11.5	83	2.08	985	9.42			
2004	3445.0	1762.0	1683	11.2	147	3.68	1051	7.52			
2005	8590.0	5008.0	3582	11.3	63	2.35	1001	8.86		0.09	
2006	12806.0	7105.0	5701	11.94	143	2.38	1150	9.55		0.01	
2007	13708.0	7454.0	6254	14.51	111	4.48	1174	9.74	0.26	0.03	
2008	17110.0	9330.0	7780	16.73	108	3.9	1518	11.85	0.13	0.85	
2009	24880.0	13775.0	11105	19.67	220	8.21	1653	10.72	0.21	0.53	
2010	17236.0	9610.0	7626	13.99	175	3.18	1428	10.72	0.59	0.2	
总计	157276.3	72820.3	84456	248.91	3504.11	95.62	15099.59	136.57	5.71	2.04	8.97

第二节 节水增产(增效)重点县

天津市武清区、西青区、北辰区、塘沽区被水利部列入“九五计划”期间(1996~2000 年)国家节水增产示范县;武清、宝坻、宁河、静海被列入“十五计划”期间(2001~2005 年)节水示范县。

按照国家规定的重点县建设标准,各区县全面规划。结合冬春农田水利基本建设,制定平整土地,清淤整治干支渠等配套措施,确保工程发挥效益。同时,确定不同地区采取的节水模式和建设规模。武清区确定井灌区以发展低压管道为主,在渠灌区,发展大口径管道输水和混凝土明渠防渗技术;在棚室和经济苗木区发展微灌技术;在经济条件好的村发展喷灌。宁河县把节水工程建设放在稻田和棉花区内,体现出节水工程既灌水及时又节省了水源的优势,水稻棉花生产达到了节水增效;静海县把节水工程放在麦田区和经济作物区上,扩大井灌面积,保证麦田和经济作物在干旱情况下获得增产增收。

天津市制定了《建设节水增产(增效)重点县施工管理办法》,使工程质量符合国家行业有关规范和要求。

在资金筹措方面,积极争取中央贷款,将小水资金、农业综合开发、粮食自给工程、其它支农资金集中向节水增产(增效)重点县倾斜,保证工程建设资金及时到位,专款专用。

一、"九五计划"期间节水增产(增效)重点县建设

"九五"期间(1996~2000年),武清、西青、北辰、塘沽4个节水增产重点县共投入资金1.33亿元,新增节水灌溉面积26.81千公顷。

武清区新增节水灌溉面积17.51千公顷,其中防渗明渠灌溉面积5.01千公顷、管灌面积23.49千公顷、喷灌面积0.99千公顷。

西青区新增节水灌溉面积4.53千公顷,其中混凝土明渠灌溉面积3.89千公顷、管灌面积0.41千公顷、喷微灌面积0.22千公顷。1996年西青区被列为全国300个节水增产重点县之一,1997年在南河镇投资300多万元,在大、小南河村建设了200公顷节水示范田,达到干、支斗渠三级防渗的建设标准,成为天津市以防渗渠道为主的节水示范区之一。

北辰区新增节水灌溉面积3.2千公顷,其中混凝土明渠灌溉面积2.64千公顷、管灌面积0.52千公顷、喷微灌面积0.04千公顷。

塘沽区新增节水灌溉面积1.29千公顷,其中混凝土明渠灌溉面积1.25千公顷、喷微灌面积0.04千公顷。

至2000年,西青、北辰、塘沽节水灌溉面积分别达到有效灌溉面积的63.3%、67%、60.2%,均超过了60%的国家标准。"九五"期间,四个节水增产重点县在58.86千公顷节水区域内。年均节水1.06亿立方米,扩大灌溉面积23.33千公顷,增产粮食3800万公斤。西青区全区9.31千公顷节水工程,年均节水1735万立方米,增产粮食1400万公斤;塘沽区66.67公顷节水示范区,年均节水435万立方米,节电14.5万千瓦时,增产稻谷82万公斤,年效益218.8万元;武清区双树乡万亩喷灌区年节水135万立方米,节地20公顷,节电2400度,增产粮食20万公斤,年效益57.62万元。

二、"十五计划"期间节水增产(增效)重点县建设

"十五"期间(2001~2005年),武清、宝坻、宁河、静海4个节水增效重点县总计投资6.3亿

元，新增节水灌溉面积 67.74 千公顷。

宝坻区投资 1.45 亿元，新增节水灌溉面积 26.41 千公顷。

武清区投资 0.6 亿元，新增节水灌溉面积 10.53 千公顷。

宁河县投资 0.31 亿元，新增节水灌溉面积 12.6 千公顷。

静海县投资 3.94 亿元，新增节水灌溉面积 18.2 千公顷。

上述四区县灌溉水利系数分布由 2000 年的 0.65、0.69、0.6、0.55 提高到 0.75、0.86、0.73 和 0.7；单位灌溉面积用水量分别由 300 立方米、280 立方米、250 立方米、300 立方米，下降到 250 立方米、240 立方米、200 立方米和 220 立方米。达到国家节水增产重点县标准。“十五”期间，四个节水增效重点县在 67.74 千公顷节水区域内，年均节水 1.22 亿立方米，扩大灌溉面积 26.82 千公顷，增产粮食 4370 万公斤。

“九五计划”至“十五计划”期间，全市 7 个节水增产（增效）示范县建设，带动了全市农业节水工程的发展。“九五计划”至“十一五规划”期间，全市分别发展农业节水工程面积 72.63 千公顷、68.71 千公顷和 76.84 千公顷，分别比八五期间提高了 1.36 倍、1.24 倍和 1.5 倍。

第三节　节水灌溉增效示范项目

从 1996 年起，天津市按照国家计委、水利部颁发的《节水灌溉增效示范项目建设管理办法》，采取多种类型节水灌溉技术，加强项目建设管理和资金管理等一系列措施，提高全市节水灌溉水平。1996~2010 年，全市共建成节水灌溉增效示范项目 32 处。

一、示范项目技术

“九五计划”期间，根据不同类型引进推广了一批先进灌溉技术。在统一实行水利服务的静海县西双塘镇和西青区张家窝镇、辛口镇引进国外先进的卷盘式喷灌机进行试验示范。在以井灌为主，地面灌溉难度较大的蓟县官庄镇、武清双树乡进行半喷灌式喷灌试验示范；在井灌区的武清区东马圈镇进行低压输水管道试验示范。在地面水源条件较好的塘沽区，进行稻田遥测计量综合节水技术试验示范，示范区内建设 U 型渠道防渗加遥测计量，配合水稻浅、湿、晒灌水技术推广，实现水、田、林、路综合治理，以提高地面水灌区节水灌溉的发展。

二、示范项目建设

所建项目均由所在区县水行政主管部门组建了项目法人，并配备了项目建设人员。推行项目法人制、监理制、合同管理制、竣工验收等建设管理程序。制定项目计划、合同、财务、技术、质量、安全等管理部门的规章制度,负责项目的建设组织、工程质量、工程进度、资金管理、生产安全以及工程验收等。项目法人选择具有施工资质和丰富农田水利工程施工经验的施工队伍,签定施工合同,明确双方义务和责任以及建设内容、施工质量等,并由项目法人派监理人员进行现场监理。工程各项技术指标,均达到了实施方案预定的目标及有关规范要求。

竣工项目经过1~2年的运行,工程质量确有保证,系统运行安全可靠,建立了合理、可行的工程长期运行管理制度和水费征缴办法,能够保证项目长期发挥工程效益,经水利局专家组考察合格,按程序进行正式验收。对于试运行期间,工程出现运行、管理问题的项目,提出整改意见限期整改,达到验收要求再进行验收。

三、示范项目管理

2004年,天津市学习借鉴外地先进经验,在宝坻区示范区内开展农民用水者协会组建试点,实现由农民自主参与工程和用水管理。截至2010年,全市有17个节水增效示范区组建了农民用水者协会。共涉及17个乡镇17个行政村0.56万个用水户、2.05万人,受益耕地面积3.8千公顷。同时,结合节水示范项目和农业末级渠系节水改造,在这17个灌区开展了农业用水计量收费试点,并建设农业集中供水工程,探索农业节水行业管理、专业经营模式,拓展水利产业服务领域。节水示范区运行更加顺畅,提高了经济效益。

武清区高村镇,宁河县后棘坨、蓟运河东等3个项目区配合节水工程建设,由原来种植小麦、玉米、水稻为主,改种蔬菜,成为天津市重要蔬菜基地;塘沽区胡家园街项目区在盐碱地上建设了设施农业;蓟县杨津庄,宝坻区大口屯,武清区上马台、崔黄口、城关,宁河县板桥等以粮食作物为主,部分种植蔬菜。

1996~2010年,全市累计投资9344.65万元,其中国家投资3090万元,市级投资435万元,区县投资442万元,项目区自筹5377.65万元,建设节水增效示范项目31个。完成节水工程面积9.5千公顷。其中防渗渠道2.128千公顷、管灌5.054千公顷、喷灌2.21千公顷、微灌0.082千公顷。灌溉水利用系数由原先的0.45左右,提高到0.8~0.85,年节水3000多万立方米。

1991~2010年,全市新增大口径输水管道及暗管输水面积136.57千公顷,明渠防渗95.62千公顷、喷灌5.71千公顷、微灌、滴管、渗灌等精准灌溉10.96千公顷。改变了1990年前以渠道防渗为主的单一模式,各类先进的节水灌溉技术已经形成规模。

表 7-2-3-125 节水灌溉增效示范项目完成情况

年份	项目名称	投资(万元)					完成技术工程面积(千公顷)				
		合计	国家	市级	区县	自筹	合计	防渗渠道	管灌	喷灌	微灌
1996	静海县西双塘	330	100	20		210	0.133			0.1	0.033
1997	西青区张家窝镇	286	100	20		166	0.130			0.13	
1998	蓟县官庄镇	259.65	100	50		109.65	0.666			0.666	
	武清县双树乡	235	100	35		100	0.666			0.666	
	塘沽区中心区	445	100	150		195	0.866	0.866			
1999	武清区东马圈	390	130			260	0.6		0.6		
	津南区八里台	400	130			270	0.33	0.13		0.2	
	西青区辛口镇	399	130			269	0.33	0.13			
2000	津南区农业园	240	80			160	0.011				0.011
	宁河县苗庄镇	180	60			120	0.2	0.2			
	西青区南河镇	180	60			120	0.202		0.202		
2001	宁河县后棘坨乡	300	100			200	0.291		0.289		0.002
	大港区中堂镇	300	100			200	0.311		0.311		
	武清区高村乡	300	100			200	0.436		0.423		0.013
2002	塘沽区胡家园街	300	100			200	0.146		0.133		0.013
	汉沽区茶淀镇	300	100		42	158	0.27		0.27		
	宁河县冀东	300	100			200	0.25		0.25		
2003	宝坻区大口屯镇	300	100			200	0.248	0.022	0.151	0.069	0.006
	武清区上马台镇	300	100			200	0.25	0.250			
2004	蓟县杨津庄镇	300	100	20		180	0.303		0.299		0.004
	武清崔黄口镇	300	100			200	0.230	0.23			
2005	宁河县板桥镇	300	100			200	0.297		0.297		
	武清区城关镇	300	100			200	0.23		0.230		
2006	蓟县杨津庄镇	300	100	20		180	0.268		0.268		
	西青区西营门	300	100			200	0.179			0.179	
2007	宁河县丰台镇	300	100	20		180	0.255		0.255		
2008	蓟县下仓镇	300	100	50		150	0.269		0.269		
2009	宁河县岳龙镇	300	100	50		150	0.261		0.261		
2010	宁河县大北镇	300	100			200	0.3	0.3			
	蓟县上仓镇	300	100		200		0.279		0.279		
	蓟县尤古庄镇	300	100		200		0.267		0.267		
合计	31 个项目	9344.65	3090	435	442	5377.65	9.474	2.128	5.054	2.210	0.082

第三章　农村抗旱除涝

第一节　农村抗旱

一、抗旱工程建设

（一）南部缺水地区抗旱工程

1993~1994年，天津市南部静海县、大港区和津南区发生历史上罕见的春旱。1993年2月，市长张立昌到旱区视察指出“南部缺水地区要立足长期抗旱、主动抗旱，要制定抗旱规划，逐年实施”。1993年5月，静海县、大港区和津南区分别编制抗旱规划。市财政局、市水利局提出《南部缺水地区抗旱节水工程实施计划的意见》。1994年1月31日，市人民政府批复了《南部缺水地区抗旱节水工程实施计划的意见》。1994~1997年，天津市相继建成静海县小团泊、津南区跃进河、大港区中塘3座泵站，团泊水库护砌3.8公里，津南区五登房平交闸和翟家甸倒虹吸等6项骨干工程。累计新打深井238眼、浅井770眼，更新深井11眼；修建防渗暗管655.9千米、明渠554千米；新建喷灌工程5处180公顷；配套区系建筑物732座，建小型泵站（点）27座。增加和改善灌溉面积24.55千公顷，新增节水面积4.57千公顷，地下水保灌面积达29.51千公顷，节水面积达33千公顷。在地上工程正常蓄水的情况下，保浇面积可占耕地面积的70%,静海县小团泊扬水站的建成，增强了团泊水库蓄、灌、排功能，从根本上解决了团泊、蔡公庄、胡连庄等乡（镇）8千公顷耕地灌溉、排沥问题；大港区中塘泵站的建成，解决了处于封闭地区的中塘镇1.1千公顷农田灌溉及30.18平方公里排沥问题；津南区五登房平交闸和翟家甸倒虹吸工程建设，解决了跨越南大排污河向南部地区送水问题；跃进河泵站的兴建，解决了葛沽镇2.53千公顷农田排水问题。1997年，南部缺水地区抗旱节水工程建设整体完成目标建设任务。该工程总投资12570.13万元。其中市财政补助3810.7万元，区县财政出资3881.6万元，乡村自筹4877.83万元。新增或改善灌溉面积24.55千公顷，新增节水面积4.57千公顷。

（二）农村抗旱工程

采取新打机井、维修机井等措施，增加地下水的供给能力；兴建中小型蓄水工程，增加自备水源的调蓄能力；新建防渗明渠和地埋管道，购置喷滴灌设施，提升节水灌溉综合能力。1991~2006年，天津市补助抗旱工程累计投入资金113124.9万元，新打机井（中浅井）7207眼、更新维修机井19377眼、修建中小型蓄水工程（坑塘、塘坝）3819处、新建防渗明渠76622.5公里、暗管7579.9公里、喷灌3406.64千公顷。全市新增各类节水工程面积143.06千公顷，节水灌溉面积达到262.56千公顷，占有效灌溉面积的76.2%。

二、抗旱措施

（一）应急手段和措施

1.启用农村抗旱应急水源工程。

2.制订春季抗旱水源调配安排预案，合理调配水源，强化计划用水、节约用水，干旱年份保证农村生活用水需求，缓解农业生产缺水局面。

3.压缩高耗水作物种植面积。采取以水定稻措施，减少水田种植面积；积极推广各种农艺节水措施，结合农业结构调整，大力推广低耗水、耐旱的优良品种；充分利用农业机械，搞好深松，推广保护性耕作，秸秆还田、地膜覆盖、压耙保墒、水稻“浅、湿、晒”、旱地龙等农艺节水保墒措施。

4.发挥基层抗旱服务组织作用，干旱年有效化解了旱情，减少了旱灾损失。

5.2000年2月，天津市政府批转市水利局《关于小型水利工程产权制度改革实施意见的通知》，通过明晰工程所有权，放开建设权，搞活经营权，促进了工程的长效运行；制订了《农村人畜饮水工程实施管理办法》，责、权、利相统一，逐步建立健全了投入、管理、经营三位一体的农村生活用水长效运行管理新机制，在干旱年份时发挥了重要作用。

6.2002年12月，天津市在全国率先颁布了《天津市节约用水条例》，制订了农业用水地方标准及定额，真正把节约用水纳入法制化管理的轨道上来，对规范天津市的农业抗旱节水工作起到了积极的推动作用。

（二）调蓄水源保农业用水

每年汛末适时蓄水，在旱季到来前调蓄水源，以保证农业用水。充分运用现有水利设施，通过合理调度，联合运用扬水站、河道、水库、坑塘、闸涵等水利设施，汛末抢蓄沥水。1991~2005年，全市累计汛末蓄水总量为78.01亿立方米。在干旱年景时通过协调流域上游省市，积极调蓄客水，为农业抗旱创造水源条件，1991~2005年，全市累计调蓄水源总量为39.09亿立方米。

三、典型年抗旱减灾

1999年，天津市严重干旱，年平均降水量347.3毫米，比常年平均少40.24%。大港区年降雨量 306.3 毫米；6 月初，西青区鸭淀水库出现建库 22 年来的第二次干库(1987 年第一次干库)；蓟县有 275 个村，3.08 万户，10.60 万人，0.68 万头大牲畜饮水困难，农田受灾面积达 38866.67 公顷，成灾面积 26240 公顷；北辰区 6~8 月降雨 119.3 毫米，是 1958 年以来第二个大旱年，成为北辰区百年历史上第三个大旱年；津南区连续第三个干旱年，全年降雨量 395.6 毫米，为多年平均降雨量的 71%。严重的连旱，使全市受旱面积达到 194.28 千公顷。在抗旱工作中，天津市利用现有水利设施，开动临时泵 15000 台套、机井 16000 眼、扬水站点 580 处、喷灌机 350 台套等，春灌麦田 133.93 千公顷，春灌春播地 85.86 千公顷。使成灾面积降到了 147.97 千公顷，为受旱面积的 76%。

2000 年是天津市自 1996 年以来持续干旱的第四个年头，全市年平均降水量 424.4 毫米，上游河北、北京地区也发生干旱，基本无水流入天津市，全市水库等各类蓄水设施无水可蓄，造成农业严重缺水，且城市用水告急。2000 年 3~6 月中旬，农田受旱面积在 116.67 千公顷至 148 千公顷之间。市政府组织市、区县机关干部近万名，发动农村干部群众 100 万人，开动机井 1.75 万眼，1.52 万台套临时泵、382 座扬水站、1500 余台喷灌机，为 93.33 千公顷麦田浇水 2~3 水，为 53.3 千公顷大田浇补墒水，保障了 80 千公顷菜田用水需求。全市 60 个县乡两级抗旱服务组织充分利用 3000 台套抗旱设备，为缺少抗旱设施地区群众应急送水 500 万立方米。各级水利部门通过更新、改造、维修机井，更新机泵，组织运水人员和车辆，解决了蓟县、宝坻区、宁河县、静海县、大港区 20 万人的饮水困难。4 月，市政府做出调整农业结构的决策，压减粮食种植面积，增加了蔬菜、瓜类、棉花和经济作物种植。尤其是粮食作物，压缩了耗水量大的小麦和水稻的播种面积。小麦和水稻的种植面积分别由 150 千公顷、70 千公顷压缩到 110 千公顷和 20 千公顷；棉花和菜田分别由 2000 年前 30 千公顷增加到 55.6 千公顷和 80.81 千公顷。2000 年全市因干旱，受灾面积 250 千公顷，成灾面积 178.8 千公顷，绝收面积 70 千公顷，损失粮食 72 万吨，经济作物及林、牧、渔业损失 12.52 亿元，全市农村先后有近 40 万人、3 万头大牲畜出现饮水困难。

2003 年是天津市连续干旱第 7 年。全市受旱面积达到 120 千公顷，有 11.3 千公顷大田春播转为夏播，有 20 千公顷麦茬地夏季未播，80 千公顷受灾面积普遍减产 4~5 成。针对旱情，全市各级政府及有关部门认真贯彻落实国务院“全国抗旱和农田水利基本建设电视电话会议”精神，努力争取外调水源，总计调水 3 亿立方米；编制春季农业抗旱水源调配预案方案，合理调配水源；全市春季更新新打机井 721 眼；维修机井 591 眼；新建防渗明渠、暗管 257.7 公里；新挖坑塘、水柜 32 个；新增节水灌溉面积 2.133 千公顷，改善灌溉面积 10.133 千公顷。全市积极抗旱，利用现有水利设施，开动临时泵 16500 台套、机井 13000 眼、扬水站点 1279 处、喷灌机 140 台套等，春灌麦田 73.33 千公顷，春灌春播地 78.66 千公顷。使成灾面积降到了 80 千公顷，为受旱面积的 66%。

第二节 农村除涝

天津年平均降水量为520~660毫米，降水日数为63~70天，在地区分布上，山地多于平原，沿海多于内地；在季节分布上，6、7、8月降水量占全年的75%左右。每年6~9月汛期，易发生沥涝灾害。1991~2010年，全市受涝总面积242.8千公顷，国有扬水站开车105.06万台时，排除农田涝水58.75亿立方米，使成灾面积降至151.81千公顷，占受涝总面积62.5%。

一、除涝工作

（一）汛期工作

汛前检查。每年4~5月，由市防汛抗旱办公室排涝组或市防汛抗旱指挥部农村分部对各区县汛前准备情况进行检查。检查内容包括：各区县落实防汛除涝地方行政首长负责制，按照分级管理原则，逐级落实除涝责任制的情况；除涝调度方案和应急分析除涝各项预案、措施落实，防汛除涝抢险队伍建设情况；各区县除涝设施检查维修，特别是国有扬水站维修保养，骨干河道清淤和打通卡口，以及对中小型水库大坝、进出水闸门、溢洪道和泄水尾闸等工程检查维修情况；落实防汛除涝物资储备准备情况。重点对蓟县山区小水库进行安全检查，落实责任制做到每座小水库的值班人员、值班职责、值班制度、通讯报警设施落实到位。严格执行水库控制运用计划。储备一定数量的防汛抢险物资，做到有备无患。

落实整改。汛前检查之后，要求区县在市级检查的基础上，进行自查自纠，确保除涝措施落实到位。自查整改：落实市、区县防指行政首长和领导成员，行政首长对汛前检查工作负总责。同时要求各区县根据本区县防汛指挥机构领导成员变动情况，及时更改领导成员名单，向社会公布市、区县防汛除涝领导干部名录、办公电话；各区县防指办提前着手开展自检自查自纠工作，除涝检查情况向农村分部报告，并提出建设性意见和建议；督促各区县除涝预案自查自检，落实安全责任制。农村分部人员逐区县深入基层，了解情况，针对出现的新问题和新矛盾，提出修改意见。

汛期职守。值班制度：1995年起，市防办排涝组规范了防汛除涝汇报制度、汛期值班制度、交接班制度。汛期值班人员全天24小时坚守岗位，做好值班记录。每天都有一名处级干部带班，一名技术人员和一名司机，保证不管发生什么紧急情况都能够做到快速反应，直奔现场。雨情汇报制度。1995年天津市水利局下发《关于建立雨情报告制度的通知》，规范了“农村降雨、农田积水、农田成灾、水库蓄水”报表表格，严格执行汛期降雨、积水、排沥等情况汇报制度，确定汛期每日、每月雨情统计制度。每日雨情统计为：8时30分用电传汇报前24小时时段各乡镇雨测点雨量情况;每月雨情统计为本月 1 号分别上报前一个月累计降雨统计数。雨水集中时段,确保水情、雨情、工情、险情等信息的及时掌握和快速反应。区县隔 4 小时向农村分部报告一次雨情。农田发生积水和涝情时,各区县每隔 6 小时报告一次积水排除情况和涝灾发展程度。1998 年,农村分部制定《农水处防汛排涝工作制度》,制度规定“一确定、四统一”汇报方式,即确定汇报专人,统一汇报时间、传报方式、传报用纸篇幅和传播报表格内容。2005 年,按照天津市防汛抗旱办公室关于转发国家防办《关于做好洪涝灾情统计工作的通知》的要求,重新修订农田排涝及灾情统计表,要求各区县明确专人负责收集、汇总填报各有关统计报表,严格执行汛期情况汇报的各项要求。

(二)区县防涝预案

1.除涝预案编修

1996 年开始,全市建立区县农村除涝预案报告制度。农村分部根据各年度雨情、水情汛情,定期深入区县,组织区县根据各年度雨情、水情汛情、可能出现的突发天气和地区除涝重点部位等情况编制本区县农村除涝预案。农村除涝预案基本分为四类:年度突发天气应急排涝预案;水库汛期调度运用方案;群众转移预案;各项水利设施汛期调度预案。

2004 年,农村分部组织全市涉农区县重新修订了农村防汛除涝预案。修订预案工作坚持横向到边、纵向到底原则,根据实际,明确重点;突出特点,措施具体。其中:环城四区以确保天津市区排水安全为重点,制定确保市区排水安全同时兼顾本区排水顺畅的除涝预案;静海县、宁河县、大港区制定了以易涝地区应急排涝为重点的排涝预案;武清区、宝坻区、汉沽区制定了统一调度,确保不同天气全区排涝安全的排涝预案。蓟县以确保山区小水库安全度汛为重点,按照“确保水库安全和人民生命财产安全”的原则,编制了各年度水库安全度汛方案、水库防汛抢险预案、群众安全转移方案、突发泥石流灾害应急预案等除涝预案,确保水库和人民生命财产的安全;塘沽区在预案中对平原中小水库制定堤坝划分,落实防汛抢险责任段、建立抢险队伍、落实好物资储备等措施。各区县预案编制重点突出了防范涝灾、快速减灾应对和突发天气造成灾害的减灾措施。特别对易涝地区应急抢险措施,明确了农田除涝工作由区防汛指挥部除涝分部负责,协调解决不同地区的排水矛盾,全面领导和指导各乡镇、街道办落实农田除涝措施,确保排沥畅通。区县修订除涝预案经区县政府批准后,报市防指农村分部备案。

2.除涝预案执行

1996 年农村分部成立之后,负责对区县农村除涝预案的监督执行。各区县也严格按照农村除涝预案,开展农村除涝各项工作。其中:武清区在农村防汛排涝工作中,针对全区 14 个排水小区,发生涝情时及时启动易涝地区抢险预案、各排水小区除涝调度方案,突发性天气排涝预案,争取排涝工作主动权。各排水小区排沥及时,最大限度地减轻了灾害损失;蓟县针对历年山区水库防汛中的突出矛盾，确定以县长为防汛除涝第一责任人，强化县、乡、村三级防汛机构职能，根据汛情及时启动《水库抢险预案》《群众安全转移方案》《突发泥石流灾害应急预案》，确保山区水库安全度汛；环城四区紧紧围绕统筹城乡排水，执行《市区禁排令下为市区排水让路调度方案》，顾全大局，合理调配，既保证了市区排水安全，又使本区排水通畅。

（三）科学治涝

农村分部办公室成立后，为做好洪涝灾害突发事件防范与处置工作，使洪涝灾害处于可控状态，保证农村除涝工作高效有序进行，最大限度减少洪涝灾害损失，针对除涝工作实际，编制出一系列科学防范治涝预警响应规程、解决方案等治涝措施办法，用于指导除涝工作。

1.编制预警响应规程

2002年，农村分部办公室根据天津市地理特点，编制出预警响应规程。预警响应规程把全市划分为四个排涝区域：北部区域（包括蓟县、宝坻区、武清区）；南部区域（包括静海县、大港区）；东部区域（包括宁河县、汉沽区、塘沽区）及环城四区。农村除涝按照紧急程度，编制四级防汛预警响应规程。

预警响应规程按四级划分：在本市某区域平均降雨量达20~50毫米或天津市气象台发布暴雨黄色预警的基础上，且预计降雨将使本市平原区农田出现局部积水，为四级预警；在本市某区域平均降雨量达50~100毫米或天津市气象台发布暴雨橙色预警的基础上，且预计降雨将使本市平原区农田出现成片积水，为三级预警；在本市某区域平均降雨量超过100毫米或天津市气象台发布暴雨红色预警的基础上，且预计降雨将使本市平原区农田出现大面积积水，为二级预警；当本市某区域平均降雨量达到200毫米时，为一级预警。

当预警级别为三级、四级时，预警响应规程启动三级响应，即：在市防指农村分部办公室主任主持召开会商会议的基础上，启动四级农村除涝应急响应。①起草并下发四级农村除涝应急响应通知。②通知三级农村除涝应急响应相关人员上岗。③农村分部副指挥主持召开农村除涝会商会议，传达市防办会商会议精神，分析降雨、除涝形势，提出相应对策和要求。④督促检查各区县防办农村除涝应急响应工作开展情况。⑤及时收集整理全市农村除涝各有关单位工作情况，上报各级领导，并通报有关单位。⑥适时建议召开农村除涝会商会议。⑦起草下发农村除涝会商会议精神，并抓好落实。⑧做好扬水站开车排水及农田积水情况上报工作。⑨组织做好农村除涝检查工作。⑩及时通知蓟县防办做好山区水库巡查巡视。⑪组织做好农村除涝现场视频、图片等资料的采集整理。分部办公室及时将会商结果通报各区县防办，并报市防办。⑫向相关区县派出工作组，掌握一手信息反馈市防办，针对出现的险情，协调抢险技术指导组指导区县做好抢险工作。⑬各区县针对本区县制定的预警等级标准或接到农村除涝应急响应通知后，立即按照本区县农村除涝预案，启动本区县农村除涝应急响应，严格贯彻执行市防指的相关要求,并及时向农村分部办公室反馈信息。

当预警为二级时,启动二级响应,即:在市防指农村分部指挥主持召开会商会议的基础上,启动二级农村除涝应急响应。在三级农村除涝应急响应的基础上增加以下内容:①起草并下发二级农村除涝应急响应通知。②通知二级农村除涝应急响应相关人员上岗。③提请市防办给予农村除涝抢险队伍调动和物资的调拨,抢险技术指导。④提请市防办给予协调天津警备区、武警天津总队帮助做好一线抢险和帮助群众转移。⑤各区县针对本区县制定的预警等级标准或接到农村除涝应急响应通知后,立即按照本区县农村除涝预案,对应启动本区县农村除涝应急响应,并严格贯彻执行市防指的相关要求,并及时向农村分部办公室反馈信息。区县防办及时向市防指反馈信息,适时请求支援。

当预警为一级时,启动一级响应,即:在市防汛抗旱指挥部主持召开会商会议的基础上,启动一级农村除涝应急响应。在二级农村除涝应急响应的基础上增加以下内容:① 起草并下发一级农村除涝应急响应通知。②通知一级农村除涝应急响应相关人员上岗。③提请市防办启动市防指一级应急响应。④建议市防指召开防汛除涝会商会议,研究部署农村除涝工作。⑤提请市防指给予物资、队伍支援,并做好相关工作。⑥提请市防指发布农村除涝动员令,动员社会各界力量参加农村除涝工作。预警响应规程的出台,对天津市除涝工作和各区县除涝预案落实,起到了科学指导和积极防范作用。

2.编制《农村除涝主要排水矛盾的解决方案》

2004 年,农村分部办公室编制出《农村除涝主要排水矛盾的解决方案》。方案主要涉及王庆坨排干排水矛盾、大港十米河排水矛盾、静海县与大港区团泊排水渠排水矛盾、西青和津南大沽排污河排水矛盾等。解决方案原则:当事双方应当以促进共同发展为目标,本着互谅互让、团结协作的精神协商解决;要处理好上下游关系,下游理解上游,上游照顾下游,上游不得擅自加大下泄流量,下游不能设障阻水;发生排水矛盾时,当事双方首先应及时沟通,积极协商。协商不成,由市防指农村分部商有关单位协调解决;在处理矛盾时,要尊重历史沿革,以已有关协议和纪要为基本依据,通过协商妥善处理;协调单位以当事双方基本满意为原则,不能偏袒某一方。《农村除涝主要排水矛盾的解决方案》的实施,对于解决区县排水矛盾起到了主动协调和业务指导作用。

解决武清区王庆坨排干排水矛盾。由于武清区王庆坨地区的沥水,经王庆坨排干排至子牙河,与下游的北辰区上河头乡、西青区沿岸驻区单位发生排水矛盾。矛盾的焦点王庆坨镇建立了工业园区后,镇区内多数地面已经硬化,径流产生快,排水量加大且集中。下游在西青段有一卡口(公路边一个饭店),致使排水不畅,产生回流,对沿线单位产生了沥水倒灌的威胁。解决方案:请武清区防办协调王庆坨镇,视水情适当减小排量,以照顾下游排水通畅。西青区按照防汛工作属地管理的原则,责成沿线单位必须作好自保措施,最大限度减少淹泡损失和发生纠纷。

解决津南区、大港区十米河排水矛盾。十米河系大港区内重要排沥河道,是津南区与大港区的界河。矛盾焦点:由于十米河泵站及其自流闸隶属津南区管理,而十米河大部分区域位于大港区内,承泻大港区工农业沥水较多。若津南区管理的十米河泵站开车或十米河南闸适时提闸,首先要排除大港区大部分沥水后,才能排除津南区的沥水。津南区要求大港区应承担部分泵站开车费用。而大港区一直不愿意交纳相关费用。若十米河泵站不开车或十米河南闸不适时提闸,可能首先造成大港区农田和厂区发生沥涝淹泡。解决方案:两区应本着团结协作,上游下游勤沟通、上游照顾下游、下游理解上游的原则,协商解决排水矛盾。十米河、八米河均为津南、大港两区部分界河。在河道上建设工程或封堵河上涵洞,应经两区充分协商,达成一致意见。如事先未达成协议,工程已建,双方应尽快建立与约束双方行为的管理制度或规程。一方擅自建设工程或封堵涵洞,显然不利于解决矛盾。津南区在独流减河水位低于十米河水位时,大港区如有排水要求,应保证及时提闸,将十米河的水排入独流减河。当十米河水位低于独流减河水位时,确需泵站开车排水,津南、大港两区应根据事先商定好的、涉及各自排水面积分摊排水费用。

解决静海县与大港区团泊排水渠排水矛盾。静海县青年渠排水出口为团泊洼扬水站(6 台机组 21 米^3/秒),坐落于静海县、大港区交界处的马厂减河右岸。该站是静海县运河东部地区的主要排水设施之一,其沥水经大港区境内的团泊排干排入青静黄排水河。矛盾焦点:团泊洼扬水站的排量较大,而下游大港境内的团泊排干断面较小,堤埝薄弱、高程低、站渠能力不配套。扬水站大流量排放沥水时,有可能造成排干漫溢,淹泡甜水井村和排干沿线农田。解决方案:大港区防办要根据下游水位变化情况,与静海县防办及时沟通信息;静海县防办视下游水情和大港区防办的要求,控制团泊洼扬水站的排量;大港区防办视沥水排泄情况,在保证甜水井村安全的前提下,及时与静海防办沟通情况,根据排干过流能力,最大限度地增大排水流量,以减少静海县的沥涝损失;静海县防办增加团泊洼扬水站排量前,必须事先得在团泊洼排干内设障阻水,并加强堤埝维修维护。

二、除涝减灾

1991~1993 年,全市降雨属平偏枯年,全市汛期未出现大范围集中降雨,仅个别地区发生阵发性强降雨。汛期区县国有扬水站累计开车 9.09 万台时,排除农田涝水 8.67 亿立方米。

1994~1996 年,全市汛期出现连续集中强降雨,农田受涝面积较大。其中 1994 年受涝面积达到 61.2 千公顷;1995 年受涝面积达到 30.87 千公顷;1996 年受涝面积达到 84.67 千公顷。为应对严重的沥涝灾害,加强对中小水库、二级河道、国有扬水站检查维修;特别是对山区小水库适库检查,落实安全责任制,制订抢险和转移方案等;采取错锋排水,适时抢排等措施,全力排涝。其中1994年国有扬水站开车13.11万台时,排除农田涝水9.25亿立方米,使成灾面积降到40.4千公顷,为受涝面积的66%。1995年国有扬水站开车15万台时,排除农田涝水10亿立方米,使成灾面积降到17千公顷,为受涝面积的55%。1996年8月,海河流域发生了自1963年以来的最大洪水。天津市汛期平均降水量达415.7立方米,占年降水量的73%,为了确保城市安全,天津市对海河、蓟运河、州河分别采取禁排或限排,农田沥水不能及时排除,农田沥涝成灾面积较大。经过合理调度,采取各种排涝措施,全市受涝面积降到85.31千公顷,成灾面积66.51千公顷,且涝灾面积分布不均。蓟县、宝坻区、武清区、宁河县等受灾面积分别达30.24千公顷、11.67千公顷、20.6千公顷和8.36千公顷。

1996年,宁河县面对30年未遇的洪水侵袭,出动抢险人员14.5万人次,县武装部调动民兵4.9万人,动用草袋113万条、抢险车辆1200车次,动土40万立方米、开动扬水站87座,排除农田涝水2亿立方米,把农田涝灾损失降到最低限度。武清县在北京排污河上游来水量大的情况下,及时采取限排错峰排水措施,使农田受涝面积由33.33千公顷减少到25.83千公顷,成灾面积减少到13.13千公顷,最大限度地减少了灾害损失。宝坻县在蓟运河上游及本区连降大到暴雨的情况下,乡镇防洪大堤23处出现险情,36.67千公顷农田被淹,县指挥部及乡镇主要领导人带队抗洪抢险,组织排涝。经20多天奋战取得抗洪抢险,全县扬水站开车6274小时,耗电1445.15万千瓦时,排除沥水4.45亿立方米,使36.67千公顷受灾农田仅有9.09千公顷绝收,其余农田保证了5~9成收成。1996年全市国有扬水站开车23.75万台时,排除农田涝水20亿立方米,使成灾面积降到59.8千公顷,为受涝面积的70%。

2008年6月下旬~7月上旬,天津市连续多次发生较大降雨,造成部分区县河道水位偏高,部分农田积水。各区县开动扬水站点100余处,机泵300多台套,及时排除了大港、北辰、宁河、宝坻、东丽等区县13.33千公顷农田积水。

6月27日夜,北辰区普降大到暴雨,大张庄镇、双街镇、双口镇、北仓镇降雨量超过100毫米,达到大暴雨强度;上游地区武清南部梅厂镇、下朱庄镇降了特大暴雨,最大降雨量达到170毫米。暴雨造成机排河、郎园引河等二级河道水位暴涨,机排河水位达到3.39米,超过汛限水位(1.8米)1.59米。暴雨造成北辰区大张庄、双街、西堤头等镇5.3公顷农田积水,最大积水深度达到0.6米;机排河沿岸姚庄村、霍庄村、西堤头村河堤出现多处漫溢倒灌;双街镇、北仓镇部分居民区、村庄积水,开发区北区部分企业积水。雷电还造成大面积停电,部分泵站供电线路停电。灾情发生后,市防汛抗旱指挥部农村分部负责人亲临武清区灾情现场,协调武清区做好水源调度,为下游北辰区防汛抢险减轻压力。北辰区防汛抗旱指挥部负责人在第一时间赶到受灾较重的镇指挥防汛抢险工作。区人武部在2小时内集结了武警六支队官兵100名,民兵150人,驻军空军

93779部队官兵100人也赶赴现场，进行防汛抢险。经过3个小时的奋战，共加高堤防7处，长800米，保证了人民群众财产安全。有关部门调集11台潜水泵和1台发电机，运往双街镇协助排水；调运防汛抢险物资编织袋3万条，铁锨140把，协助西堤头镇抢险；排灌站所属国营泵站全部开泵，昼夜排水；二级河道管理所及时提闸闭闸，确保排水畅通。

6月下旬至7月上旬本市降雨是常年的2~3倍，致使大沽排污河连日高水位运行，沿河的险工险段随时面临着漫堤、溃堤险情。

7月6日18时30分，西青区境内大沽排污河跑水洼泵站下游200米处河道右堤出现决口险情。驻津舟桥部队一个连100名官兵，同区内50名民兵和有关部门干部职工紧急投入到堵口抢险的战斗。市有关部门及时赶赴现场指导抢险，协调西青防办及时关闭跑水洼泵站，调度闸涵泵站，将上游来水通过程村排水河和津港运河分流。7日零时，决口终于被彻底封堵，确保了市区排水安全。

7月14日22时~15日8时，东丽区普降大暴雨，12小时平均降雨量达90.2毫米，最大达110毫米。面对突如其来的大暴雨，东丽区立即启动《防汛预案》，全力提闸、开泵排水，组织抢险队伍，车辆、物资到位，随时做好抢险准备。对危漏房屋，立即进行全面清查，组织群众转移，确保人身安全；对化工危险品仓库进行深入检查，采取应急措施，确保不发生泄漏，不出现安全事故。

8月26日2时30分，东丽区再遭强暴雨的袭击，全区普遍降雨量达120毫米，最大降水量达204毫米。强降雨造成4.93千公顷农田积水，平均积水深度30~40厘米。东丽区立即启动应急预案，全区各单位立即全员上岗，组织排水。区武装部调配150余名驻区部队官兵，赶赴排水任务较重的泵站帮助清除排水障碍，保证河道排水通畅。强降雨当天，居民区、企业和大部分农田的积水就已基本排除。至8月28日下午，农田积水全部排除。

表7-3-2-126　1991~2010年天津市防汛除涝排水情况表

年份	受涝面积(千公顷)	成灾面积(千公顷)	开泵(万台时)	排水量(亿立方米)
1991	19.05	11.62	7.59	
1992	3.04	0.79	1.2	7.42
1993	0.89	0.42	0.3	1.0
1994	91.8	60.6	13.11	0.25
1995	46.3	25.5	15.00	9.25
1996	127	89.7	23.75	10.00
1997	0	0	0	0
1998	39.01	25.23	16.00	0
1999	0.42	0	0.80	12.00

年份	受涝面积(千公顷)	成灾面积(千公顷)	开泵(万台时)	排水量(亿立方米)
2000	0.55	0.35	0.40	0.60
2001	0.03	0.52	0.50	0.20
2002	16	0.03	0.01	0.350
2003	16	11.47	8.00	0.03
2004	0	0	0.65	6.00
2005	0	0	0.15	0.50
2006	0	0	0.70	0.15
2007	0	0	0.60	0.60
2008	2.7	1.38	7.80	0.40
2009	1.4	0.1	8.50	4.00
2010	0	0	0	6.00
总计	364.19	227.71	105.06	58.75

第四章 水土保持

天津市水土保持工作始于1949年,从山区向平原,由点到面,力度不断加大。1991年6月29日《中华人民共和国水土保持法》颁布,至2003年,天津市水土保持工作重点围绕蓟县于桥水库周边进行小流域治理,先后实施了水源涵养、生态修复项目、京津风沙源治理工程、水源保护工程等山丘区水土保持及生态治理工程。2003年以后,依据国家水土保持相关法律法规,水土保持工作扩展到平原区和城区。2004年,天津市第一次进行全市水土流失面积、水土流失类型、水土流失程度及水土流失分布情况的调查,在此基础上,2005年制定《天津市水土保持规划》(2005~2020年)。依据水土保持相关法律法规,开展全市平原、城区、城市开发建设项目水土保持方案的编报、审批行政执法工作,水土保持工作走向规范化、法制化轨道。

1991~2010年,天津市累计投入水土保持项目资金8960万元,在蓟县建设各类水土保持设施12090处,累计治理水土流失面积46.43千公顷。项目区林草面积达到宜林宜草面积的80%以上,于桥水库综合污染指数明显下降,水库水质明显改善。全市完成63项开发建设项目水土保持方案的审批。水土保持方案计划总投资32517.86万元,防治责任范围9064.8公顷。

第一节　水土流失治理

一、水土流失

天津市水土流失主要发生在蓟县的山丘区、平原及滨海地区，有较轻微的水力侵蚀和一定程度的风力侵蚀。蓟县山丘区，陡坡面积比重较大，地形破碎，沟谷纵横，植被覆盖率较低，遇强降雨极易造成严重水土流失。

1986年，天津市水利局组织蓟县水土保持工作站对蓟县山丘区水土流失综合因子进行调查，调查结果：山丘区水土流失面积514平方公里，其中中度水土流失面积242.61平方公里，占47.2%；轻度水土流失面积115.65平方公里，占22.5%；强度水土流失面积为61.68平方公里，占12%；其余为微度。

2002年，水利部组织全国进行第二次水土流失遥感调查时，天津市蓟县山丘区水土流失面积已减少到408.14平方公里。其中轻度水土流失面积312.6平方公里，中度水土流失面积86.57平方公里，强度水土流失面积8.97平方公里。

2004年，进行第三次全国水土流失遥感调查，天津市第一次进行全市水土流失面积、水土流失类型、水土流失程度及水土流失分布情况的调查。调查结果：天津市水土流失面积623.66平方公里（包含微度），占全市土地总面积的4.39%。其中轻度水土流失面积457.65平方公里，中度水土流失面积153.08平方公里，强度水土流失面积12.93平方公里。水土流失分布：全市水土流失现象最严重的是蓟县山丘区，水土流失面积为495.1平方公里，占全市水土流失面积的79.4%；大港区水土流失面积为29.39平方公里，占全市水土流失面积的4.7%；塘沽区水土流失面积为27.52平方公里，占全市水土流失面积的4.4%；静海县水土流失面积为15.21平方公里，占全市水土流失面积的2.4%。全市水土流失程度以中轻度为主，山丘区有中度侵蚀面积111.74平方公里，占全市中度侵蚀面积的73%。平原地区、城区（包括中心城区、区县所在地和开发区）水土流失程度以轻、微度为主。随着市场经济的发展，开发建设项目增多，施工中乱挖、乱采、乱扔、乱倒现象严重，破坏了地表植被，造成新的水土流失。局部开发建设区存在中度、强度水土流失现象。天津市土壤侵蚀类型主要是水力侵蚀，平原地区、滨海地区在冬春季有风力侵蚀存在。

天津市水土流失虽然不很严重，但潜在着严重的水土流失危害。山丘区水土流失，使土壤厚度逐年减少，大量肥沃的表层土壤流失，土壤肥力下降，导致土地生产力降低。至2010年，蓟县许家台、逯庄子等乡镇部分山坡由于土壤沙化，土层变薄植树成活率不足30%。山丘区地面产生水土流失时,将地面污染物一同带入水库和河流,造成于桥水库营养物质大量增加,直接影响城市水源的水质。

表 7-4-1-127 2004 年天津市水土流失面积及其分布 单位:平方公里

项目	水土流失程度			
	轻度	中度	强度	合计
天津城区	0.12	--	--	0.12
塘沽区	20.84	6.68	--	27.52
汉沽区	12.34	--	--	12.34
大港区	10.03	19.36	--	29.39
东丽区	8.90	--	--	8.9
西青区	3.33	7.14	--	10.47
津南区	0.51	1.93	--	2.44
北辰区	3.37	--	--	3.37
蓟县	370.43	111.74	12.93	495.1
宝坻区	6.97	2.30	--	9.27
武清区	1.31	--	--	1.31
宁河县	8.22	--	--	8.22
静海县	11.28	3.93	--	15.21
合计	457.65	153.08	12.93	623.66

二、治　理

(一)山丘区水土流失治理

天津市山丘区水土流失治理主要在蓟县,1991~2010 年,天津市累计投入水土流失治理资金 8960 万元。其中国家投入资金 2000 万元,市财政专项补助资金 2980 万元,蓟县自筹 3980 万元。完成水土流失治理面积 46.43 千公顷,其中基本农田 2.45 千公顷、经济林 4.66 千公顷、水保林 9.68 千公顷、封禁治理 29.64 千公顷、小型水保工程 12090 处。

1991 年,蓟县被水利部列入全国第 14 片水土流失重点治理区,即滦河上游(包括于桥水库)水土流失重点治理区。天津市水利局编制《1991~2000 年于桥水库周边水土保持规划》,规划原则:山、水、林、田路综合治理,生物与工程措施并举,近期效益与远期效益结合,以乡为单位,以小流域为单元集中连续治理。1991~1995 年,依据规划围绕于桥水库周边,集中治理了于桥水库南岸西龙虎峪燕各庄、五百户的望花楼、于桥水库北岸穿芳峪的果香峪等小流域。每年治理面积 20 平方公里,投资 180 万元。1996~2000 年,山丘区的治理仍然依据《1991~2000 年于桥水库周边水土保持规划》与山丘区农田基本建设结合,冬春农田水利基本建设在山坡修建梯条田、挖鱼鳞坑，春天水土保持工程实施种植水土保持林，围绕于桥水库周边，以山坡建设梯田、防护林、进行坡面治理，以浆砌堰坝、石谷坊为主治理沟道，以修建小水库、塘坝、蓄水池、建小型集雨微蓄水工程（小水窖）为水保防护保障，每年治理面积 8~15 平方公里，连续治理了于桥水库南岸西龙虎峪燕各庄、五百户的望花楼、于桥水库北岸穿芳峪的果香峪等小流域。

1991~2001 年，投资 1840 万元，治理水土流失面积 27.15 千公顷。其中，基本农田 1.35 千公顷、水保林 5.43 千公顷，封禁治理 17.64 千公顷、经济林 2.73 千公顷、建谷坊坝 6100 条，蓄水水窖 76 座。

2001 年，天津市根据国务院批复水利部编制的全国水土保持治理规划的要求，开始下达年治理水土流失 15 平方公里的任务，治理投资由原来小型农田水利费中每年 50 万元提高到每年 100 万元。

2002 年，蓟县被国家列入生态县，天津市借国家建设生态重点县为契机，以在蓟县实施国家水保生态重点工程为机遇，加大治理力度。在蓟县山丘区实施退耕、禁牧、封育、飞播等措施，保护大面积的植被。水土保持工程在封禁区内植被得到恢复的小流域的下营乡的西大峪、马神侨乡的大峪、罗庄子乡的和兴南等小流域实施坡脚种植经济林、支沟干砌谷坊坝、主沟道浆砌谷坊坝生物措施与工程措施结合，水土流失形成层层拦截，提高了生物多样性，减轻了水土流失，使远山高山、近山水土流失都得到治理。

2003 年，水土保持工程开始结合京津风沙源治理工程进行，至 2010 年完成 7 条河道小流域综合治理，面积达 6000 公顷。京津风沙源工程中，水利水土保持工程项目总投资 6570.8 万元。累计修建塘坝 80 座、水池和水窖 271 座、整修梯条田 34 公顷、建谷坊坝 666 条。打井 249 眼，总蓄水量达 1079.46 万立方米；铺设节水管道 157.4 公里，配套微灌设施 749 处，节水面积达 5.28 千公顷。

2006 年起，随着蓟县山丘区休闲旅游业快速发展，农村污水、生活垃圾污染日趋严重。污水就地排放，垃圾大部分堆放在沟道、水渠等流水通道，汛期极易进入下游河床造成污染。为了有效治理农村污水、垃圾的污染，天津市及时启动了生态清洁型小流域建设。2006~2010 年，在蓟县安装污水处理设施 2 套，建设垃圾掩埋厂 2 座，污水处理系统 4 套；配备垃圾箱 80 个；垃圾清运车 3 辆；村庄绿化 9250 平方米。建成黄土梁子、西大峪、果香峪等 3 个清洁小流域。

2002~2010 年，投资 7120 万元，治理山丘区水土流失治理面积 19.28 千公顷。其中基本农田 1.1 千公顷、经济林 1.93 千公顷、水保林 4.25 千公顷、封禁治理 12 千公顷。维修和新建小型水保工程 5914 处。

（二）平原区、城区水土流失治理

从 2003 年开始，随着水土保持工作的深入，天津市水土保持由山丘区扩展到平原区、城区。平原区、城区水土流失治理内容是预防监督、控制减少新的水土流失。至2010年,平原区、城区21个开发建设项目单位在建设中实施水土保持工程，水土保持方案总投资13597.49万元,防治责任范围2679.53公顷。

表7-4-1-128 1991~2010年蓟县山丘区水土流失治理面积及投资表

年份	新增治理面积(千公顷)	治理工程项目					投资(万元)			
		基本农田(千公顷)	经济林(千公顷)	水保林(千公顷)	封禁治理(千公顷)	小型水保工程(处)	总投资	国补	市补	自筹
1991~2001	27.15	1.35	2.73	5.43	17.64	6176	1840	300	620	920
2002~2010	19.28	1.1	1.93	4.25	12	5914	7120	1700	2360	3060
合计	46.43	2.45	4.66	9.68	29.64	12090	8960	2000	2980	3980

第二节 水土流失预防监督

一、颁布法律法规文件

遵照《中华人民共和国水土保持法》的要求,1993年3月8日,蓟县人民政府发布实施《蓟县贯彻〈中华人民共和国水土保持法〉实施办法》,9月14日,蓟县人民政府转发县水利局《关于办理水土保持许可证和缴纳水土流失防治费的意见》的通知。1995年1月18日,天津市政府颁布了《天津市实施〈中华人民共和国水土保持法〉办法》,1997年11月13日,天津市政府批转市水利局拟定的《天津市水土保持设施补偿费、水土流失治理费征收使用管理办法》。2004年9月,天津市重新颁布了修改后的《天津市实施〈中华人民共和国水土保持法〉办法》。

二、预防监督

1991年6月29日,《中华人民共和国水土保持法》颁布实施后,天津市预防监督工作首先在蓟县山丘区开展。1998年12月28日,蓟县人民政府下发水土保持重点监督区、重点治理区和重点保护区“三区”划分公告。县水土保持监督检查站对全县山区200多个集体和个体矿山企业进行监督,查处违法案件,1998年开始每年办理水土保持项目开发建管许可证,对开发建设项目和采矿业进行摸底、填表,办理水土保持许可手续。在做好水土保持“两费”征缴使用工作的同时,重点抓好蓟县境内的大中型矿山企业、开发建设项目和电力企业的水土保持方案报告制度,审批了部分大中型矿山企业、开发建设项目和电力企业编报的水土保持方案,人为水土流失状况得到有效控制。

从2003年开始，天津市水土保持预防监督工作，在全市范围开展。全市范围内有计划、有重点、分层次组织开展各种形式的水土保持宣传教育活动。每年的世界水日、《中华人民共和国水土保持法》颁布纪念日都举行大型的宣传活动，增强全社会水土保持国策意识和法制观念。在天津日报、今晚报、天津电视台、广播电台和互联网等媒体广泛开展水土保持科技宣传和推广活动。每年还举办2~3次专业培训班，讲授水土保持法律、法规知识及行政执法技术、技巧。组织水土保持监督工作经验交流活动，总结推广水土保持监督工作经验，提高水土保持工作水平。

天津市还运用行政、法律及经济手段，加强预防监督。水土保持工作人员深入开发项目建设单位，通过执法检查等形式，对开发项目建设单位进行水土保持法律、法规落实情况进行监察，并现场指导开发项目建设单位开展水土保持工作。2003~2010年，监督检查199次，查处违法案件10件，检查项目数量25项。

天津市严格执行“一方案，即开发建设项目水土保持方案；两费，即水土保持设施补偿费、水土流失治理费；三权，即监督权、收费权、审批权；三同时，即同时设计、同时施工、同时验收投产使用”规章制度。2003~2010年共编制水土保持方案63项，防治责任范围90.64平方公里，减少水土流失量198万吨；共收缴补偿费征收264.4万元。2007~2010年验收合格的水土保持项目14个。

第三节 水土流失监测

天津市水土流失监测工作始于1984年。1984~2006年，天津市水土流失监测重点在蓟县。2006年以后，平原城区逐步开展了水土流失监测工作。

一、山丘区水土流失监测

1984年在蓟县境内建设了蓟县城关白马泉、下营乡西大峪、许家台乡田家岭、穿芳峪乡新水厂径流观测站。1989年建设了西龙虎峪乡燕各庄径流观测站。上述5处径流观测站控制面积分别为0.12平方公里、1.49平方公里、0.39平方公里、0.084平方公里、0.38平方公里。在白马泉观测站有4个面积为100平方米的径流小区和薄壁型三角堰、矩形堰、巴歇尔量水槽。各观测站(点)的监测设施主要是自记雨量计、自记水位计，在蓟县水保站设有理化性质化验室一处，可及时化验泥沙水样，分析泥沙资料。通过1984~1988年5年对观测资料整编分析推算出蓟县山丘区土壤侵蚀模数为每年每平方公里600吨，入于桥水库的泥沙量为每年300多吨。1990年以后天津市连年干旱，径流站产流次数减少，观测资料不完整。2000年以后，新水厂径流站的林草植被覆盖率达到60%~70%,小流域基本达到降雨不产生径流;2004年,由于许家台乡开发建设项目开山采石活动使田家峪径流站受到破坏;2005年,蓟县城区改造白马泉站被拆除,导致资料缺失,失去使用价值。

2000年后,遥感影像技术应用到水土流失监测中。2000年、2002年、2004年,通过遥感影像资料转化、判读等进行区域性土壤侵蚀情况的监测,绘制了土壤侵蚀强度分区图,分析掌握了侵蚀面积、强度变化情况。2002年遥感调查结果是:蓟县山丘区水土流失面积已减少到408.14平方公里。其中,轻度312.6平方公里,中度86.57平方公里,重度8.97平方公里。2004年遥感调查:蓟县水土流失面积395.1平方公里,其中轻度370.43平方公里、中度11.74平方公里、重度12.93平方公里。

2006年,进一步完善了蓟县山丘区各监测场(点)的监测设施和设备配置。2008年在试验区黄土梁子建一处径流观测站,观测站由4个面积为100平方米的径流小区组成。2010年已具有一定规模。建成使用的监测设施包括:水蚀监测点5个、风蚀监测点1个、径流小区7个、径流堰5个。拥有的监测设备主要是人工或半自动方式监测水蚀、风蚀和重力侵蚀以及背景因子的设备,能够开展降水、气温、蒸发、土壤水分等项目的观测,包括自记水位计、自记雨量计、雨量筒、积沙仪、GPS、全站仪等。各监测站能够初步开展水蚀、风蚀及重力侵蚀的常规监测、遥感监测、调查统计、巡测等工作。

二、平原区、城区水土流失监测

根据《中华人民共和国水土保持法》和《水土保持生态环境监测网络管理办法》,天津市于2001年4月成立天津市水土保持生态环境监测总站,为一级站,负责组织开展全市水土保持监测工作。2006年天津市水土保持生态环境监测总站获得水利部颁发的水土保持监测甲级资格证书。

根据水土保持法及水利部水土保持监测中心的要求,天津市于2004年和2006年发布了水土保持监测公报。公报主要内容为:水土流失概况、水土保持预防监督、综合防治、生态修复和监测预报(包括站网建设)等方面所取得的成效和主要特点、国家重点工程实施情况、开发建设项目水土保持监测情况、重要水土保持事件。

平原区、城区水土保持监测工作重点是大中型开发建设项目水土保持监测。开发建设单位请有水土保持监测资质机构,按照开发建设项目水土保持方案确定的监测内容、方法、时段、频次开展监测工作。2006~2010年,先后对南水北调中线一期天津市境内配套工程应急施工段、天津东郊500千伏变电所相关输变电工程、天津北疆电厂送出工程以及天津市北大港水库除险加固工程等20个项目进行了水土保持监测。开发建设项目水土保持监测针对工程施工或运行中易造成水土流失的弃土弃渣场、施工道路、土石料堆放处等部位，初始时段主要监测项目造成新的水土流失情况，建设项目占地和扰动面积、挖填方数量及面积，弃土弃渣及堆放，项目区林草覆盖率等。工程实施时段监测各类防治措施的数量和质量，林草措施的成活率、保存率、生长情况及覆盖率。项目竣工时段监测水土保持措施防治效果。监测工作的实施，促使开发建设单位重视边施工边治理水土流失工作，最大限度地控制了开发建设项目造成新的水土流失。

天津市志

农业志

（下）

1991—2010

天津市地方志编修委员会办公室
天津市农业农村委员会
编著

方志出版社
Publishing House of Local Records

天津市志·农业志（下卷）目录

第十篇　乡镇企业

第十一篇 农民教育与培训

第十二篇　农业高等教育

第十三篇 农业科技

第十四篇　人　物

第八篇

农业气象

20世纪90年代至2010年，天津市的气候处于偏暖偏旱状况。气温较之前平均气温明显偏高，2007年是20世纪70年代以来最暖的一年。降水较之前也有减少，2002年降水量是20世纪70年代以来最少的一年。天津的气候状况总体呈现出气温偏高、降水偏少、春来早、秋去迟、夏高温、冬少严寒、总体积温增加、农作物生长期延迟等特点。天津的农业气象灾害主要有旱涝、冰雹、大风等。20世纪90年代至2010年由于大多数年份降水不多，所以旱灾时有发生，涝灾大多是局地暴雨沥涝，洪涝灾害严重的是1996年，这一年海河流域发生大洪水，天津市西青、静海等地农田被淹。

天津市气象部门紧密结合天津市农业结构调整和现代都市型农业的特点，以为农村经济发展服务为中心，以增强气象为农村经济发展的保障能力为重点，全力做好为农气象服务工作。市气象局先后制定了《关于加强为社会主义新农村建设服务的实施意见》《关于贯彻落实〈中共中央关于推进农村改革发展若干重大问题的决定〉的实施意见》《积极推进我市设施农业气象监测与服务工作实施方案》等，组织全市气象部门将为农服务各项措施落到实处，积极推进政府主导、部门联动、社会参与、覆盖城乡的气象防灾减灾体系建设。

自20世纪90年代以来，天津市的气象灾害监测能力明显加强，全市13个国家气象观测站将人工气象观测全部改建成自动气象观测，并增加了固态降水和雪深自动观测功能。在全市226个乡镇、街区建设区域自动气象站，建有土壤水分自动观测站30个，设施农业小气候自动观测站5个，新增紫外线、能见度、潮位等特种观测，酸雨观测站由1个扩展到3个，新建3个海上观测自动站、3座风能观测塔等。先后建成车载气象观测系统和大气成分观测系统，改造完善大气边界层观测站，观测内容增加大气成分。精细化天气预报预测能力和水平不断提升，建成区域数值预报系统、全市天气视频会商系统、重大天气个例库系统以及海洋气象、流域水文气象、流域短期气候预测等业务平台。2007年，建立天津市精细化乡镇预报产品制作平台，依托数值天气预报模式系统，每天两次制作全市各乡镇气象要素预报和灾害性天气预报，随时发布突发气象灾害预警。2008年，对乡镇天气预报系统进一步开发，建立天津市完整的乡镇气象要素资料库，开发全市精细预报产品发布平台，实现乡镇天气预报的及时发布。气象信息网络系统得到升级，在线信息存储能力达到100TB(百万兆)以上。气象服务系统建设不断加强，气象影视制作系统升级换代，手机短信、专业网站、乡镇电子显示屏等气象信息传媒不断更新。在全市各区县建立气象灾害防御志愿者队伍，农村气象协理员与信息员已达3000余人，基本达到每个乡镇有1名气象协理员，各行政村至少有1名气象信息员，这支队伍在气象灾害预警信息传播、气象灾情收集、气象科普宣传等方面发挥了重要作用。全市人工影响天气作业指挥系统不断完善，除高炮、火箭增雨设施外，还独立开展飞机增雨作业。

气象部门建立了市级有天津市生态与农业气象中心，区县有农业气象观测与服务业务机构的农业气象服务体系，围绕天津农业结构特征和特色农业、设施农业、生态农业对气象服务的需求，深入开展农业气象研究，气象为农服务的专业化和针对性不断加强，设施农业气象服务技术达全国领先水平。针对大田农作物、经济作物、设施温室蔬菜等，提供包括农业气象情报预报、农业气象灾害预警、农业遥感监测、生态气象质量评估等多种类型的气象服务产品。同时，还开展农业气候资源调查分析和利用评价。天津的农业气象业务已经形成对农作物产前、产中、产后，从监测、预报到评估较为系统的气象为农服务体系，在农村防灾减灾、保障农民生命财产安全和促进农村经济发展中发挥了重要作用。

第一章 农业气候资源及气象灾害

天津地处暖温带半湿润半干旱季风气候区，冬季受蒙古冷高压前部控制，盛行西北风；夏季主要受西北太平洋副热带高压西侧影响，多偏南风。天津季节变化明显，春季干旱多风，冷暖多变；夏季高温多雨，水热共济；秋季天高云淡，风和日丽；冬季寒冷干燥，雨雪稀少。

第一节 光 照

一、太阳辐射

天津市地处中纬度，太阳辐射总量年平均为 4935 兆焦耳/平方米（以天津单站实测资料为准，下同）。按照太阳能丰富程度，中国划分为五类区域，天津市属第三类地区，太阳辐射比较丰富。由于天津市地域面积不大，太阳总辐射的年际变化远远大于地区差异。以市区为例，年总辐射量最多的是 1965 年，年总辐射量达到 5932 兆焦耳/平方米。而最少的 1995 年，年总辐射量仅有 3758 兆焦耳/平方米，二者相差 2174 兆焦耳/平方米。1991 年至 2010 年年辐射总量平均为 4885.35 兆焦耳/平方米。

天津市春、夏两季太阳辐射能最丰富，分别为 1613 兆焦耳/平方米和 1700 兆焦耳/平方米；秋季次之，为 1051 兆焦耳/平方米；冬季最少，仅 510 兆焦耳/平方米。年内各月中，5 月太阳总辐射最强，月平均太阳总辐射为 645 兆焦耳/平方米。1 月最弱，仅为 210 兆焦耳/平方米。天津地区太阳辐射的季节变化与气温大体相似，稍有不同。月总辐射的最大与最小分别出现在 5 月和 1

月，而月平均气温稍滞后一些，最高与最低分别出现在7月和1月。另外，5至7月气温呈上升趋势，辐射则相反。这是因为进入雨季后，空气中水汽含量和天空云量增多，使总辐射量相对减少。

二、日　照

1.可照时数

可照时数是指太阳光在一天内直射某地的最长时间。天津地区年可照时数约4436小时，各区县相差不超过1~2小时。各季节可照时数的变化较大，春季达1207.6小时，日长最长时一天可达15小时（日长是指一天中太阳可以照射的时间）；冬季为895.3小时，日长最短时一天仅有9小时左右。6月、7月可照时数最长，每月达450小时；11月至翌年2月可照时数最短，每月约300小时。

2.实照时数

实照时数也称日照时数，即太阳实际照射到的小时数。天津各区县1981~2010年年平均实照时数为2280~2730小时。沿海一带是日照丰富地区，其中汉沽区最多，为2730小时，大港区次之。市区日照最少，为2280小时。实照时数的年际间区别很大，以天津气象站为例，从1958年至2011年，实照时数最多的为1968年，达到3098小时，最少的2003年仅为1994小时，相差1104小时。 各季节的实照时数也有很大不同，一般春、夏季实照时数最多，秋季次之，冬季最少， 这种状况与太阳辐射的季节分布一致。天津各区县一般4~6月平均日照时数最多，为236~259小时。7~8月，雨季来临，天空云量增多，日照时数也相应减少，月平均日照时数降至206~209小时。9月份日照时数稍有增加，10~11月月平均日照时数约206小时，12月月平均日照时数降至163小时，是全年的最小值。

3.实照时数的变化

21世纪以来，天津市大气能见度明显降低，实照时数不断减少。2001~2010年全市平均年总日照时数为2300小时，较1971~2000年平均少320小时。各区县均在减少，市区减少最多，达532小时。6~9月的夏茬作物生长季，2001~2010年全市平均日照时数为772小时，较1971~2000年的929小时减少157小时。9月至次年5月的冬麦生长季，2001~2010年全市平均日照时数为1731小时，较1971~2000年的平均1919小时减少188小时。其中塘沽区减少最多，达325小时；东丽区减少最少，为52小时。

第二节 气 温

一、年平均气温

天津市的气温基本是由北向南逐渐增高。天津市区、塘沽区的气温比周围郊区高,也比南部的静海等地高,城市热岛效应明显。气温最高的是天津市区,最低的是地势低洼的宝坻县。各区县多年平均气温的差异不大,区县间气温差异不超过 1.7℃。全市年平均气温为 12.6℃,年平均气温最低值出现在 1969 年,最高值出现在 2007 年。市区和蓟县气温变幅较大,年际之间最大差值为 3.5℃。20 世纪 80 年代中后期以来,在全球增暖的气候背景下,天津的气温也明显升高。1961~2010 年间平均气温呈波动上升趋势。

二、季和月平均气温

冬季是最冷的季节,各区县冬季平均气温为-0.7~-3.0℃,季内 3 个月的平均气温都在零度以下,1 月最冷,月平均气温-2.4~-5.0℃。春季平均气温 12.7~14.2℃,春季是全年中温差最大的季节,气温多变。夏季是天气最热的季节,季平均气温 25.0~26.2℃,季内 3 个月月平均气温均在24℃以上,一般 7 月气温最高,月平均气温为 26.1~27.2℃。秋季冷气团开始活跃,气温逐渐降低,季平均气温 12.1~14.2℃,气温下降最快的是 10 月至 11 月。

2001~2010 年各季节、各月的平均气温都高于 1971~2000 年的平均值,四季中尤以春季为最,其次是冬季、秋季,夏季变幅最小,气候增暖现象明显。

三、极端最高与最低气温

天津市各区年极端最高温出现在汉沽(39.7℃);各县的年极端最高温出现在蓟县(41.7℃)。沿海的区县相对低些,极端最高气温的历史极值均出现在 7 月。全年日最高气温大于 35℃的高温日数平均每年 2.4~10.7 天,南部和中西部地区气温达到 35℃以上的日数较多,塘沽、汉沽及宁河 35℃以上的高温日数较少。1991~2010 年 20 年间,天津市的极端最高气温出现在蓟县,高达 41.7℃(1999 年 7 月 24 日)。

天津市各区年极端最低气温极值出现的时间,62%出现在 1 月份,38%出现在 2 月份。全市极端最低气温的年际差异很大,因此每年冬季寒冷程度差异很大,市区 1966 年极端最低气温达-22.9℃,而 1995 年极端最低气温仅-8.4℃。从 1951~2010 年间,极端最低气温在-10.0~-20.0℃之间的年份有 53 年,占 88.3%,极端最低气温在-10.0℃以上或-20.0℃以下的年份仅 7

年。1991~2010 年 20 年间，天津市的极端最低气温出现在汉沽区，最低气温达-22.5℃（2010 年 1 月 6 日）。

四、积温

1.初终期及积温值

积温是指一段时间内的累积温度。积温的多少决定了农作物生长期的长短，是气候资源的重要内容之一。日平均气温稳定维持在 0℃以上的时期为一般农作物生长期，日平均气温稳定维持在 10℃以上是喜温农作物的生长期和一般农作物的积极生长期。天气的突然变化往往对农作物造成不同程度的伤害。因此，0℃和 10℃就成为衡量农作物生长期的重要温度界限，并用“稳定通过”来确定界限温度的初终期。“稳定通过”是指任意连续 5 天的日平均气温再没有比界限温度低（或高）的情况，此时段开始的日期为初日，结束的日期为终日。

天津日平均气温稳定通过 0℃的初日一般在 2 月下旬到 3 月初，终日平均在 11 月底到 12 月初。各区县初终日之间的天数（农作物生长天数）以宝坻县最少，为 270 天；市区和武清稍多，为 285 天。各区县积温年平均为 4514~4869℃。天津日平均气温稳定通过 10℃以上的初日出现在 4 月上旬前期，终日在 10 月末或 11 月初，初终间日数（喜温农作物的积极生长期天数）为 203~208 天。各区县积温为 4116~4428℃。北部地区的宝坻县稍少，市区、武清较多。

2.达到 80%保证率的农作物生长期

达到“80%保证率”的农作物生长期也叫 80%保证的农作物生长期，全市各区县在 275~290 天之间，稳定通过 0℃的积温为 4603~4936℃。喜温农作物生长期在 207~215 天之间，稳定通过 10℃的积温为 4238~4540℃，南北部差异与平均情况基本一致。

3.变化

1991~2000 年，天津市稳定通过 0℃的初日比 1961~1990 年平均提前 10 天，终日的变化较小。初终日之间的天数一般延长达 10 天。1991~2000 年天津市稳定通过 10℃的初日比 1961~1990 年平均提前 3 天，终日后延 2 天，10℃以上的持续天数延长 5 天。20 世纪 90 年代以来，天津市气温趋升，春来早，秋去迟；夏有高温，冬少严寒；生长期延长，总积温增加。

第三节　降　水

一、年降水

1981~2010 年天津市各区县平均年降水量为 538.1 毫米。降水最多的是 1987 年，年降水量为755.2毫米；降水最少是2002年，年降水量为346.5毫米。各区县中，蓟县年平均降水最多，达615.3毫米，其次是宁河和宝坻；沿海地区中塘沽区雨量相对较多。蓟县1996年降水最多，年降水量达1001毫米。津南区1989年降水最少，年降水量仅244.5毫米。天津各地区降水的年际差异远大于地区间的差异，1981~2010年期间全市年平均降水量最多和最少相差408.7毫米。具体到一个测站差别更大，以蓟县为例，降水量最多时达1001毫米（1996年），最少时仅323.4毫米（2002年），相差3倍多。降水的不稳定性容易引起旱涝灾害，造成不同的农业年景。据农业气候区划，天津80%的年份能保证的降水量为450~550毫米。市区、津南、西青、武清、静海以及东丽在450~470毫米之间，蓟县、宝坻、宁河为500毫米以上。

二、月和季降水

天津全年月降水量分布基本呈单峰形，降水最多的是7月，其次为8月，即7~8月为主汛期。降水最少的是1月，降水的多少与气温的高低基本同步，这种水热同季的特点对农业生产很有利。10月至次年5月底，期间长达8个月，而总雨雪量仅占全年总量的22%；6~9月虽仅4个月，却集中了全年降水量的约78%。降水量夏季最多，冬季最少，秋季多于春季；春夏秋冬各季降水占全年总量百分率分别为13%、68%、16%、2%。以市区为例，降水日数（日降水量≥0.1毫米）春夏秋冬各季节分别为17天、28天、12天、6天，与降水量季节分布相似。

天津降水的集中性除表现在年降水量主要集中在夏季之外，还表现在夏季降水多集中于几场暴雨中。由于降水集中，强度较大，暴雨过后极易造成局地涝灾。

三、2001~2010年的变化趋势

2001~2010年，天津各地年平均降水量都比1971~2000年的年平均有所减少，全市平均减少近50毫米。境内以蓟县和宝坻减少最多。减值最小的是大港区，平均减少0.6毫米；减值最多的是蓟县，平均减少99.1毫米。

天津的降水夏季减少的最明显，冬、春季变化不大，秋季降水反而有增加的趋势。其中夏季北部地区减少明显，减少最多的是宝坻，平均减少23.7%，其次为蓟县和武清；秋季全市各区县降水均有增加，市区、北辰、武清、宁河、大港和汉沽增加值都超过20%。2001~2010年6~9月的夏播农作物生长期，全市各区县降水量较前期减少。越冬农作物生长期（9月至翌年5月）全市各区县降水均有增加，而东部沿海地区降水量增加较明显。这种变化，对天津市的冬小麦生长是有利的。

第四节 风

一、风向风速

天津地区主要受季风环流影响，季节变化较大。风向随季节变化明显，冬季盛行西北风，夏季盛行东南风，春、秋季节以西南风或东南风为主。在季节交替时，风向多变。据天津西青气象站资料统计，1981~2010 年年平均风速为 2.4 米/秒，从 1961 年以来年平均风速呈明显的下降趋势。20 世纪 60 年代至 70 年代风速普遍较大，大多数年份平均风速均达到或超过 3.0 米/秒，但从 1982 年开始，平均风速低于 3.0 米/秒，呈减小的趋势。春季 3~5 月是一年中风速最大的季节，各月平均风速分别为 3.0 米/秒。冬季（12 至翌年 2 月）平均风速为 2.3 米/秒，夏季（6~8 月）和秋季（9~11 月）平均风速为 2.1 米/秒。

二、风能资源

风能是根据有效风速划分的，3 米/秒以下的风基本不能利用，20 米/秒以上的风会带来风灾，不容易利用，故有效风速是指 3~20 米/秒的风速。春季（3~5 月）是风能最多的季节。天津可分为 4 个风能资源区，①风能资源丰富区，主要在天津东南部的塘沽、汉沽、宁河和大港等沿海地区，风能密度在 140 瓦/平方米以上，全年有效风速的累积小时数为 5500 小时以上；②风能资源较丰富区，主要在宝坻，风能密度在 100 瓦/平方米~140 瓦/平方米，年有效风速的累积小时数为 4800~5500 小时；③风能资源可利用区，主要在武清区、北辰区、津南区、东丽区、西青区、市区、静海县一带，风能密度在 50 瓦/平方米~100 瓦/平方米，年有效风速的累积小时数 3000~4800 小时；④风能资源贫乏区，主要分布在蓟县一带，其有效风能密度在 50 瓦/平方米以下，年有效风速的累积小时数在 3000 小时以下。

第五节 农业气象灾害

天津市农业气象灾害主要有干旱、暴雨洪涝、冰雹、大风、小麦干热风、麦收连阴雨、倒春寒、寒潮等。其中旱涝是天津地区的第一大气象灾害。天津降水年际变化非常大，年降水量年际差值最大的是静海县，达 944.8 毫米。所以，天津旱涝发生的概率较高。

表 8-1-5-129　天津市各区县年降水最大差值　　　　单位:毫米

区县	市区	塘沽	东丽	西青	北辰	宁河	武清	静海	宝坻	蓟县
最大差值	706.2	803.4	735	820.7	711.6	696.8	826.4	944.8	624	869.1

表 8-1-5-130　以降水量距平百分率划分的旱涝标准

时间尺度	重涝或大涝	涝	正常	旱	重旱或大旱
月	50%以上	20%~50%	20%~-20%	-20%~-50%	-50%以上
季以上	30%以上	10%~30%	10%~-10%	-10%~-30%	-30%以上

一、雨涝和洪涝

天津本地降雨过多时形成雨涝(或称内涝、沥涝),海河上游地区集中出现暴雨时,下泻的客水(外来的水)会形成洪涝。雨涝和洪涝都导致涝灾。涝灾多发生在暴雨多的年份。

全市降水量偏多 30%以上的涝年占总年数的 13.5%,各区县涝的发生率为 19%~41%,北部蓟县和东部沿海涝灾的发生率最大。

降水集中于夏季,尤其是 7 月下旬至 8 月上旬降水最多,全年中降水量超过 100 毫米以上的旬约有 56%是在该期间,极易形成雨涝。雨涝和降雨强度的关系很大,多雨之年不一定涝,少雨之年也不一定不涝,主要取决于降雨强度和时间的长短。

天津境内河流纵横,海河是九河下梢,海河上游流域降水多而集中时,常常造成天津洪涝。客水造成的洪涝的记录,较早的是 1801 年,其后比较突出的是 1939 年,当时市区被淹泡一个半月,受灾人口 80 多万,倒房 1.4 万间。1949 年以后影响较大的洪涝灾害发生在 1963 年,当年 8 月海河上游普降暴雨,太行山东麓发生历史上罕见的特大暴雨,暴雨中心降水量达 1300~2050 毫米,农业受损严重。1991 年以后华北虽以干旱为主,但 1996 年 8 月上旬海河流域上游出现大暴雨,局部地区出现特大暴雨。由于暴雨强度大,雨势猛,造成海河流域发生大洪水。天津市域内由于降水偏多,出现不同程度的涝灾,全市农田因涝受灾面积 128 万亩。

二、干　旱

与暴雨洪涝主要发生在夏季不同,干旱灾害在春、夏、秋季均可发生。春旱,不仅使小麦不能成长,而且影响水稻、玉米的播种;夏旱,影响玉米、水稻的生长;秋旱不仅导致夏收作物减产,而且影响冬小麦的播种。

据对年降水量的统计,天津市各区县旱和大旱的发生率为 30%~48%,其中塘沽最高,北辰区最低。由于降水分布不均,70%~80%的年份有阶段性干旱发生。春播期干旱一般 10 年 7 遇。初夏干旱发生率约为 57%,与春季连旱的发生率有 13%。盛夏干旱平均约两年一次,有时也连年发生。秋季干旱平均约 2 年 1 次。

1997 年全市干旱严重，春季降水偏少，降水量全市平均为 54 毫米，夏季大部地区降水量不足 200 毫米，仅为常年的一半，加之异常高温，土壤墒情迅速下降，严重影响了秋收作物的播种和生长，部分地块基本绝收，秋粮大幅减产。年内水库蓄水极少，转年的灌溉因此也受到较大的影响。1999 年盛夏干旱，8 月份降水仅 40.9 毫米，天津 302 万多亩农作物受灾。

三、冰　雹

冰雹突发性强，直接危害农、林、果、牧业和温室、大棚等，对人畜和建筑、交通等各方面都造成影响，经济损失明显。天津上空是西风环流和冷、暖锋系统活跃区，一般除冬季外各季都可能降雹。天津地形北高南低，尽管北部低山丘陵仅占全市总土地面积的 5%，但对冰雹的产生影响很大。

天津多年平均雹日为 0.8~1.7 天，蓟县最多，武清和津南最少。冰雹主要出现在 3 月下旬至 10 月中旬。雹灾日数以 6 月和 7 月份最多。初、终雹日期的年际差别悬殊，最早和最迟可差 80~100 天。

一天中降雹的机率在 14~20 时最大，可达 73%，其中 16 时为高峰。多数情况冰雹一天只有一次，偶尔也有一天内几次降雹的，如：1980 年 9 月 1 日，津南区曾先后三次降雹，全区 73%的农作物被毁。

四、大　风

大风是较常见的气象灾害之一，气象上定义瞬时风速达 17.0 米/秒（目测风力达 8 级）以上为灾害性大风。一般风力达到 7 级时，就有摧毁农作物和农业设施的危险，农作物生长季的大风往往是毁灭性的。

天津的大风出现频率较高，大风主要有两类：第一类是天气尺度系统大风，指西伯利亚高压脊和东亚大槽同时显著发展而伴随明显的冷锋过程。这类大风过程按冷空气活动路径和大气环流演变特征又可划分若干类型。第二类是与北上台风、入海气旋以及龙卷风等中小尺度低气压系统相联系，发生和消亡迅速而风速极强的大风，所造成的损失最为惨重。

由于各地的地表面热力和动力性质多有不同，且地面粗糙程度有明显区别，所以天津大风分布的地区差异显著，总趋势为：沿海多于内陆，平原多于山区。统计表明，天津大风的年平均日数为 7~48 天，塘沽大风日最多，蓟县最少。

大风的季节特征明显，春季大风日最多，占全年的 30%以上，冬季次之，秋季、夏季大风依次减少。各月中一般 4 月大风最常出现，各区县平均在 1.3~6.7 天，8 月大风最少。

据天津市气象档案馆记载，汉沽盐场 1961 年 4 月 5 日出现最大风速为 33.0 米/秒的大风。天津市区 1979 年 2 月 16 日出现 28.0 米/秒的最大风速。在降雹和飑线过境时，曾观测到更大的瞬时风速，如宝坻县风速瞬间达 40 米/秒以上（1964 年 8 月 26 日）；塘沽区瞬时极大风速为天津市大风记录之冠，达 52.7 米/秒（1986 年 7 月 8 日晚）。

五、小麦干热风

干热风是中国北方小麦产区在小麦扬花灌浆期间出现的一种高温、低湿，并伴有一定风力的天气。小麦干热风民间又称“火风”“旱风”等。干热风出现时，温度湿度的日变化很小，蒸发力很强，能在短时间内给农作物带来很大伤害。春末夏初，天津地区上空云量很少，太阳辐射强，地面增温快，此时正值大陆变性气团控制下雨量稀少，形成高温干旱的气候背景。

天津地区小麦干热风以轻型为主，占干热风总数的 80%以上。轻型干热风 10 年出现 0.7~2.5 次，重型干热风为 0~1.5 次。每年 5 月中旬至 6 月上旬小麦干热风都有可能出现，但 5 月下旬出现的机会最多，约占 41%。出现在 5 月中旬和 6 月上旬干热风分别占 24%和 35%。天津除沿海地区干热风很少外，其他地区差别不大。相对而言，越向西、向内陆干热风越重。小麦干热风持续日数，全国最长的地区超过 17 天，天津地区较短，最长为 7~9 天。

表 8-1-5-131 天津市干热风指标

类型	日最高气温	14 时相对湿度	14 时风速
轻干热风	≥32℃	≤30%	≥2 米/秒
重干热风	≥35℃	≤25%	≥3 米/秒

六、麦收连阴雨

凡在 6 月内出现连续 3 天以上的降水天气，一次过程降水量≥40 毫米，即为麦收连阴雨，6 月下旬是麦收连阴雨高发期，按日照多少分为轻重两种类型：

轻型连阴雨：降水过程期间日照时数在 6 小时以下的连续天数不超过 3 天。

重型连阴雨：降水过程期间日照时数在 6 小时以下的连续天数超过 3 天。

天津地区麦收连阴雨在 20 世纪 70 年代后期经常出现。1954~1980 年麦收连阴雨出现的机率为 48%，其中重型占麦收连阴雨总数的 38%。

20 世纪 80 年代到 2010 年，麦收连阴雨的出现机率大大下降。主要因为麦收连阴雨是较大型的天气过程，受大气环流长波系统制约，低纬度副热带高压活跃性不足，其位置偏南、偏东，故初夏雨带偏南，即使过程降雨达到 40 毫米以上，也少有连阴天气出现，不会造成麦收连阴雨危害。

天津从1954年到2010年，麦收连阴雨危害最重的是1977年6月20~30日，已经上场和未收割的小麦都发了芽，全市损失4000万公斤，减产15%以上。该年所收小麦的籽粒干瘪，不能做种子，磨出的面粉质量较差。

七、寒潮和霜冻

1.寒潮

当年10月至翌年4月期间，日平均气温24小时降温超过7℃或48小时降温超过9℃，且日最低气温小于5℃，即为寒潮。

天津的寒潮最早出现在10月15日（1957年）；最晚结束为4月23日（1979年）。11月中旬和4月上旬是寒潮活动活跃期。20世纪80年代以来天津地区气温普遍升高，寒潮发生次数减少。寒潮的活动范围往往较大，地理差异不明显。

影响天津的寒潮主要有两条路径，第一条为西北路径：来自北冰洋南部俄罗斯新地岛以西的北方寒冷洋面，经巴伦支海、白海，入巴尔喀什湖或蒙古的西北部进入华北地区，入侵天津，此路径为大多数。第二条为北方路径：来自新地岛以东、太梅尔半岛以北的北方寒冷洋面，大多经喀拉海、太梅尔半岛，从蒙古东南部进入中国华北地区，入侵天津。

2.霜冻

霜冻初终日以地面最低温度小于或等于0℃的初终日来确定，出现霜冻时，往往使植物遭受冻害或死亡。霜冻一般在夜间或清晨出现，骤然的降温对农业有很大影响。

霜冻出现在春、秋季节，持续时间短暂。霜冻分为初（早）霜冻和终（晚）霜冻。初霜冻出现在秋季，主要影响秋菜、甘薯、棉花。终霜冻发生在春季，对小麦、蔬菜、果树都有影响。

初霜冻多是冷空气入侵的影响，天津各区县初霜冻平均在10月中、下旬出现。北部的蓟县、宝坻县较早，市区以南较晚。最早的初霜冻是9月28日（蓟县，1968年）；最晚的是11月17日（天津市区，1998年）。

终霜冻基本上是平流降温（冷空气侵入）和辐射降温共同影响的结果，终霜平均4月上、中旬结束，最早3月13日（塘沽区，1959年），最晚5月16日（武清区，1962年）。

八、大　雾

雾是悬浮于近地面层的大量微小水滴或冰晶，使大气水平能见度小于1000米的现象。雾的种类很多，根据形成条件的不同，可分成辐射雾、平流雾、锋面雾等。雾对海陆空交通运输以及环境都有严重影响。

天津地区平均年雾日为13~31天，南部多于北部，西部多于东部，市区是一个相对低值区。

雾日的季节性特征明显，秋末冬初及严冬（11月至次年1月）雾日最多，其次是夏季(7月),春末(5月)最少。雾的日变化也较为明显,特别是秋冬季,一般在午夜或清晨生成。雾的持续时间以12月和1月最长,平均为6.5小时,其他各月一般在1.5~3.7小时不等。

有雾时,能见度很低,给生活和工作带来不便。浓雾弥漫,也会造成生命、财产重大损失。如:航空港的浓雾影响飞机的起飞和着陆,甚至造成飞机失事;海上浓雾影响船舶的航行;陆上浓雾使公路交通事故频发。统计表明,几乎每年都有大雾对天津造成危害的事例。1992年12月4~9日,市区连续6天大雾弥漫,公路、铁路、航运受阻，12月7日一天内,铁路沿线即发生路外事故5起,死伤6人。1996年12月12日夜间至15日,连续3天大雾,使天津机场国内航班取消,高速公路连续发生多起交通事故,造成5人死亡,2人受伤。1997年多雾,12月份雾日数7天,宝坻多达13天。12月16日天津机场的7个航班改降北京机场,一个改降济南机场,从天津启航的多个航班被取消。 12月24日上午大雾，京福高速公路唐官屯附近,70余辆汽车相撞,伤20余人,死亡3人。雾还使空气污染增大,上呼吸道感染患者骤增。

九、雷暴与雷击

雷暴及其导致的雷击灾害突发性强,危害极大。雷暴常伴有暴雨、大风、冰雹,故往往发生综合危害。

天津年平均有雷暴日为28天左右,各区县最多的43天,最少的15天。雷暴、雷击多出现在阵雨等对流激烈的天气中,因而夏季最多。

天津地区3~11月都可能发生雷暴,5~9月多发,占全年的89%,其中7月出现的最多。雷暴的日变化不很明显,全天任何时候都出现过,午后发生雷暴次数多一些,其中尤以13时最多。天津地区的初雷暴日一般在4月,也有发生在更早的记录;终雷暴一般在10月,最迟达11月。

天津地区出现雷暴最多的是蓟县,年雷暴日约38天;其次是宝坻县,约35天;最少是天津市区,每年约26天。

大多年份都有因雷击造成灾害的记录，尤其是1991年、1994年、2001年、2002年、2004年、2007年和2009年,宝坻、汉沽、蓟县、武清出现过因雷击造成人员身亡事件。

第二章　气象探测业务

自20世纪90年代开始，现代化的气象探测业务发展迅速，地面气象观测由人工观测转为自动观测。气象探测系统包括国家气象观测站和区域自动观测站相结合的地面气象观测网，由塘沽多谱勒天气雷达、西青数字化雷达组成的雷达探测网，以及卫星接收系统等。观测项目也由单一的气象要素观测增加了酸雨观测、紫外线观测、花粉观测、农作物长势观测以及利用卫星遥感进行干旱、洪涝、海冰、河口淤沙等监测。

第一节　国家气象观测站

天津市较早就有气象观测，1890年即开始有连续的气象观测记录。1949年开始，在全市逐渐建设了气象观测站，1949年建成塘沽气象观测站（原塘沽测候所）；1952年原华北水利工程局天津测候所改建为天津气象站；1954年建成军粮城气候站（原北平农事试验场军粮城工作站，后东郊区气象站）；1956年建蓟县气象站；1957年建西郊区气象站、北郊区气象站、武清县气象站；1958年建静海县气象站；1959年建宝坻县气象站；1963年建宁河县气象站；1972年建汉沽气象站、南郊区气象站；1982年建大港区气象站。

截至2010年年底，天津市共有国家级地面气象观测站14个，其中国家基本气象站4个，包括塘沽、西青、宝坻和渤海石油钻井A平台站；国家一般气象站10个，包括市区（城市气候监测站）、汉沽、大港、东丽、津南、北辰、武清、宁河、静海和蓟县站。

国家级地面气象观测站观测的气象要素主要有云（云状、云量、云高）、水平能见度、天气现象（共34种）、气压、空气的温度和湿度、风（风向、风速）、降水、雪深、日照时数、蒸发量、地温、冻土、电线积冰。

国家基本气象站昼夜值班，观测业务的基本内容有：4次定时观测、4次基本地面天气报、4次补充地面天气报、不定时重要报、危险报、旬月报。国家一般气象站白天值班，观测业务基本内容有：3次定时观测、发3次加密报、不定时重要天气报。

1999年6月，在市区气象观测站建成六要素自动观测系统，同时，在市区还建设9个自动雨量观测站，组成城区雨量监测系统，开始由传统探测方法向自动探测的转变，标志着天津市气象事业进入一个快速发展的新阶段。

2002 年 3 月,开始陆续建成塘沽、西青和海上 A 平台 3 个自动气象观测站,其中塘沽站为 8 要素(气温、湿度、气压、风向、风速、雨量、地温、蒸发);西青站为 9 要素,在塘沽站 8 要素的基础上增加了太阳辐射观测;海上 A 平台为 7 要素(气温、湿度、气压、风向、风速、雨量、海水温度)。

2003 年 6 月,在 11 个区县气象站,建设 7 要素(气温、湿度、气压、风向、风速、雨量、地温)自动气象站。

2004 年 1 月 1 日起, 全市各区县气象观测站的气象观测业务实现人工观测与自动站观测的双轨运行。自 2005 年开始,全市国家级地面气象观测站全部实现 7 要素自动观测。

第二节　区域气象观测站网

1999 年,在市区内建设 9 个自动雨量观测站。2003 年 12 月,在市区内新建 6 个 4 要素自动观测站,观测气温、风向、风速和降雨量。

2005 年 7 月,在蓟县许家台乡、盘山风景区舞剑峰建设 2 个自动气象观测站,其中许家台观测站观测温度和降雨量,舞剑峰观测站观测温度、风向、风速和降雨量。

从 2006 年开始,天津市进入大规模自动气象站建设阶段,当年在全市范围内布设多要素自动观测站点 118 个,其中有 14 个站点增加了土壤湿度观测。2007 年建设 90 个自动气象观测站,其中 1 个站点有土壤湿度观测。2009 年建成 11 个多要素自动气象观测站,其中 1 个站有紫外线观测项目。2010 年建设 1 个自动气象观测站。

截至 2010 年底,全市建成区域自动气象观测站 237 个。其中单要素观测站 3 个,2 要素观测站 140 个,4 要素观测站 25 个,5 要素观测站 30 个,6 要素观测站 21 个,7 要素及以上的观测站 18 个。

第三节　农业气象观测站

全市承担农业气象观测的有 7 个区县气象站,分别为宝坻、蓟县、静海、武清、宁河、津南、东丽等区(县)气象站。其中宝坻区气象站和静海县气象站为国家一级基本观测站,其余为二级站。

一、农作物观测

宝坻、蓟县、静海、武清等区(县)气象站进行冬小麦观测。宁河、津南、东丽等区(县)气象站进行水稻观测。津南和东丽区气象站进行大白菜观测。各观测站编制农作物观测报表,上报市气象局。

二、自然物候观测和土壤墒情测定

区县气象观测站自然物候观测和土壤墒情测定任务见表132。各观测站编制自然物候观测报表和土壤水分报表,上报市气象局。

表 8-2-3-132 各气象观测站观测任务

站名	自然物候种类	土壤湿度
宝坻	榆树 柳树 杨树 大雁 家燕 蚱蝉	固定地段 非固定地段墒情
静海	榆树 柳树 洋槐 合欢 泡桐 大雁 家燕 杜鹃 蚱蝉 蟋蟀	非固定地段墒情
蓟县	刺槐 榆树 葡萄 家燕 蚱蝉	非固定地段墒情
武清	杨树 洋槐 泡桐 青蛙 家燕	非固定地段墒情
宁河	柳树 洋槐 家燕 蚱蝉 青蛙	非固定地段墒情
东丽	小叶杨 垂柳 白腊 刺槐 椿树 大雁 家燕 青蚱蝉 蟋蟀	非固定地段墒情
津南	榆树 柳树 白腊 洋槐 枣树 大雁 家燕 青蛙 蟋蟀	非固定地段墒情

从2000年开始,天津市气象局开展具有本地特色的农业气象观测,先后开展特色农作物的物候期观测、设施农业气象观测、水产养殖气象观测、农业遥感观测等。在观测手段上,实现人工观测与自动观测相结合,并充分发挥遥感观测的重要作用,点面结合,天地结合。在信息处理上,利用现代信息技术和计算机技术,实现观测数据的实时上报和信息交互。在观测内容上,涉及农作物种植面积、植被指数、病虫害发生状况、水体面积等多方面,并重点开展了设施农业内的小气候环境观测。在观测装备上,应用美国MODIS、诺阿卫星和中国风云系列卫星进行遥感观测,引进叶绿素仪、冠层分析仪、红外测温仪、土壤水分速测仪新设备进行农作物环境和生理生态观测。研制开发并安装针对设施农业特殊条件的温室小气候自动观测站,实时观测日光温室或蔬菜大棚内的空气温度、空气湿度、总辐射、光合有效辐射、土壤温度、土壤湿度、二氧化碳等的变化,并实现以上观测数据的实时传输。

第四节 其他观测

一、雷电观测

1999年,在市区、塘沽、宝坻建成1套XDD03型闪电定位系统,组成1个主站(市区)、4个子站的较完整的闪电定位系统,主要进行闪电时间、位置、强度的实时观测。

2008年5月,在市区建成由5台大气电场仪组成的大气静电场探测系统,用于探测空间大气电场的变化,为雷电灾害监测预警提供技术手段。

二、天气雷达观测

20世纪70~80年代, 市区和宝坻曾有两部711型天气雷达。1985年, 从美国引进一部WSR-81S天气雷达。2001年10月,在滨海新区气象预警中心建设Cinrad-SA新一代多谱勒天气雷达,对冰雹、雷雨大风等多种强对流天气进行监测和预警,并对降水进行定量估测。

三、卫星遥感接收站

20世纪70年代,天津市安装气象卫星云图接收设备,开始接收美国的诺阿、葵花等卫星发送的云图照片,用于天气预报业务。卫星遥感业务始于20世纪80年代初,90年代建成极轨卫星接收及图像处理系统,并先后建成诺阿、葵花5以及中国风云2等卫星的资料接收与处理系统。1997年建设完成卫星综合通讯业务系统,2002年建成在实际中应用的EOS/MODIS卫星资料接收处理系统,用于开展农田和植被监测、农作物估产等,为农业生产和生态环境保护提供服务产品。

四、大气成分观测

天津市区大气成分观测始于2006年,观测项目分别是黑碳气溶胶、可吸入颗粒物等。随后,在塘沽、静海、武清、大港、宁河分别建设大气成分观测站。

沙尘暴观测始于2005年,观测的项目有大气降尘、大气总悬浮颗粒物质量浓度、大气光学厚度、大气浑浊度、大气光学能见度。

酸雨观测始于1992年,在市区气象观测站进行观测。2009年在蓟县气象站和塘沽气象站也开始进行酸雨观测,主要是测量降水样品的酸碱度和电导率。

五、大气边界层气象观测

天津市开展大气边界层气象观测始于 1985 年，采用 255 米专用铁塔进行气象观测。大气边界层观测站位于天津市河西区友谊路 62 号。在专用铁塔上共设置 15 层观测平台，各层的高度分别为 5 米、10 米、20 米、30 米、40 米、60 米、80 米、100 米、120 米、140 米、160 米、180 米、200 米、220 米和 250 米。在铁塔的各高度层安装温度、风向、风速传感器，在 5 米、40 米、80 米、160 米、250 米高度层安装湿度传感器。大气边界层铁塔梯度观测为全天候全自动监测。

六、GPS/MET 水汽遥感探测

2006 年，天津市气象局、天津市测绘院、天津市地震局第一监测中心、天津市地壳运行监测工程研究中心、天津市控制地面沉降工作办公室和天津市地质环境监测中心 6 家单位共建 GPS/MET 探测网，观测天津市上空中、小尺度水汽分布状况。2006 年 1 月 20 日，天津市气象局开始向中国气象局试传 GPS/MET 观测数据，同时将数据整理到共享目录，供科研人员使用。

七、紫外线强度观测

紫外线强度观测始于 1999 年，2004 年对观测仪器进行全面更新。观测地点在天津市大气边界层观测站院。紫外线强度观测自动采集，采样间隔为 1 小时，观测结果按两分钟步长连续记录并存储于硬盘。观测记录加工制成月报表，统计每日 5 时至 20 时逐时正点前 10 分钟的平均值。通过紫外线强度观测计算紫外线指数，为生活气象预报服务提供基础数据。

八、花粉浓度观测

天津市开展花粉浓度观测始于 1999 年，市内共建 4 个采集点，分别在和平区的耀华中学（地面）和胸科医院（四楼楼顶）、河西区的大气边界层观测站（地面和二楼楼顶）。观测时间为每年的 3~10 月，主要观测花粉的类别及花粉的浓度。花粉的采集方法是将涂有凡士林软性黏附剂的载玻片置于花粉采集器内，在空气中曝露 24 小时，每天早晨 8 时更换采样片，鉴别花粉种类和计算花粉浓度。

通过花粉浓度观测和研究花粉浓度与天气条件的关系，向公众发布花粉浓度预报，为医疗部门提供相关信息。

九、风能资源观测

2010年,市气象局建设3座风能资源观测塔,分别位于汉沽大神堂、大港油田和塘沽临港工业区,其中大神堂观测塔高为100米,其他2座塔高70米,主要观测项目为10米、30米、50米、70米、100米高度的平均风速、最大风速和极大风速以及风向等。

风能资源测风塔的建设为开展风资源的研究开发利用提供基础数据。

第三章 数据中心与通信

第一节 数据中心

一、机房建设

2008年5月,天津市气象局计算机网络中心机房改建完毕并投入使用,机房总面积约为144平方米。机房空调采用精密恒温恒湿机房专用空调机组,供电系统由单UPS供电升级为双UPS系统供电。

2008年9月17日,天津市气象局完成机房设备远程管理系统建设,网管员可通过远程登录该系统来维护机房内设备。

2009年年底,市气象局机房建立机房环境及动力设备监测系统,实现对机房空调机组、供配电系统、UPS、蓄电池组等设备以及周围环境、保安消防状况的远程集中监控。

二、气象数据收集与管理

1.数据收集传输

天津市气象局收集市辖区内各台站的气象数据,经过预处理后上传至国家气象局服务器。上传的数据包括:常规地面报、重要天气危险报、气候月报、气象旬月报、土壤墒情报、沙尘监测报、自动站观测数据、公众城镇预报、面雨量实况信息、面雨量预报信息、太阳光度计资料、大气边界层气象观测资料、闪电观测资料、酸雨观测资料、雷达拼图信息、雷达产品数据、雷达扫描数据、空气质量监测信息、空气质量预报信息、紫外线指数预报信息、自动站观测小时值及日值数据文件、自动站观测分钟数据文件、单站月气候预测数据文件、GPS/MET 水汽遥感探测资料等。

2.数据的收集应用

从 1997 年开始,天津市气象局通过卫星接收系统接收国家气象局下发的全国各种气象观测数据、预报产品等。接收的资料包括:地面气象资料、高空气象资料、雷达资料、卫星资料、数值预报产品、传真图、大气成分资料、沙尘暴资料、气象辐射资料、农业气象与生态资料、气候资料、指导预报、气象服务产品、闪电定位资料、风能观测资料等。各应用系统对数据资料进行处理分发,供业务科研使用。

3.历史资料存储与共享

2007 年 2 月,市气象局对西青、塘沽两个国家基本站 1961~2000 年降水量观测自记纸记录进行了数字化处理,建立两个降水量观测自记纸图像数据集以及降水曲线数据集、降水强度数据集。

2008 年 10 月,完成天津市历史气候资料定时值、日值、旬值、月值、年值数据集以及自动气象站逐小时要素数据集的建设,建立各类相应的数据库和管理系统,开发数据共享网站,并通过网络在线和离线方式向全市气象业务和科研人员以及各类用户提供气象数据共享服务。

2009 年 12 月,完成天津市历史上风向风速观测自记纸记录资料的数字化工作,建立天津市 1971 年以来的风自记数字化资料序列。

三、业务与科研系统建设

1.可视会商系统

2004 年, 市气象局与塘沽气象局实现视频会商连接,2005 年实现市气象局与各区县气象局的可视会商连接。同年 7 月底, 完成市气象局与国家气象局之间可视会商系统的建设及调试,将两套可视会商系统进行整合,形成统一控制的综合可视会商系统。2009 年,对可视会商会议系统的会议中央控制单元(MCU)进行扩容改造,MCU 容量得到扩充,最大可实现 768Kbps 速率下 184 点的呼叫容量。

天津市气象局的可视会商系统包括市气象局 4 个主会场和 12 个区县气象局分会场。市气象局与国家气象局、市应急指挥中心、天津市水务局、天津机场等同城用户也实现了互连互通。

2.气象信息综合分析处理系统(简称 MICAPS)

1996 年,“天津市气象信息综合应用业务系统”建设完成,天津市气象局开始 MICAPS 数据的处理与应用。MICAPS 是由中国气象局组织开发的,用以支持天气预报制作的人机交互系统,可以检索各种气象数据、显示各种气象数据的图形图像、对数据进行编辑、图形和数据的输出等。

2002年年底,MICAPS第2版开始应用。MICAPS 2.0版与MICAPS 1.0版相比,增加气象资料的文本和表格显示功能、单窗口多屏显示功能和三维显示功能,提供新的图形图像操作功能和气象数据分析工具,改进了系统的底图投影,增强了系统的地理信息显示功能,完善了系统的打印输出功能。界面上采取了开放式、模块化结构,建立了核心软件加组件的系统体系结构,使系统具备了更大的灵活性、开放性和扩充性,增强了系统的二次开发能力。

2008年,MICAPS第3版在天津气象局开始使用。MICAPS3.0版采用多线程结构,增加了吞吐量。在第1版和第2版功能的基础上,针对业务发展和应用需求,增加了雷达、高分辨卫星、自动站、风廓线仪、闪电资料的显示,可进行动态菜单配置,初步实现了预报人员的记录管理和预报流程管理支持,增加了数据检索方式,增强了数据格式的适应性,提高了图形显示质量。

3.高性能计算机系统

2008年5月,天津市气象局建设高性能计算机系统。该系统采用美国IBM公司型号为Cluster 1600的集群平台,包含16个IBM System p5 575计算服务器节点,每节点包含16路1.9GHz POWER5+处理器,整个系统用于计算的处理器数量为248个,峰值浮点性能为1.88万亿次。天气数值预报模式成功移植到了该系统上,形成精细化的"天津数值天气预报业务系统"。

4.新一代通信系统

新一代国内气象通信系统是由国家气象信息中心组织开发的。2009年,天津气象局开始进行新一代通信系统的建设,安装迈普MP7500高性能路由器、防火墙、服务器等设备。系统由数据收发系统、存档服务系统、信息服务系统、数据库管理系统和业务监控系统五个系统组成。

5.质量控制系统

2010年,天津市气象局研发的自动气象站实时质量控制系统投入使用。系统对天津市224个区域自动站、13个国家级自动站10分钟观测气象要素进行质量控制,可实现对实时数据的查询管理。质量控制方法包括:逻辑检查、气候学界限值与要素允许值范围检查、气候极值检查、内部一致性检查、时间一致性检查、质量控制综合判断等。

第二节　通　信

一、网络建设

自 1990 年开始，在市气象台先后建设 LANLINK 和 3⁺微机局域网络，建成以微机为依托、以气象业务为基础的现代化气象预报与服务系统，从国家气象中心计算机系统传送到天津的电报信号，经调制解调器接口送入数据实时库。

1993 年，市气象局的气象信息网络系统，以 Novell 网代替原有的 3 网，以 DECnet 网络远程终端的方式构成与北京气象中心的通信通道，定时从北京气象中心的 VAXII 机拷贝所需要的资料，存入网络主服务器。该系统建立后，气象服务资料由实时传输改为定时拷贝，实时资料库改为从主服务器中调用资料，处理后的要素库资料反送回服务器。增加打拆包机，负责向填天气图的微机发送数据。

1995 年，区县气象台站无线数据通信网建成，配合区县气象预报工作站软件的研发，构成了最初的无线通讯系统。该系统硬件部分由无线信道网络和微机通信系统组成。系统的无线中继台设在天津电视塔 274 米高的机房内，系统的通讯范围覆盖全市各区县。

2003 年，天津市气象局气象预警业务大楼局域网建设完成，该网络采用星形结构，网络的主干技术选择交换式千兆以太网。同年，建成基于光纤数字电路技术的天津市气象局和各区县气象局的广域网络。用 2 兆光纤线路替代原来的拨号线路，使数据传输速率和传输质量得到提高。

2006 年 12 月，市气象局对区县气象局广域网中心机房端 2 兆线路的网络进行优化，实现市气象局到天津各区县网通公司接入端的双向线路升级。

2007 年年底，市气象局使用安全性更高的 IPSEC VPN 接入方式取代原有的 PPTP VPN 接入方式，并将专线接入线路由 4 兆 ADSL 升级为 4 兆光纤专线，传输的质量和速度得到提升。

2009 年，市气象局开始了 MPLS-VPN 网络建设，租用中国电信的 MPLS-VPN 线路，带宽为 8Mbps，使用 EBGP 路由协议，网络内全国任意两点间直接互通。

2010 年年底，市气象局升级原有交换机的引擎模块以及接口模块，实现核心交换机的双机热备。

二、气象卫星综合应用业务系统

1995 年，天津市气象局开始启动“气象信息综合应用业务系统”（简称 9210 工程）工程建设。1996年10月，完成省级卫星通信系统的安装调试工作，开通语音和数据通信的试运行。1997年4月，实现Alpha2000小型机与市气象台novell网络的互联,6月1日正式开始利用卫星广播数据接收软件接收中国气象局“全球中期数值天气预报系统”的产品。同期,塘沽区气象局进行计算机机房的设计施工、防雷工程的实施、卫星通信系统的建设和安装调试、地级网络的安装调试等,并于8月30日投入运行。市气象局机关处室及主要业务单位的卫星电话也于当年12月完工。

1997年5月,市气象局接入64K DDN专线,实现了与因特网的互通,在天津开通“169”气象信息专线——“天津热线”,实现市气象局与市政府政务网的互联。

2006年,市气象局完成新一代卫星数据广播接收(DVB-S)系统的技术改造并投入业务试运行,通过卫星广播接收的资料内容增加沙尘暴监测数据、大气成分资料、雷达产品、空气质量预报资料、沙尘暴预报模式和海洋预报模式等种类。可接收大量风云气象卫星提供的亮温、辐射、水汽、云量、降水估计、雪覆盖、土壤湿度等信息,用于对沙尘暴、海冰、雾、水情、火情、热带气旋等的监测。

2010年8月,市气象局完成卫星数据广播系统(CMACAST)安装、调试工作。该系统由播发、监控网管、数据接收软件三个子系统组成。数据传输业务分为数据文件传输、TCP数据流传输、流媒体传输、媒体文件传输、公共信息传输等五个类别。数据播发平台将不同业务数据分在不同的通道和目录内,通道和目录设定不同的优先级,数据播发平台按设定的优先级先后发送数据。数据接收服务器采用双机热备份的方式,主接收服务器和备用接收服务器同时接收来自卫星的IP数据包,并对数据包进行处理。

第四章　气象预报与服务

第一节　天气预报

一、天气预报种类

气象台发布的天气预报,根据预报时段的长短,分为中短期天气预报、短时天气预报和临近天气预报。

1.中短期天气预报（1~7天）

主要以基于气象观测资料和高分辨率数值模式产品，建立气象要素预报释用技术，通过预报员的经验订正，发布精细到乡镇的温度、风、相对湿度气象要素预报，及降水概率预报产品。

2.短时天气预报（0~12小时）

主要以气象观测资料与高分辨率数值分析预报产品融合技术为基础，综合分析中尺度天气系统及其特征物理量，建立基于动力和统计适用技术，发布灾害性天气落区预报。

3.临近天气预报（0~2小时）

主要基于雷达、卫星和自动站资料，利用定量降水估测（QPE）技术，通过开展短时强降水、雷电、冰雹、雷雨大风、龙卷风等强对流天气的监测分析，研究外推预报和数值预报产品释用相结合的预报技术，提高预警时效。

二、天气预报产品分类

中短期天气预报有城市天气预报、区县天气预报、乡镇天气预报、24小时区县逐时天气精细化预报、双休日预报，上下班预报等。气象灾害预警包括暴雨、暴雪、大风、大雾、道路结冰、雷电、霾等，每年发布的天气预报预警总量可达6万多份。短时天气预报有0~3小时天气预报、3~6小时天气预报、12小时天气趋势预报，以及山洪预警、地质灾害预警、中小河流洪水风险预警、定量降水落区预报等。

海洋气象预报有海事公报、海事警报，以及陆地天气预报、海洋气象预报、海洋气象周报等。

三、天气预报技术

20世纪80年代以前，短期天气预报技术主要是天气形势外推法，以天气尺度分析为主，根据当天以及前1~2天的实况资料，分析上游将要影响天津地区的主要天气系统的变化情况（加强或减弱或维持）、移动路径、移动速度等相关信息资料，结合下游的天气系统的变化情况，来外推将要影响天津地区的主要天气系统的影响时间、强度、落区等，其中外推法有等速外推和变速外推。此时的数值天气预报还比较简单，数值模式的时空尺度都比较粗，准确率还不高，所以模式预报产品主要以辅助修正主观预报为主，也就是主要作为参考。卫星云图由于洗印技术的原因也很粗糙。雷达由于只是单部，没有联网，所以只是用于短时预报修正以及临时突发性天气的监测、预报、预警。

20世纪80年代以后，数值天气预报开始在天气预报中应用。90年代开始，随着模式预报技术的突飞猛进的发展,各种物理量场的模式预报产品增多,现代天气预报业务的预报技术明显细化,逐步从以天气尺度分析为主向天气尺度与中尺度分析相结合转换,即在过去天气尺度分析的外推法基础上,特别注重对灾害性天气发生发展有明显影响的各种特征系统和物理量的分析,基于多种观测资料综合分析,在数值预报产品的释用和预报员工作实践经验的基础上,完成天气系统分析和气象要素预报。随着国家卫星事业的发展,天津市的卫星信息接收、处理、应用能力不断提升,新一代天气雷达的建设也为强对流天气的监测预警提供了技术手段。

四、天气预报业务系统

1.气象信息综合分析处理系统(MICAPS)

20 世纪 90 年代后期,中国气象局组织技术人员开发气象信息综合分析处理系统(简称 MICAPS)。在该业务平台上,预报技术人员可以任意调取卫星、雷达、气象观测站等观测资料及各类数值预报产品,进行编辑分析。

2.气象监测分析系统

气象监测分析系统包括单机雷达分析系统(PUB)、多部雷达组合分析系统(SWAN)、卫星加密分析系统(SWAP),自动站观测实时分析系统(WEBGIS)等。

3.天气预报制作业务系统

根据不同的预报时效,分别研发短时天气预报业务系统、短临天气预报业务系统、短期天气预报系统等,具备分析、制作、发布、显示等功能,大大提高了预报业务的工作效率。

第二节 短期气候预测

短期气候预测,预测的时间尺度为月、季、年,预测的对象是某时段气象要素的统计平均值和变化等。

1996 年以前,短期气候预测业务称为长期天气预报,中国的长期天气预报工作是在 20 世纪 50 年代初期开始的。1958 年 10 月,天津市开始建立长期天气预报业务,这时主要采用气候相似、历史演变分析、点聚图分析等预报方法。同时还进行农谚验证以及观测动物对自然界的反应,作为长期天气预报的参考。预报对象主要是平均气温和降水量。20 世纪 70 年代,统计预报方法引入长期预报工作中,建立周期迭加外延、方差分析、回归分析、量级计算等预报方法,同时分析北半球 500 百帕、300 百帕平均高度场以及西风指数变化情况,统计与预报量之间的关系。

自 20 世纪 80 年代开始,随着计算机技术的广泛应用,长期天气预报技术有了较快的发展。80 年代中期开展长期天气预报方法研究,对预报因子进行大量的相关普查,分析旱涝成因,寻找预报指标，逐渐认识副热带高压、西亚急流、南海高压、极地冷涡、海温异常等对天津旱涝的影响，建立用于月、季气候预报的一系列方法。并注意前期天气气候过程相似与不相似的对比分析，将预报结论建立在正反不同的历史气候演变的检验基础之上。80 年代后期，开展长期天气预报业务系统研制，将气候研究和制作长期天气预报的方法，使用 BASIC 计算机语言编制程序，包括：气象要素时间序列的检验、单要素相关、场相关、方差分析、多元回归分析、聚类分析、概率转移、量级计算、车比雪夫多项式等。80 年代末至 90 年代初引进模式识别理论，将其应用于 500 百帕月平均天气图的相似识别，研制冬季天气图相似识别系统，该系统采用结构模式识别方法，提取出月平均天气图的特征，然后进行模糊分类，在给定的判据下，寻找相似个例。该系统的研制成功改变了以往人们翻阅大量天气图找相似的传统方法，而且使相似分析更客观、更快捷，还利于总结。此方法后又应用到盛夏旬天气图相似分析中，用于盛夏旬降水预报。

20 世纪 90 年代，随着信息量的不断增加，长期天气预报的研究更深入、更广泛，在预报分析上，特别注重长期天气物理过程的演变。1996 年长期天气预报改称为短期气候预测，1997 年~2000 年，开展天津市旱涝短期气候预测业务系统研究。2000 年以后，随着气象学、数学、物理、计算机等领域的发展，新的技术、方法和物理模型也被应用于短期气候预测当中。技术人员针对天津市及海河流域的气候特点，研究南支急流指数、大气低频振荡指数等与天津市夏季旱涝的关系，并将其用于天津夏季旱涝预测。同时，还将回归拟合、均生函数、经验正交函数等数理统计方法引入到短期气候预测分析研究当中。随着国家气候中心气候模式的诞生，针对模式产品进行解释应用，建立误差订正方法。天津市气象局技术人员研发的“基于正压力一层模式的天津市模式产品解释应用系统”“基于东亚夏季风指数的夏季降水预测系统”“动力统计集成的季节降水预测系统”“多模式产品解释应用系统”等逐渐在气候研究和气候预测中应用，为天津市的现代短期气候预测提供了技术支持。

至 2010 年，天津市短期气候预测产品有：年度气候趋势展望、季气候趋势预测、月气候趋势预测、补充订正预报。预报要素包括：季平均气温、季降水量、月平均气温、月降水量、月极端气温（冬半年最低气温，夏半年最高气温）、初终霜日期、初冰冻日期、延伸期主要天气过程日等。

第三节　农业气象信息

天津市气象局针对农业生产专门提供农业气象信息服务，自 20 世纪 80 年代开始，每年制定周年气象服务方案，按照周年服务方案，每旬的第一天撰写上一旬农业气象旬报；月初撰写上一月农业气象月报；季初撰写上一季度农业气象季报；年底撰写上一年度的农业气象年报；

3~6月和9~10月每旬最后一天撰写农业干旱监测预报。在棉花播种期、大白菜播种期和收获期等关键农时撰写农业气象专题报告。在设施农业生产关键期撰写设施农业气象服务报告。每年5月和10月分别撰写农业气象与农作物产量预报。在春耕春播、夏收夏种、秋收秋种时节撰写服务专报,每周两次。关注农作物耕播进度时天气状况。每年累计提供各类服务产品百余期,为农业生产决策、农业防灾减灾发挥了重要的作用,受到政府决策部门和农民的欢迎。

随着国家卫星技术的发展,天津市气象局将卫星资料用于为农业服务。20世纪70年代,开始卫星遥感资料的接收、解译与应用。1991年极轨气象卫星接收站建成,可以接收美国的诺阿-9、诺阿-10、诺阿-11等系列极轨气象卫星资料。1998年春季,气象卫星接收站的处理系统更新,有能力接收和处理诺阿-K的资料。为适应遥感应用服务开发,提高服务能力,天津市气象局先后配备了一批高性能计算机、彩色打印机、数字化仪、扫描仪、绘图仪、GPS定位仪等相关设备。

科学的遥感手段使大范围、高时效的农业、植被监测服务成为可能。天津市气象科研所1985年建立冬小麦遥感综合估产业务系统,1986年建立大白菜遥感综合估产业务系统,每年发布遥感产量预报,明显较此前的统计预报方法客观、定量,提高了预报的准确性。20世纪90年代初期开展农业生态、土地覆盖率变化、水库及坑塘面积变化的遥感分析和解译,为领导和有关部门提供决策信息。1996年利用卫星照片和航空照片资料对天津市区、津南区、宁河县等区域的农作物、水库、坑塘的分布进行面积测算,为生产管理和政府决策提供科学依据。

随着卫星遥感应用软硬件系统的建设、更新和完善,天津市气象局具备包括卫星遥感、地理信息系统、全球定位仪组成的“3S”技术工作条件,开展以遥感为主的“3S”技术研究及应用服务。自1997年开始,天津的卫星遥感农业气象服务实现常规化,全年开展农作物(包括冬小麦、大白菜、玉米及水稻)长势动态遥感跟踪监测,提供农作物长势彩色绿度图分析报告。在春秋季开展旱情遥感动态监测,向天津市政府及农业主管部门提供全市土壤墒情(土壤含水量)彩色分布图及分析报告。2000年开始提供植被长势、土壤墒情、农作物沥涝灾害、灌溉量预报等内容的农业气象遥感服务产品。

第四节 人工影响天气

人工影响天气,是指在一定的有利时机和条件下,通过人工催化等技术手段,对局部区域内大气中的物理过程施加影响,使其发生某种变化,从而达到减轻或避免气象灾害的一种科技措施。在适当条件下通过科技手段对局部大气的物理、化学过程进行人工影响,实现增雨雪、防雹、消雨、消雾、防霜等目的,它是跨行业的系统工程,涉及到气象、军事、民航、通信等各部门。

中国是从1958年开始进行人工增雨实验，天津市的人工影响天气工作始于1972年，主要是人工增雨和人工消雹。至2000年，天津市12个涉农区县全部开展人工影响天气工作并成立相应的机构。

一、地面作业

1997年，引进利用定速气球携带碘化银焰弹，在冬季开展人工增雪作业。1998年，由于抗旱的需要，组织各区县人工影响天气办公室开展较大规模的利用高炮对积状云进行人工增雨的催化作业。

2000年开始，在全市布设火箭作业装备。至2005年，全市共有17部流动式和15部固定式火箭发射装备，组成火箭作业网。2005年，天津市人工影响天气办公室与蓟县林业部门先后在盘山、八仙山、九华山山顶布设7部高山地基碘化银烟炉，开展以降低森林火险等级为目的的冬、春季人工增雨(雪)作业。2010年，对原有旧烟炉进行更新，新增5部RYG-1型景观烟炉。

二、飞机作业

自2002年开始，天津市人工影响天气办公室与河北省人工影响天气部门联合开展飞机人工增雨作业。从2010年开始，天津市单独租用飞机，在春、秋两季开展飞机人工增雨作业。

三、通讯系统

2009年，建设人工影响天气通讯专网，该网租用联通公司2兆SDH数字电路，集人工影响天气业务指挥平台、计算机通信网络及信息采集处理、综合信息显示平台、市人工影响天气指挥中心和区县气象局可视通讯指挥四大功能。2010年汛期前，人工影响天气可视通讯会商系统正式投入日常业务使用。

第五节　农业气象信息服务

一、手机短信预警信息发布平台

手机气象服务主要有三种形式，一是通过文字短信的方式把气象信息传送给用户；二是通过彩信方式把文字、图片、声音信息传送给用户；三是通过开设手机WAP网站，让用户通过手机上网的方式获取文字、声音、图像、视频等各种形式的气象信息。

天津市气象部门于2004年9月开始开展手机短信气象服务，充分利用手机短信直接、快捷的特点向公众发布灾害天气预警信息，服务对象主要是各级政府、防汛机构、学校及农村等相关部门领导。遇有突发性气象灾害时，市气象台和各区县气象局利用该平台，通过手机短信免费向市、县、镇、村各级政府和公众发送气象服务信息。手机短信气象服务用户已遍及全市各行各业以及社会方方面面，全市手机气象短信用户达到200万户。

二、气象电话信息服务语音平台

通过固定电话开展气象信息服务是各级气象部门的传统服务方式和手段。天津市气象局20世纪70年代开通了电话“121”气象咨询服务，90年代中期更改为“12121”气象电话信息服务语音平台，总接入能力达到270路，年拨打量近500万人次。2009年增加了“4006000121”全国统一号码的气象服务热线电话，设有4个专家座席，与中国气象局公共气象服务中心相连接，服务范围可扩至全国。

三、电视气象信息

天津市气象局于1989年10月1日开始气象影视节目制作，每天通过电视向公众发布气象预警预报信息和空气质量、森林火灾、地质灾害及海洋气象预报等公共气象服务信息。自1998年5月18日开始，电视气象预报由气象节目主持人讲解式播放。

2002年，气象电视节目由传统的模拟信号电视向数字电视转换，使电视气象节目画面更清晰，内容更丰富，发布更及时。2005年10月1日开始，除在天津电视台每日定时播出天气预报节目以外，在天津电视台公共频道开播的《气象万千》节目中，播出气象为农服务节目，即“谈天说地”，播出日期为每月的2日、12日、22日。2006年4月25日开始，“谈天说地”节目，改为每周两期，如果遇重大突发性、灾害性、转折性天气时随时增加播出时次。“谈天说地”节目为农民朋友介绍近期天气及农时、农事建议、各种病虫害防治、新产品推介等。2011年1月，原有的“谈天说地”板块从《气象万千》节目中独立出来，自成一档节目在天津电视台每天中午的12点首播，13点重播。

截至2010年，天津的气象节目在天津电视台的4个频道8档节目播出，每天累计播出时长24分种。内容涵盖天气、气候、气候变化、生态与农业气象、人工影响天气、雷电、大气成分等气象信息。制作的天气预报、谈天说地、气象万千、滨海新气象、都市新气象、气象灾害预警等节目，对一些重大天气事件还进行现场追踪报道。气象部门与国土资源、农业、环保、林业、水产等部门合作，联合在电视台发布森林火险、地质灾害、环境污染、病虫害防御等预警预报信息，在为经济社会发展、趋利避害、提高政府和社会防御气象灾害的应急响应能力、保障人民群众生命财产安全、满足社会公众对气象信息需求等方面发挥了重要的作用，取得了显著的社会经济效益。

中国气象频道从2008年落地天津，免费向230万数字有线电视用户开通，2009年开始插播天津气象节目，每天从早上6点56分开始，每半小时插播一次本地气象信息，全天有5次更新节目，34次滚动播出，总计102分钟，节目形式丰富多样，内容涉及本地天气预报、生活、农业、体育、经济气象等方面。天津市气象局制作的为农服务电视节目还在中国气象频道9:56~11:26时间档播出。

四、网络气象服务系统

天津市公共气象服务类网站是气象部门对外发布气象信息的重要途径，为政府部门、各级农业部门、企业、广大农民等提供及时的气象服务信息，主要网站包括天津公众气象服务网、手机WAP网、农业气象服务网等。

五、电子显示屏

气象预警电子显示屏，主要用于在公共场所发布气象预警信息。2008年，气象部门根据气象预警信息的特点，结合LED、LCD电子屏技术、无线通信技术等，设计并研制能自动显示的电子显示屏，用于公众场所、学校、乡村等。同时，融合全市户外电子显示屏资源，通过专线连接，直接发布预警信息。全市发布气象信息的电子显示屏共有1500块，大部分显示屏都建在城市中心广场及街区，使公众能及时掌握气象预警信息，分布在全市农村的气象信息电子显示屏有110余套。

六、广播电台气象广播

天津市的天气预报于1956年开始在天津人民广播电台播出。开始采用电话、传真方式将天气预报信息传至广播电台。20世纪90年代开始，天津市气象局发布预警信息后，通过专用网站向各级电台传输信息，目前在电台已安装了16个终端，以保证信息的准确性和及时性。临时发布的气象预警信息，通过传真、电话将预警信息告知电台，经电台核准后，播音员在节目中随时口播插播，及时为广大公众提供气象信息。

七、农村气象信息大喇叭广播

为了解决农村“最后一公里”气象信息接收问题，天津市气象局利用现代化的传输手段和先进的电子技术，针对全市农村信息传递的特点，于2008年开始建设农村气象信息大喇叭广播系统。利用移动的GSM/GPRS网络，通过“农村信息机”进行短信接收和语音播报，将预警信息通过农村大喇叭自动广播，使防灾减灾气象信息更准确、便捷、迅速、经济、不留死角。2008年5月，农村气象信息大喇叭广播系统在全市180个自然村建成并试点应用，通过大喇叭将“农村信息机”接收到的天气预报、预警信息等短信内容及时播报给农户，方便农村干部群众根据天气变化提前做好农业生产安排。随后，农村气象信息大喇叭广播系统在全市农村建设，到2010年年底，全市共建农村气象信息大喇叭广播系统1180套，覆盖全市农村40%自然村，受到农村百姓的欢迎。

第五章　农业气象科学研究

第一节　科研工作进展

1991至2010年，天津市气象科学研究工作取得了一系列成果，气象科学研究立项逐年增多，科研基础设施得到明显改善，气象科技成果不断促进气象事业的全面发展，全市气象科学技术整体水平有显著提高。其间，市气象局共承担并完成各类科研项目400多项，包括国家科技部项目、中国气象局项目、天津市科委项目及市气象局项目等。科研投入经费2600余万元。累计参加科研开发人数达1400多人次。获省部级科技进步奖、司局级科技进步奖130余项。进入21世纪以后，气象科研和科技开发项目取得新突破，初步形成省部级、司局级和业务岗位开发三个层次的科学研究格局。

随着相关科学技术的快速发展和气象服务领域的扩大，天津市的农业气象科研工作先后围绕气候预测、农业气象情报预报、农业气象实用技术开发、农业遥感和生态环境监测、农业气候资源和农业气象灾害监测评估、设施农业等科研业务服务领域展开，取得了较显著的社会和经济效益。

在农业气象信息预报方面，开展天津市农业气象灾害预报专家系统研制，进行农业产量气象预报预测软件开发和推广的研究，建立了农业气象业务服务系统、农业气候资料处理系统、区县站气象服务综合系统、农业气象资料信息化标准及管理系统等，并在农业气象业务中应用。

在农业气象实用技术方面，开展了主要农作物气象指标、食用菌人工栽培和推广技术、养殖虾越冬育苗太阳能利用、城市蔬菜均衡供应优化决策、蔬菜生产气象服务、气象条件与中药材贮藏等科研和技术研发。

在农业遥感和生态环境监测方面，开展天津市遥感信息服务系统的开发，研究建立了卫星遥感对土壤旱情、土壤盐渍化、水体、海冰、地表温度、地表湿度等动态监测技术体系。

在农业气候资源和农业气象灾害监测评估方面，开展天津市水资源未来趋势分析与预测、外环线绿化带对城区气候的影响、天津市农业气候资源评价与开发利用、气候灾害对水资源及农业生产的影响等研究。

在设施农业方面，开展日光温室气象监测预警服务技术综合应用开发和推广、节能型日光温室保温性能、气候生产力评估和农业气象灾害、天津市主要农作物气象型病虫害预报方法、主要农作物气候适应性定量评价、基于气候适宜度的冬小麦产量动态预报等多方面的科学研究。依托相关技术建成的日光温室气象监测预警服务系统，具备日光温室环境实时监测、数据自动传输、小气候模拟、温室气象灾害预报预警和服务产品分发等多种功能，提升了科技对农业气象业务服务的贡献率。同时，围绕华北区域干旱趋势和评估、多种人工增雨技术和方法、海河流域旱涝趋势预测技术等与农业相关的科研领域，开展研究开发与技术推广应用。

2000 年以后，天津市气象局还承担农业信息化研究项目，通过主要粮食作物农业生产决策系统、天津市农业智能化决策支持系统、天津市农业信息化工程、天津市农业基础地理信息系统的研究、天津市农业气象网站建设等项目研究和技术开发，在遥感和地理信息系统的应用、业务软件系统开发、网站建设、服务产品发布等方面取得一系列成果，并培养相关人才。作为天津市开展农业遥感和农业地理信息系统应用最早的科研部门，取得与 3S 技术应用有关的科研成果超过 10 项，并在气象业务的实践中应用。

第二节　科研项目与成果

一、业务系统和平台建设研发

1993~1995 年，姚奎元主持的课题“天津市农业气象业务服务系统”，搭建了农业气象情报预报业务服务工作计算机软件平台，改进了工作方式方法，提高了工作效率。该项研究成果获中国气象局 1996 年度科技进步三等奖。1998~1999 年，黎贞发主持的课题“区县站气象服务综合系统研制”，开发了适合区县气象局使用，包含通信、气象信息处理、气象信息查询与分析、产品制作与分发、业务管理于一体的综合工作平台，该项研究成果获 2000 年度天津市科技进步三等奖。2001 年，刘爱霞、高鹰主持的“农业气象记录质量控制与可视化报表软件”项目，解决了历史农业气象观测资料从纸质记录到电子文档的转化，以及在信息查询、输出等方面存在的问题，并在全国气象部门应用。同时，编写了气象行业标准《农业气象观测记录年报数据文件格式》，2004年10月20日由中国气象局批准发布，并由标准出版社出版发行。

2002年，中国气象局组织研制开发"省级气候业务系统"，为各省气象局构建统一的气候业务和资料处理专用平台，配备计算机、打印机等硬件设备和资料分析处理软件系统，搭建天津市气候业务工作平台，全面提升天津市气候业务的水平。2005年，中国气象局推广"新一代农业气象业务服务系统"，天津市进行本地化移植，建立天津市基于GIS(地理信息系统)的农业气象信息与预报、生态遥感监测和农业气象灾害预警业务平台。2008~2009年，天津市气象局建设从实时监测、无线远程传输、温室小气候模拟、温室气象预报产品制作与发布、灾害预警于一体的先进的设施农业气象监测预警服务系统，研究出精度较高的日光温室小气候模型新技术和新方法，该项技术在全国处于领先水平。

二、遥感和地理信息系统技术应用研究

1995~1997年，黎贞发主持"津南区水稻遥感动态监测及估产方法研究"，利用RS(遥感系统)和GIS(地理信息系统)进行水稻面积估算，精确度超过90%，研究建立遥感估产综合模式和气象卫星水稻遥感资料处理系统，该项研究成果获1999年度天津市科技进步三等奖。1999~2002年，黎贞发等参加完成由市农业局主持的"天津市智能化农业信息技术应用示范工程"项目，在引进国家"863"农业信息化成果的基础上，建立天津市冬小麦、玉米、水稻、黄瓜等农作物的生产决策系统，通过网络为农民提供服务，该项研究成果获2004年度天津市科技进步二等奖。1999~2001年，黎贞发等参加由天津市农业技术推广站主持的"天津市主要粮食作物管理信息系统开发研究"，对全市农业气象信息进行标准化处理，建立农作物气象信息数据库，开发建立包括数据实时采集与处理、遥感信息的同化处理、信息分发与服务等多功能的天津市主要粮食作物管理信息系统。2001~2003年，黎贞发等参加由天津市农科院信息研究所主持的"天津市农业信息化工程"项目，开发智能化农业决策系统气象数据库、基于互联网技术(web GIS)下运行的农业基础地理信息系统、农业气象特色网站等，完成了天津市1:5万农业基础地理信息数据库，农业气象数据在黄瓜、葡萄、猪、水产等种植养殖业专家咨询网络系统中得到应用。2004年，由韩素芹主持完成"EOS\MODIS卫星资料在渤海海冰监测中的应用研究"。该项研究利用GIS技术，实现对渤海海冰的发生、发展趋势进行动态监测和趋势预测。

三、气候与农业气候区划研究

1989~1992年，陈凤贤等开展"天津市外环线绿化带对城区气候的影响"研究，分析外环线绿化带建成后对城区气候、生态环境的影响。该项研究成果获1994年度天津市科技进步三等

奖。1990~1993 年，刘爱霞主持完成“天津市水资源未来趋势分析与预测研究”课题，总结天津市降水特点及淡水资源的变化，分析海河流域降水的变化对天津市水资源的影响，研究建立天津市夏季降水预报方法和水资源预测方法，对天津市未来降水及水资源趋势进行了预估，提出合理利用水资源的建议。该项研究成果获 1995 年度天津市科技进步三等奖。1991 年，冀文萍主持完成“气候诊断评价资料分析软件的研究”，用于气候变化的分析和评价，将气候资料的人工统计转变为由计算机完成，成为气候分析和评价工作的重要工具，大大提高工作效率和精准度。1991~1993 年，白玉荣等开展“天津市绿化模式与气候效益研究”，通过对比实验，研究不同绿地面积、不同绿化结构对环境的影响，利用数值模式模拟了大环境绿化对城市气候的影响，提出 11 种绿化模式，被天津城市绿化规划采纳 8 种。利用气象条件预报白蜡吉丁虫虫情始发期，误差为 1~2 天。研究成果为全市绿化规划提供科学依据，对园林部门虫害防治起到指导作用，获 1994 年度天津市科技进步三等奖。1992~1993 年，周鸣盛等开展“华北盛夏干旱和雨涝中期天气趋势研究”和“海河流域盛夏旱涝中长期预报方法研究”，总结华北旱涝变化趋势，研究华北和海河流域中期天气预报方法，在天津市中长期天气预报业务中应用，在为政府决策服务中发挥重要作用。1995 年，宛公展主持完成“天津市农业气候资源评价与开发利用研究”，对天津市的热量、水和光能资源以及农业气象灾害进行综合评价与分析，建立农业气候资源数据库及计算机检索咨询、分析决策系统。1997~2000 年，刘爱霞主持完成天津市农业攻关计划项目“天津市旱涝短期气候预测及服务系统研究”，对天津市近百年旱涝成因、旱涝特征、旱涝短期气候预测方法、干旱对农业生产和水资源的影响、干旱评估方法等进行系统研究，研制天津市旱涝短期气候预测业务系统，提升天津市短期气候预测业务水平。1997~1998 年，陈凤贤等对天津三十年气象资料进行整编，对天津城市气候特征进行了综合评述，编著了《中国城市气候丛书》之一《天津城市气候》，该书首次从城市热岛、温度、湿度、降水、风、辐射和热量平衡等方面系统地论述了天津城市的气候特征，阐述了大气污染和酸雨等环境状况及控制手段、城市气候与人体健康、城市气象灾害及防御对策等，为天津合理趋利避害提供科学建议。

2005 年，黎贞发主持完成“天津市农业气候区划”和“蓟县气候资源调查及利用评价”，对天津市 12 个区县 1971~2000 年共 30 年的气象观测资料进行农业气候资源和灾害分析评价，编制全市农业气候状况统计报表和图集，采用 GIS 系统和 1:5 万比例尺数字地形图资料，计算全市温度、降水和灾害的分布图。在蓟县山区不同区域和不同海拔高度布设 10 个温度自动观测站，连续 3 年进行观测，获取山区气候变化状况和气候资源的精细化分布特点。采用先进的 3S 技术对气候观测资料进行处理，获取 500 米小网格热量和温度的空间分布状况。同时，完成对葡萄、苹果种植的气候区划。2006 年，刘淑梅主持完成“天津主要农作物气象型病虫害预报方法研究”，研究建立天津市东亚飞蝗、玉米螟和小麦蚜虫等气象型病虫害的气象预报模型，实现对气象型病虫害发生发展的趋势预报，在实际业务服务中得到满意结果。2007年，柳芳主持完成“主要农作物气候适应性定量评价业务化研究”项目，建立小麦、棉花生育期内各旬的温度、降水、日照指标数据库，利用数值模型进行计算，得出两种农作物生长过程中对周围气象条件的适应性指数，结合等级分类标准，进行定量评价，并绘制农作物全生育期气候适宜度变化曲线。同时，开发一套业务系统，将上述过程在系统中实现。在日常的农业气象业务工作中，对实时的农业气象条件进行定量评价，客观和动态的反映气候条件对农作物生长发育的满足程度。2010年，柳芳等完成“基于气候适宜度的天津市冬小麦产量动态预报方法研究”，根据天津市50年的温度、降水和日照观测资料，结合冬小麦不同生育期的气象指标，利用数学模型计算冬小麦全生育期50年的温度、降水和日照适宜度指数，在此基础上，利用多年产量数据，建立基于气候适宜度的冬小麦动态产量预报模型，实现对冬小麦从播种至任一发育期的产量定量预报，研究成果在天津冬小麦产量预报业务中应用。

四、以设施农业为主的都市型农业气象研究

2002年2月，市气象局农业气象中心完成天津市农业气象信息网站的开发建设，利用互联网为广大农民提供农业气象信息服务，被天津市科委评为全市十大特色网站之一。2003年11月，建设天津兴农网，内容包括气象预报、农业气候、农业气象情报以及农业生产管理、农作物新品种、农业科技、市场供求、产品价格、网站导航等方面的信息，由于信息量大，更新及时，深受市区农业部门和农民的欢迎。2005年，刘淑梅主持完成“天津市蔬菜气象业务服务系统”，针对天津市主要蔬菜品种的生长指标、种植茬口、历史气候灾害和蔬菜生产气候资源进行统计分析，研发基于地理信息系统的蔬菜气象服务业务系统，其功能包括蔬菜种植评估、实时蔬菜生产气象条件分析服务等，该系统具有较强空间分析和管理功能，有较强的实用性和移植性。同年，柳芳主持完成“天津市农用气象服务指数的研制”项目，通过到相关农业、蔬菜、水产部门进行调查，参考周边省市相关研究结果，结合天津市气候特点，选取与各个服务对象指数相关的成灾气象因子，确定等级指标，结合历史气象资料，对天津部分气象灾害等级状况进行分析评价。研究建立小麦干热风指标、温室大棚蔬菜低温寡照指标、春季鱼苗放养指标，为后期开展精细化农业气象服务奠定基础。2006年，刘德义主持完成“温室小气候虚拟现实评价模型研究”，利用数值模式模拟不同温室条件下保护地小气候状况，建立评价模型，为温室大棚设计提供科学依据。2007年，黎贞发等完成中国气象局项目“日光温室气象监测预警服务技术综合应用开发”，研究构建一套日光温室小气候模拟技术和方法，开发包括短信、LED显示屏、网站等多种信息发布终端技术的设施农业气象监测预警综合业务服务系统，具备从自动监测、数据远程采集、温室小气候模拟、气象服务产品制作与发布、灾害预警等功能。刘淑梅主持完成“天津设施

农业气象灾害综合监测预警系统开发”项目，建立温室蔬菜生产低温寡照指标及分级体系和温室气温预报模型，监测预警系统具备温室低温灾害自动预报预警功能，在全市首次实现低温寡照情况下蔬菜灾害损失的定量评估，该系统在天津农业气象业务中应用。2008 年，黎贞发等完成天津市农业科技成果转化与推广项目“日光温室气象监测预警服务技术综合应用与示范”，项目引进中国农业科学院远程分布式农业环境监控系统，在天津市设施蔬菜种植基地选择典型节能日光温室建立小气候自动监测网，以此为基础，对相关技术进行集成与完善，建成一套技术成熟的日光温室气象监测与灾害预警系统，实现业务化运行。2009 年，刘淑梅等完成“典型日光温室保温性能和气候生产力评估”，首次对全市各种类型温室生产季的保温性能进行评估，将果菜三基点温度引入温室评价热量指标，开展温室蔬菜生产低温风险评估，并对温室环境空间分布进行模拟。该项目研发的温室蔬菜生产低温评估方法和设施环境空间分布模拟方法，应用于天津农业气象业务服务中，并推广到华北地区气象部门。

五、人工影响天气研究

2002 年，天津市人工影响天气办公室参加河北省“十五计划”重大科技攻关项目“火箭人工增雨作业条件与关键技术研究”。根据天津的火箭增雨作业的实际情况，分析研究火箭作业点布设、开展火箭增雨作业时的降水天气形势与云层条件、增雨作业时机及作业方位的选取、实施增雨作业时的用弹量等，总结出天津地区开展火箭增雨的有利天气条件及开展火箭增雨作业的天气指标，该项研究成果获河北省科技进步三等奖。2003 年，天津市人工影响天气办公室承担市科委下达的攻关培育项目“智能化人工增雨技术研究”。该项目建立火箭人工增雨作业云系的判别系统，利用三维对流云模式进行人工增雨催化方案设计。应用积云降水新概念模型，确定对流云发展穴道及实施火箭播撒作业作用区。建立火箭人工增雨作业指挥系统，并进行目标区域火箭高炮作业方案设计及效果评估。该研究成果获 2008 年度天津市科技进步三等奖。

第九篇

国营农场

天津市国营农场是由国家投资，在国有土地上开垦建立起来的国有企业。国营农场及其管理机构、直属工商企业、中外合资企业、科研技术服务单位、教育卫生单位，组成农垦系统。1991~2010 年，天津国营农场各项改革不断深化，进一步加强农牧业基础设施建设，积极推进农业产业化经营，着力提升工业和商贸服务业的竞争力，促进农垦经济持续快速发展。通过企业经营机制改革，现代企业试点，国有企业改制和住房制度改革，实现天津市农工商总公司成建制改为天津农垦集团总公司，形成集团化管理体制和运行机制。天津农垦集团已经发展成为年营业收入超过 100 亿元的、集农工商为一体的国有大型现代都市型的农业企业集团。到 2010 年，农垦集团实现国内生产总值126817 万元，比 1990 年的 13606 万元增长 9.3 倍；实现营业收入 1033130 万元，比 1990 年的 73954 万元增长 13.9 倍；实现利润总额 63818 万元，比 1990 年 1817 万元增长 35 倍；缴纳税金 60330 万元，比 1990 年的 1637 万元增长 36.8 倍。职工收入不断增加，生活条件明显改善。农场职工住房条件不断改善，社区环境绿化、净化、美化建设成效明显，社会保障机制逐步完善。创新能力不断提高，取得一批科技成果。1991~2010 年，集团获得市（部）级以上科研成果奖励 37 项，其中国家级科技进步奖 2 项，天津市科技兴市突出贡献奖和市科技进步一等奖各 1 项。到 2010 年，集团有效专利拥有 39 个，其中发明专利 11 个。拥有市级以上企业技术中心 3 个，其中国家级企业技术中心 1 个。

第一章　农牧业

农牧业是农垦的基础产业，也是天津市重要的副食品生产基地之一。2010 年，天津市农垦系统农牧业产值（当年现价）60841 万元，比 1990 年的 15932 万元增长 3.8 倍；农牧业实现利润 5786 万元，比 1990 年的 999 万元增长 5.8 倍。

第一节　种植业

一、耕地面积

天津农垦属城郊型农垦，种植业规模及耕地面积不大。1991 年有耕地面积 65969 亩，随着天津经济发展和城市的扩建，部分农场耕地被征用，国营农场耕地不断减少。2010 年耕地面积 47864 亩，比1991 年减少 18105 亩，下降 27.5%。2010 年耕地面积超过 5000 亩的农场有北大港农场、大钟庄农场，超过 3000 亩的有潘庄农场、里自沽农场、黄庄农场。

二、主要农作物

天津农垦种植的主要有粮食、水果、蔬菜、棉花、青贮饲料等。

（一）粮食作物

粮食作物是种植业的主要农作物，播种面积占农作物播种面积的70%以上，品种主要有水稻、小麦、玉米、高粱等。2010年农垦系统粮食作物播种面积38509亩，比1990年的25261亩增长52.4%；粮食总产量16864吨，比1990年的5863吨增长2.8倍；粮食单产438千克，比1990年的232千克增长1.8倍。

表 9-1-1-133 1991~2010 年天津农垦系统粮食作物播种面积和产量情况

年份	粮食作物播种面积（亩）	亩平均单产（千克）	粮食总产量（吨）
1991	22948	282	6476
1992	29482	256	7553
1993	34556	212	7313
1994	36985	185	6848
1995	38368	275	10542
1996	39856	320	12765
1997	41135	309	12693
1998	47781	303	14497
1999	44809	301	13504
2000	31212	243	7575
2001	30729	202	6210
2002	29016	313	9069
2003	16162	358	5782
2004	19852	415	8237
2005	21207	374	7942
2006	29598	608	17996
2007	28476	429	12212
2008	31733	429	13619
2009	32183	460	14803
2010	38509	438	16864

1.水稻

天津市国营农场种植水稻始于20世纪50年代，双林、工农联盟、东郊、军粮城、塘沽农场曾以种植水稻著称，稻田面积5万余亩。水稻品种主要有“银坊”“水源300粒”“东方红1号”等。水稻单产400~500千克。1972年后，天津近郊水源缺乏，稻田相继改种旱田。1991年有稻田1.6

万亩,主要分布在远郊的黄庄、大钟庄、里自沽农场。1996年,农垦实施水稻“251工程”(即种植水稻2万亩,单产500千克,总产1万吨),动土方100万立方米,改造中低产田8000亩,全面推广旱育稀植和叶龄模式管理技术,水稻品种全部为“津垦”系列良种。里自沽农场旱田改水田及改造荒地3000亩,实施旱涝碱综合治理,渠林路统一规划。宝坻县政府在里自沽农场召开全县农田水利工程现场会,总结推广该场的经验,为农村起到了示范带动作用。当年农垦系统种植水稻2.06万亩,平均亩产518千克,稻谷总产1.06万吨,实现“251工程”规定的目标。1997~1998年继续实施“251”工程。1998年以后,因水源减少及自然灾害等原因,“215工程”停止实施。2009年,黄庄农场依托本场4000亩水稻及周边农村30万亩生态稻田,成立了“天津市黄庄洼米业有限公司”,引进国内先进的大米加工设备、技术,年加工能力5万吨。公司加工生产黄庄洼牌10余个品种大米,均通过绿色食品认证。黄庄农场与黄庄洼米业公司联合开展“津垦”系列水稻良种及食味米良种基地建设,为周边农村提供水稻良种;并同天津农学院合作开展食味水稻“津川1号”产业化示范,推广开发水稻新品种,形成水稻制种、种植、技术服务、加工全产业链。2010年,农垦系统水稻种植面积8620亩,主要分布在黄庄、里自沽、大钟庄农场,水稻总产量6500吨,单产750千克。水稻品种以农垦系统繁育的“津垦1号”“津垦43号”“津垦512号”“津垦335号”系列良种为主。

2.冬小麦

冬小麦种植主要分布在北大港、武清、大钟庄、里自沽、黄庄等农场,种植面积2万亩左右。由于大部分耕地盐碱较重,单产偏低,平均亩产不足250千克。20世纪90年代,在加强耕地盐碱治理的同时,积极引进小麦优良品种,进行良种更新,促进小麦单产提升。1991年引进抗旱耐盐碱的优良小麦新品种“轮抗6号”“轮抗7号”,1992年农垦小麦平均亩产突破300千克。2000年后相继引进“农大146”“北京411、837”“京冬6、8号”等良种,再加上推广先进的栽培技术及病虫草害防治技术,小麦平均亩产达到350~400千克。2010年,农垦系统种植小麦在2万亩左右,总产7600吨,单产400千克。

(二)青贮饲料

青贮饲料是奶牛的主要青粗饲料,具有丰富的纤维素和维生素等成份。为了适应奶牛业的快速发展,农垦系统根据各农场饲养奶牛的数量,安排一定比例的耕地种植青饲料。20世纪50年代,主要种植大麦、甜菜、苜蓿等农作物品种,1960年后主要种植高产的甜高粱、玉米等农作物品种。20世纪50年代至70年代,青饲作物平均亩产1000千克左右。1980年后引进推广高产优质青饲品种“丽欧”甜高粱、“科多4号”青饲玉米,平均亩产达到2000千克左右,并实现从种到收的全程机械化。1990年后引进“南顶1号”青饲玉米,并推广精量点播、地膜覆盖、化学除草、配方施肥等新技术。1991年青饲种植面积30940亩,总产量达63312吨,平均亩产2050千克。1993年后,由于棉花等经济作物的价格上涨,青饲种植比较收益较低,承包青饲种植的农工改种棉花等经济作物,农垦青饲种植面积逐年减少。1997年,青饲种植面积降至1万亩以下。2010年农垦青饲种植面积1525亩,青饲总产量4575吨,平均亩产3000千克。

表 9-1-1-134 1991~2010年天津农垦系统青贮饲料播种面积和产量情况

年份	青饲播种面积(亩)	青饲总产量(吨)
1991	30940	63312
1992	25459	56672
1993	19621	42207
1994	16777	38997
1995	14824	24221
1996	11244	21529
1997	8171	14280
1998	8209	15907
1999	6460	7187
2000	13098	23770
2001	9742	20828
2002	11865	17641
2003	4078	10572
2004	3386	5772
2005	5467	11608
2006	450	562
2007	1236	2379
2008		
2009	1354	3723
2010	1525	4575

(三)果树

天津市的国营农场自20世纪50年代开始发展水果生产。1956年青光农场(后改名为红光农场)建成占地2000亩的以栽培苹果为主的大型果园。1959年,建立中保友谊葡萄园,栽植保加利亚赠送的吉姆沙、红玫瑰香、巴米托、马夫鲁特、吉米亚特等品种葡萄苗木,果园占地近千亩。1960年后,各农场相继发展水果生产。1988年,全市国营农场果园面积达到历史最高峰值的1.62万亩。20世纪90年代,农垦系统果树相继进入衰老期,果园面积逐年减少,部分农场开始果树更新,建立新一代果园。2008年1月,里自沽农场利用地热资源,建成占地面积300亩100座日光温室大棚,栽植桃、李子、杏等果树4.5万株,进行水果反季节生产。2009年4月首批30吨果品上市,平均亩产600千克。2010年,平均亩产达到1800~2000千克。2010年,北大港农场实施占地面积 3000 亩的“王朝玫瑰香葡萄种植基地”项目，达产后年产玫瑰香葡萄可达 4000吨。

农垦系统果园分布在各农场，1991 年果园面积 15601 亩。果园面积 1000 亩以上的有红光、大钟庄、东郊、北大港农场及天宫葡萄酿酒公司，果园面积 500 亩以上的有双林、军粮城、杨柳青、工农联盟、里自沽农场。2000 年，全市农垦系统果园面积只有 5690 亩，面积在 500 亩以上的有天宫葡萄酿酒公司、红光、北大港、大钟庄、里自沽农场。2010 年，全市农垦系统果园共有 2174 亩，面积在 500 亩以上的有红光农场和天宫葡萄酿酒公司。

1991 年，农垦系统水果总产量 4925 吨，平均亩产 528 千克；1993 年水果总产量 6643 吨，达到 1991~2010 年的最高峰值。2010 年水果总产量 1781 吨，平均亩产 1024 千克，单产达到最高值。农垦系统水果品种主要有苹果、葡萄、桃、梨等，其中苹果产量占 60%左右，葡萄占 20%左右。

表 9-1-1-135 1991~2010 年天津农垦系统果园面积和水果产量情况

年份	果园面积(亩)	其中成果面积(亩)	水果亩产(千克)	水果总产量(吨)
1991	15601	9336	528	4925
1992	15535	9037	522	4715
1993	14006	7953	835	6643
1994	13986	8780	531	4659
1995	13108	9546	531	5065
1996	11039	8536	410	3500
1997	8621	6797	493	3354
1998	7522	5488	507	2782
1999	6350	5411	528	2861
2000	5690	4875	426	2076
2001	4528	3259	719	2344
2002	3883	2664	448	1193
2003	2758	1997	635	1268
2004	3188	2097	899	1886
2005	2708	2393	356	853
2006	2665	2372	301	715
2007	2179	1400	530	742
2008	2334	1460	1221	1783
2009	2243	1374	1205	1656
2010	2174	1739	1024	1781

（四）蔬菜

天津市的国营农场从20世纪50年代初开始发展商品蔬菜生产，1961年菜田面积达到1.6万亩，蔬菜总产量2.5万吨。1985年菜田面积1155亩，蔬菜总产2800吨。1990年菜田面积2715亩，蔬菜总产量8823吨。农垦系统的商品菜田主要分布在近郊各农场。蔬菜种类有叶菜、瓜菜、豆菜、根茎菜、茄果菜、香辛菜等20余种。有些品种如“杨农”青麻叶小核桃纹白菜（杨柳青农场培育）、韦毛黄瓜、青黄韭、刀豆、蛇豆、鲜蘑、苦瓜等在天津市场享有盛名。1991~2010年，农垦系统蔬菜生产整体下滑，但技术水平明显提升。1992年农垦系统成立了三家中外合资蔬菜保鲜加工企业，在农垦系统内外配套相继建立3000亩蔬菜生产基地，1992~2002年共计生产销售优质保鲜蔬菜及腌渍菜4万吨。2009年，里自沽农场建成1万平方米的玻璃温室“绿色世界观光园”，5个功能区中有两个种植特色蔬菜，其中1个功能区主要种植无土栽培蔬菜，运用管道式、液流式、立柱式、墙体式等无土栽培技术，提高了生产能力，主要种植红甜菜、黄甜菜、天葵、苦苣、生菜、乌塌菜等特种蔬菜和稀缺品种蔬菜；另外1个功能区以基质栽培蔬菜树为主，主要有巨人南瓜，番茄树，茄子树，辣椒树，蛇瓜树，砍瓜树，苦瓜树等。20世纪90年代后期，天津市场蔬菜价格逐渐放开，国营农场种植蔬菜人工等成本偏高，收益下降，造成蔬菜种植面积和产量起伏不稳和下滑。

表9-1-1-136 1991~2010年天津农垦系统蔬菜播种面积和蔬菜产量情况

年份	蔬菜播种面积（亩）	蔬菜亩产（千克）	蔬菜总产量（吨）
1991	1474	4398	6484
1992	4569	1302	5949
1993	2155	1477	3183
1994	1815	1932	3506
1995	1245	1455	1812
1996	2662	946	2517
1997	503	358	1799
1998	2090	2178	4553
1999	2128	2034	4329
2000	2684	1276	3424
2001	2846	3007	8557
2002	950	2226	2115
2003	12017	301	3620
2004	90	283	255
2005	833	326	2712
2006	1870	368	6888
2007	695	271	1886

年份	蔬菜播种面积(亩)	蔬菜亩产(千克)	蔬菜总产量(吨)
2008	460	393	1810
2009	472	387	1828
2010	253	364	922

(五)草坪草卷

1994年,红旗农场与香港宝德公司合作成立天津红港绿茵花草有限公司,生产绿化用草坪草卷。1999年,该公司生产的红港牌草卷被评为天津市农业名牌产品。2000年和2010年,草坪销售面积分别为32万平方米和40万平方米;实现利润分别为146万元和282万元。

第二节　养殖业

农垦系统养殖业以奶牛、蛋鸡及特色养殖为主。1990~2002年,天津市获得欧洲共同体及欧盟过渡期奶类发展援助项目、中国日本技术合作天津奶业发展援助项目,农垦奶业从中受益。2007年,农垦改革奶牛养殖业管理体制,组建专业化奶牛养殖公司,促进奶牛养殖业快速发展。2010年奶牛存栏1.81万头,比1990年1.31万头增长38%;牛奶总产量9万吨,比1990年4.5万吨增长1倍。农垦蛋鸡生产始于20世纪70年代后期。20世纪80年代,蛋鸡年存栏150万只以上,年产鲜蛋1万吨以上,在保障城市居民鸡蛋供应方面发挥了较大作用。2000年后,农垦养殖业相继发展甲鱼、观赏鱼、肉驴等特色养殖业。

一、奶　牛

(一)规模和产量

奶牛饲养是农垦的传统和优势产业。农垦系统奶牛养殖始于20世纪50年代初。1958年,市区养牛户的奶牛统一迁入市郊国营农场,天津市的奶牛全部由国营农场饲养,天津市场鲜牛奶也全部由国营农场供应。20世纪70年代后期,农垦系统支援农村社队发展饲养奶牛,1977年底,农村集体饲养奶牛439头。1979年,为改变市场鲜牛奶供不应求状况,天津市实行奶牛饲养业国营和农村集体、个体共同发展的政策,加快天津奶牛业的发展。国营农场从牛源、饲养技术、防疫治病、收奶服务等方面对农村集体个体奶牛饲养给予积极扶持,为全市奶牛业发展发挥示范带动作用。20世纪80年代,农垦系统新建7个中型奶牛场(饲养能力在700头左右),扩建、新建奶牛育种站、奶牛研究所、乳品食品监测中心,扩建、新建乳品一厂、二厂,在农垦系统内形成奶牛育种,奶牛饲养,乳品加工及销售、乳品质量检测一体化全产业链。1990年,农垦系统奶牛存栏13156头,占全市奶牛存栏的54%,牛奶产量45470吨,占全市牛奶产量的58%,是天津市奶牛业的主力军。1990年后,农垦系统奶牛业继续稳步发展。1990~2002年,天津市获得欧洲共同体及欧盟过渡期奶类发展援助项目,在项目的资金和技术支持下,农垦系统增建黄庄农场奶牛场的设施、设备,完善奶牛改良育种、奶牛保健培训及牛奶质量检测体系。1992年,农垦系统新建里自沽农场奶牛场(饲养能力700头)。为了解决各农场独自饲养奶牛,经济效益不理想的问题,2007年,农垦集团整合各农场奶牛业资源,组建专业化奶牛养殖企业"天津嘉立荷牧业有限公司",实行集约化经营,有力提升农垦奶牛业的经济效益和竞争力。2010年8月,嘉立荷公司投资1亿元建成"嘉立荷现代示范奶牛场",饲养奶牛5000头,是当时华北地区规模最大的奶牛场。同年,嘉立荷公司奶牛存栏16968头,比公司成立前2006年的14439头增长15%;奶牛每头年产奶9.1吨,比2006年7.2吨增长25.8%;营业收入29960万元,比2006年的8699万元增长3.4倍;实现利润总额3501万元,比2006年的185万元增长19倍。

表9-1-2-137 2007年以后天津市国营农场奶牛场名称变更情况表

序号	变更前名称	变更后名称	备 注
1	红光奶牛一场	天津嘉立荷公司第一奶牛场	2010年合并为天津嘉立荷公司示范奶牛场
2	红光奶牛二场	天津嘉立荷公司第二奶牛场	
3	红光奶牛三场	天津嘉立荷公司第三奶牛场	
4	红光奶牛四场	天津嘉立荷公司第四奶牛场	
5	塘沽奶牛场	天津嘉立荷公司第六奶牛场	
6	宏达奶牛场	天津嘉立荷公司第五奶牛场	
7	海燕奶牛场	天津嘉立荷公司第七奶牛场	
8	里自沽奶牛一场	天津嘉立荷公司第八奶牛场	
9	里自沽奶牛二场	天津嘉立荷公司第九奶牛场	
10	大港奶牛一场	天津嘉立荷公司第十奶牛场	
11	大港奶牛三场	天津嘉立荷公司第十一奶牛场	
12	潘庄奶牛场	天津嘉立荷公司第十二奶牛场	后并入第十五场
13	东海奶牛一场	天津嘉立荷公司第十三奶牛场	后并入第十四场
14	东海奶牛二场	天津嘉立荷公司第十四奶牛场	
15	黄庄奶牛一场	天津嘉立荷公司第十五奶牛场	
16	黄庄奶牛二场	天津嘉立荷公司第十六奶牛场	

表 9-1-2-138　1990~2010 年天津农垦系统奶牛养殖情况

年份	奶牛存栏(头)	其中成年母牛(头)	奶牛单产(千克)	牛奶总产量(吨)
1990	13156	7222	6296	45470
1991	13306	7265	6592	47897
1992	13439	7433	6318	46965
1993	12662	7651	6196	47409
1994	12809	7751	6408	49674
1995	13323	8210	6385	52426
1996	13294	7912	6702	53028
1997	13031	7653	6732	51525
1998	13739	8078	5974	48259
1999	14083	8352	6067	50672
2000	16046	9763	5531	53999
2001	16968	10540	6549	69035
2002	19059	10666	6964	74281
2003	19979	11966	6640	79455
2004	21157	12499	6539	81741
2005	21469	11040	7208	79585
2006	21865	12677	7177	90987
2007	21850	12671	7293	92419
2008	23061	13251	7606	100789
2009	19426	10005	9470	94752
2010	18114	9965	9102	90706

(二)引种和繁育

天津早期奶牛养殖以外国人为主,奶牛品种也是从国外带进的,主要有荷兰的荷斯坦牛、英国的爱尔夏牛、法国的西门塔尔牛及娟珊牛、更塞牛等。进入 20 世纪,天津本地人开始饲养奶牛,品种多数是从唐山一带购入的开滦煤矿奶牛场饲养的荷斯坦牛与当地黄牛杂交的后代(唐山牛)。20 世纪四五十年代,日本、美国、加拿大等国的荷斯坦牛及中国东北地区的黑白花、红白花杂交改良的滨州牛进入天津。1959 年,市相关部门明确以产奶量较高的黑白花奶牛即荷斯坦牛为发展的主要品种,逐渐淘汰其他品种奶牛。1973 年以后,天津市饲养的奶牛全部为荷斯坦奶牛。

20 世纪 50 年代,天津市各国营农场陆续从北京、上海、西安等地引进优良种公牛及高产母牛,并从辽宁、上海、合肥等地引入良种公牛冷冻精液用于改良牛群。1973 年,农垦系统成立天津市奶牛育种站,同年研制成功奶牛颗粒型冷冻精液。1976 年,天津农垦从加拿大购入良种公牛细管型冷冻精液284支，繁育出高产奶牛。1990年，开始实施的中日技术合作天津奶业发展项目，从日本引进了2头良种公牛，生产了7.8万支细管冷冻精液用于农垦和天津奶牛群改良。还购入加拿大良种公牛细管冷冻精液1575支。1991年，天津市奶牛育种站制作成功细管型冷冻精液（细管型活力高于颗粒型），成为国内设施较先进，技术独特的奶牛冻精处理中心。1993~2010年共生产销售冻精560余万支，销往本市和全国各地，累计改良荷斯坦奶牛280万头。

（三）饲养管理

2007年5月，天津市奶牛养殖业全面推行奶牛饲养管理标准化，建立健全奶牛场饲养管理制度，引进上海益民畜牧软件公司"奶业之星"牧场管理软件集团版，所有奶牛的基础数据全部录入"奶业之星"系统，实现对各奶牛场的数字化管理。将国际上通用的"食品生产危害分析及关键控制点体系（HACCP）与牧场良好管理规范（GAP）"结合，提出并完善"四关一过程"整体控制技术管理体系，即利用"奶业之星"集团版信息管理平台，把好奶牛饲料供应关、繁殖配种关、牛奶产出关和环境控制关，利用信息化管理手段实现了奶牛场管理的各个环节全过程监控。2008年4月，成功开发出7种奶牛精饲料，提升奶牛营养水平。

二、蛋　鸡

天津市的国营农场饲养蛋鸡始于1978年，当年蛋鸡存栏近2万只。1990年，全市国营农场有养鸡场16个，蛋鸡存栏275万只，鸡蛋产量2.1万吨。1991年后，国家放开鸡蛋市场价格，鸡蛋销售价格下降，国营农场养鸡业成本偏高，缺乏竞争优势，造成效益下降和亏损。红光农场养鸡场和里自沽农场养鸡场分别于1995和2000年停办转产，其他农场养鸡场也先后停办或转产。蛋鸡存栏和鲜蛋产量大幅下降。2000年，全市农垦系统有养鸡场7个，蛋鸡存栏40万只，鸡蛋产量3382吨；2010年，农垦仅有1个养鸡场，蛋鸡存栏5万只，鸡蛋产量620吨。

表9-1-2-139　1991~2010年天津农垦系统蛋鸡养殖情况

年份	蛋鸡存栏（万只）	其中产蛋鸡（万只）	鸡蛋总产量（吨）
1991	295	179	23499
1992	221	151	23309
1993	163	95	16065
1994	143	92	15079
1995	74	56	8988
1996	54	40	5913
1997	37	29	4633
1998	25	19	3483
1999	44	37	3624
2000	41	35	3383

年份	蛋鸡存栏(万只)	其中产蛋鸡(万只)	鸡蛋总产量(吨)
2001	32	27	4055
2002	37	35	3369
2003	23	22	4516
2004	23	22	4842
2005	23	22	3095
2006	3	2	1505
2007	7	5	416
2008	—	—	980
2009	3	3	45
2010	5	5	620

三、生　猪

生猪饲养在天津市国营农场养殖业中发展较早,主要是为解决农场职工食肉问题。20 世纪 50 年代,国营农场生猪存栏曾达到 5 万余头。1991 年,农垦系统仅有杨柳青农场 1 个养猪场,生猪存栏 1064 头,出栏 1149 头。1993~1997 年,农垦系统已无养猪场。1998 年大钟庄农场发展养猪,生猪存栏 1201 头,生猪出栏 531 头。1998~2004 年,生猪存栏逐年下滑,2004 年,生猪存栏 130 头,出栏 90 头,2005 年不再养猪。2008 年,大钟庄农场成立"天津康嘉生态养殖有限公司",积极发展生态型养猪,当年生猪存栏 6570 头。2009 年,生猪存栏 5822 头,出栏 4050 头;2010 年,生猪存栏 1115 头,出栏 3628 头。

表 9-1-2-140　1991~2010 年天津农垦系统肉类(含禽肉、牛肉)产量

年份	肉类总产量(吨)	年份	肉类总产量(吨)
1991	2823	2001	866
1992	2371	2002	549
1993	1888	2003	821
1994	1754	2004	673
1995	1474	2005	1054
1996	1139	2006	850
1997	882	2007	3511
1998	1006	2008	1016
1999	584	2009	1161
2000	741	2010	2027

四、淡水鱼

天津市国营农场早期利用自有坑塘开发淡水鱼养殖，主要是解决农场职工食鱼问题。1980年以后，部分农场看到养鱼业的商机，将低洼盐碱地改造成养鱼池，发展商品鱼生产，经济效益比旱田种植的效益成倍增长。国营农场淡水养殖形式为池塘混养，品种主要有鲤鱼、白鲢、鲫鱼、花鲢、罗非鱼等。自配饲料，注重防疫治病。1990年农垦系统养鱼面积达6281亩，鲜鱼产量908吨。1991~2010年养鱼面积和鲜鱼产量逐年增多。1999年养鱼面积突破1万亩，2002年鲜鱼产量突破5000吨，2007年突破8000吨。2010年，农垦系统养鱼水面面积超过1万亩，鲜鱼产量7439吨。

表 9-1-2-141 1991~2010年天津农垦系统淡水鱼养殖情况

年份	养殖面积(亩)	淡水鱼总产量(吨)	年份	养殖面积(亩)	淡水鱼总产量(吨)
1991	6507	847	2001	9157	3684
1992	5895	1143	2002	12509	5579
1993	5276	911	2003	7736	4077
1994	5952	1117	2004	6336	3754
1995	7679	2271	2005	9694	6877
1996	8941	2815	2006	10306	7511
1997	9022	2279	2007	11606	8239
1998	9390	2651	2008	11690	8480
1999	10098	3020	2009	11890	7875
2000	12943	3165	2010	10585	7439

五、特种养殖

(一)观赏鱼

2004年，里自沽农场利用自有的地热资源尝试发展热带观赏鱼养殖，品种有"玉面、花老虎"等。2006年，增加"血鹦鹉"养殖。2007年，该场加大资金投入，扩大养殖规模和品种，主要品种有"血鹦鹉""蓝鲨""白鲨""地图"等。2009年2月，该场与台商合作成立天津嘉禾田源观赏鱼养殖有限公司，引进台湾观赏鱼养殖技术，同年，养殖基地占地面积300亩，当年销售观赏鱼218万尾，实现利润总额100万元；2010年销售观赏鱼313万尾，实现利润总额300万元，初步形成种鱼、饲料技术及市场资源带动鱼药、鱼械及观光等协同发展的观赏鱼产业链。

(二)甲鱼

1996年，里自沽农场成立"天津市金地养殖有限公司"，利用地热资源发展甲鱼(中华鳖)养殖，养殖面积1.9万平方米，养殖规模为年产商品甲鱼5万只（250吨）。1997年销售甲鱼1万只，实现利润59万元；1998年销售甲鱼4万只，利润150万元。1999年扩大养殖面积达到3.7万平方米，销售甲鱼10万只，利润120万元。同年，其产品“水王牌”中华鳖获得“天津市农业名牌产品”称号，金地公司被评为“天津市精品农业示范区”。2002年，天津市水产局批准金地公司为市级水产良种场，主要是保存和繁殖中华鳖良种，完善中华鳖良种标准和良种生产技术操作规程，提高良种质量。2007年，公司产品获得天津市无公害水产品认证及产地认证；2009年，获得“天津市著名农产品商标”称号。2010年销售商品甲鱼20万只(1000吨)，实现利润200万元。

（三）肉驴

2008年，潘庄农场为发挥自有的饲草饲料资源优势，成立“天津农垦龙天畜牧养殖有限公司”，对原有闲置奶牛场进行改造，开发肉驴圈养繁育产业，从山西、河北、山东等地购入“华北黑驴”和“三白驴”400头进行养殖繁育。2010年，公司肉驴存栏1500头，出栏150头。

表9-1-2-142 天津农垦系统涉农产品1991～2010年获名牌产品称号情况

<table>
<tr><th>名牌产品称号</th><th>产品商标及名称</th><th>授予机构</th><th>授予年份</th></tr>
<tr><td rowspan="9">天津市农业名牌产品</td><td>红港牌草坪草卷</td><td rowspan="11">天津市人民政府</td><td rowspan="11">1999</td></tr>
<tr><td>水王牌中华鳖</td></tr>
<tr><td>宝牌猪、鸡饲料添加剂</td></tr>
<tr><td>海河牌保鲜奶</td></tr>
<tr><td>王朝牌葡萄酒</td></tr>
<tr><td>福实得牌奶粉</td></tr>
<tr><td>渤海牌牛肉干</td></tr>
<tr><td>喜花牌淀粉</td></tr>
<tr><td>云岭牌矿泉水</td></tr>
<tr><td rowspan="2">天津市名牌产品</td><td>王朝牌葡萄酒</td></tr>
<tr><td>海河牌乳制品</td></tr>
<tr><td>中国名牌产品</td><td>王朝牌葡萄酒</td><td>国家质量检验总局</td><td>2002</td></tr>
</table>

第二章 工　业

天津农垦系统工业是从为农牧业和农场职工生活服务的小型工业企业逐步发展起来的，包括农机修配、金属加工、木材加工、砖瓦、食品、烧碱、缝纫等。1990 年有工业企业 91 个，形成了食品、机电、兽药及饲料、化工、文体用品、金属制品、建材、服装等行业 500 余种产品的农垦工业体系。当年，实现总产值 28914 万元（现价，下同），利润总额 1427 万元，缴纳税金 1165 万元。

2010 年，农垦系统有工业企业 24 个，涉及食品、印刷包装、机电及金属制品、纺织用品、饲料等行业，产品主要有液态奶、奶粉、葡萄酒、纸箱、塑料包装制品、医疗记录纸、镀锌板、铸铁件、焊管、电线、尼龙搭扣及涤纶线、钓鱼用品、饲料添加剂等。2010 年，农垦系统工业总产值 225130 万元，比 1990 年增长 7.8 倍；工业利润总额 24659 万元，比 1990 年增长 17 倍；从业人员 2330 人。

第一节 行业结构

1990 年，全市农垦系统 食品行业总产值 14729 万元，占农垦系统工业总产值的 51%；机电及金属制品行业产值 3902 万元，占 13%；印刷及包装制品行业产值 2336 万元，占 8%；其他行业产值 7947 万元，占 28%。到 2010 年，农垦系统食品行业产值 131916 万元，机电及金属制品行业产值 68123 万元，印刷及包装制品行业产值 18670 万元，其他行业产值 6421 万元，分别占农垦系统工业总产值的 59%、30%、8%和 3%。食品行业成为农垦系统工业的主导行业。

一、食品行业

农垦系统食品加工业是从自产农畜产品的简单加工逐步向深加工过渡，从而实现将市场、加工、原料生产有机结合起来，是农垦系统的优势产业。1990 年农垦系统食品企业有 32 个，产品主要有乳制品、葡萄酒、饮料（汽水、果汁等）、玉米淀粉、蛋白粉、玉米油、肉干肉松等。当年实现产值 14729 万元，利润 910 万元。1994 年，建立天朝葡萄酿酒有限公司。到 2000 年，全市农垦系统有食品企业 22 个，实现产值 105132 万元，利润 20478 万元。2002 年，建立天津海河乳业有限公司。1991~2010年,由于不适应市场变化需求,产品竞争力弱, 20余个食品企业先后停产,饮料和淀粉企业全部关闭。2010年,全市农垦系统共有食品企业7个,均为乳品和葡萄酒生产企业:天津海河乳业有限公司、天津市渤海乳品厂、蓓蕾(天津)乳品有限公司、中法合营王朝葡萄酿酒有限公司、天宫葡萄酿酒有限公司、夏宫酒业有限公司、天朝葡萄酿酒有限公司。其产品主要有:液态奶、奶粉、葡萄酒、纯净水等。2010年,全系统食品业产值131916万元,占农垦系统工业总产值的59%;利润26615万元,居农垦系统工业利润的首位;从业人员1488人。

二、机电及金属制品行业

机电及金属制品行业产值1983年前居农垦系统工业首位,1984年位列食品行业之后。1990年机电及金属制品企业有31家,产值3902万元,占全系统工业总产值的13%,利润319万元。产品主要有塑料电线、电焊机、变压器、养鸡设备、金属门窗、焊管、阀门、农机配件等。为适应市场需求,1991起对机电及金属制品行业进行调整, 新建3个企业, 关闭25个企业。到2010年,全系统有9个企业,产值68123万元,占全系统工业总产值的30%,利润2422万元,占全系统工业利润总额的10%;从业人员484人,占全系统工业总从业人员的21%。这9个企业为:天津海燕电线电缆有限公司、红光农场金龙钢管厂、里自沽农场印铁制罐厂、欧娜渔具厂、欧娜有限公司、天津益源钢板有限公司、天津伸和有限公司、天津正和金属有限公司、天津玉泰实业有限公司。产品主要有:塑料电线、焊管、无缝化焊管、镀锌板、印铁、铸铁件、鱼钩、配电柜、电梯配件等。

三、印刷包装行业

印刷包装行业源于为农垦产品自需的纸箱等包装物,以后陆续发展生产塑料包装袋、漆布漆纸、医疗记录纸、票据纸等产品。1990年全系统有6个印刷包装企业,即杨柳青农场纸箱厂、工农联盟农场纸箱厂、工农联盟漆布漆纸厂、工农联盟纸制品厂、曙光农场印刷厂、红光农场医疗记录纸厂,产值2336万元,占农垦系统工业总产值的8%,利润237万元。1991~2010年新建、扩建3个印刷包装企业,参股1个企业。1993年建立王朝包装印刷制品有限公司,1995年建立宝德包装制品有限公司,2004年对天津市医疗记录纸厂进行扩能改造,重组为天津广大纸业有限公司,2009年参股天津北方报业印务股份有限公司。 2010年, 农垦系统有印刷包装企业4个:天津王朝包装印刷制品有限公司、天津宝德包装有限公司、天津广大纸业有限公司、天津北方报业印务股份有限公司(参股27%,农垦负责生产经营)。产品主要有纸箱、塑料印刷包装制品、医疗记录纸、票据纸、报纸及书刊印刷。2010年,农垦系统印刷包装业产值18670万元,利润858万元,从业人员267人。

四、轻纺行业

天津市农垦系统轻纺行业发展较早，主要是为职工生活服务和增加农场经济效益。1990 年有轻纺企业 21 个，产品主要有：涤纶线、尼龙搭扣、服装、家具、灯具、塑料制品、广告粉、油印机、木质工艺品等。当年轻纺业产值 1808 万元，利润 213 万元。1991~2010 年，由于市场需求变化等原因，轻纺企业大部分关闭。到 2010 年，农垦系统轻纺企业有 4 个：天津福港棉业有限公司、天津兴华织造有限公司、天津百合文教用品厂、双林木制工艺品公司。产品主要有：皮棉、短绒、棉籽、涤纶线、尼龙搭扣、广告粉等，产值 1971 万元，利润 712 万元，从业人员 184 人。

第二节 产品结构

1990 年，农垦系统工业产品产值构成中，乳制品占 23%，葡萄酒占 19%，玉米淀粉占 10%，分居前三位；其他产品共占 48%，食品是主导产品。2010 年，农垦系统工业产品产值中，葡萄酒占 44%，金属制品占 27%，乳制品占 14%，分居前三位，其他产品占 15%，食品仍是全市农垦系统工业的主导产品。

一、葡萄酒

天津农垦系统利用自产葡萄生产葡萄酒始于 1963 年，天津中保友谊葡萄园创办了一个小型葡萄酒厂，初期是加工葡萄汁，1965 年开始生产渤海牌低档甜葡萄酒（勾兑型）。1980 年，天津农垦中保葡萄园与法国人头马集团合资成立中法合营王朝葡萄酿酒有限公司（简称王朝公司）。该企业主要生产高中档全汁型葡萄酒。1986 年，农垦与法国马爹利公司合资成立天津天马酿酒有限公司，生产天龙牌高档白兰地酒和夏宫牌葡萄酒。1987 年成立天津天宫葡萄酿酒公司，生产天宫牌葡萄酒。1990 年农垦系统有葡萄酒企业 4 个，即中法合营王朝葡萄酿酒有限公司、天津市葡萄酿酒公司、天宫葡萄酿酒公司、天马酿酒有限公司，葡萄酒年产量 5157 吨。主要品种有白葡萄酒、红葡萄酒、白兰地酒。2000 年有葡萄酒企业 4 个，葡萄酒产量 21822 吨，其中中法合营王朝葡萄酿酒有限公司产量 21206 吨，占天津农垦系统葡萄酒总产量的 97%。2010 年有葡萄酒企业 3 个，即中法合营王朝葡萄酿酒有限公司、夏宫酒业有限公司、天朝葡萄酿酒有限公司，葡萄酒产量 55363 吨，其中王朝公司产量 54545 吨，占葡萄酒总产量 98%。1984~1995 年王朝酒获国内质量评比金奖 8 枚，国际金奖 14 枚，1992 年获布鲁塞尔国际评酒会“国际最高质量奖”。2002 年王朝牌葡萄酒获“中国名牌产品”称号。为适应市场需求，王朝牌葡萄酒品种由单一到众多不断发展，1981 年投产时只有白葡萄酒“半干白”1 个品种，1990 年增加到 3 个系列

(白葡萄酒、红葡萄酒、白兰地酒)16个品种,2010年增加到5个系列(白酒、红酒、起泡酒、冰酒、白兰地酒)200余个品种。王朝酒产量随着市场销量和企业扩大产能持续增长,1981年仅有90吨,1990年增至1207吨,2000年为2.12万吨,2010年突破5万吨,达到54545吨,成为国内大型全汁葡萄酒生产企业之一。

二、乳制品

天津农垦系统利用国营农场自产牛奶生产乳制品始于1958年,天津市奶品公司开始生产瓶装巴氏消毒牛奶供应市场。1965年开始生产奶粉,1981年开始生产酸牛奶,1998年开始生产超高温灭菌奶。2002年天津海河乳业有限公司建成,将奶品公司的生产设备全部迁入,同时引进国内外先进生产线,使农垦乳制品年生产能力由4万吨增加到14万吨。1990年,农垦系统有乳制品企业6个,即天津市奶品公司所属3个乳品厂、北大港农场渤海乳品厂、塘沽农场乳品厂、武清农场乳品厂,乳制品产量46636吨。品种有巴氏消毒奶、酸奶、奶粉、炼乳、奶油等。2000年有乳品企业6个,即天津奶业集团有限公司(1999年由奶品公司重组)、帕玛拉特(天津)乳品有限公司〔奶品公司乳品一厂、二厂与意大利帕玛拉特乳品公司于1995年合资组建,2005年重组为蓓蕾(天津)乳品有限公司〕、维克食品有限公司、塘沽农场乳品厂、北大港农场渤海乳品厂、杨柳青农场福实德奶业有限公司,乳制品产量32599吨。2010年,农垦系统有乳品企业3个,即天津海河乳业有限公司、蓓蕾(天津)乳品有限公司、北大港农场渤海乳品厂,乳制品产量66470吨,比1990年增长43%,产品种类有超高温灭菌奶、巴氏杀菌奶、酸奶、乳饮料、学生饮用奶、奶粉6个类型60余个品种。天津海河乳业有限公司是农垦系统乳业的主导企业,其生产的海河牌乳制品2005年获“天津市名牌产品”称号(农垦乳业自1958年开始使用海河牌商标)。2010年海河乳业有限公司乳制品产量62009吨,占农垦乳品总产量的93%,其中超高温灭菌奶32282吨,巴氏奶10422吨,酸奶7501吨,乳饮料954吨,学生奶308吨。海河牌乳制品在天津市场的占有率保持在35%以上,是天津乳制品市场主导品牌之一。

三、机电及金属制品

天津农垦系统机电及金属制品种类和品种较多,主要有塑料电线、金属门窗、电焊机、蛋鸡笼、拔丝、焊管、铸铁件、印铁、变压器、配电柜、鱼钩等。1990年生产电线2383万米,金属门窗33374平方米,蛋鸡笼16606组,拔丝3350吨。红旗电器厂生产的电焊机、双林油印机厂生产的誊写钢版、天津市养鸡设备厂生产的蛋鸡笼获天津市优质产品称号。2004年农垦与天津市轧钢一厂共同投资建立了天津益源钢板有限公司(农垦占股75%),年生产能力15万吨热镀锌钢板,是天津市薄板生产重点企业之一。2010年农垦系统机电及金属制品主要产品产量:镀锌板

10.47 万吨，塑料电线 3682 万米、焊管 4682 吨，无缝化焊管 1243 吨，印铁 22 万张，铸铁件 2051 吨，鱼钩 2434 万套。

四、玉米淀粉

1961 年，刘安庄农场建立了农垦系统第一家淀粉厂（1977 年定名为红旗淀粉厂），生产豆类淀粉，后改为生产玉米淀粉。1978 年，建立工农联盟淀粉厂和杨柳青淀粉厂。主要生产玉米淀粉及其深加工制品蛋白粉、玉米油、变性淀粉等。1990 年，农垦系统玉米淀粉产量 23606 吨，是天津市淀粉生产重点企业之一。生产的“金贝牌”“喜花牌”玉米淀粉获天津市和农业部优质产品称号。因市场需求变化和产品竞争力下降，到 2004 年，农垦系统 3 个淀粉厂相继关闭。

五、饮料

天津农垦系统生产饮料始于 1982 年，红光农场建立了红光汽水厂，至 1990 年农垦系统共有 12 个饮料厂。产品主要有：汽水、果汁、乳饮料、纯净水等。“冰海牌”桔子汽水及鲜桔汁、“航天牌”中国沙棘汁和蜂蜜红果汁获天津市和农业部优质产品称号。“中国沙棘汁”品种为国内首创。20 世纪 80年代，农垦系统生产的饮料占天津市场 60%份额。1990 年饮料产量12395 吨，2000 年12955 吨。此后，由于企业各自分散经营，竞争力差，到 2005 年全部关闭。2010 年，农垦系统只有 1 家企业（天宫葡萄酿酒公司）生产饮用纯净水，年产量 2110 吨。

表 9-2-2-143 2010 年天津农垦系统工业企业概况

序号	企业名称	年末从业人员（人）	工业总产值（现价，万元）	利润总额（万元）	固定资产原值（万元）
1	中法合营王朝葡萄酿酒有限公司	440	97055	26582	77434
2	万象药业有限公司	8	304	-5	402
3	欧娜有限公司	16	755	133	166
4	海燕线缆有限公司	58	6326	201	406
5	渤海乳品厂	25	254	-39	267
6	兴华制线厂	57	256	172	798
7	福港棉业有限公司	26	1574	522	1163
8	宝德包装有限公司	68	9591	353	3392
9	百合文教用品厂	8	141	18	35
10	蓓蕾（天津）乳业有限公司	264	2636	-1053	4666
11	金龙钢管厂	18	4253	29	359
12	伸和有限公司	51	3152	248	2386
13	里自沽印铁制罐厂	—	—	—	12

序号	企业名称	年末从业人员(人)	工业总产值(现价,万元)	利润总额(万元)	固定资产原值(万元)
14	益源钢板有限公司	169	53146	1550	11914
15	海河乳业有限公司	611	29538	-4995	22471
16	天宫葡萄酿酒有限公司	39	106	-26	182
17	广大纸业有限公司	60	3804	402	2808
18	王朝联合实业有限公司	84	4146	591	8804
19	王朝包装印刷制品有限公司	139	5275	103	3795
20	天朝葡萄酿酒有限公司	48	1941	-76	1047
21	夏宫酒业有限公司	61	386	33	1045
22	渔具厂	74	460	-29	1018
23	玉泰实业有限公司	6	0	-54	849
	总计	2330	225130	24659	145419

表 9-2-2-144 农垦系统被认定为农业产业化重点企业情况(截至 2010 年)

序号	被认定企业名称	认定级别	认定机关	认定年份
1	中法合营王朝葡萄酿酒有限公司	国家级农业产业化重点企业	农业部等八部委	2000 年 11 月
2	天津海河乳业有限公司	国家级农业产业化重点龙头企业	农业部等九部委	2003 年 1 月
3	天津海河乳业有限公司	天津市农业产业化重点龙头企业	天津市人民政府	2004 年 1 月
4	天津嘉立荷饲料有限公司	天津市农业产业化重点龙头企业	天津市人民政府	2010 年 8 月

表 9-2-2-145 2010 年天津农垦系统工业主要产品产量

产品及生产厂家	单位	产量	产品及生产厂家	单位	产量
饮料(天宫葡萄酿酒公司——饮用水)	吨	2110	广告粉(工农联盟农场)	吨	284
液态奶	吨	66014	刷墙粉(工农联盟农场)	吨	11
海河乳业有限公司	吨	61761	饲料添加剂(海燕公司万象药业公司)	吨	76
蓓蕾(天津)有限公司	吨	4253	塑料制品(宝德包装有限公司)	吨	4899
奶粉	吨	456	医疗记录纸(广大纸业有限公司)	吨	1268
北大港农场	吨	118	焊管 (红光农场)	吨	4862
海河乳业有限公司	吨	338	无缝化钢管 (红光农场)	吨	1243
葡萄酒	吨	55363	印铁 (里自沽农场)	万张	22.71
王朝公司	吨	54545	塑料电线 (海燕实业公司)	万米	3682
夏宫酒业有限公司	吨	276	纸箱 (王朝实业公司)	吨	7959
天朝葡萄酿酒有限公司	吨	542	尼龙搭扣 (大钟庄农场)	万米	3745
鱼钩	吨	1286.4	涤纶线 (大钟庄农场)	万塔	176
欧娜渔具厂	吨	714.1	铸铁件 (伸和有限公司)	吨	2051
欧娜有限公司	吨	572.3	镀锌钣 (益源钢板有限公司)	吨	104737
焊鱼钩 (欧娜渔具厂)	吨	2434.7	短绒 (北大港农场)	吨	365
制 袋 (渔具厂)	吨	154.6			

第三章 商贸服务业和房地产业

第一节 商贸服务业

天津农垦系统商贸服务业主要是在改革开放以后发展起来的，由批发零售业、住宿餐饮业、仓储业、运输业、建筑业构成。1990年有营业单位141个，营业收入25333万元，占农垦各业营业收入的34%；利润552万元，占农垦各业利润总额的23%；从业人员2681人。2000年，有营业单位56个，营业收入34436万元，利润189万元，从业人员972人。2010年，有营业单位20个，营业收入302082万元，占农垦各业营业收入的29%，比1990年营业收入增长119倍；利润22380万元，占农垦各业利润总额的35%，比1990年利润增长40倍；从业人员724人，占农垦系统从业人员的14%。

一、批发零售业

1990年，全系统有批发企业30个，零售部门141个，分布在市内六区及农场所在区县，销售农场生产的农牧产品及其他商品。1997年4月，农垦与荷兰壳牌（中国）有限公司合资成立天津壳牌机动车加油服务有限公司（2006年更名为天津壳牌石油有限公司），经营石油成品油零售业务，农垦持股25%。2000年，农垦系统有批发零售营业单位61个，营业收入33620万元，利润总额-628万元。2008年3月，东郊农场成立了恒扬宝泰实业有限公司，主要经营钢材产品，当年销售收入11亿元，利润总额379万元。2008年12月，天津壳牌石油有限公司实行转股，农垦转股后持股51%，成为控股方。2010年壳牌公司加油站在全市达到100座，营业收入26.8亿元，利润总额1.47亿元，纳税1.09亿元，是农垦商贸业规模最大的企业。2010年，农垦批发零售业营业单位7个，营业收入296185万元，利润总额16210万元，从业人员389人，是农垦系统商贸服务业的支柱。

二、餐饮、住宿业

1981年，天津农垦供销公司与南开大学合作，在南开大学校园内开办一个中档餐馆“文苑餐厅”。此后,红光农场、双林农场、北大港农场相继开办一些餐馆。大钟庄农场在宝坻县城开办一个集餐饮、住宿为一体的“振华饭店”。1990 年 1 月,农垦投资建设的王朝大酒店开业。该酒店位于铁路天津站西侧的建国道上,建筑面积 6600 平方米,高 12 层,可同时容纳 220 人住宿、就餐。1994 年,酒店被确定为三星级涉外酒店。2009 年,因天津站枢纽工程建设需要,该酒店被全部拆除。2010 年,农垦餐饮业正常运营的仅有 1 个单位,即里自沽农场与农业观光园配套的“绿色世界饭店”,2010 年营业收入 435 万元,利润-22 万元,从业人员 8 人。

三、仓储业

天津农垦系统仓储业始于 1998 年,近郊农场利用自有土地资源发展仓储业,当年有仓储单位 4 个,其中双林农场 2 个,塘沽农场和红光农场各 1 个,仓储面积 20 万平方米,营业收入 169 万元,利润-83 万元。2010 年有仓储单位 2 个,营业收入 336 万元,从业人员 28 人。

四、运输业

天津农垦系统运输业始于 1993 年,当年 9月,天津农垦出租汽车公司成立,随后奶品公司、红光农场、王朝大酒店各成立 1 个出租汽车公司,共有客运出租汽车 330 余辆。1995 年后奶品公司、红光农场、王朝大酒店出租汽车公司因亏损而关闭。2010 年,仅天津农垦出租汽车公司营业,有客运出租汽车 318 辆,营业收入 186 万元,利润 3 万元,从业人员 387 人。

五、服务业

天津农垦系统服务业始于 1995 年,当年 12 月,天津农垦物业管理有限公司成立,2004 年公司获得国家二级物业管理企业资质,管理面积 60 余万平方米。2004 年 6 月,天津市海燕置业有限公司成立,公司投资兴建的海燕公寓 2006 年 9 月开业。建筑面积 5.23 万平方米,地址在天津经济技术开发区西区新业七街 70 号,拥有住宿楼 12 栋,1119 个房间,可入住 8600 人,并配有综合服务楼,为开发区企业员工提供住宿服务。2007 年,红光农场所属天津市惠隆资产管理有限公司成立,经营范围为自有资产管理、房屋租赁、物业管理、劳务服务等。2010 年 2 月,天津铭信嘉德小额贷款有限公司成立,同年 5 月开业。该公司是农垦集团总公司及所属部分企业投资兴办,注册资本 1 亿元,主营小额贷款业务,当年营业收入 726 万元,利润总额 440 万元。2010 年农垦系统有服务业企业 7个,营业收入 3520 万元,利润总额 6167 万元,从业人员 246人。

六、建筑业

1994年，天津农垦房地产开发建设有限公司所属天津市双发建筑工程公司成立，注册资金2000万元，资质为二级房屋建筑总承包施工企业，先后承建了50余万平方米的商品房及奶牛场等工程项目。2010年，农垦有2个建筑企业，营业收入1420万元（其中双发公司1384万元），利润-3.6万元，从业人员39人。

表 9-3-1-146　2010 年农垦系统商贸、服务业情况

	营业单位(个)	从业人员(人)	销售(营业)收入(万元)	利润总额(万元)		营业单位(个)	从业人员(人)	销售(营业)收入(万元)	利润总额(万元)
一、批发零售贸易	7	389	296185	16210	五、服务业	7	246	3520	6167
东郊农场	2	54	23096	1387	海燕物业服务公司	1	29	294	10.4
北大港农场	2	18	421	38	红旗农场	1	44	72	-481.4
里自沽农场	1	40	1680	63	惠隆资产管理有限公司	1	34	481	19.1
农垦供销公司	1	7	2848	-64	奶业有限公司	1	73	295	-770
壳牌石油有限 公司	1	270	268140	14786	农工商经济技术开发公司	1	4		-107.4
二、仓储业	2	28	336	-27.4	海燕置业有限公司	1	4	858	-204.6
东郊农场	1	6	43	-26.9	农垦集团总公司	1	58	1520	7700.9
双林农场	1	22	293	-0.5	六、建筑业	2	39	1420	-3.6
三、住宿、餐饮业	2	12	435	-143	东郊农场	1	5	36	-4
王朝大酒店	1	4	0	-121	双林农场	1	34	1384	0.4
里自沽绿色世界饭店	1	8	435	-22					
四、运输业(农垦出租汽车公司)	1	10	186	3					

第二节 房地产业

1996年5月，天津农垦集团房地产开发建设有限公司成立，此后相继成立天津华鼎工业投资有限公司、华北城（天津）投资有限公司、天津浦佳投资有限公司、天津宇世达置业有限公司、天和城（天津）置业投资有限公司等6家房地产开发企业。至2010年，共开发房地产项目总建筑面积144万平方米，开发的主要项目有：

一、国营农场职工住房改造项目

2004年，里自沽农场兴建的建筑面积1.7万平方米的4栋住宅楼竣工，农场职工全部迁入新居。2008年，武清农场结合开发“华北工业原料交易城”项目一期工程，同时启动职工平房改造项目，共计拆除老旧平房4.77万平方米，建设还迁住宅楼5万平方米，2009年农场职工全部入住新楼房。2010年，双林农场建成“双山新苑”住宅区（建筑面积3.6万平方米），改善农场职工住房条件；潘庄农场采取“易地换房”政策，用于改善潘庄农场和曙光农场职工住房条件。到2010年年底，农垦系统14个农场已有5个农场完成职工住房改善任务，有3个农场取得保障房指标建设计划，完成了用地、规划审批工作，完成农场住房改造1800户，总建筑面积20万平方米。

二、人人乐超市公建项目

该项目系农垦集团房地产开发建设有限公司开发建设，位于河西区泗水道与微山路交口。于2004年8月开工建设，2005年5月竣工验收并实现与承租单位天津市人人乐商业有限公司交接，2005年9月正式营业。该超市项目建筑面积30500平方米，高四层，是小海地一带最大的超级市场，方便了当地居民的购物需求。

三、华鼎高科技创业中心工业地产项目

该项目由天津华鼎工业投资有限公司（天津市农工商宏达总公司与民营企业天津市渤海元丰投资有限公司合作，农垦占股60%）投资建设，地点位于西青区津静公路北天津高新技术产业园区内，占地11公顷，总建筑面积18.35万平方米，共29栋，其中高层6栋，可用于办公、科技研发、小规模生产；独栋办公楼23栋，可用于总部经济用房。项目分两期建设，于2008年5月开工，2013年竣工。

四、华北国际工业原料交易城商业地产项目

该项目由天津农垦东方实业有限公司(武清农场)与南京华泰投资有限公司合作的“华北城(天津)投资有限公司”(农垦占股51%)投资开发,位于武清区京津公路东侧,一期工程占地35公顷,建筑面积40万平方米,建筑形式为三层商铺,功能定位为华北地区家居建材市场产业集群。2008年6月开工建设,2010年11月竣工投入使用。2010年年底华北城一期销售总面积26万平方米,实现销售收入6.5亿元,实现利润5664万元,提供就业岗位近2000个。共青团天津市委在“华北城”创建“青年创业践习基地”。

五、仕林苑商品房项目

该项目系农垦集团房地产开发建设有限公司于2008年从市土地交易中心摘得项目地块,2009年引入投资方天津万科房地产开发公司及天津吉象投资发展有限公司共同开发(农垦占股51%),定名为“农垦万科仕林苑”商品房项目。项目定位于中高档精品社区,位于外环线以内津南区浯水道东头,紧邻地铁一号线双林站。项目地上建筑面积11.44万平方米,地下及其它配套用房3.5万平方米。产品为联排别墅、洋房、高层。项目西侧为低层低密度联排别墅118套,建筑面积2.6万平方米,东侧为高层、小高层及洋房,建筑面积8.5万平方米,与项目外西面的400亩高尔夫球场及东面的双林河融为一体。项目于2010年春开工,2013年年底竣工。

表9-3-2-147　1991~2010年天津农垦集团房地产开发项目汇总表

	序号	项目名称	地点	开、竣工年份	建筑面积(平方米)	项目开发公司
商品住房项目	1	贵山里	河西区小海地	1996~1999	106699	天津农垦集团房地产开发建设有限公司
	2	玉峰花园	河西区小海地	1999~2000	129563	天津农垦集团房地产开发建设有限公司
	3	祺林园	河西区小海地	2001~2003	120000	天津农垦集团房地产开发建设有限公司
	4	儒林园	河西区小海地	2003~2004	87824	天津农垦集团房地产开发建设有限公司
	5	水语花城花溪苑	西青区中北镇	2007~2009	39796	天津农垦集团房地产开发建设有限公司
	6	仕林苑	河西区小海地	2010~2013	114000	天津农垦集团房地产开发建设有限公司
	7	双山新苑	河西区小海地	2010~2012	36000	天津农垦集团房地产开发建设有限公司
	8	天和林溪	武清区下朱庄	2010~2013	143122	天和城(天津)投资有限公司
合计					777004	

	序号	项目名称	地点	开、竣工年份	建筑面积（平方米）	项目开发公司
公共建筑项目	9	祺林园商业配套	河西区小海地	2001~2002	2730	天津农垦集团房地产开发建设有限公司
	10	儒林园配套	河西区小海地	2003~2004	3511	天津农垦集团房地产开发建设有限公司
	11	人人乐超市	河西区小海地	2004~2005	30500	天津农垦集团房地产开发建设有限公司
	12	宝德学院学生公寓	西青区津静公路	2004~2005	48000	天津农垦集团房地产开发建设有限公司
合计					84741	
工业地产项目	13	华鼎高科技创业中心	西青区天津高新区	2008~2013	183000	天津华鼎工业投资有限公司
商业地产项目	14	华北工业原料交易城一期	武清区下朱庄	2008~2010	400000	华北城(天津)投资有限公司
总计					1444745	

第四章　体制机制改革

第一节　行业管理体制改革

1949 年天津解放初期，天津农垦隶属于华北人民政府农业部津沽区农垦管理局，1950 年津沽区农垦管理局更名为渤海区农垦管理局。1953 年 4 月，成立天津市农林水利局，划入渤海区农垦管理局的职能。1960 年，天津市成立了国营农场管理局，翌年改为市农垦局。1968 年撤销市农垦局。1979 年 2 月，成立天津市国营农场管理局，又称市国营农场联合企业总公司。1980 年 7 月和 1981 年 1 月，市政府决定将宝坻、宁河、武清县管理的大钟庄、里自沽、黄庄、潘庄、武清农场 5 个国营农场划归市农场局管理。1983 年 8 月，市委、市政府决定撤销天津市国营农场管理局，成立天津市渤海农工商联合总公司，1984年更名为天津市农工商总公司。1997 年 4

月，市委、市政府同意将天津市农工商总公司成建制改为天津农垦集团总公司，授权集团总公司对所属企业的国有资产实施经营与管理，同时承担保值增值责任。集团总公司的组建，使天津农垦系统形成集团经营，有利于促进集团经济综合调控能力和实力的增长。2014 年 11 月，市人民政府决定将市农垦集团、市二商集团、市粮油集团、市立达集团整合在一起，组建天津食品集团有限公司。

第二节　企业经营机制改革

一、财务包干

改革开放以前，天津农垦在财务上一直吃“大锅饭”，即实行“盈利全上交，亏损国家补”的统收统支、收支两条线办法，农场没有资金支配和使用权，束缚了企业生产经营积极性。1979 年 6 月，为贯彻国务院批转财政部、国家农垦总局共同制定的《关于农垦企业实行财务包干的暂行规定》，市农场局和市财政局制定《天津市农垦企业实行财务包干办法》，决定在农垦系统实行“统一核算，自负盈亏，盈利留用，亏损不补”的财务包干办法。农场局对所属农场、企业的包干办法是：盈利企业实行利润包干上缴，一年一定，结余留用，短收不补；亏损企业实行限额亏损补贴，一年一定，减亏留用，超亏不补，从而改变了农场“办好办坏一个样，盈利亏损一个样”的弊端，企业享有更多的自主权，充分调动了企业发展生产，改善经营，多创利润的积极性。当年，天津农垦系统即实现了场场盈利，全年实现利润 827 万元，比上年增加 684 万元，增长 5.8 倍。1980 年，农场局在对市财政局财务包干办法不变的前提下，对所属企业的包干办法由一年一定改为一定三年不变。1986~1990 年，再由一定三年不变为一定五年不变。按照这个办法，各农场、企业上缴总公司和市财政的各项资金总额有所降低，企业新增利润全部留给企业，进一步增强了企业自我发展的能力。财务包干政策执行到 1995 年。

二、农业实行双层经营

1984 年，根据中共中央 1 号文件精神，借鉴农村联产承包责任制经验，天津农垦进行了农业经营体制改革，即“大农场套小农场双层经营体制”，农场作为一个经营主体，凭借对农场耕地的占有权和使用权，直接进行农业生产经营或土地资产租赁、承包，这即是“大农场”经营层次；小农场是指部分或全体农业职工通过个人、家庭、合伙向总场（大农场）进行土地承包、租赁方式取得一定面积土地、一定时期内的使用权，使之成为在农业生产上自主经营、自负盈亏、自我约束、自我发展的经营实体，形成一个“小农场”的经营层次。“大农场”和“小农场”在法律上是平等的，在经营上“大农场”对“小农场”负有“服务、协调、指导”职能。大农场套小农场的双层经营体制解决了土地所有权与使用权分离问题，改变过去国营农场“国家出钱，职工种田，负盈不负亏”的被动局面，调动农业职工的生产积极性，使农垦农业步入良性循环。天津农垦结合城郊农场特点，提出在远郊农场发展家庭农场，在近郊农场发展职工联营农场的方针，从而使小农场得到快速而稳健发展。自 1993 年开始，又在农垦系统种植业全面推行职工生产费和生活费“两费自理”，这是对以往种植业改革的深化和完善。1995 年年底，实行“两费自理”职工占农业职工总数的 85%，兴办各种形式的小农场 400 多个，并出现承包 1895 亩耕地规模的家庭农场。大农场建立生产服务组织，加强对小农场的各项服务。双层经营体制使农垦种植业得到巩固和发展。

三、现代企业制度试点

1992 年后，天津农垦贯彻落实国务院《全民所有制工业企业转换经营机制条例》，一是全面深化企业人事制度、用工制度、分配制度改革，职工全部实行劳动合同制，大部分企业的法人代表与职工签订集体劳动合同；二是在分配上实行岗位工资、技能工资、风险工资、计件工资、奖金等多种工资形式，股份合作制企业做到按劳分配与按资分配相结合；三是部分企业实行股份合作制，部分企业剥离经营，并进行债务和资产重组，部分企业实施停产整顿实现减亏或扭亏为盈；四是 90%以上的小型商业网点实行国有民营。1995年，武清农场和杨柳青农场列入天津市首批现代企业制度试点单位，农场分别更名为“天津农垦东方实业有限公司”“天津农垦柳青实业有限公司”，建立健全企业法人治理结构，面向市场着力转换经营机制；建立与公司制相适应的分配制度，形成有效的激励和约束机制；加强企业管理，健全各项规章制度，采用现代管理技术、方法和手段，提高管理效率。实行试点后两个企业扭亏力度逐年加大。2000 年，现代企业制度改革工作基本完成。

四、国有企业改制

1999 年 9 月，天津农垦系统贯彻落实《中共中央关于国有企业改革和发展若干重大问题的决定》精神和市委、市政府有关部署，制定《天津农垦集团国有企业产权制度改革实施方案》，全面实施企业所有制结构调整和产权制度改革工作。

2000 年，海燕电线电缆公司、双林木制品厂、红光医疗记录纸厂、宝德包装公司、鑫杏林食品厂、海河矿泉水厂，实行股份制改造，改制为多元投资、国有控股有限公司。

2001 年，农垦集团实业公司、新宇广告装饰公司、通源淀粉公司、通联文体用品公司、德源贸易公司、大亚旅行社、天塔科贸公司等企业实行国有资本金退出，改制为民营企业。

1999~2012 年，农垦集团建立多元股份制企业 54 家，这些企业在组建时即把投资主体多元化作为成立公司的前提条件之一。加上原有的 15 家合资企业，农垦集团共有 69 家多元投资企业，其中二级企业 24 家，三级企业 39 家，四级企业 6 家。

五、破产、关闭企业

至 2010 年，农垦系统对 18 个资不抵债的企业实施破产，核销各种债务 1.27 亿元，其中银行本息 7563 万元。对没有发展前途的 67 家小微亏企业予以关闭注销。破产、关闭上述企业使农垦减轻了负担，精干了主业。

六、资源整合

2001~2006 年，先后将天津红港绿茵花草有限公司、天津欧娜有限公司、天津伸和有限公司等中外合资企业的中方股份持有者，由农场调整为农垦集团总公司，使企业由三级升为二级，从而增强管理、支持的力度。为做大做强农垦优势产业，2007 年整合全系统奶牛资源，将分散在 8 个农场的 16 个奶牛场及 2 个饲料厂实施资产重组，成立奶牛饲养专业化的天津嘉立荷牧业有限公司，实行集约化经营。公司组建后，管理、技术水平得到明显提升，市场竞争力增强，经济效益大幅度提高，2008~2010 年，实现利润总额分别为 1893 万元、2098 万元和 3501 万元。

七、上市融资

1997 年 12 月，天津农垦集团总公司所属天宫葡萄酿酒有限公司加盟“天津发展控股有限公司”，其红筹股在香港联合交易所挂牌上市，天宫公司从中获得融资款 2 亿元。作为天宫公司的母公司，天津农垦集团总公司继续对其担负管理职责，也享受其收益。2005 年 1 月，王朝公司从“天津发展”红筹股公司分拆上市，成为香港主板第一只葡萄酒类股票。成功上市为企业募集到资金 8 亿元人民币，王朝公司的市值达 37.5 亿元人民币。

八、劳动工资制度改革

2004 年，农垦集团总公司制定《天津农垦集团国有企业分流安置富余人员指导意见》，规范分流安置工作，保护职工权益。通过破产分流、企业改制及职工申请自谋职业，全系统共有 2577 名国有企业职工置换身份，解除劳动关系，支付经济补偿资金 1.19 亿元。2006 年，农垦集团总公司制定《天津农垦集团总公司新增员工聘用实施办法》，规范新增员工聘用程序，从根本上解决乱招工、再分流的现象。2008 年，全系统职工全部加入养老保险社会统筹、城镇职工基本医疗保险及工伤、失业保险。离退休人员全部实现养老保险金社会化发放。

九、国有企业债务减免

根据国家有关政策，通过与资产管理公司和有关国有银行协商，至2008年，农垦系统共消化历史遗留的不良贷款6.36亿元，其中支付资金3.14亿元，豁免贷款本息3.22亿元。加上利用破产政策减免的1.27亿元债务，全系统共计减免系统外债务4.49亿元。

十、分离企业所担负的社会职能

2002年，根据天津市人民政府的统一部署，天津农垦系统的14个农场治安派出所全部移交农场所在地公安部门。截至2010年，原有的12所农场子弟学校除工农联盟农场外，全部移交当地政府。原有的16个农场医疗单位除北大港农场医院、武清农场医院、工农联盟农垦医院外，已全部撤销。

表9-4-2-148 天津农垦集团所属多元投资企业情况表(截至2012年)

序号	单位名称	成立年份	经营状况	股东名称	持股比例
1	天津海丰收餐饮有限公司	2006	停业	天津市海燕物业服务中心	33.34%
2	天津市海燕电线电缆制造有限公司	2000	正常	天津市海燕实业公司	40%
				王洪庆等个人	60%
3	天津金港滨餐饮服务有限公司	2008	正常	天津港生活服务有限公司	40%
				天津市海燕实业公司	25%
				天津市肉类联合加工厂	25%
				天津市塘沽区晟大劳务服务有限公司	10%
4	天津金港滨金月餐饮服务有限公司	2010	维持	天津金港滨餐饮服务有限公司	51%
				天津市飞跃厨具有限公司	49%
5	天津万象药业有限公司	2001	维持	天津农垦塘沽实业总公司	48%
				保定市冀中兽药厂	52%
6	天津滨海新区塘沽金天混凝土有限公司	2007	正常	天津农垦塘沽实业总公司	42.50%
				姜玉兴	37.50%
				王志双	20%
7	天津滨海新区中远信达物流有限公司	2010	筹建	天津农垦塘沽实业总公司	51%
				陈玉刚	49%

序号	单位名称	成立年份	经营状况	股东名称	持股比例
8	天津市联合攻灿筑路工程有限公司	2008	正常	天津农垦塘沽实业总公司	29%
				姜玉兴	37%
				王志双	10%
				中铁十八局集团第五工程有限公司	24%
9	天津市海燕置业有限公司	2004	正常	天津农垦集团总公司	70%
				天津市海燕实业公司	30%
10	天津市益源钢板有限公司	2003	正常	天津市东郊农牧场	50%
				天津农垦集团总公司	25%
				天津市轧一实业公司	25%
11	天津益源工贸发展有限公司	2003	正常	天津市东郊农牧场	98%
				天津市津东水电安装工程队	2%
12	天津市鑫杏林食品有限公司	1998	维持	天津市东郊农牧场(调拨)	
13	天津恒扬农林发展有限公司	2010	维持	天津市东郊农牧场	51%
				天津雅锋建材有限公司	49%
14	天津市农垦集团房地产开发建设有限公司	1995	正常	天津市农垦集团总公司	20%
				天津市农工商总公司双林公司	80%
15	天津市农垦物业管理有限公司	1995	维持	天津市农垦集团房地产开发建设有限公司	80%
				天津市双发建筑工程公司	20%
16	天津农垦博纳影视投资有限公司	2012	新建	天津市农垦集团房地产开发建设有限公司	49%
				北京博纳星光影院管理有限公司	45%
				北京博纳国际影院投资管理有限公司	6%
17	天津市迪万投资有限公司	2010	新建	天津市农垦集团房地产开发建设有限公司	51%
				天津市万科房地产公司	40%
				天津物资招商有限公司	9%
18	天津双鹤鱼需有限公司	1995	困难	天津市农工商公司双林公司	50%
				日本丸日株式会社	50%
19	福港棉业有限公司	2007	维持	天津市农工商津港公司	45%
				解亚民	55%
20	红花世家油脂有限公司	2010	维持	天津市农工商津港公司	45%
				解亚民	55%
21	天津华鼎工业投资有限公司	2007	正常	天津市农工商宏达总公司	60%
				天津市渤海元丰投资有限公司	40%
22	天津浦佳投资有限公司	2008	正常	天津市农工商宏达总公司	51%
				天津汇祺置业有限公司	49%

序号	单位名称	成立年份	经营状况	股东名称	持股比例
23	天津宇世达置业有限公司	2010	筹建	天津市农工商宏达总公司	51%
				天津市渤海元丰投资有限公司	49%
24	天津澳森电气有限公司	1993	停业	天津市红旗电器厂(已注销,原属红旗农场)	58%
				农垦通达商业公司(已注销,原属农垦)	17%
				澳门华通国际公司	25%
25	天津万盛恒海金属制品有限公司	2010	正常	天津市红旗农场	80%
				天津博川宏业金属制品有限公司	20%
26	天津新华电脑机绣制品有限公司	1990	停业	天津市红旗农场	70%
				香港联合机绣公司	30%
27	天津裕廊红狮城投资发展有限公司	2012	新建	天津红狮城投资发展有限公司	40%
				天津宝赢投资发展有限公司	35%
				天津远潮投资发展有限公司	25%
28	天津星昂葡萄酒销售有限公司	2011	新建	天津市农工商红光总公司	60%
				郭华树	40%
29	天津盛世达置业有限公司	2008	新建	天津市农工商红光总公司	55%
				天津泰宇集团有限公司	45%
30	天津津工机动车驾驶员培训学校	1993	正常	天津市农工商红光总公司	55%
				天津市总工会	22.5%
				华同公司	22.5%
31	新疆津垦广大农业有限公司	2012	新建	天津农垦集团总公司	90%
				天津市农工商红光总公司	10%
32	天津北方报业印务股份有限公司	2009	正常	天津日报社(天津日报报业集团)	40.5%
				天津农垦集团总公司	26.95%
				天津报业印务中心	20.35%
				天津市盛星房地产开发有限公司	8.69%
				天津市今晚传媒集团控股有限公司	1.2%
				天津市市政道桥建筑工程公司	1.16%
				天津峰成建筑装饰工程有限公司	1.16%
33	天津潮弘休闲渔业有限公司	2012	筹建	里自沽农场	55%
				管国联	35%
				张贵友	10%
34	天津嘉禾田源观赏鱼养殖有限公司	2009	正常	里自沽农场	51%
				廖木山	29%
				管国联	20%
35	天津森泰壹佰置业投资有限公司	2009	筹建	天津农垦集团总公司	48%

序号	单位名称	成立年份	经营状况	股东名称	持股比例
36	天津市宝德包装有限公司	2006	正常	天津农垦集团总公司	70%
				天津市燕南农工商公司	30%
37	天津黄庄洼米业有限公司	2009	正常	天津农垦集团总公司	90%
				刘道海	10%
38	钟澳(天津)奶牛有限公司	2006	正常	天津农垦集团总公司	97.50%
				魏朝义	2.50%
39	天津兴华织造有限公司	1984	正常	天津农垦集团总公司	66.67%
				天津市大钟农工商总公司	33.33%
40	华北城(天津)投资有限公司	2007	正常	天津农垦东方实业有限公司	51%
				天津盛奥科技发展有限公司	15%
				天津富格投资发展有限公司	15%
				南京宽悦投资管理有限公司	19%
41	华北城(天津)市场管理有限公司	2009	正常	华北城(天津)投资有限公司	75%
				白鸣	25%
42	华北城摩尔(天津)投资有限公司	2011	新建	华北城(天津)投资有限公司	35%
				摩尔(天津)投资有限公司	65%
43	华北城(天津)国际贸易有限公司	2010	维持	天津农垦东方实业有限公司	50%
				华北城(天津)投资有限公司	5%
				华北城(天津)市场管理有限公司	45%
44	华北城(天津)物流有限公司	2010	新建	天津农垦东方实业有限公司	35%
				华北城(天津)投资有限公司	5%
				任有新	30%
				任有明	30%
45	华北城盈发创建(天津)有限公司	2011	新建	天津农垦东方实业有限公司	51%
				盈发创建有限公司	49%
				天津博川宏业金属制品有限公司	20%
46	天和城(天津)置业投资有限公司	2009	正常	北京博大坤元房地产发展有限公司	65%
				天津农垦东方实业有限公司	35%
47	天津皇朝傢俬有限公司	2011	新建	天津农垦东方实业有限公司	45%
				香港皇朝傢俬集团有限公司	40%
				香港思尼采实业有限公司	15%
48	天津市农垦绿洲食品有限公司	2008	正常	天津奶业有限公司	51%
				赵景印	49%
49	天津双江乳业有限公司	1999	维持	天津奶品总公司	51%
				澳大利亚双江有限公司	49%

序号	单位名称	成立年份	经营状况	股东名称	持股比例
50	天津海河乳业有限公司	2002	正常	天津天宫葡萄酿酒有限公司	40%
				天津农垦集团总公司	34%
				天津奶业有限公司	21%
				天津北辰科技园区总公司	5%
51	蓓蕾(天津)乳品有限公司	1994	维持	天津海河乳业有限公司	70%
				天津农垦集团总公司	30%
52	天津市海河水业有限公司	2004	停业	天津海河乳业有限公司	56.42%
				天津市东郊农牧场	43.58%
53	天津夏宫酒业有限公司	1986	维持	天津农垦集团总公司	41.25%
				澳门利通实业投资有限公司	13.75%
				新加坡国际品牌私人有限公司	45%
54	天津英威世国际贸易有限公司	2011	正常	天津农垦集团总公司	41.25%
				澳门利通实业投资有限公司	13.75%
				新加坡国际品牌私人有限公司	45%
55	天津伸和有限公司	1989	正常	天津农垦集团总公司	46.40%
				日本伸和兴业株式会社	50.50%
				日本西村金属工业所	3.10%
56	天津正和金属有限公司	2004	正常	天津农垦集团总公司	49.45%
				日本伸和兴业株式会社	49.45%
				西村一男	1.10%
57	天津欧娜有限公司	1984	正常	天津农垦集团总公司	51%
				日本欧娜株式会社	49%
58	天津嘉宝奶牛养殖有限公司	2009	正常	天津嘉立荷牧业有限公司	51%
				关宝树	49%
59	壳牌华北石油集团有限公司	1997	正常	天津农垦集团总公司	51%
				壳牌(中国)有限公司	41.03%
				荷兰壳牌中国控股私有有限公司	7.97%
60	天津红港绿茵花草有限公司	1994	正常	天津农垦集团总公司	50%
				香港宝德公司	50%
61	天津王朝包装印刷制品有限公司	1993	正常	天津市王朝联合实业发展公司	99%
				天津市农垦集团总公司	1%
62	天津天朝葡萄酿酒有限公司	1994	维持	天津市王朝联合实业发展有限公司	75%
				西班牙康大贸易有限公司	25%
63	天津滨海中储物流有限公司	2007	筹建	天津农垦集团总公司	40%
				中储发展股份有限公司	34%
				天津源泰投资控股有限公司	26%

序号	单位名称	成立年份	经营状况	股东名称	持股比例
64	天津玉泰实业有限公司	2004	停业	天津农垦集团总公司	51%
65	天津融世乳业有限公司	2008	维持	天津农垦集团总公司	49%
				天津华爱集团	41%
				邵冀民	10%
66	天津现代方舟置业有限公司	2008	维持	天津农垦集团总公司	65%
				天津市宝坻区正通商贸发展有限公司	35%
67	天津农垦宏益联投资有限公司	2011	新建	天津农垦集团总公司	95%
				天津农垦金亿丰融投资管理有限公司	5%
68	天津农垦龙呈嘉益国际贸易有限公司	2011	新建	天津农垦宏益联投资有限公司	80%
				天津市里自沽农工商实业总公司	20%
69	天津铭信嘉德小额贷款有限公司	2010	正常	天津农垦集团总公司	50%
				华北城(天津)投资有限公司	10%
				天津市农垦集团房地产开发建设有限公司	10%
				天津市农工商宏达总公司	10%
				天津嘉立荷牧业有限公司	10%
				天津恒扬宝泰实业有限公司	10%

第五章 科技创新

1991~2010 年,天津农垦系统建成国家级企业技术中心 1 个、市级企业技术中心 2 个。获得有效专利 39 个,其中发明专利 11 个。获市(部)级以上科研奖励 37 项。

第一节 种植业科技

天津农垦种植业科技的重点在水稻、青饲、果树等主要农作物综合高产栽培、抗盐碱草坪草卷生产等技术领域,以引进、应用和推广为主,科研攻关为辅。1991~2010 年,天津农垦种植业获得市级成果奖励项目 13 项,其中二等奖 5 项。

在粮食作物方面。为提高粮食产量和品种优化开展研究,并取得一定成效。1996 年由工农联盟农场、大钟庄农场、里自沽农场、潘庄农场、北大港农场 5 家农场联合完成的“天津农垦系统水稻优良品种及增产技术推广”项目获市科技进步奖三等奖。当年,农垦系统种植农垦自育的良种水稻2万亩,全面采用旱育稀植技术和叶龄模式管理技术,取得水稻单产518千克,总产1.06万吨的成果。

在青饲作物方面。1993年,由天津市农工商总公司高级农艺师孙克泰主持的“奶牛青饲玉米南顶1号引种及应用研究”获得市科技进步奖三等奖,为奶牛青饲料高产优质做出贡献。

在果树种植方面。为了提高果品的质量和产量,以苹果、梨等新品种引进及病虫害防治研究为主。1991年红光农场高级农艺师王桂清主持的“苹果斑点落叶病发生规律及防治技术研究”获市科技进步奖三等奖;职工宋家旭从美国引进的苹果新品种“首红”在红光农场园艺四场种植成功,高级农艺师何国重在红光园艺六场主持建立的“无病毒苹果园”获得成功,职工史中强从河北省引进的“黄冠”“冀蜜”梨新品种在园艺三场种植成功。农垦系统职工还开展葡萄优质丰产栽培技术研究。1999年,由中法合营王朝葡萄酿酒有限公司高级农艺师李巍主持的“天津地区万亩酒用葡萄优质丰产栽培技术推广”项目获天津市科技进步奖二等奖。

在草坪种植方面。1994年,红旗农场与香港宝德公司合作建立现代化草坪草卷生产企业天津红港绿茵花草有限公司,在草坪草卷生产方面取得一批科技成果。1997年,由该公司高级农艺师张殿京主持的“现代化草坪草卷生产与建植工艺”项目获得天津市科技进步奖二等奖,2003年“现代草坪草卷生产及应用推广”项目获天津市科技进步奖二等奖。

第二节 养殖业科技

天津农垦养殖业科技重点是奶牛、蛋鸡、生猪饲养,围绕育种、饲养技术,饲料、兽医等技术领域开展技术研发和推广应用。1991~2010年,天津国营农场养殖业获得部(市)级科技成果奖励8项,其中二等奖3项。

在科研方面。有5项成果获得部级三等以上奖励,其中二等奖3项。1992年,“大群奶牛增产综合配套技术”项目获农业部丰收计划项目成果二等奖。该项目由天津市农工商总公司高级畜牧师雷祥声主持。运用综合配套技术,达到培育5000头年单产6500千克高产奶牛群的目标,为以后进一步扩群增产打下良好基础。1994年,市农工商总公司高级兽医师李忠全主持“奶牛结核检疫非特异性反应研究”项目,查明奶牛结核病检疫中产生非特异性的原因,研究出准确判定阳性牛的方法,从而提高牛群检疫的准确性,解决多年淘汰结核病牛“错杀”的难题,获天津市科技进步奖二等奖。1997年,由市农垦集团奶牛发展中心张允茂主持的“奶牛高产高效新技术研究”项目,由“奶牛胚胎工程研究与应用”“高产奶牛全价日粮结构研究与开发”“奶牛卫生与疾病控制研究与应用”“奶牛产奶性能测定及管理信息系统研究”等4个专项子课题组成,每个专项课题均采用本学科领域先进技术,保证了总项目的完成。该科研项目的开展及其实施促进了天津市奶牛业的发展,获2002年度天津市科技进步奖二等奖。

在技术推广方面。重点有两项,“全混合日粮(TMR)技术”得到广泛应用。20世纪90年代后期,国营农场从国外及国内引进TMR饲料制备及技术,进行日粮配方全面营养搭配,经设备充分揉搓的复合饲料有利于消化吸收,有利于节省饲料,并使奶牛采食时间缩短,休息时间加长,奶牛单产得到明显提升。2007年,嘉立荷牧业公司成立后,制订TMR技术管理规范,自主研究开发出TMR自动化配置系统。公司还根据各牛场牛群状况、原料数据库及饲养水平差异,为各牛场制订不同的TMR配方,即“个性化配方”,提高奶牛整体生产水平。同时,还全面推广“奶牛生产性能测定(DHI)技术”。奶牛生产性能测定是对奶牛泌乳性能及乳成分的测定。利用奶牛生产性能测定报告,对牛群有针对性地进行饲养管理,发挥牛群的生产潜力,进而提高经济效益。中国开展奶牛生产性能测定技术起步较晚。在中日技术合作天津奶业发展项目期间,天津农垦启动了奶牛生产性能测定工作。1991年,从丹麦引进“255型牛奶成分测定仪”及配套的自动进样和数据处理系统。这套仪器是当时对牛奶成分进行测定最先进、配套最齐全的设施,为开展奶牛生产性能测定工作创造了条件。1993年6月,工农联盟农场奶牛一场实施奶牛生产性能测定工作,当年参加测定的奶牛有1106头。到2010年全市农垦系统奶牛全部参加测定。这项技术的推广应用使农垦奶牛饲养管理水平和牛群遗传水平明显提高。国营农场还开展对具有一定养殖规模的农村奶牛养殖小区及养殖户进行奶牛生产性能测定技术培训和服务,促进了农村奶牛饲养水平的提升。

在养鸡养猪科技方面。科技工作者开展的“大群蛋鸡增产综合配套技术”项目1992年获农业部丰收计划三等奖;“猪病新式诊断法应用推广”项目1993年获天津市科技进步奖三等奖。

第三节　工业科技

1991~2010年,天津市农垦系统工业获得国家级、部(市)级科技成果奖励13项,其中有2项分别获国家级科技进步二等奖和三等奖。农垦系统工业科技课题侧重集中在王朝公司的葡萄酒和海河乳业公司的乳制品,1994年,“高档优质葡萄酒工艺技术设备的引进消化吸收及再提高”项目获天津市科技兴市突出贡献奖。2000年,“王朝高档干红葡萄酒的开发”项目获天津市科技进步奖一等奖。2001年,“高档干红葡萄酒酿造技术与原料保障体系的研制与开发”项目获国家科技进步二等奖,这是国内葡萄酒行业第一个摘取的最高奖项。2003年,“红葡萄酒稳定性技术研究”项目获天津市科技进步奖二等奖。2004年,“玫瑰香汉沽产地葡萄酒的开发”项目获天津市科技进步奖二等奖。同年,“固定化酶法生产(CCPS)及其应用”项目获天津市科技进步奖三等奖。2007年,“乳铁蛋白和苦荞麦的功能研究及其乳制品开发”项目获天津市科技进步奖三等奖。2009年,“乳品质量与安全控制技术产学研联合研究” 项目获天津市科技进步奖三等奖。通过上述项目的实施,促进了产品升级,开发出高附加值的产品,提高了企业的技术创新水平、市场竞争力和经济效益。

第四节 农垦系统企业技术中心

企业技术中心是企业科技创新的核心部门,主要承担产品研发和科技项目研究等工作。截至2010年,天津农垦系统拥有国家级企业技术中心1个,即中法合营王朝葡萄酿酒有限公司技术中心;市级企业技术中心2个,即天津海河乳业有限公司技术中心和天津红港绿茵花草有限公司技术中心。农垦企业技术中心建设内容主要有:一是科技投入机制,企业每年都将技术中心科研经费支出纳入企业主要预算项目,确保技术中心研发经费到位;二是人才机制,引进人才与自我培养相结合,不断提高人才技术素质和技术能力;三是激励竞争机制,实行研发经费投入保障及提成、重奖等一系列激励办法,有的企业实行“项目经理负责制”,即某一产品开发项目研制成功后,该项目技术负责人担任项目经理,从产品投产上市到市场质量监督实行一条龙研发路线,按比例进行经济核算,使研发与市场紧密结合;四是产学研合作机制,积极引进社会技术力量(科研院所、高等院校)开展合作开发新产品、新技术,实现优势互补,共赢发展。截至2010年,3个市级以上技术中心研发新产品200余个,科研项目完成52个,其中获得市级科技成果奖励二等奖以上的有9项。

一、中法合营王朝葡萄酿酒有限公司技术中心

1998年被确认为天津市市级企业技术中心,2007年升格为国家级企业技术中心, 拥有研发人员160余人,均具有高级技术职称,其中享受政府特殊津贴专家10人;拥有建筑面积9000平方米的研发、试验场所,仪器设备原值7500万元,并自有葡萄品种试验园及示范园133公顷。公司每年提取利润的0.5%~1%作为技术中心科技奖励基金。1998~2010年,科技经费支出累计近4亿元,为科技人员、技术骨干提供良好的工作环境。技术中心研发产品分为“高档领先型、传统骨干性、适应消费型、外观吸引型”4种类型,形成王朝酒系列产品及上下空间产品的立体效应。技术中心引进社会技术力量,产学研相结合,加快创新速度。截至2010年,中心有2项科研成果获国家级科技进步奖,其中“高档干红葡萄酒酿造技术与原料设备保障体系的研制开发”项目获2001年度国家级科技进步二等奖,填补国内陈酿型干红葡萄酒系列工艺的空白,带动国内葡萄酒业的技术发展;有5项成果获市级科技进步二等奖以上奖励,有5项获天津市企

业技术创新一等奖，有 8 项被确认为天津市科技成果。

1991–2010 年王朝公司技术中心科技成果获奖情况

(一)科技进步奖

1.国家科技进步奖 2 项(国家科学技术委员会颁发)

①“高档干红葡萄酒工艺技术与原料设备保障体系的研究与开发”获 2001 年度国家科技进步二等奖

②“王朝全汁干型葡萄酒规模化生产工艺技术”获 1995 年度国家科技进步三等奖

2.天津市科技进步奖(天津市科学技术委员会颁发)

(1)一等奖 1 项

王朝高档干红葡萄酒的开发(2000 年度)

(2)二等奖 4 项

①天津地区万亩酒用葡萄优质丰产栽培技术推广(1999 年度)

②王朝香槟工艺酒酿造技术研究(2001 年度)

③红葡萄酒稳定性技术研究(2003 年度)

④玫瑰香汉沽产地葡萄酒的开发(2004 年度)

(3)三等奖 3 项

①王朝白兰地酒酿造技术研究(1998 年度)

②无病毒优质葡萄苗木选育和配套模式研究(1999 年度)

③王朝勃艮第高档干白葡萄酒的开发(2000 年度)

(二)技术创新奖(天津市技术创新优秀项目奖，天津市经济委员会颁发)

1.一等奖 5 项

①金王朝干红葡萄酒开发(2000 年度)

②全汁轻型干红葡萄酒开发(2002 年度)

③连续速冻红葡萄酒技术研究(2002 年度)

④玫瑰香汉沽产地葡萄酒的开发(2005 年度)

⑤王朝酿造的产地葡萄酒风味物质研究(2008 年度)

2.二等奖 2 项

①冰晶与浓缩物分离技术研究(2007 年度)

②葡萄酒微过滤系统与灌装系统一体化研究(2008 年度)

3.三等奖 2 项

①全汁低醇起泡葡萄酒开发(2002 年度)

②红葡萄酒酒脚的综合开发利用(2008年度)

二、天津市海河乳业有限公司技术中心

1999年被确认为天津市市级企业技术中心。中心的产品研发工作包括新产品开发、老产品改造、标准制订和采集、生产工艺的制订、产品标签法规性审定等;科技项目研究工作承担市科委、市经委、市农委、市技术监督局、农垦集团等部门的科研项目。1999~2010年科研经费累计投入3000余万元。在产品研发方面,截至2010年,共研发巴氏奶、超高温灭菌奶、酸奶、乳饮料、学生饮用奶、奶粉六大类新产品180个,申请并获得专利15项。在科技项目研究方面,共完成科技项目27个,其中"添加CPPs乳制品研制及其产业化"项目获2005年度天津市优秀质量攻关成果一等奖,"乳铁蛋白分离纯化与应用研究" 项目获2007年度天津市科技进步奖三等奖,"乳铁蛋白和苦荞麦的功能研究及其乳制品开发"项目获2007年度天津市科技进步奖三等奖,"苦荞麦液态奶的开发研究" 项目获2008年度天津市技术创新优秀项目三等奖,"提高乳制品加工质量关键技术研究的推广应用"项目获2009年度天津市科技星火计划项目奖,"乳品质量与安全关键技术集成与示范"项目获2009年度全国商业科技进步特等奖,"乳品质量与安全控制技术产学研联合研究"项目获2009年度天津市科技进步奖三等奖。

三、天津红港绿茵花草有限公司技术中心

1997年,天津红港绿茵花草有限公司成立天津市农垦草坪科学研究所,开展草坪生产科研和技术开发工作。2003年3月,在草坪研究所基础上成立的公司技术中心被确认为市级企业技术中心。

中心聘请国际草坪协会主席麦摩等专家为技术顾问,同时与社会科研单位、高等院校开展技术合作,增强了企业的科研能力和市场竞争力。截至2010年,中心先后完成20余项科研项目。"草坪新品种的引进和实际运用研究"项目,1994年从美国引进羊茅属、早熟禾属、黑麦草属等冷季型草种40余个品种进行引种与筛选,经过三年的试种、对比,从中筛选出适合京津地区生态环境的优秀品种,其中高羊茅耐寒、绿期长、抗病、耐旱节水、抗盐碱,确定为推广品种。早熟禾草草姿优美、抗旱、返青早、绿期长,适用于高档园林草坪,其中的"橄榄球2号"品种被选定为北京钓鱼台国宾馆草坪专用草。"现代草坪草卷生产与建植工艺"项目,获1997年度天津市科技进步奖二等奖。"现代草坪草卷生产及应用推广"项目,获2003年度天津市科技进步奖二等奖。"天津市抗盐碱草坪草种的引进与推广"项目,从引进的17个品种中筛选出抗盐碱的3个品种,示范面积6万平方米,推广55万平方米。"足球场草坪建植与改造技术研究"项目,为该公司开展足球场的草坪建植打下坚实基础,2001年被确认为天津市科研成果,公司利用此技

术先后完成20余个草坪足球场的建植工程。"草坪综合节水技术的应用与推广"项目，实现利用浅层微咸水及中水灌溉草坪技术，形成一套综合节水技术规范，推广应用40余万平方米，获得经济效益800万元，2009年被确认为天津市技术开发类农业科技成果。"野生抗盐绿化植物资源驯化利用和现代草坪生产技术"项目，充分利用工业废弃物（葡萄酒渣、中药渣、发酵工业废渣）及农业秸秆等为原料，通过转化变为轻基质，营养丰富，在草坪生长期内不需要提供额外肥料，降低成本，缩短成坪期，节省种植基质和种植土，推广应用80万平方米，为工业废弃物的循环利用提供新的思路，其中的"中药渣轻基质草毯及其制备方法"技术，获国家知识产权局发明专利证书。"草坪品种混播研究"项目，将不同优点的品种组合起来，生产出优质混播草坪，美观、耐旱、耐热、耐践踏，绿期长。"草坪病虫害防治与杂草防除研究"项目，摸清了京津地区草坪中的主要病虫害，并总结出以预防为主，防治相结合的措施，为北方地区生产优质草坪提供技术支持。"运动场草坪修补技术"项目，通过草坪修补机具的研制、模块草坪的试制和运动场草坪修补工艺、技术研究，为足球场球门区等易损部位进行快速修复。该项技术在国内属首次研究应用，在天津奥体中心体育场草坪足球场等多个场地应用，效果良好。"沙基质草坪足球场建植技术研究"项目，主要内容是草坪足球场的基础建设技术，技术创新表现为采用沙基质草坪足球场建植技术，改变单纯在种植土上种草建足球场的传统模式，形成沙基质为种植层、淋水层、盲管排水系统组成的立体坪床剖面结构上的功能化足球场。建成的足球场各项技术指标符合国际足联的要求和承接国际比赛的要求，球场质量达到国际先进水平，该项技术的研制和应用在国内为首次。2007年应用在天津奥体中心体育场草坪足球场工程，成为2008年北京奥运会天津足球赛区主场地。"冷季型草坪禾本科杂草防治技术研究"项目，找出适宜北方地区应用的能够防治冷季型草坪中禾本科杂草的综合技术，有效地减轻了禾本科杂草的危害，加快成坪期，已应用草坪60万平方米，增加经济效益480万元。

第五节　农垦系统重点科技研究项目

农垦科技研究主要是应用技术。1991~2010年，农垦有37项科研成果获市级以上科技奖励，其中有2项分别获国家级科技进步二等奖和三等奖。有12项获市级科技进步二等奖。

一、国家级奖励项目

获得国家级奖励项目2项，即"高档干红葡萄酒酿造技术与原料设备保障体系的研制与开发"获国家科技进步二等奖；"王朝全汁葡萄酒规模化生产工艺技术"获国家科技进步三等奖。

"高档干红葡萄酒酿造技术与原料设备保障体系的研制与开发"。该项目完成单位是中法合营王朝葡萄酿酒有限公司，实施于 1998~2000 年。是栽培技术、酿造工艺、设备创新三位一体有机结合，系统引进、吸收、创新的项目。在技术和产品开发过程中做了大量的基础研究，在国内首次进行规模化干红葡萄酒用葡萄无病毒良种优系的推广，率先进行酿酒葡萄地理区域化方面的研究，细致探讨酿酒辅料的合理使用和酿造工艺的研究，进行相应设备的引进创新，在吸收国外先进技术和经验的基础上，结合原料和设备的具体情况以及消费者的欣赏水平，成功的走出一条有中国特色的技术创新之路。项目的创新点是：在葡萄原料栽培方面，一是对干红葡萄酒用葡萄品种赤霞珠、梅鹿辄的生产和生理特征进行较为详尽的研究，尤其是阐述梅鹿辄品种栽培困难的原因，并制订相应的栽培技术措施，使王朝公司率先实现梅鹿辄品种的规模化生产；二是在国内率先进行了规模化无病毒干红葡萄酒用葡萄良种的研究推广工作，无病毒率占整个葡萄基地的 90%；三是综合分析天津地区的气候与土壤、葡萄品种特征等因素，明确干红酒用葡萄品种的种植地理区域。在酿造方面，一是采用先进的立式喷淋罐和自排空式卧式旋转罐结合使用的工艺，有效的浸提色素及酚类物质；二是根据干红酒的特征，针对陈酿、稳定性等难题，依据葡萄品种、成熟度、工艺目的等具体情况选择不同作用的酵母、果胶酶、单宁、乳酸菌等优质辅料，保证各工艺阶段的顺利进行，进一步提高酒的质量；三是陈酿木桶的选择，根据合理的比例，选择美国的中型桶和法国的轻型桶作为王朝高档干红酒的最佳陈酿木桶类型。在设备引进方面，首次引进并创新现代化万吨红酒发酵浸提设备；自行设计配套的红酒冷冻控温系统，构建万吨车间内不同容量不锈钢发酵罐的全套符合国际标准的输酒固定管道系统，为国内首创。项目三年新增利税 28559 万元，创收外汇 52 万美元，实现农业产值 3396 万元，适应了社会对干红葡萄酒的需求，为国内葡萄酒酿造业系统地提供工艺技术指标，带动国内红酒业的发展。

二、市级奖励项目

获得市级奖励项目 35 项，其中一等奖 1 项，二等奖 11 项，三等奖 23 项。主要获奖项目有：

（一）王朝高档干红葡萄酒的开发

该项目完成单位为中法合营王朝葡萄酿酒有限公司，实施于 1996~1999 年。1997 年以前，国内葡萄酒生产企业主要以生产白葡萄酒为主，干红葡萄酒产量很小，没有规模化生产，国外红葡萄酒大量涌入国内，使国内葡萄酒产业受到严重冲击，发展民族葡萄酒产业，生产出高档红葡萄酒成为国内葡萄酒企业生存和发展及参与国际竞争面临的首要问题。为此，王朝公司通过酿造工艺、葡萄品种栽培技术与先进设备引进创新开发出高档干红葡萄酒（以金王朝干红葡萄酒为代表）。项目的创新点为：一是在工艺研究中采用添加单宁的工艺，从而起到稳定色素的作用，提高色素浸提效果；二是在苹果酸—乳酸发酵阶段采用了添加乳酸菌工艺，保证苹果酸—乳酸发酵的正常进行；三是对美国与法国橡木桶的特点进行细致的比较，并结合产品特点，综合研究不同类型橡木桶及工艺贮存条件，经过优选组合进行陈酿；四是引进国外先进的部分酿酒设备配件，结合产品特性，在自动发酵浸提罐、输送管道、冷冻系统进行创新改造。项目三年累计新增产值1470万元，累计新增利税588万元，累计节创外汇14457万美元。项目成果达到国内领先水平，产品质量达到国际一流水平，为国内同行业提供先进的原料栽培、工艺技术、设备引进创新等数据，填补国内高档陈酿型干红葡萄酒的空白。项目获2000年度天津市科技进步一等奖。

（二）引进美国苹果品种及开发技术研究

该项目完成单位是市农垦集团及所属部分农场，实施于1986~1990年。项目大批量引进矮化砧短枝型品种优质苗木，并做到建园一次定植成功，在国营农场直接建园26.6公顷，推广135公顷，表现出适应性广、抗逆性强、结果早、品质好。项目成果对中国发展矮化自根砧果园，改革苹果传统栽培制度发挥了示范作用，选出的四代新红星纽红矮生、顶矮生品种为国内首次大批量引入并得到较大面积生产应用，表现良好，是元帅系品种更新换代的理想品种，对改善中熟苹果品种构成，改善天津市乃至全国苹果品种结构作出贡献。科技人员总结出的四代新红星苹果配套栽培管理技术，为大面积开发利用打下良好基础。项目成果推广应用两年（1989~1990年），收获苹果2.2万吨，获纯利57万元；出售苗木12万株，获纯利24万元。该项目获1991年度天津市科技进步奖二等奖。

（三）奶牛结核检疫非特异性反应研究

该项目完成单位为天津农垦集团和吉林农业大学，实施于1988~1991年。多年来，对奶牛结核病进行检疫采用结核菌素，经常出现非特异性反应，国外报道检出的变态反应阳性牛的假阳性率达31%~49.5%。本项目从分离非典型分枝杆菌入手，找出干扰源，建立牛结核酶联免疫吸附试验（ELISA），提出以ELISA和变态反应同时进行检疫，以排除非特异性反应，可以区别结核牛和非典型分支杆菌引起的假阳性结核牛。对结核变态反应阳性牛，连续进行ELISA检测，每季度一次，共四次均为阴性者判断为非结核牛，从而避免了错杀非结核病牛。本项目利用变态反应与ELISA结合，区别非典型分枝杆菌干扰的试验模式。根据天津市1.3万头奶牛的检测，结核非特异性反应率为2.1%，即260余头假阳性牛，按每头牛市价2890元计算，可减少损失751400元。还可以增加牛奶产量，经济和社会效益明显。项目获1992年度天津市科技进步二等奖。

（四）大群奶牛增产综合配套技术

该项目完成单位为市农垦集团，实施于1988~1991年。项目充分发挥近年来引种、育种群体优势，全面推行阶段标准化饲养，牛群净化，保证牛群健康，完善生产设施配套，改善生产条件，实行机械化挤奶等措施，达到了 5000 头奶牛年单产 6500 千克的高产奶牛群目标，奶牛平均年单产由 6000 千克提高到 6500 千克，牛奶总产量增产 4.56 万吨，新增产值 319 万元，获纯利润 41 万元。项目采用的各项技术措施行之有效，为大群奶牛总结出一套增产综合配套技术。项目获 1992 年度农业部丰收计划项目成果二等奖。

（五）天津地区万亩酒用葡萄优质丰产栽培技术推广

项目完成单位为中法合营王朝葡萄酿酒有限公司，实施于 1997~1999 年。项目围绕生产优质酿酒葡萄良种化、区域化、无病毒化和栽培技术规范化四个方面进行。在了解酿酒葡萄品种生产特性和王朝公司生产酒种类型的基础上选择国际适宜良种，进行酿酒葡萄良种化区域化的合理布局，采取单芽营养袋育苗和地膜覆盖扦插方法定植建园。葡萄园采用规范化栽培技术，注重无病毒化栽培，适当密植，施肥注重有机肥和无机肥相结合，强调增施钾肥，葡萄生长后期控制灌水和氮肥施用，实施病虫害综合防治，以农业措施防治为主，辅之以波尔多液，以保证葡萄果实无公害。修剪强调夏季和冬季相结合，以夏季为基础，冬剪合理留芽，合理负载量。采取上述技术措施，为生产优质葡萄提供了技术保证。项目创新点为：一是明确天津地区酿造葡萄品种地理区域化范围，阐述其形成原因，实现酿造葡萄品种良种化、区域化；二是对梅鹿辄、赤霞珠和霞多丽品种进行详尽的调查、观测和研究，并提出适宜的栽培措施；三是进行规模化干红酒用葡萄无病毒优良品种推广研究工作，为酿酒葡萄生产产业化、品种多样化和葡萄原料优质化，提高葡萄酒质量打下良好基础；四是探索农业技术推广的方法和步骤，完善了技术服务网络体系。项目推广酒用葡萄优质丰产栽培技术 1357 公顷，其中新建葡萄园 937 公顷；收获优质葡萄 4.92 万吨，产值 1.22 亿元；生产优质葡萄酒 1.4 万吨，实现利税 2 亿元，为社会创造经济效益 2.4 亿元。项目获 1999 年度天津市科技进步奖二等奖。

（六）现代化草坪草卷生产与建植工艺

该项目完成单位为天津红港绿茵花草有限公司，实施于 1994~1996 年。20 世纪 90 年代及其以前，中国草坪生产受诸多条件制约，停留在规模小，机械化程度低，栽培技术陈旧，建坪速度慢，管理养护差的初级开发阶段。国外先进草坪生产的最终商品为草卷，利用这种成坪的规格化草卷直接铺设在整好的裸地上，简单便利，损失率小，成坪速度较种子直播、分植移栽、植生带等方法快捷，及时展现绿地景观。项目在引进国外先进技术的前提下，经过消化吸收，因地制宜研制成功草坪草卷与建植工艺，并投入绿化应用及足球场草坪工程。项目关键技术一是在盐碱土壤上经过技术处理，改良土壤，建成较大面积（50 公顷）的草坪草卷生产基地；二是基本解决了草坪播前、播后杂草的化学除草；三是草坪专用机械系列配套；四是播种后铺设特制的塑料网（使草卷生长均匀并形成规格）；五是采用先进的单跨平移自走式喷灌机保证草坪均衡需水；六是因地制宜改进栽培技术；七是机械化制做不同规格的草卷；八是制订出草坪草卷生产工艺规范,科学可行。项目的创新点为:一是因地制宜,寻求各种措施改良土质黏重、pH值高的盐碱贫瘠土壤,使之适应冷暖季型草坪的生长;二是筛选出适合市场需求的高羊茅、早熟禾、黑麦结缕草品种;三是由一年一次收获为两年三次、一年两次收获;四是播前播后除草剂的应用技术;五是改进灌溉方法,调整冬季喷灌的时期与水量;六是结缕草快速建坪技术;七是建植与改造草坪足球场技术;八是改进养护技术。1994~1996年,销售草坪草卷30万平方米,新增产值900万元,实现利税315万元。项目获1997年度天津市科技进步奖二等奖。

(七)王朝香槟工艺酒酿造技术研究

该项目完成单位为中法合营王朝葡萄酿酒有限公司,实施于1999~2001年。项目研制成功的王朝香槟工艺酒在国内首先实现葡萄酒酿造工艺与原料设备保障体系的有机结合,从香槟葡萄栽培到发酵工艺、人工二次酵母培养、瓶内及罐式二次发酵、陈化上架管理、冷冻排酒泥及反压灌装;原料上实施葡萄良种区域化、无病毒化和栽培技术规范化,设备上对自行设计制造的酵母培养罐、保压输送管道、冷冻等关键技术环节的创新等方面进行深入系统的研究。王朝公司生产的系列香槟工艺酒产品经国家专家组品评鉴定为国内领先。项目研究成功,标志着中国葡萄酿酒行业在香槟工艺酒酿造技术方面,从工艺到生产设备达到国际先进水平,填补国内香槟工艺酒的空白。项目的创新点为:一是建立香槟工艺酒原料的质量保障体系,并通过品种选优、产地化确定、最佳采收期测定及葡萄栽培生态环境研究等技术措施得以实现;二是采用天津地域特色的玫瑰香葡萄生产罐式白、桃红香槟工艺酒,并通过原料酒发酵、色素及香味物质浸提工艺、部分原料酒后期在木桶内呈香物质的发酵研究以及酿酒师细致的勾兑,使王朝香槟工艺酒的酒质细腻醇和,香气优雅高贵,色泽绚丽;三是通过二次瓶内及罐式发酵试验研究,确定酵母环境的控制,不同方式发酵中的酵母陈化时间、陈酿期以及影响因子的确定,为生产香槟工艺酒提供系统的工艺及各项技术指标;四是按工艺要求设计制造5吨酵母培养罐,恒温恒湿的地下陈酿车间以及地上恒温的排酒泥操作车间是国内首创,自行设计配套的香槟工艺酒压力罐冷冻控温系统。项目在天津市蓟县及河北省遵化市等地建立200公顷香槟工艺酒用葡萄基地,实现农业产值115万元,1999~2001年新增工业产值1367万元,新增利税779万元,创收外汇16.5万美元,增加了农民收入。项目获2001年度天津市科技进步二等奖。

(八)奶牛高产高效新技术研究

该项目完成单位为天津农垦集团总公司所属天津市奶牛研究所和市农科院天津市畜牧兽医研究所,实施于1997~2001年。项目由"奶牛胚胎工程研究与应用""高产奶牛全价日粮结构研究与开发""奶牛卫生与疫病控制研究与应用""奶牛产奶性能测定及管理信息系统研究"四个专项课题组成。在奶牛胚胎工程方面,通过对65头高产奶牛进行人工超数排卵,获得有效胚胎375枚,移植264枚,平均妊娠率58.6%,已产牛157头,头胎单产达到7200千克。在奶牛营养方面，引进“三新饲料配方系统2000型”软件，为牛群制订营养方案，采用“过瘤胃”营养物质、添加缓冲剂、瘤胃生物营养等技术，完成万吨饲料厂改造，提供2万吨优质饲料；采用微生物处理技术，制备“微贮”秸秆饲料5.8万吨，使每头奶牛平均年产奶达到7600千克。在奶牛卫生与疫病控制方面，采用先进的奶牛结核非特异反应诊断技术，制订奶牛检疫程序，卫生防疫消毒制度及奶牛乳房炎、代谢病、繁殖障碍等防治规范，保证了牛群健康生产。在奶牛产奶性能测定及管理信息方面，在17个奶牛场实施奶牛产奶性能测定，参加测定的奶牛达到7000头次，自主开发研制的信息管理软件进一步完善，利用互联网进行牛场数据的快速传输，实现奶牛场信息化管理，使牛群质量与生产水平得到显著提高。项目的创新点为：一是用乙二醇作为抗冻剂直接移植法，比正常移植简单，有利于胚胎移植技术的大面积推广，利用生殖免疫技术制作性别化冻精，这是国内利用生殖免疫技术控制家畜后代性别的首次尝试，并获得成果；二是新的饲料配制技术，改变传统的奶牛日料结构，显著改善中高产奶牛的生产性能；三是应用“二联苗”生产免疫乳，防止犊牛腹泻；四是利用自主开发研制的奶牛产能性能测定信息管理软件，实现网络化管理，并达到实用化。项目的实施，使农垦集团成年母牛数量增加2万头，产奶量由8.8万吨提高到24.1万吨。新增产值2.6亿元，新增利润4600万元，节约饲料成本208万元。项目的实施提高了天津奶牛饲养水平，推动奶牛业发展，获2002年度天津市科技进步奖二等奖。

（九）红葡萄酒稳定性技术研究

该项目完成单位为中法合营王朝葡萄酿酒有限公司，实施于2000~2002年。由于葡萄酒在酿造过程中会发生一系列的微生物、物理、化学和生物化学的变化，使葡萄酒成分产生不平衡，国内外酿造工艺中要达到红酒的稳定需要两年的时间，消耗大量人力、物力、能源，投资大、成本高、周期长。为此，王朝公司在继承以往研究的基础上，采用引进、吸收和创新相结合的方法，根据中国葡萄产区特点及葡萄酒不稳定因素的分析研究，进行工艺技术及相应设备的引进、创新，目的在于缩短酒体澄清时间，增加稳定性及成熟度，保持原有风味，达到瓶装后在特定环境范围内保持良好的稳定性，提前一年或一年半出厂，降低成本，大量生产，满足市场需求。项目的创新点为：一是经过数年对比分析，确定了酸糖比、葡萄糖度、pH值、滴定酸、粒重与粒体积等7个指标作为综合判断葡萄结构与风味之间的平衡点，确定最佳葡萄采收期；二是确定使用含有木糖醇酶、纤维素酶、葡萄糖酶等混合型与HE果胶酶，提高红葡萄酒的澄清度和稳定性；三是根据不同酒种及葡萄品种确定使用发酸速度均匀、能调节浸提的蛋白质和葡聚糖来减少酒中有害单宁含量的酵母，使酒精发酸完全，减少杂菌污染，提高单宁、色素的稳定性；四是确定在酒精发酵旺盛期添加优质单宁与浸提出的色素结合生成色素–单宁化合物，防止色素被氧化丢失，稳定色素并增加了酒体的结构感；五是确定人工接种相关乳酸菌工艺，解决葡萄酒酿造期有害乳酸菌的污染并提高质量；六是研究出pH值对红酒冷稳定性、蛋白质稳定性影响的规律，pH 值与总酸存在不相关性，确定 pH 值在不同稳定性处理工艺中的最佳值；七是研制成功干红酒的连续速冻工艺。项目三年销售红酒 35501 吨，销售收入 114527 万元，创利税 48754 万元，创收外汇 1950 万美元。项目获 2003 年度天津市科技进步二等奖。

（十）玫瑰香汉沽产地葡萄酒的开发

该项目完成单位为中法合营王朝葡萄酿酒有限公司，实施于 2001~2003 年。项目在栽培、酿造、设备三位一体有机结合的基础上，对玫瑰香汉沽产地葡萄酒生产的各环节进行研究，建立生产技术体系，建成产地示范园 213 公顷，葡萄含糖量增加 20~27 克/升，降低生产管理成本 16.25%；开发出新产品，产品质量达到国内领先水平。项目的创新点为：一是通过产地生态环境和品种特性分析，确定汉沽玫瑰香葡萄优质产地特色形成的原因；二是进行玫瑰香葡萄产量与品质的关系、产量阈值，果实生长发育点及葡萄最佳工艺采收期等方面的研究及应用，提高葡萄酒的质量；三是根据汉沽玫瑰香葡萄的特点，研究开发出玫瑰香产地葡萄酒系列产品，产品质量达到国际先进水平。王朝公司应用项目技术成果，生产新产品 5 种，创产值 35995 万元，新增利税 5266 万元，并增加了产地果农的收益。项目获 2004 年度天津市科技进步二等奖。

表 9-5-5-149 1991~2010 年天津农垦系统科研获奖成果表

获奖年度	获奖成果	完成单位及主持人	奖励类别及等级
1991	引进美国苹果品种及开发技术研究	市农工商总公司 李德增	天津市科技进步二等奖
1991	苹果斑点落叶病发生规律及综合防治技术研究	市红光农场 王桂清	天津市科技进步三等奖
1992	奶牛等家畜增产综合配套技术	市农工商总公司 雷祥声	天津市科技进步三等奖
1992	奶牛结核检疫非特异性反应研究	市农工商总公司 李忠全吉林农业大学 何昭阳	天津市科技进步二等奖
1992	大群奶牛增产综合配套技术	市农工商总公司 雷祥声	农业部丰收奖二等奖
1992	大群蛋鸡增产综合配套技术	市农工商总公司 胡承宏	农业部丰收奖三等奖
1993	猪病新式诊断法应用推广	市奶牛研究所 张信	天津市科技进步三等奖
1993	奶牛青饲玉米南顶 1 号引种及应用研究	市农工商总公司 孙克泰	天津市科技进步三等奖
1994	改造低洼盐碱地莲藕生产示范工程	市农工商总公司 孙克泰	天津市科技进步三等奖
1994	高档优质葡萄酒工艺技术设备的引进消化吸收及再提高	王朝公司 王树生	天津市科技兴市突出贡献奖
1995	家禽优良品种及增产技术——白痢净化	市农工商总公司 胡承宏	农业部丰收奖三等奖
1995	推广优良品种改造中低产果园	市农工商总公司 李德增	天津市科技进步三等奖
1995	SZL6-13 型锅炉燃烧系统改造技术研究	市农工商总公司 王天成	天津市科技进步三等奖
1995	王朝全汁葡萄酒规模化生产工艺技术	王朝公司 徐文恒	国家科技进步三等奖
1995	纽红矮生元帅系四代苹果品种的推广	市农工商总公司 胡承宏	天津市科技进步三等奖

获奖年度	获奖成果	完成单位及主持人	奖励类别及等级
1996	天津农垦系统水稻优良品种及增产技术推广	市农工商总公司 孙克泰	天津市科技进步三等奖
1996	奶牛增产配套技术研究与示范	市农工商总公司 王秉衡	天津市科技进步三等奖
1997	王朝葡萄酒酿造品种优质丰产栽培技术的开发与推广	王朝公司 齐思儒	天津市科技进步二等奖
1997	现代化草坪草卷生产与建植工艺	天津红港绿茵花草有限公司 张殿京	天津市科技进步二等奖
1998	王朝白兰地酒酿造技术研究	王朝公司 王树生	天津市科技进步三等奖
1999	天津地区万亩酒用葡萄优质丰产栽培技术推广	王朝公司 李巍	天津市科技进步二等奖
1999	蔬菜中农药最高残留限量和测定方法地方标准制订与应用	市乳品食品监测中心 张宗城	天津市科技进步三等奖
1999	无病毒优质葡萄苗木选育和配套技术模式研究	王朝公司 齐思儒	天津市科技进步三等奖
2000	王朝高档干红葡萄酒的开发	王朝公司 王树生	天津市科技进步一等奖
2000	王朝勃艮地型高档干白葡萄酒的开发	王朝公司 王树生	天津市科技进步三等奖
2001	王朝香槟工艺酒酿造技术研究	王朝公司 王树生	天津市科技进步二等奖
2001	高档干红葡萄酒酿造技术与原料设备保障体系的研制与开发	王朝公司 王树生	国家科技进步二等奖
2002	奶牛高产高效新技术研究	市奶牛研究所 张允茂 市畜牧兽医研究所 徐直	天津市科技进步二等奖
2003	红葡萄酒稳定性技术研究	王朝公司 王树生	天津市科技进步二等奖
2004	现代草坪草卷生产及应用推广	红港花草公司 张殿京	天津市科技进步二等奖
2004	玫瑰香汉沽产地葡萄酒的开发	王朝公司 王树生	天津市科技进步二等奖
2004	固定化酶法生产酪蛋白磷酸肽(CCPS)及其应用	市海河乳业公司武文起	天津市科技进步三等奖
2005	天津市抗盐碱草坪草种的引种与推广	红港花草公司 张殿京	天津市科技进步三等奖
2006	乳铁蛋白分离纯化与应用研究	海河乳业公司 武文起	天津市科技进步三等奖
2006	生物膨化技术制备颗粒饲料的研究	市嘉立荷牧业公司 刘连超	天津市科技进步三等奖
2007	乳铁蛋白和苦荞麦的功能研究及其乳制品开发	市海河乳业公司 武文起	天津市科技进步三等奖
2009	乳品质量与安全控制技术产学研联合研究	市海河乳业公司 武文起	天津市科技进步三等奖

表 9-5-5-150　2010 年天津农垦系统科研单位情况

	科研单位(个)	年末从业人员(人)	科技人员(人)	工人(人)
总　计	3	104	57	13
乳品食品监测中心	1	48	24	4
奶牛发展中心	1	51	31	9
绿色食品办公室	1	5	2	0

表 9-5-5-151　1991~2010 年天津农垦集团专利统计表

单位	专利名称	专利号	发明人	授权日期	专利类型
中法合营王朝葡萄酿酒有限公司	一种干白葡萄酒及其勾兑工艺	ZL01104449.7	王树生 尹吉泰 吴军	2004.2.11	发明专利
	一种干红葡萄酒及其制备方法	ZL01104448.9	王树生 张春娅 王方	2004.2.4	发明专利
	一种咖啡型起泡红葡萄酒饮料	ZL01102771.1	王树生 田凤英 李小刚	2004.9.1	发明专利
	一种用玫瑰香葡萄酿制的桃红起泡葡萄酒及其酿造工艺	ZL011002770.3	王树生 张春娅 徐秀玲	2005.5.4	发明专利
	连续速冻去除红葡萄酒中酒石酸盐的方法	ZL03130409.5	吴军 王继光 俞然 邢凯 吕长文	2007.10.10	发明专利
	玫瑰香低醇起泡桃红葡萄酒及其酿造工艺	ZL200610013388.4	王树生 张春娅 徐秀玲 俞然	2008.7.16	发明专利
	一种用贵人香葡萄酿制的甜白葡萄酒及其酿造工艺	ZL200610013390.1	王树生 张春娅 尹吉泰 吕文	2008.8.27	发明专利
	玫瑰香低醇起泡白葡萄酒及其酿造工艺	ZL200610013389.9	王树生 张春娅 徐秀玲 俞然	2008.11.26	发明专利
	一种双层储酒罐	ZL200810052240.0	刘建华 李春和 王岩 陈乃福	2010.7.7	发明专利
	瓶贴(金王朝)	ZL99310844.X	俞志才	2000.9.13	外观设计
	瓶贴(王朝红)	ZL99310845.8	俞志才	2000.3.1	外观设计
	瓶贴(王朝白)	ZL99311433.4	俞志才	2000.6.7	外观设计
	瓶贴(爽口红)	ZL99315765.3	果毅	2000.4.14	外观设计
	酒瓶 355 毫升(ml)	ZL99315767.X	果毅	2000.7.14	外观设计

单位	专利名称	专利号	发明人	授权日期	专利类型
	瓶贴(王朝98干红)	ZL03344508.7	田凤英	2004.3.31	外观设计
	瓶贴(王朝庄园干红)	ZL03344509.5	田凤英	2004.1.14	外观设计
	瓶贴(高档干白葡萄酒)	ZL03344506.0	俞志才	2004.11.10	外观设计
	瓶贴(王朝干红葡萄酒)	ZL03344507.9	俞志才	2004.1.14	外观设计
	包装箱(王朝干红葡萄酒)	zl20043002556.0	田凤英	2005.6.29	外观设计
	旋转喷淋器	zl00254630	陈兴忠	2001.8.15	实用新型
	一种纸质提袋	ZL200520027927.0	张承志	2007.4.11	实用新型
天津海河乳业有限公司	包装杯(海河益生菌原味酸牛奶)	200730307619.8	孙咏健	2008.10.1	外观设计
	包装盒(海河双蛋白酸奶)	200830082779.1	孙咏健	2009.7.8	外观设计
	包装杯(海河黄桃芒果酸牛奶)	200830082778.7	孙咏健	2009.7.29	外观设计
	包装瓶(海河原味酸牛奶)	200930278656.x	孙咏健	2010.7.14	外观设计
	包装盒(海河悠冠牛奶)	200730307618.3	孙咏健	2007.9.30	外观设计
	包装袋(海河早餐奶)	200630168345.4	李方印	2007.8.15	外观设计
	包装袋(海河爱壳无蔗糖酸牛奶)	200730307621.5	孙咏健	2007.9.17	外观设计
	具有抗菌作用的免疫活性肽(TRPI)	3137304.6	庞广昌	2007.5.2	发明专利
天津红港绿茵花草有限公司	中药渣轻基质草毯及其制备方法	CN101878730A	许洋 许传森 田林 高峻 刘树华 白冬梅 李悦生	2010.11.10	发明专利
天津嘉立荷牧业有限公司	一种奶牛饲料	201010516630.6	刘连超 徐宝梁 葛孔福	2010.10.25	实用新型
	一种犊牛前期用配合饲料	201010516645.2	袁思堃 李德林 曹庆松	2010.10.25	实用新型
	一种奶牛产后瘤胃灌服饲料	201010516642.9	刘连超 李德林 周娟	2010.10.25	实用新型
总计	发明专利11个	实用新型8个		外观设计17个	

表 9-5-5-152　1991~2010 年天津农垦集团总公司主要统计数值

年份	生产经营单位(个)	职工人数(人)	土地总面积(公顷)		工农业总产值(不变价,万元)	国内生产总值(现价,万元)	营业收入(万元)	利润总额(万元)	缴纳税金(万元)	从业人员年平均工资(元)	资产总额(万元)	所有者权益(万元)
			总面积	其中耕地面积								
1991	287	25266	11842.1	4397.9	53983	15983	85205	2375	1739	1994	—	—
1992	278	22830	11842.1	4316.2	57093	19403	90756	1873	3023	2225	—	—
1993	378	21639	11842.1	4281.5	60884	24034	98670	3115	3801	2407	87157	24311
1994	361	20433	11842.1	4147.5	66796	27109	92246	3275	4716	3337	106304	27331
1995	316	18363	11842.1	4158.7	63245	31177	101156	3057	4412	4342	142700	52615
1996	307	16786	11842.1	4274.2	65164	36535	83485	3227	8634	5535	151330	56385
1997	329	15753	11842.1	4274.4	62959	38952	74289	3690	10292	6152	172671	59391
1998	229	14583	11842.1	4293.3	51694	40090	61004	3561	10901	7548	209999	86924
1999	218	13994	11842.1	4311.4	54411	43538	50506	3737	12802	8269	229908	93542
2000	193	12663	11842.1	4262.9	67460	48502	133473	18287	11583	8656	220036	97311
2001	164	7425	11842.1	4263.8	78474	55023	131276	15910	35527	10704	218004	98390
2002	139	7055	11842.1	3964.9	81209	61993	142466	17501	23348	12441	337327	168213
2003	123	6388	11842.1	3050.8	92320	66910	150344	18183	19013	14320	379143	197815
2004	118	5724	11842.1	3167.5	183295	76605	183191	22758	25114	18950	436090	210058
2005	111	5327	11842.1	0.0	236404	73001	212874	20038	35231	21894	487984	264149
2006	112	5367	11842.1	3038.6	242830	73624	212936	12881	34715	26415	559816	275536
2007	93	5639	11842.1	2919.7	259148	86997	224258	18161	33841	30678	641446	261185
2008	98	5443	11842.1	3108.2	286573	96911	503656	26791	41659	33262	1017711	517814
2009	104	5440	11842.1	3151.5	270871	112408	812052	53165	52551	38594	1319723	665097
2010	98	5329	11842.1	3137.6	285971	126817	1033130	63818	60330	42828	1588496	765205

表9-5-5-153 2010年天津农垦集团总公司直属单位基本情况表

序号	名称	成立年份	土地面积（公顷）	注册资本（万元）	国内生产总值（万元）	资产总额（万元）	所有者权益	营业收入（万元）	利润总额（万元）	从业人员（人）
1	海燕实业公司	1954	903.2	696	2937	16472	12164	7306	1392	137
2	东郊农场	1956	118.6	1458	2486	47548	17842	23000	1383	75
3	农垦房地产公司（双林农场）	1950	120	3000	5366	100000	24171	10400	1250	367
4	北大港农场	1956	1988.5	831	2567	73700	2861	12500	79	313
5	杨柳青农场	1953	322.9	408	647	4199	-335	848	20	52
6	工农联盟农场	1956	102	2845	8456	93800	52900	24000	5015	149
7	红旗农场	1963	95.1	1563	-42	5555	-625	73	-481	44
8	红光农场	1956	656.7	1570	1010	9702	636	5657	115	157
9	潘庄农场	1964	556	8072	220	10958	7118	450	30	49
10	曙光农场	1987	243.1	68	244	790	—	176	6	13
11	里自沽农场	1961	880	849	1112	10500	1762	3701	111	116
12	黄庄农场	1961	394.7	558	475	1792	—	243	117	28
13	大钟庄农场	1963	913.8	500	1620	10046	-65	3818	368	94
14	武清农场	1957	336.3	1515	6498	102500	18200	65900	5716	45
15	海河乳业有限公司	2002	9.6	20000	-1149	44761	281	36590	-4995	611
16	奶业有限公司	1957	—	4000	-105	11712	-1374	3143	-995	87
17	中法合营王朝葡萄酿酒有限公司	1980	29.3	40000	39677	205291	135606	145325	26582	440
18	夏宫酒业有限公司	1986	4	1952	352	1786	1287	751	33	61
19	嘉立荷牧业有限公司	2007	903.2	3000	9178	56798	32621	29960	3501	953

序号	名称	成立年份	土地面积（公顷）	注册资本（万元）	国内生产总值（万元）	资产总额（万元）	所有者权益（万元）	营业收入（万元）	利润总额（万元）	从业人员（人）
20	天津壳牌石油有限公司	1997	118.6	4000	22960	110900	88886	268100	14700	270
21	天津红港绿茵花草有限公司	1994	120	1000	596	8555	2344	4236	282	48
22	天津欧娜有限公司	1984	1988.5	291	312	1811	1142	821	133	16
23	欧娜渔具厂	1983	322.9	116	428	886	342	599	−29	74
24	天津伸和有限公司	1989	102	146 万美元	827	3071	2195	3170	248	148
25	蓓蕾(天津)乳品有限公司	1995	95.1	1200 万美元	−146	—	—	—	—	264
26	益源钢板有限公司	2003	656.7	9200	2875	40858	−1385	145828	1550	169
27	王朝大酒店	1989	—	1026	—	1431	—	—	—	4
28	王朝联合实业发展公司	1987	206.9	973	3806	22772	21229	11674	592	84
29	农垦出租汽车公司	1993	—	30	160	348	52	186	3	10
30	奶牛发展中心	1973	12.1	1871	533	3153	2371	766	1	51
31	乳品食品监测中心	1983	—	1107	437	2020	—	810	—	48
32	农垦集团干部学校	1979	—	—	—	140	—	—	—	11
33	绿色食品办公室	2001	—	20	—	24	—	—	—	5
34	广大纸业有限公司	2003	—	—	1318	6912	3792	4917	402	60
35	宝德包装有限公司	1995	—	3260	—	12204	3979	9483	352	68
36	海燕置业有限公司	2004	—	7000	169	9113	5706	858	−205	4
37	农垦集团总公司	1979	—	130000	9799	560064	130000	1520	7701	58

表 9-5-5-154 1991~2010 年农垦系统职工人数、工资总额、人均收入情况表

年 份	职工人数(人)	工资总额(千元)	职工人均收入(元)
1991	25209	48765	1934
1992	22380	52301	2337
1993	20511	48169	2348
1994	19548	60804	3111
1995	17383	69051	3972
1996	15295	76175	4980
1997	14104	74446	5278
1998	9306	64782	6961
1999	7706	60909	7904
2000	6948	60097	8649
2001	5552	62298	11221
2002	7044	91304	12962
2003	6388	98451	15412
2004	5934	114379	19275
2005	5317	121839	22915
2006	5138	141277	27496
2007	5414	164660	30414
2008	5344	182471	33963
2009	5335	206825	38979
2010	5358	228014	42828

第十篇

乡镇企业

1978年中国共产党十一届三中全会以来，天津乡镇企业“异军突起”，蓬勃发展，为解决农民就业增收、繁荣农村经济、促进全市工业发展和出口创汇、增加区县财政收入作出了重要贡献，已经成为天津农村经济的产业支撑，农民就业增收的主要渠道，工业发展和外贸出口的重要力量，成为天津市国民经济中最有活力的力量之一。

天津乡镇企业起源于1958年农村人民公社化之后发展起来的社队企业。

1978年12月召开的中共十一届三中全会，决定将全党工作重点转移到社会主义现代化建设上来。1979年7月，国务院颁布《关于发展社队企业若干问题的规定(试行草案)》，明确了社队企业的地位作用、发展方针和政策，是国家用法规形式颁发的第一个关于发展社队企业的指导性文件 。这一时期，随着党在农村经济政策的落实和城乡工商业的发展，天津市社队企业在国民经济的调整和整顿中稳步发展。到1983年年底，全市已有社队企业4811个，从业人员42.7万人，年实现营业收入15.69亿元，实现增加值6.99亿元，社队工业产值占全市工业总产值的比重为7.6%，社队企业总产值占农村社会总产值的比重为50.35%，社队企业工资收入占农民人均纯收入的比重为18.81%，社队企业从业人员占农村劳动力总数的比重为25.5%。

1984年3月，中共中央、国务院转发农牧渔业部《关于开创社队企业新局面的报告》，同意将社队企业的名称改为乡镇企业，并规定乡镇企业包括社(乡)队(村)兴办的企业，部分社员联营的企业，其他形式的合作工业和个体企业。乡镇企业是多种经济的重要组成部分，是农业生产的重要支柱，是广大农民走向共同富裕的重要途径，是国家财政收入新的重要来源，是国营企业的重要补充。此后，乡镇企业进入了全面发展的新阶段。

到1990年，天津市已有乡镇企业48324家，从业人员88.72万人，年实现营业收入150亿元，实现增加值41.4亿元，乡镇企业增加值占全市生产总值的比重为13.31%，乡镇工业产值占全市工业总产值的比重为30.91%，乡镇企业总产值占农村社会总产值的比重为79.74%，乡镇企业工资收入占农民人均纯收入的比重为29.98%，乡镇企业从业人员占农村劳动力总数的比重为51.95%。

1990年以后，面对国家经济体制向社会主义市场经济转变的新形势，天津市加大对乡镇企业工作的指导和推动力度，在乡镇企业系统先后实施“八五台阶工程”(即到1995年静海、武清、西青、宝坻、津南五个区县乡镇企业总产值要超百亿元；静海、武清、西青、宝坻、蓟县五个区县出口产品交货值要超10亿元；全市要有35个乡镇总产值超过5亿元；65个村和50个企业产值超亿元；完成500项投资100万元以上的重点技改项目；组建50个乡镇企业集团；开发填补本市空白的新产品500项，使全市乡镇企业在两三年内跃上一个新的台阶，为“九五”的发展打下基础)和开展乡镇企业二次创业，增强市场占有能力、资金运营能力和自我发展能力，实现更好更快的发展。大力推进科技进步，努力提升人才素质，加快产业产品结构调整，加大产业集聚和乡镇工业区建设步伐，并深化改革，全面启动乡镇企业产权制度改革，推动乡镇企业经营上规模、技术上含量、管理上水平、企业上效益，提高乡镇企业的赢利能力。

在此期间，天津市加大乡镇企业工作的推动力度，加快经济增长方式的转变。市政府先后下发《关于实施天津乡镇企业“八五台阶工程”的意见》《关于“九五”期间实施乡镇企业二次创业的意见》《关于促进我市乡镇企业第二次创业若干问题的意见》等文件，积极推动乡镇企业转变经济增长方式。乡镇企业系统加大产业产品结构调整和技术改造力度，在全市初步形成了电子信息、生物医药、精细化工、汽车及配件、电线电缆及配电设备、焊接钢管及高档冶金制品、环保产品、新型建材、自行车及配件、服装、地毯、食品共十二大类具有比较优势的产业和产品。民营经济发展提速。1998 年之后，全市乡镇企业改革不断深化，其产权在对原有企业进行资产评估的基础上，通过增量扩股、存量转股、先售后股、租售结合等途径，改建为股份有限公司、有限责任公司、股份合作制企业和个体私营企业。并鼓励和引导个体私营等非公有制经济健康发展。1999 年 5 月，天津市出台《关于进一步加快我市农村个体私营经济发展的若干意见》，明确 18 条鼓励和扶持政策，加快乡镇集体企业改制和个体私营经济发展的步伐，乡镇企业的所有制结构发生了重大的变化，个体私营经济逐步成为乡镇企业的主体。广业集聚发展迅速。“十五计划”以来，全市郊区工业加快战略重组的步伐，积极推进工业的集聚发展，形成一批初具规模的产业集聚区。到 2006 年年底，全市乡镇产业集聚区累计招商引资额超过 500 亿元，吸纳超 5000 家企业，30 多万从业人员，年实现销售收入超过 800 亿元，从业人员和销售收入均占到郊区工业的 30%。乡镇产业集聚区的发展有利于优化郊区工业布局结构，已经成为郊区工业发展新的增长点、招商引资的主要载体、郊区财政收入的主要来源、小城镇建设的主要支撑和实现郊区工业战略重组实现集聚发展的重要途径。2006 年后，全市重点抓郊区发展规划、工业区建设，科技创新、郊区工业技术改造、乡镇企业职工培训等重点工作。天津市乡镇企业管理部门先后制定《郊区工业“十一五”发展规划》《郊区工业产业发展布局规划》《郊区服务业“十一五”发展规划》，确定郊区工业和服务业“十一五”期间发展的指导思想、基本原则、发展重点、发展布局和主要任务。还制定《郊区工业科技创新行动计划》，确定郊区工业科技创新的主要目标、任务和措施，加大对科技创新基础工作、创建名牌产品、培育科技创新型企业和科技创新项目申报工作的推动力度。并相继出台扶持乡镇工业区发展的优惠政策。到 2010 年年底，全市共有郊区工业企业 4.16 万家，总资产 4213.02 亿元，完成工业总产值 6695.38 亿元，实现销售收入 6545 亿元，实现增加值 1357 亿元，实现利税总额 510.88 亿元，郊区工业增加值已经占到全市农村社会生产总值的 53%。2010 年，全市郊区规模工业吸纳从业人员 73.08 万人。有中国名牌产品 4 个、天津市名牌产品 73 个，分别占天津市据有的中国工业名牌产品和天津市工业名牌产品的 21.43%和 34.93%。在天津市形成城市工业和乡镇工业优势互补、互为依托、比翼双飞的工业发展格局。

乡镇企业的发展是天津市农村改革开放中具有历史意义的成就之一。乡镇企业的发展,促进农村各种资源的优化配置,改变农村的产业结构和就业结构,在农村现代化的进程中发挥了历史性的作用。经过30年的发展,乡镇企业已经成为天津市农村经济的产业支撑,农民就业增收的主要途径,全市工业发展的拉动力量,外贸出口的生力军,促进天津农村城镇化发展的重要力量,加快天津郊区经济发展的战略选择。农村第二、第三产业迅速发展,非农产业比重不断上升,已成为农村的支柱产业。农村劳动力快速向城镇和第二、第三产业转移,非农就业比重不断上升,已成为扩大就业的主要渠道。

乡镇企业是改革开放政策的直接受益者和实践者。30年来,天津市乡镇企业在市场经济的大潮中搏击风浪,不断发展壮大,主要是市委市政府和全市城郊广大干部群众坚持城乡一体发展的指导思想,实现城乡工业的协调发展。天津郊区农村经济是“城郊型”经济,城市工业与乡镇企业的合作和联合,是天津经济发展战略和走城乡一体化道路的重要措施。天津乡镇企业从起步开始,就积极依托大城市的优势,主动承接城市扩散项目和专业化配套、工艺性协作项目的生产,大力推进以城市工业为龙头,以乡镇企业为龙身龙尾的企业集团、企业群体以及多种形式的联合与协作,使城乡工业协调发展,初步形成城乡结合、大中小企业结合、具有天津特色的工业生产体系。乡镇企业的发展从整体上纳入天津经济发展的总体规划,成为天津市工业发展的重要载体和为天津工业发展的希望所在,潜力所在,后劲所在。坚持不断深化改革,增强企业的发展活力。在深化改革中始终坚持实事求是的思想路线,尊重农民的首创精神,在实践中不断探索企业发展的特点和规律。面对不断变化的外部环境,以建立现代企业制度为目标,理顺体制,完善机制,以改革促发展,不断用改革的办法解决发展中出现的新矛盾和新问题。通过改革使生产关系更加适应生产力发展的要求,实现多种经济成分共同发展,促进不同地区、不同企业、不同经济成分的优势互补,促进资源、资本、技术、市场等要素的流动、重组和优化,企业经营管理、技术管理和人才管理等方面的灵活机制得到了完善、创新,增强自身实力和市场竞争能力,为乡镇企业加快发展提供重要动力和保障。通过改革不断深化,乡镇企业的所有制结构发生重大的变化,民营经济逐步成为乡镇企业的主体,成为乡镇企业发展的新的经济增长点。坚持不断推进技术进步,持续提升企业的科技创新水平。全市乡镇企业推进经济增长方式的转变,将发展逐步转移到依靠科技进步和提高劳动者素质的轨道上来。大力开展技术创新活动,加大新产品、新技术研制、开发和引进力度,科技成果消化吸收和二次创新能力明显提高,涌现一批享誉中外的品牌产品。一批高素质的人才和科技经营型企业家脱颖而出,为企业的发展提供了人才保证。坚持根据市场需要搞好调整,不断优化产业产品结构。全市乡镇企业积极开发、利用国内外两个市场、两种资源,按市场需要组织生产经营活动,并根据市场变化,合理调整产业、产品结构，在提高企业素质，提高产品技术含量、质量档次上下工夫。经过产业产品结构的调整，初步形成了独具天津特色的、具有比较优势的产业和行业。经济园区化、园区产业化、产业集群化成为乡镇企业发展的新趋势。坚持政策扶持，积极营造乡镇企业的良好发展环境。切实把乡镇企业的发展摆到振兴天津经济的战略地位，多次出台有关扶持和优惠政策，加大工作指导力度，为乡镇企业的快速发展创造了良好发展环境。区县、乡镇政府更是把抓好乡镇企业的发展作为区县工作的重要任务，制定优惠政策，形成工作合力，促进了乡镇企业的跨越式发展。天津市乡镇企业工作跨入了全国领先行列。

第一章　产业发展

乡镇企业是农村集体经济组织或者农民投资为主兴办的企业。它的经营范围涵盖了农村第一、二、三产业，包括农村工业、建筑业、第三产业和种养殖业。从所有制划分，包含乡办企业、村办企业、农民联户企业(后改称农村私营企业)和农民个体企业。

第一节　乡镇企业发展阶段

一、1990年乡镇企业发展情况

1990年，天津乡镇企业经过中国改革开放后10多年的高速发展，已经具有一定的经济实力和发展规模。到1990年年底，全市乡镇企业发展到4.83万家，从业人员88.72万人，年实现总产值210.61亿元，总收入150亿元，实现利税总额21.16亿元，年末固定资产原值50.29亿元。

在乡镇企业中，乡村两级集体企业11522个，占全市乡镇企业总数的23.86%；从业人员74.15万人，占职工总数的83.57%；实现总产值181.3亿元，占总产值的86.08%；实现总收入124亿元，占全部收入的82.66%；实现利税总额15.47亿元，占73.11%；年末固定资产原值46.9亿元，占全部固定资产的93.26%。在乡镇企业经济总量中，按所有制划分，乡村两级集体企业占主体。

在乡镇企业中，农民联户企业5784个，占全部企业的11.97%；从业人员6.09万人，占全部乡镇企业职工总数的6.86%；实现总产值15.09亿元，占总产值的2.92%；实现总收入12.4亿元，占全部收入的8.27%；实现利税总额2.43亿元，占15.71%；年末固定资产原值1.59亿元，占全部固定资产的 3.39%。

在乡镇企业中，农村个体企业 31018 个，占全部乡镇企业总数的 64.19%；从业人员 8.48 万人，占职工总数的 9.56%；实现总产值 14.22 亿元，占总产值的 6.75%；实现总收入 13.63 亿元，占全部收入的 9.09%；实现利税总额 2.68 亿元，占 17.32%；年末固定资产原值 1.8 亿元，占全部固定资产的 3.84%。

乡镇企业按产业划分，包括工业、农业、建筑业、交通运输业、商业、饮食业、服务业、仓储业。

到 1990 年年底，全市乡镇工业企业有 18168 家，从业人员 77.85 万人，实现工业产值 199.91 亿元，年末固定资产原值 45.7 亿元，分别占全市乡镇企业总数的 58.29%、87.75%、94.92%、90.87%。工业企业是乡镇企业的主体。

乡镇农业企业有 91 家，从业人员 1476 人，实现产值 0.23 亿元，年末固定资产原值 0.12 亿元，分别占全市乡镇企业总数的 0.2 %、0.17%、0.11%、0.24%。

乡镇建筑企业有 1037 家，从业人员 4.93 万人，实现产值 4.75 亿元，年末固定资产原值 1.01 亿元，分别占全市乡镇企业总数的 2%、5.6%、2.3%、2%。

乡镇交通运输企业有 6881 家，从业人员 2.04 万人，实现产值 2.98 亿元，年末固定资产原值 1.71 亿元。分别占全市乡镇企业总数的 14.25%、2.3%、1.42%、3.4%。

乡镇商业企业有 7944 家，从业人员 2.14 万人，实现产值 1.31 亿元，年末固定资产原值 0.69 亿元。

乡镇饮食业企业有 1783 家，从业人员 0.61 万人，实现产值 0.53 亿元，年末固定资产原值 0.22 亿元 。

乡镇服务业企业有 2370 家，从业人员 0.77 万人，实现产值 0.59 亿元，年末固定资产原值 0.52 亿元。

乡镇仓储业企业有 50 家，从业人员 0.24 万人，实现产值 0.31 亿元，年末固定资产原值 0.31 亿元。

在乡村两级企业中，乡办、村办、城乡联办的工业企业占主体，总称乡村联工业，这类企业管理比较规范，有企业统计报表，数字比较齐全，能基本反映乡镇企业的发展状况。乡镇企业工业的行业分类、产品产量，财务状况，固定资产投入、技术改造、产品创优等数据都以乡村联工业的统计情况为准。

1990 年，乡镇企业在天津经济社会发展中已经占有重要位置。乡镇企业实现总产值占天津市农村社会总产值的 74.51%，乡镇企业职工总数占天津农村劳动力总数的 51.95%。全市乡村联工业实现工业产值占天津全市工业总产值的 34.07%。

全市 12 个涉农区县有 8 个区县乡镇企业年产值超 10 亿元，其中南郊区、武清县、静海县超30亿元。全市有140个乡镇的企业年产值超过5000万元,其中72个乡镇年产值超亿元。静海县蔡公庄乡乡镇企业年产值达到7.83亿元。全市有123个村乡镇企业年产值超过2000万元,其中20个村超过5000万元。4个村超过亿元:静海县大邱庄实现年产值6.6亿元,武清县汉沽港一街年产值1.54亿元,宝坻县大钟庄乡北王村年产值1亿元,宁河县芦台镇永兴村年产值1.46亿元。

二、"八五期间"乡镇企业的发展

(一)"八五期间"乡镇企业的发展目标

1991年7月22日~24日,天津市召开全市乡镇企业工作会议。会议总结"七五"期间天津市乡镇企业发展取得的成绩和基本经验,制定"八五"期间全市乡镇企业发展的基本思路、主要目标、任务。

基本思路是:继续贯彻"积极扶持,合理规划,正确引导,加强管理"的方针和"城乡结合,整体推动"的发展战略,坚持城郊型、外向型的发展方向,以提高经济效益为中心,面向国内、国际两个市场,大力推进科技进步,深化企业改革,强化企业管理,全面提高产品质量和企业整体素质,促进乡镇企业持续稳定健康发展。

乡镇企业发展的主要目标:在提高产品质量和经济效益的基础上,全市乡镇企业总产值要达到420亿元,总收入达到375亿元,利税总额达到42亿元,乡镇企业出口产品产值达到80亿元,增长150%。

(二)"八五"前三年乡镇企业的发展

"八五"前3年,天津市乡镇企业系统在国家对经济进行治理整顿的形势下,面临部分产品积压,资金严重不足,生产滑坡等不利因素,认真贯彻"调整、整顿、改造、提高"的八字方针,坚持城乡一体战略,大力推进外向型经济,采取有效措施,积极应对,变困难为机遇,保持了稳定发展的势头。

1991年在乡镇企业开展"质量、品种、效益年"活动,大力推进科技进步,不断加强和改进企业管理,保持乡镇企业平稳发展。

1992年邓小平南巡谈话发表之后,天津农村出现了发展乡镇企业的新热潮,在实现超常规、跳跃式发展中迈出了可喜的步子。全市乡镇企业个数40382家,比上年增加816家;从业人员94.24万人,比上年增加5万人;实现总产值380.53亿元,同比增长43.61%;新增固定资产18.31亿元,比上年增长1.6倍。

1993年,天津市乡镇企业系统根据中共十四大提出的建立社会主义市场经济体制的要求,全面实施加快发展战略,大胆改革,多轮驱动,依靠科技进步,加大投入,推动乡镇企业向现代化、大规模、外向型方向转变。乡镇企业生产持续发展,各项经济指标都有较大幅度的增长。到1993年年底,全市乡镇企业实现总产值531.05亿元,同比增长39.56%。实现利税总额53.88亿元,同比增长49.38%。乡镇企业总产值占天津农村社会总产值的比重达到83.24%;乡镇工业总产值占全市工业总产值的比重为36.57%。

(三)实施乡镇企业“八五”台阶工程

1993年,中共天津市第六次党代会提出抓住机遇,加快经济发展,提前3年实现国民生产总值翻两番,争取成为全国率先基本实现现代化的地区之一的宏伟目标。乡镇企业作为天津国民经济的重要组成部分,在实现天津经济振兴中肩负着十分光荣而艰巨的任务。天津市乡镇企业管理局在深入调查研究,广泛征求意见的基础上,制定天津乡镇企业“八五台阶工程”。

1994年2月24日,市政府召开乡镇企业“八五台阶工程”启动大会。天津农口十二个区县主管乡镇企业的区县长代表区县政府,递交“八五台阶工程目标责任书”,向市政府立下军令状。为将台阶工程确定的各项经济指标落到实处,各区县将责任目标层层分解,逐级落实到乡镇、村、厂,并将任务完成情况列为对各级领导干部考核的一项重要内容。市区县两级政府定期召开行业推动会、现场推动会、资金协调会、招商引资会,推动台阶工程顺利实施。1994~1995年,全市乡镇企业总产值实现两年翻一番,乡镇企业的经济运行质量、发展规模和经济效益有了明显提高。

1996年年初,天津市组成联合验收组,对12个涉农区县实施“八五台阶工程”情况进行验收。验收结果表明,“八五台阶工程”所确定的乡镇企业重点经济指标全部超额完成。

到1995年年底,全市乡镇企业发展到7.61万家,比1990年增加2.78万家;从业人员104.67万人,比1990年增加15.95万人;实现总产值887.31亿元,比1990年增加676.7亿元,增长3.2倍;实现总收入836.02亿元,比1990年增加686亿元,增长4.57倍;实现利税总额103.62亿元,比1990年增加82.46亿元,增长3.89倍;年末固定资产原值214.49亿元,比1990年增加164.2亿元,增长3.27倍。乡镇企业总产值、总收入、利税总额、年末固定资产原值四项经济指标均实现了五年翻两番,年均增速在35%以上。

1995年,乡镇企业营业收入超过5亿元的乡镇达到44家,其中19个乡镇乡镇企业营业收入超过10亿元。静海县大邱庄镇实现营业收入达到83.32亿元,东丽区新立镇22.74亿元,北辰区天穆镇19.57亿元,西青区张家窝镇18.34亿元,西青区中北斜乡18.31亿元,西青区大寺乡16.27亿元,津南区咸水沽镇15.84亿元,东丽区大毕庄镇15.17亿元,西青区李七庄乡15.04亿元。

乡镇企业营业收入超过亿元的村街有99个,其中18个村街乡镇企业营业收入超过3亿元。大邱庄四个街乡镇企业营业收入全部超过10亿元,位居前四名。

乡镇企业工业产品销售收入超过亿元的企业有68家,其中2亿元的有25家。乡镇企业工业产品销售收入超过3亿元的共8家企业,全部位于静海县大邱庄镇。

“八五”期间是天津市乡镇企业高速发展的时期,经济规模显著扩大,经济实力明显增强。乡镇企业实现总产值占天津市农村社会总产值的比重由1990年的74.51%增加到81.44%,乡镇企业职工总数占天津农村劳动力总数的比重由1990年的51.95%增加到61.62%;乡镇工业总产值占天津全市工业总产值的比重由1990年的34.07%增加到41.85%。

乡镇企业的高速发展对天津市整体经济水平的提高起到了重要作用。“八五”期间天津市农村社会总产值净增额中来自乡镇企业的份额占90.8%,天津市工业总产值净增额中来自乡镇企业的份额占62.3%。乡镇企业已经成为天津经济最大的增长点和强有力的加速器。

三、乡镇企业的二次创业

1994年11月,市政府召开全市乡镇企业工作会议,会议指出,经过改革开放以来10多年的发展,天津市乡镇企业已经具有相当的基础,多数地区已经跨越资本的原始积累阶段,商品意识积累、经济实力积累、管理经验积累、企业家和各类人才积累都达到一定的规模和水平,有条件在已有基础上适应社会主义市场经济的要求,顺应潮流,乘势而上,实现乡镇企业的二次创业,再登上一个新的发展台阶。

1995年4月,市政府在静海县大邱庄镇召开天津市优秀乡镇企业家交流座谈会,就如何实现全市乡镇企业二次创业进行交流座谈。会议提出全市乡镇企业从量上分析,已经具有一定的基础和相当的规模,如果把乡镇企业前10多年的发展比作乡镇企业的第一次创业,那这个创业的过程已经基本结束。乡镇企业在现有基础上要开始新的起步,要全面提高企业素质,把工作重点从经济总量的扩张转到经济质量的提高上来,促进乡镇企业上水平、上规模、上档次、增效益,实现乡镇企业的二次创业。10月6日,天津市政府召开全市乡镇企业二次创业研讨会。研讨会提出,改革开放10多年来,天津市乡镇企业抓住机遇,加快发展,取得显著成绩,积聚相当的资本,确立了乡镇企业在社会经济关系中的基本地位,夯实进一步发展的基础,已经基本完成原始资本积累阶段,开展二次创业势在必行。乡镇企业二次创业的根本目的是在市场经济条件下实现乡镇企业经济增长方式的战略性转变,由速度型转向质量效益型,进一步加快乡镇企业的发展。一是要通过调整、改革和优化组合,创造出适应社会主义市场经济体制要求,与国际市场经济运行规则相一致的新的产业结构、产品结构、组织结构和运行机制;二是要进一步扩大经济发展规模,增加总量,增强乡镇企业的经济实力,提高企业整体素质和参与市场竞争的能力,使乡镇企业在日益激烈的市场竞争中保持旺盛的活力和发展后劲。乡镇企业的二次创业是同中国经济体制由计划经济转向市场经济的过程相一致的,大约需要10~15年时间。乡镇企业在二次创业中要做到“八个坚持”，即坚持“发展才是硬道理”的战略思想，突出发展不动摇；坚持以提高经济效益为中心的方针，以高附加值、高科技、外向型、上规模、集团化作为发展方向；坚持“科学技术是第一生产力”的基本方针，加大科技投入，加快引进和培养人才，加速科研成果向现实生产力的转化，促进乡镇企业整体素质登上新台阶；坚持不断深化改革，保持发展活力；坚持扩大开放，实施外向带动，促进外向型经济突破性发展，开创对外开放新格局；坚持强化管理，苦练内功，积极推进现代管理和科学管理；坚持抓重点、抓骨干、上规模，实现工业合理布局，发挥群体优势；坚持乡镇企业发展与环境保护并重的原则。这次研讨会为开展乡镇企业二次创业打下了良好的思想基础，为市政府决策提供了理论依据。

1996 年 4 月 29 日，市政府在天津礼堂召开天津市乡镇企业“八五台阶工程”总结和“九五”二次创业动员大会。会议总结乡镇企业一次创业的经验，并从乡镇企业的发展动力、发展环境、经营机制、市场条件、管理者素质等方面对乡镇企业面临的形势进行分析。指出乡镇企业一次创业很大程度是依据自身优势，靠国家政策扶持，在市场发育不完全的条件下，走数量扩张型路子实现的。会议确定“九五”期间二次创业的主要任务，即要实现五项主要经济指标的翻一番和六个方面的突破。五个翻一番是到 2000 年，乡镇企业增加值、营业收入、出口交货值、利税总额、乡村集体企业自有资产比 1995 年翻一番；六个方面的突破是在外向型经济、科技进步、经济效益、产业结构、规模经济、职工素质上有新突破。这次会议标志着乡镇企业二次创业的启动。

1996 年 12 月 4 日，天津市政府办公厅批转市乡镇企业局《关于“九五”期间实施乡镇企业二次创业的意见》，进一步明确乡镇企业面临的形势和任务，乡镇企业二次创业的发展目标和指导方针，主要措施和途径。

全市乡镇企业系统加大结构调整、科技进步和产品营销力度，积极培育新的增长点，加快两个转变，推动了乡镇企业二次创业的进程。到 2000 年，全市乡镇企业达到 12.13 万家，从业人员达到 120.43 万人。全年实现增加值 352.15 亿元，营业收入 1575.29 亿元，利税总额 179.9 亿元，完成出口交货值 157.53 亿元，四项经济指标分别比 1995 年增长 112%、88%、74%和 27%。第三产业和个体私营企业成为新的经济增长点。第三产业实现增加值 96.17 亿元，比 1995 年增长 3 倍;个体私营企业实现增加值 184.54 亿元，比 1995 年增长 5 倍。乡镇企业多种经济成分共同发展的格局初步形成，个体私营企业成为乡镇企业发展的重要力量。产业和产品结构调整取得初步成效，第三产业快速发展，对乡镇企业稳步增长起到重要的拉动作用。乡镇企业总产值占全市农村社会总产值的份额达到 86.5%，比“八五”末提高 5.06 个百分点；乡镇企业职工占农村劳动力的比重达到 69%，比“八五”末提高 7.38 个百分点；乡镇企业职工工资收入占农民纯收入的比重达到 64%，比“八五”末提高 25.2 个百分点。

四、制定乡镇企业地方法规

1996年10月31日，八届全国人大第二十二次会议审议通过《中华人民共和国乡镇企业法》,从1997年1月1日起施行。《中华人民共和国乡镇企业法》确立乡镇企业在国民经济中的法律地位,用法律的形式将中共中央、国务院发展乡镇企业的一系列方针政策稳定下来,明确发展乡镇企业的基本方针、重要原则和主要任务,明晰乡镇企业的产权关系,理顺乡镇企业的管理体制。《乡镇企业法》的公布实施,标志着乡镇企业的发展及其管理步入法制轨道。

从1996年年底开始,天津市乡镇企业系统开展《乡镇企业法》的宣传贯彻,市乡镇企业局分批分层次组织多次《乡镇企业法》讲座和《乡镇企业法》知识竞赛。在天津市政府法制办公室的支持下,分期举办"申领行政执法证件培训班",培训区县和乡镇两级管理部门的《乡镇企业法》行政执法人员,经考试和政审合格,由市政府法制办公室颁发行政执法证件。

各区县党委、政府组织干部深入农村和企业宣讲《乡镇企业法》,解答疑难问题,推动了普法工作的开展,收到了较好的效果。

1999年11月12日,天津市第十三届人民代表大会常务委员会第十二次会议审议通过《天津市实施〈中华人民共和国乡镇企业法〉办法》(自2000年1月1日起施行),标志着天津市乡镇企业进入依法发展、依法扶持、依法规范的新阶段。

《天津市实施〈中华人民共和国乡镇企业法〉办法》共32条,以《中华人民共和国乡镇企业法》为依据,紧密结合天津市乡镇企业的实际,对乡镇企业的范围,各级乡镇企业主管部门的职能,支农资金、发展基金的建立和使用,税收优惠,人才培养引进,科技进步及规范乡镇企业行为等做出明确规定。

该办法明确提出乡镇企业是指农村集体经济组织或者农民投资超过50%，或者虽不足百分之50%,但能够起到控股或者实际支配作用,在乡镇、村设立依法取得企业法人资格,承担支援农业义务的企业。包括乡镇、村集体企业;股份有限公司、有限责任公司;股份合作制企业;农民个人独资企业、合伙企业;前四项所述企业与香港、澳门、台湾地区和外国投资者联办的企业;法律、法规规定其他形式的企业。乡镇企业在城市设立的分支机构,或者农村集体经济组织在城市开办的承担支援农业义务的企业,按照乡镇企业对待。乡镇企业实行谁投资、谁所有、谁受益的原则。乡镇、村集体企业依法实行独立核算,自主经营,自负盈亏;其自主经营权不受侵犯。 乡镇企业的合法财产不受侵犯。任何组织和个人不得非法占有或者无偿使用乡镇企业的财产。鼓励乡镇企业依法多渠道、多形式筹集发展资金,依法采取入股、合伙、合作、合资等形式,投资兴办乡镇企业。

该办法对规范乡镇企业行为提出明确要求:乡镇企业要进一步完善经营管理制度,实行民主管理,按时足额纳税,承担支农业务,改进产品质量,强化劳动安全,防止环境污染,减少占用耕地,搞好教育培训,不断提高自身素质。

五、“十五”期间乡镇企业的发展

2000 年 1 月 10 日,天津市政府批转天津市农办、市乡镇企业局《关于进一步加快我市乡镇企业改革与发展的意见》,明确提出 2000~2002 年天津市乡镇企业改革与发展的指导思想、原则、发展目标、主要任务和新的增长点。要求到 2002 年,全市乡镇企业总收入达到 2000 亿元,增加值达到 400 亿元。规定在乡镇企业开发新产品、创立名牌产品、发展一品一业的专业村、企业职工培训等方面给予一定的资金支持。针对乡镇企业固定资产投入下降、结构调整进展缓慢等问题,市农办、市乡镇企业局开展调查研究,总结了北辰区、津南区的经验,先后召开乡镇企业加大投资促进调整工作会议和乡镇企业发展推动会,对加大固定资产投资和招商引资工作进行了全面推动。

为推动乡镇企业产业结构的优化升级,走新型工业化道路,实现增长方式的两个根本性转变,2003 年天津市乡镇企业办公室编制《郊区工业优势产业发展规划》《郊区工业园区发展规划》和《郊区民营经济发展规划》,2004 年制定《天津市郊区工业新一轮嫁改调工作方案》,提出加快发展优势产业,加快乡镇企业产业、行业、产品调整的思路、目标和要求。

到 2005 年年底,全市乡镇工业企业达 3 万家,拥有职工 79.84 万人,固定资产原值 602.5 亿元;实现增加值 357.8 亿元,实现工业总产值 2114.86 亿元,实现销售收入 1996.63 亿元,实现利税 205.48 亿元,实现出口交货值 363.06 亿元。其中,规模以上工业企业 2974 家,拥有职工 52.19 万人,当年实现增加值 279.49 亿元,实现工业总产值 1812.57 亿元,实现销售收入 1738.41 亿元,实现利税 165.7 亿元,实现出口交货值 357.36 亿元。

“十五计划”期间,乡镇工业增加值、总产值、总收入、利税总额及出口交货值年均递增速度分别 18.7%、17.8%、17.9%、19.4%和 16.9%。乡镇工业发展速度比“九五”期间加快了 7 个百分点。

90 年代中期以后,天津市乡镇企业积极推进企业改革、改制与重组工作,深化产权制度改革,引入民营资本、境外资本和社会资本,采取参资入股、合资合作、职工持股等多种形式,加快推进投资主体多元化,实现了制度创新和机制转换,使农村经济的实现形式发生深刻变化,形成了以私营个体为主,“三资”企业、集体企业共同发展,多点支撑的格局。

“十五计划”期间,乡镇工业园区在整顿中稳步发展。2005 年全市有乡镇工业园区 64 个,入区企业 1825 家。实现总产值 276.07 亿元,实现销售收入 269.83 亿元,分别占全部乡镇企业的 13.05%和 13.51%。工业园区累计完成固定资产投资 136.06 亿元;累计利用外资 6.63 亿美元。

乡镇企业稳定健康发展,为发展农村经济和建设新农村作出重要贡献。2005年,全市乡镇工业实现增加值占全市农村生产总值的比重为33.84%;乡镇工业企业从业人员近80万人,占全市农村劳动力的21.9%。乡镇工业企业的人均收入逐年增加。2005年人均劳动者报酬达到13877元。全市农民人均从乡镇工业企业获得收入2938元,占全市农民人均纯收入的40.79%。2005年乡镇企业上交支农、建农资金1.08亿元,有力地支持了农业生产,提高了农业的技术装备水平。

第二节 郊区非农产业发展阶段

郊区非农产业主要是指天津涉农区县第一产业之外的工业、建筑业和服务业。2008年之前郊区非农产业包括12个涉农区县。2009年11月,塘沽、汉沽、大港并入滨海新区,撤消三区行政建制后,郊区非农产业范围改为9个涉农区县。

2005年天津市12个涉农区县共完成生产总值1055.6亿元,占天津全市生产总值的比重达到28.8%。其中第一产业完成109.78亿元,第二产业完成538.36亿元,第三产业完成407.46亿元,三次产业所占比重为10.4:51:38.6。郊区非农产业共完成生产总值945.82亿元,占涉农区县生产总值的比重达到89.6%。

一、加大郊区非农产业发展的推动力度

2006年,天津市农委制定《天津市农村经济和社会发展"十一五"规划》,确定郊区非农产业发展的目标和主要任务。提出要围绕全市"三步走"战略目标的实现,以滨海新区开发开放为契机,以产业化提升农业,以工业化富裕农民,以城市化带动农村,全面推进社会主义新农村建设,基本实现郊区现代化。《规划》提出:郊区工业要进一步提高创新能力,深化结构调整,转变增长方式;依靠技术求发展,用技术跨越提升产业核心竞争力,开创新型工业发展道路;坚持以工业化富裕农民的思路,基本实现郊区工业化。到2010年,郊区工业实现增加值720亿元,比2005年增加362.2亿元;完成总产值4230亿元,比2005年增加2115.14亿元;销售收入4000亿元,增加2003.27亿元;出口交货值730亿元,增加366.94亿元。上述指标全部比"十五"末翻一番。郊区工业就业人数100万人,年均增加4万人。要围绕12个优势产业的发展,进一步发挥技术改造的推动作用,加快产品升级换代和产业升级步伐,建设一批规模较大、特色优势明显的制造业基地。郊区服务业要大力发展商贸、现代物流、房地产、旅游观光等现代服务业,改组改造传统服务业,实现郊区服务业的全面提升和快速发展。商贸业重点抓好商品集散中心和规模大、特色强的市场建设,培育一批在全国有影响的大型批发市场。中介服务业积极发展信息咨询、会计师事

务所、审计师事务所、律师事务所等智力型中介咨询服务组织，扩大现代服务业的经济总量。根据建设社会主义新农村的总体要求和天津市委制定的“以工业化富裕农民”的工作思路，结合郊区非农产业发展布局的现状和不同区域的产业优势，市乡镇企业办公室先后编制《天津市郊区工业“十一五”发展规划》《郊区工业产业发展布局规划》和《郊区现代服务业“十一五”发展规划》，确定郊区非农产业“十一五”期间发展的指导思想、基本原则、发展重点、发展布局和主要任务。

2007年8月，天津市委、市政府制定出台《推进城乡一体化发展战略加快社会主义新农村建设的实施意见》。提出推进城乡一体化发展战略，加快社会主义新农村建设，大力发展区县经济，促进农业强起来、农民富起来、农村繁荣起来。按照生产发展、生活宽裕、乡风文明、村容整洁、管理民主的总要求，工农联动，城乡联动，促进农业发展、农村繁荣、农民富裕，不断壮大区县经济实力，使天津市社会主义新农村建设走在全国前列。《意见》还提出加快非农产业发展的四项要求：一是大力发展区县工业。坚持工业化富裕农民，各区县要充分发挥空间与区位优势，主动与滨海新区和中心城区在规划、产业、项目等方面对接，实现优势互补、联动发展。二是促进区县工业适当集中。进一步完善区县工业布局规划，积极引导企业适当集中，突出特色，扩大优势。三是加快发展服务业。大力发展商贸物流、中介服务、旅游观光等现代服务业，改组改造传统服务业，实现区县服务业的全面提升和快速发展。四是推进科技强企。加快实施区县工业科技创新行动计划，加大技术改造力度，大幅度提高企业市场竞争力和发展实力。

二、2006年郊区非农产业的发展

2006年，天津市12个涉农区县共完成生产总值1242亿元，其中第一产业完成118.97亿元，第二产业完成652.75亿元，第三产业完成470.22亿元，三次产业占郊区生产总值的比重分别为9.58:52.56:37.86。非农产业增加值已经占到郊区生产总值的90%以上。郊区工业和服务业共吸纳劳动力162.4万人，在全市农民人均纯收入中，非农产业收入占农民纯收入的比重达到80%以上。

（一）郊区工业的发展

2006年，天津市郊区工业企业共有3.34万家；从业人员97万人，资产总额2323.86亿元，实现工业产值占天津市工业总产值的35%；实现增加值占全市郊区生产总值的47.47%；农民人均纯收入中，来自工业的工资性收入占45%以上。

全市12个涉农区县中，北辰、西青、静海、东丽、津南、武清、宁河、大港、宝坻、蓟县、塘沽11个区县工业总产值超过100亿元。

郊区规模工业企业按登记注册类型分，内资企业2238家，占71.36%；外资企业898家，占

28.64%。按控股情况分：国有控股企业596家，占19.01%；集体控股企业434家，占13.84%；私人控股企业1620家，占51.66%；港澳台商和外资控股企业486家，占15.5%。

郊区规模工业企业中有27家企业年利税总额超过1亿元。其中8家企业年利税总额超过3亿元：天津荣成联合钢铁集团有限公司6.35亿元、乐金电子（天津）电器有限公司5.37亿元、天津荣程祥矿产有限公司4.73亿元、天津天士力制药股份有限公司4.51亿元、天津友发钢管集团有限公司4.31亿元、天津中美史克制药有限公司3.74亿元、日新（天津）塑胶有限公司3.29亿元、天津市静海县宝来工贸有限公司3.04亿元。

（二）郊区服务业的发展

2006年郊区服务业实现增加值470.22亿元，同比增长16%；从业人员达到65.4万人，比上年增加5.2万人；在农民人均纯收入中，服务业工资性收入达到2876元，占总收入的36.19%；完成税收94.32亿元，占郊区税收总量的35.48%。

2006年，各区县商贸流通业繁荣活跃，市场建设取得新进展。商贸流通业的营业收入、消费品零售额和设施建设都有较快的增长和进展。假日经济拉动商贸流通业发展。大港区古林海鲜一条街，全年实现营业收入2.4亿元，利税2000万元。大型商贸设施建设进展迅速，2006年新建投资亿元以上的商贸设施18个。

现代物流业发展步伐加快。2006年新建固定资产亿元以上的物流企业16个。津南荣钢集团物流中心、静海大邱庄钢材市场、津南合亿通物流、西青奥森物流扩建项目4个项目建成投入使用。

地产开发建设势头强劲。2006年各区县新建在10万平米以上的住宅小区32个，新开发面积630万平方米。房地产交易异常火爆，也带动了物业公司、社区卫生院、家庭服务网络的迅速发展，促进了就业。

旅游观光业发展迅速。汉沽区2006年接待游客120.8万人次。蓟县全年接待游客达到500万人次，实现旅游直接收入3亿元，综合收入15亿元。宝坻区珠江帝景温泉度假村实现营业额178万元。西青区热带植物观光园全年收入600万元，宝城游客服务中心收入100万元。18个农业生态观光景点新建项目进展良好。其中，总投资1300万元的汉沽区八卦滩休闲岛、北辰区万源龙顺庄园二期等6个项目已经完工。

三、2007年郊区非农产业的发展

2007年8月，天津市委、市政府召开推进城乡一体化发展战略，加快社会主义新农村建设工作会议，出台20条实施意见，提出要大力发展区县工业，促进区县工业适当集中，推进郊区工业的科技创新。10月上旬，市政府召开推进城乡一体化发展战略，加快郊区非农产业发展工作会议,总结全市郊区非农产业的发展情况,确定发展目标和任务。根据城乡一体化发展的要求,市农委、市经委加大工作的协调力度,积极推动郊区工业和城市工业的联合。2007 年,天津市郊区非农产业系统按照构建和谐社会和建设社会主义新农村的要求,积极推进城乡一体化发展,加快郊区工业的产业集聚,全面提升科技创新能力,坚持更高标准,追求更高水平,实现了又好又快的发展。全市郊区非农产业实现增加值 1375 亿元 ,同比增长 19.5%;其中郊区工业实现增加值 760 亿元,同比增长 29%,占农口生产总值的 50.67%。郊区服务业实现增加值 555 亿元,同比增长 16%,占农口生产总值的 37%。非农产业从业人员达到 171.2 万人,比上年增加 9.8 万人。其中郊区工业从业人员达到 102 万人,比上年增加 5 万人,郊区服务业从业人员达到 69.2 万人,比上年增加 4.8 万人。

四、2008 年郊区非农产业的发展

2008 年,天津市郊区非农产业系统紧密围绕加快发展这一主题,积极应对各种不利因素,保持了较快增长的良好势头。全市郊区非农产业实现增加值 1800 亿元 ,同比增长 30.91%;其中郊区工业实现增加值 1130 亿元,同比增长 29%,占农口生产总值的 50.67%。郊区服务业实现增加值 670 亿元,同比增长 17.5%,占农口生产总值的 37%。非农产业从业人员达到 171.2 万人,比上年增加 9.8 万人。其中郊区工业从业人员达到 102 万人,比上年增加 5 万人,郊区服务业从业人员达到 69.2 万人,比上年增加 4.8 万人。

五、2009~2010 年郊区非农产业的发展

2009 年 5 月,天津市在机构改革中,将原市经委、市农委、市工商局分别承担的中小企业、乡镇企业、民营经济的管理职能整合在一起,组建中小企业发展促进局,主要负责全市中小企业、乡镇企业和民营经济的统筹规划、综合协调、组织推动和指导服务。根据全市中小企业发展需要,天津市中小企业局确定了工作重点。即一个载体、两个抓手、八个平台和三个服务。

“一个载体”是抓好区县示范工业园区建设。“两个抓手”是抓好区县重大建设项目和科技型中小企业的发展。“八个平台”是探索建立为中小企业服务的科技创新、创业服务、金融服务、市场开拓、信息服务、人力资源培训、法律服务、信用诚信等八个平台 。“三个服务”是服务区县经济、服务中小企业、服务示范工业园区。

2009 年,天津市中小企业系统广泛深入地开展“保增长、渡难关、上水平”活动,坚持不懈地抓大项目好项目和示范工业园区建设。围绕放宽准入、简化审批、改善金融服务、鼓励技术创新、引导企业集聚发展、加快产业升级等方面,制定出台一系列有利于中小企业发展的政策措施,切实帮助企业解决面临的突出问题,全力为企业搞好服务,取得较好成效。经济运行呈现多元推

动、持续回升的良好态势。

2010年，紧密围绕全市中心工作和重点任务，以园区为载体，以项目为支撑，以创新为动力，以服务为保障，着力推进中小企业、民营经济和区县经济转变发展方式，优化产业结构，加快科技创新，增强整体实力，各项工作扎实推进。中小企业、民营经济和区县经济保持了平稳较快的发展态势。

2010年，郊区非农产业实现又好又快发展，全面完成"十一五"目标。郊区生产总值达到2563.9亿元，是2005年的3倍，"十一五"时期年均增长20.6%，比"十五"时期高4.2个百分点；财政收入达到693.4亿元，是2005年的3.8倍，"十一五"年均增长30.6%；全社会固定资产投资大幅度增长，2010年达到2605亿元，"十一五" 年均增幅在40%以上。郊区经济结构进一步优化。2010年郊区三次产业分别实现增加值151亿元、1516.11亿元和937亿元，三次产业在郊区生产总值中所占比重由2005年的8.1:57.9:34调整为5.8:58.2:36。2010年郊区生产总值占全市比重达到28%，比2005年提高6个百分点；财政收入占全市比重为30%，比2005年提高5个百分点。郊区已成为全市经济发展的重要战略支撑。

2009年至2010年，郊区服务业经济运行情况良好，两年郊区服务业固定资产投入超过1000亿元，一批服务业大项目投产，优化了郊区服务业结构。大型商贸设施主导作用日益显现，市场建设和管理日趋科学和规范。各区县依靠资源优势，不断发展壮大旅游业，投资在亿元以上的旅游项目达31个。西青千尊玉佛寺、东丽朗钜水上温泉欢乐谷、蓟县蓟州国际滑雪中心、汉沽航母军事综合游乐项目、北辰王朝观光项目已经建成并接待游客。全市还建成130个旅游特色村(点)。

第三节 城乡联营企业的发展

天津市农村经济是城郊型经济，城市工业与乡镇工业的互补和联合，是天津经济发展战略和走城乡一体道路的重要措施。天津乡镇工业从起步开始，就积极依托大城市的优势，结合城市工业产品结构调整，主动承接城市扩散项目和专业化配套、工艺性协作项目的生产，大力推进以城市工业为龙头，以乡镇工业为龙身龙尾的企业集团、企业群体以及多种形式的联合与协作，使城乡工业协调发展，形成了城乡结合、大中小企业结合、具有天津特色的工业生产体系。2006年之后，天津市委市政府按照城乡一体化发展的要求，提出三个层面联动协调发展的思路，要求促进区县经济又好又快发展，形成多极增长的良好局面。郊区工业的发展从整体上纳入了天津经济发展的总体规划，成为天津市工业发展的重要载体和重要组成部分。

一、扶持和鼓励城乡联营企业的发展

1988年，天津市委、市政府提出“城乡结合发展乡镇企业、整体推动振兴天津经济”的发展战略，并把这一战略方针充分体现到各项工作中。到1990年年底，全市城乡联营企业发展到506家，年产值27.3亿元，实现利润1.67亿元，税金0.27亿元，分别占乡镇集体工业产值、利润、税金的15.8%、14.9%和14.1%。乡镇集体工业企业中，有一半以上是为城市大工业加工配套的，包括彩电、冰箱、汽车等较高技术领域，其中汽车配件占全市的30.82%。

1991年，天津市政府批转市农委、市乡镇企业局、市经济社会发展研究中心《关于“八五”期间进一步发展我市乡镇企业的意见》，提出要进一步开展更广泛的城乡经济联合，加快城乡联营企业的发展。在巩固提高现有联营企业的基础上，进一步拓宽联合的领域，向“农商”“农科”“农教”等方面发展。提倡和鼓励联办企业发展高新技术产业和拳头产品。积极支持和引导城乡组建企业集团和企业群体，增强竞争能力，提高规模效益。要根据经济合理原则，有计划地在郊县兴办一批较大的工业生产项目，进一步增强郊县的经济实力。

1992年邓小平南巡讲话发表后，7月28日天津市委、市政府召开全市乡镇企业工作会议，会议提出天津乡镇企业要实现超常规、跳跃式发展，必须进一步推进城乡联合，使大工业在人才、技术上的优势同乡镇企业机制灵活的优势相加，产生新的更大优势。提出要采取切实措施，形成一整套更有利于促进联合的制度和办法。各综合部门在城乡工业布局上要统筹安排，凡适合在农村上的项目要放到农村去，或者通过城乡联营的方式，由城乡双方一块上。要把乡镇企业的技术改造纳入全市技改的总盘子，尽快提高乡镇企业的技术装备水平。

1997年3月，市政府农业办公室、市经委、市乡镇企业局联合召开新一轮城乡工业经济联合推动会。会议总结交流天津市城乡工业联合发展的经验和做法，对新形势下进一步搞好城乡经济联合提出要求。指出“九五”时期，乡镇企业进入二次创业阶段。在新形势下，要以“城乡联动、优势互补、统筹规划、共同发展”为指导思想，扩大城乡工业联营，实现城乡工业的第二次联手，再造天津工业新优势。

1997年7月，全市召开乡镇企业工作会议。会议提出要抓住城市大工业调整的机遇，实行城乡联合，优势互补，走城乡一体化发展的道路，使天津工业成为一个整体，形成一个拳头。要城乡联手打市场，共同参与国内外市场竞争。

“十五计划”期间，按照市政府建立系统联动机制，以工促农、以城带乡建设新农村的要求，市工业系统加大对乡镇工业的支持力度。市经委和农委及各区县密切配合，在区县初步建成西青电子信息和经济型轿车、北辰医药和白色家电、津南环保、东丽现代冶金和纺织工业、大港石油化工、塘沽海洋化工、宁河食品加工、武清电子器件和高档金属制品、宝坻机械装备、静海医

药发酵类产品等一批产业基地和产业聚集区。支持一批农村工业企业的技术改造和技术升级。"十五"期间,乡镇工业有131个项目获得政府贴息资金支持,累计贴息金额达到9559万元。

2007年8月,天津市召开的推进城乡一体化发展战略,加快社会主义新农村建设工作会议,提出,要大力发展区县经济,推进天津滨海新区、中心城区、各区县三个层面联动发展,实现科学发展和谐发展率先发展。还提出建立城乡联动机制,加快城市工业向郊区转移。还要求郊区要充分发挥空间与区位优势,主动与滨海新区和中心城区在规划、产业、项目等方面对接,实现优势互补、联动发展。通过政策引导,统筹全市投资和项目建设,鼓励引导大企业、好项目向郊区转移,形成区域分工合理、特色优势鲜明的产业结构和空间布局,逐步形成以滨海新区高新技术产业为主导,以先进制造业为支撑,以都市型工业和郊区特色工业为补充的现代化工业生产体系,实现天津市城乡工业协调和可持续发展。根据城乡一体化发展的要求,市农委、市经委加大了工作的协调力度,积极推动郊区工业和城市工业的联合。各区县发挥空间与区位优势,主动与滨海新区和中心城区在规划、产业、项目等方面对接,主动承接滨海新区和中心城区的辐射和项目转移,不断培育新的经济增长点。

二、城乡联营企业的形式与作用

随着社会主义市场经济的发展,天津市城乡工业的联营,在联营范围、层次和水平上进入一个新阶段。其标志是:平等互利,优势互补,创新建制,携手发展。即由过去各自管理自己的生产和资金,进入资产置换与重组;由过去单纯生产合作,进入全面合作;由过去只着眼自身基础和条件,进入发挥城乡综合优势;由过去主要以乡镇企业搞协作、搞配套,进入促进双方产业、产品的组织结构调整,带动经营机制转换。到1997年上半年,天津城乡联营企业发展到622家。联合的形式有合资经营、配套经营、承包经营等多种形式。

(一)合资经营方式

即乡镇企业与国有企业或外资企业,根据平等互利的原则,合资兴办具有法人资格的联合企业,共同经营、共同管理、共负盈亏。有五种形式:

1.以上规模、上水平、占领国际市场为主的合资经营,即"中中外"形式。乡镇企业先与国有企业合资,使乡镇企业土地、资金、劳动力等优势与国有企业人才、技术、管理等优势形成互补,产生综合实力,然后再与外资企业合资,进一步引进资金、技术等,形成规模、提高水平,占领国际市场。

2.以拓展名牌产品为主的合资经营。天津作为老工业城市,曾创出许多名牌产品。国有企业由于资金紧缺、生产空间狭小、企业负担过重等原因,无力拓展名牌产品。而乡镇企业则在土地、资金、劳动力等方面有一定优势。在城乡联营中,城乡双方都重视利用名牌的影响,提出"用名牌、保名牌、创名牌”的口号。双方联营后，生产空间扩大了，资金解决了，规模上去了，不仅保住了名牌产品，而且扩大了名牌产品的市场覆盖率。

3.退二进三型。位于市中心的国有企业与乡镇企业联营，将生产项目放到农村，将位于市内的厂区用来发展第三产业。

4.以承接国有企业转出的产品和设备、拾遗补缺为主的合资经营。乡镇企业利用国有企业改造、扩产或转产时机，以合资的方式，把国有企业转出的产品和设备引入乡镇企业。

5.以加工国有企业下游产品为主的合资经营。用国有企业下游产品或生产过程中淘汰的边角料，搞产品的深加工或再生利用。

（二）配套经营方式

乡镇企业按照国有企业的产品规格、质量标准，为其主导产品生产零部件。经营中一般是独立经营，自负盈亏。西青区和北辰区共有80多家乡镇企业为夏利、大发、三峰等汽车工业开展配套，专业化协作能力已经达到相当规模。乡镇企业为国有企业配套，国有企业也为乡镇企业配套。北辰区小淀镇生产的川野摩托车，就有天津锻压机床总厂、天津液压集团总公司等3家国有企业为其配套，川野摩托车厂1996年实现销售收入9000多万元，实现利税900多万元。

（三）承包经营方式

借助国有企业人才、技术、管理优势，把乡镇企业承包给国有企业，或借助于乡镇企业的机制、资金等优势，把国有企业承包给乡镇企业。

通过实施城乡工业的联营发展，天津城乡工业实现了优势互补，共同发展。保护和发展一批天津名牌产品。通过城乡联营，一批国有企业创出的名牌产品在乡镇联营企业落户。联营后生产规模扩大，竞争实力增强，市场覆盖率提高，使名牌产品得到了发展和提高。加快城市工业向市外的转移步伐，促进城市工业布局的调整。也加快新的经济增长点的培育和发展，拓宽乡镇企业的发展空间。安置部分国有企业的下岗职工，促进社会的稳定。据东丽、西青、津南、北辰四个区统计，有近万名职工在城乡联营企业上班，实现再就业。

第四节　乡镇企业外向型经济发展

坚持依托大城市的优势，坚持与外贸部门和城市大工业联合，使城乡两个优势结合在一起，共同发展出口产品生产，是天津乡镇企业发展外向型经济的主要特点和重要途径。

一、1990 年乡镇企业外向型经济具有一定基础

1990 年年底,天津市生产出口产品的乡镇企业达到 1091 家,从业人员 16.69 万人;出口产品产值 32.76 亿元;完成出口产品交货值 23.32 亿元。出口产品已达 30 大类 1598 个品种。全市有 10 个区县出口交货值超过亿元(其中武清县达到 4.57 亿元)。有 400 家企业年出口交货值超过 100 万元,其中超过 1000 万元的出口大户有 71 家。已经初步形成服装、地毯、农具、工艺品、染料等出口生产基地。

二、"八五"期间乡镇企业外向型经济高速发展

"八五"是天津市乡镇企业外向型经济发展最快的时期。

1991 年 5 月,国家农业部、对外经贸部在北京召开全国乡镇企业出口工作会议。总结"七五"期间乡镇企业出口创汇工作的成绩和经验,提出"八五"期间乡镇企业出口创汇工作的目标和主要任务。这次会议上,天津市南郊区地毯十五厂、宝坻县环球旅游帐篷厂、静海县凌云制衣有限公司 3 家企业被命名为"贸工农生产基地企业"。东郊区地毯十六厂、西郊区渤海染料化学总厂、北郊区双街钢管总厂等 9 家出口创汇企业受到表彰。

1991 年 11 月,天津市政府在批转市农委、乡镇企业局、经济社会发展研究中心《关于"八五"期间进一步发展我市乡镇企业的意见》中提出,大力发展外向型经济是天津市经济发展的一项长期战略。要努力发挥乡镇企业在扩大外贸出口、增加创汇能力等方面的生力军作用,充分利用郊县作为天津市三个开放地带(滨海地区、市区和郊县)之一的有利条件和深化外贸体制改革的机遇,使乡镇企业外向型经济较快发展。到 1995 年,天津乡镇企业生产出口产品的企业达到 1264 家,实现出口交货值 123.91 亿元,比 1990 增长了 4.31 倍,平均每年递增 40%以上。在 1264 家出口企业中,出口交货值超过 1000 万元的企业有 200 家,其中超过 3000 万元的企业有 80 家。15 家企业出口交货值超过亿元:宝坻环球企业集团公司 3.6 亿元,宝坻登峰旅游用品集团公司 2.33 亿元,津南博克来(天津)建材有限公司 2.21 亿元,宝坻通达集团有限公司 2.08 亿元,宝坻升阳儿童用品有限公司 1.94 亿元,宝坻胜利集团公司 1.9 亿元,西青长城化工厂 1.55 亿元,武清富强集团公司 1.46 亿元,宝坻大钟集团公司 1.37 亿元,静海瀛海化工集团 1.3 亿元,武清环宇地毯实业公司 1.26 亿元,宁河廉庄乡联合制鞋有限公司 1.21 亿元,武清武东玛钢制品总厂 1.19 亿元,北辰联合毛纺厂 1.15 亿元,津南西装厂 1.14 亿元。

三、"九五"期间乡镇企业外向型经济在调整中稳步发展

"九五"期间是乡镇企业发展的的转型时期,也是乡镇企业外向型经济发展的转型时期。东

南亚金融危机的爆发,对乡镇企业外向型经济的发展带来不利影响。“九五”期间全市乡镇企业出口交货值增长速度明显回落,1997年乡镇企业出口交货值出现负增长。针对这种情况,市乡镇企业局采取积极措施,推动乡镇企业外贸、外资、外经工作全面开展。一是通过资金扶持,培育一批出口交货值亿元以上的出口企业或集团，形成龙头带动。二是加快出口商品基地建设,推进贸工农一体化。重点扶持农产品加工、机电产品、轻纺产品等一批出口商品基地建设,并以资本为纽带,股份制为基础,积极开展工贸联合,兴办一批农工贸、农科贸一体化企业。三是鼓励乡镇企业拥有自营进出口权,并扶持获得进出口权的乡镇企业拓展发展空间。四是放手发展三资企业,加大招商引资力度。五是鼓励乡镇企业走出去,到国外建厂,直接参与国际市场的竞争。市乡镇企业局召开协助企业国际化经营交流座谈会,交流了部分乡镇企业走出国门,实施跨国经营的经验。天津市乡镇企业到境外办企业、设立贸易公司和海外办事机构始于1993年,到1999年已有20多家,其中15家是1997年以后建立的。天津津都集团1996年通过考察国际市场,先后在乌兹别克斯坦和蒙古投资建设服装厂、纺纱厂等境外企业,这些国家不受欧美国家商品配额的限制,对企业生产十分有利。在这两个国家的投资1999年为津都集团带来直接经济效益2000万元。天津东方塑料包装制品有限公司1998年在哈萨克斯坦与该国企业联合组建塑料包装有限公司,注册资金260万元,年生产能力400万条塑料编织袋和200吨塑料包装袋,公司仅用3个月就组建完成,生产运转良好。天津艺达玩具有限公司1997年在美国组建国际贸易有限公司,从事长毛绒玩具的商贸经营,直接把产品推向美国生产,当年收回全部投资,产品还销售到澳大利亚、新西兰等国。到2000年,天津乡镇企业工业中有外向型企业1489家,占乡镇工业总数的4.5%,比1995年增加225家;职工人数22.8万人,占乡镇工业企业职工人数的27.3%;完成出口交货值157.5亿元,比1995年增长27%。

全市乡镇企业与外商、港澳台商合资合作企业发展到273个(其中中外合资企业145家,中外合作企业15家,与港澳台合资企业96家,与港澳台合作企业17家),职工5.9万人,全年实现营业收入119.2亿元,实现增加值24.9亿元,分别占全市乡镇工业企业总数的0.8%、7.1%、10.4%和10.3%。

四、“十五”期间乡镇工业外向型经济有了较快发展

“十五”期间,天津乡镇企业继续坚持开放带动战略,不断提高对外开放水平。认真应对亚洲金融危机带来的影响,积极调整出口产品和招商引资结构,多元化地开拓市场,全方位、多层次、宽领域的引进外资,努力形成有实力参与国际竞争的新的开放优势。天津乡镇企业积极实施“稳定亚洲、转占欧美”的招商战略,在巩固提高亚洲各国资金引进的同时,加大欧美非国家招商引资力度,最大限度地减少亚洲金融危机对乡镇企业利用外资的影响。努力优化利用外资

结构,集中力量引进一批高科技、高效益和市场前景好的大项目。同时切实改善外商投资环境,强化服务意识,提高服务效率,加强社会治安综合治理,改善生态环境。认真及时地帮助外商解决遇到的各种问题。加大农副产品加工企业、个体私营企业、老企业改造和招商力度,特别是引导外商投资农业综合开发。千方百计调整出口产品结构,提高出口产品档次,增加出口规模。对出口大宗的服装产品,采取增加高档服装的出口比重,实行品牌战略,在来料、来样、来牌生产的基础上积极开发自主品牌。生产日用品、食品、工业品、皮革制品的出口企业,采取直接打入国际连锁超市的途径,不断扩大市场份额。鼓励优势企业到境外投资办厂,发展"销地产"的出口模式。创造条件,为出口形势较好的企业赋予自营进出口权,充分发挥这些企业的出口潜力。同时区县开发区、乡镇工业园区的发展,为外向型经济发展提供载体,"三资"企业成为乡镇外向型经济的重要组成部分。

2003 年,天津市政府表彰十佳集体私营出口企业,全市乡镇企业占 9 家,分别是田歌纺织有限公司、双街钢管集团有限公司、金锚进出口有限公司、金美达针织集团有限公司、天狮生物工程有限公司、腾达集团有限公司、长城服装集团有限公司、中津药业股份有限公司、津津制药厂。

五、"十一五"期间郊区工业外向型经济在曲折中发展

2006 年之后,郊区工业外向型经济主要指规模以上企业外向型经济的发展,规模以下企业不再统计。2009 年之后,塘沽、汉沽、大港取消区的编制,纳入滨海新区。郊区工业规模以上企业的统计从原有的 12 个涉农区县调整到 9 个涉农区县。

2006 年至 2007 年,全市郊区工业外向型经济发展速度加快。两年间郊区工业完成出口交货值 1005 亿元。2007 年,全市郊县规模工业中的 1086 家出口企业,完成出口交货值 655.5 亿元。其中出口产品交货值达亿元以上企业 115 家,5 亿元以上 15 家,10 亿元以上 6 家,出口交货值最高的超过 100 亿元。

2008 年,全球性金融危机给天津郊区外向型经济发展带来很大影响。由于国际市场需求急剧下降,出口企业订单减少,造成出口产品利润锐减或亏损,部分出口企业生产难以为继。2008 年从二季度开始,郊区工业出口交货值呈现逐季下滑趋势。四季度 14 个行业出口交货值出现负增长,其中化工、食品加工等 5 个行业下降 20%以上。纺织、服装、皮革毛皮、羽绒制品等 9 个行业都有不同程度的下降。部分出口企业处于停产半停产状态。

2009 年,郊区工业出口形势依然严峻,前三季度出口交货值同比持续下降,到四季度出口交货值才扭转下滑趋势,同比略有增长。针对这种情况,从 2008 年下半年开始,市乡镇企业主管部门积极应对,加大对企业的帮扶力度。区县也普遍成立了由主要领导负责的应对金融危机

工作机构，对重点企业实行领导分工责任制，及时解决企业生产经营过程中出现的问题和困难。先后多次召开银政合作对接会和银企合作洽谈会，积极为企业牵线搭桥，解决资金困难。并相继研究制定扶助企业的政策规定，集中资金对企业帮扶。

2009年，按照天津市委提出的“保增长、渡难关、上水平”的工作要求，按照市场需求的变化，适时调整企业产品方向，特别是出口企业，加快新产品的开发和生产，对区县重点困难企业跟踪服务，随时掌握动态情况，根据企业需求适时组织银企对接活动，积极向银行、担保公司等金融机构推荐有融资需求的困难企业，帮助解决融资问题，支持企业渡过难关。

2010年，郊区工业外向型企业走出低谷，生产显著回升。9个涉农区县共有规模工业企业4853家，完成出口产品交货值656亿元，比上年增长7.2%。其中3个区县出口产品交货值超过百亿元。西青区155.13亿元，北辰区138.25亿元，武清区106.58亿元，宝坻区80.34亿元，东丽区56.92亿元，津南区55.27亿元，静海县22.42亿元，蓟县9.74亿元，宁河县8.59亿元。

第五节　区县重大项目建设

推出区县重大项目是市委、市政府加快区县经济发展的一项重大决策。从2008年2月到2010年年底，全市共推出五批共600个区县重大项目。

一、第一、二批区县重大项目的推出

2008年2月，市委、市政府召开区县重大项目现场推动会，对抓好区县重大项目建设进行动员和部署。

按照市委、市政府的部署，市发改委会同市农委，组织各区县筛选确定2008年重点实施的145个重大项目，第一批区县重大项目推出后，各区县相继召开了重大项目建设现场推动会，在加快项目建设进度的情况下，按照投产达标一批、开工建设一批、储备申报一批的要求，7月市乡镇企业办公室又组织实施第二批122个区县重大建设项目。两批267个区县重大建设项目，涉及现代制造业、现代服务业、现代都市型农业，技术水平高、带动作用强、发展潜力大，项目计划总投资近3000亿元，每个项目平均投资超过10亿元。其中工业项目168个，服务业项目79个，农业项目20个。项目计划在2012年全部竣工投产，投产后，可形成5486亿元的生产能力，新增就业岗位10万个。

二、第三、四批区县重大项目的推出

2009年2月3日，天津市召开第三批区县重大项目建设现场推动会，加快推进区县经济发

展，努力实现“保增长、渡难关、上水平”的目标要求。第三批区县重大项目共118个，总投资903.2亿元。其中，农业项目13个，工业项目67个，服务业项目38个。

农业项目中，设施农业项目5个，投资14.3亿元，主要分布在东丽、北辰、塘沽、蓟县和宝坻5个区县。现代养殖业项目4个，投资12.8亿元，主要分布在津南、塘沽、宁河和宝坻4个区县。花卉与林业项目4个，投资7.7亿元，主要有西青区花卉基地项目和宁河、静海的林业项目。

第三批区县重大项目符合国家产业政策，没有高能耗高污染项目，整体水平较高，前期工作比较成熟，2009年上半年全部开工建设。

2009年5月市中小企业发展促进局成立。区县重大项目建设工作成为中小企业局的一项重点工作。下半年推出第四批区县重大项目110个，其中农业项目8个，工业项目64个，服务业项目38个。四批项目共计495个。到2009年年底，四批项目已全部开工建设，累计完成投资1216.3亿元。

三、2010年继续加大区县重大建设项目推动力度

2010年年初，市中小企业局研究制定全年大项目建设工作目标，并按季度、按区县进行了分解和细化。2月推出第五批区县重大建设项目105个，总投资860亿元，项目平均投资8.2亿元。

第五批区县重大项目符合全市经济社会发展规划、滨海新区发展规划以及郊区县规划，符合国家产业政策要求，整体水平比较高。

截止到2010年年底，区县重大项目累计推出五批600个。经过调整后的项目计划总投资4405.88亿元，其中农业项目50个，工业项目355个，服务业项目195个。已有594个项目开工建设，开工率达到99%。其中累计竣工投产项目322个，竣工率达到53.6%。有193个项目全部投产。

区县重大项目建设在区县工业经济发展中起到重要的支撑作用，有力地拉动了全市区县工业固定资产投资的快速增长。2010年区县工业固定资产投资完成1200亿元，同比增长40%，投资额比上年净增343亿元。其中东丽区超大型全纤维弯曲镦锻曲轴生产项目、西青区空调部件生产项目等一批区县重大工业项目竣工投产，完成投资427.9亿元。

“十一五”期间，全市区县工业固定资产投资相当于“十五”时期的6.15倍，年均增长43.8%，每年拉动区县工业经济增长20.6个百分点。2010年，竣工投产的区县重大工业项目新增产值800亿元，对区县工业增长的贡献率达到60%，拉动区县工业增长16.8个百分点。

第二章　工业行业、产品结构和布局

第一节　乡镇工业行业结构

天津市乡镇工业涉及29个行业，其主导行业为：冶金、化工、金属制品、交通运输设备制造、电器机械及器材制造、机械、建材、纺织、服装、食品共十大主导行业。2000年，市乡镇企业局对全市乡镇企业工业产业结构情况进行调研分析，将重点行业分成五大类，即生产高新技术产品的企业，农副产品深加工行业，劳动密集型为主的行业，劳动、资本密集型为主的行业和其它行业。

一、生产高新技术产品的企业

1999年，全市乡镇企业中生产高新技术产品的企业有200余家，从业人员3.41万人，拥有固定资产原值23.85亿元，实现产值60亿元、收入54亿元、利税6.8亿元，其产值、收入、利税分别占全市乡村工业的7.16%、7.45%、8.51%。主要产品涉及精细化工、生物技术和现代医药、环保设备、高效节能产品、高性能特殊金属材料、通信电缆等。

二、农副产品深加工行业

2000年，天津市乡镇企业中农副产品深加工行业有企业352家，从业人员2.25万人，拥有固定资产13.46亿元。1999年实现产值48.06亿元、收入40.26亿元、利税4.29亿元，分别占全市乡村工业的5.73%、5.56%、5.37%。农副产品深加工企业主要涉及食品行业的植物油加工、粮食及饲料加工、蔬菜深加工、酒精及饮料酒、果菜汁饮料、水产品加工、肉类加工、罐头加工、调味品、粉丝制做等。

三、劳动密集型为主的行业

主要包括服装、制鞋、地毯、橡胶制品、自行车及配件、阀门、包装制品等。

（一）服装行业

2000年，天津市乡镇服装企业有249家(服装出口企业174家，占70%)，从业人员5.84万人，拥有固定资产8.82亿元，1999年实现产值47.47亿元、收入41.19亿元、利税4.33亿元，出口交货值32.47亿元，其产值、收入、利税、出口交货值分别占全市乡村工业的5.66%、5.69%、5.42%、24.13%。其骨干企业有宝坻县的通达集团有限公司、环球企业集团公司和凯兴服装有限公司，武清县的津都制衣有限公司，蓟县的东塔服装集团公司，津南区的西装厂和北辰区的斯必得服装有限公司等。

（二）制鞋行业

2000年，天津市乡镇制鞋企业有57家，从业人员9700人，拥有固定资产2.19亿元，1999年实现产值11.02亿元、收入8.4亿元、利税1.09亿元、出口交货值9.6亿元，其产值、收入、利税、出口交货值分别占全市乡村工业的1.31%、1.16%、1.36%、7.13%。

1999年生产布鞋1600万双，占全市布鞋总产量的98%；生产皮鞋900万双，占全市皮鞋总产量的70%，其骨干企业有武清县的腾达集团、斯诺特有限公司，静海县的惠利集团公司，宝坻县的天星新马皮革制品有限公司等。

（三）地毯行业

2000年，天津市乡镇地毯企业有90家，从业人员2.01万人，拥有固定资产2.68亿元。1999年实现产值12.18亿元、收入9.22亿元、利税1.14亿元、出口交货值9.44亿元，分别占全市乡村工业的1.45%、1.27%、1.43%、7.01%。1999年生产各类地毯860万平米，占全市地毯产量的85%左右。其骨干企业有武清县的环宇地毯实业公司、巷虹集团公司、亚华地毯集团公司、东亚地毯集团公司等。

（四）橡胶制品行业

2000年，天津市乡镇橡胶制品企业有162家，从业人员2.32万人，拥有固定资产10.32亿元。1999年实现产值27.53亿元、收入25.91亿元、利税2.67亿元，分别占全市乡村工业的3.28%、3.58%、3.34%。主要产品涉及摩托车、自行车内外胎，各类胶鞋，下水裤，胶管等。年产自行车胎4000多万条，各类胶鞋4000多万双，均占全市总产量的90%以上。其骨干企业有北辰区的万达集团，西青区的红联橡胶厂、双安集团，宝坻县的大华集团等。

（五）自行车及配件行业

2000年，天津市共有乡镇自行车整车厂和零部件生产厂共124家，从业人员1.09万人，拥有固定资产3.64亿元。1999年实现产值18.22亿元、收入14.56亿元、利税1.63亿元，分别占全市乡村工业的2.17%、2.01%、2.04%。

1999年生产各类自行车近200万辆，约占全市自行车总产量的2/3，其骨干企业有东丽区的富士达自行车公司,武清县的金轮集团、博克集团公司、振华集团,西青区的飞鸽自行车研制公司,北辰区的凯特自行车公司,大港区的科林自行车公司等。

(六)阀门行业

2000年,天津市有乡镇阀门企业38家,从业人员4000人,拥有固定资产1.1亿元,1999年实现产值3.38亿元、收入2.75亿元、利税2400万元。1999年生产各类阀门2.4万吨,约占全市阀门总产量的70%,其骨干企业有津南区的大站阀门集团、渤海阀门厂、昊力阀门厂等。

(七)包装制品行业

2000年,天津市乡镇企业从事包装制品的企业有288家、从业人员1.9万人、拥有固定资产5.76亿元。1999年实现产值23.92亿元、收入19.56亿元、利税2.3亿元,分别占全市包装行业1/2左右,占全市乡村工业的2.85%、2.7%和2.88%。

从乡镇企业包装制品产品结构看,主要以纸包装品为主,其销售额占整个包装制品的60%以上,其次是金属包装品占26%,塑料包装品占12%。1999年天津市乡镇企业生产各类纸包装品40万吨,约占全市纸包装品的1/2左右;生产金属包装品2.6万吨,约占全市金属包装品的1/3以上;生产各类塑料包装制品2.5万吨,约占全市塑料包装制品的1/2左右。

四、劳动、资本密集型为主的行业

主要包括纺织、染料及中间体行业、锅炉行业、电焊条行业、摩托车及配件行业、电线电缆和高低压配电设备行业、汽车配件行业等。

(一)纺织行业

2000年,天津市乡镇纺织企业有305家,从业人员3.5万人,拥有固定资产18.59亿元。1999年实现产值44.13亿元、收入37.07亿元、利税3.57亿元,分别占全市纺织行业1/2左右,占全市乡村工业的5.26%、5.12%和4.47%。

从天津市乡镇纺织产品结构看,主要以棉、毛纺织为主,其销售额占整个纺织产品的68.91%,其次是针织制品占20.89%,丝绢及麻纺织品占10.2%。其骨干企业有武清区富强集团、海达工业集团有限公司,静海县的亿利达集团、金美达针织集团有限公司,西青区的梦得舒羊绒制品公司等。

(二)染料及中间体行业

2000年,天津市乡镇企业中生产染料及中间体的企业有84家,从业人员7000人,拥有固定资产4.83亿元。1999年实现产值16.48亿元、收入14.87亿元、利税1.76亿元,出口交货值2.5亿元,分别占全市乡村工业的1.97%、2.05%、2.2%、1.87%。

1999年天津市乡镇企业生产各类染料及中间体5.2万吨,占全市总产量的90%左右,其骨干企业有西青区的宏发集团、三环染料厂、长城化工厂、现代化工厂、兰化染料厂，北辰区的染化七厂一分厂、丰田化工厂，津南区的港鑫化工厂等。

（三）锅炉行业

2000年，天津市乡镇锅炉企业有32家，从业人员2500人，拥有固定资产1.27亿元。1999年实现产值5.27亿元、收入4.47亿元、利税4400万元，分别占全市乡村工业的0.63%、0.62%、0.55%。生产各类锅炉4128蒸吨，约占全市锅炉总产量的80%，其骨干企业有津南区的宝成集团、大滩锅炉总厂、东方暖通设备制造公司，武清县的昌盛实业总公司等。

（四）电焊条行业

2000年，天津市乡镇电焊条企业7家，从业人员2200多人，拥有固定资产8500万元。1999年实现产值4.57亿元、收入4.93亿元、利税3700万元，分别占全市乡村工业的0.54%、0.68%、0.47%。生产各类电焊条18万吨，约占全市电焊条总产量的60%，其骨干企业有西青区的大桥电焊条集团，大港区的电焊条有限责任公司，静海县大邱庄舜泽电焊条公司等。

（五）摩托车及配件行业

2000年，天津市乡镇摩托车及配件企业有45家，从业人员5000人，拥有固定资产5.2亿元。1999年实现产值25.65亿元、收入25.29亿元、利税2.78亿元，分别占全市乡村工业的3.1%、3.5%、3.48%。生产各类摩托车45万辆，约占全市摩托车总产量的75%，其骨干企业有东丽区的富士达摩托车公司，津南区的港田集团，北辰区的川野集团，小康三轮摩托车公司等。

（六）电线电缆和高低压配电设备行业

2000年，天津市乡镇电线电缆企业有76家，从业人员6500人，拥有固定资产3.96亿元。1999年实现产值18.85亿元、收入16.57亿元、利税1.68亿元，分别占全市乡村工业的2.25%、2.29%、2.1%。其主要产品涉及电线、电力电缆、通讯电缆、控制电缆等。骨干企业有北辰区的德塔集团、塑力电缆公司、天马通讯线缆公司，东丽区的有容通讯线缆公司，静海县的友惠电线电缆有限公司等。

全市乡镇生产高低压配电设备企业有58家，从业人员3800人，拥有固定资产2.26亿元，1999年实现产值7.8亿元、收入7.39亿元、利税9000万元，分别占全市乡村工业的0.93%、1.02%、1.13%。

（七）汽车配件行业

2000年，天津市乡镇企业生产汽车配件企业有247家，从业人员1.98万人，拥有固定资产13.37亿元。1999年实现产值28.62亿元、收入25亿元、利税3.66亿元，分别占全市乡村工业的3.41%、3.45%和4.58%。其骨干企业有北辰区的大华冲压件厂，西青区的恒兴汽车冲压件厂、三电汽车空调有限公司、恒通工业贸易公司，宁河的三联工业技术玻璃厂，大港区的中塘胶管厂等。

五、其它行业

(一)黑色金属冶炼及压延加工业行业

2000年,天津市乡镇黑色金属冶炼及压延加工业企业有168家,从业人员2.34万人,拥有固定资产33.9亿元。1999年实现产值104.92亿元、收入100.85亿元、利税7.81亿元,分别占全市乡村工业的12.51%、13.92%、9.78%。

黑色金属冶练及压延加工行业是天津市乡镇企业最大的工业行业,也是全国焊接钢管的最大生产基地,其各类钢材加工能力在550万吨以上。主要生产企业有大邱庄尧舜轧钢总厂、大邱庄钢管有限公司、利达钢管厂、九州钢管有限公司、南辰钢管有限公司、天宇有色金属有限公司、双街钢管集团、江天型材有限公司、现代精密钢管厂、西姜井带钢厂、环球镀锌钢管总厂等。

(二)建材行业

2000年,天津市乡镇建材企业有736家,从业人员4.89万人,拥有固定资产12.64亿元。1999年实现产值40.25亿元、收入31.67亿元、利税3.87亿元,分别占全市乡村工业的4.8%、4.37%、4.85%。这一行业主要涉及砖瓦、水泥及制品、建筑五金、建筑涂料、平板玻璃、砂石等。其中,砖瓦生产企业242家,主要产品为实心黏土砖,1999年产量35亿块,占全市总产量的95%;水泥生产企业12家,年生产水泥40多万吨,占全市水泥总产量的1/6;水泥制品主要以混凝土预制构件为主,其生产企业有52家,年产量40万立方米,约占全市总产量的2/3;建筑五金主要以金属门窗、水暖管件、小五金为主,共有企业150家;建筑涂料生产企业11家;平板玻璃生产企业3家;砂石开采企业66家。

第二节　天津市乡镇工业优势产业与产品

2003年,天津市提出要在全市乡镇企业中,大力发展优势产业,围绕电子信息,汽车,生物工程与现代医药,无缝钢管和高档金属制品,石油、海洋和精细化工,新能源六大支柱产业,大力振兴装备制造业的战略目标。天津乡镇企业工业的优势产业主要集中在现代医药、精细化工、汽车配件、高档金属制品、电子信息、新材料、机械制造、环保产品、自行车及配件、服装、地毯、食品等12个行业。2002年年底,上述12大类优势产业和产品共有规模以上企业1204家,拥有总资产230亿元,其中固定资产原值116亿元。当年实现总产值497亿元,实现增加值97亿元,分别占郊区规模以上工业的45.2%和47.8%。这12大类优势产业和产品中已有市级名牌产品51个,占郊区工业市级名牌产品的73.9%,占全市工业名牌产品的27.9%。

一、现代医药产业

2002年年底,天津市乡镇工业共有医药企业55家,拥有总资产23.79亿元,当年实现工业总产值25.52亿元、营业收入23.33亿元、增加值6.53亿元、利税总额4.01亿元、出口交货值4.08亿元;共有天津市名牌产品4个。从布局来看,医药产业主要集中在西青区,该区拥有医药企业19家,主要产品种类包括化学原料药、西药胶囊剂、颗粒剂、片剂、输液产品、生物制品、中药制剂和加工等。2002年,西青区的中津药业公司、津津制药厂、太平洋药业公司、天成制药厂、津西津药化工厂5家骨干企业就实现销售收入7.66亿元,占全市乡镇医药企业的32.8%。中津药业公司生产的维生素B_1产量达1200吨,占国际市场份额的四分之一;津津制药厂是全国最大的氢化可的松和螺内酯生产基地,年产量分别达到20吨和15吨,均占到全国市场份额的60%以上,占到国际市场份额的三分之一;太平洋药业公司生产的阿莫西林胶囊占天津市场份额的60%;天成制药厂生产的肌酸、生氨酸年产量达到1200吨,占全国市场的20%;中安药业公司生产的咖啡因,年产量已达2000吨,占全国市场份额的四分之一,占国际市场份额的六分之一。西青区百奥生物制药厂和北辰区新兴兽药厂两家生产的杆菌肽锌共占全国市场的80%以上。

二、精细化工

2002年年底,天津市乡镇工业共有精细化工企业313家,拥有总资产34.95亿元,当年实现工业总产值66.44亿元,实现营业收入61.68亿元,实现增加值11.27亿元,实现利税总额6.87亿元,实现出口交货值10.36亿元。共有天津市名牌产品7个。天津市乡镇工业的精细化工产品主要包括染料及中间体、农药、涂料、颜料、油墨、香精、食品添加剂、饲料添加剂及其他各类助剂等,主要分布在西青区、北辰区、塘沽区。

三、汽车及配件

2002年年底,天津市乡镇工业共有汽车及配件企业159家,拥有总资产27.84亿元,当年实现工业总产值31.36亿元,实现营业收入28.15亿元,实现增加值6.29亿元,实现利税总额3.38亿元,实现出口交货值0.52亿元 。共有天津市名牌产品2个。其主要产品有特种挂车、环卫专用车、汽车空调器、汽车消声器、汽车冲压件、汽车变速箱配件、汽车同步器、汽车专用胶管、汽车专用玻璃、汽车弹簧等。主要分布在西青区、大港区、东丽区、武清区,形成西青区中北斜、杨柳青,大港区中塘三大生产基地。

四、高档金属制品

2002年年底，天津市乡镇工业共有冶金生产企业191家，拥有总资产71.75亿元，当年实现工业总产值164.69亿元，营业收入158.4亿元，实现增加值20.95亿元，实现利税总额11.65亿元，出口交货值2.24亿元 。有20%的企业生产高档金属制品，共有天津市名牌产品4个。主要包括各类焊接钢管、钢塑复合管、彩色薄钢板、镀锌钢板、预应力混凝土用螺旋肋钢丝、电梯导轨钢、高档精密铸件等，主要分布在静海县、北辰区、津南区、宁河县，形成静海县大邱庄、北辰区双街、津南区葛沽、宁河县桥北等四大生产基地。

五、电子信息、电线电缆及配电设备

2002年年底，天津市乡镇工业共有电子信息企业44家，拥有总资产5.89亿元，当年实现工业总产值44亿元，实现营业收入13亿元，实现增加值3.4亿元，实现利税总额2.6亿元，出口交货值1.5亿元 。有天津市名牌产品1个。主要包括各类电子元器件、家用电器及零部件、硅片、芯片、光碟、显像管、通讯电缆、高低压配电柜、箱式变电站、电力变压器等。主要分布在西青区、东丽区、北辰区、武清区、静海县。

六、新材料

天津市乡镇工业新材料行业主要是新型建筑材料行业。2002年年底，天津市乡镇工业共有新型建筑材料企业70家，拥有总资产11.33亿元，当年实现工业总产值10.21亿元、营业收入9.68亿元、增加值1.82亿元、利税总额0.98亿元、出口交货值0.13亿元。主要包括各类新型轻质骨料、陶粒砌块、紫砂页岩砌块、各类轻体材料隔墙板、玻璃钢及塑钢型材、钢制网架等，主要集中在蓟县、宝坻，已经形成蓟县洇溜和宝坻林亭口两大基地。

七、机械制造

2002年年底，天津市乡镇工业共有机械制造企业726家，拥有总资产125.19亿元，当年实现工业总产值149.32亿元、营业收入140.78亿元、增加值29.63亿元、利税总额17.88亿元、出口交货值25.17亿元。共有天津市名牌产品11个。其骨干企业和主要产品有，宝成集团和大滩锅炉集团的锅炉及附属设备，大站集团的各类阀门，东方暖通设备公司的环保设备，立林集团的螺杆钻具及螺杆泵，甘泉集团的井用潜水电泵，荣亨精铸集团的注水泵，三千科技集团和长城输变电成套设备公司的箱式变电站，三源电力成套设备公司的金属封闭开关设备，舜日变压器制造公司的电力变压器。

八、环保产品

主要包括各类除尘设备、锅炉脱硫设备、固体废弃物焚烧设备、污水处理设备及零部件等，主要集中在津南区。已经形成津南区双桥河环保产品基地。骨干企业有津南区宝成集团、东方暖通设备公司、大站集团、甘泉集团、环保产业集团，蓟县长城过滤器厂等。

九、食品

主要包括各种肉类加工制品、蔬菜加工制品、水产品加工和速冻食品、植物油、奶制品、调料、酒类、饮料、矿泉水等，主要分布在蓟县、北辰、武清、宁河、静海等区县。2002 年产值 58 亿元。主要生产企业有蓟县挂月集团有限公司、渔阳酿酒有限公司、盘山啤酒厂，北辰区津海植物油厂、渤海植物油厂、永明油脂制造厂，汉沽区通汇集团，西青区保健饮料厂，武清区南极集团、食友食品有限公司，宁河县天尊酒业总公司、庆洋土特产有限公司、冠达食品有限公司、潮白河乳业有限公司，静海县绞股兰酒业有限公司、独流老醋有限公司等。

第三节 郊区规模工业行业结构

“十一五”期间，天津市郊区工业加快推进和实施以提升水平和竞争力为目标的新一轮嫁接改造调整，重点放在提高优势产业集中度、培育产业集群，延长产业链和抢占技术制高点上。重点是“调三、发四、改八”。“调三”即调整限制高污染、高耗能、高耗资源的“三高”企业，关停一批污染严重的化工企业和小电镀、小钢厂等。“发四”即发展电子信息、生物医药、汽车配件、新型建材等四大新兴产业；“改八” 即改造农产品加工、冶金制品、环保产品、自行车及配件、服装、地毯、电线电缆、化工产业等八个传统优势产业。同时，积极扶持精密铸造、纺织等有一定影响的企业发展“专、精、特、新”产品。通过“嫁改调”，初步实现天津郊区工业的布局集中、产业集聚、产品升级和资源集约。

随着天津市“十一五”期间乡镇重大工业项目陆续建成投产，郊区工业产业结构进一步优化。郊区规模工业涉及石油化工、装备制造、电子信息、生物医药、新能源新材料、轻纺工业 6 大产业。2010 年，这 6 大产业完成工业总产值 5084.72 亿元，占规模工业总量的 95.7%。其中石油化工产业完成总产值 276.7 亿元，装备制造业完成总产值 2837.36 亿元，电子信息产业完成总产值 538.01 亿元，生物医药产业完成总产值 91.48 亿元，新能源新材料完成总产值 146.16 亿元，轻纺工业完成总产值 1195.31 亿元。

第四节　涉农区县工业发展重点

"十一五"期间，天津市涉农区县积极围绕全市重点发展的电子信息，汽车工业，化学工业，冶金工业，生物医药，新能源、新材料及环保产品六大支柱产业，充分利用天津滨海新区大发展的辐射力，紧紧依托区县自身的区位优势、资源优势和工业基础条件，统筹规划，突出特色，对主导产业进行合理的空间布局和优化调整，使郊区工业的产业结构和布局结构明显优化，产业和产品的集中度明显提升，优势产业集群和骨干企业集团规模明显壮大、产业链条明显延伸，区域特色产业和名牌产品明显增多，形成具有区县特色、城乡一体化发展的产业格局。

一、东丽区

东丽区工业拥有装备制造、汽车配件、电子信息、生物医药、新能源新材料、节能环保产品和航天航空 7 大优势产业，共有企业 1100 家，年实现产值 440 亿元 。其中装备机械制造业有企业 800 家，年产值 248 亿元，主要产品包括风力发电、核电、水电、工程机械、高档数控机床、变电设备等，主要生产企业有赛瑞机器、凯达重型水电设备、君晟机电、精诚机床等。汽车零部件业有企业 113 家，年产值 97 亿元，主要产品为丰田配套生产汽车刹车制动软管、汽车等速万向结、刹车盘、曲轴等汽车零部件。龙头企业有丰津汽车传动、丰田合成、电装电机、三五汽车等。电子信息业有企业 186 家，年工业产值 54.6 亿元。生物医药企业有 18 家，年产值 31 亿元，主要生产企业有中美史克、瑞普制药、北英伟生物技术饲料、嘉瑞兴业生物科技、数零生物工程、圣惠生物科技、博众康泰生物科技等。

二、西青区

西青区形成以汽车及零部件、电子信息、生物医药为主导产业。重点改造提升了金属制品、黑色金属压延、化工等传统高能耗产业。 电子、汽车行业继续保持龙头产业地位。2010 年共有电子信息产业企业 67 家，年工业产值 187.95 亿元；汽车及零部件产业企业 82 家，年工业产值 207.31 亿元；医药制造业企业 19 家，年工业产值 26.91 亿元；机械设备制造业企业 120 家，年工业产值 142.36 亿元；金属制品业企业 46 个，年工业产值 132.34 亿元；黑色金属压延业企业 36 家，年工业产值 125.09 亿元；化工业企业 44 家，年工业产值 77.6 亿元。

三、津南区

津南区已形成黑色金属冶炼及压延业、金属制品业、通用设备制造业、通信设备电子设备制造业、化学原料及化学制品制造业、电器机械及器材制造业等6大支柱产业,实现产值占全区规模工业产值的76.42%。

四、北辰区

北辰区形成以南车轨道交通、山河智能装备、雷沃重工等企业为龙头的装备制造,以天士力集团为代表的生物医药,以皇泰新材料等为龙头的新能源新材料等三大优势产业。三大优势产业年总产值874亿元,占全区规模工业78.4%。其中装备制造企业290家,年实现工业产值802.2亿元;生物医药企业9家,年实现工业产值29.1亿元;新能源新材料企业19家,年实现工业产值52.7亿元。

五、武清区

武清区经过多年发展,已经形成食品饮料、服装纺织、纸制品、医药、地毯、化工、建材、电子信息、电线电缆及配电、自行车及零部件、汽车零部件、金属制品、机械设备等13个重点行业。这13个行业共有企业390家,年实现产值953亿元。

全区食品饮料行业有企业26家,年产值53亿元;服装纺织行业有企业15家,年产值130亿元;纸制品行业有企业23家,年产值18亿元;医药行业有企业7家,年产值235亿元,重点企业有天狮生物、红日药业等;地毯行业有企业32家,地毯年产量超过1.3亿平尺,占全国总量的三分之一,实现产值32亿元,其中晴纶地毯占全国晴纶地毯出口量的90%,重点企业有天瑞地毯、藏原地毯等;化工行业有企业30家,年产值26亿元,重点企业有立邦涂料、英力科技等;建材行业有企业20家,年产值41亿元;电子信息行业有企业15家,年产值23亿元,重点企业有万科电子、光宝电子等;电线电缆及配电行业有企业11家,年产值9亿元;自行车及零部件行业有企业30家,年产值33亿元 ,年产量1000万辆以上,占天津市场的三分之一,重点企业有金轮集团、金轮信德等;汽车零部件行业有企业36家,年产值90亿元;金属制品行业有企业55家,年产值117亿元;机械设备行业有企业25家,年产值38亿元。

六、宝坻区

宝坻区重点产业为机械制造、金属制品、服装制做、文化体育工艺美术制品、食品制造、家具制造、橡胶和塑料、皮革和制鞋。

围绕新兴产业定位,打造4个优势产业链条:一是机械装备产业链,重点企业有天津拖拉机制造有限公司、天津勇猛机械有限公司、天津京龙特种机械有限公司;二是节能环保产业链,重点企业有天津太阳花暖通设备有限公司、天津宝鼎环境科技有限公司、九能京通(天津)新能源科技有限公司；三是塑料产业链，重点企业有天津实德新型建材科技有限公司、天津华今塑业有限公司、天津市旭辉恒远塑料包装有限公司；四是新能源产业链，重点企业有天津市贝特瑞新能源材料有限责任公司、天津东皋膜技术有限公司、中瑞森（天津）新能源科技有限公司。

七、宁河县

宁河县形成金属制品、食品加工、机械制造、新型材料、高档包装纸五大主导行业。有企业117家，年工业产值197.33亿元。

金属制品业有企业30家，年工业产值98.79亿元，骨干企业有天钢联合、达亿钢铁公司、乾坤钢铁公司等。机械制造业有企业40家，年工业产值32.62亿元，骨干企业有荣亨集团公司、宝溢工业制品公司、天津昌昊实业有限公司等，主要产品有石油机械铸件、制冷压缩机铸件、火车机械铸件及燃气灶具等。食品行业有企业16家，年工业产值14.83亿元，骨干企业有泰达酒业有限公司、北京红星股份有限公司宁河分公司、义聚永酒业酿造公司、津沽米业公司等，主要产品有小站米、奶制品、酒和酒精、酱菜制品等。新型材料有企业21家，年工业产值29亿元，骨干企业有天宁树脂有限公司、天骄固化材料有限公司等，主要产品油墨树脂和助剂、系列高密度聚乙烯外护管和直埋式保温管等。高档包装纸及制品有企业10家，年工业产值22.09亿元，骨干企业是玖龙纸业公司。

八、静海县

静海县形成优质钢材、装备制造、轻工、再生资源和以现代医药和生物技术为代表的高新技术五大支柱产业。2010年实现产值1170亿元，占该县全部工业总产值90%以上。其中优质钢材完成工业总产值756亿元，装备制造完成工业总产值190亿元，轻工完成工业总产值150亿元，再生资源完成工业总产值63亿元，现代医药及生物技术产业完成工业总产值12.5亿元。初步形成以大邱庄为代表的优质钢材及金属制品生产基地，以县经济开发区为代表的装备制造生产基地和以生物医药为主的高新技术产业基地，以天津子牙循环经济产业区为代表的再生资源综合利用及深加工基地。行业龙头企业有友发钢管集团股份有限公司，天海同步科技股份有限公司，捷安特（天津）有限公司，TCL奥博（天津）环保发展有限公司，天津赛德生物制药有限公司等。

九、蓟县

蓟县拥有新能源新材料、机械制造、绿色食品和生物制药三大主导行业及服装纺织、建材和纸制品包装等支柱产业。新能源新材料、机械制造、绿色食品和生物制药三大主导行业累计完成产值 36.68 亿元，占规模以上工业产值比重为 41.54%。新能源新材料完成产值 8.54 亿元、机械制造完成产值 16.29 亿元，绿色食品和生物制药完成产值 11.85 亿元。

第五节 乡镇企业主要产品

在乡镇企业发展初期，乡镇企业产品大多是农副产品、初加工工业产品、劳动密集型产品和为大工业配套产品等，有些产品在全市占有较高比例。随着乡镇企业的发展，乡镇企业开始生产具有较高技术含量的产品，并与大专院校、科研单位合作，承接和开发了一批新产品，还生产出一批优质名牌产品，创出一批中国驰名商标和天津市著名商标。

一、乡镇企业生产的主要产品及产量

乡镇企业生产的产品涉及到 30 多个工业行业。

1998 年天津市乡镇企业管理局对乡镇企业生产的 66 个主要产品产量及在全市的比重进行了统计，其中 50 种产品产量占到全市产量的 50%以上，19 种产品占到全市产量的 90%以上，7 种产品占全市产量的 100%。

占全市产量 100%的 7 种产品和年产量是：速冻蔬菜 260 吨，竹藤棕草制品 2047 万元，摩托车轮胎外胎 50 万条，摩托车轮胎内胎 42 万条，水磨石板材 28.3 万平方米，锅炉辅机 2114 吨，农用机动三轮车 280 辆。

占全市产量 90%以上的产品和年产量及占全市比重：力车胎内胎 1348 万条，占 99.48%；布鞋 3547 万双，占 99.16%；罐头 1.27 万吨，占 97.94%；橡胶胶管 4570 万标米，占 97.94%；工业锅炉 4420 台，占 96.57%；合成复合肥料 15.85 万吨，占 94.78%；砖 49.5 亿块，占 94.24%；兽用制剂药品 868 万元，占 94.2%；胶鞋 4558 万双，占 92.89%；力车胎外胎 4696 万条，占 91.31%；中成药 4801 吨，占 90.7%。

占全市产量 50%以上的产品和年产量及占全市比重：毛纱 1800 吨，占 89.69%；毛巾 2869 万条，占 89.43%；酱腌菜 11.14 万吨，占 87.46；布 2.73 亿米，占 82.01%；丝织品 2392 万米，占 68.23%；服装 1.86 亿件，占 78.91%；皮鞋 1029 万双，占 72.77%；家具 74.34 万件，占 54.12%；机制纸及纸板 23.16 万吨，占 68.85%；纸制品 7.27 万吨，占 56.06%；地毯 954 万平方米，占 86.07%；油漆 9.03 万吨，占 80.01%；染料 4.62 万吨，占 88.83%；粘合剂 1.33 万吨，占 80.41%；化学原料药 3309 吨，占 65.33%；瓦 5234 万片，占 55.05%；日用陶瓷 364 万件，占 75.52%；成品钢材 253.5 万吨，占 88.32%；铝合金 3034 吨，占 89.34%；铜加工材 2.37 万吨，占 72.87%；铜盘条 9.89 万吨，占 77.13%；工业泵 1.86 万台，占 61.38%；农业水泵 1.34 万台，占 71.99%；风机 1.04

万台，占 65.31%；阀门 6.07 万吨，占 86.3%；标准紧固件 1.84 万吨，占 85.74%；摩托车 47.11 万辆，占 74.34%；自行车 192.7 万辆，占 62.04%；变压器 152.7 万千伏安，占 70.85%；电力电缆 1.38 万公里，占 50.69%；瓦楞纸箱 8.57 万吨，占 74.26%。

2003 年，天津市乡镇企业办公室对乡镇企业纳入统计范围的产品产量进行统计。乡镇企业生产的产品在技术含量上有了一定的提高。乡镇企业汽车配件的产量大幅提高，全市 75 家乡镇企业完成产值 29.8 亿元；乡镇企业还生产改装汽车 124 辆。27 家自行车生产企业自行车产量达 854.4 万辆，比 1998 年增长了 3.43 倍。6 家摩托车生产企业生产摩托车 33.67 万辆。钢材产量达 523.54 万吨，比 1998 年翻了一番，生产企业有 88 家。乡镇企业已经能够生产热轧薄板、冷轧薄板、中厚宽钢带、热轧薄宽钢带、热轧窄宽钢带、冷轧窄宽钢带、镀锌板、涂层板、无缝钢管等 20 多个品种。7 家生产中成药的乡镇企业生产各种中成药 4593 吨。239 家服装企业生产各种服装 2.04 亿件。70 家生产工艺美术品的企业产值达到 11.98 亿元，其中 54 家地毯生产企业产值达到 9.26 亿元。乡镇企业生产的其他产品还有：食用植物油 5.94 万吨、鲜冻畜肉 9.77 万吨、配混合饲料 4.83 万吨、乳制品 5.74 万吨、饮料酒 7.76 万吨、软饮料 25.56 万吨、液体乳 5.58 万吨、化学纤维 3.99 万吨、布 4277 万米、印染布 1.72 亿米、缝制帽 102 万顶、布鞋 492 万双、皮鞋 2321 万双、毛皮服装 2.95 万件、家具 540 万件、机制纸板 13.41 万吨、纸制品 22.72 万吨、手风琴 2 万台、西乐器 1.22 亿元、轮胎外胎 218 万条、力车胎外胎 5828 万条、胶鞋 2412 万双、塑料制品 6.53 万吨、水泥 67 万吨、砖 30.26 亿块、日用玻璃制品 1.17 万吨、日用陶瓷 527 万件、铜材 10.6 万吨、铝材 3.65 万吨、金属结构制品 5.4 万吨、钢钉钢丝钢丝绳 16.1 万吨、建筑用金属品 8.76 万吨、日用不锈钢制品 1.08 万吨、燃气用具 6.14 万台、焊条 31.36 万吨、泵 1.88 万台、轴承 51 万套、阀门 3.12 万吨、铸锻件 15.37 万吨、中小农具 176 万台件、大气污染防治设备 1398 台套、微电机 284 万台、电力电缆 6.63 万千米、通讯电缆 14.73 万千米、裸铜线 1.4 万吨、电淋浴器 3.91 万台、电子元件 35.73 亿只、仪表元件 1712 万件。

二、乡镇企业的优质产品

乡镇企业大规模的产品创优活动始于 1986 年。“七五”期间，全市乡镇企业共创部级优质产品 63 个，天津市级优质产品 273 个，乡镇企业局级优质产品 593 个。南郊区通风除尘设备厂生产的 XZD/GⅡ旋风除尘器和北郊区双街钢管厂生产的 HE 热镀锌钢管分别于 1989、1990 年获得国家优质产品银质奖。武清县长城罐头厂生产的“长城”牌芦笋罐头获 1990 年巴黎国际食品博览会金奖。

1990 年，市政府召开乡镇企业技术进步工作会议，提出创出更多的名牌优质产品。1991 年 3 月，天津市乡镇企业局为鼓励乡镇企业不断提高产品质量，生产出更多的适应市场需要、在国内市场有竞争力的优质产品，制定并下发《天津市乡镇企业产品创优管理办法》，规定优质产品的评选范围，申报程序和评审、管理办法。1991 年 10 月，农业部公布 1991 年度农业部优质产品名单，天津市乡镇企业系统有 23 项产品获得农业部优质产品称号。这 23 项产品和生产厂家是：天津中环电器厂“中试牌”空气等离子切割机、天津市中津制药分厂“中津牌”盐酸硫胺、天津市津军制桶厂 200 升闭口钢桶、天津市艺华联合工艺品厂“华日牌”草帽、天津市曙光畜牧机械厂“三益牌”镀塑蛋鸡笼、天津市联海皮革工业有限公司“海花牌”铬鞣黄牛软正鞋面革、天津市津港五金电器总厂“港明”牌单项水泵电动机、天津大邱庄固体铅酸蓄电池厂“津邱”牌起动用铅酸蓄电池、天津市大华胶鞋厂“天宝牌” 彩色全胶鞋、天津市京津福利农药厂“京津”牌氧化乐果乳油、天津市大邱庄制管总厂“健”牌机械结构用碳钢电焊钢管、天津市光华造纸厂“登峰”牌普通瓦楞原纸 、天津市双花皮鞋厂“津丹花”牌胶粘牛面男鞋和女鞋、天津市大港津港皮鞋厂“美惠”牌胶粘牛面男鞋、天津津南双桥制鞋厂“托特”牌胶粘牛面男鞋、天津市津大制鞋厂“津大”牌胶粘牛面男鞋、天津津武鞋业有限公司“武波”牌缝制劳保牛面男鞋、天津市富康食品厂“兰天”牌牛肉油炸方便面、天津荔娃服装厂“荔娃”牌全毛男西服、天津市西装厂“长城”牌全毛男西服、天津市西装厂“长城”牌全毛男西裤、天津三丰服装厂“大力神”牌全毛男西服、天津市津宝凯兴服装厂“皓轮”牌全毛男女西裤。

1992 年后，由于国家政策调整，不再评选各级优质产品。

三、乡镇企业的名牌产品

（一）天津市乡镇企业名牌产品

1995 年，天津市乡镇企业管理局印发《天津市乡镇企业名牌产品实施办法》，决定在全市乡镇企业系统实施“名牌战略”，开展乡镇企业名牌产品评选活动。经过企业申报、区县推荐，1996 年 5 月经天津市乡镇企业管理局审核批准，天津市大站集团公司生产的“力”牌阀门、东花园仪表厂生产的“东仪牌”气体减压器、环球旅游集团公司生产的“环球”牌旅游帐篷等 61 个产品被评为首批天津市乡镇企业名牌产品。

（二）乡镇企业争创天津市名牌产品

1995 年，天津市开始实施天津市名牌产品的评选认定工作。天津名牌产品是指实物质量达到国内同类产品先进水平，经济效益指标在国内同类产品中名列前茅，市场占有率高、知名度高、用户满意程度高，具有较强市场竞争力的产品。天津名牌产品应具备以下条件：产品质量好。产品技术性能指标、可靠性、安全性、外观造型等在国内同行业中名列前茅，通过 IS09001：2000 标准质量管理体系认证，售后服务好，用户满意度高，市场占有率高。产品国内市场占有率在同行业中名列前茅，具有一定的经济规模（包括出口创汇）；生产资料产品年销售额在 1 亿元以上，生活资料产品年销售额在5000万元以上，产品尽产尽销。产品知名度高。全国市场覆盖面大；商标为正式注册的国内商标。经济效益好。利税额高，生产资料利税合计在1000万元以上，生活资料利税合计在500万元以上。

名牌产品由企业自愿申报，经主管部门审核后报市实施名牌拳头产品战略领导小组审定，市政府批准，向社会公布。以天津市人民政府的名义授予“天津名牌产品”称号，并颁发天津名牌产品证书及奖牌。天津名牌产品证书的有效期为三年。

1.1996年，天津市乡镇企业系统有10个产品被评为天津市名牌产品。这些产品是：西青区中津制药厂“金世牌”维生素B1，津南区大站阀门厂“力”牌阀门，津南区东花园仪表厂“东仪牌”气体减压器，北辰区万达摩托车胎厂“万程”牌自行车胎，北辰区德塔控制有限公司“节仪”牌特种线缆，武清县飞鹰集团公司“豪爽”牌无酒精饮料，武清县食友食品有限公司“乐美思”牌速冻食品，武清县津武鞋业有限公司“武波”牌机制线缝鞋，宝坻县大华科工贸有限公司“天宝”牌全胶雨鞋，静海县津海钢管公司“津登”牌螺旋焊管。

2.1997年，天津市乡镇企业系统有12个产品获市级名牌产品称号。这些产品是：红联橡胶制品厂“天征”牌雨裤，三环染料化学总厂“飞船” 牌染料，大维制衣有限公司“大维”牌西服、时装，宝成集团有限公司“宝成”牌锅炉，亚华地毯实业公司“帆琦”牌地毯，富强纺织总厂“津清花”牌全棉府绸，天马铝制品厂“达龙”牌厨具铝品，兽药二厂“牧歌”牌氯化胆碱，复兴福利化工厂“晨洁”牌氯化苄，津宝乐器厂“津宝”牌乐器，尧舜变压器总厂“繁星”牌电力变压器，津海新型蓄电池厂“彩虹”铅酸蓄电池。

3.1998年，天津市乡镇企业系统有8个产品获市级名牌产品称号。这些产品是：东丽区有容通讯线缆有限公司“乃大”牌程控交换机电缆，西青区宏发集团“凤羽”牌硫化黑，西青区亚美保健饮料有限公司“天外天”碳酸饮料，津南区甘泉电泵总公司“甘泉”牌潜水电泵，北辰区双街钢管集团“天双”牌钢管，北辰区斯必得服装公司“斯必得”牌服装，宝坻县环球集团“环球”牌帐篷，静海县友惠电线电缆有限公司“天讯”牌电线电缆。

4.1999年，市乡镇企业系统9个产品被认定为市级名牌产品。这些产品是：东丽区有容通讯线缆有限公司“乃大”牌程控交换机电缆，东丽区富士达集团“邦德·富士达”摩托车和自行车，津南区大滩锅炉集团有限公司“凤鸣”牌锅炉，西青区大桥集团“大桥”牌电焊条，西青区鑫得利化工总厂“鑫得”牌三聚氯氰，西青区梦得舒羊绒衫公司“梦得舒”牌羊绒衫，北辰区三源电力成套设备公司“YBM(B)图形”配电柜，北辰区长捷化工总厂“天环”牌糖精钠，武清县京津农药厂“京津”牌氧化乐果乳油。

5.2000年，市乡镇企业系统11个产品被认定为市级名牌产品。这些产品是：西青区三环金属制品厂“三环”牌钢丝绳、镀锌钢绞线，津南区太平洋制药有限公司“天北”牌阿莫西林胶囊，北辰区塑力电缆厂“迅捷”牌电力电缆，北辰区金锚有限责任公司“津贸”牌挤压枪，静海县亚洲锥形钢管有限公司“塔姿”牌锥形管，静海县峰利电梯轨有限公司“恒远”牌电梯导轨，武清县雍阳减水剂厂“巨龙”牌减水剂，宝坻县天福木制品有限公司“天福” 牌实木家具，蓟县燕南福利股份合作公司“燕南福”牌瓦楞纸箱，津南区港田发动机有限公司“港田”牌两轮摩托车，宁河县荣亨精铸集团有限公司“新潮”牌注水泵。

6.2002 年，市乡镇企业系统 31 个产品获天津名牌产品称号。这些产品是：天津市梦得舒羊绒制品有限公司“梦得舒”牌羊绒衫，天津市益中汽车安全带厂“益中”汽车安全带，天津豹鸣股份有限公司“豹鸣”低碱 U 型混凝土膨胀剂，天津市天尊酒业有限责任公司“芦台”牌白酒，天津挂月集团有限公司“挂月”牌白酒，天津富士达自行车有限责任公司“邦德 富士达” 牌自行车，天津市大站阀门总厂“力”牌阀门，天津市东花园仪表有限责任公司“东仪”YQY、YQE 气体减压器，天津大滩锅炉集团有限公司“凤鸣”牌锅炉，天津中津药业股份有限公司“金世”盐酸硫胺（VB1），天津大桥集团有限公司“大桥”牌电焊条，天津市鑫得利化学总厂“鑫得”牌三聚氯氰，天津市万达轮胎集团有限公司“万程、万达” 牌力车轮胎及内胎，天津德塔科技集团有限公司“德塔、节仪”特种线缆，天津长捷科技集团有限公司“天环”牌糖精钠，天津市津海钢管有限公司“津登”牌螺旋焊管，天津食友食品有限公司“乐美思”牌速冻食品，天津腾达集团有限公司“武波”牌皮鞋，天津京津农药厂“京津”40%氧乐界果乳油，天津大华科工贸鞋业集团有限公司“天宝”全胶雨鞋，天津天士力制药股份有限公司“天士力”养血清脑颗粒，天津市应氏服饰有限公司“应大”皮装，天津市东方暖通设备股份合作公司“天东”环保设备，天津市依依卫生用品厂“依依”纸制卫生用品，天津市津西北方化工厂“津兰”染料及染料中间体，天津科林自行车有限公司“赛克”自行车，天津市天海汽车同步器厂“天鸿”汽车同步器，天津长城输变电成套设备公司“安运”箱式变电站，天津双街钢管有限公司“双街”高频直缝焊接钢管，天津市绞股兰酒业有限公司“宴宾”绞股兰保健白酒，天津市大港永兴福利造纸厂“劲牛”箱板纸。

7.2005 年，市乡镇企业系统 19 个产品获天津名牌产品称号。这 19 个产品是：东方环境工程有限责任公司“天东”污水及烟气处理设备，依依卫生用品厂“依依”纸制卫生用品，科林自行车有限公司“赛克”牌自行车，天海同步器有限公司“天鸿”汽车同步器，双街钢管有限公司“双街”热镀镜高频直缝焊接钢管和“双街”高频直缝焊接钢管，大港永兴福利造纸厂“劲牛”箱板纸，富士达自行车有限公司“邦德·富士达”自行车，大站阀门总厂“力字牌”阀门，大滩锅炉集团有限公司“凤鸣”锅炉及附属设备，中津药业股份有限公司“金世”维生素 B1，大桥焊材集团有限公司“大桥”电焊条、焊丝，梦得舒羊绒制品有限公司“梦得舒”羊绒衫，万达轮胎集团有限公司“万程、万达”力车轮胎及内胎，德塔科技集团有限公司“德塔、节仪”特种线缆，京津农药厂“京津”40%氧乐果乳油，百奥生物制品有限责任公司“图形”杆菌肽锌，津津药业有限公司”国塔”螺内酯，中天化肥有限公司"中津"复混(合)肥料，渤海阀门制造有限公司"BH"低压阀门。

8.2007年，区县工业系统20个产品获天津名牌产品称号。这些产品是：天津有容康蒂通讯技术有限公司生产的程控交换机用设备电缆，天津立林机械集团有限公司生产的螺杆钻具，天津太平洋制药有限公司生产的包醛氧淀粉胶囊，天津市长城化工厂生产的"兰豚"牌吐氏酸、J酸，天津斯必得服装集团有限公司"斯必得"西装、时装系列服饰，天津双街钢管有限公司生产的"天双""双街"热镀锌高频直缝焊接钢管、高频直缝焊接钢管，天津三千集团有限公司生产的箱式变电站系列产品，天津华韵乐器有限公司生产的"雅乐"手风琴，天津市春鹏预应力钢绞线有限公司生产的"春鹏"预应力混凝土用钢绞线系列产品，天津鹏翎胶管股份有限公司生产的"鹏翎"汽车编织胶管，天津市大港胶管有限公司生产的津港牌胶管，天津芦阳化肥股份有限公司生产的"芦阳"复合肥(复混肥)，天津久安集团有限公司生产的高低压成套(系列)开关柜，天津马丁康华不锈钢制品有限公司生产的"御马"散热器，天津市华源工业公司生产的"立福"一般用途镀锌低碳钢丝，天津市静海县宝来工贸有限公司生产的"BAOLAI "低压流体输送用焊接钢管，天津市建城地基基础工程有限公司生产的管桩、方桩(混凝土建筑构件)，天津天顺化工染料有限公司"TIANSHUN"纸张专用染料，天津市万达轮胎集团有限公司生产的"金万程"摩托车胎，天津市三源电力设备制造有限公司生产的YBM(B)5-12/0.4系列高、低压预装式变电站。

9.2009年，区县工业系统19个产品被认定为天津名牌产品。这些产品是：天津市友联螺旋钢管有限公司"友发"牌φ219—φ1820双面埋弧螺旋缝焊接钢管，天津环球旅游制品股份有限公司"环球"旅游帐篷，天津荣程联合钢铁集团有限公司"荣程联合"带钢，天津港鑫工业集团有限公司"港鑫"吐氏酸、J酸，天津甘泉集团有限公司"泉"井用潜水电泵，天津双街钢管有限公司"双街"ERW石油管线管，天津市梦得舒羊绒制品有限公司"梦得舒"羊绒衫，天津市依依卫生用品有限公司"依依"纸制卫生用品，天津大桥焊材集团有限公司"大桥牌"焊接材料，天津中津药业股份有限公司"金世牌"维生素B1，天津市大站阀门总厂"力字牌"阀门，天津东方环境工程有限责任公司"天东"污水及烟气处理设备，天津德芃科技集团有限公司"德塔""节仪"特种电缆，天津市津北电线电缆总厂"北达"35KV及以下电力电缆，天津市万达轮胎集团有限公司"万程""万达"力车轮胎及内胎，天津天海同步器有限公司"天鸿"汽车同步器，天津市中天化肥有限公司"中津"复混肥料，天津市大港永兴福利造纸厂"劲牛"高强瓦楞原纸，天津科林自行车有限公司"赛克"两轮自行车。

10.2010年，区县工业系统71个产品被认定为天津名牌产品。这些产品是：天津市联众钢管有限公司"TUS HFW"石油专用管，天津市鑫龙铝业有限公司"津和"电工圆铝杆，天津市兆博实业有限公司"皮特斯"热轧等边角钢，天津市宇盛钢管镀锌有限公司"津盛"镀锌钢管，天津市朋展钢管有限公司“朋展”螺旋缝埋弧焊接钢管，天津市华油钢管有限公司“YXT”螺旋缝双面埋弧焊钢管，天津市银龙预应力钢材集团有限公司“宇桥”“银龙”预应力混凝土用钢绞线，天津市安正电力高分子材料有限公司“安正”电线电缆用可交联聚乙烯，天津飞踏自行车有限公司“捷马”脚踏自行车，天津市振兴家具有限公司“珍荣”木质家具，天津市伟星新型建材有限公司“伟星图形”塑料管材、管件，天津盛象塑料管业有限公司“盛象”塑料管，天津市万博线缆有限公司“WB 图形”特种电线电缆，天津天士力制药股份有限公司“天士力”水飞蓟宾胶囊（水林佳）、“天士力”复方丹参滴丸，天津市大港汽车配件弹簧厂“天平”汽车稳定杆，天津市盛泰金属制品有限公司“盛泰”散热器，宁河县鑫盈保温材料有限公司“鑫盈”高密度聚乙烯外护管，宁河县仙达家具有限公司“SHITON”钢制文件柜，天津市宇刚保温建材有限公司“宇刚牌”聚氨酯预制直埋保温管，天津军星管业集团有限公司“军星牌”塑料管材、管件，天津市东方先科石油机械有限公司“津石牌”修井机，天津德嘉预应力钢绞线有限公司“德嘉”预应力混凝土用钢绞线，天津银河阀门有限公司“EGO”蝶阀，天津力强钢管有限公司“LQGG”石油油管、石油套管，天津大站水泥有限公司“大站”普通硅酸盐水泥 42.5、42.5R、矿渣硅酸盐水泥 32.5P.S.A，天津银山水泥有限公司“成强”普通硅酸盐 42.5 水泥，天津市立孚光电线缆开发有限公司“L·F·O·C 图形”层绞式光缆、中心束管式光缆，天津恩彼蛋白质有限公司“恩彼”血浆蛋白粉、血球蛋白粉，天津宝迪农业科技股份有限公司“宝迪”冷鲜肉，天津市华旗食品有限公司“华旗”山楂果茶，天津五一天立油漆有限公司“天恒”专用汽车磁漆，天津市晨光化工有限公司“宝晨”抗氧剂，天津市金立钢管有限公司“金立”钢管，天津市津东华明纸箱厂“华明”瓦楞纸箱，天津市精诚机床制造有限公司“图形”齿轮加工机床，天津友发钢管集团有限公司“友发”高频直缝焊管，天津市友诚镀锌钢管有限公司“友发”热镀锌钢管，天津市天立独流老醋股份有限公司“天立”独流老醋，天津市舜天输变电设备有限公司“繁星”变压器，天津勇恒实业有限公司“恒远”电梯导轨，天津市神州通钢管有限公司“津海”ERW 焊接石油套管，天津市津通电力铁塔制造有限公司“巨鼎”电力铁塔、通讯铁塔，天津市达盛钢管有限公司“达盛”螺旋焊管，天津塑力线缆集团有限公司“讯捷”35KV 及以下电力电缆，天津市金锚集团有限责任公司“金锚”梯具、“津贸”挤胶枪，天津市意利达家具有限公司“意利达”实木家具，天津普兰娜天然植物化妆品集团有限公司“普兰娜”化妆品，天津市银龙预应力钢材集团有限公司“宇桥”预应力混凝土用钢丝（光圆）、预应力混凝土用螺旋肋钢丝，天津小护士实业发展股份有限公司“小护士”卫生巾、卫生护垫，天津永久焊接材料有限公司“RED TRIANGLE”电焊条，天津市飞龙制管有限公司“牛头牌”低压流体输送用焊接钢管，天津市万佳建筑装饰安装工程有限公司“晟万佳”塑钢门窗，天津荣亨集团股份有限公司“新潮”注水泵，天津市雍阳减水剂厂“巨龙”高效减水剂，天津宝成机械集团有限公司“宝成”锅炉及附属设备，天津渔阳酒业有限责任公司“渔阳牌”白酒，天津市燕南包装股份合作公司”燕南福”瓦楞纸箱，天津市三环化学有限公司“飞船”染料及中间体，天津市红联橡胶制品有限公司“天征”下水裤及橡胶制品，天津市利达钢管有限公司“利达”焊管、镀锌管、钢塑复合管，天津市全友钢丝绳有限公司“三环”包钢丝绳、镀锌钢绞线，天津太平洋制药有限公司“图形析清”醛氧淀粉胶囊，天津万华股份有限公司“天华”双向拉伸聚酯薄膜，天津市鑫阔化工厂“鑫阔”2—萘酚，天津市津宝乐器有限公司“津宝”爵士鼓、号，天津市宝坻区恒瑞制衣有限公司“马伦士”男士西服，天津春发食品配料有限公司“春发”咸味食品香精，天津世纪圣发集团有限公司“天塔”蜡烛，和泰天津投资集团有限公司“和泰”皮装。

（三）天津市乡镇企业4个产品获中国名牌产品称号

2001年国家质量监督检验检疫总局制定并发布《中国名牌产品管理办法》，2001~2007年，开展中国名牌产品的评选和认定，并在2004年、2006年、2007年公布中国名牌产品名单。中国名牌产品是指实物质量达到国际同类产品先进水平、在国内同类产品中处于领先地位、市场占有率和知名度居行业前列、用户满意程度高、具有较强市场竞争力的产品。2008年随着国家质检总局职能调整，不再直接开展与企业和产品有关的名牌评选活动。中国名牌产品的评选和认定工作不再进行。

2004年、2006年、2007年，天津乡镇企业系统先后有4个产品获得中国名牌产品称号。这4个产品和生产企业是：

2004年天津塑力线缆集团有限公司“讯捷”交联聚乙烯电力电缆获得中国名牌产品称号。

2006年天津富士达自行车有限公司“邦德·富士达”两轮自行车获得中国名牌产品称号。

2006年天津天立独流老醋股份有限公司“天立”独流老醋获得中国名牌产品称号。

2007年天津市应氏服饰有限公司“应大”皮衣获得中国名牌产品称号。

四、天津市区县工业被认定的驰名和著名商标

（一）天津市区县工业21件商标被认定为中国驰名商标

中国驰名商标是指经国家工商总局商标局、商标评审委员会依照法律程序认定为“驰名商标”的商标。驰名商标为相关公众广为知晓并享有较高声誉。1996年8月，国家工商行政管理总局颁布《驰名商标认定和管理暂行规定》开始中国驰名商标的认定工作。经过几年的运行，2003年国家工商行政管理总局发布《驰名商标认定和保护规定》，对驰名商标的认定和保护做了明确的规定。

天津市从1997年开始驰名商标的申报工作。到2010年，国家工商行政管理总局共认定天津市56件商标为中国驰名商标，其中天津市区县工业有21件商标榜上有名，占37.5%。

表 10-2-5-155 天津市区县工业产品被认定的中国驰名商标名录

序号	商标	认定商品(服务)名称	认定时间	企业名称
1	大桥	金属焊条、自动焊丝	2002	天津大桥焊材集团有限公司
2	力字	阀门	2004	天津市大站阀门总厂
3	应大	皮衣	2004	天津应大皮革时装有限公司
4	天士力	中药成药、人用药	2005	天津天士力制药股份有限公司
5	邦德·富士达	摩托车、自行车	2005	天津富士达集团有限公司
6	天立	醋、酱油	2007	天津市天立独流老醋股份有限公司
7	友发	钢管	2008	天津友发钢管集团有限公司
8	讯捷	电线、电缆	2008	天津塑力线缆集团有限公司
9	津宝及图	军鼓、爵士鼓、萨克斯	2008	天津市津宝乐器有限公司
10	赛克	自行车	2009	天津科林自行车有限公司
11	巨龙	混凝土减水剂	2009	天津市雍阳减水剂厂
12	北达 BEI DA	电线、电缆	2009	天津市津北电线电缆总厂
13	及图	非金属梯子	2009	天津市金锚集团有限责任公司
14	金锚及图	模切机、烫金机、糊盒机	2009	天津长荣印刷设备股份有限公司
15	有恒及图	钢管	2009	天津市利达钢管有限公司
16	利达	钢丝	2009	天津市银龙预应力钢材集团有限公司
17	宇桥及图	非金属引水管道、建筑用塑料管	2009	天津市军星管材制造有限公司
18	军星 JUN XING 及图	石油开采、石油精炼工业用机器设备等	2009	天津立林机械集团有限公司
19	LiLin 及图	暖气片	2010	天津马丁康华不锈钢制品有限公司
20	御马	帐篷	2010	天津环球旅游制品股份有限公司
21	HUANQIU 及图 恒旭及图	钢板、金属片和金属板	2010	天津市恒兴钢业有限公司

(二)区县工业 200 个产品商标被认定为天津市著名商标

1999 年,为提高天津市商标知名度和市场竞争能力,保护著名商标注册人和消费者的合法权益,推动本市企业积极创立驰名商标,实施名牌战略,促进经济发展,天津市开始天津市著名商标的认定工作。天津市著名商标有效期为 3 年,有效期满需要延续认定,每次延续的有效期为 3 年。

天津市乡镇企业系统积极组织乡镇企业申报天津市著名商标,先后有一批企业商标被认定为天津市著名商标。截至 2010 年,天津市区县工业系统共有 200 个产品商标被认定为天津市著名商标。

表 10-2-5-156　天津市区县工业产品获天津市著名商标名录

	商标	认定商品(服务)名称	企业名称
1	豹鸣	混凝土膨胀剂	天津豹鸣股份有限公司
2	豹鸣	染料	天津市宏发化工集团有限公司
3	凤羽	油漆、涂料	天津市新丽华色材有限责任公司
4	兰星	油漆	天津市大邱庄津姿涂料有限公司
5	津姿	中药成药、人用药	天津天士力制药股份有限公司
6	天士力	金属焊条、自动焊丝	天津大桥焊材集团有限公司
7	力字	阀门	天津市大站阀门总厂
8	建桥	电焊条	天津市静海电焊条厂
9	HE	玛钢管子零件	天津市通宝管件公司
10	宝成	锅炉、水暖设备	天津宝成机械集团有限公司
11	津宝	军鼓、爵士鼓、萨克斯	天津市津宝乐器有限公司
12	金驼	餐巾纸、面巾纸、手帕纸、卫生纸	天津金驼集团有限公司
13	鹏翎	输油、输水、暖风、水箱胶管	天津鹏翎胶管股份有限公司
14	大维	服装	天津大维集团有限公司
15	和泰	皮衣(服装)	和泰(天津)投资集团有限公司
16	天立	醋、酱油	天津市天立独流老醋股份有限公司
17	冠芳	无酒精饮料	天津冠芳可乐饮料有限公司
18	华旗	果茶、汽水、果汁	天津市华旗食品有限公司
19	天尊	白酒	天津市宁河县酒厂
20	渔阳	白酒	天津渔阳酒业有限责任公司
21	金世	维生素 B1	天津中津药业股份有限公司
22	牧歌	兽药	天津市兽药二厂
23	天双	钢管	天津双街钢管有限公司
24	甘泉	潜水三相异步电动机	天津市甘泉集团有限公司
25	津贸	挤胶枪	天津市金锚集团有限责任公司
26	天讯	电线、电缆	天津友惠电线电缆有限公司
27	三林	电热淋浴器	天津三林电器有限公司
28	邦德·富士达	摩托车、自行车	天津富士达集团有限公司
29	万程	内外胎	天津市万达摩托车胎厂
30	玉猫	铝锅、铝盒、铝壶、铝饭盒	天津市友联铝品有限公司
31	HUAN QIU	旅游帐蓬	天津市环球企业集团公司
32	梦思得露	奶及乳制品	天津光明梦得乳品饮料有限公司
33	大海	肠子	天津市大海肉类制品有限公司
34	朝阳	面包、糕点	天津朝阳食品西青有限公司
35	大亨	果茶	天津大亨投资发展有限公司

	商标	认定商品(服务)名称	企业名称
36	盘山	啤酒	天津盘山啤酒厂
37	津鸥	化肥	天津市津南化肥实验有限公司
38	福升	肥料	天津市北辰区福升化工厂
39	巨龙	混凝土减水剂	天津市雍阳减水剂厂
40	芦阳	肥料、化肥	天津芦阳化肥股份有限公司
41	天塔	蜡烛	天津市圣发烛业有限公司
42	依依	卫生巾	天津市依依卫生用品有限公司
43	龙甲	金属门、金属窗	天津市龙甲门业有限公司
44	邱钢	普通碳素钢薄板	天津市大邱庄薄板有限公司
45	启明	石油开采、钻探装置	天津立林石油机械有限公司
46	WEI	千斤顶	天津市威力工程千斤顶有限公司
47	讯捷	电线、电缆	天津塑力线缆集团有限公司
48	德塔	电线、电缆	天津德塔科技集团有限公司
49	益中	汽车安全带	天津市益中汽车安全带厂
50	赛克	自行车	天津科林自行车有限公司
51	劲牛	箱板纸、瓦楞原纸	天津市大港永兴福利造纸厂
52	大站	水泥	天津市大站水泥厂
53	应大	皮衣	天津应大皮革时装有限公司
54	山岚	羽绒服	天津市山岚制衣有限公司
55	秋菊	地毯	天津鑫海地毯有限公司
56	飘香	火腿	天津市强源食品有限公司
57	华梦	葡萄酒	天津孟庄园葡萄酒有限公司
58	宇桥	钢丝	天津市银龙预应力钢材集团有限公司
59	牛头	钢管	天津市飞龙制管有限公司
60	铭	热轧带钢	天津胜达轧钢有限公司
61	捷达	金属柜	天津市捷达铁柜有限公司
62	天鸿	同步器	天津天海同步器有限公司
63	迪克	家具	天津市迪克实业有限公司
64	斯必得	服装	天津斯必得服装集团有限公司
65	图形	服装	天津斯必得服装集团有限公司
66	顺利	猪肉、猪肉食品	天津市顺利实业发展有限公司
67	吉奥	饲料	天津市武清区吉奥饲料有限公司
68	宴宾	白酒	天津市绞股兰酒业有限公司
69	挂月	烧酒	天津挂月集团有限公司
70	TIANSHUN	染料、颜料	天津天顺化工染料有限公司

	商标	认定商品(服务)名称	企业名称
71	太平洋	包醛氧化淀粉散剂、片剂、颗粒剂、冲剂	天津太平洋制药有限公司
72	迈隆	兽药、医用饲料添加剂	天津市新星兽药厂
73	利达	钢管	天津市利达钢管厂
74	USP	钢结构建筑等	天津市万力特建筑钢品有限公司
75	双街	钢管	天津双街钢管有限公司
76	TJBC	钢箍、铁箍	天津市凯诺实业有限公司
77	友发	钢管	天津友发钢管集团有限公司
78	泉	井用潜水电泵	天津甘泉集团有限公司
79	LiLin	石油化工设备等	天津立林机械集团有限公司
80	有恒	模切机、烫金机、糊盒机	天津长荣印刷包装设备有限公司
81	北达	电线电缆	天津市津北电线电缆总厂
82	金万程	轮胎	天津市万达轮胎集团有限公司
83	中天之星	特种用车(汽车)	中天高科特种车辆有限公司
84	雅乐	风琴	天津市雅乐尔乐器有限公司
85	津港	非金属软管、橡胶条	天津市大港胶管股份有限公司
86	禹神	屋顶用沥青涂层、防水卷材	天津市禹神建筑防水材料有限公司
87	军星	非金属引水管道、建筑用塑料管	天津市军星管材制造有限公司
88	圣斯克	家具、沙发、床垫	天津市圣斯克家具有限公司
89	南洋胡氏	家具	天津市南洋胡氏家具制造有限公司
90	珍荣	家具	天津市振兴家具有限公司
91	石春	混凝土减水剂	天津市北辰区飞龙砼外加剂厂
92	亚雄	染料	天津市亚东化工染料厂
93	华苓	染料	天津市大港区天成化工厂
94	静华	水彩色、油画色、广告颜料、美术颜料	天津中瑞文教用品有限公司
95	REDTRIANGLE	金属焊条	天津永久焊接材料有限公司
96	津海	钢管	天津市神州通钢管有限公司
97	图形	高低压开关板	天津久安集团有限公司
98	SDW	洒水车、垃圾车	天津扫地王专用汽车有限公司
99	宝岛	电动自行车、自行车	天津市新宝车业有限公司
100	羚羊	电动自行车、自行车	天津市捷安达车业有限公司
101	都市风	电动自行车、自行车、三轮车	天津市明佳车业有限公司
102	静华	蜡笔、油画棒、油画笔、黑板擦	天津中瑞文教用品有限公司
103	图形	沙发	天津市日月星家具有限公司
104	春谭	羽绒服	天津市春谭制衣有限公司
105	知味斋	藕粉等	天津市联顺食品工业有限公司

	商标	认定商品(服务)名称	企业名称
106	天狮	非医用营养高钙素等	天津天狮集团有限公司天津天狮生物发展有限公司
107	南极泉	无酒精饮料	天津南极饮料有限公司
108	宝晨	抗氧剂	天津市晨光化工有限公司
109	LIDA	钢管	天津市利达钢管有限公司
110	三环	钢丝绳	天津市全友钢丝绳有限公司
111	天才	金属阀门	天津市开源第三阀门有限公司
112	三英	药芯焊丝	天津市三英焊业有限责任公司
113	立福	钢丝	天津市华源工业公司
114	健牌	自行车	达美健牌车业(天津)有限公司
115	彩文	墨水、墨汁、油画棒、蜡笔	天津市西青区东风文教用品厂
116	禹红	非金属砖瓦、防水卷材	天津市禹红建筑防水材料有限公司
117	金锚	非金属台阶(梯子)	天津市金锚集团有限责任公司
118	五鱼	渔网、渔线、绳索	天津北方渔网集团有限责任公司
119	冰曼	羽绒服	天津市耀华服装有限公司
120	TIENS	非医用营养液	天津天狮集团有限公司
121	狗牙儿	锅巴	天津市龙康食品有限责任公司
122	虎豹	酱油、醋	天津市虎豹调味品酿造有限公司
123	金乐福	肥料	天津市福升肥料有限公司
124	吉华	氮肥、农业肥料	天津吉华化工有限公司
125	东塔	油漆	天津市东塔涂料有限公司
126	春鹏	钢绞线、钢丝	天津市春鹏预应力钢绞线有限公司
127	天蝶	涡轮流量计、漩涡流量计	天津市大港仪表有限公司
128	康华御马	暖气片(采暖散热器)	天津马丁康华不锈钢制品有限公司
129	世佳	自行车	天津市捷安达车业有限公司
130	小鸟	自行车	天津泰丰小鸟电动车有限公司
131	中马	瓦楞原纸	天津万利天然纤维薄膜有限公司
132	大田	本色纯棉普梳纱	天津市汉沽工贸合营纺织厂
133	图形	香肠、猪肉食品	天津市大海实业发展有限公司
134	大海	香肠、猪肉食品	天津市大海肉类制品有限公司
135	聚牧园	汁、果汁饮料、杏仁牛奶(饮料)、杏仁乳(饮料)、花生奶(软饮料)、乳酸饮料(果制品、非奶)	天津市恒安食品有限公司
136	雍阳	白酒	天津运河酒业有限公司
137	安达	车辆修理、保养、清洁、上光、保养和修理	天津安达股份有限公司
138	裕北	油漆	天津市裕北涂料有限公司

	商标	认定商品(服务)名称	企业名称
139	天恒	油漆、涂料、清漆、油灰	天津市五一天立油漆有限公司
140	图形	电梯导轨	天津勇恒实业有限公司
141	金邦	金属建筑材料	天津金邦建材有限公司
142	EVERSEF	金属锁	永安精密工业(天津)有限公司
143	ZJ	金属建筑材料	天津市中捷彩涂板材有限公司
144	TJDT	金属桶	天津大田包装容器有限公司
145	恒旭	金属片和金属板	天津市恒兴钢业有限公司
146	新宇	金属板、钢板	天津市新宇彩板有限公司
147	津耐	开关、插头、插座、拉线、灯口	天津市津耐电器有限公司
148	纬磁	电线、电缆	天津市经纬电材有限公司
149	RANCA	厨房炉灶、煤气灶	天津迪拜工业品有限公司
150	御马	暖气片(采暖散热器)	天津马丁康华不锈钢制品有限公司
151	中舵	工程机械设备轮胎保护链	天津玖丰重工机械有限公司
152	三枪	自行车、自行车零件	天津市成威工贸有限公司
153	踏浪	机动自行车	天津市津达自行车厂
154	图形	印刷纸、纸	天津市永盛兴木业有限公司
155	盛象	塑料管	天津盛象塑料管业有限公司
156	清泉	金属家具	天津市加美金属家具有限公司
157	博科琳	塑料包装容器	天津博科林药品包装技术有限公司
158	肯布易斯	沙发、床垫、家具	天津市亚星家具有限公司
159	宇娜	牛仔裤、牛仔裙、牛仔短裤	天津振宇服装有限公司
160	康福利达	地毯	天津亨达地毯有限公司
161	图形	非医用营养液	天津天狮集团有限公司
	彩文	颜料、防挥发水彩颜料	天津天狮生物发展有限公司
162	军雍	肥料、混合肥料	天津市军雍复合肥厂
163	云海	烧碱、碱	天津市云海碳素制品有限公司
164	彩文	颜料、防挥发水彩颜料	天津市西青区东风文教用品厂
165	天福源	食用色素、染料	天津多福源实业有限公司
166	图形	润滑石墨、润滑剂、润滑脂	天津市津田新材料有限公司
167	天成	原料药	天津天成制药有限公司
168	温馨	卫生巾	利发卫生用品(天津)有限公司
169	桥	钢丝、金属绳	天津市银桥预应力有限公司
170	天北	车床、机床、铣床	天津市北闸口仪表机床厂
171	绪宝	电动门、自动旋转栅门	天津绪宝兴盛电动门有限公司
172	TJHY	汽车配件	天津市环宇橡塑制造公司

	商标	认定商品(服务)名称	企业名称
173	追风鸟	机动自行车、自行车	天津顺天电动自行车有限公司
174	科林	自行车	天津科林自行车有限公司
175	爱玛	自行车	美林娜(天津)自行车有限公司
176	森雀	中乐器:笛子、笙、箫	天津市静海县盛兴乐器厂
177	YUGANG	预制直埋保温管道	天津市宇刚保温建材有限公司
178	盼宁	非金属门	天津市天宁木器制造有限公司
179	名宝	服装	天津市晟成针织制衣有限公司
180	金士力	茶、非医用营养胶囊	天津帝士力投资控股集团有限公司
181	华明	纸张加工、纸张处理、图样印刷	天津市华明集团公司
182	伊施得	肥料	天津市福升肥料有限公司
183	雍阳	混凝土凝结剂	天津市雍阳减水剂厂
184	天成	油墨	天津市星海油墨有限公司
185	图形	化妆品、清洁制剂、香料、香皂	天津天狮集团有限公司 天津天狮生物发展有限公司
186	天士力	人用药	天津天士力制药股份有限公司
187	达盛	钢管	天津达盛钢管有限公司
188	BAOLAI	钢管	天津市静海县宝来工贸有限公司
189	岐丰	钢板	天津岐丰集团有限公司
190	津盛	金属水管、金属管	天津市宇盛钢管镀锌有限公司
191	Smartcutter	模切机(印刷工业用机械)、切纸机(印刷工业用机械)	天津长荣印刷设备股份有限公司
192	繁星	变压器	天津市舜天输变电设备有限公司
193	图形	电线电缆	天津有容蒂康通讯技术有限公司
194	双兴	自动旋转栅门	天津市双兴自动门有限公司
195	DL	水暖管件	天津大站集团有限公司
196	图形	挡风玻璃、风挡	天津三联工业技术玻璃有限责任公司
197	GW	自行车	天津市金轮信德车业有限公司
198	RUNSHENG	保温用非导热材料、橡胶或塑料制(填充或衬垫用)包装材料	天津市润生塑胶制品有限公司
199	万宝	线	天津万宝线业有限公司
200	天芙	糖果、巧克力	天津市鑫天成食品有限公司

第六节　乡镇工业区

天津市乡镇工业区的发展起步较早。1982年,南郊区小站镇就建立了镇办工业小区,集中了一批镇办企业,并建立了管理机构。1988年,市委市政府召开的全市乡镇企业工作会议即明确提出加快郊县工业小区发展,促进郊县小城镇建设。1990年后,经市政府批准,各涉农区县先后建立了面积2平方公里的区县开发小区。部分区县开始建设乡镇开发区。2002年总结了津南区发展乡镇工业开发区、促进工业集聚发展的经验,提出了"津南模式"。同时印发了《关于清理整顿各类开发区加强建设用地管理的通知》,对各类开发区、乡镇工业区进行了整顿和调整。2006年天津市开展了乡镇工业区发展情况的调研。2007年9月,市政府正式发布《关于加快我市乡镇工业区发展的意见》,提出了加快发展乡镇工业区的政策和措施,乡镇工业区的发展进入了快车道。2009年,市政府制定下发《关于整合提升发展区县示范工业园区的若干意见》,在乡镇工业区确定了31个示范工业园区,并全面启动开发建设。

一、乡镇工业区的起步

1991年,南郊区委、区政府提出在乡镇企业发展中实施"4321工程",其中的"1"就是要求各乡镇规划和建设一个工业小区。到1995年,全区10个乡镇共开发建设了13个工业小区,其中咸水沽镇3个,小站镇2个,其它8个乡镇各一个。13个小区总建筑面积达到41.1万平方米,总投资达到3.41亿元,吸引了141家企业入驻,从业人员超过2万人,年工业产值达到17亿元。其中最大的八里台镇工业小区有企业22个。有6个小区年产值超过1亿元。年产值最多的双港镇工业小区占地700亩,年产值4亿多元,从业人数3000多人。区乡镇企业主管部门把乡镇工业小区作为重点工作。全区10个乡镇制定小区发展规划,紧密结合城镇建设,将工业小区建设规划和小城镇建设规划相结合,在产业结构上发挥自身优势,做到布局合理,产业特色突出。对污染企业严格控制,并按照国家排放标准严格要求。到2002年,乡镇工业小区实现销售收入已占全区乡镇工业的70%,上缴税金已占全区财政收入的三分之一,从业人员已达3万多人。

2002年,天津市加大乡镇工业园区建设工作的推动力度,总结津南区发展乡镇工业开发区,促进工业集聚发展的做法,提出了"津南模式"。8月,市政府召开全市乡镇工业园区建设推动会,对加快乡镇工业区的建设,实现乡镇企业的集聚发展提出了具体要求。

到2002年年底,全市已建成和在建的乡镇工业园区有90个,累计入驻企业2300家,占乡镇工业企业总数的6.5%;从业人员7.9万人,占乡镇工业从业人员的8.2%;实现营业收入106亿元,占乡镇工业营业收入的7.2%。乡镇工业园区已经成为乡镇企业发展的重要载体。

2003年6月，市政府在宝坻区召开郊区工业园区建设推动会。会议提出推动天津郊区基本实现现代化，必须走好农业产业化、郊区工业化和郊区城市化，不断提高区县经济实力和农民收入水平的发展路子。要加大工作力度，尽快使园区建设上规模，实现郊县工业的连片开发和集约发展，形成新的发展优势。要创新机制体制，不断增强工业园区的活力。转变政府职能，为工业园区的发展创造良好的环境。

二、乡镇工业区的调整和整顿

2003年7~8月，国务院出台政策，清理整顿各类开发区。从2003年四季度开始，由市发改委牵头，市农委、市规划局、市土地局等有关部门参加，对全市各类开发区、乡镇工业区进行了全面的整顿和调整。对各类开发区进行“撤销、核减、整合”，压缩数量和规模。对布局不合理、功能重复、占用土地过多的市级以上开发区，进行整合。对县级以下政府批准设立的开发区一律予以撤销。在此基础上，按照“布局集中、用地集约、产业集聚”的要求，又对保留的开发区进行了土地利用总体规划和城市总体规划审核。到2004年年底，经国家发改委批准，同意天津市9个区县的11个有一定规模的乡镇工业小区升级为省市级工业园区予以保留。这11个小区是：东丽区军粮城工业园、津南区八里台工业园和鑫达工业园区、西青区中北工业园区、北辰区双口镇工业园、汉沽区茶淀镇工业园、宝坻区九园工业园区、宁河县潘庄工业园区、静海县子牙工业园区、武清区福源开发区和王古开发区。除这11个小区升格保留外，津南区北闸口电子工业园、西青区大寺工业园、宝坻区天宝工业园、武清区王庆坨镇工业区、宁河县七里海工业园、静海县天宇科技园6家乡镇工业小区被并入区县经济开发区，其余大部分摘牌。

全市保留的17个乡镇工业园区规划面积54平方公里，入区企业627家，基础设施投入累计13.5亿元；招商引资累计57.6亿元，其中外资14.7亿元；销售收入突破100亿元，利税10.3亿元。

三、《关于加快我市乡镇工业区发展的意见》

2006~2007年，市乡镇企业主管部门根据市政府的指示，组织专业人员，对全市郊区乡镇工业园区（经济功能区）的发展情况、下一步的工作重点进行一次系统的调研。在此基础上，2007年9月，市政府发布《关于加快我市乡镇工业区发展的意见》（津政发〔2007〕70号）。这个意见是落实市委市政府《关于推进城乡一体化发展战略，加快社会主义新农村建设的实施意见》中提出的“促进区县工业适当集中”的一个重大举措，体现了天津市对发展乡镇工业区，实现郊区工业集聚发展的高度重视。

(一)明确乡镇工业区的定义

70 号文件对乡镇一级的工业聚集区统一了提法,统称为乡镇工业区。即“坐落在乡镇、符合城市总体规划和土地利用规划,经区县以上人民政府批准,列入小城镇建设规划、以工业为主并有一定规模的经济聚集区”。

(二)肯定发展乡镇工业区的重要意义和作用

《意见》明确指出“加快乡镇工业区的发展是建设经济强区强县强镇的重要措施。有利于优化区县工业的布局结构,促进资金、技术、人才、管理等生产要素的有效聚集;有利于充分利用现有的土地资源,根据各区县的区域优势和工业基础条件,统筹规划,合理布局,在资源配置、地域环境上为优势产业加快发展提供可靠的保障和可持续发展的空间;有利于发挥集约优势,实现区县工业产业链上下游产品的衔接,优化产品结构,合理利用资源,形成集聚和规模效应;有利于充分利用公共设施,节约使用土地,保护环境,促进小城镇建设”。《意见》还明确提出“乡镇工业区的发展,已经成为区县经济新的增长极,成为乡镇经济的产业支撑,成为转移农村劳动力的主要渠道, 成为区县财政收入增长的主要来源, 成为推动区县工业全面上水平的重要途径。”

(三)确定乡镇工业区发展的任务和目标

要求到 2011 年,建成 30 至 50 个具有相当经济规模和良好经济效益,在区域经济发展中起到龙头和带动作用,与中心城镇城市化建设相协调的示范乡镇工业区。乡镇工业区实现的销售收入、利税占到区县工业总额的 50%以上。规模以上企业 80%进入园区。

(四)提出乡镇工业区发展的四个指导原则

一是坚持政府调控、市场化运作的原则。二是坚持抓重点的原则。各区县每年要确定 1~2 个规划起点高、发展空间大、具有较强发展潜力的乡镇工业区作为重点,集中资金进行扶持,促进其尽快形成规模。三是坚持协调性的原则。要把加速区县工业化与推进区县城市化有机结合起来,通过工业的集聚,扩大城镇规模,吸引农村人口向小城镇聚集,并带动服务业的繁荣,做到乡镇工业区建设和小城镇建设互促互动、协调发展。 四是坚持可持续发展的原则。重视环境保护和资源的集约开发,实现人口、资源、环境、经济和社会的持续协调发展。

(五)对高标准搞好乡镇工业区的规划提出要求

指出乡镇工业区的规划要委托有资质的单位进行设计,做好详细性规划和环保评估。既要有近期开发建设规划,又要有长远发展布局规划。根据经济发展的需要和供地指标的可能,做到一次规划到位、分期实施推进,并严格按规划开发建设。在规划中要因地制宜确定乡镇工业区发展特色,力争 1 个乡镇工业区有 1 个优势主导产业作支撑,有 1 个名牌产品作引导,实现乡镇工业区的持续有序发展。

（六）制定扶持乡镇工业区发展的四项政策

一是建立乡镇工业区发展专项扶持资金。2007年，市财政安排专项扶持资金5000万元。从2008年起，每年安排1亿元，用于支持乡镇工业区的发展。二是实行税收返还政策。各区县根据财力情况，对乡镇工业区发展新增加的税收，按照一定比例对乡镇返还，原则上返还比例不低于新增税收的30%。三是对乡镇工业区的行政事业性收费给予优惠。凡涉及到乡镇工业区建设中的行政事业性收费，原则上按收费标准低限或减半收取。四是稳妥解决乡镇工业区发展的建设用地。对获得国家批准的市级乡镇工业园区和列入政府年度扶持范围的乡镇工业区，在土地利用年度计划和土地审批上给予适当的倾斜。

（七）要求切实加强对乡镇工业区发展工作的领导

市政府成立推进乡镇工业区发展工作领导小组，负责乡镇工业区的认定、各项政策的制定、重大事项的协调和整体工作的推动。领导小组办事机构设在市乡镇企业办公室。市有关部门要为加快乡镇工业区的发展搞好服务。要从天津市经济发展的全局出发，切实转变职能，本着急事先办、特事特办的原则，主动为乡镇工业区建设搞好协调服务，为乡镇工业区的发展创造良好的环境。各区县切实加强对乡镇工业区的领导。区县主要领导要亲自抓，当好乡镇工业区发展的第一责任人。

四、乡镇工业区的发展进入了快车道

市政府70号文件的发布，为全市加快乡镇工业区的开发建设，推动郊区工业的集约、集聚、集中发展指明了方向，经济园区化，园区产业化，产业集群化成为郊区工业发展的新趋势，全市乡镇工业区的发展步入了快车道。到2008年年底，全市103个乡镇工业区入区企业5336家，从业人员40.23万人。2008年乡镇工业区实现销售收入1660亿元，同比增长39%，占郊区工业销售总收入的33.5%。乡镇工业区完成基础设施投入25亿元，招商引资额突破300亿元，均创历史最好水平。有20个乡镇工业区年销售收入突破20亿元，其中8个乡镇工业区年销售收入突破50亿元，3个乡镇工业区年销售收入突破100亿元。

五、区县示范工业园区

2009年5月，市政府及乡镇企业的主管部门适时提出进一步整合资源，加快区县工业园区建设的工作思路。提出要充分发挥空间与区位优势，促进人口向小城镇集中，工业向产业园区集中，农业向现代设施农业集中，加快推进示范小城镇建设、设施农业建设和乡镇工业园区建设。有重点地做优做强一批高水平的乡镇工业园。全面提升乡镇工业园的规划水平。要按照高端化、高质化、高新化的要求，加大招商引资力度，抓住大项目好项目不放手，围绕功能定位、壮大主导产业、拉长产业链，全力推进项目建设，转变发展方式，优化经济结构，提升产业水平。要根据自身优势，推进土地利用效能、提升科技创新能力、提高产业集聚度。要通过工业园区建设，千方百计增加农民就业岗位，提高农民收入，努力改善农民生产生活条件。出台《关于加快推进区县示范工业园区发展的若干意见》，提出要以小城镇建设为龙头，全面推进农村居住社区、工业园区、农业产业园区的“三区”统筹，联动发展。加快农村人口向小城镇集中、农村工业向园区集中、农业向设施农业集中的进程。要对全市区县工业园区进行资源整合，选择一批基础条件和发展前景好的工业园区，作为全市重点支持的区县示范工业园区，在政策上予以扶持，加大投入力度，促进健康发展，尽快培育成为新的经济增长点。并提出区县示范工业园区建设的目标、任务和促进发展的政策措施。

7 月 16 日，市政府以津政发〔2009〕30 号文件正式发布《关于整合提升发展区县示范工业园区的若干意见》，明确了发展目标。经市人民政府批准的示范工业园区，规划面积一般在 10 平方公里左右，起步区 3 平方公里左右。在 3~5 年内，园区销售收入和税收年均增幅要保持在 40%以上。同时，园区要在发展循环经济、节能降耗、环境保护方面发挥示范作用。

市中小企业局积极与市规划局、金融办、国土房管局和有关区县加强协调，沟通情况，确定示范工业园区初选名单，帮助和指导区县完成示范工业园区的总体规划、产业发展规划、金融平台方案等申报材料的编制报审工作。市规划局制定《天津市区县示范工业园区规划设计导则》。各区县共上报示范工业园区 36 家，8 月市政府批准建立 11 个区县 31 个区县示范工业园区。这 31 个园区是：东丽区航空产业区、华明工业区；津南区双港工业区、八里台工业区、海河工业区、小站工业区；西青区汽车工业区、高端金属制品工业区、学府工业区；北辰区风电产业园、陆路港物流装备产业园、医药医疗器械工业园；汉沽区茶淀工业区、滨海物流加工区；大港区太平工业区、中塘工业区；宝坻区节能环保工业区、低碳工业区、塑料制品工业区 、马家店工业区；武清区中华自行车王国产业园、地毯产业园、汽车零部件产业园、京滨工业园；宁河县现代产业区、潘庄工业区 ；蓟县专用汽车产业园、上仓酒业及绿色食品加工区；静海县大邱庄工业区、唐官屯加工物流区 、北环工业区。

31 个示范工业园区 2009 年 8 月份启动建设后，各区县、市有关部门精心组织，全力推动，园区建设取得阶段性成果。到 2010 年年底，31 个园区起步区完成基础设施建设投资突破 200 亿元，建成“七通一平”以上标准土地面积达 113 平方公里，大部分园区完成道路两侧绿化，绿化总面积达到 732 万平方米。31 个园区全部完成和通过规划环境评估。

31 个区县示范工业园区按照高端高质高新化产业结构的要求，明确主导产业，突出产业特色，严格按照园区产业发展规划安排引进项目，相关产业链与园区产业定位相适应，部分园区产业优势较为突出，科技型中小企业载体效应已经显现。区县示范工业园区共引进科技型中小企业700余家。园区招商引资成效显著,产业集聚化程度提高。正逐渐成为吸纳、培育科技型中小企业的承接载体和发展平台。区县经济发展的支撑作用日益显著,园区已经成为区县经济发展的新亮点和重要的产业支撑。

第三章 乡镇企业改革

适应农村经济改革和发展的需要,不断深化企业改革,是乡镇企业持续发展的重要措施。乡镇企业的改革,大致经历了实行内部承包责任制、组建企业集团和开展股份合作制试点、全面推行产权制度改革三个大的阶段。

第一节 乡镇企业内部承包责任制的实行

社队企业在发展初期,多数沿用由农村人民公社和生产大队"统收统支"的办法,企业一般不实行独立核算,企业内部的分配按农业生产的办法实行评工计分,纳入生产队进行统一分配。社队企业的生产直接或间接纳入国家计划,企业没有经营自主权。

中共十一届三中全会以后,随着农村推行农业联产承包制,社队企业开始逐步推广各种形式的经济承包责任制。主要有集体承包、厂长经理个人承包、合伙承包、个人承包等四种形式。1983年中央一号文件明确指出:社队企业要建立多种形式的生产经营责任制。推动了各种形式的经济责任制在乡镇企业的施行。1984年后,天津市在乡镇企业推行"一包三改"的做法。即承包经营责任制和改干部任命制为选聘制,改固定工为合同工,改固定工资制为浮动工资制,使乡镇企业的干部制度、用工制度、工资制度与企业经营机制改革相配套,扩大企业的经营自主权,调动广大干部职工的生产积极性。当年实行各种承包责任制的社队集体企业达到90%以上。1985年后,在乡镇集体企业中推行集体承包、厂长负责制,并延长承包期,初步理顺企业与乡村的关系。1986年后,把承包责任制重点由"外部承包"转向"内部承包",抓乡镇企业内部责任制的完善配套,明确提出要建立"五制"为主要内容的企业内部经济责任制,即企业内部的层层承包制、企业科室后勤人员的岗位责任制、供销人员的"四联"(联供、联销、联收货款、联收信息)效益提成制、企业内部流通的厂币结算制和效益工资制。"五制"的推行,完善企业内部的经营机制,打破大锅饭,调动企业职工的生产和经营积极性。1987年后,针对部分乡镇企业承包存在的企业经营者没有长远打算等问题,在乡村骨干企业中推行厂长任期目标责任制,将承包期延长为3~5年,建立包括经济指标、技术进步、人才培训、经营管理、安全生产等内容的承包指标体系。同时在部分企业推行了风险抵押承包制,对乡镇企业的发展起到了促进作用。

到1991年,全市98%的乡村集体企业实行了各种形式的经营承包责任制,其中61%的企业推行了厂长任期目标责任制,承包期3~5年;90%以上的企业实行以"五制"为内容的企业内部经济责任制。

第二节　抓好承包兑签,搞好两期承包的衔接

1990年,全市约有40%的乡镇企业承包期满,将从1991年开始实行新的一轮承包,有的区县实行新一轮承包的企业在70%以上。1990年10月,市乡镇企业局下发《关于乡镇企业下步改革和管理工作的安排意见》,对做好到期合同的兑现和搞好新一轮承包的续订提出明确要求。按照"大稳定、小调整"的原则,对全面完成承包任务的鼓励承包者继续承包;对因经营管理不善未完成任务的企业,要抓紧做好领导班子的调整,准确选择承包者。实行新一轮承包的企业,承包期限一般为3~5年。提倡在集体承包、确定承包期限的基础上,实行厂长任期目标责任制。要求科学合理核定企业承包基数,扩大和完善风险抵押承包,注重企业积累,健全职工劳动报酬的分配约束机制。对乡镇企业承包兑签工作情况进行联合检查。全市乡镇企业应兑现承包合同9591个,已兑现9484个,占98.9%;承包期满的企业9635个,已续签承包合同9522个,占99.1%。多数乡村延长了承包期。实行厂长任期目标责任制的企业6965个,占承包企业的72.3%。承包期延长到3~5年。承包内容进一步完善。合同文本不仅有产值、利润、收入、质量、消耗、技改、安全和精神文明指标,而且增加了企业积累、资金增值、内部五制、升级、管理等项指标。风险抵押承包逐步扩大,出现风险共担的新局面。实现风险抵押承包的企业7371个,抵押金总额1.22亿元。其中实行全员风险抵押的企业5762个,实行厂长风险抵押的企业1609个。企业积累进一步增加,增强了发展后劲。1990年,全市乡镇企业可分配利润5.55亿元,企业留积累2.81亿元,占50.67%。但也存在一些问题:部分企业经济效益、企业积累不实,还有5个区县的利润处于负增长状态,全市亏损的乡镇企业有600多个,亏损额1951万元;厂长薪酬、职工分配仍然存在平均主义;村办企业管理薄弱;企业的经济负担过重。

第三节　承包经营责任制的新探索

1992年年初,在乡镇企业改革中,部分区县对不断深化和完善企业承包经营责任制,进行

积极的探索。在认真总结实行承包责任制经验的同时,借鉴外地经验,试行以提高经济效益为中心,以企业资产有偿使用、联系效益分配为手段的资产承包制,并实行多种责任制的综合配套运用,引导企业走提高效益,增加积累,加大投入,快速发展的路子。

1992年上半年,蓟县县委农工部和蓟县乡镇企业经委在该县东施古乡的6个乡办企业中试行"生产要素承包,净利报酬联动"是依据所有权和经营权分离的理论,按照劳力创造价值和资产收益分配的原则,以生产要素作为发包的主要依据,以生产三要素(固定资产、流动资产、劳力资产)的正常产利率和增值率确定发包基数,以税后净利作为考核承包方的主要指标,把企业净利与职工、厂长的报酬挂起钩来,逐渐形成发展—提高—再发展—再提高的良性循环,达到企业提高效益、强化管理、增加积累、促进发展的目的。重点做了三个方面的工作:一是清资理财,摸清家底,并以此作为发包依据。二是因厂制宜,合理确定产值、净利、职工薪酬、厂长薪酬、上缴利润的五个方面承包指标。产值按照企业核实后的全部资产和劳力资产,参照企业前三年的实际投入和产出之比测算和确定。净利依据核实后的固定资产、流动资产、劳力资产来确定产利率,并参照前三年的平均水平和同行业的先进水平,以增值率为基础,确定净利总额。职工报酬根据企业实际完成的利润净额和企业前三年实际平均工资净利率来核算工资总额。利润多,职工就多得。对没有净利的执行计税工资标准。厂长报酬原则上纳入工资总额,保底不封顶。上缴利润按承包净利指标40%上交乡政府,60%留给企业,超承包净利全部留给企业。三是调整完善承包合同。新的合同中突出净利指标,进一步明确承包双方的责、权、利,使新老责任制平稳过渡。实行"生产要素承包,净利报酬联动"的承包经营责任制后,促进企业提高效益,强化企业内部管理,企业积累机制得到加强,增强职工的主人公意识。1992年,6个试点企业创纯利164万元,比1991年提高2.24倍;企业积累70万元,比上年翻了一番,职工报酬也有明显增加。当年企业还投入1600万元,新上项目7个,开发新产品20种。

有的区县的乡镇企业还实行"厂长(经理)承包,纯收入提成"和"现金承包,盈亏自负"两种承包办法。

实行"厂长(经理)承包,纯收入提成"经营责任制的主要内容是:厂长对企业全权承包,具有组阁权、干部职工录用辞退权、经营自主权和报酬分配权。取消厂长(经理)基本工资,按企业纯收入的一定比例和承包指标百分考核得分确定报酬,少赚少得,多赚多得,上不封顶。目的是调动较大规模企业厂长的积极性,加快乡镇企业向集团化、系列化方向发展。

实行"现金承包,盈亏自负"经营责任制的主要内容是:对年净利润15万元以下的乡村集体企业,小、微、亏企业和新办小型企业,在签订承包合同时,由承包方将已确定的承包净利润一次足额交给发包方,并保证企业资产的完整完好,按规定提取和缴纳各种基金。经营过程中,承包者承担企业的全部风险和收益,发包方不再负担企业亏损和分享盈利,对承包期较长,承包者无力一次足额交齐承包金的，实行一年一交。这种办法能保证企业的集体资产完好和不断增值，切实兑现发包方和承包方的承诺，把企业的经营风险和收益完全交给了承包者，将激励机制和风险机制有机地结合起来。

第四节　乡镇企业的股份制改革

1980年以后，在涉农区县部分乡村开始兴办起农民股份制企业，形式有集体投资为主，吸引群众入股；多种所有制合资入股；个体户股份制等多种形式。据1989年不完全统计，全市以乡村集体资产为主导的股份制企业有142个。股份制企业在乡镇企业的发展中，逐渐显示出发展的活力。

1992年7月28日，市委市政府召开全市乡镇企业工作会议，提出“要通过深化改革进一步发展和完善乡镇企业的灵活机制，围绕搞活乡镇企业运行机制，要有计划地推行股份制和股份合作制试点。股份制的形式可以多样，如引进外资的股份制，不同所有制相互参股的股份制和企业内部职工持股的股份制等。要争取条件，试办一批规范化的股份企业”。10月28日，中共天津市委农村工作委员会、天津市农委联合下发《关于乡镇企业股份合作制试点工作的意见》，提出本着坚持试，不求多，但求好的精神，在天津乡镇企业中“有计划地推行股份合作制的试点”。“意见”包括股份合作制试点的目的、试点的原则、试点的条件、试点的组织形式、试点中的几个关键环节和试点工作的领导问题等内容。试点的原则是四个坚持，即坚持生产资料公有制，保证集体经济的主导地位，确保公有资产不受损失；坚持入股自愿，股权平等，利益共享，风险共担，积累共有；坚持按劳分配和按股分红相结合的分配方式，保证企业积累和自我发展；坚持实行民主管理。试点的组织形式提出了四种，即企业内部职工持股共营型，由企业和企业职工集资入股，共同经营，按股分红；横向参股联合型，突破地区、行业和所有制界限，以资金、技术、设备、场地、商标等资产互相参股，联合办厂，按股分红；多元联合群体共有型，既有企业内部职工入股，又有企业外部的横向参股，同时在一定范围内向社会招股，形成多元单位、多种成分混合型企业；农户参股合作型，由三户以上农民合股建厂，合作经营，既按劳分配，又有一定比例的股金分红。试点中要合理设置股权，明确产权关系，建立合理的积累和分配机制，健全企业内部管理，建立风险承担机制。

《关于乡镇企业股份合作制试点工作的意见》下发后，股份合作制的试点工作在有农业的区县全面推开。为了规范股份合作制企业的各种制度，1993年3月5日市乡镇企业局印发《天津市乡镇企业股份合作制企业示范章程》，包括总则，企业宗旨、经营范围、经营方式，股份设置，股东和股东代表大会，董事会与厂长（经理），利润分配，终止与清算，附则共八章41条。

1993年5月，市乡镇企业局召开乡镇企业股份合作制试点运行研讨会，针对试点工作中出现的股份设置、产权界定、积累和分红比例、股份制企业的规范等一些热点难点问题进行交流探讨。要求推行股份合作制要先推开，再规范，要做到“五个坚持”，即坚持因地制宜，实事求是，从实际出发，探索多种模式；坚持以乡村集体股为主，明确集体经济占主导地位；坚持股权平等，真正做到风险共担，利益均沾；坚持兼顾眼前利益和长远利益，注重企业积累，实现持续发展；坚持规定照章纳税。

截至1993年上半年，全市开展股份合作制试点的乡镇企业有147家，涉及到十几个行业，新建和老企业各占一半，有的老企业在新上项目时，引资入股，实行“一厂两制”。在组织形式上，坚持从实际出发，因地制宜选择股份模式。在股权设置上，乡村集体股占主导。147家试点企业股金总额2.07亿元，其中集体股金1.33亿元，占64.6%；职工股个人股金7340万元，占33.4%。通过试行股份合作制，实现所有权和经营管理权的分离，增强企业的凝聚力和职工的责任感，有利于企业尽快走上自主经营、自负盈亏、自我约束、自我发展的轨道，给乡镇企业的发展注入了新的活力。

到1996年年底，全市乡镇企业股份合作制企业发展到3217家，占乡村集体企业的26.32%。股金总额23.25亿元，其中乡村集体股金14.46亿元，占62.2%；职工个人股金6.8亿元，占29.25%；社团法人股金1.98亿元，占8.55%。

乡镇股份合作制企业的组织形式主要形成4种类型：一是扩股型。以原企业存量资产为基础，吸收本企业职工和村民入股组成的股份合作制企业。二是折股型。将企业原有的资产划出一部分，最高不超过30%，量化到本企业职工，通过折股带动企业职工入股形成的股份合作制企业。折股的股权仍归集体所有，不能转让和继承，只能作为分红的依据。三是联股型。乡村集体企业吸收国有企业、集体企业等社会法人股和外资股份形成的股份合作制企业。四是合股型。由三户以上农民以资产、技术、设备、劳力等生产要素自愿联合起来的股份合作企业。

乡镇企业股份合作制企业股权设置有五种模式：一是乡村股。历年乡镇、村对乡镇企业投入形成的固定资产、流动资金等形成的股份，其股权归乡村所有。二是企业股。在乡村投入的基础上，通过企业行为形成的增量固定资产、流动资金等形成的股份，其股权归企业所有。三是法人股。由本企业以外的国有企业、集体企业以及具有法人资格的单位向企业投入的资金、设备、技术、厂房、专利等各种生产要素形成的股份，其股权归法人所有。四是个人股。由企业职工、村民等自然人向企业投入的资金、实物所形成的股份，其股权归投资者所有。五是量化股，又称福利股、影子股。是将企业的存量资产划出一定比例，按职务、工资、工龄、贡献等情况，落实到企业职工名下，只作为分红的依据，在职工调动、辞退、死亡、除名等情况下自动消失，并转为企业公共积累。

股份合作制企业不再是乡村的附属物，而是独立自主的经济实体。企业实行股东(代表)大会制度。股东(代表)大会是企业的最高权力机构。股份合作制企业实行董事会领导下的厂长经理负责制。厂长经理可由董事长兼任，也可由董事会提名，交股东代表大会讨论通过，报同级主管部门备案。厂长经理在企业中处于中心地位，对董事会负责。在接受国家宏观指导和有关部门的监督下，全面负责企业的生产经营活动。

股份合作制企业的推行，对深化乡镇企业改革进行了有益的探索。在产权关系上，变乡村集体所有为产权主体多元化；在管理体制上，变政府管理企业为全体股东管理企业，实行董事会领导下的厂长经理负责制，探索所有权和经营权分离的新途径；在干部管理制度上，变乡村任命制为股东选举制或董事会聘任制；在投资渠道上，变主要靠银行贷款为银行，社会，个人多渠道、多主体投资；在用工制度上，变乡村安排调配为企业根据实际需要进行招聘，落实了企业用工制度自主权；在企业职工收入分配上，变按劳分配为按劳分配与按资分配相结合；在企业利润与乡村分配上，变对乡村上缴利润为乡村按集体股本金分红。股份合作制的推行，规范了企业与乡村的利益关系，体现了劳动创造价值和资本创造价值的双重原则，落实了企业的生产经营自主权，强化了职工的主人公地位，增强了企业的发展活力和市场竞争力。

1998 年 3 月 21 日，天津市政府批转市体改委、市乡镇企业局拟定的《天津市乡镇企业股份合作制暂行办法》。暂行办法共设有总则，产权界定，股份设置及转让，管理体制，财务会计和收益分配，合并、分立、破产，解散和清算，附则等八章 56 条，自发布之日起施行。该办法以地方政府规章的形式对施行股份合作制的企业的运作做了明确的规定，对深化乡镇企业改革，规范乡镇企业股份合作制的组织和行为，促进乡镇企业股份合作制的发展，保护企业、股东、债权人的合法权益起到保障作用。

第五节　组建乡镇企业集团

20 世纪 80 年代末到 90 年代初，部分企业较多的乡村自发成立了村级乡镇企业集团，对所属企业实行企业化管理。

1990 年 8 月 14 日，天津市委市政府召开全市乡镇企业工作会议。会议提出：发展乡镇企业集团和企业群体，是乡镇企业发展进入一个新阶段的要求，也是形成各有特色的乡镇企业发展格局的重要形式。会议要求“对生产优质、名牌、骨干产品的乡镇企业，要鼓励和引导他们向企业群体、企业集团发展。这样的群体和集团，要以乡镇企业为龙头，吸收其他的乡镇企业，也可包括城市国营工业企业参加。充分利用和采取乡镇企业的机制，在利润留成、用工制度、分配方法、企业积累等方面，采取一些特殊的政策，鼓励企业向专业化生产发展，增强技术开发能力，增强自我发展的力量,实现规模经济。”

1991年,天津市人民政府批转市农委、市乡镇企业局、市经济社会发展研究中心《关于“八五”期间进一步发展我市乡镇企业的意见》,提出“要引导乡镇企业逐步进行组织结构调整,向集团化、群体化发展,提高规模效益。”

从1991年开始,全市加快乡镇企业集团组建的步伐。到1993年年底,经市体改委和市农委批准,全市共组建市级乡镇企业集团35家,占全市企业集团总数的一半左右。这35家乡镇企业集团涉及机械、冶金、化工、服装、地毯、电子、食品等行业,分布在东丽、西青、津南、塘沽、汉沽、宝坻、武清、静海、蓟县等9个区县。35家集团共有核心企业和紧密层企业538家,占全市乡村工业企业总数的5.3%;共有职工5.71万人,占乡村工业职工总数的7.37%;固定资产达23.99亿元,占全市乡村工业企业固定资产总值的五分之一;实现总收入82.5亿元,利税总额9.8亿元,分别占全市乡村工业总收入和利税总额的24%和22%。企业集团有以产品为龙头的专业化生产群体,如生产三轮摩托车的港田集团,生产饮料的大亨集团、华旗集团,生产旅游帐篷的环球企业集团,生产服装的四羽毛集团、东塔集团,生产化工的宏发集团,生产渔网的环球渔网集团等。还有区域性为主的村级综合集团,如大邱庄镇的万全、尧舜、津海、津美四大集团;东丽的华明集团;津南的大站集团;西青区的宏利集团、津兰集团等。在35个企业集团中,有18个集团销售收入超过亿元,有22个集团年实现利税总额超过1000万元。有13个集团生产出口产品,其中富强集团、大通集团、金世集团已经拥有自营进出口权。以生产纺织品为主的富强集团和以生产旅游帐篷为主的环球企业集团1993年出口产品交货值都超过2亿元,在国际市场上已具有较强的竞争力。

1994年2月19日,在市政府批转市乡镇企业局《关于实施天津市乡镇企业“八五台阶工程”的意见》中,把组建乡镇企业集团列为“八五工程”目标之一,提出到1995年“组建企业集团累计超过50个”。并把鼓励发展并规范乡镇企业集团作为深化乡镇企业改革,搞活企业经营机制的重要内容。

到1996年年底,全市经过审批的市级乡镇企业集团已经发展到131家,占全市乡村集体企业的1.01%,1996年实现产值361.81亿元,营业收入357.67亿元,利润总额36.85亿元,分别占全市乡村集体企业的37.6%、39.7%、34.15%。到1998年年底,全市乡镇企业集团达到208家,集团企业总数达到1458家,占乡村集体工业企业的19.3%;从业人员17.82万人;固定资产原值113.29亿元,占乡村集体工业企业的31.74%。1998年实现工业总产值353.16亿元,增加值59.43亿元,利税总额35.79亿元,分别占全市乡村集体工业企业的42.89%、41.88%和44.75%。有77家集团年销售收入超过亿元,其中年销售收入超过5亿元的有7家(尧舜集团32.63亿元、津美集团19.84亿元、津海集团16.21亿元、先达集团9.12亿元、富强集团5.97亿元、恒兴顺集团5.29亿元、双街钢管集团5.14亿元)。有90家集团年利税总额超过1000万元,其中年利税总额超过5000万元的有10家(尧舜集团2.74亿元、津海集团2.38亿元、津美集团1.93亿元、王顶堤集团7978万元、富强集团7305万元、恒兴顺集团7112万元、天意集团6697万元、双街钢管集团6686万元、宁发集团5853万元、万达轮胎集团5793万元)。

第六节 放开搞活小企业

天津市乡镇中的小企业约占全市乡镇集体企业的70%左右。小企业数量多,分布广,差异大,搞好小企业改革是深化乡镇企业改革的一个重要方面。

1995年12月召开的全市乡镇企业工作会议提出:"乡镇企业的深化改革要坚持抓大放小的原则。全市年产值在1000万元以上的企业1400个,产值达450亿元,占乡村联工业总产值的68.75%,对这部分企业的改制要慎重从事。对小企业的承包、转制、租赁、兼并、拍卖、破产等项改革要配套进行"。1996年8月,市政府办公厅转发市乡镇企业局《关于"九五"期间实施乡镇企业二次创业的意见》提出:"加快小企业的改制步伐,区别不同情况采取股份合作制,联合、兼并、租赁承包、出售等多种方式,放开搞活小企业。对产品无市场、资不抵债、扭亏无望的企业下决心实行停产兼并或通过拍卖出售改为私人合作企业。"

从1996年开始,全市对各区县进行的放开放活小企业情况进行交流和推广,加快了小企业改革的步伐。全市小企业的改革主要采取8种改制办法:

一是存量折股,增量扩股。对盈利状况较好的企业,经过资产评估后,把净资产折为集体股,并吸收社会法人股、社会团体股、自然人股、企业内部职工股,改组为有限责任公司。

二是出售存量,吸纳增量。就是将评估后的集体净资产出售给本企业职工,并按一定比例吸纳增量资产。资产存量较大,一次性出售有困难的企业,将部分资产出售给职工,未出售部分仍为集体资产。

三是存量配股,增量扩股。经过清产核资和资产评估,将原来乡村集体投入的资金、土地占用费及其增值折为乡村集体资产,剩余部分为企业职工共享资产,根据职工厂龄、职务、贡献大小量化到职工个人,相应匹配存量资产。

四是先租后股,能人控股。通过全额抵押,公开招聘的形式,选聘能人租赁厂房设备后,再吸纳企业职工入股。承包人持大股,形成控股核心。这种形式既通过吸收股金保证了原有资产的收益,又通过融合个人资金改变了资产构成。

五是抽资租赁,个体经营。乡村集体经济组织抽回原有的投入,将厂房和设备出租,由承租方预交租赁费,自筹流动资金,实行个体经营或变为私营企业。

六是转债入股，债权变股权。一些效益较好的企业，经金融部门同意，把由银行贷款形成的一部分企业固定资产分解转给本企业职工，职工按所承担的贷款数额入股。职工股的分红先用于偿还所承担贷款的本息，规定偿还期限，不足部分职工出资补足。全部还清后，这部分资产归职工所有。

七是公开拍卖，民有民营。这种改革形式多数用于亏损企业。将企业进行清产核资，资产评估后，将企业各类生产要素进行标价推入产权交易市场或采用其他形式进行公开拍卖。收回的款项用于偿还贷款和借款，剩余部分由原来的投入方用于发展集体经济。

八是兼并扩充优势企业。通过优势企业购买劣势企业，出资对劣势企业控股，劣势企业以资产折股向优势企业参股等形式，实现优势企业的扩充。优势企业与劣势企业同为一个法人代表，对于兼并难以一步到位的企业，采取由优势企业对劣势企业的人财物、产供销全面代管，待条件成熟后向企业兼并过渡。

这些政策的出台和实施，使多家小企业走出困境。到 1997 年年底，全市放开放活的小企业有 1868 家，盘活资产 11.72 亿元，焕发出生机和活力。

第七节 乡镇企业清产核资工作

在推进乡镇企业改革工作中，发现部分乡镇企业家底不清，数字不实，存在集体资产流失的问题。从 1997 年 7 月开始，全市对乡镇企业清产核资工作作出部署。要求用一年到一年半的时间，集中力量开展一次乡村集体企业的全面清产核资，摸清乡村集体的家底，理顺资产关系，搞好产权登记，建立审计监督制度。通过开展清产核资，建立健全乡镇一级的集体经济管理组织，充实完善乡镇集体资产管理体系，防止集体资产的再流失，为企业的进一步深化改革创造必要的前提条件。

由于清产核资是一项政策性很强的工作，各区县都坚持从试点抓起，分期分批推开。各区县着重抓了四个方面的工作：一是确定范围，做好清核户数登记。清核范围是镇街乡、村集体经济组织自身和有其投资的各类各业企业。二是确定清核时点，进行清前账目调整。三是确定任务，抓好清核六个环节：即资产清查、界定资产所有权、重估资产价值、核实资金、产权登记和建章建制。四是确定标准，搞好清核总结验收。

1997 年 11 月 14 日，全市对乡镇企业清产核资工作进行部署。确定了清产核资的范围、工作任务和目标、工作内容和要求、时间和步骤、有关政策要求。清产核资的范围是在本市境内工商行政管理部门登记注册为集体所有制的乡镇街办、村办、联办和以集体名义出资入股租赁等其他形式的企业。主要任务是摸清乡村集体企业资产的分布、存量、结构和效益情况。全市乡村集体企业清产核资时间点统一定在1997年12月31日。1998年一季度完成资产清查、价值重估和产权界定工作。二季度完成资金核实、产权登记和建章建制工作。

1997年11月17日，市乡镇企业局印发《天津市乡村集体企业清产核资暂行办法》，包括总则、资产清查、产权界定、资产价值评估、资金核实、产权登记、建章建制、组织领导、附则等九章32条。

到1998年6月底，全市乡村集体企业清产核资工作基本结束。这次清产核资工作是对乡村集体经济资产全面、彻底的一次清理，不仅摸清了家底，而且对资产进行了价值重估，界定了产权，开展了产权登记，为加强集体资产管理和进一步深化乡镇企业改革奠定了坚实的基础。

第八节　乡镇企业产权制度改革

1995年以后，面对国家经济体制加速向社会主义市场经济转变的新形势，全市乡镇企业的发展面临着新的考验和挑战。部分乡镇企业存在产权不明，责任不清，体制不顺，机制不活等问题，制约了发展。乡镇企业的产权制度改革势在必行。

1997年7月，全市乡镇企业工作会议提出要“坚持积极支持，正确引导，总结经验，逐步规范的原则，鼓励基层和企业以建立现代企业制度为方向，以产权制度改革为重点，盘活存量资产，优化资本结构，建立适应社会主义市场经济体制的组织形式和运行机制。”

根据市政府要求和乡镇企业发展的实际情况，静海县1997年下半年开展乡镇企业产权制度改革的试点工作，确定37家产权制度改革的试点企业。重点推广四种改制形式：一是股份有限公司，重点在较大企业集团中推行。二是有限责任公司，主要在重点企业和规模较大企业中推行。三是股份合作制，主要在规模较小的企业中推行。四是拍卖或租赁，主要在小微亏企业中推行。到年底，37家试点企业组建股份有限公司的3家，有限责任公司的19家，股份合作制的13家，租赁经营的2家。37家试点企业改制后吸收资金3.28亿元，投资入股的法人537个，个人股东3818人，企业资本由改制前的25.1亿元增加到28.38亿元。

1997年11月6日，市政府在静海县召开乡镇企业深化改革现场会。强调深化改革的核心是产权制度改革。通过改革解决集体企业投资主体单一的问题，实现所有制结构的调整。推进改革工作必须进一步解放思想，只要符合邓小平提出的“三个有利于”标准，就应大胆地做，大胆地试，大胆地干。把乡镇集体企业产权制度改革作为深化改革的重点工作，改变单一的集体所有制结构，形成多元的投资主体和产权主体，使乡镇企业所有制结构更加适应发展市场经济的要求。

1998年3月13日，市政府批转市农办、市乡镇企业局《关于进一步深化乡镇企业改革的意见》,要求加快乡镇企业产权制度改革的步伐。乡镇企业产权制度改革的主要形式是,在对原有企业进行资产评估、产权界定的基础上,通过增量扩股、存量转股、先售后股、租售结合等途径,改建为股份有限公司、有限责任公司、股份合作制企业和个体私营企业。总的目标是:1998年乡镇集体企业改制面要达到70%左右,1999年全市乡镇企业改制工作基本完成。《意见》对合理配置股权、明确和完善相关政策、规范改制企业、放手发展个体私营经济、加强对改革工作的领导作了规定。

在深化改革中,全市各区县自始至终做到“五个坚持”:一是坚持领导有序、积极稳妥的原则;二是坚持一厂一策、从实际出发的原则,尊重企业和职工的选择;三是坚持发展公有制为主体的多种所有制原则,努力探索和完善集体经济的有效实现形式;四是坚持以市场为取向的原则,使企业真正成为市场的主体;五是坚持以改革促发展的原则,只要是有利于解放和发展生产力,有利于农村经济的稳定和健康发展,有利于提高企业的经济效益和社会效益,就鼓励大胆试、大胆闯,不断把改革引向深入。

为保证乡镇企业产权制度改革的顺利进行,各区县领导深入基层指导企业改制工作,并总结推广了一批典型经验。有的还相继出台改革的相关配套文件,规范改制运作,最大限度地降低改制成本,创造比较适宜的改革环境。

有的区县围绕解决资产清产核资、产权界定、税费、债务、登记、土地、房产等方面的实际问题出台多个政策性文件,规范改制运作,对推动改革的深入起到了保证作用。经过一年多的努力,到1999年年底,全市乡镇企业改制工作基本完成。通过改制,基本形成多种经济形式共存和企业资本构成多元化的格局。企业改制后,多数乡镇的集体收益有明显增长,增强了乡村经济实力。一些骨干企业通过资产重组,实施低成本扩张,实现了快速发展。

到1999年底,全市已改制的乡镇企业6637个,占乡村集体企业应改制企业的88.7%。其中乡办企业改制1639个,村办企业改制4998个。全市应改制企业总资产453亿元。资产规模在1000万元以上的企业已改制371个,占应改制企业的73%。在已改制企业中,触及产权改革的2972个,占已改制企业的44.8%。实行租赁经营及其他改革形式的3665个,占55.2%。其中实行股份合作制的1372个,占20.7%;实行股份有限公司、有限责任公司的691个,拍卖出售785个,兼并88个,破产33个。实行租赁承包2502个;采取净资产承包等其它形式企业1160个。乡镇企业经过改制,盘活闲置资产11.5亿元,集体收回资金8.9亿元。全市的乡镇企业产权制度改革工作基本完成。有89.6%的乡镇集体企业完成了产权制度改革。

第九节　企业改制后的规范化运作

2000年之后，乡镇企业改革工作从引导和推进产权制度改革转入改制后的规范化运作，重点是抓好乡镇企业的体制和机制创新，建立现代企业制度。

2001年，天津市大港鹏翎胶管股份有限公司、奥林股份有限公司获全国乡镇企业建立现代企业制度先进单位称号，被农业部确认为基本建立现代企业制度乡镇企业。

2002年以后，乡镇企业在基本完成产权制度改革的基础上，加快实现机制创新、建立现代企业制度的步伐。

一是以规范化的公司制为主体，构筑现代企业制度框架。对改制企业中的股份有限公司、有限责任公司重点是建立健全法人治理结构、落实企业法人财产权、理顺政企关系，明确股东会、董事会、监事会和经理层的职责，形成各负其责、协调运转、有效制衡的决策和指挥体系，逐步达到产权清晰、权责明确、政企分开、管理科学的要求。

二是面向市场，实现企业内部经营机制的转换和创新。对改制企业着重解决家族化管理的问题。企业发展必须以市场为导向，努力形成企业优胜劣汰、人员能上能下和能进能出、收入能增能减、技术不断创新、集体资产保值增值等机制，把改革后的优势尽快转化为发展优势，建立与现代企业制度相适应的各项管理制度。着重健全和完善按劳分配与按资本、按技术等生产要素分配相结合的办法；逐步推行总经理聘任制，打破社区、地域观念，面向社会招聘人才，造就一批新型的经营管理队伍。

三是按照建立现代企业制度要求，进行规范的股份有限公司改造，并积极创造条件，努力成为上市公司。市乡镇企业主管部门与市体改办、证管办等部门配合，举办了上市源企业培训班，确定了培养目标和工作方案。

第十节　产权制度改革的主要成果和经验

乡镇集体企业的改制，使乡镇企业的所有制结构、资本结构得到优化，初步建立起适应社会主义市场经济的现代企业制度。乡镇企业改革是从划清产权关系、变一元为多元入手，逐步解除乡村两级的无限连带责任，进而强化企业的经营责任，使企业真正成为市场经济的主体，并按照《中华人民共和国公司法》、股份合作制等有关规定，建立起新型的法人治理结构，各司其职，各负其责，初步形成一个全新的运行体制。

产权制度改革激发了企业自身发展的原动力。改制企业随着产权主体的变化、生产关系的变化,思想意识、内在积极因素都发生明显变化。过去是让我干,现在是我要干;过去是给别人干,现在是给包括自己在内的大家干;过去是"局外人",现在是"局内人"。一些企业家把乡镇企业产权制度改革形象地概况为"花钱买责任,花钱买风险,花钱买约束,花钱买发展"。

企业改制后克服了企业内部管理上很多弊端。以往在用工、分配、人事管理等方面的弱化问题,是困扰乡镇企业发展的突出难题。改制后,不仅为解决这些问题创造了极好的环境和氛围,更重要的是,铲除了机制弱化赖以生存的经济基础。很多企业改制后,打破了企业内部干部职工的身份界限,能上能下,能进能出。

企业改制还提高了集体资产集中度、集体资本控制力和运行质量。坚持把产权制度改革与推进集体资产的战略性重组紧密结合起来,一方面将集体资产向优势产品、优势企业方向集聚,使集体资产主要集结在大型骨干企业,加快形成市场竞争力强的大企业集团,提高了集体资产的运行质量。另一方面,加强集体收回资金、资产的监督、管理和使用,建立健全集体资产管理组织,承担集体资产保值增值责任。

乡镇企业的改制还促进了政府和职能部门管理方式的转变。一是从微观管理或直接参与企业经营活动向宏观管理转变。二是从行政手段管理为主向行政手段与经济手段相结合,并逐步过渡到主要依靠经济手段领导和管理企业转变。三是以生产管理为主向生产管理和市场开发相结合,以市场开发为主转变。

乡镇企业较好完成产权制度改革的主要经验。

1.精心研究制定整体推进方案,不打无准备之仗。按照全市总体部署,各区县在充分调查研究的基础上,形成整体推进方案,并及时总结经验,不断加以完善。各项政策措施出台,力求慎密周全。总体部署积极稳妥,尽可能地减少改革带来的震荡和不必要的代价。各个阶段要求明确,比较好地把握和驾驭了改革全局。

2.从实际出发,因企制宜,一厂一策。改革运作上一般都能做到符合职工意愿,符合企业实际,符合改革方向,符合"三个有利于"。程序上,坚持综合考虑,多方论证,广泛征求资产所有者、企业经营者、职工群众代表以及金融和工商等部门的意见。在模式选择上,因企制宜,不搞一刀切。

3.认真处理好各方面利益关系,保证改革顺利进行。首先,对国家利益高度负责,不允许悬空逃避债务。兼顾企业和职工利益,更好地调动职工的积极性。

4.为乡镇企业改革创造一个良好环境。全市各级党委、政府在改革问题上思想认识统一,不犹豫观望,满腔热情地鼓励支持基层、企业进行改革,创造了一个较好的舆论环境。市和各区县经过调查研究,先后制定出台了一系列有关改革的文件,涉及改革的方方面面,创造了一个较好的政策环境。改革中各有关部门协调运作、降低企业改制费用、简化办理各种手续，为改革创造了一个较好的工作环境。

第四章　乡镇企业科技进步

大力推进乡镇企业的技术进步，是乡镇企业发展中一项持之以恒的战略任务，是实现乡镇企业发展从注重外延向注重内涵转变的根本性措施。1986 年 10 月，全市召开的乡镇企业技术进步动员大会提出要把乡镇企业的工作重点转到以技术进步为中心的轨道上来。乡镇企业系统重点抓企业的技术基础工作、人才和引进、新产品开发等项工作并取得初步效果。1990 年 1 月，全市召开第二次乡镇企业技术进步工作会议，总结了乡镇企业技术进步工作取得的成绩，提出“八五”期间技术进步的战略目标和治理整顿期间全市乡镇企业技术进步的七项主要任务。1996 年 12 月，市政府办公厅转发市乡镇企业局《关于“九五”期间实施乡镇企业二次创业的意见》，对乡镇企业科技进步工作提出明确的要求。进入 21 世纪之后，乡镇企业更加重视科技进步工作。2005 年，市政府设立乡镇企业技术改造专项扶持资金，用于扶持乡镇企业的重点技术改造项目。2006 年 9 月，市科委、市农委联合制定《天津市郊区工业企业科技创新行动计划方案》，召开天津市郊区工业企业科技创新推动大会。决定在全市郊区工业企业中实施科技创新行动计划，加快推进郊区工业企业科技创新，引导郊区工业走创新型发展道路。

第一节　“八五”期间乡镇企业科技进步工作取得初步成效

1991 年 7 月，中共天津市委、天津市政府召开全市乡镇企业工作会议，提出要牢固树立科技是第一生产力的思想，全面提高乡镇企业素质。会议指出，“七五”期间乡镇企业的发展主要还是通过人力、物力、资金的投入，靠外延扩大再生产实现的。技术装备老化，拳头产品少、品种档次低、质量不稳定、市场竞争力差等问题，仍是乡镇企业的致命弱点。“八五”期间，要确实转变发展方式，逐步从外延发展转到依靠科技进步和科学管理，提高企业整体素质上来。

“八五”期间，天津市在乡镇企业系统开展“科技兴企”活动，以乡镇企业技术改造为重点，抓好设备更新、节能降耗、新产品开发、新工艺和先进技术的引进推广、扶持一批高新技术企业和产品。实施“星火计划”，积极推进乡镇企业与高等院校、科研院所的合作，促进科技成果转化为现实生产力，并在乡镇企业系统开展了科技兴工表彰活动和应用工业设计推动百项产品上水平活动。1993年开始，开展乡镇企业科技进步综合评价工作，连续3年对区县乡镇企业主管部门测评考核。1994年开展“质量年”活动；并与天津市农委、市教委、市二教局联合实施为期5年的人才培养工程。“八五”期间，天津市乡镇企业总收入及利税中，科技进步因素达到35%，比“七五”期间提高16.24个百分点。

一、建立科技进步保障机制

“八五”期间，天津市乡镇企业局和区县乡镇企业主管部门都把科技进步作为乡镇企业发展的首要推动力量来抓。

一是制定科技进步目标。把推动科技进步放在突出位置，明确提出科技进步工作的指标。1994年年初，天津市政府转发市乡镇企业局关于实施“八五台阶工程”的意见，明确规定科技进步的指标，要求1994~1995年要完成投资50万元以上的重点技改项目500项，开发填补本市空白或达到国内先进水平的新产品200项，其中20项填补国内空白或达到国际先进水平。确定目标后，每年将技术进步的目标逐级分解到乡镇，落实到企业。同时加大检查考核力度，狠抓指标落实。每年年底，对市和各区县乡镇企业指标完成情况进行检查考核。

二是制定推动科技进步的激励机制。对在科技进步中作出突出贡献的企业和个人予以表彰。凡经市政府新认定的名牌产品，企业上交所得税返还10%给予奖励，调动各级主管部门和乡镇企业抓科技进步的积极性。越来越多的企业主动建立起自觉追求科技进步的内在动力机制，争当科技进步的主体。

三是搞好科技推广。市乡镇企业局和各区县主管部门设立专人负责新项目、新技术的推广，定期向企业介绍高新技术项目，组织承担项目单位和设备厂家召开新技术推广发布会，并组织机关科技干部下乡，指导企业采用新技术进行设备改造，安装调试，节能设备开展技术项目咨询论证，帮助企业解决技术难题，促进了企业技术水平的提高。

二、抓好技术改造，提升装备水平

“八五”期间，乡镇企业共实施技术改造项目3900多项，投入资金29亿元。技术改造重点是引进先进设备和工艺技术，开发科技含量高、市场前景好的新产品。其中1994、1995两年完成投资50万元以上的重点技改项目1339个，完成投资19.9亿元。这些技改项目大多数实现了当年投产，当年见效，新增产值57亿元，新增利税6.2亿元。1995年据对1205家骨干企业技术装备的调查，有77.8%的设备是20世纪80年代出品的，通过技术改造，达到国内先进水平或达到国外同等水平的设备占27%。

各区县都把抓好乡镇企业技术改造作为转变经济增长方式的重要途径。东丽区投入4亿多元,将全区年产值百万元以上的乡镇企业全部技改一遍。到1995年年底,全区乡镇企业共有技术装备1.4万余台套。宝坻县通过对乡镇企业技术改造,大幅提高了经济效益,乡镇企业利税连年实现较大幅度增长。静海县大邱庄镇“八五”期间投入技改资金5亿多元,改进生产工艺500多项,改造老设备2000多台件,引进国内外先进设备40多台套。技术水平的提高促进规模和效益的提高,大邱庄四大企业集团规模和效益排在全国乡镇企业前10名。

三、产学研结合,抓好新产品开发

“八五”期间,天津乡镇企业逐步建立起一支自己的科研开发队伍,并加强与大专院校、科研院所的合作,共同研制和开发新产品,还积极承接国家和市级高新技术产品的开发。1995年,天津市乡镇企业局重点推动100项产品技术上水平,并推荐35种产品参加市级新产品成果展示,其中19个产品获奖。

“八五”期间,天津乡镇企业系统共开发各类新产品2500多项。其中列入国家级各类新产品开发计划的有188项,列入市级各类新产品开发计划的有175项,通过市局级以上鉴定的科技成果302项。东丽区生产的大型吸扫车、大港区生产的万能装修机床、宁河县生产的双曲面水平钢化玻璃、北辰区生产的2400对话缆、津南区生产的热管式锅炉等一批产品达到国际水平。全市乡镇企业系统的348个产品填补了天津市空白,68个产品填补了国内空白。

到1995年,天津乡镇企业新产品产值率达10.74%,出口产品比重达15.7%;高新技术产品占工业产值的比重达1.53%。乡镇企业开发的新产品获省部级及其以上科技进步奖74项,其中国家级星火奖7项,农业部科技进步奖2项,中国乡镇企业科技奖3项,市级科技进步奖25项,市级星火计划奖22项,天津市优秀新产品奖36项,天津市产学研合作突出贡献奖4项,天津市工业设计优秀奖42项,天津市乡镇企业优秀新产品奖51项。同时还涌现出一批适应社会主义市场经济要求的乡镇企业家和“科技兴工”带头人。

四、推广节能技术,实现降耗增效

天津市是一个老工业基地,也是一个能源短缺、资源匮乏的城市。搞好能源的节约利用,不仅关系到企业经济效益的好坏,更是能否实现经济可持续发展的关键。“八五”期间,天津乡镇企业各级主管部门狠抓节能技术改造,积极推广、采用节能新技术和新工艺,实现了降耗增效,保证了乡镇企业的持续发展。

“八五”期间,全市乡镇企业工业增加值由1990年的34.42亿元增加到1995年的166亿元,增长3.8倍;能源消耗由1990年的204.6万吨标煤增加到1995年的330万吨标煤,增长

0.6 倍;万元工业增加值的综和能耗由 1990 年的 5.94 吨标煤下降到 1995 年的 1.99 吨标煤,年均下降 19.6%。

1.加强节能管理

“八五”期间,天津市乡镇企业主管部门把开展节能和综合利用作为乡镇企业可持续发展的重要途径。积极争取农业部乡镇企业司和环能司的支持,在天津组建农业部乡镇企业节能产品监督检验测试中心。该中心成立后,先后对全市 197 个乡镇砖瓦厂的 204 台轮窑进行热平衡测试,共提出近千条整改意见,企业整改后节能效果显著。

2.采取各种措施降低能耗

“八五”期间,天津市乡镇企业系统改造淘汰一批高耗能、低产出的工艺和设备,严格企业的用能管理。1991 年后,连续在乡镇砖瓦行业推广“节能轮窑”“稀码快烧工艺”和“砖坯加内燃”等节能先进技术,使乡镇砖瓦行业能耗大幅下降,平均万砖耗煤从 1985 年的 1.3 吨下降到 0.6 吨,平均每年节煤 16 万吨,并利用各类工业废渣 200 多万立方米,年节约土地 500 亩。1994 年,在乡镇工业企业重点推广电动机多功能节电保护器,共在砖瓦、机械、造纸行业安装 110 台,节电率在 30%左右,年可节电 40 万度。

五、表彰乡镇企业科技兴工先进企业和有功人员

为全面落实依靠科技振兴经济的战略方针,充分调动广大科技工作者的积极性,1995 年 5 月,天津市政府对科技兴工先进企业先进个人、优秀新产品及开发有功人员进行表彰。乡镇企业系统一人获得天津市新产品状元称号, 一人获得天津市科技兴工带头人称号,6 个企业及个人获得新产品开发先进企业及其新产品开发带头人称号,14 项产品获优秀新产品奖,两个项目获产学研联合突出贡献奖。

宝坻辰光化工厂王辰获天津市新产品状元称号。北辰德塔控制系统有限公司陈金城获天津市科技兴工带头人称号。辰光化工厂王雷、扫地王专业汽车有限公司田国瑞、德塔控制系统有限公司曹积莲、有容通讯线缆有限公司吕铁宏、东花园仪表厂李学忠、华北气体公司刘凤翔 6 家企业和 6 人获天津市新产品开发先进企业及其新产品开发带头人称号。

获天津市优秀新产品一等奖的是:三联工业技术玻璃厂的 A 类夹层玻璃、辰光化工厂的抗氧剂 BC-100、福达化工厂的对一叔丁基苯酚、津海真空开关厂的户内高压真空断路器、大港汽车配件厂的替代进口汽车后簧吊耳夹板总成、华北气体公司的特利系列气体、利华化学工业总厂的溴氨酸。

获天津市优秀新产品二等奖的是:大邱庄轧钢厂的电梯导轨热轧型钢、大港汽车配件一厂的夏利汽车玻璃升降器、东方通讯设备厂的 435B DAU STB TSU 通用天线。

获天津市优秀新产品三等奖的是：东花园仪表厂的气体减压器、宝成暖通设备有限公司的WCW(L)型卧式快装往复(链条)炉排常压热水锅炉、环保产业集团除尘设备公司的XD-Ⅱ型多管除尘器、环宇汽车电器厂的夏利专用发动机调节器。

获产学研联合突出贡献奖的两个项目是：天津市利华化学工业总厂和天津理工学院的溴氨酸项目、天津市福达化工厂与天津大学应用化学系的用MTBE法生产对一叔丁基苯酚项目。

六、乡镇企业25个项目获天津市科技进步奖

“八五”期间，天津市乡镇企业系统25个项目获天津市科技进步奖。其中获得天津市科技进步一等奖2个，获得天津市科技进步二等奖4个，获得天津市科技进步三等奖19个。

获得天津市科技进步一等奖的是：天津市先达化工公司脱氢硫代对甲苯胺双磺酸、天津市丽华色材总厂Z13-30各色环氧聚酯水性浸涂漆。

获得天津市科技进步二等奖的是：天津市永兴食品机械厂TX19-Q型夹心巧克力自动生产线、天津市津西北方福利化工厂碱性玫瑰精6GDN（桃红精6GDN）、天津长城过滤设备厂PXB-系列消声器、天津德塔控制系统有限公司五种专用型控制电缆。

天津油漆厂武清分厂906工程机械磁漆、天津市兴果农药厂30%威克灵乳油、天津市独流老醋厂天立牌长寿保健醋等19个产品(项目)获天津市科技进步奖三等奖。

七、乡镇企业22个项目获天津市星火计划奖

“八五”期间乡镇企业22个项目获天津市星火计划奖，其中获天津市星火项目二等奖的有12个项目，获天津市星火计划三等奖的有10个项目。

获天津市星火项目二等奖的12个项目是：天津市东光特种涂料厂ADG-90各色低温快干氨基烘干磁漆、天津市专用汽车分厂吸扫车系列开发、天津市压力锅厂不锈钢薄板焊接工艺及产品开发、津港五金电器总厂YUYX系列高效节能阻容式异步电动机、大港电焊条厂电焊条热风循环烘干流水线改造、大港汽车配件弹簧厂汽车控制臂、后簧吊耳夹板总成、大港胶管股份有限公司氯磺化聚乙烯双胶层汽车异型管、大港橡塑制品股份合作公司新型改性塑料汽车配件系列产品、华北气体公司特利系列焊割气、大港汽车配件弹簧厂替代进口汽车配件等七种部件、大港汽车配件厂夏利玻璃升降器及下横臂支架总成、天津市工业搪瓷厂搪瓷玻璃反应罐新产品开发及技术改造。

汉沽建华烧碱厂颗粒状氢氧化钠系列产品、大港汽车配件弹簧厂夏利三箱轿车后稳定杆总成等10个项目获天津市星火计划三等奖。

第二节　二次创业推动乡镇企业科技进步

一、继续加大技术改造力度

“九五”期间，是天津市乡镇企业二次创业的起步期。乡镇企业二次创业的实质，是实现经济体制和经济增长方式的两个根本转变。天津市乡镇企业围绕“二次创业”，继续加大企业技术改造的推动力度，五年来，乡镇企业共进行技术改造项目4746个，完成固定资产投入72亿元，是“八五”期间技改投入的2.5倍，新增销售收入330亿元，新增利税45亿元，技改项目投资占固定资产的比重由“八五”末的29%上升到36.3%。

通过技改，扩大生产规模，有一批企业已成为国内同行业的龙头企业。西青区中津制药厂是国内最大的维生素B_1生产厂家，其规模为年产800吨，居世界第二位，占国际市场份额的25%；津津制药厂是国内最大的氢化可的松生产厂家，其规模为年产20吨，居世界第二位，占国际市场份额的三分之一；宏发集团是国内最大的硫化青染料生产厂家，还是硫化青染料国家标准的起草单位之一和提供标样单位，年生产11000吨，占全国总产量的36%，年出口量为8500吨，占同类产品全国出口量的43%；大桥集团是国内最大的电焊条生产厂家，年产量占全国总产量的20%；红联橡胶厂是国内最大的下水裤生产厂家，年生产下水裤70多万条，占国内市场份额的30%；大华胶鞋厂是国内最大的全胶鞋生产厂家，年产量达2000万双，占国内市场份额的15%；双安防护用品有限公司是国内最大的劳保绝缘鞋生产厂家，占国内市场份额的46%；环球企业集团是亚洲最大的旅游帐蓬生产厂家，年生产帐蓬100万顶、睡袋40万条，占国内总产量的30%；有容通讯线缆公司是国内生产程控交换机电缆的最大厂家，其产品产量占国内市场份额的50%。

二、产学研合作开发新产品

“九五”期间，天津市乡镇企业加大企业自身技术创新体系建设和产学研合作的力度，共组建厂办科研机构50多家，专门从事科研开发人员400多人，有100多家企业采用计算机辅助设计和计算机辅助制造，有300多家企业与全国各地近百家大专院校、科研院所建立中长期合作关系。合作开发各类新产品380余项。

乡镇企业五年来共开发各类新产品1500余项，实施专利技术近百项，列入国家级各类新产品开发计划的项目达81项，列入市级各类新产品开发计划的项目达248项，通过市局级以上鉴定的科技成果300余项，在已开发的新产品中，获省部级以上科技成果奖90项。“九五”期间，全市乡镇企业新产品产值率稳定在10%左右。

与此同时，天津市乡镇企业开发生产一批高新技术产品，其骨干企业和代表产品有：北辰区广夏集团采用超临界萃取装置生产的卵磷脂、桂皮精油脂、生姜精油脂，丰田化工厂生产的高品质H酸。武清县京津农药厂生产的光敏剂，雍阳减水剂厂合作研制开发的高浓减水剂。东丽区扫地王公司研制开发的各类专用新型吸扫车，津东颜料厂生产的造币油墨。宝坻县康特制药有限公司生产的洁菲酶素、多烯康。西青区中津制药厂生产的维生素、脑复康等药品，汽车消声器厂开发研制的三元催化净化装置。塘沽区海洋保健食品公司生产的速效营养蛋白粉、强力氨肽、氨肽宝等，环亚特种挂车厂研制开发的燃气切割机。津南区河北制药三分厂合作开发研制的DL–苯丙氨酸。宁河县荣亨精铸集团开发生产的离心增压注水泵。北辰区双街钢管总厂生产的石油用直缝焊管。静海县津满钢管厂生产的无缝化钢管等。到2000年，全市乡镇企业高新技术产品产值占乡镇工业总产值的比重由1995年的2%，上升到7.16%，提高了5.16百分点。

三、推广锅炉分层给煤节能技术

1996年以后，能源涨价，使乡镇企业生产成本大幅上升，推广节煤节电技术，是降低乡镇企业生产成本的一项重要工作。

到1996年年底，全市有锅炉的乡镇企业900多家，锅炉耗煤占总耗煤量的一半，年耗煤量约140万吨。由于结构设计上的问题使用的锅炉，普遍存在热效率低、炉渣含碳量高、排尘量大等问题，有挖潜改造的潜力。市乡镇企业局决定以4吨及以上的工业锅炉为重点，开展节能工作。

经过调研，确定采用中国科学院和山东大学20世纪90年代初开发研制的“锅炉分层给煤节能技术”，用于乡镇企业锅炉改造。改造后，经过3个月的运行，由农业部节能监督检验测试中心对被改造的锅炉进行能耗情况测试。测试表明，锅炉热效率达到72.99%，提高6.92个百分点；炉渣含碳量由17.2%下降到14.85%；吨蒸汽耗标煤由135公斤下降到122公斤。推广锅炉分层给煤节能技术，有投资少、运行可靠、节约能源、经济效益显著等特点。

该项节能技术在全市推广，一年可节省支出2亿多元。

四、乡镇企业系统“科技兴工”先进企业与个人

1996年12月，市政府表彰1995年度天津市“科技兴工”先进企业与个人，乡镇企业系统1人获得天津市新产品状元称号，2人获得天津市科技兴工带头人称号，4个企业及个人获得新产品开发先进企业及其新产品开发带头人称号，13项产品获优秀新产品奖，其中一等奖12个，二等奖1个；两个项目获产学研联合突出贡献奖。

获得天津市新产品状元的是：甘泉电泵总公司徐金明。

获得天津市科技兴工带头人称号的是:甘泉电泵总公司马恩成、先达化工公司尹秀亭

获得新产品开发先进企业及其新产品开发带头人称号的是:先达化工公司赵智田、宝成集团有限公司付俊吉、尧舜变压器总厂刘运甫、甘泉电泵总公司徐金明。

获优秀新产品奖一等奖的是:先达化工公司生产的脱氢硫代对甲苯胺双硫酸、津海摩托车厂小康牌正三轮摩托车、得隆有色金属有限公司大口径铜管、友惠电线电缆有限公司电力通讯电缆及铝绞线、宝成集团公司立式单箅偏烧消烟多用锅炉和立式横水管多用锅炉、兽药二厂卵磷脂、奥斯达功能高分子材料厂新型弱碱性阴离子交换树脂、兽药二厂甜菜碱盐酸盐、大站阀门总厂螺纹连接式法兰闸阀、迎新农药厂40%护棉灵乳油、甘泉电泵总公司地热深井潜水泵、大捷无纺布有限公司热熔式无纺布。

获优秀新产品奖二等奖的是:阀门公司第二阀门厂法兰连接软密封闸阀。

获产学研联合突出贡献奖的是:津东汽车空调器有限公司和天津大学的XKF-01空调控制项目、瀛海化工三厂与天津大学的精馏制佳乐麝香项目。

1997年,市政府表彰天津市“科技兴工”先进企业与个人,乡镇企业系统2人获得天津市科技兴工带头人称号,11项产品获天津市优秀新产品奖一等奖,1个项目获产学研联合突出贡献奖。

获得天津市科技兴工带头人称号的是:尧舜变压器总厂马继永、东方暖通设备制造GK公司张文利。

获天津市优秀新产品一等奖的是:港田集团公司150三轮摩托、芦台电线电缆总厂UYQ矿用轻型移动橡套软电缆、荣亨精铸集团有限公司离心增压注水泵、港田集团公司GT90二轮摩托车、泰博机电有限公司阴极吸收式密封固定铅酸蓄电池、东方暖通设备制造公司ZKC重型框链除渣机、曙光金属网厂多用途金属栅栏、禹舜特种电泵有限公司200QJ 250QJ系列井用潜水泵、渤海阀门厂无阻力阀门、阀门公司第二阀门厂法兰连接制软密封闸阀、津南长虹机械厂FTY-G1260型多层整体输送带芯多臂剑杆织机。

获产学研联合突出贡献奖的是:东方暖通设备制造公司GK-4燃油锅炉控制器。

1998年,市政府表彰天津市技术创新带头人和技术创新优秀项目。荣亨精铸集团有限公司经理庄朝荣、德塔科技集团有限公司经理陈金城获天津市技术创新带头人称号。德塔科技集团有限公司生产的五种专用型控制电缆获天津市技术创新优秀项目一等奖。荣亨精铸集团有限公司生产的离心增压注水泵获天津市技术创新优秀项目二等奖。

五、乡镇企业43个项目获天津市科技进步奖

“九五”期间,全市乡镇企业系统43个项目获天津市科技进步奖 ,其中4个项目获天津市

科技进步奖二等奖，39 个项目获得天津市科技进步奖三等奖

获得天津市科技进步奖二等奖的 4 个项目：天津有容通信线缆有限公司聚氯乙烯绝缘聚氯乙烯护套数字设备电缆、天津市京津农药厂新型高效杀螨杀虫剂“哒螨灵”中试项目、天津峰利电梯轨有限公司电梯导轨型钢及工艺、天津天马线缆实业总公司全铜无介质高频焊接工艺及热水器集热板

获得天津市科技进步奖三等奖的有：天津新特印刷有限公司仿金属蚀刻印刷技术及产品、环宇橡塑制品厂公路车辆用防干扰高压阻尼点火电线总成、天津腾达橡塑制品有限公司 TJ370Q 发动机用三种 T 型油封等 39 个项目。

六、乡镇企业 14 个项目获天津市星火计划奖

“九五”期间，全市乡镇企业共有 14 个项目获天津市星火计划奖，其中获天津市星火项目二等奖的有 2 个项目，获天津市星火计划三等奖的有 12 个项目。

获天津市星火项目二等奖的是：天津兴水化工有限公司 3.4–二氯苯胺、天津扫地王专用汽车有限公司机场专用新型清扫车 。

天津宝成集团有限公司高效节能 LSG 型多用锅炉系列产品、津南化肥实验厂测土产肥与应用一体化服务示范工程、大港华明化工厂印钞用氧化颜料系列产品开发等 12 个项目获得天津市星火计划三等奖。

第三节　“十五”期间科技进步工作

“十五”期间，天津市乡镇工业坚持走新型工业化道路，紧紧围绕“二次创业”提出的要实现经济增长方式的战略转变，突出科技进步和外向带动战略，按照建立社会主义市场经济体制的总体要求，走科技型、集约型、外向型、效益型的路子，促进乡镇产业结构、产品结构、企业组织结构的优化和升级，提高乡镇企业的经济运行质量、企业整体素质和竞争能力，实施了“科技兴企”战略，开展了“质量振兴”活动，通过多种方式推动产业结构的优化升级，实现增长方式的两个根本性转变。

一、建立企业技术创新机制，强化产学研合作

“十五”期间，天津乡镇企业系统广大干部职工进一步转变观念，强化科技意识，围绕农业部颁发的《“十五”乡镇企业科技进步纲要》的要求，把工作重点真正转到依靠科技进步和提高劳动者素质的轨道上来，突出抓了建立企业技术创新机制、完善乡镇企业科技进步激励机制和产学

研合作工作,使乡镇企业的科技投入明显加大,新产品开发和高新技术产业有了较快进展。

(一)在骨干企业建立科技开发机构

全市年销售额超亿元的乡镇工业企业中建立健全了科研开发机构或企业技术中心, 有条件的工业企业建立科研开发机构。企业科技开发经费均占年销售收入的2%以上,逐步形成一批产值超亿元的科技示范企业。到2005年年底,全市规模以上乡镇工业企业共建立各类厂办科研机构553家,占规模以上郊区工业企业的比重达到10%,其中,宝成集团环保研究所、扫地王专用汽车有限公司清洁研究所、大港鹏翎胶管有限公司技术开发中心等31家企业技术中心被天津市政府认定为市级企业技术中心。

(二)加大产学研合作的工作力度

"十五"期间,郊区工业先后召开大型产学研合作洽谈会14次,600多家企业与178家大专院校建立了中长期合作关系,62家企业与科研院所建立了厂院联办科研机构。这些企业与科研院所的合作,不仅促进科技成果转化率的提高,促进了企业产品的更新换代和结构调整,而且取得明显的经济效益,有力地推动郊区工业的技术进步和科技创新。

2004年9月,市政府对在2003年度企业技术工作中做出突出贡献的先进企业、个人和优秀项目进行表彰。乡镇工业系统2人获得2003年度技术创新企业及其技术创新带头人称号。三家企业获得技术创新优秀项目奖。获得2003年度技术创新企业及其技术创新带头人称号的是:天津太平洋制药有限公司宋德成,天津市大站阀门总厂王富来。获得技术创新优秀项目一等奖的是:天津有容蒂康通讯技术有限公司开发的新产品组合绝缘数字同轴频电缆。获得技术创新优秀项目二等奖的是:天津久安集团有限公司开发的新产品智能电控装置(Blokset低压成套开关设备)、天津太平洋制药有限公司开发的新产品甲硝唑乳膏(平洁)。

(三)乡镇工业的质保体系建设和品牌意识有新的提升

"十五"期间,天津市乡镇工业企业加大质量保证体系的建设,强化品牌意识。乡镇工业企业通过ISO9000质量体系认证的企业累计达到805家,占规模以上工业企业的28%。乡镇工业企业的品牌意识也有了明显提升,"创名牌活动"已成为乡镇工业产品结构调整的重要内容。乡镇工业市级名牌产品总数达到76个,占全市市级名牌产品的36.4%。乡镇工业名牌产品的企业数量占乡镇工业大中型企业的比重也提高到58%。2005年有11家企业被认定为"全国乡镇企业创名牌重点企业"。到2005年年底,乡镇工业企业拥有中国驰名商标3个,天津市著名商标58个。乡镇工业产品的品牌效应已初步显现。

二、加大乡镇工业技术改造力度

"十五"期间 ,天津市乡镇工业加大企业技术改造工作力度。在技术改造工作中坚持以发展为主题，以结构调整为主线，以技术创新为动力，以产品升级为目标，突出重点，择优扶强，取得了明显效果。

为做好乡镇企业的技改工作，市、区县两级乡镇企业主管部门成立乡镇工业技改工作领导小组。各区县根据实际情况，对技改项目实行分级管理。投资规模在500万元以上的技改项目由区县政府直接抓，并在资金政策等方面给予一定的优惠和倾斜。

2001年年初，市政府决定，加大对工业技术改造项目的扶持力度，设立天津市重点工业技术改造项目贴息资金，每年拿出1亿元资金，对全市工业重点技术改造项目给予财政贴息扶持，扶持范围包括乡镇工业企业。

“十五”期间，天津市乡镇工业共实施技术改造项目4698项，完成投资205.29亿元，新增销售收入500亿元，新增利税80亿元。“十五”的技改资金投入是“九五”的2.98倍，新增销售收入和新增利税分别是“九五”的1.5倍和1.8倍，技改项目的平均投资规模是“九五”的3.3倍。技改项目投资占固定资产投入的比重比“九五”提高2.7个百分点，平均达39%，每年都拉动下一年度乡镇工业增长4~5个百分点。通过持续的技术改造，乡镇工业企业的工艺装备水平普遍升级，生产规模不断扩大，产品质量和档次明显提高，企业总体素质明显上升。特别是一些实施重大技术改造项目的企业，都有了较快的发展。北辰区双街钢管有限公司总投资4亿元的610焊管技术改造项目、静海县天海同步器有限公司总投资1亿元的客车变速箱项目、宁河县三联玻璃有限公司总投资8890万元的年产60万平方米的智能玻璃项目、武清区田歌纺织有限公司投资3000万元引进12台喷气织机项目等一批重大技改项目的完成，提升了乡镇工业的技术和装备水平。

三、小型化工企业污染源的综合治理

小化工企业是天津乡镇企业的一个重要行业。企业1000多家，有工人6万多人，年实现产值超百亿元。但是，一些乡镇化工企业污染问题一直没有得到彻底治理。随着城乡人民生活水平和环境意识的不断提高，群众对一些小化工企业污染和区域性污染的反映很强烈，引起各级政府的重视。

2004年9月，天津市政府下发《关于对小型化工企业污染实行综合治理的通知》，决定在全市范围内，集中开展以小型化工企业为重点的工业污染源综合治理。综合治理工作的重点，是以从事小化工生产为主的超标污染企业。重点治理区域是北辰区西堤头镇、西青区张家窝镇和大寺镇大任庄村、静海县大邱庄镇、大港区中塘镇、津南区八里台镇大韩庄村和北闸口镇翟家甸村。综合治理工作的目标是，2004年12月底前，对不同类型的违法排污企业，依法停产整顿、关闭和取缔；对受污染的重点区域，制定并实施环境治理和生态恢复计划；完成对全市小化工企

业布局的调整规划，引导企业健康发展。2005年12月底前，完成一般污染区域的环境治理。2006年12月底前，完成重污染区域的环境治理。成立天津市小化工污染综合治理领导小组，负责研究确定综合治理污染的各项工作。

2005年5月，天津市人民政府又专门下发关于综合治理北辰区西堤头镇化工污染问题的决定。北辰区西堤头镇的小化工企业起步较早，在促进区域经济发展、解决就业、增加农民收入等方面起到一定的积极作用。但由于在发展过程中缺乏科学规划，布局不合理，与居民区交错混杂，污水处理设施建设滞后，加之一些企业偷排偷放污染物，造成局部环境污染问题比较突出，群众反映强烈。市政府成立综合治理北辰区西堤头镇化工污染问题工作小组，由分管副市长担任组长，市乡镇企业办公室全程参加西堤头镇区域环境污染治理工作。根据北辰区西堤头镇出现的化工污染企业问题，下发《关于开展对乡镇企业化工行业和严重污染企业进行治理整顿的通知》，作为牵头单位，深入到区县对9家问题严重的化工企业进行实地考察调研，本着坚决、依法、积极、稳妥的方针开展综合治理工作。对该镇94家化工企业逐一进行调查核实、登记造册、分类排队，参照环保标准取缔11家，取缔关闭企业5家；监控拆除污染工艺设备的20家；责令停产停建企业28家。西堤头镇保留的4家排放生产废水的企业都有污水处理设施，污水处理达标后再进行排放。通过对小化工的治理，当地环境已有明显改善。该镇利用关停企业腾出的场地和厂房，通过政策引导、行业规范等措施，搞“腾笼换鸟”，加大非化工项目的招商力度，发展仓储、商贸等行业，进行“跳产”经营，积极引进对产业升级有突破性带动作用的产业龙头项目。2005年该镇引进千万元以上非化工新项目11个，总投资达2.7亿元，可新增就业岗位1200多个。为解决工业废水和生活废水处理排放问题，2009年西堤头镇投资4600余万元建成了日处理能力达1万吨的污水处理厂。投资1950余万元建成污水配套管网达到9375延米，并配套建成4个提升泵，全镇80%~90%的生活污水流进污水处理厂。

与此同时，西青区张家窝镇 、静海县大邱庄镇、大港区中塘镇的乡镇企业环境污染也得到有效的治理。津南区八里台镇大韩庄村和北闸口镇翟家甸村的两片重点污染区域部分污染严重的化工企业被强制关闭。保留的企业进行工艺改进，做到污染物达标排放。

四、22个项目(产品)获得天津市科技进步奖

“十五”期间，全市乡镇工业企业有22个项目获得天津市科技进步奖。其中1个项目获天津市科学技术进步奖一等奖，有4个项目获天津市科学技术进步奖二等奖，有17个项目获天津市科学技术进步奖三等奖。

获天津市科学技术进步奖一等奖的是：天士力集团有限公司复方丹参滴丸自动灌装线。

获天津市科学技术进步奖二等奖的是：宝成集团有限公司新型全自动多用燃气(油)锅炉、

金桥焊材有限公司J422等碳钢焊条性能提高项目、有容蒂康通讯技术有限公司组合绝缘数字同轴射频电缆、天士力集团有限公司复方丹参滴丸指纹图谱分析与质量控制技术。

大港鹏翎胶管股份有限公司快速接头水箱胶管总成、长龙液化石油气设备制造厂高效浸没式燃气采暖炉、宝成机械集团有限公司DZL3型58MW燃煤热水锅炉、津南净化节能设备厂湿式烟气脱硫除尘装置等17个项目获天津市科技进步奖三等奖。

第四节　天津市郊区工业企业科技创新行动计划

2006年年初，天津市乡镇企业办公室、天津市科委联合组织天津市郊区工业企业发展及技术创新现状调查。随之，制订《天津市郊区工业企业科技创新行动计划》，大力实施科教兴企战略，按照“全面推动、重点扶持、自主创新、注重成效”的总体思路，发挥科技对经济社会发展的支撑和引领作用，充分培育天津市郊区工业企业的核心竞争优势，加强郊区工业企业科技创新能力。

一、《天津市郊区工业企业科技创新行动计划方案》主要内容

2006年8月，天津市科委、市农委联合印发《天津市郊区工业企业科技创新行动计划方案》。天津市郊区工业企业科技创新行动计划方案确定的“十一五”期间的具体目标有5个：

1.建设更多的创新型郊区工业企业，使高新技术企业累计达到500家，争创10个具有较高技术含量、知名度和市场占有率的中国名牌产品和130个市级名牌产品。

2.重点扶植农产品加工、电子信息、生物医药、精密化工、汽车配件、高档冶金制品、电器设备、纺织服装、环保制品等12个优势产业的技术创新能力。

3.建立并完善400家企业技术中心，力争达到100家市级企业技术中心；使高新技术产品产值率达到15%，新产品产值达到18%以上，科技进步贡献率达到50%。

4.推进企业与国家星火计划和火炬计划中农业成果转化计划、科技成果推广计划、科技型中小企业技术创新资金计划的对接。

5.建立和完善科技型企业、科技企业孵化器、生产力促进中心、企业技术中心等郊区工业企业的技术创新服务体系。

“行动计划”确定“十一五”期间推动郊区工业企业技术创新的8项主要任务：将企业培育为科技创新主体。引导郊区工业企业向科技型企业发展。以创新项目为龙头，促进自主知识产权成果转化。实施专利战略，加强知识产权保护。以多元化投入为主体，提高科技创新能力建设。以科技信息网络为平台，提供科技服务。以引进培育为途径，加速人才队伍建设。以工业园

区建设为载体，培育区域创新体系。

为进一步强化和完善科技创新行动的组织管理体系。天津市乡镇企业办公室和市科委联合成立天津市郊区工业企业科技创新推动领导小组，主要负责郊区工业企业科技创新行动的组织、协调、推动和管理，研究科技行动实施过程中遇到的具体问题，加强对郊区工业企业科技创新行动的服务和指导。各区县也分别成立相应的组织机构，以推动郊区工业的科技创新工作。

二、天津市郊区工业企业科技创新行动的实施

从 2006 年下半年开始，天津郊区工业系统以提高自主创新能力为主线，以创新能力建设、创新环境建设和创新体系建设为重点，加大科技工作推动力度，不断提升企业科技创新能力和市场竞争力。多渠道增加科技投入，促进产学研结合，促进创新要素向企业集聚，促进科技成果向现实生产力转化。加强人才链、学科链、产业链的结合，加快知识创新体系和技术创新体系建设。郊区工业科技创新水平有了明显提升。

2006 年，郊区工业被市经委新认定为市级企业技术中心的科研机构有 32 家，累计达到 63 家；新增各类厂办科研机构 106 家，累计达到 659 家。全年郊区工业开展技术改造的项目 1040 项，技改投入达到 111.54 亿元，比上年增长 24.14%。项目全部投达产后预计年可新增销售收入 295 亿元、新增利税 41.4 亿元，投入产出比达到 1:2.5。

2007 年，郊区工业系统重点抓好企业的科技创新基础工作和科技创新项目申报工作，郊区工业的科技创新水平稳步提升。全年新增国家级技术中心 2 家，市级技术中心 26 家，市级技术中心累计达到 84 家；厂办科研机构新增 66 家，累计达到 705 家。

2008 年，郊区工业系统坚持以提高自主创新能力为主线，进一步加大科技创新工作推动力度，不断提升企业科技创新能力和市场竞争力。到 2008 年年底，郊区工业有国家认定的高新技术企业 97 家；国家级技术中心 2 个，市级技术中心 104 个，厂级技术中心 809 个；中国驰名商标 10 个，天津市著名商标 213 个；中国名牌产品 4 个，天津市名牌产品 111 个。郊区工业技术改造力度进一步增强。2008 年郊区工业共实施技术改造项目 1238 个，完成投资 292.4 亿元，同比增长 85.8%，占郊区工业投资总额的比重为 47.24%。

2009 年 8 月，为进一步推动全市企业的技术创新，经市经委组织专家评审，并报市政府批准，以市政府名义对在 2008 年度企业技术创新工作中做出突出贡献的先进企业、个人和优秀项目进行表彰。郊区工业系统的天津天顺化工染料有限公司和天津市大海实业发展有限公司，荣获“天津市技术创新优秀项目(三等奖)”。

2009 年成立天津市中小企业发展促进局之后，管理范围扩大到全部中小企业。到 2010 年年底，全市科技型中小企业发展到 1.25 万家。其中 9 个涉农区县有 3988 家，占 31.9%。中小企

业中经国家认定的高新技术企业有670家，占全市的85%；国家级技术中心6家，占全市的25%；市级技术中心115家，占全市的38.3%；厂办科研机构增加到1500家。通过实施品牌战略，中小企业共获得中国驰名商标19件和著名商标240件，分别占全市的52.8%和43.6%；获得中国名牌产品9个和天津市名牌产品168个，分别占全市的37.5%和63.6%。同时，逐年加大对资源与环境保护的投入力度，资源的有效利用与环境保护工作取得了新的进展，中小企业中规模以上工业企业单位增加值能耗从"十五"末的1.44吨，降到2010年的0.9吨，"十一五"以来累计下降37.5%。

第五节　郊区工业技改贴息资金

一、建立郊区工业技术改造贷款贴息专项资金

2005年，市政府加强对郊区工业投资方向的引导，加大对重点技术改造项目的扶持力度。经市政府批准，市财政安排3000万元，建立郊区工业技术改造贷款贴息专项资金，用于扶持郊区工业重点技术改造项目。

为搞好该项工作，市农委、市财政局制定《天津市郊区工业技术改造贷款项目贴息资金管理办法》。办法规定：为全面推进社会主义新农村建设，促进天津市区县经济持续、健康、快速发展，支持郊县工业加大技术改造投资力度，根据中共天津市委、市人民政府《关于积极发展现代农业 扎实推进社会主义新农村建设的实施意见》，建立郊区工业技术改造贷款项目贴息资金。贴息范围是各类银行发放的，投资额在2000万元以上（含2000万元）的技术改造项目贷款。安排条件为郊县工业企业为提升技术装备水平，提高产品质量，增加花色品种，促进产品升级换代，降低消耗和成本，以农产品为原料加工生产，加强资源综合利用和三废治理及劳保安全等，采用新技术、新工艺、新设备、新材料等对现有设施、工艺进行技术改造的项目。贴息比率为项目实际贷款总额的2.5%。以农产品为原料加工生产的市级龙头企业贴息比率为3%。贴息期限为一年，贷款期限不足一年的，按贷款实际期限计算。贷款项目贴息金额最高不超过100万元。

市和区县均成立郊区工业技改贴息工作领导小组。技改贴息资金的设立，调动了企业实施技术改造的积极性，加快企业技术装备的更新换代水平。

二、2005~2008年技改贴息资金使用情况

2005~2008年，市财政共下达8批贴息计划，安排贴息资金1.7亿元，其中2005年3000万元，2006年4000万元，2007年5000万元，2008年5000万元。共有318个项目得到贴息支持，

项目总投资 153.1 亿元，其中银行贷款 76 亿元；项目平均投入 4815 万元，平均贷款 2391 万元。

这些项目技术改造水平较高，具有较好的经济和社会效益。318 个贴息资金项目分布在金属制品、冶金、机械设备制造、交通设备制造、精细化工、电子信息及电线电缆、纺织服装、生物医药等重点行业。涉及金属制品行业项目 43 个，投资额 22.3 亿元。

通过技术改造，郊区工业企业的工艺装备水平普遍升级，生产规模不断扩大；产品质量和档次明显提高，企业总体素质明显提升。

三、2009~2010 年技改贴息情况

2009 年，区县工业技改贴息政策作为“保增长、渡难关、上水平”活动的重要内容之一，列入全市促进经济增长的 30 条措施。市中小企业局把握区县工业技改贴息政策调整，企业投资规模降低、贴息比例提高的机遇，从企业发展的实际情况出发，与市财政局紧密配合，经过严谨、细致的初审、复审和联审，确保贴息资金向产品优质、效益良好、管理规范、前景光明的企业倾斜。有 68 个项目列入 2009 年区县工业技改贴息计划，贴息额 4651.8 万元。贴息项目总投资 34 亿元，其中用于更新设备投资 21.4 亿元，占总投资的 62.9%。

2010 年，全市安排技改贴息资金 4936.8 万元，对 76 个项目进行贴息支持。其中，技改贴息项目 62 个，安排资金 4201 万元；技改补助项目 14 个，安排资金 735.8 万元。这 76 个项目的整体水平高于往年，属于新兴产业和天津市优势产业的项目占 60%以上，填补天津市空白和拥有自主知识产权的专利项目占 21%。通过技改可年增销售收入 107 亿元、利税 13 亿元、新增就业 6708 人。

第六节 抓好节能减排 发展循环经济

一、抓好节能减排

“十一五”期间，天津市郊区工业加快淘汰浪费能源、资源的落后生产工艺和技术装备，加快企业节能降耗、节水降耗的技术改造，特别对重点耗能、耗水企业加大技术改造投入力度。同时，积极开发和推广其他各种资源节约、替代和循环利用技术，对消耗高、污染重、技术落后的工艺和产品实施强制性淘汰。化工、造纸等高耗水行业通过工艺、技术改造，不断降低水的消耗和提高水的重复利用率。同时加大环境污染治理力度，采取“治旧”和“控新”双管齐下的办法，关停一批高消耗、高污染、高投入的落后企业，严格控制新的污染源。增加化工、造纸、印染等重

点行业和企业“三废”治理设施的投入，在“三废”治理中突出资源的回收利用。政府监管部门加大环保执法力度，对“三废”治理不力，污染严重的企业坚决予以关闭。切实控制郊区工业污染物排放总量，实现了环境质量状况的全面好转。

二、建设子牙循环经济产业区

天津子牙循环经济产业区是中日循环型城市合作项目，是中国北方最大的再生资源专业化园区，致力于发展废旧电子信息产品、报废汽车、橡塑加工、新能源和节能环保产业及废弃机电产品精深加工与再制造五大产业，打造循环经济发展的“子牙模式”。

园区是经国务院批准，按照国家环境保护部和市政府的总体要求设立的，先后被国家发改委等六部委批准为“国家循环经济试点园区”，被国家工业和信息化部批准为“国家级废旧电子信息产品回收拆解处理示范基地”，被国家环境保护部批准为“国家进口废物‘圈区’管理园区”。

天津子牙循环经济产业区远景规划面积为135平方公里，逐步开发建设综合服务区、科技研发区、仓储物流区、拆解和精深加工区“四大区域”。2010年入园企业120家，年拆解加工能力为150到200万吨。每年园区可向国内外市场提供原材料铜50万吨、铝25万吨、铁30万吨、橡塑材料30万吨，其它材料15万吨，形成业务覆盖全国各地、规模较大的有色金属原材料市场。从废旧物品和废弃资源中“挖掘”出金、银、铜、铁、铝以及各种稀缺资源，其成本比直接从矿山中开采要降低85%左右。天津每年报废的25000辆汽车都将在这里“大卸八块”，变废为宝。而像报废家电、进口废旧机电产品、电线电缆等，也将重生为有用的新资源。

园区实行封闭管理，对入园的废弃机电产品从拆解、加工到拆解后各种成分的去向实行全程监管。园区设立海关监管区，设有电子地磅系统、电子车牌识别系统、集装箱识别系统、视频监控系统、通道式放射性探测系统，形成海关、检验检疫、环保、园区“四位一体”的联合监管体制。园区设有现代化信息中心，初步实现了企业管理的信息化和产学研结合的科技化，形成专业化的研发群体。促进产业链条转化过程中再生资源的“零损耗”，以及在整个产业循环过程中再生资源在区内的“自消化”。废旧物资将得到充分循环，实现资源利用最大化，最终以高附加值产品方式通过区内交易中心走向市场。

三、建设乡镇工业园区污水处理厂

2006年以后，根据郊区工业发展和城乡环境建设的需要，各区县启动了34座城镇污水处理厂的建设，其中大部分建在重点乡镇工业园区 。

2006年10月，本市第一家乡镇污水处理厂落成并正式投入使用。该污水厂坐落在武清区梅厂镇,采用先进的“生物接触氧化”工艺,日处理污水2000吨,使该镇工业园区企业产生的废水经过处理达到国家规定排放标准,对改善百姓生活卫生状况和促进工农业发展起到重要作用。

2007年10月,大邱庄污水处理厂建成投入使用。大邱庄是天津重要的钢材生产基地,全镇涉及钢铁行业的生产性企业141家,形成了以焊管产业为主要支撑的黑色金属轧延加工业产业格局,年钢材生产加工能力达2200万吨,钢材产量占天津市的三分之一。重工业的发展,使大邱庄环境污染状况十分严重。2006年9月,大邱庄投资6600万元,建设大邱庄污水处理厂,并于2007年10月建成投入使用。污水处理厂日处理量达1.5万吨,有效改善大邱庄镇青年渠、港团河、迎丰渠3条河道受污染状况,保护大邱庄地区地下水环境,大邱庄区域环境质量得到了明显提升。

2008年,武清京滨工业园污水处理厂建成,日处理能力为2000吨。为适应园区发展需要,2010年园区又投资对污水处理厂进行了扩建,新建了酸化水解池、生化池、沉淀池、消毒池、污泥池等,日处理能力提升至8000吨。园区400多家企业每天所产生的废水全部被排放到这里进行处理,完全达到国家排放标准。

四、加大对高耗能、高污染和“五小”企业的清理整顿力度

“十一五”期间,部分区县先后对非法土炼油、地条钢生产、污染严重的化工企业进行全面整顿,依法取缔一批治理无望的企业,对一批“两高”企业进行综合治理。开展电镀污染专项整治工作,对部分严重污染企业依法予以取缔。2008年,蓟县取缔主要分布在青甸洼和太和洼的66家曾被取缔又死灰复燃的小塑料加工厂。同时为保护天津“后花园”蓟县碧水蓝天的生态环境,使于桥水库免受污染,蓟县供电分公司对蓟县坐落在于桥水库周边的14家产生粉尘污染的选铁企业依法断电。静海县蔡公庄镇2010年4月对全镇酸洗电镀等污染企业进行拉网式排查,认真开展专项治理,对该镇33家电镀酸洗污染企业全部依法取缔,拆除全部生产设备,杜绝死灰复燃,有效地维护群众生活生产环境,为实现天蓝、水清、地绿奠定了基础。

五、22个节能减排先进单位和集体获得市政府表彰

2008年7月,市政府表彰2007年度天津市节能工作先进单位、先进集体和先进个人。郊区工业系统有22个节能减排先进单位和集体获得市政府表彰。获得2007年度天津市节能工作先进单位的是:大港区天成化工厂、蓟县国环页岩制品有限公司、蓟县吉华化工有限公司、津南荣程联合钢铁集团有限公司、宁河冠达实业总公司、武清万利天然纤维薄膜有限公司、西青大桥焊材集团有限公司、静海友发钢管集团有限公司、静海勇恒实业有限公司等12家企业。获得2007

年度天津市节能工作先进集体的是：蓟县工业经济委员会生产运营科、静海县工业经济委员会经济运行科、西青区工业经济委员会行业技术管理科、西青区中北镇企业服务中心、静海县大邱庄镇政府经济管理办公室、宝坻冠元科技发展有限公司总工程师办公室、津南大站阀门总厂技术科、武清区大王古庄镇企业服务中心、北辰长捷化工有限公司技术部、大港永久焊接材料有限公司办公室 10 个单位。

第五章　乡镇企业管理

第一节　企业升级工作

1986 年，国务院下发《关于加强工业企业管理若干问题的决定》，提出要把提高产品质量、降低物质消耗和增加经济效益，作为考核工业企业管理水平的主要指标。为此，在全国工业企业开展“抓管理、上等级、全面提高素质”的企业上等级工作，并制定国家特级企业、国家一级企业、国家二级企业和省（自治区、直辖市）级先进企业的主要标准。从 1988 年开始，市乡镇企业局在乡镇企业中开展企业升级试点工作。1989 年在重点企业全面开展，取得较好成绩。1990 年 1 月，市乡镇企业局下发《加强乡镇企业管理推动企业升级工作的意见》，要求加强企业管理基础工作，加强质量、物资、财务、安全和环保、精神文明建设等专项管理，以企业升级、定级工作为龙头，引导企业自觉提高管理水平、提高企业素质、提高经济效益。除国家级和市级企业外，根据天津乡镇企业的具体情况，市乡镇企业局还开展了市局级先进企业的升级工作。到 1991 年年底，全市乡镇企业有 262 家企业被评为市级先进企业。这些企业有在市内同行业领先、适合市场需要的优质名牌产品，主要物质消耗指标达到市内同行业先进水平，其中 11 家企业还被评为国家二级企业。这 11 家企业有在国内同行业领先、适合市场需要的优质名牌产品，主要物质消耗指标达到国内同行业先进水平。有 37 家企业还被评为农业部全国乡镇企业系统先进企业。

11 家被评为国家二级企业的是：北郊区双街钢管总厂、南郊区通风除尘设备厂、西郊区渤海染料化学工业总厂、武清县富强纺织总厂、汉沽区渔网厂、大港钢木门窗厂、宁河县芦台线材总厂、东郊区东南雨衣服装厂、北郊区华兴线材总厂、南郊区地毯十五厂、武清县长城罐头厂。

37家被评为农业部全国乡镇企业系统先进企业的是：东郊区军粮城钢窗厂、万新减速机厂、东光特种涂料厂，西郊区福星胶鞋厂、色织十五厂、九一九自行车支架厂、中津制药厂分厂、丽华色材总厂、动物药厂，南郊区大站阀门厂、东花园仪表厂、工业搪瓷厂、西装厂、开源阀门总厂，北郊区双街乙炔气厂、津联开关厂，塘沽区龙门渔具有限公司、阀门厂第一分厂，大港区津港有色金属材料厂，武清县振兴羊毛衫厂、大发针织厂、地毯十四厂、雍阳鞋厂、后巷胶背地毯厂、联营地毯三厂、京津福利农药厂，宝坻环球旅游帐篷厂、大华胶鞋厂，静海县津海机械厂、大明电缆厂、联海皮革工业有限公司、津海电器总厂、三街童鞋厂，宁河县磷肥厂、芦台精密铸造厂，蓟县东塔服装厂、华强服装厂。

同时，全市有214家乡镇企业被评为市级先进企业(其中东郊区12家，西郊区34家，南郊区28家，北郊区20家，塘沽区4家，汉沽区4家，大港区15家，武清区37家，静海县27家，宝坻县15家，蓟县12家，宁河县6家)。

除214家市级以上先进企业外，还有500家企业被评为市局级先进企业，2800家企业被评为区县级先进企业。全市纳入升、定级管理的企业占乡村集体工业企业总数的30%，这些企业的产值占全市乡镇工业总产值的80%。

开展企业升级工作，使乡镇企业管理工作升格入位，基础工作普遍加强，企业素质有所提高。

1992年后，由于国家政策调整，工业企业升定级工作不再进行。

第二节 评选和表彰管理优秀企业

1992年5月，市委农工委、市农委转发乡镇企业局《关于开展评选天津市乡镇企业管理优秀企业工作的意见》，决定1992年起，在全市乡镇企业中开展评选管理优秀企业活动。意见明确评选范围、评选条件、申报程序、名额分配、表彰奖励5部分。评选管理优秀企业活动共进行4年，共评选出管理优秀企业483家。

1992年，经过自下而上的推荐、审核，全市共评选出110家管理优秀企业。这些企业的共同特点是：能够正确处理生产发展和深化改革、加强管理之间的关系，在基础管理上舍得花力气、下功夫，并正朝着现代化管理的目标前进。这些企业的数量占全市乡村工业总数的1.09%，实现的产值和利税占10.9%和18.5%；工业产品销售率高出全市乡镇工业平均水平33.5个百分点，全员劳动生产率是全市乡镇工业平均水平的2.8倍，人均创利税是全市平均水平的3.2倍。1992年11月27日，市乡镇企业局发布决定，表彰东丽区东南雨衣服装厂等110家管理优秀企业，并授予“天津市乡镇企业管理优秀企业”称号。要求在全市乡镇企业中继续开展以提高企业经济效益为中心，强化企业运行机制为内容的争创管理优秀企业活动。为了激励先进，调动管理优秀企业厂长和职工的积极性，经市乡镇企业局与市财政局协商，将管理优秀企业的计税劳动报酬列支标准提高20%；并由企业所在乡镇、村发给管理优秀企业厂长一次性奖金3000~5000元，由上交的利润中列支。

1993年全市共有129家乡镇企业被评为天津市乡镇企业管理优秀企业。

1994年全市共有137家乡镇企业被评为天津市乡镇企业管理优秀企业。

1995年11月，市乡镇企业局下发《关于对天津市乡镇企业管理优秀企业复查和表彰的决定》，又有108家企业被评为天津市乡镇企业管理优秀企业。对原有的375家管理优秀企业进行复查，370家继续保留先进称号。

1996年12月，天津市乡镇企业局下发《关于表彰天津市乡镇企业管理优秀企业的决定》。又有86家企业被评为天津市乡镇企业管理优秀企业。

1997年后由于政策调整，管理优秀企业评选活动不再进行。

第三节　质量管理

产品质量管理是企业管理的永恒主题。乡镇企业系统十分重视质量管理工作。1991年，天津市乡镇企业局下发《加强乡镇企业质量工作的规定》，开展“质量、品种、效益年”活动。1992年，天津市乡镇企业局等6部门联合下发《关于进一步加强乡镇企业质量工作的意见》。1994年在全市乡镇企业系统开展质量年活动。1996年成立乡镇企业质量检验协会。1997年制订了《天津市乡镇企业质量振兴方案（1998~2000）》，提出加强乡镇企业质量工作的目标任务及主要措施。

一、“质量、品种、效益年”活动

1991年年初，根据国务院的决定和市政府的部署，市乡镇企业管理局决定在全市乡镇企业中开展“质量品种效益年”活动。2月，市乡镇企业管理局下发《关于加强乡镇企业工业产品质量管理的规定》，要求乡镇企业认真贯彻国家有关质量的法规、政策。要增强责任意识，厂长经理要对产品质量负主要责任。各级乡镇企业主管部门要设立质量管理机构，加强对乡镇企业产品质量的管理和督促。乡镇企业必须按照现行技术标准（国家标准、专业标准和企业标准）以及协议标准组织生产，并积极采用国际标准和国外先进标准。企业要做到“五不准”：不合格的产品不准出厂和销售；不合格的原材料、零部件不准投料组装；国家已明令淘汰的产品不准生产和销售；没有产品质量标准、未经产品质量检验机构检验的产品不准生产和销售；不准弄虚作假，以次充好,伪造商标,假冒名牌。要求企业要认真推行全面质量管理。同年3月,天津市乡镇企业管理局下发《关于全市乡镇企业开展“质量、品种、效益年”活动的意见》明确提出了活动的指导思想、主要任务和八条奋斗目标,对质量监督、技术改造、创一流产品和降低不良品损失率等方面均提出具体指标。1991年5月,市乡镇企业管理局召开全市乡镇企业质量工作会议,对在乡镇企业积极推行质量管理达标,开展创一流产品活动,加强乡镇企业产品质量监督检测提出要求。

在“质量、品种、效益年”活动中,乡镇企业围绕产品质量的提高,开展了全面质量管理达标活动,确定首批121家质量管理达标企业,并要求市级以上先进企业两年内要全部达标。

乡镇企业还开展了创一流产品活动,宝坻旅游帐篷厂的旅游帐篷和大华胶鞋厂的胶鞋、汉沽渔网厂的渔网、北郊双街钢管厂的镀锌钢管、西郊渤海染化厂的硫化氢、南郊通风除尘设备厂的除尘器、东郊四羽毛服装厂的夹克衫等7种产品列入天津市统一的创一流产品规划,还有40种产品列入天津市乡镇企业系统的计划。

在部分企业开展了提高关键工序一次投入产出合格率活动,并专题举办了全市乡镇企业降低不良品损失率展示汇报会,64家企业参展。

1991年天津市乡镇企业产品的国家抽查合格率为78.6%,市级抽查合格率为95%,出口商品商检合格率99.3%,分别比年初所定指标高出8.6、1.5和1.3个百分点。

二、开展“质量年”活动

从1994年开始,天津市在全市乡镇企业系统开展质量年活动。突出抓好五个环节:一是强化质量法制意识。认真搞好《中华人民共和国质量法》的宣传,着重对企业法人进行一次普遍轮训。二是健全企业基础性质量管理工作,完善质量责任制,继续开展质量管理达标活动。在骨干企业推行QB/T19003标准。三是继续开展创一流产品活动。四是搞好质量监督抽查。全市以食品、建材、医疗用品、制鞋和家用电器为重点,定期组织抽查通报。五是严格奖惩制度,加大对产品质量抽查不合格生产企业的整改力度,并实施必要的质量激励措施。

1994年,全市乡镇企业系统共有8380名企业法人代表接受质量法规的培训,培训面达到93.7%。培训技术人员和职工23万人次。全市乡镇企业积极开展创“一流产品”活动。经专家评审,乡镇企业系统生产 的“力”牌阀门、“东仪”牌气体减压器等17项产品申报市级“一流产品”。开展降低不良品损失活动。参加企业共316家,降损金额2534万元。还开展质量公关活动。有222家企业参加,围绕提高产品质量,降低成本,完成质量攻关项目219项,取得较好效果;其中宁河芦台精密铸造厂的提高铸模成品率和静海县大邱庄轧钢厂的电梯导轨底部凹型两项质量攻关项目获天津市1994年质量攻关成果三等奖。同时,进一步开展质量管理达标活动。183家企业被评为农业部质量管理达标企业,使全市乡镇系统达标企业累计达到622家。继续加强乡镇企业质量管理基础工作。338 个乡镇企业制订了企业标准,其中采用国际标准 7 个,全市乡镇企业标准覆盖率达到 95%以上。有 186 个企业计量工作达标,其中达到计量工作二级标准的有 7 个企业。累计有 1589 个企业计量工作达标,其中达到计量工作二级标准的有 86 个企业。

1994 年,乡镇企业产品质量抽检合格率有所提高。国家质量抽查天津市乡镇企业产品 34 个,合格产品 18 个,合格率 52.9%。市级质量抽查乡镇企业产品 551 个,合格产品 488 个,合格率 88.6%。56 种重点出口产品商检合格率 100%。

三、天津市乡镇企业质量振兴活动

1997 年 11 月 8 日,天津市乡镇企业局印发《天津市乡镇企业质量振兴方案》,提出 1998~2000 年在乡镇企业开展质量振兴活动。通过强化企业经营者及广大职工的质量意识,深化企业质量管理基础工作,健全质量管理体系,加速实施名牌发展战略,提高乡镇企业产品质量和服务质量。

质量振兴活动的主要内容:一是强化质量普法教育和质量管理知识教育。对厂长经理的培训以强化质量普法教育、质量意识教育、全面质量管理等内容为主;对职工的培训以普及质量管理知识技能为主。二是加强基础管理工作。明确乡镇企业要建立以技术标准为主体,包括工作标准和管理标准的企业标准体系。鼓励企业积极采用国际标准或国外先进标准,并严格按照标准组织生产和检验。三是推行科学的质量管理方法。积极贯彻 ISO9000 质量管理及质量保证系列标准,持续不断开展质量攻关和提质降损工作,继续开展全面质量管理达标活动。四是实施名牌战略。并开展质量信得过产品活动。

通过开展质量振兴活动,1998~2000 年,全市乡镇企业系统切实加强质量管理工作,取得明显成效。

一是乡镇企业质量管理基础工作明显加强。年收入 500 万元以上乡镇企业的标准覆盖率达到 95%以上,年销售收入 1000 万元以上的乡镇企业消灭了无标生产。

二是产品抽检合格率明显提升。国家质量抽查合格率达到 80%,天津市质量抽查合格率达到 90%以上,出口商检产品合格率达到 99%。

三是积极创建名牌产品。3 年共有 28 个乡镇企业产品被评为天津市名牌产品。其中 1998 年 8 个,1999 年 9 个,2000 年 11 个。全市乡镇企业累计有 49 个产品被评为天津市名牌产品。1999 年在部分骨干企业开展“创天津市乡镇企业名牌产品”和“天津市乡镇企业质量信得过产品”活动,分别有 29 个和 33 个企业达到认定条件。1998 年结合创名牌活动,在 240 个乡镇企业中开展 250 多项质量攻关活动。2009 年渤海石油机械有限公司、天福木制品有限公司、长城输变电成套设备有限公司、金锚有限责任公司、豪爽饮料有限公司、荣亨精铸集团有限公司、丽华色材总厂7家企业被农业部确定为全国乡镇企业创名牌重点企业。

四是积极推行科学的质量管理方法,3年共有119个乡镇企业通过ISO9000质量管理及质量保证系列标准的认证。1998年在30家乡镇企业开展ISO9000系列标准的培训工作,15家企业通过认证。1999年34家乡镇企业通过认证。2000年通过认证的乡镇企业达到70家。到2000年年底,累计通过ISO9000系列标准认证的乡镇企业达到170家。2000年以后,全市乡镇企业继续开展ISO9000质量管理及质量保证系列标准的认证工作,到2010年,通过认证的企业已达到1300多家。

第四节 财务会计管理

乡镇企业在1993年以前,实行由农业部、财政部制定并下发的《乡镇企业财务管理办法》和《乡镇企业会计制度》。这种按照不同所有制性质和经营方式划分的企业财务会计制度,在当时对加强乡镇企业的财务管理,促进乡镇企业发展曾发挥了积极作用。但随着社会主义市场经济体制的建立和发展,原有的乡镇企业的财务会计制度已经不适应经济发展的需要。1993年7月1日起,国务院授权财政部,在全国范围内实行统一的《企业财务通则》《企业会计准则》和13个行业的《企业财务制度》《企业会计制度》,从根本上改革了中国财务会计制度的核算模式。从1993年起,天津乡镇企业系统开展新财务制度的贯彻,用两年时间基本完成与“两则”制度的接轨,实现农业会计到工业会计的转变。1996年后根据财政部的要求,在乡镇企业中推广了会计电算化和会计基础规范化工作。

一、乡镇企业财务会计制度改革

为抓好新旧财务制度的衔接,市乡镇企业局从1993年开始,用两年时间,在全市乡镇企业开展新财务会计制度的贯彻实施工作。市乡镇企业局与区县乡镇企业经委共同配合,编印新财务会计制度实用操作教材,发到每个企业,并分级分批对乡村两级企业的财务人员进行专题培训,使乡镇企业财会人员都能按照新制度进行记账、核算和财务管理。在新财会制度贯彻执行后,还采取多种形式,组织乡镇企业财会人员开展核算、财务管理方面的工作研究和经验交流,乡镇企业财会工作纳入制度化、规范化的轨道。全市年销售收入500万元以上的乡镇企业都建立了独立的、比较完整的财务管理和会计核算体系,在企业生产经营活动中发挥了重要作用。

二、开展乡镇企业会计基础工作规范化工作

从 1996 年开始，为提高乡镇企业财务管理的整体水平，市乡镇企业局和市财政局联合在乡镇企业系统开展会计基础工作规范化工作。在推动这项工作中，重点抓好四项工作：一是要求企业依法建账，及时进行会计核算，按时提供合法、真实、准确、完善的会计报表和其它会计信息。二是要求企业建立严格的内部会计管理制度和内部控制制度，保证国家的有关会计政策、法规、制度得到贯彻执行。三是要求企业各项资产清晰、完整，各项收支活动依法执行。四是加强对会计人员的培训，使企业会计人员素质适应经济管理的要求。乡镇企业会计基础工作规范化工作采取企业自检打分，各区县乡镇企业经委(局)检查验收，市乡镇企业局和市财政局联合抽查的程序进行，各区县乡镇企业管理部门和财政局坚持深入基层单位调查研究，推动企业加强会计基础工作，整顿企业会计工作中不规范的做法和存在的问题，总结和推广基层单位加强会计工作的经验，并分期分批组织乡镇企业的财会人员参加业务学习培训，推动和帮助他们规范会计基础工作。到 1999 年年底，全市已有 910 家企业达到会计基础工作规范化的要求。

三、加强乡镇企业财会队伍建设

乡镇企业系统坚持抓财会人员的业务培训，通过多种形式、多种层次的培训，使乡镇企业财会人员队伍的业务素质和参与经营管理的能力得到提高。截止到 1998 年底，全市乡镇企业已有持证上岗会计人员 24958 人，其中取得中级以上会计职称 1474 人，取得初级会计职称 20726 人。持证上岗人员已占会计人员总数的 88.9%。

到 2010 年年底，全市郊区工业系统已有 21267 人获得会计专业技术职称，其中高级会计师 404 人，会计师 3680 人，助理会计师 17183 人。

四、在乡镇企业推行会计委派制

随着乡村集体企业的改革，部分乡村集体企业改为民营企业或集体参股企业。为强化所有者对企业的监督权，确保集体经济的合法权益得到保障，1997 年之后在部分乡镇企业推行会计委派制，对乡镇办企业主管会计进行委派(有的乡镇还建立了会计服务站)。实行会计委派制是乡镇企业发展的需要，它立足于所有权和经营权的分离，通过健全管理机制，加强会计核算和监督，来保护集体经济组织的合法权益。实行会计委派制后，企业会计由资产所有者直接委派，对经营者违反制度规定的会计事项敢管敢说，制约经营者自行其是、滥用职权行为，维护集体的利益。同时强化了会计的核算和监督，严格按照财会制度办事，财务管理水平明显提升。通过推行会计委派制，使乡镇企业财会管理工作在企业全面转制的情况下得到加强，维护了企业所有者

的正当权益，达到了保证集体资产保值增值的目的。

五、乡镇企业财会工作会议

1999年8月13日，市政府农业办公室、市财政局、市乡镇企业管理局联合召开全市乡镇企业财会工作会议。这是在乡镇企业发展史上唯一的一次全市性乡镇企业财会工作专业会议。会议肯定乡镇企业财会工作取得的成绩和所做的主要工作，分析形势和存在的主要问题，提出加强乡镇企业财会工作的重要意义，提出要重点抓好企业成本费用的控制和管理、资金的使用和管理、集体资产管理、完善财会机制、强化企业的经济审计、抓好财会队伍建设等项工作，并大力推进会计基础工作规范化和会计电算化工作，切实提高乡镇企业财会工作水平。为强化乡镇企业财务管理和会计工作，会议期间出台市农办、市财政局、市乡镇企业局联合制定的《关于加强我市乡镇企业财务管理和会计工作的意见（讨论稿）》，明确了加强乡镇企业财务管理和会计工作的重要意义，提出加强乡镇企业财务管理和会计工作的指导思想、工作目标以及实现目标所要采取的措施。

六、乡镇企业工资管理

2005年，全市规模以上乡镇工业企业共有2974家，从业职工521897人，当年发放劳动报酬820799万元，人均劳动报酬15728元。其中最高的北辰区年人均劳动报酬21472元；最低的武清区年人均劳动报酬10071元。2005年，天津市规定的最低工资标准是月均590元。2006年提高到月均650~670元。

从企业的具体情况看，合资、独资、以及建厂时间较长的乡镇办或村办企业工资分配制度比较健全，很少发生克扣或拖欠工资的现象。这部分企业大约占规模企业总数的三分之一。规模以下企业大多数没有规范的工资分配制度，随意性比较强。还有相当一部分企业没有休息日，常年加班，只是按照农村的惯例，春节前后放假。有相当部分企业日工作时间超过8小时，有的超过10小时。

2006年12月起，市乡镇企业办公室牵头，起草《关于建立乡镇企业职工工资正常增长机制的指导意见》。由于建立乡镇企业正常工资增长机制问题涉及面比较广，政策性非常强，在意见的起草过程中，先后征求市总工会、市劳动和社会保障局的意见，并进行多次修改。2007年3月6日，以天津市总工会、天津市农村工作委员会、天津市劳动和社会保障局三家名义联合正式下发《关于建立乡镇企业工资正常增长机制的指导性意见》（津农委〔2007〕12号）。意见结合天津市的实际情况，为规范乡镇企业工资支付行为，维护劳动者依法取得劳动报酬的权利，不断提高企业职工工资，根据《中华人民共和国劳动法》及有关法律、法规，提出建立乡镇企业职工工资正常增长机制的 8 条指导意见。

1.乡镇企业要按照国家有关规定建立工资分配制度。乡镇企业的工资分配应当坚持按劳分配为主体，多种分配方式并存的分配制度，企业应当以货币形式按时足额支付工资。工资分配制度包括：工资决定办法；各岗位的工资标准；工资正常增长办法；奖金分配办法；津贴、补贴分配办法；患病、休假等特殊情况下的工资支付办法。

2.乡镇企业职工工资标准的确定。职工工资的标准要按照市政府颁布的工资指导线，人工成本信息、劳动力市场指导价位，结合企业的经济效益情况确定。企业职工获得的工资不得低于本市最低工资标准，并应当参照全市工资指导线确定本企业职工工资的增幅。

3.乡镇企业要按照国家有关规定积极建立工资集体协商制度。工资集体协商制度是指企业与企业工会和职工代表就企业工资分配制度、工资分配形式、工资收入水平等事项进行平等协商，在协商一致的基础上，经企业职工代表大会或者职工大会审议通过后，签订工资协议的一种形式。企业应当依法与劳动者签订劳动合同，明确本岗工资标准。劳动合同中约定的工资标准可以根据劳动者所在岗位的变化进行调整和变更，但不得低于工资集体协议中确定的最低工资标准。

4.乡镇企业要建立正常的工资增长机制。要根据本单位的经济效益增长情况，参照市政府发布的工资指导线、劳动力市场工资指导价位和本地区、本行业的职工平均工资水平等因素，逐步增加劳动者工资。

5.乡镇企业要足额支付劳动者工资。企业应当按照劳动合同或者工资集体协议约定的日期足额支付劳动者工资，不得克扣或者拖欠工资。

6.乡镇企业要按照国家规定支付职工加班工资。

7.实行计件工资制的乡镇企业，应当合理确定劳动定额和计件单价。劳动定额和计件单价的确定应当依照国家或者行业制定的劳动定额标准，结合本企业实际，并经过集体协商确定。

8.加强对乡镇企业建立工资正常增长机制的指导和监督。有农业的区县人民政府应当加强对建立乡镇企业工资正常增长机制工作的领导。由主管区县长牵头，建立区县乡镇企业工资正常增长机制工作领导小组。劳动保障行政部门和乡镇企业行政管理部门负责本行政区域内乡镇企业建立乡镇企业工资正常增长机制工作的监督管理。对乡镇企业发生克扣职工工资、不按期发放工资等现象，要及时查处并予以纠正，切实维护职工的合法权益。

七、乡镇企业系统内部审计

乡镇企业系统内部审计是指依法在乡镇企业系统设立内部审计机构或者审计工作人员，在本部门、本单位主要负责人的直接领导下，依照国家法律、法规和政策，对本单位及主管的企事业单位的财务收支及其经济效益进行内部监督、评价，独立行使内部监督职权，对本部门、本单位领导人负责并报告工作。天津市乡镇企业系统从20世纪90年代初期开展乡镇企业内部审计工作，在推动乡镇企业加强企业和财务管理，提高企业经济效益等方面发挥了一定作用。1996年天津市政府机构改革之后，市乡镇企业管理局不再承担对乡镇企业的审计职能。

(一)建立乡镇企业审计队伍

1991年，市乡镇企业局成立审计处，由专门的机构承担对乡镇企业进行审计的任务。下发《关于建立健全内审机构，充实内审人员的通知》，要求区县和乡镇都要建立审计部门，配备专兼职的审计工作者。到1992年年底，全市12个涉农区县都建立了内审机构，并且配备29名专职内审人员。全市有184个乡镇一级企业主管部门建立内审机构，占全市乡镇一级企业主管部门的81.8%；配备内审人员753人，其中专职人员305人。乡一级内审人员中具有初级以上职称的有513人，占乡级内审人员总数的68%；文化程度在中专以上的有553人，占73.4%。

自1992年起，为加强对乡镇企业审计人员的管理，促进审计人员素质的提高，在乡镇企业系统实行"审计证"管理制度。乡镇企业审计人员必须持证上岗。1993年，为配合审计证的发放，全市乡镇企业系统共举办审计培训班41期，累计培训审计人员1861人次。全市累计2184人经审核领取审计证。到1994年年底，有48人获得审计专业技术职称任职资格，其中审计师18人，助理审计师30人。

1995年1月，市乡镇企业局召开全市乡镇企业审计工作会议，总结1994年工作，部署1995年的工作，并表彰在审计工作中做出突出贡献的先进集体和个人。市乡镇企业局审计处、蓟县乡镇企业经委审计科、武清县乡镇企业经委审计科、宝坻县乡镇企业经委审计科、静海县大邱庄津海集团公司审计部5个单位获得农业部颁发的1994年全国乡镇企业系统先进审计集体称号。

(二)开展审计工作

1991年，全市乡镇企业内审机构共审计6435个项目和单位，查出损失浪费金额254万元，纠正违纪违规金额867万元，增加上缴利润60万元，增加企业留利237万元，促进增收节支772.5万元。

1992年重点搞好乡镇企业财务收支审计、完善承包经营责任审计和搞好利润分配审计。财务收支审计是内审工作的一项经常性监督内容，主要是检查乡镇企业是否严格执行农业部、财政部颁发的《乡镇企业财务制度》《乡镇企业会计制度》《乡镇企业成本开支范围的规定》等制度规定，严格审计各项提留是否合理，各项资金占用是否浪费，债权债务是否及时清理，各项财务指标是否真实等。完善承包经营责任审计重点抓承包前审计，审查承包合同和基数的合法性、科学性，防止或终止无效、非法或明显损害国家和集体利益的承包。监督承包双方认真履行合同规定的责任和义务，维护职工正当权益不受损害，监督企业按规定提留，防止追求短期效益，损害企业发展活力。利润分配审计根据“确保国家税收，增加企业积累，适当补助社会性支出，兑现投资分利，提高集体提留和个人收入”的分配原则，着眼于扩大企业积累基金，增强企业发展后劲，制止和纠正分光吃净的做法。全市乡镇企业内审部门共审计6868个单位和项目，其中经济效益审计4634项，承包离任审计1178项，财务收支审计1178项。通过审计不仅对企业的工作给予了客观公正评价，对管理中存在的问题帮助解决，而且积极提出建议。1992年被采纳的审计建议有300多条。通过开展经济效益审计，全市乡镇企业系统促进增收节支1544万元，揭露损失浪费金额88.7万元，纠正违纪违规金额768.4万元，增加企业留利365万元。

1993年，全市乡镇企业内审部门共审计乡镇企业7503家，其中经济效益审计3689家。1993年被采纳的审计建议共1045条。通过开展经济效益审计，促进乡镇企业增收节支7658万元，查出损失浪费643万元，纠正违纪违规金额766万元，增加企业留利464万元。乡镇企业审计部门还参与了乡镇企业清产核资工作。

1994年6月，市乡镇企业管理局印发《强化乡镇企业内部审计监督的有关规定》，规定各级乡镇企业主管部门都必须有一名领导分管审计工作，实行领导负责制。区县乡镇企业主管部门要建立独立的内审机构，配备相应审计人员。乡镇、企业也要相应设置审计机构或配备专、兼职审计人员。乡镇企业系统审计人员必须持证上岗。区县上报市政府或市乡镇企业局下达的任务指标前，必须由内审部门签章后方可上报。企业申报市级以上荣誉称号的，必须经区县乡镇企业内审部门审计确认。亏损企业经区县乡镇企业内审部门审计确认后，经主管部门批准，可免缴乡镇企业管理费。审计工作逐步列入企业日常管理。年销售收入百万元以上的企业，实行月自查、自审制度。区县内审部门重点抽审年销售收入五百万元以上企业。市乡镇企业局重点抽审年销售收入三千万元以上企业。

1995年6月，市乡镇企业局审计处组织对12家年销售收入三千万元以上乡镇企业的联合抽审。通过抽审，12家企业内控制度基本建立。12家企业都制定有财务管理制度，其中7家企业有一整套的企业内部管理制度，并且正常运行。有5家企业每月执行成本核算制度，为企业降低成本，提高效益提供资料。有2家企业已经建立内部审计制度。

第五节　安全生产管理

乡镇企业系统安全生产管理是天津市乡镇企业管理局的一项重要工作职责。1988年8月，经市编委批复，同意市乡镇企业管理局建立安全环保处，核定行政编制5名。安全环保处成立之后，各区县乡镇企业管理部门建立了安环科，乡镇和重点企业建立了安全管理机构。1989年，市乡镇企业管理局制定并下发《天津市乡镇工业企业安全消防管理规定》。各区县按照“谁主管谁负责”和“安全第一，预防为主”的方针，建立安全消防工作例会、企业安全生产百分考核、逐级签署安全承包责任书等制度，建立十多支专职消防队，并定期组织安全生产检查，使乡镇企业因工死亡人数逐年减少，火灾损失下降。1990年以后，乡镇企业主管部门相继制定和下发《乡镇工业企业锅炉房安全管理运行标准》《天津市乡镇企业安全、消防和工业卫生管理规定实施细则（暂行）》《天津市乡镇企业安全生产综合治理实施意见》，规范和强化乡镇企业系统的安全生产管理工作，以加强各级安全责任制为核心，以加强安全管理为基础，以加强对易燃易爆企业的监管力度为重点，普及“三五七”（即三项原始记录、五项基础档案、七项管理制度）安全基础管理工作法，推行一厂一档的管理办法，建立五个一的安全生产管理制度，全面推动乡镇企业的安全消防工作。2000年以后，乡镇企业的安全生产工作归各级安全生产监督管理部门负责。

一、制订《乡镇工业企业锅炉房安全管理运行标准》

1991年年初，为进一步加强乡镇工业企业锅炉房的管理，逐步使全市乡镇企业1733台锅炉管理工作标准化和规范化，确保锅炉安全运行，市乡镇企业局制订并发布《天津市乡镇工业企业锅炉房安全管理运行标准》，并决定自1991年起用两年的时间在全市乡镇工业企业中开展锅炉房安全管理运行标准达标考核工作，并作为企业升级和评选节能先进单位的重要条件。《天津市乡镇工业企业锅炉房安全管理运行标准》共计28条，该规定要求企业应建立完整的锅炉安全运行管理控制点，设立专兼职管理人员，司炉工必须持证上岗，要制定岗位责任制、交接班制度、巡回检查制度、定期检查检修制度、安全操作规程、维护保养清洁卫生制度、水质管理制度和事故报告制度，并对锅炉运行标准作了明确规定。到1992年年底，市乡镇企业系统对全市锅炉房专兼职管理人员进行专业培训，落实有关管理制度，司炉工全部实现持证上岗，锅炉房的管理逐步实现标准化和规范化。

二、制订《天津市乡镇企业安全、消防和工业卫生管理规定实施细则（暂行）》

为了加强乡镇企业安全、消防、工业卫生管理，改善乡镇企业劳动条件，保障职工的身体健康、人身安全和企业财产安全，1993年9月，天津市农委根据国家农业部1992年发布的《乡镇企业安全、消防和工业卫生管理规定》，制订《天津市乡镇企业安全、消防和工业卫生管理规定实施细则（暂行）》，并于1993年9月下发施行。该实施细则共8章25条。提出安全消防工作层层实行负责制，区县乡镇企业主管部门和乡镇政府主管部门要设立安全管理机构，配备专职安全管理干部。产值在500万元以上或易燃易爆的企业要建立安全机构，其他企业要设专人管理。市、区县、乡镇、企业要层层建立安全生产责任制，逐级签订年度安全生产责任书。对各级管理职责、监督职责、培训教育、事故调查处理、奖惩等也作出明确规定。

三、建立和完善安全消防的监管体系

1990年后，根据市农委和市乡镇企业局制定的乡镇企业安全消防工作意见，强化各级安全生产责任制，推行目标管理。安全生产责任制坚持自上而下层层落实，上至主管区县长，下至主管乡镇长、企业厂长、车间到班组长，层层明确责任，逐级签订安全生产责任书。各区县分别将安全控制目标落实到乡镇，再分解到村、企业。按照市农委《关于在乡镇企业全面推行安全生产风险抵押的实施意见》，建立安全生产风险抵押金制度，将经济效益、社会效益和安全管理手段有机结合在一起，确保安全生产责任制的落实。1995年，各区县共落实安全生产风险抵押金120万元。

四、定期开展安全检查

1992年5月，在全市乡镇企业系统开展安全月活动，声势大，效果好。在全市召开动员大会后，12个区县及乡镇、企业层层召开安全工作会议400余次，参加人员3万多人，并开展各种形式的宣传教育活动，在安全月活动中，12个涉农区县共组织安全生产检查3345次，共查出安全隐患2186处，立即整改1805处，占82.6%。检查采取多种形式，自查、普查、联查、抽查，并与劳动、公安、检察院等部门联合行动，做到检查和整改相结合。

1995年，在乡镇企业中相继开展春季安全生产大检查、压力容器专项治理活动、安全月活动、百日安全生产无事故活动和冬季安全消防大检查等。市、区县、乡镇三级共查出隐患2670处，整改2278处，有效防止了一些事故，保证安全生产。1995年市政府下达的乡镇企业安全生产控制指标为因工死亡人数25人，火灾损失控制在170万元以下。当年实际发生因工死亡事故9起，死亡职工14人；发生火灾44起，经济损失23.06万元。低于市里提出的控制指标。主要事故为1995年1月31日西青区长城化工厂爆炸死亡3人，北辰区津安器材厂爆炸死亡4人。

1996年6月26日下午，西青区李七庄乡大倪庄村办企业发生重大爆炸事故，造成19人死亡。为此，市政府召开全市乡镇企业安全生产紧急现场会，对进一步加强乡镇企业系统安全生产工作进行部署。会议要求各区县党委政府要把保障人民生命财产安全视为自己神圣的职责，切实落实企业的安全生产责任制，把各项安全措施落实到每一个乡镇企业。会后，各区县由区县长带队，组织乡镇企业主管部门、劳动部门、公安部门参加的联合检查组，对本区县范围内的乡镇企业开展了一次全面安全大检查，重点是易燃易爆企业。对查出的安全隐患限期进行整改，对重点车间、重点设备采取可靠的监护措施，做到人工安全监控和自动安全监控相结合，确

保万无一失。对乡镇企业中易燃易爆的化工企业进行重点整顿。对新上化工项目进行限制,对已有项目进行调整,部分安全隐患较大的项目停产或转产。

1998年从三个层面对乡镇企业的安全生产进行检查:一是重点检查,如五月安全月、国庆中秋、元旦春节以及冬防等大规模检查,做到不留死角,不留隐患。二是日常检查。重点对易燃易爆企业和危险设施场所进行监管,对检查中发现的事故隐患立即整改,直至令其停产。三是专项检查。对化工、砖瓦、采石、服装、烟花爆竹等行业进行专项检查治理。查出大小事故隐患3000多个,整改率达到90%以上。1998年全市乡镇集体工业企业因工死亡1人,发生火灾23起,火灾损失12.8万元,都低于年初提出的控制指标,成为乡镇企业历史上因工死亡人数最少的年份。

五、建立和推行“一厂一档”和“五个一”的安全生产管理制度

一厂一档和“五个一”的安全生产管理制度是蓟县1990年之后从实践中逐步建立完善的一套行之有效的乡镇企业安全生产管理制度。从建立组织机构、落实责任制、完善奖惩办法入手,层层签订责任书、保证书,把安全生产纳入计划上报,使乡镇企业安全生产走上制度化、规范化的轨道,既强化了宏观控制能力,又提高了微观管理水平。其主要做法是全面推行“一厂一档”,并在此基础上,推行“五个一”基础建设,并以“五个一”为载体,全面强化预防工作,提高乡镇企业安全生产水平。

“五个一”的基本内容:一是企业一厂一档。就是全县乡镇企业做到一厂一部安全生产档案,以企业档案为基础,建立县、乡镇、企业三级安全生产档案。企业一厂一档的主要内容包括安全生产的组织机构、各级的职责和责任、安全生产的制度和标准、控制手段和措施等。企业一厂一档的落实,统一规范了乡镇企业安全生产的责任、标准、措施,使安全生产工作有了扎实的基础。二是班组一日一查。就是坚持班组一日一检查,及时发现和消除各种事故隐患,防患于未然,把火灾和伤亡事故消灭在萌芽状态。三是企经委一月一会。就是县乡镇企业经委每月按片召开乡镇企业厂长或主管副厂长参加的安全生产工作例会,研究和部署安全生产工作。四是乡镇一季一验。就是乡镇每季度对所属乡村集体企业,按照安全生产百分考核标准和有关安全生产技术要求,进行检查验收一次,并将检查结果通报。五是县、乡镇、企业一年一评。就是每年县、乡镇和企业都要对安全生产进行评比表彰。对评选表彰的先进集体和先进个人,除给予精神奖励外,还给予一定的物质奖励。实行“五个一”的管理,一环扣一环地加强乡镇企业安全生产的宏观控制,细化微观管理,使乡镇企业的安全生产取得较好的效果。

到1998年年底,全市有5000多家乡镇企业实行了“一厂一档”,到1999年年底,乡镇骨干企业全部实行“一厂一档”的安全管理。

第六节 营销管理

营销管理是乡镇企业管理工作的一项重要内容。特别是1980年代末期，在国家对国民经济进行治理整顿期间，乡镇企业产品积压，货款拖欠等问题日益严重，导致部分企业停产或半停产。针对这种情况，乡镇企业系统开始重视乡镇企业的销售工作。天津市农口各区县党委、政府召开各种会议，研究乡镇企业的销售工作，组织各种销售活动，并制定鼓励乡镇企业强化营销工作的政策。

一、管理部门加大对营销工作的推动力度

1990年8月，市委、市政府召开全市乡镇企业工作会议，要求乡镇企业增强营销观念，努力搞活销售。提出解决市场疲软的关键是引导企业改变传统的生产观念，代之以注重市场信息，注重以销定产，尊重商品经济规律，确立现代营销观念，尽快实现由生产型向生产经营型的转变，积极开拓产品销售市场。要加强乡镇企业供销队伍建设，完善促销政策。

1990年9月，市农委、市乡镇企业局联合召开乡镇企业营销工作座谈会，交流各区县开拓市场，搞好乡镇企业营销工作的做法和经验，对做好乡镇企业营销工作提出要求。涉农区县加大对乡镇企业营销工作的推动力度，成立“乡镇企业业务员协会”。县乡两级采取各种形式抓好业务培训，不断提高业务员的素质，加强对业务活动的管理。并以市场为导向，全方位抓好企业营销工作。组织多个营销小组常年活动在全国各地，广泛开展市场调研。在外地建立销售公司，覆盖大部分省、市、自治区。开展展销定货销售、让利销售、有奖销售、协作销售、定额有偿销售等灵活多样的营销方式，带活了乡镇企业的生产，促进了乡镇企业的发展。

1991年，市乡镇企业局提出把促进营销、开拓市场列入当年的重点工作。在天津市春季、秋季两次商品交易会上，全市乡镇企业销售产品总值9亿多元。武清县、汉沽区举办的商品交易会，蓟县举办的山货节等规模较大的商品交易活动都收到较好效果。

到1994年年底，全市12个涉农区县85%的乡镇建立了营销机构。年产值100万元以上的企业大都建立了供销科室。有5个区县建立了供销人员协会。全市乡镇企业专职供销人员已达到5万多人，占乡镇企业职工总数的5.2%。市、区县、乡镇、企业四级营销网络初步形成。在全国设立销售网点3600多处，开展组织各类展销会上百次，成交金额近20亿元。1994年乡镇企业产品销售率达到89.3%，比上年增长1.2个百分点。清理拖欠货款21亿元，占应收货款数额的60%。

二、表彰乡镇企业供销工作先进集体和个人

1994 年，农业部下发《关于评选表彰全国乡镇企业供销系统先进集体和优秀供销员的通知》。根据农业部的规定精神，天津市乡镇企业局决定在全市乡镇企业系统开展市级乡镇企业供销系统先进集体和优秀供销员评选活动。经自下而上评选推荐，经天津市乡镇企业局审定，评出市级乡镇企业供销系统先进集体 31 个，市级乡镇企业优秀供销员 93 名。市乡镇企业局对受到表彰的先进集体和优秀供销员颁发了荣誉证书，并由所在单位给与适当的物质奖励。在评选市级乡镇企业供销系统先进集体和优秀供销员的基础上，向农业部推荐了全国乡镇企业供销系统先进集体和优秀供销员的备选名单。

1994 年 11 月，农业部在北京召开全国乡镇企业表彰会。会议除了表彰全国乡镇企业家外，还表彰了 190 个全国乡镇企业供销系统先进集体和 661 名优秀供销员。天津市有 5 家企业获得全国乡镇企业供销系统先进集体称号，15 名业务员获得全国乡镇企业供销系统优秀供销员称号。

获得全国乡镇企业供销系统先进集体称号的企业是：天津市大站集团公司、天津市丽华色材总厂、天津市武清县石各庄经委、天津市兴果农药厂、天津市尧舜集团公司。

西营门自行车零件厂赵存稳（女）、大站集团公司胡焕生、大华制衣有限公司王新宇、宝坻县新海彩印复合材料厂陈武等 15 人获得全国乡镇企业系统优秀供销员称号。

1997 年 4 月，在天津市召开的全市乡镇企业营销工作会议上，表彰 12 名天津市乡镇企业系统营销标兵。他们是：东丽区津唐食品有限公司业务经理咸桂芝、西青区红联橡胶制品厂业务员李卫国、津南区大站集团公司总经理王孝杰、北辰区万达轮胎集团公司副总经理谷洪金、塘沽海洋保健食品有限公司马云成、汉沽澳海金属制品有限公司副经理陈连江、大港天元集团民用器材厂厂长薛从志、蓟县长城电器有限公司高秀岭、宁河荣亨精铸集团公司副经理庄朝生、武清津都集团公司董事长王敬泰、宝坻大华科工贸集团有限公司副总经理陈连捷、静海津海集团公司副总经理张延聪。

第七节　开展创建全国诚信守法乡镇企业活动

2002 年 6 月，农业部发出通知，决定在全国乡镇企业系统开展创建诚信守法乡镇企业活动。

申报“全国诚信守法乡镇企业”必须具备 10 个条件。1.企业依法开展生产经营活动，重合同守信用。2.企业依法建账和进行会计核算。3.企业严格执行国家财务管理制度，按期如数偿还银行贷款，在银行等金融机构中有良好信用。4.企业加强应收应付账款管理，按期如数支付客户货

款，在客户中有良好信用。5.企业加强质量管理，严格按标准生产，为社会提供优良产品和服务。6.企业有健全的安全生产规章制度，有良好的安全生产条件和劳动保护措施。7.企业重视环境保护，无污染环境行为，合理开发利用资源。8.企业依法纳税，及时足额缴纳应缴税款，在当地税务部门中有良好信用。9.企业保障职工身心健康，积极推行职工养老保险等，维护职工合法权益。10.企业法人代表诚信守法，有良好的个人信用。在全国同行业中主要经济指标处于领先地位，

认定“全国诚信守法乡镇企业”，按照企业自愿申报、自上而下、逐级推荐、坚持标准、客观公正、严格审查的原则进行。对认定的企业由农业部发文公布。

2002 年 10 月，农业部公布 2002 年度全国诚信守法乡镇企业名单。天津市 7 家乡镇企业榜上有名。这 7 家企业是：东丽区津东华明纸箱厂、东丽富士达自行车有限公司、津南大站集团有限公司、大港鹏翎胶管股份有限公司、西青宏远钛铁有限公司、武清田歌纺织有限公司、北辰双街钢管有限公司。

2003 年 10 月，农业部公布 2003 年度全国诚信守法乡镇企业名单。天津 17 家乡镇企业获得“全国诚信守法乡镇企业”称号。这 17 家企业是：科林自行车有限公司、甘泉集团有限公司、东光特种涂料厂、有容蒂康通讯技术有限公司、芦阳化肥股份有限公司、立林机械集团有限公司、久安集团有限公司、腾达集团有限公司、津宝乐器有限公司、环球旅游制品股份有限公司、中北钢丝绳有限公司、斯必得服装集团有限公司、东塔服装公司、中塘五金橡胶制品有限公司、大田包装容器有限公司、大邱庄薄板有限公司、三千科技集团有限公司。

2005 年 2 月，农业部发文公布 2004 年度全国诚信守法乡镇企业名单。天津有 18 家乡镇企业入围：建城地基基础工程有限公司、圣发烛业有限公司、铁中煤化工有限公司、渤海阀门制造有限公司、大滩锅炉集团有限公司、东海投资集团有限公司、新星兽药厂、飞龙制管有限公司、大港胶管股份有限公司、大港仪表有限公司、大华电缆厂、捷达铁柜有限公司、金轮自行车集团有限公司、环宇地毯有限公司、振宇服装有限公司、宝坻恒瑞制衣有限公司、通达集团有限公司、天立独流老醋股份有限公司。

2007 年 1 月，农业部公布 2006 年度“全国诚信守法乡镇企业” 名单，天津市 16 家乡镇企业榜上有名。这 16 家企业是：金锚集团有限责任公司、北辰区飞龙砼外加剂厂、凯诺实业有限公司、天海同步器有限公司、华韵乐器有限公司、胜利集团有限公司、大港区天成化工厂、大港永兴福利造纸厂、京津农药厂、大顺园林装饰有限公司、金钟农副产品有限公司、科迈化工有限公司、泓锋泰汽车改装有限公司、联发机电设备安装工程有限公司、津重重工机器设备制造有限公司、津起起重设备有限公司。

第六章 乡镇企业家

在天津农村经济的发展中，乡镇企业“异军突起”，迅猛发展，成为农村经济的重要组成部分。乡镇企业的发展，造就了一大批优秀的厂长经理，他们勇于探索，开拓进取，成为发展农村经济，带领农民致富的带头人。为了表彰先进，树立表率，1987 年由天津市部分新闻单位和市乡镇企业局发起，开展了首届优秀农民企业家评选活动，60 名乡镇企业厂长经理获得农民企业家称号。1991 年 6 月，市乡镇企业局拟定《天津市乡镇企业家评选管理办法》，开展乡镇企业家的评选活动。截止到 2010 年，共开展 4 届乡镇企业家评选。先后有 441 名企业经营者获得天津市乡镇企业家称号，其中 108 人获得天津市优秀乡镇企业家称号。其间，天津市还开展了优秀乡镇女企业家评选，32 人获“天津市优秀女乡镇企业家”称号。

第一节 乡镇企业家评选

一、农民企业家评选

1987 年 6 月，中央人民广播电台、中央电视台和中国乡镇企业报联合举办当代中国优秀农民企业家评选活动，推选出中国优秀农民企业家 100 名，其中最佳农民企业家 10 名。天津市静海县大邱庄农工商联合公司总经理禹作敏、汉沽区营城冶炼厂厂长张耀发、北郊区双街钢管厂厂长柴竹金、北郊区华兴漆包线厂厂长周春玲 4 人获得中国优秀农民企业家称号；禹作敏获得最佳农民企业家称号。9 月 2 号，农牧渔业部在人民大会堂召开中国优秀农民企业家表彰大会。

1987 年 10 月，天津日报、今晚报、天津人民广播电台、天津电视台、天津广播电视报、天津乡镇企业局 6 个单位联合举办评选《天津市优秀农民企业家活动》，共评选出天津市优秀农民企业家 60 名。禹作敏、张耀发、柴竹金、周春玲入选。

其它 56 名优秀农民企业家是：东郊区军粮城钢窗厂厂长张益三、苗街农工商联合公司经理乔普德、军粮城变形纱设备厂厂长宗立波、小型空气压缩机厂厂长汤宗友、大毕庄仓储公司经理李洪良、东华涂料厂厂长魏恩霞。西郊区天津染料厂分厂厂长聂秀康、九一九自行车支架厂厂长李桐树、杨柳青钢珠厂厂长杜学勤、宏利企业联合总公司总经理于胜起、第六埠工业总公司总经理郝祥宝、机动车驾驶员培训中心实验学校校长李连志、津西服装厂厂长刘树凤。南郊区通风除尘设备厂厂长杜宝山、大站实业公司经理王孝杰、大韩庄农工商总公司经理韩瑞峰、热水锅炉制造厂厂长张凤明、喷涂设备总厂厂长戴长坤、津南连杆厂厂长门义信。北郊区白庙农工商总公司总经理鞠连喜、永信贸易公司经理王德福、景田实业公司经理韩景田,西堤头锻件厂厂长李加善、新星焊割工具厂厂长程少良。武清县富强纺织总厂厂长王洪生、张大庄村农工商总公司经理王振武、灰锅口村农工商公司经理苗玉明、津深塑料制品有限公司经理李治俊、津武食品厂厂长周学铮、振兴砖瓦厂厂长马保武、周羊庄农工商联合公司经理杨茂永。宝坻县环球旅游帐篷厂厂长刘玉林、津宝化工厂厂长张春铭、宝东塑料制品厂厂长刘瑞文、小兰化工厂厂长张树栋。静海镇三街农工商公司总经理刘世忠、大邱庄轧钢总厂厂长刘万全、大邱庄制管总厂厂长禹作尧、大邱庄印刷厂厂长赵树忠、大邱庄电器总厂厂长张延军、丽华服装厂厂长蔺怀仁。蓟县东塔服装厂厂长刘元普、自行车零件七厂厂长贾敬忠、自行车零件四厂厂长张文才、建设阀门厂厂长程德新。宁河县芦台线材总厂厂长高庆增、宁河县磷肥厂厂长杨金宝、芦台织物厂厂长陈庆祥、岳龙水泥厂厂长李润田。塘沽区龙胶化工厂厂长常新田、气管厂厂长危明彬。汉沽区渔网厂厂长李洪志、造纸厂厂长王子良。大港电焊条厂厂长孙树华、钢窗厂厂长蔡连海、合营仪表厂厂长程玉林。

二、首届天津市乡镇企业家评选

1991 年 5 月,农业部发出《评选表彰全国乡镇企业家的通知》,决定从 1991 年开始,以农业部的名义,定期评选并表彰全国乡镇企业家,并开展首届全国乡镇企业家评选活动。

根据农业部的意见,天津市乡镇企业局拟定《天津市乡镇企业家评选管理办法》,并于 1991 年 6 月由市农委转发。管理办法规定在开展全国乡镇企业家推荐评选的同时,开展天津市级乡镇企业家的评选工作。天津市乡镇企业家是指由市委、市政府授予乡镇企业系统厂长经理的荣誉称号,其中事迹特别突出的,授予天津市优秀乡镇企业家称号。市级乡镇企业家和市级优秀乡镇企业家由市委市政府颁发荣誉证书和证章。市乡镇企业家评选活动每 3 年组织一次。

天津市级乡镇企业家应具备如下条件:贯彻执行党和国家的有关法律、法规和政策,依法经营;企业主要经济技术指标达到或超过市级先进企业标准,或达到全市同行业先进水平;技术革新和技术改造成绩突出;能正确处理国家、集体、个人三者利益关系;谦虚谨慎,廉洁奉公,关心职工生活,在群众中威信高;物质文明和精神文明建设一起抓,成效显著;连续 3 年担任厂长经理职务,本人在企业管理和决策中业绩显著,并有一定的社会影响。

1991 年 11 月 20 日,经过自下而上逐级推荐,经市乡镇企业家评选办公室复核,市农委审定，市政府批准，决定授予徐振江等100人天津市乡镇企业家称号，其中授予王洪生等17人天津市优秀乡镇企业家称号。

荣获首届天津市优秀乡镇企业家称号的共有17名，他们是：武清富强纺织总厂厂长王洪生、武清张大庄村农工商总公司经理王振武、南郊大站实业公司经理王孝杰、宝坻环球旅游帐篷厂厂长刘玉林、静海镇三街农工商公司总经理刘世忠、西郊大任庄农工商联合公司经理宋富仁、南郊区通风除尘设备厂厂长杜宝山、汉沽区渔网厂厂长李洪志、北郊区华兴线材总厂厂长周春玲、蓟县程子口村农工商联合总公司经理孟庆明、汉沽区营城滨海工业公司经理张耀发、静海县大邱庄农工商总公司总经理禹作敏、东郊区苗街实业公司经理徐振江、北郊双街钢管总厂厂长柴竹金、宁河县芦台线材总厂厂长高庆增、西郊区渤海染料化学工业总厂厂长聂秀康、北郊区白庙农工商总公司总经理鞠连喜。

东南雨衣服装厂厂长冯学棣、军粮城钢窗厂厂长张益三、洗衣粉包装总厂厂长刘乃兰等83名乡镇企业的厂长、经理荣获天津市乡镇企业家称号。

11月30日，在天津市政府召开的乡镇企业抓改革上管理增效益经验交流会上，宣读100名天津市乡镇企业家和17名优秀乡镇企业家名单，市领导为乡镇企业家颁发奖章和证书。天津市人大常委会主任吴振、中共天津市委副书记王旭东、市政府顾问王立吉接见百名市级乡镇企业家并与部分优秀乡镇企业家进行座谈。

三、第二届天津市乡镇企业家评选

1994年下半年，天津市开展了第二届乡镇企业家评选工作。经过自下而上的推荐和评选，评出了32名市级优秀乡镇企业家和157名市级乡镇企业家。

1994年11月26日，市政府发布《关于表彰天津市第二届乡镇企业家的决定》，决定授予刘玉林等32人天津市第二届优秀乡镇企业家称号，授予冯学棣等157人天津市乡镇企业家称号。

1994年11月30日，第二届乡镇企业家列席市政府召开的全市乡镇企业工作会议。会议公布市政府关于表彰天津市第二届乡镇企业家的决定。市政协主席刘晋峰、市人大常委会副主任张毓环、副市长朱连康、市政协副主席陆焕生等市领导会前接见与会的乡镇企业家，并为乡镇企业家颁奖。

第一届17名优秀乡镇企业家中有14名又被评为第二届优秀乡镇企业家。他们是：刘玉林、王洪生、王振武、王孝杰、刘世忠、宋富仁、杜宝山、李洪志、周春玲、孟庆明、柴竹金、高庆增、聂秀康、鞠连喜。

第二届新当选优秀乡镇企业家的18名：刘乃兰、武振海、张印朋、邢玉良、庄朝荣、张振宏、翟云奎、禹作尧、张延军、张同生、龚世权、王熙森、蔡连海、张家广、程魁、张龙山、霍洪敏、陈立新。

东光特种涂料总厂厂长张许生、富士达自行车有限公司董事长付长华、冰峰电冰箱配件厂厂长张再田、扫地王专用汽车有限公司董事长刘云成等157名乡镇企业厂长、经理被评为天津市乡镇企业家。

四、天津市优秀女乡镇企业家评选

1995年3月，市政府决定表彰天津市优秀女企业家、优秀女乡镇企业家和优秀女科技工作者。市政府在表彰决定中指出：改革开放中，天津市广大妇女同全市人民一道，为加快天津城乡经济建设做出重要贡献。她们之中涌现出一大批优秀的女性企业管理者、经营者和女科技工作者。为表彰她们的先进事迹，树立先进典型，更好地调动广大妇女的积极性和创造性，激励更多的妇女为振兴天津经济做贡献，天津市政府决定授予22人"天津市优秀女企业家"称号，32人"天津市优秀女乡镇企业家"称号，32人"天津市巾帼科技英才"称号。

32名天津市优秀女乡镇企业家是：天津市健美服装厂厂长王会琴、天津市津宝胜利服装厂厂长王希琴、天津市志成集团公司副总经理王萍、武清县明野金属制品厂厂长石秀兰、塘沽隆圣工业总公司副总经理邢玉华、天津市华明工业实业总公司经理刘乃兰、天津市海达棉纺织品工业公司副总经理刘淑琴、天津市港田集团公司副总经理齐桂荣、天津市红联橡胶制品厂厂长孙秀华、武清县雍阳鞋厂副厂长李文芳、天津市佳丽日化厂厂长李兴梅、天津市登峰旅游用品集团公司总经理李桂云、外贸蓟县包装制品厂副厂长李雅民、汉沽区东尹乡渤海拔丝厂厂长杨宗玲、静海县大屯乡农工商联合公司经理杨绪文、天津市大东总公司大沽电石厂厂长张春荣、天津市长青工商联合公司董事长张秋萍、宁河县芦台新新百货商场经理张瑞忱、天津市天马制衣总厂纺织制品厂厂长陈国芬、天津市华兴线材总厂厂长周春玲、天津市利华建材公司经理周桂花、天津市西装厂副厂长房秀桂、武清县复兴福利化工厂副厂长赵凤林、天津市海斯自行车工业公司董事长赵印敏、天津市电梯导轨厂厂长宫克兰、天津市津宝牛道口服装厂副厂长耿兰芹、北辰区双口一村中药加工厂厂长晏淑琴、天津市电烙铁厂厂长高文焕、天津环宇集团公司副总经理唐云霞、天津德塔控制系统有限公司董事长常俊如、天津市华旗集团公司总经理霍洪敏、天津市东华化工厂厂长魏恩霞。

五、第三届天津市乡镇企业家评选

1999年上半年，天津市开展第三届乡镇企业家评选工作。经过自下而上的推荐和评选，评出54名市级优秀乡镇企业家和146名市级乡镇企业家。

1999 年 6 月 25 日，市政府发布《关于表彰天津市第三届乡镇企业家的决定》，决定授予刘乃兰等 54 人天津市第三届优秀乡镇企业家称号，授予王金铭等 146 人天津市乡镇企业家称号。

在评选的第三届 54 名市优秀乡镇企业家中，连续三届被评为天津市优秀乡镇企业家的共 9 人：刘玉林、王洪生、王孝杰、杜宝山、李洪志、周春玲、孟庆明、柴竹金、高庆增。

连续两届被评为天津市优秀乡镇企业家的共 13 名：刘乃兰、张印朋、邢玉良、庄朝荣、张振宏、翟云奎、禹作尧、张延军、张同生、龚世权、程魁、张龙山、陈立新。

安达集团有限公司董事长崔洪金、金钟农副产品有限公司总经理刘国兴、立信集团董事长徐文清等 146 名乡镇企业厂长、经理被评为天津市乡镇企业家。

六、第四届天津市乡镇企业家评选

2003 年 10 月，天津市农委印发《关于评选我市第四届乡镇企业家、优秀乡镇企业家暨创业功勋企业家的通知》。经市政府领导批准，在有农业的区县，进行第四届乡镇企业家、优秀乡镇企业家评选工作。

经过半年多的推荐评选，有 144 名乡镇企业经营管理者被推荐为天津市第四届乡镇企业家，其中 69 名被推荐为天津市第四届优秀乡镇企业家。

2004 年 7 月 6 日，天津市人民政府发布《关于表彰天津市第四届乡镇企业家的决定》（津政发〔2004〕069 号），决定授予刘乃兰等69 人第四届优秀乡镇企业家荣誉称号，授予柴寿山等 144 人第四届乡镇企业家荣誉称号。

第二节 参加全国乡镇企业家评选

1991 年 5 月，农业部发出《评选表彰全国乡镇企业家的通知》，决定从 1991 年开始，以农业部的名义，定期评选并表彰全国乡镇企业家，并开展首届全国乡镇企业家评选活动。到 2004 年止，农业部共开展五届全国乡镇企业家评选活动。在五届全国乡镇企业家评选中，天津市共有 104 名乡镇企业经营管理者获得全国乡镇企业家称号，其中 5 名获得全国优秀乡镇企业家称号，1 名获得中国乡镇企业功勋称号。

一、天津市 17 人被评为首届全国乡镇企业家

1991 年 11 月 4 日，农业部发出“关于表彰全国乡镇企业家的决定”。决定授予 500 名乡镇企业厂长经理全国乡镇企业家称号，其中授予 50 名乡镇企业厂长经理全国优秀乡镇企业家称

号。天津市共有17人获得全国乡镇企业家称号,其中2人被授予全国优秀乡镇企业家称号。

被授予全国优秀乡镇企业家称号的是:静海县大邱庄农工商总公司总经理禹作敏、宝坻环球旅游帐篷厂厂长刘玉林。

15名获得全国乡镇企业家称号的是:南郊大站实业公司经理王孝杰、武清富强纺织总厂厂长王洪生、武清张大庄村农工商总公司经理王振武、静海镇三街农工商公司总经理刘世忠、汉沽区渔网厂厂长李洪志、蓟县程子口村农工商联合总公司经理孟庆明、南郊区通风除尘设备厂厂长杜宝山、汉沽区营城滨海工业公司经理张耀发、西郊大任庄农工商联合公司经理宋富仁、北郊区华兴线材总厂厂长周春玲、北郊双街钢管总厂厂长柴竹金、宁河县芦台线材总厂厂长高庆增、西郊区渤海染料化学工业总厂厂长聂秀康、东郊区苗街实业公司经理徐振江、北郊区白庙农工商总公司总经理鞠连喜。

二、天津市32人被评为第二届全国乡镇企业家

1994年11月13日,农业部在北京召开全国乡镇企业表彰会,会议表彰1000名全国乡镇企业家,其中乡镇企业功勋10名,全国优秀乡镇企业家100名。天津市共有32人获得全国乡镇企业家称号,其中1人获得中国乡镇企业功勋称号,3人获得全国优秀乡镇企业家称号。

获得中国功勋乡镇企业家称号的是:宝坻环球旅游制品股份有限公司董事长刘玉林。

获得全国优秀乡镇企业家称号的是:武清亚中集团有限公司总经理张振宏、静海津海集团公司董事长张延军、尧舜投资集团有限公司董事长禹作尧。

获得全国乡镇企业家称号的共28名。其中连任的13名:王孝杰、王洪生、王振武、刘世忠、宋富仁、杜宝山、李洪志、孟庆明、周春玲、柴竹金、高庆增、聂秀康、鞠连喜。新当选的15名:东丽区华明集团公司董事长兼总经理刘乃兰(女)、华特食品有限公司总经理武振海,西青区宁发集团总经理张同生、恒星工业总公司总经理张印朋,津南区港田集团董事长龚世权,北辰区现代精密钢管厂厂长王熙森,塘沽龙门渔具有限公司经理邢玉良,大港海通工贸总公司总经理蔡连海,蓟县东塔服装集团总经理张家广,荣亨集团股份有限公司董事长兼总经理庄朝荣,武清环宇地毯有限公司董事长翟云奎、振华集团董事长程魁、宝坻大钟集团公司总经理张龙山、华旗集团总经理霍洪敏,静海华隆集团总经理陈立新。

三、天津市4人被评为全国优秀女乡镇企业家称号

1995年5月,全国妇联、农业部联合发出《关于表彰首届全国优秀女乡镇企业家的决定》。指出:全国乡镇企业职工中,女性职工5000多万人,涌现出一批有胆识、善经营、会管理的女厂长、女经理、女董事长。为激励大批女乡镇企业家茁壮成长,为加快农村工业化进程建功立业,

全国妇联、农业部决定授予122人“全国优秀女乡镇企业家”称号。天津市刘乃兰等4人受到表彰。

天津市荣获全国优秀女乡镇企业家称号的4名企业家是:天津市华明集团公司总经理刘乃兰、天津市津宝胜利服装厂厂长王希琴、天津市华兴线材总厂厂长周春玲、天津市华旗集团公司总经理霍洪敏。

四、天津市32人被评为全国优秀乡镇企业厂长(经理、董事长)

1998年12月,天津市乡镇企业局下发《关于公布我市全国优秀乡镇企业厂长(经理、董事长)名单的通知》。经过农业部批准,天津市有32人荣获全国优秀乡镇企业厂长(经理、董事长)称号。经过复查,保留第二届全国乡镇企业家中29人中国乡镇企业功勋、全国优秀乡镇企业家和全国乡镇企业家荣誉称号。

32名荣获全国优秀乡镇企业厂长(经理、董事长)称号的企业家是:东丽区有容通信线缆有限公司总经理张慧敏、东南雨衣服装厂厂长冯学棣,西青区第六埠工业总公司总经理郝祥宝、先达集团公司总经理李连志、钛铁实业总公司总经理郑子行、水高庄农工商公司总经理高桐胜、王顶堤集团董事长房桂英,津南宝成暖通设备有限公司总经理柴宝成、甘泉集团董事长马恩成、港鑫工业集团总经理费德才,北辰区中环电器厂厂长高学章、万达摩托车胎厂厂长耿玉顺、小康川野摩托车厂厂长王俊强,塘沽渤海建工有限公司董事长李文达,汉沽通汇集团董事长国连强,大港津港五金电器总厂厂长薛思明,蓟县东塔服装集团董事长林永利、自行车零件三厂厂长段国元,宁河县磷肥厂厂长杨金宝、出口农具一厂厂长运志国,武清后巷胶背地毯厂厂长苏文和、飞鹰集团公司董事长张宗启、艾奇自行车总公司总经理杨茂秀、津武鞋业有限公司总经理于海介,宝坻林亭口童装厂厂长阎树存、津宝振宇服装厂厂长王忠、大华胶鞋厂厂长任富贵,静海津美工业公司经理赵书忠、海轻联合带钢厂厂长张家诚、天宇有色金属集团公司总经理李文明、天马制衣总厂厂长孙凤梧、杨家园村农工商联合公司经理魏鸿禧。

五、天津市28人被评为第四届全国乡镇企业家。

2002年1月23日,农业部下发《关于表彰第四届全国乡镇企业家的决定》(农企发〔2002〕3号),天津市有28人荣获第四届全国乡镇企业家称号:金钟河蔬菜贸易中心总经理刘国兴、富士达自行车有限公司总经理刘洁(女)、大站阀门总厂厂长王富来、立林机械集团有限公司总裁王树林、渤海阀门厂厂长赵树海、津兰集团公司董事长郭宝印、中津药业股份有限公司董事长宋富智、张家窝镇长城化工厂党支部书记兼厂长张富贵、津津制药厂书记兼厂长只万民、双街钢管有限公司总经理周福林、三千科技集团有限公司董事长兼总经理周新民、柳滩农工商公司总经理郑桐海、凯威国际贸易公司董事长吴玉凯、恒兴泰纺织有限公司董事长李金坤、星河集团有限公司董事长张水山、贵友实业有限公司董事长刘世贵、蓟县燕南福利股份合作公司总经理刘明享、蓟县化工总厂厂长张金国、久安集团有限公司董事长兼总经理王守宽、海德金属制品有限公司董事长窦俊堂、南极集团有限公司董事长兼总经理单玉明、田歌纺织有限公司总经理王善春、飞鹰集团公司总经理李宗茂、东亚地毯集团有限公司董事长杨伯奎、凯兴股份有限公司董事长韩铁军、万全集团公司董事长兼总经理张玉银、天海汽车同步器厂厂长吕超、金美达针织集团有限公司董事长兼总经理边少怀。

六、天津市19人被评为第五届全国乡镇企业家

2004年12月23日,农业部表彰第五届全国乡镇企业家。通过严格把关,逐级筛选,决定授予1077名同志全国乡镇企业家称号。其中的6人被授予中国乡镇企业功勋称号,29人被授予全国优秀乡镇企业家称号。

天津市荣获第五届全国乡镇企业家称号的有19人:新立工程建设集团有限公司董事长刘义然、腾达企业总公司董事长张文秋、太平洋制药有限公司董事长宋德成、津沽染化厂厂长马海泉、沽上木业有限公司董事长左树清、大滩锅炉集团有限公司董事长王玉和、金锚有限责任公司总经理李杰、塑力线缆集团有限公司董事长赵 军(女)、塘沽区东大化工有限公司董事长兼总经理赵富贵、通汇集团有限公司总经理国连军、大港鹏翎胶管股份有限公司董事长张洪起、大港区天成化工厂总经理郭庆华、福是妙乳业有限公司董事长沈小健、天龙杯辊轧件厂总经理程希强、津宝乐器有限公司董事长刘明、北京北方天鸟智能科技股份有限公司天津分公司总经理王志勇、蓟县翠屏山福利综合厂厂长王奎、宝溢工业制品有限公司董事长胡继宝、大邱庄薄板有限公司董事长禹作胜。

天津市被评为中国功勋乡镇企业家1名:环球旅游制品股份有限公司董事长刘玉林。

天津市被评为全国优秀乡镇企业家3名:亚中集团有限公司总经理张振宏、津海集团公司董事长张延军、尧舜投资集团有限公司董事长禹作尧。

天津市被评为全国乡镇企业家的名单中:

其中连续五届连任的有5人:大站集团有限公司总经理王孝杰、双街钢管集团有限公司董事长兼总经理柴竹金、北方渔网集团有限责任公司董事长李洪志、富强工贸集团有限公司董事长兼总经理王洪生、永兴集团有限公司董事长高庆增。连续四届连任的有6人:华明集团公司董事长兼总经理刘乃兰(女)、宁发集团有限公司总经理张同生、恒兴顺集团有限责任公司董事长兼总经理张印朋、荣亨集团股份有限公司董事长兼总经理庄朝荣、环宇地毯有限公司董事长翟云奎、华隆集团公司党总支书记陈立新。连续三届连任的有23人:有容蒂康通讯技术有限公司总经理张惠敏(女)、大桥焊材集团有限公司董事长兼总经理郑子行、高达集团有限公司董事长高桐胜、王顶堤工贸集团有限公司董事长房贵英、甘泉集团有限公司总经理马恩成、宝成机械集团有限公司董事长柴宝成、港鑫工业集团有限公司总经理费德财、万达轮胎集团有限公司董事长耿玉顺、川野集团有限公司董事长王俊强、塘沽区渤海建筑安装工程有限公司总经理李文达、通汇集团有限公司董事长国连强、天元集团有限公司董事长兼总经理薛思明、东塔服装公司董事长林永利、芦阳化肥股份有限公司董事长兼总经理杨金宝、金轮自行车集团有限公司董事长杨茂秀、腾达集团有限公司董事长兼总经理于海介、巷虹集团公司董事长苏文合、通达集团有限公司董事长闫树存、大华科工贸有限公司董事长任福贵、振宇服装有限公司董事长王忠、天宇有色金属集团有限公司董事长兼总经理李文明、津美集团公司董事长赵书忠、海青工贸有限公司董事长兼总经理张家诚。连续二届连任的有28人:金钟农副产品有限公司总经理刘国兴、富士达自行车有限公司董事长刘洁(女)、中津药业股份有限公司董事长宋富智、市长城化工厂书记张富贵、津兰集团公司董事长兼总经理郭宝印、津津制药厂书记兼厂长只万民、立林机械集团有限公司董事长王树林、大站阀门总厂厂长王富来、渤海阀门制造有限公司总经理赵树海、北辰区柳滩农工商公司总经理郑桐海、双街钢管有限公司总经理周福林、三千科技集团有限公司董事长周新民、凯威化工有限公司董事长吴玉凯、汉沽工贸合营纺织厂厂长李金坤、星河工贸集团有限公司董事长张水山、贵友实业有限公司董事长刘世贵、飞鹰工贸集团有限公司总经理李宗茂、冠芳可乐饮料有限公司董事长兼总经理单玉明、田歌纺织有限公司董事长兼总经理王善春、鑫海地毯有限公司董事长兼总经理杨伯奎、凯兴股份有限公司董事长兼总经理韩铁军、蓟县化工总厂厂长张金国、蓟县燕南福利股份合作公司总经理刘明享、海德金属制品有限公司董事长窦俊堂、久安集团有限公司董事长兼总经理王守宽、万全集团公司总经理张玉银、金美达针织集团有限公司董事长兼总经理边少怀、天海同步器有限公司董事长兼总经理吕超。

第三节　乡镇企业家队伍建设

天津市在领导、组织全市乡镇企业发展经济,不断上台阶、上水平的同时,还注重加强乡镇企业家的思想建设,引导他们树立正确的荣誉观、地位观、权力观,加强自我修养,严格要求自己,成为发展农村经济优秀的带头人。同时,大力宣传先进典型事迹,先后召开不同形式的会议,宣传本市优秀乡镇企业家严格要求自己,遵纪守法、谦虚谨慎、艰苦创业、锐意改革的事迹。制定和遵守乡镇企业家行为规范,发布《关于加强我市乡镇企业队伍建设的意见》,积极推动全市乡镇企业家队伍建设走向规范化的轨道。

一、制定《乡镇企业家行为规范》

1996年9月19日，在天津市乡镇企业(家)协会一届三次暨二届一次理事会上，王洪生、王孝杰、王熙森、刘乃兰、刘玉林、邢玉良、庄朝荣、杜宝山、李洪志、张龙山、张同生、张印朋、张延军、张振宏、张家广、陈立新、宋富仁、孟庆明、周春玲、禹作尧、柴竹金、高庆增、龚世权、程魁、蔡连海、霍洪敏、翟云奎27名优秀乡镇企业家联名发出《关于制定和遵守“天津市乡镇企业家(厂长、经理)行为规范”的倡议》，提出在新的形势下，培养和造就一支勇于开拓、善于经营、不怕困难、艰苦创业、顾全大局、乐于奉献，用现代化科学技术和文化知识武装起来的乡镇企业家队伍已是当务之急。作为乡镇企业家，既有责任把物质文明搞上去，同样也有义务把精神文明搞上去。乡镇企业家既是群众共同致富的带头人，也是精神文明建设的排头兵。作为带头人、排头兵，必须从党和人民的利益出发，把人生奉献于事业，服务于人民，身体力行、率先垂范。

《天津市乡镇企业家(厂长、经理)行为规范》几经讨论和修改，于1997年10月24日颁布实施，成为乡镇企业家的行为准则。

《天津市乡镇企业家(厂长、经理)行为规范》共10条：

1.立场坚定，自觉贯彻执行党的路线、方针、政策，在政治上与党中央保持一致，自觉服从党的领导，不搞上有政策下有对策，在原则问题上不左右摇摆。

2.热爱祖国，时时、事事、处处维护国家的利益和尊严，不做有损国家利益的事，不做有损国格、人格的事。

3.开拓进取，解放思想，更新观念，争创一流，敢为人先，做农村现代化建设的开拓者；不满足现状，不小富即安。

4.敬业务实，热爱乡镇企业事业，恪尽职守，实事求是，善谋实干，在经济工作中不搞短期行为，不搞形式主义。

5.好学上进，刻苦学习邓小平理论，学习市场经济知识，认真钻研科学技术和业务知识，不断更新知识结构，不因循守旧，不骄傲自满。

6.谦虚谨慎，坚持群众观点，走群众路线，依靠群众办企业。平易近人，善于听取不同意见，易于接受批评，在成绩面前不居功自傲，在挫折面前不丧失信心。

7.精诚团结，胸襟开阔，光明磊落，以诚待人，善于与人团结共事，不武断专行，不搞宗族派性，不任人唯亲。

8.勤俭办事，发扬艰苦朴素的传统美德，勤俭办一切事业，不追求奢华，不铺张浪费，不大吃大喝，在生活消费上不相互攀比。

9.清正廉洁，以身作则，模范执行党和国家廉洁自律的有关规定，管住自己，管住亲友和身边工作人员，不谋私利，不优亲厚友。

10.遵纪守法，严格遵守党纪国法和企业规章制度，自觉接受组织和群众监督，不做违背社会公德、职业道德和社会主义伦理道德的事。

二、出台《关于加强我市乡镇企业队伍建设的意见》

在乡镇企业的发展中，涌现出一批优秀的乡镇企业家，他们锐意改革、开拓进取，为发展天津农村经济做出了突出贡献。但随着社会主义市场经济体制的建立，也出现了乡镇企业家队伍的状况与形势的要求不相适应的情形。1997 年 7 月，在市政府召开的全市乡镇企业工作会议上，把加强乡镇企业领导班子建设作为今后一个时期乡镇企业工作中的三件大事之一，要求切实抓紧抓好。提出要加强乡镇企业领导班子的选配工作，加强业务培训，建立健全激励和约束机制，广泛吸引各类人才到乡镇企业工作。根据会议要求，市政府农业办公室、市乡镇企业局经过调研，起草《关于加强我市乡镇企业家队伍建设的意见》。1997 年 12 月，该意见由市政府办公厅正式转发。

《关于加强我市乡镇企业家队伍建设的意见》共包括加强乡镇企业家队伍的思想政治建设，提高企业家队伍素质，壮大企业家队伍规模，构建有利于企业家队伍建设的激励和约束机制，保护乡镇企业家的合法权益，加强对乡镇企业家队伍的领导等内容。

《关于加强我市乡镇企业家队伍建设的意见》提出要采取提高一批现岗的，培养一批年轻的，引进一批外部的方法，三路并进，加快乡镇企业家队伍建设。着眼于现有乡镇企业家素质的提高，骨干企业厂长经理每年至少参加一期不少于一周的脱产学习，年龄在 40 岁以下，不具备大专学历的，要为他们创造条件，在“九五”期间取得大专以上学历，并经岗位培训，取得厂长经理任职资格。

按照中共“十五大”精神，结合二次创业的要求，逐步创造优胜劣汰的环境和机制，形成人才脱颖而出的竞争机制。在提倡社会主义企业家职业精神的同时，使其所获得的利益和所承担的经营与风险责任相适应；收入水平与企业经营、管理状况相联系，激励他们为集体经济的发展努力工作。逐步完善重奖政策，推行资产经营承包等办法，试行任期资产增值奖励制，条件成熟的，也可以实行以资产的保值、增值为依据的年薪加奖励的分配方法。

坚持物质奖励与精神鼓励相结合的原则，鼓励乡镇企业家奋勇争先。树立一批两手都过硬的杰出乡镇企业家标兵，为全市乡镇企业厂长经理树立学习榜样。

三、乡镇企业家为支援四川地震灾区献爱心，做贡献

2008 年 5 月 12 日，四川省汶川大地震发生后，天津市郊区工业系统迅速行动起来，以各种

方式献爱心，为支援四川地震灾区做贡献。据不完全统计，郊区工业系统为灾区捐款捐物达到2.3亿元。各级管理部门的干部职工以捐款捐物和缴纳特别党费的形式，向灾区人民奉献爱心。郊区工业系统广大乡镇企业家倾其所力，为灾区重建作贡献，涌现出一大批先进企业和个人。

津南区荣程钢铁集团有限公司董事长张祥青是唐山地震孤儿，在汶川地震发生后，第一时间就捐款1000万元，后又增加到1亿元，捐款总额在天津市列第一位。

武清区天狮集团先后三次累计向地震灾区捐赠款物2327万元，其中捐款200万元，捐赠物资价值2127万元。北辰区塑力集团在为四川地震灾区捐款100万元人民币的基础上，还向灾区捐赠价值500万元的电缆。天津市华明集团公司董事长刘乃兰个人捐款20万元，企业为灾区捐款30万元，同时出资100万元在地震灾区兴建两所希望小学。天津双街置业集团有限公司为灾区捐款100万元，并捐赠价值60万元的药品。天津市扫地王专用汽车有限公司为灾区捐款14万元，并援助灾区价值100万元清扫垃圾车两部，还派出50辆车奔赴四川灾区第一线救灾。宝坻区天津胜利集团有限公司董事长王希芹个人为灾区捐款20万元，汉沽区大田制桶厂董事长刘庆明个人为灾区捐款12万元，宝坻区津宝凯兴服装有限公司董事长韩铁军个人为灾区捐款10万元。

为灾区捐款捐物在100万元以上的企业还有东丽区金桥焊材有限公司，西青区台资企业胜兴家具有限公司、大桥集团、太平洋医药科技集团、利丰源达钢铁集团，津南区立林集团有限公司、宝成集团有限公司，北辰区德利得集团有限公司，宝坻区津宝凯兴服装有限公司，武清区红日药业公司，宁河县天津达亿钢铁有限公司、乾坤钢铁有限公司，静海县友发钢管集团有限公司等。

一些企业家还亲赴灾区，为灾区人民送去爱心。蓟县新亚集成房屋有限公司的老板侯小雷及妻子李艳伟夫妇，地震发生后带着价值26万元的物资亲赴灾区，到达四川省雅安市汉源县，为当地搭建510平米的临时医院。武清区万方钢结构公司地震后利用两昼夜时间赶制总价值120余万元的钢结构彩板生活用房材料，并组建22人的抗震小分队，组成救灾物资车队前往灾区绵阳，帮助当地建设临时住房。这批钢结构彩板生活用房共计1300平方米，投入使用后可解决1000余人的临时居住问题。宝坻区辉宏重型钢结构有限公司在5月13日暂停公司正常业务，全厂干部职工连夜加班加点赶制400平方米临时医院重钢结构建筑，并购置医用氧气设备、防寒衣被、帐篷、食品、矿泉水等价值50万元的救灾物资，14日由李中伟总经理率13人的抗灾抢险救援队连夜奔赴四川。宝坻环球休闲用品有限公司为保证完成国家民政部和市政府下达的帐篷生产任务，提出“保证质量、开足马力、支援灾区、争做贡献”的口号，加班加点生产，保质保量完成8.5万顶抗震救灾帐篷的生产任务，同时该公司还为地震灾区捐款50万元。

第四节 著名乡镇企业家

一、张耀发

男，中共党员，1930年出生，1991年病逝。原汉沽区营城乡五七村党支部书记兼营城滨海工业公司经理。张耀发认真贯彻执行党的改革开放政策，积极发展农村经济，1979年带领五七村人兴办工业，建起了一座1300千伏安的结晶硅冶炼厂，并生产出超过日本同类产品水平的高质量结晶硅，打入国际市场，被誉为“中国营城硅”。他还带领全村建起化工、铸造、轻纺等企业。到1990年年底，累计实现收入19122万元，创汇1025万美元，实现利税1863万元。还在村里兴办各种福利事业，使五七村的面貌焕然一新，成为远近闻名的小康村。张耀发由于过度操劳，1990年7月因病住院。但仍带病坚持工作，直到病情恶化，实现了他“只要还有一口气，就要干到底”的誓言。先后被评为市、区优秀共产党员，全国、天津市首届全国农民企业家、首届天津市优秀农民企业家和全国劳动模范。由于业绩突出，1991年被追授为全国乡镇企业家和天津市优秀乡镇企业家。

二、禹作敏

男，1930年出生，静海县大邱庄人，1958年加入中国共产党，1974年任村支部书记，1983年后任大邱庄农工商联合公司总经理。他在农村第一线的长期工作，悟出“无工不富，无农不稳”以及“要致富，就要打破经济上以粮为纲，政治上以阶级斗争为纲的旧框框”。1978年，他带领全村人民建起大邱庄第一个工业企业——大邱庄冷轧带钢厂。之后又建起高频制管厂、印刷厂、电器厂等企业。1983年，在天津市率先建起第一个村级农工商联合公司“大邱庄农工商联合公司”，禹作敏任总经理、董事长。大邱庄农工商总公司下设四个工业公司、200多家企业和一个农业公司，员工总数超过万人。1992年，大邱庄实现乡镇企业总收入达到39.33亿元，公司所属的14家村办企业年实现利税超过1000万元。公司规模效益在全国乡镇企业排名中居榜首，被誉为“华夏第一村”。

禹作敏1987年被评为全国最佳农民企业家，天津市优秀农民企业家。1988年获得全国首届经济改革人才奖，并被选为第七届全国政协委员，1989年获得全国企业改革10年创新奖，并被评为全国劳动模范。1990年担任中国乡镇企业协会副会长。1991年被评为全国优秀乡镇企业家、天津市优秀乡镇企业家。

1993年4月15日因大邱庄“危福合案件”被公安机关逮捕。同年8月27日，天津市中级人民法院对禹作敏作出一审判决：以窝藏罪、妨碍公务罪、行贿罪、非法拘禁罪、非法管制罪判处有期徒刑二十年。1999年10月3日因病去世。

禹作敏被判刑后，被取消全国优秀乡镇企业家、天津优秀乡镇企业家称号。

第五节　全国劳动模范、天津市劳动模范中的乡镇企业家

1991年11月，经农业部、劳动人事部批准，天津市宝坻环球旅游帐篷厂厂长刘玉林荣获全国农业劳动模范称号。

1995年4月30日，在北京召开的庆"五一"暨全国劳动模范表彰会上，天津市10名乡镇企业家被授予全国劳动模范称号。他们是：环球企业集团公司总经理刘玉林，环保产业集团公司董事长杜宝山，汉沽渔网集团公司董事长李洪志，宏发集团公司董事长聂秀康，华隆集团公司总经理陈立新，大邱庄尧舜街党总支书记禹作尧，宁河县独立村党总支书记邵福生，振华集团公司总经理程魁，富强集团董事长王洪生，港田集团总经理龚世权。

1997年4月8日，天津市乡镇企业系统38名乡镇企业家荣获市级劳动模范和市级特等劳动模范称号。荣获天津市特等劳动模范称号的共4人：西青区宁发集团总经理张同生、静海津海集团公司董事长张延军、北辰万达轮胎集团有限公司董事长兼总经理耿玉顺、宝坻大华科工贸鞋业集团有限公司董事长任富贵。荣获天津市劳动模范称号的共34人：恒兴顺集团有限责任公司董事长张印朋、大桥焊材集团有限公司董事长郑子行、宏发集团公司总经理马桂连、华兴线材总厂厂长周春玲、联合毛纺织厂厂长田兆祥、川野集团有限公司董事长王俊强、石各庄镇党委副书记张宗启、万全集团公司董事长张玉银、兴华服装有限公司总经理朱振国、胜利集团董事长王希芹、环球企业集团公司总经理刘玉林、通达集团有限公司董事长闫树存、宁河县磷肥厂厂长杨金宝、三联工业技术玻璃有限责任公司总经理廉瑞琪、巷虹集团公司董事长苏文合、环宇集团公司总经理翟云奎、长城电器有限公司董事长兼总经理李连和、天元集团有限公司董事长兼总经理薛思明、汉沽营城滨海工业公司总经理张耀廷、双街钢管集团有限公司董事长柴竹金、华明集团公司总经理刘乃兰、大站集团有限公司董事长王孝杰、曙光金属制品公司总经理孙凤安、先达集团公司总经理李连志、高庄达集团公司总经理高桐胜、宏兴摩托车配件厂厂长王云凤、天马天实业集团董事长兼总经理孙凤梧、天宇有色金属集团有限公司董事长李文明、惠利集团公司总经理刘训俊、津美集团公司董事长赵书忠、宝坻黄庄乡黄庄村村主任袁庆明、宁车沽机械厂厂长陈秀林、汉沽桥沽村总支书记刘维海、宝成机械集团公司总裁柴宝成。

2003年5月，天津市委、市政府表彰2002年度市级劳动模范，32名乡镇企业家榜上有名。其中市级特等劳动模范6人：振宇集团有限公司董事长兼总经理王忠，金美达针织集团有限公

司董事长兼总经理边少怀,大桥集团公司董事长兼总经理郑子行,港鑫工业集团有限公司总经理费德财,津兰集团公司董事长郭宝印,安达集团有限公司董事长崔洪金。市级劳动模范26人:侯台集团有限公司董事长丁二领,甘泉集团有限公司总经理马恩成,大港联盟农工商总公司总经理王绍山,金塔金属制品有限公司董事长王贵文,立林机械有限公司董事长王树林,宏程集团有限公司总经理王家来,兴业集团公司董事长兼总经理刘长海,中塘五金橡胶制品有限公司董事长刘世贵,百灵集团有限公司总经理刘贤忠,友联有限公司董事长刘桂芳(女),雍阳减水剂厂总经理张广钊,汇门集团有限责任公司总经理张文秋,长青集团有限公司董事长兼总经理张连起,有容通讯线缆有限公司总经理张惠敏(女),长城化工厂厂长张富贵,渤海建工有限公司董事长李文达,恒瑞制衣有限公司董事长兼总经理邢瑞军,静海县利华印刷厂厂长陈长茂,宏发集团公司总经理杨丙申,东亚地毯集团有限公司董事长兼总经理杨伯奎,金轮自行车集团有限公司董事长兼总经理杨茂秀,鑫利达针纺织印染有限公司董事长周耀光,北辰区柳滩农工商公司总经理郑桐海,华韵乐器有限公司董事长兼总经理罗松森,工业搪瓷厂厂长赵燕祥,高达集团公司董事长兼总经理高桐胜。

2005年4月28日,天津市评选出2004年度劳动模范,18位乡镇企业家荣获天津市劳动模范称号:东丽区徐庄子村农工商联合公司经理赵治明,建城地基基础有限公司董事长崔玉璞,益民实业有限公司总经理柴寿山,太平洋制药有限公司总经理宋德成,汇门集团有限责任公司总经理张文秋,津信汽车塑料制品有限公司总经理张惠俭,津津制药厂厂长只万民,西青区李七庄乡邓店农工商总公司总经理邓学东,长城服装集团有限公司董事长田树纯,大站水泥厂厂长张文升,天昊集团有限公司董事长周富义,北辰双口第三农工商联合公司董事长刘安廷,北辰区宜兴埠第十农工商公司经理袁克祥,鹏安工贸实业总公司总经理魏鹏忠,孟庄园葡萄酿酒有限公司总经理张良喜,科林自行车有限公司总经理王润东,臣涛精密机械设备有限公司经理崔雅臣,奥林股份有限公司董事长兼总经理高增。

2005年4月30日,全国劳动模范和先进工作者表彰大会在北京隆重举行。天津市有9名乡镇企业家荣获全国劳动模范称号:荣亨集团股份有限公司董事长庄朝荣,大桥焊材集团有限公司董事长郑子行,西青区李七庄乡王兰庄村党支部书记郭宝印,汉沽区营城镇五七村党总支书记张耀廷,静海县大邱庄镇津美街党委副书记禹作胜,北辰区宜兴埠镇第十街党总支副书记周新民,安达集团有限公司董事长崔洪金,北辰区双街镇双街村党支部书记刘春海,宝坻区口东镇西李各庄村委会副主任韩铁军。

第六节　乡镇企业(家)协会

天津市乡镇企业协会成立于1992年。1995年,经天津市民政局批准,增加天津市乡镇企业家协会的名称,实行一套机构,两块牌子。天津市乡镇企业(家)协会是全市乡镇企业、乡镇企业家的社会团体组织,经市社团主管部门核准登记,业务主管单位是天津市农村工作委员会。

乡镇企业(家)协会的基本任务是:教育会员自觉遵守法律、法规和社会道德准则,执行党和国家的方针政策,履行应尽的社会责任;深入研究、传播、推广企业体制改革、技术创新、科学管理等方面的先进经验和科学成果,表彰优秀企业;向政府和有关部门反映会员的意见和要求,维护乡镇企业的合法权益;为制定与乡镇企业相关的法律法规提供建议,为政府有关部门制定经济政策、产业政策提供决策建议,做好政府有关部门委托的各项工作;不断改进和增强信息、咨询、培训等服务工作,承办会员单位委托的相关工作,与时俱进地发展新的服务领域、扩大新的服务功能;组织会员根据需要开展国内外各种经济、技术、贸易的考察、交流与合作;加强与中国乡镇企业协会及各省市乡镇企业协会等有关社会团体的联系,加强与本市有关经济、科技、教育等有关单位、有关行业协会、学会等社会团体的联系,开展各种形式的交流与合作。积极开展与境外组织的交流与合作。2006年经天津市人民政府批准,天津市乡镇企业协会获得“天津市先进民间组织”称号。

一、天津市乡镇企业协会成立及协会第一届理事会

1992年12月2日,天津市乡镇企业协会召开成立大会。来自全市乡镇企业系统的乡镇企业家代表及市内各界代表200多人出席协会成立大会及第一届理事会第一次全体会议。中共中央政治局委员、中共天津市委书记谭绍文和中共天津市委副书记、天津市市长聂璧初给大会发来贺信。市人大常委会主任吴振,市政协主席刘晋峰,市政府顾问王立吉,市委副秘书长李胜远、王鸿江,中国乡镇企业协会副会长马杰三等参加会议。天津市乡镇企业局局长张克俊主持会议并致开幕词。市乡镇企业局副局长郭志实受乡镇企业协会筹备组委托,就协会的筹建情况和协会章程(草案)中的有关问题向大会作了说明,并宣读协会第一届理事会组成人员名单。会议通过分组讨论和大会表决,通过协会章程,并推举市政协主席刘晋峰、副市长陆焕生为协会名誉会长,市人大常委会主任吴振为协会总顾问,市委副秘书长李胜远、王鸿江等36人为协会顾问;选举市政府顾问王立吉为协会会长、市乡镇企业局局长张克俊为协会第一副会长;市乡镇企业局副局长郭志实为常务副会长兼秘书长;选举刘玉林、柴竹金、王洪生、杜宝山、李洪志、周春玲、孟庆明、张同生、聂秀康、高庆增、徐振江、蔡连海、关培厚、王玉田等14人为副会长,推选协会常务

理事 74 人，理事 178 人，并决定了协会秘书长、专职及兼职副秘书长人选。成立大会后，协会会长王立吉主持召开协会理事会第一次全体会议，研究 1993 年协会工作要点，讨论通过协会吸收会员办法和协会经费管理暂行规定。

1995 年 7 月 14 日，天津市乡镇企业协会召开第一届二次理事会。市政协主席刘晋峰、市人大常委会副主任张毓环、市政协副主席陆焕生、市人大常委会原主任吴振出席会议并讲话。市乡镇企业协会第一副会长张克俊宣读天津市长张立昌为大会发来的贺信。市乡镇企业协会会长王立吉主持会议并汇报协会工作。在本届理事会上，调整和增补 276 名市乡镇企业协会常务理事和理事，增选和调整了协会副会长。协会副会长共 24 人。

二、天津市乡镇企业协会第一届理事会主要工作

（一）发挥桥梁纽带作用，沟通政府与乡镇企业和企业家的联系

及时传达并引导乡镇企业家学习和了解党和政府的方针政策，利用《天津乡镇企业协会通讯》，及时摘发党和政府的重大决策、重要方针政策，通报给全体会员。1995 年下半年，配合市政府开展乡镇企业“二次创业”的宣传发动工作。每年召开若干次有市领导参加的乡镇企业座谈会，征询对市政府工作的意见。从 1995 年下半年开始，市政府和有关委局召开有关乡镇企业的重要会议，吸收部分乡镇企业的代表出席会议。针对社会上对乡镇企业乱收费、乱摊派、乱罚款、吃拿卡要的不良现象，协会提出对乡镇企业家所在单位实行重点保护的建议出台。经有关领导和部门审定同意，市纪检委、市委农工委、市农委、市监察局联合向 150 个重点乡镇企业颁发“重点保护服务单位”的标牌和证书，维护企业的合法权益。

（二）发挥职能作用，为乡镇企业办实事

协会于 1993 年 7 月创办《天津乡镇企业协会通讯》，向乡镇企业提供政策、市场、科技、人才等方面的信息。先后组织部分乡镇企业家参加对外贸易洽谈会和出国进行贸易洽谈和考察。先后两次开办专场人才招聘会，为乡镇企业招聘各类人才。

（三）发挥自我教育功能，提高乡镇企业家素质

利用《天津乡镇企业协会通讯》，宣传本市优秀乡镇企业家严格要求自己、廉洁自律的典型。协助市农委举办农村基层组织思想作风报告会，帮助乡镇企业家树立正确的荣誉观、地位观。开展制定和遵守乡镇企业家行为规范活动。1994、1995 年协助市农委在市委党校举办市级乡镇企业家培训班，学习市场经济理论和现代经济知识。

三、天津市乡镇企业（家）协会一届三次暨二届一次理事会

1996 年 9 月 19 日，天津市乡镇企业（家）协会召开一届三次暨二届一次理事会。市政协主

席刘晋峰、市人大副主任张毓环、副市长朱连康、市政协副主席陆焕生、协会总顾问吴振参加会议并讲话。市乡镇企业局局长王武敬宣读市长张立昌、中国乡镇企业协会会长何康的贺信、贺电。市乡镇企业(家)协会会长王立吉做了协会一届理事会工作报告。协会常务副会长兼秘书长郭志实对《天津市乡镇企业协会章程》的修改情况作了说明,并对天津市乡镇企业协会第二届理事会人选安排提出建议。与会理事经过酝酿,鼓掌通过了协会工作报告和协会章程,并选举产生了协会二届理事会。

天津乡镇企业(家)协会二届理事会共有理事 440 人,其中常务理事 160 名。协会第一名誉会长刘晋锋,名誉会长张毓环、朱连康、陆焕生。协会会长王立吉,市乡镇企业局局长王武敬为协会第一副会长;常务副会长兼秘书长郭志实;副会长共 28 名。继续推举吴振为协会总顾问。推举市委农工委书记郑守森、天津发展研究中心主任吴敬华等 37 人为协会顾问。

协会副会长、华旗集团总经理霍洪敏代表 27 位市级优秀乡镇企业家宣读《关于制定和遵守"天津市乡镇企业家(厂长经理)行为规范"的倡议》。

9 月 19 日下午,与会理事参加市委农工委、市农委召开的"做人民公仆,天津乡镇企业家事迹报告会"。静海华隆集团董事长陈立新、津南港田集团总经理龚世权、西青高达集团总经理高桐胜、武清富强集团总经理王洪生、北辰万达集团总经理耿玉顺介绍了他们无私奉献,带领群众集体致富奔小康的事迹。

四、天津市乡镇企业(家)协会二届二次、三次理事会

1997 年 10 月 30 日,天津市乡镇企业(家)协会召开二届二次理事会。市政协主席刘晋峰、市人大副主任张毓环、副市长朱连康、市政协副主席陆焕生、协会总顾问吴振参加会议并分别讲话。市乡镇企业局局长、协会第一副会长王武敬主持会议。市乡镇企业(家)协会会长王立吉做了协会理事会工作报告。会上宣读《天津市乡镇企业家(厂长经理)行为规范》。行为规范共包含立场坚定、热爱祖国、开拓进取、敬业务实、好学上进、谦虚谨慎、精诚团结、勤俭办事、清正廉洁、遵纪守法 10 个方面内容,成为全市乡镇企业家的行为准则。

1999 年 6 月 25 日,天津市召开第三届乡镇企业家命名表彰大会暨天津市乡镇企业(家)协会二届三次理事会。副市长孙海麟出席会议并讲话。大会宣读市政府《关于表彰天津市第三届乡镇企业家的决定》,并给乡镇企业家颁发证书、奖牌和奖章。会议对协会领导机构进行了改选。增选副市长孙海麟为协会名誉会长。选举市乡镇企业局局长李瑞营为协会第一副会长。同时增选郑子行、郭宝印、李文明、于海介、任富贵 5 人为协会副会长。会议还对理事会成员进行了调整,调整后的理事人数为 488 人,常务理事 174 名。

五、天津市乡镇企业(家)协会二届理事会领导机构调整

2002年8月12日,天津市乡镇企业(家)协会召开会长会议,讨论并通过调整协会领导班子的提议。提议市农委副主任李瑞营担任天津市乡镇企业协会、天津市乡镇企业家协会会长;天津市乡镇企业办公室主任郑君璋担任天津市乡镇企业协会、天津市乡镇企业家协会常务副会长。原乡镇企业局教育处处长戴贺兰任天津市乡镇企业协会、天津市乡镇企业家协会副会长兼秘书长、法人代表。会议通过讨论,同意对协会领导机构进行调整。李瑞营任协会会长,郑君璋任协会常务副会长,戴贺兰任协会副会长兼秘书长、法人代表。

2003年以后,天津市乡镇企业(家)协会没有召开新的理事会和换届会议。直至2010年年底,天津市乡镇企业协会改为天津市中小企业协会。

六、天津市乡镇企业(家)协会二届理事会的主要工作

协会二届理事会,从协会的宗旨和特点出发,在围绕中心工作开展各种活动、积极为企业服务的过程中,发挥了参谋助手和桥梁纽带作用,主要做了以下四个方面的工作:

(一)发挥政府部门的参谋、助手作用和联系沟通政府与乡镇企业家之间的桥梁纽带作用

协会及时地向理事传达党和政府的方针、政策,主动地开展调查研究,正确反映企业的情况、企业家的情况和企业家的愿望,供政府决策参考。每年定期召开有市委、市政府领导参加的乡镇企业家座谈会,使市领导与企业家有更多的沟通。

(二)发挥行业自律功能,起到了促进企业家队伍健康成长作用

配合市农委、市乡镇企业局对企业家队伍建设情况进行专题调研,起草上报《关于加强我市乡镇企业家队伍建设的意见》,市政府办公厅予以转发。发动和组织27位优秀企业家以联合倡议的形式,提出《天津市乡镇企业家(厂长、经理)行为规范》,该《规范》经过反复征求意见和认真修改,由市委农工委、市农委正式颁发,成为全市乡镇企业家的行为准则,对全市乡镇企业家队伍起到了很好的自律作用 。

(三)围绕企业家的需要,全心全意地为企业服务

协会把乡镇企业在信息和人才两个方面的薄弱点,作为自己工作的重点,常抓不懈。从引进人才入手,多次到各类人才市场代理单位招聘人才,还无偿为用人单位做引进人才初选工作。为了帮助企业维护自身权益,建立法律咨询服务部,免费为企业进行法律咨询。

(四)对乡镇企业家队伍起到了团结、凝聚的作用

协会开展许多个性化的服务活动,特别是企业家的交流与沟通,增进企业家之间的团结和友谊。坚持把提高理事的素质作为“第一要务”,创造各种条件,帮助企业家提高自身素质。协会

理事单位参加大专学历教育;组织厂长、经理、管理干部赴中央党校学习培训;选送中青年企业干部到北京经贸大学、南开大学工商管理硕士研究生班和北京大学、清华大学总裁研习班学习。配合市乡镇企业局,坚持每年为乡镇企业家安排体检。为市级乡镇企业家办理养老保险、补充养老保险和人身意外伤害医疗保险,解决乡镇企业家的后顾之忧。还搭建创业企业家沙龙、新生代企业家沙龙、女企业家沙龙、乡镇理事沙龙、行业座谈会、产品推介会、项目推介会等理事交流平台,定期开展多项活动,广泛联系协会理事,加大为企业服务力度,增强协会凝聚力。

第七章　乡镇企业思想政治工作和党的建设

在乡镇企业发展中,天津各级党委政府坚持两个文明一起抓,在发展经济的同时,重视乡镇企业的政治思想工作和党的建设,并通过“厂村共建”“以厂带村”活动,带动整个农村的精神文明建设。

在乡镇企业的发展中,各级党委宣传部门和乡镇企业主管部门不断加强和改进乡镇企业的思想政治工作,保证党的路线、方针政策的贯彻落实,坚定广大农民在党的领导下发展乡镇企业的信心,调动各方面的积极性,增强广大干部职工的改革开放意识、商品经济意识和科学文化素质,培养造就一代新型农民,促进农村的精神文明建设。

第一节　乡镇企业思想政治工作会议

1991 年 11 月,中共天津市委宣传部、市委农工委、市乡镇企业局召开天津市乡镇企业思想政治工作会议,提出完善在党委统一领导下宣传部门和乡镇企业主管部门齐抓共管的格局。天津市副市长陆焕生、市委农工委书记王立吉、市委宣传部副部长李锦坤出席会议并讲话。

会议总结经验,表彰先进,研究和探讨在新形势下进一步加强乡镇企业思想政治工作的任务和工作重点。武清县委、南郊区委、北郊区双街乙炔气厂、宁河县芦台永兴企业集团等单位介绍经验,48 个思想政治工作成绩突出的企业被评为“天津市乡镇企业思想政治工作先进单位”,并颁发了奖牌和证书。

天津市在抓乡镇企业思想政治工作中,主要从 5 个方面入手:一是在党委的统一领导下,宣传部门与乡镇企业主管部门齐抓共管。全市乡镇企业思想政治工作由市委宣传部、市委农工委、市乡镇企业局共同负责。二是组织一支高效精干、专兼职相结合以兼职为主的政工队伍,把思想政治工作落实到基层,保证思想政治工作任务的完成。三是建立健全思想政治工作制度并长期坚持下去,使之经常化、规范化。四是讲究方法,注重实效。乡镇企业思想政治工作坚持与企业改革和生产经营活动相结合,把思想政治工作渗透到每个岗位、每道工序和车间班组。坚持言传与身教相结合,发挥领导干部的表率作用。许多基层党员领导干部处处严格要求自己,事事做群众的榜样,用人格力量去感染群众,带动群众。五是抓好阵地建设。企业建起职工俱乐部、图书室、文化活动室,体育活动场所和职工教育培训中心。

乡镇企业思想政治工作的基本任务是:坚持用爱国主义、集体主义、社会主义思想武装教育干部职工,不断提高职工素质,调动积极性,促进企业健康发展,逐步培育一支"有理想、有道德、有文化、有纪律"的新型职工队伍,团结一心,艰苦奋斗,为建设有中国特色社会主义不断做出新贡献。

第二节 加强乡镇企业党的建设

随着乡镇企业的发展,大批农村劳力进入乡村两级企业务工。到 1993 年年底,全市乡镇企业从业人员已占农村总劳力的一半多,而且相对集中了农村中有一定文化知识基础的骨干力量,乡镇企业已经成为农村党的建设的重要方面。各级党组织坚持"围绕经济抓党建,抓好党建促经济"的指导思想,从抓组织和制度建设入手,使乡镇企业党建工作逐步走上正轨。

截至 1993 年,全市有条件的乡镇企业普遍设置党的基层组织。在乡镇办企业中,已有 1135 个企业建立党支部,还有 2402 个村办企业及部分三资企业建立党支部或党小组,初步形成与经济实体相适应的党的基层组织体系,较好地发挥党组织的政治核心作用和战斗堡垒作用。在乡镇办企业中有正式党员 3 人以上的,单独建立党支部;不足 3 人的,建联合党支部。村办企业有党员 3 人以上的,单独设党小组,由村党支部领导;村办企业规模大,正式党员 3 人以上且所在村已成立党总支的应单独设立党支部,隶属村党总支领导;规模小或仅有个别党员的企业,参加联合党支部或联合党小组。三资企业中,凡由中方担任董事长或总经理的,党员数量达到建党组织要求的,都建立党组织。到 1993 年,全市乡镇企业中共有党员 28953 名,占企业职工总数的 6.3%,占天津农村党员总数的 21.3%,其中有 5098 名党员担任企业领导职务,有 1576 名党员担任厂长或经理。1990 年以后,共有 278 名党员被区县及其以上单位授予优秀企业家称号,2554 名党员受到乡镇及其以上党委的表彰,经民主评议,90%以上的党员能够较好发挥模范作用,成为乡镇企业发展的中坚力量。乡镇企业党的建设初步走上制度化、规范化的轨道。大多数乡镇企业建立党支部和党员目标管理制度、党员活动日制度、民主生活会以及民主评议党员等制度，并认真坚持，不断严格对党员的管理。在抓党的建设中，乡镇企业的党组织从有利于企业生产经营、有利于党组织和党员在经济活动中充分发挥作用的需要出发，不断探索乡镇企业党建工作的新路子。广泛开展“党员责任区”“党员模范岗”“党员身边无事故”“为党旗增辉”“党员技术攻关”等活动，收到较好效果。大多数乡镇企业厂长经理锐意进取、任劳任怨、埋头苦干，富于创新精神；在思想上注意严格要求自己，在作风上能够发扬民主；生活富裕仍保持艰苦奋斗的精神，赢得农民群众的信任和拥护。

第三节　乡镇企业思想政治工作的新进展

1995年年底，中共天津市委宣传部、市委农工委、市乡镇企业局召开天津市第三次乡镇企业思想政治工作会议，总结交流全市乡镇企业系统在新形势下开展思想政治工作，抓好两个文明建设的经验，表彰成绩突出的先进单位，部署加强思想政治工作、抓好两个文明建设的任务。

自1991年11月召开天津市第二次乡镇企业思想政治工作会议以来，天津乡镇企业系统针对社会主义市场经济体制条件下职工队伍出现的新特点，认真贯彻落实中共中央、国务院《关于加强和改进企业思想政治工作的若干意见》和《关于深入开展农村社会主义精神文明建设活动的若干意见》以及市委市政府的有关指示精神，积极探索加强乡镇企业思想政治工作和社会主义精神文明建设的新途径，采取多种形式，把思想政治工作渗透到企业生产的各个环节，有效调动广大干部职工的工作积极性，促进乡镇企业持续稳定发展。

一、建立专兼职相结合的政工干部队伍

乡村集体企业都建立党支部或党小组，配备少而精的专职政工干部和大量的兼职政工员，形成以专职政工人员为骨干，党政工团齐抓共管，人员专兼相结合的思想政治工作网络。形成以县、乡政治思想工作研究会为龙头，企业专兼职政工人员为主体一直延伸到车间班组的思想政治工作网络。各区县还采取多种形式对专兼职思想政治工作骨干进行培训，向他们教工作、教方法，实行思想政治工作包班组、包岗位，促进乡镇企业各项任务的完成。

二、建立健全企业思想政治工作制度

各区县建立思想政治工作研究、评比、表彰制度，将思想政治工作任务层层分解，具体量化，严格考核。企业建立理论学习、思想教育、技术培训、党团活动、管理、评优等规章制度。根据乡镇企业的特点，乡镇企业普遍实行党政一肩挑，企业领导“一岗二责”。各区县都规定企业领导必须一手抓经济建设，一手抓思想政治工作，两手抓两手都要硬，做到两项指标一起下，两项

工作一起抓，两项成果一起要。许多乡镇企业还制订《思想政治工作制度》《职工思想道德修养准则》《文明公约》《党员活动制度》《党员干部廉政建设规定》等项制度，对思想政治工作坚持月汇报、季分析、半年初评、年终考核验收，并与奖惩和干部职务升降挂钩，把思想政治工作落到实处。

三、把培养“四有”新人作为思想政治工作的重要目标，积极探索社会主义市场经济条件下做好思想政治工作的新途径

在抓乡镇企业思想政治工作中，各区县、乡镇创建了许多新的方法和途径。许多企业在做思想政治工作时，鼓励职工以主人翁的责任感参加企业民主管理，自觉为企业发展献计献策。有的企业鼓励职工提合理化建议；还有的企业把提高职工的科学文化知识水平作为思想政治工作和精神文明建设的重要内容，常年不懈地抓好。职工思想政治觉悟明显提高，爱岗敬业的主人翁意识明显增强，出现了人人争先进、个个做贡献的可喜局面。许多职工被授予“优秀党员”“先进职工”“技术能手”“三八红旗手”等称号。

四、把做好思想政治工作与关心职工的物质文化生活紧密结合起来

要想让职工爱厂如家，就要把企业办的像个家。很多企业把改善职工的物质文化生活条件作为思想政治工作的重要手段，以此增强企业的凝聚力。武清县富强集团一次性投入160万元，购买彩电和卡拉OK音响设备，建起职工文化娱乐中心。静海县津海集团先后投资500万元，修建篮球场、文化活动室、图书室、歌舞厅。定期组织文艺演出和文体比赛活动，活跃和丰富职工生活。宁河县同达集团职工大都来自外省市，为让职工安心生产，企业投资150万元，为职工建起了三栋宿舍楼，并为外来职工购置了生活用品。企业还投资200万元，为职工办起了医务室、浴池，购买了彩电。东丽区阳光集团的职工来自国内6个省市，企业免费为职工订阅报刊，报销药费，缴纳养老保险，使职工感到企业大家庭的温暖。

第四节 印发《关于加强和改进乡镇企业思想政治工作的意见》

1998年12月，为贯彻落实中共十五大和十五届三中全会精神，以强有力的思想政治工作保证和促进天津乡镇企业持续健康发展，增强农村经济活力，中共天津市委宣传部、市委农工委、市乡镇企业局联合制定《关于加强和改进乡镇企业思想政治工作的意见》。

意见指出：乡镇企业思想政治工作是党在农村工作的重要组成部分，是农村思想政治工作的新领域，是乡镇企业改革和发展的重要保证。天津市乡镇企业吸纳农村总劳力的60%，其中绝大多数是青壮年，他们是发展乡镇企业的主力军，也是思想政治工作的重点，做好他们的工作，乡镇企业的发展就有了基础，农村的稳定就有了保证，调动起他们的积极性，整个农村社会就会活跃起来。

乡镇企业政治思想工作的指导思想是:坚持以邓小平理论和党的基本路线为指导,以全面提高职工的思想道德素质和科学文化素质为目标，全面贯彻中共十五大和十五届三中全会精神,紧密围绕企业改革和发展的实际,夯实基础,拓展内容,改进方法,增强实效,鼓励创新,充分调动和保护广大职工的积极性、主动性和创造性,促进企业两个文明建设协调发展。

加强和改进乡镇企业思想政治工作必须遵循以下原则:第一,坚持为乡镇企业改革和发展服务;第二,坚持党的群众路线;第三,坚持重在建设的原则;第四,坚持加强企业党组织建设;第五,坚持继承与创新相结合。

乡镇企业思想政治工作的主要内容：一是邓小平理论和党的基本路线教育；二是爱国主义、集体主义、社会主义教育;三是形势政策和艰苦创业精神教育;四是社会主义民主法制教育;五是社会主义道德教育;六是社会主义市场经济知识、科学文化知识和业务技能教育。

《意见》要求乡镇企业思想政治工作要进一步改进方式方法,使思想政治工作更具说服力、吸引力,取得实实在在的效果。要善用载体,把思想政治工作融入企业两个文明建设。积极开展群众易于接受、丰富多彩的活动,如劳动竞赛、合理化建议、知识竞赛、文体活动,树新风,扶贫救残等,使思想政治工作寓教于活动之中。要区分层次,注重典型的引导和示范。把先进性要求与广泛性要求结合起来,根据不同的对象,采取不同的教育方法。要建立制度,将思想引导与行为规范结合起来。建立健全相应的规章制度,使思想教育和严格管理有效地统一起来,引导职工逐步养成良好的职业习惯和正确的行为方式。要建立企业文化，培育企业精神。

天津市涉农区县乡镇企业认真贯彻落实《关于加强和改进乡镇企业思想政治工作的意见》,结合本地区本单位的实际情况,不断创新工作机制,改进工作方法。以推动乡镇企业两个文明建设为目标,从抓好基层党组织建设入手,逐步建立与社会主义市场经济体制相适应,目标明确、责权分明、关系协调、渠道畅通的乡镇企业思想政治工作的管理体制和运行机制,形成了党委统一领导、党政共同负责、党政工团齐抓共管、专兼职政工人员相结合,职工群众广泛参与的思想政治工作新局面,为全市乡镇企业各项工作不断上台阶上水平提供强大的精神动力。

第五节　开展创建“五个好”企业党组织活动

一、“五个好”企业党组织活动

2007 年以来,中共天津市委组织部在全市国有企业、非公有制企业深入开展的创建“领导班子好、党员队伍好、工作机制好、发展业绩好、群众反映好”的“五个好”企业党组织活动。郊区工业企业党组织以创建活动为载体,坚持围绕中心、服务大局,以改革创新精神切实加强基层党组织建设和党员队伍建设。在创建活动中,郊区工业企业坚持把促进企业健康发展作为党建工作与业务工作的结合点,使党的活动为企业所需要,为党员和群众所欢迎,为所有者、经营者和管理者所理解和支持,积极推进企业党建工作创新,为实现天津科学发展和谐发展率先发展提供坚强的组织保证。先后有一批郊区工业系统企业党组织被评为市级"五个好"企业党组织。

2008年,郊区工业系统的天士力集团有限公司党委、大桥焊材集团有限公司党总支、宝成机械集团有限公司党总支、万达轮胎集团有限公司党总支、亨达地毯有限公司党支部、晨光化工有限公司党支部、天海同步器有限公司党支部、宝溢制品有限公司党支部获得天津市"五个好"企业党组织荣誉称号。

2009年,郊区工业系统的金桥焊材集团公司党总支、依依卫生用品有限公司党支部、迎新船舶机械有限公司党支部、塑力线缆集团有限公司党总支、凯兴股份有限公司党支部、友发钢管集团有限公司党支部获得天津市"五个好"企业党组织荣誉称号。

2010年,和泰(天津)投资集团有限公司党总支、泰森化工集团有限公司党支部、立林机械集团有限公司党支部、天重中直科技工程有限公司党总支、金轮自行车集团有限公司党总支、津宝乐器有限公司党支部、恒兴钢业有限公司党支部、久安集团有限公司党支部获得天津市"五个好"企业党组织荣誉称号。

二、"五个好"企业典型介绍

天津天士力集团有限公司党委在促进企业发展中,始终坚持走科技兴企、文化兴企之路,赢得了股东会、董事会、监事会和企业员工的信赖和尊重。党委还教育引导员工树立责任意识、专家意识、亲情意识,开展"争做优秀的社会人、过硬的企业人、成功的家庭人"活动,激励员工爱岗位、爱家庭、爱国家。引领企业进行机制、科研、标准创新,建立持股、分配、创业、激励、培训机制。搞好人才引进和培养,建设好以党员为主体的科研队伍。几年来,这支队伍先后承担了国家"九五""十五""十一五"时期和国家"863""973"等科研项目和重点课题40余项,生产体系全部通过国家GMP和澳大利亚TGA认证。

天津宝成机械集团有限公司党委坚持"以作为求地位"的工作理念,把党的工作融入企业生产经营中,共谋共促企业发展,积极参与生产经营决策,把握发展方向,保证企业依法经营。开展"党员示范岗""爱岗位、展风采、我为企业做贡献""建百年宝成献计献策"等主题实践活动,为党员展示先进性搭建平台。开展丰富多彩的文体活动,用健康向上的企业文化占领职工群众的思想阵地。积极为员工谋福利,为困难群众排忧解难,密切了党与群众的联系,赢得了企业出资人、经营管理者的赞赏与支持和党员、员工的一致好评。

天津塑力线缆集团党总支团结带领广大党员职工,保增长、渡难关、上水平,充分发挥党组织和党员作用，实现党建工作与企业发展双向促进。公司组建工、团、妇等群团组织，成立“党员之家”和职工活动中心，定期培训党员职工，着力打造“一个支部一面旗、一个党员一颗星”品牌，开展党员先锋岗、“五比一创”、“亮身份、树形象、显能力、做贡献”等实践活动，为广大职工建功立业搭建平台。党总支紧紧围绕企业发展，组织党员骨干进行技术改造，集团生产的500千伏超高压电缆在国内享有良好的信誉，还完成天津市首批二十项重大工业项目——齐天源项目投资建设。2008年集团取得了实现利润2.36亿元、纳税2360万元的好成绩。

第十一篇

农民教育与培训

农民教育与培训是传授农业科学知识和农业生产技术的重要手段,是中国农业教育系统的重要组成部分,其直接的服务对象是占全国人口80%以上的第一产业生力军。20世纪90年代以来,天津市农业广播电视教育系统和乡镇企业系统锐意进取、干事创业,以天津市农业和乡镇企业发展、农民致富为目标,创新培训机制,完善培训手段,开展多类别、多形式的职业教育与技能培训,形成了高、中、初等配套,门类齐全的农民教育体系框架,培养大批优秀的农村实用型人才,为发展天津市现代都市型农业做出贡献。

第一章 农业广播电视教育与培训

第一节 农业广播电视教育的发展

农业广播电视教育,是以广播电视等传媒手段,开展农业远程教育培训,为解决中国面广量大的农民教育培训和农村基层干部教育培训提供新的有效途径。

一、农业广播电视教育的机构设置

随着农村经济体制改革形势的发展和现代传媒技术的运用,以及农民发展生产的需要,农业教育与培训愈加得到各级政府和领导的重视和支持。1980年12月12日,国家农委、农业部等10个单位联合创办中央农业广播学校。1981年3月23日,天津市人民政府办公厅印发关于执行国家农委等十部门关于成立中央农业广播学校领导组织的意见,责成市农委、农林局等11个单位联合成立中央农业广播学校天津市办公室,全市12个涉农区(县)和市农场管理局也建立了相应的机构。

二、农业广播电视教育的发展壮大

1982年3月10日,天津市机构编制委员会印发《关于建立天津农业干部技术培训学校和增加事业编制的批复》,同意建立天津市农业干部技术培训学校,为事业单位,隶属市农林局领导。1986年,为进一步加强农业广播学校的力量,中央农业广播学校天津市分校与天津市农业干部技术培训学校合署办公,地点设在河西区西园道5号,继续承担农民中等专业学历教育工作。1987 年 2 月,中央农业广播学校更名为中央农业广播电视学校。1989 年 9 月 27 日,天津市机构编制委员会对天津市农业广播电视学校设置问题批示，同意建立天津市农业广播电视学校(以下简称天津市农广校),规格为县处级,同天津市农业干部技术培训学校一套机构两块牌子。1990 年 9 月,天津市第二教育局同意将天津市农业广播电视学校和区(县)分校全部纳入地方成人中等专业学校管理,接受地方政府的领导和教育部门的指导、管理和监督,在教学业务上接受中央农业广播电视学校的指导。正式批准区(县)分校统一名称为天津市农业广播电视学校 XX 区(县)分校。1993 年,天津市第二教育局对天津市农业广播电视学校及 12 个涉农区(县)分校进行教学水平评估,全部达到中等专业学校办学标准,9 月份颁发合格学校证书。

天津市农村经济的发展和农民对农业科技知识的迫切需求，赋予天津市农业广播电视学校更广阔的发展空间。1998 年 1 月 6 日,经国家劳动部批准,天津市农业广播电视学校建立农业部农业行业特有工种职业技能鉴定站（024 站），在全市开展农业行业职业技能鉴定工作。2000 年 8 月 18 日,为进一步强化农业广播电视教育职能和体系的培训功能,充分利用农广校开展农民科技教育培训,经天津市机构编制委员会批复,天津市农业广播电视学校加挂了天津市农民科技教育培训中心的牌子,12 个涉农区(县)分校也成立农民科技教育培训中心,承担全市农民科技教育培训任务。

三、农业广播电视教育的体系建设

建校初期的农业广播电视学校,办公条件简陋,办学设备陈旧,办学体系需要完善。2000 年，天津市将农广校的农林科技培训工程列入 2000 年全市改善农村人民生活十件实事之一。当年,完成天津市农业广播电视学校综合教学楼落地重建的立项报告。2002 年,在农业部和市有关部门的大力支持下,天津市农业广播电视学校建起 3000 平方米的综合教学楼,教学和办公条件得到极大的改善。2007 年,在市农委和市财政的支持下,市、区(县)两级投资 1225 万元,在天津市农业广播电视学校系统建设天津市新型农民远程教育服务中心和区(县)分中心及市级农民实训基地,并相继配置和建立移动卫星直播中心、互联网信息中心、媒体制作中心和多功能演播室及计算机培训教室,并建有图书音像资料中心,藏图书音像资料近 3 万套。建有独立域名的“天津市农业远程教育网”网站,丰富了网上视频教学和文字教学。全市 12 个涉农区(县)分校全部建有多媒体培训教室、计算机培训教室、图书资料室、双向卫星接收小站及专业教学设备。27 个市级农民实训基地全部建有培训教室、图书室和卫星接收小站,每天能收看农广校系统 4 套卫星农业教育培训节目。先进的教学条件为更好地开展农民教育培训提供技术支撑,促进农民教育培训水平的提高。2009 年,农业部在全国认定 45 个单位为农业部现代农业技术培训基地,天津市农业广播电视学校位列其中。天津市农业广播电视学校以完善的办学体系和突出的业绩晋升国家级行列，成为全国农广校系统的先锋，承担着基层农业技术推广体系建设重点技术人员的培训任务。

2010年5月26日，天津市第十五届人大常委会第十七次会议通过《天津市农民教育培训条例》，2010年8月1日正式实施，它标志着天津市农民教育培训工作步入法制化管理轨道，也成为全国第一部关于农民教育培训的地方性法规。《条例》的颁布实施，为加强和规范农民教育与培训工作提供法律保障，对于提高农民科学文化素质和从业能力，培养有文化、懂技术、会经营的新型农民，增强产业竞争力和综合实力，加快天津市社会主义新农村建设具有重要的促进作用。

四、农业广播电视教育的办学特色

作为承担农业广播电视教育的农广校，建校伊始，一无所有，困难很多，但它以独特的办学形式，依靠重组现有教育资源，利用广播电视网络和统一的教学服务，始终坚持"面向农村、面向农业、面向农民"的办学宗旨，深受广大农民、农村基层干部的欢迎。通过广播、电视、互联网、卫星网等媒体和图书音像教材等资源，把课堂办到乡村，办到基地，办到田间，把农业科技知识送到千家万户。学员可以不离乡、不离岗，利用业余时间参加学习，既不影响工作和生活，又能以最便利和快捷的途径获得知识和技能。天津市农业广播电视学校已成为农民教育与培训的主力军，是天津市农民中专学历教育的唯一办学机构，设有办公室、教务科、培训科、教材科和媒体资源科等5个科室，教职工24人，12个涉农区(县)分校专职教师和办学人员112人，组建591人的专兼职教师队伍。全市形成上连中央农广校，下连12个涉农区(县)分校，共有180个教学班和106个实践培训基地组成的五级农民教育培训体系，并在实践中不断提升壮大，在提高全市农民科技文化素质，促进全市农村经济持续、稳定、健康发展中，承担着为全市农村培养中等实用人才的职责和培养农村技能型人才和农民科技培训的重任。

第二节　农民中等专业学历教育

农民中等专业学历教育是农业广播电视学校开展农业教育与培训的办学之本。1981年建校初期，专业设置只有单一的农学专业，随着农业广播电视教育的发展，逐步增开更加广泛和适合农民需要的专业。1985年增开农业经济管理、畜牧兽医和淡水养鱼3个专业。1987年增开财务会计专业。1988年增开蔬菜和果树专业。1990年增开林业、水产、工业管理专业。1991年增开乡镇企业管理专业。1995年增开金融与保险专业。1997年增开农村电气化、现代农村综合管理专业。1998年增开电算会计专业。2003年增开计算机应用专业。2004年增开党建、养殖专业。

2006年增开动物卫生防疫专业。2008年增开农民专业合作社管理专业。2010年根据中央农广校教学安排,农民中等专业统一开设专业调整为现代种植技术、现代养殖技术、畜牧兽医、动物卫生防疫、农村能源开发与利用、农民专业合作社管理、会计统计与审计(电算会计)、现代乡村综合管理、企业经营管理、计算机应用、林业、农村党建、农村电气化、人口与计划生育管理、农机运用与维修15个专业。

1981年7月15日开办第一期农学专业,招生1835人,到2010年已培养中等专业实用人才2.63万人,在校生有6501人,涵盖农技推广、乡村管理、企业管理和种养生产等多个行业。2006年,农业部实施"百万中专生计划",用10年的时间为新农村建设培养100万中专生,天津市承担了1万人的培养任务,到2010年,提前5年超额完成培养任务。2008年,农业广播电视学校农民中专学历教育纳入天津市实施的农民素质提高工程,用4年时间达到为新农村建设培养现代种植、养殖、经营管理等方面的中等实用人才1万人的目标,到2011年,经过全市农广校系统共同努力,共招收并培养农民中专学员12360人,完成工程任务的123.6%,并连创农广校中专学历教育招生历史记录。

一、加强教学管理

1.科学安排招生和设置教学班。针对农民中专学历教育学员多、专业多的实际,农广校提出加强教学管理,保证教学质量,围绕中心,科学设置,加强管理的办学思路。围绕政府中心工作和农民需求,确定招生专业;按照学员分布情况,下沉办学重心,选择基础条件好,人员相对集中的乡(镇)、村、实践培训基地和部分乡(镇)成人学校、企业、合作组织等科学设置教学班,方便学员就近学习;每个教学班配备了1~2名班主任,负责组织教学及日常管理工作,根据专业设置和课程安排对学员自学和生产中遇到的疑难问题进行辅导解答。

2.制订完善教学计划和教学制度。为使学员能够在两年的学习时间里顺利完成学业,在每年招生工作结束后,根据专业、教学班的设置和农民参加学历教育的实际情况,认真制订教学计划,确定任课教师、教学班地点、教学班负责人等。2008年,在原有教学制度的基础上,完善《天津市农业广播电视学校教学管理有关规定及办法》《教学管理规定》《学籍管理办法》《专兼职教师管理办法》《教学班管理办法》和《专项技术考核办法》及《关于规范中专学历教育档案的通知》等教学管理制度与办法,推进教学管理的制度化和规范化,保证教学质量的提高。

3.努力建设一支优秀教师队伍。天津市农业广播电视学校体系有专兼职教师和办学人员591名,其中96%具有大专以上学历,85.1%具有中级以上职称。在教学中,注重配备教学水平高、责任心强的教师授课,坚持选聘大专院校和专业技术学校的优秀教师充实到教学队伍中来。根据课程安排,这些教师,充分发挥其职业特长,认真备课,编写教案,用通俗易懂的语言启发和引导学生的学习兴趣。教学中穿插平时测验，布置课后作业等检验学员学习效果。2004年，宁河分校王志军、蓟县分校张立军被评为全国农广校系统“教学能手”；王志军还获得全国农广校系统“十佳教师”称号。2010年，全市农广校系统还成功举办专职教师“教学评比”大赛，展现了农广校教师的风采。

二、创新教学方式

1.加强调研推进课改。2006年以来，市农广校组织开展“天津市农民教育培训情况调研活动”，深入区县分校，召开专题研讨会，了解中专学历教育教学工作中存在的问题、农民学员对教学工作的反映和对受教育的需求等，掌握基本情况、加以改进，使中专学历教育更适合农民成人教育的特点，教学计划更贴近农民实际需求。多次对相关的专业课程设置进行修改，增加实用性强、实效性突出的专业基础课、专业课和职业技能课的教学内容，使每个专业课程设置基本保持在14门左右，并对部分学时安排进行了调整，使广大学员集中上好“四堂课”，即：必修知识集中讲授课，专项技术专题培训课，田间实践现场教学课，解惑答疑考前辅导课，提高学员学习兴趣，增加农广校中专学历教育的吸引力。

2.增加多媒体教学。根据农民学员的生产实际，在一些专业课的学习中，结合教学内容和实际工作，将书本知识和生产实践联系起来进行讲解。并将相关内容制作成多媒体课件进行演示。同时，充分利用农业远程教育网增加网络教学，每学期期末对部分课程用卫星设备进行直播或录播辅导，收到很好的效果。

3.实行“双证制”教学。1996年，农业部印发“关于在全国农业中专和农业广播电视学校实行学历文凭与职业资格证书并重制度的通知”。并于1997年，在辽宁省、河北省等8所省校开展“双证制”试点工作。1998年，天津市亦被确定为试点单位。天津市农业广播电视学校认真落实中央农业广播电视学校学历证书与职业资格证书并重制度的精神，把中专学历教育与“涉农产业职业技能培训工程”相结合。在教学中，注重加强学员的实践操作技能和从业能力的培养。在中专学员中推行“双证制”教学，让中专毕业学员取得毕业证书的同时，经技能考核取得相应等级的职业资格证书，经过试点逐步推开。到2010年，天津市农业广播电视学校2733名中专毕业学员经技能考核取得了相应工种与等级的职业资格证书。

三、实施中专后继续教育

1999年，为进一步加强农业和农村人才队伍建设，切实把农业和农村经济增长方式转移到依靠科技进步和提高劳动者素质上来，农业部决定在全国农业广播电视学校（以下简称农广校）开办中专后继续教育农业推广专业。招生对象为具有中专学历的农技推广服务体系在职人员、农村基层干部和农广校中专毕业学员，实行学期制，学制二年，采取业余和脱产相结合的学习形式，学员毕业后相当于大学专科同等学历。2000 年增开了农村经济管理专业，2002 年增开了畜牧兽医专业。天津市农业广播电视学校从 1999 年开始开办中专后继续教育，到 2010 年，先后开设了农技推广、农村经济管理、畜牧兽医等 3 个专业，共招生 3780 人。每期经过两年的系统学习和考试考核。到 2010 年，共有 3571 人取得了相当大专学历证书，为天津市农村经济发展培养了高层次的农业科技人员。

第三节 农民科技培训

一、跨世纪青年农民培训工程

为贯彻落实科教兴国战略，进一步提高青年农民科技文化素质，培养一大批适应 21 世纪农业和农村经济发展需要的青年农民，农业部、财政部和团中央决定从 1999 年起，启动跨世纪青年农民科技培训工程（简称“青年农民培训工程”）。这项工程分两个阶段实施，1999~2000 年为试点阶段，2001~2005 年为全面实施阶段。跨世纪青年农民科技培训工程计划培训农村青年 500 万，每个村培训 7~8 人，基本达到每个村民小组培训 1 名青年农民的目标。这是一项用现代理念与手段，给新一代农民以奋斗的翅膀，使其视野与市场更宽阔的培训工程。

天津市将跨世纪青年农民科技培训工程列为市政府为群众所办实事之一，要求各级部门和单位及广大青年农民，充分认识实施这项工程的重要意义，扎扎实实地运作，求得实实在在的效果。市、涉农区（县）、乡（镇）都成立跨世纪青年农民科技培训工程领导小组，乡（镇）主要负责人亲自抓，主管农业的乡（镇）长到现场组织教学。

跨世纪青年农民科技培训工程由天津市农业局、财政局、团市委负责组织，市农业广播电视学校系统具体实施。2001 年 3 月 2 日，津南区小站镇在全市率先开班授课，标志着天津市跨世纪青年农民科技培训工程正式实施。工程实施中，共设置优质绿色蔬菜种植、肉鸽养殖、獭兔养殖等 10 多个专业。

作为具体承担培训工程工作的农广校系统，牢记服务意识，本着实际、实用、实效的原则，多次深入全市各乡（镇）和有关委（局），根据农业种植、养殖结构调整和农民需求，制订切实可行的教学计划，根据课程需要选定培训教材。聘请农业科研院（所）、农业推广等单位，有实践经验的专家、教授组成讲师团，为学员进行面授辅导。培训工程注重新技术的传授，教学采用教师面授辅导，收看声像教材，组织学员讨论，现场指导实践等多种形式，理论同实践紧密结合，学习效果显著。

为了搞好培训工程，津南区政府制定五优先政策，即受训学员今后可优先进行区镇项目承包；优先获得生产资料贷款以及技术和市场信息；优先被选拔为农村基层干部或聘为村农业技术员；优先参加区、镇组织的农业培训和其他技术交流；优先参加农民技术员职称评定，鼓励青年农民参加培训。其他区（县）也出台相应政策，保证工程的顺利实施。

为使更多的青年农民掌握新理念、新技术、新知识，农广校在培训中，注重抓典型，以点带面。如挑选有一定规模的种养殖大户组成提高班，集中学习更深层次的种养技能、市场营销、农业电子信息技术、农业政策法规等知识。一是在大户中培养学员。学员通过培训，解决技术上的难题，学到种植、养殖、营销、法律等方面的新技术、新知识，逐步实现规范化管理，扩大生产经营规模。并引导其发挥示范带头作用，带动周边共同致富。二是在学员中培训大户。培训中帮助学员通过学习确定主导产业，筹资建立养殖场等，实现规模化生产经营。市、区（县）、乡（镇）从技术上给予积极支持。三是学员互帮互学，共同提高。开办的提高班汇集一些规模较大的种植、养殖大户，在日常的学习和交流中，一些本来搞种植的学员后来也搞起了养殖，拓宽经营领域，增加收入。四是让学员掌握网络知识与技能。有的分校对原有的计算机教室和教学设备，进行升级改造，开办电子计算机培训班。学员们通过培训，学习市场营销学、农村政策法规和电子计算机知识等，懂得市场营销操作方法，掌握上网查询信息等知识和技能，成为种养殖大户和带头人。

跨世纪青年农民科技培训工程为全市培训一大批青年农民，使他们掌握更新更好的致富本领，促进现代都市型农业的发展。到 2003 年，共培养 7 万多名有文化、懂技术、善经营、会管理、觉悟高的跨世纪青年农民，并通过天津市农业局、财政局、团市委的验收，获得结业证书。通过跨世纪青年农民科技培训工程的实施，在全市农村呈现出三多的可喜局面。一是学习科技知识多了。经过调查，受训学员的出勤率达到 90%以上，学员中不乏 50 岁上下的农民，基本做到了不缺课。二是务农爱农的多了。许多青年农民通过培训，找到了科技致富的门路，决心扎根农村学科技，勤劳致富奔小康。三是科技成果多了。受训青年农民在种养技术、市场营销等方面，推广新成果、新技术、新品种，年获利润数 10 万元的事例举不胜举。

跨世纪青年农民科技培训工程给人以很大启示，对农民的科技教育培训工作是一个长期的艰巨任务，必须坚持下去，把培训工程掀起的农民学习热情延续下去，进一步提高广大农民的科技素质。要树立典型，推广科技致富经验。在培训工程实施过程中，涌现出一批在种植、养殖业取得突出成绩的种养殖大户，市农广校系统及时地予以推广，收到了好的效果。要深化教学改革，在“新”字上下功夫。办学上要有新思路，做到多形式、多层次、多渠道、多门类，适应形势，方便群众，利于生产，扩大生源。

二、天津市农村劳动力“351”培训工程

2004年,为贯彻落实中共十六大和中央一号文件精神,全面提高农民科学文化素质,天津市委、市政府决定,从2004年9月起,利用3年时间,组织实施红色证书、绿色证书、蓝色证书、村干部、农村经纪人等5大培训工程,培训农村各类劳动力100万人,简称“351”培训工程。市农广校承担的绿色证书培训工程是“351”培训工程的重要组成部分。

1.绿色证书培训工程主要内容。实施绿色证书培训工程总的指导思想是坚持实际、实用、实效的方针,尊重农民的意愿,满足农民需求。组织各级、各类科技人员组成讲师团,深入农业生产第一线,示范推广新品种和配套技术。采取教师讲课、专家讲座、现场教学、指导推广相结合的方式,实现科技到户、良种良法到田、技术要领到人。通过培训有效提高从业农民、种养大户、示范户的综合素质和自我发展能力,造就一大批思想观念新,生产技能好,懂经营、善管理的新型农民。

2.绿色证书培训工程培训对象。绿色证书培训工程培训对象是农村劳动力中从事一产的农民。重点是乡(镇)、村农业社会化服务体系的人员、村干部、从事农业生产重点示范园区、种植小区、生态示范基地的种养大户、专业户、科技示范户和一些技术性较强岗位的从业农民;从事农业生产、经营两年以上、年龄在40岁以下、有一定生产经营管理水平的优秀青年农民。

3.绿色证书培训工程目标任务。自2004年9月~2007年7月,用3年时间,培训农业从业农民32万人。其中,取得“绿色证书”10万人,科技培训22万人。2004年9月~2005年9月,培训8万人;2005年9月~2006年9月,培训16万人;2006年9月~2007年7月,培训8万人。任务分配到区(县),发挥农广校主渠道的作用,充分调动农口的培训资源,挖掘社会其他教育资源,调动农口各单位的积极性,共同完成任务。

4.绿色证书培训工程专业和课程学时设置。(1)专业设置:紧紧围绕当地农业主导产业、优势产业、龙头企业发展需求,农业结构调整现状和农业开发项目,依据各区(县)提供的《实施“351”培训工程调研报告》,按照国家《绿色证书制度管理办法》的规定,确定开设包括种植业、养殖业、林果业、农机、农垦、农村水利、农村合作经济管理、农村环保、农村能源、农产品加工储运等行业专业及农业会计人员和农村信息员的岗位培训等12个主专业,根据培训工作的需要,随时再加以调整和补充。(2)课程设置:根据天津市农业结构调整和沿海都市型农业的发展方向,结合各区(县)的特点和实际,以产业化经营为目的,从农民从业的角度以“3+1”模式配备相应的课程和教材,即3门公共课,1门专业选修课,技能实践课学时不少于50%。(3)学时设置:按照农业部“绿色证书”标准,实行一个生产周期300学时左右的教学计划。其中,课堂教学(包括声像直观教学)100~150学时左右,实践实习(包括技能训练)不少于150学时。

5.绿色证书培训工程培训形式。采取先期试点,分期启动与总体推动相结合的方式,不断总结试点经验,促进工程整体推动。采用文字与声像媒体相结合的形式,开发制作各类电视节目、多媒体课件等教育资源,聘请农业科研院(所)、高等院校专家开展高新技术讲座,充分发挥"天网""地网""人网"相结合的优势,为整个培训工程提供快捷有效的服务。

"绿色证书"培训:即10万获取"绿色证书"农民的培训。重点对核心农户(指具有一定生产规模,科技意识比较强,能起示范作用的农户)进行培训,达到农业部"绿色证书"培训标准。培训形式以集中面授为主,有针对性地适当增加新技术讲座(新技术、新成果应用内容)。公共基础课突出农业政策法规和经营管理内容。

科技培训:即22万农民通过培训,至少掌握一项实用技术。采取专家讲座、面授辅导和现场指导相结合的方式,以提高科技培训的实效性。

科技辐射培训:充分发挥农广校系统远程教育优势,利用各种培训手段,调整各区(县)电台、电视台开办的《农广天地》等节目,结合全市"网络入乡""电波入户"工程,按农时季节播送"农业新技术"专题节目。农民可通过查询"天津农业信息网"、电话咨询等方式,解决农业生产中遇到的问题。充分发挥"绿色证书"工程的科技辐射作用,根据需要组织实施农业科技人员和农村信息员、农村会计等若干专项培训,推动农业实用技术培训的开展。

6.绿色证书培训工程成效。2004~2007年,绿色证书培训工程共举办培训班4205期,培训农民329935人。其中举办"绿色证书"培训班1691期,经过培训,取得农业部颁发的绿色证书的农民有101423人,完成培训任务的101.4%。举办科技培训班2514期,培训农民228512人,完成培训任务的103.9%。举办农村劳动力转移培训班298期,培训农民17860人。在取得绿色证书的农民中,经过参加职业资格培训,有1680人通过技能鉴定,取得相应级别的职业资格证书。

绿色证书培训工程的实施,培养一批有文化、懂技术、会经营的新型农民。参加培训的农民普遍掌握了1~2项实用技术,整体素质得到提高,大批知识型的农村种养大户、经营能手脱颖而出,成为科技培训的受益者和传播者,推进全市农业结构调整和区域经济的形成。绿色证书工程实施过程中,紧密结合当地农业生产实际,围绕"设置一个岗位,开发一种资源,形成一个产业,建立一个基地,致富一方农民"的实施纲要进行操作,涌现出很多具有一定专业化水平和适度规模的产业,"一村一品""一乡一业"成为新的经济增长点,资源优势逐步变成新的经济优势。通过绿色证书的培训,调动了农民学科学、用科学的积极性。一些新的农业科技成果及实用技术得到进一步的推广和应用,越来越多的农民认识到科学文化的重要性,纷纷走进培训课堂,不断给自己充电,努力提高致富本领。通过绿色证书培训,农民掌握了新技术,提高了致富本领,增加了收入,走上科技致富的道路。通过实施绿色证书培训工程,形成完善的农民科技教育培训体系，成为农民教育培训主渠道和主阵地，走出一条农民教育培训的新路子。

三、天津市农民素质提高工程

为切实加强对天津市农民的教育培训，全面提高农民整体素质和创业能力，以创业带动就业，实现创业富农、创新强农，2008 年 2 月 21 日，市委、市政府同意市委农工委、市农委拟订的《天津市农民素质提高工程实施方案》，在全市实施农民素质提高工程。该工程由天津市委组织部、市委农工委、市农委、市农业局、市劳动和社会保障局、团市委、市旅游局、市乡镇企业办公室等 10 多个部门分工负责。目标任务是从 2008~2011 年，利用 4 年时间，按照市场需求和农民需要，对全市农民进行普及性教育培训，重点开展 4 大类 10 个专项培训，累计培训 40 万农村实用人才，向非农产业转移农村劳动力 30 万人，使非农就业率达到 72%。培养造就一大批高素质的专业农民、高技能人才、第三产业服务人员、创业带头人和基层管理人员，全市农民思想道德素质、科学文化素质和法制观念明显提高。涉农产业人员职业技能培训工程是天津市农民素质提高工程的十项子工程之一。

（一）涉农产业人员职业技能培训工程内容

按照《天津市农民素质提高工程实施方案》，市农业局作为主要责任单位，市农业广播电视学校作为承担工程单位，协同其他有关单位共同做好此项培训工作。总体目标是在开展“绿色证书”培训的基础上，围绕现代种植业、现代畜牧业、现代渔业、农业机械等产业，加大农业职业技能培训力度，培养一批具有一定政策水平和农业专业知识的技能型人才，提升农业规模化、专业化生产经营水平，提高农业效益，促进农民增收，推进现代农业发展和社会主义新农村建设。培训规模为 5 万人（2008 年培训 0.8 万人、2009 年培训 1.6 万人、2010 年培训 1.6 万人、2011 年培训 1 万人），其中中、高级工达到 5000 人，平均每村有 10 名以上有文化、懂技术、会经营、具有职业资格的持证农民。

（二）涉农产业人员职业技能培训工程的实施

1.培训工种设置。根据天津市发展设施农业的需要和农民素质提高工程的要求，涉农产业人员职业技能培训工程工种设置，在重点确定 5 大类 15 个农业职业工种（种植业：蔬菜园艺工、花卉园艺工、菌类园艺工、农艺工、农作物植保员、农作物种子繁育工、果树工；畜牧业：动物疫病防治员、家禽饲养工、家畜饲养工；水产养殖：水生动物饲养工；农机：农机操作员、农机修理工；农村能源：沼气生产工、生物质能利用工）中突出培训 8 个工种：种植业：蔬菜园艺工、花卉园艺工、菌类园艺工；养殖业：动物疫病防治员、家禽家畜饲养工、水生动物饲养工；农业机械：农机操作员；农村能源：沼气工。

各区（县）根据本地需求和农民需要，以提高农民解决实际问题的能力为目标，培养具有一技之长的职业农民，设定具体的培训和鉴定工种。

2.培训课程安排。根据全市设施农业发展和农民需求，狠抓“五个落实”（学员、师资、教材、培训班、督查），强化“五个保证”（组织领导、培训体系、师资教材、督促检查、资金落实），提出“三个围绕、五个下沉”（围绕现代农业、优势产业和农民需求，把培训下沉到村委会、实训基地、龙头企业、产销协会和专业大户）。还根据需求定工种，突出技能抓培训，学习理论上水平的总体要求，把农民需求和操作技能放到首要位置，参照各工种的培训标准、基本要求和工作要求，确定培训工种，安排课时，组织培训。培训内容主要包括职业道德知识、基础知识（专业知识、相关知识）及相关法律法规知识。在课时安排上，严格遵照各工种培训要求，突出实用技术和技能操作，专业技术理论占 40%，技能操作占 60%。并按照国家职业技能培训要求和农民需求，选用指定的各工种实用技术教材或专项技术小册子及相应的技术光盘。

3.技能鉴定程序。技能鉴定工作按照国家职业技能鉴定的标准，由本市农业行业特有工种职业技能鉴定站，严格按照鉴定程序，负责开展相应工种的职业技能鉴定。鉴定合格的学员颁发劳动部统一制作的相应工种职业资格证书。天津市农业广播电视学校是农业部农业行业特有工种职业技能鉴定站（024 站），负责涉农产业人员职业技能培训鉴定工作。

涉农产业人员职业技能鉴定工作程序是：

发布鉴定公告。培训机构每次向市农广校（024 站）申报鉴定前，结合本地实际，适时向社会发布包括鉴定对象的申报条件、报名鉴定内容及拟鉴定时间、地点等内容的鉴定公告。

组织鉴定报名。根据国家职业标准的申报条件，由市农广校区（县）分校对经过职业技能培训的学员，进行严格的资格审查，填写《农业行业职业技能鉴定申报审批表》后，组织报名参加相应工种鉴定考试。

提出鉴定申请。拟鉴定前 15 日向市农广校（024 站）提出鉴定申请，上报包括需要鉴定的工种、等级；预计鉴定人数（每批次鉴定人数原则上不超过 100 人）；考生来源；鉴定时间、地点；考场准备；考务人员和拟聘考评人员的安排等内容的《区（县）农业职业技能鉴定申请表》和《农业行业职业技能鉴定申报审批表》。市农广校（024 站）对申请鉴定的人员进行资格复查，并根据申报鉴定工种向中央农广校提取试卷。

做好鉴定准备。各分校在考核鉴定前，成立具有鉴定工种考评员证的技术人员至少 3 人组成的考评小组，组长由分校校长担任。同时，与市农广校（024 站）协商安排考核时间，并按要求安排符合考核鉴定条件的场地及考核鉴定必需物品。

严格考核鉴定。鉴定实行理论考试和技能操作考核同时进行。理论考试为闭卷考试。技能操作考核采用现场考核、典型作业或模拟操作考试，并辅以口试答辩等方式进行。市农广校（024 站）派专职人员督导鉴定。

申领资格证书。考核鉴定结束后，考评小组按照职业技能鉴定考务管理的要求和有关规定，做好现场记录、总结等工作。市农广校(024站)按规定将考核合格人员及时上报中央农广校，申领相应级别职业资格证书。

(三)涉农产业人员职业技能培训工程成效

2008~2011年，全市共举办培训班1101期，6.92万农民参加涉农产业蔬菜园艺工、家禽饲养工、拖拉机驾驶员等15个农业特有工种的职业技能培训，其中6.49万农民通过考核鉴定取得了国家职业资格证书，完成培训工程任务的129.8%。主要有蔬菜园艺工1.8万人、农机操作工1.25万人、果树工8547人、农艺工8204人、家畜及家禽饲养工5416人、花卉及菌类园艺工4236人、拖拉机驾驶员4907人，其他工种3051人。参加涉农产业职业技能培训的农民无论在农业技能，还是综合素质，以及学习的主动性方面都有了新的提高，涌现出一批种植、养殖能手和农村科技带头人，促进了农业新品种和新技术的推广应用，促进了农民增收、农业增效和农村社会稳定。

第二章 乡镇企业职工教育与培训

乡镇企业在发展初期，专业技术人才主要靠引进。1985年后，各级管理部门加大教育和培训工作的力度，通过多种途径，培养出一批乡镇企业人才。在20世纪90年代，先后实施“51510工程”和“百万培训工程”，开展了大规模的职工培训。乡镇企业继续开展了专业技术职务任职资格评聘工作。2004年后，相继开展“蓝色证书工程”和“非农产业职业技能提高培训工程”，以企业需求和劳动力就业为导向，大力开展职业技能培训，全面提高乡镇企业从业人员整体素质。

第一节 乡镇企业职工教育培训的基础工作

一、设置职教机构，配备专职干部

乡镇企业职工教育是一项重要的基础工作。由于乡镇企业职工人员分散，文化基础差，工学、农学矛盾突出以及企业领导者存在的短期行为，为这项工作的开展带来一定的难度。推动这项基础工作，首先要设置负责乡镇企业职工教育专门机构，配备专职干部。

1986年，市乡镇企业局成立培训中心行使职工教育培训管理职能。1988年年底培训中心实体组建后，市乡镇企业局成立教育处，承担推动乡镇企业职工教育培训的行政职能并要求区县和乡镇两级乡镇企业的管理部门都要设立专门的职工教育管理机构或配备专职干部。

到1991年，各区县乡镇企业经委（局）都成立教育科或人才科，配备了专职干部。市和区县两级乡镇企业管理部门专门从事职工教育工作的人员达到106人。大部分乡镇一级管理部门配备了教育专兼职干部，初步形成市、区县、乡镇三级乡镇企业职工教育管理体系。

二、初步建成四级培训基地网络

1988年后，市和区县、乡镇及部分重点企业，多方筹集资金，建设职工培训基地，初步形成四级培训网络。

到1991年，天津市乡镇企业培训中心建成并开始承担市级乡镇企业职工培训任务。培训中心总建筑面积5600平方米，总投资480万元。建设资金由农业部、天津市农委、天津市乡镇企业局三方联合投资。

10个区县乡镇企业经委建成10个区县乡镇企业培训中心，总建筑面积8460平方米。

全市225个乡镇有150个乡镇以各种不同形式建成乡镇一级职工培训基地，总建筑面积35615平方米，有教室314间。一是区县、乡镇两级主管部门共同投资，培训基地建在乡镇一级管理部门。二是乡镇管理部门和重点企业联办，培训基地建在企业。三是与乡镇电教中心合一。四是培训基地建在乡镇成人学校。五是乡镇主管部门独立投资建培训基地。

在建设乡镇一级培训基地的同时，一批有条件的企业投资建起了厂级职工培训基地。

三、多渠道、多层次、多形式地开展教育培训工作

乡镇企业职工教育培训立足于岗位、企业、乡镇、区县、市培训中心5个基点，分层次开展多形式的各类培训教育，形成具有天津乡镇企业特色的职工教育培训模式。

以岗位为基点，开展短期的实用技术培训。此类培训紧密结合生产、技术或管理岗位实际工作需要，采取请进来的办法，不离厂、不离岗学习实用技术和管理知识。

以企业为基点，开展技术工人培训。其中理论培训内容采取课堂教学方式进行；实际操作培训与考核密切结合生产实践进行，干什么，学什么，考什么。

以乡镇为基点，开展厂长经理岗位培训。在厂长岗位培训中，采取统分结合的办法。“统”就是统一厂长岗位规范，统一指导性教学计划，统一办班前备案审批手续，统一培训教材，统一考试前试卷审批和考试后试卷抽查，统一岗位培训证书。“分”就是办班地点分散在各乡镇，教学单位分散在各大专院校；各教学班上课时间分别由办班单位因地制宜进行，这样既保证了教学质量，又解决了厂长参加岗位培训工学矛盾突出的问题。

以区县为基点，开展专业技术人员岗位培训。为解决乡镇企业专业技术职务评聘过程中不具备规定学历人员的岗位培训，凡是申报初级专业技术任职资格的，以区县为单位对申请者开展4门中专水平的专业培训。

以市培训中心为基点，开展乡镇企业管理部门领导干部岗位培训。主要是对乡镇一级乡镇企业主管部门的工作人员、区县和乡镇企业主管部门业务科长的岗位培训。

在抓好短期培训的同时，还以多种形式开展乡镇企业大中专学历教育。一是延伸办学。利用大城市郊区的有利条件，把市内院校请到乡镇或企业办大中专班。学员参加统一入学考试，授课和教学管理全部由对口院校按教学规定进行，学员的组织管理由乡镇企经委或企业负责。上课采取业余或半脱产方式。这样，乡镇企业职工可以不离乡、不脱产即能系统学习专业知识。二是联合办学。凡乡镇企业需要，农村现有中等职业技术学校已经开设的专业，就近采取联合办学的方式培养中专人才。同时市教育主管部门为适应乡镇企业发展的需要，也加快调整农村中等职业学校和成人中专的专业设置。三是委托培养。为了培养乡镇企业急需的外向型人才和其他专业管理人员，委托部分大专院校为乡镇企业培养大中专生，列入国家招生计划，毕业后分配到乡镇企业管理部门或乡镇企业从事管理工作。

四、建立空中学校，发展电化教育

电化教育具有辐射面广、师资力量强、费用低、省时省力等特点，又能够缓解工学矛盾。自1990年起，市乡镇企业局着手建设天津市乡镇企业电化教育网络。同年，市乡镇企业培训中心投资52万元，购置用于摄像、录像、编辑教材的27台（套）设备，配备专业技术人员，建成市级乡镇企业电教中心，1991年正式投入使用。电教中心具备制作教学录像片的功能，沟通全市电化教育网络的闭路系统。在建设市级电教中心的同时，又集资180万元，在12个区县建立电教工作站，在114个乡镇建立电化教学点，配备必要的设备，形成连接市、区县和乡镇的三级电教网络。

第二节 乡镇企业人才培养的“51510工程”

一、“51510工程”的提出

1993年年底，市教育委员会、农村工作委员会、第二教育局、乡镇企业管理局对乡镇企业发展和从业人员素质情况进行专题调研，认为天津市乡镇企业有了较快发展，已经成为国民经济的重要组成部分。但在乡镇企业的发展中，人才短缺，从业人员素质不高已经成为制约发展的突出问题。全市4万多家乡镇企业的94万从业人员中，大专以上学历的仅占职工总数的0.7%，中

专技校学历的占2.1%，高中文化的占17.4%，其余79.8%的职工仅有初中或初中以下学历。具备专业技术职称的员工仅占职工总数的3.4%，且主要是初级技术人员。加速培养乡镇企业急需人才，已经成为加快乡镇企业发展的一项紧迫任务。提出要实施为乡镇企业培养急需人才的“51510工程”，即在从1994年开始的5年时间内，为乡镇企业培养1万名高等专业人才，5万名中等专业人才，对10万名职工进行岗位培训。通过实施“51510工程”，在天津市建立起城乡一体，多渠道、多层次、多形式的为乡镇企业培养急需人才的教育服务体系，为乡镇企业发展输送数量充足、质量合格的各类急需人才，使乡镇企业的从业人员素质有明显提高，逐步适应乡镇企业快速发展的需要。

为此，天津市教育委员会、农村工作委员会、第二教育局、乡镇企业管理局联合起草《关于实施“51510工程”为我市乡镇企业培养急需人才的意见》。1994年1月11日，市政府以津政发〔1994〕2号文正式批转四部门的意见，从1994年1月起实施。

二、“51510工程”的实施

“51510工程”以天津市普通高等院校、各类职业技术学校、成人学校为依托，采取学历教育与非学历教育相结合，规范化培训与适应性培训相结合，脱产培训与在职培训相结合，远距离教育与面授教育相结合等多种方式。

普通高等院校、成人高等学校、广播电视大学、成人高等自学考试等主要承担为乡镇企业培养1万名大专以上专业人才的任务，年均招生2000人。各学校积极探索为乡镇企业培养急需人才的新途径。从乡镇企业人才需要的实际出发，积极进行教学改革，调整专业结构，增设新的专业，并改革教学内容和方法，按需施教，注重理论联系实际和职业技能的培训。

普通中专学校、职业高中、农村成人中专学校、农业广播学校、广播电视中专、中专自学考试和技工学校，主要承担为乡镇企业培养5万名中等专业技术人才的任务，年均招生1万人。

乡镇企业系统的市、区县、乡镇、村四级培训网络和电教网络，农村区县、乡镇、村三级成人教育办学网络和中等职业技术学校承担对乡镇企业关键岗位和技术工种职工10万人的培训任务。充分发挥远程教育的优势，利用广播电视手段，增播乡镇企业管理和专业技术人员岗位培训课程。利用乡镇企业电化教育网络，采取录像等方式送学到乡、到厂。

“51510工程”原计划5年，实际到1996年培训任务基本完成。“九五”期间启动实施规模更大的“百万培训工程”。从1994年到1996年3年期间，通过实施“51510工程”，使乡镇企业的人才教育工作成为各级政府行为，形成上下齐抓共管局面。全市已建立并完善市、区县、乡镇三级乡镇企业教育培训管理网络，市、区县、乡镇、骨干企业四级培训基地网络和四级电化教育网络。在岗位培训、学历教育、短期实用技术培训三个层面上全面开展工作。完成万名乡镇企业厂长的任职资格培训；大规模开展专业技术人员继续教育，1.2 万名专业技术人员参加学习；对供销业务人员、班组长、技术工人、工管员、特殊工种工人等 22 种岗位人员进行系统的岗位培训，参加培训的达 15 万人次。参加各类短期实用技术培训的达 50 万人次。乡镇集体企业从业人员结构发生明显的变化。1995 年同 1990 年比，大专以上文化程度的人员占职工比重由 0.4%上升到 1.17%；中专中技人员占职工比重由 1.2%上升到 2.84%；专业技术人员占职工比重由 3.37%上升到 5.64%。

第三节 乡镇企业“百万培训工程”

一、“百万培训工程”的提出和主要任务

1995 年年底，市乡镇企业局提出要在“九五”期间，围绕乡镇企业二次创业提出的科教兴企战略，加大乡镇企业教育培训工作的力度，在全面完成“51510 工程”岗位培训的基础上，实施乡镇企业职工“百万培训工程”，抓好跨世纪人才的培养，把全市乡镇企业职工整体素质提高到新水平。

“百万培训工程”的主要任务是，以学历教育、岗位培训和短期培训的形式，大规模开展乡镇企业职工培训工作，“九五”期间累计培训人数要达到 100 万人。其中以专业技术人员继续教育、技术工人等级培训和各级管理人员岗位培训为重点，培训各类专业岗位在岗职工 20 万人次；根据实际、实用、实效原则开展各类短期实用技术培训 80 万人次。要加快培养中高级专业人才，通过委培、办大专班、人才引进等各种途径，新增大专以上专业技术人才 1 万人。

1996 年 3 月，市乡镇企业局编制的全市乡镇企业“九五”计划，把在“九五”期间实施乡镇企业“百万培训工程”作为乡镇企业工作的一项重要任务。

二、“百万培训工程”的实施

1996 年，全市乡镇企业共完成各类岗位培训 3.4 万人次，各类短期培训 14.5 万人次，专业技术人员教育 1.2 万人次。开办中专班和 3000 人参加的电视中专班。

1997 年全市乡镇企业共完成各类岗位培训 6.9 万人次，完成各类短期实用技术培训 18 万人次。乡镇企业自办的在岗职工培训，成为乡镇企业短期培训的一种主要方式。

1998 年对乡镇企业厂长经理、专业技术人员、供销业务人员、企业班组长、技术工人、工管员、特殊工种工人 7 类 22 种岗位人员进行系统培训，参加培训的职工共 3.4 万人次。举办各类短期实用技术培训班，培训乡镇企业各类管理和技术人员 12.6 万人次。

1999 年,全市开办乡镇企业各类岗位培训共培训 6.86 万人次,举办各类短期实用技术培训班,培训乡镇企业各类管理和技术人员 17.8 万人次。通过市教委招生考试中心等单位协调,把乡镇企业经营管理专业列入天津市试验区开考的 12 个高等职业技术专业之一, 在乡镇企业开办了培训应用型人才的高等教育自学考试。为推动这项工作开展,市乡镇企业局成立高等教育自学考试办公室,研究制订鼓励乡镇企业参加高自考的有关政策。到 1999 年年底,市乡镇企业培训中心和 9 个区县共组织高自考助学辅导班 12 个。

2000 年,全市开办乡镇企业各类岗位培训,共培训 6 万人次,各类短期实用技术培训 15 万人次。

从 1996~2000 年,全市共完成各类岗位培训 27.76 万人,各类短期实用技术培训 77.9 万人次,总培训人数达到 105.66 万人次,全面完成“百万培训工程”提出的工作目标。

第四节　蓝色证书工程

蓝色证书工程是“天津市农村劳动力 351 培训工程”的重要组成部分。2004 年,为落实中央惠农政策,针对天津市农村劳动力现状和新农村建设发展的需要,天津市委、市政府决定组织实施“天津市农村劳动力 351 培训工程”,即从 2004 年 9 月~2007 年 9 月,市财政每年投资 2000 万元,实施红色证书、绿色证书、蓝色证书、村干部、农村经纪人 5 项培训工程,培训 100 万农村各类劳动力,简称“351 培训工程”。蓝色证书工程是 5 项培训工程之一。

一、蓝色证书工程的主要内容

实施蓝色证书工程的目的是围绕全市乡镇企业发展目标,以职业技能培训为依托,以企业需求和劳动力就业为导向, 以全面提高乡镇企业从业人员整体素质和企业技术创新能力为重点,建设一支适应乡镇企业持续快速健康发展的职工队伍,为全市乡镇企业经济建设提供人才和智力支持。培训对象是乡镇企业经营决策者、各级管理和技术人员、技术工人及有转移愿望拟从事非农产业的农村中青年劳动力。

蓝色证书工程培训目标是从 2004 年 9 月~2007 年 8 月, 在全市范围内培训乡镇企业在职职工和农村富余劳动力 45 万人,其中 2 万人取得职业资格证书,23 万人取得蓝色证书,20 万人取得结业证书。在 23 万取得蓝色证书人员当中,乡镇企业在职职工(含企业负责人及“三师”)13 万人,农村富余劳动力 10 万人。

针对乡镇企业和劳动力市场的需求,结合企业具体情况和从业人员特点,蓝色证书培训主要分职业资格培训、取证培训、专项培训等三个大类,涉及 43 个专业(工种),包括:中小企业管理、市场营销、中小企业会计设计与实务、财务管理、技术创新、机电一体化技术、数控机床及应用、车工、铸造工、镗工、焊工、钳工、铣工、磨工、锻造工、汽车修理工、维修电工、电动缝纫工、服装制作工、锅炉设备装配工、高低压电器装配工、电机装配工、电线电缆制造工、电子操作工、计算机操作工、肉制品加工工、食品检验工、速冻食品制作工、乳品检验工、啤酒酿造工、混凝土工、钢筋工、锅炉操作工、收银员、物流师、美发师、美容师、保安员、餐厅服务员、客房服务员、物业管理员、家政服务员、转移培训(引导性培训与专业实践)等。

二、蓝色证书工程的实施

从 2004 年 9~2007 年 9 月,蓝色证书工程坚持“政府推动、社会参与、部门配合、农民受益”的原则,以市场需求为导向,以提高企业职工素质和农民转岗就业能力,增加农民收入为目标,结合区县实际,因地制宜、因需施教,抓重点、破难点,超额完成各项培训任务,对于提升企业综合素质,加快农民转移就业,推进社会主义新农村建设起到了积极的促进作用。截至 2007 年 8 月,蓝色证书工程累计培训 500632 人,完成工程总培训任务的 111.3%。其中职业资格培训 35795 人,完成总培训任务的 127.8%;企业在职职工培训 138562 人,完成总培训任务的 106.6%;转移培训 109070 人,完成总培训任务的 109.1%;专项培训 217205 人,完成总培训任务的 108.6%。

三、蓝色证书工程的成效

通过实施蓝色证书工程,使乡镇企业经营管理和技术人员能够掌握本专业基础理论及专业知识,提高了管理水平和技术创新能力;使企业技术工人更加熟练地掌握本岗位技术操作规程,改善技能结构,提高技能素质;使农村富余劳动力自身基本素质得到提高并掌握一项基本技能,实现就业或自主创业。3 年来,通过开展“订单式”培训、特殊工种培训和服务性行业培训,有 10 万余人取得蓝色证书,其中有近 8 万人实现就业或自主创业。3.3 万人取得职业资格证书,使企业操作工人技术水平得到提高,产品质量和综合竞争力进一步增强,并涌现出一批德技双全的优秀员工。

第五节 非农产业职业技能提高培训工程

非农产业职业技能提高培训工程是天津市农民素质提高工程的一项重要内容。天津市农民素质提高工程是继“351 培训工程”后在全市农村开展的又一次大规模、多层次、针对农民的教育培训工程。该工程由天津市委组织部、市委农工委、市农委、市农业局、市劳动和社会保障局、团市委、市旅游局、市乡镇企业办公室等10多个部门分工负责。按照市场需求和农民需要，重点开展4大类10个培训专项，累计培训40万农村实用人才，向非农产业转移农村劳动力30万人。

一、非农产业职业技能提高培训工程的主要内容

非农产业职业技能提高培训紧紧围绕城乡一体化发展战略和加快社会主义新农村建设的总体目标，以区县经济发展规划为基础，以主导产业和优势产业为重点，大力开展职业技能培训，着力培养一支高素质的职业技能人才队伍，以适应农村经济发展的需求，实现劳动力资源的有效配置。

总体目标是从2008~2011年，对全市农村非农企业的经营决策者、管理人员及技术工人开展岗位培训和职业技能培训，累计培训初级工5万人；中、高级工2万人，取得职业资格证书的比例达到60%以上。重点是机械设备、纺织服装、食品、建筑、旅游服务等行业的从业人员。

根据国家劳动和社会保障部门的要求，结合各区县主导产业、优势产业的发展需求，确定非农产业职业技能提高培训开设数控机床、车工、钳工、焊工、铣工、镗工、电工、铸造、汽车修理、高低压电器装配、服装制作、缝纫工、肉制品加工、食品检验、啤酒酿造、电线电缆制造、瓦工、木工、锅炉操作、餐厅服务、客房服务、物业管理、家政服务员等44个专业。课程设置分理论和实践两部分，以理论知识为基础，侧重职业技能的提升。根据不同专业、不同级别的教学要求，总学时定为100至200学时，其中课堂教学占40%，实际操作及考核鉴定占60%。

针对非农产业行业门类多、专业复杂、从业人员分散的特点，本着实际、实用、实效的原则，非农产业职业技能提高培训方式一般以分段集中培训与自学相结合、课堂教学与实际操作相结合为主要形式。为了提升培训水平，建立非农产业媒体资源制作中心，逐步探索网络和多媒体教学的新模式。

凡完成规定课程和课时经考核合格者，可获得由国家劳动和社会保障部统一印制的“职业资格证书”。

二、非农产业职业技能提高培训工程的实施

在充分调查研究的基础上，认真分析郊区工业产业特点和企业发展对技能型人才的需求情况，市非农产业职业技能提高培训工程领导小组制定《天津市非农产业职业技能提高培训工程实施方案》，明确目标任务、培训对象、培训方式、培训专业等项内容。根据区县企业分布及支柱产业等具体情况，将总体培训任务分解到各区县。

根据培训任务需要，各区县充分整合各类教育资源，落实培训机构，完善培训体系。2008

年,经各区县推荐、市非农产业职业技能提高工程领导小组办公室审核批准,确定天津市东丽区丽华培训中心等70个单位为市非农产业职业技能提高工程培训机构，这些培训机构在师资力量、教学设施及管理等方面都具有一定的优势,能够承担非农产业职业技能提高培训工程培训任务。在此基础上建立462人的师资队伍和235个实践实训基地,确定147个培训专业(工种)。

在市财政的支持下,建立非农产业媒体资源制作中心。制作中心投入近百万元,购置比较先进的媒体采集、制作及复制设备,建成100余平方米演播室和节目制作室,并配备专业技术人员。

到2008年年底，各区县参加职业技能培训的人员累计达到15231人，其中初级工11121人，中高级工4110人。取得职业资格证书人员累计8941人，其中初级工6271人，中高级工2670人,分别占年度计划的119.1%和120.3%。

2009年5月,天津市中小企业发展促进局成立,非农产业职业技能提高培训工程成为市中小企业局的一项工作职责。

2009年,进一步加强组织推动工作,使培训工作形成了一级抓一级,层层抓落实的良好局面。根据培训需求,2009年新增培训机构5家,使培训机构总数达到75家;新增培训工种8个,使培训工种总数达到155个;新增培训工种课程设置35个,使进入农民教育培训管理信息系统的工种达到81个。为了保证培训质量,严格师资队伍管理,定期组织师资培训,开展“比、学、赶、帮、超”等活动,不断提高教师业务水平和敬业精神。本着“实际、实用、实效”的原则,在教材的选用上一般工种基本采用专业部门统一提供的教材，如:《维修电工》《焊工》《机修钳工》《涂装工》《就业指导》《缝纫工》《天车工》等;一些特殊工种除了有规范的教材,还利用媒体资源制作中心制作多媒体课件作为辅助教材。

2009年,参加职业技能培训的人员29592人,其中初级工19877人,中高级工8715人,取得职业资格证书人员24269人,其中初级工17633人,中高级工6636人。

2010年,市、区县、乡镇各级中小企业主管部门进一步加强对非农产业职业技能提高培训工作的领导,做好组织推动和培训管理工作。塘沽、蓟县、武清、宝坻、静海等区县相应增加培训指标,使市非农产业职业技能提高培训工程总任务由70000人增加到84600人。

为了确保培训工作扎实有效开展,努力夯实基础,不断加强培训体系建设。本着“实际、实用、实效”的原则,在采用专业部门统一提供教材的基础上,制定科学的培训大纲和教案,编写《染料制造工艺》《铝制品制造工艺》《电焊条制造工艺》《胶管制造工艺》等实用型教材30多种,填补了一些特殊工种教材短缺的空白。按照非农产业职业技能提高培训工程培训机构认定的标准和程序,新认定培训机构2家,使培训机构累计达到77家;新增培训工种5个,使培训工种设置达到 161 个；新增培训工种课程设置 9 个，使进入农民教育培训管理信息系统的工种达到 93 个。

2010 年，参加职业技能培训的人员 26272 人，其中初级工 21459 人，中高级工 4813 人；取得职业资格证书人员 25210 人，其中初级工 19364 人，中高级工 5846 人。

截至 2010 年，全市累计参加职业技能培训的人员 71095 人，其中初级工 53457 人，中高级工 17638 人；累计取得职业资格证书人员 58420 人，其中初级工 43268 人，中高级工 15152人。

通过非农产业职业技能培训工程的实施，职工技术水平有了很大的提高并培养了一大批技能型人才，企业创新型人才不断成长，为企业可持续发展增添了后劲，增强了企业的竞争力。

第三章　乡镇企业表彰科技人员和专业职务评聘

全市乡镇企业系统在开展职工教育与培训，培养了一大批技能型人才的同时，还适时表彰有突出贡献的专业技术人员，开展专业技术职称评聘。这些工作的开展调动了乡镇企业职工的积极性，增强了乡镇企业的竞争力，为乡镇企业的长远发展储备了后劲。

第一节　表彰“八五”期间乡镇企业有突出贡献专业技术人员

“八五”期间，全市乡镇企业把推动科技进步、实施科教兴企作为自身发展的重要战略措施来抓，涌现出了一批运用科学技术与管理知识，在新产品开发、企业技术改造、引进引用国内外先进技术及管理方法等方面做出突出贡献的优秀科技工作者和专业技术人员。为尊重知识，尊重人才，鼓励更多的专业技术人员到乡镇企业工作，1997 年 4 月 16 日，天津市人民政府决定对天津有容蒂康通讯技术有限公司副总经理范有孚等 100 名专业技术人员给予表彰，并授予天津市乡镇企业“八五”期间有突出贡献专业技术人员称号。以市政府名义对科技人员进行表彰，在天津乡镇企业系统尚属首次。

在市政府的表彰决定中，号召全市各地区、各部门和乡镇企业战线的广大干部职工向受表彰的先进工作者学习，热爱科学，钻研技术，开拓进取，勇于实践，无私奉献。按照建立社会主义市场经济体制的总体要求,坚定不移地依靠科技进步,不断提高乡镇企业职工的素质和企业整体水平,积极开展乡镇企业二次创业,为尽快实现两个根本转变,为全市经济持续快速发展做出新的贡献。

100名获得有突出贡献专业技术人员称号的科技人员有:

东丽区:范有孚 曹金树 刘庆山 张世全 刘海彬 张加福 庞士健 石万元 刘桂文 杜宝荣

西青区:李连志 张瑞发 张树山 高则海 展秀东 王永国 李世发 徐延虎 王宝花 萧增文

津南区:马恩成 武恩成 刘家玉 孙凤安 马长富 姜恩栋 张树清 楚贤成 王孝杰 刘振云

北辰区:吕广强 高学章 吴树旺 周福林 周春玲 王树生 程绍良 刘孟海 史文祥 王凤程

塘沽区:陈业才 陈秀林 杨秀起 魏金生 付桂林 王富利

汉沽区:谈春友 郭宝森 刘宽宝 张殿生

大港区:刘洪彬 贾秉尧 刘培瑜 刘宝连 高象武

蓟 县:赵 宽 林永利 刘德忠 叶占民 常玉海 律振林 陈永宽

宁河县:阚胜久 刘长柱 庄朝勇 刘学宁 刘春耕 王秀芬 姜生林

宝坻县:刘玉林 任富贵 刘 明 王 雷 张立春 李 震 孙成礼

武清县:崔恩闪 高占友 刘乃兴 刘广平 施淑芬 甄润江 胡林明 王洪海 王会 曹勤轩 程国文 陈书江

静海县:阎家骥 郝锦华 郝宏桥 徐金明 尚广智 郭凡成 孙宝和 马福兴 王秀茹 张桐义 周文喜 杜连峰

第二节 乡镇企业专业技术职务评聘

1987年,天津市乡镇企业系统在会计、统计、工程三个系列开展专业技术职务任职资格评聘工作。到1991年年底,共有15868名专业技术人员获得专业技术职务任职资格,其中获得高级职称有23人,获得中级职称有323人。乡镇企业专业技术职务评聘工作的开展,调动专业技术人员的积极性、创造性,促进乡镇企业的科技进步。1993年之后,乡镇企业继续开展了专业技术职务任职资格评聘工作,并增加经济、审计、政工三个专业。2003年后,乡镇企业专业技术职务任职资格评聘专业减到经济、会计、工程技术三个系列。1996年后还开展工人技师的评聘工作。

一、乡镇企业继续开展专业技术职务任职资格评聘工作

1993年8月，天津市职称改革领导小组下发《关于乡镇企业继续开展专业技术职务任职资格评聘工作的通知》，决定在全市乡镇企业继续开展专业技术职务任职资格评聘工作。在开展工程技术、会计、统计三个系列的基础上，续开经济、审计共计五个系列专业技术职务的考核评审和聘任工作。

乡镇企业评聘专业技术职务的范围。工程技术职务适用于乡（镇）企业经委（工业公司）及乡、村、联企业（含三资企业，下同）中从事生产、设计、施工、检验等技术工作的人员。会计专业职务适用于乡（镇）企业经委（工业公司）及乡、村、联企业现岗专职或主要从事财务会计中出纳、记帐、核算、稽核、会计主管和财务管理等工作的专业人员。统计、审计专业职务适用于乡（镇）企业经委（工业公司）及乡、村、联企业中专职从事统计、审计工作的人员。经济专业职务适用于乡（镇）企业经委（工业公司）中从事经济管理人员及乡、村、联企业中从事经济管理工作的厂长（经理）（含副职）及供销业务人员。

专业技术职务的名称。经济专业职务名称为：高级经济师、经济师、助理经济师、经济员。工程技术职务名称为：高级工程师、工程师、助理工程师、技术员。会计专业职务名称为：高级会计师、会计师、助理会计师、会计员。统计专业职务名称为：高级统计师、统计师、助理统计师、统计员。审计专业职务名称为：高级审计师、审计师、助理审计师、审计员。

二、乡镇企业专业技术职务任职资格的申报和评聘

1994年乡镇企业专业技术职务任职资格评聘工作全面展开。在经济、工程技术、会计、统计、审计5个系列开始了职称的申报工作。其中申报经济专业职务任职资格的有5184人，申报工程技术、会计、统计、审计4个系列专业技术职务任职资格的11210人。

经过严格评审，到1994年底，全市乡镇企业系统又有16149人获得各级各类专业职称，约占乡村联工业企业职工人数的2%。其中99人获得高级职称，3058人获得中级职称，12992人获得初级职称。

在获得高级职称的99人中，高级经济师有46名。他们当中大部分是著名的乡镇企业家，为天津市乡镇企业的发展做出过突出的贡献。获得高级经济师任职资格，将对他们今后从事经济工作和对外交往发挥重要作用。获得高级经济师任职资格的著名乡镇企业家有：四羽毛集团公司总经理冯学棣、大亨集团公司总经理武振海、军粮城钢窗总厂厂长张益三、宏发集团公司董事长聂秀康等46人。

在职聘工作全面展开的的基础上。在500家年产值1000万元以上的企业推动配备一长三

总师工作。到1994年年底,全市乡镇企业聘任总经济师712名,总会计师665名,总工程师614名。北辰区在全区199个年产值500万元以上企业推动配备一长三总师工作,已有175个企业配备了三总师,占应配备企业的88%。

1996年之后,根据乡镇企业的需要,经市职称改革领导小组同意,乡镇企业职聘工作成为乡镇企业主管部门的一项工作职责,每年定期开展。

1997年有79人获得高级职称,749人获得中级职称。

1998年有11人获得高级职称,326人获得中级职称。

1999年继续开展了中高级职称专业技术人员的评聘工作,46人获得高级职称,481人获得中级职称。

2000年有324人获得中、高级专业技术职称。

2002年,根据天津市职称工作办公室的部署,继续在经济、工程技术、会计三个专业开展乡镇企业专业技术职务任职资格评聘工作。政工、统计、审计系列不再评聘。还组织开展了不具备规定学历专业技术人员的培训考试。2002年,全市乡镇企业系统共有1398人申报各级各类专业技术职务任职资格,经评审1321人获得专业技术职务任职资格。其中获得高级职务任职资格的79人(经济专业31人,会计专业24人,工程技术专业24人),获得中级职务任职资格的356人(经济专业68人,会计专业228人,工程技术专业60人)。

到2002年年底,全市乡镇企业中获得各级各类专业技术职务任职资格的人员累计达到44972人,其中具有高级职务任职资格的783人,中级职务任职资格的6351人,初级职务任职资格的37838人。

2003年之后,每年都继续开展乡镇企业专业技术职务任职资格评聘工作。

三、乡镇企业职称评聘的总体情况

自1987年开展乡镇企业专业技术职务任职资格评聘工作,到2010年年底,全市共有56319人获得各级各类专业技术职务任职资格。获得高级职称的有2774人,获得中级职称的有8782人,获得初级职称的有44763人。

其中1993~2010年,全市乡镇企业系统共有40451人获得各级各类专业技术职务任职资格。

获得高级职称的有2751人:其中高级经济师391人,高级会计师404人,高级工程师1905人,高级政工师:51人。

获得中级职称的有8459人:其中经济师2785人,会计师3680人,工程师1731人,政工师195人,统计师50人,审计师18人。

获得初级职称的有 29241 人。其中助理经济师 5507 人，助理会计师 17183 人，助理工程师 6252 人，助理政工师 83 人，助理统计师 186 人，助理审计师 30 人。

四、乡镇企业技师评聘工作

为鼓励乡镇企业务工人员钻研业务，提高技术素质，充分发挥高级技术人员的作用，适应乡镇企业持续发展的需要，1996 年 3 月，天津市乡镇企业管理局、天津市劳动局联合下发《天津市乡镇企业系统实行技师聘任制的实施意见》，决定在天津乡镇企业系统工业、建筑业和餐饮服务业开展工人技师评聘工作。

工人技师是在高级技术工人中设置的技术职务，必须按照任职条件、考核标准，并结合生产岗位的实际需要，在高级技术工人中进行考评和聘任。技师的职务名称根据国务院各行业归口主管部门的规定确定，如车工技师、服装技师、棉纺技师、轧钢技师等。

开展技师评聘的技术工种，严格按照国务院的有关规定执行。在规定的工种范围内，凡乡村联企业（含合资企业）达到高级工水平的技术工人都可以申报考评技师。

技师的任职条件主要是具有本工种高级工的专业技术理论和实际操作技能，已取得高级工技术等级证书；具有丰富的生产实践经验，能够解决本工种关键性的操作技术和生产中的工艺难题；具有培训高中级工的能力。技师受聘后，可享受本单位中级专业技术人员的有关福利待遇。

1996 年，按照“先行试点，逐步展开”的要求，全市开展了技师评聘的试点工作。鉴于天津乡镇企业系统过去尚未开展高级工等级培训，在首次技师评聘期间，对申报人员采取高级工等级培训和技师考评结合进行的方式。经过组织区县申报和经过严格的考评，并经天津市乡镇企业技师考评领导小组批准，38 名高级工成为天津市首批乡镇企业系统的工人技师，获得国家劳动部颁发的“技师资格证书”。

1997 年，继续开展试点工作，范围拓宽到车工、钳工、焊工、电工、缝纫工等 5 个工种，经严格的考核和实际操作，有 95 名乡镇企业的技术工人获得技师资格。

1998 年，乡镇企业技师评聘的范围扩大到缝纫工、地毯工、汽车维修、汽车驾驶等工种。经严格评审，共有 81 名乡镇企业的技术工人获得技师资格。1999 年，继续开展技师评聘工作，138 名乡镇企业的技术工人获得技师资格。2000 年，146 名高级工获得技师资格。2001 年，有 248 名高级工获得技师资格。

2001 年之后，由于机构调整等原因，乡镇企业技师评聘工作不再进行。1996~2001 年，全市乡镇企业系统共有 746 人获得技师资格。

第十二篇

农业高等教育

天津农学院始建于1976年。1996年通过教育部(原国家教委)对学校本科教学工作的合格评价。2002年经天津市政府批准,天津市城乡经济学校并入天津农学院。2006年学校获硕士学位授予权。2007年在教育部进行的本科教学工作水平评估中获得"优秀"。学校以农科为主体,农学、工学、管理学、理学、经济学、文学学科协调发展。经过多年的办学实践,形成紧贴区域经济社会发展,服务于现代都市型农业的鲜明办学特色。

1990年代以来,学校进入拓展办学功能阶段。学校抓住天津大力发展城郊型农业的机遇,围绕"菜篮子工程"和"服务城市、富裕农民"的发展方略,积极进行教学、科研的改革与创新。明确"宽口径、厚基础、重实践"的应用型人才培养目标定位,专业功能向农业产前、产后延伸,在传统的农学学科中增设"食品工程""农林经济管理"等若干专业及研究方向,并着力进行"产学研"相结合的办学模式的探索,在西青区的小南河等城郊农村建立"教学科研生产联合体",增强了办学活力和办学功能。

截至1991年,天津农学院初具规模,有教职工370名,其中专任教师168名,教授和副教授60名;开设5个本科专业(农学、果树、蔬菜、畜牧、淡水渔业)和2个专科(食品工程、农林经济管理)。

从1997年开始,学校进入内涵外延协调发展阶段。面对中国经济社会快速发展和高等教育"大众化"的趋势,学校积极更新办学理念,突出办学特色,确立"为天津现代都市型农业和区域经济社会发展服务"的办学定位,并以此引领学科专业建设和人才培养目标定位。学科专业、师资队伍、基础设施条件建设都取得了新的进展,实现"规模、结构、质量、效益"的统一协调发展。

到2010年,学校有东、西两个校区,校园占地面积1049亩,校舍建筑面积23万平方米。拥有教学实验室56个,教学、科研仪器设备总值为8300万元;图书馆总面积为9275平方米,有各种藏书77万余册;有教职工988人,其中专任教师588人。此外,聘请146名国内外知名专家担任学校的兼职教授;有博士生导师2人,硕士生导师49人。教师当中具有博士学位的96名,硕士学位250名,副教授以上教师337名,天津市授衔专家1人。全院有14个教学单位、6个学科门类、39个本科专业、14个高职专业、4个硕士点;在校生1.1万人。有2个市级重点学科,1个市级重点实验室,2个教育部特色专业建设点,1个国家级实验教学示范中心建设单位。"十一五"以来,全校开展各类科研项目研究500多项,其中86项获国家和省、部级科技奖励。承担国家级"863""973"项目5项,国家自然基金项目22项,国家社科基金项目3项,农业部重大转基因专项子课题3项;取得具有自主知识产权的科技成果412项、授权专利68项;出版著作和译著140部、教材260部,公开发表学术论文3500余篇,其中有335篇被SCI(科学引文索引)、EI(工程索引)、ISTP(科技会议录索引)收录;获国家级教学成果二等奖1项,省部级教学成果奖8

项;承担省部级以上教研教改课题32项。学院编辑出版的《天津农学院学报》多次被评为全国优秀农业期刊和天津市一级期刊,被国内外多家数据库列为农业类重要刊源。

第一章 学科建设

第一节 学科建立与发展

天津农学院的学科发展从大的学科门类方面来看可分为三个重要阶段。

建校初期到1986年有农学、管理学、工学三个门类;其中,最早的农学门类共涵盖6个一级学科,绝大部分始建于1976年。1985年设立农林经济管理专业,开始涉及管理学门类,涵盖3个一级学科。1986年设立食品科学专业,学科门类向工科方面延伸,涵盖6个一级学科。

1996~2006年,在原来三个学科门类的基础上,增加理学、经济学、文学三个大门类;初步形成以农科为特色,工学、管理学、理学、经济学、文学协调发展的学科体系。2001年以来,农学院根据《天津市率先基本实现农业现代化实施规划》及科教兴农战略对高层次人才培养的要求,结合自身条件,确立在学科建设方面突出农学学科重点优势地位,将水产养殖和作物遗传育种两个学科按照市级重点学科的标准重点培育, 将果树学和预防兽医学列为校级重点建设学科,并积极培育作物栽培学与耕作学、蔬菜学、动物营养与饲料科学、农业经济管理和渔业资源、园林植物与观赏园艺、食品科学、环境工程等学科发展,初步形成系级、校级、市级学科建设体系。

2006年后 "作物遗传育种""果树学""预防兽医学""水产养殖"4个二级学科获得硕士点授权。同期,天津市启动"十一五"综合投资学科建设项目,"作物遗传育种""水产养殖"列为天津市级重点学科建设,使学科整体水平显著提升并带动校级重点学科的发展。到2010年,学校学科建设有新的发展,新增"果树学""预防兽医学"2个市级重点学科。形成学科建设新的指导思想:以天津现代都市型农业产业需求为导向,以建设高水平农业大学为目标,以学科建设为龙头,紧密围绕"学科方向—研究平台—学科团队"这一核心主线,优化调整学科布局和结构,促进学科交叉,建设形成以农学门类为主体,工学、管理学、理学、经济学及文学学科协调发展的优势特色学科生态群。同时,将农业工程、食品科学与工程、农林经济管理、园艺学4个一级学科下属的主要二级学科(农产品加工与贮藏工程、水产品加工及贮藏工程、农业电气化与自动化、农业水土工程、农业生物环境与能源工程、农业经济管理学、园林植物与观赏园艺)列为校级重点学科。

第二节　优势学科创新平台建设

“十五”计划期间,天津农学院作为合作单位参与天津市科学技术委员会批准组建的“天津市现代渔业技术工程中心”(2001 年)、“天津市农业生物技术研究中心”(2002 年)。依托重点发展学科“水产养殖学科”,2004 年天津市科学技术委员会批准成立“天津市水产养殖重点实验室”,这是学校独立组建的第一个科技创新平台。

“十一五”以来,农学系、园艺系、动物科学系、水产科学系等传统大系继续保持发展优势,机电工程系、食品科学系、水利工程系等一些新建系也呈现出强劲的发展势头。2006 年,学院制定《天津农学院中长期科技发展规划》,围绕科研管理体系、科研创新平台、学科建设、学术团队发展的重点任务等几方面提出了具体措施。并依托学校重点学科和优势发展学科,陆续构建一批科技创新平台。水产养殖学科于 2011 年获农业部批准组建“国家大宗淡水鱼加工技术研发分中心”。经天津市发展改革委员会批准,园艺系与天津大顺园林公司合作组建“天津市观赏植物资源开发工程实验室”(2011 年),经国家发展改革委员会批准组建“观赏植物资源开发国家地方联合工程实验室(天津)”(2012 年)。同时,水利工程系和中国科学院地理所合作组建“天津农业节水研究中心”(2006 年);园艺系与大顺园林有限公司合作组建“天津市花卉技术工程中心”(2006 年)。依托果树学科经天津市科学技术委员会批准成立“天津市沿海滩涂生态重建技术工程中心”(2011 年)。依托食品科学系组建“天津市农副产品深加工技术工程中心”。天津农学院还作为合作单位,参与组建“天津市观赏鱼技术工程中心”“天津市农村资源环境工程中心”。同时,天津农学院积极与国内外知名院校开展科技合作交流,搭建科技创新平台。2006 年同中国农业大学先后签订“农产品加工研发中心合作协议”“天津市农产品加工科学试验与成果转化基地合作协议”,该基地设在天津农学院。2007 年与日本东京大学合作组建“天津中日水稻品质·食味研究中心”。与日本筑波大学合作,组建“天津中日农村环境资源合作研究中心”。

第三节　研究生教育

2005 年,学校在“水产养殖”“作物遗传育种”“预防兽医学”“果树学”“农林经济管理”5 个二级学科进行硕士授权点申报工作。

2006 年 9 月,学校成立研究生管理办公室。研究生教育工作程序初步建立,研究生管理办公室业务内容涵盖研究生培养、学籍管理、学位授予等。同年,研究生管理办公室制定《天津农学院硕士研究生培养管理规定》《天津农学院硕士研究生中期考核实施办法》《天津农学院硕士研究生论文答辩及学位申请工作暂行规定》《天津农学院硕士研究生论文学籍管理规定》《天津农学院硕士研究生课程教学管理暂行规定》《天津农学院硕士研究生导师遴选暂行办法》等管理规定,使学校研究生工作有章可循。

2006 年 12 月,在"作物遗传育种""果树学""预防兽医学""水产养殖"4 个二级学科获得硕士点授权。同年,完成 4 个二级学科硕士研究生培养方案的制定,遴选硕士研究生导师 25 名,并于 2007 年 9 月完成首届 27 名硕士研究生招生入学工作(其中,作物遗传育种 8 人、果树学 6 人,预防兽医学 5 人,水产养殖 8 人)。该届 27 名研究生在院、系及导师的教育管理指导下,圆满完成课程修读与毕业论文答辩,并于 2010 年 6 月获农学硕士学位。

2010 年 12 月,经教育部批准,天津农学院获得"作物学""兽医学""水产"3 个一级学科硕士学位授予权。并根据国务院学位委员会《关于做好授予博士、硕士学位和培养研究生的二级学科自主设置工作的通知》(学位办〔2011〕12 号)的精神,学校组织开展目录外二级学科自主设置工作。依靠天然的优势学科组建交叉学科,完成目录外二级学科 "动物源性食品安全与营养学"设置备案工作。至 2012 年 12 月,经国务院学位办批准,教育部学位与研究生教育发展中心备案,学校二级学科增至 9 个,即"作物耕作学与栽培学""作物遗传育种""果树学""基础兽医学""预防兽医学""临床兽医学""动物源性食品安全与营养学""水产养殖"和"渔业资源"。

2013 年 1 月,学院撤销研究生管理办公室,成立学科建设与研究生管理办公室,主要负责学科建设工作与研究生管理工作。同年 3 月,学院制定、修订 20 余项校级研究生培养、管理、学位、招生、学术道德等规定,完善研究生教育管理、招生等工作程序。

根据教育部、天津市教委有关做好毕业研究生就业工作的指示精神,学校坚持毕业生就业工作以学生为本,进一步改善就业结构。2007~2010 年,校研究生就业率始终稳定在 98%左右,其中 2007、2008 年就业率保持在 100%,博士生考取率占全体毕业生总数的 7.5%。在比较严峻的就业形势下,学校毕业生的就业率基本保持稳定,充分体现了学校毕业生较强的就业竞争力。

就业方面。从就业的地区分布来看,虽然受户口政策变化的影响,选择日趋多样化,但津京地区仍是学生的首选,学校毕业生在津京地区就业的占的比重为 63.8%。从工作单位性质分布看, 硕士毕业生到公司、企事业单位就业的人数占 62.3%; 到高校、科研院所就业的人数占 18.8%;在政府部门、行政事业机构就业的占 16.3%;参军与自主创业人数各占 1.3%。用人单位对学校毕业生的认可程度较高。

第二章　教　学

第一节　专业建设

学校专业的发展可以分为四个阶段：

第一阶段：1976~1996 年，是专业发展的初创时期。至 1996 年，全院共建有农学、园艺、畜牧兽医、淡水养殖 4 个本科专业和食品工程、农业经济管理师资班、农业综合技术与推广、园林及花卉、动物卫生检疫、水产养殖、外经外贸、乡镇企业管理、会计师资班、农业工程等 10 个专科专业，年招生人数不足 500 人，在校生近千人。

第二阶段：1997~2001 年，是专业建设的孕育启动期。全院本科专业发展到 8 个，涉及学科门类为农学、工学、管理学。初步确立学校学科专业发展的主体架构。其间，1999 年增办农林经济管理专业，2000 年增办食品科学与工程、动物医学专业，2001 年增办园林专业。同时还有 9 个专科专业，年招生近 1500 人，在校生 3100 人。初步形成以农科为主体的学科专业架构，形成综合交叉并协调发展的学科体系。

第三阶段：2002~2006 年，是专业的迅速增长期。学院扩大办学规模，调整学科专业结构，紧紧围绕天津现代都市型农业发展和新农村建设需要，培养更多复合应用型高素质人才的办学定位，坚持发挥农科优势，突出专业特色，积极拓展社会需求的适用专业的专业建设指导思想，基本形成"以农科为主，理学、工学、管理学、经济学及文学等多学科协调发展"的学科专业构架，为建设多学科交叉、协调发展的多科性大学做了前期储备。本科专业得到快速发展，数量从原来的 8 个增加至 29 个，新增"计算机科学与技术、公共事业管理、农业机械化及其自动化、国际经济与贸易、生物技术、海洋渔业科学与技术、水文与水资源工程、植物保护、人力资源管理、会计学、环境科学、英语、种子科学与工程、信息管理与信息系统、市场营销、生物工程、测控技术与仪器、应用化学、食品质量与安全、软件工程、旅游管理"21 个专业，学科门类拓展到 6 个，年招收本专科生平均为 2000 人，本专科在校生人数达到 10000 人。

第四阶段：2007~2012 年，是加强专业内涵建设时期。学院的专业建设紧紧围绕建设高水平农业大学为总目标，重新确立"以提高人才培养质量为目的，着力加强品牌专业和战略新兴产业相关专业建设，凸显专业优势和特色，带动专业生态群整体发展，全面提高人才培养质量”的专业建设指导思想。其间新增“林学、水族科学与技术、水利水电工程、物流管理、设施农业科学与工程、环境设计”等本科专业，本科专业及专业方向发展到40个，学科门类发展为7个，在校生规模达到11000人。农学、水产养殖学专业被批准为国家级特色专业，农学专业等7个专业被批准为天津市品牌专业，物流管理专业等5个专业被批准为天津市战略新兴产业专业，并列入天津市“十二五”规划期间综合投资专业建设规划，专业办学条件与整体水平明显提高，部分专业已跻身国内同类院校的前列。

第二节 教学计划与教学管理

一、教学计划的变革

1996年，学校设有农学、园艺、动物科学、水产科学、经济管理、农村工程等6个本科系，有基础课部、社会科学部2个教学部，共设立31个教研室。学院在本科教学实行“按系招生、分段教学、按需分流、定向培养”的教学模式，即在一个系内模糊专业界限，新生入学后实行基础和专业两段教学制，设置多个专业方向，实行按需分流和模块教学。本科教学计划全学程共202周，理论教学120周左右，实践教学28~33周，课内总学时2600~2800学时。其中，实验教学不少于总学时的20%。

2003年，学院设有9个系20个本科专业，本科生培养从2003级学生起实施学分制管理。本科生基本学制四年，全学程总计199周，实践教学总计为25~30周（含社会实践活动），必修理论教学每18学时计1学分，选修课每20学时计1学分，课程设计、课程实习每周计1学分，校外生产实习、毕业实习每周计0.5学分，入学教育和军训计2学分，毕业（设计）论文计5学分。

2007年，学校设有29个本科专业，本科专业教学总的培养目标为：以德、智、体全面发展为总目标，适应现代农业、农村现代化及沿海都市型农业农村发展需要，具备扎实的专业基础理论与较强的实践能力，具有一定创新能力、研究能力、管理能力和终身学习能力的应用型、复合型人才。本科学生基本学制为四年，学生也可依自身条件和能力，在四至六年内修完本专业学生准予毕业规定的应修最低学分。总学分一般控制在160~170学分（含实践环节学分），其中，必修课控制在120学分以下，选修课一般为24学分以下，按学校文件关于选修课程学分设置的有关要求，设置各专业选修课程模块学分（分别为农学、理工科技、经济管理、人文社科、艺术等类课程模块）。

二、教学管理

2004 年是学校实施学分制管理的第一年，教务处编印《教学管理文件汇编》，制订学分制实施细则、学分制学籍管理条例、学生选课管理办法、课外创新学分实施细则等教学管理文件。

2005 年，编印《教务处工作流程与解读》。

2006 年，正值教育部对学校本科教学质量进行评估的前期，学校编印《教学建设指导书》《学科建设指导书》《毕业论文指导书》《教材建设指导书》等一系列教学工作的指导书。制订“本科教学质量保证体系实施方案”中涉及到的教学督导委员会制度、实践教学运行保障制度、双语教学和多媒体教学管理办法、学籍电子注册工作办法、考试考核工作办法等一系列教学管理文件制度。制订本科教学质量保证体系，加大教学质量监控步伐。形成期中教学检查、日常教学检查和随机教学检查相结合，领导听课、专家评课和同行查课相结合，理论教学检查和实践教学检查相结合，教学督导制度和信息反馈制度相结合的教学质量监控网络。

2007 年，建立教学督导委员会及教学督导组，狠抓教学过程管理，依照“本科教学质量保证体系”和“本科教学质量监控体系”对全程的教学及教学管理进行规范，编写《实践教学管理文件汇编》等制度手册，修订《教学管理文件汇编》和《教务处工作流程与解读》。

第三节　课程建设

2004 年，食品微生物学、鱼类学、遗传学、微生物学、兽医病理学、家畜解剖学与组织胚胎学、政治经济学、分析化学、微机原理与汇编、初级会计学 10 门课程被评为院级精品课程。

2005 年，动物科学系马吉飞教授主讲的《兽医病理学》被批准为市级精品课程。同年，水生生物学、家畜繁殖学、花卉艺术学、花卉学、V B 程序设计、兽医微生物学、土壤肥料学、高等数学、普通化学、材料力学、市场营销、大学语文、园艺植物科学研究导论 13 门课程被评为院级精品课程。

2006 年，水产科学系张树林教授主讲的《水生生物学》课程被批准为市级精品课程。同年，食品工艺学实验、基础生物化学、家畜育种学、微观经济学、有机化学、概率论与数理统计、线性代数、食品生物化学 8 门课程被评为院级精品课程。

为贯彻落实教育部《关于进一步加强高等学校本科教学工作的意见》的精神，2006 年，学校编制《天津农学院“十一五”课程建设规划》。《规划》分指导思想、目标任务、建设标准、建设措施等四个部分，对之后五年课程建设的目标和措施提出明确的要求。

2006 年年初，学校出台《天津农学院精品课程建设管理办法》和《天津农学院精品课程建设资金管理办法(暂行)》。

2007年,食品科学系马俪珍教授主讲的《食品工艺学实验》和农学系金红教授主讲的《基础生物化学》被批准为市级精品课程。

2008年,园艺系杨静慧教授主讲的《花卉学》被批准为市级精品课程。同年,作物育种学、单片机原理与应用、植物学、动物生理学、毛泽东思想邓小平理论和"三个代表"重要思想概论、大学英语、园艺产品贮藏加工学、实验化学8门课程被评为院级精品课程。

2009年,农学系孙守钧教授主讲的《作物育种学》被批准为市级精品课程。同年,人力资源管理概论、高级英语、兽医影像学、植物生理学、工程测量5门课程被评为院级精品课程。

2010年,农学系田秀平教授主讲的《土壤肥料学》被批准为市级精品课程。同年,环境土壤学、种子学、动物疾病鉴别诊断学、农业分析仪器、英语国家国情、生态学、国际贸易实务、兽医学、农业机械学、财务管理、数学建模11门课程被评为院级精品课程。

第四节 教材建设

教材是体现教学内容和教学方法的知识载体,是教师进行教学的基本工具,教材的质量直接体现着高等教育和科学研究的发展水平,也直接影响本科教学的质量,学校始终把加强教材建设工作作为教学管理工作的重要内容。

建校初,学校基础课与专业课教学大多使用全国统编教材,少数课程使用自编讲义。学校专设教材工作部门负责外购统编教材和校内自编教材的印刷。1991年以前,外购教材配备率可达到70%~80%,1991年以后,已达到90%~95%的配备率。优秀教材,规划教材,新教材的选用率达到40%~50%。据2006年统计,全院配备教材的课程达635门,优秀教材选用率达到46.8%,新教材选用率达到45.9%。1991~1995年,由学校教师主编的教材共12部,发行量36000册,参编教材30种,达90000册,由学校组织印刷的教材21部,共4200册。1996~2005年,由学校教师主编的教材达到79部,其中"十五"计划教材16部,21世纪教材5部。自1990年开始,学校出台政策鼓励教师编写教材,以适应不断更新的教学内容和课程体系改革的需要。

2008年又同北京农学院和广东仲恺农业工程学院,联合发起编著具有现代都市农业特色的系列教材,以适应津、京、粤等区域发展特点,突出都市型高等农业教育办学特征,更好地为现代都市农业发展服务。学校共立项25部都市农业特色的系列教材。截至2012年,有18部已经出版,并在实际应用中得到老师和学生的一致好评。2006~2010年出版的特色教材65部,其中市级精品课程配套教材3部,院级精品课程配套教材18部。

学院教师编写的《种子市场营销学》获2008年度全国高等农业院校优秀教材奖,《人力资源管理实用教程》获2010年度北京大学出版社“十一五”规划本科管理类优秀教材评比一等奖，《生物化学》获2011年度全国高等农业院校优秀教材奖。教材建设研究水平不断提高，马文芝主持的《动物医学专业核心课程数字化教材建设与研究》，李乃祥主持的《应用软件开发基础课程与教材建设研究》，刘海学主持的《现代仪器分析实验设计》列入2012年度中华农业科教基金教材研究的立项名单。

为了扩大教材选用范围，提高教材选用质量，保证优秀教材进入课堂，学校于2004年3月开始建立天津农学院教材样书室，并面向全院教师开放，不定期地邀请高等教育出版社、中国农业出版社等出版社到学校进行样书展示活动。不定期地邀请知名专家召开教材建设专题讲座和教材编写研讨会。

第五节 实践教学

一、实验实习平台

1996年，学校设有农业生物技术、计算机室、语音室、电化教学室等26个教学实验室。校内建设了实验鱼种场、温室、奶牛场、鸡场、果园和饵料厂等实习场地。学校在天津市“九五”投资规划实验室中共投入经费800万元，主要建设基础类和部分专业基础实验室。“九五”末，学校的仪器设备值总数为1231万元，达到教育部本科教学合格评价标准。

2002年，学院根据学科特点和需要，对部分实验室进行调整。分别为作物遗传育种、水产养殖学、预防兽医学、果树学调整出一个综合实验室。另外，利用暑假完成化学、植物学、动物学、鱼类学、动物解剖学等实验室向西校区的搬迁工作以及院内部分实验室的调整工作。

根据“十五”投资规划精神，确定以“突出重点，兼顾一般，统筹规划，分步建设”为原则，对列入规划的重点建设学科和专业实验室进行重点建设。以作物遗传育种、水产养殖2个学科实验平台为重点的实验室建设投资计划，对预防兽医学综合实验室、果树学综合实验室、食品科学综合实验室三个专业实验室进行了投资建设，并组织申报“水产养殖学”市级重点实验室，为学校其他学科创新平台的建设起到了带动作用。先后建立天津市现代渔业工程中心、植物细胞工程研究中心、特色作物改良工程中心、动物疾病防治中心(附属动物医院)、生物技术研究中心、食品科学研究中心等。校外产学研基地达到38个。

“十五”末，学校共建设有36个实验室，仪器设备总值达到4448.8万元，在连年扩大招生的情况下，办学条件得到了较大的改善。

2006年，学校着力建设11个专业基础实验室和6个教学科研结合的实验平台，到“十一五"末,全院教学仪器设备总值8300万元,实验室数量达到50个。校外产学研基地106个,初步形成布局较为合理的实验创新平台构架。

二、实践教学管理

在人才培养方案中,按照不同专业的培养目标设定相应的实习环节,构建符合培养目标要求的实践教学内容与体系,学校从时间安排、经费保障、教学管理等方面都为校内外实践教学提供了有力的保证,并严格执行人才培养方案,保证实验实习实训的开展。

1.实践教学管理内容

高度重视实践教学,建立健全管理制度,学校于2007年8月统一汇编制定《天津农学院实践教学规章制度》,完善"实习教学管理办法"等20项管理规定,具体实践教学的管理内容如下:

(1)实践教学文件(规范)的制订与管理。包括大实践视野下人才培养目标和方案、专业实践教学计划、课程实践教学大纲、课程实践教学实施方案和细则、集中实践教学方案、实习(见习)计划和实施细则、课程设计和毕业设计(论文)规范等实践性教学文件的制订与管理。

(2)实践指导教师及其实践教学行为的管理。完善了"实习教学管理办法"等规定,明确规定实习教学的原则、实习教学大纲的要求、实习指导教师的职责及实习的组织程序。并对实习环节考核做了具体说明,在制度上有力地保障了实习和实训的开展。实践教学设计和实践教学工作不能仅由实践指导教师一人承担,还需要包括专业学科带头人、面授课教师和实践教学基地专业人员等共同完成。实践指导教师的管理包括实践指导教师资格的认定和聘任、各类教师职责及培训考核的管理、日常实践教学活动的管理等。

(3)学生实践活动的管理。学校不断完善和充实实践教学内容体系,通过课程实验、教学实习、生产实习、毕业设计(论文)、科技创新、学科竞赛、学术讲座与交流、社会实践等环节加强学生创新精神和实践能力培养,构建符合培养目标要求的实践教学体系。通过创新管理机制保证学生尽早参加科研和创新活动,并取得好的效果。主要包括学生参与实践活动的管理、学生实践报告管理、学生实践活动的考核评价及成绩的管理、学生科技小组的管理等。

(4)实践教学资源及实践技术手段的管理。与实践教学有关的硬件资源的管理、资料的管理、实践教学网络管理平台的管理、实践教学技术手段的管理等。

(5)实践教学过程的管理。借助引进的实践教学网络管理平台,对各类实践环节和过程的管理等。

(6)实践教学质量监控与管理。实践教学管理模式及运行机制执行情况监控、实践项目和内容的管理、实践教学设计的评价与管理、实践教学反馈信息的管理等。

(7)实践教学考核及评价方式的管理。除运用传统的实践教学考核和评价方式外,还采取学生本人参与、实践指导教师、实践基地专业人员综合评价的方式。

2.实践教学管理运行机制

（1）过程管理机制。在学校实践教学管理主管院长的领导下，由教务处牵头，各系共同参与并对实践教学的过程进行全方位管理。

（2）监控机制。学校实践教学管理监控主要是对实践教学信息资源、实践教学过程、实践教学条件、实践教学对象、实践教学师资队伍、实践教学管理队伍六个方面进行监控。

（3）信息反馈机制。主要是对实践教学管理工作中的有关信息的收集、存储、整理和处置，对实践教学及管理工作进行调控和反馈。

（4）激励机制。实践教学管理及实施工作是由各个部门分工协作得以完成，只有将实践教学管理与其利益联系起来，才能形成一种动力效应，才能发挥作用。正面的奖励和负面的惩罚二者相辅相成，共同形成激励机制。

三、实践教学创新大赛

学校从2009年起，开展了实践教学年，并连续举办三届实践教学创新大赛。不仅为学校教师提供了相互交流、相互学习、相互借鉴的机会，而且对于推进学校实践教学的改革和发展具有重要的意义。

竞赛项目内容丰富，涉及人员多。实践教学创新大赛内容分两部分：第一部分为天津农学院“实践教学创新设计”竞赛、第二部分为天津农学院“实验（实训）教学技能”竞赛（录像大赛），主要围绕人才培养目标，注重学生创新精神和实践能力的培养。“十五”以来，全院共有11个教学单位的399名教师参加院里的决赛，参加决赛的项目数量已达到225个，其中农科组86个参赛项目，理、工科组92个参赛项目、文科组47个参赛项目，内容涉及各个专业、各门课程。

第六节　学籍与考试管理

自“十五”开始，为推进学校教学改革，加强考试管理，提高学校毕业生质量，试题建设被提上了改革日程。各系、部在原有重点课程套题的基础上，重新审定各考试课程，凡属必修课的课程必须出套题。原重点课程套题需重新修订，统一按《天津农学院考试命题实施细则》标准出题。学院于2000年12月7日，根据国家教委关于加强考试管理的指示精神及学校广大师生的要求，对命题、考场纪律、评分标准、考试管理等几方面进行了规范，制订《天津农学院期末考试管理规程》。2002~2003学年第二学期开始，允许期末考试成绩不理想者（及格以上）可申请重新考试。2003年7月，修订《天津农学院考试工作实施细则》《天津农学院学生考试违纪、作弊认定及处理规定》《天津农学院教师监考守则》《天津农学院学生考试考场规则》。2004 年 5 月，为了实施因材施教、发挥学生的个性潜能，培养具有创新精神的高素质人才，特制订学校本科生转专业实施办法。基本原则：转专业必须在学校教学资源允许的情况下，本着学生自愿的原则，由教务处统一规划，通过公开考试，择优办理。转专业的学生数一般控制在同届学生总数的 5%以内。2005 年 9 月 1 日，开始实行学业警告制度（每学期期末成绩缺 12 学分或经重修考试后缺 9 学分），连续三次或累积四次受到学业警告的学生勒令退学。这些规定的颁布和实施，对于规范、提高教学质量起到了重要的作用。

第七节　质量监控

学校于 2005 年制订教学督导制度，初步建立教学督导机制，教学信息收集和反馈的渠道逐步畅通。2006 年筹建天津农学院教学督导委员会，督导委员会下设三个督导组，共 72 人。教学督导组的工作分听课、检查和评估三项内容。

一、听　课

听课的对象分为三个方面：一是晋升副高及副高以上职称的教师听课；二是新开课，新开课是指学校以前从未开设过的课程；三是开新课，开新课是指近两年新引进的教师，特别是以前从未讲过课的青年教师。

二、检　查

检查主要有三项内容：精品课程、毕业论文、试卷。

三、评　估

主要是精品课程、教改项目、教学成果奖的评审等。

第八节　成人教育

一、机构沿革及概况

天津农学院成人教育学院的前身是天津农学院成人教育部，始建于 1989 年。1993 年获国家教育委员会办公厅批准（教成厅〔1993〕9 号）设立天津农学院函授部。1997 年 10 月 20 日获市教委批准设立“天津农学院成人教育(函授)部”。2005 年 7 月成立天津农学院成人教育学院,为天津农学院二级学院。目前,现有专职教职工 9 人,下设办公室、教学部、自考部、招生部、培训部和函授部等部门。

1993 年以来,学院为满足社会主义经济建设和社会主义新农村建设对人才的需求,相继开办成人高等教育 15 个本科专业和 12 个专科专业,高等教育自学考试 2 个本科专业和 3 个专科专业。办学形式包括培训、村干部大专专业证书班、业余学历教育和高等教育自学考试,基本形成多形式、多层次的办学格局。自成立以来共培养各类成人教育学生 1 万余人。到 2013 年 6 月,成人高等学历教育在校生共 922 人,高等教育自学考试在籍考生 610 人。

二、成人教育主要工作

1.教育管理

随着学院综合办学实力的不断提升,成人高等教育办学规模也在不断扩大,学院也随之加强成人高等教育管理工作,建立和健全成人教育管理机构,由主管教学工作的副校长分管成人教育工作。

学院还建立和修订一系列成人教育管理的规定和制度,制订各部门岗位职责、成人教育学士学位授予条例、成人本科毕业论文标准、农学院本科毕业生重修成人二学历等各项规定,使成人教育各项管理工作科学化和规范化。

2.教学管理

在教学管理过程中严格执行各专业教学计划, 从各系选派教学经验丰富的教师进行授课,每一位教师严格按照教学大纲要求讲授和考核,保证学习质量,使学生更好地掌握理论知识和专业技能。

3.接受成人教育评估

根据市教委《关于印发〈天津市普通高校成人教育评估指标体系〉的通知》文件安排和部署,成立以主管校长为组长的评估工作领导小组,并开展自评自查工作,于 2008 年 5 月 19 日至 20 日接受天津市教委评估专家组的实地考察与全面评估,获得良好评价。

4.成人学历教育

(1)业余教育

自 1994 年开办学历教育以来,始终把办学质量放在第一位,坚持把培养理论扎实、技术过硬、留得住用得上的技术人才作为培养目标,共有 998 名学生圆满完成学业。

业余教育学生工学矛盾比较突出,而且工作受农业季节性影响较大,所以在组织教学和管理的过程中,注重科学地制定和实施教学计划,既保证各项教学环节有条不紊地进行,又尽量照顾大多数学生的学习时间。在实施过程中，加强学生课程考核的科学管理，最大限度地考评出学生对专业知识的实际掌握水平。

（2）培训

自1989~1994年，受天津市农委委托，与中共天津市委组织部、天津市农委、天津市民政局联合连续举办14期农村乡镇长岗位培训班，精心组织有丰富教学经验和指导生产实践经验的教师按培训方案要求的学时进行授课，学员们认真学习理论知识，提高了管理理论水平，开拓了工作思路，收到了预期培训效果，受到上级有关部门领导和广大学员的一致好评。1998年还成功举办两期天津市乡镇师资培训班。在此期间，还受北辰区、宁河县政府和天津市水产局委托举办农学、果树、农经管理、蔬菜、畜牧兽医、水产、水资源与水利工程建筑等专业大专培训班，提高了基层科技人员的专业技能。2005~2008年，承担天津市“351”培训工程村干部大专层次培训任务，连续举办三期培训班，培训3287人。2008年开始继续参与组织并实施天津市农民素质提高工程，培训3045人，使其达到本专业的技能水平。

（3）自学考试

学院于1995年经天津市主管部门批准开设园林花卉、果树、食品工程三个应用专科专业，园林花卉专业获得批准开始招生，并积极组织自考助学活动，为园林行业培养和输送大批专业技术人才。1999年，天津市高等教育自学考试委员会遴选天津农学院为农业综合技术专业（专科）主考学校，又陆续开考自学考试本科段园林和畜牧兽医两个专业和专科农村经济管理专业。经过几年的优化和调整，开考的专业有本科层次园林和畜牧兽医专业，专科层次有农村经济管理（市场营销方向）、企业管理、财务与会计专业。

（4）成人学士学位授予

从2005年开始开展成人高等教育本科学士学位授予工作。在日常教育和培养过程中严格按照本科教学的基本要求狠抓各个教学环节，重点把好本科毕业论文或毕业设计质量关，不断提高学生的外语水平和应用能力。根据国家、天津市有关成人学士学位条例，依据天津农学院成人学士学位实施细则，严格审核申请学位学生的申请材料，并按市学位办的统一要求和部署及时办理申请备案手续。

第三章　教师队伍

第一节　教师的来源及变化

1999年，学院出台一系列引进高学历人才的政策，加大教师队伍建设的力度。2000年年底有教职工408名，专职教师176名，其中教授18名，副教授57名，讲师52名；博士5名，硕士38名。2002年3月，原天津市城乡经济学校并入天津农学院，成立天津农学院高职学院，高职学院共有职工318名，专任教师12名，高级讲师66名，讲师52名。

随着招生规模的扩大，学校坚持“人才强校”战略，制定一系列吸纳人才的政策，大力营造尊重知识、尊重人才的人文环境，建立了广聚人才、充满活力的用人机制，形成事业留人、感情留人、条件留人的氛围，造就一支职称结构合理、学历层次趋高、年龄结构适当、能满足培养高素质应用型人才需要的专兼结合，充满活力的师资队伍。截至2007年年底，学院共有专职教师464名，其中教授59名，副教授160名，讲师209名；副高以上教师占师资总数47.2%；博士75名，硕士250名，硕士学位以上占师资队伍的69.8%。聘请146名专家学者担任学校兼职教师。

到2010年年底，全校专任教师总数588人，其中正教授100人，副教授189人，副高以上职称占专任教师总数的54.7%。专任教师中有博士132人，占专任教师总数的25%；硕士280人，占专任教师总数的78%。学校有兼职教师120人，占专任教师总数的11.4%。

第二节　教师及其他专业技术人员职务的晋升

1988年，天津市高教主管部门通过对农学院整体学术水平的考核和高级职称教师构成的分析，确认学校已具备组建中级专业技术职务评审委员会的条件，经高校主管部门批准组建天津农学院教师职务评审委员会和下设的五个学科评议组，委员会由15人组成，设主任委员1人，由分管教学工作副院长担任；副主任委员4人，由3名教授、1名副教授担任；委员10人，由各系、部的学科带头人，系、部主任和有关处的主要负责人参加。委员会任期二年。

截至2010年，由天津市教委批准组建的天津农学院教师职务评审委员会由17人组成，设主任委员1人，由分管教学工作的副院长担任；副主任委员2人，委员基本都由各学科的具有正高级职称的学科带头人担任，个别学科由副教授担任，还有学校科技处和教务处主要负责人参加。委员会下设7个学科评议组：动物科学学科评议组、水产学科评议组、园艺学科评议组、农学学科评议组、基础课学科评议组、社会科学学科评议组和工科学科评议组。

2000年以来，天津农学院认真实施“十五”“十一五”师资队伍建设规划，师资队伍建设成效显著，积极引进国内外知名高校和科研院所的高层次人才，学缘结构得到优化，极大地丰富了学术思想体系，教学质量、科研成果和学术论文质量都有了较大幅度提高。

在此期间，学院在档案系列、图书系列、出版系列、会计系列、工程系列评聘出研究馆员1人，副研究员(副编审、副研究馆员)5人，高级会计师2人；评聘出中级专业职称22人。

表12-3-2-157 天津农学院2000~2012年专业技术职务晋升统计表

单位：人

年度	教授	农学院							高职学院	
		研究员	副教授	副研究员	高级实验师	讲师	实验师	助理研究员	高级讲师	讲师
2000	5		8			6	1	1		
2001	2	2	6	1		6	1	2		
2002	4		3	1	1	17	2	2	3	2
2003	5		8	1	1	6	1		6	1
2004	19		10		1	9	2	1	2	1
2005	7	2	7	2	1	23	4	3	5	2
2006	7	1	5	1	1	21	11	5	4	2
2007	6		21	1	1	28	2	3	5	3
2008	13	1	14	3		56	18	10	8	
2009	9	2	15	2	2	38	8	11	3	
2010	12	1	17	5	3	7	5	3	3	1
2011	7	1	8	4	5	4	4	7	1	
2012	5		6	2	2	3	3	6	1	2

第三节 教师培养与管理

学院在师资队伍建设方面紧紧抓住培养、引进、用好人才三个环节，以学科建设为龙头，加大高学历适用人才引进和培养力度，树立继续教育观念，建立新型教师培训体系。

学院注重加强青年教师队伍建设，建立健全有效的岗前培训机制。组织青年教师学习教育法规和政策、教育学、心理学的基本理论，定期举办青年教师职业道德研修班，引导青年教师树立正确的思想道德观念，自觉履行《教师法》规定的义务和职责，增强事业心和责任感，教书育人，为人师表。学院还鼓励青年教师在职进修和深造，攻读硕士学位或博士学位。2006~2012 年，共资助培养博士学位教师 27 人，硕士 90 人。学院还不断加强培养学术带头人和中青年学术骨干，选派优秀中青年骨干教师作为访问学者出国研修，自 2000 年以来，共有 33 位中青年教师带着一定的科研基础和针对性较强的研修项目，按计划出访日本、加拿大、美国、德国、英国等国家科研机构和大学，顺利完成研修任务。学院还鼓励具有博士学位的教师在职从事博士后研究工作。

这些政策和章程办法的制订和实施，调动了广大教师的积极性，他们埋头苦干、锐意进取，涌现了一大批优秀教师，有的还受到了天津市表彰。

1991 年、2001 年计算机系教师靳润昭两次获天津市优秀教师的称号。1995 年，经济管理系刘庆山获天津市优秀教师称号。2004 年，食品系教师刘金福、水产系教师孙成渤获天津市优秀教师称号。2007 年，园艺系教师杨静慧、食品系教师马俪珍获天津市优秀教师称号。2010 年，农学系教师吴锡冬、赵冬艳获天津市优秀教师称号。

第四章　学　生

第一节　招　生

一、招生的组织与实施

学校每年的招生工作都由院、系提前提出各自招生计划，与相关职能部门协商后，经校领导审查同意，报天津市教委批准后执行。在具体招生中，由主管招生工作的副校长和院纪检书记担任正、副组长，相关职能部门负责人组成招生领导小组，在各省、区、市确定的录取批次控制线上，根据考生的报考志愿进行择优录取，最后经各省、区、市招生办批准方为有效。

二、学生来源

1993 年以前，学校所招学生大部分来自天津市，自 1993 年后，学校在生源结构上进行调整，逐步增大外省市生源数量，从外省市录取人数逐年增多。

表 12-4-1-158 天津农学院 1976~2011 年本、专科学生情况统计表 单位：人

年份	毕业生数			招生数			在校生数		
	合计	本科生	专科生	合计	本科生	专科生	合计	本科生	专科生
1976	0	0	0	248	0	248	248	0	248
1977	0	0	0	229	229	0	477	229	248
1978	248	0	248	62	62	0	291	291	0
1979	0	0	0	0	0	0	291	291	0
1980	0	0	0	0	0	0	291	291	0
1981	229	229	0	0	0	0	62	62	0
1982	62	62	0	0	0	0	0	0	0
1983	0	0	0	92	62	30	92	62	30
1984	0	0	0	152	92	60	244	154	90
1985	30	0	30	150	90	60	364	244	120
1986	60	0	60	180	120	60	484	364	120
1987	122	62	60	120	120	0	362	302	60
1988	152	92	60	120	`120	0	450	450	0
1989	90	90	0	150	120	30	510	480	30
1990	120	120	0	200	160	40	593	523	70
1991	148	118	30	231	161	70	667	557	110
1992	160	120	40	290	220	70	799	659	140
1993	188	118	70	390	120	270	1001	621	380
1994	235	155	80	409	109	300	1169	573	596
1995	459	165	294	444	120	324	1146	525	621
1996	470	178	292	480	151	329	1150	496	654
1997	435	113	322	476	239	237	1185	622	563
1998	366	103	263	353	232	121	1165	748	417
1999	346	125	221	430	334	96	1249	969	280
2000	261	150	111	872	530	342	1855	1388	467
2001	304	240	64	1469	829	640	3005	2000	1005
2002	280	263	17	1836	1067	769	4516	2802	1714
2003	708	373	335	2769	1865	904	6568	4334	2234
2004	1036	535	501	2799	1965	834	8286	5728	2558
2005	1600	867	733	2918	1879	1039	10005	7160	2845
2006	2261	1284	977	3299	2281	1018	11043	8157	2886
2007	2894	2085	809	2810	2019	791	10415	7763	2652
2008	3317	2246	1071	3153	2229	924	10234	7720	2514

年份	毕业生数			招生数			在校生数		
	合计	本科生	专科生	合计	本科生	专科生	合计	本科生	专科生
2009	2994	2157	837	3020	2303	717	10077	7825	2252
2010	2653	1911	742	3354	2573	781	10658	8369	2289
2011	2763	2024	739	3761	3058	703	11505	9331	2174
总计	24991	15985	9006	37266	25459	11807	112457	82090	30367

第二节　奖励与处分制度

学生奖励方面。1992 年 10 月，制定实施《天津农学院德智体综合测评条例》、专业奖学金发放办法。1993 年 9 月，制定《单项奖学金评发办法》。1999 年，在学生评优工作中设立创新能力奖、学习进步奖和学习标兵。2001 年，出台《天津农学院大学生成才奖办法》并开展首届大学生成才奖评选工作。2002 年，出台《天津农学院国家奖学金评定办法(试行)》。2005 年，制定《天津农学院国家助学奖学金评定办法》。2007 年，出台《天津农学院奖学金评定管理办法的补充规定》，对奖学金额度及评选比例调整为：一等奖学金每人每年 1200 元，获奖人数为 3%；二等奖学金每人每年 800 元，获奖人数为 6%；三等奖学金每人每年 600 元，获奖人数为 16%。2008 年，出台《天津农学院家庭经济困难学生认定办法》；同年，出台《天津农学院国家助学金评定办法》，调整一、二、三等国家助学金资助标准为每年每生分别为 2500 元、1800 元、1200 元。

助学方面。1997 年，在建立和完善对家庭经济困难学生奖、勤、补机制的基础上，设立勤工助学基金和特困生补助基金。2001 年，出台《天津农学院国家助学贷款实施办法》《天津农学院为保证不使家庭经济条件困难的学生辍学的实施意见》，出台《天津农学院国家奖学金评选办法》并开展首次评审工作，充分体现了以学生为本、为学生服务的工作理念。

学生处分方面。2000 年 7 月，重新修订《天津农学院学生违纪处罚条例》。

第三节　毕业生

一、统筹统分的模式

从 1976 年天津农学院建校到 1995 年，天津农学院毕业生实行统筹统分政策。

1.分配的原则与办法：学生在学校按专业学完教学计划规定的内容，各门功课考试及格准予毕业，并发给毕业证书，按照国家需要统一分配工作。分配时首先对学生进行毕业教育，然后根据分配计划由学生填报个人志愿，对学生成绩操行成绩名列前五名者可优先照顾志愿，对市区学生在可能条件下，安排到市区或近郊工作。

2.分配去向和历届毕业生：学生的分配去向，基本上属于由哪里来回哪里去的原则，对市内农口各单位和有关部门，尽量照顾安排家住市区的学生，不足部分由郊县根据生源情况适当调剂。

二、“双向选择，自主择业”模式

从1996年开始，天津农学院毕业生实行“双向选择、自主择业”的方式。用人单位和毕业生双方根据意愿签订协议，学校不再进行统一分配，毕业生派遣工作转归学生处负责；2001年，学校成立招生就业办公室，之后，毕业生派遣工作转由招生就业办公室负责。

1.外地生源毕业生留津政策。按照津教委就业〔1999〕4号文件及其2005年补充规定《普通高等院校非津生源毕业生进津就业实施办法》文件精神执行：本科以上获学士学位，有一定的外语水平和计算机能力，已落实就业单位的应届毕业生，均可留津就业（定向生除外）。

2.定向生原则上回原定向单位就业。因特殊原因不能回原定向单位就业的，须征得原定向单位的同意，并将原定向单位同意解除定向培养协议的函件和新的接收单位及其主管部门同意接收的函件交至学校招生就业办公室，由学校上报市教委主管部门同意后，统一办理。定向生留津具体问题按照《普通高等院校非津生源毕业生进津就业实施办法》执行。

3.选择到北京、上海所属的用人单位工作的非本地生源的毕业生，根据上述两市的规定，应经当地主管毕业生就业工作部门同意并开具相关证明后，学校列入毕业生就业方案，报批后予以派遣。

4.毕业离校时未落实就业单位，天津生源毕业生的档案可转至市大中专毕业生就业指导中心；外地生源毕业生的户口和档案迁至生源所在地省、市人事局或者高校毕业生就业指导机构等部门（以当年省、市文件为准）。落实单位的毕业生档案，学校按照协议书填写的地址，通过机要局邮寄。

5.对于志愿到基层、边远艰苦地区、西部等地区工作的毕业生，学校鼓励支持，并给予一定的奖励。

6.肄业生不具备毕业生就业的资格，学校不为其办理有关就业事宜。

三、2009年，响应国家“以创业带动就业”政策，学校为在校学生和毕业生创业提供如下政策支持

关于创业主体的优惠政策。在校大学生自主创业的，可保留学籍2年。毕业生自主创业的，

2年内免收劳动人事代理费，并给予不超过3年的社会保险补贴；其缴纳养老保险的年限，在评定专业技术职务时可计算为工作年限，被党政机关事业单位录用或聘用后，其养老保险缴费年限计算为工龄。

关于金融支持的优惠政策。高校毕业生从事微利项目经营的，由财政部门全额贴息；团市委还与邮政储蓄银行合作，为自主创业的大学生和青年提供无抵押、信用担保方式小额贷款业务。

关于工商注册的优惠政策。除法律法规另有规定外，企业注册资本的最低限额，一律降低到3万元。对新办企业的公司注册资本金可按规定分期缴付。按照法律法规的条件，允许创业者将家庭住所、租借房、临时商业用房作为创业经营场所，利用公产住宅从事创业的，2年内房租、水电、取暖等费用不变。经允许利用非固定场所，从事无需前置许可的微利项目经营，且从业人员在3人以下，免予工商注册登记，实行备案制。

关于税收的优惠政策。对毕业生自主创业的，免收管理类、登记类、证照类等有关行政事业性收费。创业企业从事农林牧渔、环保、节能和国家重点扶持的公共基础设施项目投资经营所得，可免征、减征企业所得税。

关于劳动保障的优惠政策。新办劳动密集型小企业，在2年内可比照困难企业职工参加医疗保险的规定，参加医疗保险。对服务型企业、商贸企业认定延续至2012年，对招收的特定人员给予社保补贴。免费培训人群扩展到毕业学年的毕业生和城乡劳动者。

第五章　德育　体育

第一节　德育工作

20世纪90年代以来，学校制定《天津农学院“九五”期间精神文明建设规划》《天津农学院精神文明建设实施意见》。根据1995年国家教委发布的《关于高校马克思主义理论课和思想品德课教学改革的若干意见》，正式设置“两课”课程，马克思主义理论课和思想品德课成为学生必修的思想政治理论课。根据1998年中宣部、教育部印发的《〈关于普通高等学校“两课”课程设置的规定及其实施工作的意见〉的通知》，开设“马克思主义哲学原理”“马克思主义政治经济学原理”“毛泽东思想概论”“邓小平理论概论”和“当代世界经济与政治”（文科）等马克思主义原理课，同时开设“思想道德修养”“法律基础”“形势与政策”等思想品德课，还成立大学生邓小平理论研究会。

2001年，学校撤销社会科学部，建立人文社会科学系，下设马列主义理论教研室、思想品德教研室、法政综合教研室；加强校园精神文明创建活动，在学生中开展文明宿舍、文明班集体、文明教室为主要内容的创建活动；推进思想政治工作进网络活动，成立天津农学院大学生思政网“绿源”。

2002年，学校集中开展学习教育活动，召开2002年党建工作会议，进行党的作风建设教育；举办天农大学生艺术节，开展首届大学生社团月活动。

2003年，学校开展理论学习宣讲活动，院党委书记白乐志、院长程治山、院纪检委书记张春廷等同志先后做宣讲报告；召开学习践行“三个代表”重要思想经验交流会。举办首届天津农学院“移动—绿源”杯大学生网页设计大赛，开展“学校发展 我在其中”的师德建设征文评比活动。

2005年，学校制定实施《天津农学院加强和改进大学生思想政治教育实施的意见》，召开加强和改进大学生思想政治教育理论交流会；围绕学校总体发展规划，制定实施《天津农学院校园文化建设实施纲要》；开展二级网站检查评比活动，加强校园网及二级网站的规范与信息整合工作。

2006年，学校为巩固先进性教育的阶段性成果，有针对性地组织党员干部和职工群众开展社会主义荣辱观教育，在教职工中开展“明荣辱，增素质”师德建设征文活动。根据2005年中宣部、教育部下发的《关于进一步加强和改进高等学校思想政治理论课的意见》，开设“思想道德修养与法律基础”“毛泽东思想、邓小平理论和‘三个代表’重要思想概论”“中国近现代史纲要”“马克思主义基本原理概论”和“形势与政策”课，组织天津农学院“校训”和“校歌”作品征集活动，举办《人文论坛》首场学术报告会，邀请中国古典诗词专家、南开大学中华古典文化研究所所长叶嘉莹教授做了题为《一位农业教育家词作中的生命反思》的报告。

2007年，学校为硕士研究生开设“自然辩证法”和“科学社会主义理论与实践”两门思想政治理论课。天津农学院《以专业学科为依托，以“学生社团”为载体，建设特色校园文化——赤子学社活动纪实》，获教育部2007年高校校园文化建设优秀成果三等奖。学校正式启用新校徽，新校徽体现“爱岗敬业、艰苦奋斗、团结向上、自强不息”的天津农学院精神，展示学校根植津沽大地、服务现代都市型农业和区域经济发展的办学特色和办学理念。2007年，学校完成《天津农学院办学成就展》。在《人民日报》刊发《天津农学院毕业生成了香饽饽》《“枣保姆”服务七省市——记天津农学院专家高梅秀》《在田间地头当教授——天津农学院果树专家高梅秀指导的枣树面积达十几万亩》；在《光明日报》刊发《天津农学院把论文写在津沽大地上》《农民赞誉：我的最高奖赏——记天津农学院果树专家高梅秀》。

2008年，按照市委工作部署，结合天津农学院2008年教学评估整改报告提出的目标要求，在全院广泛开展“解放思想、干事创业、科学发展”大讨论活动。

2009年，为加强思想政治理论课教育教学工作，学校党政联合下发了《关于印发〈关于加强思想政治理论课教育教学的若干意见〉的通知》《关于成立天津农学院思想政治理论课建设领导小组的决定》。

2010年，在学院开展了以校园教育歌曲引导推动校园文化建设活动。学院师生员工在演唱一首脍炙人口的校园歌曲中，陶冶情操，凝聚人心，振奋精神，鼓舞斗志。该活动荣获教育部2010年高等学校校园文化建设“优秀奖”。

德育教育的深入开展使全院师生员工的精神面貌发生了新的变化，讲学习、比理想、讲斗志、比奉献的风气已在学院形成，并涌现了许多刻苦钻研、爱岗敬业的先进典型。

第二节　体育工作

一、基本概况

建院初期，学校设有体育教研组，负责全院体育教学和群众体育活动，1987年成立体育教研室，2007年正式更名为体育教学部。体育教学部设有球类、舞美2个教研室和1个体质测试中心，主要承担全院的体育教学、体育科研、群体竞赛、运动训练和学生体质健康监测工作。所开设的课程有：足球、篮球、排球、网球、乒乓球、太极拳、跆拳道、健美操、体育舞蹈、健美10个项目的课程。

体育教学部根据体育师资队伍建设的工作实际和体育教学的需要，着力调整好队伍的年龄结构、学历结构、专业结构、男女比例。到2010年，全院体育课程专任教师22人，男教师13名，女教师9名，其中教授2名，副教授8名，讲师12名。具有博士学位1名，硕士学位7名。国家级及其以上裁判3人。教师的年龄结构、职称结构、专业结构、男女比例基本合理。

二、体育教学

1.课程定位

全面贯彻党的教育方针，以邓小平理论和“三个代表”重要思想为指导，坚持科学发展观。以体育教学为中心，以身体练习为主要手段，通过体育教育和体育锻炼，达到提高学生运动能力、增强学生体质、增进健康和提高体育素养的目的。积极开展课外体育锻炼与群体竞赛，充实、活跃校园文化生活，培养学生健身意识，养成良好的体育习惯。为学校确定的“培养德、智、体、美全面发展，知识能力、素质协调发展，具有实践能力和创新精神，面向基层的应用型高级人才”的育人总目标服务。

以体育教学、科研为载体，以深化体育课程教学改革，实施“课内外一体化”体育课程教学模式为中心，全面开展各项体育工作，充分发挥体育的育人功能，营造自主学习、自主发展、自我完善、自我提高的学习氛围和浓郁的校园体育文化。培养学生的创新能力，使每一位学生都能较好地掌握 1~2 项体育技能，成为体育活动的积极参加者，使学生毕业后能够更好地为社会发展服务。

2.课程设置

依据学校实际情况，只对本科一、二年级学生开设体育必修课程。每学期 30 学时，共计 120 学时。

为实现“三自主”的选课要求，在学期初进行分卡选课，打乱原系别、班级，不受男女生的限制。根据学生自己的兴趣爱好，学生自主选择体育专项、任课教师，选择教学内容，选择锻炼时间，每班编制保持在 30 人以内。

学院还根据高校体育课程总体要求，结合学校的具体情况，面向全体学生开设不同项目的专项基础课、专项提高课、俱乐部活动、运动队训练，以满足不同层次、不同水平、不同爱好学生的需要。

3.课程考核

对体育教育的考核注重对学生学习过程和学习效果的评价，建立综合的、分层次的体育课程考核评价体系。学院设置了课内和课外两个评价系统，并调整了各系统的权重，课内系统占 60%，包括体育理论占 10%，学习态度占 10%，专项技能占 40%；课外系统占 40%。并根据各专项的特点制订单项课程考核评价标准。

在理论考试中，主要涉及本学科基础理论知识和最前沿的内容，考试将采取裁判实践、抽题口试、笔试等多种形式进行。理论考试由任课教师主考。

在技术考核中，改变多年来以完成动作的数量或时间作为考核唯一标准的传统考核方法，将动作完成质量和学习进步幅度作为考核评价的主要参考，并将期末终考改成阶段性多次考试，形成既注重终结评价又注重学习过程的评价机制。

三、群体活动

学校坚持“健康育人”的理念，将有计划地组织的课外活动与各种体育俱乐部、体育社团活动结合。广泛开展群体活动，并作为学生的“第二课堂”，为提高学生体质健康起到了很好的引导作用。从学校到各系积极发展体育俱乐部（健美、健美操、跆拳道等）、学生社团，积极引导和支持学生自主开展各类体育活动，极大地丰富学生的课外活动内容，推动群众体育活动的开展。课外体育锻炼是学校体育不可缺少的组成部分，学校把开展课外体育活动作为提高大学生身体素质的主要措施和学院体育工作的重点，其所营造出的自主学习、自主发展、自我完善、自我提高的学习氛围和浓郁的校园体育文化，激发学生自觉锻炼的意识，调动学生参与各项体育竞赛的积极性，从而提高群众体育水平，增进同学间的友谊和交流。

学校除开展丰富多彩的课外活动外，还组织如“爱校杯”足球赛，“兴农杯”网球赛，“争霸杯”篮球赛；各系也组织篮球、排球、网球、乒乓球、趣味赛等比赛等。另外，学校（东校区）从 2006 年开始每年 9~11 月间举行全民健身运动会和西校区每年 3~5 月间举行田径运动会。项目涉及各球类、8 字跳绳、双环跳绳、健美操、24 式、42 式太极拳、32 式太极剑、混合接力、移山倒海、金球传友谊、拔河、足球运球接力、篮球运球过杆等，直接参加比赛的人数多达 4600 余人次，获奖 800 多人次。

四、体育竞赛

学校在没有特招生的情况下，由各专项体育教师组织并担任教练，选拔各专项的优秀学生组建了足球、篮球、排球、乒乓球、跆拳道、田径、网球、健美操等院代表队，安排专门的训练时间和场地，并制订各自详细的训练计划。

在天津市举办的全市高校体育比赛中，天津农学院取得了较好的成绩。2005 年，在天津市大学生乒乓球普通高校组比赛中，男团获第 8 名，女团获第 3 名。在天津市大学生网球比赛中获男团第 8 名。在天津市“辰光杯”大学生网球比赛中获女团第 6 名，男团第 7 名、女双第 5 名、男单第 5 名、男双第 3 名。2007 年 8 月，在华北区高等农业院校“菲普莱杯”第七届大学生田径运动会比赛中获得男子团体总分第 6 名。

第六章　学术科研

第一节　机构设置与管理

天津农学院是教学型地方高等农业院校，学院成立之初贯彻执行“经济建设必须依靠科学技术,科学技术必须面向经济建设"的方针,广大教师和科技工作者面向市场,广泛开展农业应用基础研究及农业应用研究,致力于采用高新技术改造传统农业、提高农业生产技术水平。1994年4月21日,天津农学院科研处改为天津农学院科技处,服务职能新增科技成果转化与推广、对外合作交流等。陆续制定、修订、完善相关科研管理规定。1996年,将原《天津农学院科研工作管理条列》细化为《天津农学院科研项目经费管理规定》《天津农学院科研成果管理规定》《天津农学院青年科技发展基金管理办法》《天津农学院人文社科项目管理规定》《天津农学院科技档案管理规定》和《天津农学院科技保密管理规定》共6项规定。2002年,制定《天津农学院学术委员会工作条例》《天津农学院科技工作与学术研究奖励办法》《天津农学院专利工作管理办法》和《天津农学院促进科技成果转化推广管理规定》共4项管理规定。2007年,制定《天津农学院学术活动管理办法》《天津农学院科研机构管理办法》《天津农学院博士启动基金项目管理办法》和《天津农学院校外试验实习基地及产学研联合体管理规定》共4项管理规定。2010年,制定实施《天津农学院引进国外人才管理条例》《天津农学院科研诚信与学术道德规范建设实施细则(试行)》。

由天津市教育委员会主管、天津农学院主办的《天津农学院学报》于1994年3月开始内部出版发行,自1998年第4期开始公开发行,每年出版4期,在编辑委员会的领导下,高水平论文不断增多,期刊质量得以不断提升。

第二节 科研与推广

学院各学科的专家学者及青年教师紧密结合国家经济社会及学科发展的需要,贴近教学实际和生产需求,深入开展科学研究,经过多年的办学实践,形成了紧贴区域经济社会发展,服务于都市型现代农业的鲜明办学特色。积极承担市农委、市科委、市教委、市外国专家局等各委办局科研课题以及国家农业科技成果转化资金、国家自然科学基金项目,并取得一大批获奖成果,取得68项授权专利、17个品种权、9项软件著作权。

随着经济管理系、人文社会科学系的陆续成立,学校大力实施"人才强校"战略,引进、培养并建立了一支较高水平的人文社科教学科研队伍。自2009年首次获批国家社科基金和教育部人文社科项目以来,连续4年获批国家社科基金共3项、教育部人文社科项目5项、全国教育科学规划课题2项、天津市科技发展战略研究计划10项、天津市人民政府办公厅决策咨询课题8项、天津市科学普及项目1项。

第三节 服务社会

天津农学院把为“三农”服务作为工作的重中之重，以科技成果的转化推广为主线，重点突出肉、蛋、奶、菜、果、花、鱼及特色粮食作物的生产、加工和贮藏，面向农业基层科技人员、个体专业户、农村产品经营者、农业基层干部、青少年学生等人群，通过科技三下乡、科技入户工程、科技周、科技结对子、妇女“双学双拼”、科普基地开放等活动，以及“津沽大地科技直通车”、区县联盟广播等媒体讲座，解决实际生产技术难题，普及农业科技知识，促进天津农业发展、农村进步和农民增收，为区域经济社会发展、社会主义新农村建设做出贡献。

1.走“院县科技合作”道路。

充分利用政府资源，为教师科研人员搭建合作平台。2002 年与蓟县人民政府，2006 年与宝坻区人民政府、静海县人民政府，2010 年与津南区人民政府，2013 年与西青区人民政府等相继建立院县合作关系。自 1992 年 5 月在天津市西青区小南河镇养殖公司首次成立天津农学院产学研研究基地以来，截至 2010 年年底，在涉农区县陆续建有 106 个实验实习和产学研联合体基地。与区县合作完成的科技成果多次荣获西青区、津南区、东丽区等区县人民政府颁发的科技进步奖。1992 年 12 月 18 日，天津农学院水产科学系小南河水产养殖课题组在“推动科技进步、促进社会发展、为天津经济建设服务”工作中成绩显著，受到天津市教育委员会的表彰和奖励。2008 年 8 月，邢克智教授被塘沽区人民政府授予 2007 年度塘沽区科学技术合作奖。

2.组织“百名博士科技下乡”，形成服务专家品牌。

在与涉农区县的渔场、农场、牧场等对接活动中，通过田间地头的面对面咨询服务，为农民送去实用的科学技术，教师们也寻求到新的科研课题。2009 年 3 月，赴宝坻区的百名博士，奔赴宝坻区 11 个村、镇、企业展开定向下乡，免费赠送的万斤优质食味品种“津川 1 号”水稻原种和 3 套最新型设施栽培自动控制水肥滴灌系统。专家们共解答千余名农民生产中遇到的疑难问题。不定期的科技下乡活动涌现出被农民亲切地称为“枣保姆”“米博士”“羊妈妈”“犬大夫”“鸡大夫”“鱼医生”的高梅秀、崔晶、宋桂敏、杨百亮、李富桂、陈成勋等多名生产一线的指导专家。

3.发挥“科技特派员”作用。

自 2006 年开始，学校积极参与科技特派员活动，先后有 50 余名专家教授被天津市科学技术委员会和蓟县等天津涉农区县科委聘为科技特派员，不定期深入农村生产第一线开展农业技术服务。园艺系教授高梅秀于 2009 年 6 月，被科技部授予“全国优秀农业科技推广标兵”、科技特派员称号。天津农学院荣获“科技特派员先进集体”光荣称号。

4.与农业科技园区、大型龙头企业合作，促进科技成果转化。

学院还与津南国家农业科技园区、天津市宁河原种猪场、天津挂月集团有限公司等国家级农业科技园区和龙头企业以及天津长城万达罐头有限公司等天津市龙头企业进行合作，探索地方农业高校介入农业科技园区科技工作、服务社会的新途径。

以天津津南国家农业科技园区为例，2003 年、2006 年崔晶博士陆续承担市级 “天津津南国家农业科技园区科技服务体系建设”“天津津南国家农业科技园区专家大院建设”项目，从津南农业园区发展实际出发，建成服务机构和专家库、技术项目库，建立全国农业科技转化协作网，实现了以专家为核心，整合科技资源，推动专家与农民零距离接触、面对面服务、手把手传授；加强园区核心专家大院自身能力建设，建立具有综合服务功能的园区专家大院平台、具有专项服务特点的天津农业专家大院群以及专家大院农业科技成果转化基地和技术服务示范基地，实施成果转化和技术服务项目，取得显著的经济效益和社会效益。2010 年，在首届国家农业科技园区评比中，天津农学院被评为“中国农学会农业科技园区分会先进单位”，崔晶被评为“中国农学会农业科技园区分会先进个人”。

5.积极发挥“天津市科普教育基地”载体功能。

农学院注重加大科技普及范围，把服务链向市民、青少年学生延伸，接待市民和青少年学生到校内外实践实习基地及实验室参观，了解农业科技知识，并举行都市农业知识科普实习基地挂牌仪式。2002 年被评为市级科普教育基地。2007 年 5 月，与和平区教育局、体育馆街、社区青少年宫、社区街道等合作共建科普实习基地，以满足青少年渴求知识的愿望，满足居民群众了解运用科普知识以指导健康生活的愿望。学校有近百名专家、教授、大学生走进社区，宣传农业科技知识，受到市民的称赞。动物科学系教授李富桂荣获 2008 年度“天津市科普先进工作者”称号，科技处崔晶荣获 2009 年“天津市第二届科技传播之星”称号。

第四节　学术活动

天津农学院每年多次举办、参加国内外学术会议活动，有力地促进国际、国内学术交流，开阔教育、科研视野，提高学校的知名度。2007 年制定实施《天津农学院学术活动管理办法》。

天津农学院各类学术活动主要包括：以学校为主举办的各种国际、全国和地方性学术会议；以学校为主举办的各类学术团体的学术报告会、学术交流会和研讨会；邀请境外学者、国内专家进行的学术交流活动；由学校与社会企、事业单位学术团体合作开展的学术活动；以学校为主举办的其他学术交流活动及学生的学术交流活动。学院还坚持“走出去”“请进来”的举措，选派多名教授、科研人员赴国内外高等院校、科研机构开展学术交流与科技合作。学院除与中国农业大学、中国科学院等多家农业高等院校、科研机构开展合作交流以外，还与美国、加拿大、法国、日本、韩国等多个国家的科研、教学人员进行科技合作交流。

“十五”“十一五”期间，天津农学院还先后举办“水稻（粳稻）品质·食味合作研讨会（2007年）”“中韩渔业可持续发展天津论坛（2007年）”“全国现代渔业发展研讨会（2010年）”“天津食品科技论坛（2010年）”。这些举措的实施，开拓全校师生的视野，对于全校教职工把握农业科技发展趋势、瞄准国内外农业高等教育和科技的前沿开展工作，提升教学和科研水平起到积极的促进作用。

第五节　学术刊物

《天津农学院学报》是由天津市教育委员会主管，天津农学院主办的自办发行季刊，1994年3月开始内部出版发行。1998年8月经国家新闻出版署批准，于1998年第4期开始公开发行。创刊以来，该刊始终贯彻“经济建设必须依靠科学技术，科学技术工作必须面向经济建设”的方针，反映天津农学院教学、科研、生产和技术推广的新进展、新成就，促进科学技术交流，加速成果的推广应用，适应天津市城郊农村社会主义市场经济发展的需要。主要栏目包括学术论文、研究报告、文献综述、经验交流、学术动态和科研简讯等，面向农业院校师生、农业科技工作者、教育管理人员、农业生产部门技术人员等广大读者群。

1999年，《天津农学院学报》获天津市优秀高校自然科学学报二等奖；2001年，获《中国学术期刊（光盘版）检索与评价数据规范》执行优秀奖；2002年，获第三届全国优秀农业期刊奖；1997~2001年度学术类二等奖。编辑部主任张静芳荣获中国科技期刊青年编辑奖，全国农业高校学报优秀青年编辑工作者称号。2004年，《天津农学院学报》获评2002~2003年度天津市一级期刊，并获第四届全国优秀农业期刊奖2002~2004年度学术类二等奖。先后加入“中国核心期刊（遴选）数据库”“中国期刊全文数据库”“万方数据——数字化期刊群”“中国学术期刊综合评价数据库”“中文科技期刊数据库”“中国生物学文献数据库” 和台湾华艺CEPS中文电子期刊、英国CABI数据库、美国化学文摘（CA）、俄罗斯文摘杂志、《中国农业文摘》（粮食与经济作物、植物保护、园艺、土壤肥料、兽医）等各分册、《中国生物学文摘》《中国林业文摘》《中国水产文摘》《全国报刊索引》（自然科学技术版）等多家文摘库列为刊源，发行量逐年上升，学报对外的影响日益扩大。2010年，学报被评为2008~2009年度天津市一级期刊。

在2004年12月举办的 “第四届全国优秀农业期刊和优秀期刊工作者”（2002~2004年度）评选中，《天津农学院学报》荣获“第四届全国优秀农业期刊奖”学术类二等奖，该刊副主编张静芳荣获首届全国农业期刊“主编金犁奖”。 2006年4月，在由中共天津市委宣传部、天津市科委和天津市期刊协会共同组织的“天津市优秀期刊奖”评选活动中，《天津农学院学报》荣获“天津市优秀期刊奖印刷质量奖”。在2006年8月开展的“第五届全国农业期刊金犁奖和主编金犁奖”评选中,《天津农学院学报》再次荣获“第五届全国农业期刊金犁奖”学术类二等奖,主编邢克智荣获“第五届全国农业期刊主编金犁奖”。

表12-6-5-159　天津农学院1991~2010年获奖科研成果简表

序号	成果名称	完成单位	获奖人	奖励名称
1	红小豆高产栽培、选优提纯的研究	天津农学院农学系	牟善积等人	1991年获天津市科技进步奖二等奖
2	黄牛改良及育肥综合技术措施试验	武清县畜牧水产局、天津农学院、武清县科学技术委员会	刘永备等人	1991年获天津市科技进步 奖三等奖
3	万亩低产池塘和网箱养鱼综合技术开发	市农村工作委员会、市水产局、天津农学院、市水产技术推广站	刘茂春等人	1992年获天津市科技进步(成果推广)二等奖
4	降低成本的养虾综合技术示范工程	市农委副食处、市水产技术推广站、天津农学院水产系	荣长宽等人	1992年获天津市科技进步(星火科技)二等奖
5	降低成本的养虾综合技术示范工程	天津农学院水产系	荣长宽等人	1993年获国家星火科技四等奖
6	天津市津南区传字营村农业结构模型及生态农业建设	天津农学院、津南区小站镇传字营村	刘先觉等人	1993年获天津市科技进步奖三等奖
7	天津市鱼禽结合生态养鱼技术开发	市水产局、天津市农村工作委员会、天津农学院、市水产技术推广站	刘茂春等人	1993年获天津市科技进步(星火科技)二等奖
8	农业技术推广试点乡(天津市北辰区南王平乡)综合试验	市北辰区南王平乡、天津农学院、市北辰区农林局	吴锡冬等人	1993年获天津市科技进步(星火科技)三等奖
9	枣粮间作生产技术开发研究	静海县林业局、天津农学院、市林果研究所	李国方等人	1993年获天津市科技进步奖三等奖
10	河蟹精养配套技术的研究	天津市宁河县科委、天津农学院	顾景龄等人	1994年获天津市科技进步奖三等奖
11	鲫鱼大面积高产及混养技术开发	市农村工作委员会副食品处、市水产技术推广站、天津农学院水产系	刘茂春等人	1994年获天津市科技进步(星火科技)二等奖
12	天津市近郊盐碱荒地生态农业示范工程的研究	北辰区双街乡人民政府、天津农学院、北辰区农林局、北辰区畜牧水产局	刘先觉等人	1994年获天津市科技进步奖三等奖
13	鲢鳙鱼暴发性出血病防治技术的研究	天津农学院、市水产研究所	刘茂春等人	1995年获科技进步 (科技成果)三等奖
14	鲤鱼三倍体的诱导与应用的研究	天津农学院	董士、陶秉春等人	1996年获天津市科技进步(科技成果)二等奖
15	尿素复合添加剂舔块配制技术研究	天津农学院	甄如林等人	1996年获农牧渔业部科技进步三等奖
16	天津大银鱼的增殖、移植及人工繁殖技术研究	市农村工作委员会、天津农学院、市水产研究所	荣长宽等人	1996年获天津市科技进步(科技成果)二等奖

序号	成果名称	完成单位	获奖人	奖励名称
17	鲤鱼出血性腐败病的研究	天津农学院	邢克智等人	1996年获天津市科技进步(科技成果)二等奖
18	黄早4玉米自交系改良选育及利用研究	天津农学院、市种子公司	栾谦益等人	1996年获天津市科技进步三等奖
19	小尾寒羊的引进选育及其利用	天津农学院、天津市警备区青光农场	王学玲等人	1996年获天津市科技进步(科技成果)二等奖
20	昆虫病原线虫防治韭蛆试	市植保植检站、天津农学院	王学利等人	1997年获天津市科技进步(科技成果)三等奖
21	中华鳖(甲鱼)集约化养殖技术的研究	天津农学院、西青区小南河养殖公司、蓟县水产局	邢克智等人	1997年获天津市科技进步(科技成果)二等奖
22	盐碱果园苹果缺绿病研究	天津农学院	杨静慧等人	1997年获天津市科技进步(科技成果)三等奖
23	天津市蓟县库区农业技术综合开发研究	天津市扶贫开发领导小组办公室、天津农学院	张磊等人	1997年获天津市科技进步(星火)三等奖
24	驱虫灵研制	天津农学院	马衍忠等人	1997年获天津市科技进步(科技成果)三等奖
25	CMVcp基因转化辣椒	天津农学院	周钟信等人	1997年获天津市科技进步三等奖
26	科技成果推广工作优秀奖	天津农学院科技处	张德玲等人	1998年获天津市科技进步(推广优秀工作)三等奖
27	节粮型日粮快速羔羊肥育技术的研究	天津农学院	王学玲等人	1998年获天津市科技进步(科技成果)三等奖
28	西洋参、人参引种栽培试验	天津农学院	张磊等人	1998年获天津市科技进步(科技成果)三等奖
29	杜仲生产技术开发研究	天津农学院、蓟县林业局	王玉春等人	1998年获天津市科技进步(科技成果)三等奖
30	免耕、覆盖、深松配套技术及耕作模式的研究	静海县大邱庄镇尧舜农场、天津农学院	牟善积等人	1999年获天津市科技进步(科技成果)三等奖
31	常见果树病害数值诊断法研究	天津农学院、市林业局	赵国防等人	1999年获天津市科技进步二等奖
32	免疫促进剂的开发与利用	天津农学院	李富桂等人	1999年获天津市科技进步(科技成果)二等奖
33	河蟹染色体、大颚器官和控制幼蟹性腺早熟的研究	天津农学院	顾景龄等人	1999年获天津市科技进步(科技成果)三等奖
34	新城疫-传染性支气管炎减蛋综合症三联油乳剂苗的研究	天津农学院	张安国等人	1999年获天津市科技进步(科技成果)二等奖

序号	成果名称	完成单位	获奖人	奖励名称
35	珠美海棠组织培养开发研究	天津农学院	赵慧祥等人	1999年获天津市科技进步(科技成果)三等奖
36	农用(菌肥)高效新菌株的筛选及应用研究	天津农学院、市土壤肥料工作站	刘丽丽、李树高等人	1999年获天津市科技进步(科技成果)三等奖
37	鸡传染性法氏囊病中药防治技术的研究	天津农学院	贾英科等人	2000年获天津市科技进步(科技成果)二等奖
38	鲤鱼出血性腐败病防治技术推广	天津农学院、西青区畜牧水产局、市农村经济与区划研究所	邢克智等人	2000年获天津市科技进步(推广应用)三等奖
39	淡水养殖鱼类健康养殖技术的研究	天津农学院	蔡中华等人	2002年获天津市科技进步三等奖
40	优质肉羊生产技术示范	天津农学院	王学玲等人	2002年获天津市科技进步三等奖
41	果树病害数值诊断法推广应用	天津农学院	赵国防等人	2003年获天津市科技进步二等奖
42	波尔山羊品种引进及杂交利用技术研究	天津农学院	宋桂敏等人	2003年天津市科技进步三等奖
43	奶牛养殖小区综合饲养技术研究	天津农学院	张学炜(第二单位)	2004年获天津市科技进步三等奖
44	鸡腺胃型传支的致病性研究及其综合防治	天津农学院	李富桂(第一单位)	2004年获天津市科技进步三等奖
45	天津市农业发展比较优势与结构战略性调整研究(研究报告)	天津农学院	于战平、李艳萍、向光平	2004年天津市第九届社会科学优秀成果奖三等奖
46	自然资源经济学(专著)	天津农学院	吴宝华、刘庆山、吕锡强	2004年天津市第九届社会科学优秀成果奖二等奖
47	天津市农产品深加工科技发展方向与对策研究(研究报告)	天津农学院	刘金福、于战平、李谨	2004年天津市第九届社会科学优秀成果三等奖
48	高杆菠菜(耐盐碱)示范推广	天津农学院	张磊(第一单位)	2004年获天津市科技进步三等奖
49	冬季日光温室生产克服障碍性天气关键技术研究	天津农学院	王学利(第二单位)	2004年获天津市科技进步三等奖
50	枣优新品种引进、优选及配套栽培技术研究	天津农学院	高梅秀(第二单位)	2004年获天津市科技进步三等奖
51	晚香玉综合开发研究	天津农学院	赵国防	2005年获天津市科技进步三等奖
52	冬小麦-夏玉米轮作区动态平衡施肥配方的研究	天津农学院	牟善积	2005年获天津市科技进步三等奖

序号	成果名称	完成单位	获奖人	奖励名称
53	淡水鱼类工厂化育苗技术的研究	天津农学院	邢克智	2006年获天津市科技进步二等奖
54	动物寄生虫病综合防治技术推广	天津农学院	马衍忠	2006年获天津市科技进步三等奖
55	农业专家系统(黄瓜、葡萄、猪、奶牛、对虾、河蟹)开发与应用	天津农学院	张树林863项目(子课题主持人)	2006年获天津市科技进步一等奖
56	天津市淡水养殖网络化专家系统	天津农学院	邢克智等人	2007年获天津市科技进步二等奖
57	益微微生态制剂在果蔬上的应用推广	天津农学院	赵国防等人	2007年获天津市科技进步三等奖
58	无公害优质牛奶生产技术与产品开发研究	天津农学院	张学炜等人	2007年获天津市科技进步三等奖
59	我国农村市场信息服务和市场信息需求利用分析(论文)	天津农学院	魏秀芬	2007年天津市第十届社会科学优秀成果奖三等奖
60	粮食及经济作物新品种引进、筛选与推广	天津农学院	崔晶、孙守钧等	2007年天津市科技进步三等奖
61	饲用高粱“天农青饲1、2号高粱的示范应用”	天津农学院	孙守钧、王云、李子芳、刘惠芬、吴锡冬、李凤山、郑根昌	2007年天津市科技进步二等奖
62	糯玉米种资资源的分类及其在新品种选育中的应用	天津农学院	王鹏文、王国琴、杨勇、高大翔、徐晓萍	2007年天津市科技进步三等奖
63	断奶仔猪衰弱综合征防制技术	蓟县畜牧局、天津农学院、中国农业大学	贾英科、王海利、赵德明、张宝兴、周向梅	2007年天津市科技进步三等奖
64	硅肥在水产养殖中应用技术研究	东丽区农技推广中心天津农学院	胡维芝、郭立、张国海、乔秀亭、朱国霞	2007年天津市科技进步三等奖
65	非英语专业与英语专业大学生词汇学习策略的对比研究	天津农学院	袁友芹	2008年天津市第十一届社会科学优秀成果奖三等奖
66	肉羊产品加工与生产配套技术产业化示范及推广	天津农学院	马俪珍、宋桂敏、刘金福、王金娥、韩孝党、梁丽雅、杨升、黄宗海	2008年度天津市科技进步三等奖
67	奶牛饲料营养知识咨询及配方优化网络系统开发与应用	天津农学院、中国农业科学院、北京畜牧兽医研究所	郭亮、熊本海、马吉飞、刘壮、曲金铎	2008年度天津市科技进步三等奖
68	淡水水产品健康养殖技术研究与示范	市水产技术推广站、市水产研究所、天津农学院、天津科技大学、武清区水产技术推广站	张勤、钟文慧、梁传辉、白东清、王硕、于建胜、管仲存、赵立明	2008年度天津市科技进步二等奖

序号	成果名称	完成单位	获奖人	奖励名称
69	犊牛羔羊高效健康养殖标准化技术推广	天津农学院、中国农业科学院饲料研究所、市畜牧兽医研究所	宋桂敏、刁其玉、郭敏增、杨升	2009 年度天津市科技进步三等奖
70	特种毛皮动物养殖技术示范与推广	天津市津南区正大特种动物养殖场、天津农学院	马文芝、毛春富、李龙柱、边淑萍、杨升、刘伟、刘基信、张怀韬	2009 年度天津市科技进步三等奖
71	完善农业补贴政策研究——基于天津市农业补贴的实证研究(研究报告)	天津农学院	李广、刘永胜、李群	2010 年天津市第十二届社会科学优秀成果奖三等奖
72	冬枣低产园优质高效关键技术栽培集成、创新与应用	天津农学院、静海县科教兴农办公室	高梅秀、柴慈江、杜长城、范会鲜、田翠杰、刘同海、刘涛、尚成海	2010 年度天津市科技进步二等奖
73	津农系列糯玉米新品种繁育、示范和中试	天津农学院	王鹏文、王国琴、张旭、李玲、徐晓萍	2010 年度天津市科技进步三等奖
74	高产专用玉米新品种和玉米自交系的引进、改良及利用	市种子管理站、天津农学院	王家武、王鹏文、张俊英、高增尚、常雪艳	2010 年度天津市科技进步三等奖
75	双孢蘑菇高效立体栽培技术及多糖分离方法研究	天津农学院、天津市金三农农业科技开发有限公司	班立桐、孙少起、吴疆、陈永喜、黄亮	2010 年度天津市科技进步三等奖

第七章 后勤与基本建设

第一节 后勤服务概况

天津农学院的后勤服务与保障工作由总务处负责具体实施。20 年来,总务处紧紧围绕学校中心工作,为学校教育教学活动的顺利开展提供了强有力的保障。

总务处下设饮食服务部、供电服务部、运输服务部、基建科、校园环境绿化管理科、医务室以及办公室 7 个职能部门。

饮食服务部的前身为学校膳食科。1997 年实行高校后勤服务社会化管理后更名为天津农学院饮食服务部。饮食服务部负责全院师生的日常饮食,管理范围包括学校食堂、超市以及学生浴室。饮食服务部实行半独立核算，即除基础设施和重型设备以外，在日常运行中实行自主经营。在确保学校伙食价格合理、质量稳定的基础上，在市场无大幅度波动的情况下实现自我收支平衡。

供电服务部的前身为学校电工房。1995 年实行高校后勤服务社会化管理后更名为供电服务部。供电服务部负责保障学校师生教学和生活用电的正常供应，定期对电路管网进行检修、维护。

运输服务部的前身为学校车队。2006 年实行高校后勤服务社会化管理后更名为运输服务部。运输服务部负责院内公务用车的统筹调度，并为学生外出实习提供车辆保障。

行政科自 1999 年更名为校园环境绿化管理科，主要负责校园绿化、环境卫生、房管、电话管理、劳保与行政办公物品的采购和保管、固定资产的管理等各项工作。

第二节　校园面积、校舍建设

为促进天津市农业教育长足发展，落实科技兴农政策，给农业发展输送更多具备基础知识与专业技能的复合人才，2002 年，天津市城乡经济学校并入天津农学院。自此，位于天津市西青区津静路 22 号的原天津农学院称为东校区，位于天津市西青区津同路 19 号的原天津市城乡经济学校称为天津农学院西校区。

校舍等基础设施的建设工作主要由总务处基建科具体负责。到 2010 年，天津农学院总占地面积 699320 平方米（1049 亩），其中东校区占地面积 268675 平方米（403 亩）；西校区占地面积 430645 平方米（646 亩），总建筑面积 291945 平方米，其中包括教学行政办公用房、学生宿舍（公寓）、食堂、生活福利及其他用房等。

1.合校前基本建设情况

（1）合校前东校区基本建设

1991~2001 年陆续建设完成图书馆楼、危险品仓库、生物技术中心、三号学生公寓、汇丰园餐厅。

表 12-7-2-160　天津农学院 1991~2001 年东校区完成基建项目一览表

编号	项目名称	建筑面积（平方米）	结构形式	用途	建造年代	投资金额（万元）
1	图书馆楼	4132	砖混	服务	1992 年	313
2	危险品仓库	40	砖混	服务	1994 年	1.1
3	生物技术中心	700	砖混	教学	1999 年	59.92
4	三号学生公寓	4000	砖混	生活	2000 年	680
5	汇丰园餐厅	1130	砖混	服务	1994 年	138.69

(2)合校前西校区基本建设

2000年,市属四所涉农中专合并成立天津市城乡经济学校(2002年后称天津农学院西校区)。这四所涉农中专为:天津农业学校、天津市机械工程学校、天津市经济管理学校、天津水利学校。

同年,为扶植农业教育发展,支持农业院校基础设施建设,天津市设专项资金为天津市城乡经济学校一次性投入建设完成6万平方米的基础设施。其中包括教学楼、教研楼、图书馆、五栋学生公寓、污水处理站、浴室、锅炉房、1#实验楼等。

表12-7-2-161 天津农学院1991~2001年西校区完成基建项目一览表

编号	项目名称	建筑面积(平方米)	结构形式	用途	建造年代
1	老阶梯教室	250	砖混	教学	1994年
2	3、4号学生餐厅	1100	砖混	服务	1994年
3	6#学生公寓	1441	砖混	生活	1994年
4	7#学生公寓	1441	砖混	生活	1994年
5	2#实验楼	3650	砖混	教学	1998年
6	1#实验楼	5356	砖混	教学	2000年
7	阶梯教室	1818	砖混	教学	2000年
8	1、2号学生餐厅	2498	砖混	服务	2000年
9	图书馆	2794	砖混	生活	2000年
10	锅炉房、浴室	942	砖混	服务	2000年
11	配电室	196	砖混	服务	2000年
12	污水处理站	147	砖混	服务	2000年
13	1#学生公寓	2246	砖混	生活	2000年
14	2#学生公寓	2246	砖混	生活	2000年
15	3#学生公寓	2246	砖混	生活	2000年
16	4#学生公寓	2848	砖混	生活	2000年
17	5#学生公寓	1972	砖混	生活	2000年
18	教学楼	11732	砖混	教学	2000年
19	教研楼	2973	砖混	办公	2000年

2.合校后基本建设情况

(1)2002年,天津市城乡经济学校并入天津农学院后,生源数量上升,办学规模扩大。为了确保有足够的教育教学场所,满足学生住宿需求,兴建一批基础设施,包括教学主楼、二号教学楼、动物科学系实验用房等教学场所,六栋学生公寓楼和浴室、锅炉房、加压泵房等生活服务设施。

表 12-7-2-162 天津农学院 2002~2010 年完成基建项目一览表

编号	项目名称	建筑面积（平方米）	结构形式	用途	建造年代	投资金额（万元）	地点
1	8# 学生公寓	3642	砖混	生活	2003		西校区
2	9# 学生公寓	6683	砖混	生活	2004		西校区
3	4# 学生公寓	3693.3	砖混	生活	2004	384.68	东校区
4	5# 学生公寓	3693.3	砖混	生活	2004	384.68	东校区
5	动科系实验用房	533	砖混	教学	2004		东校区
6	园艺系实验用房	1283	砖混	教学	2004		东校区
7	6# 学生公寓	4798.3	框架	生活	2005		东校区
8	7# 学生公寓	4798.3	框架	生活	2005		东校区
9	学生浴室	167	砖混	服务	2005	10.16	东校区
10	蓄水池及加压泵房	45.4	砖混	服务	2005	2.23	东校区
11	运动场	21780	框架	教学	2005		东校区
12	食品系开放实验室锅	295	砖混	教学	2005		东校区
13	炉房	230.63	砖混	服务	2005	20.37	东校区
14	学联综合服务楼	3798.2	砖混	服务	2005		东校区
15	2# 教学楼	11680	框架	教学办公	2005	2200	东校区
16	新建体育场馆		框架	教学	2006		东校区
17	教学主楼	37074	框架	教学办公	2007	11000	东校区

（2）2007 年，学校有偿接收国际女子学校 36 亩土地及地上建筑。其中，北面一栋二层小楼在 2008 年校园整体提升改造时拆除，另外三栋楼作为行政办公楼、学生公寓楼与水利楼使用。

3.规章制度建设

经过 20 年的努力和探索，基建科结合工作实际，制订《天津农学院基建手续申报流程》《天津农学院基建、维修项目监督管理办法》《天津农学院基建、维修工程招标管理办法》，逐步形成一套严谨、规范的工作程序和制度。

第三节 卫生保健工作

总务处医务室负责全院师生员工的卫生保健工作。具体包括：管理公费医疗相关工作，审批公费医疗报销单据。签发全院师生的诊断证明、休假证明。根据季节的特点，做好常见病、多发病、传染病的防治和宣传工作。负责全院计划生育的宣传技术指导。监测师生健康状况，定期对师生进行健康检查，建立健康档案，负责健康档案的管理，做好师生健康状况的统计、分析和上报工作。

一、完善规章制度

学校医务室坚持“预防为主、防治结合”的方针，各项规章制度逐步完善。其中包括：传染病防治制度，医务室各岗位人员职责、药房管理制度，医务室药品、器械采购及资金管理办法等。医务室工作人员严格按照规章制度办事，确保卫生保健工作得以系统规范地展开。

1.突发卫生事件应急预案

为提高学校预防和控制突发公共卫生事件的能力和水平，指导和规范各类公共卫生突发事件的应急处置工作，保障全体师生员工的身体健康与生命安全，维护学校正常的教学秩序，根据《中华人民共和国传染病防治法》《中华人民共和国食品卫生法》《突发公共卫生事件应急条例》《学校卫生工作条例》《天津市突发公共卫生事件应急预案》《教育系统突发公共卫生事件预防与应急办法》等法律法规和规范性文件，结合学校实际，于 2006 年制定了突发卫生事件应急预案。

2.卫生防疫责任制

为贯彻落实教育部、卫生部《关于加强学校卫生防疫与食品卫生安全工作的意见》，坚持“安全第一、预防为主”的方针，做好学校卫生防疫工作，确保学生的身体健康和生命安全，学校成立了“天津农学院卫生防疫与食品卫生安全领导小组”，并制定了学校卫生防疫责任制。

3.传染病管理报告制度

做好对传染病、常见病的预防和治疗工作，主动开展有效的预防措施和宣传工作。组织由后勤教职工、医护人员、班主任、班干部组成的消毒队伍，学校上至领导、下至每位学生都接受专题培训，使学校师生增强对相关传染病的防疫知识，确保学校多年来未发生传染病疫情的流行。

二、医疗环境改善

学院医院设有内科、外科、急诊科、口腔科、皮肤科、放射科、药房、值班室、B 超室和社区医疗服务站。拥有 KFⅡ-200 型医用诊断 X 光射线机、心电图机、特定电磁波治疗仪、牙科治疗椅、手提式 B 型超声诊断仪、尿十项分析仪、标准对数视力箱等医疗器械。

三、取得的成绩

多年来校医院认真落实以“预防为主，防治结合”的卫生工作方针，以优质的服务逐步改善就医环境，热心为广大师生和周边群众服务，并多次得到领导部门的称赞和表扬。

2008 年，天津市教委对全市高等院校贯彻《学校卫生工作条例》进行的评估中，天津农学院被评为“优秀”。

第八章　安全保卫工作

第一节　队伍建设

农学院建立伊始，即建立了治安保卫队伍，保卫工作机构从小到大，力量不断加强。自1990年起保卫干部人数由3人逐渐增至9人，防火、治安、户籍都有专人管理，健全了保卫工作机构。2001年，引进专业保安队伍，组建在保卫处领导下的校园安全保卫队伍；各项安全保卫制度逐步完善，并严格执行；对保卫工作所需设备、设施、器材的投资力度逐年加大；安全教育活动常年开展，师生员工安全意识和防范能力不断增强，保持政治稳定和校园平安的良好局面。

第二节　主要工作

一、综合治理工作

1991年2月，中共中央、国务院颁发《关于加强社会治安综合治理的决定》，学校认真贯彻中央文件精神，构建并坚持党政齐抓共管、各部门通力合作、师生积极参与的工作格局，全面加强对校园及周边治安秩序的综合治理。自1991年起，各职能处室和系、部、馆、院等单位、部门每年都与学院签订校园治安综合治理责任书，2001年后改为每两年签订一次。

2001年以来，学校根据上级综治办的要求，结合学校实际，研究制定并认真实施《天津农学院治安综合治理领导小组工作制度》《天津农学院社会治安综合治理实施细则》《天津农学院关于认真做好矛盾纠纷排查调处工作的安排意见》《天津农学院关于实行社会治安综合治理一票否决权制的暂行规定》等一系列综治工作制度、办法，使全校综合治理工作坚持做到未雨绸缪、防控在先、常抓不懈，确保学校良好的教学秩序和工作秩序。

二、治安保卫工作

学校的治安保卫工作自建校以来始终贯彻“预防为主”的方针,经常开展校园及周边治安的防范巡查,积极配合公安机关搞好各时期的专项工作,建立健全和严格执行治安保卫的各项制度,不断落实了政治安定、秩序良好、内部安全的治安保卫工作目标。

随着办学空间的扩大,为全方位加强校园治安防范,学校加大对校园技防设施的经费投入。2012年首次引进专业物业公司的保安队伍负责校内安保工作。保卫工作技防设施的建立和完善,提高了学校治安的技术防范能力和预警监控能力,有效促进了安全文明校园建设。

三、消防安全工作

学校的消防工作坚持贯彻“预防为主、防消结合”的方针,坚决严防校内火灾事故的发生。进入21世纪后,针对校舍设施、仪器设备、师生人数越来越多的实际情况,学校坚持“谁主管、谁负责”原则,坚决落实逐级消防安全责任制,各处室及系、院、馆、部等单位主要负责人每年同校长签订防火目标责任书。学校加大对防火安全设施和消防器材的投入,建立一套规范的防火管理规定和制度,构建行之有效的安全检查模式,形成全方位的防火安全责任制网络。2010年,投入18万多元改造大学生公寓城的消防管道、楼顶消防加压泵、水箱,更换各层闭门器,彻底消除了大学生公寓存在的火灾隐患。2011年,学校投入17万余元为学生公寓、图书馆、行政楼等部位安装电磁锁。学校每年对全校范围内的疏散指示标识和应急灯进行检查,损坏的及时更换。2012年,投入77万余元对泵房、外管网及主教学楼消防自动控制系统进行维修改造。经过标本兼治,全面加强安全防火隐患,多年来学校未发生火灾事故。

四、“平安高校”建设

2007年,天津市教委颁布《关于深入开展“平安高校”建设的实施方案》,部署和推动全市高校深入开展创建“平安高校”活动。“平安高校”是和谐校园的重要内涵之一,是文明校园的重要组成部分,是维护校园安全稳定的系统工程。学校从维护校园长治久安出发,在工作摆位上纳入领导议事日程,在所需资金上予以必要投入,在重点环节上坚持狠抓落实,不断完善“平安高校”建设的长效机制,使“平安高校”创建活动在全校得到深入扎实开展,有力地促进了和谐校园和文明校园建设。2009年5月,经天津市教委、天津市公安局批准,天津农学院获得“平安高校”称号。

五、规章制度建设

建校以来,保卫部门结合工作实际,不断建立健全管理规章,使各项保卫工作的开展有章可循,有制可依。1996年10月,制定《关于禁止大学生在校期间私自组织旅游和经商传销活动的有关规定》。1998 年 10 月,制定《天津农学院国家安全小组工作条例》。2000 年 1 月,制定《天津农学院校卫队管理条例》。2000 年 1 月,制定《天津农学院重点部门和要害部位治安保卫规定》。2002 年 8 月,重新修订《天津农学院校园秩序管理规定》和《天津农学院校园治安安全管理若干制度》。制定《天津农学院消防安全管理实施细则》。2003 年 10 月,制定《天津农学院交通安全管理实施细则》。2004 年 3 月,制定《天津农学院防范和处理突发事件(事故)工作预案》《关于重大安全事故责任追究的规定》。2004 年 6 月,制定《天津农学院防火安全检查制度》。同年 9 月,制定了《天津农学院关于消防设施器材管理规定》。

第三节 获奖情况

天津农学院的安全保卫工作坚持围绕中心、服务大局,建章立制、严格管理,为确保学校一方平安和天津社会安定做出了贡献,先后多次获得上级的嘉奖表彰。2009~2001 年,学院保卫处连续 3 年荣获天津市公安局集体嘉奖。2012 年,保卫处被评选为天津市高校保卫学会会员单位,院保卫处长于建强分别于 2005 年被市政府评为"百日安全无事故"活动先进个人、2006 年被市政府评为消防先进个人、2010 年被评为天津市防范和处理邪教工作先进个人。保卫处干部李鸿雨于 2009 年荣获天津市"社会综合治理先进个人"称号。

第九章 数字校园建设

第一节 概 况

1999 年下半年,农学院校园网启动一期建设。2000 年 4 月 7 日,通过微波(128Kbps)接入中国教育科研网(CERNET)。之后,随着天津教育科研城域网的建设,2001 年 9 月 28 通过光缆以百兆带宽接入天津教育和科研计算机网。

1999 年,启动校园网一期工程,全部经费仅为 50 万元。由于受资金限制,只能以一台 CISCO Catalyst 3524 作为校园网临时的核心交换机;以三台工作组级的微机服务器(DELL PE2300)作为校园网 WWW、Email、DNS 等应用服务器;用 3 条光缆连接校园 4 个主要教学建筑物;联网教室3个;校内网络接入点数为180个(包括教学机房);应用项目和网站、网页完全由自己开发集成。

2004年,开始启动的校园网二期建设(242万),解决了燃眉之急,使校园网骨干网实现以Cisco Catalyst 6509为核心交换机的10G和1000M的混合以太网,并且以1000M接入天津教育与科研网,添置多台高档服务器作为校园网服务器组的核心服务器,购置或自行开发大量应用设备和设施,东校区教室基本接入校园网,校内网络接入点数超过2000个。校园网二期建设的完成,使学校在计算机辅助教学、科学研究、图书资料检索、行政管理、教学管理和现代化通讯等方面都有了一个质的飞跃。

2008年,新主楼、行政楼分别投入使用,网络接入点达到3000个左右,学校内新开通多条万兆主干线路,为学校教学、科研和办公提供保障。2009年,8栋学生宿舍楼实现校园网的接入,解决全校学生上网的问题。2013年,学校的数字化校园平台、一卡通平台、无线接入正式实施。

第二节 管理体制和规章制度

学校对"校园网"的建设、运行和管理极为重视,成立校园网领导机构、技术咨询机构和管理运行机构"天津农学院校园网管理委员会",负责研究、审定和解决校园网建设、管理和运行中的重要问题。"天津农学院计算机校园网技术委员会"由计算机教师、计算机技术人员和部分其他学科熟悉计算机技术的专家组成,其职责是:负责校园网建设的整体规划和总体设计,为校园网建设、运行和管理提供技术咨询和指导。"天津农学院网络与现代教育技术中心"是2004年由原网络信息中心和电教室合并组成,直属主管院长领导,在主管院长和"天津农学院计算机校园网管理委员会"的领导下,对校园网进行规划、建设和管理。

学院对于校园网建设、运行、管理和维护建立了一整套完整的制度,主要的有:天津农学院计算机校园网管理暂行规定;天津农学院计算机校园网入网管理办法;天津农学院网络中心运行、管理和维护规程;天津农学院校园网安全管理规定;天津农学院校园网安全保密协议书;天津农学院网络信息中心岗位责任制;天津农学院校园网设备管理细则;天津农学院学校网络中心机房值班制度。

第三节 资源建设

校园网络经过二期建设,硬件和设施有了一定的基础和规模之后,应用开发和资源建设就是重中之重了。二期建设主要实现了如下重大应用。

一、农业专家系统和农业技术网站

“水产养殖专家系统”。该系统是由天津农学院水产科学系与中国农业大学农业工程研究院共同承担，在天津市具体推广实施的天津市科技合作项目《天津市淡水养殖网络化专家系统开发与示范》。该专家系统将最先进的信息技术与天津市的淡水养殖高新技术、生产实用技术相结合，探索出适合于天津水产养殖实际的智能化网络技术，可使渔民在网上通过远程咨询、在线服务、信息咨询等方式获取知识和信息，了解市场商情。并通过水产养殖专家系统和鱼病诊断专家系统，让渔民从网上及时地了解和解决不同养殖种类的养殖管理、水质监测、饵料合理配比、鱼病诊断、鱼病防治等方面及在生产上遇到的疑难问题，为渔民的养殖生产提供信息服务，发挥信息技术在促进天津市淡水养殖业发展上的重要作用。

“奶牛专家系统”和“河蟹养殖系统”。“奶牛养殖专家决策咨询系统” 和“河蟹养殖专家决策咨询系统”是由学校主持的国家 863 项目——智能化农业信息处理系统开发与应用(天津示范区)子项目。该系统在校园网发布，不仅为本校大学生专业课的学习提供了便捷的途径，激发了学生学习和创造热情，而且可最大限度地实现资源共享，通过互联网服务于全国，促进奶牛和河蟹养殖业的发展。

《奶牛饲料营养知识咨询及配方优化网络系统开发与应用》网站。该项目是由学校主持的天津市重大农业科技合作项目，主要内容如下：奶牛专用饲料成分及营养价值网络数据库的构建；高产奶牛饲料、营养最新实用技术数据库的构建；预测模型的奶牛营养需要量数据库的构建；高产奶牛全价日粮优化配制平台系统的开通；典型高产奶牛日粮配方的设计与效果验证、网络化共享。

二、教务管理

为了适应学分制，购置了教务管理系统。全面实现了教学计划、课表编排、学期校历(周次)、网上选课、学生学籍、学生成绩、考试事务、教学考评、教材管理、网上评教等教务管理的网络化和自动化，取得了极好的效果和影响。

三、图书馆信息化和数字化建设

图书馆在校园网的支撑下，数字信息化建设有了飞速发展。近几年，购置了诸如中国学术期刊全文数据库、中国优秀博硕论文全文数据库、中国生物学文献数据库、中国科学引文数据库、中国社会科学引文数据库等中文数据库。为保证学校专业教学的需要，促进师生教学和科研活动的开展，同时为天津市农村经济发展提供有力的信息保障，学校图书馆订购了农业外文数据库。截至2010年,学校图书馆有包括高校数字图书馆管理中心统一订购的中文数据库12个,外文数据库21个,很大程度上弥补了图书馆纸质文献资源短缺的不足。由于有了校园网,图书馆向院内外读者提供了馆际互借、文献代检、定题服务、文献传递等文献信息服务。从而使图书馆具备了区域性农业信息咨询服务中心的基本功能。与此同时,数字化信息建设还开通了农民远程教育课件点播、音频视频文艺节目点播、院内视频会议或实时转播服务、网络版防病毒软件、仪器设备管理系统、实验室管理项目系统、教学平台、办公系统、卫星电视校园网转播和广播、计算机自动更新服务、网络计费系统、数字化校园平台系统、科研管理系统。自行开发了高考录取查询、视频新闻、大量网络课件、绿源网站和其他学生团体网站及大量二级网站。这为提升教学质量、促进科教兴农工作的深入创造了条件。

第十章　群众团体

第一节　工　会

天津农学院工会(全称:中国教育工会天津农学院委员会)成立于1980年,工会工作始终以"为学校的科学发展服务、为基层一线服务、为教职工服务"为宗旨,不断发展壮大。

一、1980~1989年,创建阶段

工会建立之初,日常主要工作是组织职工开展教职工文体娱乐活动和谋福利工作,对工会维权机制的建设尚处于初始阶段。

二、1990~2000年,从福利型向服务型转型阶段

1.充分发挥教代会职能,积极推进学校民主政治建设

1991年12月3日召开天津农学院首届工会会员暨第二届教职工代表大会。选举第一届工会委员会(暨第二届教代会执委会)和工会经费审查委员会。教代会制度不断完善,1998年12月召开了第二届工会会员暨第三届教职工代表大会,选举产生了第二届工会委员会(暨第三届教代会执委会)。工会委员会下设经费审查委员会、女教职工工作委员会、生活福利委员会。教

代会执委会下设青年工作委员会、提案审查委员会、民主管理工作委员会。

2.民主管理工作不断深化，工会工作全面发展

（1）在学校党委的领导下，工会不断深化民主管理，认真履行工会的各项职能，工会基层组织得到较好的发展，工会基层单位数量增多，经费也逐渐增加，各级工会在评优评先、组织文体活动、推进校园文化建设、大力开展送温暖活动等方面以及维护校园和谐稳定，凝心聚力促发展方面做了大量工作。

（2）积极组织青年教师教学基本功竞赛活动。从1992年开始，按照市教育工会的部署，校工会每两年组织一次青年教师教学基本功竞赛活动，使一大批优秀青年教师脱颖而出。工会的服务功能不断增强，范围不断扩大，内涵不断拓展，基本完成了从单纯的福利型工会向服务型工会的转型。

三、2001~2010年，不断拓展和深化服务领域，提高服务效能阶段

1.深入贯彻落实教代会职权，深化校务公开制度，不断推进学院民主政治建设

（1）教代会民主管理、民主监督职能得到充分发挥，参政议政的能力和水平不断提升。

2001年4~12月，学校召开第三届教代会第二次和第三次会议，审议通过《关于天津农学院机构调整及校内分配制度改革方案》《天津农学院劳动争议协调委员会职责》等重要文件。

2006年9月22日，召开天津农学院第三届教代会第五次全委扩大会议，审议《天津农学院事业发展"十一五"规划》和《天津农学院师德建设实施条例》，审议通过《工会委员会及各专门委员会机构及人员调整的方案》。

2008年5月到10月间，分别召开天津农学院教代会第三届六次执委会和第三届教代会第七次、第八次全体（扩大）会议，审议通过《天津农学院第三届教代会执委会暨第二届工会委员会及各专门委员会组成人员调整方案》《天津农学院2008年财务预算方案》及《天津农学院第三届教代会代表选举工作条例》，审议、修改并通过《天津农学院职工住房货币分配实施方案》。

（2）积极拓宽民主管理，推进校务公开工作

推行校务公开是加强民主政治建设，健全和完善民主管理、民主监督机制的重要举措。2002年5月，全院各工会分会建立了由3~5人组成的系（处）级民主管理领导小组。

2002年9~12月间，学校党政联合下发《关于加强"校务公开"工作的意见》；成立了以党委书记为组长的校务公开工作领导小组和以纪检委书记为组长的校务公开监督小组，并召开校务公开工作座谈会，全院的校务公开工作走上了正轨。

2.大力实施"建功立业、师德师能建设、维权维稳、强基创先"四大创新发展工程，不断提升服务的领域和效能

校工会适应变化、拓宽视野、创新思路、完善机制，围绕全院“质量立校，人才强校、特色兴校、文化铸校”的发展战略，积极参政议政，为学校的改革、发展和稳定献计出力。

(1)围绕学校中心工作，深入开展群众性建功立业活动

按照市教育工会的工作部署,结合学校发展的实际, 工会开展以“比师德建设、比教育教学、比科研成果、比管理服务、比团队和谐、创教工先锋号”和“比职业道德、比履职能力、比岗位成果、比团结协作、比服务效能、创教工先锋岗”为主要内容的“五比双创”劳动竞赛活动，涌现一大批在教育、教学、科研、管理、服务等领域做出突出成绩的“教工先锋号”先进集体和“教工先锋岗”先进个人，用榜样的力量带动和引领广大教职工建设优势突出、特色鲜明的高水平农业大学。

在“五比双创”活动中，工会实施“三步走”模式(即前期早动手、广调研、细方案；中期勤推动、抓试点、促落实；后期重展示、细评价、强实效)。还根据不同岗位和不同学科专业特点采取按类划分、按岗评价、量化标准、科学评价的方法。“教工先锋号”评选和“教工先锋岗”评选均本着“重在基层、重在过程、重在实效”的原则，以各基层工会成果展示评比为基础，择优评选出具有示范引领作用的优秀团队和先进个人。

(2)推进师德师能建设，打造师德高尚、业务精湛、充满活力的高素质教师队伍

院工会着重把“三育人”为主要内容的群众性师德建设活动作为凝神聚气、强基固本的工程放在工会工作的显要位置。紧密围绕学校的中心工作，完善党政工合力推进师德师能建设的长效机制和工作格局，在全校形成学师德规范、修师德素养、展师德风采、做师德楷模的浓厚氛围。定期举办师德演讲比赛，激励教师爱岗敬业、无私奉献、开拓创新，引导教师加强对新时期师德的内涵感悟和理性思考，还编印《天津农学院青年教师师德演讲文集》，为老师们搭建相互学习与交流的平台。院工会还通过组织教学观摩课、经验交流会、专题座谈会、报告会、有奖征文、主题实践活动等各种有利于提高教职工综合素质的活动，提高教学和管理服务质量。

还在全院认真组织市级劳动模范和“五一”劳动奖章、奖状的评选和先进事迹的学习宣传活动。利用校园网主页、工会网站、《天津教工》《中国教工》等杂志、宣传栏以及会议等多种形式大力宣传，把创先评优活动作为激励广大教职工学习先进、争做先进的契机。众多个人和集体在评选活动中获得殊荣，学校工会也多次荣获天津市教育系统工会工作多项荣誉。

院工会紧紧围绕学校事业发展的主题，以加强师资队伍建设和提高教育教学水平为主线，以课堂教学为主攻方向，认真搞好青年教师课堂教学基本功竞赛活动。这些活动的举办，成为工会组织融入中心，服务大局，提升地位的有利平台；成为青年教师成长和卓越人才培养的有效途径；成为助推学校事业发展的重要抓手。

加强工会组织自身建设，不断提高服务水平。每年定期组织分会主席学习班，及时宣传和学

习工会相关的政策、法律法规；组织青年管理干部业务知识培训班，定期举办教代会代表培训班，提高政策水平和理论知识。

工会每年年终就全年经费使用情况作书面报告，严格执行工会财务制度，工会财务工作连续多年获得表彰和奖励。

第二节　共青团

一、共青团概况

农学院团委在校党委领导下，对团员、青年进行爱国主义、集体主义和共产主义教育，促进广大团员、青年积极进取，奋发学习。积极开展团的宣传工作，负责学生刊物的指导和管理工作；抓好团的组织建设，搞好自身改革，健全团内各项制度，做好发展新团员和超龄团员离团工作；加强基层组织建设，提高团组织的战斗力，做好推荐优秀团员入党工作；负责团干部的培训和工作考核，做好团内的奖励、评比工作，严格对违纪团员的教育与处分，坚持从严治团的方针，整顿团风团纪，提高团员的素质；负责指导校学生会、学生社团开展工作；负责会同有关部门组织学生开展科技发明及社会实践活动，带领全校团员、青年为学校的建设和发展作出贡献。

到 2010 年，全院团总支数由 1990 年 5 个增加到 12 个，共有 353 个团支部，团员人数达 11021 名。

二、主要工作

1.高举旗帜，学好理论

校团委围绕学校的中心工作开展活动。在校园文化建设中，坚持把抓好当代大学生的理想信念教育、构筑大学生的精神支柱摆在首位。以大学生邓小平理论研究会、“三个代表”重要思想理论研究会为载体，组织青年学生开展理论学习。学习中充分发挥共青团组织的政治优势和思想教育职能，各系成立分会，形成有规模、有特色的长期理论学习形式。

校团委紧密结合社会热点，积极开展对大学生的形势政策教育。开办“三农”团校培训班，并把“三农”团校和“青年马克思主义培养工程”有机结合起来，加强对广大团员的理论教育，不断巩固增强团员意识主题教育的成果。校团委还以每年的“五四”“一二九”“七一”等重要节日为契机，对学生进行爱国主义教育，培养他们树立正确的世界观、人生观及价值观。

2.组织团员青年在实践中增长才干

（1）以大学生科技创新为抓手，提高和深化大学生科技创新创业能力校团委以大学生科技创新为抓手，开展了“挑战杯”大学生课外科技作品竞赛，颁布系列“挑战杯”文件，实施大学生课外科技项目申报，为参与各级“挑战杯”竞赛活动打下基础，大力推进文化创意竞赛活动，不断营造浓厚的学术创新氛围。2007年制订《天津农学院大学生科技创新活动项目管理暂行办法》，同年举办首届“挑战杯”大学生创新创业作品竞赛，截止到2010年，已举办四届“挑战杯”活动，多件作品被推荐到市里参加竞赛获奖。自2007年开始，大学生课外科技创新项目每年申报一次，至2010年，共计立项304项，165项成功结题，56篇学生论文在杂志上发表。

(2)注重培养学生的社会实践能力

校团委注重把理论学习和学生的主题实践结合起来，以社会实践为龙头，利用好寒暑假，积极组织大学生参加社会调研、生产劳动、志愿服务、社会公益、科技发明和勤工助学等形式多样的社会实践活动。以“四进”社区（即科教、文体、法律和卫生进社区）、“百团百村”社会实践、校园文化建设、青年志愿者等为载体，开展社会实践活动。

“百团百村”社会实践活动由2006年提出实施，并制订《关于深入开展大学生社会实践活动的指导意见》，举办了启动仪式。该活动紧紧围绕推进社会主义新农村建设这一主题，结合天津市经济发展和天津农学院需要，依托天津农学院科技、人才、智力等优势，以“关注农村、关心农业、关爱农民”为服务宗旨，以科技兴农、“三农”政策宣讲、关爱留守儿童等大学生社会实践活动为载体，本着合作共建、长期坚持、双向受益的原则与天津市100个村庄建立长期合作协议，将农业技术服务深入农村，实现长期共建帮扶。

自1991年开始至2010年，学校100余支社会实践小组获得市级社会实践示范团称号，100余人获得市级社会实践先进个人，校团委多次被评为天津市大中专学生社会实践活动先进单位以及全国大中专学生志愿者暑期“三下乡”社会实践活动先进单位，1人获得全国社会实践先进个人。

(3)开展经典特色活动

20年来，校团委一直致力于举办有经典特色的学生活动来丰富校园文化，增强对青年学生的吸引力、凝聚力，发挥其对团员青年的教育功能，还注重在不同时期开展主题鲜明的社会活动，在学校、社会产生良好影响。2003年为更好地完成“非典”群防群控工作，团委成立院、系两级学生督察队，负责在防控非典时期的学习、生活等各方面秩序的维护。2008年，团委开展校园爱心捐赠活动，全力支援灾区人民抗震救灾，广泛开展缴纳特殊团费活动，青年团员共缴纳特殊团费20余万元。学校有超过80%的学生报名成为捐献造血干细胞志愿者。自2003年开展大学生服务西部计划以来，学校有53名学生奔赴祖国边疆，奉献自己的青春。2008年，天津市西部计划送行仪式在学校召开，同年有16名志愿者奔赴灾区和西部。

3.文化活动，丰富多彩

校团委在学生思想引领和创新活动载体方面进行探索和尝试，2006 年提出“百团百村心连心，共建和谐新农村”大型社会实践活动，2007 年实施大学生亮点行动计划，天农“康乐舞”，2008 年推行校园教育歌曲，即“精乐德育”等。这些活动都是学校特有的创新亮点，在学生活动当中如火如荼地开展。

加强学生社团管理，打造品牌社团文化。2003 年，成立社团联合会，学校社团发展日渐成熟，至今全校学生社团共有 98 个，涉及理论类、文化娱乐类、体育类、学术类、专业类等五大类。校团委以“服务社团，繁荣校园文化”为宗旨，为学生拓宽成才渠道、创造成才环境。学校社团开展一系列内容丰富、形式新颖、学生喜闻乐见的活动。到 2010 年，已成功举办八届社团活动月。一些学生社团在社会活动中也取得了令人瞩目的成绩，自 1991 年以来，共有 30 多个社团获得市级优秀社团称号。

2007 年，校团委组织学校青年志愿者参加 2007 女足世界杯志愿服务工作；2008 年在第 29 届北京奥运会期间，学校青年志愿者协会荣获“第 29 届北京奥运会天津地区赛会志愿者服务工作先进单位”称号；2008 年学校赤子学社获得“天津市大学生优秀社团标兵”称号；至 2010 年，学校青年志愿者协会多次开展各种大型赛会志愿服务，取得了很好的成绩，受到社会各界的好评。

组织开展文化节活动。1991~2010 年，学院举行多届读书节活动，多次举办大学生职业生涯规划大赛、大学生科技月。在活动中，邀请校内外专家组织了多场学术讲座、名家巡讲、职业技能介绍会、网络文化节、英语沙龙等活动，内容丰富多彩，形式新颖，在全院营造了浓厚的学术氛围。

4.搞好自身队伍建设，增强服务性

校团委重视自身队伍建设。1997~2010 年，校团委连续获得天津市学校共青团工作先进单位，连续被评为天津市共青团活动组织工作先进单位，5 次获天津市大学生艺术节优秀组织单位称号。2006 年校团委获得天津市增强共青团意识主题教育活动先进单位称号。2010 年学校团委被评为天津市五四红旗团委，并被列为全国五四红旗团委创建单位。

第十一章　国际交流与合作

学校外事工作由院长办公室兼管，主要负责学校的对外交流、外国专家管理、留学生的招生和管理、中外合作办学及日常外事工作。

第一节　留学生教育

为了积极稳妥地扩大外国留学生在校生规模，提高外国留学生教育的长期生和学历生比例，确保外国留学生人数年递增超过15%，力争达到20%。学校重视外国留学生的招生工作。除了在校园网上登出留学生招生简章外，还与来华留学网站签订5年的合同，为学校的留学生招生做宣传。

自学校开始招收留学生以来，截止到2010年，已有7名长短期外国留学生曾在校学习。

第二节　聘请外国专家来院授课

为了提高学校学生的外语水平及专业水平，引进优质的教育资源，学校引进来自不同国家的英语语言教师教授口语课程、专业教师来校授课或作报告，以此提升学生的专业水平，从2006年开始，先后有美国、英国、加拿大、日本、荷兰等10个国家的外国专家来校。

第三节　校际交流

建校以来，学校共接待来自美国、加拿大、英国、日本、德国、澳大利亚、菲律宾、朝鲜、乌克兰等十几个国家的教育代表团访问学校。与境外大学、教育机构等共同签署近60份协议。

学校与德国宾根大学于2000年签署合作协议，先后派出30多名学生到德国学习；与加拿大拉文大学于2010年签署学生交流培养协议，先后派出7名学生到加拿大学习；与美国拉文大学签署“3+2”合作协议，已经派出1名同学到美国学习。

农学院依托天津市政府支持的国外智力引进和国家合作研究项目，积极开展国家合作交流。通过认真实施国外智力引进项目，学校与日本东京大学、日本香川大学、法国昂热大学、丹麦奥胡斯农学院、美国堪萨斯州立大学、美国肯塔基大学和荷兰经济研究所、丹麦农业节水研究中心、日本北海道农业试验场等数十所大学和研究机构建立合作关系，聘请客座教授30余人，通过国际科技合作与学术交流，引进高端人才，搭建创新平台，提升学校的科教水平，对促进天津市农业发展起到积极的作用。

2002年，天津农学院被天津市国际人才交流协会接纳为会员单位和理事单位。日本香川大学教授、天津农学院客座教授楠谷彰人曾获天津市2008年度"海河友谊奖"及国家友谊奖。东京大学教授、天津农学院客座教授、著名水稻专家森田茂纪被授予2009年度"海河友谊奖"。日本九州大学著名水稻专家、天津农学院客座教授、天津中日水稻品质·食味研究中心评价及栽培研究部部长松江勇次荣获2010年度"天津市国际科技合作奖"和2011年度"海河友谊奖"。

第十三篇

农业科技

20世纪90年代以来，随着农村改革的深化和农业种植结构的不断调整，天津农业科技也进入了迅速发展的时期，科研队伍不断壮大，研究领域不断拓宽，研究手段日趋先进，对外交流日趋增多。天津市农业科技工作者以农业发展、农民致富为己任，埋头苦干、认真履职、锐意进取、勇攀高峰，不断创新研究思路，创新研究成果，为促进天津市农业和农村经济不断上台阶，实现跨越式发展提供科技支撑。

科技工作者在粮食作物新品种选育领域，以高产、优质、抗逆为目标，将传统的常规育种技术同杂交育种技术、生物育种技术相结合，构建高效育种技术体系，搭建品种创新平台和成果转化平台，大大提高了粮食作物新品种选育的效率和质量，相继选育成功"津稻1187""金珠1号""津星1号""3优18"水稻，"津强系列"小麦，"津单系列""津糯系列"玉米等粮食作物新品种。在蔬菜、果品、瓜类等农作物研究领域，科技工作者采用杂种一代优势利用、游离小孢子培养（即单倍体培养）、雄性不育系转育、远缘杂交等技术选育蔬菜新品种，开辟蔬菜新品种选育方法的新途径。这些高新技术和手段的运用加快蔬菜新品种选育的速度，由20世纪80年代的8~10年一个育种周期缩短至2~4年。相继研制成功"津春系列""津优系列""津美系列"黄瓜，"津雪系列""丰花系列""云山1号"菜花，马铃薯脱毒微型种薯，"秋绿系列""津白系列""津秀系列""津秋系列"大白菜，"双丰系列"菜豆，"赛星""赛莹""四季西芹"芹菜，"寒绿""冬冠"油菜，"津椒4号""津椒5号"青椒，"天红系列"胡萝卜。还开展染色体易位遗传规律、强雌性遗传规律的研究，采用分子标记辅助育种、变种间抗性基因转育、三交种育种等技术，先后育成"津花4号""津蜜8号""早丰"等无籽少籽西瓜，"圆首""瑞龙""丰雷""甜9号""白圆首""津甜98""碧龙"等厚皮甜瓜新品种。选育出适合天津市气候条件和原料资源栽培的"PL72""津平90""白灵菇-1""杏鲍菇"等食用菌品种。这些新育成的农作物品种产量高、质量优、抗病能力强、适应范围广、商品性状好，且适应不同栽培方式（露地、大棚、温室），早、中、晚熟熟期配套，除在天津市成为主栽品种大面积种植以外，还迅速推广到北京、河北、吉林、山东、江苏、安徽、陕西等全国30个省（自治区、直辖市），为当地调整农业种植结构，发展优质农产品，增加农民收入做出了贡献，每年为社会创经济效益20多亿元。亦巩固和扩大天津黄瓜、菜花、大白菜、杂交粳稻、强筋小麦、西瓜、厚皮甜瓜育种研究在全国的领先优势。

科技工作者紧密围绕农村种植结构调整和农业生产中出现的新情况、新问题，开展"设施葡萄栽培示范工程""精品果园综合技术推广""利用分子标记技术提高茶淀玫瑰香葡萄优系纯度及标准化栽培技术""蓟县山区果树品种优化及配套技术应用""鲜食葡萄标准化生产示范区建设"等科研项目，使天津果品生产跃升到一个新的水平，果品质量有了较大的提升，已成为津郊部分农村经济的支柱产业和农民增收的重要来源。还同汉沽区人民政府一起建成天津滨海万亩玫瑰香葡萄旅游观光带。同时在国内率先研制成功沙司饮料和全汁发酵型果酒制作技术。还从不同农作物病虫草害发生特点及其规律入手，研制成功辣椒、茄子、黄瓜、菜豆等蔬菜经常发生的病虫害防治等一批生产上适用的科技成果，并开展无农药污染、无公害蔬菜生产基地建设的研究。开发研制成功秸秆发酵生物添加剂、光合细菌培养等科研成果，并在动物饲料、畜禽水产养殖、农作物种植、植物保护等领域得到广泛的应用。在土壤碱化防治、合理施肥、农作物需肥规律、蔬菜无土栽培基质和施肥技术、有机肥料和生物肥料加工利用、天津滨海地区盐碱地改造改良等研究中都取得新的成绩。这对指导农民进行农作物病虫草害防治、科学施肥、合理利用土壤资源、促进农业生产不断上台阶发挥重要作用。

在畜牧兽医研究领域，科技工作者紧密围绕畜牧业生产的实际，开展动物营养科学的研究，肉牛、奶牛、猪、羊新品种选育和健康养殖技术的研究。开展鸡传染性法氏囊病、猪流感、禽流感等畜禽疾病防治技术的研究，制定科学的防治措施和免疫程序，研究成功畜禽疾病油乳剂灭活疫苗，初步实现天津地区畜禽疫苗产业化。开展动物胚胎移植技术的研究，建成牛羊胚胎产业化配套技术体系。研究成功波尔山羊胚胎克隆技术和体细胞克隆技术。大幅度提高天津市畜禽养殖技术水平，推动天津市畜牧业的发展。

在农产品产后服务领域，天津市农业科技工作者在20世纪90年代初期即在国内率先开展研究，将现代制冷、气调、真空减压、生物涂被、计算机控制技术应用到农产品贮藏保鲜技术的研究中。相继研制开发成功具有投资少、见效快、性能可靠、操作简便、运行费用低等特点，适应农村果蔬产地需要的微型保鲜冷库和新型的保鲜膜、保鲜剂以及与之配套的果蔬保鲜技术，受到天津、河北、辽宁、山东、新疆等果蔬产地农民的称赞，并迅速推广到全国20多个省(自治区、直辖市)，在国内这一新崛起的科技领域跻身先进行列。2002年，国家科技部和天津市投资3000万元建成了国家农产品保鲜工程技术研究中心(全国只有两个国家级农产品保鲜工程技术研究中心，一处在珠海，一处在天津)。到2010年，使用国家农产品保鲜工程技术研究中心(天津)保鲜设施和保鲜材料贮藏保鲜的农产品包括果品、蔬菜、粮食三大类共80个品种，其中葡萄和蒜薹每年分别为1.8亿公斤和4亿公斤，占这两类农产品全国贮藏保鲜总量的70%和54%。为农产品产后服务，遏制“卖果难”“卖菜难”，增加农民收入闯出了一条具有中国特色的新路子。农业科技工作者还在市质量技术监督部门的支持下，开展蔬菜中农药残留检测工作，保证上市蔬菜符合质量安全标准。在引进、吸收国外先进检测技术的基础上，不断发展创新，相继研究、开发成功符合中国国情的，适应农产品国内市场需求和进出口需要的农产品农药、重金属残留检测技术，致病微生物多重聚合酶链式反应检测技术和农产品转基因快速、精准、高通量检测技术，并在这一新兴的科技领域居国内先进行列。

2000年，天津市投资2000多万元建成市农业高新技术示范园区。园区先后与荷兰、法国、日本、韩国、美国及中国台湾地区的科研单位建立了协作关系，共同开展农业科技攻关项目，引进示范并推广油桃、美国葡萄、早熟杏、彩色青椒、樱桃番茄、球茎茴香等 30 类 130 多个优良果蔬品种；示范应用全自动育苗播种机、节水灌溉、无土栽培等先进技术，成为展示天津市农业科技进步、提高天津市农业创新能力的一个窗口。先后被确定为国家引智基地、天津市无公害蔬菜生产基地、市级科普教育基地、国家级旅游示范点。2004 年，承担中国政府援助太平洋岛国汤加王国建设示范农场，使天津市农业科技成果走出国门、走向世界。

进入 21 世纪，天津市农业科技信息技术的研究与应用进入快速发展时期。科技人员开展农业信息化工程建设，相继建立天津农业科技信息网、天津市农业 110 科技信息共享与服务平台，成功开发拥有自主知识产权的农业专家决策系统，开展了地理信息技术、全球定位技术、遥感技术在农业上的应用的研究，编辑出版《天津农业科学》《天津农业科技信息》报，及时准确地为农业决策管理者、区（县）乡村基层农业科技人员和农民提供农业科技信息服务。

农业区划与农村经济研究人员先后开展农业后备资源调查、农业区域综合开发总体规划、农业资源调查与农业综合区划等专题性的研究，取得大量农业资源数据资料，对加强农业资源综合管理，实现农业资源的优化配置，规划区域开发的总体布局，使天津市有限的农业自然资源得到充分合理的开发、利用、保护，发挥了重要作用。科技人员把握天津农业农村发展的总体趋势和主要特征，围绕天津现代农业发展对科技的需求，采用典型调查、实地考察、专题与综合研究相结合的研究路线，定性与定量相结合的研究方法，融宏观对策研究与微观实施举措研究为一体，开展多学科、多部门、宽领域、大范围的综合性、战略性的研究，相继开展“天津都市型农业发展重大科技问题研究”“天津市农业产业化对策研究”“‘入世’后天津市科教兴农发展对策研究”“天津市农业科技进步贡献率测算及增长对策研究”“天津市农产品质量安全问题研究”，剖析天津农业的发展优势和存在的问题，提出天津现代都市型农业发展的战略方向和目标，以及依靠科技促进农业可持续发展的途径和对策措施，为天津市农业领导部门提供决策参考，为全面推进天津市都市型现代农业产业体系建设、提升天津市农业的实力和综合竞争力提供理论支撑。

第一章 粮食作物新品种选育技术

第一节 水 稻

天津地处九河下梢，光温资源丰富，是传统的粳稻种植区域。20 世纪 90 年代以来，天津市农业科学院（以下简称市农科院）的科技工作者在水稻育种工作中以高产、抗病、优质为目标，先后选育成功并通过国家审定的 “津稻 1187”“金珠 1 号”“津星 1 号”“花育 409”“津稻 1007”“津稻 263”等常规粳稻新品种和“3 优 18”“津粳杂 2 号”“津优 29”“津优 2003”“10 优 18”等杂交粳稻新品种，使“天津小站稻”家族增添了新的成员。这些粳稻新品种产量高、品质优、适应性强，除在天津市大面积种植外，还推广到北京、河北、辽宁、山东、江苏、上海、浙江、安徽、河南、湖北等省市，为当地调整农业种植结构、发展优质农产品做出贡献。

一、常规技术育种

用常规技术选育粳稻新品种具有性状稳定、种子生产方便、容易保持种子纯度、不易混杂等优点。到 20 世纪 90 年代初，津郊稻农种植的水稻均为用常规育种技术育成的粳稻品种。

1.“津稻 1187”。国家有突出贡献的科技专家、市农科院水稻研究所研究员刘瑞符于 20 世纪 80 年代育成的常规粳稻品种。1985 年通过成果鉴定，分别于 1987 年 6 月 27 日和 1993 年 3 月 12 日通过天津市和国家农作物品种审定委员会的审定。

“津稻 1187”自选育成功以后，在天津市的种植面积不断扩大，1989 年达 22 万亩，成为天津市水稻种植的主栽品种，还推广到河北省和山东省。到 1990 年累计推广种植 165 万亩。1991 年 12 月，农业部确定 100 项适用的农业科技成果向全国推广，“津稻 1187”名列其中。1993 年，科技部将“津稻 1187”确定为国家科技成果重点推广计划项目，在项目实施的 3 年（1993~1995 年）期间，“津稻 1187” 在全国的种植面积每年递增 50 万亩以上，3 年累计增产稻谷 8250 万公斤，使稻农增加收入 1.8 亿元。“津稻 1187”连续多年在天津、河北、山东等地种植，以其抗病、丰产、优质获得稻农的青睐，广大稻农都说：种“津稻 1187”好比进了保险公司，不论丰年、歉年都能获得好收成。到 1997 年年底，“津稻 1187”在全国累计种植达 807.69 万亩，累计增产稻谷 2.6 亿公斤，使农民增加收入8.47亿元。“津稻1187”育成后，在天津以至中国北方水稻生产中种植了16年（1982~1997）的时间，成为迄今为止天津市历史上种植面积最大、为社会创经济效益最高的水稻新品种，为发展中国北方水稻生产作出了贡献。

“津稻1187”水稻新品种获1989年度天津市科技进步奖一等奖，1992年获首届中国农业博览会铜奖，获1997年度天津市科技进步奖（推广类）二等奖。

2.“金珠1号”。国家有突出贡献的科技专家、市农科院水稻研究所研究员牛景经11年的努力，培育成功的常规粳稻新品种。分别于1990年3月14日和1995年5月4日通过天津市和国家农作物品种审定委员会审定。自育成后的近20年间（1990~2008年），一直被农业部有关部门确定为中国北方稻区常规粳稻中早粳晚熟组新品种选育的对照品种，并被定名为“金珠1号组”。

“金珠1号”水稻新品种遗传基础十分丰富，较好地承袭了籼稻和粳稻中的优质、高产、抗病等基因。株高95~105厘米，米质优，精米率74.9%，食味好，达到农业部部颁优质米标准。该品种全生育期140~150天，在京津冀等地可做麦茬稻或中稻栽培，6月下旬插秧，可以避开5月和6月上旬的缺水期，亩产可达550公斤，是稻麦连作，达到吨粮田的理想品种。在陕西北部、辽宁中南部、宁夏、新疆等地可做一季稻种植。自育成后，除在天津、北京大面积种植外，还推广到河北、辽宁、江苏、安徽、浙江、湖南、陕西、宁夏、新疆等10多个省（自治区、直辖市）。“金珠1号”水稻新品种获1994年度天津市科技成果奖二等奖。1995年被国家科技部确定为国家科技成果重点推广计划项目，还被确定为国家“九五”计划期间重中之重推广项目。1997~1999年，“金珠1号”水稻在天津市累计推广面积达61.6万亩，使稻农新增经济效益5091.24万元。在全国推广种植589万亩，增产稻谷3.53亿公斤，使稻农新增经济效益5.3亿元。获2000年度天津市科技进步奖（推广类）三等奖。

3.“津星1号”。市农科院水稻研究所研究员王玉玺等科技工作者于1992年选育成功的常规粳稻新品种。分别于1996年5月27日和2000年11月10日通过天津市和国家农作物品种审定委员会审定，获2002年度天津市科技进步奖三等奖。

从1986年开始，王玉玺等科技工作者对国内外80多个水稻品种材料进行分析，选用株型紧凑、穗粒数多、千粒重高的“521水稻”做母本，用分蘖力强、抗病性强的“中花8号”水稻做父本进行杂交，又经6年5代选育于1992年育成。“津星1号”水稻属半紧穗、大穗大粒型品种，株高106厘米，株型紧凑，根系发达，茎秆粗壮，抗倒伏性能好，不早衰，高抗穗颈瘟病。全生育期175天，在北京、天津、唐山等地可做一季稻栽培；在河北省南部、山东省、河南省可做麦茬稻栽培，一般亩产可达650公斤，最高可达760公斤。到2003年“津星1号”水稻累计种植面积达200万亩。

4.“津稻1229”。自1992年开始，国家有突出贡献的科技专家、市农科院水稻研究所研究员牛景用“金珠1号”同三系不育系(FH-521A)进行杂交,其杂种一代再同恢复系“84-11”进行杂交,经8年选育,到2000年育成“津稻1229”水稻,并于同年通过天津市农作物品种审定委员会审定。

“津稻1229”全生育期约145天,对水稻稻瘟病和稻曲病有较强的抵抗能力。株高约110厘米,穗大,空秕率低,结实率达91%,米质优,米粒蛋青色,有光泽,清香适口。自育成后除在天津大面积种植以外,还推广到北京、河北、山西、辽宁、陕西、宁夏等省(自治区、直辖市),至2008年已在上述地区推广种植100多万亩,为稻农增加经济效益1亿多元。

5.“津稻1007”。从1994年开始,市农科院水稻研究所研究员刘学军等用“津稻521”做母本,用“武育粳3号”做父本进行杂交,经连续6年选育,于2000年11月育成。2004年10月通过国家农作物品种审定委员会审定。

“津稻1007”全生育期约156天,株型紧凑,穗型直立,对水稻稻瘟病有较强的抵抗能力,秆硬抗倒伏,综合抗逆性强。分蘖力中等。灌浆速度快,结实率高,籽粒饱满。米质优良,米饭外观有光泽,口感黏筋适度,综合评判符合国标二级标准。适宜在江苏、安徽北部,山东南部,河南沿黄(河)稻区和陕西关中地区做麦茬稻种植,亩产可达650公斤。到2008年年底,已在全国推广种植400万亩,为稻农增加经济效益2亿元。

6.“津稻263”。从2003年开始,市农科院水稻研究所研究员刘学军用常规粳稻“津稻1007”做母本,用“徐稻3号”做父本进行杂交,配制组合,经5年8代南繁北育于2007年育成。

“津稻263”全生育期157天,熟期适中,适应范围广。株高107.6厘米,抗水稻黑条矮缩病,中抗稻瘟病,抗条纹叶枯病,较抗倒伏。是通过国家审定的第一个抗水稻黑条矮缩病的粳稻品种。穗长17.1厘米,每穗总粒数128.6粒,千粒重25.1克。整精米率71.7%,垩白米率18%,直链淀粉含量17.2%,透明度1级,综合评价达国家标准优质米2级。适宜在河南省沿黄河稻区、山东省南部、江苏省北部、安徽省沿淮河及淮北等地种植,亩产可达650公斤,高产地块可达700公斤。“津稻263”在黄淮稻区具有重大推广应用价值。

7.“津稻179”。从2003年开始,市农科院水稻研究所研究员刘学军用“03×R198”做母本,用“津稻9618”做父本进行杂交,配制组合,经6年8代选育,于2008年12月育成。2008年,参加在天津宝坻、宁河,河北省秦皇岛、昌黎、唐海和北京市房山区等地组织的品种筛选,综合性状优良,产量高,并将其定名为“津稻179”。2009~2010年参加并完成中国北方稻区京津唐粳稻组国家水稻品种试验。两年区域试验平均亩产623公斤,比对照品种增产6%。全生育期175天,株高111厘米,穗长20.8厘米,每穗总粒数134.7粒,结实率93%,千粒重23.8克。综合抗逆性强,抗倒伏,耐盐碱,中感稻瘟病、条纹叶枯病,米质优,适口性好。适宜在天津市、北京市、河北省东部和中部一带一季春稻区种植,一般亩产可达550公斤,高产地块亩产可达650公斤。

二、杂种优势利用技术育种

从20世纪90年代开始，天津市农业科技工作者采用杂种优势利用技术选育水稻新品种，注重将不同水稻品种的高产、抗逆等性状集中于杂交之后的第一代。同常规粳稻相比，杂交粳稻产量要高出10%~20%。

2007~2010年，科技工作者还开展“杂交粳稻品种创新与良种产业化”项目。通过实施杂交粳稻良种产业化创新工程，解决天津市乃至全国杂交粳稻发展中存在的瓶颈问题，搭建杂交粳稻品种创新平台和成果转化平台，进一步巩固和扩大天津杂交粳稻研究的领先优势。到2010年，在天津、河北、北京、辽宁、山东、江苏、安徽、江西、浙江、福建、河南、湖北、湖南、陕西、四川、重庆等省（直辖市）示范推广育成的杂交粳稻品种2000多万亩，累计增产稻谷10亿公斤，新增社会经济效益15亿多元。

1.“3优18”。从1994年开始，市农科院水稻研究所研究员刘学军等科技工作者用BT型不育系“屉锦A”做母本，用“津稻341–2”做父本进行不育系转育，选育出“津稻3412A”不育系，同辽宁省水稻研究所选育的恢复系“C418”配制组合。1998~2000年参加北方稻区品种比较试验和生产试验，“3优18”3年平均亩产615公斤，较对照品种增产9.3%。1999~2000年参加由南京农业大学主持的日本和中国杂交粳稻共同比较试验，在7个参试品种中（其中日本3个，中国4个），“3优18”水稻亩产达653公斤，居7个参试品种之首。2001年8月29日，通过国家农作物品种审定委员会审定。获2005年度天津市科技进步奖一等奖。

“3优18”水稻全生育期140~150天，植株生长势强，株高115.3厘米，株型紧凑，茎秆粗壮，穗形较大。对水稻条纹叶枯病、白叶枯病、稻瘟病具有较强的抵抗能力，耐盐碱能力强，抗倒伏，适用范围广。品质较优，适口性强。经农业部质量监督检验测试中心检验证实；其糙米率、精米率、粒长、胶稠度、蛋白质含量、支链淀粉含量等9项指标达到国家一级米的标准。“3优18”水稻新品种2002年被国家农业部确定为当年唯一的杂交粳稻新品种向全国重点示范推广，当年即在江苏省淮安、宿迁、连云港、徐州，山东省临沂、济宁，安徽省蚌埠、淮南等地推广种植4万亩。亩产量比当地对照品种增加两成，为稻农新增经济效益500万元。2003年被科技部确定为“国家科技成果重点推广计划项目”。2003年，“3优18”水稻在苏北鲁南皖北等地种植面积骤增至40万亩，比2002年增加10倍，增收稻谷2000万公斤，使稻农增加收入5000万元，为当地调整农业种植结构、发展优质农产品做出了贡献。到2010年年底，已在全国累计推广种植200万亩，为稻农增加经济效益2亿元。

2.“津粳杂2号”。从1997年开始，市农科院水稻研究所研究员刘学军等科技工作者采取“三系法次亚种间杂种优势利用”的方法配制组合，1998~2000年连续3年参加天津市组织的区域试验和生产试验，亩产达657公斤，居11个参试品种之首，较对照品种增产19.8%。并于2000年参加华北区域试验。分别于2001年12月25日和2003年2月8日通过天津市和国家农作物品种审定委员会的审定。

“津粳杂2号”全生育期165天，株型紧凑，株高约110厘米，结实率达90%，茎秆粗壮，适应性强，对水稻稻瘟病具有较强的抵抗能力，耐盐碱，综合米质好。经农业部稻米及制品质量监督检验测试中心检测证实，在检测的10项内容中，糙米率、精米率、整精米率、长宽比、透明度、碱消值、胶稠度、支链淀粉含量、蛋白质含量9项指标达国标一级米标准，垩白度1项指标达二级米标准。食味佳，口感黏筋适度。2004年5月被国家科技部确定为“国家科技成果重点推广计划项目”。到2010年，“津粳杂2号”已在天津、北京、河北、山东等地推广种植50万亩，使稻农增加经济收入0.5亿元。

3.“津优29”。国家有突出贡献的科技专家、市农科院水稻研究所研究员牛景主持选育成功的杂交粳稻新品种。分别于2001年12月和2003年11月6日通过天津市和国家农作物品种审定委员会审定。

从1997年3月开始，牛景等科技工作者采用“优-优配组”的技术路线，用“早花2A”做母本，用“津稻1129”做父本进行杂交，通过5年的选育于2001年育成。2001年参加北方稻区国家水稻品种区域试验，平均亩产596公斤，比对照品种增产13.7%，在8个参试品种中居第二位。2002年参加北方稻区生产试验，在天津、北京、河北等地组织的试验中平均亩产541公斤，比对照品种增产7.2%。

“津优29”水稻穗大粒多，米质优。全生育期160天，株高107厘米，株型紧凑，苗期生长健壮。对水稻稻瘟病、白叶枯病具有较强的抵抗能力，耐盐碱、抗倒伏，米质优。适宜在天津、北京、河北中东部等地做早稻或中稻栽培，亩产可达650~700公斤。

4.“津优2003”。国家有突出贡献的科技专家、市农科院水稻研究所研究员牛景主持选育成功的杂交粳稻新品种。2003年11月6日通过国家农作物品种审定委员会审定。

从1996年开始，牛景等科技工作者开始研究杂交粳稻优势组合，用遗传差异较大的材料做亲本(母本“341A”，父本“97-773”)，经广泛测交、筛选于2000年选育出“津优2003”水稻新品种。2001~2002年，参加北方稻区国家水稻品种区域试验，平均亩产分别比对照品种增产76公斤(增幅为12.7%)和93公斤(增幅为17.3%)，在参试的9个品种中分别居第1位和第2位。

“津优2003”水稻全生育期176天，株高115厘米，株型紧凑，根系发达，生长势强，粒椭圆型，茎秆坚硬，抗倒伏能力强，抗稻瘟病，耐盐碱，米质中等。适宜在天津、北京、冀东、冀中等地做一季春稻栽培，亩产可达700~800公斤；亦可在河南、山东、江苏北部做麦茬稻栽培，亩产可达700公斤。

5."10 优 18"。从 1996 年开始，市农科院水稻研究所研究员刘学军等用"10A"(BT 型不育系)做母本，用"R148"做父本进行配组，于 2004 年育成。并于 2004 年和 2009 年两次通过国家农作物品种审定委员会审定。

"10 优 18"株高约 117.7 厘米，全生育期约 154 天，对水稻稻瘟病、白叶枯病、条纹叶枯病具有较强的抵抗能力，耐旱、耐寒、耐盐碱，产量较高，稳产性较好，米质较优。适宜在天津、北京、河北做春稻种植，也可在山东南部、江苏北部、安徽北部、河南沿黄(河)稻区和陕西关中地区做麦茬稻种植，亩产可达 700 公斤。自育成后至 2008 年已推广种植 50 万亩，为稻农新增经济效益 7000 万元。

第二节 小 麦

按冬小麦生态区划分，天津市属北部冬麦区。20 世纪 90 年代以来，市农科院农作物研究所研究员王继忠等科技工作者以高产、优质、抗逆为目标，将传统的杂交育种技术和生物技术相结合，构建了高效育种技术体系，从而将育成 1 个小麦新品种由过去 6 年 1 个周期缩短为 2~4 年 1 个周期，大大提高小麦育种的效率和质量，相继选育成功"津农 15 号""津农 4 号""津农 6~7 号"等冬小麦新品种和"津强1~7 号"春小麦新品种，为促进天津市农业种植结构的调整做出了新的成绩。

一、冬小麦

1."津农 15 号" 小麦。市农科院农作物研究所副研究员张湘泉等科技工作者自 1995 年开始，采用阶梯式轮回选择与多基因累加的方法，使产量因子(主要指粒重)的微效基因逐步聚合，使小麦千粒重由 40 克提高到 50 克，以达到产量上的突破，于 1997 年选育成功半矮秆、大粒、偏多穗型高产类型新品种。同年 12 月通过天津市农作物品种审定委员会审定。

"津农 15 号"小麦抗寒性适中，抗旱性强，对小麦条锈病、叶锈病、白粉病具有较强的抵抗能力。株高约 80 厘米，茎秆粗壮抗倒伏，分蘖力强，成穗率高，灌浆速度快，后期落黄好，穗位整齐。适宜在天津、北京、河北、山西、甘肃、新疆等地高水肥条件的地区种植，自选育成功以后，在农业生产中种植了 5 年时间，累计推广种植 10 万亩。

2."津农 4 号"小麦。从 1995 年开始，市农科院农作物研究所研究员王继忠等用"农大 3338"小麦做母本，用"京冬 6 号"小麦做父本进行杂交，采用混合系谱选育方法经 6 年 6 代选育于 2000 年育成半矮秆、熟期适中、产量高的"津农 4 号"冬小麦新品种。2003 年 11 月 6 日通过国家农作物品种审定委员会审定。

“津农 4 号”小麦属中、高肥水类型,株高约 80 厘米,生长势强,中熟。生长后期具有较强的耐高温和抗干热风的能力,落黄好,无早衰现象。2001~2002 年参加农业部组织的中国北部冬麦区区域试验和生产试验,“津农 4 号”小麦亩产 461 公斤,比对照品种增产 5.6%,在 11 个参试品种中列第一位。适宜在天津、北京、河北、山西、新疆等中国北部冬麦区种植。自选育成功以后,在农业生产中使用约 4 年的时间,累计推广种植约 10 万亩。

3.“津农 6 号”小麦。自 2001 年 5 月开始,市农科院农作物研究所研究员王继忠等将搜集到的国内外优质强筋小麦种质资源进行筛选,采用优优配组,性状互补的原则,配置杂交组合,运用常规育种技术与分子标记辅助育种相结合的技术体系,于 2010 年选育成功“津农 6 号”小麦新品种。

该品种生长势强,株型紧凑,抗倒伏性能强,对小麦叶锈病具有较强的抵抗能力。白壳、白粒、硬质,籽粒饱满度好,达国家二级强筋小麦标准。2008~2010 年连续 3 次参加冬小麦区域试验,平均亩产达 467.7 公斤,较对照品种增产 10.72%,增产显著,深受麦农和面粉加工企业的欢迎。2001 年和 2013 年分别通过天津市和国家农作物品种审定委员会的审定。自育成后的 6 年间,每年在天津、北京、河北、山西、新疆等省(自治区、直辖市)推广种植 100 万亩。获 2017 年度天津市科技进步奖三等奖。

4.“津农 7 号”小麦。市农科院农作物研究所研究员冯刚用 995-798/8901 高代品系做母本,用 sccb/长丰 3 号/辽春 10 号高专代系做父本,进行有性杂交,用系谱法经 6 年 6 代自交选育,于 2008 年育成。2014 年通过国家农作物品种审定委员会审定。该品种冬性,较抗倒伏,对小麦叶锈病具有较强的抵抗能力,穗纺锤形,长芒、白壳、红粒、硬质、籽粒饱满度好,品质优,属一级强筋小麦,亩产可达 421.5 公斤。自育成后除在天津大面积种植以外,还推广到北京、河北、山西、新疆等地,年种植面积约 30 万亩。

5.“津引 159”冬小麦。“津引 159”冬小麦引自山东省农科院选育成功的冬小麦新品种——“济麦 20”。从 1999 年开始,市农科院农作物研究所研究员王继忠等主持开展“‘济麦 20 的引种研究”。将“济麦 20”引入天津市武清、宝坻进行试种观察。经试种证实:该品种矮秆,不易倒伏,熟期适中,适应性强,并表现出良好的抗寒性,适宜在天津市种植。2002~2003 年参加天津市区域试验;2003~2004 年参加天津市冬小麦生产试验,在优质、高产、抗病等方面表现突出,平均亩产 360.6 公斤,在参试品种中名列前茅。其间,王继忠等科技工作者结合天津市的具体情况对引进的小麦品种进行筛选和改进,并成功地总结出栽培要点和增产措施。2004 年通过天津市农作物品种审定委员会审定,并将其定名为“津引 159”。经引种、试种、改进,“津引 159”品质达到国家强筋小麦标准。该类小麦是用于制作高级面包、饺子、面条粉的主要原料。“津引 159”小麦的引种成功,给津郊农民带来了较高的经济效益,农民种植“津引 159”小麦比种植其它品种小麦亩增收 50 元以上。“津引 159”在天津市的种植面积不断扩大。2007 年、2008 年“津引 159”在天津市播种面积分别为 25 万亩和 40 万亩。至 2010 年,“津引 159”小麦已在天津市累计种植 200 万亩。

二、春小麦

“津强 1~7 号”小麦。小麦作为中国的一种主要粮食作物,总量基本能满足国内消费需求,但品质结构不合理,中间类型品种偏多,适宜加工优质高档面食的强筋小麦品种较少,不能满足国内食品加工业的需求。国家每年都要拿出大笔外汇,从加拿大、美国等国家大量进口优质专用小麦。同时,随着人民生活水平的不断提高,膳食结构也从过去追求温饱型向追求质量、追求营养方面转变。对优质面粉,特别是高筋力的面粉的需求量越来越大,粮食制品业对优质专用小麦的需求也日益紧迫(仅天津市每年强筋面粉的消费量即超过 20 万吨,大部分依赖进口)。为选育出适宜制作优质面包、饺子、面条、糕点等面食的优质小麦新品种,从 1998 年开始,市农科院农作物研究所研究员王继忠等科技工作者将传统的杂交育种和生物技术育种相结合,构建高效育种体系,提高小麦育种的效率和质量。从美国、加拿大和中国黑龙江、甘肃、宁夏、云南等地引进 200 多份优质春小麦品种资源,进行试种,对其农艺性状、产量和品质进行田间鉴定和室内品质分析,择其优良者配制组合,辅以室内测量,通过南繁北育,温室加代等辅助技术,于 2001 年 12 月育成“津强 1 号”,2004 年育成“津强 2 号~4 号”,2005 年育成“津强 5~7 号”。“津强系列”小麦新品种的育成填补天津市历史上没有强筋小麦的空白。

“津强 1 号”属超强筋类型。株高 95 厘米,高抗叶锈病,中抗白粉病和条锈病。全生育期 88 天,亩产约 250 公斤。“津强 2 号”株高 80~107 厘米,全生育期约 84 天,中抗小麦条锈病,较抗倒伏,亩产约 285 公斤。“津强 3 号”早熟,全生育期 78~79 天,株高 78~87 厘米,高抗秆锈病,亩产约 310 公斤。“津强 4 号”全生育期约 90 天,株高约 85 厘米,茎秆有弹性,较抗倒伏,高抗小麦条锈病,亩产约 340 公斤。“津强 5~6 号”株高分别为 80 厘米和 90 厘米,抗病性、抗逆性较强。亩产可达 370 公斤,比对照品种亩增产 7%~10%。“津强 5~7 号”的育成解决天津市和全国小麦生产中长期存在的优质不高产、高产不优质的矛盾。

“津强系列”小麦新品种在天津以及华北等地适宜做一年二熟耕作制的前茬作物。可以同夏玉米或大葱、向日葵、蔬菜等经济作物接茬,充分利用土地资源,提高亩效益,增加农民收入。经农业部谷物品质监督检验测试中心测定,“津强系列”小麦其粗蛋白、湿面筋、沉淀值、吸水率等 10 多项指标都达到国家一级强筋小麦的标准,拉伸阻力大,极受面粉厂家和食品加工企业的欢迎,适宜加工各种优质高档面食品(如糕点、饼干、饺子粉、面包等),用其作原料制成的面包,体积大,孔隙均匀,包心不黏,口感佳。

“津强系列”小麦自2005年起即成为天津市春小麦主栽品种，播种面积占天津市春小麦当年播种面积(约14万亩)的90%，在河北省唐山、廊坊等地亦有大面积种植。并给农民和面粉加工企业带来较高的经济效益。农民种植“津强系列”小麦比种植其它品种的小麦亩增收134元，面粉加工企业加工“津强系列”小麦比加工同质量的进口小麦每吨可节省成本2007年为350元，2008年为290元。“津强5号、6号春小麦新品种”2005~2010年示范推广80万亩，新增经济效益8亿元，获2009年度天津市科技进步奖一等奖。

第三节　玉　米

玉米同水稻、小麦一起为中国三大粮食作物。因其具有产量高、用途广、易于田间管理等特点，故在中国粮食生产中具有举足轻重的地位。到20世纪90年代初，天津市年种植玉米约240万亩，其中夏玉米(包括套种玉米)约占70%。使用的品种不同程度地存在亲本纯度降低、种性退化等现象，生产上难以实现稳定增产。为了选育出适合在天津地区自然条件下种植的玉米新品种，国家有突出贡献的科技专家、市农科院农作物研究所研究员邵景坡，研究员董海合、付从贵、李凤华等开展高产、抗逆、优质玉米新品种的选育研究。利用杂交育种的方法，采用自交系早代(1至2代)低温条件下筛选、在早代采用高出生产条件50%的密度增加选择压力、接种病原菌营造发病条件、引入热带玉米种质资源、多环境异地鉴定等技术措施，加快品种的区域定位，使育成的玉米新品种耐低温和抗逆境能力强，适应范围广，产量高，品质优良。到2010年先后选育成功四个系列19个玉米新品种。春玉米、夏玉米、青贮玉米、“津糯201~津糯206”和“津科糯208~津科糯209”鲜食玉米由董海合、李凤华主持育成；“津鲜1号”“津鲜2号”鲜食玉米由邵景坡主持育成；“星糯668”“星糯858”“星糯906”由付从贵主持育成。这些玉米新品种耐盐碱、耐瘠薄、适应性强、耐低温能力强。对玉米大小斑病、黑粉病、丝黑穗病、茎基腐病具有较强的抵抗能力，产量高，品质优良，除在天津市大面积种植以外，还推广到东北、新疆、陕西、宁夏等地。

一、春玉米

1.“津单2号”。用“T7922”玉米自交系做母本，“TJ0618”自交系做父本进行杂交，经5年选育于2004年育成。“津单2号”幼苗拱土能力强，苗期长势整齐一致，株高约300厘米，株型紧凑，生育期约118天，适应性强，增产效果明显。籽粒角质含量高，粗淀粉含量达74.51%，品质优良。茎秆含糖量12%，在收获粮食以后茎秆还宜做青贮饲料，发展养殖业。适宜在天津及其周边地区种植，亩产可达600公斤。自育成后至2010年，在天津、吉林等地推广种植150万亩。“津单2号”同“津单8号”一起获2010年度天津市科技进步奖三等奖。

2.“津单 4 号”。用自选系“3554”做母本，用外引系“29F”做父本进行杂交，经 5 年选育于 2005 年育成。2007 年参加天津市组织的春播玉米区域试验，亩产 692.6 公斤，比对照品种增产 15.3%，在 17 个参试品种中居第 1 位。“津单 4 号”株高约 276 厘米，株型半紧凑，生育期 115 天，果穗大，穗长 31.4 厘米，穗轴白色，籽粒黄色，近硬粒型，出籽率达 88%，品质优良。适宜在天津地区种植，亩产可达 690 公斤。自育成后到 2010 年，在天津、辽宁、吉林推广种植 50 万亩。

3.“津单 6 号”。用自选系“T1217”做母本，用外引系“598”做父本进行杂交，经 3 年选育于 2006 年育成。“津单 6 号”株高 269.9 厘米，株型半紧凑，生育期约 113 天。果穗成熟后半下垂，如遇多雨天气，不易烂穗。抗倒伏、抗旱性强，耐瘠薄、耐盐碱，适应性好。籽粒黄色，品质优良。2006 年参加在天津市组织的春播玉米区域试验，平均亩产 602.3 公斤，比对照品种增产 12.2%，在 16 个参试品种中列第 1 位。适宜在天津及其周边地区春播或夏播种植。自育成后至 2010 年已在天津、吉林等地推广种植 30 万亩。

二、夏玉米

1.“津单 8 号”。用自选系“JR21”做母本，用“Q13”做父本进行杂交经 5 年选育于 2006 年育成。株高约 215 厘米，株型披散，叶片稀疏，单株叶面积小，通风透光好，抗倒伏能力强，适宜密植，生育期约 94 天。果穗筒形，穗长约 20.1 厘米，穗轴红色，籽粒黄色，籽粒角质含量高，品质优良，出籽率 84%，粗淀粉含量为 72.9%。适应范围广，耐瘠薄，丰产性、稳产性好。2005~2006 年参加天津市组织的区域试验，平均亩产 636 公斤，比对照品种增产 10%。适宜在天津及华北地区做夏玉米种植，亦可在东北地区中晚熟春玉米区种植，并因其籽粒产量高、茎秆含糖量高、茎秆保绿度好而深受农户的欢迎。农户在收获玉米的同时，茎秆也得到充分的利用，推动养殖业的发展，使种植玉米的经济效益显著提高。自育成后至 2010 年已在天津、东北、西北等地推广种植 550 万亩，使农民增加收入近 3 亿元。

2.“津单 9 号”。用外引系“郑 58”做母本，用自选系“BWS”做父本进行杂交，经 5 年选育于 2007 年育成。株高约 274 厘米，株型紧凑，叶片稀疏，单株叶面积小，通风透光好，气生根发达，抗倒伏能力强，适宜密植。对玉米大小斑病、丝黑穗病、茎腐病、黑粉病具有较强的抵抗能力。夏播生育期 95 天。穗轴白色，籽粒黄色，品质优良，角质含量高，粗淀粉含量 75%以上。2006 年参加天津市组织的夏播玉米区域试验，平均亩产 747 公斤，比对照品种增产 13.5%，在 16 个参试品种中居第 1 位。适宜在天津以及华北地区做夏玉米种植，亦可在中国东北地区中晚熟春玉米区做春玉米种植。自育成后已在天津、河北、吉林等地推广种植 330 万亩。

3.“津玉 66”。用自选系“T918”做母本，“BWS”自交系做父本进行杂交，经 5 年选育于 2003 年育成。“津玉 66”为单秆大穗型品种，生育期约 97 天。株型紧凑，株高约 251 厘米。耐盐碱，耐瘠薄，抗旱性强，适应范围广。经2005~2007年连续3年天津市组织的夏玉米抗逆性试验鉴定，在严重干旱和含盐碱0.3%的环境下，在22个品种中"津玉66"表现尤为突出，其产量降低幅度仅为8.6%，水分利用率高于其他品种。果穗筒形，穗轴白色，籽粒金黄色，近硬粒型。籽粒角质和赖氨酸含量高，粗淀粉含量72%，品质优良。适宜在天津以及华北地区中等肥水条件下以及盐碱含量较高的地块做夏玉米种植，亩产可达580公斤。亦可在中国东北地区中晚熟春玉米区种植。自育成后至2010年已在天津、陕西和东北地区推广种植400万亩。

三、青贮玉米

"津0603"青贮玉米。用自选系"340G"做母本，"NDX"做父本进行杂交选育于2007年育成。"津0603"青贮玉米自出苗至青贮收获期约114天，植株生长势强，株型半紧凑，株高约298厘米，苗期长势整齐一致，抗倒伏。耐瘠薄，对玉米大斑病、小斑病 、纹枯病、矮花叶病、丝黑穗病具有较强的抵抗能力。果穗筒形，穗长约23.8厘米，籽粒黄色，近马齿型，秸秆含糖量达11%~15%，籽粒角质含量高，品质优良，出籽率85.9%，适宜做青贮或粮饲兼用。2006~2007年连续两年参加国家青贮玉米区域试验，在西北区生物产量（干重）每亩分别为1751公斤和2010公斤，分列第2名和第1名；在东北华北区和黄淮海区，分列第1名和第2名。适宜在内蒙古、陕西、宁夏、新疆等地肥水条件较好的地方种植，亩产可达2000公斤。自育成后至2010年，已在天津、内蒙古、陕西、宁夏、新疆、东北地区推广种植5万亩。

四、鲜食玉米

1."津鲜1号"。国家有突出贡献的科技专家、市农科院农作物研究所研究员邵景坡采用甜质型玉米同硬粒型玉米杂交的方法达到改善玉米品质和风味的目的，于1988年育成的国内第一个鲜食专用玉米杂交种。1990年通过天津市农作物品种审定委员会审定。"津鲜1号"株高170厘米，穗位高53厘米，黄粒，食味嫩香甜黏兼有。采用早春地膜覆盖栽培78~81天即可成熟上市，较各地相关品种早上市14~30天，是国内熟期最短的鲜食玉米新品种，故经济效益极佳。1991年，农业部将其确定为"百项农业适用科技成果"向全国推广；1993年，科技部将其确定为"国家科技成果重点推广计划项目"向全国推广。自育成后已推广到全国25个省（自治区、直辖市）。"鲜食玉米新品种'津鲜1号'"获1991年度天津市科技成果奖二等奖。1993年获国家技术发明三等奖。"津鲜1号鲜食玉米生产技术开发研究"获1992年度天津市科技成果奖二等奖。

2."津鲜2号"。市农科院农作物研究所研究员邵景坡、付从贵等从20世纪90年代开始，从"白黄混×211"中选出白粒自交系，从"承18×墩白"中获白粒自交系，又从"东二选"浅色变异粒中选出纯白甜玉米系，配制成三交组合。1994年开始在全国各鲜食玉米产区试种，1998年通过天津市农作物品种审定委员会审定。"津鲜 2 号"抗旱性强,叶斑病轻。株高 180 厘米。果穗长 22 厘米,籽粒白色,单穗重约 0.32 公斤,籽粒营养丰富,口感好。获 1999 年度天津市科技进步奖三等奖。

3."津糯 201"。用"JN1"做母本,"JN2"做父本进行杂交选育于 2003 年育成。"津糯 201"幼苗拱土能力强,易抓苗,苗期长势整齐一致,早发性好,双穗率高。株高约 226 厘米,自出苗至采收约 82 天。抗病性能强,适应性强,播种期不受时间限制,热量条件允许可随时播种。果穗筒形,穗长 20.5 厘米,大粒,白色糯粒,香糯可口,食用风味佳,品质优良。2005 年参加天津市组织的鲜食玉米品种区域试验,平均亩产鲜穗 822.8 公斤,在 14 个参试品种中列第 3 位,比对照品种增产 12.17%。

4."津糯 202"。2004 年用自选系"JN3"做母本,用"JN4"做父本进行杂交,经 2 年筛选于 2006 年育成。"津糯 202"两个亲本均为白色,杂交后通过基因效应,种子为紫色而商品果穗为紫白相间。株高约 198 厘米,春播时自出苗至采收约 79 天。果穗筒形,穗长 22.5 厘米,大粒,紫白相间,花色糯粒,香糯可口,品质 1 级。2006 年参加天津市组织的鲜食玉米区域试验,平均亩产鲜果穗 810 公斤,较对照品种增产 4.4%。自育成后至 2010 年,在天津及其周边地区推广种植 10 万亩。

5."津糯 203"。用自选系"JN3"做父本,用外引系"JN5"做母本进行杂交选育于 2007 年育成。抗倒伏、抗病。株高 244 厘米,自出苗至采收 91 天,穗长 19.3 厘米,双穗率高(达 9.6%)。种皮薄,籽粒白色,香糯可口,支链淀粉含量 96%,品质 1 级。2007 年参加天津市组织的鲜食玉米品种区域试验,平均亩产鲜穗 855.8 公斤,比对照品种增产 10%。自选育成功至 2010 年,已在天津市推广种植 5 万亩。

6."津糯 205"。用自选系"T102M"做母本,用自交系"KM946-3"做父本进行杂交选育于 2007 年育成。"津糯 205"抗病、抗倒伏能力强, 适应范围广,品质优。株高 235.6 厘米,自出苗至采收 84.6 天。双穗率达 18%。穗粗筒形,种皮薄,粒色紫花,香糯可口,支链淀粉含量达 100%,品质 1 级。鲜食和保鲜加工均可。2008 年参加天津市组织的鲜食玉米品种区域试验,平均亩产鲜穗 9465 公斤,比对照品种增产 19%,播种期不受时间限制,在热量条件允许的情况下可随时播种。

7."津糯 206"。用自选系"JN1"做母本,用"J 选-2"做父本进行杂交选育于 2007 年育成。"津糯 206"株高约 237 厘米,株型半紧凑,抗病、抗倒伏、耐瘠薄,自出苗至采收 83 天。穗长筒形,种皮薄,支链淀粉含量达 100%,籽粒黄白色,香糯可口,品质 1 级。适宜在天津及其周边地区种植,亩产可达 865 公斤。播种期不受时间限制,热量条件允许时,可随时播种,鲜食和保鲜加工均可,尤其适合保鲜加工用。

8.“津科糯 208”。2007 年，用“JN0701”做母本，用“JN0702”做父本进行杂交，经连续 3 年选育于 2009 年育成。株高 252.4 厘米，穗长 22.5 厘米，穗粗 4.9 厘米，穗轴白色，粒白色。对玉米丝黑穗病、黑粉病具有较强的抵抗能力。2009 年参加鲜食糯玉米区域试验平均亩产鲜果穗 1070.6 公斤，较对照品种增产 25.4%，品质达到一级标准。适宜在天津地区作糯玉米品种推广种植。至 2010 年已推广种植 5 万亩。

9.“津科糯 209”。用“JN0715”做母本，用“JN0718”做父本进行杂交经 4 年 6 代选育于 2009 年育成。株高 220 厘米，株型半紧凑，抗病性强。自出苗至采收 85 天，果穗长筒形，穗长 25 厘米，穗轴白色，籽粒紫白相间，色泽鲜亮。鲜食口感甜糯，品质 1 级，亩鲜穗产量可达 1204 公斤，较对照品种增产 26.3%，自育成后至 2010 年已推广种植 3 万亩。

10.“星糯 668”。市农科院农作物研究所付从贵等科技工作者育成。其亲本组合为“W287×迁 60–135”。2007 年通过天津市农作物品种审定委员会审定。“星糯 668”株高 179.4 厘米，株型平展，籽粒白色，糯质。早熟，鲜穗可在 6 月 15 日左右上市，填补中国北方地区 6 月 25 日前无上市鲜食玉米品种的空白。自育成后每年在天津、河北、辽宁、吉林、山东、湖北等省市推广种植 3 万亩。

11.“星糯 858”。市农科院农作物研究所付从贵等科技工作者育成。其亲本组合为“糯 319×糯 239”。分别于 2006 年和 2010 年通过天津市和甘肃省农作物品种审定委员会审定。“星糯 858”为中熟白粒糯质鲜食玉米，株高 230 厘米，株型清秀半紧凑，抗倒伏，高抗斑病及黑粉病。出苗至采收约 80 天，穗型整齐一致，籽粒纯白糯质，清香甜黏，口感品质和外观品质俱佳，适于鲜食和加工。自选育成功以后，每年在天津、河北、山东、辽宁、吉林、湖北等省市推广种植 2 万亩。

12.“星糯 906”。市农科院农作物研究所付从贵等科技人员育成。其亲本组合为“中糯 126×云 512”。母本“中糯 126”系 2001 年用“中糯 1 号”经 8 代自交选育而成；父本“云 512”由“白糯 3 号”与“糯承 18”组配的三交组合，“糯承 18”是由普通玉米“承 18”回交转育而成的自交系。2007 年通过天津市农作物品种审定委员会审定。“津糯 906”为白粒糯质，自出苗至采收时间 88 天。株高 226.4 厘米，株型半紧凑，外观漂亮，穗长 19.8 厘米，果穗筒形，适于鲜食和加工使用。自育成后，在天津、山东、辽宁、吉林、湖北等省市年推广种植在 2 万亩以上。

表 13-1-3-163　1991~2010 年粮食作物新品种选育获奖成果简表（按奖励等级排序）

获奖时间	获奖成果	完成单位及主持人	奖励名称及等级
1993 年度	鲜食玉米新品种“津鲜 1号”	天津市农作物研究所邵景坡	国家技术发明三等奖
2005 年度	高产多抗杂交粳稻新品种“3 优 18”的选育	天津市农作物研究所刘学军	天津市科技进步奖一等奖
2009 年度	强筋小麦新品种“津强 5 号、6 号”小麦	天津市农作物研究所王继忠	天津市科技进步奖一等奖
1991 年度	鲜食玉米新品种“津鲜 1号”	天津市农作物研究所邵景坡	天津市科技成果奖二等奖
1992 年度	“津鲜 1 号”鲜食玉米生产技术开发研究	天津市农作物研究所邵景坡、武清县种子管理站	天津市科技成果奖二等奖
1994 年度	籼粳亚种间杂交选育中、晚稻新品种	天津市水稻研究所牛景、天津市植物保护研究所	天津市科技成果奖二等奖
1997 年度	水稻品种“津稻 1187”推广	天津市水稻研究所刘瑞符、天津市种子管理站	天津市科技进步奖（推广类）二等奖
1998 年度	津奥啉（SC2053）小麦化学杂交新技术	天津市农作物研究所肖建国	天津市技术发明奖二等奖
1991 年度	大豆品种引进筛选栽培技术及生产开发研究	天津市农作物研究所王芝棠、宝坻县农业局	天津市科技成果奖三等奖
1991 年度	春小麦新品种“津春8319”	天津市农作物研究所肖建国	天津市科技成果奖三等奖
1991 年度	科技成果推广工作优秀奖	天津市农作物研究所张国梁	天津市科技成果奖三等奖
1993 年度	水稻高产栽培技术的研究	天津市农作物研究所王芝棠、东丽区农业技术中心	天津市科技成果奖三等奖
1993 年度	水稻新品种“津稻 681”	天津市水稻研究所牛景、蓟县农业局	天津市科技成果奖三等奖
1994 年度	冬小麦新品种评价利用及评价方法研究及应用	天津市农作物研究所陈益山、武清县农业技术推广中心	天津市科技成果奖三等奖
1996 年度	春大豆新品种诱变 33（现名“科丰 34”）	天津市农作物研究所刘燕方	天津市科技成果奖三等奖
1997 年度	水稻新品种“早花 2 号”	天津市水稻研究所牛景、宁河县第二良种场	天津市科技成果奖三等奖
1999 年度	白粒鲜食专用玉米“津鲜 2 号”	天津市农作物研究所邵景坡、静海县种子公司	天津市科技成果奖（推广类）三等奖

获奖时间	获奖成果	完成单位及主持人	奖励名称及等级
2000 年度	水稻新品种"金珠 1 号"及其栽培技术推广	天津市水稻研究所牛景	天津市科技成果奖三等奖
2002 年度	水稻高产品种"津星 1 号"及其推广应用	天津市水稻研究所王玉玺	天津市科技成果奖三等奖
2006年度	鲜食糯玉米新品种"津鲜糯 101、津鲜糯 102"选育	天津市水稻研究所王鹏文	天津市科技成果奖三等奖
2010 年度	粮饲兼用玉米新品种"津单 2 号"和"津单 8 号"的选育	天津市农作物研究所董海合	天津市科技成果奖三等奖

第二章 蔬菜作物新品种选育技术

自 20 世纪 90 年代开始，天津市农业科技工作者采用游离小孢子培养（即单倍体培养）、雄性不育系转育、远缘杂交等技术选育蔬菜新品种，开辟了蔬菜新品种选育技术的新途径，还研制成功与之配套的栽培管理技术。这些高新技术的运用大大加快了蔬菜新品种选育的速度，由过去 8~10 年 1 个育种周期缩短至 2~4 年。选育成功的蔬菜新品种质量优、产量高、抗病性强，深受菜农和城乡居民的欢迎，菜花、马铃薯脱毒微型种薯、大白菜育种技术跃居国内领先水平。科技工作者还创建了蔬菜新品种制种基地，组建了全国性的蔬菜新品种推广技术网络，使天津市科技人员研制成功的蔬菜新品种迅速推广到全国 20 多个省（自治区、直辖市），为琳琅满目的城乡蔬菜市场不断增添新的品种。

第一节 大白菜

一、杂种一代优势利用技术育成品种

天津大白菜同卫青萝卜、洋葱、韭菜一起被列为天津四大名菜。天津大白菜具有高桩疏心直筒形、叶面核桃纹多、叶色深绿、粗纤维少、品质鲜嫩、抗病性强等特点，深受天津城乡人民群众的喜爱，成为人们冬春季节食用的主要蔬菜。20 世纪 90 年代初，市农科院蔬菜研究所研究员丘玉秀采用杂种一代优势利用技术，到 1996 年相继研制成功"津绿系列""津白系列"两个大白菜

系列新品种。

1.“津绿系列”(1999 年后改称“秋绿系列”)大白菜。包括“津绿 55”和“津绿 60”2 个早熟品种、“津绿 75”和“津绿 80”2 个中晚熟品种。抗病性强,成熟期分别在 55~80 天之间,亩产净菜 0.4~0.9 万公斤,从 9 月 20 日起即可陆续成熟上市,填补了蔬菜秋淡季市场供应的不足。“津绿 55”大白菜 1997 年被天津市人民政府评为天津市“首批农业名牌产品”。“秋绿 55”“秋绿 60”“秋绿 75”“秋绿 80”4 个大白菜新品种 1999 年和 2003 年连续两届被天津市人民政府评为“天津市农业名牌系列产品”。

2.“津白系列”大白菜。包括“津白 45”“津白 56”两个品种。“津白 45”生育期 45~50 天,7 月底或 8 月初播种,9 月上中旬即可成熟上市。“津白 45”“津白 56”两个大白菜新品种 2003 年被天津市人民政府评为“天津市第三届农业名牌产品”。“津绿系列”“津白系列”大白菜新品种获 1998 年度天津市科技进步奖一等奖。“秋绿、津白系列大白菜新品种推广”获 2001 年度天津市科技进步奖一等奖。

二、单倍体培养技术与雄性不育系技术育成品种

自 1995 年开始,市农科院蔬菜研究所研究员张斌、闻凤英主持开展“天津青麻叶大白菜育种技术体系构建及专用型新品种选育”的研究,在国内率先开展青麻叶大白菜游离小孢子培养(即单倍体培养)技术与雄性不育系转育技术研究,培育出育种材料,用其配制杂交组合选育大白菜新品种,并运用远缘杂交技术转育耐抽薹(不易抽薹)基因,突破耐热基因转育等关键技术难点。将过去常规育种方法 8~10 年一个育种周期缩短为 2~4 年,大大加快大白菜新品种选育的速度,相继选育成功“春绿 1 号”“津秀 1 号”“津秀 2 号”“津夏 3 号”“津秋 65”“津秋 1 号”“津秋 2 号”“津秋 606”“津秋 707”“津秋 78”“珍绿 6 号”等 11 个具有不同特点,分别适于春夏秋栽培的大白菜新品种。这些大白菜新品种对大白菜霜霉病、软腐病、病毒病具有较强的抗病性,适用范围广,口感甜脆,商品质量好,产量高,一经推出即受到菜农和消费者的热烈欢迎,使多年来人民群众所企盼的大白菜周年生产周年供应(四季供应)成为现实。

1.春播品种。“春绿 1 号、“津秀 1 号”“津秀 2 号”为春播品种。“春绿 1 号”植株为高桩直筒青麻叶类型。耐抽薹性强(不易抽薹),在平均气温 13℃条件下仍能正常结球,外叶少,生育期约 85 天,单株重 1.5~2 公斤,亩产可达 5000 公斤。“津秀 1 号”为专用小型品种。极耐抽薹,定植后 50 天收获。黄心,外叶少,口感好,柱形叠抱,外形美观,单株净重 1.5 公斤,亩产净菜 6000 公斤以上。“津秀 2 号”为春季设施专用小型品种。叶球直筒合抱型。极耐抽薹,定植后 45 天收获。株高 20 厘米,球茎 11 厘米。单株重 1.2 公斤左右。黄心、外叶少,帮薄,口感好,质量优,外形美观,栽培密度在 4500 株/亩条件下,长成 1.2 公斤左右叶球,栽培密度 8000 株/亩条件下可生产娃娃

菜，经济效益更好。

2.夏播品种“津夏3号”。“津夏3号”为夏播早熟品种，植株为矮桩头球类型。耐热、耐湿性强，在35℃高温下能正常结球，生育期约50天，单株重约1.5公斤，亩产可达4000公斤。

3.秋播品种。“津秋65”“津秋606”为秋播早熟品种，生育期65天左右，单株重约2.5公斤，亩产可达6000公斤。“津秋707”为秋播中熟品种，生育期约70天，单株重3~3.5公斤，亩产可达8000公斤。“津秋65”“津秋606”“津秋707”“珍绿6号”植株均为直筒叠抱类型，球帮浅绿，球叠包，叶纹适中，聚集了青麻叶大白菜和白麻叶大白菜的优良特性。这4个大白菜新品种的育成，拓展了天津大白菜育种研究领域，扩大了天津大白菜在全国的竞争优势和辐射范围。“津秋1号”“津秋2号”“津秋78”“珍绿6号”为秋播中熟品种。植株均为高桩直筒青麻叶类型。“津秋1号”生育期约78天，单株重约3.5公斤，亩产可达7600公斤。“津秋2号”生育期约75天，单株重约3公斤，亩产可达7500公斤。“津秋78”生育期75~80天，单株重3.5~4.0公斤，亩产可达1万公斤。“珍绿6号”为直筒叠抱型中熟品种，生育期70天即可成熟上市，80天不裂球，适收期较长；单株重2.5~3.0公斤，亩产可达8000公斤以上。

“津秋65”“津秋606”“津秋78”“津秀1号”先后参加由农业部组织的全国大白菜新品种区域试验，并通过国家蔬菜品种鉴定委员会鉴定。上述系列大白菜新品种自选育成功以后，除在天津市成为大白菜主栽品种以外，还迅速推广到北京、河北、山西、内蒙古、湖北、湖南、广东、广西、云南等20多个省（自治区、直辖市），2001~2010年累计在全国种植450万亩，使菜农增加收入10.8亿元，为发展农村经济、丰富城乡居民“菜篮子”做出了贡献。该项研究技术被国内同行广泛应用，也使天津青麻叶大白菜育种技术跃居国内领先水平。“天津青麻叶大白菜育种技术体系构建及专用型新品种选育”获2007年度天津市科技进步奖一等奖；获2008年度农业部神农中华农业科技奖三等奖。

第二节 花椰菜（菜花）

花椰菜（也称菜花，中国南方地区称花菜）原产于地中海沿岸，20世纪50年代在天津市才有零星种植。因其花球细嫩、营养丰富、风味鲜美而深受消费者的喜爱。但因中国菜花栽培历史不长，育种研究起步较晚，故栽培品种大多从国外引进。80年代，市农科院蔬菜研究所研究员魏迺荣率先在国内开展菜花新品种选育工作，研制成功国内第一个采用自交不亲和系配制的杂种一代秋菜花新品种——“白峰”，开辟菜花育种技术的新途径，并获1989年度天津市科技进步奖一等奖。从90年代开始，市农科院蔬菜研究所研究员孙德岭等科技工作者对搜集到的800多份菜花品种资源进行分离、纯化和筛选，并采用生物技术进行花粉花药培养，加速育种品种资源的纯化，在分离纯化及抗病性鉴定的基础上，逐代筛选出自交不亲和株系，并根据育种目标选择经济性状优良的株系做亲本配制组合，选育出“夏雪 40”“夏雪 50”等杂种一代菜花新品种。

1997~2002 年，孙德岭等开展天津市重点科技攻关项目“游离小孢子培养技术在主要蔬菜作物：花椰菜、青花菜育种上的应用研究”。探索总结出花椰菜游离小孢子培养过程中花蕾大小、基因型、培养基的组织成分、培养条件等因素对花椰菜、青花菜小孢子胚胎发生的影响，使菜花小孢子出胚率大幅提高（达 53%以上），解决菜花游离小孢子培养中胚胎死亡的技术难题，并获得大量花椰菜的胚胎和再生株，成功地将其应用于菜花新品种选育中，创建和完善菜花游离小孢子培养技术新体系。同时，还建立和完善雄性不育育种技术体系，经过 6 代转育，选育出 800 多个早、中、晚熟期配套的菜花不育系和保持系，极大地丰富了天津市菜花育种资源。

2000~2004 年，孙德岭等承担天津市重点自然科学基金项目“人工智能农作物育种”。同南开大学数学学院合作，连续两年对 1824 个花椰菜组合的亲本、37 个杂种一代的性状进行调查，获得 40 余万个数据。在此基础上，建立亲本与杂种一代亲缘对照库，研究其遗传性，用数据分析软件系统（SAS）和数据库软件进行分析处理，建立花椰菜亲本与杂种一代性状相关关系的数学模型，研制开发出一套人工智能杂种一代优势预测的花椰菜育种专家系统，按照专家意图实现计算机模拟选育花椰菜新品种。该项技术成功地将传统花椰菜育种技术与信息技术相结合，把大量的田间育种工作通过计算机来完成，减少花椰菜杂交组合选配和田间试验，既提高育种技术的水平和效率，缩短育种周期，又节省育种的成本，这在国内外尚属首次。

随着实用、高效的育种技术体系在菜花新品种选育中的应用，创造一大批优质、抗逆性强的菜花种质资源，为菜花新品种选育提供了丰富的资源，加快了菜花新品种选育的速度和步伐。到 2010 年相继选育（研制）成功“津雪 88”“云山 1 号”“丰花 60”“津品 50”“津品 66”等 20 多个菜花新品种以及与之相配套的栽培管理技术。这些菜花新品种产量高、抗病性强、适应范围广、质量优、商品性状好、早中晚熟配套，一经研制成功即受到菜农和消费者的欢迎。其间，孙德岭等科技工作者加快菜花新品种研究成果的转化应用，创建规模化花椰菜制种基地，建立先进成熟的制种技术体系，组建全国性花椰菜新品种的推广网络，促进菜花优良新品种的推广。天津菜花已迅速推广到全国 20 多个省（自治区、直辖市），有的菜花新品种还出口到日本、韩国、泰国、柬埔寨、菲律宾、新加坡、马来西亚、巴基斯坦、印度尼西亚等国家。到 2010 年，天津菜花新品种在全国年推广种植 30 万亩，占中国北方同类型菜花播种面积的 35%，天津菜花新品种选育技术跃入全国领先行列。

一、春季保护地栽培专用品种

“津品 50”。“津品 50”是国内第一个春保护地栽培的杂种一代菜花专用品种。该品种成熟期约 50 天。耐低温、耐高湿、耐弱光，抗病性强、适应性强。株型紧凑，花球紧实，洁白，单球重约 1 公斤，综合性状优良，亩产可达 1800~2100 公斤。

二、秋早熟品种

1."夏雪 40"。1996 年 9 月育成，属秋极早熟品种。每年 8 月下旬至 9 月上旬即可成熟上市。耐热、抗病、商品性状好。单球重约 450 克，花球洁白紧实，株型直立，紧凑，心叶内扣，适宜密植，亩产可达 1500~2000 公斤。

2."夏雪 50"。1996 年 9 月育成，属秋早熟杂种一代品种，成熟期约 55 天。单球重约 500 克，花球呈半球形，洁白，花球紧实，株型直立，生长势较强，亩产可达 1850~2280 公斤。

3."丰花 50"。采用常规育种技术育成的菜花品种，属秋极早熟品种，成熟期约 50 天，适应性强。株型直立紧凑，花球呈半球形，紧实，洁白，口感较甜，品质优良。是秋季上市最早的菜花品种。

4."丰花 60"。属秋早熟杂种一代菜花品种。1998 年育成，植株生长势强，抗病性能强，适应性强，叶片灰绿色，成熟期约 60 天。花球洁白、细嫩、紧实，半圆形。单球平均重约 1 公斤，亩产可达 2000 公斤。适宜在天津、北京以及黄河、淮河等平原地区麦收以后种植，冬小麦播种前收获，经济效益较高，农民将"丰花 60"称为"麦茬菜花"。

5."津品 66"。2006 年育成，为秋早熟雄性不育一代杂交菜花品种，适应性强，抗病性强。定植后 60~65 天采收。内叶拧抱护球。花球呈半球形，洁白，紧实，细嫩。单球重约 1.5 公斤，亩产可达 3300 公斤。

三、秋中熟品种

1."津品 70"。属秋中熟杂种一代菜花品种，成熟期约 70 天，生长势强，抗黑腐病能力强。株型紧凑，花球洁白、紧实，单球重约 1.4 公斤，综合性状优良，亩产可达 3200 公斤。可在国庆节期间上市，使菜农收到较高的经济效益。

2."津雪 88"。属秋中熟杂种一代菜花品种，1996 年育成。对黑腐病、病毒病具有较强的抵抗能力，植株生长势强，株型较直立紧凑，叶片深灰绿色，花球雪白，高半圆形，极紧实，细嫩。秋季栽培时成熟期约 70 天，亩产可达 3900 公斤。"津雪 88"2000 年被天津市确定为农业重点推广项目，除在天津市大面积种植以外，还推广到全国 10 多个省(自治区、直辖市)。1999 年、2003 年连续两届被评为天津市农业名牌产品。

3."津品 88"。于 2003 年 10 月育成。属秋中晚熟杂种一代品种。成熟期 80~85 天，对黑腐病、病毒病、霜霉病具有较强的抵抗能力，同时具有较强的耐湿能力。花球呈半球形，花球紧实，球面光滑、雪白，单球重 1.1~1.5 公斤，亩产在 3000~5000 公斤之间。

四、秋晚熟品种

“云山 1 号”。属秋晚熟杂种一代品种，1996 年育成。株型紧凑，抗病毒病、黑腐病，适应性强。成熟期约 90 天，单球重 1.3~2.1 公斤，亩产可达 3100~5200 公斤。1999 年被列为国家科技成果重点推广计划项目，2003 年被评为天津市农业名牌产品。

孙德岭等科技工作者研制成功的“夏雪 40”“夏雪 50”菜花新品种获 1998 年度天津市科技进步奖二等奖；“津雪 88”菜花获 1999 年度天津市科技进步奖（科技成果）二等奖；“云山 1 号”菜花获 2000 年度天津市科技进步奖三等奖；“‘津雪 88’菜花新品种推广”获 2003 年度天津市科技进步奖（推广类）一等奖；“丰花 60”菜花获 2004 年度天津市科技进步奖二等奖；“人工智能花椰菜育种方法的研究与新品种选育” 获 2007 年度天津市科技进步奖二等奖；“花椰菜育种新技术研究及优质、抗病和高产新品种选育与推广”获 2007 年度国家科技进步奖二等奖。

第三节　马铃薯脱毒微型种薯

马铃薯又名土豆，是一种既可当粮又可做菜、营养丰富的农作物，在世界栽培极为普遍。到 20 世纪 90 年代，中国马铃薯的年种植面积约为 4500 万亩，是世界上栽培面积最大的马铃薯生产大国。但长期以来，一直采用块茎进行无性繁殖的生产方式，种薯繁殖多在高纬度、高海拔的北方或山区进行。中国南方及低海拔地区种植马铃薯所需种薯每年都要从北方和高寒山区调运。由于世代传递和种薯调运造成生产用种退化和病毒感染，严重影响和制约中国马铃薯生产的发展，又使中国马铃薯生产的质量和单产在世界处于较低水平。市农科院蔬菜研究所研究员王炳君自 20 世纪 80 年代开展马铃薯种薯生产和栽培技术的研究。到 90 年代初，发明用生物技术与无土栽培相结合的马铃薯脱毒微型种薯快繁技术。该技术对马铃薯脱毒微型种薯生长所需的光、温、水、气、肥等条件进行人工调节，实现工厂化、规模化生产，每 40~60 天即可生产一茬优质脱毒微型种薯。在天津市的自然条件下，除七、八两个月受高温限制外，其余的 10 个月时间内都能进行生产。脱毒微型种薯每粒重约 1~10 克（如同 1 粒蚕豆大小），在每平方米的苗床内可以生产 900 粒，经田间扩繁后，即可提供大量优质种薯。用脱毒微型种薯扩繁时，每亩用种量 7.5 公斤，仅相当于常规用种量（125 公斤）的 6%，大大减少贮存调运量。由于进行脱毒处理，增强了种薯的抗病性能，可使马铃薯亩增产 50%以上。采用该项技术生产脱毒微型种薯，比当时国内外采用的繁殖方法提高繁殖系数 70 倍以上。国家科技部、农业部分别于 1991 年和 1993 年将其确定为国家科技成果重点推广计划项目。1994 年美国威斯康星州邀请王炳君等人赴美国开展学术交流。经对比示范证实,王炳君发明的快繁技术比当时世界上马铃薯研究较为先进的美国的快繁技术,提高效率1.43倍。到2005年,该项科研成果已推广到黑龙江、吉林、辽宁、河北、山西、内蒙古、陕西、四川、云南、贵州、广西、浙江等23个省(自治区、直辖市),技术成果年覆盖面积达200万亩,使农民年增加收入超过4亿元。该项科研成果获1994年度天津市科技进步奖一等奖,1996年获天津市人民政府颁发的"科技兴市突出贡献奖"。

第四节 菜 豆

菜豆,天津等地称"弯子豆角",是天津地区城乡居民喜食的蔬菜之一。20世纪80年代中期以来,天津市菜豆种植中锈病日趋严重,流行年份减产达70%,成为制约菜豆生产的主要障碍。为选育出抗病、高产、优质的菜豆新品种,市农科院蔬菜研究所研究员岳彬从1990年开始,选择具有抗锈病基因的菜豆品种"12号玉豆"作为抗原亲本,同早熟、优质、丰产的菜豆品种进行杂交,经多次单株选择与混合选择于1996年选育成功了中国第一个具有抗锈病特点的系列菜豆新品种"双丰1~3号"菜豆。

一、"双丰1号、2号"菜豆

为早熟品种,适宜春秋两季种植。春季种植时,4月5日播种,55~60天后即可采摘,采摘期30~40天,亩产在2000公斤以上。秋季种植时,7月20~30日播种,50~55天即可采摘,亩产可达1500公斤。"双丰1号"种子白色,果荚淡绿色,长17~18厘米;"双丰2号"种子棕色,豆荚深绿色,长20厘米。

二、"双丰3号"菜豆

为晚熟品种,种子白色,豆荚浅绿色,长20厘米以上,主要用于夏秋季种植,每年7月15~30日播种,50~55天即可采摘,亩产可达2300~2500公斤。

"双丰系列"菜豆因具抗锈病、产量高、适宜双季栽培等特点,深受菜农和消费者的好评。自育成后,除在天津大面积种植以外,还推广到辽宁、山东、广东、广西等地。获1997年度天津市科技进步奖二等奖。并分别于1999年、2003年被评为"天津市农业名牌产品"。

第五节 芹 菜

芹菜是一种营养丰富的蔬菜,随着科研的深入和人民群众保健知识的不断提高,其营养价值和保健功能被越来越多的人所认知,在中国的种植面积逐年扩大,到2000年已达860万亩左右。从20世纪90年代开始,市农科院蔬菜研究所研究员王武台、研究员高国训等科技工作者收集整理国内外500多份芹菜种质资源,经性状评价筛选出多份具有不同优异性状的育种材料。在国内首次利用ISSR分子标记技术,对芹菜种质资源进行遗传多样性分析,明确了中国芹菜种质资源的亲缘关系,为育种材料的亲本选配、核心种质的筛选、种质基因库的建立奠定基础。并在国内首次利用雄性不育系技术选育芹菜杂交种。到2010年相继选育成功"四季西芹""津奇1号""津奇2号""赛星""赛莹""优文图斯""赛雪"等10多个芹菜新品种。这些新品种适应不同的季节、不同栽培方式、不同熟期、不同地域和群众的消费习惯,受到菜农和城乡居民的赞扬。到2010年在全国年种植面积达60万亩,约占全国种植总面积的7%,科研成果已推广到全国30个省(自治区、直辖市),为调整农村种植结构、增加农民收入,丰富城乡居民"菜篮子"做出了贡献。

一、"四季西芹"

1999年选育成功,为中早熟品种。株高70厘米,叶柄浅绿色,光泽度好,实心,粗纤维含量少,对环境适应性强。口感脆嫩,商品品质好。一年中可多季栽培,根据不同设施条件可在露地、小棚、大棚和日光温室中种植,不易抽薹,亩产可达6000~8000公斤。自育成后已推广到全国20多个省(自治区、直辖市),获2001年度天津市科技进步奖三等奖。2003年被评为天津市农业名牌产品。到2010年已在全国推广种植280万亩。

二、"赛星"

2006年育成,中熟西芹品种。株高约70厘米,叶柄黄绿色,粗纤维少,实心,有光泽,商品性好,适宜在露地和保护地栽培,亩产可达8000公斤。

三、"津奇1号"

为一代杂交品种,于2007年10月育成。株高约80厘米,株型紧凑,叶柄肥厚脆嫩,深绿色,有光泽,苗期生长快,对叶斑病抗性强,适宜在秋季栽培,亩产可达1.1万公斤。

四、"津奇2号"

为一代杂交品种,于2007年10月育成。株型紧凑直立,生长势强,耐抽薹,叶片绿色,叶柄浅绿色,有光泽,质量优,定植后70天即可收获,适宜早春保护地栽培,亩产在9000公斤以上。

五、“赛雪”

中晚熟西芹品种，于 2008 年育成，叶柄白色实心，株高约 60 厘米，适宜在中国西北、西南等地区露地和保护地栽培，亩产在 6000 公斤以上。

六、“赛莹”

为中晚熟大株型西芹品种，于 2010 年育成。株高约 75 厘米，叶柄浅绿色，实心，不糠心，质量优，适宜在保护地栽培，亩产在 8000 公斤以上。

七、“优文图斯”

为中早熟西芹品种，于 2010 年育成。抗病性强，耐低温，耐抽薹。叶柄实心，黄绿色，有光泽，粗纤维含量少，商品性状好。株高 70~80 厘米，适宜在露地和春保护地栽培，亩产可达 8000 公斤，在耐抽薹、产量、品质和商品性状等方面优势突出。经专家技术鉴定确认，该项研究成果整体技术达国际先进水平。

第六节 青 椒

青椒是天津市民非常喜食的一种蔬菜，分为甜椒型、辣型、半辣型等种类。天津市栽培青椒年代久远，历史上多为农家品种，产量低、品种混杂、抗病性能差。为选育出适合天津地区城乡居民食用口味的青椒品种，市农科院蔬菜研究所研究员魏迺荣于 20 世纪 80 年代相继选育成功“天津 8 号”“津椒 2 号”“津椒 3 号”等青椒新品种，在农业生产中使用了 10 多年的时间。90 年代以后，中国保护地蔬菜栽培面积迅速扩大，亟需青椒新品种。从 2001 年开始，市农科院蔬菜研究所高级农艺师刘文明开展“春保护地甜椒新品种选育及栽培技术的研究”。引进、筛选耐低温甜椒和欧洲大果型厚皮甜椒资源，利用远缘杂交技术，通过转育的抗病、耐低温育种材料与高产、耐热育种材料的有性杂交，将抗病、耐寒及高产基因融于一体，于 2003 年选育成功“津椒 4 号”“津椒 5 号”甜椒新品种，2010 年育成甜椒新品种“卓越”和大果型牛角辣椒“恺撒”，并总结出适宜在天津和中国北方地区栽培的技术要点及管理方法。

一、“津椒 4 号”

植株整齐，抗逆性强，植株生长前期耐低温弱光，后期耐高温能力强，在 8℃~15℃低温和 35℃~38℃条件下仍能正常生长。对青椒疫病和病毒病具有较强的抵抗能力。成熟早，连续坐果性好，产量高。果实长方形，外观好，商品性状优良，平均单果重 113.7 克，口感甜脆，适宜在中国北方春保护地、越夏连秋栽培和南方春、秋露地栽培。在温室和大棚中种植，亩产可达 4000 公斤，如进行越夏连秋栽培，亩产可达 5000~5500 公斤。自育成后很快成为天津市青椒的主栽品种，2007 年在天津市的种植面积达 3870 亩，占当年全市甜椒保护地种植面积的 22.7%。同时还推广到北京、河北、山西、内蒙古等全国 10 多个省（自治区、直辖市），2005~2007 年在全国累计种植面积达 32800 亩，为社会创经济效益 1861 万元。获 2008 年度天津市科技进步奖三等奖。

二、“津椒 5 号”

抗病、耐热、耐盐碱。果实长方形，果皮薄，表面稍有棱，平均单果重 118.4 克，最大单果重 236 克，果味甜，口感脆嫩，坐果率高，前期产量高，深受农民和市场的欢迎，适宜早期小棚后期露地种植，亩产可达 3500 公斤以上。

三、“卓越”

保护地栽培与露地栽培兼用的薄皮甜椒品种。株型紧凑，早熟、耐热、抗烟草花叶病毒，耐疫病，比较耐高温强光。果实长方型，果皮光滑，质量好，商品性佳。适合大棚等保护地以及早春露地栽培，亩产可达 4500~5000 公斤。

四、“恺撒”

适合保护地栽培的中早熟辣椒专用品种。果实大牛角型。抗烟草花叶病毒，耐疫病，比较耐高温强光。秧体直立性好，节间较短，坐果率极高，单株结果数 20~25 个。平均单果重约 120 克，果皮光滑，质量好，商品性佳。适合日光温室和大棚等保护地的冬春茬和秋冬茬栽培，亩产可达 5000~5500 公斤。

第七节　不结球白菜(油菜)

不结球白菜（中国北方称油菜，南方称小青菜、小白菜）原是在中国南方广泛种植的一种蔬菜，20 世纪 90 年代以后在北方种植面积不断扩大。尤其是早春种植对缓解淡季蔬菜供应发挥了一定的作用。但天津地区种植的油菜品种最初都来源于南方，品种混杂、退化现象较为严重。为了选育出适应天津市栽培的油菜品种，自 1992 年开始，市农科院蔬菜研究所研究员张斌等科技工作者选取 16 个类型，30 个单株材料进行观察、筛选、纯化，选择出两个遗传特性稳定、纯度高、耐寒性强的自交系材料，用其做亲本配制组合，经过 5 年选育，到 1997 年选育成功适宜北方冬春保护地及春露地种植的耐寒性强的杂种一代油菜新品种“寒绿”“冬冠”。这两个新品种产量高、质量好，很好地解决了中国北方地区油菜保护地栽培中存在的先期抽薹的难题。该项目获2005年度天津市科技进步奖二等奖。

一、“寒绿”

植株矮壮，叶片油亮深绿，有光泽，叶柄浅绿，叶片数约12片。株形大小适中，单株重约80克。耐寒性强，耐抽薹性强。商品性状好，食用质量佳。亩产可达2600~2800公斤。自选育成功以后，到2010年已推广到全国20多个省（自治区、直辖市），成果累计覆盖面积超过48万亩。

二、“冬冠”

为束腰型品种，株型大小适中，叶片深绿亮泽，叶柄鲜绿宽厚，耐寒性强，单株重约120克。在春大棚中种植，定植后约50天即可收获，亩产可达3000~3500公斤。

第八节 胡萝卜

胡萝卜是伞形花科胡萝卜属二年生蔬菜作物，原产于阿富汗，已有2000多年的栽培史。由于其营养丰富、用途广泛、病虫害少，在全世界栽培非常广泛，年种植面积约1616万亩（中国年种植面积约700万亩，居世界之首）。历史上天津农民种植的胡萝卜多为农家品种，品种退化和混杂现象较为严重，产量低，抗逆性差。改革开放以来，虽也进口了一些国外的胡萝卜品种，但由于对中国的种植环境适应性较差，有的也不符合中国市场的需求。从1995年开始，市农科院研究员管长志开展胡萝卜新品种选育工作。他们收集国内外300多个全红型胡萝卜种质资源，进行种植和观察试验，对其进行雄性不育类型及主要性状的遗传规律、主要经济性状的配合力分析、雄性不育性状的转育等方面的研究。从中发现和筛选雄性不育系植株，经3代分离、提纯与回交，选育出综合性状优良、雄性不育率达百分之百的不育系，同时筛选出同型保持系，在这基础上，配制杂交组合，经杂种优势及组合配合力分析，筛选出表现优异的杂交组合，再经品种比较试验、区域试验和生产示范试验，于2002年1月选育成功“天红1号”胡萝卜新品种，2004年11月选育成功“天红2号”胡萝卜新品种，到2005年12月又相继选育成功“天红3~5号”3个胡萝卜新品种。

一、“天红1号”

为鲜食和榨汁兼用品种。生长期100~105天，植株生长势强，根形整齐，平均根重122克，呈桔红色，心柱、皮层和表皮全红率达 98.7%。每公斤胡萝卜中胡萝卜素含量达 113 克、含糖量达 10.17 克，质脆、味甜、口感好，适宜夏秋季种植，亩产可达 3500 公斤。2002 年 1 月通过由天津市科委组织的专家技术鉴定，2001~2003 年累计在天津、河北、山西、内蒙古、吉林、河南等省（自治区、直辖市）推广种植 18650 亩，使农民增加收入 2870 万元，并成为国内胡萝卜产区秋季种植的主要推广品种之一。

二、“天红 2 号”

为脱水干制专用品种，生长期 100~105 天，适宜夏秋季种植。植株生长势强，根形整齐，平均每根重 150~160 克，每 1 公斤胡萝卜中胡萝卜素含量 100~110 克，质脆、味甜，加工干制复水率达 6.7 倍，是较为理想的加工干制胡萝卜品种，亩产约 4000 公斤。

三、“天红 3 号”

为鲜食专用品种，生长期 80~95 天，适宜春夏秋季种植。植株生长势中等，根长 16~17 厘米，平均每根重 60~80 克，每 1 公斤胡萝卜中胡萝卜素含量 80~100 克，质脆、味甜，口感好，亩产可达 2500 公斤。

四、“天红 4 号”

为饲料专用品种，生长期 100~110 天，适宜夏秋季种植。植株生长势强，根形整齐，表皮光滑，每根长 15~17 厘米，根粗 3.5~4.5 厘米，平均每根重 150~160 克，每公斤胡萝卜中胡萝卜素含量 110~120 克，亩产在 4000 公斤以上。

五、“天红 5 号”

为春季种植品种。生长期 100~110 天，植株生长势强，根形整齐，表皮光滑，根粗 3.5~4.5 厘米，平均每根重 150~160 克，每公斤胡萝卜中胡萝卜素含量达 100 克，适宜早春露地和保护地栽培，亩产可达 4000 公斤。

到 2005 年 12 月，“天红 1~5 号”胡萝卜新品种在全国推广种植 8 万亩，使农民增加收入 2450 万元。“天红 1 号”“天红 5 号”分别获 2004 年度和 2009 年度天津市科技进步奖科技成果三等奖。“天红 3~4 号”获 2005 年度天津市科技进步奖科技成果二等奖。

第九节 茄 子

茄子是一种具有较高营养价值的蔬菜,中国是全球茄子栽培面积最大、产量最多的国家。多年的消费习惯使茄子的种植和消费形成了很强的地域性,天津和华北地区主要以紫圆茄为主。历史上天津市种植的茄子多为农家品种,在抗病性、产量和商品质量等方面显现的问题日渐增多,育种技术相对滞后。自2001年开始,市农科院蔬菜研究所茄子研究室开展"茄子耐低温材料筛选与新品种选育的研究",采用杂种一代优势利用技术,将搜集到的优质茄子品种资源进行耐低温室内鉴定,首次提出以发芽率作为茄子耐低温鉴定指标的论点,并筛选出12个耐低温茄子育种材料,用其做亲本配制杂交组合,到2005年选育成功"圆丰1号""青丰1号""龙丰1号"3个不同类型的、形态各异的耐低温的茄子新品种,也是天津市历史上首次采用杂种一代优势利用技术选育成功的茄子新品种。科技人员还针对不断多元化的栽培方式,开展果实着色、果形、果脐、果肉色等农艺性状相关及遗传的研究,到2010年又选育成功"圆丰2号"和"宝来号"茄子。

一、"圆丰1号"

为紫圆茄。植株生长势强,株型直立,对茄子黄萎病和根腐病具有较强的抵抗能力,耐低温。果实圆球形稍扁,紫色发亮有光泽,单果重0.45~0.55公斤,果肉洁白,质地细嫩,商品质量好。适宜在天津和华北地区早春保护地和露地栽培,亩产可达5000公斤。自育成后,除在天津大面积种植以外,还推广到河北、山东、安徽等地,2006~2007年,年种植面积达4万亩,且呈逐年扩大之势。

二、"青丰1号"

为绿色灯泡茄。较抗黄萎病、根腐病、绵疫病,早熟。果实浅绿色,卵圆形,光泽明亮,肉质细嫩,单果重0.45~0.55公斤,适宜在华北、东北、西北早春塑料大棚、日光温室和春露地栽培,亩产可达6000~7000公斤。该品种以其浅绿的果实,深受辽宁、河南、湖北、陕西等地消费者的欢迎。

三、"龙丰1号"

紫长茄,具有较强的耐低温能力,果实顺直长棒形,顶端钝圆,表皮紫黑色,光泽明亮,单果重0.19~0.22公斤,果肉细嫩,商品性状好。适宜在中国东北地区种植,亩产在5000公斤以上。

四、"圆丰 2 号"

为紫圆茄早熟品种,适合在春保护地、早春露地栽培。株型直立,较紧凑,开花至采收 20~25 天,果皮紫色,有光泽,果肉洁白,质地细嫩,果脐小,商品性佳,较耐黄萎病和根腐病,亩产 6500~7500 公斤。与同类型品种比较,低温环境下坐果能力突出。

五、"宝来号"

为中晚熟露地栽培大果型品种,植株高大,抗逆性强,适合露地恋秋和秋延后栽培,连续坐果能力极强。果皮绛紫色,明亮有光泽,肉质洁白,品质佳。单果重 700~800 克,亩产可达 8000 公斤。

"茄子耐低温资源创新及新品种选育"获 2001 年度天津市科技进步奖三等奖。

第十节　蔬菜种子包衣剂研制

对农作物种子进行"包衣"犹如给农作物种子穿上一身"服装",是对农作物种子进行产前处理加工的一种新方法,对防治农作物苗期病虫害、壮苗、提高农作物产量和质量具有重要的作用。西方发达国家开展农作物种子包衣技术的研究已有上百年的历史,主要应用于粮食作物和经济作物。中国开展此项研究始于 20 世纪 90 年代,也是以粮食作物和经济作物为主,蔬菜种子包衣剂的研究尚属薄弱环节。市农科院蔬菜研究所研究员马文荷从 1991 年开始,用产于国内外的无毒杀菌剂、发芽催进剂和多种对蔬菜无毒无害的化学试剂为原料,经过单因子和复合因子筛选试验、室内发芽试验和田间试验,自 1992 年以后相继研制成功了包膜型和浸种型两大系列,分别用于大白菜、茄子、菜花、菜豆、黄瓜、甘蓝、番茄、青椒、芹菜、西瓜、甜瓜等蔬菜(瓜果)品种的种子包衣剂。经各地农业技术部门和菜农使用证实,马文荷研制成功的蔬菜种子包衣剂对蔬菜(瓜果)种子具有杀菌和消毒作用,可使种子发芽率提高 10%,并可抵御蔬菜植株的苗期病害,促进幼苗生长发育,使蔬菜亩增产 15%。除在天津市使用以外,还推广到全国 24 个省(自治区、直辖市),并出口到日本、韩国、东南亚等国家和地区。1995 年获国家发明专利;获 1995 年度天津市科技进步奖二等奖;"蔬菜专用种衣剂的推广应用" 获 1998 年度天津市科技进步奖推广应用三等奖。到 2005 年该项科技成果覆盖面积已超过 200 万亩,使菜农增加收入 1.5 亿元。

表 13-2-10-164 蔬菜作物新品种选育获奖成果简表（按奖励等级排序）

获奖时间	获奖成果	获奖单位	获奖人员	奖励名称及等级
2007 年度	花椰菜育种新技术研究及优质、抗病和高产新品种选育推广	天津科润农业科技股份有限公司	孙德岭、李素文、张宝珍、赵前程、温媛、方文惠、运广荣、刘奎彬、蔡荣旗	国家科技进步奖二等奖
1996 年度	马铃薯脱毒微型种薯生产技术开发研究	天津市蔬菜研究所	王炳君、李成彤、居玉铃、罗智敏、魏众济、古瑜	天津市科技兴市突出贡献奖
1994 年度	马铃薯脱毒微型种薯的开发研究	天津市蔬菜研究所	王炳君、刘晓晖、李成彤、王鲁野、居玉铃	天津市科技进步奖一等奖
1996 年度	天津市科技成果推广工作优秀奖	天津市蔬菜研究所	张国梁、运广荣、于莹娟、张大方、张恩瑾、任光辉、丁仲凡、史永华、赵景芝、覃圣雷、李卫民、张光源、吕敬刚、徐晨英、蒋玉梅	天津市科技进步奖一等奖
1998 年度	“津白”、“津绿”系列大白菜新品种选育	天津市蔬菜研究所	丘玉秀、张斌、宋连玖、王玉龙、闻凤英	天津市科技进步奖一等奖
2001 年度	“秋绿”、“津白”系列大白菜新品种推广	天津科润农业科技股份有限公司	闻凤英、宋连玖、王玉龙、刘晓晖、赵冰、丘玉秀、徐晨英	天津市科技进步奖一等奖
2003 年度	花椰菜新品种“津雪88”推广	天津科润农业科技股份有限公司	孙德岭、方文慧、赵前程、张宝珍、孙立全、赵宗武、蔡荣旗、李素文	天津市科技进步奖一等奖
2007 年度	天津青麻叶大白菜育种技术体系构建及专用型新品种选育	天津科润农业科技股份有限公司	张斌、闻凤英、刘晓晖、赵冰、罗智敏、刘惠静、蒋蕾、孟庆良、宋连玖	天津市科技进步奖一等奖
1993 年度	高产抗病辣椒新品种“津椒 3 号”	天津市蔬菜研究所	魏迺荣、陆长苹、李云华、刘文明、李素文	天津市科技进步奖二等奖
1995 年度	蔬菜种子通用包衣剂的研制及应用	天津市蔬菜研究所	马文荷、刘莉、孙德岭、于莹娟、张宝珍	天津市科技进步奖二等奖
1995 年度	天津市蔬菜生产现代综合技术的应用	市蔬菜研究所、西青区农林局、市水科所、市农业机械研究所	刘俊云、任锡俊、阎德、来刘国宁、葛淑芳、王文琴、李志邈	天津市科技进步奖二等奖
1997 年度	菜豆锈病菌生理小种鉴定及抗锈病育种	天津市蔬菜研究所	岳彬、孙立全、李国红、王郁铨、徐晨英	天津市科技进步奖二等奖
1998 年度	秋早熟菜花新品种“夏雪 40”、“夏雪 50”	天津市蔬菜研究所	孙德岭、李素文、张宝珍、方文惠、刘奎彬	天津市科技进步奖二等奖
1998 年度	高产高效温室蔬菜生产试验示范	市蔬菜研究所、武清区农业委员会	李卫民、钟有龙、石岩岭、杨景秋、谢继存、肖庆居、张秀莲、诸葛昌江、曹强	天津市科技进步奖二等奖

获奖时间	获奖成果	获奖单位	获奖人员	奖励名称及等级
1999 年度	“津雪 88”花椰菜新品种选育	天津市蔬菜研究所	孙德岭、李素文、张宝珍、葛长鹏、方文惠	天津市科技进步奖二等奖
2004 年度	“丰花 60”花椰菜(菜花)新品种选育	天津科润农业科技股份有限公司	孙德岭、李素文、张宝珍、赵前程、刘奎彬、蔡荣旗	天津市科技进步奖二等奖
2005 年度	国内外名特优新蔬菜品种的引进与推广	市科润农业科技股份有限公司、市农业高新技术园区、市园艺工程研究所	孙德岭、李洪安、管长志、吴峰、高国训、李成彤、鲁福成、王利英、王萱、马洪英、王莅	天津市科技进步奖二等奖
2005 年度	耐寒性不结球白菜资源引进及杂交新品种“寒绿”选育	天津科润农业科技股份有限公司	张　斌、宋连玖、刘晓晖、闻凤英、赵冰、丘玉秀、王玉龙、罗智敏	天津市科技进步奖二等奖
2005 年度	“天红 3～4 号”胡萝卜	市园艺工程研究所	管长志	天津市科技进步奖二等奖
2007 年度	人工智能花椰菜育种方法的研究与新品种选育	天津科润农业科技股份有限公司、南开大学	孙德岭、温媛、张宝珍、方文惠、赵前程、李素文、刘莉莉	天津市科技进步奖二等奖
1991 年度	“春丰 4 号”菜豆新品种推广	天津市蔬菜研究所	岳彬、徐晨英、赵景芝、白沙丽、李亚平、孙立全、李国红、肖建忠、宋洪友、王学工	天津市科技进步奖(推广)三等奖
1992 年度	芦笋高产省工栽培技术研究	天津市北辰区农业技术服务中心、市蔬菜研究所	胡金福、孙德岭、刘冠宇、邢广武、程金苓、赵思吉、谢玉山	天津市科技进步奖三等奖
1994 年度	早熟优质高产花椰菜新品种“雪峰”	天津市蔬菜研究所	魏迺荣、陆长苹、李云华、刘文明、李素文	天津市科技进步奖三等奖
1994 年度	“津青 9 号”大白菜新品种推广	天津市蔬菜研究所	丘玉秀、宋连玖、张斌、王玉龙、运广荣、史永华、刘宝奎、孙景祥、王洪月、王桂森	天津市科技进步奖三等奖
1995 年度	番茄“白果强丰”新品种及配套技术推广	东丽区新立镇农科站、市蔬菜研究所、东丽区农林局	王春华、张伯良、运广荣、张玉连、张洪顺、吕玉礼、乔永久、赵桂林	天津市科技进步奖(推广)三等奖
1996 年度	早熟大白菜优质高效出口创汇万亩示范工程	天津市蔬菜研究所	张斌、王玉龙、宋连玖、闻凤英、丘玉秀、刘晓晖、刘国利、赵宗武、王旭伶、王桂森	天津市科技进步奖三等奖
1998 年度	蔬菜专用种衣剂的推广应用	天津市蔬菜研究所	马文荷、运广荣、金绪为、任光辉、张大方	天津市科技进步奖三等奖

获奖时间	获奖成果	获奖单位	获奖人员	奖励名称及等级
1998 年度	“雪峰”花椰菜新品种推广	天津市蔬菜研究所	孙德岭、张继波、李素文、刘文明、方文惠、张宝珍、吕玉礼、孙连才、刘福娟、王永强	天津市科技进步奖(推广)三等奖
1999 年度	“津椒三号”辣椒新品种推广	天津市蔬菜研究所	刘文明、安志信、葛长鹏、方文惠、常彩涛、王旭伶、谢继存、张锡海、王洪月	天津市科技进步奖(推广)三等奖
1999 年度	“津甘 8 号”甘蓝新品种选育	天津市蔬菜研究所	王远欧、贾占温、方文惠、刘国宁、王武台	天津市科技进步奖三等奖
2000 年度	“云山 1 号”花椰菜(菜花)新品种选育	天津市蔬菜研究所	孙德岭、李素文、张宝珍、方文惠、葛长鹏	天津市科技进步奖三等奖
2001 年度	高产优质西芹新品种选育“四季西芹”	天津科润农业科技股份有限公司	王武台、张鹤、刘国宁、刘惠静、贾占温	天津市科技进步奖三等奖
2002 年度	高产优质耐抽薹胡萝卜新品种选育——新红胡萝卜	天津科润农业科技股份有限公司	王武台、李秀秀、张鹤、丁仲凡、刘宝毅	天津市科技进步奖三等奖
2004 年度	“天红 1 号”胡萝卜	天津市园艺工程研究所	管长志	天津市科技进步奖三等奖
2008 年度	春保护地甜椒育种资源创新及专用型新品种选育	天津科润农业科技股份有限公司	刘文明、王利英、常彩涛、井立军	天津市科技进步奖三等奖
2008 年度	天津青麻叶大白菜育种技术体系构建及专用型新品种选育与应用	天津科润农业科技股份有限公司蔬菜研究所	闻凤英、张斌、刘晓晖、赵冰、罗智敏、刘惠静、孟庆良、吴峰、宋连玖、王超楠	神农中华农业科技奖三等奖
2009 年度	“天红系列”胡萝卜新品种选育和规模制种技术	天津市农业生物技术研究中心	尹立荣、管长志、陈磊	天津市科技进步奖三等奖
2010 年度	茄子耐低温资源创新及新品种选育	天津科润农业科技股份有限公司	王利英、石瑶、刘文明井立军、于海龙	天津市科技进步奖三等奖

第三章　黄瓜新品种选育技术

黄瓜是城乡居民非常喜食的一种蔬菜，栽培范围非常广泛，在城乡居民“菜篮子”中占有重要地位。20世纪七、八十年代，中国工程院院士、市农科院名誉院长侯锋和市农科院黄瓜研究所研究员吕淑珍主持研制成功“津研系列”“津杂系列”黄瓜新品种，在全国得到大面积推广。自90年代起，侯锋、吕淑珍同黄瓜研究所研究员哈玉洁、李加旺、杜胜利、李淑菊、马德华等科技工作者按照建立社会主义市场经济体制的要求，不断调整科研方向。市场需要什么，他们就研究什么；菜农需要什么，他们就研究什么，并注重科研工作的不断创新，采用常规育种、杂种优势利用技术，对国内外黄瓜育种资源及亲本材料进行优势基因的持续聚合，不断拓展科研工作的深度和广度。不断创新黄瓜育种技术和方法，围绕建立高效黄瓜育种技术体系，开展黄瓜未受精子房离体培养、黄瓜主要病害抗性基因的分子标记、黄瓜苗期人工接种抗病性鉴定的研究，在国内首次建立一套以单倍体技术、分子标记技术、多抗性鉴定技术为核心的黄瓜现代育种技术体系。通过上述技术体系的创建，大大缩短黄瓜新品种选育的周期，由过去6~8年一个周期缩短至3~4年，使天津市黄瓜新品种选育技术跃上一个新的台阶，并相继研制成功优质、专用的，适用于不同栽培方式、不同播种茬口的40多个新品种。这些黄瓜新品种抗病性强、产量高、质量优、商品性状好，除在天津市大面积种植，成为主栽品种以外，还迅速推广到全国30个省（自治区、直辖市），科研成果转化率达到百分之百，科研成果年覆盖面积超过100万亩，为发展农村经济、丰富城乡居民“菜篮子”作出了贡献。黄瓜研究所的科技创新工作始终走在全国同行的前列，成为全国农业科技战线的一面旗帜。

第一节　露地黄瓜专用品种

露地黄瓜以其栽培方便、省工、易管理等特点在中国黄瓜栽培中占有重要的位置。到20世纪90年代，全国露地黄瓜年种植面积超过900万亩，占全国黄瓜年种植总面积的50%以上。露地黄瓜品种从生长到收获正值一季中最热的时期，故要求其具有较强的耐热性和抗病性。市农科院黄瓜研究所科技工作者自20世纪90年代初，采用杂种一代优势利用技术选育专门用于露地种植的黄瓜新品种。他们先是广泛收集黄瓜种质资源，对育种材料进行筛选和鉴定。通过杂交、自交、多代定向筛选等方法加速育种目标性状（耐热、抗病、高产、质优）在材料间的转育与整合，创造新的种质资源（新的育种材料），用其配制杂交组合，并同时开展品种比较试验和区域试验，相继选育成功“津春系列”“津优系列”专门用于露地栽培的黄瓜新品种。

一、“津春 4 号”

从 1987 年开始，吕淑珍、马德华等科技工作者采用杂种优势利用技术，用“Jin-90-3”做母本，用“76-2-1-1-6-4”做父本进行杂交，配制组合。1989~1991 年进行区域试验和生产试验，同时在河北、辽宁、山东、陕西、海南等地进行试种示范及小区比较试验，各地均表现出丰产、抗病、优质等特征。小区试验期间早期产量（亩产）614 公斤，总产量 5583 公斤，分别比对照品种增加 8.40%和 47.6%，1993 年通过天津市农作物品种审定委员会审定。

“津春 4 号”植株生长势强，抗病性强，在全生育期内可以不施或少施农药。瓜条长棒状，深绿色，有光泽，有棱有瘤，长约 30~35 厘米，单瓜重约 230 克；品质优良，商品性状好；适应性强，丰产性好。育成后即在全国获大面积推广。1996 年，国家科技部将“津春 4 号”黄瓜确定为国家重点科技成果推广计划项目向全国推广。“津春 4 号”研制成功仅两年的时间（1994~1995 年）即在全国推广种植 100 万亩，为菜农增加经济效益 6 亿元。获 1995 年度天津市科技进步奖一等奖。“津春系列黄瓜新品种及其推广”1999 年获天津市“科技兴市突出贡献奖”。1998 年 12 月获国家科技进步奖二等奖。

二、“津春 5 号”

至 20 世纪 90 年代，天津市每年出口咸黄瓜坯子在万吨以上，主要销往日本和东南亚等地。但腌渍的黄瓜多为替代品种。为了适应不断扩大的外贸出口和城乡居民消费的需求，从 1986 年开始，市农科院黄瓜研究所研究员哈玉洁开始专门用于腌渍的黄瓜新品种选育。用“86-81”做母本，用“8231”做父本进行杂交，配制组合，并于 1989~1991 年进行品种比较试验、区域试验和生产试验，于 1991 年育成腌渍和鲜食兼用的“津春 5 号”黄瓜新品种，1991 年通过了专家现场验收和鉴定。

“津春 5 号”生长势较强，抗病性强，主蔓、侧枝可同时结瓜，瓜条深绿色，刺瘤中等，心腔小，肉厚，瓜条长约 33 厘米，横径长约 3 厘米，单瓜重约 210 克。口感脆嫩，质量符合用于出口的腌渍加工黄瓜的要求，腌渍出菜率高达 56.8%（比对照品种高 5.2 个百分点），是鲜食与出口腌渍加工兼用的优良黄瓜品种，备受城乡居民和外贸出口部门的青睐。获 1996 年度天津市科技进步奖二等奖。

三、“津绿 4 号”

从 1992 年开始，马德华、吕淑珍、李淑菊等科技工作者从国内外引进 100 多份种质资源，并对其进行田间观察，选育亲本材料，用“Q24”做母本，用“F15”做父本进行杂交，配制组合，经小区品种比较试验，在耐高温和高产方面表现出明显的优势，产量比对照品种增产 17.4%，于 1997 年通过天津市农作物品种审定委员会审定。

“津绿 4 号”植株生长势强，耐高温，在夏季 36~38℃条件下仍能正常生长，主蔓结瓜为主，抗病性强。瓜色深绿，有光泽，刺瘤适中。品质优良，味清香。畸形瓜率低(小于 15%)，丰产性好。适宜在露地栽培，亩产可达 5500 公斤。同“津绿 3 号”（保护地品种)一起获 1999 年度天津市科技进步奖一等奖。

四、“津优 4 号”

从 1995 年开始，市农科院黄瓜研究所研究员马德华、吕淑珍、霍振荣、李淑菊等用地方品种“金早生”突变株的多代自交后代“P17”做母本，用“T55”做父本进行杂交，之后参加品种比较试验、区域试验和生产试验，并进行人工接种抗病性鉴定和田间抗病性鉴定，于 1999 年选育成功专门用于露地栽培的黄瓜新品种“津优 4 号”，2000 年 3 月通过天津市农作物品种审定委员会审定。

“津优 4 号”植株生长势强，耐热性强，在 34~37℃高温下仍能正常生长，抗病性强。叶深绿色，瓜条深绿色，有光泽，瓜条顺直，长棒状，长约 30 厘米，单瓜重约 150 克，果肉绿白色，质脆、味甜，品质优，适宜在春露地、秋露地栽培，亩产可达 5000 公斤，比对照品种增产 8.9%。获 2004 年度天津市科技进步奖二等奖。

五、“津优 40 号”

从 1999 年开始，杨瑞环、哈玉洁等科技工作者将搜集到的 100 多份品种资源进行筛选，利用单株选择、杂交一代自交分离、多亲杂交、回交转育等技术，用获得符合育种目标的材料做亲本(母本“B8231”，父本“48”)配制杂交组合。从 2000 年开始，连续进行 3 年的小区品种比较试验、区域试验和生产试验示范，于 2003 年育成“津优 40 号”。2003 年 5 月通过天津市科委组织的科技成果鉴定。

“津优 40 号”植株生长势强，抗病性强，耐热性好，在 35℃高温条件下仍能正常生长。瓜条顺直，深绿色，光泽度好，长约 33 厘米，单瓜重约 170 克，畸形瓜率低，口感好，脆嫩有甜味。适应性强，春、夏、秋露地均可栽培，春露地栽培亩产可达 6000 公斤，比对照品种增产 15%以上。

2005~2007 年累计在全国推广种植 6 万亩,使菜农新增产值 1404 万元。获 2008 年度天津市科技进步奖三等奖。

六、"津优 41 号"

从 2001 年开始,李加旺采用杂种优势利用的技术,用"小 20-2"做母本,用"C81"做父本进行杂交,配制组合,并同时进行品种比较试验和区域试验,于 2003 年选育成功"津优 41"黄瓜新品种,2003 年 6 月通过天津市科委组织的现场验收。

"津优 41 号"植株生长势强,对黄瓜霜霉病、白粉病、枯萎病、病毒病具有较强的抵抗能力。耐热性好,在 35~36℃高温条件下仍能正常生长。瓜条顺直,刺瘤中等。皮色深绿,腰瓜长 36 厘米,单瓜重约 200 克。商品性状好。在华北地区种植,6 月下旬播种,8 月上旬即可开始采收,亩产达 7500~9000 公斤。到 2010 年,在全国共推广种植 20 万亩,为社会创经济效益 2 亿元。

七、"津优 48 号"

从 2004 年开始,李淑菊等用黄瓜自交系"D60-1-1"做母本,用黄瓜自交系"D59-1-1"做父本进行杂交,配制杂交组合。之后,进行连续 3 年的品种比较试验、区域试验、生产试验,并进行 4 种病害(黄瓜霜霉病、枯萎病、白粉病、褐斑病)的苗期人工接种抗病性鉴定,于 2008 年选育成功"津优 48 号"黄瓜新品种,2009 年 4 月通过了天津市科委组织的专家现场验收。

"津优 48 号"植株长势中等,耐早春低温和夏季 36~37℃高温,抗病性强。瓜条棒状,顺直,畸形瓜率低,质量优,商品性状好。适宜春露地和越夏露地栽培,春露地栽培亩产可达 5000 公斤,比对照品种增产 10%以上;越夏露地栽培亩产可达 3600 公斤。

第二节 塑料大棚专用品种

利用塑料大棚栽培黄瓜是保护地种植黄瓜的一种主要形式,在中国已有几十年的历史。20 世纪 90 年代以前,大棚栽培所用品种多为兼用品种,在抗病性、丰产性和品质性状等方面不同程度地存在各种问题。特别是在早春低温条件下,对低温环境的不适应,容易形成弯瓜和瓜把过长,影响了黄瓜的商品性和产量。20 世纪 90 年代以后,市农科院黄瓜研究所科技工作者以耐低温、抗病、优质、丰产为目标。于 1991~2008 年相继研制成功"津春 2 号""津优 1 号""津优 10 号""津优 12 号"等专门用于塑料大棚栽培的黄瓜新品种,并在全国获得大面积推广。

一、“津春 2 号”

“津春 2 号”黄瓜是李加旺采用杂种一代优势利用技术，选育成功的中国第一个专门用于早春塑料大棚种植的黄瓜新品种。从 20 世纪 90 年代初开始，李加旺等搜集到 250 份黄瓜品种资源，从中筛选出 5 个优系材料做亲本，配制成 7 个组合，之后对这些组合进行系统观察，发现编号为“88–7”的组合表现出早熟、抗病、优质、丰产，经品种比较和区域试验，一致反应良好，1993 年将其定名为“津春 2 号”，并通过天津市农作物品种审定委员会审定。

“津春 2 号”的育成解决以往塑料大棚黄瓜种植中长期存在的早熟不抗病、抗病不早熟的难题。株型紧凑，对黄瓜三大病害（霜霉病、白粉病、枯萎病）具有较强的抵抗能力，适应范围广，早熟性状明显，从播种到开始采摘仅需 65 天左右的时间。前期产量比对照品种高约 20%。瓜条长棒型，深绿色，有光泽，长约 32 厘米，单瓜重约 320 克，商品性状好。亩产可达 5000 公斤以上。选育成功以后，除在天津市大面积种植以外，还推广到北京、河北、山西、辽宁、吉林、黑龙江、山东、江苏、上海、陕西、新疆等 25 个省（自治区、直辖市）。1996~2006 年累计在全国推广种植 80 多万亩，为社会创经济效益 3 亿元以上。获 1994 年度天津市科技进步奖二等奖。1998 年被评为天津农业名牌产品。

二、“津优 1 号”

市农科院黄瓜研究所研究员马德华、吕淑珍、李淑菊等科技工作者于 1992~1995 年选育成功的专门用于春季塑料大棚种植的黄瓜新品种。1997 年 3 月通过天津市农作物品种审定委员会审定。

“津优 1 号”植株生长势强，抗病性强。早熟性好，从播种到采收约 60~70 天，采收期 70~90 天，瓜条棒状，有光泽，长约 36 厘米，单瓜重约 150 克，瓜把短，果肉淡绿色，质脆，品质优，商品性状好，亩产可达 6300 多公斤，其中前期产量 687 公斤，分别比对照品种（“长春密刺”）增产 20%和 17.5%。选育成功以后迅速获大面积推广，获 1998 年度天津市科技进步奖二等奖；获 1999 年度天津市科技进步奖（推广类）三等奖。到 2008 年累计推广 250 万亩，为社会创经济效益 75 亿元。

三、“津优 10 号”

从 1995 年开始，哈玉洁等科技工作者广泛收集了 80 多份国内外黄瓜种质资源，通过单株选择、杂交、回交后代的分离等多种途径获得一批稳定自交系，用天津黄瓜“81”做母本，用荷兰黄瓜同中国黄瓜进行杂交后代分离经系统选择而成的“48”做父本进行杂交，配制组合。之后，连续3年进行品种比较试验、区域试验和生产试验，于2000年育成“津优10号”，2001年4月通过天津市科委组织的专家成果鉴定。

“津优10号”除具有天津黄瓜产量高、抗病性强等特征外，还具有荷兰黄瓜耐低温、瓜条光滑等特点。植株生长势强，生长速度快，早熟性好。生长前期耐低温，后期耐高温，高抗黄瓜的3种主要病害（霜霉病、白粉病、枯萎病），在全生育期内可以少用农药。瓜条长约36厘米，单瓜重约160克，有光泽，刺瘤中等，果肉绿色，品质优良。在春大棚种植时，2月下旬育苗，4月下旬开始采摘，收获期可至7月中旬，亩产在5500公斤以上。经菜农使用证实，菜农每种植1亩“津优10号”比对照品种增加收入700元。获2005年度天津市科技进步奖二等奖。

四、“津优12号”

从1997年开始，李淑菊等用“Q12”黄瓜做母本，用“F51”黄瓜做父本进行杂交，配制组合，选择在产量、质量、抗病抗逆性等方面表现优异的组合进行连续5年的品种比较试验、区域试验和生产试验，并进行抗病性鉴定，于2003年育成“津优12号”。并于同年5月通过专家技术鉴定。

“津优12号”抗黄瓜病毒病兼抗黄瓜霜霉病、白粉病、枯萎病，植株长势中等，耐低温能力强，在10℃条件下仍能正常结瓜，瓜条顺直，长棒形，长约35厘米，单瓜重约200克，质脆，味甜，瓜色深绿，有光泽，商品性状好。在春季大棚中栽培亩产可达6000公斤；在秋季大棚中栽培，亩产可达3500公斤，分别比对照品种亩增产500公斤和300公斤；产值分别增加300元和200元。

第三节　日光温室专用品种

中国日光温室黄瓜栽培在20世纪90年代初得到了迅速的发展，但使用的品种多为兼用品种。日光温室栽培的黄瓜，其生长时间正值一年中最寒冷的季节，温度低、光照弱的环境限制了黄瓜的生长发育和结实。而从国外引进的品种也普遍存在抗病性差等缺点，其瓜条商品性同中国的消费习惯不相符。为适应日光温室黄瓜栽培和中国黄瓜生产发展新形势的需要，市农科院黄瓜研究所科技工作者开展日光温室专用黄瓜新品种的研究，相继选育成功具有耐低温弱光、质量优、产量高等特点的“津春3号”“津优2号”“津优3号”“津优22号”“津优30号”“津优35号”“津优36号”“津优38”“津优39”等日光温室栽培的专用黄瓜新品种，并迅速推广到全国20多个省（自治区、直辖市）。

一、“津春 3 号”

从 1991 年开始，侯锋等科技工作者从 300 多份不同的黄瓜种质资源中进行筛选，并对其进行耐低温、耐弱光、抗病性和品质鉴定，经反复筛选、多代选择，选育出一批符合育种目标的自交系和亲本材料，用其配制组合，之后又进行了 3 年品种比较试验、多点区域试验和生产试验，于 1993 年选育成功日光温室专用黄瓜新品种“津春 3 号”。1994 年 4 月通过天津市农作物品种审定委员会审定。

“津春 3 号”黄瓜耐低温弱光能力强，在 10~13℃条件下仍能正常生长；对黄瓜霜霉病、白粉病、枯萎病、黑星病具有较强的抵抗能力，品质优良。瓜条棒状，长约 30 厘米，刺瘤中等，瓜把短，小于瓜长的 1/7，瓜腔小于瓜横径的 1/2，适宜在日光温室做越冬茬种植，亩产可达 5000 公斤。该品种将抗病、耐低温弱光、丰产和优质结合于一身，成为日光温室黄瓜的专用品种，结束了中国日光温室栽培的黄瓜大部分为兼用品种的局面。“津春 3 号”黄瓜一经研制成功即受到菜农的青睐，在天津市获大面积种植，1992~1997 年在津郊各区、县累计种植 2.3 万亩，平均亩产 5871 公斤，比当地原主栽品种亩增产 18.1%，新增总产量 2257 万公斤，新增总产值 3610 万元。1995 年被农业部确定为国家科技成果重点推广计划项目，还迅速推广到全国 15 个省（自治区、直辖市），获 1997 年度天津市科技进步奖二等奖。

二、“津绿 3 号”

从 1992 年开始，马德华、吕淑珍、李淑菊等将从荷兰引进的黄瓜品种同研究所内适合保护地种植的黄瓜进行杂交，并对其后代的园艺性状进行多代选择，育成亲本材料（父本“89-20”），同自交系“Q5”（母本）进行杂交，配制组合，于 1996 年选育成功“津绿 3 号”黄瓜新品种，经天津市科委组织的专家技术鉴定，确认居国内领先水平。

“津绿 3 号”集中荷兰黄瓜耐低温、弱光和中国华北型黄瓜抗病性强的优势，可在冬季低温条件下正常生长。植株生长势强，对黄瓜霜霉病、枯萎病、白粉病具有较强的抵抗能力。质量优良，口感好。适合在日光温室做冬春茬或早春大棚中种植，亩产可达 6000~8000 公斤。同“津绿 4 号”一起获 1999 年度天津市科技进步奖一等奖。

三、“津优 2 号”

“津优 2 号”是中国第一个利用辐射诱变技术与常规育种技术相结合育成的适宜日光温室冬春茬栽培的黄瓜新品种。

从 1987 年开始，李加旺等科技工作者将搜集到的 300 多份国内外黄瓜种质资源进行抗病性、抗逆性生理指标测定，并采用钴 60γ 射线对黄瓜种子进行诱变处理，获得优秀的变异植株，并在其变异后代群体中筛选出综合性状优良的单株，用其做亲本配制成杂种一代黄瓜新品种。1998 年 3 月通过天津市农作物品种审定委员会审定。

"津优 2 号"植株生长前期耐低温、耐弱光性能强，在 10~13℃低温和弱光条件下仍能正常生长。植株生长后期耐热性强，在 36℃条件下仍能正常结瓜。对黄瓜霜霉病、白粉病、枯萎病、炭疽病具有较强的抵抗能力。早熟性好，从播种到始收 65~70 天。瓜条顺直，质量优，商品性状好，平均亩产 5500 公斤。菜农种植"津优 2 号"亩纯收入可达 1 万元。1998 年、1999 年分别被天津市和科技部确定为农业科技成果重点推广计划项目。自育成后，除在天津市大面积种植以外，还推广到河北、内蒙古、辽宁、吉林、山东、河南、陕西、四川等 20 多个省(自治区、直辖市)，到 2000 年累计推广面积 18.2 万亩，为社会创经济效益 2.2 亿元。1999 年 12 月被评为"天津农业名牌产品"。获 2000 年度天津市科技进步奖二等奖。

辐射诱变技术在黄瓜育种上的应用是黄瓜育种技术的一个突破，不仅丰富了黄瓜遗传资源，成功地育出综合性状表现好的日光温室黄瓜新品种，也为黄瓜新品种选育开辟了一条新的方法和途径。

四、"津优 3 号"

从 1992 年开始，马德华、吕淑珍、霍振荣、李淑菊等人用地方品种"二青条"的自然杂交株经多代自交选择出的自交系"3212"做母本，用另一地方品种的突变单株经多代自交选择出的自交系"Q89-29"做父本进行杂交，配制组合，从 1993 年开始进行品种比较试验、区域试验、生产试验及苗期人工接种抗病性鉴定，于 1996 年育成专门用于日光温室越冬茬栽培的黄瓜新品种"津优 3 号"。并分别于 1999 年 3 月和 1999 年 4 月通过天津市和山西省农作物品种审定委员会审定。

"津优 3 号"植株生长势强，耐低温、耐弱光性能强，抗病性强。瓜条棒状，长约 28~30 厘米，单瓜重约 130 克。质脆，味甜，质优。早熟性及丰产性好，从播种到采收约 65 天，采收期 80~90 天，亩产可达 8000 公斤。1999~2002 年累计推广面积达 14.5 万亩，新增社会经济效益 2.9 亿元。获 2002 年度天津市科技进步奖二等奖。

五、"津优 22 号"

自 2002 年开始，杜胜利等科技工作者引进耐低温、长势较强、瓜条商品性好、抗病丰产的黄瓜种质资源，将其作为供体材料种植，并取未受精子房进行黄瓜单倍体培养，利用自主研制的黄瓜单倍体技术快速分离纯化获得的具有丰产、抗病、耐低温弱光、质优等特征的高纯度自交系。用其做亲本进行杂交，配制组合(其亲本组合为 HM114×H064-1-2)。2003 年在早春日光温室、春秋大棚进行小区试验，并对配制组合的整个生长周期进行观察。之后，进行区域试验和生产试验，并开展人工接种和分子标记抗病鉴定，于2004年育成“津优22号”黄瓜新品种。2004年7月通过现场验收。

“津优22号”植株长势中等，侧枝较少。耐低温弱光能力强。抗霜霉病、枯萎病、黑星病，中抗白粉病。成瓜速度快，畸形瓜率低。商品瓜率在90%以上。瓜条长棒形，长约30厘米，深绿色，刺瘤中等，单瓜重约200克，果肉淡绿色，质脆，味甜，质量优，亩产可达8000公斤，比对照品种增产20%以上，亩增产值可达1200元，深受菜农和城乡居民的好评。适宜在华北、东北、西北地区日光温室做早春茬栽培，亦可在春大棚中栽培。“津优22号”同“津美3号”一起获2007年度天津市技术发明奖二等奖。

六、“津优30号”

李淑菊、马德华于1995~2000年期间主持研制成功的适宜日光温室越冬茬栽培的黄瓜新品种。

从1995年开始，李淑菊等用“F69”黄瓜做母本，用“F80”做父本进行杂交，配制组合，1996~1999年连续4年进行品种比较试验、区域试验，2000年进行示范推广，2001年4月通过天津市科委组织的成果鉴定。

“津优30号”耐低温能力强，在冬季8℃低温下仍能正常生长，生长后期耐高温能力强，在34~36℃高温条件下仍能正常结瓜。从10月初播种至翌年6月拉秧，生育周期长达9个月，采收期也在7个月左右。主蔓结瓜为主，回头瓜多。瓜条顺直，长棒状，长约35厘米，单瓜重约220克。商品性状好，果肉淡绿色，质脆，味甜，质量优。适宜在日光温室做越冬茬和冬春茬种植，亩产可达1万公斤以上。2003~2005年累计推广面积2.52万亩，新增产量5800万公斤，为菜农增加经济效益9294万元。获2006年度天津市科技进步奖三等奖。

七、“津优31号”

从1997年开始，李加旺等搜集和筛选黄瓜种质资源，重点对一批适于温室生长、抗病性好的资源材料进行分析和研究。利用杂交、回交和多代自交等方法，加快优良性状在育种材料间的转育和整合，结合室内和田间性状鉴定及株型选择，选育出具有育种目标性状的优良育种材料8份。从2000年开始配制杂交组合，进行配合力测定及新组合的品种比较试验，发现其中一组合(C6×M-6)表现最为突出，遂于2001~2002年进行多点区域试验和生产示范，并在天津、河北、内蒙古、辽宁、山东等地示范推广。2003年3月通过天津市科委组织的专家现场验收，同年12月通过天津市科委组织的成果鉴定，并将其定名为“津优31号”。

“津优31号”是日光温室越冬茬专用黄瓜品种。该品种植株生长势强，茎粗壮，叶片较大，叶色深绿。抗逆性强，耐低温、耐弱光性能强。能抗6种病害（霜霉病、白粉病、黑星病、角斑病、枯萎病、根腐病），在重茬障碍严重的地区栽培优势明显，可有效减少农药使用量。丰产潜力大，瓜条棒状，瓜把短（小于整条瓜的1/8），心腔小（小于黄瓜横径的1/2），单瓜重约200克，瓜条顺直，果肉淡绿色，肉质甜脆，品质优良、商品性状好，亩产可达9500公斤。

自育成后已在全国推广种植10万亩，为社会创经济效益1亿元，获2007年度天津市科技进步奖三等奖。

八、“津优35号”“津优36号”

从2001年开始，李加旺等先后建立黄瓜耐弱光鉴定技术体系、多重PCR（聚合酶链式扩增反应技术）辅助抗病育种技术体系，利用该技术创新了一批优异育种资源，实现了由形态育种向分子育种、细胞育种的飞跃。育成“津优35号”“津优36号”两个黄瓜新品种，2007年12月通过天津市科委组织的专家技术鉴定。

“津优35号”“津优36号”两个黄瓜新品种在丰产性、抗病性、抗逆性、品质和适应茬口方面达到了完美的统一。植株生长势较强，瓜码密，回头瓜多。抗霜霉病、白粉病、枯萎病，耐低温、耐弱光，在连续7天6~7℃低温、弱光和35~36℃高温条件下仍能正常结瓜。适应范围广，北起黑龙江，南到海南岛均能种植。实现了设施黄瓜品种大规模更新换代。商品性状好，瓜条顺直，刺瘤适中，瓜把小于整条瓜的1/7，心腔小于瓜条横径的1/2。单瓜重约200克，果肉浅绿色，口感甜脆，品质佳。畸形瓜少。丰产性好，早期产量比对照品种增产22.9%，总产量较对照品种增加28.8%，越冬栽培亩产在1.5万公斤以上。“津优35号”早期和中期产量高；“津优36号”中期和后期产量高。“津优36号”瓜条短于“津优35号”。

“津优35号”“津优36号”两个黄瓜新品种综合优势明显，栽培效益高。一经研制成功即受到菜农的热烈欢迎，在研制成功的当年即在天津、河北、辽宁、山东、河南、陕西、甘肃等省、市推广种植1.8万亩。山东省寿光县、河北省馆陶县菜农种植“津优35号”亩产达到2.5万公斤，创造了中国黄瓜亩产的最高纪录，亩产值最高达到7万元。到2010年，“津优35号”“津优36号”黄瓜新品种已在全国30个省（自治区、直辖市）推广应用，年推广面积达65万亩，为社会创经济效益60亿元，获2011年度天津市科技进步奖一等奖。

九、“津优32号”“津优38号”

市农科院黄瓜研究所研究员李淑菊从2001年开始，通过黄瓜品种资源的引进、有性杂交、人工接种鉴定与分子标记辅助选择技术相结合，在分离的早期世代固定抗病基因，定向选择，筛选、创新优异抗病资源，根据抗性遗传规律，配制杂交组合，分别于2003年12月、2007年4月育成“津优32号”“津优38号”黄瓜新品种。

“津优32号”（其亲本组合为B1×F80）高抗黑星病，在中国黄瓜黑星病主发区栽培优势明显。植株长势中等，侧枝较少，瓜条棒状，深绿色，刺密瘤明显，果肉淡绿色，质脆，味甜，品质优。耐低温耐弱光能力强，在温室内最低温度为6℃，每天持续在4小时之内仍能正常结瓜。适宜在中国华北、东北和西北地区日光温室做越冬茬或冬春茬栽培，亩产可达10000公斤。2003年12月经专家技术鉴定确认该项科研成果达国内领先水平。

“津优38号”为国内育成的第一个高抗黄瓜褐斑病的新品种，攻克了黄瓜主栽品种不抗褐斑病的难题（其亲本组合为B180-2×XL6-3）。植株长势强，耐低温、耐弱光能力强，在冬季6~8℃每天持续3~4小时条件下仍能正常发育。对黄瓜枯萎病、炭疽病、霜霉病、白粉病也具较强的抵抗能力。瓜条生长速度快，长约32~35厘米，单瓜重约180克，口感脆，商品性状好。适宜在中国华北、东北、西北等地日光温室做越冬茬或冬春茬栽培，亩产可达1万公斤以上。到2010年，“津优38号黄瓜”推广种植面积达3万亩，新增产量6000万公斤，使农民增加经济效益约1亿元。“津优38号”同“津优32号”“津优12号”一起获2010年度天津市科技进步奖二等奖。

十、“津优39号”

从2002年开始，市农科院黄瓜研究所研究员杜胜利等取“津绿3号”黄瓜未受精子房进行黄瓜单倍体培养，对获得的高纯度自交系进行自交留种，获得高纯度自交株系300多个，并从中筛选出“L03-2”等10余个表现优异的品系。之后，用“津优3号”同“B-6”黄瓜杂交获得的YB（四交种）作为供体材料，取其未受精子房进行黄瓜单倍体培养，获得高纯度自交株系100多个，并从中筛选出综合性状优良的高纯度自交系材料5份。从2005年开始，用“W05-7”做母本，用“L03-2”做父本进行杂交，配制组合。之后，进行品种比较试验和区域试验。还在天津、河北、辽宁、山东、河南、陕西等省市进行生产示范试验，于2006年研制成功“津优39号”黄瓜新品种。

“津优39号”植株生长势强，生长期长，不易早衰。耐低温弱光能力强，对黄瓜三大病害（霜霉病、白粉病、枯萎病）具有较强的抵抗能力。持续结瓜能力强，瓜条顺直，皮色深绿，有光泽，刺瘤中等，无棱，瓜把小于瓜长的1/7，心腔小于黄瓜横径的1/2，腰瓜长32~34厘米，单瓜重约190克，质脆味甜，品质好，商品性状佳。早期产量和总产量分别比对照品种增产17%和20%。在日光温室中做越冬茬栽培，亩产可达12000公斤；做早春茬栽培，亩产在6000公斤以上。

第四节 光滑型黄瓜

改革开放以来，随着国际交往的日益增多，市农科院黄瓜研究所选育成功的华北型黄瓜新品种不断走出国门，因其具有产量高、质量优、抗病性强等特点受到国际同行的重视与关注。但由于天津黄瓜表面多刺瘤，不太符合欧美等国家居民的消费习惯。20 世纪 90 年代以后，荷兰迷你型黄瓜（荷兰小黄瓜）进入中国市场，这种短小光滑、无刺无瘤的迷你型黄瓜（也称水果型黄瓜）引起了人们的好奇，也受到了广大消费者的青睐，在中国的播种面积不断扩大。但菜农所需种子都从国外进口，价格昂贵（1 粒种子售价 1 元，每亩用种量为 3000~4000 粒）。选育适宜国际市场需求的黄瓜新品种，拓展研究领域，丰富市场黄瓜品种，满足城乡居民多样化的消费需求，使天津黄瓜进入国际大市场，成为天津市农业科技工作者面临的机遇和挑战。从 20 世纪 90 年代开始，市农科院黄瓜研究所研究员杜胜利、哈玉洁等开展了光滑少刺和迷你型黄瓜新品种选育工作，从荷兰、西班牙、俄罗斯、美国、以色列、韩国、日本等国家引进光滑型黄瓜种质资源，并对其主要的农艺性状包括产量，抗病性能，瓜条重量、长度、形状进行观察，运用黄瓜单倍体技术进行快速纯化，获取表现优异的纯合育种材料，并运用分子标记技术进行抗病性鉴定，获得既有中国黄瓜抗病性强、口感佳，又有荷兰黄瓜光滑少刺等特征的创新材料，用其配制杂交组合，之后进行品种比较试验、区域试验和生产试验，于 1998~2006 年选育成功"津美 1~4 号"光滑少刺和迷你型的黄瓜新品种。

一、"津美 1 号"

"津美 1 号"生长势较强，抗病性强。瓜条顺直，瓜色深绿，有光泽，瓜条长约 30 厘米，横径 2.8 厘米，单瓜重约 150 克，光滑少刺，易清洗。口感清香，风味好，商品性优良。适应范围广，在春秋露地、早春大棚和日光温室做秋冬茬均可栽培，亩产可达 5000 公斤。"津美 1 号"是天津市农业科技工作者选育成功的第一个光滑少刺的黄瓜新品种。其外观接近于国外黄瓜，符合国际需求；而在风味、抗病性能等方面又具有中国黄瓜的优势，故具有广阔的发展前景。1999 年 3 月通过天津市农作物品种审定委员会审定，获 2003 年度天津市科技进步奖三等奖。

二、"津美 2 号"

迷你型黄瓜"津美 2 号"在外观、抗病性能、产量等方面可与荷兰小黄瓜相媲美。植株生长势强，耐低温弱光能力强，在 8~10℃条件下仍能正常生长。瓜条绿色，皮薄，光滑无刺，单瓜重约 80 克，瓜条长约 14 厘米，易清洗，携带方便，口感甜脆。适宜在保护地种植，亩产在 4000 公斤以上。

2004 年 1 月通过天津市科委组织的专家现场验收，同年 12 月进行了结题验收。该品种的育成结束迷你型黄瓜种子大部分从国外进口的历史，丰富了城乡市场黄瓜品种的供应。“津美 1 号”“津美 2 号”黄瓜新品种连同“津优系列”黄瓜一起获 2008 年度国家科技进步二等奖。

三、“津美 3 号”“津美 4 号”

从 2002 年开始，杜胜利等运用黄瓜单倍体技术对收集到的迷你型黄瓜种质资源材料进行快速纯化，获得一批表现优异的纯合育种材料 30 多份，并运用分子标记技术进行抗病性鉴定。选育出符合育种目标的优良亲本材料 10 多份，用其做亲本配制组合（“津美 3 号”亲本组合为 D03-3×D02-5A；“津美 4 号”亲本组合为 D03-3×KD02-11C），之后进行品种比较试验、区域试验和生产试验，结果表明，这些组合在耐低温弱光能力、抗病性能、产量和商品性等方面明显超过对照品种。

“津美 3 号”“津美 4 号”植株生长势强，茎粗壮，结瓜能力强，叶色深绿，抗病能力强，耐低温、弱光性能强，全雌，单性结实能力强。瓜条长约 12~15 厘米，表面光滑，果肉淡绿色，瓜腔小，果实清香可口。“津美 3 号” 适宜在早春和秋延后日光温室栽培，亩产可分别达 6000 公斤和 3000 公斤。“津美 4 号”适宜在春大棚和日光温室做越冬茬栽培，亩产分别在 6000 公斤和 10000 公斤以上。“津美 4 号”耐热性、商品性强于“津美 3 号”，瓜条长度长于“津美 3 号”1~2 厘米，瓜形更加顺直、光滑。

表 13-3-4-165　黄瓜新品种选育获奖成果简表（按奖励等级排序）

获奖时间	获奖成果	完成单位及主持人	奖励名称及等级
1998 年度	“津春系列”黄瓜新品种推广	市黄瓜研究所 侯锋、吕淑珍、李加旺、哈玉洁、马德华	国家科技进步奖二等奖
2008 年度	黄瓜育种技术创新与优质专用新品种选育	市黄瓜研究所　杜胜利、李淑菊、李加旺、马德华、张文珠、魏爱民、张桂华、哈玉洁、杨瑞环、王全	国家科技进步奖二等奖
1991 年 11 月	“津杂 1～2”号黄瓜	市黄瓜研究所 侯锋、吕淑珍	国家科技进步奖三等奖
1999 年 12 月	“津春系列”黄瓜新品种选育及推广	市黄瓜研究所 侯锋、吕淑珍、哈玉洁、马德华 李加旺、高象昶、霍振荣	天津市科技兴市突出贡献奖
1995 年度	“津春 4 号”黄瓜	市黄瓜研究所　吕淑珍、霍振荣、陈正武、沈文云、马德华	天津市科技成果奖一等奖
1996 年度	“津春系列”黄瓜新品种推广	市黄瓜研究所 侯锋、吕淑珍、高象昶、哈玉洁 马德华、李加旺、陈正武	天津市科技进步奖（推广类）一等奖

获奖时间	获奖成果	完成单位及主持人	奖励名称及等级
1999 年度	“津绿 3～4 号”黄瓜	市黄瓜研究所 马德华	天津市科技进步奖一等奖
2011 年度	“津优 35～36 号”黄瓜	市黄瓜研究所 李加旺	天津市科技进步奖一等奖
1994 年度	“津春 2 号”黄瓜	市黄瓜研究所 李加旺	天津市科技成果奖二等奖
1996 年度	“津春 5 号”黄瓜	市黄瓜研究所 哈玉洁	天津市科技成果奖二等奖
1997 年度	“津春 3 号”黄瓜	市黄瓜研究所 侯锋	天津市科技成果奖二等奖
1998 年度	“津优 1 号”黄瓜	市黄瓜研究所 马德华	天津市科技进步奖二等奖
2000 年度	“津优 2 号”黄瓜	市黄瓜研究所 李加旺	天津市科技进步奖二等奖
2002 年度	“津优 3 号”黄瓜	市黄瓜研究所 马德华	天津市科技进步奖二等奖
2004 年度	“津优 4 号”黄瓜	市黄瓜研究所 马德华	天津市科技进步奖二等奖
2005 年度	“津优 10 号”黄瓜	市黄瓜研究所 哈玉洁	天津市科技进步奖二等奖
2007 年度	“津优 22 号”、“津美 3 号”黄瓜	市黄瓜研究所 杜胜利	天津市技术发明奖二等奖
2010 年度	“津优 32 号、12 号、38 号”黄瓜	市黄瓜研究所 李淑菊	天津市科技进步奖二等奖
1999 年度	“津优 1 号”黄瓜新品种推广	市黄瓜研究所 马德华	天津市科技进步奖(推广类)三等奖
2003 年度	“津美 1 号”黄瓜	市黄瓜研究所 哈玉洁、王全	天津市科技进步奖三等奖
2006 年度	“津优 30 号”黄瓜	市黄瓜研究所 李淑菊	天津市科技进步奖三等奖
2007 年度	“津优 31 号”黄瓜	市黄瓜研究所 李加旺	天津市科技进步奖三等奖
2008 年度	“津优 40 号”黄瓜	市黄瓜研究所 杨瑞环	天津市科技进步奖三等奖

第四章 西瓜、厚皮甜瓜新品种选育技术

天津市西瓜种植历史悠久，历史上农民种植的多为三白、疙瘩白、青县红、黑柚皮等农家品种，栽培技术改进缓慢，产量低，种质退化现象较为严重。加之自 20 世纪 50 年代至 20 世纪 70 年代末，农业生产坚持“以粮为纲”的方针，瓜类作物不被列入计划。厚皮甜瓜的栽培仍是空白。改革开放以来，随着人们生活水平的不断提高，对瓜类作物的消费档次亦在不断提升，迫切需要质优、品种繁多的瓜类供应市场。市农科院蔬菜研究所研究员焦定量、李秀秀从 20 世纪 90 年代开始，采用分子标记辅助育种、变种间抗性基因转育、染色体易位应用等先进的育种技术选育西瓜、厚皮甜瓜新品种，并在国内率先建立了少籽西瓜育种体系，先后育成 20 多个享誉全国的西瓜和厚皮甜瓜新品种，除在天津市大面积种植以外，还推广到全国 20 多个省(自治区、直辖市)，为增加农民收入、丰富城乡市场供应、满足人们日益增长的消费需求作出了贡献。

第一节　西　瓜

西瓜种植具有投资少、易栽培、效益显著等特点，到20世纪90年代，中国西瓜的年种植面积约为1500万亩，是世界上种植面积最大、产量最高的国家。天津市种植西瓜历史久远，但普遍存在着优质与裂果连锁，中晚熟品种单瓜籽多、食用不便、适收期短等问题。市农科院蔬菜研究所研究员焦定量以西瓜优质、高产、抗病、耐贮运和少籽、无籽为育种目标，从20世纪90年代开始，开展染色体易位遗传规律及对西瓜结籽性等主要农艺性状的影响、强雌性遗传规律和相关性状分子标记、强雌基因与少籽性状整合以及健康种子生产技术等方面的研究，开拓了西瓜育种研究的新领域，在国内率先创建了少籽西瓜育种技术体系，发现了4对染色体易位，并最先将染色体易位应用于无籽西瓜新品种选育，还首次发现了西瓜强雌性资源并获得与之紧密相连的分子标记。到2005年先后育成国内第一个少籽西瓜新品种“津花4号”和第一个染色体易位无籽西瓜新品种“津蜜8号”等6个优良新品种。这些西瓜新品种食用方便，品质优良，耐贮运，效益显著，并解决当时西瓜种植中突出存在的早熟品种优质与裂果之间的矛盾，对促进西瓜育种研究的科技进步与西瓜产业的发展起到重要的作用。

这些西瓜新品种自育成后，已推广到山东、河南、湖北、陕西等20多个省（自治区、直辖市），约占同类品种的50%，到2010年累计推广种植50万亩，为社会创经济效益2亿元。“西瓜育种方法创新及系列新品种选育”获2002年度天津市科技进步奖二等奖；“少籽西瓜育种技术创新及新品种选育”获2009年度天津市科技进步奖一等奖。

一、“津花4号”

为少籽西瓜新品种。利用染色体易位技术育成的“津花4号”不但克服了早熟西瓜优质与裂果的矛盾，而且具有普通西瓜早熟易栽培和无籽西瓜品质优、食用方便的优点。全生育期90天，易坐果，平均单瓜重约4.5公斤，瓜瓤中心含糖量11.5%以上，单瓜结籽仅有50粒，比普通西瓜减少75%，耐贮运。2002年12月通过天津市农作物品种审定委员会的审定。适宜在小拱棚和露地地膜覆盖栽培，亩产在3500公斤以上。

二、“津蜜8号”、“津蜜20号”

为无籽西瓜新品种。也是国内第一批采用染色体易位技术育成的无籽西瓜新品种。“津蜜8号”属染色体易位中熟无籽西瓜新品种。全生育期105天，植株生长旺盛，中抗枯萎病。果实短椭圆形，浅墨绿色，皮厚1.2厘米，瓜瓤红色，脆嫩，口感好，中心糖含量在12%以上，单瓜重约7.1

公斤,耐贮运,适宜在全国各地保护地和露地种植,亩产在4000公斤以上。"津蜜20"全生育期约110天,抗西瓜枯萎病,抗逆性(旱、湿)强,易坐果。果实圆型,单果重5~7公斤,果皮纯黑色,光亮美观,果肉大红色,肉质细脆、汁多爽口,风味好,中心糖含量在12%以上,果皮厚1.1厘米,耐贮运,亩产可达4000公斤。2005年分别通过天津市和国家农作物品种审定委员会的审定。

三、"津花魁""早丰"

为适收期长的品种。在低温条件下仍能正常生长、坐果,抗西瓜枯萎病、炭疽病,适收期比一般西瓜可延长10~15天,耐贮运,商品性状好。"津花魁"为中熟品种,全生育期95天~105天,果实短椭圆形,花皮,皮厚1厘米,底色深绿,单果重约7公斤,瓜瓤红色,肉质脆嫩,适宜在露地和小拱棚种植,亩产在4000公斤以上。"早丰"为中早熟品种,果实外观圆形周正,花皮,果皮底色深绿,条带细而清晰,平均单果重6~8公斤,瓜瓤鲜红,肉质细脆,中心糖含量可达11.5%以上,不易裂果,适宜在小棋棚种植,亩产在4500公斤以上。

四、"黑橄榄"

为橄榄型西瓜新品种。极早熟,全生育期85天。在低温条件下仍能正常生长,易坐果。果实两头尖,酷似橄榄,果皮深绿,底隐网纹暗条带,单瓜重3~4公斤,红瓤,少籽,单瓜瓜籽数仅为48粒,肉质脆嫩,口感好,中心糖含量达13%以上,货架期长,皮硬,耐贮运。适宜在露地地膜覆盖和保护地种植,亩产可达2700公斤。

第二节 厚皮甜瓜

厚皮甜瓜(港澳等地称洋香瓜)原产于非洲,果肉厚,含糖量高,风味独特,品质好,在国际市场属十大畅销果品之一。改革开放以后的20世纪80年代中期在中国东部地区始有零星种植,大部分是从日本引进的"伊丽莎白""西博洛托"等品种。国家每年要支付大笔外汇进口种子(每公斤价格高达1~2万元)。为适应天津果品市场和居民消费的需要,结束厚皮甜瓜种子从国外引进的历史,市农科院蔬菜研究所研究员李秀秀、刘莉等科技工作者从1991年开始,采用变种间抗性基因转育、三交种育种、分子标记辅助育种等技术,到2010年相继选育成功"圆首""瑞龙""丰雷""甜9号""白圆首""津甜98""金蜜龙""瑞龙2号""碧龙" 等10个厚皮甜瓜新品种。这些厚皮甜瓜新品种外观漂亮,有绿色、黄色、白色,条纹斑点清晰,形态各异,颇具特色。分别适宜于节能型日光温室、塑料大棚、塑料小拱棚栽培,可满足不同地区,不同气候条件下的种植需要,且早、中、晚熟配套,拉开了成熟、上市的日期,满足了市场的需求并给果农带来较高的经济效益。这些新品种抗病性强，产量高，质量优，含糖量高，口感好，竞争优势明显，受到果农和消费者的欢迎。

一、光皮类型厚皮甜瓜新品种

1.“圆首”。2002年育成。果实高圆形，果皮绿色，单果重约2公斤，果肉浅橙色，肉厚4.5厘米，肉质酥脆，口感好。含糖量16%，亩产可达2000~3500公斤。

2.“丰雷”。2005年育成。果皮黄绿色，果面有10条灰色条带，果肉浅绿色，厚3.6厘米，含糖量达16.7%，香味浓郁，口感好。亩产可达2000~3000公斤。自育成后，除在天津成为主栽品种以外，还迅速推广到河北、山东、河南、陕西等20多个省（自治区、直辖市），到2010年累计种植面积达8万亩。

3.“甜9号”。2005年育成。果实成熟期38天，果实圆形，果皮黄色，单果重2公斤以上。果肉浅绿，肉厚约4厘米，肉质较脆，含糖量达16%，耐贮存，货架期长，亩产约3000公斤。

4.“白圆首”。2008年育成。果实成熟期37天，果实长卵形，果皮白色，平均单果重1.4公斤，最大2.3公斤，果肉厚3.5厘米，含糖量16%，口感好，耐贮运，货架期长，亩产2500~3000公斤。

5.“津甜98”。2008年育成。低温时仍能正常结果。果皮金黄，有10条白色条带，单果重在0.7公斤以上，含糖量达16%，果肉脆甜，口感好，亩产可达2000~2500公斤。

二、网纹类型厚皮甜瓜新品种

1.“瑞龙”。2004年育成。果实发育期50天，果皮灰绿色，网纹较粗且分布均匀，果实圆形，单果重约1.7公斤，果肉绿色，肉厚4厘米，含糖量16%，品质优良，口感好，亩产2500~3500公斤。

2.“瑞龙2号”。2004年育成。果实发育期55天，果皮灰绿色，分布粗状网纹，单果重约1.35公斤，果肉绿色，肉厚3.5厘米，含糖量17%，耐热性好，亩产可达3000公斤。

3.“碧龙”。2005年育成。果实成熟期50天，果皮浓绿色，密布网纹，单果重1.6公斤以上，果肉碧绿色，肉厚3.8厘米，果肉脆质，含糖量达17%，亩产3000~3500公斤。

4.“金蜜龙”。2007年育成。植株较矮，生长健壮，果实高圆形，果皮金黄色，表面有分布均匀的网纹，平均单果重约1.5公斤，最大3.2公斤，果肉厚3.9厘米，含糖量16%，果肉橙色、脆质，多汁，口感佳，耐贮运，商品性状好，亩产可达4000公斤。

5.“金利”。2010年育成。植株长势健壮，对甜瓜多种病害抗性强。果实发育期45天。果实高圆形，单瓜重约1.8公斤，果皮金黄色，果面纹细密均匀。果肉橙色，肉厚4厘米以上，含糖量16%，肉质脆，口感好，亩产在3600公斤以上。

天津市厚皮甜瓜育种技术的不断创新不仅使天津厚皮甜瓜新品种选育技术居国内领先水

平，也在天津形成西青区辛口镇、武清区河西务、静海县良王庄等几个规模比较大、连片种植面积超过千亩的厚皮甜瓜种植基地，2008 年全市厚皮甜瓜的种植面积创纪录超过 2 万亩，其中 95%以上为李秀秀等科技工作者育成的品种，产品除供应国内市场外，还销往新加坡、俄罗斯等地。2005~2010 年，"丰雷""碧龙""金蜜龙"等新品种累计在全国推广种植 20 万亩。"厚皮甜瓜三交种育种技术研究及新品种选育"获 2006 年度天津市科技进步奖二等奖；"甜瓜育种技术创新及设施专用型新品种选育"获 2008 年度天津市科技进步奖一等奖。

表 13-4-2-166 西瓜、厚皮甜瓜新品种选育获奖成果简表

获奖时间	获奖成果	完成单位及主持人	奖励名称及等级
2002 年度	西瓜育种方法创新及系列新品种选育	市蔬菜研究所 焦定量	天津市科技进步奖二等奖
2006 年度	厚皮甜瓜三交种育种技术研究及新品种选育	市蔬菜研究所 李秀秀	天津市科技进步奖二等奖
2008 年度	甜瓜育种技术创新及设施专用型新品种选育	市蔬菜研究所 李秀秀	天津市科技进步奖一等奖
2009 年度	少籽西瓜育种技术创新及新品种选育	市蔬菜研究所 焦定量	天津市科技进步奖一等奖
2009 年度	西瓜染色体易位育种技术研究及少籽优质新品种选育与应用	市蔬菜研究所 焦定量	神农中华农业科技奖三等奖

第五章 食用菌新品种选育技术

食用菌属可食的大型真菌，味道鲜美，营养丰富，含有人体所必需的 8 种氨基酸，植物性蛋白的含量也很高，成为一类具有高营养价值的食品。同时，食用菌也可以弥补蔬菜淡季市场供应的不足，是城乡居民非常喜食的一种菌类食品。食用菌产业已成为中国农业中的一个重要产业，是种植业中的仅次于粮、棉、菜、油、果的第六大类产品，国际市场的需求量也很大。同时，食用菌生产所需的原料是传统农业所产生的有机下脚料（如棉籽壳、木屑、秸秆等），在废弃的房屋、仓库、土窖中均能生产，不需要占用良田，并具有节地节水优势，所以食用菌生产符合生态农业和绿色农业的标准和要求。

食用菌在中国东南沿海地区栽培较早，天津市因受干燥寒冷的气候条件的制约，且缺少适合天津市栽培的菌种，故食用菌生产起步较晚，远远满足不了城乡居民的需求。为改变天津市食用菌生产的落后面貌，市农科院林果研究所研究员王永庄、张志军等科技工作者从20世纪90年代开始着手搜集食用菌品种资源，对产于江苏、浙江、福建等地的近200个菌株进行整理和选择，对筛选出的具有产量高、质量优、商品性状好的菌株进行栽培试验，在此基础上，选育和驯化出适合天津市气候条件和栽培原料的优良品种，到1997年相继选育成功"PL72""津平90""CR33"等9个食用菌优良品种。之后，又选育成功杏鲍菇、白灵菇等优质食用菌新品种。同时，在高效灵芝菌种选育、灵芝多糖高效制备的研究等方面也取得了新的成绩。

市农科院林果研究所的科技工作者在选育食用菌优良品种的同时，还积极做好技术开发和技术咨询工作。建立了食用菌育种及种质鉴定的技术体系，拥有了国内较为先进的研究设备，建有三级菌种繁育实验室和标准化栽培示范基地，成为天津市最大的食用菌菌种生产基地和贮存繁育中心，每年为天津市郊县以及天津周边地区农民提供大批优良菌种，为调整农村种植结构，发展农村经济做出了贡献。这些菌种还出口到日本、韩国、美国等国家，每年出口菌棒量达300吨。

第一节　食用菌新品种

一、"津平90"平菇

从1995年4月开始，市农科院林果研究所研究员王永庄从本所一自生平菇子实体上取样，经组织分离、栽培、混合组织分离获得"津平90"菌株。在多点试验中，春季试验结果，"津平90"比对照品种增产12.4%~17%；秋季试验比对照品种增产12.9%~19.9%。

"津平90"菌株生物学效率高，对光温适应性强，菌丝生长旺盛，朵形好，不易破碎，耐贮运，生产周期长，产量高，商品性状好，质量优，口感鲜美，深受农民和消费者的欢迎。2000年3月通过天津市农作物品种审定委员会审定，获2005年度天津市科技进步奖三等奖。

二、优质食用菌杏鲍菇、白灵菇的选育

从1999年开始，市农科院林果研究所研究员王永庄等开展"优质食用菌菌种选育及开发"的研究。经过3年多的努力，到2003年选育出品质与产量优异的杏鲍菇和白灵菇菌株各1个，为天津市增加了2种质量优、产量高、市场前景好的食用菌新品种。

"杏鲍菇PE1"子实体呈保龄球状，菌盖灰棕色，菌柄雪白色，质地脆嫩，味道鲜美。科技工作者还利用杏鲍菇菌种"PE1"培育出国内最高纪录的、单菇重达2.8公斤的杏鲍菇单个子实体。

"白灵菇-1"子实体呈手掌状，整个菇体雪白，肉质肥嫩，口感脆滑。

这两个菌株既适合内销也符合国际市场的质量要求。科技工作者还对这两个菌株进行了全面的生物学特性研究，包括最适合碳氮营养比与母种培养基的筛选，菌丝生长的最适温湿度及酸碱度的试验，在充分掌握菌株特性的基础上分别制订出一套适合天津市及华北地区气候特点的栽培模式。经专家技术鉴定确认达到国内先进水平。

三、野生黄伞驯化栽培

黄伞又名柳蘑、黄蘑、多脂鳞伞，是一种中低温型木腐生菌类。其子实体富含蛋白质、脂肪和碳水化合物及多种维生素。但有关黄伞种质资源方面的资料极为匮乏，制约菌种选育和栽培生产。2004~2010 年，市农科院林果研究所刘连强、訾惠君等科技工作者先后到蓟县、静海、西青、北辰等区（县）进行野生黄伞的调查、采集、分离和驯化，建立黄伞种质资源档案，将体细胞不亲和性、酯酶同工酶、DNA 指纹等多项技术综合应用到黄伞菌株的鉴定鉴别，并获得多个菌株，其中“津黄-4”的生物学特性最好。该菌株生长初期菌丝洁白，后期变黄，生长较快；抗病抗杂性能强；结蕾时间短；子实体丛生，个体较大，菌盖厚实，菌柄粗壮，产量稳定。科技工作者还总结出一套与之生物学特性相配套的栽培管理技术，为黄伞菌类大面积推广打下基础。

四、耐盐碱平菇的选育

2006~2010 年，市农科院林果研究所副研究员訾惠君主持开展天津市科技支撑项目“食用菌耐盐碱菌株选育驯化及其配套技术研究”。采用紫外诱变、盐碱水选育、驯化和耐盐碱菌株种质资源综合鉴定等方法，选育出“津盐 1~4 号”4 个耐盐碱性能较强的平菇菌种，最高耐盐能力达 2%，耐碱能力达 PH9。在中度盐碱地栽培，出菇情况良好，平均生物学转化率为 97%，每亩大棚纯收入可达 4 万元。并制订出与盐碱水质条件相适应的栽培管理规程。

第二节 灵芝菌种选育及深加工技术

一、高效灵芝菌种选育及开发

选育出灵芝多糖含量高、子实体转化率高的菌株是提高灵芝产品质量的重要环节。从 2001 年开始，市农科院林果研究所王永庄、张志军等开展“高效灵芝菌种选育及开发”的研究。对引进的国内外的灵芝菌种进行筛选，对其进行转管纯化、提纯复壮，经 3 年努力，选育出适合在天津地区栽培的高效灵芝菌株 G9，同时还开发成功灵芝蜜、灵芝全粉、灵芝茶 3 种产品并于 2003 年 7 月通过专家组的现场验收。

灵芝菌株 G9 综合性状优良，芝形好(半月形或肾形)，红褐色，饱满，菌盖直径 8~14 厘米，厚 0.6~0.9 厘米。经天津市质检部门测定，G9 灵芝孢子粉多糖含量达 13.7%(高出科研立项合同规定指标 7 个百分点)，子实体生物学转化率达 10.5%。同时，还研制成功以木屑、棉籽皮、麸皮、玉米芯为主料的适宜 G9 生长的栽培料配方。

二、灵芝多糖高效制备的研究

目前，世界上灵芝的消费地区主要集中在东南亚、日本和美国。产区主要集中在中国大陆和台湾、韩国、日本等地。中国于 20 世纪 70 年代开始灵芝的生产与加工研究。多糖是灵芝中具有生物活性的主要有效成分，是一种重要的生命物质。灵芝多糖具有抑制肿瘤和增强人体免疫功能的作用。至 21 世纪初，国内外灵芝多糖的提取(制备)基本采用水浸法、碱浸法提取，再经有机溶剂沉淀提纯。该方法在生产中产生大量的废液，对环境造成污染，既增加了成本，又不利于环境保护。

从 2003 年开始，市农科院林果研究所研究员张志军等开展“灵芝多糖的高效制备研究”，到 2005 年完成了灵芝多糖的初步结构分析、理化性质及分子量的测定，完成了各提取条件对多糖提取率的影响的研究，并确定最佳操作参数。在多糖制备中研究了破碎粒度对多糖浸提的影响，并在浸提过程中采取冷冻工艺，通过破坏灵芝的纤维素、细胞壁，使多糖更易于溶出，从而有效提高提取率。在研究成功灵芝多糖提取工艺的同时，还研制出一套每天可生产 1~2 公斤多糖的制备装置。提取的灵芝多糖纯度高、不易吸潮、质量好，多糖提取率达 87.8%，并对灵芝多糖的测定方法进行了改进，使测定方法更稳定、便捷、科学。张志军、李淑芳等科技工作者还按照国家有关部门的要求，制订灵芝多糖产品标准。“灵芝多糖高效制备的研究”“灵芝高效利用技术集成与产品开发”，并于 2006 年 1 月通过了专家技术鉴定。“灵芝多糖高效制备研究”获 2008 年度天津市科技进步奖三等奖；“灵芝多糖的制备方法”2009 年获国家发明专利授权。

表 13-5-2-167 食用菌研究获奖成果简表

获奖时间	获奖成果	完成单位及主持人	奖励名称及等级
2005 年度	“津平 90”平菇	林果研究所王永庄	天津市科技进步奖三等奖
2008 年度	灵芝多糖高效制备研究	林果研究所张志军	天津市科技进步奖三等奖

第六章 果树栽培和果品深加工技术

改革开放以来，随着天津市农业种植结构不断调整，全市果树栽培面积不断扩大，到20世纪90年代，天津市果树栽培面积达78万亩，约占全市耕地总面积的12%，果品年产量达2.77亿公斤，果树栽培面积和果品年产量均达历史最高水平。为不断提升天津市果品品质，满足城乡居民不断增长的消费需求，天津市农业科技工作者针对天津市果树栽培中存在的问题，深入到蓟县、汉沽、宁河、武清、宝坻等果树栽培较为集中的区（县）、乡（镇）村推广果树新品种和先进的配套的栽培技术，天津市果品生产跃升到一个新的水平，果品质量有了较大的提升，果业已成为津郊某些乡镇农村经济的支柱产业和农民增收的重要来源。还同汉沽区人民政府一起建成天津滨海万亩玫瑰香葡萄旅游观光带。同时，在果品深加工这一领域也取得喜人的成绩，在国内率先研制成功了沙司饮料和全汁发酵型果酒制作技术，为抑制“卖果难”，增加果品附加值，增加农民收入，丰富城乡市场供应作出了贡献。

第一节 果树栽培

一、设施葡萄栽培示范工程

从1995年开始，市农科院林果研究所研究员高献亭同武清区林业局共同开展“设施葡萄栽培示范工程”，以示范推广为主带动全市的设施葡萄栽培的进一步发展，到1998年，发展设施葡萄栽培面积360亩，亩增经济效益1.5万元，品种优良率达100%，优质果达到95%，并于1998年6月通过专家技术鉴定。

为解决设施葡萄栽培中葡萄旺长不结果和不能连续结果这一难题，高献亭等探索不同品种葡萄冬季休眠时间，成功总结夏季超短梢修剪技术，即在每年6月葡萄采摘后，经过对葡萄树进行施肥、灌水后，立即对当年生新梢进行超短梢修剪，将当年的新梢全部剪掉，使其重新发枝，在直接光照下，利用夏季（6~8月）高温、高光照的条件，促使新梢茁壮生长，花芽良好分化，这样既不需要隔几年将树挖掉重栽，又保持树势的茁壮生长并连年稳产高产。

科技工作者还采用石灰氮处理葡萄冬芽的新技术，使葡萄萌芽时间提前20~25天，从而使葡萄上市时间提前20~25天。经过筛选确立以乍娜、京秀、普列玫瑰等具有早熟、大粒、结果稳定等特征的欧亚品种为主的品种结构，还通过控产、应用调节剂、果穗整形、果穗套袋等技术措施研究生产优质果品，从而使上市的果品实现优质、无污染、无残毒。项目开展3年多的时间内还采用课堂与现场相结合的方式进行技术培训工作，推广设施葡萄栽培技术。到2000年，该技术已在天津市东丽、西青、津南、汉沽、塘沽、武清、静海、蓟县等区（县）推广4000亩，亩产达1500公斤，栽培品种优良率达100%，好果率达95%以上，为果农新增经济效益6500多万元。通过本项目的带动示范，设施葡萄栽培在天津市得到了较快的发展。获2001年度天津市科技进步奖三等奖。

二、精品果园综合技术推广

从1999年开始，市农科院林果研究所研究员陶井铮、田淑芬主持开展了天津市农业重点推广项目“精品果园综合技术推广”的研究，在市、区（县）林业部门的配合下，经3年的努力，研究与总结出天津市主要果树品种的先进的栽培和管理技术，并在应用中取得了较好的经济效益，2001年12月通过专家现场验收。

科技工作者经过3年多的努力，引进国内外126个优良品种，筛选出适合天津地区种植的83个优良品种（分别适宜在露地或设施中栽培，早中晚熟配套），并研究总结出相应的栽培技术。

结合国内外水果市场的需求对天津地区主栽的8个果树品种（红富士、新红星、新嘎拉苹果，早酥梨、水晶梨，大久保桃，玫瑰香、红地球葡萄）进行详细的研究，制订出8个果树品种优质果产品质量标准。并结合无公害果品标准等要求，从肥水管理、栽培技术、病虫害防治、分级包装等各个环节，研究总结成功优质果园生产技术规范和技术操作规程，促进优质水果规范化和标准化生产。

总结成功在冬剪时调整结果母枝的结果部位，果穗均匀摆布架面的技术，有效地提高了葡萄的质量。通过对玫瑰香葡萄新梢和根系生长情况及其生长特性、耐盐碱能力的研究，成功总结施肥要领。在苹果、梨、桃的生产中，通过采用合理负载、合理修剪、人工授粉、疏花疏果、严格控产、果实套袋等技术，总结出适合各果品品种最佳的果实袋型和套袋时间的技术规程，这对减少病虫害、提高果品（果实）品质效果显著。

建立完善的先进栽培技术推广体系和一支以科研为基础、以技术开发为主体、网络健全的科技推广队伍。研究总结成功的先进的管理栽培技术对天津市主栽的8个果树品种生产优质水果具有重要的指导作用，并在应用中取得了较好的经济效益。3年来共建设示范园12个（面积4040亩），示范园亩新增效益在1500元以上，示范园新增总效益713万元。推广总面积16500

亩,新增经济效益约1650万元。获2002年度天津市科技进步奖三等奖。

三、利用分子标记技术提高茶淀玫瑰香葡萄优系纯度及标准化栽培技术的研究

玫瑰香葡萄是世界知名的鲜食、酿酒兼用的品种,在中国已有100多年的栽培历史,主要分布在环渤海地区,是天津地区葡萄主栽品种,到21世纪初在天津地区的栽培面积已达6万亩(其中汉沽区近4万亩),主要集中在茶淀镇,成为当地的特色农业产品,对提高农民收入起到了重要的作用。但由于存在建园和栽培方式不规范、施肥不当、品种种性分离、退化等问题,造成果穗不整齐、松紧度差异较大、果形不一致(有长粒、圆粒)、着色不整齐、成熟度不一致、大小粒不匀的现象,影响了果品的商品质量。为全面提高茶淀玫瑰香葡萄的品质,突出地方品牌特色优势,市农科院林果研究所研究员田淑芬在中国农业大学、汉沽区林业局的配合下于2000~2004年主持开展天津市重大科研项目"利用分子标记技术提高茶淀玫瑰香葡萄优系纯度及标准化栽培技术"的研究。采用国际上较为先进的分子生物标记技术,快速、准确地对玫瑰香葡萄的主要性状、特异性状进行筛选,从理论上说明玫瑰香葡萄遗传背景的共同性和多样性,从分子水平揭示玫瑰香葡萄种性分离的原因,确定玫瑰香葡萄优系的标准基因型,为提高玫瑰香葡萄种性纯度,提高果品质量奠定了基础。还对茶淀镇的茶淀、后沽、大辛、福田和杨家泊镇的西庄坨村共1000亩的玫瑰香葡萄园,通过去除差异大的植株或改接的方式进行优系提纯改良,并进行标准化的栽培管理,使其成为高标准的示范园。研究总结出一整套玫瑰香葡萄栽培管理生产标准如最佳树型、田间管理措施及采收标准等,制订了标准化的栽培技术。科技工作者还于2001~2002年连续两年对汉沽区玫瑰香葡萄园进行土壤状况的分析,还对玫瑰香葡萄不同生长时期的叶片进行营养状况分析,提出玫瑰香葡萄不同生长时期的营养标准,制订了科学施肥的具体措施。科技工作者通过反复试验,成功研制出调控茶淀玫瑰香葡萄无核、增大果粒、拉长等系列调节剂配方,无核率达100%;提出茶淀玫瑰香葡萄无核化的调控机制及配套栽培技术,使茶淀玫瑰香葡萄特有的穗形整齐、小粒率低、早熟、风味浓郁等优良性状进一步彰显,以品种纯正、品质超群、标准化栽培、规模化生产等特点成为中国的葡萄精品,参与国际竞争。到2005年,该项技术推广面积已超过1万亩,使当地果农增收近亿元。获2006年度天津市科技进步奖二等奖。

四、蓟县山区果树品种优化及配套技术应用的研究

天津市蓟县山区面积755平方公里,果园面积30万亩,果树生产成为山区农民收入的主要来源。但果树生产中品种老化(近50%为老品种),多、乱、杂现象较为普遍;优质果树少,品质差,好果率低;生产条件差,土地瘠薄,近80%的果园分布在山坡和丘陵地带;产量低,果品平均亩产仅250公斤(相当于全国平均亩产660公斤的37.8%)。为改善蓟县山区果树的栽培条件,

调整品种结构、提高果品产量和质量，从2001年开始，市农科院林果研究所研究员王芝学等科技工作者在蓟县有关部门和乡（镇）村的配合下，开展"蓟县山区果树品种优化及配套技术的应用"的研究。科技工作者经3年的努力，在蓟县引进了一批果树新品种，推广一批先进适用的果树栽培技术，建成一批高标准示范园，促进蓟县山区的果树品种改造和产业化生产，取得较好的经济效益和社会效益。

经过3年的努力，建成示范园13个（面积共600亩），引进果树新品种56个。通过筛选和比较，确定梨、苹果、桃、枣、板栗等5个重点推广品种。对55万株（面积1万亩）低质和野生果树资源进行优化和改造。

积极传授、推广优质果品栽培技术。实施果树旱作栽培配套技术、果树套袋技术、人工授粉与疏花疏果技术，使果树标准化栽培技术得到干部群众的认同，促进了果树优质栽培技术的普及与提高。还成功研制了经济适用、具有较高的推广价值的钉滚支撑果树整形技术。3年来果树优质栽培技术推广面积17000亩，果实套袋1000万个。示范点内生产优质果品60万公斤，并于2003年申报了青山岭油栗、盘山爱宕梨、蓟州脆枣、平安富士苹果四大果品品牌。

促进老果区野生资源的开发利用。蓟县的一些乡村酸枣资源比较丰富，沟谷、缓坡、山梁随处可见，生长茂盛，长期以来被作为荆棘、灌木、柴草砍伐或荒弃。指导农民完成酸枣改接65万株，既充分利用山地资源、变废为宝，又改善山区生态环境，增加农民的经济收益。与此同时，还选育并推广鲜食枣品种"蓟州脆枣"并指导果农在全县建成脆枣、冬枣、赞皇大枣等规模化基地上万亩。

同蓟县林业站、成人学校等单位采取技术示范、组织培训班、现场参观考察、现场指导、发放技术材料等方式对蓟县农村基层科技人员和果农进行培训，提高农村基层科技人员的科技水平。

"蓟县山区果树品种优化及配套技术应用"的开展和实施加快山区果品基地建设步伐。科技人员同蓟县干部群众结合山区综合开发、生态工程建设等项目的进行，形成并完善以罗庄子优质梨生产基地，花果峪蓟州脆枣基地，船舱峪、黄崖关板栗基地，小平安有机苹果生产基地，罗庄子大桃生产基地等近10个规模在500~1000亩大型果品生产基地，给当地农民带来较好的经济收益。该项目获2004年度天津市科技进步奖三等奖。

五、鲜食葡萄标准化生产示范区建设

"九五""十五"计划期间，天津市围绕调整农业种植结构，大力发展鲜食葡萄种植基地，引进推广美国红地球（红提）、秋黑（黑提）、美人指等鲜食葡萄品种，取得显著的效果。到2003年，天津市已推广鲜食葡萄约10万亩，蓟县鲜食葡萄栽培面积已达2万亩以上。但是随着栽培面积的

不断扩大,鲜食葡萄种植中也出现了一些问题,主要是大部分果农缺乏对相关品种特性的了解和标准化栽培意识,生产的葡萄质量较差,销路不畅,效益较低。为解决天津市鲜食葡萄栽培中存在的问题,发展优质果品,推广标准化生产技术,市农科院林果研究所研究员刘洪章在天津市技术监督局、蓟县林业局的配合下于 2004~2006 年主持开展了“鲜食葡萄标准化生产示范区建设”的研究。

在 3 年多的时间里,科技工作者在蓟县官庄镇塔园村、孙各庄镇马庄村建立面积分别为 340 亩和 600 亩的标准化示范现场,栽培的品种为美国红地球和秋黑,依品种特性和产地环境条件制订栽培技术标准。示范现场严格按照技术要求进行,生产的葡萄果穗果粒整齐、松散适度,优质率达 90%以上。通过技术示范提高了果农对标准化生产的认识,改变传统粗放的生产与管理方式,取得明显的效果,带动周边 2 万亩鲜食葡萄基地的标准化生产。

科技工作者根据天津地区地理条件和气候特点,制订《示范区鲜食葡萄标准化生产技术规程》和《天津市红地球葡萄栽培技术规范》,从产地环境条件与建园要求、土肥水管理、整形修剪、花果管理、病虫害防治、采收与分级、贮运包装等方面制订系统规范的要求,引导果农按标准化生产技术规程和栽培技术规范进行生产。针对山地葡萄园水源短缺以及地势高低不平等情况,示范并推广了塑膜土枕简易水土保持工程、架下土壤深耕、架下生草覆草等多种方式相结合的葡萄园节水栽培技术,提高果园灌溉的效果。针对红地球葡萄根系抗寒性较差的弱点,采取架下土壤深耕逐步断除土壤表层 20 厘米以上的根系,引导根系向下生长,提高了葡萄的抗寒能力;架下生草、覆草栽培不仅减少了地表水分的蒸发量,而且对防止葡萄在干旱年份容易发生的果实日烧病起到较好的效果。

科技工作者根据示范区葡萄主栽品种的特性,从葡萄出土到埋土防寒整个生长期内的栽培技术对果农进行系统的培训,帮助果农解决生产中出现的技术问题,使蓟县鲜食葡萄整体的栽培技术水平有很大的提高,示范区鲜食葡萄平均亩产 1230 公斤,比对照品种亩增加 200 公斤,增产 19%,优质果率达 90%,种植户平均亩增效益达 1200 元,示范区果农 3 年累计增收 3000 万元。针对果农在葡萄栽培中存在的盲目使用果实膨大剂、生长促进剂使葡萄果实出现不良后果的具体情况,刘洪章等向果农传授葡萄生长调节剂安全使用技术,规范调节剂的应用种类、浓度、使用次数以及合理混配的操作方法,果品质量有了很大的提高。科技工作者从带动示范区鲜食葡萄产业化发展出发,推广实施鲜食葡萄贮藏保鲜技术,并指导果农建起微型冷库 50 座,年贮存量达 100 万公斤。从冷库设计、施工建造、制冷机组配置,保鲜果品的选择、采摘、包装以及果品入库预冷、码放、温湿度控制、检查等各个技术环节进行细致的指导培训。葡萄贮藏好果率达 95%以上,使葡萄上市时间延长 60~120 天,每公斤葡萄新增收益在 2 元以上。

第二节　果品深加工技术

果品深加工是防止果品由于保存不当而发生腐烂的重要手段，也是开发果品资源使其增值的重要措施，对丰富城乡市场供应，增加农民收入，抑制“卖果难”具有重要的作用。市农科院林果研究所研究员马冬青、郭意如在果品产后深加工这一领域进行开拓性的研究，于1988~1992和1999~2002年研制成功沙司饮料和全汁发酵型果酒制作技术，为发展农村经济、抑制“卖果难”、增加农民收入做出重要贡献。

一、沙司饮料

沙司为食品加工行业中一个技术名称，意即为带果肉的蜜汁饮料。市农科院林果研究所研究员马冬青于1988~1992年在国内首次研制成功山楂、桃、南瓜、杏、芦笋5种沙司饮料，成为风行一时的新型饮料和中国饮料行业一个更新换代产品。

1.山楂沙司饮料

山楂是中国北方盛产的一种山果，富含人体所需的多种维生素和微量元素，且资源十分丰富。但长期以来，由于山楂深加工的问题没有得到很好的解决，其加工产品仅限于罐头、果酱、果丹皮、糖葫芦等传统产品，加工的产品价值低，增值小，社会消费量极为有限。20世纪80年代中期，随着山楂进入盛果期，山楂价格呈下跌的趋势，在一些地方出现了砍树(指农民砍掉山楂树)风。为了解决果农卖果难的问题，遏制砍树风，市农科院林果研究所马冬青等从1988年开始，开展山楂沙司饮料的研究，到1991年，研制成功山楂沙司饮料。该项技术以山楂为主料，加入一定比例的胡萝卜精制而成，是国内首家生产的纯天然带果肉型果汁新型饮料。产品橙红色到红色，果肉均匀细腻，具有原料固有的风味，酸甜适口，黏稠适中，可溶性固形物含量达17%~22%，总果肉含量不低于40%，山楂含量不低于50%，总酸度0.4%~0.7%。该产品不仅符合当时国际饮料流行的带果肉、纯天然的趋势，而且在营养、保健、风味等方面均超过当时国内外同类产品。利用该项技术生产的山楂蜜汁饮料，其商品名称叫“中国果茶”，1991年被国家技术监督局、中国商品质量检测协会、中国消费者协会推荐为“中国名牌”产品，同时也是第一个荣获国家绿色食品认证的名牌产品。该产品一经投放市场便受到广大消费者欢迎，成为风行一时的新型饮料，引发1991年以后全国性的“山楂果茶热”，许多省市竞相生产。到1992年，该项技术已在全国12个省市的31家企业进行了技术转让，累计新增产值6.9亿元(其中天津市新增产值3.5亿元)；累计新增利税2.6亿元(其中天津市新增利税1.3亿元)。该项科研成果获1992年度天津市科技进步奖一等奖，1993年获国家技术发明三等奖。

2.桃沙司饮料

马冬青等继“山楂”沙司饮料之后，于1992年研制成功桃沙司饮料。其原料为中国大面积栽培的白肉桃、黄肉桃等溶质性品种。加工出的黄桃沙司为黄色或橙黄色，白桃沙司为白色，均匀一致。风味具有原料固有的桃香味，酸甜适口。组织形态黏稠适中。糖度13%~19%，总酸量(以苹果酸计)0.25%~0.6%。不含防腐剂、人工色素、食品添加剂。桃、杏、南瓜、芦笋4种沙司饮料获1993年度天津市科技进步奖二等奖。

3.南瓜沙司饮料

马冬青等于1992年研制成功南瓜沙司饮料，该产品为低糖、低热量。南瓜沙司饮料原料用中国南瓜、白砂糖、柠檬酸经加工研制而成，色泽黄色或桔黄色，均匀一致，具有南瓜原料固有风味，酸甜适口，黏稠适中，静置后允许有少量汁液析出；含可溶性固形物9%~15%。总酸量(以苹果酸计)0.12%~0.40%。不含防腐剂、人工色素、糖精钠、食品添加剂。

4.杏沙司饮料

马冬青等于1992年研制成功。经专家和有关部门、厂家鉴评，风味优良、色泽美观，产品填补了国内空白。杏沙司饮料原料选自河北省唐海县出产的“串枝红”杏。该品种黄肉，离核，溶质，底色浅绿黄色、正色桔红色，经采后软熟转成黄色，适合加工。杏沙司的主要成分为：杏、白砂糖、柠檬酸。产品呈黄色或桔黄色，均匀一致，具有原料固有的杏香味，酸甜适口，风味浓郁。带果肉，均匀，黏稠适中，静置后允许有少量汁液析出，不含防腐剂、人工色素、食品添加剂。

5.芦笋沙司饮料

马冬青等于1992年研制成功。芦笋沙司饮料之原料采自天津市武清区汊沽港乡，品种为“美丽华盛顿”的芦笋。加工出的沙司的主要成分为：芦笋、白砂糖、柠檬酸、蜂蜜、食盐及其它天然配料。芦笋沙司饮料黏稠适中，不粗糙，不分层，白色，酸甜适口，具有芦笋固有的香味和风味，允许有轻微苦味，允许有少量汁液析出。不含食品添加剂，不含杂质。芦笋沙司饮料营养成分为：每100克含9毫克维生素C，糖度14.71%。

二、全汁发酵型果酒

中国苹果的栽培面积约为5000万亩，梨的栽培面积约为1000万亩，年产量分别达1000万吨和500万吨，栽培面积和产量都居世界第一位。桃、杏、李子、草莓等鲜食水果的栽培面积和产量在世界上也名列前茅，是世界第一水果生产大国。但水果深加工能力大大落后于国际水平，由于产后深加工问题没有得到很好的解决，致使果实腐烂率高达20%~30%，“卖果难”的问题已经成为发展果树生产的制约因素。同时，随着社会的进步和人民生活水平的提高，国家适时地提出酒类生产要实现“四个转变”(即由粮食酒向果酒、高度酒向低度酒、低档酒向高档酒、蒸馏酒向发酵酒)的要求。为落实国家提出的酒类生产要实现“四个转变”、解决“卖果难”的问题,市农科院林果研究所研究员郭意如等采用现代生物技术、现代发酵工艺和低温冷加工手段，对苹果、梨、桃、李子、葡萄、杏、草莓、酸枣等果品的纯汁进行全发酵,最大限度地保持原果的香味和营养成分。研制成功了全汁发酵型系列果酒制作技术。相继研制成功仁果类(苹果、梨)、核果类(桃、杏、李子)、浆果类(黑莓、草莓、桑葚、葡萄)等三大类 15 个品种的果酒的制作技术。运用全汁发酵型技术制作的果酒清澈透明,果香、酒香协调,极大地保留了原料中的营养成分,富含对人体健康有利的氨基酸等营养成分,口感纯净、爽怡,较之过去普遍采用的用勾兑的方法生产的果酒在营养成分、营养价值和商品价值等方面都有了很大提高。除在天津市果酒生产企业推广使用以外,还被北京、河北、辽宁、吉林、河南、江苏、浙江、宁夏、新疆等省(自治区、直辖市)的果酒生产厂家采用,这对提高果类产品的附加值发挥了重要的作用。

1.仁果类果酒(苹果酒、梨酒)

全汁发酵型干白雪梨酒、干白苹果酒制作技术于 2001 年研制成功。2001 年 5 月,经天津市农委组织的专家技术鉴定确认,该项技术居国内领先水平。利用现代生物技术研制成功的干白雪梨酒、干白苹果酒原汁含量为 100%,酒精度为 10%,含糖量每升少于 4 克,产品为浅黄色,清澈透明,无悬浮物,融果香和酒香于一体,滋味醇和柔协,其感官指标、理化指标、卫生指标均达到国家规定的标准。干白雪梨酒、干白苹果酒制作技术可操作性强,由于原料有一定贮存期,可用于加工的时间较长,在原料产地建厂可减少生产成本。生产线设备具有一定的通用性,利用干白雪梨酒生产线,亦可生产草莓酒、李子酒、杏子酒。“干白雪梨酒的技术研究”获 2003 年度天津市科技进步奖三等奖。

2.浆果类果酒(草莓酒、桑葚酒、黑莓酒、蓝靛果酒等)

郭意如等于 2001 年采用生物技术研制成功半干、半甜型草莓酒、桑葚酒、黑莓酒、蓝靛果酒。果香浓郁、酒体颜色浓重悦目,口感柔甜,回味悠长,受到市场好评。草莓酒多为玫瑰红色,澄清透明、有光泽;桑葚酒酒体醇厚,酒香和谐,具有助消化、润肠的作用;黑莓酒呈宝石红色。

3.核果类果酒(李子酒、杏子酒、桃酒)

李子酒、杏子酒、桃酒于 2003 年研制成功。并研制成功发酵不添加亚硫酸的新工艺,使酒质、色泽和口感更优良,还摸索总结出李子、香杏等果品水解专用生物酶和二次脱核技术,使原酒的澄清度提高,出汁率提高 15%~20%,同时还总结出桃、李子和香杏等酿酒用果品的最佳采收期,使酒的色、香、味增强,提高了酒的内在品质。

郭意如等科技工作者利用现代发酵工艺技术研制成功的系列果酒,较过去的浸泡法(勾兑法)生产的果酒具有酒的度数低、保留原果品中的营养成分、易被人体吸收等特点。“草莓、李子、香杏全汁发酵型系列果酒”2003 年 3 月被评为天津农业名牌产品；获 2004 年度天津市技术创新优秀项目二等奖。

表 13-6-2-168　果树及果品深加工研究获奖成果简表(按获奖时间排序)

获奖时间	获奖成果	完成单位及主持人	奖励名称及等级
1992 年度	山楂蜜汁饮料加工技术（中国果茶）	天津市林业果树研究所 马冬青	天津市科技成果奖一等奖
1992 年度	红果树的开发研究	天津市林业果树研究所　王作荣	天津市科技成果奖三等奖
1993 年度	山楂蜜汁饮料加工方法	天津市林业果树研究所马冬青	国家技术发明三等奖
1993 年度	果蔬沙司新产品研制	天津市林业果树研究所马冬青	天津市科技成果奖二等奖
1994 年度	果实采后软化机理及其控制	天津市林业果树研究所吕昌文	天津市科技成果奖二等奖
1996 年度	葡萄保护地栽培技术	天津市林业果树研究所高献亭	天津市科技成果奖三等奖
1996 年度	短枝型苹果的应用与推广	天津市林业果树研究所张同春	天津市科技成果奖三等奖
1998 年度	酒用葡萄优质丰产栽培技术	天津市林业果树研究所高献亭	天津市科技成果奖二等奖
2001 年度	葡萄设施栽培示范工程	天津市林业果树研究所高献亭	天津市科技进步奖三等奖
2002 年度	精品果园综合技术推广	天津市林业果树研究所 陶井铮、田淑芬	天津市科技进步奖三等奖
2003 年度	干白雪梨酒的技术研究	天津市林业果树研究所郭意如	天津市科技进步奖三等奖
2004 年度	蓟县山区果树品种优化及配套技术应用推广	天津市林业果树研究所王芝学	天津市科技进步奖三等奖
2006 年度	利用 RAPD 技术提高茶淀玫瑰香葡萄优系纯度及标准化栽培技术	天津市林业果树研究所田淑芬	天津市科技进步奖二等奖
2009 年度	设施果树标准化栽培技术示范应用	天津市林业果树研究所王芝学	天津市科技进步奖三等奖

第七章　植物保护

进入 20 世纪 90 年代以来,随着中国对外开放程度的提高,农业产业结构不断调整,农业生产中出现了一些新的种植格局,农作物病虫害表现形式及其危害程度发生新的变化,也出现新的外来入侵种群。天津市农业科技工作者根据农业生产的实际需要,针对农作物急需解决的病、虫、草害,组织力量进行研究,从不同农作物病虫草害发生特点及其规律入手,采取实验室和田间试验相结合的方法,开展水稻、玉米的抗病性鉴定及抗病新品种选育;研究成功辣椒、茄子、黄瓜、菜豆等蔬菜上经常发生的病虫害防治等一批生产上适用的科技成果；并开展无农药污染、无公害蔬菜生产基地建设，进行农药残留检测技术研究，筛选出一批适用的高效低毒农药。这些科研成果在天津市乃至周边地区的推广和示范应用，为农作物稳产高产，增加农民收入，保证城乡居民食品安全起到了重要的作用。

第一节　农作物病害防治技术

一、玉米抗病育种及玉米主要病害的综合防治

玉米同水稻、小麦为中国三大粮食作物，到20世纪90年代初，年播种面积约2亿亩，天津市玉米年播种面积约240万亩(其中夏玉米包括套种玉米约占1/2)。在种植的夏玉米多数品种存在着不抗穗腐病的问题，当穗腐病流行的年份，其产量损失比常年高出21%~35%，品质也有明显下降。玉米植株高大，不易用药，且玉米品种间对穗腐病的抗病性差异很大，因此借助抗病育种手段可从根本上控制玉米这一主要病害发生和危害。自1988年起，市农科院植物保护研究所潘惠康研究员主持开展“玉米抗病育种及玉米主要病害综合防治的研究”。经过6年多的努力，明确玉米穗腐病病害发生与气候条件的关系和穗腐病侵入途径。玉米螟蛀穗是玉米穗腐病的主要媒介。为选育出抗穗腐病强的玉米品种，潘惠康广泛收集124份具有抗穗腐病特征的玉米品种资源，对其进行抗病性鉴定，从抗病性强、产量高、品质好、适合在天津地区种植的夏玉米品种中向天津地区夏玉米主播品种“黄4早”中导入一个隐性黄顶基因、显性抗大斑病基因、抗褐斑病基因，于1991年成功选育出夏玉米自交系“8703”。用其配制成功的夏玉米杂交种“津夏7号”生育期94~96天，对玉米穗腐病、大小斑病、褐斑病具有较强的抵抗能力，果实硬粒型，色泽纯黄，品质好，比对照品种早熟3~5天、亩增产约100公斤。

1994年10月，该研究成果通过专家技术鉴定。获1995年度天津市科技进步奖三等奖。

二、水稻细菌性新病害发生规律及防治技术

20世纪90年代，天津市水稻产区发现一种较为严重的水稻细菌性新病害。该病原菌侵染水稻米粒，病斑黑褐色，环绕米粒腹部，呈条状或斑点状，易断裂，露出白色淀粉，病粒瘦小。带菌的稻谷米质下降、价格降低，稻农称此病为“蚂蚱口”“黑心病”。1996~1999年，市农科院植物保护研究所刘水芳研究员主持开展天津市农业科技攻关项目“水稻细菌性新病害发生规律及防治技术”的研究。科技人员深入到东丽、津南、宝坻、宁河、蓟县等水稻产区进行调研，鉴定出致病菌为“草生欧文氏菌”，在国内首次报道侵染水稻米粒病原菌为细菌病害，基本搞清水稻细菌性新

病害发生原因和发病规律以及病原菌的侵染循环特征、病害传播途径、菌株侵染途径。筛选成功“菌虫清”“浸种净”种子消毒剂2种。制订水稻细菌性新病害的综合防治措施：(1)选用抗病品种；(2)每年秋冬时深翻土地消灭菌源；(3)播种前用“菌虫清”或“浸种剂”对种子进行消毒；(4)在水稻灌浆初期喷洒50%福美双可湿性粉剂800倍液。经津郊稻农施用证实，使用该技术防治效果为85%~99%，每亩可为稻农挽回经济损失63.85元。1996~2001年，上述综合防治技术在天津市水稻种植区累计推广应用133.69万亩，创社会经济效益6789万元。2000年5月通过天津市科委组织的专家技术鉴定，获2000年度天津市科技进步奖三等奖。

三、辣椒疫病防治技术

辣椒疫病引起的辣椒根茎腐烂、叶枯，最终造成死秧，系真菌侵袭引起的病害。20世纪80年代，天津市郊县农民栽培的辣椒曾发生大面积死秧现象，保护地内尤为严重，成为发展辣椒生产的一大障碍，1990~1994年，市农科院植物保护研究所刘兆敏副研究员主持开展“辣椒疫病防治技术的研究”。经4年多的努力，明确天津地区辣椒疫病病菌为疫霉属辣椒疫霉菌，并验证辣椒疫病的初侵染源为土壤和病残体，水是再侵染的媒介，也是引起田间疫病流行的关键因子；水质、地势、不同的栽培方式与疫病的发生关系密切。同时，总结成功“以高垄栽培为基础，改善水质为主导，提高生态防治水平，配合适时化学防治技术”和大面积采用“划片联防联治”的综合防治措施。(1)培育无病苗，苗龄90天左右，地温稳定在16℃以上时定植，此前注意低温练苗；(2)改平畦栽培为高垄栽培，垄高在20~25厘米为宜，加强保护地温度管理，适时调解棚内温、湿度；(3)科学排水，在盐碱地实行暗管排咸；没有暗排条件的地块，深挖沟疏通渠道，实行排灌分家。降低地下水位和土壤含盐量，统一管水，统一用药，实行划片联防；(4)化学防治，苗期床土和定植前进行土壤消毒，在田间出现中心病株时加大用药量，暂缓浇水，封锁病畦，减少病菌随水传播，防止疫病流行。该技术适用于沿海平原土地盐碱、地下水位高的地区，防治效果在85%以上。

该项科研成果1994年12月通过专家技术鉴定。1992~1994年在天津市推广应用4000多亩，亩增产约30%，累计增加经济效益600多万元。获1995年度天津市科技进步奖三等奖。

四、葡萄穗轴病、白腐病综合防治技术

葡萄穗轴褐枯病(简称穗轴病)、白腐病是20世纪90年代随着天津市葡萄栽培面积的迅速扩大和新品种的不断引进而形成的危害严重的两大病害。病害流行年份发病率在40%以上，造成葡萄严重减产、质量降低。1993~1995年，市农科院植物保护研究所刘水芳研究员主持开展天津市农业重点科研项目“葡萄穗轴病、白粉病综合防治技术研究”。首先对葡萄穗轴病发病症状、流行规律、生物学特征、潜育期与环境条件的关系进行调查研究，并对病原菌做了鉴定。明确引

起发病的3个主要因素(空气湿度大、栽培管理措施失当、田间菌源积累)。穗轴病主要发生在巨峰葡萄品种,白腐病主要感染玫瑰香葡萄品种。科技人员还对病菌侵染时间、侵染途径、传播方式进行研究。在此基础上研制成功以改进栽培技术措施防治为主、药剂防治为辅的综合防治技术,还复配成功防效优异的12%杀菌宝水剂,综合防治效果在90%以上。(1)加强葡萄架干的冬前管理,清除病残体,消灭菌源,施足底肥(有机肥),使树体内积累大量营养物质,利于第二年花芽分化,提高树体抗病能力。(2)提高葡萄架树的结果部位。在葡萄开花前及时绑蔓、整枝、摘心打杈,除草,有助于通风透光、降低养分的消耗。在萌芽前和开花前3天(约5月25日)及时喷药,消除病原菌初侵染源,增强树体抗病能力,抵御病害侵入。(3)施足3次关键肥(即催芽肥、坐果肥和果实膨大肥),并根据墒情掌握浇水量,在葡萄落花后的15天(5月25日前后)及时清除病穗,减少菌源。

除采取上述技术措施外,防治葡萄白腐病还须在果实着色期清除枝条底层多余叶片,清除杂草,及时排水,降低葡萄架树湿度,改善通风条件,加强光合作用,可使葡萄枝条健壮,提高抗病能力,使病害控制在发病流行之前。

该项科研成果1995年12月通过天津市科委组织的专家的技术鉴定,并在天津市各葡萄产区普遍推广应用。运用该项技术每亩可增产葡萄约200公斤。1995~1996年累计推广面积2.46万亩,新增产量463万公斤,新增产值846万元。获1996年度天津市科技进步奖三等奖。

五、茄子灰霉病防治技术

到20世纪90年代,天津市茄子保护地栽培已有20多年的历史,由于长期的连作种植,土壤中病原菌大量积累,使得茄子灰霉病(主要病症为茄子果实腐烂)连年发生,造成减产或绝收。1994~1999年,市农科院植物保护研究所王万立研究员主持开展"茄子灰霉病防治技术的研究"。(1)科技工作者对天津郊县茄子灰霉病之病症、危害情况及发病特点进行详细的调查研究,提出造成病害流行的关键因素是温度,当外界低于22℃的最高气温持续时间长的年份,病害会大流行。(2)从天津市茄子主要产区分离出122个菌株,研究其毒性强弱,明确灰霉病菌对多菌灵、乙霉威、速克灵、扑海因等4种常用杀菌剂的抗性关系,为合理用药提供科学依据。(3)针对茄子灰霉病的病原菌的生物学特征及侵染特点,制订出"闭棚升温"等生态防治措施,有效地控制茄子灰霉病的危害程度。(4)研制成功具有增效作用的、对敏感菌和抗性菌均有极强抑制作用的克抗药剂"45%灰霉威"可湿性粉剂,成本低,效果好。直接控制花后期及幼果期灰霉病的发生,增加门茄和对茄的结果率。

上述综合防治措施,防治有效率达80%~90%。可使茄子亩增产19.2%。到2000年该项技术已累计推广24300亩,累计新增产值1383.7万元。获1999年度天津市科技进步奖三等奖。

六、保护地黄瓜、菜豆菌核病防治技术

菌核病于20世纪80年代中期在中国东北、内蒙古、新疆、北京等地发现，90年代中期在天津市逐渐流行，尤其在老菜区保护地黄瓜、菜豆中发病较为普遍，主要危害果实和茎蔓，发病后造成蔬菜产量损失常在30%以上，菌核病成为天津市以及中国北方地区反季节栽培中最严重的低温高湿病害之一。1996年~2002年，市农科院植物保护研究所王万立研究员主持开展“保护地黄瓜、菜豆菌核病防治技术研究”。从揭示病原菌的侵染规律入手，明确了防治的关键时期和环节，制订了生态防治与药剂防治相结合的综合防治措施。(1)科技工作者从研究病害发生、发展规律入手，明确天津市保护地黄瓜、菜豆菌核病属于低温高湿病害，造成该病害的病原菌为核盘菌。在天津市可浸染9科24种蔬菜，并详细研究病原菌的生物学特性及侵染特点。首次提出小分生孢子在保护地条件下可以通过气流传播侵染寄主，在发病适期内，累积阴雨日数与当年发病率呈显著正相关关系。(2)在检测病原菌对多菌灵等5种药剂的抗药情况及其之间的交互抗性关系的基础上，复配出克抗药剂45%灰霉威可湿性粉剂等3个作用方式不同、防效明显的杀菌剂配方。(3)提出使土壤菌核腐烂、减少土壤中菌核萌发形成的子囊盘出土、清除病残体、高温闷棚(即利用病菌在32℃以上温度条件下生长缓慢或处于休眠状态，不能浸染的特点，于晴天中午关闭大棚或温室窗口，使棚内温度升高到35℃，持续2~3个小时，然后放风，降温排湿，每周3次)等生态防治措施。

王万立等科技工作者研制成功的保护地黄瓜、菜豆菌核病防治技术易于操作，防病效果显著，到2002年，在天津市蔬菜产区覆盖率达80%以上，平均亩增产14.5%，累计新增产值3703万元。获2003年度天津市科技进步奖三等奖。

七、茄子根腐病防治技术

20世纪90年代中期，天津市西青区辛口镇(天津市保护地小拱棚茄子主产区)发生茄子定植后大面积根腐、死秧现象，病株表现为叶片萎缩、发黄，根部腐烂，严重的整株枯死，造成茄子减产甚至绝收。1998年~2000年，市农科院植物保护研究所和西青区辛口镇农技推广站联合开展天津市重点科技攻关项目“茄子根腐病防治技术的研究”。科技工作者从查找病原入手，明确茄子死秧为茄子根腐病所致，其病原属于镰刀菌属马特组，为茄病镰孢菌和茄病镰孢菌蓝色变种，测定茄病镰刀菌对常用化学药剂的敏感性和抗药性。并对茄子根腐病在天津郊县的发病特点、发病趋势、茄子根腐病与栽培条件的关系进行研究。在此基础上研制成功以嫁接防病为主、培育无病苗、辅以化学防治的茄子根腐病综合防治技术。(1)筛选出适于天津市栽培的托洛巴姆茄、刚果茄、刺茄、赤茄4种优良嫁接砧木，并以天津地区茄子主栽品种“快圆”和“二苠”为接穗

进行嫁接试验，其嫁接成活率高，防病率达到90%以上，平均亩增产1倍以上。(2)研制成功55%根腐灵可湿粉和55%根腐净可湿粉两种效果明显的复配制剂，对茄子苗期土传病害具有较好的防效。

该项科研成果2000年通过专家鉴定，并被天津郊县菜农广泛应用。1998年~2000年在天津市累计推广2.25万亩，累计为菜农新增产值1.12亿元。获2002年度天津市科技进步奖三等奖。

八、利用生物土壤添加剂克服保护地蔬菜连作障碍

连作障碍是影响设施蔬菜生产的一个重要难题，重茬连作导致土壤板结，有机质含量下降。到21世纪初，天津市约有30万亩保护地不同程度地存在连作障碍。2005~2007年，市农科院植物保护研究所副研究员郝永娟主持开展“利用生物土壤添加剂克服连作障碍的研究”。经3年多的研究，明确天津市设施栽培连作障碍产生的主要原因，归纳总结了连作障碍的各影响因子之间的相互关系，从改善土壤根际微生物生态环境角度提出解决连作障碍的措施。研制成功含有两种有益微生物菌剂木霉菌、丛枝菌根菌与食用菌废料(菇渣)等有机物合成的生物土壤添加剂及其发酵生产工艺。经室内试验和田间应用证实，施用生物土壤添加剂后对连作土壤具有显著的改良作用，土壤有机质及速效养分增加，降低了土壤的盐渍化，改善土壤的微生物种群和数量，增强了土壤的生物活性，对植株生长具有明显的促进作用。在育苗时应用，可提前1~2天出苗，对缩短苗期、培育壮苗、减轻病害效果显著。在田间应用可以改良土壤、促进植株生长、增加产量、提高对土传病害的抑菌效果。经示范应用证实，对土传病害的防效可达76%~79%，对黄瓜枯萎病的防效达63.7%~85%，对番茄苗期猝倒病防效可达63.4%~72.4%，可使黄瓜亩增产16.9%~21%。该科研项目2008年3月通过市科委组织的专家技术鉴定，获2008年度天津市科技进步奖三等奖。

九、绿色木霉制剂协调防控设施蔬菜主要病害

进入21世纪，天津市设施蔬菜种植面积不断扩大，但与此同时，设施蔬菜病害也逐年加重。其中尤以灰葡萄孢霉引起的灰霉病、茄病镰刀菌引起的根腐病发生较为严重，一般的减产在20%~40%，严重时达60%，甚至绝收。以往防治多采用咪唑类等化学药剂，造成蔬菜农药残留。针对设施蔬菜主要病害抗药性逐渐增强、防治困难以及城乡居民关注的蔬菜农药残留和食品安全食用问题，从1999年开始，市农科院植物保护研究所王勇副研究员主持开展绿色木霉制剂化及其协调防控设施蔬菜主要病害的研究。科技工作者对天津地区设施蔬菜中灰霉病、白粉病、霜霉病、根腐病等病害的状况和发生规律进行系统的调查。明确天津郊县茄病镰刀菌对不同类型

杀菌剂抗性水平和交互抗性。通过对具有良好生物防治功效的绿色木霉进行筛选、研究、开发，研制成功绿色木霉制剂。并在国内首次总结出以绿色木霉制剂为主、配合高效低毒的化学药剂协调使用的配方和施用技术。防治效果达77%~85%，蔬菜亩增产6.8%~11.6%，在达到蔬菜病害有效防治的同时，实现生物农药的有效利用与减少或降低化学农药的使用。

绿色木霉制剂及其协调防控蔬菜病害技术的应用，有利于天津市设施蔬菜洁净生产，提高农产品质量，增加农民收入，具有广阔的市场前景和较好的社会、生态效益。2004~2008年该项技术在天津市西青、北辰、武清、宝坻、宁河等区（县）的蔬菜产区进行推广应用，取得较好的经济效益和社会效益，获2009年度天津市科技进步奖三等奖。

第二节 农作物虫害防治技术

一、棉铃虫综合防治

棉铃虫可危害棉花、小麦、玉米、蔬菜等200多种植物，是一种杂食性的农业害虫。随着对农药产生抗药性以后，20世纪90年代初期在中国北方暴发成灾，造成棉花生产的严重损失，成为影响农业生产的主要害虫。1993~1995年，市农科院植物保护研究所陈秉恕副研究员主持开展天津市农业重点科技攻关项目“棉铃虫综合防治技术的研究”。在分析研究棉铃虫暴发成灾原因的基础上，结合天津市棉花生产的特点，根据害虫的发生规律及生物学特征，研究成功因地制宜地将农业防治、物理防治、化学防治结合起来的综合防治措施。（1）科技工作者以农业部棉铃虫测报调查规范和统计资料为基础，利用当地积累多年的资料，建立了天津市棉田棉铃虫预测预报方法，中长期和近期测报准确率分别达到85%和95%。（2）通过室内毒力测定，明确了棉铃虫对6种常用农药的抗性水平，并复配成功药效高、毒性低、价格低廉的“杀虫灵1号”“杀虫灵2号”，用药7天虫口减退率分别达93%~97%和87%~93%；保蕾效果分别为88%~91%和87%~91%。（3）在农业防治方面，科技工作者总结成功：①对棉田进行秋耕冬灌可压低88%的越冬虫口，减低翌年棉铃虫种群数量。②在棉田内种植玉米诱集带诱杀成虫，也可减少20%~22%的二代棉铃虫在棉田的落卵量。（4）经田间示范应用证实，将该项防治措施之农业防治、物理防治、化学防治配套组合成综合防治技术，达到国家规定的综合防治评估标准，比以往的单纯化学防治方法比较，棉铃虫田间落卵量大幅度降低，亩增产籽棉30~62公斤，亩增效益269元。1995~1996年，上述综合防治措施在天津市5个产棉区县得到较大范围的推广，为农民新增经济效益1918万元。获1996年度天津市科技进步奖三等奖。

二、设施蔬菜潜叶蝇的多措施协控技术与示范应用

到20世纪末，天津市蔬菜种植面积约80万亩，其中设施蔬菜种植面积约37万亩。随着设施蔬菜种植面积的不断扩大，潜叶蝇成为一类重要害虫。该类害虫繁殖力强，幼虫在蔬菜叶片内取食，造成线状或弯曲盘绕的虫道，影响光合作用，危害蔬菜的生长，是天津市设施蔬菜作物的重要害虫。市农科院植物保护研究所白义川研究员于1999~2008年先后主持完成天津市农科院院长基金项目“多食性斑潜蝇发生规律与防治技术”、天津市质量技术监督局地方标准计划项目“无公害农产品蔬菜潜叶蝇防治技术规程”、天津市科委基金项目“侵入性害虫斑潜蝇的寄生蜂资源及控害潜能研究”等项目，通过研究：(1)明确了天津郊县蔬菜潜叶蝇有美洲斑潜蝇、南美斑潜蝇、番茄斑潜蝇、葱斑潜蝇和豌豆彩潜蝇5种，潜叶蝇的寄生蜂有19种，优势寄生蜂复合体包括美丽新姬小蜂、潜蛾姬小蜂、底比斯金色姬小蜂。(2)通过温度对美洲斑潜蝇发育的影响、美洲斑潜蝇的田间消长动态及露地越冬等研究，明确了美洲斑潜蝇的发生规律。(3)明确了主要蔬菜上优势寄生蜂的消长动态，设施内自然发生的寄生蜂的越冬情况。(4)研究优势寄生蜂的繁殖和保存技术，制订了优势寄生蜂实验种群饲养流程，明确了优势寄生蜂冷藏、滞育诱导和滞育解除条件。(5)提出了采用农业和生态防治(调整作物布局、土壤翻耕、高温闷棚、低温冷冻处理、清洁田园)、物理防治(基质消毒、黄板诱杀、防虫网防虫)、化学防治(选择合适药剂品种及剂量)和寄生蜂保护利用(生长季节寄生蜂的增殖及助迁、夏季寄生蜂的保存与增殖、秋冬季寄生蜂的保护、田间用药与寄生蜂保护的协调)的设施蔬菜潜叶蝇多措施协控防治技术。

该项科研成果为天津市快速发展的设施蔬菜无公害生产提供了技术支撑。2006~2008年在天津市武清、宝坻、西青、北辰、静海、蓟县、宁河等蔬菜产区进行了推广，累计面积达17485亩，综合防治效果达85%~92%，获社会经济效益4396万元，获2009年度天津市科技进步奖三等奖。

三、设施蔬菜重要病虫防御技术体系及其集成示范

2007年1月~2010年12月，市农科院植物保护研究所研究员谷希树等主持开展天津市农业科技成果转化与推广项目“设施蔬菜重要病虫防御技术体系及其集成示范”的研究。针对设施蔬菜种植中的问题，试验示范并集成四大类8项技术成果：①生物土壤添加剂抑菌改土技术；②石灰氮日光温室土壤消毒技术；③植物免疫激活蛋白健身抗病技术；④天敌寄生蜂释放控害技术；⑤物理隔离防虫技术；⑥色板诱杀害虫技术；⑦蔬菜标准化育苗技术；⑧高效低毒药剂使用技术。形成一整套设施蔬菜综合生产与保护技术暨病虫防控技术规范。通过科技培训、田间指导和现场演示帮助菜农提高无公害蔬菜生产意识和生产技能。先后在天津市建立7个核心示范基地，推广面积101300亩。与项目实施前相比，核心示范区总体控害效果达87%，显著提高了

蔬菜的质量和安全性，改善了土壤的生态环境，降低了防控成本，为农民新增经济效益14171.9万元。获2011年度天津市科技进步奖三等奖。

第三节 无公害蔬菜栽培技术研究

一、无农药污染韭菜生产基地建设及配套技术的研究

韭菜同大白菜、洋葱、卫青罗卜一起被列为天津四大名菜。到20世纪90年代中期，全市种植面积在3万亩以上(全国播种面积约180万亩)，产品除供应本市城乡市场外，还销往北方诸省市。但韭菜种植中存在着产品污染、种质退化和连作障碍3个主要问题。为解决韭菜安全生产问题，1997~2000年，市农科院植物保护研究所谷希树研究员主持开展天津市农业重点攻关项目"无农药污染韭菜生产基地建设及配套技术研究"。(1)科技工作者就困扰韭菜正常生产的韭蛆危害、造成韭菜产品农药残留超标现象、韭菜中毒事件发生的环节进行认真的调研，重新印证韭菜迟眼蕈蚊生物生态学特性，为不同栽培条件下有针对性地防治韭蛆做了技术铺垫。(2)开发筛选出高效、低毒、低残留的杀虫剂两种(20%蛆毙1号乳油、32%蛆毙2号乳油)，总体防治效果达90%~95%，施用后农药残留不超标，生产的韭菜产品安全性合格。(3)总结归纳出露地、冷棚、暖棚等不同栽培条件下一整套防蛆技术。对用药时间、用药量、适用药剂品种、禁用药剂做了明确的认定。总结归纳出适用于中国北方非污灌区有效治理韭蛆的综合配套技术。并对农业防治的覆土、合理施肥、灌水和清整田园均有明确的阐述。(4)初步建设无农药污染韭菜生产基地1150亩，实用技术示范面积13000亩，为社会创经济效益1110万元，亩增收800~1000元。(5)研究总结成功的无农药污染韭菜生产基地建设方案、防蛆技术除在天津市大面积应用外，还在北京、河北、山东等省市推广，到2003年累计推广3.3万亩。

该项科研成果2000年11月25日通过专家技术鉴定，确认其研究水平居国内领先。获2003年度天津市科技进步奖二等奖。

2003年9月，"韭菜安全生产绿色药剂'蛆除'中试"获科技部农业科技成果转化资金立项。经科技工作者3年多的努力，到2005年，已购置中试生产装置并调试，制剂化制备工艺熟化，建成技术路线先进，年产能400吨的生产线1条，中试产品除在天津市大面积应用以外，还推广到河北、山西、辽宁、山东、河南、陕西等地，覆盖面积超过11万亩。

二、特种蔬菜无公害栽培技术研究与应用

天津是全国开展无公害蔬菜生产较早的地区之一，无公害蔬菜已成为天津市种植业中经济

效益高,发展速度快的行业。1999 年 1 月~2005 年 1 月,市农科院植物保护研究所刘春艳副研究员主持开展“特种蔬菜无公害栽培技术研究与应用”。开展特种蔬菜香椿芽菜、球茎茴香、芦笋、莲藕、洋葱、苦瓜等无公害栽培环境、生产管理、病虫害防治技术研究,建立了一套从生产基地—生产设施—品种选择—原料供应—生产过程—产品采收储运等系列化的无公害特种蔬菜生产技术体系,制订合理的肥水技术指标和管理措施,达到蔬菜质量安全、高效生产、病虫害无公害化控制,为天津市无公害特种蔬菜生产起到指导作用。引进筛选适合天津地区栽培的 14 个茴香、芦笋、莲藕、洋葱品种,推动天津市特种蔬菜品种的更新。在总结研究成果的基础上,拟定出特种蔬菜无公害生产综合技术,制订了球茎茴香、香椿芽菜等 6 种蔬菜无公害生产栽培技术规范,并自 2005 年开始作为市级地方标准陆续发布实施,推动了天津市无公害蔬菜生产的快速发展。2006~2009 年在天津市西青、北辰、武清、宝坻、蓟县、静海、宁河等区县示范推广 10150 亩,为农民增加经济效益 2876 万元。获 2010 年度天津市科技进步奖三等奖。

第四节 新农药研制

一、夏玉米化学除草剂(50%丹乙烯乳油)的研制及其应用

夏玉米生长季节,正值高温多湿的雨季,杂草同农作物争水分、争阳光、争肥料,若遇阴雨连绵天气或者劳力不足时,极易形成草荒。同时,杂草也是病虫害的载体。天津市历史上农民清除杂草主要是用手拔和锄头锄等方式。劳动强度大,效率低。1988~1992 年,市农科院植物保护研究所申日升高级农艺师主持开展了天津市农业科技重点课题“夏玉米化学除草剂(50%丹乙烯乳油)的研制及其应用”的研究。采用破坏杂草的光合系统,致杂草呈饥饿状态而死亡,达到除去杂草的目的。课题组从 35 种国内外化学药剂中筛选出高除草活性的单剂,复配成 64 个组合,再从中筛选出药效好、成本低、使用方法便捷的 9 个组合,在温室用盆栽试验做进一步筛选,明确 1 个最优组合(最佳剂型)参加田间试验,经过 4 年多的试验,成功研制夏玉米化学除草剂——50%丹乙烯乳油并于 1992 年 12 月通过专家技术鉴定。

夏玉米化学除草剂——50%丹乙烯乳油对一年生单子叶杂草防效可达 85%~95%,对双子叶杂草防效可达 70%~76%,药效期在 45 天以上,且对后茬作物如小麦等无副作用。除可清除夏玉米地里的杂草外,也可清除大豆、花生、棉花、芝麻、果树及十字花科、茄科、菊科等蔬菜地内的杂草。经农民使用证实:在夏玉米地内施用,每亩可省工 2.5 个,增加产量 30 公斤,使农民增加收入 42 元,为使农民从传统的生产方式中解放出来迈出了可喜的一步。1991~1996 年在天津、河北、山东、江苏、河南等省市推广应用 180 多万亩,为农民创经济效益 7787 万元。经化工部、农

业部批准为国家新农药品种，并取得“三证”，在全国大面积推广应用，获 1996 年度天津市科技进步奖科技成果三等奖。

二、棉花化控制剂的研究

棉花是喜高温、强光照作物，生长前期因温度、光照不足，生长缓慢，当高温多雨季节到来时，植株生长过盛，养分消耗多，易出现落蕾落花，降低棉花品质。在棉花生长的前期和中期及时进行人工整枝打杈可有效地控制其徒长，防止养分过多消耗，保证多坐伏前桃，有利于产量和质量的提高。但棉花的整枝打杈用工多、劳动强度大。利用化学物质调节控制棉花的生长发育，使之高产、稳产的技术称之为“化控栽培技术”。棉花化控技术是应用植物生长调节剂影响植物内源激素系统，使棉花的生长发育朝着人们预期的方向发展的重要措施。从 1991 年开始，市植物保护研究所申日升高级农艺师主持开展了“棉花化控制剂的研究”。采用单剂筛选与优化复配相结合的方法，并以常规药剂做对照，通过室内筛选、盆栽试验、田间小区试验和生产应用示范等试验研究，于 1992 年筛选复配成功新型植物生长调节剂 45%棉花整枝灵水剂。经小区试验和大田示范证实：内吸性好，药效快，药效期持续长达 18~20 天，施用后可调节棉花植株体内营养分配，抑制棉花徒长，使棉花植株株型紧凑，果枝短，减少蕾铃脱落，增加伏桃，提高坐果率，保花效果提高 1.6 倍，保铃效果提高 66%以上。棉花全生育期用药两次即可达到全程控制。经整枝灵处理棉株，籽棉亩产可达 260 公斤，比用人工管理的方法增产 25 公斤，亩增效益达 135 元。工艺简单，易于操作，对环境没有污染。1992 年 8 月通过专家技术鉴定。适用于中国华北棉产区和长江中下游地区棉产区。该技术自研制成功后，经化工部、农业部批准为新农药品种，取得了“三证”，允许在全国推广应用，到 1995 年推广应用面积 100 万亩，使棉农新增经济效益 8100 万元。获 1996 年度天津市科技进步奖科技成果三等奖。

表 13-7-4-169 植物保护研究获奖成果简表（按获奖时间排序）

获奖时间	获奖成果	完成单位及主持人	奖励名称及等级
1991 年度	卫青萝卜病毒病毒源种类检测及综合防治研究	天津市植保所杨崇实、农科院中心实验室	天津市科技进步奖三等奖
1991 年度	蔬菜茶黄螨防治技术研究	天津市植保所 陈秉恕	天津市科技进步奖三等奖
1992 年度	科技成果推广工作	天津市植保 所冯樾	天津市科技进步奖二等奖
1994 年度	大白菜主要病害综合防治技术	天津市植保所 杨崇实	天津市科技进步奖三等奖
1994 年度	天津市果树苹果优质高效综合配套技术研究及示范	天津市植保所石守良、天津市林果所、天津市农资公司	天津市科技进步奖三等奖
1995 年度	辣椒疫病防治技术研究	天津市植保所 刘兆敏	天津市科技进步奖三等奖
1995 年度	玉米抗病育种及主要病害的综合防治研究中的“8703”自交系	天津市植保所 潘惠康	天津市科技进步奖三等奖

获奖时间	获奖成果	完成单位及主持人	奖励名称及等级
1996 年度	夏玉米化学除草剂型及应用(50%丹乙烯乳油)	天津市植保所　申日升	天津市科技进步奖三等奖
1996 年度	葡萄穗轴病白腐病综合防治技术研究	天津市植保所　刘水芳	天津市科技进步奖三等奖
1996 年度	棉铃虫综合防治技术研究	天津市植保所　陈秉恕	天津市科技进步奖三等奖
1996 年度	应用生物制剂防治作物病害的研究	天津市植保所　陈增建	天津市科技进步奖三等奖
1996 年度	棉花化控制剂(45%、50%整枝灵水剂)研究	天津市植保所　申日升	天津市科技进步奖三等奖
1999 年度	茄子灰霉病防治及嫁接技术研究	天津市植保所　王万立	天津市科技进步奖三等奖
1999 年度	《蔬菜中农药最高残留限量和测定方法》地方标准制订与应用	天津市植保所　石守良	天津市科技进步奖三等奖
2000 年度	无农药污染韭菜生产基地建设及配套技术研究	天津市植保所　谷希树	天津市科技进步奖三等奖
2000 年度	水稻细菌性新病害发生规律及综合防治技术研究	天津市植保所　刘水芳	天津市科技进步奖三等奖
2002 年度	茄子根腐病防治技术研究	辛口镇农技站 天津市植保所	天津市科技进步奖三等奖
2003 年度	保护地黄瓜、菜豆菌核病防治技术研究	天津市植保所　王万立	天津市科技进步奖三等奖
2003 年度	无公害污染韭菜基地生产配套技术示范及推广	天津市植保所　谷希树	天津市科技进步奖二等奖
2006 年度	莴笋三病发生规律及综合防治技术研究	天津市植保所　王万立	天津市科技进步奖三等奖
2006 年度	蔬菜病虫害生态综防技术示范推广	天津市植保所　刘耕春	农牧渔业丰收奖二等奖
2008 年度	利用生物土壤添加剂克服连作障碍的研究	天津市植保所　郝永娟	天津市科技进步奖三等奖
2009 年度	设施蔬菜潜叶蝇的多措施协控技术研究与示范应用	天津市植保所　白义川	天津市科技进步奖三等奖
2009 年度	绿色木霉制剂化及其协调防控设施蔬菜主要病害技术研究与应用	天津市植保所　王勇	天津市科技进步奖三等奖
2009 年度	无公害蔬菜生产关键技术集成与产业化示范(合作主持)	天津市植保所　谷希树	天津市科技进步奖三等奖
2010 年度	特种蔬菜无公害栽培技术的研究与应用	天津市植保所　刘春艳	天津市科技进步奖三等奖

第八章 土壤肥料

天津地处九河下梢，土壤盐碱、质地黏重。“文化大革命”期间，由于受极左路线的影响，天津市的土壤肥料资源未能得到合理的开发利用，农田施肥单一，农作物产量低。改革开放以后，全市农业科技工作者紧密围绕农村种植结构的调整、增加农作物产量、提升农产品质量，与时俱进，创新工作思路，不断拓宽研究领域，在土壤盐碱化防治、耕作制度改革、合理施肥、农作物需肥规律、蔬菜无土栽培基质和施肥技术、有机肥料和生物肥料科学加工利用等研究中都取得了新的成绩。特别是在垃圾肥的研制与利用、农作物专用肥的研制和滨海地区盐碱地改造改良等方面走在全国的前列，研制成功的技术成果推广到全国20多个省（自治区、直辖市），对指导农民合理利用土壤资源、科学施肥、促进农业生产不断上台阶发挥重要的作用。

第一节 土壤改良

一、以开发区为例滨海地区土壤盐碱化及其防治

天津经济技术开发区建立（1984年）以前是塘沽盐场三分场，土壤和地下水的盐分来自海水，其盐分组成与海水一致，以氯化钠占绝对优势。经测定，0~20厘米土层的含盐量为13.9克/公斤，地下水矿化度75.4克/升，成为开发区城市绿化和生态环境建设的主要障碍。1994~1996年，天津经济技术开发区总公司园林绿化公司张万钧和市农科院土壤肥料研究所研究员毛建华主持开展“以开发区为例滨海地区土壤盐碱化及其防治的研究”，对天津经济技术开发区的土壤盐渍化的现状及其形成的原因、滨海盐土的土壤和地下水的盐分积累过程、化学性质、盐分组成进行系统的研究，首次提出“开发区灌溉频繁的绿地已出现脱盐碱化土壤”的论点。在此基础上，提出治理土壤盐渍化的技术措施：①采用客土垫地，抬高地面，降低地下水位。②暗管排水排盐，加速土体脱盐。③平整土地，深耕深翻，防盐抑盐。④大水冲洗，灌溉压盐。⑤增施有机肥料，培肥熟化土壤。⑥化学改良，消除土壤碱（钠）危害。⑦利用粉煤灰等废弃物复垦造林。其间，科技工作者用磷石膏加有机物和氮素化肥为原料，研制成功具有含钙物质和酸性物质两类化学改良

剂之优点，并添加有机物质和氮磷钾化肥的碱化土壤改良剂。经过在绿地应用证实，对降低土壤pH值、消除土壤碱（钠）危害、使土壤土质疏松、透水性提高、抑制土壤次生碱化具有良好的效果。1996年开发区绿地养管使用土壤改良剂200多吨，治理面积100多公顷，不仅巩固盐滩绿化取得的成果，而且保证环境质量的持续改善。这一系列水利、农业、生物、化学等配套技术措施综合治理盐碱取得显著的成效，使天津经济技术开发区的生态环境、投资环境大为改观，绿化率、人均绿化面积都达历史最好水平，天津经济技术开发区荣获全国绿化先进集体称号。该项研究获1997年度天津市科技进步奖三等奖。

二、天津地区碱化土壤防治技术

1995~1997年，市农科院土壤肥料研究所研究员毛建华主持开展“天津地区碱化土壤防治技术的研究”，对天津滨海地区碱化土壤进行调查，探明天津地区碱化土壤的分布特点和形成原因，并首次提出：天津滨海地区碱化土壤的形成是由于土壤发生碱化过程，其碱化原因是盐土脱盐过程中的脱盐碱化、苏打型地下水引起的土壤碱化以及碱性水灌溉造成的土壤次生碱化。这些碱化土壤通常呈斑块状插花分布在盐渍土或潮土之中。

科技工作者在3年研究期间共采取土样490个，水样65个，分析土壤化学性质包括pH值、全盐量、离子组成、盐基交换总量、代换性钠离子等共5500项次，测定土壤物理和水分物理常数（容重、孔隙度、毛管水、田间持水量、渗透速度等）70个，共取得各类有效数据6500个。还研制成功有机无机相结合，并综合含钙物质和酸性物质两类改良剂优点的新型土壤改良剂。同时提出因地制宜便于推广的施用化学改良剂、增施有机肥和磷肥、咸淡水混合灌溉等农业和水利相结合的综合防治措施，分别在塘沽、汉沽、大港和静海等碱化土壤较为集中的区县共600亩的土地上进行田间试验。通过综合防治措施的运用，使碱化土壤得到改良，碱化状况有较大改善，土壤通透性、导水性增强，板结情况减轻，总碱度和钠碱化度明显降低，碱化土壤中的苏打盐消失，耕层土壤中pH值降低0.2~0.4。种植的冬小麦、大白菜增产10%左右，水稻、葡萄增产5%左右，农作物的品质也有明显的提高。获1998年度天津市科技进步奖三等奖。

三、脱硫石膏改良盐碱地技术的开发研究与示范

2006~2010年，市农科院农业资源与环境研究所研究员任顺荣主持开展“脱硫石膏改良盐碱地技术的开发研究与示范”。针对天津滨海地区盐碱地以盐为主兼有碱性的特点，经不同的配方组合进行试验，开发研制成功以脱硫石膏为主要成分，添加天然有机生物活性物质的高效、低成本的脱硫石膏有机无机混合土壤改良剂。在滨海盐碱地施用后，土壤含盐量减少9.6%~54%；土壤碱化度下降10.4%~33.8%，对改善土壤物理性状效果明显，增加土壤总孔隙度，土壤固相、

液相和气相比例更趋合理,保水力增强,土体疏松,耕性变好,为农作物产量的提高、品质的提升创造了条件。粮食、蔬菜等9种农作物平均增加经济效益14%。到2010年,在天津市塘沽、汉沽、大港、宁河等8个盐碱地面积较大的区县示范推广2.6万亩,为农民增加经济效益2116万元。该科研项目对脱硫石膏无害化再利用、保护环境、促进农业可持续发展具有重要的作用,获2010年度天津市科技进步奖三等奖。

四、滨海盐碱地土壤改良关键技术的研究

2006~2010年,市农科院农业资源与环境研究所研究员王正祥主持开展国家科技支撑计划项目"滨海盐碱地绿化的关键技术研究与集成示范"课题——"滨海盐碱地土壤改良关键技术的研究"。通过滨海新区土壤调查,摸清滨海新区土壤盐渍化现状,建立滨海新区盐渍化土壤属性数据库,编制"滨海新区盐碱地土壤调查报告"和"滨海新区土壤全盐含量空间分布图"等8幅土壤属性系列图件,建立"土壤剖面盐分测定仪法"和"饱和土浆法"两种可靠的野外快速测定土壤含盐量的方法;在土壤水盐运移规律研究基础上,建立滨海重度盐渍土、盐土和砂质吹填土快速改良绿化关键技术集成模式,即通过结合排水排盐工程的农艺改良与土壤培肥技术,采用富钙咸水和先咸后淡的最佳灌溉淋盐方式加快土壤脱盐进程。用工农业废弃物(牛粪、活性污泥、醋渣、磷石膏等)新研制的土壤改良剂,控制脱盐碱化,改善土壤结构,将土壤含盐量控制在0.3%以下,苗木成活率达到90%以上,实现了盐土和吹填土原土位改良绿化目标。

该技术方法通过盐土和吹填土原位改良可以实现不换客土或少换客土,降低现有盐碱地绿化对客土的依赖程度和换土成本,也避免因绿化换土毁坏农田耕地土壤资源,为滨海中盐碱地绿化探索出一套可持续发展模式。对滨海地区绿化生态建设具有重要的参考意义。该研究成果在中国北方滨海地区及其他盐碱地区的园林绿化和沿海防护林工程体系建设中也具推广应用价值,获2012年度天津市科技进步奖三等奖。

第二节 科学施肥技术研究

一、津郊潮土肥料长期定位试验

潮土是天津市耕地主要土壤类型,约占全市耕地总面积的75%。肥料长期定位试验是一项应用基础理论研究,通过在长期定位施肥条件下,研究农作物、施肥与土壤三者间的相关性,探索土壤肥力演变规律、科学施肥与科学估产等,用以指导农业生产与农业科研。1978~1998年,市农科院土壤肥料研究所研究员姚炳贵主持开展"津郊潮土肥料长期定位试验的研究"。在长达

20年的“长期定位”这一特定的条件下，研究施用化肥、有机肥及其配合施用对农作物产量和质量的周期影响；研究高产条件下的定量施肥与肥料配合关系；研究土壤主要养分演变规律及调控措施，以及施肥、农作物和土壤三者间的定量关系等。通过20多年的研究，取得以下研究成果：(1)肯定了小麦、夏玉米连作是天津市旱地农作物主要的高产复种形式。(2)找出最佳的小麦、夏玉米两季亩产750公斤以上的定量施肥和肥料配合指标。(3)肯定长期(20年)施用化肥，只要氮、磷、钾配比得当，就能取得与有机肥和无机肥配合施用相一致的效果。不能单施氮肥，否则就会破坏地力，造成产量逐年下降。(4)找出土壤中主要养分变化规律及其调控措施，为培肥土壤提供可靠的途径。(5)明确施肥、农作物与土壤三者磷钾养分间的定量相关关系，为平衡施肥提供了准确的依据。(6)提出天津市部分壤质潮土地区的缺钾预报。这些研究成果对指导农业生产和丰富农业化学方面的基础知识具有重要的意义。获1994年度天津市科技进步奖三等奖。

二、氯化铵化肥在天津地区使用效果的研究

20世纪八、九十年代，天津市氮素化肥供应不足，需大量从国外进口尿素，而全市每年生产约15万吨氯化铵(氮肥的一种)却大多运往江南。为合理利用氯化铵，市农科院土壤肥料研究所陆真元、程奕等科技工作者于1984~1991年先后主持开展“天津市不同土壤类型合理施用氯化铵的研究”和“氯化铵化肥在天津地区使用效果的研究”。

科技工作者在天津市主要土壤类型潮土和盐化潮土上进行58次田间试验，并配合网室盆栽试验，以标准氮肥硫酸铵或尿素作对照，观测氯化铵在蔬菜中施用对蔬菜产量和质量的影响，氯离子在土壤中的去向，同时设立蔬菜施用含氯肥的长期定位试验点(持续研究11年)。点与点头之间埋入50厘米油毡防止横向透水，观察长期施用氯化铵后土壤中氯离子的动向，土壤中pH值变化等。并以氯化铵为主要原料配制出4个系列14个品种的农作物专用肥。试验结果表明：在茄子、黄瓜等蔬菜中合理施用氯化铵，效果较好，按等氮量施用及合理搭配其他化肥，对蔬菜的田间长势、质量、产量无显著差异。在粮食作物中合理施用氯化铵可增加谷粒中粗蛋白及氨基酸的含量，长期连续合理施用氯化铵(连续5年，每亩年施600公斤)，在0~60厘米土层内，氯离子含量不增加或增加很少，土壤PH值有下降趋势，肥效与等氮量尿素相当。

该项研究扭转了天津地区不宜应用氯化铵的观点，用科学的试验和数据解除人们在农业生产中施用氯化铵的顾虑，为天津地区合理应用氯化铵提供可靠的依据。1988~1991年在天津市各郊县推广应用80多万亩，节约大量外汇，增加经济效益3225万元。获1992年度天津市科技进步奖二等奖。

1992年，陆真元、程奕参加国家科委和化学工业部科研项目“含氯化肥科学施肥和机理研究”。该项研究于1997年获化学工业部科技进步奖一等奖。

三、钾肥对主要农作物增产作用及钾肥施用技术推广

钾是农作物生长不可或缺的三大重要元素之一，对提高农作物产量和质量、增强抗逆性具有重要的作用。天津市自20世纪70年代以来，随着农业生产的发展，化学氮磷肥料在农田中大量施用，粮食产量大幅度增加，同时也从土壤中挟走大量钾素，造成土壤缺钾现象严重，而传统的钾肥补给来源——农家肥却不断减少，从而导致农田土壤氮磷钾含量比例失调，肥力下降，成为制约农作物增产的一个障碍。从1990年开始，市农科院土壤肥料研究所研究员周艺敏等科技工作者深入天津市12个郊（区）县开展调查研究，采用先进的土壤地理定位信息技术、选择172个有代表性的土壤样点，系统分析土壤中钾素状况、钾素丰缺及土壤供钾能力，在完成天津市土壤营养元素丰缺评价的基础上，1993~1996年连续3年进行6项水稻、7项玉米、8项小麦田间小区试验，共获取3000多项研究数据，初步找出钾在天津市不同区（县）乡（镇）的施用条件和合理用量；土壤中不同钾素含量对主要粮食作物的增产效果；适宜的用钾量及与磷、氮、锰、锌、硫等养分配合施用比例；钾肥在小麦、玉米轮流耕作中的合理分配、施用方法，以及化学钾肥与秸秆还田对土壤钾素平衡的影响，为钾肥的经济有效推广应用提供了实用技术和方法。试验结果表明：正确合理地施用钾肥，可使水稻、小麦、玉米分别增产20%、13.5%和14.5%。在小区试验的基础上，还进行了小麦、玉米、水稻的大面积示范，并同天津市郊区（县）农业推广部门合作在天津市推广应用25万亩，为社会创经济效益2273万元。获1996年度天津市科技进步奖二等奖。

在“钾对主要农作物增产作用的研究”完成的基础上，为进一步大面积推广科学施用钾肥技术，1997~1999年周艺敏和天津市农业局土壤肥料工作站共同主持，由津南区、武清区、宝坻区、蓟县、静海县科技工作者参加开展了“钾肥施用技术推广”。在水稻、小麦、玉米3种主要粮食作物上进行科学施钾示范，并对农民进行技术指导。以农家常规施肥为对照，重点示范土壤缺钾、潜在缺钾及富钾区适宜的施钾（肥）量和施用方法；水稻、小麦、玉米三大粮食作物在总投入不变的情况下适当控制氮、磷肥，补施钾肥对农作物产量和品质的影响；小麦玉米轮作条件下钾肥的科学施用技术。经小区试验和大面积示范证实：科学增施钾肥可使水稻插秧缓秧快，茎秆粗壮，提高分蘖率，成穗早，籽粒灌浆饱满，成熟期提前2~3天，亩增产23%，使稻农亩增收168元；对小麦科学施钾可使小麦株高增加，秸秆硬，抗倒伏能力增强，提早返青和提前成熟，并增加有效穗数，亩增产14%，使农民亩增收58元；对玉米科学施钾，可减少秃尖率，增加单穗重和籽粒重，亩增产16%，使农民亩增收38元。经过3年多的示范推广，在天津市水稻、小麦、玉米三大农作物上完成重点示范面积3920亩，大区示范22万亩。3年累计推广533.55万亩，为社会创经济效益20633万元。获1999年度天津市科技进步奖（推广类）三等奖。

四、提高垃圾堆肥质量及农田应用效果

长期以来，城市生活垃圾的处理成为困扰和制约城市建设和发展的一个重要课题，据1993年的统计，中国每年城市生活垃圾产出约1亿吨，并以每年10%的速度递增，而垃圾处理率仅为5%。同时，中国城市生活垃圾还具有有机物含量低、无机物含量高、不利于焚烧但比较适合堆肥处理等特点。将垃圾制成堆肥施于农田是经济有效的处理和消化城市生活垃圾的途径，也是最符合国情和切合实际的处理方法。1992~1997年，市农科院土壤肥料研究所研究员毛建华主持，同中国市政华北设计院、天津市河北区环卫局共同开展“提高垃圾堆肥质量及农田应用效果的研究”。

科技工作者在两种不同质地的潮土上开展田间长期定位试验，并辅以盆栽试验，将垃圾肥—农田土壤—农作物产量和质量作为一个整体进行系统研究，在对垃圾肥使用的数量和质量进行控制的条件下，通过对垃圾肥施入土壤后其养分、盐分、重金属含量等土壤各种性状的变化以及对农产品产量和质量的相关关系进行系统的研究，为垃圾肥的合理使用提供了科学依据。试验结果表明，垃圾肥能调节土壤pH值，提高土壤肥力，增加有机质和氮磷钾养分含量，改善黏重土壤的不良物理性状。合理使用垃圾肥能提高农作物的产量，提升品质，土壤与农作物中重金属的积累（含量）也不会超标。他们还设计出可靠简便的大体积单元式鲜垃圾露天厌氧高温堆肥的式样和结构以及温度测定和气体采集系统，测定了各断面的温度和氧气、二氧化碳浓度的变化和堆肥过程中养分与卫生学等指标。试验表明，采用露天厌氧高温堆肥，其堆温、养分及卫生学等各项指标均符合国家标准。

本项研究工作对天津小淀垃圾场的垃圾处理与科学管理起到了指导作用，其开发的“天津简易垃圾堆肥处理技术”被列为科技部和建设部推广项目。天津市河北区环卫局研制成功的“移动式垃圾筛选设备”已被国内30多个地区、近百个垃圾场选用。1992~1995年，小淀垃圾场共销售垃圾肥25.7万吨，累计应用面积12.86万亩，累计社会效益1286万元。小淀垃圾场的垃圾处理得到建设部和天津市人民政府的肯定与表彰，对全国城市生活垃圾堆肥化处理起到一定的示范作用。露天厌氧高温堆肥的应用和推广已成为解决城市生活垃圾问题的重要途径。“提高垃圾堆肥质量及农田应用效果研究”获1999年度天津市科技进步奖二等奖。

五、主要蔬菜无土栽培基质和标准化施肥技术

无土栽培是农业高新技术的组成部分，与传统的土壤栽培相比，具有高产、优质、高效等特点。无土栽培一般不受土壤条件的限制，栽培地点选择的余地大，荒地、沙滩地、盐碱地、山岭薄地均可用于无土栽培，同时还可减轻病虫害对农作物的侵染，产品清洁卫生。天津滨海地区有

30万亩盐碱地，适宜推广无土栽培。1998年12月~2001年12月，市农科院土壤肥料研究所研究员周艺敏、程奕主持开展“主要蔬菜无土栽培基质和标准化施肥技术的研究”。采用试验室筛选、温室模拟试验、现代化温室栽培和日光温室栽培试验相结合的方式，在天津市津南、汉沽、大港3个现代农业示范园区对无土栽培所需基质，利用国产物料（草炭、醋渣、珍珠岩、蛭石、沙子、炉渣等）与荷兰物料（岩棉、珍珠岩）进行不同配方基质对农作物产量和质量影响的对比试验、示范，筛选出适宜黄瓜、番茄无土栽培的无机混合和有机生态基质配方各两种。研制成功适宜无土栽培的黄瓜和番茄不同生长时期的营养液配方5种，总结出不同配方的栽培基质水肥运移特点（包括持水、保肥性和养分动态变化），研究总结出黄瓜、番茄的主要品种在3~4种不同基质栽培条件下、不同生长时期养分吸收规律，提出一套科学施肥的栽培模式。并先后在汉沽区、西青区、津南区、大港区现代化农业科技示范园区进行了黄瓜、番茄、樱桃番茄、西芹、生菜、圆白菜、球茎茴香等蔬菜（瓜果）的育苗和栽培试验，对其生长情况、产量、质量进行分析，并同荷兰的无土栽培基质和营养液进行对比。结果证实：与农家常规土壤栽培相比，平均增产60%，可减少农药用量70%，节约灌水70%，平均提前收获15天，产品品质优良，达到无公害蔬菜标准或绿色食品A级标准。

该项科研成果基本解决天津市在引进国外先进的无土栽培技术方面存在的高成本、高投入的问题，为天津市逐步推广无土栽培技术和蔬菜工厂化生产提供技术支撑。获2002年度天津市科技进步奖三等奖。

六、保护地主要蔬菜安全生产技术的研究与示范

2007~2010年，市农科院农业资源与环境研究所副研究员朱静华同植物保护研究所、中心实验室科技工作者共同开展天津市科技支撑项目“保护地主要蔬菜安全生产技术的研究与示范”。以天津市西青区辛口镇第六埠村保护地蔬菜示范区为研究基地，采用GPS技术对地块定位和分区；对土壤、灌溉水进行规范化调查、取样和监测，测定土壤养分状况和综合评价。同时全程调查保护地蔬菜主要病虫害的发生、诊断和防治情况，建立保护地菜田土壤养分管理数据库和病虫害综合防治信息库。以示范区的黄瓜、番茄、冬瓜、芹菜、生菜、甘蓝等蔬菜为研究对象，进行平衡施肥技术、生物有机肥改良土壤、石灰氮日光消毒技术、植物激活蛋白并结合挂黄板与释放丽蚜小蜂防治技术、高效低毒药剂防治技术和质量检测保障技术及综合集成技术的研究，根据农作物对光、温、水、气、养分等环境因子的要求建立计算机模拟模型，使农作物生长环境标准化。自主开发一套保护地蔬菜安全生产决策信息系统，实现保护地蔬菜生产过程清洁和安全化，解决了农产品中硝酸盐、农药残留的积累和超标问题，蔬菜产品质量达无公害蔬菜标准。2008~2011年在天津市推广应用508万亩。获2012年度天津市科技进步奖二等奖。

第三节 有机肥料科学加工技术和农作物专用肥研制

一、有机肥料科学加工利用

有机肥料在农业生产中占有重要地位,但由于有机肥料存在着养分含量低、用量大、施用不便等缺点,不少地区农民已不再重视,任其丢弃堆存,既污染了环境,又造成了肥源的浪费。1989~1993年市农科院土壤肥料研究所研究员周艺敏、许前欣等主持开展“有机肥料科学加工利用的研究”,采用有机肥料处理的先进工艺—微生物接种发酵技术,引进国内外10余种菌剂,分别进行鸡、猪、牛粪等农家肥、作物秸秆接种发酵液肥及堆肥试验,筛选出发酵速度快、养分转化率高、宜于在天津地区推广应用的新型接种菌剂,用该菌剂接种后肥料发酵速度快(液肥常温下7天完成发酵,堆肥20~30天完成发酵,腐熟率在80%以上),养分转化率高(液肥速效养分提高80%~190%,堆肥由常规的20%提高到50%)。采用中子活化分析技术、液相色谱氨基酸分析技术、氮15同位素示踪等先进技术,深入研究肥效机理,为新型肥料的研制和应用提供可靠的依据。经上百次试验,研制成功直接加工畜禽粪便制造有机液体肥料的生产工艺和有机无机复合型高浓度液肥配方(两种),其有效养分达21%,富含有机质、氮、磷、钾、微量元素、氨基酸等。在3年时间内共试制液肥40吨,在蔬菜、果树、粮食作物和经济作物中推广应用3万多亩,亩平均增加经济效益191元。

周艺敏等还利用充氧动态发酵技术成功研制有机无机复合颗粒肥,筛选出两种新型配方,总有效养分达25%,有机质含量在20%以上。经在粮食、蔬菜作物大面积应用证实:比常规有机肥做底肥不追施化肥的地块平均亩增产24%,每亩增加经济效益460元;与等养分量的无机化肥对比,平均亩增产8.9%,亩增经济效益107元。

有机肥料科学加工利用技术的研制成功突破长期以来国内有机肥料堆放发酵、不便应用、无法实现商品化的应用模式以及单一利用无机化学元素施肥的模式,为有机肥料科学加工开辟了简易、快速、经济、高效的途径。1993年8月通过专家技术鉴定,获1993年度天津市科技进步奖科技成果二等奖。

1994~1996年,许前欣等主持开展“有机无机复合液体肥料(菜果丰)的开发”。为提高生产工艺、降低生产成本,他们对菌种进一步筛选试验,使发酵菌剂在发酵时间、充气、温度控制、pH值控制等技术上得以显著改进,在有机无机复合过程中,微量元素采用分步热络合技术,防止养分物质的沉淀,保证了溶液的均匀度,确保肥料质量。还采用高效处理粪便技术,使发酵期由过去的60天缩短至7天,速效养分提高80%~190%。还在不同的农作物上进行施用浓度和施用方法的试验，确定喷施方法和不同农作物最佳的喷施浓度。采用现场会、培训班等方式，将“试验、示范、推广”很好地结合起来，在全市8个郊区(县)建立15个试验示范点，面积达5.8万亩。全市4年(1994~1997年)共推广应用55.6万亩，新增经济效益12144万元。获1997年度天津市科技进步奖(推广类)三等奖。

二、烟草专用肥的研制与应用技术

烟草是中国重要的经济作物，在国民经济中占有重要位置。中国烟草的种植面积(年均约1500万亩)和总产量均占世界第一位，但质量与世界先进的烟草种植国家相比仍有一定的差距。科学合理地施肥是使烟草优质高产的重要措施。1989~1993年，中国农业生产资料公司天津公司崔家璐同市农科院土壤肥料研究所研究员姚炳贵共同主持开展“烟草专用肥的应用开发与推广”的研究。

崔家璐、姚炳贵等科技工作者根据不同种植地区烟草的需肥特征，结合土壤养分的丰缺情况以及施肥方法等，确定烟草专用肥的科学配方。并在中国北方主要烟草产区，选择不同的土壤类型，做大田小区试验，测定烟草的各项质量指标。并根据烟草产量与质量的情况，对烟草专用肥进行检验和矫正，选择确定不同土壤类型、不同养分水平下的烟草专用肥的系列最佳配方。采用造粒与混配相结合的生产工艺(先造粒后混配)，并运用两步氨化法，结合控制水分与湿度，解决了产品潮解的问题。研制成功的烟草专用肥属中浓度高稳型，养分全，浓度高，氮磷钾养分总量达37%，贮运期长(在较长的贮运期内不出现潮解结块现象)，使用范围广，增产效果显著。产品质量的各项指标均达到国家部颁标准。1994年1月通过天津市科委组织的专家技术鉴定。经农民施用证实，施用烟草专用肥后，烟叶植株长势较强，叶片大而厚，钾含量高，增加了烟叶的香气。比农民使用的传统的施肥方法可使烟叶增产22.5%(亩增产59公斤)，中上等烟叶比例提高5%~10%，深受广大烟农的欢迎。1993~1995年在山西、辽宁、吉林、黑龙江、山东、安徽、河南、湖北、湖南、陕西、甘肃、新疆、云南等20个省(自治区)推广应用达564万亩。获1994年度天津市星火科技奖一等奖、1996年度国家科技进步奖三等奖。

三、小麦专用肥的研制与应用开发

小麦是中国北方地区主要粮食作物之一。在小麦高产技术中，合理施肥是其中一项重要措施。1990~1993年，中国农业生产资料公司天津公司李家清同市农科院土壤肥料研究所研究员姚炳贵共同主持开展小麦专用肥的研制与应用开发的研究。

科技工作者系统地分析了20世纪八、九十年代国内肥料研究的进展并结合本单位小麦施肥和定位试验的科研成果，在此基础上，确定小麦专用肥的科学配方，又通过试验的检验与统计分析矫正，最后确定在中国北方麦区不同类型土壤与不同土壤肥力条件下小麦专用肥的科学配方，成功研制适合天津市及中国北方冬麦区使用的小麦专用肥。在小麦专用肥的研制中，采用复合造粒与混配相结合的生产工艺、两步氨化、合理调节 pH 值，以及控制温度与水分标准等技术，使配方、生产工艺均达到国内领先水平。生产的小麦专用肥养分全、浓度高，各项质量指标均达到国家颁发标准。其间，研究人员分别在天津、山西、山东、江苏、河南、陕西 6 省市 10 个县主要产麦区的 20 个基点布置 52 个田间试验与示范区，根据不同土壤肥力水平和不同施肥量的产量结果，摸索出不同地力水平条件下小麦专用肥合理的施用量与施用技术，为小麦合理施肥提供了科学依据。经北方产麦区农民使用证实，小麦专用肥具有增产效果显著和省工方便等优点，比农民传统施肥方法增产 20%（亩增产 60~80 公斤）。3 年间小麦专用肥在天津、北京、河北、山西、山东、江苏、河南、陕西等省市累计推广 507 万亩，共增产小麦 29280 万公斤，使麦农增加收入 17691 万元。获 1992 年度天津市星火科技奖一等奖、1993 年度国家星火科技奖二等奖。1994 年被评为国家级新产品。

四、生物菌肥对比试验

生物肥料是含有活的微生物并通过其生命活动产生肥效，促进农作物生长的一种新型肥料，具有投资少、资源广、成本低等特点，是发展农业生产和重视环境保护所需要的新肥源。施用微生物肥料，既可减少过量施用化肥对农田土壤和水源环境的污染，又可提高农作物产量和质量。1996 年 12 月~1999 年 12 月，市农科院土壤肥料研究所研究员许前欣主持开展“生物菌肥对比试验的研究”。通过多点筛选、对比试验，选择多种生物肥料在水稻、玉米、高粱、番茄、油菜、青椒等农作物上进行盆栽（3 项）、田间（5 项）施用，观察分析农作物产量、质量的具体情况，从中筛选出两种生物肥料，进而再进行重复筛选，对其中增产效果明显、经济效益高的生物菌肥进行菌种鉴定、固氮酶活性（基质与肥料）检测，并在天津郊县主要土类，不同土壤质地、盐碱地上种植的农作物进行施用生物菌肥的小区试验和大面积示范（面积达 11 万亩），进一步检测其施肥效应。施用后增产效果明显，蔬菜、果树可增产 7%~20%；粮食作物可增产 6%~15%，产品质量、维生素 C 和糖份等有明显提高。同时，通过在蔬菜作物上进行定位试验，系统研究农作物施用生物肥料与化学肥料配合施用的最佳方法和施用量，摸索和总结出应用生物菌肥减少化肥的适宜用量，提出并确定天津地区生物肥料施用的最佳经济模式。1996~1999 年生物菌肥在天津地区累计推广应用 27.6 万亩，新增经济效益 1718 万元。获 1999 年度天津市科技进步奖三等奖。

表 13-8-3-170 土壤肥料研究获奖成果简表(按获奖时间排序)

获奖时间	获奖成果	完成单位及主持人	奖励名称及等级
1992 年度	氯化铵化肥在天津地区使用效果的研究	市土肥所 陆真元、程奕	天津市科技进步奖二等奖
1992 年度	小麦专用肥的研制与应用开发	中国农资公司天津公司李家清 市土肥所姚炳贵	天津市星火科技奖一等奖
1993 年度	小麦专用肥的研制与应用开发	中国农资公司天津公司李家清 市土肥所姚炳贵	国家星火科技奖二等奖
1993 年度	有机肥料科学加工利用技术	市土肥所 周艺敏、许前欣	天津市科技进步奖二等奖
1994 年度	津郊潮土肥料长期定位试验	市土肥所 姚炳贵	天津市科技进步奖三等奖
1994 年度	烟草专用肥的研制、开发与推广	中国农资公司天津公司崔家璐 市土肥所姚炳贵	天津市星火科技奖一等奖
1996 年度	烟草专用肥的研制、开发与推广	中国农资公司天津公司崔家璐 市土肥所姚炳贵	国家科技进步奖三等奖
1996 年度	钾对主要农作物增产作用的研究	市土肥所 周艺敏	天津市科技进步奖二等奖
1997 年度	以开发区为例滨海地区土壤盐碱化防治	天津经济开发区 张万均 市土肥所 毛建华	天津市科技进步奖三等奖
1997 年度	有机无机复合液体肥料的开发	市土肥所 许前欣	天津市科技进步奖(推广类)三等奖
1998 年度	天津地区碱化土壤防治技术	市土肥所 毛建华	天津市科技进步奖三等奖
1999 年度	钾肥施用技术推广	市农科院土肥所 市农业局土肥工作站	天津市科技进步奖(推广类)三等奖
1999 年度	生物菌肥对比试验	市土肥所 许前欣	天津市科技进步奖三等奖
1999 年度	提高垃圾堆肥质量及农田应用效果的研究	市土肥所毛建华、中国市政华北设计院、河北区环卫局	天津市科技进步奖二等奖
2002 年度	主要蔬菜无土栽培基质和标准化施肥技术	市土肥所 周艺敏、程奕	天津市科技进步奖三等奖
2010 年度	脱硫石膏改良盐碱地技术的开发研究与示范	市资环所 任顺荣	天津市科技进步奖三等奖
2012 年度	滨海盐碱地土壤改良关键技术研究	市资环所 王正祥	天津市科技进步奖三等奖
2012 年度	保护地主要蔬菜安全生产技术的研究与示范	市资环所 朱静华	天津市科技进步奖二等奖

第九章　畜牧兽医

20世纪90年代以来，天津市畜牧业发展迅速，畜禽饲养规模和饲养数量不断增长，市农科院畜牧兽医研究所科技工作者紧密围绕畜牧业生产的实际，开展了动物营养科学、高效饲料配制技术、肉牛肉羊健康养殖过程控制关键技术、奶牛高产高效新技术、肉用猪高效健康养殖新技术、高繁殖力风味猪新品种选育等研究。这些研究成果及其示范推广，大幅度提高畜禽养殖技术水平，推动天津市畜牧业的发展，并为城乡市场提供大量优质的奶类制品和畜禽产品。到21世纪初，全市生猪饲养量达700万头，奶牛存栏17.6万头，肉羊140万只，家禽饲养量超过1000万只，畜牧业产值达到102.21亿元，约占全市农业总产值的43%，畜牧业已成为全市农民经济收入的重要来源。

随着天津市畜禽饲养规模的不断扩大和饲养数量的不断增长，畜禽疾病的流行也呈不断上升的趋势，适时开展鸡传染性法氏囊病、种猪应激综合症、猪大肠杆菌、猪流感、奶牛乳房炎、禽流感、鸡传染性支气管炎、新城疫、减蛋综合症等畜禽疾病防治技术的研究，制订科学的防治措施和合理的免疫程序。并研究成功禽流感、猪蓝耳病、猪伪狂犬病基因工程诊断试剂盒和禽流感、鸡传染性支气管炎油乳剂灭活疫苗，建立符合GMP(具有良好的生产规范的工厂或车间、试验室)标准的病毒油乳剂灭活疫苗生产线2条、细菌油乳剂灭活疫苗生产线1条，初步实现天津地区畜禽疫苗产业化。通过科技成果的推广和应用，有效地防止(减少)了天津及其周边地区畜禽疾病的发生和流行。其间，还开展动物胚胎移植和动物克隆技术的研究。研究并推广了超数排卵、同期发情、鲜胚胎移植等技术，建成牛羊胚胎移植操作规程和产业化配套技术体系，在天津市开辟用高新技术繁育奶牛、肉羊的新途径。并于2005年运用胚胎克隆技术获得胚胎克隆波尔山羊“津生”，于2007年运用体细胞克隆技术获得了体细胞克隆动物波尔山羊“津英”，标志着天津市在动物克隆研究领域取得了重大突破。

第一节 家畜家禽育种和养殖技术

一、应用繁殖新技术培育优质高产肉羊的研究

到20世纪90年代，天津市肉羊的生产（养殖）方式大多仍沿用传统的生产（养殖）方式，即利用饲养数年的成年羊或淘汰羊经过育肥进行屠宰。为改变这种千百年来沿用的肉羊生产（养殖）方式，改为羔羊当年育肥、当年屠宰的繁殖新技术，1997年1月~2000年12月，天津市东丽区畜牧局高级畜牧师李明坤同市农科院畜牧兽医研究所研究员徐直等共同开展“应用繁殖新技术培育优质高产肉羊的研究”。

科技工作者引进国外产肉率高、繁殖力强的优良肉羊品种萨福克羊、道赛特羊、德国美利奴羊进行纯种羊的保种扩群，并以其做父本，同天津市本地小尾寒羊做母本进行杂交，采取同期发情、人工授精（精液常温保存）、胚胎移植等综合配套技术，生产优质杂交改良羔羊，常温精液保存时间可达6天，精子活力达60%，情期受胎率可达75%。通过羔羊育肥试验，总结摸索出一整套羔羊育肥配套技术规范。羔羊的产量和质量明显提升，加速了出栏率。5月龄羔羊体重达40公斤，6月龄体重达45公斤，肉质好，育肥期短，养殖每只羔羊比小尾寒羊增加收入140元，3年间累计出栏杂交羔羊9万只，增加经济效益1260万元。该科研项目的实施和带动示范，改变了农民过去的养羊习惯，为天津市提供了一种工厂化的养羊模式，在天津市东丽区及其他区县获得了很好的应用效果，促进了天津市养羊业的技术进步，获2000年度天津市科技进步奖三等奖。

二、奶牛高产高效新技术研究

1997年10月~2001年12月，天津市农垦集团总公司奶牛研究所研究员张允茂同市农科院畜牧兽医研究所研究员徐直等共同开展天津市科技发展计划项目“奶牛高产高效新技术研究”。

该科研项目由“奶牛胚胎工程研究与应用”“高产奶牛全价日粮结构研究与开发”“奶牛卫生与疫病控制的研究与应用”“奶牛产奶性能测定及管理信息系统的研究”4个专项子课题组成，每个专项课题均采用本学科领域国内外先进技术，保证了总项目的完成。

在奶牛胚胎工程方面，科技工作者对65头高产奶牛进行人工超数排卵，人工授精，获得有效胚胎375枚，移植264枚，妊娠157头，平均妊娠率58.6%。到2001年年底，采用胚胎移植技术培育的牛，平均每头产奶量达7600公斤，并为工厂化生产胚胎提供技术依据。在奶牛营养研究方面，采用“三新饲料配方系统2000型”软件，对奶牛生产性能及传统饲料配方进行营养诊

断，为牛群制订营养方案，使奶牛产奶量逐步提高。还推广秸秆微贮技术，降低奶牛饲养成本，增加了经济效益。应用生物技术加强奶牛重点疾病的防治，制订奶牛检疫程序、卫生防疫消毒制度，拟定天津市奶牛乳房炎、代谢病和繁殖障碍三种疫病的防治规范，乳房炎、代谢病发病率分别下降了 10 个百分点和 7 个百分点，保证牛群健康生长，减少了经济损失。在 17 个牛场实施奶牛产奶性能测定，参加测定的牛达到 7000 头次，其工艺流程及其计算方法简便，成本低。利用农业科技信息技术对奶牛场进行管理，实现数据的快速传输，推动了奶牛群改良、饲料与营养水平的改善，卫生与疾病防治，牛群质量与饲养，生产水平显著提高，推动了天津市奶牛业的发展，并为市场提供了优质奶制品。获 2002 年度天津市科技进步奖二等奖。

三、天津市精品三黄鸡的推广开发

三黄鸡是中国特有的家禽品种，因其具毛黄、爪黄、皮黄等特征故名“三黄鸡”，肉质细嫩，营养丰富，在中国广东、福建、广西等地养殖量很大。2001 年 1 月~2004 年 10 月，市农科院畜牧兽医研究所副研究员张克刚主持开展天津市农业重点技术推广项目“天津市精品三黄鸡的推广开发”。经 3 年多的努力，建成三黄鸡父母代种鸡场，引进三黄鸡岭南父母代种鸡 13800 套。较系统地总结出一整套三黄鸡饲料营养、饲养管理、疾病防治等一整套生产技术规范。按照绿色食品的要求，配制成功岭南黄鸡父母代种鸡专用维生素添加剂、多种矿物质—微量元素添加剂，使开产日龄为 23 周，开产体重达到 2100 克，高峰周平均产蛋率达 84%，68 周龄产蛋数达 187 枚，育雏成活率在 96%以上。改进人工授精技术，使受精率达 97%。建立三黄鸡商品鸡示范生产场，协助畜牧主管部门在天津市津南、西青、武清、宝坻、蓟县、宁河、静海等区（县），河北省泊头市、青县和北京市通州区建立三黄鸡养殖基地（养殖专业户），累计饲养量达 94 万余只。

该科研项目的实施，对天津市及其周边地区优质肉鸡产业的发展起了积极的示范作用。获 2005 年度天津市科技进步奖三等奖。

四、种鸡、商品肉鸡精细养殖技术研究

2003 年 8 月~2005 年 10 月，市农科院畜牧兽医研究所研究员王文杰主持开展“种鸡、商品肉鸡精细养殖技术研究”（专题）。该研究专题为国家高技术研究发展计划（863 计划）重大专项（数字农业技术研究与示范）所属课题（数字农业精细养殖平台技术研究与示范）之组成部分。科技工作者在吸收国内外研究成果基础上，根据家禽不同生长阶段、不同气候环境等因素，研究影响家禽生产性能的多因素分析数字化模型，设计家禽动态营养需要量计算模型，计算种鸡和肉鸡准确的营养需要量。参与进行家禽数字化精细养殖关键技术研究。在家禽主要养殖管理环节建立数字化管理模型，并重点进行配套系统的研究。经两年多攻关努力，研究成功小群体鸡群生

产性能的监测技术，建立品种、生产性能、温度、采食量与畜禽个体营养需要量之间的动态模型，形成1套数字化优化饲料管理系统；开发成功肉鸡养殖场优化饲养数字化管理系统1套。其主要功能包括：①鸡的营养需要模型与配方优化系统；②种鸡育种管理与优化系统；③种鸡场、肉鸡场、孵化场精细养殖管理系统；④鸡病诊断与防治专家系统；⑤鸡场标准化作业多媒体培训系统；⑥鸡场经营管理系统；⑦养殖户管理与服务系统。

种鸡、商品肉鸡精细养殖数字化技术平台的构建，为种鸡（肉鸡）养殖和鸡病诊断的技术人员提供了一份好的教材，提升了养殖技术水平，降低了饲养成本，提高了经济效益，受到天津、北京、河北、内蒙古、江苏、广东等省（自治区、直辖市）大型养殖场和广大科技人员的称赞和欢迎。

五、肉牛、肉羊健康养殖过程控制关键技术研究

2006年1月~2008年12月，市农科院畜牧兽医研究所研究员王文杰主持开展"肉牛、肉羊健康养殖过程控制关键技术研究"。该项研究为国家"十一五"科技支撑计划项目（畜禽健康养殖与新型工业化生产模式研究与示范）的课题（畜禽健康养殖过程控制关键技术研究）之子课题。

科技工作者针对国内肉牛肉羊养殖产业技术升级的需要，在分析国内外肉牛肉羊养殖标准化技术和先进管理体系的基础上，通过对国内不同生产组织形式及不同养殖过程的危害因素分析，研究养殖过程中的关键控制点和有效控制技术，集成现代养殖技术成果，建立符合中国国情的肉牛肉羊健康养殖技术标准管理体系，并建立标准化生产示范基地。编制《中国健康养殖标准》中"肉牛、肉羊控制点及符合性规范标准和条文释义"。

通过本项研究的实施，为中国肉牛肉羊养殖企业实施标准化生产提供了科学的方法，增强肉牛肉羊产品在国际市场的竞争力。

科技工作者还针对畜牧生产中存在的生物危害因素霉菌污染问题，开展霉菌毒素对肉牛肉羊健康影响及其控制技术的研究。通过研究霉菌总数、主要产毒菌与霉菌毒素的消长规律，发现：当霉菌总数超过国家标准GB13078—2011《饲料卫生标准》要求时，霉菌毒素是否超标与饲料类型有关，在有些情况下，霉菌总数超标但霉菌毒素并没有超标；但也有些情况下，霉菌总数超标而霉菌毒素早已经超标。串珠镰刀菌在饲料严重发霉时是优势菌株。这些研究成果为制订有效控制霉菌毒素危害，进一步完善饲料卫生标准提供了科学依据。

六、养猪小区清洁生产新工艺及健康养殖模式的推广

2007年10月~2010年10月，市农科院畜牧兽医研究所研究员李千军等同中国农业大学

科技工作者共同开展了天津市农业科技合作项目“养猪小区清洁生产新工艺及健康养殖模式的推广”。引进节能调温暖床、微缝地板及其配套的人工清粪技术，结合天津地区养猪生产实际，总结并推广一套适合天津地区的规模化猪场舍饲散养清洁生产工艺模式。该工艺注重猪本身的行为习性和生理需求，较好地解决规模化养猪生产中由于饲养密度大、空气质量差而导致的各种异常行为的发生，减少了猪群相互争斗和伤害，猪的生存环境得到了较大的改善，实现了工厂化生产条件下的绿色、健康养殖。完成了 10 个核心示范猪场的技术改造示范，示范规模达 6000 头基础母猪，年出栏 9.8 万头商品猪；育成猪成活率达 99%。建立了 30 个科技示范户，示范规模达 4950 头基础母猪，累计出栏商品猪 13.8 万头，取得直接经济效益 626 万元。编制完成“规模猪场清洁生产工艺技术规程”和“畜禽养殖场安全生产工程防疫技术规程”并在实际生产中应用。

七、高繁殖力风味猪新品系选育

为满足市场对优质风味猪肉的需求，建立完善的优质风味猪良种繁育体系，市农科院畜牧兽医研究所研究员李千军 2008 年 4 月~2010 年 9 月主持开展高繁殖力风味猪新品系选育的研究。在先期已培育出天津市风味猪母系的基础上，进行了风味猪专门化父系品系的培育研究。

科技工作者以大白猪和长白猪为研究对象，在天津市建立了 2 个各 100 头基础母猪规模的高繁殖力长白和大白猪育种核心群，总规模达 1200 头基础母猪。采用分子育种技术与常规育种技术和信息技术相结合的技术路线，利用标记辅助导入（MAI）技术将特异优良基因定向导入新品系；利用标记辅助选择（MAS）技术进行产仔数性状的标记辅助选择，聚合优质、高产、抗逆、适应性强等性状基因，提高选种的准确性，缩短世代间隔，提高育种效率。选育出的长白猪、大白猪 2 个高繁殖力风味猪新品系生产性能突出：长白猪初产猪产仔数 10.4 头，经产猪产仔数 12.1 头，达 100 公斤体重日龄 152 天，料肉比 2.98，100 公斤体重猪屠宰时胴体平均背膘厚 19.5 毫米，肉色评分 3.1，肌肉脂肪 2.5%；大白猪初产猪产仔数 1.01 头，经产猪产仔数 11.9 头，达 100 公斤体重日龄 156 天，料肉比 2.90，100 公斤体重猪屠宰时胴体平均背膘厚 20.2 毫米，肉色评分 3.5，肌肉脂肪 2.6%。长白猪和大白猪二世代的性能水平达到了高繁殖力风味猪的育种目标。研究制订风味猪肉生产专用饲料营养水平、风味猪肉生产饲养管理规范和清洁生产工艺技术规程。3 年来，2 个试验基地累计向市场销售长白和大白种公猪 6000 头，母猪 9600 头，育肥猪 8400 头，建立了 8 个示范基地，社会经济效益显著。

第二节 家畜家禽疾病防治技术

一、鸡病防治技术

1.鸡传染性法氏囊病综合防治技术的研究

鸡传染性法氏囊病是由病毒引起的雏鸡、青年鸡的一种急性、接触性传染病，主要侵害鸡的免疫中枢器官，临诊表现为精神不振、厌食、间歇性腹泻、震颤和重度虚弱，具有发病急、传染快、死亡率高（可达 70%）等特征，20 世纪 80 年代末期在中国黑龙江、广东等多个省份流行，1990 年波及到天津地区，仅 1990 年 4~8 月发病 40 万只，死亡 10 万多只，造成巨大的经济损失。1991~1993 年，市农科院畜牧兽医研究所研究员王文科主持开展了“鸡传染性法氏囊病综合防治技术的研究”。从病死鸡中分离到自然强毒株，经流行病学、临床症状、死亡率、病理变化、血清学鉴定、人工感染健康鸡、SPF 鸡（无特定病源鸡）、SPF 鸡胚试验、电镜病毒粒子观察、病毒核酸分析等研究，证实该病并非变异株，而是鸡传染性法氏囊病超强毒，在国内首次报道鸡法氏囊病超强毒属于新病毒发现，在鸡传染性法氏囊病病源学研究领域是一个突破，对研究和防治该病具有指导意义。从预防控制超强毒感染造成暴发流行的角度出发，系统地开展鸡传染性法氏囊病中毒力细胞苗的研究、免疫程序的研究，对发病鸡群进行高免蛋黄抗体治疗液的研究，制订饲养环境消毒及管理措施，研究成功鸡传染性法氏囊病综合防治技术。提出了雏鸡低母源抗体早期免疫、缩短“免疫低值期”、控制鸡法氏囊病的理论，使雏鸡抗体提前产生 7~14 天，缩短了免疫低值期，在雏鸡易感日龄之前产生主动免疫，保护率达 90%。科技工作者 1992~1993 年先后在天津市东丽、西青、津南、北辰、汉沽、大港、武清、宝坻、静海、蓟县、宁河 11 个区县养殖的 700 万多只鸡进行防治工作，免疫保护率在 95%以上，控制了鸡法氏囊病的发生和流行，产生经济效益在 1000 万元以上。获 1994 年度天津市科技进步奖一等奖。

2.蛋鸡抗热应激添加剂的研制

夏季高温条件下蛋鸡产蛋率降低，蛋壳变薄，质量下降，天津地区夏季高温约持续 70~80 天，给蛋鸡养殖带来十分严重的影响，产蛋减少 3%~5%，死亡率增加 5%。热应激成为天津市蛋鸡养殖中亟待解决的问题。1994 年 7 月~1998 年 10 月，市农科院畜牧兽医研究所研究员穆淑琴等主持开展天津市农业重点科技项目“蛋鸡抗热应激添加剂的研制”。根据天津市蛋鸡养殖业的实际情况，进行蛋鸡抗热应激添加剂有效成分的筛选、配方设计、加工工艺设计及质量标准的制订。进行 1000 只蛋鸡的饲养试验，根据原料的加工特性、理化特性，研制出使有效成分在最终产品里分布均匀、稳定的加工工艺，制订抗热应激添加剂质量标准。在天津最热的季节（7~8 月）

进行2000只蛋鸡的饲养试验,结果表明:抗热应激效果明显,提高了蛋鸡在夏季高温环境下的生产性能,比对照组蛋鸡产蛋率提高7.9%,软破蛋率降低16.7%,料蛋比降低4.82%,平均蛋重、蛋壳厚度均有提高,死亡淘汰率降低0.96%,取得了良好的经济效益。该项研究对中国北方地区夏季高温条件下保持蛋鸡正常生产有重要的意义,推广前景广阔。获1999年度天津市科技进步奖三等奖。

3.天津市肉鸡腹水症病因与防治的研究

肉鸡腹水症是严重威胁肉鸡业发展的顽症之一,严重时能发生30%以上的死亡率。1995年5月~1998年5月,市农科院畜牧兽医研究所研究员丁伯良等主持开展天津市农业重点科技攻关课题"天津市肉鸡腹水症病因与防治的研究",并通过天津市政府引进智力办公室先后邀请加拿大、以色列学者来津开展合作研究。先是调查天津市武清、蓟县、静海等主要肉鸡养殖场和大型专业养殖户肉鸡腹水症发病情况,研究环境、温度、微生物、饲料、营养等因素与该病的关系,证实:低温寒冷和高蛋白、高能量日粮是天津地区肉鸡腹水症的主要病因,天津市冬春季节(11月~翌年4月)为高发期。通过病理学研究,从采集患病鸡的心、肺、肝等器官进行光镜和电镜观察,揭示主要器官的典型或特异性病变,还通过血液生化指标测定(包括血氧饱和度、血红蛋白含量、红细胞压积、谷草转氨酶与总胆固醇等),证实:生长早期(3周龄前)肉鸡发生腹水症时的血氧饱和度明显降低,血清总胆固醇含量下降,可作为早期诊断肉鸡腹水症的敏感指标。还研制成功中草药(腹水消散)与西药(地高辛)结合应用于肉鸡腹水症的防治。3年间。在天津市、河北省、新疆等地示范应用肉鸡33.5万只,中试推广151.5万只,使肉鸡腹水症平均发病率由20%下降至3%。获1999年度天津市科技进步奖三等奖。

4.鸡细菌性疾病多功能诊断试剂盒的研制与应用

鸡的细菌性疾病严重影响着鸡业生产, 为建立检测机体免疫状态和早期快速诊断方法,防止鸡细菌性疾病扩散, 市农科院畜牧兽医研究所黄金海等科技工作者1998年4月~2001年3月开展天津市自然科学基金、21世纪——青年科学基金项目"鸡细菌性疾病多功能诊断试剂盒的研制与应用"。采用试验室研制为主、流行病学调查与现场相结合的方法,根据不同菌株的特点,选择适宜的培养基,制备含有标准菌株、天津地方菌株在内的酶联免疫吸附试验(ELISA),用抗原及鸡抗不同菌株血清,比较不同细菌检测方法与ELISA(酶联免疫吸附试验)血清抗体水平的相关性,确定检测标准。经两年多的努力,用单链抗体酶技术,建立鸡大肠杆菌、多杀性巴氏杆菌、传染性鼻炎、败毒支原体抗体水平检测的ELISA诊断方法,用于几种病抗体水平的检测及几种病的鉴别诊断, 其敏感性分别比常规方法高4倍以上。其中大肠杆菌菌毛抗体检测的ELISA方法在国内为首次建立。

应用独特的抗鸡免疫球蛋白 (Ig) 轻链单克隆抗体酶结合物组装成一次采血可检测禽霍

乱、传染性鼻炎、慢性呼吸道病、鸡大肠杆菌病，具有简便、快速、准确等特点的多功能诊断试剂盒，在-20℃条件下可保存 7 个月以上，为感染状态和免疫效力的评价，制订合理的免疫程序提供了科学依据。

该项科研成果已在天津、北京、河北、河南、陕西等地推广应用，受检测鸡群约 1600 万只。养鸡场应用本试剂盒后，每 1 万只鸡因节约药费开支、降低死汰率、生产性能提高等方面增收 1.35 万元，并可以对鸡的细菌性疾病进行快速确诊，以采取措施防止疾病的扩散。

5.鸡减蛋性病毒病诊断试剂盒的研制与应用

改革开放以来，中国养鸡业发展迅速，到 1999 年全国蛋鸡存栏达 55 亿只，居世界第一。但随着从国外引进种畜、种禽、动物产品种类和数量的不断增加，因缺乏有效的监测手段和配套措施，致使禽流感、传染性支气管炎、新城疫、减蛋综合症等鸡病传入中国，严重影响养鸡业的发展。2000 年 4 月~2003 年 12 月，市农科院畜牧兽医研究所研究员黄金海等主持开展天津市自然科学基金项目“鸡减蛋性病毒病诊断试剂盒的研制与应用”。经 3 年多的攻关努力，运用抗鸡 Ig（免疫球蛋白）轻链单克隆抗体酶结合物，研制了鸡新城疫、禽流感、传染性支气管炎、减蛋综合症 4 种鸡病毒病抗体检测的 ELISA 方法和诊断试剂盒，并组装成一次采血可进行 4 种病抗体检测及鉴别诊断的 4 病检测诊断试剂盒；确立诊断试剂盒制备的关键技术及主要性能指标。该试剂盒可用于上述 4 种病毒抗体水平的准确定量监测及鉴别诊断，具有简便、快捷、准确等特点，在-20℃情况下，可保存 6 个月。还可用于局部及血清抗体水平的检测。通过局部抗体与血清抗体关系的研究证实：卵黄抗体与血清抗体密切相关，其滴度基本一致；一次免疫时，气管内的 IgA（免疫球蛋白 A）抗体水平与血清抗体水平有较大差异，多次免疫后，气管局部抗体与血清抗体水平趋于一致；胆汁抗体与血清抗体水平有一定的相关性，这为感染状态及免疫效力的评价，制订合理的免疫程序提供了理论依据。

二、猪病防治技术

1.种猪应激综合症基因检测技术的研究

猪应激综合症是指某些瘦肉型品种猪在应激因子（诸如长途运输、驱赶、电击、高温、争斗、捆绑等）刺激下所发生的高烧（42℃以上）、呼吸急促、心跳加快、四肢及背部肌肉僵直、皮肤发疳等症状，严重者引起死亡，尸体肌肉惨白、渗水的一种遗传疾病，由猪的第 7 对染色体上一对突变隐形基因（兰尼啶受体基因）所控制，给养猪业造成很大的损失。1999 年 6 月~2000 年 12 月，市农科院畜牧兽医研究所研究员李千军等主持开展了天津市自然科学基金项目“种猪应激综合症基因检测技术的研究”。运用脱氧核糖核酸（DNA）互补链的引物延伸体外扩增特异性 DNA 序列的技术，通过有效检测排除猪群中的兰尼啶受体基因，建立无兰尼啶受体基因的瘦肉型猪新品系，从检测猪应激敏感基因的3个环节（引物的研制、PCR扩增条件的改进、样品采取方法和处理方法的改进）出发，建立并优化猪应激敏感基因检测方法。摸索并提出模版DNA的提取、引物设计方法和PCR（聚合酶链式反应）扩增程序。对扩增引物进行酶切和琼脂糖凝胶电泳图谱分析。并运用本研究建立起来的方法，对天津市三大种猪群（长白、大白、杜洛克）和皮特兰种猪核心群中的各50头的应激敏感基因进行检测，结果证实：长白、大白、杜洛克的猪应激综合症基因频率分别为3.57%、0和4.0%，皮特兰猪的基因频率为95.2%。

该项研究为天津市以及周边地区猪的育种工作中猪应激综合症基因的检测提供了准确、简便的方法。

2.猪大肠杆菌病流行病学调查与病原分离研究

猪大肠杆菌病是猪的主要细菌性疾病，对养猪业危害严重。为了解天津地区猪大肠杆菌病的流行特点和发病情况，以便控制该病的发生和流行，2001年6月~2004年4月，市农科院畜牧兽医研究所研究员鄢明华等主持开展“天津市猪大肠杆菌病流行病学调查与病原分离研究”。对天津地区的30多个规模化养猪场进行了猪大肠杆菌流行病学调查，弄清其发病特点和流行规律；分离致病菌株56株（其中强致病性菌株43株）。对分离菌株进行血清型鉴定，确定O_{21}、O_{20}、O_{139}为优势血清型，对分离菌株的遗传相关性进行了研究和评价，提出天津地区猪大肠杆菌病的疫苗制备应兼顾优势血清型菌株“O”抗原（O_{21}、O_{20}、O_{139}）和菌毛抗原（K_{88}、K_{99}）的防治模式。在病原菌分离鉴定的基础上，研制成功猪大肠杆菌病油乳剂灭活疫苗。该疫苗抗原谱代表性强、覆盖面广、免疫原性好，临诊应用1.1万头（份），免疫保护率达90%以上。可用于天津地区仔猪大肠杆菌病的预防接种，具有很好的应用价值。该项研究为天津地区猪大肠杆菌病的防治提供了理论依据。

3.猪流感病毒分子流行病学遗传演化机理研究

猪流感是由猪流感病毒引起的一种急性、高度接触传染性的群发性呼吸道疾病，临诊上以突发、高热、咳嗽、呼吸困难为特征，给养猪业造成了巨大的经济损失。猪流感病毒具有同时感染人和禽的能力，是人流感病毒和禽流感病毒双重感染的“混合器”，人流感和禽流感病毒常常以此作为基因重排的基地，在“禽—猪—人”种间传播链中起着中间宿主作用。2004年3月~2006年12月，市农科院畜牧兽医研究所研究员鄢明华等主持开展天津市自然科学基金项目“猪流感病毒分子流行病学遗传演化机理研究”。在天津市主要养猪地区开展了猪流感流行病学调查，采用血凝抑制试验，对10个区（县）44个养猪场进行病体抗体检测，查明猪流感的流行情况。分离出猪流感病毒5株，其中1株为H1N1亚型，其余4株均为H3N2亚型，从病原学角度证实天津地区有猪流感的流行。建立猪流感病毒RT-PCR（反转录——聚合酶链式反应）诊断方法。该方法检测谱广、特异性强、敏感性高，仅用3~4个小时就可以作出准确诊断，比常规的诊断方法缩短时间7天以上。成功克隆出2个猪流感病毒分离株（H1N1、H3N2各1株)的HA、NA的基因片段,并构建了含HA基因的4个质粒载体(T-H1、T-N1、T-H3、T-N2)。测定HA、NA2个猪流感病毒株基因的核苷酸序列,对克隆的基因进行比较,并绘制基因进化树,结果显示,分离毒株H3基因与中国21世纪初流行的人流感病毒株有着较近的亲缘关系。另一个H1N1毒株基因与中国21世纪初流行的猪流感病毒有较近的遗传关系，但与21世纪初在中国及东南亚流行的H5N1亚型禽流感及人流感病毒分属2个支系,遗传关系较远。本研究首次在国内发现人流感病毒HA基因和猪流感NA重组的猪流感病毒，为在中国进行人流感和畜禽流感的防治提供了理论依据。

三、奶牛疾病防治技术

1.天津地区奶牛乳房炎主要病原菌区系调查

奶牛乳房炎是奶牛乳腺发生的一种炎症,是一种常见的、比较复杂的奶牛传染病,造成产奶量下降,病乳废弃,严重时乳区化脓、坏疽、萎缩,甚至失去泌乳能力。患病奶牛的存在,直接影响乳汁的品质,同时,由于采用抗生素等化学药物治疗,易造成乳汁中药物残留,给乳品加工和城乡居民身体健康造成威胁。2003年9月~2005年12月,市农科院畜牧兽医研究所研究员张国伟主持开展“天津地区奶牛乳房炎主要病原菌区系调查”。采用奶牛乳汁中体细胞数间接检测技术，在天津地区30多个奶牛养殖场和奶牛养殖小区对20369头奶牛进行了乳房炎流行病学调查,明确天津地区奶牛临诊型乳房炎的即时发病率为1.84%,年平均发病率为22.08%;现场检测泌乳奶牛2977头,检出阳性泌乳牛1833头,奶牛隐性乳房炎平均头阳性检出率为61.57%,基本查明了天津地区奶牛乳房炎的发病情况和流行规律;奶牛乳房炎发病率与奶牛场的管理水平,特别是奶牛养殖场的卫生状况密切相关,高温季节(7~9月)发病率明显偏高;并与奶牛的年龄、胎次、泌乳期和乳区位置有一定的关系。机械挤奶条件下的高发病率和不同饲养管理水平对奶牛乳房炎发病率的影响应引起高度重视。

科技工作者还查明天津地区奶牛乳房炎主要病原菌区系:采集奶样226份,经细菌学分离培养,共分离纯化菌株110株,鉴定94株。在鉴定的94株中,葡萄球菌39株,占35.45%;链球菌20株，占18.18%；肠杆菌14株，占12.73%；真菌类9株，占8.18%；其他菌株12株,占10.9%。调查结果表明,天津地区奶牛乳房炎的主要病原菌为葡萄球菌、链球菌、大肠杆菌和真菌,与1990年时的调查结果有一定的变化。该项研究对开展奶牛乳房炎防治工作具有指导作用。

2.奶牛重大疾病无公害综合防治技术集成与示范

2004年7月~2007年12月,市农科院畜牧兽医研究所研究员张国伟等开展了天津市重大农业科技合作项目“奶牛重大疾病无公害综合防治技术集成与示范”的研究。3年间,引进中国农业科学院兰州畜牧与兽药研究所在奶牛疾病防治方面的新技术、新成果6项，新产品7个。结合技术引进，开展天津地区奶牛重大疾病流行病学调查，明确天津地区奶牛临床型乳房炎、隐性乳房炎和子宫内膜炎的发病情况，基本掌握天津地区奶牛乳房炎的主要病原菌区系，并建立了主要病原菌检验程序。通过引进、消化吸收和集成创新，将20多年来从事奶牛乳房炎研究成果和临诊经验加以总结，突出实用性和可操作性，制订《奶牛乳房炎诊断技术规程（地方标准）》和《奶牛乳房炎无公害综合防治技术规范（试行）》。结合天津市奶牛养殖业现状，从加强饲养管理、重视环境卫生、规范挤奶技术、强化挤奶卫生、检测和治疗隐性乳房炎、隔离治疗并淘汰临诊型乳房炎奶牛、严密组织免疫防治等8个方面提出奶牛乳房炎无公害防治的技术要求。建立试验示范基地36个，累计示范推广奶牛规模达85515头次，示范基地奶牛临床乳房炎的月发病率控制在2%以下，子宫内膜炎的发病率控制在5%以下。初步研制成功具有自主知识产权的奶牛乳房炎无公害防治中药新制剂2个，研制成功奶牛隐性乳房炎现场快速诊断试剂1种，申报国家发明专利（“治疗奶牛乳房炎的中药软膏及其制备方法”）1项。

该科研项目通过引进消化吸收、自主创新和集成创新，提出的综合性防治措施已被天津市及周边各奶牛场普遍采用，提高了天津市奶牛重大疾病检测和防治水平，促进了产业升级，增强了奶业发展后劲。

第三节　动物营养科学研究

一、高效猪饲料配制技术研究

饲料是养猪生产的重要环节，约占养猪生产总成本的70%。为养猪生产提供安全、高效能、价格合理的饲料产品，方能为社会提供安全的猪肉制品，并提高养殖者的经济效益。1998年12月~2002年12月，市农科院畜牧兽医研究所研究员王文杰等主持开展天津市科技攻关计划项目“高效猪饲料配制技术研究”。科技工作者先是设计筛选配方，根据欲采用的新原料、新技术进行代乳料配方试验、断奶仔猪抗应激饲料配方试验以及对酶制剂、饲用微生物、脂肪酸钙等的试验和高效猪饲料中试产品效果试验，确定产品配方。经4年多攻关努力，根据猪的生理交替和生长发育规律，提出了“七阶段饲养标准”日粮配方方案。根据猪生理阶段的交替和生长曲线变化，准确划分饲养阶段，在不同阶段给予不同营养水平的日粮，进行1560头猪的饲喂试验，增重效果显著。研制出哺乳仔猪超早期断奶代乳料配方。采用饲喂加药饲料满足7~14日龄幼龄仔猪生理需要，防止细菌性腹泻的发生。研制出断奶仔猪抗应激过渡饲料配方，解决仔猪断奶后10天内应激引起的腹泻、生长迟缓问题。

科技工作者在试验研究的基础上，还成功研制不使用抗菌素和添加酶制剂的无公害猪浓缩饲料和复合预混合饲料共15种系列产品，具备工业化规模化生产的条件，并被天津市无公害食品办公室批准为无公害猪饲料产品，除在天津应用外，还推广到河北、山西、吉林、山东、新疆等地。

二、无公害蛋鸡日粮配方技术的研究

20世纪90年代以来，随着全国畜禽养殖业的迅猛发展，养殖业中过量使用抗生素的情形日趋严重，影响了城乡居民的健康。为寻求理想的抗生素替代品，市农业科学院畜牧兽医研究所研究员穆淑琴于2001年1月~2002年6月主持开展"无公害蛋鸡日粮配方技术的研究"。

科技工作者首先设计筛选配方，根据拟使用的新添加剂原料、新配方技术进行金霉素、糖萜素、低聚果糖、柠檬酸、百合酶在蛋鸡日粮中使用的效果试验、木醋酸无公害蛋鸡日粮配方试验。参照试验结果，筛选出蛋鸡无公害饲料产品配方，经刻苦攻关，研制出用于产蛋鸡的不使用抗生素的添加剂和酸制剂的无公害饲料、饲料添加剂新产品。并用之饲喂蛋鸡，研究其对蛋鸡生产性能的影响、蛋鸡免疫血清指标的变化。鸡蛋中主要卫生指标的测定、抗生素残留、鸡蛋品质的变化，经研究证实：产蛋鸡使用该研究产品，具有与抗生素相同的饲养效果，对蛋鸡的抵抗力、鸡蛋营养成分没有影响，并具有增加产蛋率、改善蛋鸡生产性能的效果。制订蛋鸡无公害复合预混合饲料、无公害配合饲料产品标准，设计蛋鸡无公害饲料添加剂配方管理表，用此表可设计筛选性能优越、价格合理的饲料添加剂原料组合。

科技工作者将蛋鸡无公害饲料添加剂在蓟县、静海县养殖场进行推广，所产鸡蛋达到无公害食品和绿色食品的要求。

三、饲料添加剂营养生理调控作用数学模型研究

动物营养学研究目的在于尽可能准确地设计动物的日粮，使其在能够发挥最大遗传潜力的前提下而不浪费可利用或潜在可利用的饲料营养物质。2003年3月~2006年2月，市农科院畜牧兽医研究所研究员王文杰主持开展了"饲料添加剂营养生理调控作用数学模型研究"。重点研究酶制剂、有机酸、天然植物提取物、饲用抗生素等饲料添加剂对饲料氨基酸利用率、能量利用率的调控作用。在国内对饲料添加剂营养生理调控作用方面首次提出量化描述的概念——营养增量概念。并通过一系列的试验研究探讨植酸酶营养增量的估测数学模型。完成植酸酶对家禽的钙、磷、氨基酸、代谢能4种营养成分的调控作用研究，分别确定出营养增量估测数学模型。通过"成年公鸡采食量与持续喂食时间关系试验"，提出并确定了饥饿训练——集中采食消化代谢法作为营养增量评定的研究新方法。随后较为系统地研究家禽玉米——饼粕型日粮在添加植

酸酶后，其植酸水平与主要营养物质消化率的关系，完成植酸酶营养增量研究。项目测定主要饲料原料中植酸的含量和日粮植酸含量对日粮钙、磷、赖氨酸、AME（鸡日粮代谢能值）的影响；用半纯合日粮测定内源钙、磷的损失量；测定了过量植酸酶存在条件下日粮磷利用率及其它营养成分的增量变化。研究了有机酸对猪的营养增量作用，证实非抗生素促生长剂二甲酸氢钾对猪的生长具有促进作用，为进一步研究生长促进剂营养增量奠定了基础。

本项研究提出的饲料添加剂"营养增量"概念及应用营养增量数学模型，可把饲料添加剂作为一种常规原料进入配方优化程序，可以进一步节省动物日粮的配方成本，减少营养物质的浪费，使日粮营养更趋于理想化。研究成果在畜禽水产养殖、饲料工业领域有着广泛的应用前景和实用价值。

四、反刍家畜过瘤胃脂肪小肠代谢及需要量的研究

研究过瘤胃脂肪在反刍家畜小肠的消化吸收规律，不同反刍动物最佳过瘤胃脂肪供给量，开发反刍家畜高能高效饲料，对提高饲料转化效率及生产水平具有重要的意义。2004 年 3 月~2006 年 12 月，市农科院畜牧兽医研究所研究员穆淑琴主持开展了天津市自然科学基金资助项目"反刍家畜过瘤胃脂肪小肠代谢及需要量的研究"，以小尾寒羊为试验材料，研究和比较不同类型过瘤胃脂肪对绵羊采食量、营养物质消化率、瘤胃内氨态氮、pH 值、挥发性脂肪酸以及血液生化指标等方面的影响，确定不同类型过瘤胃脂肪的适宜添加量。研究高产奶牛、断奶羔羊快速育肥期日粮中过瘤胃脂肪最适宜供给量，包括达到最大生产性能和最佳经济性能指标时的过瘤胃脂肪供给量的测定。根据本项目研究结果设计反刍家畜高能高效饲料配方。该配方以保护性过瘤胃脂肪为主体，具有瘤胃调控功能，并进行配方及产品考核试验，证实运用该配方，可使奶牛的产奶量提高 11%以上，育肥羔羊日增重提高 12%。

该项研究成果对中国反刍动物营养研究及生产具有重要的实用和经济意义，获 2008 年度天津市科技进步奖二等奖。

五、天津市畜禽安全饲料配制技术集成示范与推广

针对影响天津市饲料生产和畜禽养殖中亟待解决的饲量质量安全、标准化饲料利用效率等方面的问题，2007 年 7 月~2009 年 12 月，市农科院畜牧兽医研究所研究员王文杰主持开展天津市农业重点技术推广项目"天津市畜禽安全饲料配制技术集成示范与推广"。通过举办饲料配方培训班，标准化技术培训班和养殖技术培训班，宣传贯彻国家相关法律法规和强制性标准。指导学员系统地学习动物营养学、饲料学、饲料配方设计新技术和饲料标准化生产技术等，更新了技术人员的科技知识，并能独立上机操作，熟练掌握饲料配方的新方法。在全市推广饲料标准化生产技术，制订天津市主要饲料产品行业统一的质量安全标准。为示范企业进行质量跟踪服务，使全市注册饲料企业实现了依照国家标准进行饲料生产。帮助建立"嘉立荷""现代天娇"等 7 个年产 3 万吨以上优质饲料的示范企业，产品质量合格率达 97%，其中无公害产品合格率达 100%。通过项目的实施为全市饲料行业建立一支技术推广核心团队，建立了推广与研发循环机制。并使饲料产品效益提高 26%，全市饲料行业新增经济效益 3900 万元。研制成功实用饲料配方软件、企业标准编制软件并获软件著作权登记证书。

该科研项目在全天津武清、宝坻、静海、宁河、北辰、津南、西青、大港、汉沽等 10 个区县的主要饲料和养殖企业实施，技术覆盖到全市有农业的区县。推动了天津市饲料工业科技进步，提升了饲料产品质量安全水平，社会效益和经济效益显著。

第四节 畜禽疫苗研制

一、天津地区鸡主要传染病灭活疫苗的研制

禽霍乱、传染性支气管炎是鸡的两种急性传染病，严重危害养鸡业的发展。1996 年 6 月~2000 年 11 月，市农科院畜牧兽医研究所研究员丁伯良主持开展天津市农业攻关重点课题“天津地区鸡主要传染病地方毒(菌)株的分离及疫苗的研制”。在天津主要鸡场开展禽霍乱、传染性支气管炎流行病学调查、病理剖检、病原分离、病原的血清型鉴定。首次从天津地区分离到禽多杀性巴氏杆菌菌株 20 余株，确定天津地区流行毒株的血清型。筛选出具良好免疫原性的 TJ8 株作为制苗用菌株，成功研制出具有地方特色的禽霍乱油乳剂灭活疫苗。该疫苗一个免疫剂量(每只鸡注射 0.5 毫升)的免疫保护率达 100%，免疫 6 个月的保护率达 95%；在 4~10℃条件下可保存 1 年。还完成禽霍乱油乳剂灭活疫苗规模化生产工艺的研究，并获农业部新兽药证书。科技工作者还在天津地区首次分离到鸡传染性支气管炎病毒株 10 余株，完成分离株生物学特性测定及血清型鉴定，首次证明天津地区鸡的肾型流行毒株与 Gray 株型(国际上流行的一种毒株)相近，为控制天津地区鸡传染性支气管炎提供了理论依据。提出天津地区该病疫苗制备中应突出以 Gray 株为主的肾型毒株及地方腺胃型分离毒株，同时增加与各分离株有较强交叉保护作用 M41 株(国际上流行的一种毒株)，提出“M41+肾型+腺胃型”的防治模式。研制成功了鸡传染性支气管炎多价油乳剂灭活疫苗及制作工艺，免疫保护率在 95%以上，免疫期 6 个月。

1996~2000 年，将研制成功的禽霍乱、传染性支气管炎多价灭活油苗在天津大港、西青、武清、宝坻、蓟县、静海等区县以及河北省廊坊、唐山、沧州、石家庄等地推广应用 3 亿羽份，使农民增加经济效益在 9 亿元以上。获 2000 年度天津市科技进步奖二等奖。

二、天津地区主要畜禽疫苗的开发研究

2000年9月~2003年12月，市农科院畜牧兽医研究所研究员丁伯良等主持开展天津市重大科技攻关项目“天津地区主要畜禽疫苗的开发研究”。将常规兽医微生物学技术、免疫学技术与高分子化学技术（中空纤维超滤浓缩技术和离子去污剂蛋白提取技术）相结合，应用于畜禽疫苗研制和大肠杆菌外膜蛋白分型研究，经3年多努力，研制成功鸡巴氏杆菌荚膜亚单位苗、鸡传染性鼻炎多价油苗、H9亚型禽流感油乳剂灭活疫苗、鸡减蛋性病毒病四联油乳剂灭活疫苗，经示范推广，免疫效果良好。

成功研制针对天津及其周边地区的猪水肿病油乳剂灭活疫苗，在2℃~8℃条件下可保存1年，免疫保护率达90%以上，免疫期可达6个月。3年间推广应用猪水肿病疫苗52万头（份）、禽用疫苗3.52亿羽（份），在天津及周边地区有效地控制了相关疫病的发生，减少了抗菌药物的使用，为社会创经济效益在6亿元以上。

2004年7月~2006年12月，开展天津市农业科技成果转化与推广项目“天津地区主要畜禽疫苗产业化”。经2年多努力，建成符合GMP（具有良好的生产规范的工厂或车间、试验室）标准的病毒油乳剂灭活疫苗生产线2条、细菌油乳剂灭活疫苗生产线1条，并达到了年产畜禽油乳剂灭活疫苗6亿羽（头）份的生产能力；完成了3种畜禽疫苗（鸡新城疫、鸡禽霍乱、鸡传染性法氏囊油乳剂灭活疫苗）工业化生产新工艺的研究并制订3种疫苗GMP生产规范。

通过该科研项目的实施，为天津地区畜禽疫苗产业化奠定了基础。获2007年度天津市科技进步奖三等奖。

三、畜禽疫病基因工程诊断试验盒临诊应用

禽流感、猪蓝耳病和猪伪狂犬病是危害严重的3种畜禽传染病，20世纪90年代以来，上述3类畜禽疾病在天津市的发生和流行逐年增多，严重威胁养殖业的持续稳定发展和畜禽产品的安全。2003年6月~2006年6月，市农科院畜牧兽医研究所研究员王英珍等开展天津市农业科技合作重大项目“畜禽疫病基因工程诊断试验盒临诊应用”的研究。先后在天津市和河北省无极、辛集，山东省德州等地建立18个技术示范点。从中国农业科学院哈尔滨兽医研究所引进该所自主研制的具有国际先进水平的禽流感病毒N蛋白琼扩诊断试剂盒为基础，建立生物安全性更高的禽流感抗体琼脂扩散试验检测技术体系，应用该技术检测禽流感抗体，可以做到从抗原的生产到使用的整个过程不接触禽流感病毒，避免了病毒扩散的安全隐患。根据天津市猪蓝耳病防治现状，应用猪蓝耳病病毒N蛋白间接ELISA（酶联免疫吸附试验）检测试剂盒进行猪群抗体检测和诊断，建立了猪蓝耳病病毒N蛋白抗体间接ELISA检测技术标准。应用引进的

ELISA 诊断试剂盒推广应用,通过对 2600 头(份)样品的应用和总结,建立了猪伪狂犬病毒蛋白抗体检测技术标准,应用 H9 亚型禽流感病毒 RT-PCR(反转录—聚合酶链式反应技术)快速检测技术和基因工程检测技术建立了以疫苗免疫接种抗体监测、环境净化相结合的综合防治模式。初步建立天津地区禽流感、猪蓝耳病、猪伪狂犬病诊断和检测体系。

第五节 胚胎移植和动物克隆技术

一、牛胚胎移植的研究与应用

1992~1995 年,市农科院畜牧兽医研究所研究员徐直等主持开展了天津市重点农业科技项目“牛胚胎移植的研究与应用”。以生殖内分泌学、胚胎学、低温生物学、解剖学、遗传学的理论为依据,引进国内外先进技术和方法,在实践中予以改进和提高。用年产奶量 8000 公斤的高产奶牛做供体,用低产牛、育成牛做受体,采用超数排卵、同期发情、鲜胚胎移植的方法,将受孕 7 天的奶牛受精卵(胚胎)移植到低产牛、育成牛的子宫中,在 19~24 天时间内可完成胚胎移植全过程,再经过 283 天的妊娠,陆续产出优质牛、高产牛。超排一头供体牛获得可用胚胎 7.1 枚,受体移植受胎率达 58.2%(高出国内最好成绩 5 个百分点)。3 年间对 17 头供体牛超数排卵获得胚胎 134 枚,可用胚胎 120 枚,移植受体牛 55 头,妊娠 32 头,共产出牛犊 32 头。

该研究的成功,在天津市开辟了用高新技术繁殖奶牛的新途径,对于促进天津市奶牛品种的改良、提高单牛产奶率将起到重要的作用。获 1997 年度天津市科技进步奖三等奖。

二、猪体外受精及精液液态保存技术的研究

采用猪精液液态保存、人工授精,可提高优良种公猪的利用率,节省人力物力财力,加快猪群改良的进程。1995 年 5 月~1997 年 12 月,市农科院畜牧兽医研究所研究员徐直等主持开展“猪体外受精及精液液态保存技术的研究”。从屠宰场获得猪的新鲜卵巢,从中提取卵母细胞,置放于培养液中,在培养箱中进行成熟培养。同时采出公猪的新鲜精液,过滤成浓分精液,加受精培养液在 37℃下温浴 4 小时后与培养成熟的卵细胞进行体外受精,将受精卵置入新鲜培养液,在受精后的 12~18 小时观察受精情况,继续培养至 48 小时,观察卵裂情况,获得发育良好的细胞胚胎。

通过猪精液液态保存稀释液的筛选和对比,确定 4 种稀释液对精子顶体保护均有很好的作用。若保存 3 天,4 种稀释液均可使用,较大面积推广,受胎率达 75%~85%,窝产仔 8~9 头;用保存 7 天的 BastscHWier(1 号猪精液稀释液)给 10 头母猪输精,受胎率达到 100%,窝平均产仔猪

11 头，较大面积推广，受胎率达 75%~85%，窝产仔 8~9 头。

通过该科研项目的实施，建立了猪体外受精系统。猪精液液态保存方法可大量减少饲养种猪成本，技术实用，受胎率高。1997~2000 年进行推广，提高商品猪的品质，促进天津市养猪事业的发展。获 2001 年度天津市科技进步奖三等奖。

三、绵羊卵巢腔前卵泡卵母细胞体外发育成熟研究

1997 年 9 月~2000 年 12 月，市农科院畜牧兽医研究所研究员刘海军主持开展“天津市 21 世纪——青年科学基金”项目“绵羊卵巢腔前卵泡卵母细胞体外发育成熟研究”。通过研究绵羊腔前卵泡的分离方法，研究有关因素对绵羊腔前卵泡卵母细胞体外生长发育成熟的影响，将丰富的腔前卵泡培育为成熟的卵泡，为绵羊体外受精、胚胎移植、转基因等提供充足的卵母细胞来源，对繁殖技术的发展及优良种畜的利用都具促进作用。经 3 年多的努力，初步建立一套有效、适用的绵羊腔前卵泡采集方法，并证实机械分离法获得的正常腔前卵泡率（35.2%）高于酶消化法（18.5%）；绵羊年龄对腔前卵泡的分离效果有明显影响，初情期前绵羊的腔前卵泡回收率（35.1 个）高于成年绵羊（16.1 个）。初步建立适宜的绵羊腔前卵泡卵母细胞培养系统。初步建立绵羊腔前卵泡卵母细胞的体外成熟系统，对体外生长的绵羊腔前卵泡卵母细胞进行成熟培养后，有 6.5%的卵母细胞发生生发泡破裂，实现卵母细胞体外发育与成熟。

四、波尔山羊品种引进及综合利用技术研究

波尔山羊原产于南非，是世界上著名的肉用山羊。该羊体型大（成年公羊体重可达 90~135 公斤，母羊体重达 60~90 公斤），生长发育快，肉质细嫩。天津市养羊业虽历史悠久，但种群改良缓慢，迫切需要运用高新技术对现有种群进行改良，2000 年 10 月~2002 年 12 月，市农科院畜牧兽医研究所研究员冯建忠等主持开展天津市农业重点攻关项目“波尔山羊的品种引进及综合利用技术研究”。从澳大利亚引进波尔山羊，用波尔山羊做供体，用本地 3.8 万只羊做受体进行杂交，生产杂交一代山羊 5.5 万只。采用超数排卵、同期发情、鲜胚胎移植的方法，将受孕 6 天的波尔山羊胚胎移植到本地山羊的子宫内，经 145 天妊娠产出波尔山羊羔羊，这种借腹生子的技术加快优质羊群改良的步伐和繁殖速度。

3 年间引进波尔山羊 147 只，培育优良种公羊 360 只；3 年间共处理供体 352 只次，共获卵数 4018 枚；共移植受体数 2256 只，其中怀孕 1440 只，受胎率达 63.8%，产羔 1889 只，产羔率达 83.7%。

在国内首次应用波尔山羊育成羊做供体，超排效果与成年羊相比差异不显著。摸索和总结成功短期连续超排技术，对供体进行连续超排，每次超排的时间间隔平均为 1.5 个月，使得每只

供体每年可生产纯种波尔山羊 15~20 只，提高了母羊的利用效能，亦使波尔山羊胚胎移植技术居国内先进水平。

五、牛羊胚胎工程产业化示范

为使先进的生物技术与牛羊品种改良有机结合，加快天津市牛羊良种化进程和产业化发展，2001 年 7 月~2005 年 8 月，市农科院畜牧兽医研究所研究员冯建忠同中国农业大学动物科技学院科技工作者共同开展天津市重大农业科技合作项目“牛羊胚胎工程产业化示范”。

经 4 年多攻关努力，建立肉羊核心群种母羊 2875 只，形成年生产肉羊体内胚胎 3 万枚的能力。生产肉羊可用胚胎 14966 枚，平均每只获可用胚胎 9.5 枚。建立奶牛核心群 160 头，生产高产奶牛可用胚胎 420 枚，平均每头获可用胚胎 6.2 枚。冷冻肉羊胚胎 4685 枚（其中玻璃化冷冻胚 3680 枚），玻璃化冷冻奶牛胚胎 271 枚。羊鲜胚、冻胚、分割胚移植妊娠率分别为 61.3%、47% 和 44.8%；奶牛鲜胚、冻胚移植妊娠率分别为 57.7%和 51.3%，奶牛鲜胚分割后半胚妊娠率达 48.3%，玻璃化冷冻胚分割后半胚妊娠率达 41.7%。通过胚胎移植技术生产成活羔羊 7104 只。

还将良种牛羊的饲养管理技术同胚胎移植、胚胎冷冻、胚胎分割等技术进行优化集成，发明稳定的二步法玻璃化冷冻保存技术，并在国内首次将之应用于羊胚胎移植产业化生产。制订出波尔山羊和肉用绵羊胚胎移植操作规程，建立良种肉羊胚胎产业化配套技术体系。建立 3 个肉羊胚胎产业化基地，35 个试验（示范）场。每年可向社会提供优质肉羊胚胎 3000 枚、奶牛胚胎 200 枚；年生产冷冻肉羊精液 10 万剂，年生产肉用种羊 1000 只，形成年产值 4000 万元的能力，为肉羊胚胎的良种化、产业化奠定了坚实的基础。

六、波尔山羊胚胎克隆技术研究

动物克隆技术是生物领域的高新技术，通过胚胎克隆技术可以产生大量遗传基因型相同的动物，可以深入挖掘动物个体的繁殖潜力，使优秀个体的后代在短期内得到大量繁殖，克隆技术在畜牧业上有着广阔的应用前景。2001 年 11 月~2008 年 6 月，市农科院畜牧兽医研究所研究员刘海军等主持开展天津市科技攻关计划项目“波尔山羊胚胎克隆技术研究”。科技工作者建立了波尔山羊胚胎克隆技术体系，包括卵母细胞的体外成熟、去核、注核、电融合、激活，重构胚的体外、体内发育等技术环节，于 2005 年 11 月获得胚胎克隆波尔山羊“津生”，这也是天津市出生的首例克隆动物，标志着天津市在动物克隆研究领域取得了重大突破。该研究在国内首次采用荧光指导法进行山羊卵母细胞去核，使卵母细胞去核率达到 100%，对不同成熟培养时间染色体与极体的位置关系进行研究，确定卵母细胞去核的最佳时间；确定波尔山羊 2-细胞胚胎的卵裂球适宜的电融合参数，应用参数进行重组卵的电融合，获得 80%的融合率。筛选出组织培养基 TCM199 与绿猴肾细胞共培养的重构胚最佳体外培养体系，桑葚胚率可达 32.7%；体内培养的重构胚可发育到桑葚胚阶段，移植后维持妊娠到期并产仔。胚胎克隆波尔山羊生长发育良好，并具有正常的繁殖能力。

胚胎克隆波尔山羊的成功，为用克隆技术快速进行品种繁育、为克隆技术产业化开发奠定了基础。

七、奶牛体内性别控制胚胎示范推广

2005 年 12 月~2008 年 11 月，市农科院畜牧兽医研究所研究员冯建忠等主持开展天津市农业科技成果转化与推广项目“奶牛体内性别控制胚胎示范推广”。通过改善供受体牛场环境、制订严格的疾病防治制度、筛选最佳供体牛超数排卵方案、改进性控精液人工授精技术等措施，建立奶牛体内性控胚胎生产示范推广技术体系，制订奶牛性控胚胎人工授精和饲养管理技术操作规程。并将胚胎玻璃化冷冻保存技术成果应用于奶牛性控胚胎冷冻保存，提高了胚胎冷冻的效率。3 年间生产性控胚胎 204 枚，头均获可用性控胚胎 5.1 枚，性控胚胎移植受体奶牛 198 头，性控胚胎移植受胎率 46%，生产牛犊 88 头，母犊率 95.1%。通过改进性控精液人工授精技术，提高性控精液的受精率，使性控精液受精率达到 83%。在武清、北辰等地推广性控精液 2500 支，受胎率达 47.2%，生产母牛犊 1086 头，新增经济效益 415.1 万元。

八、山羊体细胞克隆技术体系的建立

2006 年 4 月~2008 年 12 月，市农科院畜牧兽医研究所研究员刘海军主持开展了天津市科技攻关技术培育项目“山羊体细胞克隆技术体系的建立”。经 3 年多的攻关努力，建立了完善的波尔山羊体细胞克隆技术体系，包括卵母细胞的去核、注核、电融合、激活，重构胚胎的体外、体内发育等技术环节，2007 年 4 月，体细胞克隆原种波尔山羊“津英”成功降生，这是天津市出生的首例体细胞克隆动物。

该研究采用荧光指导法使卵母细胞去核率由传统盲吸法的 70%提高到 100%；以体内成熟卵母细胞做核受体，融合率达 86%，激活率达 68%，发育率达 34%。并对体细胞克隆山羊的线粒体遗传成分的来源进行检测，发现克隆羊的线粒体均来自受体卵母细胞，而非供体细胞。经研究还证实，供体细胞和受体卵母细胞为同品种山羊的核移植重构胚的体外发育能力高于受体卵母细胞为异品种山羊的。克隆成功的山羊具有正常的生长发育及繁殖能力。

该项研究标志着天津市动物克隆技术水平上了一个新台阶，研究成果在家畜良种繁育中具有广阔的应用前景。

表 13-9-5-171　畜牧兽医研究获奖成果简表(按获奖时间排序)

获奖时间	获奖成果	完成单位及主持人	奖励名称及等级
1991 年度	杜洛克猪的引进杂交利用	市畜牧兽医研究所齐宗佑	天津市科技进步奖二等奖
1991 年度	猪复合饲料添加剂的研制	市畜牧兽医研究所张九如	天津市科技进步奖二等奖
1994 年度	鸡传染性法氏囊病综合防治规范	市畜牧兽医研究所王文科	天津市科技进步奖一等奖
1997 年度	牛胚胎移植研究与应用	市畜牧兽医研究所徐直	天津市科技进步奖三等奖
1999 年度	蛋鸡抗热应激添加剂的研制	市畜牧兽医研究所穆淑琴	天津市科技进步奖三等奖
1999 年度	天津市肉鸡腹水症病因与防治的研究	市畜牧兽医研究所丁伯良	天津市科技进步奖三等奖
1999 年度	非常规饲料资源利用技术研究	市畜牧兽医研究所王文杰	天津市科技进步奖二等奖
2000 年度	天津地区鸡主要传染病地方毒(菌)株的分离及疫苗研制	市畜牧兽医研究所丁伯良	天津市科技进步奖二等奖
2000 年度	应用繁殖新技术培育优质高产肉羊的研究	东丽区畜牧局李明坤、市畜牧兽医研究所徐直	天津市科技进步奖三等奖
2001 年度	猪体外受精及精液液态保存技术的研究	市畜牧兽医研究所徐直	天津市科技进步奖三等奖
2002 年度	奶牛高产高效新技术研究	市农垦集团奶牛研究所张允茂、市畜牧兽医研究所徐直	天津市科技进步奖二等奖
2005 年度	肉羊胚胎产业化配套技术研究	市畜牧兽医研究所冯建忠	天津市科技进步奖二等奖
2005 年度	天津市精品三黄鸡的推广开发	市畜牧兽医研究所张克刚	天津市科技进步奖三等奖
2007 年度	天津地区主要畜禽疫苗的开发研究	市畜牧兽医研究所丁伯良	天津市科技进步奖三等奖
2008 年度	反刍家畜专用高能高效饲料生产技术研究	市畜牧兽医研究所穆淑琴	天津市科技进步奖二等奖

第十章　农业生物技术

20 世纪 90 年代以来,天津市农业科技工作者开展了农业微生物开发利用、生物农药和植物生长调节剂研制、蔬菜高效育种技术的研究。先后研制开发成功了秸秆发酵生物添加剂、光合细菌培养、菊脂类农药植物型增效剂、防治棉铃虫新生物农药等科研成果,并在动物饲料、畜禽水产养殖、农作物种植、植保等领域得到了广泛的应用。

与此同时,科技工作者在天津地区葡萄主要病毒检测及脱毒技术、无病毒优质葡萄苗木选育、快繁等研究领域也取得了新的进展,为实现工厂化育苗、建立无毒化优质葡萄繁育基地提供了科技支撑，亦使天津市葡萄栽培、保鲜以及葡萄酿酒事业跨入全国先进行列。这些农业生物技术研究的开展和研究成果的应用，在天津市农业实现跨越式发展中发挥了重要作用。

第一节　农业微生物开发利用

一、光合细菌在水产及畜禽养殖上的应用及推广

光合细菌是能够进行光合作用的一类细菌，是地球上最早出现的具有原始光能合成体系的原核生物，它与其他光合生物一起构成自然界生态系统中的原始生产者，并在自然界物质转化和能量循环中起着重要作用。由于光合细菌中的某些菌种能在光照厌氧或黑暗好氧条件下利用低分子有机物中的碳源进行迅速生长繁殖，因而能够有效地净化有机废水，改善海、淡水养殖生态环境。1989 年~1997 年，天津市农业生物技术研究中心研究员陈秀为等科技工作者开展了光合细菌的培养、中试及推广应用的研究。从鱼、虾养殖池的底泥中分离筛选出优质高效混合菌，筛选出两株优良菌株（N-901、N-911），以此为原料，研制成功液体和固体两种剂型的水质净化剂和饲料添加剂。液体产品为多菌株复合菌液，经生物工程发酵技术制成，产品呈红色或紫红色，略黏稠，活菌体含量超过 40 亿/毫升。菌体粗蛋白含量达 67.10%，常温下可保质 6 个月。固体产品为固体材料吸附后经低温烘干制得，含水量在 10%以下，常温下可保质 18 个月。菌体对人畜无毒无害，其蛋白质含量达 60%以上，并富含维生素 B 和其他生理活性物质。该项科研成果主要应用于水产、畜禽养殖，农业生产和环境保护等领域。在水产养殖中应用，可以净化水质，防治鱼虾病害，还可作为鱼虾蟹贝类育苗开口饵料，增强幼苗抗病能力，提高成活率。在畜禽养殖中应用，可促进动物生长，提高蛋鸡产蛋率。

在“光合细菌生产及应用技术中试”过程中，成功研制一套比较先进的光合细菌规模生产工艺及配套装置。通过 200 亩人工养殖对虾应用光合细菌的生产性试验，改善养虾池水质，明显延缓对虾暴发性流行病的暴发期，在河蟹人工育苗生产中应用光合细菌，净化水质，作为开口饵料，可增强幼苗的体质。还研制出应用振动流化床干燥吸附于载体的光合细菌固体物料的先进工艺。获 1994 年度天津市科技进步奖三等奖。1996 年 7 月~1997 年 12 月，开展“光合细菌在水产及畜禽养殖上的应用及推广”，进一步完善菌剂 4 级生产程序，改进外照明槽式培养装置及生产工艺，使光合细菌的生产规模初步扩大，技术逐步完善，并较好地解决了菌种更新复壮问题，使菌剂保质期由原来的 10~15℃保存 3~5 月、25~30℃保存 15 天分别增加到 1 年和 6 个月。同时扩大光合细菌的应用范围，由研制成功初期主要是在河蟹、对虾育苗，对虾养殖期净化水质等方面应用，扩展到淡水养殖、南方名贵鱼大棚越冬、观赏鱼养殖、肉鸡生产等方面，并取得好的效

果，提高幼鱼、虾、蟹的成活率和肉鸡的品质。通过实践制订《光合细菌菌剂使用技术规范》。科技成果已推广到天津、河北、山西、辽宁、山东、广东等10多个省（自治区、直辖市），为农民增加经济效益3437万元。获1998年度天津市科技进步奖三等奖。

二、秸秆发酵生物添加剂及其配制方法

中国每年约产出5亿多吨各类农作物秸秆，这些秸秆作为反刍家畜粗饲料有很大的开发利用价值。但由于这些秸秆基本上是收获了粮食之后的废弃物，含水量低，纤维老化，适口性不好。采用传统的青贮方法，易发生霉变。因此在传统青贮方法的基础上，加入有益的微生物发酵剂，使不能为家畜食用的废弃黄干秸秆变为适口性好的饲料是一种适合中国国情，促进农业生产结构调整，发展畜牧业的好方法。1995年~1997年，天津市农业生物技术研究中心研究员陈秀为成功研制秸秆发酵生物添加剂。该生物添加剂由6株秸秆发酵菌经科学配伍，通过生物工程技术发酵制得，其浓度达到每克含有效菌数60亿，除含有促进秸秆发酵复合有益微生物外，还含有多种酶、维生素、脂肪酸和微量元素，是一种复合型秸秆发酵生物添加剂。该技术主要是解决黄干秸秆的利用问题，将已经收获粮食之后的黄干秸秆（如麦秸、稻草、玉米秸、高粱秸等）用机械化加工处理后，按比例加入复合微生物发酵剂、辅料和水分，放入密封的设施中10~15天，经微生物发酵后，黄干秸秆即变为质地柔软、湿润蓬松、气味酸香、适口性好的饲料。反刍家畜食用后，对增加食欲、改善代谢功能、增加抗病能力都有明显的效果。同时，该项技术易于操作，农民使用水泥窖、土窖、大缸都可制作。制作好的发酵秸秆（青贮饲料）发酵效果好，不产生霉变，随取随喂，一般可保存1年的时间，且制作成本低廉，农民制作1吨秸秆微贮饲料，菌种费只需6元，加上材料、人工费也只需15元。使用该生物添加剂，比自然青贮质量好，可以减少20%~30%的霉变损失，使各类黄干秸秆的利用率达90%以上。“秸秆机械化微贮及利用技术开发研究”获1998年度天津市科技进步奖二等奖。2000年该项技术被确定为天津市农业重点推广计划项目。2000年12月1日获国家发明专利证书。到2001年该项技术已推广到全国30个省（自治区、直辖市），利用该项技术在天津市及全国处理各类农作物秸秆约100万吨，农民获直接经济效益近亿元，不仅解决了牲畜的饲草问题，还避免了由于焚烧秸秆造成的环境污染。2002年4月，应朝鲜民主主义人民共和国大圣公司之邀，科技工作者赴朝在1个国营农场、1个部队农场做了500吨稻草发酵示范，效果较好，受到朝方人员的欢迎。“秸秆发酵生物添加剂及其使用技术推广”获2003年度天津市科技进步奖三等奖。“秸秆发酵生物添加剂及其配制方法”获2005年度天津市技术发明奖三等奖。在此基础上，陈秀为等科技工作者开展“秸秆资源饲料化技术研究”，使秸秆通过生物处理后达到降解木质纤维素、增加蛋白质的效果，除可用于饲喂反刍动物外，还可用来饲喂鸡、鸭、鹅、猪等单胃动物。

第二节 葡萄苗木脱毒快繁和蔬菜高效优质育种方法研究

一、天津地区葡萄主要病毒检测及脱毒技术的研究

葡萄树为天津市主要果树之一，到20世纪80年代，全市栽培面积已达3万多亩。由于葡萄属于无性繁殖，一旦感染病毒，便终生带毒，并通过繁殖材料传给后代，加之盲目引种，使天津市的葡萄病毒病的危害和蔓延日趋严重。而对葡萄病毒还没有有效的杀病毒药剂，防治手段主要是预防和使用无毒苗。1988年6月~1992年10月，天津市农业生物技术研究中心研究员曹为玉、郑燕棠主持开展“天津地区葡萄主要病毒检测及脱毒技术的研究”，经4年多的科技攻关，查清天津地区葡萄病毒的主要种类为葡萄卷叶病毒(GLRV)和葡萄扇叶病毒(GFV)，在国内首次采用酶标记免疫吸附测定法(ELISA)检测出葡萄卷叶病毒，并利用生物学方法分离鉴定出烟草花叶病毒(TMV)、黄瓜花叶病毒(CMV)、葡萄扇叶病毒(GFV)以及两个待测的葡萄病毒分离物(即同所有葡萄和蔬菜病毒抗血清不产生阳性反应)，为葡萄病毒病的综合防治提供了理论依据。在这基础上，开展葡萄病毒病脱毒技术的研究，总结成功利用热处理箱脱毒(即将栽有半年以上并加剪枝后的葡萄花盆放入热处理保温箱，用2000勒光司的光照，白天12小时用38℃处理，夜间12小时35℃以下处理，8周后检查脱毒情况)和茎尖脱毒(利用热处理新长出来的新梢或未经处理过的茎尖消毒后拨离茎尖并切除0.2~0.3厘米的茎尖，放入培养基中进行培养)相结合的脱毒技术，使葡萄卷叶病毒、葡萄扇叶病毒脱毒率分别达84%和87%。还在国内首先提出和建立培养无毒优质葡萄苗木的配套技术模式，包括田间取样或引进、检测、脱毒、快繁、驯化、选育、入园等程序，为实现工厂化育苗、建立无毒化优质葡萄繁育基地提供了科技支撑。获1998年度天津市科技进步奖三等奖。

二、无病毒优质葡萄苗木选育和配套技术模式研究

葡萄病毒病是葡萄种植中经常发生的一种病害(这种病害具体表现有30多种)，在国内发现有的酿酒葡萄品种(蛇龙珠)发病率高达90%以上，经研究发现繁殖材料带毒是葡萄病毒传播的主要途经。1993~1996年，天津市蓟县翠屏湖科学园、天津市农业生物技术研究中心、天津市中法合营王朝葡萄酿酒有限公司联合开展“无病毒优质葡萄苗木选育和配套技术模式的研究”。科技工作者通过研究，查清全国葡萄主要病毒病种类是葡萄卷叶病毒和扇叶病毒，在此基础上，研究总结出以血清跟踪检测病毒为中心，结合生物学鉴定，又以脱毒处理和组织培养为基础，杜绝病毒再侵染的配套技术措施。①选择和繁育无毒苗木。在种植的葡萄园中进行选择，经

检测凡不带有本地区葡萄主要病毒的单株，经单芽或绿枝扦插等育苗方法扩大繁殖；②选择符合种植无病毒葡萄苗木的地块做无病毒母株园（具体条件是：30年未曾种植过葡萄的地块，有独立的水源并不经过其他葡萄园，间隔同葡萄病毒有关作物如桃树、茄科作物等10米以上），一旦发现病株及时拔掉，确保母株园带毒率在10%以下；③实施以血清跟踪进行病毒检测。利用葡萄卷叶病毒和扇叶病毒抗血清，采用ELISA（酶标记免疫吸附测定法）检测母株，凡是呈阴性反应的编号繁殖。还于每年的5~6月和9~10月，按品种分别采集叶片和成熟叶柄或枝条，进行葡萄扇叶病毒和卷叶病毒的检测，发现阳性反应及时拔除病株，并处理株穴土壤。

科技工作者还在天津蓟县山区利用荒地坡地建立10亩无毒葡萄母株园，其中鲜食葡萄3亩，酿酒葡萄7亩，落地葡萄苗经病毒检测全无毒，根系发达，株高在10~13厘米以上，枝叶生长苗壮，鲜食葡萄1994年亩产在1500公斤以上。

该项研究为天津市无病毒葡萄苗木生产提供了配套的技术模式，也为全国建立和完善无病毒优质葡萄苗木生产体系提供了方法和经验。获1999年度天津市科技进步奖三等奖。

三、葡萄组培苗脱毒快繁技术的研究

20世纪90年代中期，天津市以及全国葡萄酿酒事业迅速发展，而酒用葡萄苗木供应紧张，葡萄苗木品种混杂，葡萄病毒发生也较为普遍，从国外引种的葡萄枝条也检疫出危害严重的番茄环斑病毒。为找出主要葡萄病毒脱除方法，并进行葡萄脱毒苗快速繁殖，实现工厂化生产，向酿酒葡萄生产基地提供品种纯正的无病毒苗木，促进酿酒葡萄种植业向更高水平发展，1997年5月~2001年7月，天津市农业生物技术研究中心研究员张福庆等科技工作者开展“葡萄组培苗脱毒快繁技术的研究”。

科技工作者根据国内外葡萄病毒发生的情况，确定酿酒用葡萄主要脱除病毒是扇叶病毒、卷叶病毒和番茄环斑病毒3种，根据各病毒在田间发生规律和症状，于1997年春、秋两季在葡萄园内进行生产品种赤霞珠、霞多丽、黑比诺、梅鹿辄等无病毒症状表现的植株的筛选，并对所选植株进行农业生产特性观察，进行营养系选择，确定营养系选择方法的基础位置。1998年2月~2000年7月，筛选出各品种最适培养基，进行组培试管苗的茎尖热处理脱毒技术研究，脱毒效果达到百分之百，确定脱毒的有效途径，即营养系选择+试管苗茎尖培养+热处理+试管苗茎尖培养。将检测无病毒的各葡萄品种营养系在其相应的最适营养基上培养，采用组培驯化苗小茎段扦插育苗技术和盆栽葡萄绿枝扦插技术进行快繁，建立和完善葡萄无病毒苗木工厂化生产技术体系。

组培驯化苗单芽带叶小茎段扦插育苗技术与最佳培养基的筛选研究加快了苗木繁殖速度，所育苗木生长苗壮、整齐一致。1998~1999年蓟县五百户乡应用葡萄组培苗脱毒快繁技术建立

200 亩赤霞珠葡萄生产园，植株生长茁壮，品种纯正，生长态势均一，果实成熟一致，结果性状好，第二年亩产 400~500 公斤，第三年达 1400~1500 公斤，取得了显著的经济效益。

该项技术的研制成功为天津市高质量酿酒用葡萄园的建立和发展奠定了基础。

四、番茄高效优质育种方法研究

2002 年 1 月~2005 年 12 月，天津市农业生物技术研究中心研究员刘仲齐、薛俊等开展“番茄高效优质育种方法研究”。科技人员以加速优质番茄新品种选育速度为目标，以 PCR（聚合酶链式扩增反应技术）技术为基础，筛选出与高色素基因 hP1 和 hP2 的突变位点具有高度专业性的引物，获得了能准确区分突变基因和对应的野生基因的分子标记，建立以分子标记方法为核心的种质资源鉴别体系。根据分子标记的多态性进行聚类分析，可以把不同类型的番茄种质资源区分开来，可靠性和工作效率大幅度提高。系统研究利用色差计测定番茄红素的科学方法。应用分子标记技术和品质快速测试方法，番茄育种材料的亲本改良速度和优势组合选育效率明显提高。4 年间选育出 50 多份番茄红素、糖份含量高等特性突出的优质品系，培育成功“津杂 202”“津杂 203”两个番茄新品种。“津杂 202”“津杂 203”均为粉果类型；耐低温能力强，适宜早春栽培，抗病性强；坐果率高，产量高，果皮薄，口感沙甜，亩产可达 5000 公斤，比对照品种亩增产 300 公斤，新增产值 300 元。“津杂 202”为扁圆形，“津杂 203”为圆形，果实硬度大于“津杂 202”，更耐贮运。2004~2006 年累计示范推广 17.09 万亩，新增社会经济效益 4510 万元。“番茄高效优质育种方法研究”获 2007 年度天津市科技进步奖三等奖。

第三节　生物农药和植物生长调节剂研制

一、菊脂类农药植物型增效剂的研制

蚊蝇是影响人类健康的害虫，对其进行防治一直受到人们的重视。但蚊蝇的抗药性的不断发展又给防治工作带来了一定的困难。至 20 世纪 90 年代，城乡居民使用的灭蚊蝇药多为菊脂类，这些化学农药的使用起到杀灭蚊蝇的作用，但由于蚊蝇抗药性的产生，使施药浓度不得不连年增加，又加重对环境的危害。为解决上述难题，天津市农业生物技术研究中心研究员徐金升同北京农业大学科技工作者于 1990~1996 年联合开展“菊脂类农药植物型增效剂的研制”，从十几种野生植物中筛选出不仅有直接杀灭蚊蝇效果，而且对菊脂类农药有增效作用的天然药用植物 C，以选定植物的提取液作为增效剂，加入不同浓度的菊脂类农药，观察药用植物提取液的增效效果，并对配方进行了初选，从筛选出对杀灭蚊蝇有较好效果的几个配方分别进行了室内、室

外空间的药效试验,将获得满意结果的配方初步定名为卫生杀虫剂A(又称"室内净")。从1994年开始对中选配方的药液制剂进行毒性试验和毒力测定,同时进行热贮稳定性试验,以考察配方的合理性。测定结果证实,此卫生用药具有低毒、安全、持效长等特点。在对药剂进行测试的同时,还在天津、北京等地对药效进行进一步的验证,分别在笼养条件下和室内外空间中进行,结果表明,该药对蚊蝇、蟑螂都有较好的杀灭效果,尤其对具抗药性家蝇效果更好,10天以内杀灭率达100%,20天以内过夜家蝇均死亡,有效期持续30天以上。

该项研究首次在国内将植物型增效剂运用到卫生杀虫剂中,为高效、低毒、卫生杀虫剂的研制闯出一条新路。获1996年度天津市科技进步奖三等奖。

二、新型高效复合植物生长调节剂的研制

1993年4月~1997年10月,天津市农业生物技术研究中心研究员徐金升主持开展"新型高效复合植物生长调节剂的研究"。科技工作者先按一定比例复配所收集的植物生长调节剂,共设计6个新型、广谱复合的植物生长调节剂配方,不同配方均用清水稀释500倍,在葡萄开花前15天全株喷洒,观察喷洒效果,筛选出最佳配方(将其定名为45%多效三灵水剂)。将最佳配方用清水分别作200倍、300倍、500倍、800倍和1000倍稀释,在葡萄开花前15天全株喷洒,找出最佳使用浓度。在最佳浓度时施用,分别在开花前15天、10天、盛花期及盛花后期10天喷洒,测定单穗的坐果率,找出最佳使用时期。结果表明45%多效三灵水剂在葡萄上使用具有明显的增产作用,将该制剂稀释800倍,在葡萄开花前8~10天全株喷洒,可缩短葡萄果柄,明显增加叶片内叶绿素含量和果实糖度,提高坐果率,葡萄平均单穗增产率达20%~30%。在花生上使用也有明显的增产作用。试验证明,将该制剂稀释3000倍,分别在花芽分化始期(播种后约25天)和始花期(播种后约45天)两次喷施,可促进花生根系生长,花生产量可提高20%~30%。该制剂稳定性好,对环境无污染。1994~1997年,在天津市、河北省、山东省16个县推广应用20万亩,为农民增加经济效益2588万元。

三、防治棉铃虫新生物农药的研究

棉铃虫是危害棉花生长的一种主要害虫,自20世纪90年代以来,该虫害在全国呈逐年加重的趋势。棉农防治棉铃虫多采用化学杀虫剂,虽防治效果明显,但也造成对环境的污染。采用对人畜无害,在环境中无残留的、安全、有效、经济的生物农药防治各种农作物害虫已经成为农业科研领域的新课题。1996年6月~2000年12月,天津市农业生物技术研究中心研究员陈秀为主持开展"棉铃虫致病微生物的分离培养和应用效果研究"。从自然死亡的棉铃虫虫体上分离出一种新的昆虫病原菌(经鉴定该菌属肠杆菌科沙雷氏菌属黏质沙雷氏菌),对棉铃虫、菜青虫、

甜菜夜蛾有明显的毒杀作用。该菌对干热、紫外线有一定耐受性，并能用人工方法进行培养。科技工作者并对分离筛选到的新昆虫病原菌进行生理、生化特性的研究，确定其分类位置，并对其致病机理进行研究。通过人工方法培养出微生物菌剂，并在田间进行试验。在棉田中使用 5 天后，棉铃虫虫口减退率达 66%；在白菜地中使用 48 小时后，菜青虫虫口减退率达 80%以上。2000~2002 年，在天津市武清区、宝坻区应用面积 7 万亩（其中白菜 4.2 万亩，棉花 2.8 万亩），使棉铃虫和菜青虫达到早期控制。同时由于减少了化学农药的使用量，提高了农产品品质，3 年间使农民增加收入 575 万元。

此项研究成果在利用微生物防治农作物害虫方面具有重要的意义和广阔的市场前景。获 2002 年度天津市科技进步奖三等奖。

表 13-10-3-172　农业生物技术研究获奖成果简表（按获奖时间排序）

获奖时间	获奖成果	完成单位及主持人	奖励名称及等级
1994 年度	光合细菌生产及应用技术中试	农业生物技术研究中心　陈秀为	天津市科技进步奖三等奖
1996 年度	菊脂类农药植物型增效剂的研制	天津市农业生物技术研究中心 北京农业大学	天津市科技成果奖三等奖
1997 年度	新型高效复合植物生长调节剂的研究	农业生物技术研究中心　徐金生	天津市科技成果奖三等奖
1998 年度	天津地区葡萄主要病毒检测及脱毒技术的研究	农业生物技术研究中心 曹为玉、郑燕棠	天津市科技进步奖三等奖
1998 年度	光合细菌在水产及畜禽养殖上的应用及推广	农业生物技术研究中心 陈秀为	天津市科技进步奖三等奖
1998 年度	秸秆机械化微贮及利用技术开发研究	农业生物技术研究中心　陈秀为	天津市科技进步奖二等奖
1999 年度	无病毒优质葡萄苗木选育和配套技术模式研究	翠屏湖科技园、农业生物技术研究中心、王朝葡萄酿酒有限公司	天津市科技进步奖三等奖
2002 年度	棉铃虫致病微生物分离培养和应用效果研究	农业生物技术研究中心陈秀为	天津市科技进步奖三等奖
2003 年度	秸秆发酵生物添加剂及其使用技术推广	农业生物技术研究中心陈秀为	天津市科技进步奖三等奖
2005 年度	秸秆发酵生物添加剂及其配制方法	农业生物技术研究中心陈秀为	天津市技术发明奖三等奖
2007 年度	番茄高效优质育种方法研究	农业生物技术研究中心 刘仲齐、薛俊	天津市科技进步奖三等奖

第十一章 农产品保鲜技术

改革开放以来,随着全国农村种植结构的不断调整,果树和蔬菜种植面积和产量迅速增加,到20世纪90年代中期,全国果蔬的年产量已达9亿多吨,种植(栽培)面积和产量都居世界第一位。由于产后深加工和贮藏保鲜能力较低,果蔬产品产后损失达20%~30%,全国许多地方出现“卖果难”“卖菜难”,挫伤了果农菜农的积极性。国家农产品保鲜工程技术研究中心(天津)修德仁、李家庆、吕昌文、李喜宏、陈丽、张华云、陈绍慧、张平、王文生、王莉、王善广、关文强、阎瑞香等科技工作者适时地在农产品贮藏保鲜领域开展研究,针对国内农业生产的经营管理模式和农村家庭经济与技术水平的实际,将现代制冷、气调、真空减压、生物涂被、计算机控制技术应用到农产品贮藏保鲜技术的研究中,经攻关努力,相继研制开发成功具有投资少、见效快、性能可靠、操作简便、运行费用低等特点,适应农村果蔬产地需要的微型保鲜冷库和新型保鲜膜、保鲜剂以及与之配套的果蔬保鲜技术,受到天津、河北、辽宁、山东、新疆等果蔬产地农民的高度称赞,并迅速推广到全国近30个省(自治区、直辖市),在国内这一新崛起的科技领域中跻身先进行列。到21世纪初,使用国家农产品保鲜工程技术研究中心(天津)保鲜设施和保鲜材料贮藏保鲜的农产品包括果品、蔬菜、粮食三大类共80个品种,其中葡萄和蒜薹每年分别为1.8亿公斤和4亿公斤,占这两种农产品全国贮藏保鲜总量的70%和54%,为农产品产后服务,遏制“卖果难”“卖菜难”,增加农民收入闯出了一条具有中国特色的新路子。

第一节 农产品微型保鲜设施研制

一、农产品微型节能冷库研制与开发

1996年1月~1998年10月,市农科院林业果树研究所科技工作者开展“农产品微型节能冷库应用”的研究。该科研项目1997年被天津市科委列为星火计划项目,1998年被科技部列为国家星火计划项目。

科技工作者研制成功的微型节能冷库及其技术原理是利用机械制冷、自然冷源、生物能等各种方式调节贮藏环境温度,利用自发气调(MA)以及其他湿度、物理与化学防腐等辅助技术,

调节贮藏环境，延缓农产品采后衰老，达到果蔬保鲜的目的。

微型节能冷库因地制宜，就地取材，农户院中空地、废弃的房屋、土窖、库房均可用来建微型节能冷库。典型库型为长 6.5 米×宽 4.8 米×高 3 米，农民投资只需 4 万多元。微型节能冷库在 −5~15℃的温度范围内，库温可随意调节，自动控温、测温，温差≤±0.5℃。贮藏巨峰葡萄 192 天，好果率达 98.6%；贮藏 220 天，好果率达 95%。每贮存 1 公斤水果，库房与设备投资仅为 1.5~2 元。低投资、低能耗，高效益，适合中国国情，深受果品产区广大农民的欢迎。科技工作者提出的微型节能冷库分类、库体设计与工艺、设备选型与匹配、温度与设备控制、使用管理与农产品保鲜工程技术等 5 项技术标准填补了国内空白。获 1998 年度天津市科技进步奖（推广类）二等奖；2003 年 5 月获国家发明专利证书。

二、果品减压贮藏技术

1998~2002 年，国家农产品保鲜工程技术研究中心（天津）开展农业部“九五”重点科研计划应用技术研究项目“果品减压贮藏技术研究”。

科技工作者以物理及植物生理生化等学科为研究基础，研制微型减压贮藏设施及减压条件对大枣等易腐难贮果品贮藏生理生化效应及品质的影响。经过刻苦攻关，研制成功了配套的微型减压贮藏保鲜设施。该设施投资 3.5 万~4 万元，可贮存果品 1.5 万~2 万公斤，每日耗电 25 度，真空度可在 0~0.09 兆帕（MPa）范围内任意调控。该设施投资少、耗能小、操作简单，适合于广大农村果蔬产地应用。利用该设施研究出了配套贮藏保鲜大枣、桃、樱桃工艺技术，保鲜效果明显优于薄膜小包装气调冷藏，尤其是在不加湿的情况下，果品失重率轻微。应用 0.06~0.08 兆帕（MPa）的真空度，冬枣贮存保鲜期可比普通冷藏延长 30 天以上，贮存期 100 天的冬枣保脆率可达 90%以上；应用 0.07~0.09 兆帕（MPa）真空度，桃的贮存期可比普通贮存技术延长贮期 1 个月，并明显降低了桃的果肉和果心褐变，在一定程度上保持了果肉的硬度和桃的风味。把微型减压贮藏设施与微型节能冷库进行合理组合，使减压保鲜技术在冬枣、桃等易腐难贮果品的保鲜上成功应用，填补国内同类技术的空白。“果蔬微型减压保鲜设施”2004 年 7 月获科技部、商务部、质检总局、环保总局颁发的“国家重点新产品证书”。

2005 年 5 月~2006 年 11 月，科技工作者开展天津市“星火计划”项目“果蔬微型减压保鲜设备生产中试及贮藏示范”，进行了果蔬微型减压设备的优化设计、性能改进，实现了真空度在 0~0.09 兆帕（MPa）范围内的任意调控与全自动控制；生产出优化的微型减压容器系统与自控机组；建成了生产车间；建立质量检测与控制体系；确定生产工艺流程和产品配套使用技术，具备年产 220 台（套）的能力。科技工作者还分别在天津、河北、山西、辽宁、山东、广东、陕西等省市的果蔬产地进行产地中试和批量贮存，贮存量达 1300 万公斤，冬枣贮藏保鲜期达 90~120 天；樱桃贮藏保鲜期达 60~90 天;核果类果品贮藏保鲜期达 70~90 天,平均好果率在 92%以上,失重率在 1.5%以下,使贮户增加经济效益 4500 万元。微型减压保鲜技术的示范和推广应用,解决冬枣、桃、樱桃等易腐难贮果品的保鲜难题,对各地农村种植结构调整起到较大的促进作用。

三、冬枣贮藏保鲜新技术研究与应用

冬枣是中国的一种特产,果大、肉质酥脆、甘甜可口,是枣类作物中口感最好的一个品种,深受城乡消费者的喜爱。自 20 世纪 90 年代开始,冬枣在天津地区发展迅速,并成为津南、大港、静海等区县农村种植结构调整中重点发展的果树品种,产量也逐年增加。但冬枣又是一种易腐难贮的果品,在自然条件下采后 5~7 天就会失去鲜脆状态,并极易发生软化、酒化、褐变,造成严重的采后损失,鲜枣保鲜技术的滞后制约了冬枣这一产业的健康发展。2000 年 8 月~2003 年 4 月,国家农产品保鲜工程技术研究中心(天津)科技工作者同天津市大港区、静海县科技工作者共同开展"冬枣贮藏保鲜新技术的研究"。经 3 年多刻苦攻关,研制成功一套微型减压贮藏保鲜设施,该设施投资少,效果好,农户投资仅需 4 万~5 万元,贮量 1.5 万~2 万公斤,日耗电量 25 度;研制出适合冬枣贮藏保鲜的保鲜袋、保鲜剂各 1 种;提出了一整套冬枣减压贮藏保鲜技术工艺。微型减压贮藏保鲜设施同微型节能冷库配合使用,可使冬枣贮藏保鲜期超过 90 天,好果保脆率超过 90%,并基本保持果品原有品质风味,在不加湿的情况下,果品失重率不超过 1.5%。

该项技术成果先后在天津、北京、河北、山西、辽宁、山东、陕西等省(直辖市)推广应用,每公斤冬枣经贮藏保鲜后可使农民增加收入 30 元。2000~2003 年上述省市冬枣贮藏保鲜量达 1800 万公斤,为社会新增经济效益 3 亿多元。冬枣保鲜新技术的研制成功和推广应用,解决了天津以及环渤海地区冬枣大发展之后的保鲜难题。获 2005 年度天津市科技进步奖三等奖。

四、便携式微型节能保鲜冷库的研制

2001~2003 年,国家农产品保鲜工程技术研究中心(天津)科技工作者开展了"便携式微型节能保鲜冷库"的研究(该项研究分别于 2002 年、2003 年被天津市科委和科技部确定为星火计划项目)。科技工作者经 3 年多刻苦攻关,系统研究 3 种柔性聚烯烃发泡保温材料的导热性能、物理参数及导热的理论模型,以 PEF(交联聚乙烯)、EPE(非交联聚乙烯)、NBR/PVC(橡塑海绵)3 类专用发泡复合保温材料为主要保温材料,设计出 3 种类型热流值小于 $10W/m^2$ 的库体材料,形成"便携式库体+专用设备+温度语音在线管理系统"的便携式微型节能保鲜冷库。使用时在库体四周临时立起 4~8 根柱子,或在空闲房间内,像挂蚊帐一样将库体固定即可,长时间不使用时可折叠收藏(可折叠 300 次以上)。建一个 50 立方米的便携式微型保鲜冷库,直接投资造价仅需 12500 元,可贮存水果(葡萄)1 万~1.1 万公斤,使用寿命可达 10 年。2007 年 2 月获国家

发明专利证书，获2008年度天津市技术发明奖三等奖。

2005年9月~2007年9月，国家农产品保鲜工程技术研究中心（天津）承担农业科技成果转化资金项目“多功能便携式微型冷库中试”。经过3年多的努力，完善多功能便携式微型冷库的结构和功能设计，建立生产工艺、中试生产线与质量监控配套体系，制订出生产工艺流程，建立企业标准，建成1000平方米的厂房、专用设备和中试生产线，年产可达500台（套）。

第二节　果蔬保鲜膜研制

一、果蔬专用保鲜膜的研制与应用

1996年3月~1999年10月，市农科院林果研究所科技工作者开展“果蔬专用保鲜膜的研制与应用”的研究。

科技人员根据膜材料不同，其透气、透湿性能不同的实际，依靠果蔬采后呼吸代谢降低贮藏环境中的氧气，提高二氧化碳浓度，反过来自发地调节、抑制自身呼吸代谢，拮抗乙烯等衰老激素的催熟作用，减少自身养分消耗，达到延长自身寿命的保鲜目的。经攻关试验，研制成功果蔬专用保鲜膜共24种类型，（其中水果10种、蔬菜14种），32个品种，47种实用规格。确定果蔬专用保鲜膜的新配方、成型工艺与技术标准。明确富士苹果、鸭梨、葡萄、猕猴桃、蒜薹等20多种果蔬专用保鲜技术工艺与方法。研制成功的果蔬专用保鲜膜气调指标稳定（10项技术指标均通过国家塑料产品质量检验测试中心检测，对果蔬呼吸具有较强的抑制作用，且不产生低氧气或高二氧化碳伤害）、透湿性稳定（防结露性好，不易产生高湿或积水，可减免所贮藏果蔬高湿腐烂）、低温下柔软（韧性好、不易破损）、透明度好、符合国家卫生标准。除在天津市大量应用外，还推广到全国26个省（自治区、直辖市），3年累计应用果蔬贮藏1.2亿公斤，为社会创经济效益2.1亿元。获1999年度天津市科技进步奖科技成果二等奖；2003年10月获国家发明专利证书；2004年7月获科技部、商务部、质检总局、环保总局颁发的国家重点新产品证书。

二、粮食保鲜膜的研制与大米保鲜技术研究

中国有60%~70%的人以大米为主食，年消费约1.3亿吨。但长期以来，大米采后贮存技术与产前、产中相比差距较大，贮存过程中由于虫害、霉变等原因损失巨大。1999年1月~2003年12月，国家农产品保鲜工程技术研究中心（天津）主持开展天津市星火计划项目“粮食保鲜膜与大米保鲜技术研究”（该科研项目2000年被科技部列为国家重点星火计划项目）。

用天津市水稻研究所提供的天津小站稻3个品种为研究对象，研究大米采后生理生化变化

规律，包括大米的呼吸强度、脂肪酸、总酸、还原糖、黏度值等生理指标变化规律，研究大米等粮食自发气调保鲜指标，明确大米保鲜阈值，为确定大米自发气调专用保鲜膜的特性提供依据。经刻苦攻关，研制成功大米专用微囊化辣素缓释防霉保鲜剂 2 种、保鲜膜专用纳米防霉母料 2 种，开发筛选出防霉、防潮、防陈化专用聚乙烯、聚氯乙烯保鲜膜 5 种，并确定专用膜的生产工艺和技术参数。专用微囊化辣素缓释防霉保鲜剂对灰霉菌、青霉菌、黑曲霉菌等抑菌效应大于 69%，银系聚乙烯防霉保鲜膜防霉效应大于 60%。通过研究确定小站稻大米在不同温度条件下聚乙烯、聚氯乙烯专用保鲜膜自发气调保鲜技术参数及其氧和二氧化碳变化规律，在常温条件下对含水量为 14.5%的小站稻大米自发气调包装(MAP)保鲜 7 个月，无虫、霉变现象，总损耗小于1%。

研制成功的粮食保鲜膜和大米保鲜技术首次将具有防霉、驱避、纳米材料抑菌的膜技术与自发气调进行组合，达到了粮食常温保鲜功能，对降低粮食损耗具有重要意义。该技术可广泛应用于城乡居民家庭、粮食仓储部门、粮食加工企业、食品企业、商业经营部门等的粮食贮藏、运输、销售等环节保鲜，应用范围广。“粮食聚烯烃基保鲜膜的研制与应用”获 2003 年度天津市技术发明奖三等奖。

三、纳米保鲜膜气调防腐机理及效应的研究

纳米材料研究和应用被认为是 21 世纪最具发展潜势的三大高新技术之一。常规聚氯乙烯(PVC)、聚乙烯(PE)保鲜膜中加入纳米材料后，表现出优良的物理、化学性能，如防霉、防静电、选择透气等。2002 年 6 月~2005 年 6 月，国家农产品保鲜工程技术研究中心(天津)开展天津市自然科学基金资助项目“纳米保鲜膜气调防腐机理及效应的研究”，将纳米技术这一高新技术应用于果蔬自发气调保鲜领域，研究出具有优良自发气调效果的纳米保鲜膜。经 3 年多的攻关，利用钛、银、钙、黏土等系列纳米材料为添加剂，通过纳米粒子处理、配方、工艺技术研究，研制出银系聚乙烯、钛系聚氯乙烯、碳酸钙聚乙烯等 3 种纳米保鲜膜。

用银系纳米保鲜膜在 0℃贮藏富士苹果 208 天，果肉硬度 7.57 千克/平方厘米，无二氧化碳伤害。经国家包装测试中心测定，钛系 PVC 纳米富士苹果保鲜膜纵向拉伸强度提高 36%，透氧率降低 18%，透湿率降低 10%，二氧化碳渗透率仅变化 1.5%，符合国家卫生检验标准。明确不同 $CaCO_3$(碳酸钙)添加量对碳酸钙聚乙烯纳米保鲜膜透气性能及物理强度的影响规律。$CaCO_3$ 经铝酸脂交联处理，随加入量增加，膜透氧率呈抛物线型增加。PE/$CaCO_3$(碳酸钙聚乙烯)纳米保鲜膜用于菜花、青椒、蒜薹、桃等果蔬保鲜效果优于常规保鲜膜。“添加纳米材料保鲜膜”2003 年 10 月获国家知识产权局颁发的“发明专利证书”。

四、果蔬自发气调保鲜关键技术研究

自发气调保鲜技术是利用保鲜膜的选择透气性能，同时适度控制膜内的氧气、二氧化碳和湿度，达到适合不同果蔬要求的保鲜环境，具有投资少，见效快，效果好，效益高以及简易、节能、实用等特点。2003年3月~2005年12月，国家农产品保鲜工程技术研究中心（天津）开展了国家科技攻关计划项目"果蔬自发气调保鲜关键技术研究"。科技工作者以果蔬采后生理参数和数学模型为基础，以聚乙烯（PE）、聚氯乙烯（PVC）树脂为基材，通过改进保鲜膜加工设备参数、生产工艺、配方设计等手段，结合物理机械性能测试和生物贮藏试验，研制和筛选适用于不同果蔬品种的专用保鲜膜。经2年多攻关，总结成功苹果、蒜薹、葡萄、鸭梨、板栗等10余种果蔬、20多个品种的果蔬自发气调贮藏保鲜指标（包括最佳温度、湿度、透气比和贮藏期）；研究了果蔬采后病害发生机理与防治措施；研制成功新型果蔬防雾保鲜膜4种、微孔保鲜膜3种和纳米保鲜膜1种，保鲜和防霉效果显著，符合国家制定的卫生标准。确定了葡萄、蒜薹、樱桃、富士苹果、青椒、李子、水晶梨、花椰菜、平菇等10多种果蔬自发气调贮藏保鲜工艺，结果证实：富士苹果贮存6~8个月，果肉硬度大于5.5千克/平方厘米，无褐变、无虎皮病，并基本保持果实采收时的色香味，总损耗小于2%；巨峰葡萄贮存5~6个月，好果率达98%，总损耗小于3%；蒜薹保鲜8~10个月，无低氧和二氧化碳伤害，总损耗小于2%。产品及技术主要应用于山东省、江苏省的蒜薹产区，陕西省、山东省的苹果产区，新疆、东北等地的葡萄产区和河北省的鸭梨产区。项目完成过程中，果蔬贮运总量约33万吨，使农民增加收入约5.3亿元。

第三节　果蔬保鲜剂研制

一、新型果蔬保鲜剂的研制与应用

1997年1月~2000年12月，国家农产品保鲜工程技术研究中心（天津）开展天津市农业重大科技攻关项目"新型果蔬保鲜剂的研制与应用"。就二氧化硫对果蔬伤害机理以及果蔬对不同保鲜剂的敏感性进行深入的研究。研制成功3种亚硫酸盐类葡萄保鲜剂。①CT-2葡萄保鲜剂。具有释放速度适中、有效期长等特点，能使巨峰葡萄在冷藏条件下贮存7个月，好果率达97%以上，果实无明显漂白现象；②双重释放复合型葡萄保鲜剂。能使红地球、红宝石等葡萄品种贮藏6个月，好果率达97%以上，解决了红地球等高档葡萄在贮藏过程中容易腐烂和漂白严重的难题；③两段释放葡萄保鲜剂。具有快速释放与缓慢释放相结合的特点，能使玫瑰香、龙眼葡萄以及南方多雨省份生产的葡萄的贮藏期延长1~2个月。上述3种葡萄保鲜剂应用后，贮藏的葡

萄中二氧化硫残留量小于国家规定的标准，是国内唯一获得A级绿色食品生产资料证书的葡萄保鲜剂。并研究总结出20多种果蔬保鲜剂的配套保鲜技术。能使青椒贮藏45~90天，好果率达90%以上；蒜薹贮藏10个月以上，薹梢无霉变；冬瓜、红薯等贮藏期延长2~3个月。

采取研究与开发同步进行的方法，在全国各地建立73个县级示范区，使新型果蔬保鲜剂在天津、北京、河北、辽宁、山东等26个省（自治区、直辖市）推广应用，累计果蔬贮藏量54324万公斤，新增经济效益58750万元。“新型果蔬保鲜剂的研制与应用”获2001年度天津市科技进步奖二等奖。“CT-2亚硫酸盐葡萄保鲜剂”2001年12月被科技部、外经贸部、税务总局、质检总局、环保总局确定为国家重点新产品。“葡萄保鲜剂和生产方法”2003年获国家发明专利证书。

二、化学防腐保鲜剂对果蔬伤害机理及调控技术

1998年8月~2000年12月，国家农产品保鲜工程技术研究中心（天津）开展天津市重点自然基金项目“化学防腐保鲜剂对果蔬伤害机理及调控技术的研究”。利用生物化学测定、电子显微镜检测方法，通过不同剂量化学防腐保鲜剂对果蔬进行处理后，测定对不同果蔬的超微结构、过氧化系统（包括各种酶及抗氧化物质）、主要生理生化代谢及营养物质的影响，分析其伤害机理，根据伤害机理采取调控技术措施。经过2年多的努力，揭示出细胞汁液pH值（酸碱度）缓冲容量、抗氧化系统是决定葡萄对二氧化硫敏感性的主控因子。通过细胞学的研究，揭示葡萄伤害果皮蜡质结构的变化规律；揭示葡萄蜡质结构与耐二氧化硫程度的关系，以及红地球葡萄表面对二氧化硫敏感，易发生漂白斑点，而巨峰、龙眼葡萄不易发生漂白斑点的原因，为不耐二氧化硫伤害的葡萄保鲜剂的研制及贮藏技术的研究提供依据。通过对葡萄品种在常温和低温下急性伤害阈值和低温下慢性伤害的研究，提出了现有葡萄品种对二氧化硫敏感性可归纳为3种类型：即以红宝石、红地球葡萄为代表的对二氧化硫敏感型；以秋黑、牛奶葡萄为代表的对二氧化硫中等敏感型和以龙眼、玫瑰香葡萄为代表的对二氧化硫忍耐型，为葡萄及其它果蔬合理应用保鲜剂起到了指导作用，实现了葡萄品种与葡萄防腐保鲜剂应用的统一。科技工作者还通过对采前因素、果蔬本身和贮藏条件对果蔬贮藏质量影响的研究，提出了避免或减少果蔬贮藏化学伤害的调控技术要领，即根据果蔬种类、品种对化学保鲜剂的敏感程度，选择最佳的保鲜剂及其用量；根据果蔬的环境条件确定保鲜剂用量；通过采前套袋、喷钙等措施提高果蔬品质，增加其对化学保鲜剂的忍耐性。

三、果蔬生物涂被保鲜剂的研制

1999年8月~2002年12月，国家农产品保鲜工程技术研究中心（天津）同市农科院植物保护研究所联合开展天津市重点科技攻关项目“果蔬生物涂被保鲜剂的研究”。将生防酵母菌与涂

被保鲜剂有机地结合在一起，在果蔬涂被剂里应用生防酵母菌进行采后病害的生物防治，开辟了一条采后有机保鲜果蔬的新路子，在国内尚属首创。还针对农产品的不同需要，对涂被剂进行系列的专用化和多功能化研制，根据涂被剂的理化特性和果蔬的生物学特性，研制成功了增亮型、护绿型、防腐型、防褐型4种生物涂被保鲜剂。增亮型主要用于苹果、脐橙等果品，可增强其表面光泽；护绿型主要用于西洋梨系列，可抑制其叶绿素损失，有效地保护果皮原有的绿色；防褐型主要用于莲藕、蒜米等，使之洁白、不褐变；防腐型主要用于草莓、黄瓜等易腐果品，延长其货架期。2000~2002年期间，应用生物涂被保鲜剂的果蔬共达50万公斤，使农民增加收入16.5万元。

第四节 果蔬冰温保鲜技术的研制与应用

一、果蔬冰温保鲜技术及装备研制

冰温保鲜是将果蔬产品贮藏在0℃以下至各自的冻结点范围内，实现温度精准控制，属于非冻结保存，是继冷藏、气调贮藏后的第三代保鲜技术。冰温技术具有不破坏果蔬细胞、最大限度地抑制有害微生物的活动、最大限度地抑制呼吸作用，延长保鲜期、提高果蔬品质等特点。扩大应用保鲜技术的果蔬品种范围，可以改变当前200余种果蔬品种只有30余种可以成功保鲜的局面，从而实现在大多数果蔬品种保鲜范围内全面实现绿色设施保鲜的目的。

2006年4月~2009年12月，国家农产品保鲜工程技术研究中心（天津）同天津商业大学合作开展《果蔬冰温保鲜技术及装备研制》项目。该项目中的“生鲜农产品现代物流保鲜技术研究”于2006年被科技部列为国家科技支撑项目、“蔬菜冷链关键技术及数字化控制研究”于2006年被天津市科委列为重点科技攻关项目、“果蔬保鲜冷库全数字化测控系统示范与应用”于2007年被天津市农委列为农业科技示范推广项目。

二、冰温保鲜库的研制

2006年4月~2008年12月，国家农产品保鲜工程技术研究中心（天津）开展“温度精准控制创新与冰温保鲜库的研制”，进行冰温保鲜库设计优化、制冷设施设计优化和自适应驯化程序控制的优化，试制出以阻隔墙体、夹套二重结构、蓄冷板、物联网感知控制、高精度温度传感器和新型变频制冷方式为主体冰温保鲜装备，实现逐步降温，分步驯化，使贮藏的果蔬产品产生完成自适应性变化，达到进一步降低冰点和降低贮温、防止冻害和提高保鲜效果的程序控制。在国内首次研制出冰温库和冰温保鲜技术，建立了果蔬智能化、精准化、数字化低温驯化模式，使库内温度波动≤±0.2℃,不同部位温差≤0.3℃。与传统保鲜技术相比,可延长果蔬保鲜期1倍以上,提高果蔬附加值50%~200%。

三、冰温保鲜技术体系的创新

2008年4月~2009年12月,国家农产品保鲜工程技术研究中心(天津)与天津商业大学合作开展“果品保鲜冷库全数字化控制系统示范与应用”的研究。

经刻苦攻关,研制成功磨盘柿、葡萄、冬枣、芦笋4种果蔬冰温保鲜工艺及技术、冰温贮藏应用软件、冰温贮藏体系、软硬件配套集成技术体系。还系统开展鲜活农产品冰点测定工作,为鲜活农产品适宜冰温保鲜的贮运温度参数确定及后续研究工作提供理论支撑。经过系统研究得出了白熟期冬枣浆液的冰点是-2.8℃、点红期冬枣浆液的冰点是-3.1℃、少半红期冬枣浆液的冰点是-3.3℃、半红期冬枣浆液的冰点是-3.5℃、多半红期冬枣浆液的冰点是-3.6℃、全红期冬枣浆液的冰点是-4.0℃;适宜成熟度磨盘柿(八成熟)果实的冰点是-1.6℃;红提葡萄的冰点为-1.52℃,玫瑰香葡萄的冰点为-2.62℃;阿波罗绿芦笋的冰点为-0.8℃,冠军芦笋和杰西绿芦笋的冰点为-0.7℃。

成功研制的冰温保鲜技术,实现果蔬冰温保鲜装备的数字化和智能化控制,达到精准控制、集中控制和及时控制。使产品品温降低0.5~3℃,通过自适应温度驯化进一步降低产品冰点0.5~1℃,贮藏库温度控制精度提高到±0.3℃,贮藏库不同部位温差缩小0.5℃,深化了冷藏保鲜的理念,满足了更多果蔬产品长期贮藏、长途运输的需要,并更好地保持了其品质,进一步解决果蔬产品生产的季节性和地区性的矛盾,使某些果蔬产品周年供应成为可能。

本项目2007年2月获得两项国家发明专利证书;2009年制订地方生鲜果蔬保鲜标准3个,研究成果已推广到全国10多个省(自治区、直辖市)。2009~2011年累计流通和保鲜果蔬336.8万吨,实现产值195.28亿元,新增效益23.92亿元,其中天津地区3年累计流通和保鲜果蔬55.8万吨,实现产值22.32亿元,新增效益2.25亿元。该科研成果获2011年度天津市科技进步奖二等奖。

第五节 果蔬保鲜技术推广及科研成果中试

一、果蔬保鲜新技术推广

1998年4月~2002年7月,国家农产品保鲜工程技术研究中心(天津)开展天津市农业科技重点推广项目“果蔬保鲜新技术推广”。(该科研项目于1999年、2000年分别被科技部确定为国家重点科技推广项目和国家重点星火项目)。以天津特产玫瑰香葡萄为重点,以提高果蔬产地保鲜产业化水平为宗旨,建立“微型保鲜冷库+自发气调小包装+无公害保鲜剂”的工程技术模式和产地“公司+微型保鲜冷库+农户”的技术推广模式,带动中国果蔬产地贮藏的产业化发展。还深入到华北、东北、西北地区,研究并总结推广不同气候条件下葡萄无公害标准化栽培技术,直接示范面积300亩,辐射带动面积20余万亩。使上述地区采收的葡萄最大限度地符合贮藏保鲜的要求,玫瑰香、巨峰、红提等葡萄品种保鲜时间达6~7个月,好果率达96.4%,形成果蔬产贮销一条龙技术模式,推动了果蔬产地保鲜技术标准化、产业化,创立适合中国国情的果蔬产地保鲜技术推广信息化网络。经4年多的努力,果蔬保鲜新技术已在全国26个省(自治区、直辖市)推广应用,4年间新建微型保鲜冷库1836座,辐射全国15620座,开发果蔬保鲜膜1200吨,果蔬总贮量达7.9万吨,为社会创经济效益达1.3亿元。该科研项目获2002年度天津市科技进步奖一等奖。

二、无二氧化硫伤害的葡萄保鲜剂中试

2002年1月~2003年12月,国家农产品保鲜工程技术研究中心(天津)科技工作者开展国家农业科技成果转化资金项目“无二氧化硫伤害的葡萄保鲜剂中试”。经2年多的努力,改进和完善无二氧化硫伤害的葡萄保鲜剂的配方,研究和确定生产工艺流程,并制订了配套的使用技术规范,完成生产线的整合和调试,建立质量检测和控制体系,具备工业化生产的基本条件。针对不同葡萄品种对二氧化硫的忍耐性差异,从产品的配方、工艺上进行研究,生产相应的产品,并制订配套的贮藏技术。生产的无二氧化硫伤害的葡萄保鲜剂用于葡萄保鲜时,能够达到缓慢而均匀地可控释放,保鲜效果好,果粒完整、新鲜饱满,果梗绿,无二氧化硫漂白斑点。

科技工作者分别在天津、河北、山西、辽宁、山东、新疆等地的葡萄产区进行产地中试和批量贮藏,累计贮藏红地球葡萄197万公斤,巨峰、玫瑰香等葡萄1.6亿公斤,使农民增加收入7000多万元。贮藏红地球葡萄4~5个月,好果率在95%以上;贮藏巨峰葡萄4~5个月,好果率达97%。对提高中国名优特果品的贮藏质量,促进农村经济和农业生产的发展起了重要的作用。

三、多功能果蔬保鲜膜中试

2002年11月~2004年11月,国家农产品保鲜工程技术研究中心(天津)开展科技部批准资助的农业科技成果转化资金项目“多功能果蔬保鲜膜中试”。经3年多的努力,建立1600平方米的保鲜膜中试车间,建成2条生产线,检测实验等仪器设施齐全、先进;确定保鲜膜的生产、工艺技术参数并形成年产1000吨的生产能力;研制出新型系列果蔬保鲜膜PVC(聚氯乙烯)和PE(聚乙烯)两大系列40多个品种。新型系列果蔬保鲜膜在低温下柔软、气调效果好而稳定,通过

对透过气体的选择吸附和交换方式，调节袋内气体成分，具有微孔调气、调湿、防雾、纳米抗菌、增强阻隔等功能，产品均已形成产业化并已推广和应用；并制订了果蔬保鲜膜产品质量标准。

3 年间试生产多功能果蔬保鲜膜已在全国 20 多个省（自治区、直辖市）推广应用，果蔬总贮量约 6.2 亿公斤，新增社会经济效益约 5 亿元，带动全国果蔬产地贮藏保鲜事业的发展。

四、多元果蔬液体防腐保鲜剂生产中试

2002 年 11 月~2004 年 11 月，国家农产品保鲜工程技术研究中心（天津）开展农业科技成果转化资金项目“多元果蔬液体防腐保鲜剂生产中试”，经 2 年多努力，建成 520 平方米的中试车间和半自动化生产线；设计编制出果蔬液体保鲜剂操作规程及工艺流程，建立质量保障体系，形成年产 40 吨的生产能力；进一步完善多元果蔬液体防腐保鲜剂的配方，产品质量稳定，澄清透明，稀释液无析出物，在(54±2)℃条件下 14 天，活性物质的总分解率小于 5%，无结晶现象。产品最大使用量低于国家关于食品添加剂使用标准的允许使用量，卫生安全性高。适用于冬枣、芒果、香蕉、柑桔、桃、李子、葡萄、哈密瓜、蒜薹、辣椒等果蔬的贮藏保鲜。

项目执行期间，科技工作者分别在内蒙古通辽、山东平度、江苏射阳、河南新乡、陕西西安、宁夏银川、新疆伊犁、云南蒙自等地进行了产地中试和批量贮藏。2 年累计贮藏蒜薹、大枣等果蔬 2.8 亿公斤，使贮户增加经济收入 2.8 亿元，同时带动蒜薹、大枣等果蔬产地的种植、运输、包装和冷藏业的发展，社会效益显著。

五、蔬菜无公害加工与保鲜技术的应用

蔬菜无公害、标准化生产是保障城乡居民身体健康的重要环节，而蔬菜无公害生产又是一项系统工程，包括产前（种子苗木）、产中（施肥、灌水、防病）、产后（加工、保鲜）等诸多环节。2003 年 1 月~2005 年 12 月，天津市金谷农业高新技术开发中心同国家农产品保鲜工程技术研究中心（天津）共同开展天津市农业科技重点攻关项目“蔬菜无公害加工与保鲜技术应用研究”。科技工作者对部分蔬菜产中防虫抗病、产后防腐保鲜、加工质量控制等技术进行系统的研究。针对蔬菜采后优势致病菌，筛选出抗菌效果良好的 2 种抑菌剂；研制成功蔬菜无公害新型保鲜剂（丁香提取物）1 种、生物涂膜剂 1 种、保鲜膜 5 种（纳米保鲜膜、防雾保鲜膜、抗菌保鲜膜、鲜食嫩蒜保鲜膜和蔬菜微加工专用保鲜膜）。明确 2 种生理调节剂（高锰酸钾乙烯吸收剂、1-甲基环丙烯）在蔬菜种植中的使用效果。提出切分蔬菜加工保鲜卫生质量控制体系与综合配套技术，筛选出适用于切分蔬菜的抑菌剂 2 种（臭氧、苯甲酸钠）、防褐保色剂 1 种（维生素 C 和除氧剂综合处理），建立切分蔬菜加工流通中微生物滋生、损失、褐变等不良理化反应的控制

技术。确定适合于切分蔬菜生产的7个蔬菜品种(胡萝卜、甘蓝、紫甘蓝、花椰菜、甜椒、红色甜椒、黄色甜椒),并对其加工特性进行了研究,总结出上述4类蔬菜微加工保鲜工艺。科技工作者还制订了蔬菜无公害保鲜技术标准,对推动无公害蔬菜产业化生产具有重要意义。

天津市新常青食品有限公司2003~2005年通过应用“蔬菜无公害加工与保鲜技术”的科研成果,年加工各类蔬菜400多万公斤,产品销往欧洲、日本、韩国、新加坡等国家和地区,新增产值1050万元,新增利税420万元。

“蔬菜无公害加工与保鲜技术应用研究”获2007年度天津市科技进步奖三等奖。

六、食品添加剂类果蔬防腐保鲜烟剂中试

2004年1月~2006年12月,国家农产品保鲜工程技术研究中心(天津)开展国家农业科技成果转化资金项目“食品添加剂类果蔬防腐保鲜烟剂中试”。经3年多的努力,完成食品添加剂类果蔬防腐保鲜烟剂的配方优化、生产工艺流程的研究和确定,并制订配套的生产操作及检验规程,完成生产线的整合和调试,建立质量检测和控制体系;制订产品生产标准。项目完成后,建成1000平方米的中试生产车间和1条年产70吨果蔬防腐保鲜烟剂的中试生产线。产品性能稳定,使用时发烟均匀,无自燃、明火或火星发生,符合安全要求。具有使用方便、操作简单、抑菌防腐效果显著等特点。在适宜的温、湿度和气体环境下,和保鲜技术配套使用,可使蒜薹在10个月的贮藏期间,蒜薹梢保持干爽和绿色,好薹率在95%以上;可使哈密瓜、冬瓜贮藏3个月,好果率达95%。在辣椒、胡萝卜、萝卜、山药、板栗、葡萄、苹果、冬枣、梨等果蔬上使用也取得了良好的效果。2004年~2006年,在河北、山西、山东、江苏、新疆等地累计贮藏蒜薹5.1亿公斤,大蒜、洋葱、白菜等0.35亿公斤,板栗等果品0.15亿公斤,使农民增加收入2.8亿元。

表13-11-5-173 农产品保鲜研究获奖成果简表(按获奖时间排序)

获奖时间	获奖成果	完成单位及主持人	奖励名称及等级
1998年度	农产品微型节能冷库应用	保鲜中心李喜宏	天津市科技进步奖(推广类)二等奖
1999年度	果蔬专用保鲜膜的研制与应用	保鲜中心李喜宏	天津市科技进步奖二等奖
2001年度	新型果蔬保鲜剂研制与应用	保鲜中心张华云	天津市科技进步奖二等奖
2002年度	果蔬保鲜新技术推广	保鲜中心李喜宏	天津市科技进步奖一等奖
2003年度	粮食聚烯烃基保鲜膜的研制与应用	保鲜中心李喜宏	天津市技术发明奖三等奖
2005年度	果品(葡萄)加工及产业化技术开发	保鲜中心李喜宏	农业部丰收三等奖
2005年度	冬枣贮藏保鲜新技术的研究与应用	保鲜中心王莉	天津市科技进步奖三等奖
2006年度	葡萄加工及产业化开发	保鲜中心李喜宏	天津市科技进步奖三等奖
2007年度	蔬菜无公害加工与保鲜技术应用研究	保鲜中心张平	天津市科技进步奖三等奖
2008年度	便携式微型保鲜冷库研制与应用	保鲜中心关文强	天津市技术发明奖三等奖

获奖时间	获奖成果	完成单位及主持人	奖励名称及等级
2009 年度	优势农产品保鲜技术推广	保鲜中心杨卫东	农业部神农三等奖
2010 年度	无公害蔬菜流通保鲜关键技术开发与集成应用示范	保鲜中心张平	天津市科技进步奖三等奖
2010 年度	机械致孔保鲜膜研制与应用	保鲜中心李家政	天津市科技进步奖三等奖
2011 年度	果品保鲜冷库全数字化控制系统示范与应用	保鲜中心陈绍慧	天津市科技进步奖二等奖

第十二章　农产品质量安全检测技术

农产品的质量安全问题是农业经济发展进入新阶段以后面临的主要问题，自 20 世纪 90 年代开始，随着农业产业结构的调整及城乡居民生活质量的不断提高，农业生产从单纯追求数量到注重农产品的数量与质量并重。中国加入世界贸易组织以后，世界各地的粮食、油料、水果等农产品纷纷登陆中国市场。同时，中国农产品也直接参与国际竞争，天津市作为中国北方重要的经济中心和国际港口大都市，每年出口的农产品输往全球 137 个国家和地区，农产品、食品质量安全检测任务十分繁重。市农科院研究员程奕、石守良、郭永泽、孟兆芳、金红、王永、张玉婷等科技工作者从 20 世纪 90 年代开始，相继开展了农产品中农药残留、重金属含量分子检测技术在农产品质量安全的应用研究(致病微生物和转基因检测技术)的研究。在引进、吸收国外先进检测技术的基础上，不断发展创新，相继开发、研究成功了农产品中农药、重金属残留检测技术，致病微生物多重聚合酶链式反应检测技术和农产品转基因快速、精准、高通量检测技术，并在这一新兴的科技领域居国内先进行列，为发展农村经济、保障人民群众身体健康、促进农产品参与国际竞争做出了贡献。

第一节　农药残留检测

农药在保证农业丰收、稳产高产以及满足人民群众对农副产品的需求方面发挥了重要的作用。但由于在 20 世纪 80 年代以来实行农业生产体制改革以后。全国农药使用由过去 60 多万个生产队扩大到 1 亿多农户，一些使用者缺乏科学使用农药的知识，出现违反规定施用农药的现象，特别是蔬菜作物不同于粮食作物，内吸性较强，农药喷洒后容易被蔬菜组织内部吸收，尤其是高毒农药残留时间和降解时间较长,残留的农药在人体内富集容易诱发癌症等疾病。有的菜农片面追求产量或缺乏科学使用农药的常识,造成过量地施用农药,使得蔬菜中农药残留超标问题时有发生。为彻底解决蔬菜农药残留量超标的问题,1996 年,市农业科学院在市质量技术监督部门的支持下,成立天津市农产品农药残留检测站,开展蔬菜中农药残留的检测工作,建立定期抽测和检测制度。定期到天津市何庄子、红旗、金钟三大蔬菜批发市场进行检测,还对一些超市和农贸市场进行不定期的抽测,采用色谱法和质谱法对蔬菜中农药残留量进行测定。还依靠各有关部门的大力合作,从蔬菜生产环节入手,控制源头,帮助和指导菜农科学地施用农药,保证上市蔬菜中农药残留量在标准的范围内。

为了加强对市场销售蔬菜农药残留量的限制，切实维护广大市民食用蔬菜的安全、卫生，1998 年 6 月,市农科院植物保护研究所同天津市产品质量监督检验所、天津市乳品食品检测中心共同制订了国内第一个地方性蔬菜农药残留强制性标准——《蔬菜中农药最高残留限量和测定方法》(地方标准),并由天津市技术监督局批准发布,在天津市范围内组织实施。开展蔬菜中农药残留量的检测和《蔬菜中农药最高残留限量和测定方法》(地方标准)的制订,指导津郊菜农科学合理地施用农药,提高了天津市蔬菜的安全水平,保证广大群众吃上“放心菜”。此后近 10 年间,全市蔬菜和农产品中农药残留抽检合格率始终居国内领先水平,天津市基本没有发生过居民因食用农药残留量超标的食品而发生的中毒事件,推动天津市“菜篮子”工程的健康发展。

2001 年 12 月,中国加入世界贸易组织以后,农产品参与国际竞争,遇到的最大障碍不再是关税壁垒等,而是西方发达国家针对食品安全标准设置的技术性贸易壁垒,即绿色技术壁垒。欧盟、美国、日本等发达国家是对中国实施技术性贸易壁垒的主要国家和地区,给中国的农产品和食品出口企业造成了很大的损失,其采取的主要方式是“提高标准”“增加检验检疫项目”“变化技术法规”等。许多传统大宗出口创汇农产品由此被迫退出国际市场。从 2002 年开始,市农科院中心实验室研究员程奕、郭永泽等科技工作者同日本杂贺技术研究所就农产品农药多残留检测技术开展技术合作与交流,引进日本先进的检测技术。在引进、消化、吸收的基础上进行发展、创新,建立了符合中国国情的、适应农产品出口需要的农产品农药残留检测技术体系。到 2003 年可检测水果、蔬菜、油脂类、果汁类、腌渍类等不同农产品中 62 种农药残留量;到 2004 年,扩大到 80 种;到 2005 年扩大到 205 种以上,实现天津市农产品农药残留检测技术的跨越式发展,涵盖农业生产过程中常用的 205 种农药,其中拟除虫菊酯类杀虫剂 11 种、有机磷类杀虫剂 52 种、有机氯类杀虫剂 18 种、氨基甲酸酯类杀虫剂 11 种,其他杀虫剂 18 种、除草剂 59 种、植物生长调解剂 2 种、杀菌剂 40 种、杀螨剂 10 种。全部农药品种方法加标回收率达 70%以上,3 天即可提交检测报告,方法检出限和定量限达到多残留分析的要求。

该技术所采用的固相萃取净化技术和气质联用技术是农药残留检测技术领域的前沿技术，通用性和实用性较强，具有方法先进、高效准确、快速实用等特点，居国际先进水平。固相萃取技术用于农产品中农药残留检测时，利用高效、高选择性的吸附剂将样品中的目标农药吸附，与样品基体和干扰化合物分离，然后再用洗脱液洗脱，从而达到分离和富集目标农药的目的，其特点是不需要大量互不相溶的有机溶剂，处理过程中不会产生乳化现象。

农产品中农药多残留(200 种以上)检测技术的研制成功及其应用较之以前的农药残留检测技术工作效率有较大的提高，若检测一个(或一类)农产品的 205 种农药残留，采用以往常规标准方法分类检测至少需要 4 个检验人员同时工作 7 个工作日，而且一些农药只能单独检测。而应用市农科院中心实验室科技工作者研制成功的多残留（200 种以上）农药检测技术只需 2 个检验人员用 3 个工作日即可完成，提高工作效率 90%，省时省力，并可降低检测成本 30%。

郭永泽、张玉婷等科技人员结合天津市农业生产和城乡居民消费需求以及农产品出口外销的实际制订“蔬菜水果”“葱姜蒜”两大类农产品中 205 种农药多残留检测方法和“腌渍菜”“果汁”“花生大豆”三大类农产品中 62 种农药多残留检测方法(《天津市地方标准》)，并经由天津市主管部门颁布实施。《天津市地方标准》对五大类农产品中农药残留多组份测定方法之测定范围、测定步骤、定性(定量)测定、最低检出浓度、准确度和精确度作出了具体详细的规定，为天津市这一领域的工作提出规范性的行动指南。该系列标准获 2008 年度天津市科技进步奖三等奖，并于 2009 年 12 月获国家质量监督检验检疫总局和国家标准化管理委员会联合颁发的“中国标准创新贡献奖”。

农产品中农药多残留检测技术的引进、推广应用和发展创新为天津市及其周边地区农产品出口企业进行农药多残留检测服务，每年检测样品多达数百批次，为农产品、食品安全出口提供技术支撑；在应对食品安全突发事件、提升天津市农产品的市场竞争力和出口能力、保障城乡居民身体健康等方面发挥了重要的作用。

第二节　重金属检测

农产品和食品领域中的重金属是指对生物有显著毒性的元素，如铅、镉、汞、铬、砷、铜、锌、钡、锑、铊等，最引起人们关注的“重金属”是指砷、汞、铅、镉、铬。摄入过量对人体有明显的毒害作用。随着工农业生产和科学技术飞速发展，人们在推动经济繁荣和创造财富的同时，也大量消耗着自然资源，农药、化肥的大量使用以及工矿业“三废”(废水、废气、固体废弃物)的排放和丢弃，不可避免地带来环境污染问题。重金属污染物在环境中难以降解，能在水体、动植物体内不断积累，通过食物链逐步富集，最后进入人体造成危害，成为危害人类身体健康最大的污染物之一。因此，准确而快速地检测农产品和食品中的重金属元素的含量，对于农产品和食品质量安全评价、生态环境保护和人类健康都有非常重要的意义。市农科院中心实验室研究员孟兆芳等从20世纪90年代即开展农产品和食品中重金属检测的研究。采用原子吸收光谱法、原子荧光法、电感耦合等离子体质谱法等技术对农产品中重金属含量进行检测。原子吸收光谱法依据自由基态原子对特征辐射光的共振吸收，通过测量辐射光的减弱程度，而检测出样品中重金属的含量，具有灵敏度高、分析速度快等特点，特别适用于微量分析和痕迹分析。原子荧光光谱法是通过测量待检元素的原子蒸汽在特定频率辐射能激光下所产生的荧光发射强度，以此来测定重金属含量，具有发射谱线简单、灵敏度高、线性范围较宽、干扰较少等特点。运用上述技术每年为天津市农产品加工企业、食品生产及出口企业和京津等地的高等院校、科研单位开展数千项次的重金属含量的检测工作，为保障城乡居民身体健康、支持外贸出口和科研教学工作的正常进行做出了贡献。还于2004年制订《农产品中砷、汞联合快速测定法》（天津市地方标准）。对农产品中砷、汞的测定范围、仪器设备、测定方法步骤进行详细的规定，对指导全市各行业、各部门开展农产品中砷、汞的快速测定，对推动天津市农产品检测技术的发展起到了重要的指导作用。

第三节　致病微生物检测

致病微生物是能够引起人类及动物发生疾病的一群微生物（主要是细菌），其中最为典型的致病菌是沙门氏菌、单增李斯特菌、致泻大肠杆菌、金黄色葡萄球菌、空肠弯曲杆菌、蜡样芽胞杆菌。由这些致病菌引起的一般症状为腹泻、伤寒、发烧、败血以及各种炎症等，严重时可致感染者死亡。据世界卫生组织统计，全世界每年有数以亿计的食源性疾病患者中，70%病源是由致病性微生物造成的。至2003年，国内对致病菌的检测仍以传统分离培养检测方法为主。该方法操作繁琐，一般一次只能同时扩增检测少数几种微生物，若想对多种未知微生物进行检测，必须进行多次聚合酶链式反应试验，既费时费力，又增加了检测成本，时间也较长（一般需要5~7天的培养、生化鉴定时间），远不能满足需要。2005~2008年，市农科院中心实验室开展“农产品及加工品中致病微生物快速检测的研究”。用分子生物学和生物信息学理论，通过对致病菌毒力岛靶基因保守性分析，设计出4对扩增沙门氏菌、李斯特菌、金黄色葡萄球菌、蜡样芽胞杆菌等致病菌特异性核酸片段的引物，研制出检测沙门氏菌、单核细胞增生李斯特菌、金黄色葡萄球菌和蜡样芽胞杆菌同步富集培养基配方。在此基础上成功研究多重聚合酶链式反应技术。该技术同常规的聚合酶链式反应技术，只是在同一反应体系中加入多条特异性引物，若存在与各条引物相对应的特异性互补的模板脱氧核糖核酸（DNA），即可获得多条目的DNA片段，从而达到致病菌快速鉴定的目的。多重聚合酶链式反应技术主要应用于农产品及其加工品致病菌检测。可同时检测沙门氏菌、李斯特菌、金黄色葡萄球菌、蜡样芽胞杆菌等致病菌，具有高效性、系统性、经济简便等特点。过去需要几天、几个星期才能检测完的农产品及其加工品，运用多重聚合酶链式反应技术16个小时即可完成，其敏感性、特异性明显高于传统的方法，检测成本也降低了80%以上。通过对82份样品进行检测，并与国际上先进的检测方法比较，两种方法的符合率为100%。

该技术的研制成功及其推广应用，对农产品、食品质量安全检测，卫生防疫，环境监测以及出入境检验检疫等工作提供了技术支撑。

第四节 转基因检测

据国际农业生物技术应用咨询服务中心统计，到21世纪初，全球转基因农作物的种植面积已超过1亿公顷，且以每年5%的速度增加，涉及全球25个国家和地区。从采用基因工程技术改造的具有单一性状的转基因农作物已经发展到采用基因工程技术改造的具有复合性状的转基因农作物。在国内，随着转基因技术的应用，一大批转基因农作物新品种已经或即将培育成功。但与此同时，转基因农作物引起的食品安全方面的问题也引起人民群众的普遍关切。同时，自2001年12月中国加入世界贸易组织以后，与世界各国间的贸易往来与日俱增，面临着复杂的转基因农产品的贸易问题，大量转基因农作物作为加工原料申请进入中国市场，而中国的非转基因农产品、食品又面临着贸易壁垒。当时，天津市对转基因农产品进行检测多采用聚合酶链式反应（PCR）和酶联免疫等分子生物学技术。由于对样品的采集处理及提取方法重复性差，检测方法繁琐耗时，不能很好地承担进出口产品的检测工作，迫切需要研制灵敏、可靠、经济的检测技术（方法），通过对进出口农产品快速、精准和高通量检测，以杜绝未经中国批准的转基因产品进入国内，同时也能加强对转基因产品标识制度的管理，保证消费者的知情权。从2002年开始，市农科院中心实验室金红、王永等在全国率先开展农产品转基因快速、精准和高通量检测技术的研究，开发成功快速检测试纸（或试剂盒）技术，利用免疫层析的原理，将抗原或抗体固定在层析介质上，相应的抗原或抗体通过毛细泳动，与特异性物质结合后即滞留在该位区，根据显色反应即可作出判断。显色技术用的一般为胶体金显色，胶体颗粒易于制备，当每平方毫米空间的颗粒密度达到10^7时，即可出现肉眼可见的粉红色斑点。转基因快速检测试纸（或试剂盒）技术具有快速、易于操作、灵敏度高等特点。可在5~10分钟的时间内检出0.1%的转基因成分的存在，即在1000粒大豆中检测出1粒转基因大豆。该项技术的开发研制成功，为食品加工企业提供了技术服务，并为转基因农产品的市场标识和出入境转基因农产品的检测提供技术保障，每年检测量达数百批次。

金红、程奕、王永等科技工作者还于2004年制订《鲜番茄及番茄制品中转基因成分的定性检测方法》(天津市地方标准)和《以大豆为原料的酱油等发酵产品中转基因成分的定性检测方法》(天津市地方标准)，对鲜番茄及番茄制品中转基因成分和以大豆为原料的酱油等发酵产品中转基因成分的检测范围、测定原理、试剂材料、检测方法程序、结果表述等内容进行详细的规定,对指导全市开展转基因检测起到了积极的促进作用。

程奕、王永等科技工作者在2006年承担科技部国际合作项目“农产品质量安全分子检测技术研究”。到2010年,构建农产品质量安全分子检测技术平台。系统地建立水稻、玉米、大豆、油菜等转基因生物产品成分的现场检测技术体系;成功地将焦磷酸测序技术用于多种转基因生物产品成分的同步精准检测，运用特异性碱基方法同时检测多种常见转基因植物及其制品,开辟了农产品质量安全检测的新途径。获国家发明授权专利7项,实用新型授权一项,美国发明授权1项,制订国家标准3项。

表13–12–4–174　农产品质量安全检测获奖成果简表

获奖时间	获奖成果	完成单位及主持人	奖励名称及等级
2008年度	食品中农药残留多组分测定——GC/MS法系列地方标准的制订与应用	天津市农业质量标准与检测技术研究所郭永泽、张玉婷	天津市科技进步奖三等奖
2009年度	无公害农产品蔬菜水果中农药多残留检测方法等5项标准	天津市农业质量标准与检测技术研究所郭永泽、张玉婷	中国标准创新贡献奖二等奖
2012年度	310种农药多残留检测技术研究与新型固相萃取微柱研制	天津市农业质量标准与检测技术研究所郭永泽、张玉婷	天津市科技进步奖三等奖
2013年度	农产品质量安全分子检测技术研究与应用	天津市农业质量标准与检测技术研究所程奕、王永	天津市科技进步奖二等奖

第十三章　农业高新技术示范

1999年3月,天津市投资3000万元,建成天津市农业高新技术示范园区。该示范园区是由天津市人民政府主办、天津市农业科学院承办的国内外农业高新技术引进、消化、吸收、创新中心,集设施园艺技术示范、高新技术试验示范、引进消化、咨询培训、窗口展示、科普教育、观光农业于一体的农业高新技术示范园,成为展示天津市农业科技进步的一个窗口。示范园区占地面积600亩,建有工厂化育苗车间1800平方米,法国智能全光温室1万平方米。农作物组织培养车间 1000 平方米、保鲜加工车间 1470 平方米、设施工程车间 1000 平方米、动物胚胎移植试验室 450 平方米，以及波尔山羊试验繁育羊舍 1500 平方米。自建成后，先后引进示范并推广了油桃、美国鲜食葡萄、早熟杏、樱桃、彩色青椒、樱桃番茄、黄皮西葫、抱子甘蓝、京水菜、紫背天葵、球茎茴香等 30 类、130 多个优良果蔬品种；示范应用了全自动育苗播种机、拉帘机，节水灌溉，无土栽培等先进技术。每年为天津城郊及周边地区提供无公害蔬菜种苗 5000 万株，先后被确定为国家引智基地、天津市无公害蔬菜生产基地和市级科普教育基地、国家级农业旅游示范点。产品得到农业部无公害农产品认证。

天津市农业高新技术示范园区与荷兰、法国、日本、韩国、美国及中国台湾地区的多家科研单位和企业建立了协作关系，共同开展农业科技攻关项目。示范园区拥有多功能培训教室 600 平方米，并配有现代化的培训设施。成为市级农业科普、教育基地，每年还接待国内外考察访问参观人员上万人次。参观者到这里开拓了眼界，看到一流的农业设施，了解天津市迅速发展的现代农业，领略田园风光，享受丰收的喜悦。

第一节 农作物新品种引进及推广

一、国内外名特优新蔬菜品种的引进与推广

2002 年 7 月~2004 年 12 月，市农业高新技术示范园区研究员李卫民等主持开展“国内外名特优新蔬菜品种的引进与推广的研究”，从国内外引进中型番茄、微型黄瓜、彩色青椒、西芹、皱叶甘蓝等 5 类蔬菜 76 个品种，在西青区、武清区、津南区、宁河县建立 25 个示范基地(总面积 372 亩)。对引进的名特优新蔬菜品种逐一进行田间观察，了解掌握其性状、生长习性、产量和对天津市气候和水土条件的适应情况，从中筛选出适合天津市生态条件和城乡居民消费习惯的 9 个名特优新蔬菜品种进行重点开发和推广，包括微型黄瓜 1 个(“戴多星”)、中型番茄 2 个(“百利”“卡特琳娜”)、彩色青椒 2 个(“斯塔基”“玛茹卡”)、西芹 2 个(荷兰“帝王”、美国“美农文图拉”)、皱叶甘蓝 1 个(“CH1114”)。科技人员对引进的每一个名特优新蔬菜品种总结出详细的栽培管理技术。经试种和示范推广证实，引进筛选示范成功的 9 个蔬菜品种在产量、质量、抗病性能方面均表现优异。微型黄瓜“戴多星”抗白粉、霜霉、疫病、病毒病，瓜条顺直，品质好，亩产 5000 公斤；中型番茄“百利”“卡特琳娜”生长势强，果实鲜艳，整齐，耐贮运，亩产在 5000 公斤以上；彩色青椒“斯塔基”“玛茹卡”耐寒能力强，抗病性强，坐果率高，色彩鲜艳，亩产在 4000 公斤以上；西芹“荷兰帝王”、美国“美农文图拉”抗病性强，纤维细嫩，耐贮运，产量分别达 8000 公斤和 6900 公斤；皱叶甘蓝“CH1114”包心紧实，叶色整齐，品质优，耐贮运，亩产达 3600

公斤。科技人员还适时举办培训班，将名特优新蔬菜栽培管理重点及时传授给广大菜农，形成了引进、消化、吸收、示范、推广一体化模式。2003~2005 年在天津市累计推广种植 4.52 万亩，新增经济效益 927 万元。获 2005 年度天津市科技进步奖二等奖。

二、彩色马蹄莲新品种引进及栽培技术的研究

彩色马蹄莲为天南星科马蹄莲属植物，原产于南非，其花形状如马蹄，优雅奇特，被誉为“21 世纪花卉之星”，深受消费者喜爱，市场前景巨大，20 世纪 90 年代进入中国市场。到 21 世纪初国内彩色马蹄莲研究尚处于起步阶段，还未开展针对中国北方地区特有气候条件下的栽培生理和采后生理研究和病理研究，种球采收时容易出现病害，制约了产业化发展进程。2003 年 10 月~2006 年 2 月，市农业高新技术示范园区王莅主持开展“彩色马蹄莲新品种引进及栽培技术的研究”。先从新西兰、荷兰等地引进 15 个彩色马蹄莲品种，试验种植种球 3800 个，研究观察这些品种在天津市的表现性状，经过品种比较试验，从中筛选出适于在天津市栽培环境和市场需求的 3 个品种，并进行高温越夏、冬季促花、人工补光等方面的试验，总结出马蹄莲不同花色对光强的敏感程度和需光量以及相应的栽培技术措施，包括采收前后对植株和种球的处理，贮藏期间温度、时间、存放种球的方式，贮后栽培防病处理等措施，并于 2005 年进行示范推广。引进并栽培试验成功的马蹄莲花色品种丰富（有黄色、红色、粉色），改变了中国北方市场以黄色花单一品种为主的单调格局，抗病性强，耐贮运，在天津市花卉市场上试销，受到消费者的欢迎，丰富天津市花卉市场的供应，亦为彩色马蹄莲种球规模化生产打下了基础。

三、出口型蔬菜及甘薯新品种引进与安全高产栽培技术示范

2001 年 12 月，中国加入世界贸易组织之后，蔬菜产品出口逐年增多。2006 年 1 月~2010 年 12 月，市农业高新技术示范园区研究员李洪安主持开展了“出口型蔬菜及甘薯新品种引进与安全高产栽培技术示范”的研究。5 年间科技人员引进国内外蔬菜、甘薯新品种 11 类 164 个，进行引种试验、品比试验、区域试验，针对向韩国、日本、加拿大、香港等国家及地区出口蔬菜质量的要求，筛选出适合天津地区气候条件、环境条件种植，性状稳定的 10 类蔬菜、32 个品种。示范推广番茄、白菜、洋葱、南瓜、白萝卜、菠菜、甘蓝、迷你赤茄、日本鸣门金时甘薯等品种 24 个，总结成功安全高产栽培技术规范，并集成推广生物有机肥施用技术，生物、物理防治为核心的蔬菜病虫害综合防治技术。示范蔬菜安全高产栽培技术 935 亩，甘薯栽培技术 780 亩，9 个蔬菜品种农药残留检测合格率达 100%，亩均增加产值 25%。研究成功甘薯应用组培脱毒快繁技术，建立甘薯脱毒茎尖新茎生长快繁技术体系，试管苗移栽成活率达 95%。应用该组培脱毒快繁技术生产的商品薯质量好、产量高。5 年间共建立示范推广基地 13 个，蔬菜、甘薯新品种及新技术推广面

积46427亩，为菜农新增经济效益4189万元。引进筛选成功的蔬菜、甘薯品种在天津及周边地区得以迅速推广，优化了天津市蔬菜种植结构，加快了品种更新换代的进度，拓宽了出口渠道，批量出口到韩国、日本、加拿大、香港等国家和地区，经济效益显著。

第二节 农业新技术研制

一、无公害蔬菜全程监测高产栽培技术示范与推广

2001~2004年，市农业高新技术示范园区研究员王隆清、陈绍慧主持开展“无公害蔬菜全程监测高产栽培技术示范与推广”的研究。先是从荷兰和中国台湾省引进微型黄瓜、樱桃番茄、中果型番茄、彩色青椒等37个蔬菜品种进行试种，了解其习性特点，对天津市气候、水土的适应情况，详细观察、记录其生长发育过程，按照生产无公害蔬菜的要求进行全程监测。还在西青区、武清区、大港区、静海县、宁河县、蓟县和河北省廊坊市安次区建立13个示范推广基地，采取边引进试验、边示范推广的技术路线，还深入到乡村和驻津部队农场举办培训班，系统讲解无公害蔬菜栽培管理知识。研制成功经济实用的营养液配方和无土栽培基质。采用防虫网、利用害虫天敌、喷施生物农药等方法防治病虫害，尽量不施或少施化学农药。研究总结出天津市历史上第一个“无公害蔬菜全程监测技术操作规程”。该“规程”以产品标准监测为手段，对现有生产的各个单项技术进行组装配套，实施蔬菜产品质量安全全程监控。在蔬菜生长前期定植前，对水、土、空气环境质量取样检测，对不同的生产地块提出需肥建议；在蔬菜栽培过程中记载浇水、施肥和农药使用的情况，对蔬菜老叶抽样检测，了解其对各种养分吸收规律，并指导施肥；在产品收获时对每批产品进行抽样检测；本茬蔬菜收获后，对水、土抽样检测，了解本茬蔬菜在生产过程中施肥与吸收的关系，各营养元素在土壤中消耗和累积情况，并指导下一茬生产。“无公害蔬菜全程监测技术操作规程”覆盖面广，抽样和检测方法严格可靠，可及时科学地指导菜农按无公害蔬菜生产要求进行种植和管理，并实行质量追溯制度，提高了蔬菜产品的质量安全。3年间累计示范推广19377亩。无公害蔬菜推广示范田所种植的蔬菜抗病性强、产量高、商品性状好，黄瓜平均亩产6000公斤，达国内领先水平；中果番茄和黄色樱桃番茄平均亩产分别达5000公斤和3000公斤。生产的蔬菜多次取样经农业部、天津市质量技术监督检验部门检测，均符合无公害蔬菜标准，获得了农业部和天津市无公害农产品认证标识，为天津市实施的“食品安全行动计划”提供了一个样板。获2004年度天津市科技进步奖二等奖。

二、日光温室主要虫害天敌生物防治技术

到21世纪初，全国蔬菜播种面积超过1500万公顷，其中设施蔬菜（塑料大棚、日光温室）栽培面积超过200万公顷。设施蔬菜特殊的生态环境为害虫孳生繁衍提供了有利条件，高温、高湿、封闭的小气候环境和连茬种植，使蔬菜虫害发生种类、数量明显增加，在天津设施蔬菜害虫中，以粉虱（烟粉虱、温室白粉虱）、斑潜蝇（美洲斑潜蝇和南美斑潜蝇）为优势种群，包括蚜虫、螨、蓟马等一些个体较小的小虫为害严重，一般流行或危害年份，上述单一害虫可造成蔬菜减产10%~30%，其中粉虱危害严重时可使蔬菜损失50%~60%。2004~2006年，市农业高新技术示范园区、市农科院植物保护研究所研究员李洪安、白义川主持开展“日光温室主要虫害天敌生物防治技术的研究”。先是对天津市日光温室蔬菜中粉虱、烟粉虱优势天敌种类及发生消长动态进行研究，在番茄、黄瓜等设施蔬菜栽培区采集温室粉虱天敌成虫或寄生蛹进行调查，确定温室及大棚蔬菜中温室粉虱和烟粉虱的天敌主要有捕食性烟盲蝽、寄生性丽蚜小蜂和浆角蚜小蜂3类，随季节不同，天敌种群消长情况在不同作物上差异较大。当有粉虱的情况下，丽蚜小蜂在不同作物上常年可见；而浆角蚜小蜂和烟盲蝽对季节和寄主作物的选择性较强。浆角蚜小蜂优先选择棉花，而后是番茄和黄瓜；烟盲蝽优先选择番茄，在番茄上粉虱密度极低的情况下少部分迁往棉花、烟草、紫茎泽兰等植物上，黄瓜尚未见烟盲蝽成虫和幼虫，基本明确丽蚜小蜂为温室粉虱、烟粉虱的优势天敌。科技人员对蔬菜生产过程中经常使用的12种常规药剂进行丽蚜小蜂的敏感性试验，完成丽蚜小蜂寄生蛹低温保存技术的研究，明确丽蚜小蜂最适的保种温度：在10℃条件下，贮存时间以10天为宜，最长不能超过20天，为人工扩繁、贮运丽蚜小蜂提供了基础数据，并建立丽蚜小蜂种群扩繁技术体系和人工扩繁工艺。研究并构建一整套“天敌生物防治为主，物理防治为辅”的综合防治规程。在天津市及其周边地区示范推广300亩，综合防治效果达80%~90%。

该技术的成功研制突破设施蔬菜种植中单纯使用化学药剂防治虫害的单一模式，减少环境污染，获2007年度天津市科技进步奖三等奖。

三、甘栗南瓜、西芹新品种引进及无公害生产技术示范与推广

南瓜、西芹是两种具有保健功效的蔬菜，自20世纪90年代以来，在中国的栽培面积迅速扩大。2005年10月~2007年10月，市农业高新技术示范园区研究员李洪安、李卫民、刘书亭主持开展天津市重大农业技术转化项目“甘栗南瓜、西芹新品种引进及无公害生产技术示范与推广”。从国内外引进甘栗南瓜、西芹新品种30多个，筛选出同天津市气候条件和水肥条件相适应的“东生”“全福”两个甘栗南瓜品种和荷兰“帝王”、美国“美农文图拉”两个西芹品种，总结成

功无公害生产标准化栽培的技术要领并示范推广。开展以生物天敌防治为主,物理防治和化学防治为一体的蔬菜病虫害综合防治技术的示范与培训,雄蜂授粉技术,合理施肥、合理用药技术的示范与培训。选择大型蔬菜生产基地实行无公害蔬菜种植全程监控,在种植前、中、后3个不同时期,定点进行土壤、水分、产品、植株体的多批次检测,指导当地无公害蔬菜生产。示范推广的东生、全福甘栗南瓜新品种(黄皮、绿皮各1个),抗病性强、色泽艳丽、质量优,亩产在4000公斤以上;帝王和美农文图拉2个西芹新品种抗病性强、质量优、耐贮运,亩产可达5000公斤。3年间推广1.2万亩,为社会创经济效益1.2亿元。

第三节 实施农业技术援外(援助)项目

一、在汤加王国建农业示范农场

2003年11月~2004年11月,市农业高新技术示范园区承担并组织实施天津市历史上第一个国家级农业援外项目"中华人民共和国政府援助汤加王国政府示范农场技术合作项目"。选派了政治素质好、技术水平高、身体健康并具有丰富实践经验、能吃苦耐劳的4名科技专家李卫民、刘书亭、丁仲凡、杨振山等赴汤加王国工作1年。经过1年多的努力,圆满完成援助汤加王国示范农场建设任务:指导帮助当地建成蔬菜大棚10座,使用遮阳网和防虫网覆盖;从中国引进黄瓜、番茄、青椒、茄子、豆角、萝卜、冬瓜、西瓜、叶类蔬菜九大类64个品种并试种成功;采取边演示、边讲解、边实践的方法对汤加技术人员进行包括设施利用、定植技术、施肥方法、作物管理、植物保护等方面的技术培训。专家组还应汤加国王的要求引种并栽培成功食用菌(平菇)。其间,汤加国王先后8次到中国专家援建的示范农场视察、参观,对示范农场高度赞赏,对中国政府的援助和中国专家的辛勤工作表示感谢。

2004年11月10日,中汤两国政府举行示范农场移交仪式,中国驻汤加王国大使高善海代表中国政府、汤加王国农业大臣图伊塔代表汤加王国分别在移交证书上签字并讲话。通过中汤示范农场技术合作项目的实施,建成了南太平洋地区第一批具有防虫、防晒功能,配备先进滴灌设备,可以常年生产蔬菜的绿色大棚;种植并试验成功九大类64个中国蔬菜品种。汤加技术人员基本掌握了从育苗、移栽、灌溉、剪枝到收获等先进蔬菜(食用菌)栽培技术,对促进汤加蔬菜自给水平发挥了重要的作用。

二、实施农业援藏项目

2005~2010年,市农业高新技术示范园区研究员刘书亭等科技工作者在西藏昌都地区实施天津市农业援藏项目。

西藏昌都地区是天津市对口支援地区，全地区平均海拔3500米。具有亚热带、温带、高寒地带不同地貌特征，当地藏民种植农作物主要以青稞为主。种植的蔬菜质量差、产量低，不能自给。天津农业科技人员为当地引进29类112个蔬菜新品种，在昌都县城关镇、卡若镇、俄洛镇、如意乡4个乡镇进行种植试验，筛选出具早熟、丰产、质优、抗病抗逆性强等特征的津优系列黄瓜、荷兰中果番茄、津白系列及韩国大白菜、津品系列菜花、津椒5号青椒、津花系列西瓜、科瑞厚皮甜瓜、马铃薯脱毒微型种薯八大类20多个蔬菜瓜类品种。并在城关镇白格村、俄洛镇仲多村建立2个无公害蔬菜示范基地，运用无公害蔬菜栽培技术进行施肥、防治蔬菜病虫害。研究总结出不良气候条件下在日光温室、塑料大棚、露地栽培蔬菜的技术措施和规范（共7项）并示范推广。通过采用赴藏及接受藏民来津培训等方法，为西藏昌都地区培养该区历史上第一批以藏民为主的蔬菜种植骨干力量，培训农牧民科技示范户100户。使当地藏民由传统的单一种植（以青稞为主）改为多种种植，亩增效益在3000元以上。

该农业援藏项目的实施和示范推广，增加了当地无公害蔬菜、瓜类品种，促进昌都地区蔬菜生产的升级，带动青藏高原高海拔地区蔬菜生产的发展。

表 13–13–3–175 农业高新技术示范获奖成果简表

获奖时间	获奖成果	完成单位及主持人	奖励名称及等级
2004年度	无公害蔬菜全程监测高产栽培技术示范与推广	市农业高新技术示范园区 王隆清、陈绍慧	天津市科技进步奖二等奖
2005年度	国内外名特优新蔬菜品种引进与推广的研究	市农业高新技术示范园区 李卫民	天津市科技进步奖二等奖
2007年度	日光温室主要虫害天敌生物防治的研究	市农业高新技术示范园区 李洪安，植保所白义川	天津市科技进步奖三等奖

第十四章 农业科技信息

农业科技信息技术作为农业高新技术的组成部分，在加快农业科技成果转化、提高农产品科技含量以及推动农业经济的发展中起着重要的作用。20世纪90年代以来，市农科院信息研究所开展农业信息化工程建设，相继建立天津农业科技信息网站、天津市农业110科技信息共享与服务平台，成功开发拥有自主知识产权的农业专家决策系统，开展地理信息技术、全球定位技术、遥感技术在农业上应用的研究，使天津市农业科技信息技术的研究与应用进入快速发展时期。同时，积极探索新形势下农业科技信息服务的模式，为决策管理者、科技人员和生产者提供信息服务，在提高天津农产品市场竞争力和促进天津城乡经济协调发展等方面发挥了重要的作用，为天津市现代都市型农业的发展提供了科技支撑。

第一节 农业信息技术的研究与应用

一、天津农业科技信息网

为满足天津市农业生产、农业科研对农业科技信息的需求，市农科院信息研究所于 1998 年建立“天津农业科技信息网”，该网联通天津市农业主管部门、农业相关单位、农业企业、农业信息站及广大农户，拓展了为农业、农村、农民服务的空间。“天津农业科技信息网”（www.tjagri.ac.cn）作为天津信息港工程首批启动、建设的市级农业科技信息网，重点对国内外最新的农业科技动态、科技成果、新技术、新产品等信息进行搜集、加工、整理、报道。提供服务的栏目有农业新闻、农业科技、农村基层科研机构、农业政策、农业实用技术、在线刊物、农事指南、农业专家、农业成果、专家论坛、招商引资、津沽大地、数据库、供求信息等共 20 多个一级栏目和 30 多个二级栏目。网站每天更新农业实用技术信息 50 多条，全年发布信息量在 200 万字以上，为农业科技人员、农村基层科技人员和广大农民提供了大量有效、实用的科技信息。“天津农业科技信息网”由于栏目内容丰富多彩、信息更新及时，突出了农业科技信息网站的特色，对外影响与日俱增，深受广大农业科技人员、农村基层科技工作者和农民的好评，成为宣传农业科技知识一个重要途径，充分发挥了第四媒体的桥梁、纽带作用，成为农业科技成果转化、农业高新技术推广应用、农产品网上交易、农业招商引资的信息服务平台。到 2005 年，天津农业科技信息网已成为国内一流的农业科技信息网站。

二、农业信息化工程

2001~2004 年，天津市启动农业信息化工程。市农科院信息研究所与全市农口区（县）局等单位遵循现行的国际国内技术标准，采用先进、成熟、可靠的技术和设备，建成农业科技信息综合服务平台。农业科技信息综合服务平台具有良好的可扩展性、安全性，为农业专家系统、远程教育与培训系统提供一个稳定运行的网络环境。农业科技信息综合服务平台采用千兆交换以太网，配置高档网络交换机，支持拨号、DDN 专线等多种不同接入方式，可满足天津市及国内外用户的访问需求，确保天津市农业科技信息资源的共享，促进天津农业科技信息的对外交流。建立和完善天津农业科技信息网、天津农业气象信息网、天津农业网、北辰农业110、北方绿色产业网、津沽大地等10个农业特色网站，信息资源覆盖农业科技、农业政策、水产、蔬果、农业企业、气象服务等方面，基本涵盖天津市农业所有领域和行业。并在西青、北辰建立2个农业信息技术应用核心示范区，示范乡镇10个，示范村及示范企业500个，为天津市累计培训各类农业人员10000人次。到2004年，全市各郊区（县）共有计算机7万多台，全市所有4000个村每个村至少拥有1台计算机，全部实现联网。建立比较完善的市、区（县）、乡（镇）、村（企业）四级农业科技信息服务网络体系，基本实现农业科技信息服务的"村村通"。

三、智能化农业信息处理系统——天津示范区

2001年10月~2003年12月，由市农科院信息研究所研究员陆文龙主持，协同市农科院黄瓜研究所、林果研究所、畜牧兽医研究所，天津市水产研究所，天津农学院，北京市农业信息技术研究中心等单位，开展了国家"863"高技术项目"智能化农业信息处理系统—天津示范区"的研究。以无公害种植、养殖为切入点，研究开发完成黄瓜、葡萄栽培，生猪、奶牛、对虾、河蟹养殖等6个农业专家决策咨询系统，并于2003年分别获得国家知识产权的软件登记，这是天津市在农业科技信息领域获得的首批拥有自主知识产权的软件。6个农业专家决策系统包括数据总量达20.4万个的数据库、知识规则达3210条的知识库，并上网运行，在促进农业科技成果的推广应用，推动天津市农业产业结构调整方面发挥了重要的作用。该项研究成果获2005年度天津市科技进步奖一等奖。

1.黄瓜专家决策咨询系统的开发和应用

由市农科院信息研究所和黄瓜研究所共同完成。该"系统"包括目前生产中常用的5种栽培模式，收录整理了4万多条基础数据，构建1200多条知识规则，建立8个基础数据库和12个决策模块，基本涵盖黄瓜生产从品种、育苗、建园、栽培管理、病虫害防治到无公害生产等环节的管理技术和常见问题，对天津市以及周边地区的黄瓜生产具有重要的指导作用。科技人员还在宁河县造甲城镇、苗庄镇、板桥镇、岳龙镇、丰台镇建立5个黄瓜专家决策咨询系统应用核心示范点，示范面积2500亩，辐射点15个，应用示范区总面积3.89万亩，与常规种植相比总体效益平均提高20.6%，新增经济效益2456万元。

2.葡萄栽培专家决策咨询系统

由市农科院信息研究所和林果研究所共同完成。该"系统"将葡萄的育苗、建园、定植栽培管理、病虫害防治、无公害生产、采收等各个环节的管理技术和常见问题，构建起16个决策模块，包括4万多条基础数据，600多条知识规则。为提高"葡萄栽培专家决策咨询系统"的实用性，科技工作者还用多媒体的形式对"决策系统"作进一步的说明，解决葡萄生产中遇到的问题。通过

与龙头企业和区（县）乡（镇）农技推广部门联合，加快了“葡萄栽培专家决策系统”的应用进程，并结合“专家系统”的应用推广了葡萄套袋、病虫害综合防治、科学施肥等先进技术，农民在专家决策咨询系统的指导下，应用科学技术进行栽培，提高了果实的品质，与常规生产相比提高效益在20%以上。

3.猪养殖专家决策咨询系统

由市农科院研究员陆文龙、李千军等科技工作者共同完成。该“系统”依据国家饲养生产管理流程，共建立包括从猪场规模、杂交品种、饲养管理、猪病诊断到猪生长各阶段饲料配方等8个决策模块，完成数据量达3万余条的基础数据库的构建。同时在静海县建立以顺利实业发展有限公司为龙头的公司加农户的产供销一体化、以无公害养猪为特色的养猪专家决策咨询系统推广应用体系；在宝坻区建成以祥华万头养猪场为核心示范点、辐射15个养猪示范点的示范区。通过猪养殖专家决策咨询系统的应用，提高了示范区养猪生产的技术水平和管理水平，降低猪的死亡率，育成期仔猪死亡率控制在1.5%以内，比项目实施前降低10个百分点，提高养猪的经济效益，增加农民的养猪收入，提高农民养猪的积极性。静海、宝坻两个示范区每年向市场提供无公害放心猪20万头。该“系统”实施两年来，共为社会创经济效益1202万元。

4.奶牛养殖专家决策咨询系统

由市农科院和天津农学院科技工作者共同完成。该“系统”收录整理3万多条基础数据，构建700多条知识规则，形成完整、准确、实用性强的奶牛养殖专家决策咨询系统知识库和数据库。针对奶牛养殖的关键技术，设置了科学合理的模块，编录的知识规则严谨，数据量大，图文并茂，操作方便，并通过网络为用户提供在线决策服务，使用户能及时准确地获得养牛的知识和技术，适合现代化养殖，具有先进性和实用性，符合天津市奶牛发展的需要，对推广普及奶牛养殖技术，提高奶农的养殖技术水平具有指导意义。还在武清区建立“奶牛养殖专家决策咨询系统”应用示范区，应用示范企业3个，养殖规模达到5017头。通过“龙头企业+养殖基地+农户”的方式予以推广，产生很好的经济效益和社会效益，示范区实施两年共增加经济效益1267.4万元，与常规养殖相比总体效益提高20%。

5.河蟹养殖专家决策咨询系统

由市农科院和天津农学院共同完成。该“系统”集成河蟹养殖新技术、新方法，收录整理3万多条基础数据，构建了348条知识规则、5个河蟹生长模型，形成内容丰富、科学准确、实用性强的河蟹养殖知识库，可为河蟹养殖户提供从苗种生产、亲蟹越冬到收获捕捞等养殖全过程的技术决策指导，针对性和实用性强，对提高天津地区河蟹的养殖水平，促进河蟹养殖业的发展具有重要的指导意义。科技人员还在宁河县七里海镇大坨村，津南区八里台镇大孙庄村、双桥河镇闫家圈村建立3个河蟹养殖专家决策咨询系统应用示范点，养殖面积达2300亩，并摸索出由区

(县)水产局、水产技术推广站、河蟹养殖大户组成的三级推广应用模式。养殖效益提高22%。

6.对虾养殖专家决策咨询系统

由市农科院信息研究所和天津市水产研究所联合完成。该“系统”共设计12个模块,收集整理4万多个基础数据、360多条知识规则。收集和整理当前中国对虾养殖领域的最新科研成果和知识,可为用户提供对虾苗种生产、对虾养殖、基础饵料生物培养、虾苗放养、疾病诊断防治等技术的基本知识。基本涵盖对虾养殖过程包括苗种场建设、亲虾培育、苗种孵化、高产养殖技术、病害防治、适时收获等各个环节,利用网络技术向对虾养殖者和水产养殖管理人员提供快速、简捷、准确的服务,指导科学养殖,确保对虾安全生产。建立8000多亩的对虾养殖示范区,对养殖大户进行培训,推广“地膜覆盖节水高产养虾技术”“对虾无公害养殖技术”等适用技术,取得很好的经济效益和社会效益。

四、农业专家系统(葡萄贮藏、淡水鱼养殖、肉羊养殖)开发及推广机制研究

2004年10月~2005年10日,市农科院研究员陆文龙主持开展“农业专家系统开发及运作机制研究技术与应用”。科技人员以天津市农业无公害生产为切入点,应用PAID(农业专家系统开发平台)开发完成葡萄贮藏、淡水养殖、肉羊养殖等3个网络化、构件化、可视化、方便实用的农业专家决策系统,包括28个功能模块。“系统”可以根据用户提供的前提条件,进行调用、推理和决策,给出科学化的解决方案,以图文并茂的方式给出诊断和解决方法,具有知识半自动获取、知识库求精等特点,可在网络、单机及嵌入式环境下运行。建立天津市农业基础数据库,数据总量达到4.38万条,建立定性推理与定量决策的深层次知识库,知识规则1287条,数据知识量丰富、可靠。开发具有短信单发、短信群发、用户分类管理、分类回复、信息定时发送等功能的农业短信服务平台。建立市、区(县)、乡(镇)、村四级农业信息网络服务体系,推动天津市农业信息化进程。2006年7月通过专家技术鉴定,获2007年度天津市科技进步奖二等奖。

五、开展地理信息技术、全球定位技术、遥感技术在农业中的应用研究

2004年,市农科院信息研究所开展3S(遥感系统RS、全球卫星定位系统GPS和地理信息系统GIS)在农业上的应用的研究工作,在天津市首次通过对遥感图像的解析并与地理信息系统技术的应用相结合,开展基于静海的土地资源利用现状分析研究,为区县土地资源的合理管理与利用提供科学依据,也为数字农业的开展进行人才与技术的储备。

农业科技信息研究应用的成效受到社会的高度关注。2001年,“天津农业科技信息网”被评为全国优秀农业科技网站;2004年,市农科院信息研究所被国家科技部星火计划办公室认定为“农业信息化基地”;2005年,在中国农科院公布的“中国农业科研机构综合实力评估”中,天津

市农科院信息研究所综合实力在1216个农业研究机构中位列第86，是前100名中仅有的两个农业科技信息服务机构之一，科技服务能力位列第8位。

六、天津市农业110科技信息共享与服务平台

2005年，市农科院信息研究所研究员宋治文等主持开展“天津市农业110科技信息共享与服务平台建设”，经艰苦努力，搭建起具有先进、可靠、安全、开放、高效、可扩展、经济实用等特征的天津市农业110科技信息共享服务平台，为农业专家决策系统、农业技术远程教育培训系统、农业科技语音查询系统提供平稳的运行平台。开通“天津星火农业110科技信息网（www.tjny110.ac.cn）”，实现与国家及兄弟省市等星火网站的互联互通；提供畜禽养殖、蔬菜栽培、果树栽培等近200个多媒体课件的在线点播服务，建立起具有查询功能的天津农业数据库系统，主要由品种资源、植物保护、动物疾病防治、农业实用技术、市场行情等子数据库组成；开发完成具有自动语音服务、传真服务、短号码服务、人工座席等功能的“基于板卡的农业语音查询特服号码”；建立了天津市农业110语音咨询系统语音资源库，建立天津市统一的服务热线号码和智能语音信息查询系统。无论是在田间地头，还是在养殖场，农民遇到农业科技问题，只要通过全市任何一部电话，拨通统一的“960110”农业科技热线电话，星火110科技农业专家即可直接解答农民提出的各类咨询和问题；或通过智能语音系统，便能听到自动播放的相应农业技术信息。无论拨打人工台还是自动台，使用者只需支付市内电话费，免收信息费、服务费，实实在在为农民服务；开通农业短信息服务，使基层干部、涉农企业、种植养殖大户和农村经纪人等足不出户，通过手机即可了解到最新的气象、农业政策、农业科技、市场需求、农产品供求等“三农”信息，还可根据用户的需要，提供个性化信息服务。获2011年度天津市科技进步奖二等奖。

第二节 农业科技信息服务

一、编辑出版《天津农业科学》和《天津农业科技信息》报

《天津农业科学》创刊于1974年，自1995年开始由内部期刊改为国内外公开发行的综合性学术期刊。刊物以宣传贯彻党和国家关于农业科技和农业科研的方针政策，积极促进农业科技产业化进程，助力天津市率先基本实现农业现代化为宗旨，以天津当代都市型农业为重点，及时广泛地报道天津市农业科技工作者在农业科技攻关方面的新进展和最新的农业科研成果。报道内容以代表当前全国特别是天津市农业科研水平的学术论文和实用新技术为主，涉及农作物新品种选育、植物保护、土壤肥料、畜牧兽医、生物技术、农产品质量安全、设施园艺、贮藏保鲜、园

林绿化、农业信息技术、环境保护、新品种保护等学科。读者对象为农业科技工作者、农业技术推广人员、农业行政管理人员和大专院校师生。经科技工作者多年的努力,《天津农业科学》的学术水平和在全国的影响力逐年提高,作为中国学术期刊综合评价数据库来源期刊,被清华大学中国学术期刊(光盘版)、中国科技信息研究所《中国核心期刊(遴选)数据库》和科技部西南信息中心《中文科技期刊数据库》收录,并全文上网。《天津农业科学》2000~2001年度被评为天津市优秀期刊;2002~2003年度、2004~2005年度被评为天津市一级期刊;2004年被评为全国优秀期刊。

1991年,由天津市农委科教处主办、市农科院信息研究所承办,编辑出版《天津农业科技信息》报。《天津农业科技信息》坚持为农业、农村、农民服务,为领导决策服务的方针,及时刊发天津市农业主管部门和各级领导关于"三农"问题的重要指示,使党和政府关于农业、农村、农民特别是关于农业科技的政策及时被广大农民认知和理解,成为推进天津市农业现代化进程的重要力量。《天津农业科技信息》还及时刊发天津市农业技术顾问团有关农作物种植、畜牧、水产、林果、花卉和农机等方面的文章,紧密结合农业生产的实际,及时地指出生产中存在的问题和解决问题的措施,向全市农民介绍科技新成果、新技术、新产品及其应用方法。从2002年开始,《天津农业科技信息》刊发的主要科技信息在天津市相关的科技信息网站发布。到2010年,《天津农业科技信息》共出版发行460期,共1024万字,在农业生产和农业科技之间架起一座桥梁,成为农民致富的好帮手。《天津农业科技信息》分别于1994年、1996年、1998年荣获天津市科委颁发的天津市科技信息成果三等奖。

二、农业科技查新

1995年7月,经农业部批准,市农科院信息研究所成为全国第一批农业科技查新单位,也是天津市唯一一家农业专业科技查新单位。开展农业科技查新工作的主要目的:一是服务于农业科研项目管理,为科研工作的立项,科研成果的鉴定、验收、报奖等提供可靠的信息凭据。二是满足农业科技人员对文献信息的需求。在查新工作实践中,科技工作者严格执行国家有关部门颁布的《科技查新规范》,以"服务第一,质量第一"为宗旨,以严谨的科学态度,实事求是的精神,确保科技查新工作的准确性、公正性、客观性和权威性,坚决杜绝弄虚作假的现象发生,服务对象已遍及天津市农口各单位。在农业科研院所、高等学校、各区(县)等单位享有良好的信誉,查新数量和质量稳步提升。查新项目内容涉及农作物、园艺、畜牧兽医、水产、农产品贮藏加工、生物技术、农机等农业及其相关领域。1995~2010年共完成科技查新679项,在推进天津市农业科技管理向规范化、制度化方向发展,提升天津市农业科技创新能力方面做出了贡献。

三、在郊区(县)建立市农业科技图书馆分馆和农民科技书屋

2000 年,市农科院信息研究所与天津图书馆和各郊区(县)有关部门合作,建立起农业科技图书文献资源共享体系,在各郊区(县)建立了天津市农业科技图书馆分馆。市农业科技图书馆各郊区(县)分馆以为农业、农村、农民服务为宗旨,坚持全年开放。业务服务内容包括:开展农业科技图书、期刊借阅;种植、养殖技术光盘、录像资料播放;利用馆藏资料开展科技咨询;编印各种信息资料;农业科技信息网上查询服务;农业科研课题跟踪服务等。对科技示范户和专业种养殖农户建立跟踪档案,定期寄发所需信息资料,便于农民尽快把最新的科技资料和信息转化为现实生产力,推动农业结构调整,帮助农民致富,促进郊区(县)的农业现代化建设。还同郊区(县)有关部门合作,建立科技书屋,解决农民群众"买书难""难买到好书"等实际困难,农民"足不出户"就可以找寻到解决生产疑难问题的方法。科技人员还以"农民科技书屋"为桥梁,及时了解农民生产实际需求,组织院内有关科技专家针对具体问题举办培训班,普及农业科技知识,推广农业科技新成果、新技术。

表 13-14-2-176 农业科技信息研究获奖成果简表

获奖时间	获奖成果	完成单位及主持人	奖励名称及等级
2005 年度	智能化农业信息处理系统——天津示范区	市农科院信息研究所 陆文龙	天津市科技进步奖一等奖
2007 年度	农业专家系统(葡萄贮藏、淡水鱼养殖,肉羊养殖)开发及运作机制研究技术与应用	市农科院 陆文龙	天津市科技进步奖二等奖
2011 年度	天津市农业 110 科技信息共享与服务平台建设	市农科院信息研究所 宋治文	天津市科技进步奖二等奖

第十五章 农业自然资源调查与农业区划

农业资源调查和农业区划是农业科学领域中带有全局性、现实性、战略性和长远性的综合科学研究,是发展农业和农村经济的重要基础工作。合理开发利用农业资源、因地制宜规划和指导农业生产,对于加强农业基础地位,深化农村改革,促进农村区域经济协调发展乃至整个农村

全面发展会起到重要的推动作用。20 世纪 90 年代以来，天津市农业区划系统研究人员先后开展了农业后备资源调查、土壤养分动态监测、农业区域综合开发总体规划、农业资源调查与农业综合区划等区域性的专题调查研究，取得了大量农业资源数据资料，使天津市自然资源调查走向充分利用基础资料，开展系统分析，进行综合研究的新阶段，对加强农业资源综合管理、实现农业资源的优化配置，规划区域开发的总体布局，使天津市有限的农业自然资源得到充分合理的开发、利用、保护，为农业的持续、快速、健康发展提供了保障，对政府农业发展决策科学化提供了咨询服务。

第一节 农业自然资源调查

一、农业后备资源调查和农业区域开发总体规划

农业后备资源主要是指“四低”（即低产田、低产园、低产水面、低产林地）、“四荒”（即荒地、荒山、荒水、荒滩）和中产田，开展农业后备资源调查是加强农业资源开发的计划性，提高开发决策的科学性，编制农业区域开发总体规划的重要前提。1991 年，天津市农业区划委员会遵照国务院的指示和天津市人民政府的安排部署，采取“调查、分析、规划”三步走的技术路线，在全市开展了农业后备资源调查。先后编发《农业后备资源调查和农业区划开发规划工作要点》《农业区域开发总体规划实用技术教材大纲》等主要技术文件。全市先后有 6000 多人（次）参加农业后备资源调查。经过一年多的调查、分析、研究、汇总，得到的结果是：全市农业后备资源总量 628.2 万亩，占全市总土地面积 1731.52 万亩的 36.27%，其中“四低”土地面积 210.4 万亩（低产田面积 147.9 万亩），“四荒”土地面积 88.2 万亩，中产田面积 329.6 万亩。全市每一农村人口拥有农业后备资源 16 亩，人均中低产田 12 亩，荒地 0.09 亩。在全市 628.2 万亩农业后备资源中，武清、宝坻、蓟县、宁河、静海 5 个区（县）有 493.2 万亩，占全市农业后备资源总量的 78.5%；东丽、西青、津南、北辰 4 个区有 71.6 万亩，占全市农业后备资源总量的 11.4%；滨海 3 个区（塘沽、汉沽、大港）63.4 万亩，占全市农业后备资源总量的 10.1%。由天津市农业区划委员会和天津市农科院区划研究所编制的《天津市农业后备资源调查评价综合报告》获 1996 年度农业部农业资源区划科学技术成果奖三等奖。

1991~1992 年，市、区（县）农业区划部门对市及 12 个郊区（县）农业区域开发条件、开发现状和特点、总体开发潜力进行综合评价和预测分析，提出全市农业区域总体开发目标设想，即充分发挥大城市郊区农业和沿海开放城市的功能，以本地农业资源为基础，以国内外市场需求为导向，以农业综合开发为主体，大力开发生产相对优势较大或相对劣势较小的优势适销产

品，通过增加投入，加快科技进步，追求资源开发最佳比较效益，建设有天津特色的多功能、城郊型、外向型农业。还提出“解放思想转变观念、明确目标重点突破、瞄准市场优化结构、增加投入提高效益、巩固基地完善服务体系，加强监测保护耕地”的六项总体开发的战略措施。全市各级农业区划部门利用这一成果积极探索综合开发一体化的路子，并取得明显的经济效益和社会效益。

在完成全市农业后备资源调查、农业区域开发总体规划之后，1992 年 5 月~1993 年 10 月，市农业区划委员会办公室和市农科院区划研究所共同编绘《天津市农业后备资源调查及开发规划图集》，该《图集》是一部综合性的专题地图集，基本地理底图采用最新国际分幅 1:25 万天津地图，派生图一般为 1:60 万，个别为 1:100 万。共包括概况、农业后备资源（低荒资源）、土壤养分、气候资源、水资源、农业区域综合开发 6 个图组，共 39 幅，图后备有相应文、表说明，共计 3 万余字，22 个表。

二、土壤养分动态监测

土壤养分是土壤的重要化学性质之一，是土壤肥力的重要因素，对土壤养分进行动态监测是指导农业生产的一种技术手段，它能及时地为农业主管部门和广大农民提供土壤的物理、化学变化情况，并对监测结果进行综合分析，指导农民因地制宜地种植农作物，实现高产稳产。为摸清天津市土壤养分变化状况，合理用地养地，为改造中低产田、开发农业后备资源提供科学依据，1991 年 4 月~1992 年 6 月，天津市农业区划委员会组织全市区划、农业部门开展了土壤养分动态监测，并于 1993 年 3 月相继验收完毕。全市 12 个有农业的区县共取土壤样品 7119 个，平均每一个点位代表土地面积 908 亩，长期观察定点剖面 253 个，化验有效锌点位 633 个。本次土壤养分动态监测通过化验共取得有效数据 68395 个。各区县在完成监测报告的同时，还绘制出点位图、土壤养分图、土壤盐渍化图、有效锌图幅各 8 幅，编制、整理化验数据统计表。

全市土壤分布从山地、丘陵、平原到滨海，依次为棕壤、褐土、潮土、水稻土、湿土和盐土共 6 个土类，17 个亚类，55 个土属，459 个土种，其中潮土占耕地面积的绝大部分。

对土壤养分的动态变化进行分析，与 1980 年时的土壤养分状况比较，1991 年全市的土壤养分状况呈以下趋势，一是土壤有机质含量和全氮含量呈上升趋势，但增加幅度不大，有机质由 1980 年的 1.44%增加到 1991 年的 1.53%；全氮含量由 1980 年的 0.079%增加到 1991 年的 0.087%。二是碱解氮由 1980 年的 70 PPM（一百万分之一即 1PPM），增加到 1991 年的 101PPM，增长幅度为 44%。三是土壤速效磷含量呈明显的上升趋势，由 1980 年的 1.08PPM 增加到 1991 年的 22.5PPM。四是土壤速效钾含量明显下降，由 1980 年的 202PPM 减为 1991 年的 165PPM。

通过对全市土壤养分进行监测，科技工作者找出全市耕作土壤存在的主要问题：(1)土壤肥力偏低。全市耕地的有机质、全氮、碱解氮含量大部分处在全国统一分级标准的四级和四级以下，一、二、三级所占面积不多，全市耕地土壤有机质含量达到一、二、三级的面积分别占耕地总面积的0.6%、1.1%和9.3%，合计为11%；全氮一、二、三级所占面积分别为0.5%、2.6%和22.6%，合计为25.7%；速效磷含量达一、二级的面积分别占耕地总面积的6.4%和19.4%，合计为25.8%。总体看全市土壤肥力虽较1980年时有所改善，但仍普遍较低，与发展高效农业不相适应。(2)土壤肥力差异较大。全市区县之间，区县内乡镇与乡镇之间，经济作物与粮食作物之间肥力相差较大。(3)重化肥轻有机肥，盲目施肥，造成许多地块土壤板结、通透性差，作物产量降低。(4)土壤中速效钾含量明显下降。全市12个涉农区县，除南部的静海、大港等地外，有9个区县土壤速效钾含量下降，小于150PPM的地块由1980年的40.6%增加到1991年的46.8%。⑤盐碱化土壤大面积存在。

科技工作者在对全市土壤进行监测，对土壤肥力进行分类统计，对土壤肥力的发展变化及生产潜力作出相应的评价后，根据对土壤养分的动态变化提出合理施肥和科学利用土壤的技术对策，并对改造中低产田提出了具体措施及施肥依据。(1)广辟肥源，增加有机质的投入。大力积造有机肥，开展秸秆还田。(2)综合治理改造中低产田。①兴修农田水利工程，增加淡水资源供应，采用节水工程减少水的损耗，在平原地带修建水库、池塘，尽量多地拦蓄雨水，减少雨水入海量；②深耕改土，为土壤微生物和农作物根系制造一个良好的环境，提高有机养分的分解，增强供肥能力。通过深耕技术，使土壤松土深度达到35厘米，增加土壤空气通透性和蓄水保墒能力；③用养结合，改善土壤的理化性能，清除土壤的障碍因素。(3)科学合理地施用化肥，推广配方施肥。(4)充分利用土壤养分动态监测成果。各区县都在监测成果的基础上提出因地制宜、切实可行的对策。蓟县把全县划分为6个不同的施肥区：①山区梯田保氮增磷补钾粮果间作区。②山前平地增氮增磷补钾锌粮粮、粮果间作区。③京沈公路两侧稳氮增磷补钾锌两茬平播吨粮田开发区。④仓桑公路两侧增氮补磷保钾平播粮棉间作区。⑤青甸洼增氮增磷补钾春播水稻区。⑥太和洼保氮增磷补钾小麦玉米套种区。东丽区根据土壤养分监测数据，依据不同地块，提出了4种施肥方案，即：①速效钾在220PPM以下、速效磷在80PPM以上的地块为增钾氮磷协调区。②速效钾在200~300PPM之间、速效磷在50~80PPM的地块为氮磷钾协调区。③速效钾在300PPM以上、速效磷在50PPM以下的地块为增磷氮钾协调区。④有效锌在300PPM以下的地块为增氮磷钾协调区。

三、天津市土壤碱化趋势调查

1994年，天津市农业区划委员会组织塘沽、汉沽、大港、静海4个区县的区划、农业部门开展了土壤碱化趋势调查，调查在1991年土壤养分动态监测的基础上，选取pH值在8.5左右的有代表性的点位进行分析，并重作代换性钠，计算碱化度，测定钠离子、碳酸根、重碳酸根的含量。在土壤基本化学参数齐全的情况下，计算总碱度、钠吸附比。根据市农科院土壤肥料研究所提供的黄淮海平原区碱化土壤分级模式，计算并判定土壤碱化的级别。经过1年多的努力，4个区县共分析、化验点位37个（每个点位代表1000亩左右的地块）。调查结果：在37个监测点位中，非碱化土壤有12个，占全部监测点位的32.4%；轻度碱化土壤21个，占全部监测点位的56.8%；重度碱化土壤4个，占全部监测点位的10.8%。科技人员根据监测结果，提出了碱化土壤改良的具体措施。主要有：①加强农田水利建设，做到灌排分家。清理沟渠，降低地下水位，利用雨季排盐碱，降低碱化度；加强农作物田间管理，深耕松翻，保证排水通畅，促进土壤盐分的充分淋洗和排除。②增施有机肥，培肥地力，促进团粒结构的形成，提高土壤的通透性。③种植绿肥压青，施用腐植酸肥料、牲畜粪便。④慎用土壤深层苏打型地下水，合理施用碳酸氢铵肥料。⑤种植耐碱植被如向日葵、高粱等，既提高了土壤的利用率，又可减轻碱化土壤的危害。

四、天津市冬闲田资源开发治理试验区建设

冬闲田是指每年秋收以后至翌年春种前闲置的土地。中国北方寒冷期较长，有相当多的冬闲田，据不完全统计，仅华北地区即有冬闲田12843万亩，天津市有冬闲田200多万亩。开发利用好这部分资源，是提高土地利用率、产出率，增加农民收入的一条有效途径，也是农业综合开发的一项重要内容。1995年5月，全国农业区划办公室批准“天津市冬闲田开发治理实验区”正式立项。项目区坐落在蓟县，面积2000亩，实验期3年。项目区引进“冬牧70黑麦”进行实验示范。“冬牧70黑麦”是从美国引进的禾本科饲用作物，具有耐寒、耐旱、耐贫瘠、分蘖能力强、高产抗病、粗蛋白含量高等特点。在连续2年的试种中，亩产鲜草2000~2500公斤，亩收益达100~150元，且不影响春播作物的种植。以“冬牧70黑麦”草粉为原料配置的混合饲料饲喂效果良好。同时通过种植“冬牧70黑麦”可以增加耕地冬季覆盖面积，牧草经畜禽转化，过腹还田，增加耕地有机肥施用量，改变土壤肥力状况，增加地力，达到用地养地的目的。该项目的实施探索了天津市冬闲田开发的方法和途径，试验示范了农牧结合的新形式，带动了周边地区冬闲田的开发。

五、天津市农业资源报告（2004年）

20世纪80年代初，天津市农业区划委员会在全市组织开展农业资源调查和农业区划，取得了丰硕的成果，之后的20多年间，天津市农业资源状况发生了很大的变化（如农业后备资源状况、土地资源利用状况、土壤状况等），亟须进行数据更新。2004年，天津市农业区划委员会办公室和天津市农科院农村经济与区划研究所共同编制了“天津市农业资源报告”（2004年）。该

报告收集分析了天津市土地资源、气候资源、水资源、生物资源和农村生态环境方面的最新权威资料和数据,基本摸清了天津市农业资源家底变化情况,并对其进行了客观评价。

(一)土地资源

2003 年全市土地总面积为 11919.7 平方公里(1191970 公顷)。其中农用地面积 720147 公顷(1080.22 万亩),占全市土地总面积的 60.41%。在农用地总面积中,耕地面积为 475480 公顷(713.22 万亩),占农用地面积的 66.03%,占土地总面积的 39.89%,是占地面积最多的土地类型;园地面积为 36817 公顷(55.23 万亩),占农用地面积的 5.11%,占土地总面积的 3.09%;林地面积为 35943 公顷,占农用地面积的 4.99%;牧草地面积为 0.06 万公顷,占农用地面积的 0.08%;其他农用地(包括畜禽饲养用地、设施农业用地、养殖水面、农村道路用地、农田水利用地和晒谷场等)面积为 171300 公顷,占农用地面积的 23.79%。全市耕地面积变化呈下降趋势,2003 年全市耕地面积为 475480 公顷,比 1982 年的 619400 公顷降低 23.23%。从全市各郊县耕地面积动态变化来看:2000~2003 年耕地面积增加的为宝坻区和大港区;减少较多的为津南区、蓟县和武清区。耕地面积减少的主要原因:一是城乡居民及工矿建设占用耕地;二是交通运输等工程占用耕地;三是农业经济结构调整,退耕还林还草等占用耕地。全市在土地利用方面存在的主要问题:①随着经济发展和城镇化进程加快,建设用地不断增加,加之人口的不断增长,人均耕地占有量不断减少;②乱占用耕地,浪费土地问题时有发生;③土地生态环境不容乐观,主要问题是土壤肥力流失,地力下降,受工业污染物排放影响的地块,受到不同程度的污染。

(二)水资源

1.降水:1991~2003 年全市年平均降水量为 566 毫米,比 1961~1990 年年平均降水量减少 76.2 毫米;2003 年全市平均降水量 618.3 毫米,比 1991~2003 年年平均降水量多 52.2 毫米;2003 年全市日降水量最大的区县为静海县(134.3 毫米),其次为武清区(120.8 毫米)、塘沽区(120.3 毫米)。2.水资源测算:地表水资源,全市多年平均地表径流量为 10.65 亿立方米。全市地下水资源量为 7.3 亿立方米,全市水资源总量为 17.24 亿立方米。全市多年平均入境水量为 1703 亿立方米。全市多年平均出境水量为 0.7 亿立方米。全市多年入海水量为 59.1 亿立方米。3.农业节水工程:2003 年全市节水工程及节水灌溉技术推广面积 201.22 万亩,占有效灌溉面积的 37.95%。其中防渗明渠 3540 公里,控制面积 143.71 万亩;低压管道 5244 公里,控制面积 44.71 万亩;喷溉控制面积 6.6 万亩;微灌控制面积 0.4 万亩;其他节水形式 5.6 万亩;水稻节水灌溉技术推广 34 万亩。4.年实际用水量:2003 年全市用水总量 20.87 亿立方米(不含污水直接用于农业的水量),其中农业用水量 11.41 亿立方米,加之污水灌溉 6.42 亿立方米,全年农业用水总量 17.83 亿立方米,万元农业增加值用水量 1961 立方米(全国平均为 2553 立方米)。5.农业水环境质量综合评价:农业水环境质量不容乐观,天津市农业灌溉水资源主要有:汛后拦蓄的雨水、提取的地下水、城市污水再生水。由于城乡工业废水排放量大,不能满足水环境功能区的水质标准,更不能用于浇灌农田,还由于地下水资源过度开采,造成区域性地面沉降,地下水资源受到破坏,农业用水数量和质量得不到保证。

(三)生物资源

天津生物资源种类繁多、品种丰富,尤其是农业生物资源丰富。在北部山区还有丰富的野生动植物资源,有些极有开发价值,是天津生物资源的一大优势和建立良性的农业生态系统的重要条件。

《天津市农业资源报告(2004 年)》的编制对天津市合理开发和保护农业资源、促进农业和农村可持续发展具有重要的意义。

第二节 农业区划研究

一、天津市农业资源与综合区划

1992 年 6 月~1994 年 8 月,天津市农业区划委员会办公室和天津市农科院农村经济与区划研究所共同开展《天津市农业资源与综合区划》的研究。

该项研究广泛搜集整理分析天津市自 20 世纪 80 年代以来农业资源调查,区域发展研究,农村社会、经济、技术等多方面的资料,应用系统分析法、类型法、叠置法等区划方法,依据区划原则和指标体系进行资源开发利用评价、农业结构与布局调整优化、区域综合开发、农业发展战略四个层次水平的多侧面综合研究,进而划定综合农业区域,提出新的综合分区方案和农业发展战略思想、目标和对策措施,并编制出新的《天津市农业资源与综合区划》报告。该报告以市场为导向,以资源为基础,以区域为单元,以科技为先导,全面分析评价了十年来天津市农业自然资源、生态环境和社会经济条件的动态变化,并根据最新调查研究成果编制了一套系统性、科学性较强的资料,实现了资料更新、数据更新。《天津市农业资源与综合区划》报告运用资源、经济、生态和系统工程等学科的新理论、新方法,确定了在市场经济条件下,综合农业分区的原则和依据,提出对天津市农业和农村经济发展具有指导意义的分区方案,体现了不同区域生产力要素的优化配置和农业生产的合理布局。全市共划分四个一级综合农业区,即 1.近郊副食品区(辖东丽、西青、津南、北辰 4 个区);2.东部滨海渔农区(辖塘沽、汉沽、大港 3 个区);3.中南部平原农业区(辖宝坻、武清、宁河、静海 4 个区县);4.北部山地丘陵生态农业区(辖蓟县)。《天津市农业资源与综合区划》报告还根据各综合分区的资源、经济条件,提出了带有区域特征的分区指导方案。同时还围绕现代化农业发展的要求,在农业可持续发展、农村产业结构调整、科技兴农、健全宏观体系和社会化服务体系以及农村城市化等方面提出了战略对策。研究成果获 1995 年度天津市科技进步奖(软科学)三等奖。

二、天津沿海都市型农业功能区划

进入 21 世纪,天津农业正由传统农业向具有天津特色的沿海都市型现代农业转变,传统的农业区划已不能满足实际工作的需要,为进一步优化资源配置,不断发挥和拓展农业的多种功能,确定全市范围内不同区域农业主导功能和功能方向,引导各区域农业发展,建立完备的农业产业体系,全面提高农业的经济效益、生态效益和社会效益。2008 年 3 月~12 月,天津市农业区划委员会办公室和天津市农科院农村经济与区划研究所共同编制天津沿海都市型农业功能区划。根据新时期天津沿海都市型农业的内涵、特征与功能定位,结合天津城市发展定位和滨海新区开发开放,提出天津沿海都市型农业的功能体系。并采用聚类分析、农业功能的地域分异相结合的方法,提出天津沿海都市型农业功能分区方案,即滨海休闲与生态调节功能区、环城休闲功能区、远郊农产品供给与就业保障功能区和山区生态调节与休闲功能区。综合分析各功能区的资源特点,提出未来 10 年各农业功能区的主导功能定位、发展目标及发展方向。针对各农业功能区主导功能的实现与协调发展,提出可操作的政策措施,为全面推进天津市农业现代化提供科学依据。研究成果获 2012 年度中国农业资源区划学会科学技术奖三等奖。

三、天津市养殖水域滩涂规划

2009~2010 年,天津市农科院农村经济与区划研究所和天津市水产局共同进行天津市养殖水域滩涂规划编制工作。研究人员对天津养殖水域滩涂资源现状、水生生物资源现状以及渔业发展现状进行了全面调查,掌握了一套较为全面的基础数据资料。根据现状条件和发展需求,提出天津市养殖水域滩涂按“343”的点、线、面相结合的空间布局进行规划建设,即建设于桥水库及周边湿地、七里海—大黄堡湿地和团泊洼—北大港水库三大湿地生态保护板块;建设四种类型现代渔业发展区:环城都市型休闲渔业发展区、滨海科技型设施渔业发展区、远郊生态型高效渔业发展区和浅海滩涂增养殖渔业发展区;建设三种类型现代渔业园区:水产健康养殖园区、现代工厂化养殖园区和休闲渔业园区。根据水域滩涂功能定位,划分为滩涂贝类增养殖区、海水池塘养殖区、淡水池塘养殖区、水库增养殖区、设施化养殖区、水生生物资源增殖保护区、临时养殖区和养殖预留区等八类重点养殖功能区,并对每一功能区进行了具体规划。并提出政策法规、资金投入、资源设施、科技人才、经营体制和质量监管等六大保障体系,以有效促进规划的实施。“天津市养殖水域滩涂规划”的编制,为进一步合理开发和利用天津市养殖水域滩涂资源提供指导,获 2012 年度中国农业资源区划学会科学技术奖一等奖。

表 13-15-2-177 农业自然资源调查与农业区划研究获奖成果简表

获奖时间	获奖成果	完成单位	主持人	奖励名称及等级
1995年度	天津市农业资源与综合区划	市农业区划委员会办公室、市农科院区划研究所	杨春成 袁文成	天津市科技进步奖(软科学)三等奖
1996年度	天津市农业后备资源调查评价综合报告	市农业区划委员会 市农科院区划研究所	杨毅 袁文成	农业部农业资源区划科技成果奖三等奖
2012年度	天津沿海都市型农业功能区划	市农业区划委员会办公室、市农科院区划研究所	黄学群	中国农业资源区划学会科学技术奖三等奖
2012年度	天津市养殖水域滩涂规划	市农科院区划研究所 市水产局	史佳林	中国农业资源区划学会科学技术奖一等奖

第十六章 农业发展战略与对策

20 世纪 90 年代以来，天津市农村经济与区划研究领域科技工作者深入“三农”实际，把握天津农业农村发展的总体趋势和主要特征，围绕天津现代农业发展对科技的需求，进行了多学科、多部门、宽领域、大范围的综合性、战略性的研究，相继开展了科技兴农发展对策、现代农业产业发展、新农村建设等研究。采用定性与定量相结合，科技专家、管理专家、农村基层科技骨干和政府部门相结合的技术路线，深刻剖析天津市农业发展优势和存在的问题，提出天津现代都市型农业发展的战略方向和目标，以及依靠科技促进农业可持续发展的途径和对策措施，有的研究还提出了具体的实施方案。这些研究成果依据充分、思路超前、数据翔实、结论可靠，提出的对策措施和政策建议具有较强的指导性和可操作性，为有关部门决策和促进天津现代都市型农业持续健康发展提供了决策参考，为提升全市农业的实力和综合竞争力提供了理论支撑。

第一节 科教兴农发展对策研究

一、天津市科技兴农推动机制及对策研究

科技兴农是一项庞大的系统工程，建立科技兴农的有效运行机制是这一系统工程的核心

部分。1991 年 8 月~1993 年 7 月，天津市科学技术委员会科技兴农办公室、天津市农科院农村经济与区划研究所在天津市农委科教处、东丽区科委、蓟县科委的协作下，开展“天津市科技兴农推动机制及对策的研究”。该课题从理论上阐明科技兴农宏观管理的任务和原则，提出科技兴农推动机制的功能构成、运行条件，总结试点区县、乡镇推动科技兴农工作经验，提出天津市科技兴农推动机制建设对策，包括组织管理体系建设、人才信息系统建设、科技传播系统建设和政策支持系统建设等对策。研究成果已被市、区县有关部门采纳，并进行试点实施。结果表明，所制定的指标体系与实施办法是科学可行的，在全市科技兴农推动工作中起到典型带头作用，为天津推进科技兴农工作，进一步落实科技兴市的战略方针提供了决策咨询。

二、天津市农业科技进步贡献率测算及增长对策研究

1999 年 12 月~2000 年 10 月，天津市农科院农村经济与区划研究所、天津市农村工作委员会科教处共同开展了“天津市农业科技进步贡献率测算及增长对策研究”。该研究通过建立全市总合生产函数回归方程，对资金、劳动力、土地等各投入要素的回归系数（弹性系数）进行模拟测算，测算出天津市“八五”计划期间农业科技进步贡献率为 47.1%；1995~1999 年农业科技进步贡献率为 53.1%；天津环城经济圈（含东丽、津南、西青、北辰 4 区）1995~1999 年农业科技进步贡献率为 49.9%；综合经济带（含武清、宝坻、蓟县、静海、宁河 5 个区县）1995~1999 年农业科技进步贡献率为 53.7%。还进一步提出“十五”计划期间天津市农业科技进步贡献率提高到 60%应采取的对策与措施。

该项研究首次系统地对天津市农业科技进步贡献率进行测算研究，并提出相应的增长对策措施，为市农业主管部门在产业结构调整，加大农业投入等决策方面提供了有价值的建议。经专家评审确认，该项研究在农业科技进步贡献率的测算研究上居国内同类研究的领先水平。

三、“入世”后天津市科教兴农发展对策研究

2001 年 12 月 21 日，中国加入世界贸易组织（以下简称“入世”）。2002 年 6 月~2003 年 8 月，天津市农村工作委员会科教处、天津市农科院农村经济与区划研究所共同开展“‘入世’后天津市科教兴农发展对策研究”。

研究人员采用问卷调查、定性与定量分析、农业主管领导和专家咨询等方法，对天津科教兴农工作进行系统研究，提出未来 5~8 年天津科教兴农的总体思路：充分利用大城市科技、人才、信息、教育、基础设施等综合优势，紧紧围绕全面建设小康社会的中心任务，以农产品竞争力增强、农业增效、农民增收为主攻方向，努力构建与农业结构战略性调整要求相适应的农业科技创新体系，完善和强化精干高效的农业科研、技术推广和农民培训的运行机制，为提高郊县经济综

合竞争力、加快实现天津市“三步走”战略提供科技支撑。该研究还提出“入世”后天津科教兴农的6个发展重点，即在科教兴农基础设施、科教兴农载体建设、农业科研创新领域、农业技术推广领域、农业科技成果产业化、农民教育培训6个方面抓一批重点项目，整体带动科教兴农水平的提高。该研究还从管理体制改革、机制创新、政府扶持、市场化运作、组织推动等方面提出“入世”后推动科教兴农总体工作的对策措施，为市委、市政府推进科教兴农战略和主管部门实施科教兴农的科学管理提供了决策依据和有价值的政策建议。

四、天津市实施农村劳动力“351”培训工程的对策研究

2003年8月~2004年5月，天津市农科院农村经济与区划研究所、天津市农委科教处、天津市农业广播电视学校共同开展“天津市实施农村劳动力‘351’培训工程的对策研究”。研究人员全面客观地评价天津农村教育和劳动力培训的规模、机构、能力、模式等现状水平，围绕培训工程中确定的“用3年时间，通过实施红色证书、绿色证书、蓝色证书、村干部、农村经纪人等5大专项培训工程，培训100万农村劳动力，其中50万农民获得专项培训证书”的目标，提出天津实施农村劳动力“351”培训工程的发展思路，即按照“政府推动、学校主办、部门监管、农民受益”的原则，构建新型农民终身教育培训体系；围绕5大专项培训工程，提出了具体的培训任务和对策措施，为构建新型农民终身教育培训体系，提高农村各类从业人员的综合素质、就业能力、职业技能，提供可操作性的实施方案和对策建议。研究成果已被天津市主管部门采纳。2006年7月获天津市第九届优秀调研成果三等奖。

五、天津都市型农业发展重大科技问题研究

2004年6月~2004年12月，天津市农科院、天津市农科院农村经济与区划研究所根据制定“天津市中长期科学和技术发展规划”的要求，开展“天津都市型农业发展重大科技问题研究”。在深入剖析天津农业科技发展存在问题的基础上，着眼于未来5~15年天津都市农业发展对科技的需求，瞄准农民增收、农业增效、农业产业竞争力增强、食物安全保障、生态环境建设五大主题，提出了农业功能转化、产业升级、优势突破、开放合作等创新型科技发展战略思路；运用定量与定性相结合的方法，对天津都市农业科技2010年和2020年发展目标进行科学预测。提出了未来15年，特别是“十一五”规划期间，应优先研究动植物新品种选育、农产品质量安全、资源高效利用与可持续发展、产后农业、农业信息技术等5个科技领域的19项关键技术，并提出5个科技攻关专项、3项科技示范工程、4个重点科技平台和“十一五”规划期间13项重大科技项目；提出了完善农业科技创新运行机制、增加农业科技投入、加快农业科技人才队伍建设、完善农业科技政策法规体系、统筹城乡科技发展、深化科技开放合作、建立新型的农村教育培训体

系等7项对策措施和政策建议,为天津市实施科教兴农战略和农业可持续发展战略提供了决策依据参考。研究成果于2006年7月获天津市第九届优秀调研成果三等奖。

六、“十一五”期间加强农村实用人才队伍建设研究

2004年11月~2005年1月,天津市农委科教处和天津市农科院农村经济与区划研究所共同开展“十一五”规划期间加强农村实用人才队伍建设研究。研究人员在对天津农村实用人才进行重点实地调查,客观分析农村实用人才现状和存在问题基础上,对天津农村实用人才,包括村级管理人才、农民技术人员、经营创业型人才、种养殖能手和能工巧匠型人才数量进行了推算,确认天津现有农村实用人才占农村从业人员的比例在4%~5%之间,农村实用人才总量在7万~9万人之间。围绕实施“人才强市”和“人才强农”战略,提出天津“十一五”期间农村实用人才队伍建设指导思想和重点任务:(1)研究制定《天津市关于加强农村实用人才队伍建设的意见》;(2)编制未来5~10年农村实用人才队伍建设发展规划;(3)以农村劳动力“351”培训工程为契机,实施农村实用人才培育工程;(4)建立农村实用人才培训制度。提出的保障措施是:创新人才选拔机制、健全人才培育机制、探索资源整合机制、完善人才服务机制、建立人才评价机制、强化人才激励机制、建立农村实用人才宏观调控机制。研究成果获中共天津市委组织部、天津市人事局颁发的2005年度优秀调研成果二等奖。

七、科技引领与支撑天津市新农村建设的对策研究

2007~2009年,天津市农科院农村经济与区划研究所和蓟县科学技术委员会共同开展“科技引领与支撑天津市新农村建设的对策研究”。研究人员系统调查分析科技引领与支撑天津新农村建设现状,对科技创新基础建设、科技创新环境、科技发展水平、科技支撑新农村建设能力等进行系统客观总结。拟定出建立科技引领与支撑天津新农村建设综合评价指标体系。分析天津市新农村建设对科技的战略需求,提出科技引领与支撑天津市新农村建设的系统性总体思路、重点任务和对策措施。即坚持一个方针:新时期“自主创新,重点跨越,支撑发展,引领未来”的科技工作方针。提高两大能力:农业科技创新的供给能力和科技成果的转化能力。强化三大科技服务领域:科技对生产发展、生活水平提高和生态环境改善三大领域的引领与支撑作用。完善四大体系:农业科技创新体系、农村科技成果转化体系、农村科技服务体系和科技人才保障体系。实施五大科技行动:现代农业建设、农村民生改善、农村工业发展、农村新型科技服务体系建设和新农村人才队伍建设五大科技行动。研究成果获2012年度中国农业资源与区划学会科学技术奖二等奖。

八、天津市农村实用人才队伍建设调研报告

为配合《天津市人才队伍建设中长期规划纲要(2009~2020年)》的编制工作,天津市农村工作委员会组织天津市农科院农村经济与区划研究所开展天津农村实用人才队伍建设调研工作。研究人员通过实地调研,将天津农村实用人才划分为生产型、经营型、技术服务型、技能带动型和社会服务型5个类别,并对每类人才的内涵、标准和要求进行了界定。通过构建科学的农村实用人才计算依据和推算方法,结合问卷调查等一手数据,测算出天津农村实用人才约为11万人,且生产型和技能带动型人才成为天津农村实用人才的主体。通过分析预测,到2020年天津农村对实用人才的需求将达到40万人,按目前现状,年均增长率应为11%。系统地提出2020年天津农村实用人才建设的工作思路是:按照“激活存量、扩大总量、提高素质、优化结构、完善机制”的工作目标,紧紧抓住培养、服务、评价、激励等环节,以提高科技素质、职业技能和经营能力为重点,着力建设并稳定一支宏大的适应新农村建设需要的实用人才队伍,并以此推动农村人力资源开发,造就新型农民,为农村经济发展和社会进步提供有力的人才保证和智力支持。工作重点是:建立和完善农村实用人才培养培训体系、建立和完善农村实用人才政策体系、建立和健全农村实用人才管理服务体系,并提出了具体的人才培养措施、人才评价机制和人才成长扶持政策。调研成果于2010年7月获天津市第十一届优秀调研成果三等奖。

九、“十一五”期间天津市农业科技进步贡献率测算及分析

2010年,天津市农科院农村经济与区划研究所和天津市农村工作委员会科教处共同开展“十一五”规划期间天津市农业科技进步贡献率测算及分析。研究人员采用农业部科技司推介的利用C-D生产函数模型计算农业科技进步贡献率的方法,进行变量及数据的选择,农业总产值、农业物质费用、农业劳动力、农业用地面积的历史数据均来自国家统计局天津调查总队提供的权威数据。用时间序列软件包(“eviews5.0”)软件的面板数据模型中的个体固定效应模型对全市农业生产函数的回归方程进行模拟。通过模型检验,得出天津市“十一五”规划期间农业科技进步贡献率为60.4%,比“十五”计划期间增加4.2个百分点,科技进步对农业经济增长的贡献份额进一步提升。分析了天津农业科技进步贡献率持续增长的主要因素。还提出了进一步提高天津农业科技进步水平的对策建议。研究人员所测算的“十一五”规划期间天津市农业科技进步贡献率达到60.4%的结论已被天津市农村工作委员会采纳,并引起天津社会各界的广泛关注。

第二节　现代农业产业发展研究

一、天津市农业产业化对策研究

20 世纪 90 年代初，在全国加快向社会主义市场经济体制过渡，垄断封闭性农产品市场逐渐被全国统一大市场、大流通、大生产所代替的背景下，天津农业产业既面临着市场激烈竞争的冲击和挑战，同时也获得前所未有发展机遇。1992 年 9 月~1994 年 4 月，天津市农科院农村经济与区划研究所、天津市农科院信息研究所共同开展“天津市农业产业化对策研究”。研究人员分析天津市农业产业化的现状、面临的机遇和挑战，提出加快天津市农业产业化进程的基本思路、中长期产业发展目标和可行的对策措施。提出建立“九区一带”农业产业化示范园区和实施高科技产业、新兴产业为重点的产业化工程对策措施。“九区”即：①滨海新区海洋产业开发示范区；②观赏农业产业开发示范区，分布主要区域是东丽、西青、津南、北辰、武清、蓟县等 6 区县；③绿色食品产业开发示范区，分布主要区域是蓟县、宝坻两区县；④蔬菜及其加工产品一体化产业开发示范区，分布主要区域是宝坻、武清、静海等县；⑤肉牛、肉羊产业开发示范区，分布主要区域是武清、宝坻、宁河、蓟县等区县；⑥特种水产产业开发示范区，以宁河、西青、汉沽等地为重点，实施特种水产品如河蟹、元鱼、银鱼开发；⑦特种珍禽产业开发示范区，以西青、武清、宝坻等区县为重点，实施特种珍禽（如野鸭、山鸡等）产业开发；⑧优质果品产业开发示范区，以蓟县、宝坻、武清、北辰等区县为重点，实施优质果品及其加工品一体化产业开发；⑨优质粮棉及饲料产业开发示范区，以蓟县、武清、津南、宝坻、宁河等区县为主，实施优质米、麦、棉、大豆等开发项目。“一带”即建设环城生态旅游经济综合产业带。该研究成果获 1994 年度天津市科技进步奖（软科学）三等奖。

二、天津市新一轮“菜篮子工程”建设的思路及对策研究

1995 年 4 月~1996 年 10 月，天津市农村工作委员会政策研究室、科教处，天津市农科院农村经济与区划研究所共同开展“天津市新一轮‘菜篮子工程’建设的思路及对策研究”。该研究从天津实施上一轮“菜篮子工程”建设评价入手，分析天津实施“菜篮子工程”的基本形势、主要趋势和主要矛盾，对新一轮“菜篮子工程”建设的思路与目标、对策与措施进行全面的探讨，提出新一轮“菜篮子工程”的市场定位，即：在天津市政府提出的“立足天津，面向全国，走向世界”的总方针下，明确提出新一轮“菜篮子工程”不同的市场层次及其主攻方向，如天津主市场、北京副市场、国内特色优势产品市场（主要指东北、西北、南方大中城市市场）、国际名特优产品市场（主要

指东北亚欧美等市场)。提出新一轮“菜篮子工程”建设中实现产销衔接的四条渠道:即建设以国家级“菜篮子”商品交易中心为龙头,连接产地与销地市场的市场体系;建设以现代化鲜活商品交易中心为龙头,连接基地和连锁店的配送体系;建立和完善农民共同产销运营组织体系;通过对国有“菜篮子”专业公司进行改组、改造,建立以国有企业为主导的鲜活商品流通体系。还提出天津新一轮“菜篮子工程”建设的基本目标和对策措施。该项研究是天津市实施“菜篮子工程”建设以来第一个比较系统、完整、具有创新观点和实用价值的研究成果,获1996年度天津市科技进步奖(软科学)三等奖。

三、小站稻品质标准及产业化工程研究

以天津市津南区小站命名的小站稻,是驰名中外的中国北方粳稻品种,农业部于1985年再次将小站稻列为名、特产品。小站稻虽久负盛名,但由于集约化、产业化水平低,致使其市场占有率较低,难以在激烈的市场竞争中扩大经营规模。为使小站稻这一宝贵的无形资产得以充分开发,再创辉煌。1997年3月~1999年8月,天津市津南区农业经济委员会、天津市农科院农村经济与区划研究所共同开展“小站稻品质标准及产业化工程研究”,旨在为小站稻产业化工程进行全面筹划,提出可行的实施方案、可操作的技术经济参数,为领导决策提供依据。课题主要成果:(1)在天津市首次进行小站稻品质特性的研究,通过理化分析、淀粉谱特性值分析、压缩及拉伸特征值和米饭感官评价证实:小站稻在同类粳稻各品种中均占明显优势,科学地论述小站稻质地松软、弹性好和冷凉后不变硬的特点,为科学培育小站稻,保持和提高小站稻品质提供科学依据。(2)在全国农产品中率先实现证明商标注册,使管理和使用“小站稻”品牌的合法权益受到了法律保护。(3)提出创建小站稻证明商标管理与使用为核心的小站稻行业管理协会的过渡方式,将小站稻证明商标规范化管理、使用与建立产业化组织体系结合起来,为今后大范围、区域性、跨部门、多种体制下的产业联合,提出了现实的途径。(4)提出创建小站稻产业化工程的总体思路、基本框架与实施方案。该研究成果通过小站稻证明商标的注册,使小站稻的无形资产效益日益显现出来。该项研究获1999年度天津市科技进步奖三等奖。

四、天津市无公害蔬菜产业发展研究

2000年11月~2001年6月,天津市农科院农村经济与区划研究所开展“天津市无公害蔬菜产业发展研究”。该研究共完成综合研究报告和8篇专题研究报告。对国内外绿色食品及无公害农产品的发展状况进行评价,对天津市蔬菜产业的现状进行分析,利用数学模型进行蔬菜种植面积、产量、需求、目标、布局的预测及比较优势的分析,提出“十五”计划期间蔬菜产业发展区域规划方案,确立沿海都市蔬菜产业的发展方向;提出建立无公害蔬菜监测管理体系,规范无

公害蔬菜标准执行过程,提高蔬菜产品市场竞争力的对策措施;提出无公害蔬菜营销产业组织的创新模式,即"协会+农户""公司+基地+农户""生产示范基地""社区合作组织"等模式,强调在实践中运用组合化营销策略,建立营销渠道,促进无公害蔬菜销售渠道的拓宽;并突出蔬菜生产、加工、贸易技术体系及质量标准监测体系的研究,提出切实可行的天津蔬菜产业跨越式发展对策。研究成果于2002年7月获天津市第七届优秀调研成果三等奖。

五、21世纪初期天津农业产后领域发展战略研究

2001年7月~2002年10月,天津市农科院农村经济与区划研究所、国家农产品保鲜工程技术研究中心(天津)共同开展"21世纪初期天津农业产后领域发展战略研究"。研究人员分析国内外农业产后领域发展现状和发展趋势,对改革开放以来天津产后农业发展进行分析评价,据此提出21世纪初期天津农业产后领域发展的前景、指导原则、指标体系及总体目标,并对农业产后技术创新的主要内容提出主攻方向和重点领域。该研究提出实现21世纪初期天津农业产后领域发展的战略目标、应采取的综合思路与措施,即重点实现8个突破:1.突破农业生产结构的制约,建立与农业产后领域发展要求相适应的农业生产结构;2.突破市场需求约束,建立多元化市场空间;3.突破资源约束,依托市内外资源促进农业产后领域不断拓宽;4.突破科技发展水平的约束,建立适应农产品产后领域发展要求的科技创新体系;5.突破资金约束,建立多元化投融资体系;6.突破产业组织约束,建立现代产业一体化组织体系;7.突破分散布局的约束,建立城乡分工协作的布局体系;8.突破不合时宜的制度约束,建立适应新世纪产后领域发展要求的制度环境及政策体系。该研究成果获2011年度中国农业资源区划学会科学技术奖三等奖。

六、天津市农产品质量安全问题研究

2005年3月~2005年10月,天津市农科院农村经济与区划研究所、市农科院中心实验室共同开展"天津市农产品质量安全问题研究"。该项目是天津市食物与营养咨询指导委员会下达的天津市"十一五"规划期间食物营养发展战略研究的子课题之一。课题组系统地总结了天津在农产品质量安全管理体系、检验体系、标准体系、认证体系等农产品质量安全保障体系建设的基本经验和教训,在天津市首次构建了农产品质量安全发展综合评价指标体系。通过建立数学模型,对农产品质量安全进行综合评价与分析预测,有针对性地提出对策措施与政策建议。在建设现代都市型农业的背景下,以发展无公害农产品为主,发展绿色食品、有机食品为辅,提出未来5~10年天津市农产品质量安全发展目标是:以保障城乡居民消费安全为根本,推进农产品标准化生产示范区、示范基地建设,建成无公害农产品产业带,主要农产品按标准生产的比重达到95%以上;建成市级、区县级、基地(或企业)级三级农产品质量安全检测检验体系;建成与国际

水平相对接的农产品质量安全认证体系;实现农产品生产全过程的质量安全控制,主要农产品质量安全水平合格达标。该项研究还针对天津农产品质量安全面临的问题,提出了具体改进措施。

七、天津现代农业园区发展模式与对策研究

自21世纪初开始,为推进设施农业的发展,在天津市有农业的区县,全面启动现代农业园区建设。截至2009年年底,全市各区县共建设各类现代农业园区83个,其中现代种植业示范园9个、滨海农业科技园区5个、现代畜牧业示范园区40个和优势水产品养殖示范园区29个。各类各级现代农业园区快速发展,已经成为带动全市都市型现代农业发展的重要引擎。2010年,天津市农业区划委员会办公室和天津市农科院农村经济与区划研究所共同开展"天津现代农业园区发展模式与对策研究"。研究人员通过对天津市现代农业示范园、滨海农业科技园区、现代畜牧业示范园区、优势水产品养殖示范园区四种形式园区进行系统调查分析,提出现代农业园区发展中存在的主要问题,明确园区发展方向。根据新时期天津现代都市型农业的要求,提出建设科技支撑型、休闲文化型、产业带动型、循环生态型四种类型的现代农业园区,发展高标准设施农业、循环生态农业、加工物流农业、出口创汇农业和休闲观光农业的总体思路。提出天津现代农业园区应主要发展"企业+园区+基地+农户""合作社+园区+农户""科研单位+园区+农户"三种运营模式的构想。提出了加强组织领导,推动机制创新,强化科技支撑,完善政策体系,实施品牌战略,提升服务能力等对策建议。研究成果于2012年10月获天津市第十二届优秀调研成果三等奖。

第三节 社会主义新农村建设研究

一、天津市社会主义新农村建设区域划分与考核评价体系研究

2006年2月~8月,天津市农科院农村经济与区划研究所开展"天津市社会主义新农村建设区域划分与考核评价体系研究"。研究人员借鉴国内外新农村建设发展经验,分析天津农村建设发展现状及存在问题,以区县为单位,采用聚类分析的方法,将天津新农村建设划分为4个类型区:环城新农村建设区、滨海新农村建设区、远郊平原新农村建设区、山区生态新农村建设区。根据新农村建设区域类型的特点,结合天津城市发展定位和滨海新区开发开放,提出天津新农村建设总体定位(共6项):成为城市安全农产品供给基地;成为城市产业转移、扩散的承接地;成为滨海新区先进制造业扩散地;成为城市可持续发展的生态屏障;成为生态宜居城市的重要组成部分;成为环渤海、京津冀新农村建设率先建成区。明确到2010年天津新农村建设取得阶

段性成果,环城新农村建设区、滨海新农村建设区基本完成新农村建设目标;到2015年,全市基本完成新农村建设目标。还提出实施政策扶持惠农工程、农村产业发展工程、农村环境整治工程、农民素质提升工程、农村制度创新工程和农村社会事业建设工程等保障措施。研究成果于2008年6月获天津市第十届优秀调研成果三等奖。

二、天津农村改革开放30年回顾与展望

2008年是中国农村改革开放和发展30年。30年来,天津农村发生翻天覆地的变化,实现历史性跨越。2007年11月~2008年10月,市委农工委、市农委成立天津农村改革开放和发展30年调研领导小组,邀请一大批专家学者,组织12个有农业的区县和11个农口局院单位,通过查阅档案、调查问卷、实地了解、专家论证、学者研讨等多种方式和途径,编纂40万字的《天津农村改革开放和发展三十年回顾与展望》,总结30年来天津农村经济社会发展取得的重大成就:经济发展水平显著提升、产业结构显著优化、农民生活水平显著提高、城市化水平显著提升、外向型经济显著突破、社会事业显著进步。分析体制机制上实现的重大突破:农业基本经营制度建设实现突破、农村基本经济制度实现突破、经济运行体制机制实现突破、农村管理体制实现突破、城乡二元体制初步实现突破、社会主义新农村建设体制机制方面实现突破。归纳了天津农村改革开放的基本经验:必须坚持解放思想、大胆创新;必须坚持以人为本、保护发挥农民的创造性;必须坚持市场化取向、建立和完善社会主义市场经济体制;必须坚持因地制宜、走具有天津农村特色的改革发展之路;必须坚持统筹城乡发展方略,着力推进城乡一体化;必须坚持党在农村改革中的领导地位。同时也分析了当前天津农村改革发展中的问题和深层次矛盾:城乡二元结构的影响仍然严重,土地制度缺陷制约农村发展,农村金融发展滞后,农业集约化、组织化程度有待进一步提高,农村基层组织建设亟待加强和改善。明确天津农村改革发展的总体思路和目标:以“两个走在全国前列、一个排头兵”(即胡锦涛2008年元旦前夕在天津考察时提出的“天津要在贯彻落实科学发展观、推动经济社会又快又好发展方面,在保障和改善民生,促进社会和谐方面走在全国前列;希望滨海新区成为贯彻落实科学发展观的排头兵”)的要求谋划农村改革发展,以重中之重的工作摆位推动农村改革发展,以全党全社会的共同责任支持农村改革发展。加快实施城乡一体化战略、强区强县战略、科教兴农战略。深化改革,扩大开放,加快发展,促进稳定,达到农民更加富裕、经济更加繁荣、农村更加和谐,率先实现小康社会,率先实现城乡一体化发展,率先实现现代化。同时提出了加快改革城乡二元体制、实现城乡一体化发展;推进土地制度改革;加快推进农村集体资产经营管理体制改革;稳定完善农业基本经营制度;加快农村金融体制改革;着力推进农村基层政权建设改革等六项农村改革重点。研究成果于2010年7月获天津市第十一届优秀调研成果二等奖。

三、中国农业专业合作经济组织发展现状及发展模式研究

2008 年 5 月~ 11 月，天津市农科院农村经济与区划研究所开展“中国农业专业合作经济组织发展现状及发展模式研究”。研究人员对中国农业专业合作经济组织发展的现状进行典型调查，选择国内典型农业专业合作经济组织进行剖析，以求找出一般规律；通过建立农户收入增长的多元回归模型，运用第二次农业普查数据资料，实证分析农业专业合作经济组织对农户增收的影响。综合评价中国现有扶持政策对农业专业合作经济组织发展的推动作用，并提出地方政府的扶持政策框架设想。提出中国农业专业合作经济组织的发展模式，即政府牵头型、能人带动型、企业带动型、集体经济组织带动型和事业单位牵头型，分别分析不同发展模式特点，以及适合的区域范围。从理论上构建农业专业合作经济组织运行机制，包括法律导向机制、引导扶持机制、监督管理机制、内部激励机制等。借鉴国际农业专业合作经济组织发展的先进经验，提出推动中国农业专业合作经济组织发展的对策建议。研究成果于 2009 年 7 月获第二次全国农业普查招标课题评审二等奖。

表 13–16–3–178 农业发展战略与对策研究获奖成果简表（按获奖时间排序）

获奖时间	获奖成果	完成单位	主持人	奖励名称及等级
1994 年度	天津市农业产业化对策研究	市农科院信息研究所、区划研究所	毛科军 刘宝珩	天津市科技进步奖（软科学）三等奖
1996 年度	天津市新一轮“菜篮子工程”建设的思路及对策研究	市农委政研室、科教处，市农科院区划研究所	张树明 赵福海	天津市科技进步奖（软科学）三等奖
1999 年度	小站稻品质标准及产业化工程研究	津南区农委、市农科院区划研究所	孙希英 杨学义	天津市科技进步奖三等奖
2002 年 7 月	天津市无公害蔬菜产业发展研究	市农科院区划研究所	李瑾	天津市第七届优秀调研成果三等奖
2005 年度	“十一五规划”期间加强农村实用人才队伍建设研究	市农委科教处、市农科院区划研究所	李瑾	天津市优秀调研成果二等奖
2006 年 7 月	天津市实施农村劳动力“351”培训工程的对策研究	市农委科教处、市农科院区划所、市农业广播电视学校	李瑾	天津市第九届优秀调研成果三等奖
2006 年 7 月	天津都市型农业发展重大科技问题研究	市农科院、市农科院区划研究所	李瑾	天津市第九届优秀调研成果三等奖
2008 年 6 月	天津市社会主义新农村建设区域划分与考核评价体系研究	市农科院区划研究所	李瑾	天津市第十届优秀调研成果三等奖
2009 年 7 月	中国农业专业合作经济组织发展现状及发展模式研究	市农科院区划研究所	孙国兴	第二次全国农业普查招标课题评审二等奖
2010 年 7 月	天津农村改革开放 30 年回顾与展望	市委农工委、市农委	毛科军	天津市第十一届优秀调研成果二等奖

获奖时间	获奖成果	完成单位	主持人	奖励名称及等级
2010 年 7 月	天津市农村实用人才队伍建设调研报告	市农科院区划研究所	李瑾	天津市第十一届优秀调研成果三等奖
2012 年度	科技引领与支撑天津市新农村建设的对策研究	市农科院区划研究所、蓟县科委	李瑾	中国农业资源与区划学会科技奖二等奖
2012 年 10 月	天津现代农业园区发展模式与对策研究	市农业区划委员会、市农科院区划研究所	李瑾 杨青松	天津市第十二届优秀调研成果三等奖

第十四篇

人　物

第一章　人物传略

陈钟槐

陈钟槐(1938~2001),男,汉族,1938年1月出生,天津市人。1964年8月参加工作,1964年9月加入中国共产党。历任天津市农林局农业处副处长、处长,市农林局党委委员、副局长。市农业食品委员会副主任、党组副书记。市农林局局长,市农林局党委副书记、书记。1993年7月以后任中共天津市委农村工作委员会副书记、天津市农村工作委员会主任兼市农林局局长、党委书记。1993年8月任天津市人民政府副秘书长,主要分管农业和农村工作。曾被选为中共天津市第四届委员会和第五届委员会委员,天津市第十一届、第十二届人民代表大会代表,天津市第十届政协常委。

陈钟槐长期工作在天津市农业战线。在担任市农林局、市农委领导工作期间,他坚持以邓小平理论为指导,坚持把中央的方针政策同天津市具体实际相结合,认真贯彻党的农村政策,经常深入农村和干部群众之中,满腔热情地帮助基层解决工作中的实际问题。他善谋实干,创造性地开展工作,在推进天津市农村改革和农村经济发展中发挥了重要作用。他精心组织和带领广大农业科技人员进行科技攻关,获得了多项科技成果和国家科技进步奖,为天津市农业生产和农业技术推广工作做出了突出贡献。他在担任市政府副秘书长期间,肩上的担子更加繁重。他1994年虽身患重病,但仍坚持以事业为重,带病坚持工作,为天津市实现农业现代化的目标奔波操劳。在实施“引黄济津”工作中,他不顾重病在身,两次带队前往山东、河北两省,联系落实有关工作,为“引黄济津”作出了贡献。

在30多年的工作生涯中,陈钟槐认真学习马列主义、毛泽东思想、邓小平理论,认真学习、努力实践“三个代表”的重要思想,坚持贯彻执行党的基本路线,毫不动摇地坚持“一个中心,两个基本点”,始终把党的事业放在第一位。陈钟槐在工作中兢兢业业,勤勤恳恳,任劳任怨,为天津市的农业和农村工作奉献了一生。他为人正派,光明磊落,作风俭朴,清正廉洁,受到了广大干部群众的爱戴。

2001年4月5日,陈钟槐因病逝世,终年63岁。4月7日,根据中共天津市委指示精神,中共天津市委组织部、中共天津市委宣传部发出“关于开展向陈钟槐同志学习活动的通知”,决定在全市共产党员和各级干部中广泛开展向陈钟槐同志学习的活动。“通知”指出,在30多年的革命生涯中,陈钟槐同志始终坚持以党和人民的利益为重,恪尽职守,鞠躬尽瘁,把全部精力献给了党和人民的事业,献给了天津市的农业现代化建设,以自己的模范言行实践了党的宗旨,不愧是我们党的优秀分子、人民的好公仆、焦裕禄式的好干部。全市各级领导干部和广大共产党员,要以陈钟槐同志为榜样,牢记全心全意为人民服务的宗旨,树立强烈的事业心、责任感,正确处理组织和个人的关系,顾全大局,一心为公,时刻保持高昂的斗志和饱满的精神状态,时刻把工作摆在第一位,迎难而上,开拓创新。各级党组织要认真组织好向陈钟槐同志学习的活动,迅速在全市掀起学习的热潮。各级领导干部要带头学习,以身作则,做出表率。要以学习陈钟槐同志的先进事迹和崇高精神为动力,抢抓机遇,奋力拼搏,为实现天津跨越式发展的宏伟目标而努力奋斗。

全市各级党组织和广大共产党员积极响应市委的号召,深入学习陈钟槐同志无私奉献的革命精神和崇高的思想境界,决心以陈钟槐同志为榜样,牢固树立全心全意为人民服务的宗旨,勤奋学习,勤奋工作,以实际行动表达对陈钟槐同志的思念,为实现天津跨越式发展的宏伟目标贡献自己的力量。

刘宗樊

刘宗樊(1913~2005),男,汉族。1913年3月20日出生于湖北省黄陂县城西街18号。1944年7月于四川大学农学院园艺系大学本科毕业。1944年8月至1945年1月在四川省农业改进所江津园艺试验场任技佐;1945年2月至1947年6月先后在四川省绵阳高级农业学校、湖北省金水农场任园艺科主任、园艺股长;1947年6月至1949年1月在农业部河北垦业农场任技师兼业务组副组长;1949年1月15日天津解放后至1953年5月在农业部渤海区农垦局任工程师;1953年6月至1978年先后任天津市农林水利局技术处副处长,天津市近郊农业局蔬菜处处长;1980年2月至1983年11月任天津市农业科学院副院长;1983年11月至1987年8月任天津市农业科学院顾问。1984年12月22日加入中国共产党。曾任天津市蔬菜、稻作专科学会理事长,天津市农业技术顾问委员会主任,天津市园艺学会理事长、荣誉理事长,中国园艺学会理事,天津市政府第二、三、四届咨询委员会委员。政协天津市第三、第四、第五届委员会委员,天津市第九、第十届人民代表大会代表。

刘宗樊从事水稻与蔬菜研究50多年。在小站稻科研方面:20世纪50年代至60年代,刘宗樊根据水稻秧苗三叶期前有氧呼吸的生理特征,采用尼龙湿润育秧,改良水床、陆床育苗等方式，取代了旧式水床育秧，解决了小站稻栽培中长期存在的水床烂秧和绵腐病的问题，全面推广变温浸种，消灭水稻干尖线虫病。在蔬菜科研方面：刘宗樊根据天津市的气候特点和市场的需求摸索出“春提前、夏排开、秋延后、冬保贮”的适合天津市蔬菜周年生产与供应的模式。他还主持开展了大白菜冻害规律的研究，为菜农种菜和城乡居民贮菜提供了科学依据。从 1980 年开始，刘宗樊主持开展了大白菜干烧心病发生规律和防治技术的研究。根据病因和发病规律，提出了以水、土、肥为基础，水位主导因素的耕作管理综合防治措施。经过在天津市津南区 1.2 万亩大白菜地试验示范，到 1986 年，取得了显著的效果，为菜农增加经济效益 280 多万元，并于 1987 年获天津市科技成果奖二等奖。主要著作有《蔬菜生产技术手册》(天津人民出版社 1977 年出版)、《蔬菜病虫害图说》(天津科学技术出版社 1979 年出版，并获天津市新长征优秀科普作品奖)；与他人共同编写的著作有：《天津大白菜》(天津科学技术出版社 1988 年出版)、《马铃薯茎尖脱毒与微型薯生产》(高等教育出版社 1990 年出版，并于 1991 年获“全国星火计划丛书优秀图书奖”)。主要论文有：《我国大中城市蔬菜周年供应战略问题的探讨》(载《蔬菜》1985 年第 6 期)、《关于发展小站稻科研生产的建议》(载《天津农业科学》1985 年第 4 期)、《小站稻栽培史》(载《中国农史》1986 年第 2 期)、《我国大中城市蔬菜周年均衡供应战略问题的探讨》(载“京、津、沪、穗四市农村发展战略研讨会论文汇编”)。

魏迺荣

魏迺荣(1933~1991)，男，汉族。1933 年 12 月 26 日出生于山东省昌邑县龙池乡龙北村一个普通农民家庭。1950 年 6 月参加工作。1950 年 6 月至 1950 年 10 月在黑龙江省商业厅会计班学习。1950 年 10 月至 1954 年 8 月在黑龙江省绥陵县百货公司、黑龙江省商业厅任统计员。其间，1950 年至 1952 年连续 3 年被评为绥陵县模范工作者。1954 年 8 月至 1958 年 8 月在黑龙江省工农速成中学学习。1958 年 8 月被保送入北京农业大学园艺系学习，1963 年 8 月毕业后分配到天津市从事蔬菜新品种选育工作。1967 年受天津市的派遣去新疆维吾尔自治区，帮助当地引进试种天津大白菜并获得成功，受到了新疆各族人民的称赞。1973 年 12 月加入中国共产党。1974 年 7 月至 1976 年 11 月赴马达加斯加，帮助该国建立“国家蔬菜试验站”，因成绩突出被该国总统授予“国家二级骑士勋章”。

从 1978 年开始，魏迺荣在国内率先开展了菜花新品种选育工作，采用常规育种技术，于 1984 年选育成功了秋中熟菜花新品种“津选 3198”，于 1985 年选育成功了国内第一个采用自交不亲和系配制的杂种一代秋菜花新品种—“白峰”菜花，开辟了菜花育种技术的新途径。“白峰”菜花花球洁白、柔嫩，耐热性强，抗病毒病、黑腐病性能强，早熟性好，丰产性好，亩产可达 2000

公斤,是一个集早熟、耐热、抗病、优质、丰产于一体的秋菜花新品种。自选育成功以后,除在天津大面积种植以外,还推广到北京、河北、山西、辽宁、山东、上海、浙江、河南、陕西等省(自治区、直辖市),1990年在全国的种植面积达10万亩,约占全国秋早熟菜花年播种面积(约40万亩)的25%,成为中国长江以北秋早熟菜花的主栽品种。魏迺荣采用常规育种的方法,于1986年选育成功了春菜花新品种—"雪峰"菜花,使城乡居民在春季(4~5月)也能吃上菜花,丰富了菜花的供应品种。"雪峰"菜花1990年在全国种植达8万亩。魏迺荣在开展菜花新品种选育的同时,还开展了青椒新品种选育工作,采用常规育种技术于1985年选育成功了"天津8号"青椒。采用杂种一代优势利用技术于1990年选育成功了甜青椒"津椒2号"和半辣型青椒"津椒3号"两个青椒新品种。"津选3198"菜花获1986年度天津市科技进步奖二等奖;"白峰"菜花获1988年度天津市科技进步奖一等奖;"雪峰"菜花获1994年度天津市科技进步奖三等奖。魏迺荣主持编写的《天鹰椒栽培与产品加工技术》一书获1989年度北方十省优秀科技图书二等奖。

魏迺荣1988年被评为天津市劳动模范,1991年6月被评为天津市优秀共产党员。1983年、1988年分别当选为中共天津市第四次、第五次代表大会代表。1990年10月被人事部授予"国家有突出贡献的科技专家"称号。

牛 景

牛景(1935~2012),男,汉族。1935年1月12日出生于河南省偃师市牛庄村一个农民家庭,1959年毕业于西北农学院农学系农学专业,同年8月在黄河水利委员会参加工作,1962年11月调天津市稻作研究所从事水稻育种研究。1964年至1970年,牛景采用纯系育种技术主持育成了"东方红1号"、"东方红2号"两个水稻新品种,成为20世纪70年代天津、北京、辽宁南部稻区的主栽品种,并于1978年获全国科学大会奖。1966年至1970年牛景采用辐射育种技术,主持育成了"津辐1号"、"津辐2号"、"津辐5号"、"津辐9号"4个水稻新品种。1970年至1975年,牛景采用杂交育种技术,主持育成了"红旗系列"8个水稻新品种。在此期间,他还同中国科学院遗传研究所合作,采用生物技术选育成功了"花育1号"、"花育2号"两个水稻新品种,开辟了水稻育种技术的新途径,对农业生物技术在水稻育种中的应用起了促进作用。从1981年开始,牛景采用籼粳稻亚种间杂交的方法,经过10年的努力,于1990年育成了"金珠1号"水稻新品种。"金珠1号"水稻新品种1995年被科技部确定为国家科技成果重点推广计划项目。还被确定为国家"九五"计划期间重中之重推广项目。1997年至1999年3年间,"金珠1号"在全国累计推广种植589万亩,增产稻谷3.53亿公斤,使稻农新增经济效益5.3亿元。到2010年,牛景共主持选育成功水稻新品种27个,除在天津市大面积种植以外,还推广到北京、河北、山西、辽宁、山东、江苏、安徽、河南、陕西、宁夏、甘肃、新疆等10多个省(自治区、直辖市),累计推广约2000万亩,创社会经济效益10亿元以上,有10项科研成果获天津市和国家的奖励。

牛景1977年当选为天津市第八届人民代表大会代表。1978年3月出席全国科学大会,1986年被评为国家有突出贡献的科技专家,1991年12月9日被评为研究员,1992年12月被授予“天津市水稻育种专家”称号。主要著作有《大田作物的实用技术》(天津科学技术出版社1997年出版)、《水稻金珠1号栽培技术》(天津科学技术出版社1998年出版)、《中国水稻品种及其系谱》(参加编写,科学出版社1992年出版)。此外还发表“利用花药培育水稻新品种花育1号、2号”、“粳稻多功能新品种“1244”的选育研究“等论文20多篇。

王炳君

王炳君(1936~2013),女,汉族。籍贯山东省烟台市福山区古现东村。1962年毕业于河北农业大学园艺系,分配至天津市蔬菜研究所从事科研工作。1987年6月27日被评为副研究员,1995年12月8日晋升为研究员。从1962年开始,为解决当时存在的马铃薯种薯退化和调运难的问题,王炳君采用生物技术与无土栽培相结合的技术开展了马铃薯优质种薯的生产及其应用技术的研究,经20多年的刻苦攻关,到1989年研制成功了马铃薯脱毒微型种薯生产技术。该项技术比当时国内外采用的马铃薯繁种方法提高繁殖系数70倍以上,而亩用种量却由125公斤减至7公斤,减少了95%,大大减少了马铃薯种薯的贮存调运量,且由于进行了脱毒处理,增强了种薯的抗病能力,可使马铃薯亩增产50%以上。科技部、农业部分别于1991年和1993年,将王炳君发明的马铃薯脱毒微型种薯快繁技术确定为“国家科技成果重点推广计划项目”向全国推广。到2005年,该项技术已推广到黑龙江、吉林、辽宁、河北、内蒙古、四川、云南、贵州、陕西等23个省(自治区、直辖市),技术成果年覆盖面积达200万亩,每年为农民增加经济效益4亿元。该项科研成果获1994年度天津市科技进步奖一等奖,1996年获天津市人民政府颁发的“科技兴市突出贡献奖”。

王炳君1993年被评为全国优秀女职工,1994年1月22日加入中国共产党,1997年4月被评为天津市劳动模范。

修德仁

修德仁(1939~2012),男,汉族。1939年12月18日出生于辽宁省鞍山市一个普通农民家庭,1963年毕业于北京农业大学园艺系,1963年9月至1975年4月先后在新疆农业厅鄯善园艺场、和田地区农科所工作。1971 年 4 月加入中国共产党。1975 年 4 月至 1990 年 3 月在中国农科院果树研究所从事果树研究。1990 年 3 月以后在天津市农科院林果研究所从事科研工作。

修德仁从 20 世纪 60 年代开始在新疆吐鲁番、和田等地从事制干葡萄的丰产栽培研究及红葡萄无核化试验,获 95%以上无核率,提高了红葡萄制干的品质。从 20 世纪 70 年代中期开始,针对龙眼葡萄种性退化的问题,率先开展酒用葡萄营养系选种,经 20 多年努力,选育出 5 个龙眼复合优系,较普通系增产 28.6%,还先后从国外引入新品种近百个,其中乍娜、潘诺尼亚、普列文玫瑰、黑奥林、先锋、红宝石、甲斐路和一批酒用葡萄品种在全国获得大面积推广,对推动天津市和全国酒用葡萄品种名种化、优系化做出了贡献。20 世纪 90 年代初,根据中国农产品特别是果蔬产品产量成倍增长而农产品保鲜研究较为薄弱且滞后于市场需求的实际情况,修德仁将他所领导的天津市林果研究所葡萄试验站整建制地转为天津市农产品保鲜研究中心,带领“中心”科研人员承担国家、农业部及天津市重点科研课题 18 项,直接主持课题 4 项,研制成功了具有国内先进水平的贮藏保鲜工程设施和 HA 系列保鲜袋、CT 和 DG 系列保鲜剂,在国内这一新崛起的科研领域中跻身先进行列。他所领导的天津市农产品保鲜研究中心被评为天津市菜篮子明星单位,并被国家科技部确定为国家农产品保鲜工程技术研究中心(天津)。修德仁从事葡萄栽培、育种和果品贮藏保鲜技术研究 30 多年来,先后参加国家星火、农业部和省(市)级科研课题 8 项(其中 6 项为主持人),获国家星火三等奖 1 项,中国农科院科技进步二等奖 1 项,农业部科技进步二等奖 2 项,天津市科技进步奖二等奖 3 项。

修德仁 1986 年 10 月被评为副研究员,1994 年被天津市授予“葡萄栽培专家”称号,同年,被人事部授予“国家有突出贡献的科技专家”称号,1995 年 12 月晋升为研究员。曾任天津市农产品保鲜中心主任,中国农学会农产品贮藏加工分会常务理事、贮藏专业委员会主任,中国农学会葡萄分会副理事长,中国农产品保鲜工程协会秘书长,天津市政府果树顾问团顾问。主要著作有《葡萄庭院栽培》(中国林业出版社 1987 年 5 月出版),《葡萄早期丰产技术》《葡萄快速丰产》《苹果、梨、桃、葡萄管理十二月(葡萄部分)》《葡萄快速丰产图谱》分别于 1984 年、1991 年、1991 年、1998 年由中国农业出版社出版。共发表论文 50 多篇。

王芝棠

王芝棠(1918~2008),男,汉族。1918 年 7 月 1 日出生于山西省汾阳县栗家庄乡百塔村一个农民家庭。1946 年毕业于金陵大学农学院农艺系,毕业后任中央农业试验所北平农事试验场技佐;1948 年 3 月至 1959 年 3 月任河北省军粮城农业试验场稻作试验站技术主任、技师;1959 年

4 月至 1982 年 3 月在天津市稻作研究所任技术主任、副所长;1982 年 3 月至 1988 年 6 月在天津市农科院农作物研究所任副所长、顾问。王芝棠从事农业科研工作 40 余年,建国初期与华北农科所徐叔华等合作开展了盐碱地改造与利用的研究,提出在渤海湾北部盐碱地实行水旱轮作和经济用水制度,从而使该地区盐碱地开发利用面积扩大一倍以上。1978 年开展了春玉米育种研究,育成玉米单交种"廊研 1 号"(又名"冀单 4 号"),1979 年育成玉米三交种"廊研 2 号",在河北省推广 50 万亩。1983 年至 1986 年主持开展了"水稻旱种湿管高水效栽培技术的研究",研制成功了水稻旱种湿管高水效栽培技术。1987 年至 1989 年,主持开展了"大豆品种引进、筛选、栽培技术的研究"。1990 年至 1992 年,主持开展了"水稻高产栽培技术的研究",选育成功亩产 700 公斤的高产栽培模式及水稻旱育秧新方法。

王芝棠 1983 年 6 月 8 日被评为高级农艺师,1983 年至 1986 年担任天津市人民政府水稻顾问团团长,1987 年 12 月晋升为研究员,1989 年被评为天津市优秀科技工作者。王芝棠的科研成果于 1979、1988、1992、1994 年分别获河北省、天津市、廊坊地区人民政府科技进步一、二等奖各 1 项、三等奖 2 项。主要著作有《中国水稻》一书中"天津市郊的水稻"部分;《怎样种稻》《种庄稼的科学与技术》中的"水稻"部分,发表"水稻旱育苗新法"等论文 50 多篇。

第二章　人物简介

侯　锋

侯锋　男，汉族,1928 年 2 月 8 日出生于山东省平度市蓼兰镇大吴庄一个知识分子家庭。1936 年至 1943 年 8 月在山东省烟台市彭城小学、崇正中学学习。在中小学念书时,他的学习成绩在全校同级学生中始终名列前茅。1937 年,日本帝国主义发动了全面侵华战争,相继侵占了北平、天津、青岛、烟台等地。从 1943 年 8 月到 1949 年 8 月,侯锋相继到河南洛阳,陕西洋县、汉中、汉阴、城固等地过流亡学生的生活。1950 年 8 月,侯锋考入北京农业大学园艺系果树蔬菜专业,1954 年 8 月毕业后分配到天津市农林水利局任技术员。1956 年 10 月以后,先后在天津市蔬菜试验站、天津市综合试验站、天津市蔬菜研究所、天津市黄瓜研究所从事蔬菜科研工作。1983

年7月10日被评为副研究员,1986年被评为国家有突出贡献的科技专家。1987年4月25日晋升为研究员。1980年11月至1983年11月任市农科院蔬菜研究所副所长、市农科院黄瓜研究所所长。1983年11月11日至1991年10月12日任天津市农科院副院长、院党委委员。1999年12月被评为中国工程院院士,1999年12月20日任市农科院名誉院长。

从20世纪50年代末期开始,侯锋同吕淑珍开展了抗病黄瓜新品种选育工作,虽在“文化大革命”异常艰难的时期也没有停止,经刻苦攻关,顽强拼搏,到1973年选育成功了“津研1~4号”4个黄瓜新品种。“津研1~4号”黄瓜对当时黄瓜种植中严重存在的白粉病、霜霉病具有较强的抵抗能力,适应范围广,耐热性强,产量高,春季种植亩产可达0.5万公斤以上,最高可达1万公斤,夏秋季种植亩产在0.4万公斤左右,最高可达0.8万公斤。从1975年开始,侯锋、吕淑珍进行黄瓜兼抗(抗霜霉病、白粉病,兼抗枯萎病)育种研究,到1981年,先后选育成功了能抗霜霉病、白粉病、枯萎病3种病害的“津研5~7号”3个黄瓜新品种。“津研1~7号”黄瓜新品种自选育成功以后,除在天津市大面积种植以外,还迅速推广到全国20多个省(自治区、直辖市),还被泰国、日本、韩国、美国、马达加斯加等国家引种成功。到1989年,侯锋、吕淑珍先后选育成功了“津杂1~4号”4个黄瓜新品种。1990年,科技部将“津杂2号”黄瓜确定为“国家科技成果重点推广项目”向全国推广。1987年至1993年,侯锋、吕淑珍采用杂种一代优势利用的技术,选育成功了“津春3号”“津春4号”黄瓜新品种。科技部于1993年、1995年分别将“津春3号”、“津春4号”黄瓜新品种确定为“国家科技成果重点推广计划项目”向全国推广。在毫不放松地抓好科研工作,不断为菜农和城乡市场提供黄瓜新品种的同时,侯锋还带领科技工作者努力开拓技术市场,积极推进科技成果产业化的进程,率先在天津市农科院实行经济自力,从开发本所已有的科研成果入手,将科研成果变成技术商品,直接为农业生产服务。在上海、山东、广东、海南、河南、内蒙古、黑龙江等地建立了20多个天津黄瓜推广咨询服务站,从而形成了遍布全国的咨询服务网络,科研成果转化率达到百分之百,使黄瓜研究所实现了由单纯的科研型向科研—生产—经营—服务型的转变,也使“津研系列”“津杂系列”“津春系列”黄瓜在全国29个省(自治区、直辖市)得到了大面积推广,成为享誉华夏的科研精品,每年为社会新增经济效益7亿元,高居全国同行之首,人民群众亲切地称侯锋为“黄瓜王”。侯锋主持研制的科研成果1978年获全国科学大会奖,1983年获国家技术发明二等奖,1991年获国家科技进步三等奖,1998年获国家科技进步二等奖;并于1981年至1997年期间获7个天津市科技进步一等奖;1999年获天津市科技兴市突出贡献奖。黄瓜研究所的科技创新工作走在全国同行的前列。

侯锋1983年1月5日加入中国共产党,1984年、1986年两次被评为天津市劳动模范;1985年4月29日被授予“全国优秀科技工作者”称号,并获全国“五一”劳动奖章,1989年9月28日被评为全国先进工作者。1978年至1982年,侯锋当选为天津市第九届人民代表大会代表;1983

年至1998年连续担任第六届、第七届、第八届全国政协委员。主要著作有《津研号黄瓜的育种及栽培技术》(与吕淑珍合著),天津市科学技术出版社1985年出版,并获北方十省市优秀科技图书二等奖。

刘瑞符

刘瑞符 女,汉族,1932年6月9日出生于河北省雄县东张岗乡刘家铺村一个普通农民家庭。1952年9月至1955年8月在天津市农业学校学习。1958年9月分配至天津市军粮城稻作试验站从事水稻新品种选育工作。为选育出适合天津市种植的水稻新品种,她常年深入到农业生产第一线,虚心向老农请教,认真钻研天津市不同水肥条件下水稻生长高矮、颜色、抗病性能、产量、质量,从中摸索水稻生长、发育的基本规律。经过30多年的顽强拼搏,到1993年,主持选育成功了 “津稻1187”“津稻1189”“津稻779”“津稻521”“津稻368”“津稻F47”“津稻848”7个水稻新品种。同别人合作育成了“东方红1~2号”“红金号”“津辐1号”“津辐3号”“津辐9号”“红旗1号”“红旗2号”“红旗4号”“红旗5号”“红旗8号”“红旗12号”“红旗16号”“红旗23号”“花育1号”“花育2号”等水稻新品种。这些水稻新品种产量高、抗病抗逆性强、适应范围广、质量优,除在天津市大面积种植外,还被兄弟省市引种。刘瑞符选育成功的“津稻1187”获1989年度天津市科技进步奖一等奖,到1990年在天津市和华北地区累计种植165万亩。1991年农业部将其确定为“适用的农业科技成果”向全国推广。1993年科技部将其确定为“国家科技成果重点推广计划项目”。到1995年底,“津稻1187”已在全国累计种植700万亩,为社会创经济效益8.47亿元,成为天津市有史以来种植面积最大、创经济效益最高的水稻新品种。

刘瑞符1976年3月3日加入中国共产党,1983年和1985年两次被评为天津市农业劳动模范,1986年被评为天津市先进科技工作者,1987年4月被评为高级农艺师,1988年被人事部授予“有突出贡献的中青年科技专家”称号,1990年被评为天津市劳动模范,1995年被评为全国先进女职工。

吕淑珍

吕淑珍 女, 汉族,1933年11月4日出生于河北省抚宁县纹坨乡沿沟屯村一个普通农民家庭。1956年8月毕业于沈阳农学院园艺系果树蔬菜专业,1956年8月至1962年3月在天津市双林农场任技术员,1962年3月以后在天津市蔬菜研究所、天津市黄瓜研究所从事黄瓜新品种选育工作,1984年12月27日加入中国共产党,1985年4月至1997年12月任天津市农科院黄瓜研究所副所长、党支部书记。

从1959年开始，吕淑珍同侯锋一起在天津市率先开展了黄瓜抗病新品种选育工作。将搜集到的116个黄瓜品种进行鉴定整理，选择植株生长健壮、耐热、耐盐碱性强的黄瓜做亲本，配制组合，经混合选择、系统选择，到1973年选育成功了能抗两种病害（黄瓜霜霉病、白粉病）的“津研1~4号”黄瓜新品种。到1981年选育成功了能抗3种病害（黄瓜霜霉病、枯萎病、白粉病）的“津研5~7号”3个黄瓜新品种。从20世纪80年代开始，吕淑珍同侯锋瞄准国际先进水平，采用杂种一代优势利用技术培育黄瓜新品种，注重将不同黄瓜品种的早熟性状、丰产性状和抗病性状集于一体，使之成为能抗多种病害及具有丰产、早熟、质优等特征的杂种一代组合，到1993年相继选育成功了“津杂1~4号”、“津春3~4号”黄瓜新品种。“津研系列”“津杂系列”“津春系列”黄瓜新品种在中国北起黑龙江畔，南到南海之滨，东起山东半岛，西至青藏高原都有栽培，并在东北、华北、华东、中南的许多省份成为主栽品种，为发展农村经济、丰富城乡居民“菜篮子”做出了贡献。

吕淑珍同侯锋主持研制的科技成果1978年获全国科学大会奖，1983年获国家技术发明二等奖，1991年获国家科技进步三等奖，1998年获国家科技进步二等奖；并于1981年至1997年期间获7个天津市科技进步一等奖。

吕淑珍1986年被评为天津市先进科技工作者，1988年被评为天津市优秀科技工作者；1984年、1986年两次被评为天津市劳动模范；1992年、1994年两次被评为天津市特等劳动模范；1989年被评为天津市优秀共产党员。1988年10月14日被人事部批准为“有突出贡献的中青年科技专家”；1991年4月被中华全国总工会评为全国优秀科技工作者，并被授予全国“五一”劳动奖章，1995年4月被评为全国先进工作者。1992年10月和1997年9月，吕淑珍两次当选为全国党代会代表，光荣地参加了中国共产党第十四次全国代表大会和第十五次全国代表大会。

邵景坡

邵景坡 男，汉族，1939年11月9日出生于浙江省余姚市黄家埠镇邵家村。1959年考入北京农业大学农学系植物生理及生物化学专业。1964年毕业分配至天津市稻作研究所（后合并更名为天津市农科所、天津市农科院农作物研究所）。1964年至1973年先后参加了稻麦复种、水稻旱直播栽培、水稻育种、粉煤灰农业利用等科研工作。1973年以后专门从事玉米育种及栽培研究。从1979年以来，主持天津市、国家重点科研项目6项，1981年至1987年间主持选育成功了“津玉101”“津玉103”夏玉米和“津唐1号”春玉米3个玉米新品种。为满足城乡居民吃青棒子的习惯，邵景坡首创了“鲜食玉米”这一专用技术名词，并得到国内科技专家和城乡居民的赞同。于 1984 年在国内率先开展了鲜食玉米专用品种的选育工作，通过采用甜质型玉米同硬粒型玉米杂交的方法，达到改善玉米品质和风味的目的，经 4 年 7 代的选育和试验，于 1988 年育成了“津鲜 1~2 号”两个鲜食玉米新品种。“津鲜 1 号”是国内第一个鲜食专用玉米杂交种。该品种食味嫩香甜黏兼有，较各地相关品种早上市 14~30 天，是国内熟期最短的鲜食玉米新品种，故经济效益极佳。自选育成功后，已推广到全国 25 个省（自治区、直辖市）。1991 年农业部将其确定为“百项农业适用科技成果”向全国推广；1993 年科技部将其确定为“国家科技成果重点推广计划项目”向全国推广。“津玉 101”“津玉 103”夏玉米，“津唐 1 号”春玉米，“津鲜 2 号鲜食玉米”分别获 1983 年度、1985 年度、1990 年度、1999 年度天津市科技进步奖三等奖；“津鲜 1 号鲜食玉米新品种” 获 1991 年度天津市科技进步奖二等奖，1993 年获国家技术发明三等奖，“津鲜 1 号鲜食玉米生产技术开发研究”获 1992 年度天津市科技进步奖二等奖。邵景坡 1999 年退休后发挥余热，创办天津市景坡园艺科技有限公司。2002~2013 年选育成功并通过天津市农作物品种审定委员会审定、在国内有较高知名度的“景白糯 2 号、4 号”“景黄糯 2 号、4 号”“景糯 318”“景糯早 18”“景坡银糯”“景颇早糯”“景坡 56”“景坡 82”等 12 个鲜食玉米新品种，除在国内大面积种植以外，还销往韩国。“景白浚 34 号”“景 14”“景 27”“景 120”“景 22G”5 个新品种获农业部颁发的植物新品种权保护证书。

邵景坡 1987 年被评为高级农艺师，1995 年 12 月被评为研究员。曾 3 次被聘为天津市政府农业顾问团顾问，5 次出任天津市科技进步奖评委共 7 年。1992 年 10 月开始享受政府特殊津贴，1994 年被国家人事部批准为“中青年有突出贡献的科技专家”。是政协天津市西青区第五届委员会常务委员。

安志信

安志信　男，汉族，1930 年 3 月 19 日出生于河北省定州市赛里村。1953 年 8 月毕业于河北农学院（现河北农业大学）园艺系。自 1953 年 8 月大学毕业分配到天津市工作以后，即从事蔬菜栽培、蔬菜生理研究和技术推广工作。在蔬菜保护地种植科研方面，1964 年率先开展了蔬菜地膜覆盖的增产机理及应用技术的研究。由于该项科研成果增产效果显著、社会效益突出，1982 年获农业部技术改进一等奖，1983 年获天津市优秀科技成果二等奖，1985 年获国家科技进步一等奖。在此期间，安志信还对塑料薄膜节能日光温室、大中小棚的性能和配套技术进行了比较系统的研究。在蔬菜栽培生理方面，安志信 1957 年至 1958 年开展了关于韭菜分蘖规律和根系生长发育的研究，找出了韭菜跳根和分蘖的规律，填补了国内研究的空白。1975 年开展了大白菜营养生长阶段的研究，进一步阐明了大白菜子叶光合功能对大白菜幼苗和大白菜产量的影响。上述2项研究成果已被全国农业院校大专教材《蔬菜栽培学各论》(南、北方本)所采用。安志信对大白菜子叶光合功能的研究,萘乙酸促进钙素吸收和向致病部位运转借以防治大白菜干烧心病和番茄脐(蒂)腐病的作用的研究,论文发表后分别被美国《生物学文摘》、俄罗斯《农作物文摘》和联合国粮农组织的《农业索引》卷20第8期摘要转载。安志信从事蔬菜科研30多年,能根据国家需要和蔬菜科研发展,提出研究方向,选定具有重要学术价值的研究课题。主要合作著作有:《葱头的基础生理和栽培技术》《洋葱栽培技术》《蔬菜的大棚建造和栽培技术》《蔬菜节能日光温室的建造及栽培技术》。参加编写了《中国蔬菜栽培学》《新编地膜覆盖栽培技术大全》。还撰写论文多篇。

安志信1983年8月被评为副研究员,1987年4月晋升为研究员,是政协天津市第八届、第九届委员会委员;天津市人民政府蔬菜顾问团团长、中国园艺学会理事。2001年被评为全国农业科技先进工作者。

丘玉秀

丘玉秀,女,汉族,印度尼西亚归国华侨,祖籍广东省梅州市,1936年10月19日出生于印度尼西亚万隆市。1957年她怀着一颗报效祖国、建设祖国的赤子之心,远渡重洋,回到了向往已久的华夏大地。1958年至1962年在河北农业大学园艺系果树蔬菜专业学习,1962年大学毕业后在天津市蔬菜研究所从事科研工作。1986年12月26日被评为副研究员,1995年12月8日被评为研究员。1992年被授予“天津市大白菜育种专家”称号。

自20世纪70年代开始,丘玉秀即开始大白菜新品种选育工作,采用杂种一代优势利用的技术，在青麻叶大白菜种群中分离出不同生态的自交系和不亲和系作为亲本配制杂种一代,到1985年选育成功了“津青12号”“津青34号”“津青9号”3个大白菜新品种,在天津市开辟了大白菜育种方法的新途径。从20世纪80年代末期开始,丘玉秀瞄准市场需求开展了超前研究,选育成功了“秋绿55”“秋绿60”“秋绿75”“秋绿80”4个“秋绿系列”大白菜新品种和“津白45”“津白56”两个“津白系列”大白菜新品种。“秋绿系列”“津白系列”大白菜新品种抗病性强、结球快、株型紧凑、外叶少、产量高,亩产净菜0.4万~0.9万公斤,成熟期分别在50天至80天之间,可以均衡供应市场，填补了秋淡季蔬菜供应的不足，也可使天津城乡居民提前一个月吃上优质、小型、包心紧实的大白菜。从1987年开始,丘玉秀选育成功的大白菜新品种即成为天津市大白菜的主栽品种,每年占天津市大白菜播种总面积的70%以上,对天津市冬季蔬菜的供应发挥了重要作用。还推广到黑龙江、内蒙古、河南、广东、山东、浙江、宁夏、甘肃、新疆等15个省(自治区、直辖市),为发展农村经济,丰富城乡居民“菜篮子”做出了贡献。“秋绿 60”还出口国外。“津青 34 号”大白菜获 1980 年度天津市优秀科技成果二等奖;“津青 9 号”大白菜获 1989 年度天津市科技进步奖一等奖;“秋绿系列”、“津白系列” 大白菜新品种获 1998 年度天津市科技进步奖一等奖;“‘秋绿系列’、‘津白系列’大白菜推广”获 2001 年度天津市科技进步奖(推广应用)一等奖。

丘玉秀 1989 年被评为天津市优秀科技工作者,1992 年被评为天津市科技兴农先进个人,1995 年被全国侨联评为“为‘八五’计划做贡献先进个人”。是政协天津市西青区第三届委员会常务委员;天津市西青区第十二届、第十三届人大常委会委员;1993 年 6 月和 1998 年 5 月分别当选为天津市第十二届、第十三届人民代表大会代表。

潘惠康

潘惠康　男，汉族,1934 年 4 月 6 日出生于上海市。1955 年考入北京农业大学植物保护系,1959 年至 1963 年 8 月在北京农业大学植物保护系研究生班学习。1963 年 8 月毕业后分配到天津市稻作所任技术干部,1979 年 8 月以后在天津市农科院植物保护研究所从事科研工作。1987 年 9 月 25 日被评为副研究员,1992 年 10 月开始享受政府特殊津贴,同年 12 月被授予“天津市玉米抗病育种专家”称号,1993 年 3 月晋升为研究员。

潘惠康自 20 世纪 70 年代开始即从事玉米抗病性研究及玉米育种工作。1976 年至 1979 年先后育成了“津夏 1 号”、“津夏 2 号”、“津夏 7 号”3 个夏玉米新品种。这些玉米新品种高抗玉米小斑病,抗旱性强,质量优,丰产性能好,制种方便。“津夏 1 号”玉米 1982 年至 1990 年累计在全国种植 289 万亩（其中在天津市 102 万亩），获 1980 年度天津市科技进步奖一等奖。潘惠康 1981 年参加的 “玉米小斑病生理小种的研究”1991 年获中国农业科学院科技成果三等奖;1985 年参加的“玉米品种抗性鉴定”获农牧渔业部科技进步一等奖;1987 年参加的“玉米品种资源对大斑病、小斑病和丝黑穗病的抗病性鉴定”1987 年获国家科技进步三等奖;1989 年参加的“我国玉米小斑病菌的研究”获农业部科技进步三等奖。

潘惠康 1984 年至 1986 年受聘为天津市政府玉米顾问团副团长,1988 年被评为天津市优秀科技工作者。主要著作有:《玉米遗传育种学》《中国玉米栽培学》。

王文科

王文科　男,汉族,1939 年 1 月 6 日出生于黑龙江省五常市五常镇群力街。1962 年毕业于中国农业科学院兽医学院兽医专业。1962 年至 1983 年 9 月在中国农业科学院哈尔滨兽医研究所工作，1983 年 10 月以后在天津市农科院畜牧兽医研究所工作，从事畜禽传染病研究共 37 年。1962 年至 1964 年参加了猪丹毒菌毒力变异机制的研究。通过放射性同位素硫标记，从理论上论证了猪丹毒菌毒力变异与菌体硫元素代谢有密切的关系。在此期间，还参加了羔羊白肌病发病机理的研究，通过测定放射性同位素碘不同时间在羊体内各脏器吸收及分布，证明亚硒酸钠预防和治疗羔羊白肌病，是与甲状腺腺体功能有密切关系。1965 年至 1974 年，在参加农业部科技攻关项目“马传染性贫血病（马传贫）的研究”中，承担马传贫病毒提纯及理化性状的研究，从本病高热病马血清中，分离纯化了马传贫病毒，在国内外首次证明马传贫病毒抗原物质不位于病毒体内，而位于体表。1978 年至 1983 年，参加了猪传染性胃肠炎诊断方法及疫苗的研究，研究出活体采取扁桃体免疫荧光诊断新方法，1981 年获农业部科技进步二等奖。疫苗研究成果 1986 年获农业部科技进步二等奖，1988 年获国家科技进步三等奖。1985 年至 1988 年主持“禽霍乱防治技术的研究”，研制出禽霍乱克隆 89 弱毒菌苗。该菌苗免疫产生时间快，免疫期长，一次注射免疫保护期可达 6 个月，特别适于禽霍乱病暴发流行早期紧急接种，3 天即可稳定疫情，到 1993 年共免疫 400 万只鸡，为社会创经济效益 1500 多万元。1991 年至 1993 年主持“鸡传染性法氏囊病综合防治技术的研究”，在国内首次报道了鸡法氏囊病超强毒属于新病毒发现，在鸡传染性法氏囊病病原学研究领域是一个突破，对研究和防治该病具有重要意义。研制成功鸡传染性法氏囊病综合防治技术。1992 年至 1993 年在天津市 11 个郊（区）县养殖的 700 多万只鸡进行了防治工作，免疫保护率在 95%以上，控制了该病的发生和流行，获 1994 年度天津市科技进步奖一等奖。

王文科 1991 年 12 月 9 日被评为副研究员，同年任天津市家禽协会理事、天津市人民政府畜牧专业顾问团顾问，1994 年被授予“天津市禽病防治专家”称号。1998 年 3 月被评为研究员。先后主持和参加国家、部、市级科研项目 8 项，发表论文 20 多篇，主要著作有《家禽饲养适用技术》（天津科技出版社 1996 年出版）。

岳 彬

岳彬 男，汉族，1936 年 10 月 14 日出生于吉林省怀德县四道岗乡四道岗村一个普通农民家庭。1960 年毕业于沈阳农学院园艺系果蔬专业。1962 年 11 月调入天津市蔬菜研究所，1963 年至 1976 年期间一直从事蔬菜科研工作，任技术员。1976 年 10 月赴非洲马达加斯加承担援外项目，帮助受援国解决甘蓝、葱头、胡萝卜等十几种蔬菜作物的就地留种等技术问题。经 3 年试验圆满完成援外任务，荣获该国总统颁发的三级“骑士勋章”，并被中国驻该国大使馆评为 1979 年度先进工作者。1980 年至 1984 年育成了具有早熟、丰产、优质等特征的“春丰 2 号”“春丰 4

号”“秋抗 6 号”“秋抗 19 号”4 个菜豆新品种，在天津市和外省市大面积推广，受到菜农和消费者的欢迎和好评。1986 年至 1990 年，岳彬开展菜豆抗锈病育种及锈病菌生理小种鉴定研究，于 1990 年育成了抗锈病、早熟、优质的“新秀 1 号”“新秀 2 号”菜豆新品种，填补了天津菜豆种植历史上无抗锈品种的空白。1991 年至 1996 年育成了“双丰 1~3 号”3 个菜豆新品种。由于具有抗锈病、产量高、适宜双季栽培等特点，深受菜农好评，除在天津市大面积种植以外，还推广到辽宁、山东、广东、广西等省（自治区）。“春丰号”“秋抗号”菜豆获 1985 年度天津市科技进步奖二等奖；“双丰系列”菜豆 1999 年、2003 年连续两届被评为“天津市农业名牌产品”并获 1997 年度天津市科技进步奖二等奖。

岳彬 1986 年 12 月被评为副研究员，1994 年 10 月被授予“天津市菜豆育种与栽培专家”称号，1995 年 12 月晋升为研究员。已出版专著 1 本《菜豆栽培技术》（天津科技出版社 1989 年出版）。和其他同志合作编写援外教材 1 本《蔬菜栽培》（农业部外事局 1982 年编印）。共发表论文 10 多篇，其中“抗锈病菜豆新品种选育研究”于 1993 年在北京召开的国际园艺学会“蔬菜品种改良”专题研讨会上进行交流，并入选论文集。

陶荣宗

陶荣宗　男，汉族，祖籍安徽省滁州市，1927 年 7 月 26 日出生于山西省太原市。1947 年考入南京金陵大学农学院园艺系。1951 年毕业分配至农业部，任技术员、农业技师。1961 年 5 月调新疆生产建设兵团农一师。1979 年 7 月调入天津市农业科学院。1980 年 11 月至 1991 年任天津市农科院林业果树研究所副所长、所长。1983 年 1 月 22 日加入中国共产党。1983 年 7 月 10 日被评为高级农艺师，1987 年 12 月 23 日被评为研究员，1992 年 10 月开始享受政府特殊津贴。在天津市农科院林果研究所任职期间，针对 20 世纪 80 年代中期，全国及天津市的果树获得长足发展的现状，主持建立了果品加工及贮藏保鲜两大重点实验室，突出以果品的贮藏保鲜及加工产后服务为科研主攻方向。在此基础上，组织青年科技人员开展果肉果汁饮料的研究，利用中国北方营养、风味俱佳又生产过剩的山楂研制成全国首例纯天然带果肉果汁新型饮料——“中国果茶”。并于 1992 年获国家发明专利，1992 年获天津市科技进步奖一等奖，1993 年获国家技术发明三等奖。1984 年至 1995 年陶荣宗担任天津市政府农业科学技术顾问委员会副主任，兼任林果专业顾问团团长。其间，对国内外果品生产及市场销售动态进行了较长时间的研究，针对天津市果树发展存在的问题，发表了《对天津市果树生产和科研的几点意见》《发展果树不可忽视的几个问题》等专题调研报告，供市、区（县）各级领导及技术人员参考，对指导天津市的果树生产起到了重要的作用。

陶荣宗自1979年天津市恢复农业技术人员职称评定工作以来，即任天津市农业技术中级及高级职务任职资格评审委员会委员、副主任、主任。1979年参加筹建天津市园艺学会，任理事、副理事长。并任中国园艺学会理事、常务理事。1987年2月至1990年2月任政协天津市西青区第二届委员会委员。

徐 直

徐直 男，汉族，1937年9月21日出生于上海市。1961年北京农业大学（现中国农业大学）畜牧系毕业，1965年研究生毕业。1965年8月至1981年7月在宁夏回族自治区农科院畜牧兽医研究所工作，1981年7月以后在天津市农科院畜牧兽医研究所工作。1986年12月26日被评为副研究员，1992年10月开始享受政府特殊津贴。1994年10月27日被天津市授予“家畜繁殖生物技术专家”称号，1995年12月8日被评为研究员。

1971年至1980年主持省级科研课题“卡拉库尔羊改良蒙古羊”的研究，经改良后的蒙古羊可生产出名贵的波斯羔皮。在此期间，还同中国科学院遗传研究所合作，培育成功中国首批胚胎移植羔羊，填补了国内该研究领域的空白，1979年获中国科学院奖。1978年至1979年，开展了家畜内分泌的研究，在国内首次用放射免疫测定法研究滩羊发情周期、妊娠期内源激素的含量及其变化规律并获得成功。1981年到天津工作以后，继续进行家畜生殖内分泌的研究，用放射免疫测定法测定奶中孕酮的含量进行奶牛早期妊娠诊断，获得成功。1985年至1988年参加了科技部组织的科技攻关项目“京津奶业开发”中“奶山羊”部分，用电镜研究山羊精子超微结构，阐明了精子抗冻原因和抗冻方法的选择，为奶山羊冷冻精液的保存和应用提供了理论依据。1986年至1990年主持“羊超数排卵及胚胎冷冻保存的研究”，在国内首次开展玻璃化胚胎移植产羔成功，填补了天津市在这一科研领域的空白。1992年至1995年主持天津市“八五”计划科技攻关项目“牛胚胎移植的研究与应用”，用自然发情的高产奶牛做供体进行超数排卵，用普通耕牛做受体牛进行胚胎移植，在19天至24天的时间里即可完成选牛、激素处理、采卵、移植的全过程。该研究的成功，在天津市开辟了用高新技术繁殖奶牛的新途径，对于促进天津市奶牛品种的改良、奶牛生产力提高起到了重要的作用。1992年至1994年主持开展了“圈舍养羊的研究”，在羊舍设计、饲料生产、饲养方法等方面研究成功一套较为科学的方法，特别适合于城郊和农区发展养羊事业。徐直经40多年的科研实践，在天津市初步建立了胚胎工程—人工授精—生殖内分泌研究系统，使天津市在该研究领域在国内占有一席之地，也为青年科技人员进一步深入研究和发展奠定了基础。

徐直1983年至1998年任天津市政府畜牧专业顾问团顾问，中国农业生物技术学会理事，中国农业高新技术推广协会专业委员会委员，中国畜牧兽医学会繁殖研究会理事，国际山羊学会会员，亚洲动物生物技术学会会员，西北农业大学动物医学系合作博士生导师。已发表论文40多篇。自1985年起获天津市科技进步奖二等奖2项，天津市科技进步奖三等奖4项。

杨崇实

杨崇实　男，汉族，1928年3月22日出生于河北省抚宁县田各庄乡大湾子村。1953年毕业于北京农业大学园艺系，从事植物保护科研工作40多年。1987年9月25日被评为副研究员，1991年12月9日晋升为研究员，并任天津市政府蔬菜技术顾问团顾问，天津市农学会、植保学会、化工农药学会理事。为国内蔬菜生态防治研究起步最早人之一。1992年10月被批准享受政府特殊津贴。主要成果有：银灰色反光塑料薄膜避蚜防治农作物病毒病技术、聚乙烯银灰色反光塑料地膜及应用技术、大白菜干烧心病发病规律及防治技术、无公害蔬菜生产技术的研究、高强度聚乙烯研究等，分别获1984年、1985年、1989年、1990年5项天津市科技进步奖二等奖。1992年获天津市科技成果推广奖二等奖。保护地黄瓜粉尘法施药技术研究，获1992年农业部科技进步三等奖和1992年国家科技部重大成果完成证书；卫青萝卜病毒病毒源种类检测及综合防治研究、大白菜主要病害综合防治技术的研究，解决了卫青萝卜和大白菜种植技术的关键性问题，在天津市郊县示范推广，取得了明显的效果。杨崇实1980年以来共发表《银灰色反光塑料避蚜防治病毒病》《黄瓜霜霉病生态防治高产稳产理论基础与实践》《十字花科蔬菜蚜虫传播病毒病生态流行学及防治研究进展》《大白菜主要病害综合防治》等论文58篇。主要著作有：参加编写《中国农作物病虫害》（农业出版社1979年出版），主编《天津农作物实用手册》（农作物病虫草害防治部分）（天津科技出版社1996年出版）、《温室白粉虱防治》（天津科技出版社1998年出版）。

哈玉洁

哈玉洁　女，回族，1943年12月23日出生于北京市。1968年9月从北京农业大学园艺系蔬菜专业毕业后分配到内蒙古自治区科左后旗，先后在金宝屯原种场、苗圃、种子站担任技术员。1980年调至天津市农业科学院黄瓜研究所从事黄瓜育种研究。1992年4月被评为副研究员，1998年3月晋升为研究员，1997年12月被天津市授予“黄瓜育种专家”称号。

在30多年的科研实践中，她始终奋战在农业生产、科研第一线，坚持科研为生产服务，为经济建设服务的宗旨，不断为菜农和城乡居民研究出新的黄瓜品种。

从1986年开始,哈玉洁开展了鲜食和腌渍兼用的黄瓜新品种的选育工作。经5年攻关,于1991年选育成功了"津春5号"黄瓜,突出解决了当时腌渍黄瓜主栽品种存在的不抗枯萎病的问题,亩产可达5000公斤,质量符合用于出口的腌渍加工黄瓜的要求,腌渍出菜率达56%(比对照品种高5个百分点),受到外贸出口部门和城乡居民的称赞。自研制成功以后,除在长江以北大面积种植以外,还被广东、福建、广西等地菜农引种,1996年获天津市科技进步奖二等奖。1995年,哈玉洁等广泛收集了80多份国内外黄瓜种质资源,通过单株选择、杂交、回交后代的分离等多种途径获得一批稳定的自交系,用其做亲本进行杂交,配制组合,经品种比较试验、区域试验和生产试验,于2001年育成了专门用于春季塑料大棚栽培的"津优10号"黄瓜新品种。该品种除具有天津黄瓜产量高、抗病性强等特征外,还具有荷兰黄瓜耐低温耐弱光等特点,亩产在5500公斤以上,获2005年度天津市科技进步奖二等奖。在此期间,哈玉洁还拓展研究领域,满足城乡居民多样化的消费需求,开展了光滑少刺和迷你型黄瓜新品种的选育工作,于1999年3月选育成功了天津市历史上第一个光滑少刺的"津美1号"黄瓜新品种。"津美1号"黄瓜在春秋露地、早春大棚和日光温室均可栽培,亩产可达5000公斤,获2003年度天津市科技进步奖三等奖。

从1980年至2006年,哈玉洁先后参加了"津研""津杂""津春""津优""津美"等5个系列共20个黄瓜新品种的选育,主持选育成功了"津春5号""津优10号""津优40号""津优33号""津美1号"等8个黄瓜新品种。这些新选育成功的黄瓜新品种,以其抗病、质优、丰产的特性推广到全国20多个省(自治区、直辖市),为发展农村经济、增加农民收入、丰富城乡居民"菜篮子"做出了贡献。先后获国家科技进步二等奖2项、三等奖1项,农业部科技进步二等奖2项、三等奖2项,天津市科技进步一等奖3项、二等奖2项、三等奖2项。哈玉洁1998年被农业部任命为第三届全国农作物品种审定委员会蔬菜专业委员会委员,2001年担任国家自然基金评审专家,并任天津市农业高级职称评审专家、天津市科技奖励评审专家。

哈玉洁1985年12月加入中国共产党。自1993年开始享受政府特殊津贴,2002年获全国"双学双比优秀先进科技服务工作者"称号。她所领导的团队(黄瓜研究所育种研究室)2002年获全国五一劳动奖集体奖状。

齐宗佑

齐宗佑 男,汉族,祖籍吉林省伊通市,1935年6月7日出生于天津市河北区。1961年4月毕业于北京农业大学畜牧系畜牧专业,分配到北京市延庆县畜牧兽医工作站,从事大家畜的繁殖与改良工作。1975年,调天津市畜牧兽医站,分管大牲畜养殖工作。其间,将牛的冷冻精液直肠把握输精技术首次在天津市农村推广。1980年8月调天津市农科院畜牧兽医研究所，开展瘦肉型猪生产的课题研究，1989年主持开展了"杜洛克猪的引进、培养和杂交利用的研究"，根据天津市的具体情况设计成功了轮回杂交繁育模式，猪的瘦肉率随杂交代数的增加而不断提高。种猪除在天津市销售以外，还被河北、安徽等省引进。该科研成果获1991年度天津市科技进步奖二等奖。之后，齐宗佑主持引进了里岔黑猪，并进行了种质特性的研究，还积极参与了天津市养猪生产繁育体系的建立。1989年至1993年，齐宗佑参加了天津市商品瘦肉型猪配套技术开发和50万头瘦肉型猪推广工程，分别获1991年度和1994年度天津市科技成果推广奖二等奖，为天津市养猪生产技术的成龙配套，为丰富城乡居民"菜篮子"做出了贡献。

齐宗佑1985年2月至1991年2月任天津市农科院畜牧兽医研究所副所长，1988年至1991年任天津市科技进步奖评委，并任天津市人民政府畜牧专业技术顾问团顾问，市养猪协会理事、副理事长，中国畜牧兽医学会养猪学会分会理事，政协天津市第九届委员会委员。1992年10月开始享受政府特殊津贴。1995年12月8日被评为研究员。主要著作有:《科学养猪之路》(华北地区养猪协作组论文集，齐宗佑为副主编，北京科技出版社1993年出版)。

欧阳寿如

欧阳寿如　男，汉族，1924年5月1日出生于湖南省醴陵县嘉树乡渗塘村。1938年至1944年就读于湖南省醴陵县湘东中学，1944年至1948年在湖南省醴陵县杉仙完小教书和自学。1948年至1952年在华中农业大学学习；1952年毕业后至1983年在山西省农场、山西省农科院果树所工作。其间，1958年至1962年在苏联全苏葡萄栽培酿酒研究所学习，攻读研究生并获博士学位。1983年至1990年在天津市农科院林果研究所工作。参加工作40多年来，一直从事葡萄科研和技术推广工作。1952年至1983年，在山西省建立国家级葡萄品种资源研究中心，培育成功"瑰宝""玫保"两个优良鲜食品种和十余个优良单系。1983年至1990年，在天津蓟县主持建立葡萄试验站，为天津市王朝葡萄酒厂建立酒用葡萄基地3000多亩，研究成功葡萄工厂化育苗和当年扦插、当年成园、二年见果的快建园早丰产技术。这两项科技成果受到了国内外同行专家的好评，经专家技术鉴定确认，为发展中国的葡萄生产作出了贡献。欧阳寿如1956年3月27日加入中国共产党，1979年7月24日被评为副研究员，1986年12月26日被评为研究员。1985年被评为天津市农业系统劳动模范，1986年被评为天津市优秀共产党员，1987年被评为天津市劳动模范。1990年3月30日离休。欧阳寿如参加的"葡萄品种资源圃"1984年获国家科技成果二等奖。"瑰宝"葡萄新品种选育1982年获山西省科技进步奖二等奖，"葡萄工厂化育苗"、"天津市蓟县山区葡萄开发利用研究"1993年获天津市科技进步奖三等奖。他编著的《葡萄品种及其研究》《葡萄栽培》分别于1980年、1982年由山西人民出版社和甘肃人民出版社出版。还发表论文30多篇。

施孝遵

施孝遵 男,1930年10月15日出生于浙江省宁波市。1948年考入金陵大学(现南京大学)农艺系。因新中成成立初期的工作需要,提前于1951年毕业,分配至中国人民救济总会南京分会所属的宣城农场工作,1954年任副场长。1956年8月复去南京农学院农学系调干学习,1960年9月毕业后分配至农业部农业电影社,旋因精简机构又被分配至青海省畜牧厅国营牧场管理处工作。1962年10月调至天津市农林局军粮城稻作试验站(后改为稻作研究所)工作。1970年该所与蔬菜研究所、治碱研究所合并为天津市农科所,施孝遵开始从事科技信息资料工作。1983年1月18日加入中国共产党,1983年8月15日被评为副研究员,1987年12月23日晋升为研究员。1992年开始享受政府特殊津贴。

自1962年开始,先后担任课题主持人,基点组长,期刊编辑、编委,天津市农科院情报资料室主任、党支部书记,中国农学会科技情报学会理事,天津市情报学会常务理事。先后主持创办了多种供科研人员与领导阅读、研究的系列刊物。1973年至1979年与天津市人民图书馆合办了《农业科技资料索引》,还编辑了《农业科技参考》(主要摘编国内外农业科技信息)、《农业科技动态》(撰写综述,介绍农业科技进展情况)、《农业科技信息》(1986年创刊,及时报道国内外最新科技信息,供领导及科研人员参阅)。以上几种刊物均在不同时期起到了交流信息、广开科研思路、及时掌握科技动态的作用。同时还于1974年、1986年策划出版了《天津农业科学》《华北农学报》。施孝遵还组织科技工作者在全国比较早地开展了农业科技信息咨询、定题服务工作,受到了科研人员欢迎,促进了科研工作的进展。1986年至1991年参加中国农科院主持的《农业科学叙词表》(共12册,1994年出版)的编辑,任编委。该叙词表于1993年获国家科技进步二等奖。主要论文有:"贮藏条件对水稻种子寿命的影响""水稻品种耐肥性的评定与选择""天津市水稻、小麦、玉米拔节技术经济分析"等。此外,施孝遵还发表有10万余字的译文。

傅润亭

傅润亭 男,汉族,1955年9月出生于天津市武清区。1980年5月~1981年5月在天津市农业学校任教师。1981年5月~1989年12月在天津市畜牧兽医站任科员、科长、副站长。1989年12月~1992年9月在天津市祖代鸡场任场长、书记。1992年9月~1994年4月任天津市畜牧局局长助理。1994年4月~1995年10月在天津市富源公司任书记、副董事长。1995年10月~2009年11月在天津市畜牧局任副局长、局长。2009年11月任中共天津市农业科学院委员会书记。

自参加工作以来,主持(或参加)了省部级科研项目10项,有8项科研成果获省部级奖励。主持研制成功的"天津市奶牛品种及配套技术推广"获2002年全国农牧渔业丰收二等奖;"鸡的综合免疫程序试验"项目获1992年度天津市科技进步奖(科技成果)三等奖;"蛋鸡综合配套技术推广"获2001年度天津市科技进步奖(推广应用)二等奖;"天津市牧草新品种引进、筛选、示范及推广" 获2007年度天津市科技进步奖二等奖;"天津市种猪良繁体系示范工程与推广"获2008年度天津市科技进步奖二等奖;"优良种猪选育及综合技术开发"2005年获全国农牧渔业丰收三等奖。参加的科研项目"天津良种猪饲养及加工技术"、"百万头瘦肉型猪综合技术推广工程"1998年分别获农业部农牧渔业丰收一等奖和天津市科技进步奖一等奖。在此期间,还主持起草了"天津市畜牧业'十一五'发展规划"、"天津市'十一五'规划期间畜禽重大疫病防治规划"、"天津市禽流感预防控制方案"、"天津市动物防疫条例"等重大畜牧业的规划与方案。这些规划方案的制定及其实施,促进了天津市畜牧产业的技术升级,对控制天津市畜禽重大传染病的发生起到了重要的作用。21世纪初,针对国内一些省市发生的禽流感疫情,傅润亭深入实际开展调查研究,结合多年的工作经验,并在查阅了大量国内外文献的基础上,提出了防治方案,控制了疫情的流行,为在天津市防治禽流感作出了贡献。

傅润亭1996年10月被评为副研究员,2002年12月晋升为推广研究员。2005年10月获天津市授衔专家(家畜卫生专家)称号。2012年开始享受政府特殊津贴。并任中国畜牧兽医学会常务理事、天津市农业技术顾问委员会顾问、天津市畜牧兽医学会理事长、天津市人民政府畜牧专业顾问组组长。已出版学术著作11部共210多万字。《肉羊生产大全》(中国农业出版社2004年出版)、《瘦肉型猪疫病防治技术问答》(中国农业出版社2005年出版)、《无公害仔猪标准化生产》(中国农业出版社2006年出版)、《瘦肉型仔猪工厂化培育技术》(中国农业出版社2008年出版)、《动物标识及其产品溯源技术研究进展》(中国农业科技出版社2009年出版)。参加编写了《伊莎褐鸡的饲养管理技术》(天津科技出版社1989年出版)、《养鸡技术推广》(天津科技翻译出版公司1993年出版)、《高产蛋鸡饲养技术问答》(中国农业出版社1999年出版)、《优质肉鸡饲养技术问答》(中国农业出版社2000年出版)、《肉鸡饲养手册》(中国农业大学出版社2003年出版)。

孙德岭

孙德岭 男，汉族，1961年3月出生于河北省玉田县。1982年毕业于河北农业大学园艺系，1982~1985年在内蒙古农牧学院读研究生并获硕士学位。1985年研究生毕业后分配至天津市农科院蔬菜研究所，从事蔬菜新品种选育工作，先后任研究室主任、副所长、党支部书记，2010年11月任天津市农业科学院副院长。其间，1997~2000年在职攻读南开大学生命科学学院研究生并获博士学位。

从20世纪90年代开始，孙德岭对搜集到的800多份花椰菜(菜花)种质资源进行分离、纯化和筛选，采用生物技术进行花粉花药培育，加速育种品种资源的纯化，在分离纯化及抗病性鉴定的基础上，逐代筛选和转育育成优良的自交不亲和系和雄性不育系，并根据育种目标选择经济性状优良的株系做亲本配制组合，选育成功了“夏雪40”、“夏雪50”等杂种一代花椰菜(菜花)新品种。进入21世纪，孙德岭在国内率先开展了游离小孢子培养技术在花椰菜(菜花)新品种选育上的应用研究，探索总结出花椰菜(菜花)游离小孢子培养过程中花蕾大小、基因型、培养基的组织成分、培养条件等因素对花椰菜(菜花)小孢子胚胎发生的影响，使花椰菜(菜花)小孢子出胚率大幅提高，获取了大量花椰菜的胚胎和再生株，研制出许多优良的资源，并成功地将其应用于菜花新品种选育中。同时还建立和完善雄性不育技术体系，选育出800多个早、中、晚熟期配套的花椰菜(菜花)不育系和保持系，极大地丰富了天津花椰菜(菜花)的育种资源，在国内创建了一套实用、高效、先进、成熟的花椰菜(菜花)育种技术体系，加快了花椰菜(菜花)新品种选育的步伐。到2010年相继选育成功了“津雪88”“云山1号”“丰花60”“津品55”“津品66”等30多个花椰菜(菜花)新品种以及与之配套的栽培管理技术。这些新品种质量优、产量高、抗病性强、适应范围广、早中晚熟配套，一经研制成功即受到了菜农和城乡居民的欢迎，成为享誉华夏的科研精品。为了加快新品种研究成果的转化推广，孙德岭还带领科研团队创建了规模化的花椰菜(菜花)制种基地和成熟的制种技术体系，组建了全国性的花椰菜(菜花)新品种推广网络，促进了菜花新品种的推广，使天津花椰菜(菜花)新品种迅速推广到全国20多个省(自治区、直辖市)，有些新品种还出口到日本、韩国、泰国、柬埔寨、菲律宾、新加坡、印度、印尼等国家。到2010年，天津花椰菜(菜花)新品种在全国年推广种植面积超过30万亩，占中国北方同类型花椰菜(菜花)播种总面积的35%，天津菜花新品种选育技术跃入全国先进行列。先后主持国家“863高技术计划”专题、国家“973计划”前期研究专项、国家农业科技成果转化资金、国家高新技术产业化、农业部重点(重大)攻关，天津市重点自然基金等科研项目40多项。主持研制成功的科研成果获天津市科技进步奖一等奖1项、二等奖5项、三等奖3项，全国农牧渔业丰收一等奖1

项。主持的“花椰菜育种新技术研究及优质、抗病和高产新品种选育与推广”获2007年国家科技进步奖二等奖。

孙德岭1994年7月加入中国共产党，同年11月被评为副研究员，1996年开始享受政府特殊津贴，1997年被天津市授予“天津市菜花育种专家”称号，1999年12月晋升为研究员，2009年被聘为国家现代农业产业技术体系菜花育种岗位科学家。他所带领的科研团队（菜花研究室）三次（1992年度、1994年度、2002年度）被评为天津市劳动模范集体；孙德岭本人被评为2006年度天津市劳动模范，2011年7月被评为天津市优秀共产党员，同时被评为“天津市十大时代先锋”，2012年当选为天津市园艺学会理事长。已发表学术论文40多篇。

李加旺

李加旺 男，汉族，1954年11月出生于天津市西青区辛口镇冯高庄村。1980年于南开大学生物系毕业后，分配到天津市农科院蔬菜研究所、黄瓜研究所从事黄瓜新品种选育工作。在30多年科研工作实践中，他奉行诚实做事，低调做人，执着追求，完美向上的理念，兢兢业业，埋头苦干，与时俱进，发展创新，不断研制出新的科研成果，为发展农村经济，丰富城乡居民“菜篮子”做出了贡献。

20世纪90年代初，李加旺采用杂种一代优势利用技术选育成功了中国第一个专门用于早春塑料大棚种植的“津春2号”黄瓜新品种。该品种的育成解决了以往塑料大棚黄瓜种植中长期存在的早熟不抗病，抗病不早熟的难题，获1994年度天津市科技进步奖二等奖，1998年被评为“天津市农业名牌产品”。1998年，李加旺采用辐射诱变技术与常规育种技术相结合技术选育成功了日光温室中冬春茬栽培的“津优2号”黄瓜新品种。“津优2号”黄瓜分别于1998年、1999年被天津市和科技部确定为农业科技成果重点推广计划项目。1999年12月被评为“天津市农业名牌产品”，并获2000年度天津市科技进步奖二等奖。辐射诱变技术在黄瓜育种上的应用是黄瓜育种技术的一个突破，丰富了黄瓜遗传资源，开辟了黄瓜新品种选育新的方法和途经。从2001年开始，李加旺先后建立了黄瓜耐热光鉴定体系、多重PCR（聚合酶链式扩增反应技术）辅助抗病育种技术体系，实现了由形态育种向分子育种、细胞育种的飞跃，于2007年选育成功了“津优35号”“津优36号”两个黄瓜新品种。“津优35号”“津优36号”黄瓜新品种综合优势明显，在丰产性、抗病性、质量和适用栽培茬口方面达到了完美的统一，做日光温室越冬茬栽培亩产可达1.5万公斤，实现了设施栽培的黄瓜品种大规模更新换代，每年在全国的种植面积超过65万亩，占全国同类品种的38%，获2011年度天津市科技进步奖一等奖。为了进一步拓宽黄瓜育种研究领域，满足多样化的市场需求，李加旺还开展了华南型黄瓜（俗称旱黄瓜，也称白黄瓜）

新品种选育的研究，于2005年研制成功了在抗病性、产量、质量等方面表现优异的“20-41”“20-42”两个专门用于保护地栽培和“BL1”“BL5”两个专门用于露地栽培的华南型黄瓜新品种，增加了市场上黄瓜品种的种类，满足不同消费者的需求，也扩大了天津黄瓜在全国的占有率。到2010年，李加旺先后主持国家和省部级重点科研项目共11项，主持选育成功适宜不同地域、不同栽培茬口的黄瓜新品种15个，研究水平均达到国内领先水平。这些新育成的黄瓜新品种产量高、质量优、抗病抗逆性强、适用范围广，一经选育成功即受到了菜农和城乡居民的欢迎，并迅速推广到全国20多个省（自治区、直辖市）。先后获国家科技进步二等奖2项、三等奖1项，农业部中华农业科技奖一等奖1项，天津市科技进步奖一等奖3项、二等奖2项、三等奖1项。并获天津市科技兴市突出贡献奖。

李加旺1995年6月被评为副研究员，2001年12月晋升为研究员。2004年开始享受政府特殊津贴。2004年、2008年两次被评为天津市劳动模范，2010年被评为全国劳动模范，2011年获天津市“十一五”最具影响力劳动模范提名奖，2012年获全国优秀科技工作者称号，2013年获天津市第三届道德模范荣誉称号。主要著作有《科技示范户栽培手册》（中国农业出版社2008年出版）、《黄瓜高产栽培技术》（天津科技出版社2009年出版）。

闻凤英

闻凤英 女，汉族，1963年3月出生于河北省吴桥县曹洼乡杨保村。1983年毕业于河北农业大学园艺系，1989年毕业于浙江大学园艺学院并获硕士学位。同年分配到天津市农科院蔬菜研究所从事蔬菜科研工作。1994年11月被评为副研究员，2001年11月晋升为研究员。

自20世纪90年代中期开始，闻凤英带领其科研团队在国内率先开展了青麻叶类型大白菜雄性不育系转育研究，育成第一个青麻叶类型大白菜雄性不育系，并将其应用于杂交制种，使育成的大白菜新品种杂交率达到100%。为了加快育种进度，提高育种目标材料筛选的准确性，还在国内率先开展了青麻叶大白菜小孢子培养技术研究和分子标记辅助育种技术研究，突破了青麻叶类型大白菜和耐抽薹类型大白菜小孢子培养胚诱导难、成胚率低等技术难题，建立了完善的单倍体育种技术体系，研制出千余份纯合的育种材料，加快了大白菜新品种选育的速度。将过去常规育种技术8~10年一个育种周期缩短至2至3年，极大地提高了育种效率。相继选育成功了“津秋系列”“珍绿系列”“津夏系列”“津秀系列”“速生系列”等26个大白菜新品种。在此期间，还育成了2个油菜新品种，3个球茎甘蓝新品种和2个青萝卜新品种。这些新选育成功的大白菜新品种，抗病性能强，适用范围广，口感甜脆，商品质量好，产量高，一经选育成功即受到了菜农和城乡居民的欢迎，除在天津市大面积种植并成为天津市大白菜主栽品种外，还迅速推广到北京、河北、山西、内蒙古、广东、广西、云南等20多个省(自治区、直辖市)。2001~2010年累计在全国种植550万亩,新增社会效益21.5亿元,亦使天津大白菜育种技术跃居全国领先水平。其中有8个大白菜新品种先后被确定为国家农业科技成果重点推广品种,有6个大白菜新品种被评为“天津市农业名牌产品”。

闻凤英承担的科研项目先后获天津市科技进步一等奖3项、二等奖1项、三等奖2项,农业部中华农业科技奖三等奖1项。自参加工作以来,已发表学术论文47篇。主要著作有《天津大白菜栽培》(天津科技出版社1997年9月出版)、《中国蔬菜实用新技术大全》北方蔬菜卷大白菜部分之主编 (北京科技出版社2004年1月出版)、《中国大白菜育种学》(中国农业出版社2010年3月出版)、《大白菜栽培与病虫害防治》(天津科技翻译出版公司2011年出版)。

闻凤英1985年11月加入中国共产党,1998年被评为天津市劳动模范。1999年被评为天津市科教兴农先进个人。2000年4月被评为全国先进工作者。2001年开始享受政府特殊津贴。2004年5月获中共天津市委组织部颁发的“第七届天津青年科技奖”。2005年12月被天津市政府授予“2000年~2005年天津市科教兴农先进工作者”。她所领导的团队1997年被评为天津市职工第三届“学绝技、创绝招、争做技术明星活动”明星班组;2000年在天津市开展的“百万职工技术创新活动”中被评为明星集体。

杜胜利

杜胜利　男,汉族,1963年2月出生于陕西省户县。1980年9月至1984年7月在西北农业大学园艺学院蔬菜专业学习,1986年9月至1989年7月在西北农业大学园艺学院攻读研究生并获硕士学位,1989年7月研究生毕业后, 分配至天津市农科院黄瓜研究所先后任研究室主任、副所长、所长;并任中国园艺学会常务理事、天津市园艺学会副理事长,《园艺学报》《中国蔬菜》编委。1999年9月至2002年7月在南开大学生命科学院遗传专业学习并获博士学位。

杜胜利自1989年以来,一直从事黄瓜遗传育种和生物技术研究,围绕建立高效黄瓜育种技术体系,开展了黄瓜未受精子房离体培养、黄瓜主要病害抗性基因的分子标记的研究。在国内率先建立了一套以单倍体技术为核心的黄瓜育种技术体系。通过不断创新黄瓜育种技术和方法,大大缩短了黄瓜新品种选育周期,由过去6~8年一个育种周期缩短为3~4年,使天津黄瓜新品种选育技术跃上了一个新的平台。育成“津优303号”、“津优401号”、“津美1、3、4号”等9个黄瓜新品种。这些新育成的黄瓜新品种质量优、抗病性强、产量高、适用不同栽培方式(露地、塑料大棚、日光温室)、不同播种茬口,一经育成即受到了菜农和城乡居民的欢迎,除在天津市大面积种植,成为主栽品种以外,还迅速推广到全国20多个省(自治区、直辖市)。黄瓜研究所的科技创新工作始终走在全国同行的前列。主持(或参加)国家“863”高技术,国家“十一五”科技支撑,农业部(天津市)重点科技攻关、创新基金等科研项目30多项。主持的科研项目获国家科技进步二等奖1项,天津市科技进步一等奖1项、技术发明二等奖2项,农业部中华农业科技奖一等奖1项。

杜胜利1995年10月被评为副研究员,2002年11月晋升为研究员。2010年被评为天津市劳动模范。2011年开始享受政府特殊津贴,并被评为全国优秀科技工作者。已发表学术论文60多篇,主要著作有:《黄瓜高产栽培技术》副主编(中国农业科技出版社1996年出版)、《黄瓜》副主编(天津科技出版社1999年出版)、《中国蔬菜栽培学》(中国农业出版社2010年出版)。

王继忠

王继忠 男,汉族,1950年10月出生于河北省唐山市。1975年从内蒙古扎兰屯农牧学校农学专业毕业后,分配至黑龙江省农科院克山农科所,先后任黑龙江省“八五”攻关小麦课题主持人、副所长、代理所长。1983年3月至1984年7月在东北农业大学和北京农业大学进修。1991年5月至11月赴墨西哥国际玉米小麦改良中心进修小麦育种及病理专业。1995年3月调至天津市农科院农作物研究所,先后任小麦育种中心主任、市农作物研究所副所长、所长。并任天津市农作物品种审定委员会委员,中国农作物学会理事,天津市政府农业技术顾问团顾问。1991年11月被评为副研究员,2002年12月被评为推广研究员。

在30多年的小麦新品种选育和开发工作实践中,王继忠情系农民,始终坚持以传播科技、服务“三农”为己任,在努力搞好科研工作,不断为农民提供小麦新品种的同时,还常年深入农业生产第一线,为农民讲解新育成的小麦新品种的特性,传播栽培管理技术,将科技成果尽快转化为现实生产力。

1975年至1995年参加或主持育成了“克旱系列”“克涝系列”“克丰系列”共14个小麦新品种,推广面积达2400万亩。从1998年开始,王继忠将传统的杂交育种技术同生物技术相结合,构建高效育种技术体系, 将育成一个小麦新品种由过去10年一个周期缩短为5年。对引进的200多份优质春小麦品种资源进行鉴定, 利用图谱分析法筛选出具有优质蛋白亚基的种质资源,择其优良者配制组合,辅以室内测量,通过南繁北育、温室加代等辅助技术,于2001~2005年育成了“津强系列”5个强筋小麦新品种,填补了天津市历史上没有强筋小麦的空白,并使天津市强筋小麦研究跃居国内领先水平。“津强系列”小麦粗蛋白、湿面筋、沉淀值、吸水率等10多项指标均达到国家一级强筋小麦标准,拉伸阻力大,极受面粉厂家的欢迎。自2005年起即成为天津市春小麦主栽品种,年播种面积占天津市春小麦播种面积的90%,给农民和面粉加工企业带来较高的经济效益。“津强5号、6号小麦”获2009年度天津市科技进步奖一等奖。

王继忠从事小麦育种与开发工作30多年，主持国家、省部(市)级科研项目20项，主持或参加育成小麦新品种20个，先后获国家科技进步二等奖2项，省(市)级科技进步奖一等奖3项、二等奖5项、三等奖7项，天津市技术发明奖二等奖1项。共发表论文20多篇。

张　斌

张斌　男，汉族，1965年3月出生于辽宁省庄河市。1982~1986年在沈阳农业大学园艺系蔬菜专业学习，1986~1989年在西北农业大学攻读研究生并获硕士学位，毕业后分配至天津市农科院蔬菜研究所任研究室主任、副所长、所长。其间，1996~2002年赴日本爱媛大学农学部留学，开展研究并获博士学位。

自20世纪90年代开始，张斌在国内率先开展青麻叶大白菜游离小孢子培养(即单倍体培养)、雄性不育转育、分子标记辅助育种等相关技术研究，用其培育出育种材料，配制杂交组合选育大白菜新品种，并运用远缘杂交技术攻克耐抽薹(不易抽薹)、耐热基因转育等难题。这些新技术的研究和应用，创立了天津青麻叶大白菜资源创新及育种技术体系，开拓了大白菜育种研究领域，加快了大白菜育种速度，将过去常规育种技术8~10年一个育种周期缩短为2~3年，相继选育成功了“津夏”“津秋”“津秀”“珍绿”等20多个大白菜新品种(其间，还研制成功了“寒绿”、“冬冠”2个油菜新品种和“早冠”等3个苤蓝新品种)。这些大白菜新品种产量高、抗病性强、质量优、适用范围广，分别适于春夏秋栽培，除在天津市大面积种植以外，还迅速推广到北京、河北、山西、内蒙古、湖北、湖南、广东、广西、云南等20多个省(自治区、直辖市)，其中“秋绿55”“秋绿60”还成为大白菜出口基地专用品种。这些大白菜新品种的推广应用，使天津大白菜育种从单一满足夏秋季种植拓展到周年生产，周年供应，解决了消费市场多元化类型和周年供应的需求，也有利于农业种植结构调整、促进农民增收。研究成果先后获天津市科技进步一等奖3项、二等奖1项、三等奖3项，农业部中华农业科技奖三等奖1项。有6个大白菜新品种获“天津市农业名牌产品”称号。

张斌1995年10月被评为副研究员，2002年11月晋升为研究员。2005年被天津市授予“蔬菜育种专家”称号，2008年开始享受政府特殊津贴。2013年被评为“天津市优秀科技工作者”。深厚的专业理论知识、良好的科学素养和严谨的工作态度，使其成为蔬菜育种的学科带头人。并任天津市园艺学会副理事长，《中国蔬菜》《中国瓜菜》编委，天津师范大学生命科学学院遗传专业硕士研究生特聘指导教师，政协天津市西青区第六届、第七届、第八届委员会委员。已发表学术论文30多篇，主要著作有:《中国农作物及其野生近缘植物》(中国农业出版社2008年出版)、

《中国大白菜育种学》(中国农业出版社2010年出版)。

丁伯良

丁伯良 男,汉族,1948年2月出生于上海市。1976年7月毕业于黑龙江八一农垦大学畜牧兽医系兽医专业并留校任教。1978年10月考入西北农学院畜牧兽医系攻读硕士学位,1982年1月毕业,获硕士学位并留校任教。1987年10月赴英国留学,先后在伦敦大学、利物浦大学进行兽医病理学研究,1990年6月回国,继续在西北农业大学从事教学与科研工作,1993年7月获博士学位,任系副主任。1994年10月调天津市农业科学院畜牧兽医研究所任所长。并任农业部兽药审评委员会委员、中国畜牧兽医学会病理学分会副理事长兼秘书长、天津市畜牧兽医学会副理事长、天津市养猪业协会副理事长兼秘书长。

1997年,针对天津及其周边地区先后暴发多起禽霍乱,造成蛋鸡大批死亡,给养鸡业造成严重损失的实际,丁伯良主持开展了“天津地区鸡主要传染病地方毒(菌)株的分离及疫苗的研制”。经3年努力研制出具有地方特色的禽霍乱油乳剂灭活疫苗,给鸡注射一次该疫苗免疫保护期可达6个月。在禽霍乱病流行早期接种,3天即可控制疫情,免疫保护率在95%以上。该疫苗经农业部专家审评,确认其研究水平及其防治效果达国内领先水平,填补了天津市这一科研领域的空白,为发展养鸡业做出了贡献,获2000年度天津市科技进步奖二等奖。2000~2003年,丁伯良主持开展了天津市重大科技攻关项目“天津地区主要畜禽疫苗的开发研究”。将常规兽医微生物学技术、免疫学技术与高分子化学技术(中空纤维超滤浓缩技术和离子去污剂蛋白提取技术)相结合,研制成功鸡巴氏杆菌荚膜亚单位苗、鸡传染性鼻炎多价油苗、H9亚型禽流感油乳剂灭活疫苗、鸡减蛋性病毒病四联油乳剂灭活疫苗和猪水肿病油乳剂灭活疫苗,经示范推广,免疫效果良好。2004年7月至2006年12月,开展了天津市农业科技成果转化与推广项目“天津地区主要畜禽疫苗产业化”,建成了符合GMP(具有良好的生产规范的工厂或车间、试验室)标准的油乳剂灭活疫苗生产线3条,并达到了年产6亿羽(头)份的能力。其间,主持建立了天津市农科院畜禽疫病与生物制品重点实验室,筹资3000万元建成了天津市唯一的动物生物制品厂,通过国际学术交流,引进国外先进技术,在畜禽疫病病原的分离、鉴定、制苗菌株的筛选与免疫原性的分析,制苗工艺的改进等方面亦取得了重大进展,提高了控制畜禽疫病的水平。2005年4月被天津市人民政府命名为“畜禽疫苗免疫技术示范推广基地”,同年12月被国家外国专家局命名为“国家引进国外智力成果示范推广基地”。自2000年以来,丁伯良共主持天津市重大攻关、天津市重点基金、天津市农业重点推广、天津市科技成果转化基金及国家科技部农业成果转化基金等8个项目。获农业部科技进步三等奖1项,天津市科技进步奖二等奖1项、三等奖2项。

丁伯良1977年2月加入中国共产党,2000年被评为天津市劳动模范,2004年3月1日被评为"天津市优秀留学人员"。已发表学术论文60多篇。主要著作有:《中国博士专著——动物中毒病理学》(中国农业出版社1996年出版)、《瘦肉型猪疾病防治问题》(中国农业出版社2005年出版)、《奶牛乳房炎》(中国农业出版社2001年出版)、《羊病临床诊疗实例解析》(中国农业出版社20013年出版)。

王文杰

王文杰　男,汉族,1959年出生于天津市宝坻区。1982年1月从北京农业大学畜牧系畜牧专业毕业后,分配至天津市农科院畜牧兽医研究所,从事家畜家禽养殖和动物营养科学的研究,先后任研究室主任、研究所副所长、所长。其间,1987年9月至1991年9月在职攻读中国农业科学院研究生并获硕士学位。

针对改革开放以来,天津市畜牧业发展迅速,畜禽饲养规模不断扩大,饲养数量不断增多的实际,王文杰紧密围绕天津市畜牧业生产急需解决的关键问题,开展了种鸡(商品肉鸡)精细养殖、肉牛(肉羊)健康养殖关键技术、高效猪饲料配制技术、饲料添加剂营养生理调控作用、天津市禽安全饲料配制技术集成示范与推广、猪(鸡)营养参数及配方新技术、优质乳生产的奶牛营养调控与规范化饲养关键技术及应用的研究。这些研究成果及其示范基地的建立,大幅度提高了畜禽养殖的技术水平,解决了饲料质量安全、标准化生产等方面的问题,还被天津市主管部门批准为无公害猪饲料产品,提升了饲料产品质量安全水平,促进了天津市动物营养的科技进步,为天津市畜牧业现代化做出了贡献。王文杰也成为天津市畜牧学科学术带头人之一。自1982年以来,参加国家科技攻关计划、国家"863"高技术重点专项、国家科技支撑计划等科研项目6项,主持完成了省部级科研项目20多项。获国家科技进步二等奖2项,省(市)级科技进步奖一等奖2项、二等奖12项。1992年获第二届天津青年科技奖。

王文杰1994年11月被评为副研究员,1997年12月被授予"天津市动物营养专家"称号,2000年12月晋升为研究员,2005年8月开始享受政府特殊津贴。并任天津农学院、南开大学客座教授,天津市饲料工业协会会长、荣誉会长,农业部畜牧业科技工作领导小组咨询专家组成员,国家饲料工程技术研究中心天津非常规饲料研究中心主任,是政协天津市西青区第六届、第七届、第八届委员会委员。已发表学术论文100多篇,主要著作有:《瘦肉型猪饲养》(天津科技出版社1999年出版)、《巧用非粮饲料》(中国农业出版社2004年出版)、《饲料巧青贮》(中国农业出版社2004年出版)、《青贮饲料制做》(天津科技翻译出版公司2010年出版)、《中国蛋白质饲料资源》(中国农业出版社2013年出版)。

焦定量

焦定量 男,汉族,1960年5月出生于陕西省渭南市临渭区南师乡易西村。1983年7月从西北农业大学园艺系毕业后分配至中国农科院郑州果树研究所从事西瓜新品种选育工作,1997年调至天津市农科院蔬菜研究所,任研究室主任、副所长。先后主持国家和农业部、天津市级重点科技攻关、成果转化资金、星火计划、产业化、创新基金、重点推广等项目15项。从20世纪90年代开始,焦定量埋头苦干,锐意进取,以优质、高产、抗病、耐贮运为目标,在国内率先开展了分子标记辅助育种、变种间抗性基因转育、染色体易位遗传规律、转育技术及对结籽性等农艺性状影响的研究,开拓了西瓜育种研究的新领域,创建了高效的少籽西瓜育种技术体系,使少籽西瓜育种周期由传统的8~10代缩短为4~5代,先后育成了"津蜜8号""津蜜20号""津花4号""津花魁""早丰""黑橄榄"等20多个系列西瓜新品种,开创了天津市西瓜新品种选育的新局面,亦使天津市西瓜育种技术跃居全国先进行列。"津花4号"为少籽西瓜新品种,单瓜籽粒数仅为普通西瓜的三分之一,兼具有籽西瓜易栽培和无籽西瓜质优、食用方便等特点。易位三倍体无籽西瓜新品种"津蜜8号"、"津蜜20号"的育成使无籽西瓜的种植区域扩展到中国西瓜的优生区—华北及西北地区,结束了中国北方秋瓜成熟区不能栽种无籽西瓜的历史。"津蜜20号"果皮纯黑色,光亮美观,果肉大红色,肉质细脆,中心糖含量在12%以上,耐贮运,成为国内黑皮西瓜的标杆品种。"少籽西瓜育种技术创新及新品种选育"获2009年度天津市科技进步奖一等奖。

焦定量在毫不放松地抓好科研工作,不断为果农和城乡市场提供新的科研成果的同时,还努力搞好科技推广和开发工作,建立了西瓜新品种示范推广基地,其良好的信誉受到了越来越多的果农的称赞,也使天津西瓜在全国的种植面积与日俱增,已推广到山东、河南、湖北、陕西等20多个省(自治区、直辖市),年种植面积超过50万亩,为社会新增经济效益1.2亿元。研究成果获天津市科技进步奖一等奖1项、二等奖1项,农业部中华农业科技奖三等奖3项。

焦定量2006年被评为"全国南繁工作先进个人",2012年被评为天津市先进科技工作者。已发表学术论文10多篇,主要著作有:《早熟西瓜保护地栽培》(天津科技翻译出版公司2010年出版)、《无籽西瓜栽培技术》(天津科技翻译出版公司2010年出版)、《西葫芦保护地栽培》(天津科技翻译出版公司2011年出版)。

李秀秀

李秀秀 女,汉族,1954年1月出生于河北省行唐县安香乡南伏村。1982年从北京农业大学园艺系蔬菜专业毕业后分配至天津市农科院蔬菜研究所，从事蔬菜育种及栽培技术研究工作。1992 年至 1996 年在日本爱媛大学农学部留学、开展研究并获硕士学位。1997 年回国主要从事甜瓜遗传育种研究。先后主持国家“863”高技术项目子课题 1 项，科技部农业科技成果转化资金项目 1 项，星火计划项目 1 项，财政部农业新品种示范推广项目 2 项。合作承担国家自然基金项目 1 项，天津市科技攻关计划、自然基金、重点农业技术推广项目 8 项。

从 1997 年开始，李秀秀采用变种间抗性基因、三交种育种、分子标记辅助育种等技术，相继选育成功了“圆首”“瑞龙”“丰雷”“甜 9 号”“白圆首”“津甜 98”“金蜜龙”“瑞龙 2 号”“碧龙”等 19 个厚皮甜瓜新品种。这些新品种外观漂亮，有绿色、黄色、白色，条纹斑点清晰，形态各异，颇具特色，分别适宜于节能型日光温室、塑料大棚、塑料小拱棚栽培，可满足不同地区、不同气候条件下的种植需要，且早、中、晚熟配套，拉开了成熟、上市的日期，亩产可达 2000~3000 公斤，质量优，含糖量高，口感好，竞争优势明显，受到了农民和消费者的欢迎。厚皮甜瓜系列新品种的选育成功，结束了网纹类型厚皮甜瓜由国外品种垄断的局面，亦使天津厚皮甜瓜育种研究成为天津市农业科研领域的优势学科，新品种选育技术跃居国内领先水平。李秀秀主持选育成功的厚皮甜瓜新品种除在天津市大面积种植并成为主栽品种以外，还推广到全国 22 个省（自治区、直辖市），每年累计在全国推广种植 20 万亩，在农业种植结构调整中发挥了重要作用。产品除供应国内市场外，还销往新加坡、俄罗斯等地。“厚皮甜瓜三交种育种技术研究及新品种选育”获 2006 年度天津市科技进步奖二等奖，“甜瓜育种技术创新及设施专用型新品种选育”获 2008 年度天津市科技进步奖一等奖，“甜瓜育种技术创新及设施专用型新品种选育应用”2013 年获农业部中华农业科技二等奖。李秀秀也成为国内厚皮甜瓜育种方面屈指可数的专家。

李秀秀 1976 年 12 月加入中国共产党，1998 年 11 月被评为副研究员，2003 年 11 月晋升为研究员；2000 年被评为天津市“三八”红旗手，2004 年 2 月 1 日被评为“天津市优秀留学人员”。已发表学术论文 20 多篇；主要著作有：《南菜北种》（天津科技出版社 1992 年出版）、《厚皮甜瓜保护地栽培》（天津科技出版社 1998 年出版）、《中国蔬菜栽培学（甜瓜部分）》（中国农业出版社 2010 年出版）、《厚皮甜瓜保护地栽培 100 问》（金盾出版社 2013 年出版）。

刘学军

刘学军　男，汉族，1968 年 8 月出生于山东省肥城市。1986 年~1990 年在南京农业大学农学专业学习，1990 年~1992 年在南京农业大学作物遗传育种专业攻读研究生并获硕士学位。1993 年 7 月分配至山东省青岛市市北区以劳养武公司工作，1994 年 5 月调入天津市农业科学院农作物研究所，从事水稻新品种选育工作，2004 年 12 月任市农科院农作物研究所副所长，

2007 年 1 月任天津市农科院杂交粳稻研究中心主任，2009 年 5 月任市农科院农作物研究所所长。

从 20 世纪 90 年代开始，刘学军即从事杂交粳稻和常规粳稻的研究推广工作，在国内首次提出早熟中粳、中熟中粳、晚熟中粳及晚粳兼用的广适性杂交粳稻育种观点，建立了高效的三系法杂交粳稻育种技术体系以及高效的常规粳稻育种体系，选育成功了 30 个粳稻新品种，有 22 个品种通过国家农作物品种审定委员会审定，有 8 个品种通过了天津市农作物品种审定委员会审定，不论数量还是质量都居于全国领先行列。育成的“3 优 18”粳稻新品种获 2005 年度天津市科技进步奖一等奖。育成的“10 优 18”粳稻新品种是首个在两个稻区通过国家审定的杂交粳稻品种；育成的“金粳优 132”是北方稻区首个米质达国标优质稻谷 1 级标准的杂交粳稻品种；育成的常规粳稻品种“津稻 263”是国内第一个抗水稻黑条矮缩病的粳稻品种；选育出耐高温的常规粳稻“津粳 253”，为黄淮稻区耐高温的直播稻育种奠定了基础。创建了“粳型三系不育系株系重复繁殖原种生产方法”，获国家发明专利。创建了“三系杂交粳稻稳产高产高纯度高芽率一稳三高制种方法”，从根本上解决了杂交粳稻种子生产中存在的重大技术难题。

刘学军在认真抓好科研工作，不断为稻农提供新的科研成果的同时，还毫不放松地抓好推广开发工作。通过实施杂交粳稻良种产业化创新工程，搭建杂交粳稻品种创新和成果转化平台，加快杂交粳稻的成果转化。到 2010 年，主持选育的粳稻新品种在天津、北京、河北、辽宁、山东、江苏、安徽、河南、陕西等省（直辖市）累计推广种植 2000 多万亩，累计增产稻谷 10 亿公斤，新增社会经济效益超过 15 亿元。自参加工作以来，主持国家“863”高技术专项、科技支撑、成果转化、科技攻关，天津市重大攻关、市长基金、科技示范推广项目20 多项，获天津市科技进步奖一等奖 1 项、二等奖 1 项、三等奖 1项。

刘学军 2000 年 11 月被评为副研究员，2006 年 12 月晋升为研究员，两次（2006 年、2008 年）荣获天津市五一劳动奖章，2007 年 3 月被农业部授予全国农业科技推广标兵称号，2008 年 3 月获天津市第九届青年科技奖。并任中国作物学会第七届理事会理事、中国农村专业技术协会第三届理事会专家委员会委员。已发表学术论文 20 多篇。参加编写了《杂交粳稻理论与实践》（中国农业科技出版社 2006 年出版）、《中国杂交粳稻》（中国农业出版社 2008 年出版）、《中国水稻遗传育种系谱（1991~2005）》（中国农业出版社 2010 年出版）。

王学忠

王学忠 男，汉族，1973 年 9 月 24 日出生，天津市津南区人，中共党员，1996 年 7 月于天津农学院园艺系毕业，先后在天津市蔬菜技术推广站、天津市无公害农产品（种植业）管理中心和天津市农业局蔬菜管理处从事蔬菜技术推广及管理工作，2013年任天津市农业局蔬菜管理处处长，兼任天津市无公害农产品（种植业）管理中心主任。2006年被评为高级农艺师。

王学忠获部市级科学技术进步奖和农牧渔业丰收奖6项。其中天津市科学技术进步二等奖1项(主持人)、三等奖2项，农业部农牧渔业丰收二等奖1项、三等奖2项。主持和参与制定黄瓜、番茄、菜花、菜豆、卫青萝卜、韭菜、青椒等14种蔬菜无公害栽培天津市地方标准。组织撰写《天津市无公害蔬菜生产技术》《蔬菜无公害栽培技术》《天津市种植业主导品种主推技术主体培训》等著作和培训教材，编写12种蔬菜无公害栽培技术通俗读本。还在《天津农业科学》《天津年鉴》《天津农林科技》等期刊杂志发表学术论文、技术文章90余篇。

王学忠20年来专职从事蔬菜生产、质量安全监管及设施农业建设工作，常年到基层进行调研，掌握第一手资料，在全市设施农业建设中，完成10余项设施农业发展专题调研，为领导决策提供依据。主持和参与起草《天津市设施农业发展规划》《天津市种植业设施建设管理办法》《天津市现代农业示范园建设管理办法》《天津市种植业设施提升工程建设项目和市财政补助资金管理办法》《天津市放心菜基地工程建设和资金管理办法》《天津市现代都市型农业蔬菜集约化育苗项目和财政补助资金管理办法》和《天津市现代都市型农业标准化设施改造项目和以奖代补资金管理办法》。具体负责天津市放心菜基地工程建设，组织和指导各区县菜农建成了40万亩规模化种植、标准化生产的放心菜基地，搭建起市—区县—乡镇—基地四级质量安全监管体系。主持完成的《天津市"放心菜"质量安全保障技术研究与应用》技术成果得到国内同行的称赞，为全市种植业农产品实现产地准出和质量信息可追溯、探索新型监管模式奠定坚实基础。

王学忠荣获2005年度和2006年度天津市"五一"劳动奖章，2006年还被天津市总工会授予天津市职工职业道德建设先进个人，并被评为2008年度天津市劳动模范。

王瑞卿

王瑞卿　女，汉族，1960年1月4日出生于天津市南开区的一个普通工人家庭。1995年12月20日加入中国共产党。

1982年12月于天津农学院农学系毕业后在天津市农业技术推广站参加工作。1992年10月至1997年9月在天津市农林局科教处任主任科员，1997年10月以后在天津市农业技术推广站工作。长期从事小麦、棉花等作物栽培技术研究与推广工作。1997年被评为高级农艺师，2004年晋升农业技术推广研究员。2002年6月任天津市农业技术推广站副站长，2011年11月任天津市农业技术推广站站长、党支部书记，2013年4月兼任天津市中农大棉花抗性遗传研究中心主任。

王瑞卿自参加工作以来，主持或参加完成部、市级科技项目35项，获天津市科技进步奖和农业部农牧渔业丰收奖21项，其中一等奖3项，二等奖6项，三等奖12项。1990年作为第二主持人完成的"天津市冬小麦模式化栽培技术研究"获得天津市科技进步奖一等奖；2006年主持完成的"优质棉新品种引进及栽培技术推广"获得农牧渔业丰收奖二等奖。她还提出粮经作物种植技术及建议80余项，编制小麦、棉花种植技术标准4项。"七五计划"至"八五计划"期间，研制与推广冬小麦模式化栽培技术，促进天津市小麦规范化生产，至今仍在生产上发挥着重要作用。"十五"计划以来，提出发展优质棉花建议，引进优质棉花新品种，采用物化技术推广模式在全市推广，完成天津市棉花生产的新品种更新。"十一五"规划至"十二五"规划期间，与中国农业大学合作，组建天津市棉花技术工程中心，成立天津市中农大棉花抗性遗传研究中心，培育抗病、抗逆棉花新品种，使天津市的棉花生产上了一个新台阶。

王瑞卿1992年被授予天津市百名青年科技新星称号；分别获得1994–1995年度、2001–2005年度天津市科教兴农先进个人；2001年开始享受政府特殊津贴；被评为2002年度天津市劳动模范；2007年被评为全国农业科技推广标兵；2010年被评为农民喜爱的农业科技专家；2011年被评为天津市优秀共产党员。

曲自新

曲自新 男，汉族，1934年5月出生于山东省莱州市，中共党员。1958年毕业于山东农学院土壤专科。曾在山西省农业科学院土壤肥料研究所从事研究工作，在土壤调查、盐碱地改良、肥料生产与施用、土壤微生物及微生物肥料生产施用等研究领域造诣颇丰。1979年调至天津市农林局农业处,后转到农林局土壤肥料工作站工作。先后担任天津市土壤肥料工作站站长、总农艺师，天津市土壤学会副理事长，天津市植物营养学会名誉理事长等职。1988年被评为高级农艺师，1994年被评为农业技术推广研究员。

曲自新先后参加华北平原土壤调查、天津市土壤普查工作。尤其在天津市海岸带综合资源调查中完成天津市海岸带土壤调查、海岸带土地资源调查、海岛土壤调查做出贡献。他主持参加的优化配方施肥的研究与推广、优良的配方科学的施肥使农作物大面积丰收，获得天津市科技进步(成果推广)二等奖。天津市海岸带综合资源调查获国家科技进步一等奖、天津市科技进步一等奖。在支援乡镇企业化肥生产工作中也做出显著成绩，多次荣获市政府"支援乡镇企业有功人员"称号。1992年经批准享受政府特殊津贴。

孙书蕴

孙书蕴　女，汉族，1949年2月27日出生。籍贯河北省沧州市。1974年8月毕业于河北农业大学园艺系。中共党员，2000年被评为推广研究员，2001年开始享受政府特殊津贴。

孙书蕴先后在河北省沧州地区农科所、天津市蔬菜技术推广站从事蔬菜科研和推广工作，为单位学科带头人。主持或参加的研究成果获部市级一、二、三等奖9项，其中一等奖1项、二等奖2项（排名第3位和第6位）、三等奖3项（排名第1位），农业部农牧渔业丰收奖二等奖2项、三等奖1项。农牧渔业丰收奖二等奖“远郊县万亩新建温室蔬菜快速增产技术推广”和“遮阳网覆盖蔬菜技术效应的研究与推广”排名第1位，农牧渔业丰收奖三等奖“保护地蔬菜综合生产技术”排名第3位。

编写著作3部：《向日葵栽培技术》1985年由河北省科技出版社出版，《蔬菜栽培技术》《保护地茄子栽培》1994年、1997年由天津科技出版社出版。撰写论文18篇。

孙　祥

孙祥　男，汉族，1935年10月出生。1961年毕业于河北农业大学园艺系，毕业后一直从事蔬菜科研、教学、推广工作达40年之久。1987年被评为高级农艺师，1994年被评为农业技术推广研究员。先后担任课题主持人、学科组长、蔬菜技术推广站站长和总农艺师等职。并担任过历届市政府蔬菜专业顾问团秘书长。

孙祥通过二级和二季留种法解决天津市马铃薯留种问题，自给留种率达95%。春季种植面积达4.2万亩，创造种植面积的历史巅峰。由于在教学中做出成绩被评为市级先进教师。在推广工作中共组织实施推广项目20多项，设计天津市第一个特菜基地，并组织实施。组织设计天津市第一个园田示范区总体规划，为天津市园田规模化，提高园田建设水平提供样板。主持和参与的推广项目获得国家、部市级奖8项。其中获农业部丰收奖一等奖1项（第一完成人），国家科技进步二等奖1项，部市级二等奖2项、三等奖2项，部市级科技推广二等奖2项。1992年10月开始享受政府特殊津贴。

刘训江

刘训江　男，汉族，1965年2月17日出生，天津市静海县人，1986年加入中国共产党，1987

年毕业于天津农学院农学系，在职研究生学历，高级农艺师。1987 年 7 月至 2006 年 10 月在天津市农林局农业处、市农业局办公室任科员、副主任科员、主任科员、副主任；2006 年 10 月至 2013 年 4 月任天津市农业广播电视学校校长；2013 年 4 月任市农委种植业办公室计划处处长；2014 年 10 月任市农委种植业办公室主任助理、计划处处长。

刘训江主持或参加的农业技术研究和推广工作获农业部农牧渔业丰收奖二等奖 1 项、市科技进步奖二等奖 1 项；获市政府 1992–1993 年度科教兴农先进个人。发表论文 10 余篇，撰写的调研报告获天津市第二届、第八届优秀调研成果三等奖。在市农广校主持实施天津市"351"农村劳动力培训工程、农民中专学历教育工程、农业职业技能培训工程、农村科技带头人工程和农业部"阳光工程"等培训，并提出培养职业农民、专业农民的培训目标，农广校累计培训农民 40 多万人次，其中 10 万人获"绿色证书"、6.5 万人获农业职业资格证书、1.3 万人获中专学历证书。

为推进农民教育培训法制化，刘训江会同市有关部门，研究立法依据，开展立法调研。参加制定的《天津市农民教育培训条例》于 2010 年 5 月 26 日由天津市人大常委会第十七次会议通过并颁布执行，成为全国第一部农民教育培训法规。刘训江任校长期间，荣获全国农广校系统"十大杰出校长"称号、并获市农民教育培训先进工作者、市农业系统优秀党务工作者和优秀党员等荣誉称号。市农广校 2006 年–2012 年被评为全国农业广播电视教育培训先进单位，还被评为全国及市"三八"红旗集体、市教育系统先进集体、市模范职工之家。天津市农业广播电视学校建立的《天津农业远程教育网》被农业部评为全国农业百强网站、科教文化类 10 强，2009 年农业部命名市农广校为全国首批现代农业技术培训基地，2012 年被全国总工会命名为全国职工教育培训基地。

张义林

张义林 男，汉族，1937 年 4 月 5 日出生于吉林省长春市头道沟区。1963 年在天津农学院毕业后分配到河北省武清县（现天津市武清区）农林局。1965 年到河北省廊坊地区农业劳动大学任教，1976 年到河北省廊坊地区农科所从事玉米栽培技术研究工作，任示范场场长、栽培室主任。1987 年调入天津市农业技术推广站，从事玉米栽培技术研究与推广工作。1988 年被评为高级农艺师，1992 年开始享受政府特殊津贴，1994 年被评为农业技术推广研究员。并兼任天津市农作物品种审定委员会委员，天津市科委、天津市农委科技项目立项论证、验收、鉴定评委。

张义林的研究成果获国家级科技成果推广一等奖 1 项，省部级科学技术进步一等奖 1 项、二等奖 3 项、三等奖 3 项。玉米前重型栽培技术被农业部定为"九五期间全国重点推广百项实用技术之一"。还被评为 1992–1993 年度、1994–1995 年度天津市科教兴农先进个人。张义林撰写的“生根粉对玉米生理效应的研究”论文被联合国粮农组织主编的《AGRTLDEX》转载。“水分胁迫条件下,ABT生根粉浸种对玉米耐旱生理机制的研究”论文被国际农业生物中心主编的《FIELOLRPABSTRCTA》转载。合著《中国玉米种植区划》一书,1992年由中国农业科技出版社出版。在《华北农学报》《作物杂志》等学术杂志期刊发表20余篇论文。其中在全国第四届玉米栽培技术学术研讨会上宣读“玉米前重型栽培技术体系及理论研究”被评为优秀论文,获中国作物学会授予的优秀论文证书。

陈洪金

陈洪金　男,汉族,1965年4月21日出生,1985–1989年就读于南京农业大学农学系。1989年加入中国共产党。1989–1999年在天津市种子管理站,从事农作物新品种引进、试验、审定、推广工作;1999–2003年在天津市种子公司工作,任副经理、经理。2003–2013任天津科润津丰种业有限公司总经理。2013任天津市蔬菜技术推广站站长。1999年被评为高级农艺师,2012年被评为农业技术推广研究员。天津市农作物品种审定委员会第三届、第四届委员。

陈洪金长期从事农作物新品种选育、引进、推广工作,选育农作物新品种16个,(其中玉米品种14个、棉花品种2个,作为主持人完成4个品种)。获天津市科技进步奖和农业部农牧渔业丰收奖8项,获奖项目涉及水稻、玉米、大豆、西瓜等作物,其中市科技进步奖一等奖1项、三等奖6项,农牧渔业丰收奖二等奖1项。参加完成“优质高产多抗广适水稻新品种津原45选育与应用”项目,获2008年度天津市科技进步一等奖。主持“粮饲兼用玉米品种天塔一号选育与推广”项目填补本市青贮玉米品种的空白,获2007年度天津市科技进步三等奖。参加完成“中作系列优质大豆新品种引进开发推广”项目,引进大豆品种“中黄13”,在天津市推广种植面积逐年扩大,成为天津市第一主栽品种,获2004年度天津市科技进步三等奖。选育玉米品种“天塔5号”适宜区域扩展到黄淮夏玉米区。天津市自有品种的育成推广不仅取得巨大社会效益,而且增强企业核心竞争力,提高“天塔”品牌的知名度和科技含量。作为企业经营带头人,他把本市区县种子经营部门组织起来,牵头组成联合体,统一进货,统一价格,形成合力,避免不当竞争造成混乱,维护种子市场秩序,杜绝经营假冒伪劣种子和未审先推违法行为的发生。种子经营联合体引进经营玉米品种61个、小麦品种9个,累计推广面积1400余万亩,对本市粮食产量持续增长做出积极贡献,为企业获经济效益8000余万元,社会效益达14亿元。

谷守贤

谷守贤 男,汉族,1944 年 5 月 1 日出生于天津市宁河县宁河镇谷庄村,中共党员。1972 年 3 月参加工作，在宁河县农业技术推广中心从事农作物新品种选育与技术推广,1984 年调到天津市原种场,历任试验站站长,科技室主任、副场长。1996 年被评为高级农艺师,2002 年被评为农业技术推广研究员。获得天津市科技进步奖一等奖 1 项、二等奖 1 项、三等奖 5 项。

谷守贤长期从事水稻新品种选育、推广工作。以顽强的毅力,自学农业大学全部课程和科技英语,运用学得的专业知识带领科技人员开展“水稻混杂退化机制”研究,创建以“整穗育秧”为核心的水稻原种繁育体系和水稻超高产栽培综合技术,这些技术的应用,保障天津市原种场建立水稻良种繁育体系,生产高质量的原种,一方面使新品种能够延长使用寿命(如“津稻 1187”、“中作 321”、“中作 93”在生产上应用达 10~15 年),另一方面改变天津地区农民自留种的习惯,年年换种,水稻生产水平大幅度提高,使天津市原种场成为中国北方较大的水稻原种繁育基地。

谷守贤运用系统选育、有性杂交,花粉组织培养等技术,育成水稻品种 26 个。“津原 45”是国家、天津市、河北省、山东省水稻区域试验对照品种,并成为津、京、冀、鲁、豫主栽品种,覆盖天津水稻种植面积的 95%。获 2008 年度天津市科技进步一等奖。

谷守贤被评为 1988 年度天津市劳动模范,1989 年度天津市特等劳动模范,1991 年 4 月获全国五一劳动奖章。

李少华

李少华 男，汉族, 1951 年 7 月 17 日出生于天津市和平区一个普通工人家庭。1969 年 4 月在天津市第五十五中学毕业,上山下乡到宝坻县插队,任大队农业技术员。1973~1975 年在天津市农业学校学习。1989 年参加高等教育自学考试毕业于天津农学院作物栽培专业。1975 年 9 月在天津市植保植检站工作,1989 年 11 月至 2008 年任天津市北方种衣剂厂厂长和党支部书记。天津市农药协会副理事长等职务。

李少华于 1989 年在单位面临异常困难时担任种衣剂中试厂厂长,率领全厂职工坚持“以质量求生存、以信誉求发展”,1989 年生产种衣剂近 20 吨,扭亏为盈。1990 年申请“芽牌”注册商标,成为中国第一个种衣剂商标。1995 年“芽牌”种衣剂被国家科委评选为国家级新产品。1991 年申请克福种衣剂的农药登记。销售产品实行“领导挂帅、分省包片、一地一策、区域推销”。产品行销全国 20 多个省市区。被内蒙古、山西评为免验产品。2000 年销售 2000 吨最高水平。1988

年至2006年登记25个产品，成为全国最大的种衣剂厂。生产剂型有悬浮剂、乳油和可湿性粉剂，分别有杀虫剂、杀菌剂、杀螨剂和除草剂。2007年后又登记10余个产品，企业资产由负数增长到3000多万元。2003年12月28日由天津科润农业科技股份有限公司和市农业局共同组建天津科润北方种衣剂有限公司，公司注册资金2200万元，在同行业居首。

李少华参加编写《新编农药商品手册》，于2009年9月由化学工业出版社出版。参加编写的《世界农药大全植物生长调节剂卷》于2011年7月由化学工业出版社出版。

李少华1984年5月 加入中国共产党。被评为1998年度天津市劳动模范。并任天津市南开区第十一届政协委员。2000年获南开政协履行职能奉献杯奖；2005年获天津百万职工技术创新明星称号。

李秀文

李秀文 女，汉族，1957年7月出生于山西省河津县，中共党员。1982年毕业于北京农业大学植保系植保专业之后一直在天津市植保植检站从事植检植保工作，历任检疫科副科长、科长，2003年12月至2012年12月年任副站长。获得2000年度天津市劳动模范称号。2004年被评为农业技术推广研究员。2006年开始享受政府特殊津贴。

李秀文从事植保工作30年，具有强烈的事业心和责任感，专业基础理论扎实，学术作风严谨。在检疫对象封锁防治、重大病虫防控、检疫植保立法等方面作出突出贡献，是植保系统的学科带头人。她经常深入田间调研，为农民传授植保知识、解决病虫害防治难题。主持稻水象甲、美洲斑潜蝇、草坪病虫害、蔬菜危险性有害生物研究等20多个科技项目，获得天津市科技进步二等奖3项、三等奖1项，其中3项为第1主持人、1项为第2主持人。主编和参加编写《中国稻水象甲》等7部著作。发表论文40多篇。主持植物检疫和植保立法工作。2000年执笔《天津市植物检疫办法》，2001年以天津市政府第35号令颁布实施。2006年作为主要撰写人参与《天津市植物保护条例》，2006年12月天津市人大常委会颁布实施。首次发现本市稻水象甲、美洲斑潜蝇等9种检疫新疫情，先后主持制定多个新的外来有害生物监测、研究和防治方案并组织实施。参与制定农业部行业标准2项。2006年本市首次发现黄顶菊疫情后，及时提出防治意见并组织实施。1992年以来连年参与组织全市稻水象甲、蝗虫等重大害虫的监测防控工作。连续10多年主持并组织全市植物检疫宣传及执法联查工作，狠抓源头检疫，有效防止外来有害生物传播蔓延，及时有效控制农作物重大病虫危害，为农业增产农民增收做出重要贡献。2006年被中国农学会批准入选《中国当代农业高级专家库》。2007年后任天津植保学会常务理事、秘书长；2005、2009年连续两届被农业部聘为全国植物检疫有害生物审定委员会委员；2009年被聘为天津市植物检疫有害生物审定委员会委员、秘书长。

姚振凡

姚振凡 男,汉族,中共党员,1939年11月出生于河北省乐亭县。1959年毕业于天津市第一中学,同年考入天津农学院,1963年分配到河北省魏县农林局工作。1978年调入河北省廊坊地区农科所。1987年调入天津市农业技术推广站,1993年2月任站长,党支部书记。1987年被评为高级农艺师,1994年被评为农业技术推广研究员。

姚振凡长期从事小麦栽培科研与技术推广工作,解决了小麦生产中一系列技术问题,多次受到国家、省、市的表彰,有11项课题获省部级科技进步奖,其中一等奖3项,二等奖5项,三等奖3项。20世纪70年代末80年代初,针对北方麦田大面积的中低产问题,同国内著名小麦专家宁守铭一起,开展"小麦施磷技术"、"麦田小老苗的发生与防治"、"黄淮海中低产地区经济合理施磷技术"3项课题的研究与技术推广工作,揭示麦田"小老苗"发生原因,提出早期诊断方法,革新传统施磷技术。该项技术的推广对黄淮海流域小麦生产的发展起到重要作用。以上3项课题分别获得河北省、农业部一、二、三等奖。

姚振凡1987年调入天津市后,先后主持承担多项研究与推广项目。主持"天津市冬小麦模式化栽培技术研究",紧紧围绕本区域土壤贫磷和高产小麦倒伏两大限制因素,总结出以"增磷调比"和"矮化防倒"为核心、具有高度综合特点的栽培模式。在生产上得到广泛应用。1988-1990年3年累计推广面积20.3万公顷,平均每公顷增产556.5公斤,新增总产1.13亿公斤,新增纯收入8798万元。获1990年度天津市科技进步一等奖。1990-1992年主持承担天津市"八五"科技攻关的两个骨干工程项目—"天津市吨粮田技术开发示范工程"、"天津市中低产小麦技术开发示范工程"。通过3年的科技攻关,这两个项目分别获天津市科技进步一等奖和二等奖。1992年主持编制《华北地区冬小麦公顷产量4500至5250公斤栽培技术规程》行业标准,由农业部颁布实施。该标准是华北地区小麦栽培行业中首次制定的区域性统一的技术标准,对该区域水浇地冬小麦高产栽培具有普遍应用价值,获1994年度天津市科技进步二等奖。姚振凡长期担任天津市政府作物专业顾问团顾问,发表科技论文20余篇。

姚振凡分别于1991年度、1994-1995年度被评为天津市科教兴农先进个人。1991年开始享受政府特殊津贴。1992年被国家人事部授予"有突出贡献中青年专家"称号,并于同年被天津市人民政府授予"天津市小麦栽培专家"称号。2001年被评为全国农业科技先进工作者。

栗振华

栗振华　男,汉族,1946年12月出生于天津市。中共党员。1969年毕业于河北农业大学植保系。1970–1989年在河北省大厂回族自治县工作,先后担任县科委副主任、主任、科委党支部书记、县政府办公室副主任。1993年调入天津市植保植检站,先后担任副站长、站长、站党支部书记。1994年被评为高级农艺师,2000年被评为农业技术推广研究员。2004年调天津市种子管理站任党支部书记、站长。是中国植保学会第八届理事会理事,1993年起任天津市农学会植保分科学会常务理事、秘书长。1994年任中国植物病理学会华北分会副秘书长。

在植保站工作期间,栗振华一直负责全市农作物病虫草鼠害的测报防治和植物检疫工作。针对危害严重的农作物病虫害,先后在全市组织发动了棉铃虫综合防治工程、玉米螟综合防治示范工程、东亚飞蝗治理工程以及检疫性有害生物稻水象甲、美洲斑潜蝇的封锁除治工作。累计组织完成棉铃虫综合防治面积220万亩次;玉米螟综合防治面积360万亩次;东亚飞蝗防治面积270万亩次;稻水象甲防治面积420万亩次;美洲斑潜蝇防治面积380万亩次,保护了农业生产的安全。

栗振华的研究成果《棉铃虫综合防治技术的研究》项目于1996年获天津市科技进步三等奖;《东亚飞蝗综合治理技术研究与应用》项目于1999年获天津市科技进步二等奖;《天津美洲斑潜蝇生物学和综合防除技术的研究》于2000年获天津市科技进步二等奖;参加全国农技推广中心主持完成的《东亚飞蝗蝗区勘查及可持续控制技术的研究与应用》重大项目于1998年获农业部科技进步一等奖、1999年获国家科技进步二等奖。在此期间,栗振华参加《中国东亚飞蝗发生与治理》等著作的编写工作,发表《天津市东亚飞蝗发生防治情况及今后防治对策》《天津市玉米矮花叶病的发生与防治》等8篇论文。1999–2000年主持天津市植物检疫办法的起草工作,推动全市植物检疫立法工作的开展。

栗振华于1999年被评为天津市科教兴农先进个人。

谢建军

谢建军　男,1956年10月6日出生于天津市,汉族,中共党员,1982年毕业于北京农业大学植物保护专业。1982–2007年在天津市植保植检站工作,先后任副站长、站长。2007–2010年在天津市农业技术推广站任站长,2010–2015年在天津市种子管理站任站长。1985年率先在天津市开展“无公害”蔬菜技术研究,推动了本市无公害蔬菜生产的开展。开展天津东亚飞蝗的研究和治理工作,控制蝗害的发生,保证农业生产安全。在天津市开展蔬菜病虫害的绿色防控技术研究和推广工作,引进绿色植保理念,保证食品安全。2011 年主持完成《优质粮增产增效集成技术入户示范工程》农业重大课题,取得显著成绩。

1990 年,“天津市无公害蔬菜生产技术研究”获市科技进步二等奖;1993 年,“保护地灰霉病综防技术研究与应用” 获市科技进步三等奖;1999 年,“东亚飞蝗综合治理技术研究与应用”获市科技进步二等奖;2001 年,“天津市无公害蔬菜生产技术推广”获农业部农牧渔业丰收奖三等奖;2005 年,“新型药肥复合型种衣剂技术推广应用”获市科技进步二等奖。

谢建军 1994 年被评为高级农艺师,2002 年被评为农业技术推广研究员。天津市中级农业技术评委会主任委员,高级农艺师评审委员会评审委员,农业技术推广研究员评委会评审委员。著有《东亚稻蝗在天津的发生规律及综合防治技术研究》《东亚飞蝗对马拉硫磷抗性研究初步》《中国植物保护五十年》《天津东亚飞蝗的发生与可持续治理对策》《滨海新区农作物有害生物防灾减灾对策探讨》等著作和多篇论文。

张金刚

张金刚 男,汉族,1924 年 10 月 22 日出生于河南省通许县张庄村。1952 年毕业于河南大学农学院植物病虫害专修科,1952 年 8 月任河北省宁晋县农校教师。1953 年调入河北省军粮城稻作试验站,先后任技术员、室主任、副站长。1962 年任天津市稻作所所长。1970 年调入天津市农林局工作,先后任科技情报站副站长、科教处副处长、技术推广站站长等职。2000 年 12 月退休。曾任天津市人民政府作物专业顾问团顾问、天津市农学会理事,天津市作物学会理事长。

张金刚长期从事水稻病害研究与水稻栽培技术推广工作。作为第一主持人完成的“水稻旱种技术示范推广”获 1988 年度天津市科技进步三等奖、“水稻旱育稀植栽培技术的研究与推广”获 1993 年度天津市科技进步二等奖、“五十万亩水稻综合技术推广工程”获 1994 年度天津市科技进步二等奖、“五十万亩水稻综合技术推广二期工程” 获 1998 度年天津市科技进步三等奖。“北方水稻旱种栽培技术的推广与改进”获 1988 年农业部科技进步三等奖、“插秧水稻节水高产栽培技术应用与推广” 获 1988 年农业部农牧渔业丰收三等奖、“水稻三高一稳栽培技术的机理及推广”获 1994 年农业部科技进步二等奖。主编的《水稻旱种概述与栽培技术》获国家科委全国“星火计划”丛书优秀图书奖。主编的 70 余万字《天津水稻五十年》,全面概述与记录天津市水稻生产、技术发展与科研进程。还参与编著《天津小站稻》《中国水稻种植区划》等著作。共发表论文 30 多篇。1958 年在《植病知识》第二卷第 3 期发表的“水稻干尖线虫病的初步调查研究”经中国农业科学院推荐,与东欧社会主义国家进行学术交流。

张金刚1984–1986年连续3年获天津市劳动模范称号，1988年获天津市人民政府授予的“七五”立功奖章，1992年被国家人事部授予“有突出贡献科技专家”称号，并于同年开始享受政府特殊津贴，1994年9月获国家科委、农业部、外国专家局联合颁发的在“三北”地区水稻旱育稀植技术推广中做出突出贡献的荣誉证书。

刘茂春

刘茂春　男，汉族，1942年2月出生，天津市人，中共党员。1993年4月至2002年9月任天津农学院副院长。1992年被评为教授。天津市重点发展学科水产养殖专业学科带头人，兼任中国水产学会鱼病研究会第三届委员会常务委员、天津市政府水产顾问团顾问、天津市水产学会副理事长。1991年开始享受政府特殊津贴。

刘茂春多年来从事鱼病学、水产养殖学和鱼类病害防治等方面的教学与科研工作。在教学方面，主讲《鱼病学》《淡水养殖学》《鱼病学进展》等课程，在理论与实践的结合上传授给学生真知酌见，深受学生的欢迎。在科研方面，主持或参加“主养鲤鱼高产技术的研究”“大规格鱼种高产养殖技术推广试验”“三万亩池塘养鱼高产综合技术研究”“鲫鱼大面积高产及混养技术开发”“津郊连片池塘养鱼”“鲤鱼出血性腐败病的研究”“中华鳖（甲鱼）集约化养殖技术的研究”“淡水鱼类工厂化育苗技术的研究”等多项部、市级课题的研究，获天津市科技进步二等奖8项、三等奖4项。1994年主持完成的“鲢鳙鱼暴发性出血病防治技术的研究”，对鲢鳙鱼暴发性出血病的病原学、病理学、流行病学及防治技术等进行全面系统的研究，提出了综合防治方法，获1995年度天津市科技进步三等奖。

谢宝华

谢宝华　男，汉族，1939年10月出生，天津市人，中共党员。1965年毕业于南开大学生物系。1983年7月至2000年4月任天津农学院副院长、院长。1992年被评为教授，享受政府特殊津贴。曾长期担任天津市自然科学基金评审委员会委员，天津市第九届、第十届政协委员。

谢宝华长期从事水产养殖专业的教学、科研工作，对水生生物科学具有较坚实的系统理论基础和实践经验。主要讲授《鱼类生理学》《鱼类组织切片技术》等课程。他主持完成的“对虾人工配合饵料的研究” 项目，获1985年度农业部科技进步二等奖、天津市科技进步二等奖，获1987年度国家科技进步二等奖；主持的“天津市海岸带和滩涂资源综合调查研究”项目，获1989年度天津市科技进步一等奖。在《海洋渔业》《淡水渔业》《电子显微学报》《水产科技情报》等刊物发表论文20余篇，为全国对虾养殖科技攻关做出了贡献，1985年受到农业部表彰，1986年获“天津市先进科技工作者”称号。

刘先觉

刘先觉 男，汉族，1939年10月出生，安徽省无为县人，中共党员。1964年7月毕业于河北农业大学土壤及农业化学专业。1993年4月至2002年9月任天津农学院副院长。1993年被评为教授，并开始享受政府特殊津贴。从事教育工作30余年，基础理论坚实，学术造诣深厚，先后主讲《土壤肥料学》《土壤学》《环境土壤学》《土壤农化分析》《农业系统工程概论》《农学概论》等课程。1992年，他率先提出的“适应大城市郊区农业的专业结构调整与配套改革”的教学方案和培养模式，有力地促进了学校的教学改革和人才培养。

刘先觉还长期从事土壤学、农业化学、农业生态学等方面的科学研究工作。先后主持或参加了“河北省高产小麦土壤和植株营养诊断与施肥技术的研究”“高产小麦氮素化学肥料施用技术的研究”等多项课题。其中，天津市土壤磷素化学形态和有效磷库等方面的研究达到了国内同类研究的领先水平，理论价值较高，对北方石灰性土壤合理施用磷肥也有重要的指导意义。他主持的“天津市近郊盐碱荒地生态农业示范工程的研究”项目，运用生态学和农业系统工程原理，结合天津市近郊农业自然资源实际，研究建立了新型复合农业生态系统，使荒地资源发挥了巨大的生产潜力，研究成果对同类地区具有很好的示范作用。主持完成的研究项目先后获天津市科技进步三等奖3项。

程治山

程治山 男，汉族，1961年出生，天津市人。1983年毕业于内蒙古大学生物学系植物生态及地植物专业，同年分配到天津农学院工作。1997年6月至2000年11月任副院长，2000年11月至2010年5月任院长，2003年12月至2015年12月任院党委书记，并兼任中国农学会常务理事、天津生态学会理事等职。2003年被评为教授。

程治山长期从事《农业生态学》《生态农业概论》《农业区划学》等课程的教学工作。在教学实践中，坚持把握学科发展动态，跟踪学科前沿，同时，注意理论与实践相结合，教学效果良好，深受广大学生和教师的好评。他还先后承担完成了市级科技攻关或研究项目5项。其中“天津南郊区传子营村农业结构模型与生态农业建设的研究”获1993年度天津市科技进步三等奖；“津郊低洼盐碱荒地生态农业示范工程研究”为市“八五”计划重点示范工程项目，获1994年度天津市科技进步三等奖。2000年,承担完成了天津市教委面向21世纪教育教学改革项目“面向21世纪天津高等农业教育的研究”及“高等农业教育本科人才素质要求及培养模式”研究,两项目均已通过结题验收,取得显著成果,并在全院教育教学中得以应用。发表学术论文14篇,自编讲义《生态农业概论》1部。

邢克智

邢克智 男,汉族,1956年7月出生,天津市人。第十届、十一届全国人民代表大会代表,民盟中央委员,民盟天津市委副主委。1982年毕业于天津农学院水产科学系。2000年11月至2010年5月任副院长,2010年5月任院长,1997年被评为教授,是天津市水产养殖重点学科带头人。1994年开始享受政府特殊津贴,1989年、2000年两次被授予“天津市优秀科技工作者”称号,1992、1994、1996、1999年连续四次被评为天津市科教兴农先进个人,2005年被市政府授予“天津市水产养殖授衔专家”称号。曾任国家科技进步奖、发明奖评审专家,国家农业部丰收计划奖评审专家,国家农业科技成果转化资金评审专家,国家“863”高技术项目评审专家,天津市科技进步奖评审委员。

邢克智长期从事教育工作和科研工作,他主讲《淡水生物学》《水生生物学》等课程。编写了《淡水生物学实验指导》《水生生物学实验指导》等教材。主持完成的“植根办学产学研结合教学科研服务社会三丰收”获2009年高等教育天津市级教学成果一等奖。在科研工作领域,他于1995年主持完成的“鲤鱼出血性腐败病的研究”“中华鳖(甲鱼)集约化养殖技术的研究”分别获得1996年度、1997年度天津市科技进步二等奖。特别是“鲤鱼出血性腐败病的研究”项目通过对病因学、病理学、流行病学、非特异性免疫学、药代动力学、综合防治技术及健康养殖技术的研究,解决了鲤鱼养殖业的出血腐败病的防治难题。主要著作有《鱼塘水质分析与管理》(天津科学技术出版社,1997年出版),《鳖的养殖》《斑点叉尾鮰养殖》(天津科学技术出版社,1999年出版)。共发表论文30多篇。

孙守钧

孙守钧 男,汉族,1961年7月出生,山东省文登市人,中共党员,博士。1980年9月至1984年7月在内蒙古哲里木畜牧学院农学系农学专业学习并获学士学位,1990年9月至1999年7月在沈阳农业大学农学系作物学专业学习并获硕士、博士学位。1999年7月至2002年12月,先后任天津农学院教师、教务处处长,2002年12月任天津农学院副院长,2015年12月任院党委书记。2000 年被评为教授。作物学科带头人，首批国家级特色专业—农学专业建设点负责人，天津市重点学科—作物遗传育种学科带头人，硕士生导师，并开始享受政府特殊津贴。还兼任天津农作物品种审定委员会副主任委员、《高等农业教育》期刊编委、《中国农学通报》副主编等职务。

孙守钧长期从事教学工作，先后主讲《植物生理学》《作物育种学》等课程，获天津市优秀教师称号。他根据亲身教学实践经验总结的“农学专业人才培养模式调整机制的研究及实践”于 2009 年获天津市教学成果一等奖，同年获国家级教学成果二等奖。他主编的“十一五”规划教材《种子市场营销学》被评为全国高等农业院校优秀教材。

在科研方面，孙守钧主持选育成功的“天农青饲 1 号饲用高粱”于 2000 年通过了全国牧草饲料作物品种审定委员会审定，该品种将饲用高粱、甜高粱和苏丹草的优良性状集于一身，具有用途广、耐盐碱、产量高、品质优、适口性好等特点，可多次刈割，应用效果很好。自 2001 年以来，已推广到天津、内蒙古、新疆、甘肃、黑龙江、山西等 19 个省(自治区、直辖市)，为社会创造经济效益达 4500 多万元。育出“天农青饲 2 号”粮饲兼用高粱品种，于 2006 年 12 月通过了全国草品种审定委员会的审定并定名。主持完成的“饲用高粱‘天农青饲 1、2 号’的示范应用”项目获 2007 年度天津市科技进步奖二等奖。主编和参编著作 7 部，发表论文 30 余篇。

马文芝

马文芝 男，汉族，1957 年出生，天津市武清区人。1982 年毕业于天津农学院动物科学系，留校任教。1992 年 11 月至 2004 年 10 月任动物科学系副主任、主任。2004 年 10 月任教务处处长，并开始享受政府特殊津贴。2003 年被评为教授。

马文芝主要从事兽医产科学及动物繁殖学的教学和研究工作，先后讲授《生物制品学》《宠物疾病》《动物细胞工程原理与实践》等课程。在教学过程中，始终注重教学方法的改进和对学生的多元教育，曾多次被评为校级先进教师，1995 年被评为天津市教学楷模，2003 年被评为天津市师德先进个人。获 2007 年度天津市“五一劳动奖章”。

马文芝主持或参加科研课题 10 项。在主持完成的 2 项科研课题中，其中“交巢穴埋线 预防奶牛产后疾病的研究”填补了中兽医学研究的一项空白；“法氏囊组织灭活苗的研究”在疫苗生产中得到广泛的应用。参加完成的“中草药预防鸡法氏囊病的研究”项目获 2000 年度天津市科技进步二等奖。同时，还积极将科研成果推广应用于农业生产实践，并取得了显著的成绩。被评为 1999 年度天津市科技兴农先进个人。发表学术论文 70 余篇，参编著作 6 部。

高梅秀

高梅秀　女，汉族，1954年9月出生，河北省无极县人。1981年12月毕业于北京农业大学园艺系，1982年1月至1996年8月在中国农科院郑州果树所从事果树栽培研究，1996年9月以后在天津农学院园艺系从事果树栽培教学和科研工作。主要从事枣的研究及推广工作，主持完成市级科研成果8项。主持完成的“枣优新品种引进及配套栽培技术研究”获2004年度天津市科技进步三等奖，“冬枣低产园优质高效关键栽培技术集成、创新与应用”获2010年度天津市科技进步二等奖。获国家专利授权2项，其中发明专利1项(矮壁型枣树的整形修剪方法)，实用新型技术1项(提高冬枣产量和减少绿盲蝽危害的修剪方法)。主编科技论著两部，发表科技论文40余篇。

高梅秀主持完成的科技成果在天津及周边地区进行了推广应用，为天津、河北、河南、安徽、山东等14个省市40个乡镇的枣农进行技术指导，受益农民达到5万余人。累计指导枣树栽培面积32.759万亩，为社会创造经济效益达11.99亿元，辐射指导面积达60多万亩，取得了良好的经济效益。

高梅秀被评为2005年度天津市科技兴农先进个人。2005年和2006年两次获“天津市五一劳动奖章”。2006年被评为“天津市农村科技先进工作者”。同年获科技部“星火科技先进工作者”荣誉称号。2007年获“全国农业科技推广标兵”。2008年获“全国妇女双学双比先进工作者”称号，并被评为2008年度天津市劳动模范。2009年获“天津市三八红旗手”称号，同年获科技部颁发的“全国优秀科技特派员”称号。

马俪珍

马俪珍　女，汉族，1963年4月出生，山西省临猗县人，民盟成员、中共党员，博士，硕士生导师。2005年任天津农学院食品科学与工程学院食品科学与工程系主任，兼任中国畜产品加工研究会常务理事，中国农学会贮藏加工分会常务理事，天津市食品学会理事。2007年任天津市农产品加工科技创新与成果转化基地常务副主任，2010年任国家大宗淡水鱼加工技术研发分中心(天津)主任。国家科学技术奖评审专家。2003年晋升为教授。

主要从事畜产品和水产品加工安全及品质控制方面的教学与科研工作。主持完成天津市高等学校本科教学改革与质量建设研究计划项目2项；主持的《食品工艺学实验》2007年被评为天津市级精品课程。2007年获天津市优秀教师荣誉称号，2009年荣获天津市“五一”劳动奖章，

2012年荣获天津市教育系统“教工先锋岗”先进个人,2013年天津市“三八”红旗手。2012年指导大学生荣获中国黄河滨海大学生优秀创业项目三等奖。先后主持和参加完成国家级及省部级科研项目21项,获奖4项,其中“肉羊产品加工与生产配套技术产业化示范及推广”获2008年度天津市科技进步三等奖;“鲶鱼高值化综合利用关键技术研究与集成示范”获2015年度天津市科技进步二等奖。发表学术论文100余篇,出版专著3部、科普读物2部,参编教材7部,申请国家发明专利11项,授权9项,已有4项专利技术被转让。

刘金福

刘金福 男,汉族,1961年6月出生,天津市人,中共党员,硕士生导师,天津市教学名师。2003年被评为教授。

刘金福1979年9月考入天津轻工业学院食品工程系工业发酵专业学习。1983年7月至1986年5月在原轻工业部长沙设计院从事食品工厂设计工作,1986年5月调入天津农学院任教。1999年3月在天津科技大学在职同等学历研究生学习,获硕士学位。2000年6月至2002年1月任天津农学院食品系副主任,2002年1月任天津农学院食品系主任。兼任天津市农副产品深加工技术工程中心主任,天津市农产品加工科技创新与成果转化基地执行主任,天津市人民政府农业顾问、中国农学会农产品加工分会常务理事等职务。

刘金福主要从事食品科学与工程、农产品加工和天然产物化学与生物活性等领域的教学与科研工作。2001年主持天津市重点软科学研究项目“天津市农产品深加工科技发展方向及对策研究”,该项目2004年获天津市社科优秀成果三等奖。2004年以来主持完成市农委科技成果转化和科技合作项目4项,参加国家级项目2项。作为第三参加人完成的“肉羊产品加工与生产配套技术产业化示范及推广”项目获2008年度天津市科技进步三等奖。研究成果获国家发明专利8项,发表学术论文70余篇。主编面向21世纪高校教材《食品质量与安全管理》和国家“十一五”规划教材《食品工艺学实验》。获得2004年“天津市优秀教师”、2007年“天津市教学名师”、2009年“天津市师德先进个人”等称号。

杨静慧

杨静慧 女,汉族,1961年出生,辽宁省桓仁县人,民盟成员,博士,2002年被评为教授,现任天津农学院园林植物教研室主任。兼任天津市政府专家库咨询专家组农业组组长、天津农学会理事。

杨静慧先后主持或参加了国家成果转化、自然科学基金等60余项研究课题。发表论文200余篇,申请和获得专利13项。主持完成的“碱果园苹果缺绿病研究”项目获1997年度天津市科技进步三等奖。2008年主持的调研项目“发展花卉苗木产业、促进农业经济,改善生态环境”荣获天津市第十届优秀调研成果二等奖和天津市教卫系统第五届优秀调研成果一等奖。2010年撰写的《因地制宜解决天津农村污水处理问题》,被天津市政府办公厅授予“优秀建议奖”,该调研成果还获得了天津市第十一届优秀调研成果三等奖和天津市教卫系统第六届优秀调研成果一等奖。编写教材5部,其中主编教材3部,主编的《园林专业外语》教材被评为国家“十二五”规划教材,参编的另外2部教材分别被列为国家“十五”计划、“十一五”规划教材。2008年主讲的《花卉学》课程被评为天津市级精品课程。

杨静慧1997年被天津市政府授予“天津市爱国、爱市、创业成才优秀青年知识分子”称号。2007年被评为天津市市级优秀教师,2014年获得天津市“五一劳动奖章”。

吴宝华

吴宝华 男,汉族,1959年8月出生,天津市人,中共党员。2000年6月任天津农学院图书馆馆长,2001年5月任天津农学院人文系主任(兼任图书馆馆长)。2002年被评为教授。2014年获第七届天津市高等学校教学名师奖。主要兼职有:天津市图书馆学会常务理事,天津市科学社会主义学会常务理事,中国农学会农业科技情报学会常务理事。吴宝华长期从事人力资源管理学、农村经济学教学与研究工作,先后主讲“西方经济学”“人力资源管理学”等课程。所授课程“人力资源管理学概论”被评为天津农学院精品课程。

吴宝华的主要研究方向是农村经济、人力资源开发与管理。主编教材3部:《政治经济学》(天津人民出版社,1996年出版)、《人力资源管理实用教程》(北京大学出版社,2007年出版)、《人力资源管理专业英语》(中国农业出版社,2010年出版)。出版专著2部:《自然资源经济学》(天津人民出版社,2002年出版)、《农村集体建设用地流转与农民就业转型研究》(天津社会科学院出版社,2013年出版)。发表论文30余篇。主持教育部人文社会科学规划、天津市哲学社会科学重点规划、天津市教育科学规划、天津教委社会科学重大项目等15项,其中省部级10项。《自然资源经济学》(专著)2004年获天津市第九届社会科学优秀成果二等奖。

宋文萍

宋文萍 男,汉族,1956年10月出生,天津市人。1982年毕业于天津农学院淡水养殖专业。1982年至2007年在天津水产研究所工作。其间,1998年至2001年任宁河县科技副县长;2010年任天津渤海水产研究所所长。自参加工作以来,一直从事水产生态与健康养殖技术的研究与应用工作,在长期的科研生产实践中,能够运用取得的科技成果,提升改造传统的海水鱼类养殖业,有效改善渔业生态环境;在增加渔民收入,提高渔业经济和社会效益方面成绩显著。任天津渤海水产研究所所长以来,在科技成果、论文专利、科研团队、实验室建设等方面取得了成绩,组建了海水养殖模式研究、分子遗传育种、渔业资源调查与评估、海洋牧场建设等4个科研团队。完成了渔业资源与环境生态、养殖技术与工程、遗传育种实验室的建设。主持了五年国家级“鲆鲽类产业技术体系天津综合实验站”工作,使天津市海水鱼养殖产业整体得到了提升,在规模、养殖总产量和产值上都有了大幅度的提高。在天津市率先示范并推广了封闭全循环水养殖模式,该养殖模式的推广,克服了水资源紧缺的产业发展瓶颈及养殖废水排放给环境造成的压力,使海水养殖产业能够做到可持续发展,生态效益显著。主持并完成了农业部“海洋牧场建设”项目,首次在全国完成了浅海(-10米)海域人工鱼礁建设。在人工鱼礁建设选址、礁型优化设计、流场效果评价、地质勘察、功能种群恢复等技术方面均取得了成功。

宋文萍任第五、六届市政府农业技术委员会委员;2007年12月被评为研究员;2015年荣获天津市五一劳动奖章,同年开始享受政府特殊津贴。主持完成国家及部、市级以上科研项目10多项,获市科技进步一等奖1项、二等奖2项、三等奖2项,发表学术论文20余篇。

孙金生

孙金生 男,汉族,1965年4月10日出生于天津市东丽区。1982年至1989年,孙金生就读于天津师范大学生物系,并获得理学学士学位和动物学硕士学位;1997年至2000年考入南开大学生命科学学院并获得动物学博士学位。自1989年8月,孙金生先后在天津市水产研究所、天津市水产养殖病害防治中心、中国科学院海洋研究所、天津师范大学生命科学学院、天津市水生动物疫病预防控制中心从事水生经济动物的健康养殖和病害控制的基础研究和应用研究工作。2008年1月至2013年4月任市水产养殖病害防治中心(后更名为天津市水生动物疫病预防控制中心)副主任、主任。

孙金生自1989年硕士研究生毕业后,一直从事水产事业,以重要水产经济动物为研究对象,针对天津市及周边地区产业发展需求,广泛开展了遗传育种和重要病害控制的基础研究和应用研究,开发水产养殖产业发展急需的关键技术,取得了一批具有重要学术价值和应用价值的技术成果。

自2005年开始,孙金生带领他的团队主持完成了国家科技部973计划项目、863计划项目、科技支撑计划项目子课题4项，国家自然科学基金面上项目6项和天津市科研项目12项。获省部级科技进步奖一等奖1项、二等奖3项、三等奖3项。获授权国家发明专利10项，在国内外该领域重要刊物发表论文80篇，参编著作2部。开发重要水产病害快速检测技术和诊断试剂盒8项、高效水产疫苗2个、免疫增强剂2项、以及筛选获得的优质河蟹种群，在天津及周边地区应用获得巨大经济效益。

孙金生2003年被评为研究员。被评为2008年度天津市劳动模范，2011年被评为天津市优秀共产党员，2012年被批准享受政府特殊津贴，并获国家有突出贡献中青年专家称号。还任中国海洋湖沼学会和甲壳动物学会理事、天津市政府农业顾问委员会顾问。

张 勤

张勤 女，土家族，1956年8月19日出生，籍贯湖南。1978年2月考入天津农学院水产专业学习。1982年2月毕业后，分配至天津市水产局淡水处。

自1984年8月，先后在天津市水产研究所、天津市水产技术推广站从事水产养殖病害防治技术研究、水产技术推广等工作，历任天津市水产研究所副所长、所长，天津市水产技术推广站站长、党总支书记。1998年被评为农业推广研究员。主持和承担了多项部市级重点科研推广项目，获得部市级科技进步奖励18项，其中农业部农牧渔业丰收计划一等奖3项，部市级二等奖10项，三等奖5项。编写了《中国对虾养殖及病害防治》(独著)、《罗氏沼虾养殖》(第一作者)、《水产养殖实用技术》(合著)、《海水养殖技术》(合著)等技术书籍，均由天津科技出版社出版。发表科技论文30多篇。

张勤在水产专业技术领域耕耘数十载，在进行对虾健康养殖及病害防治技术研究中，为了掌握第一手资料，自1988年开始连续8年坚持深入基层蹲点，吃住在虾场，研究对虾养殖及防病技术。1993年，对虾暴发病毒性流行病给全国养虾业造成了严重的经济损失，张勤连续主持承担了农业部农牧渔业丰收计划"对虾病害综合防治技术"(1996年)、"对虾健康养殖技术"(2000年)项目和"农业部天津市对虾养殖病害防治示范区"项目，带领技术人员在一线蹲点，经过几年的努力，研究总结出"对虾健康养殖高产新模式"及一整套综合防病技术措施，取得了显著效果。天津市的虾病防治示范区1997~1999年连续三年被评为全国第一，取得了中国对虾养殖亩产量和亩效益全国第一的好成绩。其总结出的"小面积、高水位、高盐度海水兑淡水、强增氧"对虾养殖病害综合防治经验向全国推广，起到了示范带动作用，为全国对虾养殖业的振兴做出了贡献。所主持的两个项目均获得农业部丰收计划一等奖(1998年、2002年)。

为开辟新的养虾途经，促进农民增收，她主持完成了"名优虾类品种引进及培育淡化养殖技术研究”(2002 年度天津市科技进步二等奖)、“南美白对虾淡化养殖技术推广”(2006 年度天津市科技进步奖二等奖)、“南美白对虾产业升级集成技术示范与推广”(2008–2010 年度全国农牧渔业丰收奖一等奖)等市级项目,取得了天津地区南美白对虾从引进、孵化、淡水试养直至大面积示范推广的好成绩,填补了天津市海虾淡养技术的空白,取得了显著的经济、社会和生态效益。

在促进天津市水产养殖品种结构调整优化、扩大良种覆盖率技术推广方面她做了大量卓有成效的工作,主持或参加引进水产优良品种十多个。尤其是 1998 年从俄罗斯引进的乌克兰鳞鲤,经过多年的培育及养殖技术研究,形成了一整套成熟的养殖技术,2008 年–2010 年,天津市养殖面积突破 15 万亩,并扩大到宁夏、新疆等多个省市区,养殖规模达到几十万亩,并被农业部遴选为 2010 年“农业主导品种和主推技术”向全国推广。

在开展研究和推广工作的同时,张勤坚持身体力行地为广大渔民(农民)服务。她每年都深入基层村镇为养殖场(户)开展技术培训、讲座与咨询服务,亲自编写教材,还应邀在天津广播电台津沽大地等节目中播讲水产名特优新品种养殖技术及病害防治技术。为提高培训效果,她将实用的先进技术录制成光盘发给渔民(农民),农民普遍反映张勤的讲授联系实际、形象生动、通俗易懂。

张勤 1982 年 1 月加入中国共产党,1998 年被批准享受政府特殊津贴。2000 年被授予天津市优秀科技工作者称号;2003 年获全国水产先进工作者称号;2004 年被评为天津市劳动模范称号;2006 年和 2010 年被评为天津市民族团结先进模范个人;2009 年获全国三八红旗手称号。1998 年 5 月和 2003 年 1 月分别当选为天津市第十三届、十四届人民代表大会代表。

王玉佩

王玉佩 男,汉族,1958 年 10 月出生,天津市人。1982 年 2 月毕业于天津农学院水产系淡水养殖专业,分配到天津市水产研究所工作。2008 年 5 月任天津市水产研究所副所长。

王玉佩先后主持参加国家部市渔业重大科技攻关项目 20 余项,获部市级科技进步三等奖 7 项、二等奖 4 项,发表学术论文 40 多篇。编著《水产药应用指南》,参加编著《名特优水产品种养殖实用技术》专著。

王玉佩 1984 年~1989 年 10 月主持并参加农业部渔业局“养殖鱼类舞三毛金藻毒素中毒症防治技术”研究课题,分离纯化培养舞三毛金藻—天津藻株,攻克了制约中国沿海和内陆半咸水渔业养殖的重大难题,获农业部科技进步三等奖、天津市科技进步二等奖。1988 年~1992 年 3 月主持并参加“天津市半咸水鱼病防治技术”研究课题,通过大量的实验研究提出了用非金属矿物材料吸附的方法快速去除水中有害氨救治鱼类氨中毒症的方法，攻克了长期困扰天津市鱼类氨中毒症的救治技术难题，获天津市科技进步三等奖。1992 年 8 月~1995 年 9 月主持并参加天津市“鲢鳙鱼暴发性出血病防治技术研究”课题，揭示了鲢鳙鱼发病规律，提出鱼病综合防治技术和方法，获天津市科技进步三等奖。1995 年 3 月~1996 年 3 月主持并参加天津市“鱼用高效、广谱抗菌内服药—鱼服宁研制”课题，研制出投饵性鱼类鱼病防治药饵，使鱼类的细菌性暴发性出血性败血症得到有效控制，获天津市科技进步三等奖。1998 年 6 月~2001 年 11 月主持并参加天津市“鱼类黏孢子虫病防治技术”研究项目，首次从组织病理、血液病例角度揭示发病的机制机理，研究出中草药防治药饵，使这一重大疑难疾病得到控制，获天津市科技进步三等奖。2000 年 6 月~2002 年 9 月主持并参加天津市“鱼饲料有毒有害物质及控制研究”项目，首次对引起鱼类病害的饲料中的特征性有害物质、生物有害物质、饲料污染进行流行病学调查和超显微结构分析观察，提出了饲料质量控制技术和评价指标体系，获天津市科技进步三等奖。

王玉佩在研究水产养殖病害防治技术的同时，积极拓宽专业研究领域，在名优淡水产品苗种培育、水库渔业增值、大水面渔业生态控制技术研究方面取得新的成绩。1989~1991 年 3 月主持并参加天津市“淡水养殖鱼类大面积高产技术研究”分课题“网箱养殖高产技术研究”，获天津市科技进步二等奖。1994 年 1 月~1996 年 3 月主持并参加“天津市大银鱼增殖移植及人工繁殖技术研究”项目，获天津市科技进步二等奖。2005 年 6 月~2007 年 5 月主持国家科技部“名优淡水产品苗种培育及高效养殖技术研究与示范”项目研究，获天津市科技进步二等奖。2008 年 6 月~2010 年 6 月主持并参加“天津市大水面渔业生态健康渔业技术”研究项目，获天津市科技进步三等奖。

1997 年~2007 年王玉佩主持农业部渔业局重大“水生动物疫病防治专项”，主持“天津市水产养殖病害测报重大专项”，在国内省市级单位率先建立起水生动物防疫检疫 P2 标准化实验室。还主持《水产养殖病害防治员职业标准》《天津市水生动物检疫技术标准》《天津市水生动物防疫技术标准》等多项国家和地方技术标准的制定工作。

王玉佩 1997 年 5 月开始享受政府特殊津贴。2010 年 3 月被评为研究员。2007 年~2010 年 6 月任天津市水产专家顾问团成员；1999 年~2010 年任中国水产学会鱼病研究专业委员会委员；2006 年~2010 年 6 月任天津市水产学会水生动物疫病防治专业委员会主任。并任天津市第十届政协委员、第十一届政协常委，第十一届全国政协委员。还任民革天津市第八届委员会委员、常委，第九届、第十届、第十一届、第十二届委员会委员、常委、副主委。民革中央第十届、第十一届、第十二届委员会委员。

第三章 人物名录

第一节 天津市农口党政机构负责人名录（1991~2015年）

一、天津市农村工作委员会

1.共产党组织机构负责人

机构名称	职务	姓名	任职起止时间	备注
中共天津市委农村工作委员会	书记	王立吉	1985年12月~1992年1月	
	书记	郑守森	1992年1月~2006年3月	
	书记	崔士光	2006年3月~2008年3月	
	书记	张俊滨	2008年3月~ 2009年3月	
	书记	张国庆	2009年3月~2014年6月	
中共天津市农村工作委员会委员会	书记	张国庆	2014年6月~2015年10月	
	书记	沈欣	2015年10月~	
中共天津市委农村工作委员会	副书记	李万鹏	1985年12月~1991年8月	
	副书记	朱连康	1990年6月~1993年7月	
	副书记	张毓环	1991年~1993年	
	副书记	王树良	1992年~1993年	
	副书记	陈钟槐	1994年~1996年7月	
	副书记	王学敏	1995年8月~1996年7月	
	副书记	崔士光	1996年8月~2006年3月	
	副书记	冷振修	1996年7月~2006年	
	副书记	郑云生	2002年11月~2009年3月	
	副书记	李文喜	2007年7月~2008年3月	
	副书记	段春华	2006年3月~2007年6月	
	副书记	张胜利	2006年3月~2011年4月	
	副书记	常洪友	2009年11月~2014年6月	
	副书记	张懿	2012年2月~2014年6月	

机构名称	职务	姓名	任职起止时间	备注
中共天津市农村工作委员会委员会	副书记	张懿	2014 年 6 月~2015 年 7 月	
中共天津市农村纪工委	书记	马炳瑞	1992 年 3 月~2008 年 8 月	
	书记	张懿	2007 年 4 月~2015 年 7 月	
市纪委驻市农村工作委员会纪检组	组长	刘春波	2015 年 10 月~	

2.行政机构负责人

机构名称	职务	姓名	任职起止时间	备注
天津市农村工作委员会	主任	朱连康	1990 年 6 月~1993 年 7 月	
	主任	陈钟槐	1993 年 7 月~1996 年 8 月	
	主任	崔士光	1996 年 8 月~2006 年 3 月	
	主任	段春华	2006 年 3 月~2007 年 7 月	
	主任	李文喜	2007 年 7 月~2008 年 3 月	
	主任	张俊滨	2008 年 3 月~2009 年 3 月	
	主任	张国庆	2009 年 3 月~2015 年 11 月	
	主任	沈欣	2015 年 11 月~	
	副主任	张国村	1991 年 ~1995 年	
	副主任	李英群	1991 年 11 月~1995 年	
	副主任	刘汝祥	1992 年~1993 年	
	副主任	王武敬	1992 年~1995 年	
	副主任	张仲浩	1992 年~1993 年	
	副主任	张树明	1992 年~1998 年	
	副主任	梁文忠	1994 年 7 月~1996 年 7 月	
	副主任	赵万里	1994 年~1997 年	
	副主任	何秀恒	1996 年~2001 年	
	副主任	李瑞营	1996 年~2006 年 3 月	
	副主任	杨钟璟	1997 年~2001 年	
	副主任	王恒智	1997 年 10 月~2006 年 3 月	
	副主任	王世宏	2000 年 5 月~2003 年 2 月	
	副主任	王刚清	2001 年 6 月~2003 年 12 月	
	副主任	张世琥	2002 年 1 月~2003 年 3 月	
	副主任	蒋凡凡	2002 年 9 月~2012 年 4 月	
	副主任	孙振清	2006 年 3 月~2009 年 11 月	
	副主任	张世纬	2006 年 3 月~2016 年 12 月	
	副主任	沈欣	2006 年 7 月~2015 年 11 月	
	副主任	李树起	2006 年 11 月~2008 年 3 月	
	副主任	常洪友	2009 年 11 月~2014 年 6 月	

机构名称	职务	姓名	任职起止时间	备注
天津市农村工作委员会	副主任	李森阳	2009年11月~2011年11月	
	副主任	曹殿卿	2014年12月~2015年11月	
	副主任	毛科军	2015年9月~	
	副主任	李金田	2015年9月~	
	副主任	张宗启	2015年11月~	
	总经济师	杨青松	2015年9月~	

二、天津市种植业发展服务中心

1.共产党组织机构负责人

机构名称	职务	姓名	任职起止时间	备注
中共天津市农林局委员会	书记	陈钟槐	1989年8月~1994年6月	
	书记	赵万明	1994年6月~1999年3月	
	书记	乔万义	1999年3月~2003年2月	
	副书记	武润如	1983年6月~1992年2月	
	副书记	冯志勇	1992年1月~1996年1月	
	副书记	赵万里	1996年9月~1998年6月	
	副书记	常洪友	1997年11月~2000年5月	
	副书记	张树明	1998年6月~2003年2月	
中共天津市农业局委员会	书记	张树明	2003年2月~2006年9月	
	书记	张中华	2006年9月~2008年3月	
	副书记	常洪友	2000年5月~2009年11月	
	副书记	刘振国	2002年10月~2008年4月	
中共天津市种植业发展服务中心委员会	书记	项荣	2010年11月~	
	副书记	王家武	2010年11月~	
中共天津市农林局纪律检查委员会	书记	卞琯新	1987年6月~1992年7月	
	书记	王树	1993年6月~1998年7月	
中共天津市农业局纪律检查委员会	书记	寇克明	2000年7月~2003年4月	
	书记	刘志强	2008年11月~2011年1月	
中共天津市种植业发展服务中心纪律检查委员会	书记	王家武	2011年3月~	

2.行政机构负责人

机构名称	职务	姓名	任职起止时间	备注
天津市农林局	局长	陈钟槐	1986 年 3 月~1996 年 9 月	
	局长	赵万里	1996 年 9 月~1998 年 6 月	
	局长	张树明	1998 年 6 月~2003 年 1 月	
	副局长	陈同植	1983 年 8 月~1996 年 6 月	
	副局长	宁培祥	1987 年 7 月~1996 年 1 月	
	副局长	赵万明	1987 年 7 月~1994 年 6 月	
	副局长	魏丕明	1991 年 12 月~1998 年 7 月	
	副局长	张杰	1995 年 10 月~2006 年 3 月	
	副局长	任锡俊	1995 年 10 月~2004 年 12 月	
	副局长	蒋凡凡	1995 年 10 月~2002 年 9 月	
天津市农业局	局长	常洪友	2003 年 3 月~2009 年 11 月	
	副局长	项荣	2001 年 6 月~2010 年 11 月	
	副局长	杜学忠	2007 年 1 月~2008 年 9 月	
	副局长	王宜民	2007 年 1 月~2010 年 1 月	
	总农艺师	王家武	2007 年 1 月~2010 年 11 月	
天津市农委种植业管理办公室（天津市种植业发展服务中心）	主任	项荣	2010 年 11 月~	
	副主任	王家武	2010 年 12 月~	
	副主任	陈吉顺	2011 年 2 月~	

三、天津市林业局

1.共产党组织机构负责人

机构名称	职务	姓名	任职起止时间	备注
中共天津市林业局委员会	书记	程文武	2003 年 12 月~2009 年 11 月	
	书记	李森阳	2009 年 11 月~2010 年 10 月	
	书记	陶润立	2010 年 10 月~2013 年 9 月	
	书记	王宜民	2013 年 9 月~2017 年 3 月	

2.行政机构负责人

机构名称	职务	姓名	任职起止时间	备注
天津市林业局	局长	李森阳	2003 年 12 月~2010 年 10 月	
	局长	陶润立	2010 年 10 月~2011 年 12 月	
	局长	张宗启	2011 年 12 月~	

四、天津市畜牧兽医局

1.共产党组织机构负责人

机构名称	职务	姓名	任职起止时间	备注
中共天津市畜牧业发展服务中心委员会	书记	王劭文	1991 年 11 月~1994 年 2 月	
	书记	王安邦	1994 年 2 月~2000 年 5 月	
	书记	王思杰	2000 年 5 月~2007 年 10 月	
	书记	张春廷	2007 年 10 月~2011 年 11 月	
	书记	廉桂峰	2011 年 11 月~	
	副书记	梁学鹏	1991 年 11 月~1998 年 7 月	
	副书记	王俊志	2005 年 5 月~2006 年 8 月	
	副书记	王祥玉	2002 年 1 月~2012 年 6 月	
	副书记	傅润亭	2006 年 8 月~2010 年 3 月	
	副书记	王红军	2010 年 3 月~	
	副书记	李成水	2012 年 6 月~	
中共天津市畜牧业发展服务中心纪律检查委员会	书记	张庆和	1997 年 3 月~2001 年 10 月	
	书记	张云飞	2002 年 7 月~2006 年 5 月	
	书记	王祥玉	2008 年 3 月~2012 年 6 月	
	书记	李成水	2012 年 6 月~	

2.行政机构负责人

机构名称	职务	姓名	任职起止时间	备注
天津市畜牧兽医局	局长	王劭文	1991 年 11 月~1993 年 7 月	
	局长	梁学鹏	1993 年 7 月~1998 年 7 月	
	局长	王安邦	1998 年 7 月~2000 年 5 月	
	局长	王俊志	2000 年 5 月~2006 年 8 月	
	局长	傅润亭	2006 年 8 月~2010 年 3 月	
	局长	王红军	2010 年 3 月~	
	副局长	贺德泰	1991 年 10 月~1992 年 11 月	
	副局长	梁学鹏	1991 年 10 月~1993 年 7 月	
	副局长	王俊志	1994 年 5 月~2000 年 5 月	
	副局长	傅润亭	1995 年 12 月~2006 年 8 月	
	副局长	王思杰	1995 年 12 月~2000 年 5 月	
	副局长	邢全祥	2000 年 5 月~2007 年 10 月	
	副局长	王红军	2006 年 8 月~2010 年 3 月	
	副局长	李成水	2008 年 3 月~2012 年 6 月	
	副局长	莫会松	2008 年 3 月~	

机构名称	职务	姓名	任职起止时间	备注
天津市畜牧兽医局	副局长	刘克成	2010 年 6 月~	
	副局长	樊航奇	2011 年 2 月~	
	副局长	王志华	2012 年 6 月~	

五、天津市农业机械局

1.共产党组织机构负责人

机构名称	职务	姓名	任职起止时间	备注
中共天津市农业机械局委员会	书记	于兴泉	1991 年 10 月~1993 年 8 月	
	书记	韩治国	1994 年 2 月~2000 年 5 月	
	书记	梁学鹏	2000 年 5 月~2002 年 4 月	
	副书记	乔万义	1990 年 9 月~1993 年 8 月	
	副书记	张凤祥	1994 年 1 月~2002 年 4 月	
	副书记	梁学鹏	1996 年 12 月~2000 年 5 月	
	纪委书记	王敬江	1991 年 10 月~1994 年 11 月	
	纪委书记	王英瑞	1995 年 9 月~2004 年 6 月	
	工会主席	左普德	1991 年 2 月~1996 年 10 月	
中共天津市农业机械发展服务中心委员会	书记	梁学鹏	2002 年 4 月~2008 年 3 月	
	书记	刘宝忠	2008 年 3 月~2010 年 10 月	
	副书记	张凤祥	2002 年 4 月~2004 年 8 月	
	副书记	陶旭	2007 年 1 月~2010 年 10 月	
	纪委书记	张顺义	2004 年 11 月~2010 年 10 月	
中共天津市农业机械发展服务中心(天津市农村工作委员会农业机械管理办公室)委员会	书记	刘宝忠	2010 年 10 月~2010 年 12 月	
	副书记	陶旭	2010 年 10 月~2010 年 12 月	
	纪委书记	张顺义	2010 年 10 月~2010 年 12 月	

2.行政机构负责人

机构名称	职务	姓名	任职起止时间	备注
天津市农业机械局	局长	乔万义	1990 年 10 月~1993 年 8 月	
	局长	韩治国	1994 年 2 月~1996 年 12 月	
	局长	梁学鹏	1996 年 12 月~2002 年 4 月	
	副局长	王润卿	1990 年 10 月~1999 年 10 月	
	副局长	于翰波	1990 年 10 月~2002 年 7 月	
天津市农业机械发展服务中心（天津市农业机械局）	主任(局长)	梁学鹏	2002 年 4 月~2008 年 3 月	
	主任(局长)	刘宝忠	2008 年 3 月~2010 年 10 月	
	副主任	张凤祥	2000 年 5 月~2004 年 8 月	
	副主任	胡伟	2000 年 10 月~2010 年 10 月	
	副主任	刘志伟	2002 年 10 月~2010 年 10 月	
	副主任	陶旭	2004 年 11 月~2007 年 1 月	
天津市农业机械发展服务中心（天津市农村工作委员会农业机械管理办公室）	主任	刘宝忠	2010 年 10 月~	
	副主任	胡伟	2010 年 10 月~	
	副主任	刘志伟	2010 年 10 月~	

六、天津市水产局

1.共产党组织机构负责人

机构名称	职务	姓名	任职起止时间	备注
中共天津市渔业发展服务中心委员会	书记	蔡明玉	2004 年 9 月~2010 年 3 月	
	书记	蔡明玉	2010 年 3 月~2013 年 12 月	

2.行政机构负责人

机构名称	职务	姓名	任职起止时间	备注
天津市渔业发展服务中心	局长	蔡明玉	2004 年 11 月~2010 年 3 月	
	主任	钱品席	2010 年 3 月~2013 年 12 月	

七、天津市水务局

1.共产党组织机构负责人

机构名称	职务	姓名	任职起止时间	备注
中共天津市水务局委员会	书记	张志森	1986 年 2 月~1995 年 3 月	
	书记	王耀宗	1995 年 3 月~2001 年 12 月	
	书记	刘振邦	2001 年 12 月~2009 年 5 月	
	书记	慈树成	2009 年 5 月~2012 年 2 月	
	书记	马明基	2012 年 2 月~	
	副书记	刘洪武	1985 年 5 月~1996 年 1 月	
	副书记	陆铁宝	1996 年 8 月~2005 年 12 月	
	副书记	李锦绣	2002 年 12 月~2009 年 5 月	
	副书记	王宏江	2003 年 8 月~2008 年 3 月	
	副书记	王志合	2006 年 9 月~2013 年 7 月	
	副书记	朱芳清	2008 年 3 月~	
中共天津市水务局纪律检查委员会(纪检组)	书记	边凤来	1989 年 9 月~1995 年 3 月	
	书记	戴峙东	1995 年 3 月~1996 年 9 月	
	书记	陆铁宝	1996 年 9 月~1998 年 4 月	
	书记	李伟	1998 年 4 月~1998 年 12 月	
	书记	刘同章	1998 年 12 月~2002 年 12 月	
	书记	李锦绣	2002 年 12 月~2006 年 9 月	
	书记	王志合	2006 年 9 月~2009 年 7 月	
	纪检组组长	丛建华	2009 年 7 月~2014 年 9 月	
	纪检组组长	赵红	2015 年 11 月~	

2.行政机构负责人

机构名称	职务	姓名	任职起止时间	备注
天津市水务局	局长	张志淼	1988 年 6 月~1993 年 12 月	
	局长	王耀宗	1993 年 12 月~1995 年 5 月	
	局长	刘振邦	1995 年 5 月~2003 年 9 月	
	局长	王宏江	2003 年 9 月~2008 年 3 月	
	局长	朱芳清	2008 年 3 月~	
	副局长	何慰祖	1983 年 6 月~1997 年 4 月	
	副局长	刘振邦	1985 年 5 月~1995 年 5 月	
	副局长	赵连铭	1985 年 5 月~2003 年 4 月	
	副局长	单学仪	1990 年 9 月~2006 年 4 月	
	副局长	陆铁宝	1992 年 6 月~1996 年 9 月	
	副局长	霍宝有	1992 年 6 月~1994 年 12 月	
	副局长	王天生	1995 年 4 月~2010 年 8 月	
	副局长	戴峙东	1996 年 9 月~2004 年 12 月	
	副局长	王宏江	1997 年 6 月~2003 年 9 月	
	副局长	张新景	1997 年 12 月~2001 年 6 月	
天津市水务局	副局长	李锦绣	1999 年 4 月~2002 年 12 月	
	副局长	朱芳清	2002 年 12 月~2008 年 3 月	
	副局长	景　悦	2004 年 7 月~2009 年 5 月	
	副局长	张志颇	2004 年 7 月~	
	副局长	陈振飞	2004 年 7 月~2015 年 11 月	
	副局长	李文运	2008 年 8 月~	
	副局长	陈玉恒	2009 年 5 月~2011 年 12 月	
	副局长	李树根	2009 年 5 月~	
	副局长	马白玉	2013 年 11 月~2014 年 11 月	
	总工程师	杨玉刚	2011 年 7 月~	
	巡视员	李锦绣	2009 年 5 月~2010 年 4 月	
	巡视员	王志合	2012 年 8 月~2013 年 7 月	
	副巡视员	刘洪武	1996 年 1 月~2003 年 12 月	
	副巡视员	张文波	2006 年 10 月~2012 年 9 月	
	副巡视员	刘长平	2008 年 8 月~	
	副巡视员	刘广洲	2011 年 7 月~2015 年 12 月	
	副巡视员	唐先奇	2013 年 12 月~	
天津市南水北调工程建设委员会办公室	主任	王宏江	2004 年 6 月~2008 年 3 月	
	主任	朱芳清	2008 年 6 月~	
	副主任	张文波	2012 年 9 月~	

八、天津市气象局

1.共产党组织机构负责人

机构名称	职务	姓名	任职起止时间	备注
中共天津市气象局党组	书记	王文辉	1989 年 5 月~1993 年 7 月	
	书记	曾凡喜	1993 年 7 月~2003 年 3 月	
	书记	王宗信	2003 年 3 月~2007 年 4 月	
	书记	权循刚	2007 年 12 月~	
	副书记	权循刚	2003 年 3 月~2007 年 12 月	
党组纪检组	组长	潘玉清	1999 年 12 月~2005 年 6 月	
	组长	程亚丽	2006 年 4 月~2015 年 5 月	
	组长	运顺利	2015 年 5 月~	

2.行政机构负责人

机构名称	职务	姓名	任职起止时间	备注
天津市气象局	局长	王文辉	1989 年 5 月~1993 年 7 月	
	局长	曾凡喜	1993 年 7 月~2003 年 3 月	
	局长	王宗信	2003 年 3 月~2007 年 4 月	
	局长	权循刚	2007 年 12 月~	
	副局长	蔡镇方	1989 年 5 月~1995 年 3 月	
	副局长	邓世光	1989 年 5 月~1993 年 7 月	
	副局长	朱洪涛	1993 年 7 月~1999 年 12 月	
	副局长	王宗信	1995 年 3 月~2003 年 3 月	
	副局长	权循刚	1999 年 4 月~2007 年 12 月	
	副局长	马富春	1999 年 12 月~2009 年 5 月	
	副局长	姚学祥	2004 年 6 月~2006 年 10 月	
	副局长	边　海	2007 年 4 月~	
	副局长	运顺利	2008 年 12 月~2015 年 5 月	
	副局长	郭　虎	2010 年 4 月~	

九、天津农垦集团总公司

1.共产党组织机构负责人

机构名称	职务	姓名	任职起止时间	备注
中共天津市农工商总公司委员会	书记	魏建英	1986 年 7 月~1991 年 8 月	
	书记	张国村	1991 年 8 月~1995 年 11 月	
	书记	梁学鹏	1995 年 11 月~1996 年 12 月	
	书记	何秀恒	1996 年 12 月~1997 年 10 月	
	副书记	徐宗禹	1986 年 7 月~1991 年 8 月	
	副书记	白智生	1989 年 12 月~1991 年 8 月	
	副书记	查禄忠	1991 年 8 月~1995 年 11 月	
	副书记	于宗久	1991 年 8 月~1995 年 11 月	
	副书记	汪占琪	1995 年 5 月~1997 年 10 月	
中共天津市农工商总公司纪律检查委员会	书记	郭玉珍	1994 年 4 月~1997 年 10 月	
中共天津农垦集团总公司委员会	书记	何秀恒	1997 年 10 月~2005 年 9 月	
	书记	汪占琪	2005 年 9 月~2009 年 11 月	
	书记	白智生	2009 年 11 月~2010 年 12 月	
	副书记	汪占琪	1997 年 10 月~2005 年 9 月	
	副书记	郭玉珍	2006 年 9 月~2008 年 4 月	
	副书记	陈立东	2006 年 9 月~2010 年 12 月	
中共天津农垦集团总公司纪律检查委员会	书记	郭玉珍	1997 年 10 月~2006 年 9 月	
	书记	陈立东	2006 年 9 月~2010 年 12 月	

2.行政机构负责人

机构名称	职务	姓名	任职起止时间	备注
天津市农工商总公司	总经理	徐宗禹	1986 年 8 月~1991 年 9 月	
	总经理	查禄忠	1991 年 9 月~1995 年 12 月	
	总经理	梁学鹏	1996 年 1 月~1996 年 12 月	
	总经理	何秀恒	1996 年 12 月~1997 年 10 月	
	副总经理	王秉衡	1983 年 8 月~1996 年 1 月	
	副总经理	白音宝勒格	1983 年 8 月~1991 年 9 月	
	副总经理	郭玉珍	1983 年 8 月~1994 年 4 月	
	副总经理	张鹏	1983 年 8 月~1992 年 9 月	
	副总经理	于宗久	1987 年 1 月~1997 年 10 月	
	副总经理	白智生	1991 年 10 月~1997 年 10 月	
	副总经理	马国寅	1993 年 10 月~1997 年 10 月	

机构名称	职务	姓名	任职起止时间	备注
天津农垦集团总公司	董事长	白智生	2009 年 11 月~2010 年 12 月	
	总经理	何秀恒	1997 年 10 月~2005 年 9 月	
	总经理	白智生	2005 年 10 月~2009 年 11 月	
	总经理	韦恩学	2009 年 11 月~2010 年 12 月	
	副总经理	白智生	1997 年 10 月~2005 年 9 月	
	副总经理	高孝德	1997 年 10 月~2005 年 12 月	
	副总经理	于宗久	1997 年 10 月~2000 年 11 月	
	副总经理	马国寅	1997 年 10 月~2004 年 6 月	
	副总经理	常汉德	1997 年 10 月~2000 年 11 月	
	副总经理	韦恩学	2000 年 11 月~2009 年 11 月	
	副总经理	高峰	2002 年 3 月~2010 年 12 月	
	副总经理	李明清	2010 年 11 月~2010 年 12 月	
	副总经理	张春善	2010 年 11 月~2010 年 12 月	
	总经济师	李连锁	2000 年 11 月~2010 年 12 月	
	总经济师	张文林	2000 年 11 月~2010 年 12 月	

十、天津市乡镇企业管理局

1.共产党组织机构负责人

机构名称	职务	姓名	任职起止时间	备注
中共天津市乡镇企业管理局党组	书记	张克俊	1991 年 8 月~1995 年 12 月	
	书记	王武敬	1995 年 12 月~1998 年 6 月	
	书记	李瑞营	1998 年 6 月~2000 年 6 月	
	副书记	韩瑞林	1985 年 11 月~1997 年 4 月	
	副书记	李占发	1996 年 7 月~2000 年 6 月	
中共天津市中小企业发展促进局党组	书记(兼)	张国庆	2009 年 5 月~2010 年 5 月	
	书记	尉永久	2010 年 5 月~	

2.行政机构负责人

机构名称	职务	姓名	任职起止时间	备注
天津市乡镇企业管理局	局长	张克俊	1991 年 8 月~1995 年 12 月	
	局长	王武敬	1995 年 12 月~1998 年 6 月	
	局长	李瑞营	1998 年 6 月~2000 年 6 月	
	副局长	韩瑞林	1985 年 11 月~1997 年 4 月	
	副局长	李占发	1996 年 7 月~2000 年 6 月	
天津市中小企业发展促进局	局长(兼)	张国庆	2009 年 5 月~2010 年 5 月	
	局长	尉永久	2010 年 5 月~	

十一、天津农学院

1.共产党组织机构负责人

机构名称	职务	姓名	任职起止时间	备注
中共天津农学院委员会	书记	高士忠	1986 年 3 月~1992 年 12 月	
	书记	白乐志	1992 年 12 月~2003 年 12 月	
	书记	程治山	2003 年 12 月~2006 年 6 月	
	书记	高永志	2006 年 6 月~2010 年 5 月	
	书记	程治山	2010 年 5 月~2015 年 11 月	
	书记	孙守钧	2015 年 11 月~	
	副书记	谢宝华	1983 年 5 月~2000 年 4 月	
	副书记	张学涵	1989 年 8 月~2003 年 4 月	
	副书记	程治山	2000 年 11 月~2003 年 12 月 2006 年 6 月~2010 年 5 月	
	副书记	王刚清	2003 年 12 月~	
中共天津农学院纪律检查委员会	书记	李振歧	1995 年 6 月~2000 年 2 月	
	书记	张春廷	2002 年 7 月~2007 年 12 月	
	书记	薛贵岐	2007 年 12 月~	

2.行政机构负责人

机构名称	职务	姓名	任职起止时间	备注
天津农学院	院长	谢宝华	1987 年 5 月 ~2000 年 4 月	
	院长	程治山	2000 年 11 月~2010 年 5 月	
	院长	邢克智	2010 年 5 月~	
	副院长	郝广杰	1987 年 5 月~1992 年 3 月	
	副院长	刘先觉	1993 年 4 月~1999 年 11 月	
	副院长	刘茂春	1993 年 4 月~2002 年 9 月	
	副院长	程治山	1997 年 6 月~2000 年 11 月	
	副院长	邢克智	2000 年 11 月~2010 年 5 月	
	副院长	孙守钧	2001 年 10 月~2015 年 11 月	
	副院长	王刚清	2003 年 12 月~	
	副院长	赵 辉	2010 年 11 月~	
	副院长	徐 瑛	2015 年 6 月~	

十二、天津市农业科学院

1.共产党组织机构负责人

机构名称	职务	姓名	任职起止时间	备注
中共天津市农业科学院委员会	书记	寇承安	1989 年 8 月~1992 年 12 月	
	书记	翟焕元	1992 年 12 月~2001 年 6 月	
	书记	王学敏	2001 年 6 月~2006 年 7 月	
	书记	王俊志	2006 年 7 月~2009 年 11 月	
	书记	傅润亭	2009 年 11 月~2015 年 10 月	
	副书记	刘 钧	1985 年 11 月~1992 年 12 月	
	副书记	王隆清	1997 年 8 月~2008 年 11 月	
	副书记	陆文龙	2006 年 7 月~2015 年 12 月	
	副书记	杨卫东	2009 年 11 月~2015 年 2 月	
中共天津市农业科学院纪律检查委员会	书记	王景财	1996 年 3 月~2002 年 7 月	
	书记	郭长兴	2002 年 7 月~2007 年 3 月	
	书记	邱克强	2007 年 3 月~	

2.行政机构负责人

机构名称	职务	姓名	任职起止时间	备注
天津市农业科学院	院长	蒋振宝	1980 年 2 月~1991 年 8 月	
	院长	路凯旋	1991 年 10 月~2006 年 7 月	
	院长	陆文龙	2006 年 7 月~2015 年 12 月	
	副院长	侯 锋	1983 年 8 月~1991 年 10 月	
	副院长	路凯旋	1987 年 8 月~1991 年 10 月	
	副院长	刘 钧	1987 年 8 月~1992 年 12 月	
	副院长	蒋厚镇	1987 年 7 月~1991 年 9 月	
	副院长	蒋如生	1991 年 10 月~2000 年 2 月	
	副院长	李家庆	1992 年 12 月~2003 年 4 月	
	副院长	王隆清	1992 年 12 月~20008 年 11 月	
	副院长	倪守明	1997 年 8 月~2004 年 3 月	
	副院长	杨卫东	2000 年 11 月~2015 年 2 月	
	副院长	陆文龙	2004 年 3 月~2006 年 7 月	
	副院长	程 奕	2008 年 8 月~	
	副院长	孙德岭	2010 年 11 月~	

第二节 中共全国代表大会和天津市代表大会代表名录（1991~2015年）

一、中共全国代表大会代表

届序	会议时间	代表姓名	工作单位	职务	备注
中共第十四次全国代表大会	1992年10月	吕淑珍	市农科院黄瓜研究所	党支部书记、研究员	
中共第十五次全国代表大会	1997年9月	吕淑珍	市农科院黄瓜研究所	党支部书记、研究员	
中共第十八次全国代表大会	2012年11月	张国庆	市委农工委、市农委	书记、主任	

二、中共天津市代表大会代表

届序	会议时间	代表姓名	工作单位	职务	备注
中共天津市第六次代表大会	1993年5月	陈钟槐	市农业局	局长	
中共天津市第六次代表大会	1993年5月	张志淼	市水利局	党委书记	
中共天津市第六次代表大会	1993年5月	张国村	中共天津市农工商总公司委员会	书记	
中共天津市第六次代表大会	1993年5月	徐文恒	中法王朝葡萄酿酒有限公司	总经理	
中共天津市第六次代表大会	1993年5月	汪占琪	中共天津市农工商总公司委员会	副书记	
中共天津市第六次代表大会	1993年5月	白乐志	天津农学院	党委书记	
中共天津市第六次代表大会	1993年5月	翟焕元	市农科院	党委书记	
中共天津市第七次代表大会	1998年4月	王耀宗	市水利局	党委书记	
中共天津市第七次代表大会	1998年4月	曾凡喜	市气象局	局长	
中共天津市第七次代表大会	1998年4月	何秀恒	天津农垦集团总公司	党委书记	
中共天津市第七次代表大会	1998年4月	白乐志	天津农学院	党委书记	
中共天津市第七次代表大会	1998年4月	翟焕元	市农科院	党委书记	
中共天津市第七次代表大会	1998年4月	王学敏	市农科院	党委书记	
中共天津市第八次代表大会	2002年4月	乔万义	天津市农业局	党委书记	
中共天津市第八次代表大会	2002年4月	刘振邦	市水利局	党委书记	
中共天津市第八次代表大会	2002年4月	何秀恒	天津农垦集团总公司	党委书记	
中共天津市第八次代表大会	2002年4月	程治山	天津农学院	党委书记	
中共天津市第八次代表大会	2002年4月	王学敏	市农科院	党委书记	
中共天津市第八次代表大会	2002年4月	王俊志	市农科院	党委书记	
中共天津市第九次代表大会	2007年5月	张中华	天津市农业局	党委书记	
中共天津市第九次代表大会	2007年5月	刘振邦	市水利局	党委书记	
中共天津市第九次代表大会	2007年5月	李惠英	天津市水利勘测设计院	副院长	

届序	会议时间	代表姓名	工作单位	职务	备注
中共天津市第九次代表大会	2007 年 5 月	权循刚	市气象局	局长	
中共天津市第九次代表大会	2007 年 5 月	田凤英	中法王朝葡萄酿酒有限公司	副总经理	
中共天津市第九次代表大会	2007 年 5 月	高永志	天津农学院	党委书记	
中共天津市第九次代表大会	2007 年 5 月	王俊志	市农科院	党委书记	
中共天津市第九次代表大会	2007 年 5 月	傅润亭	市农科院	党委书记	2009 年 11 月任院党委书记
中共天津市第十次代表大会	2012 年 5 月	张国庆	市委农工委、市农村工作委员会	书记、主任	
中共天津市第十次代表大会	2012 年 5 月	项　荣	天津市种植业发展服务中心	党委书记、主任	
中共天津市第十次代表大会	2012 年 5 月	刘子芝	天津市动物卫生监督所	推广研究员	
中共天津市第十次代表大会	2012 年 5 月	朱芳清	市水务局	局长	
中共天津市第十次代表大会	2012 年 5 月	陶润立	市林业局	党委书记	
中共天津市第十次代表大会	2012 年 5 月	程治山	天津农学院	党委书记	

注：在中共天津市第七次代表大会上，王学敏当选为市委委员，2001 年 6 月–2006 年 7 月任市农科院党委书记。王俊志于 2006 年 7 月–2009 年 11 月任市农科院党委书记。

第三节　全国人民代表大会和天津市人民代表大会代表名录（1991~2015 年）

一、全国人民代表大会代表

届序	会议时间	代表姓名	工作单位	职务	备注
第八届全国人民代表大会	1993 年 3 月~1998 年 3 月	崔士光	天津市农村工作委员会	主任	
第九届全国人民代表大会	1998 年 3 月~2003 年 3 月	崔士光	天津市农村工作委员会	主任	
第十届全国人民代表大会	2003 年 3 月 ~2008 年 3 月	崔士光	天津市农村工作委员会	主任	
第十届全国人民代表大会	2003 年 3 月~2008 年 3 月	曹大正	天津市水利科学研究院	院长	

届序	会议时间	代表姓名	工作单位	职务	备注
第十届全国人民代表大会	2003 年 3 月~2008 年 2 月	邢克智	天津农学院	副院长	
第十一届全国人民代表大会	2008 年 3 月~2013 年 3 月	曹大正	天津市水利科学研究院	院长	
第十一届全国人民代表大会	2008 年 3 月~2013 年 3 月	邢克智	天津农学院	副院长	
第十届二全国人民代表大会	2013 年 3 月~2018 年 3 月	周潮洪	天津市水利科学研究院	总工程师	
第十二届全国人民代表大会	2013 年 3 月~2018 年 3 月	邢克智	天津农学院	副院长	

二、天津市人民代表大会代表

届序	会议时间	代表姓名	工作单位	职务	备注
天津市第十二届人民代表大会	1993 年 6 月~1998 年 5 月	陈钟槐	市农林局	局长	
天津市第十二届人民代表大会	1993 年 6 月~1998 年 5 月	张志淼	市水利局	党委书记	
天津市第十二届人民代表大会	1993 年 6 月~1998 年 5 月	刘金甲	天津市奶牛研究所	副研究员	
天津市第十二届人民代表大会	1993 年 6 月~1998 年 5 月	汪占琪	天津市农工商总公司	党委副书记	
天津市第十二届人民代表大会	1993 年 6 月~1998 年 5 月	吕淑珍	市农科院黄瓜研究所	党支部书记 研究员	
天津市第十二届人民代表大会	1993 年 6 月~1998 年 5 月	丘玉秀	市农科院蔬菜研究所	研究员	
天津市第十三届人民代表大会	1998 年 5 月~2003 年 1 月	王武敬	天津市农村工作委员会	副主任	
天津市第十三届人民代表大会	1998 年 5 月~2003 年 1 月	张　勤	市水产技术推广站	站长	
天津市第十三届人民代表大会	1998 年 5 月~2003 年 1 月	曾凡喜	市气象局	研究员	

届序	会议时间	代表姓名	工作单位	职务	备注
天津市第十三届人民代表大会	1998年5月~2003年1月	刘振邦	市水利局	局长	
天津市第十三届人民代表大会	1998年5月~2003年1月	何秀恒	天津农垦集团总公司	党委书记	
天津市第十三届人民代表大会	1998年5月~2003年1月	丘玉秀	市农科院蔬菜研究所	研究员	
天津市第十三届人民代表大会	1998年5月~2003年1月	王学敏	市农科院	党委书记	
天津市第十四届人民代表大会	2003年1月~2008年1月	王世宏	天津市农村工作委员会	副主任	
天津市第十四届人民代表大会	2003年1月~2008年1月	张世琥	天津市农村工作委员会	副主任	
天津市第十四届人民代表大会	2003年1月~2008年1月	崔士光	中共天津市委农工委	书记	
天津市第十四届人民代表大会	2003年1月~2008年1月	张树明	天津市农业局	局长、党委副书记	
天津市第十四届人民代表大会	2003年1月~2008年1月	张　勤	市水产技术推广站	站长、研究员	
天津市第十四届人民代表大会	2003年1月~2008年1月	刘振邦	市水利局	党委书记	
天津市第十四届人民代表大会	2003年1月~2008年1月	郑洪君	市水利工程公司	董事长	
天津市第十四届人民代表大会	2003年1月~2008年1月	何秀恒	天津农垦集团总公司	党委书记	
天津市第十四届人民代表大会	2003年1月~2008年1月	王俊志	市农科院	党委书记	
天津市第十五届人民代表大会	2008年1月~2013年1月	崔士光	中共天津市委农工委	书记	
天津市第十五届人民代表大会	2008年1月~2013年1月	张中华	天津市农业局	党委书记	
天津市第十五届人民代表大会	2008年1月~2013年1月	刘振邦	市水务局	党委书记	

届序	会议时间	代表姓名	工作单位	职务	备注
天津市第十五届人民代表大会	2008 年 1 月~2013 年 1 月	郑洪君	市水利工程公司	董事长	
天津市第十五届人民代表大会	2008 年 1 月~2013 年 1 月	马吉利	市排水管理处排水三所	所长	
天津市第十五届人民代表大会	2008 年 1 月~2013 年 1 月	白智生	天津农垦集团总公司	总经理	
天津市第十六届人民代表大会	2013 年 1 月~2018 年 1 月	马明基	市水务局	党委书记	
天津市第十六届人民代表大会	2013 年 1 月~2018 年 1 月	马吉利	市排水管理处排水三所	所长	

第四节 全国政协委员和天津市政协委员名录（1991~2015 年）

一、政协全国委员会委员

届序	会议时间	代表姓名	工作单位	职务	备注
全国政协第七届委员会	1988 年~1993 年	侯 锋	市农科院	副院长、研究员	
全国政协第八届委员会	1993 年~1998 年	侯 锋	市农科院	副院长、研究员	
全国政协第十一届委员会	2008 年 3 月~2013 年 3 月	王玉佩	天津市水产养殖病害防治中心	副研究员、副主任	

二、政协天津市委员会委员

届序	会议时间	代表姓名	工作单位	职务	备注
政协天津市八届委员会	1988年5月~1993年6月	安志信	市农科院蔬菜研究所	研究员	
政协天津市八届委员会	1988年5月~1993年6月	路凯旋	市农科院	院长	
政协天津市九届委员会	1993年6月~1998年5月	徐文恒	中法王朝葡萄酿酒有限公司	总经理	
政协天津市九届委员会	1993年6月~1998年5月	李海峰	天津市奶品公司	经理	
政协天津市九届委员会	1993年6月~1998年5月	周富英	天津市红光农场园艺队	队长	
政协天津市九届委员会	1993年6月~1998年5月	廖秋吟	天津市双林农场	高级农艺师	
政协天津市九届委员会	1993年6月~1998年5月	谢宝华	天津农学院	党委副书记	
政协天津市九届委员会	1993年6月~1998年5月	路凯旋	市农科院	院长	
政协天津市九届委员会	1993年6月~1998年5月	安志信	市农科院蔬菜研究所	研究员	
政协天津市九届委员会	1993年6月~1998年5月	齐宗佑	市农科院畜牧兽医研究所	研究员	
政协天津市十届委员会	1998年5月~2003年1月	王玉佩	天津市水产养殖病害防治中心	副研究员副主任	
政协天津市十届委员会	1998年5月~2003年1月	王耀宗	市水利局	党委书记	
政协天津市十届委员会	1998年5月~2003年1月	孙业勤	市水利局	副总工程师	
政协天津市十届委员会	1998年5月~2003年1月	刘维钧	市水利局政研室	副调研员	
政协天津市十届委员会	1998年5月~2003年1月	曹大正	天津市水利科学研究所	所长	政协常委

届序	会议时间	代表姓名	工作单位	职务	备注
政协天津市十届委员会	1998年5月~2003年1月	宛公展	市气象科学研究所	研究员	
政协天津市十届委员会	1998年5月~2003年1月	高孝德	中法王朝葡萄酿酒有限公司	总经理	
政协天津市十届委员会	1998年5月~2003年1月	谢宝华	农学院	党委副书记	
政协天津市十届委员会	1998年5月~2003年1月	路凯旋	市农科院	院长	
政协天津市十一届委员会	2003年1月~2008年1月	乔万义	天津市农业局	党委书记	
政协天津市十一届委员会	2003年1月~2008年1月	王玉佩	天津市水产养殖病害防治中心	副研究员 副主任	政协常委
政协天津市十一届委员会	2003年1月~2008年1月	练达仁	市水利局	总工程师	
政协天津市十一届委员会	2003年1月~2008年1月	周潮洪	天津市水利科学研究所	副所长	
政协天津市十一届委员会	2003年1月~2008年1月	曾凡喜	市气象局	局长	
政协天津市十一届委员会	2003年1月~2008年1月	王宗信	市气象局	局长	
政协天津市十一届委员会	2003年1月~2008年1月	边海	市气象局	副局长	
政协天津市十一届委员会	2003年1月~2008年1月	高孝德	中法王朝葡萄酿酒有限公司	总经理	
政协天津市十一届委员会	2003年1月~2008年1月	白乐志	天津农学院	党委书记	
政协天津市十一届委员会	2003年1月~2008年1月	路凯旋	市农科院	院长	
政协天津市十一届委员会	2003年1月~2008年1月	李喜宏	国家农产品保鲜中心	研究员	
政协天津市十二届委员会	2008年1月~2013年1月	杜长城	天津市林木种子管理站	站长	

届序	会议时间	代表姓名	工作单位	职务	备注
政协天津市十二届委员会	2008年1月~2013年1月	王鸿英	天津市动物疫病预防控制中心	高级兽医师	
政协天津市十二届委员会	2008年1月~2013年1月	梁学鹏	天津市农业机械发展服务中心	党委书记	
政协天津市十二届委员会	2008年1月~2013年1月	周潮洪	天津市水利科学研究院	总工程师	
政协天津市十二届委员会	2008年1月~2013年1月	权循刚	市气象局	局长	
政协天津市十二届委员会	2008年1月~2013年1月	边 海	市气象局	副局长	
政协天津市十二届委员会	2008年1月~2013年1月	由立宏	市气象装备中心	副主任	
政协天津市十二届委员会	2008年1月~2013年1月	汪占琪	天津农垦集团总公司	党委书记	
政协天津市十二届委员会	2008年1月~2013年1月	陈乃明	中法王朝葡萄酿酒有限公司	总经理	
政协天津市十二届委员会	2008年1月~2013年1月	田凤英	中法王朝葡萄酿酒有限公司	副总经理	
政协天津市十二届委员会	2008年1月~2013年1月	王俊志	市农科院	党委书记	
政协天津市十三届委员会	2013年1月~2018年1月	杜长城	天津市林木种子管理站	站长	
政协天津市十三届委员会	2013年1月~2018年1月	朱芳清	市水务局	局长	
政协天津市十三届委员会	2013年1月~2018年1月	程治山	天津农学院	党委书记	

第五节 全国和天津市先进党组织、优秀共产党员名录（1991~2015年）

一、全国先进党组织

单位	荣誉称号	授予单位	授予时间	备注
市引滦工程尔王庄管理处党委	全国创先争优先进基层党组织	中共中央组织部	2012年6月	

二、天津市先进党组织

单位	荣誉称号	授予单位	授予时间	备注
市农科院黄瓜研究所党支部	天津市先进党组织	中共天津市委	1994年6月	
市农科院黄瓜研究所党支部	天津市先进党组织	中共天津市委	1996年6月	
天津市于桥水力发电有限责任公司党总支	天津市先进党组织	中共天津市委	1999年6月	
天津市排水管理处第四排水管理所党支部	天津市先进基层党组织	中共天津市委	2011年6月	
市引滦工程尔王庄管理处党委	天津市创先争优先进基层党组织	中共天津市委	2012年6月	

三、天津市优秀共产党员

姓名	性别	工作单位	荣誉称号	授予单位	授予时间	备注
张玉成	男	天津市气象技术装备中心	天津市优秀共产党员	中共天津市委	1991年6月	
魏迺荣	男	市农科院蔬菜研究所	天津市优秀共产党员	中共天津市委	1991年6月	
刘瑞符	女	市农科院农作物研究所	天津市优秀共产党员	中共天津市委	1994年6月	
李占敏	女	天津市里自沽农场宏发超市	天津市优秀共产党员	中共天津市委	2001年6月	
马德华	男	市农科院黄瓜研究所	天津市优秀共产党员	中共天津市委	2001年6月	
李惠英	女	天津市水利勘测设计院	天津市优秀共产党员	中共天津市委	2001年6月	
李惠英	女	天津市水利勘测设计院	天津市优秀共产党员	中共天津市委	2006年6月	
王瑞卿	女	市农业技术推广站	天津市优秀共产党员	中共天津市委	2011年6月	
孙金生	男	天津市渤海水产研究所	天津市优秀共产党员	中共天津市委	2011年6月	
吴换营	男	天津市水利勘测设计院	天津市优秀共产党员	中共天津市委	2011年6月	
刘玉宝	男	天津市北大港水库管理处	天津市优秀党务工作者	中共天津市委	2011年6月	
孙德岭	男	市农科院	天津市优秀共产党员 天津市“十大时代先锋”	中共天津市委	2011年6月	

第六节　全国和天津市劳动模范集体名录（1991~2015 年）

一、全国劳动模范集体

单位	荣誉称号	授予单位	授予时间	备注
市农科院黄瓜研究所育种开发研究室	全国优秀班组并获“五一”劳动奖状	中华全国总工会	1991 年 4 月	
天津市渔政渔港监督管理处	全国文明单位	中央精神文明建设指导委员会	2011 年 12 月	

二、省市级劳动模范集体

单位	荣誉称号	授予单位	授予时间	备注
市农科院黄瓜研究所育种开发研究室	天津市特等模范集体	天津市委、市政府	1991年4月	1990 年度市特模集体
天津市水产冷冻厂加工车间	天津市模范集体	天津市委、市政府	1993 年 4 月	1992 年度市模范集体
蓟县马伸桥水利站	天津市模范集体	天津市委、市政府	1993 年 4 月	1992 年度市模范集体
市农科院蔬菜研究所青椒菜花研究室	天津市模范集体	天津市委、市政府	1993 年 4 月	1992年度市模范集体
市农科院蔬菜研究所青椒菜花研究室	天津市模范集体	天津市委、市政府	1995 年 4 月	1994 年度市模范集体
市农科院黄瓜研究所育种推广研究室	天津市特等模范集体	天津市委、市政府	1997 年 4 月	1996 年度市特模集体
市农科院黄瓜研究所育种推广研究室	天津市特等模范集体	天津市委、市政府	2001 年 4 月	2000 年度市特模集体
宁河县苗庄水利站	天津市特等模范集体	天津市委、市政府	2001 年 4 月	2000 年度市模范集体
市农科院蔬菜研究所花椰菜研究室	天津市模范集体	天津市委、市政府	2003 年 4 月	2002 年度市模范集体
市引滦工程尔王庄管理处泵站管理所	天津市模范集体	天津市委、市政府	2011 年 4 月	2010 年度市模范集体
天津市排水管理处第四排水管理所	天津市模范集体	天津市委、市政府	2015 年 4 月	2014 年度市模范集体

第七节 全国和天津市劳动模范、先进工作者名录（1991~2015年）

一、全国劳动模范、先进工作者

姓名	性别	工作单位	荣誉称号	授予单位	授予时间
谷守贤	男	天津市原种场	全国“五一”劳动奖章	中华全国总工会	1991年4月
吕淑珍	女	市农科院黄瓜研究所	全国“五一”劳动奖章	中华全国总工会	1991年4月
徐文恒	男	中法合营王朝葡萄酿酒有限公司	全国劳动模范	国务院	1995年4月
吕淑珍	女	市农科院黄瓜研究所	全国先进工作者	国务院	1995年4月
闻凤英	女	市农科院蔬菜研究所	全国先进工作者	国务院	2000年4月
田凤英	女	中法合营王朝葡萄酿酒有限公司	全国劳动模范	国务院	2005年4月
李加旺	男	市农科院黄瓜研究所	全国劳动模范	国务院	2010年4月
周潮洪	女	天津市水利科学研究院	全国“五一”劳动奖章	中华全国总工会	2011年4月

二、天津市劳动模范、先进工作者

姓名	性别	工作单位	荣誉称号	授予单位	授予时间
徐文恒	男	中法合营王朝葡萄酿	天津市劳动模范	天津市委、市政府	1991年4月
张吉祥	男	天津市双林农场商业公司	天津市劳动模范	天津市委、市政府	1991年4月
侯士力	男	天津市红旗农场淀粉厂厂长	天津市劳动模范	天津市委、市政府	1991年4月
刘瑞琪	男	天津市杏林食品厂	天津市劳动模范	天津市委、市政府	1991年4月
赵广忠	男	天津市武清农场东方乳品厂乳品厂	天津市劳动模范	天津市委、市政府	1991年4月
刘瑞符	女	市农科院农作物研究所	天津市劳动模范	天津市委、市政府	1991年4月
刘丽华	女	市水产供销公司冷冻厂	天津市劳动模范	天津市委、市政府	1993年4月
刘万元	男	天津市船厂修船分厂钳工	天津市劳动模范	天津市委、市政府	1993年4月
赵广忠	男	天津市武清农场东方乳品厂	天津市劳动模范	天津市委、市政府	1993年4月
韩凤兰	女	天津市畜禽制药厂厂长	天津市劳动模范	天津市委、市政府	1993年4月
王金华	男	北大港农场渤海乳品厂厂长	天津市劳动模范	天津市委、市政府	1993年4月
马同生	男	天津市工农联盟农场漆布厂厂长	天津市劳动模范	天津市委、市政府	1993年4月
刘书勤	男	天津市河道闸站管理总所	天津市劳动模范	天津市委、市政府	1993年4月
肖淑招	女	天津市气象科学研究所	天津市劳动模范	天津市委、市政府	1993年4月
徐文恒	男	中法合营王朝葡萄酿酒有限公司总经理	天津市劳动模范	天津市委、市政府	1993年4月
吕淑珍	女	市农科院黄瓜研究所	天津市特等劳动	天津市委、市政府	1993年4月

姓名	性别	工作单位	荣誉称号	授予单位	授予时间
苏强	男	天津市原种场	天津市劳动模范	天津市委、市政府	1995年4月
张钧	男	天津市农业机械总公司	天津市劳动模范	天津市委、市政府	1995年4月
邢全祥	男	天津市水产供销公司	天津市劳动模范	天津市委、市政府	1995年4月
蓝福生	男	天津市牧津纤维有限公司	天津市劳动模范	天津市委、市政府	1995年4月
王福德	男	天津市船厂修船分厂	天津市劳动模范	天津市委、市政府	1995年4月
刘云波	男	天津市引滦工程于桥水库管理处	天津市劳动模范	天津市委、市政府	1995年4月
赵广忠	男	天津市武清农场东方乳品厂	天津市劳动模范	天津市委、市政府	1995年4月
韩凤兰	女	天津市畜禽制药厂厂长	天津市劳动模范	天津市委、市政府	1995年4月
王金华	男	北大港农场渤海乳品厂厂长	天津市劳动模范	天津市委、市政府	1995年4月
王传芳	男	天津市东郊农场水电站	天津市劳动模范	天津市委、市政府	1995年4月
邱庆宗	男	市武清农场东亚化工厂厂长	天津市劳动模范	天津市委、市政府	1995年4月
吕淑珍	男	市农科院黄瓜研究所	天津市特等劳动模范	天津市委、市政府	1995年4月
苏强	男	天津市原种场	天津市劳动模范	天津市委、市政府	1997年4月
刘宝利	男	天津市农业机械试验鉴定站	天津市劳动模范	天津市委、市政府	1997年4月
蓝福生	男	天津市牧津企业有限公司	天津市特等劳动模范	天津市委、市政府	1997年4月
苑自建	男	天津市经济管理学校	天津市劳动模范	天津市委、市政府	1997年4月
赵长顺	男	天津市海洋渔业公司船长	天津市劳动模范	天津市委、市政府	1997年4月
曹大正	男	天津市水利科学研究所	天津市劳动模范	天津市委、市政府	1997年4月
魏中华	男	天津市里自沽农场公司	天津市劳动模范	天津市委、市政府	1997年4月
王炳君	女	市农科院蔬菜研究所	天津市劳动模范	天津市委、市政府	1997年4月
李少华	男	天津市种子管理站总农艺师	天津市劳动模范	天津市委、市政府	1999年4月
施国安	男	市海洋渔业公司海上生产总指挥	天津市劳动模范	天津市委、市政府	1999年4月
刘云波	男	天津市引滦工程于桥水库管理处	天津市劳动模范	天津市委、市政府	1999年4月
魏中华	男	天津市里自沽农场	天津市劳动模范	天津市委、市政府	1999年4月
朱兵	男	天津市红光农场医疗记录纸厂厂长	天津市劳动模范	天津市委、市政府	1999年4月
李丽英	女	天津市大钟庄农场制线厂厂长	天津市劳动模范	天津市委、市政府	1999年4月
闻凤英	女	市农科院蔬菜研究所	天津市劳动模范	天津市委、市政府	1999年4月
李秀文	男	天津市植保植检站	天津市劳动模范	天津市委、市政府	2001年4月
万日明	男	天津市水利科学研究所	天津市劳动模范	天津市委、市政府	2001年4月
刘益然	男	天津市气象台	天津市劳动模范	天津市委、市政府	2001年4月
李占敏	女	天津市里自沽农场宏发超市经理	天津市劳动模范	天津市委、市政府	2001年4月
王广林	男	天津市红光农场奶牛一场	天津市劳动模范	天津市委、市政府	2001年4月
刘连超	男	天津市东郊农场场长	天津市劳动模范	天津市委、市政府	2001年4月
丁伯良	男	市农科院畜牧兽医研究所	天津市劳动模范	天津市委、市政府	2001年4月
王瑞卿	女	天津市农业技术推广站	天津市劳动模范	天津市委、市政府	2003年4月
王得军	男	市水文水资源勘测管理中心	天津市劳动模范	天津市委、市政府	2003年4月

姓名	性别	工作单位	荣誉称号	授予单位	授予时间
田凤英	女	中法合营王朝葡萄酿酒有限公司副总经理	天津市劳动模范	天津市委、市政府	2003 年 4 月
张景和	男	天津市双林农场场长	天津市劳动模范	天津市委、市政府	2003 年 4 月
张家国	男	天津市红光农场副场长	天津市劳动模范	天津市委、市政府	2003 年 4 月
李共群	女	市农科院畜牧兽医研究所	天津市劳动模范	天津市委、市政府	2003 年 4 月
靳润昭	男	天津农学院	天津市劳动模范	天津市委、市政府	2004 年 4 月
陈玉春	男	天津科润津丰种业有限公司	天津市劳动模范	天津市委、市政府	2005 年 4 月
高宝成	男	天津市农业机械推广总站	天津市劳动模范	天津市委、市政府	2005 年 4 月
张勤	女	市水产技术推广站	天津市劳动模范	天津市委、市政府	2005 年 4 月
李惠英	女	天津市水利勘测设计院副院长	天津市劳动模范	天津市委、市政府	2005 年 4 月
陈振来	男	中法合营王朝葡萄酿酒有限公司	天津市劳动模范	天津市委、市政府	2005 年 4 月
马清华	男	天津市双林农场副场长	天津市劳动模范	天津市委、市政府	2005 年 4 月
李加旺	男	市农科院黄瓜研究所	天津市劳动模范	天津市委、市政府	2005 年 4 月
李柏润	男	天津市植保植检站	天津市劳动模范	天津市委、市政府	2007 年 4 月
薄克明	男	天津市农业机械推广总站	天津市劳动模范	天津市委、市政府	2007 年 4 月
张秀亭	女	天津市水利基建管理处	天津市劳动模范	天津市委、市政府	2007 年 4 月
张春娅	女	中法合营王朝葡萄酿酒有限公司	天津市劳动模范	天津市委、市政府	2007 年 4 月
彭传文	男	天津市东郊农场奶牛二场副场长	天津市劳动模范	天津市委、市政府	2007 年 4 月
刘少强	男	天津市红港绿茵花草有限公司技师	天津市劳动模范	天津市委、市政府	2007 年 4 月
孙德岭	男	市农科院蔬菜研究所	天津市劳动模范	天津市委、市政府	2007 年 4 月
高梅秀	女	天津农学院	天津市劳动模范	天津市委、市政府	2008 年 4 月
王学忠	男	天津市无公害农产品(种植业)管理中心	天津市劳动模范	天津市委、市政府	2009 年 4 月
孙金生	男	市水生动物疫病预防控制中心	天津市劳动模范	天津市委、市政府	2009 年 4 月
周潮洪	女	天津市水利科学研究院	天津市劳动模范	天津市委、市政府	2009 年 4 月
邓象进	男	天津市排水管理处	天津市劳动模范	天津市委、市政府	2009 年 4 月
白智生	男	天津市农垦集团总公司总经理	天津市劳动模范	天津市委、市政府	2009 年 4 月
付同起	男	天津市工农联盟农场场长	天津市劳动模范	天津市委、市政府	2009 年 4 月
任万英	女	天津市东郊农场党委书记	天津市劳动模范	天津市委、市政府	2009 年 4 月
李加旺	男	市农科院黄瓜研究所	天津市劳动模范	天津市委、市政府	2009 年 4 月
于福安	男	天津市原种场副厂长	天津市劳动模范	天津市委、市政府	2011 年 4 月
余家宝	男	天津市兽药饲料监察所	天津市劳动模范	天津市委、市政府	2011 年 4 月
吴换营	男	天津市水利勘测设计院	天津市劳动模范	天津市委、市政府	2011 年 4 月
王玉庭	男	天津市排水管理处	天津市劳动模范	天津市委、市政府	2011 年 4 月
毕国生	男	天津市武清农场场长	天津市劳动模范	天津市委、市政府	2011 年 4 月
许元晨	男	天津壳牌石油有限公司总经理	天津市劳动模范	天津市委、市政府	2011 年 4 月

姓名	性别	工作单位	荣誉称号	授予单位	授予时间
李加旺	男	市农科院黄瓜研究所	“十一五”期间天津市最具影响力劳动模范提名奖	天津市委、市政府	2011年4月
杜胜利	男	市农科院黄瓜研究所	天津市劳动模范	天津市委、市政府	2011年4月
隋华	女	天津市农业技术推广站	天津市劳动模范	天津市委、市政府	2015年4月
李志荣	男	天津市动物卫生监督所	天津市劳动模范	天津市委、市政府	2015年4月
宋志谦	男	天津市引滦工程潮白河管理处	天津市劳动模范	天津市委、市政府	2015年4月
陈华鸿	女	天津市水利勘测设计院	天津市劳动模范	天津市委、市政府	2015年4月
班立桐	男	天津农学院	天津市劳动模范	天津市委、市政府	2015年4月

后　记

《天津市志·农业志》是天津市人民政府组织全市各行各业力量统一编修的《天津市志》的一部分。以记述1991年至2010年期间天津市种植业、林业、畜牧兽医、农业机械、渔业、农村水利、农业气象、国营农场、乡镇企业、农民教育与培训、农业高等教育、农业科技等领域的发展历程、主要成就和特点特征为主要内容。同时,对在天津市农业战线上艰苦创业、奋力开拓、业绩卓著的侯锋等59名人物一生的业绩作了简要的介绍,对已过世的陈钟槐等7名人物撰写了人物传略。记述了他们以农业发展、农民致富为己任,刻苦钻研、锐意创新、勇攀高峰的精神风貌和为天津市农业和农村经济不断上台阶,实现跨越式发展作出的贡献。全书力求突出天津特色,体现农业特点,共14篇107章342节,分上下两卷,共150余万字。

《天津市志·农业志》全体编修人员在时间紧、任务重的情况下,研究新情况,解决新问题,注重将上级的要求同天津市农业系统的实际相结合,使之具体化,并拟定出在天津市农业系统实施的具体方案。坚持突出特点,突出特色,实事求是地反映1991年至2010年20年间天津市农业发生的翻天覆地的变化。坚持好的文风,用朴实无华的语言表述丰富多彩的内容。坚持秉笔直书,真实地反映客观事物,确保入志内容真实可信,使编修的志书经得起历史的检验,用二十年来天津市农业的发展历程教育人,用天津农业的巨大成绩鼓舞人,用在实践中总结的经验启迪人,使志书真正起到存史、咨政、育人的作用。

在《天津市志·农业志》编修过程中,天津市地方志编修委员会办公室和中国方志出版社的领导和同志们给予了热情的关怀和精心的指导,对此我们谨表诚挚的谢意。

在《天津市志·农业志》编修过程中,尽管我们作了很大的努力,但由于编修人员的理论、历史知识和写作水平所限,《天津市志·农业志》会有疏漏不妥之处。为此,我们热烈地欢迎全市农业战线上的各级领导、广大读者和了解情况的同志们批评指正。

《天津市志·农业志》编修办公室